Ortrun C. Hörtreiter

Chile
mit Osterinsel

IWANOWSKI´S *i* **REISEBUCHVERLAG**

Im Internet:

www.iwanowski.de

Hier finden Sie aktuelle Infos
zu allen Titeln, interessante
Links –und vieles mehr!

Einfach anklicken!

4., komplett überarbeitete und neugestaltete Auflage 2006

© 2000, 2001, 2004 Reisebuchverlag Iwanowski
Salm-Reifferscheidt-Allee 37 - 41540 Dormagen
Telefon 0 21 33/2 60 311 - Fax 0 21 33/26 03 33
E-Mail: info@iwanowski.de
Internet: www.iwanowski.de
USA-Büro:POB 542, Inverness, FL 34450, Telefon/Fax 352 637 4852

Titelfoto: Bildagentur Huber, Lago Llanquihue,
Vulkan Osorno, Ensenada, Chile
Alle Farb- und Schwarzweißabbildungen:
Angel Gispert, Ortrun Christine Hörtreiter
Redaktionelles Copyright, Konzeption und dessen
ständige Überarbeitung: Michael Iwanowski
Karten: Palsa-Graphik, Lohmar
Reisekarte, vordere Umschlagklappe: Thomas Buri, Bielefeld
Layout-Konzeption: Studio Schübel, München
Layout: Monika Golombek, Köln
Redaktionsleitung: Rüdiger Müller

Gesamtherstellung: B.o.s.s Druck und Medien, Kleve
Printed in Germany

ISBN 3-933041-10-4

Inhaltsverzeichnis

Überblick

Überblick

12. DIE ANTARKTIS

Geschichte 598 • Das Klima: Kontinent der Superlative 599 • Pflanzen in
der Antarktis: Leben in der Tiefkühltruhe 600 • Die Tierwelt: Robben,
Vögel und Milben 600 • Die Gefährdung der Antarktis 601

13. DIE INSELN

INFO   **Außerdem weiterführende Informationen
zu folgenden Themen**

Wer war Fernando Magellan? **21** Der Eroberer Chiles: Pedro de Valdivia **26** • Das
System der Encomienda **28** • Orllie Antoine de Tounens: der König von Patagonien
34 • Wer war Salvador Allende? **40** • Wer war Orlando Letelier? **42** • Die „Operation Condor": Terrorismus als Mittel staatlicher Gewaltausübung **43** • Wie entsteht
ein Vulkan? **54** • Pflanzen in der Wüste: Wasserspeicher und Überlebenskünstler **60**
• Nicht einheimische Bäume in Chile **64** • Welche Funktionen hat ein Waldboden?
81 • Die Colonia Dignidad: Folterlager oder Paradies? **95** • Die Teleton: ein chilenisches Phänomen **99**
• Das Leben in den Minen: Arbeiten im Land des Todes **362** • Die Pflanzenwelt des
Lauca-Nationalparks: dem Himmel so nah **372** • Der Speisezettel der Aymara: Lama-
steak und Trockenkartoffeln **378** • Die Aymara: Überlebende einer versunkenen Kultur **381** • Geoglyphen: Götterbild oder Landkarte? **394** • Das Rote Gold: die Kupferaufbereitung **398** • Das Phänomen des Desierto florido: warum die Wüste blüht **430**
• Die Keramik der Diaguita **433** • Pisco: der Nationalschnaps der Chilenen **438** • La
Silla: Das europäische Auge ins All **441** Wie funktioniert das chilenische Rodeo? **464**

• Der Kreislauf des Bambus-Wachstums **476** • Araukarien-Nüsse: Die Speise der Mapuche **490** • Algen: Gemüse aus dem Meer **531** • Alercen: Dinosaurier des südlichen Regenwaldes **545** • Das patagonische Inlandeis **553** • Lucas Bridges und die Insel des Todes **556** • Guanacos: die Kommunikationsspezialisten Patagoniens **576** • Wie kamen die Menschen auf die Osterinsel? **607** • Wer war Sebastian Engler? **612** • Moais: steinerne Zeugen der Vergangenheit **615** • Alexander Selkirk: der wahre Robinson Crusoe **629** • Was ist ein Hot Spot? **630** • Der Untergang der „Dresden" vor Robinson Crusoe **632**

Verzeichnis der Karten und Grafiken

Farbkarten

Legende

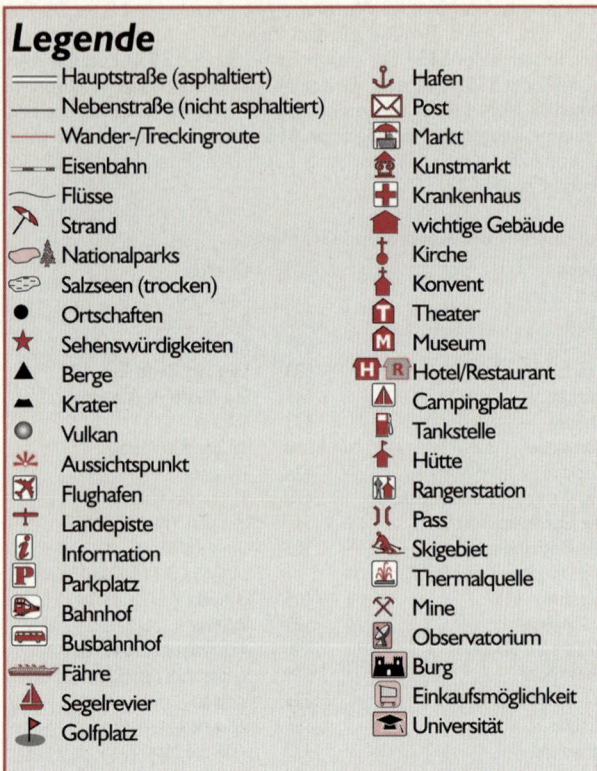

—— Hauptstraße (asphaltiert)	Hafen
—— Nebenstraße (nicht asphaltiert)	Post
—— Wander-/Treckingroute	Markt
---- Eisenbahn	Kunstmarkt
～ Flüsse	Krankenhaus
Strand	wichtige Gebäude
Nationalparks	Kirche
Salzseen (trocken)	Konvent
● Ortschaften	Theater
★ Sehenswürdigkeiten	Museum
▲ Berge	Hotel/Restaurant
▬ Krater	Campingplatz
◉ Vulkan	Tankstelle
Aussichtspunkt	Hütte
Flughafen	Rangerstation
Landepiste	Pass
Information	Skigebiet
Parkplatz	Thermalquelle
Bahnhof	Mine
Busbahnhof	Observatorium
Fähre	Burg
Segelrevier	Einkaufsmöglichkeit
Golfplatz	Universität

© *graphic*

☞ So gehts

Das Buch ist so aufgebaut, dass dem eigentlichen Reiseteil ein Einblick in Geschichte und Kultur vorausgeht, aber auch andere Aspekte des Reisezieles, ebenso allgemeine Tipps zur Planung und Ausführung einer Reise (Gelbe Seiten, Allgemeine Reisetipps von A-Z, S. 129 ff, sowie Regionale Reisetipps für das Zielgebiet, S. 185 ff). Im Anschluss folgt der Reiseteil, in dem auf alle wichtigen und wesentlichen Sehenswürdigkeiten eingegangen wird.

Ein ausführliches System der Seitenverweise erleichtert Ihnen das schnelle Zurechtfinden. Da wir unsere Bücher regelmäßig aktualisieren, kann es in den Gelben Seiten zu Verschiebungen kommen. Verweise auf diese Seiten geben wir daher nur in Form der ersten Seite des Gelben Teils (ⓘ S. 185). Ein ausführliches Register im Anhang gibt Ihnen die Möglichkeit, schnell und präzise den gesuchten Begriff zu finden. In den Grünen Seiten sind Preisbeispiele des Reiselandes angegeben.

Wir freuen uns über Kritik, Anregungen und Verbesserungsvorschläge:
info@iwanowski.de

I.   EINLEITUNG

In der Sprache des Stammes der Aymara bedeutet das Wort Chile „Wo die Welt zu Ende ist", und der Name scheint in vieler Hinsicht stimmig zu sein: im Westen stößt man auf die endlos lange Küste, im Osten auf die fast unüberwindliche Barriere der Anden, und im Süden zerfranst sich das Land zunächst in Tausende kleiner Inseln und ertrinkt dann in den wilden Wassern um Kap Hoorn.

Chile, das ist ein Kaleidoskop von Landschaften und Eindrücken. Namen wie Patagonien oder Feuerland wecken Assoziationen an Eroberer und Entdecker, und überall in Chile findet man noch Landschaften, wie sie *Magellan* vor 500 Jahren oder *Darwin* auf seiner Reise im 19. Jahrhundert vorgefunden haben mögen. Viele Gegenden wurden vor noch nicht einmal 150 Jahren besiedelt, und auch wenn die Pioniere (von denen nicht wenige Deutsche gewesen sind) Spuren hinterlassen haben, bleibt doch überall noch der Eindruck von Einsamkeit und Unberührtheit, von wilder Natur. Das gilt für die patagonischen Wälder genauso wie für die trockenste Wüste der Welt, die Atacama.

Chile hält von Norden nach Süden, aufgereiht wie an einer Kette, eine ganze Reihe von Höhepunkten für seine Besucher bereit. An der Grenze zu Bolivien liegen einsame Nationalparks in den Hochanden, die Straße führt auf fast 4.700 m hinauf, durch die Welt der Aymara, die hier mit ihren Lama- und Alpaka-Herden leben. In der **Atacama-Wüste** erwarten den Besucher die bizarrsten geologischen Formationen und endlose Landschaften aus Sand und Steinen, die in der Abenddämmerung in die zartesten Pastelltöne getaucht werden; dazu die größte Kupfermine der Welt, Salpeterminen aus dem letzten Jahrhundert und längst verlassene Geisterstädte und Friedhöfe, die der Wüstenwind selber schon zum Skelett hat werden lassen.

Das Zentrum des Landes ist der Obstgarten der Nation: Äpfel, Pfirsiche und Gemüse werden hier angebaut, auch für den deutschen Markt, und der Wein natürlich, für den Chile inzwischen berühmt geworden ist. Weiter nach Süden begleitet eine Kette von Seen die Panamericana, gekrönt von perfekt geformten Vulkankegeln. Hier ist das Siedlungsgebiet der Mapuche, eines Indiovolkes, das sich seit Jahrhunderten zunächst gegen die spanischen Kolonialherren und jetzt gegen die chilenische Regierung wehren musste und sein Land trotzdem verloren hat. Auch deutsche Einwanderer leben hier, die sich in dieser lieblichen Landschaft anscheinend schnell zu Hause gefühlt haben. Und ab Puerto Montt beginnt der **wilde Süden**: unberührte Urwälder, eisige Gletscherflüsse und irgendwann ist die Straße zu Ende. Es gibt noch keine durchgehende Straßenverbindung durch den langen Schlauch Chile, das patagonische Inlandeis ist im Weg. Man muss also aufs Schiff oder ins Flugzeug umsteigen (oder den Umweg über Argentinien nehmen, was die meisten tun), um an den äußersten Zipfel des Kontinents, nach Punta Arenas und Feuerland zu kommen.

Ein ganz besonderer Höhepunkt jeder Chile-Reise ist die **Osterinsel**, ein kleiner Klecks Land im Pazifik, der eigentlich mit Chile nicht viel zu tun hat. Wohl jedem ist die Insel ein Begriff, sei es durch die Bücher von *Thor Heyerdahl* oder durch den Film

„Rapa Nui" mit Kevin Costner. Hier gibt es mehr Geheimnisvolles zu entdecken als nur die gigantischen Statuen der Moai, und außerdem hat man die Gelegenheit, ein wenig Südsee-Luft zu schnuppern.

Chile ist als Reiseland sicher etwas Besonderes. Hier tummeln sich noch nicht so viele Touristen wie in anderen Ländern, die touristische Infrastruktur ist jedoch sehr gut. Chile ist in vieler Hinsicht ein Land für Individualisten und Naturliebhaber. Wer einfach nur wochenlang an den einsamen patagonischen Seen Fliegenfischen möchte, kommt genauso auf seine Kosten wie der Geschichtsbegeisterte, der auf den Spuren der Vergangenheit durch die verlassenen Minen in der Atacama-Wüste streift oder die riesigen *Estancias* der patagonischen Pampa erkundet. Didaktisch im Museum aufbereitet ist hier noch wenig (obwohl es meist sogar noch im kleinsten Dorf ein liebevoll gepflegtes Heimatkundemuseum gibt), aber dafür findet man viel Authentisches.

Als Besucher wird man immer wieder gefragt, wie einem Chile denn nun gefalle. Die Chilenen sind stolz auf ihr Land und das zu Recht. Man findet sicher nicht viele Länder, die solche Kontraste und so viele verschiedene wunderbare Landschaften innerhalb ihrer Grenzen aufzuweisen haben!

Dieses Reisehandbuch soll Ihnen zunächst bei der Planung Ihrer Chile-Reise Beistand leisten, Ihnen eine Vorstellung vermitteln von dem, was Sie erwartet und was Sie bei der Vorbereitung der Reise bedenken sollten. Und dann soll es Ihnen auf der Reise helfen, die schönsten Winkel des Landes zu finden, die richtigen Unterkünfte auszusuchen und überhaupt die Reise gelingen und zu einem Erlebnis werden zu lassen.

Ich hätte dieses Buch nicht so schreiben können, wenn mir nicht in Chile und auch in Deutschland viele Menschen geholfen hätten. Bei ihnen allen möchte ich mich sehr herzlich für ihre Unterstützung, ihre Hilfe und ihre Geduld bedanken!
Zu nennen ist Dirk Kruse-Etzbach, der mir immer wieder mit Tipps und Hinweisen auf die Sprünge geholfen hat. Dann die freundlichen und kompetenten Mitarbeiter der chilenischen Tourismus-Behörde Sernatur und die Angestellten der Nationalparkbehörde Conaf, die mir meine unzähligen Fragen beantwortet und mich mit Informationen jeglicher Art versorgt haben. Pablo Villalobos und seiner Familie sei dafür gedankt, dass sie mich in Santiago so herzlich aufnahmen.
Es würde hier den Platz sprengen, alle die Chilenen nennen zu wollen, die mir auf meiner Reise mit Hinweisen und Tipps weitergeholfen und auch ganz tatkräftig unter die Arme gegriffen haben, wenn es nötig war; stellvertretend möchte ich hier nur den freundlichen Mechaniker auf Chiloé erwähnen, der am Silvesterabend kostenlos unser Auto reparierte, während seine Frau uns mit Kaffee und belegten Brötchen versorgte.

Zum Schluss seien noch ein paar Menschen genannt, die in besonderer Weise zum Gelingen des Buches beigetragen haben. Meine Eltern haben mich ermutigt und unterstützt, wo sie konnten, ideell, aber auch ganz praktisch und ohne mein Vorhaben jemals in Frage zu stellen. Pablo Dyment war ein immer gut aufgelegter und sehr hilfsbereiter Reisebegleiter auf der Recherchentour durch Patagonien. Am meisten zur Entstehung dieses Buches aber hat Angel Gispert beigetragen, der mir auf der Recherchenreise in jeder Situation treu zur Seite stand, unzählige Male das Auto repariert, das Essen gekocht und dann auch die Teller und Töpfe wieder abgewaschen hat. Auch bei der Konzeption einiger Kapitel (ganz besonders der Hinweise rund ums Auto) sind seine Ratschläge und Hinweise mit eingeflossen, er hat einige Fotos beigesteuert, und seine tatkräftige Hilfe hat mir die Reise sehr erleichtert.

Cadaquès, im September 2005

Chile auf einen Blick

Staatsname	Republica de Chile
Hauptstadt	Santiago de Chile
Staatsform	Präsidiale Republik
Regierungsoberhaupt	Ricardo Lagos Escobar, Kandidat der Concertación
Nationalfeiertag	18. September (Datum der Konstitution der ersten Nationalversammlung 1810)
Flagge	Unterteilt in drei Rechtecke, oberes linkes Viertel blau mit weißem Stern (symbolisiert den blauen Himmel über den Anden), oberes rechtes Viertel weiß (Symbol für die verschneiten Andengipfel), die beiden unteren Viertel sind rot (zur Erinnerung an das im Befreiungskrieg geflossene Blut)
Staatssprache	Spanisch
Fläche	756.626 km², ohne das Territorium in der Antarktis (zusätzlich 1.250.000 km²)
höchster Berg	Ojos de Salado (6.893 m über NN), nach neueren Messungen sogar 7.150 m, das würde ihn zum höchsten Berg Südamerikas machen
wichtigster Fluss	Bio Bio, 256 km
Städte	Santiago: 4,5 Mio. Ew., Concepción: 350.000 Ew., Valparaiso: 280.000 Ew., Antofagasta: 225.000 Ew., Temuco: 240.000 Ew.
Einwohner	14,2 Millionen Einwohner, Bevölkerungsdichte: 18,7 Personen/km², 1,5 Prozent Bevölkerungswachstum, Geburtenrate: 21 pro 1.000 Einwohner, Sterblichkeit: 5,5 pro 1.000 Einwohner, Lebenserwartung im Durchschnitt 74 Jahre, Männer: 71 Jahre, Frauen: 78 Jahre
Bildung	Schulbesuch obligatorisch von 7-15 Jahren, Kinder ohne abgeschlossene Grundschule: 5 Prozent, Kinder mit 12 Jahren Schulbesuch: 79 Prozent, akademische Titel: 14,6 Prozent, Analphabetenrate: 4,5 Prozent
Religion	Katholiken: 76,7 Prozent, Pfingstler und andere evangelische Sekten: 12,4 Prozent, Protestanten: 0,8 Prozent, Juden: 0,3 Prozent, Atheisten/keine Religion: 5,8 Prozent, andere: 4,1 Prozent
Wirtschaft	Bruttoinlandsprodukt: 5.050 US$/Einwohner, wichtigste Handelspartner: USA, Japan, EU-Staaten, Neuseeland, Wirtschaftsphilosophie: Markt als Zentrum des wirtschaftlichen Geschehens, Staat hält sich bei Eingriffen in das Wirtschaftsgeschehen weitgehend zurück, sorgt bedingt für sozialen Ausgleich
Probleme	Wirtschaftswachstum hängt momentan stark vom Verbrauch der natürlichen Ressourcen ab, mittelfristig müssen Alternativen gefunden werden; wachsende offene und versteckte Armut können zum sozialen Sprengsatz werden.

2. CHILE: LAND UND LEUTE

Geschichtlicher Überblick

Die Geschichte von Chile im Überblick

ca. 30.000 Jahre vor heute
Die ersten Menschen kommen über die Beringstraße von Asien nach Amerika und sind etwa 20.000 Jahre später in Feuerland angelangt.

ca. 8.000 Jahre vor heute
In der Atacama-Wüste siedeln Völker der Chinchorro-Kultur, hier entstehen die heute ältesten Mumien der Welt.

ca. 1.000 v. Chr.
Die Diaguita kommen aus Nordargentinien nach Chile und hinterlassen eine große Zahl wunderschöner Keramiken.

12. und 13. Jahrhundert n.Chr.
Die *Araukaner* (Mapuche, Tehuelche und andere Völker) kommen aus der ostpatagonischen Steppe nach Chile und siedeln sich in der Seen-Region an.

1480 · Die *Inkas* erobern Teile von Chile und gelangen wahrscheinlich bis etwas südlich von Santiago.

1492 · *Christoph Kolumbus* landet auf der Insel Hispañola (heute Dominikanische Republik und Haiti).

1494 · Südamerika wird durch den Vertrag von Tordesilla zwischen Spanien und Portugal aufgeteilt.

1520 · *Magellan* findet die Verbindung zwischen Atlantik und Pazifik.

1536 · *Diego de Almagro* startet von Peru aus zu einer Expedition nach Chile, scheitert aber an der harten Anden-Überquerung und am Widerstand der *Mapuche*.

1540 · *Pedro de Valdivia* bricht von Peru aus mit elf Mann Gefolge nach Chile auf.

1541 · Gründung Santiagos durch den Spanier *Pedro de Valdivia*

1550 · Erbitterter Widerstand der *Mapuche* verhindert das Vordringen der Spanier nach Süden, die Grenze bildet der Río Bio Bio.

1553 · *Pedro de Valdivia* wird nach einer verlorenen Schlacht gegen die *Mapuche* gefangen genommen und getötet.

1599 · Aufstand der *Mapuche*, viele der neu gegründeten Siedlungen gehen den Spaniern wieder verloren.

ab 1685 · Die ersten Jesuiten kommen nach Chile und beginnen, Kirchen und Schulen zu bauen.

1726 · Die Spanische Oberhoheit wird durch die *Mapuche* im „Frieden von Negrete" anerkannt.

1778 · Chile wird eigenverantwortliches Generalkapitanat und damit vom Vizekönigreich Peru unabhängig.

1810 · Spanien wird von *Napoleon* besetzt, in Chile beginnt der Kampf um die Unabhängigkeit.

1817 · Die Spanier werden von *Bernardo O'Higgins* und *José de San Martín*, den Helden der Unabhängigkeitsbewegung, geschlagen.

1818 · Chile erklärt seine Unabhängigkeit, der erste Präsident des Landes ist *Bernardo O'Higgins*.

1833 · Eine neue Verfassung, die ganz auf den Präsidenten ausgerichtet ist, wird geschaffen. Präsident ist *Diego Portales*.

1841 · *Manuel Bulnes* wird Präsident.

1842 · Gründung der Universidad de Chile

1843 · Kapitän *Juan Williams* nimmt die Magellanstraße für Chile in Besitz.

1851 · *Manuel Montt* wird Präsident und

1851 · das erste Schiff mit deutschen Siedlern gelangt nach Chile.

1856 · *Antonio Varas* folgt *Montt* auf den Präsidentenstuhl.

1860 · Der Kupferexport beträgt 55 Prozent des Gesamtexports Chiles.

1879 · Der Salpeterkrieg bricht aus, Peru, Bolivien und Chile kämpfen um die riesigen Salpetervorkommen in der Wüste Atacama.

1881 · Letzte Erhebung der Mapuche wird blutig niedergeschlagen und ihr Land zum Staatseigentum erklärt.

1888 · Chile annektiert die Osterinsel.

1886 · *Balmaceda* wird Präsident. Der Bau von Eisenbahnen, Straßen und öffentlichen Gebäuden boomt.

1891 · Aus einem Konflikt zwischen den Anhängern des Parlamentarismus und den Gefolgsleuten des Präsidenten *Balmacedas* entwickelt sich ein Bürgerkrieg, *Balmaceda* muss flüchten und begeht Selbstmord.

Anfang des 20. Jahrhunderts

Die Arbeiter der Minen beginnen, sich zu organisieren, Gewerkschaften entstehen. Das Parlament wird immer einflussreicher.

1907 · Beim Massaker von Iquique werden Hunderte von Arbeitern mit ihren Familien bei einer Protestveranstaltung vom Militär erschossen.

1912 · Gründung der sozialistischen Arbeiterpartei

ab 1918 · Durch die Entwicklung eines Verfahrens zur künstlichen Herstellung von Salpeter gerät die Wirtschaft Chiles in eine tiefe Krise.

1920 · Die Regierung *Arturo Allessandri Palmas* kündigt tief greifende soziale Reformen an, kann wegen des Widerstandes aus der Aristokratie nur einen Bruchteil ihrer Pläne verwirklichen; dazu gehören immerhin Anspruch auf einen Arbeitsvertrag, das Recht auf Gewerkschaften, die Gründung einer Unfallversicherung und die Einrichtung von Schiedsgerichten.

ab 1940 · Wirtschaftlicher Aufschwung durch den Export von Kupfer, der Bedarf auf dem Weltmarkt steigt durch den zweiten Weltkrieg beträchtlich.

1940 · Durch die „Declaración de Soberanía" macht Chile seine Ansprüche in der Antarktis geltend.

1958 · *Jorge Allessandri* gewinnt als Kandidat einer konservativen Koalition die Wahl zum Präsidenten.

1960 · Ein schweres Erd- und Seebeben zerstört große Teile Südchiles, über 1.000 Menschen kommen um, der wirtschaftliche Schaden beläuft sich auf 425 Mio. US$

1964 · *Eduardo Frei Montalvo* gewinnt mit einiger Unterstützung der USA als Führer der Christdemokratischen Partei die Präsidentschaftswahl gegen den Kandidaten der Unidad Popular Allende.

ab 1964 · Frei beginnt mit der Nationalisierung der Kupferminen.

1970 · *Salvador Allende* wird zum Präsidenten gewählt, er ist der erste demokratisch gewählte kommunistische Präsident der Erde.

1971 · Die letzten Kupferminen werden verstaatlicht (z. T. ohne Entschädigung), der US-Außenminister *Henry Kissinger* fasst erstmalig ein Eingreifen der USA ins Auge, alle Hilfs- und Kreditprogramme werden eingefroren oder gestrichen.

1973 · Durch einen von General *Pinochet* angeführten Militärputsch wird das Regime Allende gestürzt, *Allende* stirbt im Regierungspalast. Schwere Menschenrechtsverletzungen sind an der Tagesordnung, Zehntausende von Chilenen gehen ins Exil.

1978 · Konflikt mit Argentinien wegen des Beagle-Kanals, der im letzten Augenblick vor Ausbruch eines Krieges beigelegt wird.

1981 · Eine neue Verfassung, gebilligt von einer international umstrittenen Volksabstimmung, tritt in Kraft, *Pinochet* wird für weitere acht Jahre als Präsident bestätigt.

ab 1985 · Immer stärkerer Widerstand im Volk gegen die Regierung führt zu Unruhen und Bombenanschlägen.

1986 · Streiks und Unruhen, bei denen sieben Menschen umkommen, gehen einem Attentat auf Pinochet voraus, der Ausnahmezustand wird verhängt.

1988 · Eine Volksabstimmung lehnt eine weitere Legislaturperiode für *Pinochet* mit 54 Prozent Mehrheit ab.

1989 · Erste freie Wahlen nach der Zeit der Diktatur, der Christdemokrat *Patricio Aylwin Azócar* wird Präsident Chiles, eine neue Verfassung wird erarbeitet.

1991 · Veröffentlichung des Rettig-Berichtes durch die „Nationale Kommission für Wahrheit und Versöhnung", die Zahl der Todesopfer während der Diktatur wird mit 2.279 Menschen angegeben.

1995 · Zum ersten Mal bekommt ein Folteropfer eine Entschädigung von der Regierung zugesprochen.

1998 · *Pinochet* wird während einer Englandreise auf Gesuch des spanischen Anwalts *Baltasar Garzón* verhaftet.

1999 · Bei der Wahl zum Präsidentschaftskandidaten der Concertación gewinnt der Sozialist *Ricardo Lagos* gegen den Kandidaten der Democracia Cristiana, *Andrés Zaldivar*.

2000 · *Ricardo Lagos* gewinnt die Wahl zum Präsidenten.

2005 · Im Juli wird eine Verfassungsänderung beschlossen, verschiedene Relikte aus der Zeit der Diktatur werden eliminiert.

Die erste Besiedelung Amerikas: Fußmarsch über die Beringstraße

Die Besiedelung Amerikas hat wahrscheinlich etwa 30.000 Jahre v.Chr. begonnen, als Menschen aus Asien über die Beringstraße in den neuen Kontinent vordrangen. Archäologische Funde belegen, dass es noch 20.000 Jahre dauern sollte, bis Menschen die Südspitze des Kontinents, die Insel Feuerland, erreichten. Das Gebiet des heutigen Chile wurde wohl um 13.000 v.Chr. von den ersten Menschen erreicht, die sich zunächst die Oasen der Atacama-Wüste für ihre Ansiedlungen aussuchten und im Lauf der Zeit, wohl auch getrieben durch nachrückende Völkerschaften, immer weiter nach Süden vordrangen.

Zeugnisse der Besiedelung des nördlichen Chile lassen sich heute im Museum finden (und zwar im Valle de Azapa bei Arica): die Chinchorro-Kultur hinterließ einzigartige Zeugnisse ihrer Lebensweise. Die Toten wurden mit Asche, Lehm und Sand dergestalt einbalsamiert, dass sie sich teilweise bis heute gehalten haben und als die ältesten Mumien der Welt gelten können. Messungen mittels der Radiokarbon-Methode ergaben ein Alter zwischen 7.000 und 8.000 Jahren.

Die Herrschaft der Inka

Die große Hochkultur Südamerikas hatte in Cuzco, einige tausend Kilometer vom Zentrum des heutigen Chile, ihre Hauptstadt. Von dort aus regierten die Sonnenkönige in absoluter und zentralistischer Manier ihr Riesenreich. Die wirtschaftliche Basis des Inka-Staates war die **Landwirtschaft,** jeder Untertan war abgabepflichtig und musste einen Teil seines Landes für die Regierung in Cuzco bewirtschaften.

Die Inkas: Herrscher im entfernten Cuzco

Die Inkas kamen erst Mitte des 15. Jahrhunderts nach Chile, als sich ihre Herrschaftszeit in Südamerika schon den Ende zuneigte. Sie eroberten von Peru aus den nördlichen Teil des Landes, sehr viel weiter südlich als bis zum heutigen Santiago gelangten sie nie. Der Río Maule im Land der *Mapuche* ist nach heutigen Erkenntnissen die südliche Grenze ihres Herrschaftsgebietes in Chile gewesen.

Die Herrschaft der Inkas in Chile war vergleichsweise milde, sie beschränkten sich im wesentlichen darauf, schnell und effizient ihr Abgabesystem einzurichten, sie überließen aber die lokale Verwaltung mehr oder weniger den örtlichen Stammesherrschern. Die Indios im Norden konnten ihre Religion weiter ungestört ausüben, und auch in ihrem täglichen Leben waren ihnen kaum Beschränkungen auferlegt. Das mag einerseits daran gelegen haben, dass der sicherlich lange Arm der Regierung eben doch nicht ganz bis Chile reichte, aber auch daran, das die Periode der Inkaherrschaft hier nur 80 Jahre dauerte, bis die Spanier kamen und die Inkas vertrieben. Dennoch hat der Einfluss der Herrscher aus dem Norden reichliche Spuren in der Kultur der Indios der Atacama hinterlassen. Die berühmte Keramik der **Diaguita-Indianer** veränderte sich nach dem Einbruch der Inkas deutlich, Bilder aus dem Formenschatz der Inkas vermischten sich mit den traditionellen Bildern der Diaguita.

Die Ankunft der Spanier: schwieriger Vorstoß nach Süden

Südamerika war nach seiner Entdeckung durch *Christoph Kolumbus* im Oktober 1492 durch den **Vertrag von Tordesilla,** den die beiden wichtigsten Seefahrer-Nationen der damaligen Zeit unter sich ausgehandelt hatten, folgendermaßen aufgeteilt worden: 370 Seemeilen westlich der Kapverdischen Inseln wurde eine gedachte Linie von Pol zu Pol gelegt, alle Gebiete westlich dieser Linie schlug man Spanien zu, alle Ländereien östlich (mit Ausnahme der Kanarischen Inseln) sollten zu Portugal gehören. Dieser Vertrag kam am 7. Juni 1494 mit Hilfe des Papstes zu Stande, der zuvor schon die Richtlinien für die Unterwerfung neu entdeckter Gebiete abgesteckt hatte: Länder, die von nicht-christlichen Herrschern befehligt wurden oder unbewohnt waren, konnten ohne weitere Formalitäten von den christlichen Entdeckernationen annektiert werden. Mit dem Vertrag von Tordesilla wurde etwas festgeschrieben, was einer **Teilung der Welt** gleichkam. Alle neu entdeckten Gebiete wurden entweder Spanien oder Portugal zugeschrieben, andere Nationen spielten zu diesem Zeitpunkt kaum eine Rolle. Wie die Bevölkerung der eroberten Länder behandelt wurde, ist bekannt. Ihr Schicksal war besonders grausam, wenn sie sich der Besitzergreifung ihrer Ländereien widersetzten.

Der Vertrag von Tordesillas: Teilung der Welt

In Europa wurde schnell bekannt, dass man in der neuen Welt rasch zu Reichtum kommen konnte; andererseits waren Spanien und Portugal daran interessiert, ihr Einflussgebiet auf dem neuen Kontinent zu vergrößern, so dass nach der Rückkehr von Christoph Kolumbus ein wahrer **Entdeckerboom** einsetzte.

Die Ost-West-Passage: Suche nach dem Tor nach Asien

Sowohl *Kolumbus* als auch später *Vespuccio* waren davon überzeugt gewesen, dass es eine Möglichkeit geben müsste, Asien auf dem Wasserweg von Westen her zu erreichen.

Der Beweis wurde erbracht von einem portugiesischen Seemann, der sich, ausgerüstet mit fünf Schiffen, auf den Weg über den Atlantik machte und tatsächlich nach langer Suche eine Meeresstraße am Südende des amerikanischen Kontinents entdeckte. Er gilt vielfach als der erste Weltumsegler, obwohl er das Ende der Fahrt und damit die Rückkehr nach Spanien nicht mehr erlebte und diese Ehre eigentlich einigen Männern seiner Mannschaft gebührt.

INFO   ## Wer war Fernando Magellan?

Fernão Magalhaes (latinisiert Magellanus oder Magellan) wurde als Sohn eines verarmten Edelmannes geboren. Aufgrund seines Standes hatte er den Vorzug, am portugiesischen Hof erzogen und später zum Pagen des damaligen Herrschers König Manuels gewählt zu werden. Er erhielt Unterricht in Geographie, Mathematik und in nautischen Fächern und wurde auch in die lateinische und die spanische Sprache eingeführt. Naturgemäß beschäftigte man sich intensiv mit den Entdeckungen der jüngsten Zeit, die Fahrten Kolumbus' und Vespuccios lagen noch nicht lange zurück. Magellan, der bereits Erfahrungen in den ostindischen Kolonien erworben hatte, bat mit 25 Jahren darum, weiterhin in Übersee für den portugiesischen Hof arbeiten zu dürfen. Er wurde nach Afrika geschickt, wo er das Kap der Guten Hoffnung umsegelte und gegen die Araber kämpfte. In Marokko wurden ihm während eines Kampfes die Sehnen der Kniekehle durchschnitten, so dass er für den Rest seines Lebens hinkte. Er beging einen Verstoß gegen die Vorschriften, indem er sein Regiment ohne Erlaubnis verließ und nach Portugal zurückkehrte. Das brachte ihm einen Prozess ein, den er zwar mit einem blauen Auge überstand, infolge dessen er jedoch seinen Abschied nehmen musste. Mit einer kleinen Pension zog er sich auf einen Landsitz seiner Familie zurück und nahm seine geografischen Studien wieder auf, als ihn ein Brief seines Freundes *Serrão* erreichte, der im Auftrag Portugals die Molukken besucht hatte, Inseln, die wegen ihres Reichtums an Gewürzen von größtem Interesse für die Portugiesen waren. Da ihre geografische Lage jedoch nicht genau bekannt war, konnte man ihre politische Zugehörigkeit nicht zweifelsfrei festlegen. Nach allgemeiner Auffassung lagen sie im Grenzgebiet, in der Nähe jener Demarkationslinie, die durch den Vertrag von Tordesilla festgelegt worden war. Magellan begann, über das Problem nachzudenken, und kam zu dem Schluss, dass die Inselgruppe östlicher liegen müsse, als allgemein angenommen wurde und demnach in das Hoheitsgebiet der Spanier fallen müsste. Dieser Gedanke mag dem verbitterten und mit der portugiesischen Krone zerstrittene Mann eine gewisse Genugtuung bedeutet haben.

Zwei der Schiffe aus der Flotte Magellans

Magellan beschloss, sich der Inselgruppe von Westen her über den Atlantik zu nähern. Er ging nach Sevilla, wechselte die Staatsangehörigkeit und entwickelte zusammen mit dem Astronomen *Ruy Falleiro*, einem Landsmann, der ebenfalls wegen Unstimmigkeiten mit dem portugiesischen Hof seine Heimat verlassen hatte, den Plan, die Molukken auf einem Weg entlang der brasilianischen Küste zu suchen. Dazu muss eine **Meeresstraße durch den südamerikanischen Kontinent** gefunden werden, bis jetzt waren die geografischen Verhältnisse im Süden Amerikas nicht bekannt, und man nahm an, dass der amerikanische Kontinent eine Barriere vom Nordpol zum Südpol bildete.

Durch das Indienhaus (die spanische Kolonialbehörde) setzte er sich mit dem spanischen Hof in Verbindung, welcher die Finanzierung der Reise auch zum größten Teil übernahm. Allerdings reichten für ein solches Vorhaben die Mittel nicht, so dass man sich noch anderweitig nach Geldgebern umsehen musste; schließlich sprang das Handelshaus der **Fugger**, einer mächtigen Kaufmannsfamilie aus Augsburg, ein.

Die Verhandlungen über das Vorhaben waren am portugiesischen Hof nicht unbemerkt geblieben, schon einmal hatte man mit Kolumbus einen Entdecker falsch eingeschätzt und den Spaniern in die Arme getrieben. Man versuchte also, Magellan zurückzugewinnen, ohne jedoch Erfolg zu haben.

Am 20. September 1519 begann die Fahrt über den Atlantik mit fünf Schiffen und 265 Mann Besatzung. Die Reise über den Atlantik bereitete keine besonderen Probleme, und nach einer Kräfte zehrenden Überwinterung an der patagonischen Küste wurde die Durchfahrt, die später **Magellanstraße** heißen sollte, gefunden.

Die weitere Reise über den Pazifik war jedoch von zahlreichen Rückschlägen und Schwierigkeiten überschattet, die schließlich darin gipfelten, dass Magellan auf den Philippinen den Tod fand. Nur 13 der Männer, die mit ihm losgesegelt waren, sahen ihre Heimat Spanien wieder, wo sie von König *Karl V.* reich beschenkt und mit Titeln versehen wurden.

Die Reise Magellans

Die Flotte Magellans bestand aus fünf kleinen Schiffen und 265 Mann Besatzung, mit denen er am 20. September 1519 in Spanien lossegelte. Er hatte von Beginn der Reise an mit Autoritätsproblemen zu kämpfen; den spanischen Kapitänen der Schiffe fiel es schwer, sich einem portugiesischen Oberbefehlshaber unterzuordnen. *Reiseschwierigkeiten*

Am 10. Januar 1520 erreichten sie nach einer weitgehend problemlosen Atlantiküberquerung die Mündung des Río de La Plata, die *Diaz de Solis* für den Eingang der Durchfahrt des Kontinents gehalten hatte. Vorsichtig tasteten sich die Schiffe nun an der Küste entlang nach Süden, immer Ausschau haltend nach einer Öffnung, die sich aber nicht zeigen wollte. Langsam wurde es Winter, und am 31. März beschloss Magellan, ein Winterlager aufzubauen, da das Wetter zum Weitersegeln zu rau wurde. Das schlechte Wetter und die erzwungene Untätigkeit gefielen der Besatzung nicht, die Unzufriedenheit wuchs, und schließlich kam es zur **Meuterei**. Magellan stellte sich den Aufständischen mit Entschlossenheit entgegen, der schlimmste Rädelsführer wurde erstochen und geviertelt, ein weiterer enthauptet. Einen dritten setzte man zusammen mit dem rebellischen Schiffskaplan an der unwirtlichen Küste aus. Eines der Schiffe, die „Antonio", nahm sie jedoch wieder auf; es verließ später die Flotte und segelte nach Spanien zurück.

Schließlich war der Winter vorbei, und man konnte weitersegeln. Inzwischen hatte die Flotte die patagonische Küste erreicht, und die Urbevölkerung dieser Landschaft machte einen tiefen Eindruck auf Magellan und seine Mannschaft. Die Menschen, die sie zu sehen bekamen, waren von enormer Körpergröße und hinterließen riesige Fußspuren, was wohl dem Umstand zuzuschreiben war, dass sie ihre Füße mit Guanakofellen umwickelten. Nach ihren Füßen nannte Magellan sie **Großfüßler** (*Patagonier*), und so erhielt das Gebiet seinen Namen.

An dieser Stelle sei ein wichtiges Mitglied der Mannschaft Magellans erwähnt: der Italiener **Antonio Pigafetta,** der als Chronist jedes Vorkommnis der Reise minutiös festhielt und darüber hinaus genaue Berichte über die angesegelten Küsten und auch ihrer Bewohner anfertigte. Er besaß so viel wissenschaftlichen Eifer, dass er sogar Wörterverzeichnisse der Sprachen der Eingeborenen auf die sie trafen, anlegte.

Er berichtete über die Bewohner Patagoniens:
„Zwei Monate vergingen, bis wir einen Eingeborenen zu Gesicht bekamen, bis eines Tages zu unserer nicht geringen Überraschung ein fast nackter Mann von riesiger Größe vor uns am Strand erschien, wo er seltsame Sprünge machte, sang und tanzte, indem er fortwährend Staub auf seinen Kopf warf. Der Kapitän schickte einige Seeleute mit dem Auftrag an die Küste, ähnliche Zeichen des Friedens und der Freundschaft zu machen. Der Riese verstand sie und ließ sich ruhig von ihnen zu einer kleinen Insel führen, wohin sich inzwischen der Kapitän in zahlreicher Begleitung begeben hatte. Der Patagonier bekundete große Freude, uns zu sehen, und zeigte mit dem Finger nach oben, ohne Zweifel, um anzudeuten, dass wir vom Himmel herunter gekommen seien. Dieser Mann war so unermesslich groß, dass unsere Köpfe bloß bis an seinen Leib reichten. Unser Kapitän ließ ihm zu essen und zu trinken geben und schenkte ihm außer anderen Kleinigkeiten auch einen Stahl- *Eindrucksvolle Patagonier*

spiegel. Als der Riese sich darin erblickte, taumelte er vor Entsetzen so rasch rückwärts, dass er vier von unseren Leuten, die hinter ihm standen, über den Haufen warf."
(zitiert nach Buschick: Die Eroberung der Erde).

Am 21. Oktober 1520 schließlich fuhr Magellan mit vier Schiffen in die Meeresstraße ein, die später seinen Namen tragen sollte.

Die Durchfahrt gestaltete sich sehr schwierig, überall versperrten kleine Inseln, Landvorsprünge und Untiefen den Weg, und es spricht für das nautische Geschick, dass den Schiffen die Durchfahrt mehr oder weniger unbeschadet gelang. Zu ihrer Linken sahen die Seefahrer eine große Insel liegen, auf der nachts geheimnisvolle Feuer leuchteten. Die Menschen, die hier lebten, bekamen Magellan und seine Mannschaft nie zu Gesicht, aber nach dem Eindruck, den der nächtliche Feuerschein hinterlassen hatte, nannten sie die Insel **Feuerland.**

Erde des Feuers

Nahe des westlichen Ausganges verengte sich die Straße fast zu einer Schlucht, deren Wände 2.000 m hoch aufragten. 38 Tage nach der Einfahrt in die Passage erreichten die Schiffe wieder offenes Wasser. Durch einen Zufall wurde die Flotte von schönstem Wetter und einer ruhigen See begrüßt. Nach diesem ersten Eindruck nannte Magellan den vor ihm liegenden Ozean **friedliches Meer,** und obwohl schnell klar wurde, dass die Schiffe in eines der stürmischsten Küstengewässer der Erde eingefahren waren, sprechen wir immer noch vom Pazifischen Ozean.

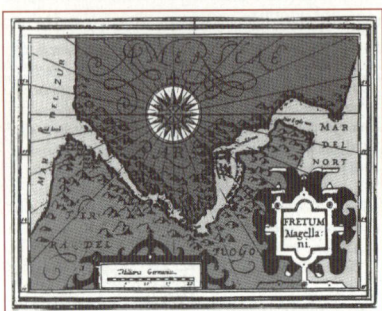

Die Magellanstraße, so wie Magellan sie gesehen hat

Der Rest der Reise war von zahlreichen Rückschlägen und Unglücken überschattet. Direkt nach der Durchfahrt durch die Magellanstraße legte die rebellische Mannschaft der „Antonio" ihren Kapitän in Ketten und machte sich auf den Rückweg nach Spanien. Magellan dachte lange Zeit, das Schiff wäre einem Unglück zum Opfer gefallen, und ließ nach der Mannschaft suchen. Ein anderes Schiff war schon früher gesunken, so dass sich eine sehr reduzierte Flotte an die Überquerung des Pazifiks machte. Man nahm Kurs auf die Molukken, die ja das eigentliche Ziel der Reise waren.

Nichts als Wasser

Das Schiffstagebuch verzeichnet, dass die Besatzung für die nächsten vier Monate nichts als Wasser zu sehen bekam. Dann durchsegelten die Schiffe ganz Polynesien und Melanesien, ohne mehr als zwei der Tausenden von Inseln des Archipels zu Gesicht zu bekommen. Magellan hatte die Zeit, die für die Überquerung des Pazifiks notwendig war, deutlich unterschätzt, so dass bald Hunger ausbrach und die Mannschaft sogar anfing, die ledernen Beschläge der Segelbäume zu braten und zu essen. Auf einer der Inseln der Philippinen fand Magellan den Tod. Die Mannschaften der Schiffe gerieten hier in einen Kampf mit einem Häuptling, der sich der Forderung nach dem alleinigen Handelsrecht für die spanische Krone nicht beugen wollte, und während des Kampfes wurde Magellan getötet.

Tod Magellans

Ein einziges Schiff der Flotte erreichte Spanien wieder. Die **Victoria** war beladen mit Gewürzen, die zum großen Teil von den Fuggern aufgekauft wurden und ausreichten, um die Kosten der gesamten Reise zu decken. Die überlebenden 13 Besatzungsmitglieder wurden reich beschenkt und mit Wappen ausgezeichnet. Der Führer des letzten Schiffes erhielt von *Karl V.* ein Wappen, das Bezug auf die Weltumsegelung nahm: Auf einem Spruchband, das sich um einen Globus wand, waren die Worte „**Primus circum dedisti me**" (als erster bist du um mich herum gekommen) zu lesen.

Der praktische Wert der Entdeckung der Magellanstraße blieb immer gering, sie lag fast am Ende des Kontinents, war zudem schwer zu befahren und wurde dadurch nur selten genutzt. Man hatte sich von ihr einen Effekt erhofft, wie ihn viel später der Panamakanal haben sollte.

Die Spanier kommen nach Chile

Chile war für die Spanier zunächst uninteressant, viel mehr waren sie an Peru interessiert. Dort war die Herrschaft der Inkas im Niedergang begriffen, nachdem der Herrscher *Huanyna Capac* das Reich unter seinen Söhnen *Huascar* und *Atahualpa* aufgeteilt hatte. Trotzdem war es für die Spanier zunächst nicht einfach, in Peru Fuß zu fassen. Die Unterwerfung wurde schließlich durch die Allianz von **Francisco Pizzaro,** einem üblen Haudegen, **Hernando de Luque,** der dem Abenteurer die finanziellen Mittel für sein Unternehmen vorstreckte, und **Diego Almagro,** Sohn eines Adligen und einer Hure, möglich.

Von *Pizzaro* wird berichtet, dass der Zweck ihm jedes Mittel heiligte, er ging mit großer Berechnung und Grausamkeit an die Verwirklichung seiner Pläne. Die Reise nach Peru wurde jedoch ein Fehlschlag: die 200 Mann starke Mannschaft wurde schnell von dem an der Küste grassierenden Fieber dezimiert. Gold konnte Pizzaro auch nur in einem sehr viel geringeren Ausmaß finden, als er sich erhofft hatte, so dass er sich weitgehend darauf beschränken musste, Informationen über das unbekannte Land und seine Bewohner zu sammeln.

Die wenigen Goldgefäße, die er hauptsächlich durch Tauschhandel gewonnen hatte, legte er am spanischen Hof vor, woraufhin sich der König insofern großzügig zeigte, als dass er Pizzaro zum Statthalter des noch zu erobernden Landes

Spanischer Soldat zur Zeit der Eroberungsfeldzüge

ernannte und ihm den Ehrentitel eines Generalkapitäns verlieh. Damit erschöpfte sich jedoch seine Großzügigkeit, Geld für weitere Expeditionen war nicht zu bekommen. Enttäuscht fuhr Pizzaro nach Panama zurück. Mit viel Mühe kratzte er zum dritten Mal Geld zusammen und rüstete mehr schlecht als recht eine neue Expedition aus. Aber diesmal sollte er Erfolg haben. Von der Küste aus machte er sich mit seinem Gefolge auf nach Cajamarca im heutigen Peru, wo er eine Zusammenkunft mit dem **Inka-Herrscher Atahuapa** verabredet hatte. Die 200 Manner Pizzaros richteten mit ihren Feuerwaffen ein Blutbad unter den 30.000 Inkas an. Atahualpa wurde gefangen genommen, gegen eine immense Menge Gold sollte er wieder frei kommen. Er füllte einen siebenmal sieben Meter großen und fünf Meter tiefen Raum mit Gold, aber die Spanier hielten ihr Versprechen nicht und brachten ihn trotzdem um. Als die Nachricht von den reichen Goldvorräten nach Panama drang, wimmelte es in Peru bald vor Abenteurern, die sich Pizzaro anschlossen.

Die Inkas werden besiegt

Chile: der Weg nach Süden

Almagro und *Pizzaro* gerieten bald in einen heftigen Streit, in dem es um die Aufteilung der eroberten Gebiete ging. Die Auseinandersetzung gipfelte darin, dass Pizzaro Almagro umbrachte. Dessen Sohn rächte seinen Vater, indem er wiederum dessen Mörder tötete. Keinem der beiden gelang es also, das Gebiet des heutigen Chiles zu unterwerfen.

Der erste Vorstoß scheitert

Als Eroberer Chiles gilt **Pedro de Valdivia**, nach dem die Hafenstadt an der Küste der Seen-Region benannt ist.

INFO   ## Der Eroberer Chiles: Pedro de Valdivia

Pedro de Valdivia wurde in Spanien in der Extremadura in eine Familie von Soldaten hineingeboren. Auch er wurde Soldat und sammelte erste Erfahrungen auf europäischen Schlachtfeldern in Flandern und Italien gegen die Franzosen. Schon mit 25 Jahren hatte er einen beachtlichen militärischen Rang erreicht und kehrte heim, um sich mit Marina de Gaete zu verheiraten. Mit ihr lebte er einige Jahre ruhig und zufrieden in Spanien, bis ihn seine Abenteuerlust nach Amerika, dem neuen Kontinent trieb. Er nahm an der Eroberung Venezuelas teil, das ihm jedoch nicht sonderlich gefiel, und so zog er weiter nach Peru. Hier schloss er sich der Truppe Pizzaros an, dessen Feldmeister er wurde, mit ihm bekämpfte er auch Almagro.

Pedro de Valdivia

Wie fast alle Abenteurer, die damals in immer neue Gebiete Amerikas vordrangen, wollte Valdivia reich werden, als großer Herr leben und Macht ausüben, aber nach seinen eigenen Worten war es genauso sein Ziel, zu Ruhm zu gelangen und in die Geschichtsschreibung einzugehen, was ihm eindeutig gelungen ist. Als bestes Mittel, um alle diese Ziele zu erreichen, erschien ihm die Eroberung eines neuen Territoriums.

1540 machte er sich mit angeblich nur elf Gefolgsleuten auf den Weg nach Süden; es war schwer, nach dem gescheiterten Vorstoß Almagros Mitstreiter für seinen Plan zu begeistern, und auch das Geld war knapp. Auf dem Weg konnte er jedoch weiteres Gefolge um sich sammeln, in der Hauptsache Soldaten, die im Hochland auf eigene Faust versucht hatten, neue Gebiete für sich zu erobern, und dabei gescheitert waren. Valdivia wählte den Weg durch die Wüste, und es fehlte den Truppen nur allzu bald an Wasser und Nahrung, und auch die hier ansässigen Indiostämme lieferten den Spaniern einige Gegenwehr.

Trotzdem erreichten Valdivia und sein Gefolge das Tal des **Río Mapocho,** das ihm wegen seiner reichlichen Vegetation und des vorteilhaften Klimas geeignet erschien, die erste Stadt seines neuen Reiches zu gründen. Am 12. Februar 1541 wurde der Grundstein für diese Siedlung gelegt, die er nach seiner Heimatprovinz in Spanien **Santiago de la Nueva Extramadura** nannte. Santiago war schon damals als Hauptstadt des Landes weit großzügiger angelegt als die anderen Siedlungen, die Valdivia auf seinem weiteren Weg nach Süden gründete. Die Soldaten mussten ein Netz von acht Straßen von Norden nach Süden und zehn von Osten nach Westen ausmessen; der Block in der Mitte wurde zur Plaza de Armas erklärt, in den restlichen Blöcken konnten sich die Gefolgsleute Valdivias ihre Häuser bauen. *Die Hauptstadt wird gegründet*

Über den Umgang Valdivias mit der Urbevölkerung gibt es unterschiedliche Berichte. Auf der einen Seite steht er in dem Ruf, weniger grausam mit den Ureinwohnern umgegangen zu sein als andere Konquistadoren. Auf der anderen Seite wird aber auch berichtet, dass er den Indios unrechtmäßig ihr Land abgenommen und sie als billige Arbeitskräfte in der Landwirtschaft und zum Goldwaschen ausgenützt habe. Beim Bau der ersten Häuser Santiagos wurden die Ureinwohner der Region zwangsverpflichtet, und auch bei der Urbarmachung der Umgebung der Stadt spielten sie eine wichtige, aber nicht ganz freiwillige Rolle.

Bei seinen weiteren Vorstößen nach Süden hatte Valdivia vor allem in Araukarien mit dem erbitterten Widerstand der Mapuche zu kämpfen, die ihr Land lange Zeit erfolgreich gegen die Eindringlinge verteidigten. Für diesen Erfolg waren verschiedene Punkte ausschlaggebend: die Mapuche lebten nicht in einem zentralistisch regierten Reich, wie die Inkas oder Azteken, sondern in vielen kleinen, politisch voneinander unabhängigen Einheiten. Die beiden Hochkulturen gingen letztendlich daran zu Grunde, dass die Ermordung ihres Führers ihr Volk hilflos zurückließ. Das war bei den Mapuche nicht der Fall: verlor eine Gruppe eine Schlacht gegen die Spanier, war schnell eine andere präsent, um ihren Platz einzunehmen. Zudem war das Wohngebiet der Mapuche waldig und hügelig und damit hervorragend für einen **Guerrillakrieg** geeignet. Außerdem lernten die Mapuche schnell von ihren Feinden und übernahmen deren Waffen und Kampftechniken. So verstanden sie es, innerhalb von kurzer Zeit zu guten Reitern zu werden und auch selber Pferde zu züchten. Diebstahl bei den Weißen war ihnen als Mittel, ihre Herden zu vergrößern, allerdings auch recht. *Widerstand gegen die Eroberer*

1550 hatte Pedro de Valdivia den Río Bio Bio erreicht. Hier wurde der Vormarsch jedoch durch den immer heftigeren Widerstand der Urbevölkerung aufgehalten. An der Mündung des Flusses gründete er die Stadt Concepción, die gut befestigt und zur Hauptstadt seines Generalkapitanats gemacht wurde. Da ein weiteres Vordringen nach Süden im zentralen Längstal durch den Widerstand der Mapuche unmöglich gemacht wurde, entschlossen sich die Spanier dazu, es entlang der Küste zu versuchen. 1552 wurde die Stadt **Valdivia** gegründet und im selben Jahr noch **Villarrica**. Da das Gebiet der Mapuche sich nicht ohne weiteres erobern ließ, umgaben es die Spanier mit Forts, um so wenigstens eine gewisse Kontrolle ausüben zu können.

Lautaro, der Anführer der Mapuche

1553 kam es dann zu **einer entscheidenden Schlacht** zwischen den Spaniern und den Mapuche. Die Spanier mussten eine schwere Niederlage hinnehmen, ihr Heer wurde aufgerieben und ihr Führer Pedro de Valdivia, der erste Gouverneur Chiles, getötet. Ob er in der Schlacht gefallen ist oder auf andere Weise ums Leben kam, lässt sich heute nicht mehr nachvollziehen, es wird jedoch erzählt, dass er an einen Baum gebunden wurde und **flüssiges Gold** trinken musste, weil seine Gier nach Gold das Hauptmotiv dafür gewesen war, in das Land der Mapuche einzufallen.

Der Häuptling der Mapuche in dieser Schlacht war **Lautaro**. Nach der Ermordung Valdivias zog er mit seinem Gefolge nach Norden, um die Stadt Santiago einzunehmen und seinen Erfolg damit zu festigen. Die Spanier erfuhren aber von seinem Vorhaben und töteten ihn in der Nacht vor dem geplanten Angriff. Unter der Führung von *Gracia Hurtado de Mendoza* gelang es den Spaniern vorläufig, die Mapuche zu besiegen. Im Jahr 1558 wurde mit **Osorno** die vorerst letzte Siedlung der Kolonisation des chilenischen Südens gegründet. In den nächsten Jahren stand die Eroberung und Besiedelung des westlichen Teils des heutigen Argentiniens, die von Chile aus geschahen, im Vordergrund.

INFO   ## Das System der Encomienda

Auch wenn Chile bis zu einer gewissen südlichen Breite offiziell unterworfen und kolonisiert worden war, gestaltete sich das Leben für die Eroberer hier nicht einfach. Die Siedlungen, bei denen es sich in der Regel um kleine Nester handelte, mussten immer wieder gegen Überfälle der Ureinwohner verteidigt werden, und die spanischen Nutznießer der großen Ländereien lebten normalerweise nicht auf ihren Gütern, weil sie sich dort nicht sicher fühlten.

Die spanische Krone hatte zur Bewirtschaftung des riesigen neuen Landes ein System eingeführt, das ihr für alle Zeiten die Kontrolle über den Produktionsfaktor „Land" garantieren sollte, das System der Encomienda.

Der spanische König als Landbesitzer vergab das Land an seine Männer in der neuen Kolonie mitsamt der dort lebenden Ureinwohner, er empfahl es ihnen an (span. *encomendar*: anempfehlen). Sie hatten damit in etwa die Funktion eines Lehnsherren: sie erhielten ein lebenslanges Nutzungsrecht, das Land blieb aber immer im Besitz der Krone. Der Encomendero hatte die Aufgabe, sich um sämtliche Belange des Landes und seiner Bewohner zu kümmern, er hatte für Verteidigung, Sicherheit und religiöse Unterweisung zu sorgen und war gerichtliche Instanz für alle Streitigkeiten. Im Namen des Königs durfte er dafür als Gegenleistungen Arbeit, Nahrungsmittel und auch Gold verlangen.

De facto bedeutete dieses System die Versklavung der Urbevölkerung. Da die Encomenderos i. d. R. in den Siedlungen und nicht auf ihren Ländereien wohnten, kann man aber sagen, dass das Land nicht kolonisiert wurde, die Spanier waren auf dem Land wenig präsent. Dennoch hatte dieses System der Umverteilung der Güter natürlich einen tief greifenden Einfluss auf die Lebensverhältnisse der Ureinwohner: aus freien Menschen waren Sklaven geworden, die für das Wohlergehen der spanischen Oberschicht in den Städten zu sorgen hatten.

Die Kolonie

Die Erwartungen der Eroberer, die mit hochfliegenden Vorstellungen von unvorstellbaren Goldvorräten nach Chile gekommen waren, wurden enttäuscht. Edelmetalle, die sich leicht abbauen ließen, fanden sie kaum und sagenhafte Schätze wie in anderen Ländern auch nicht. Zur reichsten Region wurden schnell die zentralen Landesteile: hier konnte man Gemüse und Obst anbauen, das sich gut in die Minenstädte Perus und Boliviens exportieren ließ.

Statt Gold Obst und Gemüse

Chile gehörte zur Anfangszeit der Kolonie zum Vizekönigreich Peru, so wie fast das gesamte restliche spanische Südamerika. Der Sitz der Zentralregierung für dieses riesige Gebiet war Lima. Schon ab 1567 bekam Chile allerdings eine gewisse Eigenständigkeit dadurch, dass zuerst in Concepción und später in Santiago eine königliche Audiencia eingerichtet wurde, die als **eingeschränkte Selbstverwaltung** fungierte.

In Araukarien waren die Probleme mit der Ermordung Pedro de Valdivias nicht ausgestanden: die Mapuche leisteten den Kolonialherren Widerstand, wo sie nur konnten. Deshalb konnten die Spanier auch nicht weiter nach Süden vordringen, das Gebiet der Mapuche war Grenzregion und sollte es auch noch jahrhundertelang bleiben. Ihren Höhepunkt hatten die Auseinandersetzungen zwischen Spaniern und Mapuche 1599, das als das Jahr des großen **Mapuche-Aufstandes** in die Geschichte Chiles eingegangen ist. Die Spanier wurden endgültig nach Norden vertrieben,

Die Mapuche setzen sich zur Wehr

Ein Mapuche

der Río Bio Bio bildete die Grenze des neuen Reiches, und alle südlicheren Siedlungen, die es schon gab, mussten erst einmal wieder aufgegeben werden.

Zu Anfang des 17. Jahrhunderts schickte die Regierung Expeditionen nach Araukarien, die subversive Indios festsetzen sollten, so der offizielle Auftrag. Der Hintergedanke war, dass der Landwirtschaft in Zentralchile Arbeitskräfte fehlten und Sklaven gebraucht wurden. Mit diesen Raubzügen machten sich die Kolonialherren natürlich nicht eben beliebter. Im Gegenzug fielen Mapuche auf den Estancias der Spanier ein und raubten, was sie in die Hände bekamen, Vieh, Geräte und auch Frauen und Kinder. Anscheinend waren die Mapuche auch keine willigen Sklaven, sie lehnten sich gegen ihre Herren auf und zettelten Aufstände an. 1683 wurde die Sklaverei nach diesen negativen Erfahrungen verboten.

Chile war im Vergleich zu den anderen spanischen Kolonien in Südamerika isoliert, einmal durch die geografische Lage zwischen Anden und Pazifik, zum anderen durch die spanische Gesetzgebung, die vorschrieb, dass alle Waren über den karibischen Hafen Cartagena (Kolumbien) und von dort aus nach Peru über den Handelsplatz Callao transportiert werden mussten. Von dort war es nach Valparaiso noch ein weiter Weg, und manch ein Schiff wurde während der Reise von Piraten gekapert. Dorthin mussten alle Exportgüter gebracht werden, und im Gegenzug kamen von dort die Waren aus Spanien an: Stoffe, Möbel, Papier und auch Waffen.

Ein wichtiges Anliegen der spanischen Könige war die Bekehrung der Urbevölkerung zum christlichen Glauben. Ende des 17. Jahrhunderts kamen die Jesuiten, die besonders in der Region um und auf Chiloé aktiv waren. Sie beschränkten sich nicht auf die Verkündung der christlichen Lehre, sondern lehrten die Menschen auch weltliche Dinge, wie den Bau von Werkzeugen oder Mühlen. 1767 wurden die Jesuiten aus allen spanischen Kolonien und auch aus Chile vertrieben.

Unabhängigkeit von Peru

1778 wurde Chile vom Vizekönigreich Peru unabhängig, das Land war jetzt ein eigenständiges Generalkapitanat. Das Handelsmonopol, das die Spanier immer noch innehatten, überlebte sich selbst, zu stark war die Konkurrenz durch Schmuggelware, die über die Karibik hauptsächlich auf britischen und französischen Schiffen nach Chile kam. Ende des 18. Jahrhunderts beschloss der Hof in Madrid eine Reihe von Reformen, die die Wirtschaft in Südamerika stark verändern sollten. Die Beschränkungen des Handelsverkehrs wurden aufgehoben, Schiffe konnten ihren Bestimmungshafen jetzt direkt ansegeln. Die Zölle wurden herabgesetzt und die Formalitäten vereinfacht. Alle diese Vergünstigungen galten natürlich nur für den spanischen Handelsverkehr, man versuchte, verloren gegangenes Terrain wieder gutzumachen. Das gelang auch für eine Weile, aber mit der Zeit musste die spanische Krone sich dem Handel mit anderen Nationen öffnen. Zeitweise gelangte jetzt so viel Ware nach Chile, dass der Markt völlig gesättigt war. Das hatte zur Folge, dass die lokalen Betriebe kaum noch gegen die Konkurrenz aus Übersee ankamen.

Die Unabhängigkeit

Die Unabhängigkeitsbewegung in Chile (und in anderen südamerikanischen Staaten) wurde durch verschiedene Faktoren begünstigt. Der wichtigste war wohl, dass sich die Weltmacht Spanien im Niedergang befand. Spanien hatte damals mit Frankreich einen Pakt und wäre eigentlich verpflichtet gewesen, seinem Bündnispartner beizuspringen, als England einen Krieg gegen Frankreich begann. Zunächst versuchten die Spanier, sich aus dieser Verpflichtung freizukaufen, dann begannen aber die Engländer, immer mehr spanische Schiffe zu kapern, so dass die Krone irgendwann nicht mehr weiter nur einfach zusehen konnte und 1804 England den Krieg erklärte. Am 21. Oktober 1805 vernichteten die Engländer in der berühmten **Seeschlacht vor Trafalgar** die spanische Flotte, und Spaniens Herrschaft als Weltmacht war gebrochen.

Aber vorher schon hatten die Nordamerikaner ihre Unabhängigkeit von England erklärt und konnten sie auch behaupten. Zudem waren aus Europa Freimaurerlogen und Geheimgesellschaften gekommen, die das Gedankengut der Aufklärung auch in Südamerika verbreiteten; innerhalb der Gesellschaft hatte eine geistige Wandlung stattgefunden. *Neue Ideen und gesellschaftlicher Wandel*

Der spanische Niedergang, eingeläutet durch die Schlacht von Trafalgar, wurde perfekt gemacht, als Napoleon 1808 Spanien besetzte und den König zum Abdanken zwang. In den Kolonien organisierten sich Versammlungen (*Juntas*), die zunächst im Namen der Krone weiter regierten. Auch Chile hatte eine solche Junta, die am **18. September 1810** (heute ist dieser Tag der Nationalfeiertag Chiles) von einer Bürgerversammlung zur ersten Nationalregierung gewählt wurde. Diese bekannte sich zunächst auch noch zur spanischen Krone, allerdings legte sie fest, dass sie eventuelle Ansprüche Frankreichs nicht anerkennen würde. Und obwohl Chile formal noch Spanien unterstand, verselbstständigte sich der junge Staat schnell: ein Heer wurde aufgestellt und eine Verfassung ausgearbeitet. Die geistigen Väter waren die drei Brüder *Carrera*, und in der Verfassung wurde zwar der spanische König noch als formales Staatsoberhaupt genannt, im Gegenzug verlangte Chile aber, dass er die Souveränität des Landes anerkennen und zulassen müsse, dass die Regierung in Zukunft frei gewählt werde. Das wollte sich Spanien trotz seiner geschwächten Position so natürlich nicht gefallen lassen. Aus Peru schickte es Truppen, und Chile musste sich seine Freiheit erkämpfen. *Kampf um die Freiheit*

Einer der Carrera-Brüder, *José Miguel*, führte zusammen mit **Bernardo O'Higgins** die Truppen, und zunächst lief es gut für die Chilenen, aber am 1. Oktober 1814

Lord Cochrane besiegte die Spanier in Valdivia

wurden sie bei Rancagua vernichtend von den Spaniern geschlagen. Die beiden Heeresführer flohen nach Argentinien und verbündeten sich dort mit **José de San Martín**, der für die argentinische Freiheit kämpfte. Man beschloss, sich zusammenzutun und die Spanier gemeinsam aus dem ganzen südlichen Südamerika zu vertreiben. Nach der Niederlage in Rancagua brauchte man eine Weile, um einen neuen Angriff vorzubereiten, erst 1817 machte sich ein aus 5.000 Männern bestehendes Heer auf den Weg über die Anden. Am 12. Februar gab es bei Chacabuco eine verheerende Niederlage für die Spanier, obwohl sie zahlenmäßig überlegen gewesen waren. Dann brauchten San Martín und O`Higgins nur noch drei Tage bis Santiago. Aber schon am Tag der Schlacht erklärte Chile seine Unabhängigkeit, die in einem letzten Kampf gegen die Spanier am 5. April noch einmal verteidigt werden musste. Die Spanier hatten jetzt nur noch Stützpunkte in Valdivia, von wo sie 1820 durch den englischen Admiral *Lord Cochrane* vertrieben wurden, und auf Chiloé, wo sie sich noch bis 1826 halten konnten.

San Martín war es nicht genug, dass die Spanier in Chile geschlagen waren. Er kämpfte weiter gegen sie, zuerst in Peru, wo er 1821 nach Lima einziehen konnte, das die Spanier schließlich freiwillig geräumt hatten. Dann tat er sich mit dem bolivianischen Freiheitskämpfer *Simon Bolivar* zusammen, um auch die weiter nördlich gelegenen Staaten in ihrem Kampf um die Unabhängigkeit zu unterstützen. Sein Ziel war es, den Spaniern die letzten Stützpunkte auf dem südamerikanischen Kontinent zu nehmen.

Der erste Präsident nach der formalen Unabhängigkeit 1818 war **Bernardo O'Higgins,** er regierte für fünf Jahre, überwarf sich aber schnell mit der politisch wichtigen Gruppe der Landbesitzer, die sich nicht mit den Beschränkungen, die er ihnen auferlegte, anfreunden konnte. 1823 ging er nach Peru ins Exil und starb dort fast 20 Jahre später, ohne jemals nach Chile zurückgekehrt zu sein.

Chile konsolidiert sich als Staat

Chile konnte sich als Nationalstaat relativ schnell und ohne die Probleme und Unruhen, die andere aus den Kolonien entlassene südamerikanische Staaten durchmachen mussten, konsolidieren. In den 30er Jahren wurde eine Verfassung aufgestellt, die ganz auf den Präsidenten zugeschnitten war und ihn mit weitreichenden Vollmachten ausstattete. Wählen durften nur Großgrund- und Geschäftsbesitzer, die

große Masse der Handwerker und Arbeiter hatten kein Wahlrecht. Es gab die kon- *Wahlrecht*
servative und die liberale Partei, in denen sich die einflussreichen ländlichen und *nur für*
städtischen Schichten organisierten. *wenige*

Da potenzielle Unruhestifter durch dieses System von vornherein mehr oder weniger mundtot gemacht worden waren, gelang es der **Regierung Joaquin Prieto**
(1831-41) schnell, stabile Verhältnisse zu schaffen. Vielleicht noch wichtiger für die
Entstehung der neuen Verfassung, die 1833 in Kraft trat, und für die geistige Haltung
des konservativen Republikanismus, die die Politik bestimmte, war der Staatsmann
Diego Portales. Er war zwar nur zwei Jahre Regierungsmitglied (1837 wurde er
ermordet), während dieser Zeit hatte er aber die wichtigsten Ministerien unter sich.
Er war gleichzeitig Innen-, Außen-, Marine- und Kriegsminister.

1836 schlossen sich Peru und Bolivien zu einer Konföderation zusammen, um dem
immer stärker werdenden Chile Paroli bieten zu können. Chile empfand dieses
Gerassel mit dem Säbel als Bedrohung und erklärte der Union noch im selben Jahr
den Krieg, der 1839 mit der Schlacht von Yungay gewonnen wurde.

Wie zu erwarten war, schafften sich die herrschenden Schichten eine auf ihre Bedürfnisse zugeschnittene Wirtschaftspolitik. In den folgenden Dekaden nahm die Wirtschaft unter den Regierungen **Manuel Bulnes** (1841-51) und **Manuel Montts** *Exporte*
(1851-56) durch den Export von Getreide und Kupfer einen bemerkenswerten Auf- *bringen den*
schwung. Es etablierten sich immer mehr britische Handelshäuser, die den Transport *Aufschwung*
nach Europa, Nordamerika und Australien übernahmen, und Valparaiso wurde zum
wichtigsten Handelshafen Chiles.

In den folgenden Jahren wuchs in Chile selber durch die Ausweitung des Bergbaus der
Bedarf an Nahrungsmitteln. Da die Anbauflächen in Zentralchile kaum noch ausge-
weitet werden konnten, musste man sich nach neuen Regionen umsehen. Noch immer
war das Land südlich des Río Bio Bio fest in Mapuche-Hand, aber unter dem Druck,
mehr Nahrungsmittel produzieren zu müssen, wurde dieses Land erneut in die Überlegungen mit einbezogen.

Zunächst begann man, gezielt Siedler anzuwerben und das Gebiet jenseits des Ma-
puche-Landes zu kolonisieren. Dabei spielten Deutsche eine wichtige Rolle, welche
sich hauptsächlich in der Gegend um den Llanquihue-See und bis nach Valdivia ansiedelten. Im südlichen Patagonien ließen sich Schafzüchter nieder, so dass jetzt auch hier
chilenische Präsenz demonstriert werden konnte.

In den 80er und 90er Jahren des 19. Jahrhunderts unternahm man einen weiteren
Versuch, die Mapuche zu unterwerfen, und diesmal gelang es: obwohl sie sich erbittert zur Wehr setzten, wurden sie blutig geschlagen, von ihrem Land vertrieben und
in Reservate abgedrängt. Mundtot machen konnte man sie aber nicht: bis heute
kämpfen sie lautstark dagegen, dass auf ihrem angestammten Land Staudämme gebaut und die Wälder abgeholzt werden. Inzwischen erhalten sie immer mehr Unterstützung von nationalen und internationalen Organisationen, und 1999 wurde das
„Jahr der Mapuche" ausgerufen.

In diese Zeit fällt auch eine eher kuriose Geschichte, die aber für nicht wenig Aufregung sorgte: die des Königs der Araukaner.

 ## Orllie Antoine de Tounens: der König von Patagonien

In den 50er Jahren des 19. Jahrhunderts hat es tatsächlich einmal einen König in Patagonien gegeben; mit bürgerlichem Namen hieß er *Orllie Antoine de Tounens*. Diesem französischen Rechtsanwalt fiel das Heldenepos der Araukanier von *Alonso de Ercilla* in die Hände, das ihm anscheinend eine enorme Inspiration war, und da die Geschäfte in seiner Kanzlei nicht eben gut liefen, hob er 25.000 Francs vom Familienkonto ab und bestieg das nächste Schiff nach Chile.

Er hatte Glück: ein verstorbener Häuptling der Mapuche hatte seinem Volk prophezeit, dass es von einem bärtigen Fremden gerettet werden würde, und da diese etwas ungenaue Beschreibung auf Tounens zutraf, wurde er mit offenen Armen empfangen und als König akzeptiert. Er ließ sich zum König *Antoine I.* von Patagonien krönen und nannte sein Königreich *Nouvelle France*.

Antoine I. entwarf eine Flagge für sein Land, arbeitete eine Verfassung aus und ließ eine Nationalhymne komponieren. Sehr erfreut war er, als auch die Mapuche jenseits der Grenze in Argentinien ihn als ihr Oberhaupt anerkannten. In Santiago war man wohl eher amüsiert als besorgt, aber schließlich schickte man doch eine Patrouille los, die den selbsternannten König kurzerhand verhaftete. Er wurde vor Gericht gestellt, was er als unter seiner Würde empfand: hochmütig erklärte er, den Spruch eines Richters an einem Holztisch werde er als König nicht akzeptieren. Das half ihm nichts, und auch der Vermittlungsversuch des französischen Botschafters, der anregte, die Anklage fallen zu lassen, weil Antoine offensichtlich nicht Herr seiner Sinne sei, half nicht weiter: medizinische Test zeigten, dass sein Geisteszustand völlig normal war. Schließlich wurde er zu zehn Jahren Haft verurteilt und musste eine Erklärung unterschreiben, in der er seinem Thron entsagte.

Er wurde in ein Provinzgefängnis verbannt, wo er sich prompt eine Dysenterie einfing und all sein schwarzes Haar verlor. Seine „Untertanen" hatten inzwischen von seinem Missgeschick erfahren und schmiedeten Befreiungspläne. Daraufhin verfrachteten ihn die Chilenen eiligst auf das nächste Schiff nach Frankreich, um den Unruhestifter aus dem Land zu schaffen. Er versuchte mehrere Male, nach Chile und zu seinem Volk zurückzukehren, wurde aber jedes Mal erwischt.

Schließlich musste er in Frankreich eine Arbeit als Laternenanzünder annehmen, um seinen Lebensunterhalt zu sichern, ein schmähliches Ende für den König von Patagonien. Immerhin hinterließ er einen Erben, keinen Sohn zwar, aber ein Cousin übernahm seinen Posten und hielt Hof, allerdings nur in Paris, sein fernes Königreich hat er wohlweislich nie aufgesucht.

Für die Kleinbauern, die bisher Land von den Großgrundbesitzern gepachtet hatten, hatte die Zunahme der Agrarexporte zur Folge, dass sie ihr Land verloren; die Besitzer bewirtschafteten es jetzt in der Regel lieber selbst, auf dem Exportmarkt ließen sich attraktive Gewinne machen. Die Pächter mussten sich Arbeit im Bergbau oder beim Eisenbahnbau suchen.

Die Aufbereitung von Kupfer hat in Chile eine jahrhundertlange Geschichte

Seit der Mitte des 19. Jahrhunderts war der Bergbau immer wichtiger geworden, und ab einem bestimmten Punkt überflügelte er mit seinen Profiten die Landwirtschaft. Zuerst wurde hauptsächlich **Silber** ausgebeutet, fast ohne ausländische Beteiligung, beim Abbau des **Kupfers** stiegen dann britische Gesellschaften, aber auch einzelne Ingenieure verstärkt mit ein. Zwei Jahrzehnte lang (1860-80) war Chile der größte Kupferproduzent auf dem Weltmarkt.

Minerale und Metalle

In den 60er Jahren des 19. Jahrhunderts kam der **Salpeterabbau** immer mehr in Schwung, das Mineral ließ sich für gutes Geld nach Europa exportieren, wo die Bevölkerung infolge der industriellen Revolution immer mehr wuchs, während die Böden immer mehr auslaugten und bald an die Grenzen ihrer Kapazität stießen. Und die konnte man mit dem neuen Dünger aus Südamerika herausschieben, außerdem ließ sich aus dem unscheinbaren Wüstensalz Schießpulver herstellen.

Der Pazifikkrieg

Die reichsten Salpeterlagerstätten lagen in den Provinzen Tarapacá (die damals zu Peru gehörte) und Antofagasta (zu Bolivien gehörig). Grenzstreitigkeiten mit Bolivien führten 1866 zunächst zu einem Abkommen, das die gemeinsame Ausbeutung der Vorkommen in einem Streifen zwischen dem 23. und 25. Breitengrad vorsah, der Grenzverlauf wurde auf den 24. Breitengrad festgelegt. Tatsächlich aber machten die Chilenen dann doch den größeren Reibach, weil die Bolivianer nicht über die erforderlichen Mittel verfügten, um die Minen anzulegen und zu betreiben.

Krieg um das Salz

1874 erhob Bolivien Einspruch gegen das Abkommen, woraufhin Chile sich bereit erklärte, auf die Vorkommen jenseits des 24. Breitengrades zu verzichten, wenn im Gegenzug die Bolivianer den chilenischen Gesellschaften höhere Zölle und Steuern erlassen würden. Als die Bolivianer dann versuchten, eben diese Steuern doch einzutreiben, war Chile nicht bereit, still zu halten und schickte am 14. Februar 1879 Truppen nach Antofagasta: der Pazifikkrieg war ausgebrochen.

Der Krieg um die Wüste

Peru wurde in den Konflikt mit hineingezogen, weil Lima die Nationalisierung des Salpeterabbaus beschloss und Chile damit die Kapitaleinlagen, die chilenische Unternehmen in zahlreichen peruanischen Minen hatten, in Gefahr sah. Der Krieg wurde hauptsächlich zwischen Chile und Peru ausgefochten, Bolivien zeigte sich der militärischen Übermacht Chiles nicht lange gewachsen. 1881 besetzten chilenische Truppen Lima, aber gewonnen war der Krieg erst 1883. Peru und Chile handelten einen Friedensvertrag aus, in dem festgelegt wurde, dass der größte Teil der Provinz Tarapacá an Chile fiel. Mit Bolivien schlossen die Chilenen 1884 einen Waffenstillstand, aber erst 1904 kam auch ein Friedensvertrag zu Stande, in dem stand, dass die gesamte Region Antofagasta an Chile fiel und sich die Chilenen im Gegenzug verpflichteten, eine Eisenbahnlinie zwischen Arica und La Paz zu bauen. Bolivien hatte damit seinen Zugang

Bolivien verliert den Zugang zum Pazifik

zum Meer verloren, und das schmerzt bis heute. Das Verhältnis zwischen Bolivianern und Chilenen bleibt gespannt, sowohl auf politischer als auch auf persönlicher Ebene, und der bolivianische Militärposten hinter der Grenze bei Chungara hat sich als Wahlspruch auf seine Mauern geschrieben: „*Bolivia – de los Andes hacia el Mar*" (Bolivien – von den Anden bis zum Meer).

Ende des 19. Jahrhunderts wurde die faktische Alleinherrschaft eines Präsidenten zum ersten Mal ernsthaft in Frage gestellt. **José Manuel Balmaceda** wollte Teile der Kupferindustrie nationalisieren und stellte sich damit gegen die hauptsächlich englischen Geldgeber, die die chilenischen Minenbesitzer und andere Angehörige des Geldadels hinter sich hatten. Ein entsprechendes Gesetzt wurde von der konservativen Kongressmehrheit nicht bestätigt, und so erließ es Balmaceda per Dekret. Das wollten sich die Konservativen nicht bieten lassen und erhoben sich gegen den Präsidenten, das Militär wussten sie auf ihrer Seite, und finanzielle und technische Unterstützung kam aus England. Es kam zu einem blutigen Bürgerkrieg, aber die Aufständischen hatten schnell die Salpeterregion und dann auch Valparaiso besetzt und saßen damit in den Schaltzentralen der chilenischen

Balmaceda erschießt sich in Buenos Aires

Wirtschaft. Balmaceda gab auf, floh nach Argentinien und nahm sich dort das Leben. Dieser Krieg hatte zur Folge, dass die Macht des Präsidenten in der nächsten Verfassung stark eingeschränkt und die des Parlaments gestärkt wurden.

Übergang ins 20. Jahrhundert: Die Arbeiterschaft artikuliert sich

Schon während der letzten Jahrzehnte des 19. Jahrhunderts hatte sich in den Bergbauzentren im Norden des Landes eine Arbeiterschicht herausgebildet, die durch die zunehmende Industrialisierung wuchs und sich auch immer besser zu artikulieren verstand. Gewerkschaften wurden gebildet, und es kam zu Streiks. Ein trauriger Höhepunkt dieser Entwicklung waren Streiks und Protestkundgebungen, mit denen Minenarbeiter 1907 in Iquique auf ihre katastrophalen Arbeitsbedingungen aufmerksam machen wollten. Während einer Versammlung in einer Schule schoss das Militär *Das* wahllos in die Menge, und eine bis heute nicht genau bekannte Zahl von Arbeitern *Massaker* mit ihren Frauen und Kindern wurde buchstäblich niedergemetzelt; einige Quellen *von Iquique* sprechen von bis zu 3.000 Toten.

Jetzt wurden als Gegengewicht zu den konservativen und liberalen Parteien der Oligarchie Arbeiterparteien gegründet, 1912 die Sozialistische Arbeiterpartei (*Partido Obrera Socialista*), ein Vorläufer der kommunistischen Partei Chiles (*Partido Comunista de Chile*), und 1933 die Sozialistische Partei (*Partido Socialista*). Auch der Mittelstand hatte inzwischen seine Interessenvertretungen: die Demokratische Partei (*Partido Demócrata*) und die Radikale Partei (*Partido Radical*) schlossen sich 1920 zu einer Alianza Liberal zusammen und konnten noch im selben Jahr einen Wahlsieg mit **Arturo Alessandri y Palma** als Präsidentschaftskandidat verbuchen. Dieser Präsident nahm sich als einer der ersten auch sozialer Fragen an, die mit dem Anwachsen der Arbeiterschaft immer drängender geworden waren. Er schrieb so elementare *Neue* Dinge wie das Streikrecht und das Verbot von Kinderarbeit in einer neuen Ver- *Verfassung* fassung fest. Arbeiter und Angestelltenversicherungen wurden gegründet und die Arbeitsgesetzgebung erheblich verbessert.

Von 1925 bis 1932 wurde Chile von wechselnden Militärregierungen regiert, bis Alessandri ein zweites Mal an die Macht kam und versuchte, die Macht der Militärs einzuschränken.

Durch die Möglichkeit, Salpeter als Dünger künstlich herzustellen, sank die Nachfrage nach diesem Rohstoff schlagartig, und da die chilenische Wirtschaft stark vom Export abhängig war, bekam sie die Folgen der Weltwirtschaftskrise in den 30er Jahren um so heftiger zu spüren. Die Exporterlöse sanken um mehr als 50 Prozent, und da es kaum noch Nachfrage nach Salpeter gab, basierte die Wirtschaft bald nur noch auf dem Export von Kupfer. Jetzt rächte sich, dass die Regierung die Schürfrechte für die größten Minen des Landes, El Teniente und Chuquicamata, zu Anfang des Jahrhunderts an US-amerikanische Gesellschaften vergeben hatte. Die Gewinne, die die Chilenen jetzt so nötig selber gebraucht hätten, flossen zu einem großen Teil in die USA. Bisher waren die Chilenen von den Briten abhängig gewesen, jetzt wurden sie *Abhängig-* es in zunehmendem Maß von den Amerikanern. Alessandri versuchte während sei- *keit von* ner zweiten Regierungsperiode, der Wirtschaft gezielt durch protektionistische *den USA*

Das US-Engagement stößt nicht überall nur auf Begeisterung

Maßnahmen und Förderung der Industrialisierung auf die Sprünge zu helfen.

Während der 20er Jahre des 19. Jahrhunderts wurden immer noch 80 Prozent des besten Ackerlandes in großen Haciendas bestellt, und der Hauptanteil der in der Landwirtschaft Beschäftigten arbeitete als Tagelöhner oder Pächter für die Großgrundbesitzer. Die Besitzer der Haciendas schrieben ihren Arbeitern vor, welche Partei sie zu wählen hatten und konnten deshalb einen nicht unerheblichen Druck auf die politische Führung ausüben. So war es schwierig, Landreformen auf den Weg zu bringen, und bis in die 50er Jahre wurde die Machtposition der Landbesitzer zwar zögerlich beschnitten, aber nicht ernsthaft gefährdet.

1938 wurde eine Regierung, bestehend aus einem Bündnis zwischen Sozialisten, Demokraten und Radikalen, gewählt, zum ersten Mal in Lateinamerika überhaupt. Die Wirtschaftspolitik Alessandris hatte den Linken viele Wähler in die Arme getrieben. Bis 1952 wurde Chile von dem Bündnis der Volksfront beherrscht, wobei die Radikalen immer den Präsidenten stellten, bis 1948 mit **Gabriel Gonzales Videla** ein Mitglied des konservativen Flügels der Volksfront an die Regierung kam. Er gewann mit Hilfe der Kommunisten, was ihn aber nicht davon abhielt, die Kommunistische Partei kurz nach der Wahl zu verbieten und unliebsame Parteimitglieder zu verfolgen. Viele chilenische Kommunisten kamen damals in Gefängnisse oder mussten ins Exil gehen, so auch *Pablo Neruda*, der den Wahlkampf Videlas geführt hatte.

Die kommunistische Partei wird verboten

Der Bevölkerung gefiel dieser Opportunismus offenbar ebenso wenig wie sein Regierungsstil, und die nächsten Wahlen im Jahr 1952 gewann General **Carlos Ibáñez**, der in den 20er Jahren das Land schon einmal auf sehr diktatorische Weise regiert hatte. In diesem Wahlkampf konnte er sich als apolitischer Kandidat verkaufen, das kam gut an, da sich während der Regierungszeit Videlas eine gewisse Politikmüdigkeit in der Bevölkerung breit gemacht hatte. Während der folgenden Jahre versuchte er als erster, den Einfluss der Landbesitzer über die Stimmen ihrer Untergebenen einzuschränken, und auch die Kommunistische Partei wurde wieder legalisiert. Letztendlich führten wirtschaftliche Schwierigkeiten und die hohe Inflation dazu, dass er 1958 nicht wieder gewählt wurde.

Diese Wahl bedeutete in gewisser Weise eine Wende in der chilenischen Politik, zwei neue Bündnisse, die für Chile in den nächsten 20 Jahren wichtig werden sollten, stellten sich zur Wahl. Das eine war die **Democracia Cristiana**, angeführt von *Eduardo Frei Montalva*, die in der konservativ-liberalen Ecke angesiedelt war und ein katholisch-humanistisches Weltbild als Grundlage ihrer Arbeit verstand. Außerdem trat unter *Salvador Allende* die Frente de Acción Popular (FRAP) auf den Plan, ein Bündnis linker Parteien. Gewonnen wurde die Wahl von Jorge Allessandri, der ebenfalls die liberale Konservative vertrat, aber er konnte nur 32 Prozent der Stimmen für sich verbuchen und hatte deswegen mit einer starken Opposition im Kongress zu kämpfen.

Während dieser Legislaturperiode wurden bescheidene Anfänge einer Landreform auf den Weg gebracht, die heftigsten Protest der Großgrundbesitzer hervorrief, so dass die Fortschritte während der Regierungszeit Allessandris bescheiden blieben. Aber immerhin wurde eine rechtliche Grundlage geschaffen, auf die die folgende christdemokratische Regierung unter Frei aufbauen konnte. Der hatte die Wahl 1964 auch deshalb gewonnen, weil er Stimmen des konservativen Flügels für sich gewinnen konnte, die Angst vor den linken Tendenzen Allendes hatten, der wieder als Kandidat der FRAP angetreten war.   *Landreform*

Die Regierung Frei 1964-1970

Frei brachte eine Reihe von Reformen auf den Weg, für die er noch heute von der chilenischen Bevölkerung bewundert wird: die Landreform nahm unter seiner Ägide Gestalt an, gleichzeitig verabschiedete er Programme im sozialen Sektor und in der Erziehung. Um Kapital, das er dringend zur Bekämpfung der Landflucht und der Armut brauchte, zu bekommen, propagierte er eine Chilenisierung der wichtigsten Exportgüter, vor allem des Kupfers, dessen Abbau sich fast ausschließlich in US-amerikanischen Händen befand. Eigentlich wollte Frei an Stelle der nordamerikanischen Kapitalgeber chilenische Investoren finden, als das nur teilweise gelang, verstaatlichte er Anteile der Minen. Auch mit der Landreform ging es jetzt vorwärts, große Ländereien wurden enteignet und an Genossenschaften übergeben.

Während der Regierung Freis polarisierte sich die politische Landschaft Chiles. Auf der einen Seite standen konservative Gruppen, denen die Reformen Freis gegen den Strich gingen, auf der anderen Seite begannen sich überall linke und ultralinke Vereinigungen zu bilden, denen es mit der Landreform und der Umverteilung der Güter nicht schnell genug gehen konnte. Diese Gruppen rekrutierten ihre Mitglieder einerseits bei linken Studentenbewegungen, andererseits bei den Minen- und Landarbeitern, aber auch unter den Mapuche. Die FRAP unterstützte diese Tendenz insofern, als auch sie eine schnellere und schärfere Durchsetzung der Reformen verlangte, sie fürchtete um ihren Einfluss, und als die Regierungszeit Freis sich dem Ende zuneigte, war das Land in zwei Lager gespalten, von dem keines mit dem vorsichtigen Reformkurs, der immerhin zu einigen Erfolgen geführt hatte, zufrieden war.

Eduardo Frei Montalvo

Die Regierung Allende: Freiheit und Sozialismus

Die drei wichtigsten Parteien, die 1970 zur Wahl antraten, waren die Unidad Popular (UP), die aus der FRAP hervorgegangen war und sich die Verstaatlichung fast aller wirtschaftlichen Zweige aufs Banner geschrieben hatte, die Christdemokraten unter *Radomiro Tomic* und die Nationale Partei unter *Jorge Allessadri*, der trotz seines inzwischen beachtlichen Alters noch einmal antrat. *Allende* gewann die Wahl nur knapp, er konnte 36 Prozent der Stimmen für sich verbuchen, gefolgt von Allessandri mit 35 Prozent und Tomic mit 28 Prozent.

INFO   ## Wer war Salvador Allende?

Salvador Allende Gossens wurde am 26. Juli 1908 in Valparaiso in eine großbürgerliche Familie hineingeboren.

Nach der Schule begann er ein Medizinstudium. Schon während seiner Zeit an der Universität interessierte er sich für Politik und bekam immer wieder Probleme wegen seines politischen Engagements. Als 1933 die Partido Socialista de Chile ins Leben gerufen wurde, war er unter den Gründungsmitgliedern, ab 1937 saß er im Parlament und 1939 wurde er Gesundheitsminister der Regierung *Aguirre Cerda*. 1943 stieg er zum Generalsekretär seiner Partei auf und 1952 trat er zum ersten Mal als Präsidentschaftskandidat an. Neben seiner politischen Arbeit war Allende immer auch Arzt, arbeitete für verschiedene Gesundheitsorganisationen und lehrte an der Hochschule.

Mit den Jahren entwickelte sich der Sohn aus bürgerlichem Haus immer mehr zum Hoffnungsträger der Linken im Land. 1970 gewann seine Partei die Wahl knapp, so knapp, dass der Kongress zwischen ihm und dem Kandidaten der rechts orientierten Partei Allesandri entscheiden musste. Als Allende sich

Salvador Allende Gossens nach seiner Ernennung zum Präsidenten

verpflichtete, sich trotz seiner kommunistischen Ideen an die Regeln der Demokratie zu halten, stimmten die Christdemokraten für ihn.

Salvador Allende war weltweit der erste Landesführer, der einer frei gewählten marxistischen Regierung vorstand. Der Anfang seiner Regierungszeit war schwierig, die ganze Welt schaute mit den unterschiedlichsten Erwartungen auf ihn. Die Linke in Europa sah in ihm eine Lichtgestalt, ähnlich wie Che Guevara, den Amerikanern unter Präsident Nixon war der charismatische südamerikanische Führer jedoch eher unheimlich. Nach der Wahl versuchte der amerikanische Geheimdienst, mit den verschiedensten Mitteln zu verhindern, dass Allende die Regierung tatsächlich antrete, unter anderem versuchten sie, in Santiago illoyale Militärs zum Putsch zu bewegen. Der einzige, der sich zu einer Zusammenarbeit mit den Amerikanern bereit erklärte, war der pensionierte General **Roberto Viaux**. Er erhielt 20.000 Dollar vom amerikanischen Geheimdienst, wollte aber dann nicht abwarten, bis die Amerikaner den Moment für einen Militärstreich gekommen sahen, sondern entschloss sich im Alleingang zu einem Putschversuch. Die Mehrzahl der chilenischen Militärs stellte sich jedoch auf die Seite Allendes, der Putsch endete in einem Desaster und mit der Verurteilung von Viaux zu 20 Jahren Haft.

Sofort nach seinem Regierungsantritt begann Allende, sein ambitioniertes Wirtschaftsprogramm in die Tat umzusetzen. Er hob die Mindestlöhne an, senkte die Preise für Grundnahrungsmittel und verstaatlichte die Gesundheitsfürsorge, die jetzt jeder Bürger kostenlos in Anspruch nehmen konnte. Außerdem brachte er fast die gesamte Wirtschaft unter die Hand des Staates, die Kupferminen z. B. wurden jetzt entschädigungslos und komplett verstaatlicht.

Im ersten Regierungsjahr konnte sich die Unidad Popular einer breiten Unterstützung sicher sein, durch die Anhebung der Löhne ging es zunächst vielen Menschen besser. Aber dann begann der Abzug des internationalen Kapitals, neue Investitionen aus dem Ausland blieben ganz aus, und die USA, verärgert durch die Enteignung nordamerikanischen Kapitals und die politische Freundschaft zwischen Chile und Kuba, begannen auf verschiedene Weise, ihren Einfluss gegen Allende einzusetzen. Seine politischen Gegner konnten sich der materiellen und ideologischen Unterstützung des CIA sicher sein, und auch in internationalen Gremien begannen die USA, die Vergabe von Krediten oder anderer Hilfen für Chile zu behindern. *Investitionen bleiben aus*

Mit der Wirtschaft ging es in allen Bereichen bergab, und auch die Landwirtschaft geriet in eine Krise, als unabhängige Kleinbauern und Landarbeiter gegen die Vergabe von Ländereien ausschließlich an Kollektiven protestierten und Land besetzten. Schließlich musste die Regierung ihre schon sehr zusammengeschmolzenen Devisenreserven dazu benutzen, Nahrungsmittel zu importieren. Es kam zu Streiks und Unruhen, und viele Menschen hungerten; die Regierung hatte ihre Glaubwürdigkeit verloren. In dieser verfahrenen Situation erhoffte sich Allende 1972 den nötigen Rückhalt durch Militärs. Der General *Carlos Prats* sollte auf dem kritischen Posten des Innenministers für Stabilität sorgen, trotzdem kam es im Juni 1973 zu einem Militär-Putsch. Die Militärs konnten sich nicht durchsetzen, und der Putsch misslang, aber die Situation wurde immer prekärer. Direkt nach dem Putschversuch gab es einen Streik der unabhängigen LKW-Fahrer, der von der gesamten Opposition unterstützt wurde. General Prats, der jeglichen Rückhalt der Militärs verloren hatte, trat zurück, und Allende setzte als Ersatz den noch relativ jungen General *Pinochet* ein. *Die Regierung gerät ins Trudeln*

Der Putsch

Dabei unterlief ihm eine krasse Fehleinschätzung: er hielt Pinochet für einen Simpel, der „nicht einmal die eigene Frau hinters Licht führen könne". Nur 19 Tage nach der Berufung musste er sich eines Besseren belehren lassen: auf Pinochets Befehl bombardierten am 11. September 1973 Flugzeuge der chilenischen Luftwaffe den Präsidentenpalast. *Der 11. September 1973*

Pinochet, der durch die Ernennung zum Oberkommandierenden der Streitkräfte zu einiger Macht gekommen war, bereitete den Putsch, mit dem die Regierungszeit und das Leben Salvador Allendes enden sollten, über mehrere Monate minutiös vor. Am 11. September in den frühen Morgenstunden gab er das Startsignal, und die Truppen besetzten die strategisch wichtigen Punkte in Santiago und anderen Städten. Großen Widerstand gab es aber nicht, nur in einigen Fabriken erhoben sich die Arbeiter.

Allende war im vorab über den geplanten Umsturz informiert. Der deutsche Doppelpagent *Alfred Spuler*, der für den Bundesnachrichtendienst und gleichzeitig für die Stasi arbeitete, hatte die Neuigkeit in die DDR gemeldet, von wo aus Allende eine Warnung über die chilenische KP erhielt. Sie kam aber zu spät, als dass er noch Gegenmaßnahmen hätte ergreifen können, und das Vertrauen des chilenischen Volkes in ihn war so tief erschüttert, dass er sich wohl auch nicht genügend Unterstützung erhoffen konnte.

Der Tod Allendes

Am Tag des Putsches hielt er sich mit einigen seiner Mitarbeiter im Regierungspalast „La Moneda" auf. Pinochet forderte ihn auf, den Palast zu räumen und sich selber zu ergeben. Als Allende ablehnte, wurde der Palast bombardiert, und schließlich drangen Soldaten in das zerschossene Gebäude ein, und was dann geschah, ist bis heute nicht geklärt. Die offizielle Version, die später von der Pinochet-Regierung bekannt gegeben wurde, lautete, dass Allende, der keinen anderen Ausweg sah, sich mit einer Kalaschnikow, die er von *Fidel Castro* geschenkt bekommen hatte, in den Kopf schoss. Die Anhänger Allendes sagen, dass er von den Putschisten erschossen worden sei.

Die Jahre der Diktatur

Die Opposition wird verfolgt

Nun brachen 17 harte Jahre für das Andenland an. Die Opposition sah sich einer unerbittlichen Verfolgungsjagd ausgesetzt, die 3.000 Menschen nicht überlebten. Zehntausende von Chilenen mussten emigrieren, viele gingen in die USA oder nach Europa. Aber auch dort waren sie vor dem effizienten Geheimdienst Pinochets nicht sicher, einige Freunde oder Regierungsmitglieder wurden im Exil ermordet, so z. B. General Prats, der ein Jahr nach dem Putsch in Buenos Aires durch eine Autobombe starb. Das berühmteste Opfer der Dina (*Directoria de Inteligencia Nacional*) aber war sicherlich Orlando Letelier.

INFO   ## Wer war Orlando Letelier?

Den Namen *Orlando Letelier* hört man oft im Zusammenhang mit dem Putsch, und in gewisser Weise ist er zu einer Symbolfigur für die Zeit des Pinochet-Regimes geworden, er steht für die Tausende Getöteter, Verschwundener und Vertriebener.

Orlando Letelier war ein hochrangiges Mitglied der Regierung Allende, er arbeitete als Verteidigungsminister und als Botschafter Chiles in den USA. Durch seinen Posten als Verteidigungsminister hatte er in der Zeit vor dem Putsch häufig Kontakt mit Pinochet, und dieser schätzte ihn offensichtlich nicht als vertrauenswürdig ein, Letelier wusste nichts von den Umsturzplänen. Am Tag des Putsches hielt er sich durch einen Zufall nicht im Präsidentenpalast „La Moneda" auf, als dieser bombardiert wurde, man nahm ihn fest und er wurde zunächst in eines der Lager verbannt, die Pinochet sofort für missliebige Personen einrichtete. Er verbrachte ein Jahr auf Dawson Island im stürmischen und kalten Süden Chiles. Schließlich kam er frei und emigrierte in die USA. Dort begann er für das Institute for Policy-Studies, ein eher links orientiertes Forschungsinstitut, zu arbeiten. Gleichzeitig betrieb er Lobbyarbeit gegen Chile und nutzte seine internationalen Kontakte, um Überzeugungsarbeit gegen das Militärregime zu leisten.

Am 2. September 1976 war Letelier auf dem Weg zur Arbeit, als sein Auto durch eine Bombe zerrissen wurde. Mit ihm im Auto waren zwei Mitarbeiter, Michael Moffit und seine Frau Ronni. Die Frau starb ebenso wie Letelier fast sofort nach der Explosion, Michael Moffit wurde nur leicht verletzt.

Auch wenn der Agent der DINA, der das Attentat geplant hatte, kurz nach der Tat gefasst und in den USA vor Gericht gestellt wurde, ist die Beteiligung des Regimes, des Geheimdienstes und der Operation Condor bis heute nicht vollständig geklärt. Pinochet streitet ab, jemals von den Plänen zur Ermordung Leteliers gewusst zu haben.

Viele Mitglieder der Opposition gegen Allende, die den Putsch unterstützt hatten, wollten von den Militärs eigentlich nur den Sturz Allendes, um dann ohne großen Bruch zu demokratischen Strukturen zurückkehren zu können. Und Pinochet selber hatte verkündet, er werde nur so lange regieren, wie nötig sein werde, um das zerrüttete Staatswesen wieder in Gang zu bringen. Aber dann gefiel er sich offensichtlich in der Rolle des uneingeschränkten Machthabers und wusste sie über die Jahre immer mehr zu festigen. Die linken Parteien wurden verboten, die Opposition mundtot gemacht und Gegner brutal verfolgt. Im Zusammenhang mit den Jahren des schlimmsten Terrors in Chile fällt immer wieder der Begriff „Operation Condor". *Machtgelüste*

INFO ## Die „Operation Condor": Terrorismus als Mittel staatlicher Gewaltausübung

Die „Operation Condor" wird heute als eine Kooperation der Länder Chile, Argentinien, Bolivien, Brasilien, Paraguay und Uruguay verstanden, deren Geheimdienste zusammenarbeiteten, um Regime-Gegner zu verfolgen und unschädlich zu machen. Es wurden nicht nur Informationen ausgetauscht, die Agenten der jeweiligen Länder verfolgten Regierungsflüchtlinge der Partnerländer, brachten sie ins Gefängnis oder töteten sie. Aber nicht nur in den beteiligten Ländern arbeiteten die Todesschwadrone der „Operation Condor", auch in den USA und in europäischen Ländern wurden Attentate geplant und teilweise wohl auch durchgeführt.

Die Ermordung von General Prat in Argentinien wird dieser Organisation ebenso zugeschrieben wie die Tötung von Letelier und seinem Mitarbeiter Moffit in den USA. Angeblich gehörte die Behinderung der Verfolgung von deutschen Nazis, die nach dem 2. Weltkrieg nach Südamerika geflüchtet waren, auch zum Aktionsbereich der Operation Condor. Zu diesem Zweck wurden Agenten des israelischen Geheimdienstes getötet.

Welche Rolle die USA und speziell die CIA in diesem Zusammenhang gespielt haben, ist bisher unklar, die entsprechenden Dokumente können nicht eingesehen werden. Dass sie von der „Operation Condor" wussten und ihr eher wohlwollend gegenüber standen, weiß man inzwischen.

Pinochet wollte Chile zu einem südamerikanischen Musterstaat machen, und dazu musste er die Wirtschaft reformieren. Er holte sich Berater aus den USA, die alle von der Universität in Chicago kamen. Diese so genannten Chicago-Boys verordneten dem Land eine Radikalkur: alle Staatsunternehmen (mit Ausnahme der Kupferminen) wurden wieder verkauft, die Preiskontrolle abgeschafft und das freie Unternehmertum gefördert. Die Staatsausgaben wurden gekappt, das ging nicht ohne die Entlassung eines Fünftels der Staatsbediensteten und scharfe Einschnitte im sozialen Sektor. Trotz der groben Menschenrechtsverletzungen, die an der Tagesordnung waren, investierten jetzt auch wieder internationale Unternehmen in Chile, und mit der Wirtschaft ging es bergauf. Allerdings mussten die Kosten des Wohlstands einiger von vielen gezahlt werden. Die Arbeitslosigkeit wuchs, und immer mehr Menschen lebten in den Poblaciones. Pinochet begegnete dem Mangel an Arbeitsplätzen mit einem staatlichen Beschäftigungsprogramm zu so niedrigen Löhnen, dass man davon nicht überleben konnte. Das Programm wurde „Mindestbeschäftigungsplan" genannt, und gearbeitet wurde im Straßenbau, in der Pflege von Grünanlagen, in der Straßenreinigung und in der Müllabfuhr. Der Lohn betrug umgerechnet 30 Euro pro Monat, während die Preise für Lebensmittel etc. sich fast auf mitteleuropäischem Standard befanden.

Die Investoren kommen wieder

1978 veranstaltete Pinochet ein Referendum, mit dem er seiner Regierung eine Legitimation verschaffen wollte und bei dem er 75 Prozent der Stimmen für sich verbuchen konnte. Allerdings war allgemein bekannt, dass die Wähler im Vorfeld massiv eingeschüchtert worden waren, so dass ihm das gute Wahlergebnis im Ausland nicht viel mehr als Hohn einbrachte.

Der Text auf dem Wahlzettel lautete folgendermaßen:
„*Angesichts des gegen die Regierung unseres Vaterlandes entfesselten Angriffs unterstütze ich den Präsidenten Pinochet bei der Verteidigung der Würde Chiles und bestätige erneut die Legitimität*" (zitiert nach Ahrens: Zum Beispiel Chile).

Man konnte nur mit Ja oder Nein stimmen, und viele Wähler blieben der Wahl aus Protest fern.

1980 trat eine neue Verfassung in Kraft, die dem Diktator weitere neun Jahre im Amt garantierte und ihn mit weitreichenden Vollmachten ausstattete. Trotzdem begann die Bevölkerung, deren größter Teil nur wenig oder gar nicht von dem rasanten Wirtschaftswachstum profitierte, jetzt langsam zu protestieren, und obwohl die Repressionen anhielten, bildeten sich zahlreiche Untergrundorganisationen, die auch aus dem Ausland Unterstützung erhielten.

1988 stellte sich Pinochet einem Referendum, bei dem er immer noch 43 Prozent aller Stimmen gewann, aber eben nicht mehr die erforderlichen 51 Prozent, die er sich zumindest erhofft hatte: der Weg in die Demokratie war frei. Allerdings sicherte er sich und seinen Genossen nicht nur eine totale Amnestie, sondern auch für die Zukunft zahlreiche Privilegien. In seinem Fall und dem vieler seiner alten Regierungsmitglieder war das z. B. ein Sitz im Senat auf Lebenszeit. Pinochet sieht sich selbst immer noch als Schöpfer und Garant der neuen chilenischen Demokratie, und diese Sichtweise wird von der breiten Schicht seiner Anhänger, die er unter den 15 Millionen Chilenen immer noch hat, geteilt. Das hat sich wieder gezeigt, als der greise Ex-Diktator 1998 in London verhaftet wurde, als er sich dort zu einer Bandscheiben-Operation aufhielt. Während in vielen Ländern hauptsächlich von Exil-Chilenen dafür demonstriert wurde, dass Pinochet endlich für die Verbrechen, die in seinem Namen geschahen, vor Gericht gestellt werde, hielten sich in Chile die Demonstrationen seiner Gegner und seiner Anhänger die Waage.

Der Weg in die Demokratie

Neubeginn: Die Demokratie kommt wieder

Schon vor dem Referendum hatten 1987 einige politische Parteien wieder angefangen zu arbeiten, und 1989 konnte man nach 17 Jahren Militärdiktatur endlich wieder eine freie Wahl abhalten. Gewonnen wurde sie von der **Concertación para la Democracia,** einem Zusammenschluss von Parteien der Mitte und des gemäßigten linken Spektrums unter *Patricio Aylwin.* Der Wunschkandidat Pinochets, *Hernan Büchi,* konnte sich nicht durchsetzen. Aylwin regierte unter dem Motto „Convivencia Democrática" (demokratisches Zusammenleben) und versuchte vorsichtig, wieder demokratische Strukturen in Verwaltung und Wirtschaft zu schaffen, ohne das Wirtschaftswachstum zu gefährden. Er musste denen, die jahrelang unter Pinochet die Zeche gezahlt hatten und in die Armut abgerutscht waren, wieder zu einem menschenwürdigen Leben verhelfen, und sein Programm für dieses schwierige Unterfangen hieß „Wachstum mit gleichen Rechten".

Schweres Erbe

Es zeigte sich, dass das Erbe der Diktatur sich nicht so leicht bewältigen ließ, noch heute lebt ein beträchtlicher Teil der Bevölkerung in Armut, obwohl Aylwin durch die Schaffung neuer Arbeitsplätze das Problem entschlossen anging. Außerdem integrierte er das Land wieder in die internationale Gemeinschaft, reformierte das Steuerwesen, um Mittel für soziale Programme freizusetzen, und schrieb die wichtigsten Rechte der Arbeiter erneut fest.

Sein Regierungsprogramm wurde von *Eduardo Frei Ruíz-Tagle,* der ebenfalls als Kandidat der Concertación die Regierung 1994 übernahm, weitergeführt.

Edurdado Frei Ruíz-Tagle mit Andrés Zaldivar

Eine Überraschung gab es bei den Wahlen zum Präsidentschaftskandidaten der Concertación im Mai 1999, als sich der sozialistische Bewerber *Ricardo Lagos Escobar* gegen *Andrés Zaldivar*, der als Nachfolger Freis vorgesehen war, durchsetzen konnte und dann die Wahl auch gewann.

Lagos und seine Regierungskoalition „Concertación" blicken auf eine erfolgreiche Amtszeit zurück. Außenpolitisch konnte er sich als wichtiger Handelspartner in Südamerika konsolidieren und Freihandelsabkommen mit der EU und anderen Staaten abschließen. Am wichtigsten für die chilenische Wirtschaft war ein Abkommen mit den USA, dass zur Zeit des Irak-Krieges auf der Agenda stand. Da Chile einen Sitz im Sicherheitsrat inne hatte, war den USA die chilenische Zustimmung so wichtig, dass sich *Colin Powell* zu einer offiziellen Entschuldigung wegen der nordamerikanischen Beteiligung am Militärcoup 1973 durchrang. Als Präsident Lagos anders als Tony Blair in England und José Maria Aznar in Spanien auf die Stimme seines Volkes hörte und sich weigerte, die Kriegspläne zu unterstützen, zögerten die USA zur Strafe die Ratifizierung des Freihandelsabkommens zwischen den beiden Ländern heraus, aber schließlich kam es doch zu Stande.

Die Wirtschaft boomt wieder

Innenpolitisch gehört die Halbierung der Armutsrate von 40 auf 20 Prozent und ein kontinuierliches Wirtschaftswachstum (5 Prozent im Jahr 2004) zu seinen großen Erfolgen. Trotzdem besitzen immer noch die reichsten 10 Prozent der chilenischen Bevölkerung 45 Prozent des Volksvermögens, die Unterschiede zwischen Reich und Arm sind nur in Brasilien ähnlich groß. Themen, die weiterhin auf der innenpolitischen Agenda stehen, sind die Modernisierung des Gesundheits- und Erziehungswesens. In den letzten Jahren ist die Kriminalitätsrate stark angestiegen, so dass auch die innere Sicherheit zu einem wichtigen politischen Thema geworden ist. Nachdem Chile lange Zeit als einziges Land in Südamerika kaum Probleme mit Korruption hatte, gab es in den letzten Jahren ein paar Skandale. Das war ein Schock für die chilenische Gesellschaft, auch wenn die Vorkommnisse lange nicht so gravierend wie in den Nachbarländern sind. Lagos reagierte, indem er einen Sonderbeauftragten einsetzte, um das Problem gezielt anzugehen. Seit 2003 arbeitet zum ersten Mal ein Mapuche im chilenischen Kabinett: *Francisco Huenchumilla* löste *Heraldo Muñoz* als Regierungssprecher ab.

Verfassungs- änderung

Im Juli 2005 beschloss der Senat eine Verfassungsreform, mit der verschiedene Relikte der Pinochet-Diktatur aus der Verfassung getilgt werden. Das Militär untersteht seitdem ziviler Kontrolle, Senatssitze für verschiedene nicht vom Volk gewählte Senatoren, wie ehemalige Militärs, ein ehemaliger Universitätsrektor und Angehörige des obersten Gerichtshofes fallen weg. Die Amtszeit des Präsidenten wird von sechs auf vier Jahre herabgesetzt, der Präsident kann immer noch nicht direkt wiedergewählt werden.

Das Politische System und die Parteienlandschaft Chiles heute

Politisches System

Die Regierung wird angeführt vom **Präsidenten**, der direkt und durch eine absolute Mehrheit gewählt werden muss. Die Amtsperiode des Präsidenten wurde zunächst auf acht Jahre festgelegt (wobei für den ersten demokratisch gewählten Präsidenten nach der Militärregierung als Übergangslösung vier Jahre vereinbart wurden); aber 1993 hat man diese Periode auf sechs Jahre verkürzt. Im Juli 2005 wurde sie im Rahmen einer Verfassungsreform auf vier Jahre herabgesetzt.

Zu den Rechten und Aufgaben des Präsidenten gehört die Mitwirkung bei der Gesetzgebung, die Einberufung des Parlaments und die Ernennung und Entlassung der Minister. Einmal während seiner Amtszeit kann er auch die Abgeordnetenkammer auflösen.

Das **Parlament** (*Congreso Nacional*) besteht aus zwei Kammern, der Abgeordnetenkammer (*Cámara de Diputados*) und dem Senat (*Senado*). Die Abgeordnetenkammer hat 120 Mitglieder, der Senat 47, von denen 38 gewählt und neun ernannt sind. Ernannt werden können Senatoren vom Präsidenten, vom Obersten Gerichtshof und Nationalen Sicherheitsrat (*Consejo Nacional de Seguridad*). Außerdem werden ehemalige Präsidenten automatisch zum Senator auf Lebenszeit, wenn ihre Amtszeit vorbei ist und sie wenigstens sechs Jahre im Amt waren. Diese Regelung nimmt auch Pinochet für sich in Anspruch, was seine Gegner nicht wenig erbost, sie sagen, dass er als nicht demokratisch gewählter Präsident kein Anrecht auf einen solchen Posten hat.

Senator auf Lebenszeit

Die Parteienlandschaft

Nachdem Pinochet zu Anfang seiner Regierung alle Parteien verboten hatte, bildeten sich während der Diktatur, teilweise im Geheimen und illegal neue Parteien und Bündnisse. Als Ende der 1980er Jahre die Proteste gegen sein Regime immer heftiger wurden, musste er die Bildung von Parteien wieder zulassen, die Kommunisten allerdings blieben bis 1990 verboten.

Nachdem in Chile nach dem Ende der Militärdiktatur die politische Landschaft von drei Blöcken (Rechts, Mitte, Links) beherrscht wurde, haben sich in den letzen Jahren zwei große politische Strömungen herausgebildet. Dem Mitte-Links Bündnis „Concertación" bestehend aus PDC (*Partido Demócrata Cristiano*), PPD (*Partido por la Democracia*, links der PDC stehend), PS (*Partido Socialista*) und PRSD (*Partido Radical Social Democrata*), steht Regierungschef *Ricardo Lagos* vor. Die mittig-rechts orientierte Opposition „Alianza por Chile" wird aus RN (*Renovación Nacional*) und UDI (*Unión Democrata Independiente*) gebildet. Zwischen den beiden Blöcken bestehen hauptsächlich bei Themen der inneren Sicherheit Meinungsverschiedenheiten, während sie in Fragen der Außen- und Wirtschaftspolitik weitgehend konform gehen.

Gewerkschaften

Aktive Arbeiterbewegung

Eine Arbeiterbewegung begann sich in Chile etwa ab Mitte des 19. Jahrhunderts im Norden des Landes herauszubilden, wo traditionell eine kleine Schicht aus Minenbesitzern und Ingenieuren der großen Masse der Arbeiter gegenüberstand. Sie kämpften für bessere Arbeitsbedingungen in den Minen, für höhere Löhne und Verbesserung der Sozialleistungen. Schon vor der Regierung Pinochet waren die gewerkschaftlich organisierten Arbeitnehmer immer wieder Repressionen ausgesetzt, und Pinochet verbot nach dem Putsch zunächst alle Gewerkschaften. Ab 1979 wurden sie schrittweise wieder zugelassen, aber heute sind nur etwa 10 Prozent der Arbeitnehmer in über 14.000 Betriebs- und Branchengewerkschaften organisiert. Der größte Dachverband ist mit 400.000 Mitgliedern die Central Unitaria de Trabajadores de Chile. Die geringe Anzahl der gewerkschaftlich organisierten Arbeitnehmer und die Zersplitterung der Gewerkschaften hat dazu geführt, dass es selbst den Dachverbänden heute kaum noch gelingt, politische Schlagkraft zu entwickeln.

Militär

Die starke Stellung, die das Militär innerhalb des Machtgefüges des chilenischen Staates hatte, wurde in den letzen Jahren etwas aufgeweicht.

Jeder männliche Chilene muss bei Erreichen seines 19. Lebensjahres für zwei Jahre zum Militär, und die Streitkräfte haben etwa 90.000 Mitglieder. Unterstützt werden sie im Ernstfall von 30.000 paramilitärisch ausgebildeten Carabiñeros; Militär und Polizei haben im Nationalen Sicherheitsrat eine Mehrheit, die es ihnen erlaubt, im Notfall die Verfassung außer Kraft zu setzten und das Kriegsrecht auszurufen.

Militärparaden gibt es in Chile zu vielen Gelegenheiten

Das Militär ist immer noch mächtig

Auch wenn General *Pinochet* seit März 1998 nicht mehr der Oberbefehlshaber der Streitkräfte ist, kann er doch auf die Loyalität seiner alten Kampfgefährten zählen, das zeigte sich, als er in London verhaftet wurde und das Militär sich mit der Befürchtung zu Wort meldete, würde man Pinochet nicht umgehend wieder auf freien Fuß setzen, könnte der Demokratisierungsprozess in Chile ernsthaft gefährdet werden. Die Drohung war schon keine versteckte mehr und wurde allgemein auch als solche verstanden.

Trotzdem distanzierten sich schon vor dem Amtsantritt *Lagos* einige ranghohe Militärs – traditionell Pinochets treueste Unterstützer – vorsichtig von dem Diktator. Ein Grund dafür war das Verhalten Pinochets selbst, der die Schuld an den Verbrechen während seiner Regierungszeit voll und ganz auf seine Untergebenen abgewälzt hatte. Erstmals meldeten sich zunehmend auch Soldaten zu Wort, die direkt an den Folterungen beteiligt waren.

Das chilenische Militär wird allgemein als eines der effizientesten und am besten organisierten in ganz Südamerika angesehen, und das soll auch einem Deutschen zu verdanken sein. Als Chef des Generalstabes hatten die Chilenen von 1891 bis 1910 den deutschen Offizier *Emil Körner* verpflichtet, der das Management der Streitkräfte reformierte, deutsche Uniformen einführte und wohl auch den einen oder anderen Kontakt zu deutschen Rüstungsfirmen wie Krupp knüpfte. Auch wenn es keine politische Schlüsselposition mehr einnimmt, ist seine Macht nicht zu unterschätzen. Traditionell stehen ihm 10 Prozent der Einnahmen der staatlichen Kupfergesellschaft zu, damit ist es in der Lage, sich optimal auszurüsten.

In den letzten Jahren haben chilenische Soldaten an Friedenssicherungsmissionen in Afrika und im Mittleren Osten teilgenommen.

Menschenrechte

Mit der Generalamnestie, die Pinochet sich und seiner Regierung zum Ende seines Regimes gönnte, konnte er die Diskussion über die Menschenrechtsverletzungen, die während seiner Regierungszeit an der Tagesordnung waren, nicht verhindern.

Graffiti in Antofagasta

Nach der Diktatur wurde eine „Kommission für Wahrheit und Versöhnung" eingesetzt, die die Verbrechen der Diktatur benennen und dokumentieren sollte, und das Abschlussdokument, der so genannte Rettig-Bericht, liegt inzwischen vor. Er benennt die Zahl der Todesopfer, über die Anzahl der Menschen, die gefoltert wurde, kann er auch nur Vermutungen anstellen, Schätzungen sprechen von 700.000-800.000 Folteropfern.

Der Rettig-Bericht

Unter Präsident Lagos machte die Aufklärung der Schicksale der vom Militärregime Verfolgten entscheidende Fortschritte. Nach dem im November 2004 veröffentlichten Valech Report sind nun 28.000 Chilenen als Folteropfer offiziell anerkannt und erhalten staatliche Unterstützung in Form von Renten und Vergünstigungen bei der Gesundheitsfürsorge und an Universitäten und anderen Einrichtungen des Erziehungswesens.

Als Lagos die Macht übernahm, richtete sich die Aufmerksamkeit der Weltöffentlichkeit auf sein Land. Durch die Verhaftung General Pinochets in London und das nachfolgende Auslieferungsverfahren mit Spanien gelangten der Machtmissbrauch und die Verfolgung so vieler Regimegegner auch international wieder ins Bewusst-

Freiheit für Pinochet

sein (und in die Presse). Pinochet wurde vom britischen Innenminister aufgrund seines schlechten Gesundheitszustands nicht nach Spanien ausgeliefert und konnte am 2. März 2000 wieder nach Chile zurückkehren, wo ihm seine Anhänger einen triumphalen Empfang bereiteten. Aber in den folgenden Monaten und Jahren ließ der oberste chilenische Gerichtshof immer mehr Verfahren gegen ihn zu (derzeit sind 280 Verfahren anhängig) und hob seine Immunität als Senator auf. Die Angehörigen der Toten der Diktatur konnten sich wieder Hoffung machen, dass der alte Diktator doch noch zur Rechenschaft gezogen würde. Eine Verurteilung scheitert zurzeit (und daran wird sich wohl kaum etwas ändern) an seinem altersbedingt schlechten Gesundheitszustand, den er immer wieder medienwirksam in Szene zu setzen versteht.

Während der greise General im Ausland eigentlich nur als Diktator gesehen wird, bewundern ihn viele Chilenen als Retter aus der Krise, der das Land aus einer katastrophalen wirtschaftlichen Lage zurück zur Stabilität geführt hat. Für die Familien der Tausenden von Todesopfern oder Verschwundenen dagegen hätte eine Verurteilung Pinochets noch einmal eine Chance auf Genugtuung bedeutet. Immerhin hat Präsident Lagos weitreichende Anstrengungen unternommen, das Schicksal der Opfer zu würdigen und sie nicht in Vergessenheit geraten zu lassen. Am 30. Jahrestag des Militärputsches (am 11. September 2003) würdigte er sie mit einer Gedenkfeier im Regierungspalast „La Moneda" und rief ihr Schicksal wieder ins Gedächtnis. Auch die „Mesa de Diálogo", ein Forum für Gespräche zwischen den Anwälten der Menschenrechte, den Streitkräften und Kirchen-Vertretern bedeutet ein Schritt in Richtung Aussöhnung und eine konstruktive Zukunft für Chile. Im Rahmen dieses runden Tisches gaben die Streitkräfte erstmals ihre Beteiligung an Menschenrechtsverletzungen zu und öffneten damit dem Dialog eine Tür. An der Aufklärung des Schicksals der „Desaparecidos", der Verschwunden, wird weiter gearbeitet, die Regierung hat Mittel für Sonderermittlungsrichter bereitgestellt.

Dass Pinochet nicht mehr unantastbar ist, hat sich in aller Deutlichkeit im August 2005 gezeigt, als einer seiner Söhne und seine Frau kurzzeitig verhaftet wurden und einige Nächte im Gefängnis verbringen mussten. Es ging um Steuerhinterziehung von mehreren Millionen Dollar, Pinochet selber bezeichnete die 17 Millionen Dollar, die auf Konten in den USA lagern, als seine Lebensersparnisse. Den greisen Diktator schützt weiterhin sein Alter und sein prekärer Gesundheitszustand davor, sich selber vor dem Richter verantworten zu müssen.

Geografischer Überblick

Als Gott die Erde erschaffen hatte, blieb von allem etwas übrig: Wälder, Wasser, Sand und Felsen. Als er über die Erde schritt, um sein Werk zu betrachten, rieselten ihm diese Überreste aus einem Loch in seiner Tasche und so entstand Chile. Mit einer Länge von 4.300 km (was in etwa der Entfernung von Hamburg zum Tschad-See entspricht) reicht Chile von fast noch tropischen Breiten bis in die Antarktis. Von einer der extremsten Wüsten der Erde über liebliche Gartenlandschaften bis zu undurchdringlichen Regenwäldern kann man hier alles finden. Breit ist Chile nirgendwo, im Durchschnitt gerade mal 180 km, an der schmalsten Stelle nur 90 km.

Viele Geografen bezeichnen Chile als Insel. Im Osten wird das Land auf seiner ganzen Länge von den Andenketten vom Rest des Kontinents abgeschirmt, im Westen liegt der Pazifik. Diese natürlichen Barrieren machen das Einwandern nach Chile schwer, sowohl für Pflanzen und Tiere als auch für den Menschen.

Insellage

Chile gliedert sich naturräumlich in drei große Einheiten: den Norden mit der Wüste Atacama, die zentralen Landesteile mit ihren riesigen Obstanbaugebieten und den Süden mit seinen Gletschern und undurchdringlichen Urwäldern. Gegensätzlichere Landschaften als in Chile kann man in kaum einem Land erleben und das macht auch den Reiz dieser „Erde im Kleinen" aus.

Geologische Entwicklung und Entstehung der Landschaften: Formen aus Feuer und Eis

Chile als langes Band an der südamerikanischen Pazifikküste wird auf seiner ganzen Länge von den Anden durchzogen: sie bilden seine Leitlinie und sein Rückgrat. Sie sind das Ergebnis eines in erdgeschichtlich bemessenen Zeiträumen jungen Prozesses, den man seit der Entwicklung der Theorie der Plattentektonik schlüssig erklären kann.

Die Anden: ein junges Gebirge

Alfred Wegener und seine Theorie der driftenden Platten

Der deutsche Geophysiker *Alfred Wegener* (1880-1930) entwickelte seine Theorie aufgrund der Beobachtung, dass die Kontinente der Erde wie die Teile eines Puzzles ineinander passen. Er ging davon aus, dass die Kontinente nach dem Auseinanderbrechen des Superkontinents Pangea anfingen zu driften und so zu ihren heutigen Positionen gelangten. Als Antriebskraft zog er radioaktive Kräfte im Erdinneren in Betracht.

Die Theorie wurde nach Wegeners Tod in einigen Punkten weiterentwickelt, sie legte aber den Grundstein für das moderne Verständnis der Bewegung der Kontinente.

Heute weiß man, dass sich nicht die Kontinente selbst bewegen, sondern vielmehr die Platten, aus denen die oberste Schicht der Erde besteht. Sie schwimmen auf einem See aus tiefer liegendem flüssigen Erdmaterial, und wahrscheinlich werden sie

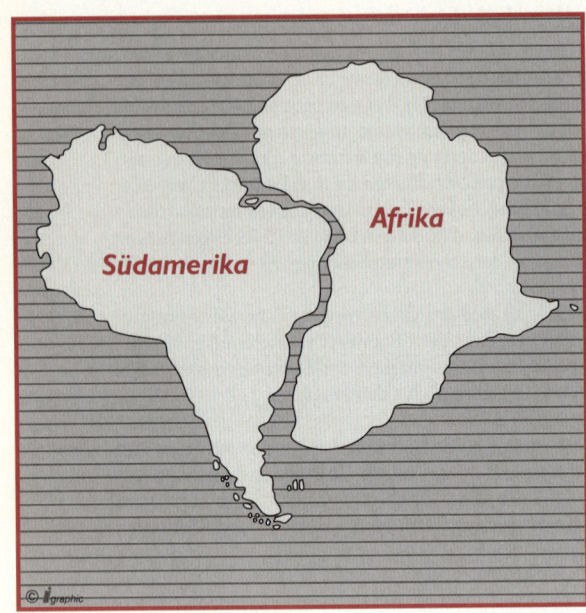

Das Puzzle der Kontinente

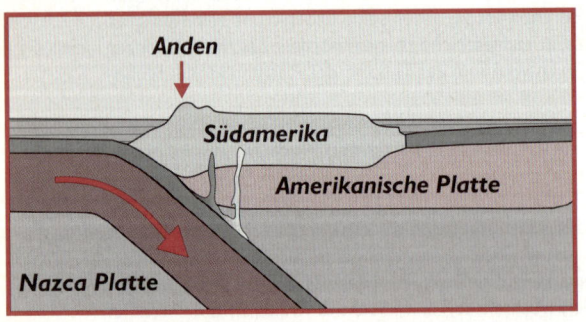

Knautschzone in der Erdkruste

einfach von der Erdwärme angetrieben, die dazu führt, dass ständig warmes Material nach oben steigt (wie kochendes Wasser in einem Topf).

Treffen zwei Platten aufeinander, kommt es zu einer Kollision, und eine Platte muss unter die andere abtauchen. Das ist an der Westküste Südamerikas der Fall, wo die Nazca-Platte und weiter südlich die antarktische Platte auf die südamerikanische Platte prallt. Die Nazca-Platte taucht unter die südamerikanische Platte, ihr Gestein wird durch die Erdwärme aufgeschmolzen und geht in das Magma der tieferen Schichten über. Durch die Reibung, die entsteht, wenn sich eine Platte unter eine andere schiebt, kommt es zu verschiedenen Phänomenen, die sich alle in Chile wie aus dem Geologie-Lehrbuch beobachten lassen.

Durch das Aufeinanderprallen der beiden Platten entsteht eine Knautschzone; ähnlich wie beim Frontalzusammenstoß zweier Autos werden die Gesteine der oberen (also der südamerikanischen) Platte zusammengestaucht und aufgefaltet: ein Gebirge wächst empor. Da das Zusammenprallen der beiden Platten bis heute andauert, wachsen auch die Anden immer noch, dieses Wachstum wird aber durch die natürliche Erosion mehr als ausgeglichen.

Andere Erscheinungen, die mit der Bewegung der Platten im Zusammenhang stehen, sind Erdbeben, Vulkanismus und heiße Quellen.

Auffaltung der Anden: das Skelett Chiles entsteht

Vor 100 Millionen Jahren hatte sich zwar die Küstenkordillere schon gebildet, an der Stelle, an der sich heute die Anden erheben, breitete sich eine vom Meer erfüllte Senke aus. Diese Senke wurde durch marine Sedimente immer mehr aufgefüllt, bis schließlich das Meer verschwunden war. Starke tektonische Bewegungen führten jetzt dazu, dass die Anden als Gebirge aufgefaltet wurden. Dies geschah etwa zur gleichen Zeit, als in Europa die Alpen entstanden. Jahrmillionen später, kurz bevor die Periode der Eiszeiten begann, kam es erneut zu tektonischen Bewegungen, wodurch die Region zwischen der Küsten- und der Andenkordillere zerbrochen und eingetieft wurde: es entstand eine Depression zwischen den beiden Bergzügen. Diese Senke, die ursprünglich aus einer Vielzahl kleiner Spitzen und Gipfel bestand, füllte sich im Lauf der Zeit mit Erosionsmaterial, so dass sie heute eine sanft gewellte, fast ebene Oberfläche hat.

Aus dem Meer wird ein Gebirge

Der Norden des Landes: Hochgebirge und Wüste

Der Norden von Chile wird üblicherweise in den großen Norden und den kleinen Norden unterteilt. Der **große Norden** beginnt an der peruanischen Grenze und reicht bis zum **Ojos de Salado**, dem höchsten Berg des Landes, der etwas südlich des 27. Breitengrades liegt. Geologisch gliedert sich die Landschaft von der Küstenebene bis zu den höchsten Andengipfeln in fünf Einheiten. Am Übergang zwischen Meer und Land arbeiten die Wellen tagtäglich an den Gebirgen der Küstenkordillere und haben im Lauf der Jahrtausende eine Ebene aus dem Gestein gefressen: die **litorale Plattform**. Sie ist unterschiedlich breit und fehlt an einigen Stellen ganz, z. B. auf der Strecke zwischen Arica und Iquique, wo die Felsen der Küstenkordillere steil ins Meer stürzen. Die litorale Plattform bietet die besten Möglichkeiten für menschliche Siedlungen: auf den flachen Sandstränden ist es wesentlich einfacher Städte anzulegen als an den steilen Hängen der Küstenkordillere. So liegen die größeren Städte alle auf dieser Plattform.

Die Küstenebene: von Wellen geformt

Die **Küstenkordillere** ist die zweite Einheit, sie wird von Süden nach Norden immer schmaler und verschwindet schließlich ganz, so dass die zentrale Ebene nördlich von Arica direkt bis ans Meer reicht.

Die **Zentrale Ebene** liegt jedoch im Wesentlichen als weite Depression zwischen den Küstengebirgen und dem Hauptkamm der Anden. Sie nimmt eine Höhe zwischen 1.000 und 1.200 m Höhe ein und fällt nach Westen leicht ab. Der Untergrund besteht hier aus durchlässigem Erosionsmaterial, so dass das Wasser, das von dem westlichen Hauptkamm der Anden abfließt, versickert und, dem Gefälle folgend, sich Richtung Küstenkordillere bewegt. Diese besteht aus relativ undurchlässigem Granit, so dass das Wasser hier in Form von Quellen wieder zu Tage tritt. Beim Durchfließen der Ebene hat es sich mit Salzen angereichert, die nun in der Übergangszo-

Salzlager-
stätten

ne zwischen Ebene und Kordillere auf unterschiedliche Weise in Erscheinung treten. Unterirdische Salzlagerstätten, die **Salitres**, bilden sich, wenn das Salz ausfällt, bevor das Wasser wieder an der Oberfläche zu Tage tritt. Kommt das salzhaltige Wasser jedoch an die Oberfläche und verdunstet, so bleiben die Salzrückstände als Salzseen oder -ebenen, als **Salares,** zurück.

Über die Ebene erhebt sich der **westliche Hauptkamm der Anden**, der noch weiter im Westen in den **Altiplano**, die fünfte Einheit, übergeht. Der Altiplano ist eine weite Ebene fast ohne Gefälle, die nur von einer Kette majestätischer und oft schneebedeckter Vulkane überragt wird.

Das Zentrum

Der Obst-
garten Chiles

Im Wesentlichen setzt sich die geologische Gliederung des Nordens auch in den zentralen Landesteilen fort. Die litorale Plattform ist auch hier ein wichtiger Siedlungsort, die Küstenkordillere erreicht weniger große Höhen als weiter nördlich. Wirtschaftlich immens wichtig ist das Valle Central, die Fortsetzung der zentralen Ebene. Hier wird der überwiegende Teil des Obstes, einer der Exportschlager Chiles, angebaut. Aus der Andenkordillere kommt genügend Wasser in das Tal, so dass hier trotz eines relativ trockenen und sonnigen Klimas Landwirtschaft betrieben werden kann.
Die Andengipfel erreichen hier immer noch Höhen von gut über 6.000 m. Die ostwestlich verlaufenden Täler wurden durch die Gletscher der letzten Eiszeiten ausgehobelt und vertieft, heute fließen große Flüsse aus den Anden durch sie in das Zentral-Tal.

Der Süden: Synthese aus Feuer und Eis

Nach Süden hin sinkt die Höhe der Andenkette immer mehr ab. In der Region der Seen wird das Bild von wie an einer Kette aufgereihten, teilweise perfekt geformten und oft schneebedeckten Vulkankegeln bestimmt.

INFO   Wie entsteht ein Vulkan?

Vulkane entstehen in Spannungszonen, wie sie z. B. beim Aufprall zweier Platten zu Stande kommen. Deswegen sind die Ränder von Kontinenten, die mit einer Plattengrenze zusammenfallen, von einer Kette von Vulkanen durchsetzt, man spricht z. B. vom zirkumpazifischen Feuerbogen. In der Erdkruste bilden sich Spalten und Risse, durch die flüssiges Gestein aus dem Erdinneren (Magma) aufsteigen kann und schließlich in einem Vulkanausbruch zu Tage gefördert wird. Vulkane können sehr verschiedene Formen haben. Die Form des Ausbruchs hängt von der Zusammensetzung und Konsistenz der ausfließenden Lava ab (Magma, das die Erdoberfläche erreicht und ans Tageslicht gefördert wird, nennt man Lava).

Einer der schönsten Vulkane Chiles ist der Parinacota im Lauca-Nationalpark

Ist das Magma basaltisch, d. h. besteht es hauptsächlich aus dunklen basischen Mineralien, ist es sehr flüssig und fließt ruhig in Strömen bergabwärts. Diese Art Lava führt zu gleichmäßig ausgebildeten Kegelvulkanen, wenn sich im Lauf der Jahrtausende eine Lavaschicht über die andere legt. Je nach Konsistenz der Lava sind die Kegel mehr oder weniger steil. Ausbrüche mit weniger flüssigem Material führen dazu, dass das Gefälle der Hänge zunimmt. Ein schönes Beispiel für diese Art Kegelvulkan ist der Villarica oder der Osorno. Ist die Lava jedoch sauer, d. h. besteht sie aus hellen Mineralien, so ist sie zähflüssig und wird in großen Explosionen zu Tage gefördert, bei denen die Gesteinsbrocken kilometerweit fliegen können. Die Vulkane im Süden Chiles sind zum großen Teil bis heute aktiv, aus einige steigen permanent Rauchwölkchen auf, die einen daran erinnern, dass man sich in einer tektonisch immer noch sehr bewegten Zone befindet.

Bei Puerto Montt versinkt das Valle Central im Meer, die geologische Fortsetzung der Andenkordillere findet man in der Insel Chiloé und den Tausenden kleiner Inseln, die der südlichen Küste Chiles vorgelagert sind. Die Anden reichen hier bis an den Pazifik, die Erosion durch die Gletscher war so intensiv, dass viele der Täler heute unter den Meeresspiegel abgesunken und als Fjorde mit Wasser gefüllt sind. Zu den größten dieser Meeresarme gehören der Golfo Almirante Montt bei Puerto Natales und der Seno Skyring und Seno Otway nördlich von Punta Arenas.

Ertrunkene Täler

Im Süden Chiles ist das Eis der Gletscher der große Landschaftsarchitekt. Die Täler haben hier andere Formen als im Norden, und über so manch zackige Basaltkuppe ist das Eis wie ein großer Hobel hinweggegangen.

Gletscher als Landschaftsformer

Durch ihr Eigengewicht und durch die Geröll-Massen, welche die Gletscher im Eis eingebacken haben und an ihrem Fuß mit sich schleppen, können sie Felsen abschleifen, Täler aushobeln und Seen bilden. In jeder von Gletschern geformten

Gletscher im NP Torres del Paine

Landschaft (also z. B. auch in Nord- oder Süddeutschland) findet man typische Formen, die auf die besonderen Eigenschaften des Eises und der Gletscher zurückzuführen sind.

Täler, die durch einen Gletscher geformt werden, haben die Form eines U, während Flusstäler V-förmig eingetieft sind. Die Eismassen schneiden sich in das Gestein ein, lösen Brocken heraus und nehmen sie mit; der Fels wird glatt geschliffen. Wenn die Hänge eines solchen Tales nicht bewaldet sind, kann man oft sogar erkennen, wie hoch der ehemalige Gletscher reichte. Bis zu dieser Höhe ist der Fels abgeschliffen, darüber erhebt er sich in seiner ursprünglichen zackigen Form. Gletschertäler haben einen breiten, fast ebenen Talboden und sind aufgrund der geringeren Beweglichkeit des Eises viel weniger gewunden als Flusstäler.

Ein weiteres Element, das in jeder von Gletschern geformten Landschaft zu finden ist, sind die **Moränen.** Jeder Gletscher führt, eingebacken in das Eis, große Geröllmengen mit sich. Auch an seinem Grund werden Steine und Kies mitgeschleppt. Taut das Eis, weil sich z. B. das Klima ändert, bleiben diese Geröllhaufen zurück und bilden kleinere und größere Hügel, die Moränen. Man unterscheidet zwischen Seitenmoränen, die der Gletscher rechts und links liegen lässt, Endmoränen, die er vor sich herschiebt, und Grundmoränen, die am Grund des Gletschers mitwandern.

Hinterlassenschaft der Gletscher

Oft schließt eine Endmoräne das eben vom Gletscher gebildete Tal ab, und es bildet sich ein See. Beispiele für diesen Mechanismus lassen sich in der Seen-Region Chiles zahlreich finden. Als die Eismassen der letzten Eiszeit vor ca. 10.000 Jahren schmolzen, hinterließen sie eine Reihe von Moränen am Fuß der Andenkordillere. Dieser Pfropf aus Geröll und Sand liegt jeweils am Westufer der Seen. Beispiele hierfür sind der Lago Villarica, der Lago Ranco und auch der Lago Llanquihue.

Schneidet die Straße durch eine solche Moräne, kann man am Gesteinsmaterial erkennen, dass es sich um von einem Gletscher transportiertes Sediment handelt. Große, rundgeschliffene Findlinge liegen eingebacken in Sand und feineres Material neben kleineren Steinen völlig unsortiert. Ein Fluss dagegen lagert Steine und Sand sortiert nach Größe und Gewicht in Lagen ab.

Das Klima

Von der Wüste zum Regenwald

Chile durchmisst fast alle Klimazonen, die es auf der Erde gibt: von der trocken-heißen Wüste über ein angenehm mediterranes Zentrum bis zu den regen- und schneereichen Regionen des Südens, in denen es auch im Sommer nicht sehr warm wird.

Drei Faktoren beeinflussen in Chile das Klima: zum einen der Breitengrad und der entsprechende Stand der Sonne, dann der Pazifik, der für immer währenden Feuchtigkeitsnachschub sorgt und die Anden, die eine Barriere für Wolken und Winde bilden.

Der Norden: die trockenste Wüste der Welt

An einigen Stellen der Atacama-Wüste wurde seit Beginn der Niederschlagsmessung noch nie Regen verzeichnet, an anderen Stellen liegen die Niederschläge bei 20 mm pro Jahr (zum Vergleich: Deutschland erhält im Durchschnitt 750 mm im Jahr). Damit kann man die Atacama zu den trockensten Zonen der Erde rechnen.

Direkt an der Küste liegt besonders morgens oft Nebel über dem Strand. In der kühleren Morgenluft kondensiert die Feuchtigkeit, die der Pazifik bringt, und es bilden sich Wolken oder Nebel. Diesen Nebel nennen die Atacameños *Camanchaca*. Durch die Inversionsschicht wird er am Aufsteigen gehindert und bleibt an den Abfällen der Küstenkordillere hängen. Wenn sich die Luft gegen Mittag genügend erwärmt hat, löst sich der Nebel meistens auf. Manchmal lässt sich die Zone, über die der Nebel hinweg streicht, genau erkennen: nur hier reicht die Feuchtigkeit für einige holzige Kakteen aus, jenseits dieser Zone ist keinerlei Pflanzenwachstum möglich.

Atacama: die Nebelwüste

Die Winde wehen in Chile oft von Westen und treiben die mit Wasser geschwängerte Luft vom Pazifik landeinwärts. Im Norden treiben die Wolken über die Wüste hinweg und werden erst durch die höheren Andenketten aufgehalten. Hier ballen sie sich zusammen, und je höher man steigt, desto häufiger und intensiver werden die Niederschläge. Die Regenzeit fällt im Altiplano des nördlichen Chile in die Sommermonate November bis März, wenn die Sonne am Wendekreis des Steinbocks steht und durch die hohe Einstrahlung viel wassergesättigte Luft aufsteigt. Fast jeden Tag kann man beobachten, wie am strahlend-blauen Himmel die Wolken im Lauf des Tages immer größer werden und sich gegen Nachmittag in manchmal heftigen Regengüssen und Gewittern entladen. Während in Arica im Jahr nur 2 mm Niederschlag fallen, sind es im Parque Nacional Lauca, etwa auf der gleichen Breite, aber 200 km weiter östlich, rund 400 mm.

Mehr Regen im Hochgebirge

Nachts kann es in der Wüste sehr kalt werden. Während tagsüber die Temperaturen leicht auf über 40°C steigen, fallen sie nachts im Winter manchmal unter den Gefrierpunkt. Im Hochland sind besonders die Winter sehr streng, zu den niedrigen Temperaturen (bis -30°C) kommt oft ein starker Wind.

Die zentralen Landesteile

Das Zentrum Chiles hat ein mediterranes Klima, mit heißen niederschlagsarmen Sommern und kühlen regnerischen Wintern. An der Küste sind die Temperaturunterschiede viel geringer als im Hinterland, der Pazifik wirkt im Winter als Wärmespeicher, im Sommer dagegen wie ein Kühlaggregat. In Valparaiso z. B. liegen die Mittagstemperaturen im Sommer bei 20, im Winter bei 15°C. Dass große Wasserkörper generell Temperatur ausgleichend wirken, macht sich an der Küste Chiles besonders bemerkbar. Hier fließt nämlich der kalte Humboldt-Strom, der eisiges Wasser aus der Antarktis bis nach Peru transportiert.

Temperaturausgleich durch den Humboldtstrom

Der Süden: rekordverdächtige Niederschläge

Nach Süden hin nehmen die Niederschläge immer mehr zu und die durchschnittlichen Jahrestemperaturen immer mehr ab. Die Luft, die bei weitem nicht so warm ist wie weiter nördlich, kann weniger Feuchtigkeit halten, es bilden sich schneller Wolken und es regnet häufiger. Manche Gegenden haben einen regelrechten Ruf als Regenlöcher, und besonders in der Gegend um Puerto Montt, auf Chiloé und auf *Regenlöcher* der Carretera Austral muss man auch im Sommer immer auf einen kräftigen Guss gefasst sein. Die Niederschläge hängen wie auch im Norden vom Relief ab: in der Region Aisén z. B. (die von der Carretera Austral gekreuzt wird) bekommen die Inseln und Inselchen vor der Küste 3.500 mm Niederschlag pro Jahr. Haben die Wolken einmal die Anden überquert, die hier nicht mehr sehr hoch sind, bleiben für Coihaique noch 950 mm übrig. Zur argentinischen Grenze hin werden die Niederschläge dann immer spärlicher und sinken auf unter 600 mm an der Grenze ab. In Argentinien setzt sich dieser Trend fort, so dass man nur wenige 100 km von den patagonischen Regenwäldern eine karge Halbwüstenlandschaft hat, in der mit Mühe gerade noch Schafe gezüchtet werden können.

Das Meer als Wärme-speicher Noch weiter südlich, um Punta Arenas, wird es auch im Sommer selten wärmer als 24°C, und hier kann das ganze Jahr über ein kräftiger Wind wehen. Aber auch hier wirkt das Meer im Winter als Wärmespeicher, so dass es selten zu richtigen Kälteeinbrüchen kommt. Die Durchschnittstemperatur in Punta Arenas für Juli beträgt immerhin 2°C, obwohl die Stadt eine der südlichsten Städte der Erde ist. Die Niederschlagsverteilung ist hier noch extremer als an der Carretera Austral. Die Inseln westlich von Feuerland kommen auf den Rekordwert von 4.000 mm Niederschlägen pro Jahr, eine Ziffer, die man sonst eher aus den tropischen Regenwäldern kennt, während an der Punta Dungeness, dem östlichen Eingang der Magellanstraße, gerade noch 254 mm gemessen werden.

Maximale und minimale Temperaturen an ausgewählten Stationen				
	durchschn. **Maximaltemperatur wärmster** Monat	durchschn. **Minimaltemperatur wärmster** Monat	durchschn. **Maximaltemperatur kältester** Monat	durchschn. **Minimaltemperatur kältester** Monat
Ort				
Arica	Februar 27.4 °C	18.2 °C	August 19.1 °C	13.2 °C
Iquique	Februar 24.4 °C	13.2 °C	Juli 17.5°C	12. 5°C
Antofagasta	Februar 24.5 °C	17.3 °C	Juli 17.3 °C	14 °C
Caldera	Februar 23.9 °C	16.4 °C	Juli 16.7 °C	9.9 °C
La Serena	Februar 22.8 °C	15 °C	Juli 15.8 °C	8.6 °C
Los Andes	Januar 31.6 °C	12.4 °C	Juni 16.3 °C	2.8 °C
Santiago	Januar 29.4 °C	12.4 °C	Juli 14.5 °C	3.2 °C
Valparaiso	Januar 22.5 °C	13.3 °C	August 16 °C	8.3 °C

Ort				
Talca	Januar: 30.8 °C	12.7 °C	Juli: 13.6 °C	3.7 °C
Concepción	Januar: 18.8 °C	11.5 °C	August: 13 °C	6.7 °C
Lonquimay	Januar: 25.6 °C	4.7 °C	Juli: 6.6 °C	-2.8 °C
Temuco	Januar: 25.4 °C	10.5 °C	Juli: 12 °C	4.1 °C
Valdivia	Januar: 23.3 °C	11 °C	Juli: 11°C	7.7 °C
Puerto Montt	Januar: 19.6 °C	11.3 °C	Juli: 10.4 °C	4.6 °C
Ancud	Januar: 17.2 °C	10.5 °C	Juli: 10.2 °C	5.5 °C
Puerto Aisén	Januar: 18.1 °C	10.5 °C	Juli: 7.2 °C	2.2 °C
Puerto Natales	Januar: 17.3 °C	5.7 °C	Juli: 5.3 °C	-2.8 °C
Punta Arenas	Januar: 15.3 °C	7.1 °C	Juli: 4.4 °C	-0.3 °C
Puerto Williams	Januar: 12.8 °C	5.9 °C	Juli: 4.8 °C	-0.5 °C
Estación Presidente Frei	Februar: 3.7 °C	0.9 °C	Juni: -1.9 °C	-6.6 °C
Isla Juan Fernandez	Februar: 22.4 °C	15.8 °C	August: 14.9 °C	9.2 °C

Niederschlagsverteilung		
	niederschlags- reichster Monat	niederschlags- ärmster Monat
Ort		
Arica	August: 0.2 mm	Rest d. Jahres: 0 mm
Lonquimay	Juli: 32.5 mm	Januar: 37.3 mm
Iquique	Juli: 0.9 mm	Rest d. Jahres: 0 mm
Temuco	Juli: 184.4 mm	Januar: 28.6 mm
Antofagasta	Juli: 3 mm	Rest d. Jahres: 0 mm
Valdivia	Mai: 343.7 mm	Januar: 64.4 mm
Caldera	Juni: 11.2 mm	März: 0 mm
Puerto Montt	April: 251 mm	Nov.: 94 mm
La Serena	Juni 37.4 mm	Januar: 0.2 mm
Ancud	Feb.: 277.5 mm	Sept. 78.4 mm
Los Andes	Juni: 77.2 mm	Januar: 2.8 mm
Puerto Aisén	Mai: 326 mm	Nov. 192.5 mm
Santiago	Juni: 93.5 mm	Januar: 3.3 mm
Puerto Natales	März: 33.2 mm	Nov. 17.5 mm
Valparaiso	Juni: 134.1 mm	Februar: 2.6 mm
Puerto Williams	Januar: 51.9 mm	Okt. 25.7 mm
Talca	Juni: 189.6 mm	Januar: 7 mm
Estación Presidente Frei	Februar: 45.4 mm	Juni: 8.4 mm
Concepción	Juni: 182.7 mm	Januar: 10.6 mm
Isla Juan Fernandez	Juni: 158.5 mm	Januar: 23.9 mm

Die Vegetation Chiles: von der Wüste bis zum Regenwald

In Chile ist fast jede denkbare Klimazone vertreten und damit auch eine Fülle verschiedener Vegetationsformationen, von der fast pflanzenfreien Wüste bis zu den üppigen Regenwäldern des Südens. Von Norden nach Süden verändert sich das Pflanzenkleid fast alle 100 km, und auch von der Küste nach Osten hin lassen sich Unterschiede feststellen. Durch die Insellage Chiles haben sich viele Pflanzen eigen-
Neue Arten ständig weiterentwickelt und neue Arten gebildet. Diese Arten, die nur in Chile bzw. nur an einer bestimmten Stelle des Landes auftreten, nennt man endemisch, und Chile hat verglichen mit anderen Ländern einen überproportional großen Anteil dieser Spezies.

Der Norden: Wüste und Hochgebirgslandschaften

Im Norden Chiles breitet sich die extrem wasserarme Wüste Atacama aus: der Wassermangel führt dazu, dass sich hier keine Böden bilden können; den reinen Sand bezeichnet man nicht als Boden, da ein Boden immer einen gewissen Humusanteil besitzen muss. Jeglicher Niederschlag, der vielleicht doch einmal fällt, versickert sofort im Sand oder verdunstet in der erbarmungslosen Sonne. Das sich doch an manchen Stellen Pflanzen ansiedeln können, ist der so genannten Camanchaca zu verdanken.
Nebel als Dieser kalte Küstennebel zieht vom Pazifik über das Land und bleibt schließlich an
Feuchtigkeits- den Hängen der Küstenkordillere hängen. Manche Pflanzen sind so an die Trocken-
spender heit angepasst, dass sie alleine mit dieser spärlichen Feuchtigkeit überleben können.

INFO   **Pflanzen in der Wüste:
Wasserspeicher und Überlebenskünstler**

Wüstenpflanzen haben einen entscheidenden Vorteil: dort wo sie wachsen, müssen sie kaum Konkurrenz fürchten, nur ganz wenige Arten können in diesem lebensfeindlichen Umfeld überleben. Allerdings müssen sie spezielle Strategien entwickeln, um ihr eigenes Überleben zu sichern. Ihr größtes Problem ist der Wassermangel, deshalb muss der Schwerpunkt ihrer Anpassungsmechanismen einerseits darauf liegen, Wasser möglichst schnell und effizient aufzunehmen und zu speichern, andererseits müssen sie ihren Wasserverlust weitgehend minimieren.

Viele Pflanzen haben entweder sehr tiefgehende **Wurzeln** ausgebildet oder aber ein weitreichendes Wurzelnetz das eine große Fläche abdeckt. Damit können sie Wasser in einem weiten Umkreis bzw. aus großen Tiefen aufnehmen. Wüstenpflanzen sind oft mit einem feinen **Flaum von Haaren** bedeckt, die zwei verschiedene Funktionen haben: zum einen setzen sie die Verdunstung herab, indem sie den Wind abbremsen, der über die Pflanze streicht, zum anderen fangen die Haare Feuchtigkeit aus der Luft auf, die sich zu Tröpfchen sammelt und dann an der Pflanze herab bis zu den Wurzeln rinnt. Die meisten Wüstenpflanzen haben keine großen Blätter, **alle Anhänge sind klein** oder aber völlig zurückgebildet, wie z. B. beim Kaktus: die Pflanze verringert ihre Oberfläche und damit die Fläche, von der Wasser verdunstet werden kann. Oft wachsen die Pflanzen auch eng am Boden, als Polster z. B., auch das hat den Zweck, dem Wind (der immer Feuchtigkeit mit sich fortträgt) wenig Angriffsfläche zu bieten.

Kakteen: optimal an die Trockenheit adaptiert
(Tephrocactus boliviensis)

Der effizienteste **Wasserspeicher**, den man im Pflanzenreich kennt, ist wohl der Kaktus: sein ganzer Körper ist zu einem Speicherorgan umgebildet, die Zellen sind besonders groß und aufnahmebereit. Andere Wüstenpflanzen haben zumindest fleischige Blätter oder eine dicke Wurzel, in der Wasser gesammelt werden kann.

Eine Pflanze, die besonders schön auf der Fahrt von Arica nach Putre zu sehen ist, ist der **Kandelaber-Kaktus** (*Browningia candelabris*), der tatsächlich wie ein gigantischer Kerzenständer in der Wüste steht. Er kann bis zu fünf Meter hoch werden, und der Stamm ist bei älteren Exemplaren vollkommen verholzt. Man kann ihn gut als Feuer- oder Bauholz verwenden, und das hat die Bestände inzwischen drastisch schrumpfen lassen.

Der **Lechero** (*Euphorbia lactiflua*, zu übersetzen etwa mit „der Milchgebende") ist ein Busch, der um die zwei Meter Höhe erreichen kann. Er hat nur kleine Blätter und gelblich grüne Blüten mit fünf fast quadratisch erscheinenden Blättern. Wird er verletzt, sondert er einen giftigen milchigen Saft ab (daher der Name), der die Ziegen davon abhält, ihn zu fressen. Anfang des letzten Jahrhunderts hoffte man, aus dieser Milch Kautschuk gewinnen zu können, konnte dann aber kein geeignetes Verarbeitungsverfahren finden.

Die Hochgebirgspuna

Je weiter man in die Anden aufsteigt, desto reichlicher werden die Niederschläge, obwohl sie hier im Norden nirgendwo weit über 400 mm/Jahr ansteigen. So können auf 4.000 m Höhe schon erheblich mehr Pflanzen wachsen als auf Meeresniveau. Aber obwohl das Wasser hier reichlicher ist, machen andere Klimabedingungen der Vegetation zu schaffen: eiskalte Winde, die hohe Geschwindigkeiten erreichen können und stetig den ganzen Winter über wehen, Temperaturen, die nachts bis auf unter -30° C fallen und eine intensive Sonneneinstrahlung sind Härten, die ebenfalls spezielle Anpassung erfordern.

Harte Umweltbedingungen

Die höchstgelegenen Wälder der Erde

Viele Krautpflanzen überwintern im Boden als Samen oder Knollen, um nicht der Kälte ausgesetzt zu sein, andere Pflanzen bilden dichte Polster, um sich vor dem Wind zu schützen. Unter diesen extremen Bedingungen können kaum noch Bäume wachsen, die höchsten Pflanzen sind Büsche und Gräser.

Eine Ausnahme machen die **höchsten Wälder der Erde**, die aus einer einzigen Art, dem **Kenua** (*Polylepis tarapacana*), bestehen. Sie rei-

Höchstgelegene Wälder der Erde chen bis an die 5.000 m über NN heran, haben aber mit einem richtigen Wald kaum noch etwas gemeinsam: die Bäume werden selten über zwei bis drei Meter hoch und bilden nur lockere Bestände, die mit Büschen, würzig riechenden Kräutern und Gräsern durchsetzt sind.

Die Zona Central: Obstgarten des Landes

Je weiter man nach Süden kommt, desto üppiger wird die Vegetation. Zu den Kakteen gesellen sich zunächst Gräser und Büsche, dann auch Palmen und andere Bäume, und etwa ab der Höhe von Copiapo und Vallenar reicht der Niederschlag (zusammen mit dem Schmelzwasser, das aus den Anden kommt) zumindest stellenweise aus, um Obst und Gemüse anzubauen. Das Klima ist hier mit dem der Mittelmeerländer zu vergleichen, und auch die Pflanzen ähneln sich.

Mittelmeerklima

Die meisten Büsche und Bäume haben eine harte Rinde und kleine harte Blätter, um die heißen und trockenen Sommer zu überstehen. Dieser sklerophytische (an Trockenheit angepasste) Wald hatte sein Ausbreitungsgebiet genau dort, wo sich die ersten spanischen Eroberer dauerhaft niederließen, die Bäume wurden weitflächig gerodet, um Platz für Felder zu gewinnen. Nur kleine Reste blieben übrig, sehen kann man diese Vegetationsgesellschaft heute eigentlich nur noch im Schutzgebiet La Campana nahe Santiago.

Optimale Bedingungen für die Landwirtschaft

Südlich von Santiago findet man (fast) optimale Bedingungen für die Landwirtschaft: gute Böden, ausreichend Niederschlag bei trotzdem relativ hoher Sonneneinstrahlung. Kilometerweit erstrecken hier sich Weingärten, Obstplantagen und Getreidefelder. Die an die Trockenheit angepassten Wälder, die es hier einmal gab, sind durch Fichten- oder Eukalyptusplantagen ersetzt worden.

Die wunderschöne **Palma chilena** (*Jubaea chilensis*), die einer der Nationalbäume Chiles ist, war ursprünglich an vielen Stellen ein Bestandteil der mediterranen Vegetation der zentralen Zone. Sie ist die am südlichsten vorkommende Palme der Erde. Aus ihrem Stamm lässt sich ein sehr zuckerhaltiger Saft gewinnen, und früher wurde sie überall genutzt. Inzwischen sind die Bestände dermaßen geschrumpft, dass sie streng geschützt werden muss. Außerdem wird sie in vielen Parks und städtischen Anlagen angepflanzt, um sie zumindest an einigen Stellen zu erhalten.

Eine an den Andenhängen Zentralchiles vorkommende Zypressenart ist die **Ciprés de la Cordillera** (*Austrocedrus chilensis*). Sie gehört zu den acht einheimischen großen Nadelbäumen Chiles und hat ein gegen Verwitterung sehr widerstandsfähiges Holz, weshalb sie gerne für den Hausbau verwendet wird. Sie wächst an den Fußhügeln der Anden und liebt warme sonnige Standorte, an denen andere Arten kaum noch gedeihen können. Oft ist sie z. B. an Vulkanhängen zu sehen. Die Bäume können sehr alt werden und gehören zu den gefährdeten Arten, eben weil sie als Bauholz so gut zu gebrauchen sind.

Der kleine Süden: das Land der Araukarien

Im kleinen Süden sind die Sommer noch heiß, aber es fallen erheblich mehr Niederschläge. Hier wächst (neben zahlreichen anderen Laub- und Nadelbäumen) einer der vielleicht faszinierendsten Bäume Chiles, die Araukarie. Und während rechts und links der Panamericana immer noch viel Landwirtschaft betrieben wird, findet man in den Anden noch sehr ursprüngliche Landschaften: tiefe Wälder und einsame Almwiesen, dazu überall Seen: Araukarien ist sicherlich eine der schönsten Regionen des Landes.

Araukarien

Die **Araukarie** (*Araucaria araucana*) hat als Charakterbaum der Region im südlichen Mittelchile ihren Namen gegeben. Sie kommt vor in Höhen zwischen 1.300 und 1.600 m und kann eine Niederschlagsmenge von 2.000 bis 3.000 mm jährlich verkraften.

Baum der Seenregion: die Araukarie

Die Araukarie ist zweigeschlechtlich (zweihäusig), ein männlicher Baum steht jeweils inmitten mehrerer weiblicher. Die Indios der Gegend bezeichnen diese weiblichen Bäume als Ehefrauen der männlichen. Das Besondere an den Araukarien sind ihre Zapfen: sie können die Größe einer Ananas erreichen. Die Samen fallen im Herbst aus und behalten unter der winterlichen Schneedecke wie in einem Kühlhaus ihre Keimfähigkeit. Diese Samen, die sowohl im Herbst als auch noch im Frühjahr gesammelt werden können, waren besonders früher eine wichtige Nahrungsgrundlage für die Bevölkerung der Region. Sie werden auf verschiedene Weise konserviert und können so jahrelang gelagert werden. Frisch gekocht schmecken sie etwa wie junge Kartoffeln mit einem leicht nussigen Beigeschmack.

Nahrung der Mapuche

Aber nicht nur die Samen sind nutzbar: die extrem langsam wachsende Araukarie gibt ein gutes Bauholz ab, und im 19. Jahrhundert war ihr Stamm sehr beliebt als Mast für Segelschiffe.

Die Araukarie ist erdgeschichtlich eine sehr alte Pflanze, es gab sie schon, lange bevor die Dinosaurier die Erde bevölkerten.

INFO Nicht einheimische Bäume in Chile

Um den großen Bedarf der Holzindustrie zu decken, ist man in den letzten Jahrzehnten immer mehr dazu übergegangen, große Areale mit schnell wachsenden Arten zu bepflanzen, die eine kurze Umlaufzeit haben und viel Profit versprechen. Besonders in Zentralchile und in der Seen-Region sind oft ausgedehnte Plantagen an die Stelle der ehemaligen Wälder getreten.

Die meisten Plantagenbäume landen im Sägewerk

Eukalyptus (*Eucalyptus viminalis*)

Der Eukalyptus kommt aus Australien und Tasmanien, ist aber heute in vielen Regionen der Welt weit verbreitet, weil er schnell wächst und ein vielseitig verwendbares Holz produziert. Der Stamm ist in den unteren Metern astlos, das Holz relativ hart und brauchbar zum Bauen, als Möbelholz, zur Herstellung von Holzchips und Kohle. Auch verbrennen lässt es sich gut.
In kaum mehr als 10 Jahren kann eine Eukalyptus-Plantage reif zur Ernte sein, das macht den Baum zu einer hochrentablen Art.

Pino, **Monterey Pine** (*Pinus radiata*)

Diese Art ist gegenwärtig die am meisten angepflanzte und profitabelste Holzart in Chile. Mehr als 60.000 ha werden jedes Jahr neu gepflanzt. Eingeführt wurde sie Anfang des 20. Jahrhunderts aus Kalifornien und Mexiko, und seit den 70er Jahren boomt das Geschäft. Der Baum wächst schnell und wird bis zu 50 m hoch, sein Holz ist gerade gewachsen und ohne allzu viele Astlöcher. Es wird vor allem zu Holzchips verarbeitet, die sich gut nach Asien exportieren lassen. Dort wird es zu Papier und Zellstoff verarbeitet.

Alamo, **Pappel** (*Populus ssp.*)

Die hohen schlanken Pappeln sieht man vor allem in der zentralen Region entlang von Besitzgrenzen, Bächen und Straßen. Eingeführt wurde der Baum aus Europa und Asien. Sein Holz lässt sich zur Herstellung von Streichhölzern und Eiscreme-Stielen verwenden.

Der Süden: immergrüne Regenwälder und Pampa

Etwa ab dem 37. Breitengrad kann es auch während der Sommermonate ausgiebig regnen. Die üppigen Niederschläge lassen einen dichten Wald wachsen, im Norden den so genannten Valdivianischen Regenwald, weiter südlich den patagonischen und magellanischen Regenwald. Alle diese Waldgesellschaften sind sehr viel artenreicher als europäische Laubwälder und haben einen dichten Unterwuchs. Sie sind auch deswegen einzigartig, weil es sie nur an sehr wenigen Stellen der Erde gibt: an der Westküste Nordamerikas, in Tasmanien, Neuseeland und eben in Chile. Der chilenische temperierte Regenwald macht mit 7,6 Millionen Hektar etwa ein Viertel der Gesamtfläche dieser Wälder auf der Erde aus. Der temperierte Regenwald hat mit noch mehr Superlativen aufzuwarten als sein tropischer Bruder: er produziert mehr Biomasse pro Hektar, ist erdgeschichtlich älter und als Ökosystem stabiler.

Artenvielfalt im Regenwald

Der **Valdivianische** Regenwald beginnt im Norden etwa bei Valdivia und reicht bis zur Breite von Coihaique. Er ist zumindest teilweise immergrün und bildet dichte Bestände mit viel Unterholz. Auch er wird seit Jahrhunderten genutzt, Tausende von Hektar sind inzwischen verschwunden, verarbeitet zu Eisenbahnschwellen, Häusern oder Brennholz, und in den letzten Jahrzehnten hat man auch hier begonnen, die natürlichen Wälder in großem Stil abzuholzen, zu Holzchips zu schreddern und sie durch Monokulturen zu ersetzten.

Einer seiner Charakterbäume ist die **Ulme** (*Eucryphia cordifolia*), die während ihrer Blütezeit im Bild des Waldes gut auszumachen ist: unter den mehr oder weniger dunkelgrünen Laubbäumen stechen ihre weißen Blüten weithin sichtbar hervor, sie blühen zwischen Januar und März. Überall im Süden kann man den feinen Ulmenhonig kaufen, der aus ihnen gewonnen wird. Das Holz der Ulme wird hauptsächlich als Bau- und Feuerholz genutzt. Von der Küste steigt die Ulme etwa bis zu einer Höhe von 700 m an, und südlicher als 43 ° wächst sie nicht mehr.

Der **Canelo-Baum** (*Drimys winteri*) wächst in der Region um und auf Chiloé, er ist eine relativ tolerante Art: weder viel Sonne noch Schatten machen ihm etwas aus, nur Trockenheit verträgt er nicht. Er wächst schnell und produziert trotzdem ein hartes Holz, das gerne zur Herstellung von Möbeln, von Kunstschnitzereien und bei Restaurationsarbeiten genutzt wird. Der Canelo ist der heilige Baum der Mapuche, die ihm Zauberkräfte zuschreiben und ihn auch zur Bekämpfung von Skorbut einsetzten, da seine Blätter reich an Vitamin C sind.

Der **Notro** (*Embothrium coccineum*) ist ein kleiner Baum, den man oft am Wegesrand oder an anderen offenen Stellen findet

Ulme

Canelo

Notro

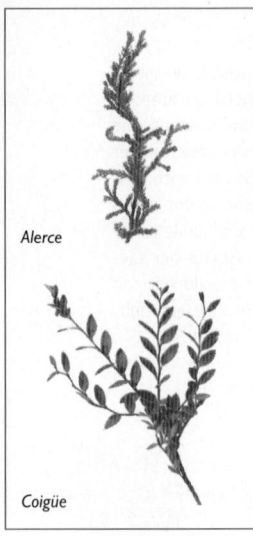

Alerce

Coigüe

und der sofort an seiner wunderschönen roten fein gefiederten Blüte zu erkennen ist. Inzwischen wird er auch oft in Parkanlagen angepflanzt, eben weil er sehr dekorativ ist. Der Baum wird selten höher als 15 m (allerdings gibt es immer wieder alte Einzelexemplare mitten im Wald, die auch größere Höhen erreichen), die Blätter sind oval, ungezahnt und dunkelgrün und bilden einen attraktiven Kontrast zu den dunkelroten Blüten, die wie Bündel kleiner Trompeten aussehen. Der Notro ist eine Pionierpflanze und breitet sich auf Kahlschlagflächen oder an anderen lichten Stellen aus, er wächst auch auf ärmeren Böden und aus seinen Blättern lassen sich medizinische Tees herstellen.

Von den riesigen, oft mehr als 1.000 Jahre alten **Alerce-Bäumen** (*Fizroya cupressoides*) sind nicht mehr viele übrig: teilweise wurden die kathedralenartigen Wälder einfach niedergebrannt, um Weide- und Ackerland zu erhalten. Außerdem hat man sie wegen ihres widerständigen Holzes viel und gerne geschlagen. Die Bewohner der Wälder benutzen die Rinde zum Kalfatern ihrer Boote. Heute überleben kleine Bestände entlang der Carretera austral und in anderen abgelegenen Gebieten. Alte Alercen bieten ein eindrucksvolles Bild: der Stamm

Uralte kann einen Durchmesser von bis zu vier Metern erreichen und die Bäume wachsen
Alercen kerzengerade in den Himmel. Die jährliche Wachstumsrate ist sehr gering, eine tausendjährige Alerce hat gerade mal einen Durchmesser von einem Meter, die Bäume können weit über 3.000 Jahre alt werden.

Einer der typischen Bäume des südlichen Patagoniens ist die **Coigüe** (oder Coihue, *Notophagus dombeyi*), die Südbuche. Der Baum wird etwa 40 m hoch und hat kleine immergrüne Blätter und einen Stamm, der grau verwittert.

Südbuche Es gibt verschiedene Unterarten von Notophagus, die man bis hinunter nach Feuerland findet und die tatsächlich unseren Buchen etwas ähneln, wenn auch die Blätter viel kleiner sind und das ganze Jahr über grün bleiben. Im Süden (besonders gut zu

Chaura-Beeren

beobachten in der Gegend um Punta Arenas oder im Parque Nacional Tierra del Fuego) haben die Südbuchen oft merkwürdige knollenförmige Verdickungen an Stamm und Ästen, die man in Souvenirgeschäften, zu putzigen Figuren verarbeitet, kaufen kann. Sie werden hervorgerufen durch einen Pilz, der parasitisch an den Stämmen wächst, eine intensiv orangene Farbe hat und „**Brot der Indios**" genannt wird. Er ist essbar und bereicherte den etwas einseitigen Speisezettel der patagonischen Ureinwohner.

Waldlose Flächen sind im südlichen Patagonien oft von einer Zwergstrauchheide bewachsen, die sich aus zahlreichen niederen Büschen zusammensetzt. Einer der häufigsten ist die **Chaura-Beere**, ein Busch, der bis zu 40 cm hoch werden kann, kleine dunkelgrüne Blätter hat und im Sommer über und über mit roten, an der Basis weißlichen Beeren bedeckt ist. Die Beeren haben eine etwas schwammige Konsistenz und einen leicht süßlichen Geschmack. Die Vögel haben offensichtlich unter den zahlreichen Beeren tragenden Pflanzen andere Favoriten, sie fressen die Chaura-Beeren kaum, und tatsächlich ist der Geschmack nicht überwältigend: süßlich-wässrig, aber auf einer Wanderung können die Beeren trotzdem erfrischend sein!

Die Tierwelt Chiles

Aufgrund der verrückten Geografie findet man in Chile vom Wüstenfuchs bis zum Pinguin eine artenreiche und interessante Tierwelt. Die endlose Küste bietet Robben, Seevögeln und einer schier endlos erscheinenden Zahl von Fischen und anderen Meerestieren einen Lebensraum, und in den dichten Urwäldern des Südens streift bis heute der Puma umher. Seit der Kolonialzeit hat der Mensch besonders im Zentrum des Landes tief in die Natur eingegriffen und sie nachhaltig verändert, so dass hier viele Tierarten verwunden sind, sei es, dass sie sich in weniger intensiv bewirtschaftete Gebiete zurückgezogen haben oder, dass sie in Chile ausgestorben sind. Auch wenn Chile heute als eines der Länder gilt, die noch große ursprüngliche Naturlandschaften innerhalb ihrer Grenzen haben, ist die rote Liste der gefährdeten und vom Aussterben bedrohten Arten erschreckend lang.

Tiefe Eingriffe in die Natur

Die nördliche Wüste: Die Wüste Atacama, die auf den ersten Blick so lebensfeindlich wirkt, gibt doch einer Vielzahl von Tieren einen Lebensraum, auch wenn man auf den zweiten Blick schnell feststellt, dass es vor allem ihre Randgebiete sind, in denen sich die Mehrzahl der Arten, die hier leben, ansiedeln.

Die Puna: Die Puna ist das Weidegebiet der Lamas und Alpakas, die von den Aymaras und den Atacameños als Haustiere gehalten werden. Auch ihre wilden Verwandten, das Vicuña und das Guanako, kommen hier noch vor. Sie waren die einzigen größeren Säugetiere, welche die Spanier bei ihrer Ankunft vorfanden; Rinder, Schafe, Pferde und Schweine wurden von ihnen erst eingeführt. Pumas und Füchse richten unter den Herden oft nicht unerheblichen Schaden an. Und eine große Anzahl von Vögeln lebt hier, der Kondor und andere Raubvögel, aber auch eine Vielzahl von Enten und Gänsen.

Lamas und Alpakas

Ihre wilden Vorfahren wurden vor Tausenden von Jahren von den Atacameños gezähmt, und heute kommen Lamas und Alpakas nur noch in domestizierter Form vor. Da die beiden Arten aber zu den Charaktertieren der Anden gehören, sollen sie hier dennoch vorgestellt werden. Hauptsächlich werden sie in Bolivien und Peru gehalten, ihr Verbreitungsgebiet erstreckt sich aber von Ecuador bis in den Norden Chiles und Argentiniens. Und sogar in Europa und Nordamerika gibt es inzwischen Farmen, die Lamas und Alpakas halten, weil sich das fast cholesterinfreie und sehr wohlschme-

Haustiere des Altiplano

Lamas im Hochland von Nordchile

ckende Fleisch gut an Spezialitätenrestaurants verkaufen lässt. Im eigentlichen Verbreitungsgebiet der Lamas gilt es nicht viel, hier ist es eine Arme-Leute-Speise, die hauptsächlich von den Haltern selbst gegessen und auf ihren Märkten verkauft wird. Lamas haben eine gröbere Wolle als Alpakas oder gar Vicuñas und werden deshalb hauptsächlich

Lama-Karawanen

als Fleischlieferanten gehalten. Früher waren sie auch als Lasttiere gefragt, es gab regelrechte Lama-Karawanen, die durch die Wüste und den Altiplano zogen. Diese Funktion ist heute durch das besser ausgebaute Straßennetz und den LKW-Verkehr überflüssig geworden.

Spucken Lamas wirklich? Wenn man sie nur genügend reizt, kann es einem tatsächlich passieren, dass sie einem (nach ausführlichen Drohgebärden, die den Angreifer warnen sollen), eine Mischung aus Speichel und hervorgewürgten Speiseresten ins Gesicht husten. Aber man muss sie schon heftig ärgern, bevor sie sich dazu hinreißen lassen, und normalerweise ergreifen sie vor Menschen eher die Flucht.

Baby-Alpaka

Das Alpaka ist in der Regel etwas kleiner als das Lama und von seinem Verwandten gut durch seine viel kürzere Schnauze zu unterscheiden, die ihm ein puppenhaftes Aussehen verleiht. Die Wolle des Alpakas ist sehr fein und kann zu hochwertigen Stoffen weiterverarbeitet werden. Besonders für den ersten Schnitt, das so genannte Baby-Alpaka, werden hohe Preise gezahlt. Die Alpakas sind wählerischer als Lamas, sie fressen lieber in den grünen Niederungen, während die Lamas sich auch mit dem harten Gras und dem Gestrüpp der Berghänge zufrieden geben.

Das Vicuña

Feine Wolle

Das Vicuña ist die kleinste der vier Kamelidenarten Südamerikas und hat die zierlichste Figur. Anders als Lamas und Alpakas, die in den verschiedensten Färbungen von Weiß über unterschiedliche Braun- und Grautöne bis zum Schwarz vorkommen, ist die Zeichnung seines Felles immer gleich. Rücken, Hals und Beine bedecken ein milchkaffeebraunes Fell, während der Bauch und die Innenseite der Beine weiß sind. Das Fell der Vicuñas liefert die feinste Wolle, und Gewebe aus Vicuña-Wolle gehören zu den teuersten der Welt. Das Vicuña gilt im Allgemeinen als nicht domestizierbar, man hat aber Formen gefunden, die Tiere für die Schur einzufangen, um die Wolle nutzen zu können. Vicuñas waren in ganz Südamerika beinahe schon ausgestorben, als in verschiedenen Ländern Schutzzonen speziell für diese Tierart eingerichtet wurden; heute haben sich die Bestände wieder erholt. Besonders gut kann man sie (und auch Lamas und Alpakas) in den Nationalparks der nördlichen Anden beobachten, im Lauca-Nationalpark grasen sie dicht neben der Straße und sind auch weniger scheu als in anderen Gebieten.

Die Wälder: Chile ist ein Land der Wälder, besonders im Süden gibt es noch fast unberührte Landstriche, in denen sich einige Arten wohl fühlen, die sich sonst überall vor der Präsenz des Menschen zurückgezogen haben.

Das Huemul *(Hippocamelus bisulcus)*

Die Familien der Hirsche und Rehe kamen schon vor der letzten Eiszeit nach Südamerika und haben seitdem verschiedene Arten gebildet. Das Huemul war einmal im ganzen südlichen Andenraum verbreitet, jetzt ist das scheue Tier fast ausgestorben. Es ist bedroht vom Vordringen der Menschen auch noch in den letzten Winkel des Landes und von den jährlichen Waldbränden, die seinen Lebensraum immer mehr einschränken. Das Huemul ist ein elegantes Tier mit einem braunen Fell und einer schwarzen Schnauze, die Männchen haben ein zweiästiges Geweih, das sie jedes Jahr nach der Brunftzeit abwerfen. Huemuls leben in Herden bis zu 60 Tieren im Sommer im Gebirge über der Baumgrenze, nur im Winter steigen sie in tiefere und geschütztere Lagen ab.

Vom Aussterben bedroht

Das Pudú *(Pudu pudu)*

Das Pudú ist das kleinste Reh der Erde, es erreicht höchstens 50 cm Schulterhöhe, und sein kleines Geweih besteht aus je einem Ast pro Seite, die aussehen wie kleine Hörner. Das Pudú lebt in den dichten Wäldern von Araucaria und der Seenregion, es ist aber schwer zu entdecken, weil es sich am liebsten im dichten Unterholz versteckt.

Der Puma *(Felis concolor)*

Der Puma ist das größte Landraubtier Chiles und war ursprünglich im ganzen Land verbreitet. Heute ist er aus vielen Gegenden durch den Menschen vertrieben worden. Einerseits ist er scheu, hat eine große Fluchtdistanz und braucht deshalb menschenleere Landschaften. Zum anderen wird er, obwohl er streng geschützt ist, immer wieder von Bauern gejagt, deren Vieh er reißt. Normalerweise tötet er seine Beute, in dem er ihr, möglichst von einem etwas erhöhten Platz, in den Nacken springt und ihr das Genick bricht. Für den Menschen wird er kaum gefährlich, obwohl immer wieder Horrorgeschichten über Menschen fressende Pumas erzählt werden. Der Puma hat ein sandfarbenes Fell und kann von der Schnauze bis zum Schwanz über zwei Meter lang werden.

Pudú

Rotfuchs

Der Rotfuchs, Zorro colorado
(Dusicyon culpaes)

Der Rotfuchs ist nach dem Puma das zweitgrößte Landraubtier, und man kann ihn häufiger am frühen Abend, in der Dämmerung sehen, wenn er zu seinen Beutezügen aufbricht. Sein Lebensraum sind die lichteren Waldgebiete Patagoniens und der Seen-Region, aber auf seinen Streifzügen kann man ihn auch in Wiesen oder in den Küstendünen entdecken. Wegen seines schönen rotbraunen Fells wurde er jahrhundertelang gejagt.

Der Eisvogel, Martin Pescador *(Ceryle torquata)*

Der Eisvogel braucht Wasser, und so ist er an Bächen und Flüssen, aber auch an der Meeresküste zu finden. Seine Hauptnahrung sind Fische, und man sieht ihn auf einem Ast über einem Gewässer sitzen und auf Beute warten. Er ist leicht an seinem bunten Federkleid, den leuchtend-blauen Flügeln und der orangefarbenen Brust zu erkennen.

Der Cachaña *(Enicognathus ferrugineus)*

Der grasgrüne Cachaña ist der südlichste Papagei der Welt. Um Santiago kann man ihn ebenso entdecken wie im südlichen Patagonien, wo er z. B. im Parque Nacional Torres del Paine in den Wäldern an den eiskalten Gletscherseen in Schwärmen lebt, die zusammen sehr stimmgewaltig sein können. Der Cachaña ernährt sich von Samen und Früchten. Ein enger Verwandter des Cachaña ist der **Choroy** *(Enicognathus leptorhynchus)*, der genauso grasgrün ist, aber einen stärkeren und größeren Schnabel hat.

Die Steppe: Die weiten baumlosen Ebenen im Süden Chiles bieten Tieren wenig Schutz vor Wind und Regen, und auch für Feinde sind sie hier sofort zu sehen. Das hat dazu geführt, dass die Steppenbewohner ihre Lebensweise an die besonderen Lebensbedingungen angepasst haben. Sie verfügen z. B. über eine große Fluchtdistanz und lassen einen Feind so gar nicht erst an sich herankommen. Eine andere viel versprechende Taktik ist die Flucht: Steppentiere können oft sehr schnell laufen und entkommen so ihren Verfolgern.

Flucht ist überlebenswichtig

Der Graufuchs, Zorro gris
(Dusicon gymnocerus)

Der Graufuchs ist kleiner als der Rotfuchs und lebt hauptsächlich in den weiten offenen Ebenen Patagoniens. Er wurde von den Europäern nach Patagonien gebracht und hier ausgesetzt, weil sie hofften, er würde die ebenfalls von ihnen einge-

Graufuchs

brachten Hasen dezimieren, die sich inzwischen zu einer Plage entwickelt hatten und eine ernsthafte Nahrungskonkurrenz für die Schafe waren. Er frisst jedoch in der Hauptsache vegetarische Kost und bessert seine Diät nur hin und wieder mit Insekten oder kleinen Nagetieren auf, so dass dieser Versuch fehlschlug. Der Graufuchs ist offenbar wenig schmackhaft, er hat kaum Feinde und selbst wenn er tot ist, verschmähen die Kondore sein Fleisch.

Der Ñandu
(Pterocnemia pennata)

Der Ñandú ist der größte und schwerste chilenische Vogel, er wird bis zu 25 kg schwer und 1,5 m hoch. Er lebt in Patagonien und im Altiplano Nordchiles in Gruppen von bis zu 30 Vögeln. Sie ernähren sich von Samen, Gras und Insekten. Bei den Ñandús ist das Männchen für das Brüten und auch für die Pflege der Jungen zuständig.

Ñandús sind flugunfähig und wegen ihrer Größe für Feinde leicht zu entdecken. Ihre einzige Möglichkeit, Feinden zu entgehen, ist wegzulaufen, und diese Taktik haben sie bis zur Vollkommenheit perfektioniert: sie laufen sehr schnell und ändern ständig die Richtung, nur so haben sie eine Chance zu entkommen.

Ñandú

Caiquen-Gänse
(Chloephaga esp.)

Die Caiquen-Gänse leben an den Wasserläufen im Süden Patagoniens, wo man sie fast immer paarweise über die Wiesen watscheln sieht. Männchen und Weibchen sind bei diesen Gänsen gut zu unterscheiden: Das Männchen hat eine feine Zeichnung in den Farben weiß, grau und schwarz, während das Weibchen unscheinbarer bräunlich gefärbt ist. Beide haben einen kurzen schmalen Schnabel, der ideal zum Gras rupfen ist.

Caiquen-Gänse-Pärchen

Die Küste: Die Tausende von Kilometern lange Küste Chiles ist Lebensraum für viele verschiedene Tierarten: von der winzigen Schnecke über Muscheln und Seeigel, Fische und Seevögel bis hin zum riesigen See-Elefanten.

Der Lobo marino (*Otaria flavescens*)

Großer Meeres-säuger

Der Lobo marino ist ein Mitglied der Familie der Robben und Seehunde, er kann über vier Meter lang werden. Die Männchen liefern sich heftige Kämpfe um die Weibchen, sie verteidigen ihren Harem und ihr Territorium verbissen, im wahrsten Sinn des Wortes: nicht selten fließt Blut bei diesen Kämpfen. Oft kann man die Tiere in Gruppen an den Fischereianlegern beobachten, wo sie auf die Fischabfälle warten,

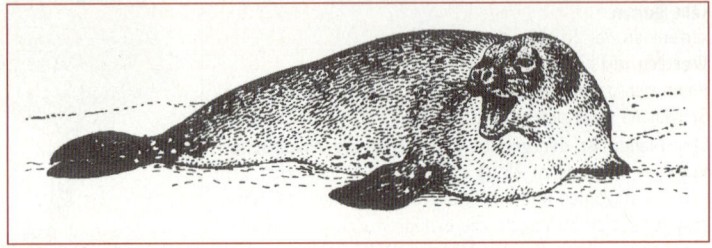

Lobo marino

z. B. in Iquique oder in Antofagasta. Für die Ureinwohner der Küste waren sie als Lebensgrundlage wichtig: sie lieferten Fleisch, aus den Knochen ließen sich Werkzeuge herstellen und aus den Häuten die Bespannung für die leichten Kanus, mit denen sich z. B. die Changos die Küste entlang bewegten.

Der Schwarzhalsschwan, Cisne de Cuello Negro (*Cygnus melancoryphus*)

Der Schwarzhalsschwan ist eines der Charaktertiere Patagoniens, er ist leicht zu erkennen: der Körper schneeweiß mit Ausnahme seines tiefschwarzen Halses und seines schön gezeichneten Kopfes. Seine Füße und der Schnabel sind fleischfarben, auf dem Schnabel sitzt ein roter Höcker. Der Schwarzhalsschwan hat extrem ölige Federn, so dass er in der Lage ist, wochenlang im Wasser zu bleiben. Er kann sowohl im Süß- als auch im Salzwasser leben, in der Regel entfernt er sich aber nicht sehr weit von der Küste.

Gemeiner Kormoran

Der Königskormoran Cormoran Imperial (*Phalacrocorax atriceps*)

Selbst wenn der Königskormoran hauptsächlich an der Küste lebt, kommt er im Süden Patagoniens auch in Süßwasserlagunen vor. Man sieht ihn häufig mit ausgebreiteten Flügeln auf einem Bootsrand oder einem Baumstumpf im Wasser sitzen. Kormorane sind entwicklungsgeschichtlich sehr alte Vögel, ihre Öldrüsen sind nicht so weit entwickelt wie bei anderen Wasservögeln, deshalb saugen sich ihre Federn schnell voll Wasser, und sie müssen ihre Flügel in regelmäßigen Abständen von Sonne und Wind trocknen lassen. Der Königskormoran nistet in Kolonien von Hunderten von Vögeln, und diese Ansiedlungen strömen einen wahrhaft atemberaubenden Geruch aus: die Kormorane ernähren sich ausschließlich von Fisch. *Vogel aus der Urzeit*

Der **gemeine Kormoran** (*Phalacrocorax olivaceu*) ist der wichtigste Guano-Produzent an der Küste Chiles und Perus, er ist für 85 Prozent des Guano verantwortlich, der hier gesammelt wird. Er ernährt sich hauptsächlich von Anchovis, und wenn sich der Humboldt-Strom verlagert, was periodisch vorkommt, ziehen große Schwärme von Kormoranen auf der Suche nach Futter südwärts.

Der Pelikan, Pelicano (*Pelecanus thagus*)

Der Pelikan ist nicht zu verwechseln: sein riesiger Schnabel und seine Größe unterscheidet ihn von allen anderen Meeresvögeln in Chile. Er wird 1,30 m hoch, und sein gelber Schnabel hat eine Hauttasche, in der Fisch, seine Hauptnahrung, transportiert werden kann. Er folgt den Verlagerungen des Humboldt-Stroms und ist z. B. in Iquique oder Antofagasta gut zu beobachten, wo er an den Fischmärkten herumlungert und auf Abfälle wartet. *Schnabel mit Transporttasche*

Der Magellan-Pinguin, Pingüino de Magallanes (*Spheniscus magellanicus*)

Den Magellan-Pinguin kann man von Antofagasta bis nach Patagonien an der Küste sehen, häufiger ist er aber südlich von Puerto Montt. Er wird 70 cm groß, hat eine weiße Brust, schwarze Flügel und einen schwarz-weiß geringelten Hals. Er brütet immer in Kolonien und baut sein Nest am liebsten in Höhlen, z. B. in verlassenen Kaninchenbaus oder versteckt unter dem Gras. Eine große Kolonie des Magellan-Pinguins gibt es am Seno Otway in der Nähe von Punta Arenas.

Magellan-Pinguin

Der Austernfischer, Pilpilén (*Haematopus palliatus*)

Den Austernfischer sieht man oft am Strand an der Wasserlinie herumstolzieren und mit seinem roten Schnabel im Schlick nach Futter suchen. Er hat einen tiefschwarzen Rücken und ebensolche Flügel, eine weiße Brust und rötliche Beine. Sein Schnabel ist perfekt an seine Nahrung adaptiert: er ist lang und gerade, so dass er sich hervorragend zum Stochern eignet, und außerdem stark genug, um Muscheln, seine Hauptspeise, aufzuknacken.

Austernfischer

Wirtschaftlicher Überblick

An der chilenischen Wirtschaft scheiden sich die Geister. Dass das Konzept, das sie verfolgt, zumindest im Moment erfolgreich ist, wird niemand bestreiten wollen, die Zahlen sprechen für sich: das Wirtschaftswachstum und die Zunahme der Kaufkraft sind konstant. Aber auf der anderen Seite wächst auch die Armut, und obwohl sie noch nicht so sichtbar ist wie in anderen südamerikanischen Staaten, ist sie doch nicht wegzudiskutieren. Und sie ist einer der Gründe für die zunehmende Umweltzerstörung: wer anders kein Einkommen für seine Familie erwirtschaften kann, wird keine Skrupel haben, illegal Bäume zu fällen.

Wachsende Kaufkraft und Umweltzerstörung

Der Bergbau und der Energiesektor

Der Bergbau ist immer noch einer der wichtigsten Wirtschaftszweige des Landes. In Chile wird eine Vielzahl von Mineralien gefördert, bei Molybden, Lithium und Jod gehört Chile zu den wichtigsten Anbietern weltweit. Daneben gibt es verschiedene Salze, Gold, Silber, Eisen, Mangan und Schwefel. Das mit Abstand wichtigste Bergbauprodukt jedoch ist das **Kupfer:** es trägt zu etwa 40 Prozent zum Exporterlös des Landes bei und macht auf dem Weltmarkt über 30 Prozent des Gesamtangebotes aus. Damit ist Chile der größte Kupferproduzent weltweit. Nachdem unter der Regierung *Frei* senior und später *Allende* die Kupferproduktion vollständig verstaatlicht worden war, blieb diese Industrie die einzige, die *Pinochet* nicht wieder privatisierte, und bis heute gehört der allergrößte Teil der Kupfer-Minen der staatlichen Gesellschaft CODELCO. In den letzten Jahren versucht man allerdings wieder, private Gesellschaften als Teilhaber zu gewinnen. Man möchte neue Vorkommen erschließen und braucht dazu Kapital. In den ersten Jahren des neuen Jahrtausends steckte die Kupferindustrie in einer tiefen Krise: der Kupferpreis sank und sank, bis er 2001 auf seinem tiefsten Stand seit 15 Jahren angelangt war. Dann ging es langsam wieder aufwärts. Die boomende Wirtschaft in China führte dazu, dass China die USA als größten Abnehmer chilenischen Kupfers ablöste. Nachdem sich auch die Wirtschaft in den USA wieder erholt hat, stiegen die Preise 2004 auf ein Rekordhoch und gaben der chilenischen Wirtschaft einen hochwillkommenen Impuls.

Kupfer: das rote Gold

Maria Elena ist eine der letzten Salpeterminen

Als relativ industrialisiertes Land hat Chile einen hohen **Energiebedarf**, der zur Zeit zu über 50 Prozent aus Erdöl und -gas, zu fast 30 Prozent aus Wasserkraft und zu 15 Prozent aus Kohle gedeckt wird. Dazu kommen noch biologische Abfälle und Holz. Chile ist reich an Energieträgern, allerdings steckt auch die Energiewirtschaft etwas in der Krise. Die bekannten **Erdölvorkommen** sind weitgehend erschöpft, so dass man jetzt erst ein-

mal Kapital aufwenden muss, um neue Felder zu entdecken und zu erschließen. Viel *Erdöl*
verspricht sieht es in der 12. Region aus, wo in der Magellan-Straße in der Nähe
von Punta Arenas große Felder vermutet werden und teilweise auch schon gefunden worden sind.

Kohle gab und gibt es an der so genannten Costa del Carbon (Kohle-Küste) südlich von Concepción. Die Landschaft um Lota herum ist so etwas wie der Ruhrpott   *Kohle*
Chiles, und ähnlich wie im Ruhrgebiet gibt es auch hier Probleme. Die Kohlevorräte
sind zwar nicht erschöpft, aber die Preise im Moment so niedrig, dass sich der Abbau
nicht mehr lohnt. Mine nach Mine wurde geschlossen, die Arbeiter machten durch
Streiks und Protestkundgebungen auf sich aufmerksam, mit einigem Erfolg, wie sich
jetzt zeigt. Die Regierung hat ein Programm aufgelegt, das vielen ehemaligen Kumpels Arbeit gibt: der Tourismus, der bisher um die Region eher einen Bogen macht,
soll an die Kohle-Küste geholt werden. Neue Campingplätze und Hotels werden
eröffnet, alte Baudenkmäler renoviert und zu Museen umgewandelt, und jetzt muss
man sehen, was passiert, wenn das Subventionsprogramm ausläuft.

Chile kann zumindest im Süden
den größten Teil (etwa 70 Prozent) des Stroms, den die Bevölkerung braucht, mit **Wasserkraft**
erzeugen. Und die Potenziale in
diesem Sektor sind groß: bisher
werden kaum 10 Prozent der Kapazität genutzt. Aber auch wenn
Wasserkraft eine vergleichsweise
saubere Energiequelle ist, bedeutet sie oft tief greifende Eingriffe
in die Landschaft. Besonders von
sich reden macht ein gigantisches
Projekt am Oberlauf des Bio Bio,

Die Fallrohre eines Wasserkraftwerks

wo die ENDESA (ein chilenisches Energieunternehmen, dessen Kapital zum größten Teil in spanischen Händen ist) eine Reihe von Staudämmen bauen will. Das Land   *Wasserkraft*
hier ist traditionelles Siedlungsgebiet der Mapuche, und die Stauseen würden ihre
Tierra sagrada (heilige Erde), einige ihrer wichtigsten Begräbnisstätten, überschwem-
men. Dagegen wehren sie sich erbittert, und nach jahrhundertelangem Widerstand
wissen sie, sich Gehör zu verschaffen. Im Mai 1999 reiste sogar eine Abordnung von
Mapuche nach Madrid, um mit der Führung der spanischen ENDESA zu verhandeln.
Außerdem ist die Energie aus Wasserkraft anfällig für klimatische Schwankungen: wenn
der Sommer trocken ist, wie z. B. der des Jahres 1998, werden die Vorräte in den Was-
serreservoirs knapp und die Nation muss zum Energiesparen aufgefordert werden.

Der Norden des Landes ist auf Öl- und Gas-Lieferungen angewiesen, die hauptsächlich aus dem Nachbarland Argentinien kommen. Im Jahr 2004, als der Bedarf in
Argentinien durch die sich schnell erholende Wirtschaft sprunghaft anstieg, drehten
die Argentinier den Hahn (ohne sich um ihre vertraglichen Verpflichtungen zu kümmern) einfach zu.

Industrie

Chile ist im Vergleich zu anderen südamerikanischen Ländern mit der Industrialisierung weit fortgeschritten und die Wachstumsrate der Industrie im Allgemeinen steigt jedes Jahr. Der Löwenanteil der Produkte wird für den Binnenmarkt hergestellt: während chilenische Waren sich auf internationalen Märkten wegen ungünstiger Wechselkurse und starker Konkurrenz nicht gut verkaufen lassen, steigt die Nachfrage im Inland in einigen Sektoren jedes Jahr. Die steigende Kaufkraft der chilenischen Bevölkerung wirkt sich vor allem positiv im Bausektor und für die so genannten leichten Konsumgüter aus. Gerade der Bausektor konnte enorme Zuwachsraten verbuchen, und die Ergebnisse lassen sich besonders in Santiago in den Vierteln Providencia und Las Condes bewundern: hier sind in den letzten Jahren moderne Bürotürme wie Pilze aus dem Boden gewachsen.

Landwirtschaft, Forstwirtschaft und Fischerei

Traditionell ist Chile ein agrarwirtschaftlich orientiertes Land. Die spanischen Eroberer begannen fast sofort nach ihrer Ankunft, Obst, Gemüse und Getreide anzubauen, einmal um sich selbst zu versorgen, aber es wurde z. B. auch Wein in die Minenstädte in Bolivien verkauft: die Anfänge der chilenischen Agrarexporte! Während der Ära *Pinochet* war der Boykott chilenischen Obstes ein beliebtes Mittel, gegen den Diktator zu protestieren.

Edle Tropfen

Im Gesamtbild der chilenischen Wirtschaft ist die Landwirtschaft aber nicht mehr allzu wichtig: Sie trägt gerade mal mit etwa 10 Prozent zum Bruttoinlandsprodukt bei, obwohl immerhin noch knapp 20 Prozent der Erwerbstätigen in landwirtschaftlichen Betrieben tätig sind. Anfang der 1990er Jahre des letzten Jahrhunderts machten hohe Zölle die Einfuhr in die EG fast unmöglich, die chilenischen Obstbauern mussten herbe Verluste einstecken. Inzwischen gibt es ein neues GATT-Abkommen, nach dem die Zölle wieder etwas gesenkt wurden. Ein Sektor, der sich international immer besser präsentieren kann, ist der Weinbau. Chilenische Weine haben in den letzten Jahren Einzug in immer mehr europäische Läden gefunden und gehören inzwischen zum Standardsortiment jedes guten Supermarktes in Deutschland. Es hat sich herumgesprochen, dass chilenischer Wein durchaus mit europäischem konkurrieren kann und oft ein sehr gutes Preis-Leistungs-Verhältnis bietet.

Holz: wichtiges Exportgut

Die chilenische **Forstwirtschaft** boomt. Fast der ganze Süden Chiles ist Waldland, und Klima und Böden eignen sich gut, um Plantagenwirtschaft zu betreiben. In Chile z. B. liegt der Zuwachs einer Plantage im Durchschnitt bei 22 m^3, in den USA (einem anderen wichtigen Holzproduzenten) nur bei 7 m^3. In Chile kann also eine Plantage dreimal so schnell abgeerntet werden wie in den USA. Die Hauptprodukte sind Holzchips, Stämme, Zellstoff und Sägeholz, die Investitionen in diesem Sektor kommen aus den USA, Kanada, Neuseeland und Japan. In den 90er Jahren des 20. Jahrhunderts lag ein Schwerpunkt auf der Umwandlung von Naturwaldflächen in Plantagen, ein außerordentlich profitables Geschäft. Erst in den letzten Jahren ist man sich klar darüber geworden, dass diese Praxis mittelfristig die Urwälder zerstören wird, und hat zumindest theoretisch begonnen, die Holzindustrie stärker zu kontrollieren. Als einer der wichtigsten exportorientierten Wirtschaftszweige hat die aber eine starke Position und zahlreiche Möglichkeiten, sich über Vorschriften hinwegzusetzen und Kontrollen zu umgehen. Das chilenische Holz wird zum großen Teil als Rohstoff oder nur vorverarbeitet verkauft, und ähnlich wie beim Kupfer schwanken die Preise für Holz auf dem Weltmarkt erheblich. Absoluten Boom-Jahren stehen heftige Einbrüche gegenüber, die sich nur schwer kalkulieren und auffangen lassen.

Auch in der **Fischerei** zehrt Chile längst von seinem Kapital. Der Humboldt-Strom, der direkt an der Küste entlang fließt, beschert dem Land kaltes nährstoffreiches *Die* Wasser, in dem zahlreiche Fischarten gedeihen. Aber gerade die Küstengewässer *Reserven* sind hoffnungslos überfischt, so dass die Schiffe der Fischereiflotte immer weiter hin- *werden* ausfahren müssen, um noch einen guten Fang zu machen. Und die Flotte soll weiter *knapp* ausgebaut werden, besonders der Verkauf von Fischmehl ist ein lukratives Geschäft. Chile ist weltweit der größte Produzent von Fischmehl, zu den Hauptabnehmern gehören Deutschland, die USA und die Niederlande. Um die Wertschöpfung zu erhöhen, strebt man an, mehr Fisch als bisher zu hochwertigen Produkten wie Tiefkühlware oder Fischkonserven zu verarbeiten, bisher wird ein großer Teil des Fangs direkt an japanische Schiffe verkauft, die an der Grenze der chilenischen Hoheitsgewässer Posten beziehen. Dazu müssen moderne Schiffe angeschafft werden, die den Fang direkt an Bord verarbeiten können.

Lachszucht im Süden Chiles

Immer wichtiger wird der Export von gefrorenem Lachs und Forellen, die besonders im Süden verstärkt gezüchtet werden. Chile ist inzwischen nach Norwegen mit 35 Prozent des weltweit verkauften Farm-Lachses der zweitwichtigste Produzent auf dem Weltmarkt. Das Geschäft mit dem Lachs aus den Fischfarmen ist ein zweischneidiges Schwert. Einerseits bedeutet es eine wichtige Einnahmequelle für die chilenische Wirtschaft, andererseits sind die Folgen für die Umwelt erheblich. Futter, was von den Fischen nicht gefressen wird, führt zu Algenblüten, die wiederum den Sauerstoff im Wasser aufzehren. Dann sterben die Fische. Dazu kommt, dass der Einsatz von Antibiotika und Algenvernichtern zwar streng reglementiert ist, aber wenig kontrolliert wird.

Es muss abgewartet werden, wie sich die Forstwirtschaft und die Fischerei mittel- und langfristig entwickeln. Beide Wirtschaftszweige sind dabei, ihr Kapital zu verbrauchen, und auch wenn es sich um erneuerbare Ressourcen handelt, muss man befürchten, dass sie irreversibel geschädigt werden, drosselt man nicht in nächster Zukunft das Tempo erheblich. Und das wird politisch schwer durchzusetzen sein: die Geschäfte, die sich in diesen beiden Sektoren machen lassen, sind einfach zu profitabel!

Tourismus

Chile setzt große Hoffnungen in den Tourismus, der in den letzten Jahren wirtschaftlich immer wichtiger geworden ist. Der Löwenanteil der Besucher kommt aus den Nachbarländern: Argentinier, Brasilianer und Bolivianer machen gerne Ferien an den Stränden der nördlichen Pazifikküste. Als Argentinien 2002 in die Wirtschaftsflaute rutschte, traf das auch die chilenische Tourismus-Industrie hart.

Die Deutschen kommen gerne Bei den europäischen Touristen stehen Engländer und Deutsche an der Spitze, gefolgt von den Spaniern und den Franzosen. Der europäische Tourismus ist anders strukturiert als der südamerikanische, kaum ein Europäer (oder US-Amerikaner) kommt zum Baden nach Chile, was sie anzieht, ist die großartige Natur. Während die Südamerikaner in Scharen kommen, geben die Europäer und Nordamerikaner mehr Geld aus und werden deshalb besonders umworben. Ende 1998 wurde eine Kampagne aufgelegt, die speziell noch mehr deutsche Touristen nach Chile locken soll. Ob es an dieser Kampagne oder an der Tatsache liegt, dass Chile unter vielen Aspekten eines der sichersten Reiseländer in Südamerika ist: während 1997 33.000 deutsche Touristen nach Chile reisten, waren es 2003 schon 53.000.

Der informelle Sektor

Im Verhältnis zu anderen Ländern Südamerikas nimmt der informelle Sektor nur einen relativ geringen Anteil am wirtschaftlichen Gesamtprodukt Chiles ein. Wie groß der Anteil ist, lässt sich allerdings nicht sagen, Zahlen gibt es nicht, das liegt in der Natur dieser Betriebsart. Unter den Begriff „informeller Sektor" fallen Kleinstbetriebe, die weder registriert sind noch Steuern zahlen. Dazu gehören die Straßenverkäufer, die in den Straßen der größeren Städte vom selbst genähten Stofftier bis zur schwarz kopierten Kassette mit den neuesten Hits allen möglichen Krimskrams verkaufen, Kinder, die Süßigkeiten feilbieten, Hausfrauen, die ihre heißen *Humitas* vor den Märkten an den Mann bringen, aber auch Boten, Schuhputzer, Gelegenheitsgärtner und Putzfrauen. Allen gemeinsam ist, dass sie weder Sozial- noch Krankenversicherung haben, und oft ist der Verdienst so gering, dass von den Kindern bis zu den Großeltern alle mitarbeiten müssen, um die Familie durchzubringen. Bisher fehlen wirksame Ansätze, die Menschen aus dem informellen Sektor in das normale wirtschaftliche Leben einzugliedern: die Polizei geht z. B. gegen illegale Straßenhändler vor, aber solange denen Alternativen fehlen, werden sie wohl immer wieder mit ihren Waren zurückkehren.

Keine Steuern – keine Versicherungen

Außenhandel

Die chilenische Regierung fördert den Außenhandel gezielt, um sich in die Weltwirtschaft zu integrieren. Das bedingt natürlich gleichzeitig eine Abhängigkeit vom Weltmarkt, und da Chile zur Zeit noch hauptsächlich Rohstoffe exportiert, die starken Preisschwankungen unterliegen, gerät die Wirtschaft bei einem Preisverfall schnell in die Krise. Deswegen versucht das Land, seine Exportgüter zu diversifizie-

ren, was teilweise auch gelungen ist. Man setzt auf die so genannten nicht traditionellen Exportgüter, wie Wein, Lachs, Obst, Bergbaumaschinerie und Tiefkühlkost.
Diese Artikel lassen sich teilweise nach Europa, vor allem aber in die benachbarten
südamerikanischen Länder verkaufen. Exporteure dieser Waren genießen verschiedene Vergünstigungen, z. B. wird ihnen die Mehrwertsteuer beschleunigt zurücker-
stattet, sie bekommen Zuschüsse für das Marketing im Ausland, und die Regierung
bemüht sich, Kontakte zu potenziellen Handelspartnern zu knüpfen. Importiert werden müssen immer noch viele Kapitalgüter, also z. B. Maschinen zur Herstellung von
anderen Gütern. Aber auch Konsumgüter des gehobenen Bedarfs, wie Designerkleidung und Pelz- und Lederwaren, stehen mit steigender Kaufkraft immer mehr
auf der Importliste.

Import von Kapital-güter

Lange Jahre war die Außenhandelsbilanz positiv, sie wuchs kontinuierlich, und die
Exporte waren im Wert höher als die Importe. Dann gab es Anfang der 90er Jahre
des 20. Jahrhunderts einen Einbruch, weil verstärkt Kapitalgüter importiert wurden,
aber die Bilanz erholte sich schnell wieder. Zu einem weiteren Einbruch führten die
Preisstürze bei Kupfer und Zellulose 1996 und 1998. Trotz steigender Produktion
sanken die Erlöse. Inzwischen wird wieder mehr exportiert als eingeführt, die Wirtschaft steht auf relativ stabilen Füßen.

Nachdem es für Ausländer lange Zeit sehr kompliziert war, in Chile zu investieren,
wurden die bürokratischen Hürden 2001 weitgehend abgebaut und die Märkte libe-
ralisiert. Die größten internationalen Investoren kommen aus den USA, Kanada,
England und Spanien. Zu den großen Erfolgen der *Lagos*-Regierung gehört der Abschluss von Freihandelsabkommen mit den USA und der EU. Diese Abkommen zusammen mit einer günstigen Entwicklung der Preise für einige der wichtigsten Exportgüter
(der Preis für Kupfer z.B. stieg im Lauf des Jahres 2004 um 60 Prozent) führten dazu,
dass Chile 2004 zum ersten Mal die Schwelle von 30 Mrd. Dollar bei den Exporterlösen überschritt, für das Jahr 2005 wird ein weiterer Zuwachs prognostiziert.

Die Staatsverschuldung

Chile ist einer der Lieblinge des Internationalen Währungsfonds: die Auslandsver-
schuldung ist stabil, und die Regierung unternimmt, was sie kann, um die Wirtschaft
anzukurbeln und die Staatsschulden niedrig zu halten. Und auch die Gläubigerländer
gaben dem Land großzügig Zahlungsaufschub, so dass die Verschuldung sich nicht als
dringliches Problem darstellt. Das liegt auch daran, dass den Schulden in Höhe von
ca. 43 Mrd. US$ Devisen- und Goldreserven und eine schneller als die Schulden
wachsende Wirtschaft gegenüber steht.

Liebling des IWF

Wirtschaftswachstum und Umweltschutz: Geht das eine ohne das andere?

Schon beim Landeanflug auf Santiago de Chile wird man mit der Nase (der Flugzeug-
nase nämlich) darauf gestoßen, dass Chile Umweltprobleme hat. Die Gipfel der

*Umwelt-
probleme*

Anden verschwinden aus dem Blickfeld, je näher man dem Flughafen kommt, und man taucht in eine gelblich-graue Smogwolke ein, die den größten Teil des Jahres über der Stadt hängt. Krankheiten der Bronchien und Lungen sind bei Kindern inzwischen so häufig geworden, dass die Krankenhäuser bei prekären Wetterlagen dem Ansturm nicht gewachsen sind, und auch die Regelung, dass Autos ohne Katalysator einen Tag in der Woche Fahrverbot erteilt bekommen, hat bisher nicht viel gebracht. Durch die besondere Lage der Stadt wird das Problem verschärft; die Anden verhindern wie ein Wall, dass sich die hoch belastete Luft austauschen kann; nach Mexico-City hat Santiago das gravierendste Smogproblem des Kontinents.

*Chile lebt
von seinem
Kapital*

Ein anderes Beispiel sind Fischereiflotten, die monatelang nicht auslaufen können, weil ihre Fanggründe so überfischt sind, dass sie mit leeren Netzen nach Hause kommen würden. In den kleinen Küstenstädten heißt das oft, dass die halbe Stadt für diese Zeit kein Einkommen hat. Anderswo sind die Folgen des Wirtschaftswachstums nicht so deutlich oder weniger penetrant, so dass man sie (noch) ignorieren kann. Die chilenische Wirtschaft boomt, und Chile wird als das Wirtschaftswunderland Südamerikas gefeiert, aber das Land lebt von seinem Kapital. Unter Experten ist seit längerem die Rede von nicht wieder gutzumachenden Umweltschäden, die mittel- und langfristig auch die Basis der chilenischen Wirtschaft gefährden. Während der Ära *Pinochet* wurde in der Wirtschaftspolitik auf die Kräfte des Marktes gesetzt, der Staat zog sich aus seiner Rolle als Kontrolleur weitgehend zurück, um dem Unternehmertum jeden nur möglichen Anreiz zum Investieren zu bieten. Und die Rechnung ging auf: die Wirtschaft begann, sich zu erholen, neue Betriebe entstanden und das Bruttosozialprodukt nimmt im Schnitt seit 1985 um 5 Prozent oder mehr zu, 2004 lag die Zuwachsrate bei 5,9 Prozent. Die Frage ist, wie lange das noch so weiter funktioniert: irgendwann werden alles Kupfer gefördert und der Wald abgeholzt sein. Und dann müssen die Folgekosten der Veränderungen, die man der Umwelt zugefügt hat, bezahlt werden, und wie man inzwischen aus Europa weiß, können die enorm hoch sein.

Der Krieg gegen den Wald

Als *Darwin* durch den Süden Chiles reiste, fühlte er sich von dem dichten Wald eingeengt und wie begraben und war erleichtert, als er an der Küste Valdivias einige waldfreie Stücke Landes zu Gesicht bekam. Aber auch er bemerkte schon die Zerstörung der Wälder. Heute müsste er sich kaum noch über zu viel Wald beklagen!

An der Carretera Austral gibt es noch fast unberührte Wälder

*Wald im
Überfluss*

Als die ersten europäischen Siedler in den Süden Chiles kamen, mussten sie sich buchstäblich den Weg freikämpfen und auch, wenn sie Felder anlegen wollten, blieb ihnen nichts übrig, als den Kampf mit dem Wald aufzunehmen. Damals war er für sie kaum mehr als ein Übel, obwohl sie ihn natürlich auch nutzten: sie brauchten Holz, um ihre Häuser zu bauen und die kalten Winter zu überstehen. Aber auch die Mapuche und andere Urvölker schlugen sich Schneisen in die Wälder, um Raum für ihre Felder zu gewinnen. Während der Zeit der Kolonisation im Süden von Chile gab es eine Zeit lang ein Gesetz, das besagte, dass der, der ein Stück Land vom Wald befreie, es als sein Eigentum betrachten könne. Die Bäume hatten damals kaum einen ökonomischen Wert, so viele davon gab es, also fackelte man die jahrtausendealten Urwälder einfach ab. Das hat sich inzwischen geändert, die Holzindustrie trägt mit 12 Prozent zu den Exporterlösen Chiles bei. 2004 flossen 3 Mrd. US$ für exportiertes Holz nach Chile, eine Schätzung für die nächsten Jahre geht von einem Anstieg um eine weitere Mrd. bis 2010 aus. Immer noch werden aber eher Rohprodukte, wie Holzchips für die Papierproduktion als weiterverarbeitete (und damit Arbeitsmarkt-wirksame) Produkte, wie Möbel, exportiert.

Wie wird der Hunger nach Holz befriedigt?

Ursprünglich war das Land um Concepción mit lichten Mischwäldern bewachsen, die sich die Hügel der Küstenkordillere hinaufzogen. Bäume gibt es hier immer noch im Überfluss, aber die Laubwälder sind verschwunden, und stattdessen stehen Fichten in Reih und Glied, im optimalen Abstand zueinander ausgerichtet, so dass man eigentlich gar nicht mehr von Wald sprechen mag. Die Abholzung von natürlichen Wäldern und die Anpflanzung von Plantagen schnell wachsender Arten hat sich als profitabel erwiesen: statt zu warten, bis sich der natürliche Wald regeneriert, was Jahrhunderte dauern kann (der ursprüngliche Zustand stellt sich oft gar nicht mehr ein), pflanzt man Kiefern oder Eukalyptus, die innerhalb weniger Jahrzehnte (Kiefern z. B. brauchen oft nicht mehr als 20 Jahre) wieder abgeerntet werden können. Jedes Jahr werden 60.000- 90.000 ha Fläche mit neuen Plantagen angelegt, teilweise sind die Wälder, die dafür abgeholzt werden, so unerschlossen und wild, dass man sie noch nicht einmal genügend erforscht hat, um genau sagen zu können, wie viele Tier- und Pflanzenarten in ihnen leben. Besser, als natürliche Wälder abzuholzen und in Plantagen umzuwandeln, ist es natürlich, abgeerntete Plantagen wieder neu zu bepflanzen, wie es auch geschieht. Die Frage ist, wie lange der Waldboden diesen Exodus an Nährstoffen aushält.

Wald wird zu Plantagen

INFO ## Welche Funktionen hat ein Waldboden?

Boden: das ist eine Mischung aus Mineralien, abgestorbenen Pflanzen und Tieren in verschiedenen Zersetzungsstadien, Luft, Wasser und lebenden Mikro- und Makroorganismen (Bakterien und Würmer z. B.). Mineralien sind die Nährstoffe, die die Pflanzen zum Wachsen brauchen. Sie stammen zum einen aus dem Gestein, das unter dem Boden liegt, zum anderen aus den abgestorbenen Pflanzen, aus denen sie durch Bakterien wieder herausgelöst werden. In einem natürlichen Waldökosystem gehen kaum Nährstoffe verloren: wenn ein Baum stirbt, wird er im Lauf von einigen Jahren von Würmern und Käfern zerfressen und dann von Bakterien weiter zersetzt. Die Nährminerale landen wieder im Boden und stehen einer neuen Pflanzengeneration zur Verfügung.

Was passiert, wenn dieser (fast) geschlossene Kreislauf vom Menschen unterbrochen wird? Die Folgen sind vielfältig und bisher nur teilweise kontrollier- bzw. ausgleichbar.

Nährstoffverlust

Jeder Baum, der gefällt und abtransportiert wird, bedeutet einen Export von Nährstoffen aus dem System „Wald". Da ein großer Teil der Nährstoffe in den Pflanzen gebunden ist, kann ein Kahlschlag die Nährstoffbilanz des Ökosystems schlagartig verschlechtern. Über einen gewissen Zeitraum kann der Verlust sozusagen intern wettgemacht werden: es lösen sich mehr Nährstoffe aus dem anstehenden Gestein und steigen in höhere Bodenschichten auf. Aber diese Regenerationsfähigkeit ist sehr begrenzt, und bald verarmt der Boden.

In Chile gibt es erste Anzeichen dafür, dass man den Kreislauf bepflanzen – abernten – bepflanzen nicht unbegrenzt weiterführen kann, und wenn die Böden erst einmal ausgelaugt sind, kann man nicht mehr viel machen. Zum einen haben die Nährstoffverluste eine ökonomische Konsequenz: der Boden als Träger des Produktes „Baum" wird irreversibel geschädigt. Zum anderen wird verhindert, dass sich das ursprüngliche Ökosystem wieder regenerieren kann, auf mineralstoffarmen Böden wachsen ganz andere Arten als auf nährstoffreichen Untergründen.

Bodenerosion

Je dichter die Pflanzendecke, desto besser ist ein Boden vor Erosion geschützt. Schlägt man einen Wald kahl, ist der Boden vollkommen ungeschützt Wind und Wasser ausgesetzt, die langsam (oder auch mit beeindruckendem Tempo) die obersten Schichten wegspülen und -blasen. Das trägt weiter zum Nährstoffverlust bei, und irgendwann ist das Trägermedium „Boden" abgetragen, und der nackte Fels steht an.

Aber nicht nur ein frisch gerodeter Waldboden wird erodiert, auch in den Plantagen bleibt der Boden meist unbewachsen, und in den in Reih und Glied gepflanzten Anlagen finden Wind und Wasser regelrechte Schneisen. CONAF stellte in einem Bericht 1993 fest, dass bereits etwa die Hälfte der gesamten Landesfläche Chiles von Bodenerosion betroffen sei, die Forstbehörde beschreibt das Problem als **Bodenkrebs**.

Verlust der Wasserspeicherkapazität

Wälder sind die Ökosysteme, die am meisten Wasser speichern können. Besonders gut beobachten kann man diese enorme Wasserspeicherkapazität z. B. an der Carretera Austral, hier quatscht es an einigen Stellen bei jedem Schritt unter dem Schuh, und Moose und Flechten nehmen Wasser auf wie ein Schwamm. Wird der Wald abgeholzt, hat das verschiedene Konsequenzen. Die Regentropfen werden im Aufprall nicht gebremst und schlagen kleine Erdpartikel los, die dann weggespült werden. Das Wasser kann nicht mehr in der Vegetationsdecke zwischengespeichert werden, sondern fließt direkt ab und nimmt dabei wertvollen Boden mit. Es verbleibt viel weniger Wasser im Ökosystem, Quellen versiegen, und der gesamte lokale Wasserkreislauf wird verändert.

Alle diese Folgen (und andere mehr, die hier den Rahmen sprengen würden) sind aus Europa, Nordamerika und den tropischen Regenwaldgebieten seit langem bekannt, und auch die Chilenen werden sich bald oder müssen sich schon mit ihnen auseinander setzen.

Inzwischen ist es gesetzlich verboten, natürlichen Wald durch Plantagen zu ersetzen, aber die Holzfirmen haben eine beträchtliche Fantasie, wenn es darum geht, diese Gesetze zu umgehen. Ein Brand ist immer noch das einfachste: jährlich gibt es einige tausend Waldbrände in Chile, und die abgebrannten Flächen kann man dann problemlos mit Plantagen bepflanzen, weil sie nicht mehr unter den Schutz des Gesetzes fallen. Die staatliche Forstbehörde CONAF soll gegen solcherlei Praktiken vorgehen, ist dazu jedoch aus Personalmangel nicht im Entferntesten in der Lage.

Kontrollen helfen oft nicht

Schutzgebiete und Projekte zum Schutz der Wälder in Chile: Vorbild für Südamerika?

Chile ist unter den **Weltbesten,** was die Ausweisung von Schutzgebieten angeht: 18 Prozent der Landesfläche stehen unter Schutz. Damit liegt das Land auf Rang sieben weltweit und Rang drei in Südamerika, was den Anteil an Schutzgebieten an der Landesfläche angeht.

Diese Zahl scheint auf den ersten Blick beeindruckend, muss aber weiter differenziert werden. Wirft man einen Blick auf die Karte der Schutzgebiete, fallen sofort die Konzentration im Süden des Landes und das weitgehende Fehlen von Reservaten im Zentrum auf. Tatsächlich liegen 85 Prozent der geschützten Fläche in der südlichen Landeshälfte, südlich des 44. Breitengrades. Das ist insofern positiv zu bewerten, als im chilenischen Teil von Patagonien eines der größten zusammenhängenden Schutzgebiete für küstennahe Wälder angelegt wurde. Aber dafür fehlen eben in den nördlichen Landesteilen Schutzgebiete, die teilweise einzigartigen und sehr artenreichen Ökosysteme werden in vielfacher Weise vom Menschen genutzt, verändert und gestört. Besonders in Zen-

Inzwischen engagieren sich zahlreiche Gruppen für den Schutz des Waldes

tralchile, wo der größte Teil der Bevölkerung lebt, ist es schwer, Schutzgebiete auszuweisen: zum einen wird in dieser Region ein großer Teil der landwirtschaftlichen Produktion des Landes erzeugt, zum anderen wurde hier die Natur schon seit dem Einzug der Spanier tief greifend verändert, so dass es heute schwierig ist, geeignete Flächen zu finden.

Auch wenn das Netz der Schutzgebiete vielleicht nicht dicht genug ist, hat man sich in Chile des Problems angenommen, und das Bewusstsein für Umweltprobleme wächst. Das zeigt sich auch darin, dass sich gerade in den letzten Jahren immer mehr Bewegungen gründen, die sich den Schutz bestimmter Ökosysteme oder Landschaften aufs Banner schreiben. Sowohl Chilenen als auch Ausländer beteiligen sich an diesen Projekten, deren größtes und spektakulärstes sicherlich das **Proyecto Pumalín** ist: fast 300.000 ha Land hat der nordamerikanische Modemillionär Douglas Thompkins an der Carretera Austral gekauft, um den australen Urwald vor den Sägen der Holzmultis zu schützen.

Nicht einem einzigen Projekt, sondern dem Schutz von Flora und Fauna generell hat sich die Organisation **CODEFF** (Comite nacional pro-Defensa de la Fauna y Flora) verschrieben. Sie ist die älteste Umweltschutzvereinigung in Chile und hat sich nicht nur um den Schutz des Waldes verdient gemacht.

Die **DEFENDORES DEL BOSQUE CHILENO** setzten auf Öffentlichkeitsarbeit. Sie haben sich zum Ziel gesetzt, ein Prozent der chilenischen Bevölkerung dazu zu animieren, sich für eine nachhaltige Forstpolitik einzusetzen, und können so prominente Mitglieder wie *Isabel Allende* für ihre Kampagnen einsetzen.

☞ Hinweis

*Wenn Sie sich für das Thema „**Umweltschutz in Chile**" interessieren, können Sie Informationen bei diesen und anderen Organisationen selber anfordern. Die Adressen finden Sie in den Regionalen Reisetipps unter dem Stichwort „Santiago", S. 185 ff.*

*Außerdem sei auf das hervorragende Buch von Ken Wilcox: **Chile's Native Forests** hingewiesen, das man auf Englisch in den größeren Buchhandlungen und in der Gegend um Puerto Montt auch in Reisebüros oder Outdoorläden kaufen kann.*

Was bringt die Zukunft?

In den letzten 500 Jahren ist etwa die Hälfte des chilenischen Waldes verschwunden, wobei jedes Jahrhundert mehr abgeholzt wurde. Wird das so weitergehen, oder wird Chile den Spagat zwischen wirtschaftlichem Wachstum und dem Schutz seiner natürlichen Ressourcen schaffen?

Chile braucht ein stabiles Wirtschaftswachstum, und mit Holz lässt sich gut und schnell Geld verdienen, das haben die letzten Jahre gezeigt.

Nachhaltiges Wirtschaften tut Not Auf der anderen Seite wächst das Bewusstsein dafür, dass die natürlichen Ressourcen sich nicht automatisch erneuern und dass man pfleglich mit ihnen umgehen muss. Es werden Konferenzen abgehalten, wissenschaftliche Untersuchungen finden statt, und es gibt detaillierte Vorstellungen darüber, welche Prioritäten im Naturschutz in den nächsten Jahren zu setzen sind. Das alles lässt hoffen, dass Chile seine wunderschönen Landschaften (die ja auch die Grundlage für den Tourismus sind) davor schützen kann, buchstäblich verheizt zu werden.

Gesellschaftlicher Überblick

Die Bevölkerung Chiles

Im Gegensatz zu vielen anderen südamerikanischen Staaten ist die Bevölkerungszusammensetzung Chiles relativ homogen. Etwa 94 Prozent haben spanischstämmige Vorfahren oder stammen aus anderen europäischen Ländern; zu dieser Gruppe werden auch die Mestizen gerechnet, die inzwischen natürlich den allergrößten Anteil ausmachen. Die Deutschen stellen besonders im Süden des Landes einen nicht unbedeutenden Anteil; zur Zeit leben 200.000 Nachfahren deutscher Einwanderer in Chile und 80.000 Deutsche. Aber auch aus anderen europäischen Ländern kamen viele Einwanderer, besonders aus England und Schottland, aus Serbien und Kroatien und in geringerer Anzahl auch aus der Schweiz, aus Italien und Korea. Der Anteil von Ureinwohnern an der Bevölkerung beträgt nach der Volkszählung 1992 gerade noch 7,3 Prozent, wobei allein 7 Prozent auf die Mapuche entfallen, die fast alle in der 9. und 10. Region leben. Zusammengenommen nur 0,3 Prozent machen Rapa Nui, Aymaras, Quechuas, Feuerländer und die patagonischen Gruppen aus.

Einwanderer aus Europa

Die Besiedelung des Landes ist sehr ungleichmäßig: im Durchschnitt leben auf jedem Quadratkilometer 18 Personen, aber 90 Prozent der Bevölkerung konzentrieren sich auf die Region zwischen La Serena und Puerto Montt und 83 Prozent leben in Städten. Die metropolitane Region bietet bei weitem die meisten beruflichen Chancen und ist für viele Chilenen viel attraktiver als etwa Arica oder Punta Arenas. Die Strategie der Regierung, durch die Einrichtung von Freihandelszonen auch Menschen in diese Regionen zu locken, hat sich wohl teilweise ausgezahlt; viele Chilenen aber ziehen nur zeitweise in die Provinz, um das höhere Lohnniveau auszunutzen und das Geld für die Erziehung der Kinder oder eine Eigentumswohnung in einem prestigeträchtigen Viertel von Santiago zusammenzusparen. Haben sie ihr Ziel erreicht, sind sie meist froh, der Provinz wieder den Rücken kehren zu können.

Verglichen mit Deutschland, hat Chile eine junge Gesellschaft. 66 Prozent der Bevölkerung sind jünger als 34 Jahre und nur 9 Prozent älter als 60. An den Tendenzen der Bevölkerungsentwicklung lässt sich aber ablesen, dass immer mehr Chilenen zur Geburtenkontrolle greifen: während die Chileninnen 1982 im Schnitt noch 2,59 Kinder zur Welt brachten, war der Wert im Jahr 2002 auf 2,2 Kinder gefallen. Langfristig wird sich das in der Bevölkerungspyramide insofern widerspiegeln, als sich der Schwerpunkt der Altersverteilung nach oben verschiebt. Aktuell wird das Problem erkannt und in den chilenischen Medien auch behandelt, man beobachtet, wie europäische Länder mit dem Problem umgehen. Das Bevölkerungswachstum liegt bei 1,5 Prozent und damit unter dem Durchschnitt Südamerikas.

Was die indigenen Minderheiten betrifft, ist es in Chile ebenso wie in vielen anderen (nicht nur) südamerikanischen Staaten: je weißer die Haut und je heller die Haare, desto besser. Und diese Geisteshaltung wird nicht nur unterschwellig gepflegt, sondern auch offen ausgesprochen; von der Verbesserung der Rasse ist da die Rede, alles, was indigen ist, wird verdammt und alles, was aus Europa kommt, hochgejubelt. Auf der anderen Seite wächst aber durch die Proteste der Mapuche das Bewusstsein für die eingeborene Bevölkerung und ihre Belange.

Die Urbevölkerung

Verfolgt und vernichtet Diesen Abschnitt könnte man mit einiger Berechtigung auch dem Kapitel „Geschichte" unterordnen, viele der indigenen Stämme, die das chilenische Staatsgebiet einmal besiedelt haben, gibt es nicht mehr. Besonders traurig war das Schicksal der Stämme in Südchile: Hier wurde regelrecht Jagd auf sie gemacht. Die einzige Gruppe, die heute noch eine Rolle in der Gesellschaft Chiles spielt, sind die Mapuche, die sich von Anfang an gegen die Vereinnahmung durch die Spanier gewehrt haben und damit bis heute nicht aufhören.

Die Bewohner der Wüste und des Hochlands: Atacameños, Changos und Diaguitas

Die Atacama wurde von erstaunlich vielen kleinen Völkern bewohnt, die nebeneinander lebten und in regem Kontakt standen, hauptsächlich über den Austausch von Waren. In den nördlichen Teilen der chilenischen Anden leben bis heute **Aymara**,

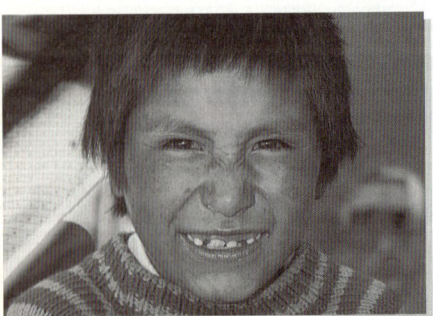

ein Volk, das es schon vor den Inkas gab und die ihr wichtigstes Heiligtum in Tiwanaku am Lago Titicaca in Bolivien haben. Sie nennen sich selber. Kinder der Sonne und sie begreifen die Natur, die sie umgibt als Teil ihrer Familie. Die Aymara leben traditionell von ihren Lama- und Alpaka-Herden, außerdem bauen sie Coca an.

Aymara-Junge

Die **Changos,** die in der Gegend von Arica bis Huasco lebten, waren Küstennomaden. Sie wanderten von einer Süßwasserquelle zur anderen und konnten sich in ihren Kanus aus Seelöwenhaut hervorragend an der Küste entlang bewegen. Ihre Hauptnahrung waren Fische, sie jagten alles, was sich im Wasser bewegte, vom kleinsten Fisch bis zu Seelöwen und Walen. Um Fisch gegen andere Ware tauschen zu können, trockneten sie ihn und brachten ihn in die Dörfer des Hochlandes, wo sie Quinoa-Mehl und Coca dafür bekamen. Die wichtigsten Chango-Siedlungen waren Taltal, Paposo und Tocopilla.

Die **Atacameños** sind vor 11.000 Jahren wahrscheinlich vom Nordosten aus dem Altiplano in das Gebiet um das heutige San Pedro de Atacama eingewandert. Ursprünglich lebten sie als archaische Jäger in Höhlen, bis sie in den Oasen sesshaft wurden und begannen, Ackerbau und Viehzucht zu betreiben. Sie waren es wohl, die in diesem Gebiet Lamas und Alpakas domestizierten, und nach und nach entwickel-ten sie ein ausgefeiltes System der Transhumanz: Während des warmen und feuch-ten Sommers im Altiplano zogen sie mit ihren Herden auf die üppigen Weiden, die es hier gab, den eiskalten Winter dagegen verbrachten sie in den Wüstenoasen, so dass sie zu jeder Jahreszeit genügend Futter für ihre Tiere hatten.

Wanderung zwischen Wüste und Gebirge

Auch die Atacameños standen in regem Austausch mit ihren Nachbarvölkern, wie die Muster auf ihren Keramiken belegen. Es gab ein Netz von Handelswegen, die von der argentinischen Sierra bis zur Pazifikküste in Chile führten. Zum großen Teil exi-stieren diese Wege bis heute und werden auch noch (wenn auch sporadisch) ge-nutzt. Teilweise übernahmen die Inka das Wegesystem und bauten es aus, die Inka-wege waren richtiggehende Straßen von drei Metern Breite, deren Ränder durch-gehend mit Steinen markiert wurden und an denen es in regelmäßigen Abständen so genannte Tambos gab, Raststationen für die Boten und Steuereintreiber, die die Wege hauptsächlich benutzten.

Noch weiter südlich in der Gegend um La Serena lebten die Völker der **Molle-Kultur** (benannt nach einem kleinen Dorf im Valle de Elqui) und die **Diaguita**. Beide lebten von der Landwirtschaft, kannten sich in der Technik der Kupferverar-beitung aus und stellten Keramikarbeiten her. Die Keramik der Diaguita wird inzwi-schen zu den schönsten Arbeiten in ganz Südamerika in diesem Sektor gerechnet, die reichhaltigste Sammlung hat das archäologische Museum in La Serena.

Die Mapuche: Streitbares Volk in Araukarien

Das Volk der Mapuche kam aus Argentinien nach Chile und besiedelte ein Gebiet, das heute zur 9. und 10. Region gehört.

Die Mapuche lebten nicht ausschließlich als Jäger und Sammler, wie die Völker im Süden des Landes. Sie betrieben auch Ackerbau, um ihren Lebensunterhalt zu sichern. Sie hatten ein ausgeklügeltes System von verschiedenen Pflanzen, die zusammen oder in einer bestimmten Fruchtfolge angebaut wurden, sich gegenseitig ergänzten und ihnen einen ausgewogenen Speiseplan garantierten. Angebaut wurden u. a. Kartoffeln, verschiedene Arten von Bohnen, Mais, Kürbisse, Paprika, und einige alte Kulturpflanzen, wie Quinoa (*Polylepis incana*), Madi (*Madi sativa*), beides Körnerpflan-zen, und eine einheimische Erdbeere (*Fragaria chiloensis*), die heute alle von neueren Arten verdrängt worden sind. Heute werden natürlich auch von den Europäern mit-

Jäger und Ackerbauern

Die traditionelle Behausung der Mapuche, eine Ruca

gebrachte Kulturpflanzen, wie z.B der Weizen von den Mapuche kultiviert. Ein weiteres Standbein war die Viehzucht.

Man kann jedoch davon ausgehen, dass sich sowohl die Viehzucht als auch der Ackerbau erst allmählich als Wirtschaftsgrundlage entwickelten, am Anfang standen das Sammeln von essbaren Pflanzenteilen und die Jagd. Eine große Rolle für die Mapuche spielt die Araukarie, ein Baum, der ihrem Wohngebiet seinen Namen gab, auch die Mapuche selbst werden Araukarier genannt.

Die Zapfen der Araukarie können die Größe einer Ananas erreichen, und ihre Samen sind ein wichtiges Lebensmittel für die Mapuche. Sie werden direkt nach dem Ausfallen im Herbst oder auch erst im nächsten Frühling gesammelt und dann auf verschiedene Weise weiterverarbeitet.

Algen als Gemüse

Eine weitere Nahrungsquelle für die Mapuche waren Meeresalgen, die an den Stränden gesammelt wurden. Noch heute sieht man sie manchmal auf den Märkten: Bündel von an braune Fahrradschläuche erinnernden Gewächsen. Sie sind sehr mineralreich und können zu zahlreichen Gerichten weiterverarbeitet werden. Auch Fische und andere Meerestiere werden wohl den Speisezettel der Mapuche bereichert haben.

Die Pehuenche

Die Pehuenche sind ein Teil des Volkes der Mapuche. Sie leben in den Anden, etwa 100 km von der Stadt Temuco entfernt. Ihr Name setzt sich aus den Wörtern *Pehuen* (Tanne) und *che* (Leute) zusammen, ist also etwa mit **Tannenleute** zu übersetzen. Seit der Einwanderung der Europäer haben die Pehuenche mit zahlreichen Widerständen zu kämpfen, unter *Pinochet* wurden sie gezwungen, sich aus ihren traditionellen Wohngruppen zu lösen, ihr Land wurde privatisiert. Bis heute müssen sie sich in nicht enden wollenden Prozessen gegen Großgrundbesitzer wehren, die ihnen ihre Ländereien streitig machen wollen. Diese Großgrundbesitzer üben nicht selten gleichzeitig Funktionen in der Justiz aus, so dass es für die Pehuenche fast unmöglich erscheint, zu ihrem Recht zu kommen. Ihr Siedlungsgebiet war schon immer bedroht durch die großen Holzfirmen, die es auf die reichen Holzvorräte ihrer Wälder abgesehen hatten. Im Moment ist es in erster Linie ein großer Energiebetrieb, der am Bio Bio-Fluss einen Staudamm zur Wasserkraftgewinnung bauen möchte. Dadurch würden mehr als ein Dutzend Pehuenche-Friedhöfe überschwemmt. Eine kleine regierungsunabhängige Organisation kämpft seit Jahren für die Pehuenche und gegen dieses Schicksal, ein Kampf Davids gegen Goliath, der im Herbst 1998 mit dem **alternativen Nobelpreis** belohnt wurde. Ein Teil des Kampfes scheint bereits verloren, der erste Damm ist gebaut, und Hunderte von Pehuenche mussten umgesiedelt werden. 2004 ging die Wasserkraftanlage, die der spanische Energiekonzern Endesa bei dem Ort Ralco gebaut hat, ans Netz. Im Vorfeld war es zu teilweise gewalttätigen Protesten der Bewohner der betroffenen Ländereien gekommen, und die Polizei wandte zur Niederschlagung die Antiterror-Gesetze an, was nicht eben zur Deeskalation der Situation beitrug. Schließlich gelang es Endesa, die letzen noch verbleibenden Familien mit Geldzahlungen und Landausgleich von den Vorteilen eines Umzugs zu überzeugen, aber die Wut über den Sieg des Großkonzerns bleibt.

Kampf gegen Großgrundbesitzer

Die Hausch

Die Hausch sind die eigentlichen Ureinwohner Feuerlands. Ursprünglich waren sie auf der ganzen Insel Feuerland zu Hause, bevor sie von den nachrückenden Ona in den Süden abgedrängt wurden.

Nomaden auf Feuerland

Ihr Leben war völlig auf ihr wichtigstes Beutetier, das Guanako, ausgerichtet. Es gab ihnen Nahrung und Kleidung, und aus seinen Knochen fertigten sie ihre Werkzeuge. Da sie keine Techniken beherrschten, um das Fleisch haltbar zu machen, konnten sie keine Vorratshaltung betreiben und mussten ihren Beutetieren ständig hinterher ziehen. Mitnehmen konnten sie nur, was sich auf dem Rücken tragen ließ. Ihre Behausungen waren denkbar einfach: über Äste und Zweige, die sich überall finden ließen, wurden als Windschutz Guanakofelle gehängt. Auch ihr Hausrat beschränkte sich auf wenige Stücke: Kochtöpfe kannten sie wohl nicht, sie rösteten ihre Beute an Spießen über dem Feuer. Da die Hausch ausschließlich von der Jagd lebten, wäre es nicht vorteilhaft für sie gewesen, sich zu großen Verbänden zusammenzuschließen. Sie zogen in kleinen Familiengruppen durchs Land und trafen sich nur zu Festen.

Die Ona

Die Ona waren Landnomaden, die auf Feuerland als Sammler und Jäger umherstreiften und sich von dem ernährten und kleideten, was ihnen die Natur jeden Tag gab. Sie waren den Hausch sehr ähnlich, die sie teilweise aus ihren angestammten Siedlungsgebieten vertrieben hatten. Sie selber nannten sich Selknam. Es ist für den Feuerland-Besucher fast nicht vorzustellen, wie sie in dieser sturm- und regengepeitschten Umwelt ohne feste Häuser oder auch nur Hütten überleben konnten, um so mehr, wenn man weiß, dass sie sich in ihrer technischen Entwicklung sozusagen noch vor der Steinzeit befanden. Sie hatten keine Steinwerkzeuge, ihre Hilfsmittel waren Knochen, Holz, Tiersehnen und andere Materialien, die sie in ihrer Umgebung fanden, und die allesamt keine große Haltbarkeit hatten. Und das zu einer Zeit, als in Europa die industrielle Revolution die Menschen in die Fabriken und an die Dampfmaschinen trieb!

Die Ona besiedelten den östlichen Teil der Tierra del Fuego. Sie erbeuteten ihre Nahrung mit Pfeil und Bogen und mit Steinschleudern. Ihr Hauptfleischlieferant waren die Guanakos. Aber auch andere Beute war reichlich vorhanden: kleine patagonische Zwerghirsche, die Huemules, flugunfähige Straußvögel, die Emus und allerhand Kleinsäuger und Kriechtiere. Die Ona waren echte Nomaden. Tag für Tag zogen sie auf der Suche nach Nahrung durch die Wälder und Sümpfe, meist bei feuchtkaltem Wetter, Schnee, Regen oder Sturm. In dieser Witterung war das Feuer überlebenswichtig für sie. Hätten sie die Kunst, Feuer mit einem harten und einem weichen Stück Holz zu entfachen, nicht verstanden, hätten sie in dieser unwirtlichen Umgebung nicht bestehen können. Angeb-

Ona auf der Jagd

lich ist auch der Name der großen Insel, auf der die Ona und die Haush zu Hause waren, auf die Feuer, um die sie sich des Nachts lagerten, zurückzuführen. Es wird berichtet, dass der Seefahrer *Magellan* diese Feuer sah, wenn er auch die Menschen selber niemals zu Gesicht bekam. Anscheinend hat dieser geisterhafte nächtliche Feuerschein einen so starken Eindruck auf ihn gemacht, dass er die Insel Tierra del Fuego, Land des Feuers, taufte.

Das einzige Kleidungsstück der Ona war das Fell der Guanakos, das sie tagsüber als Umhang trugen, das ihnen nachts als Bett diente und aus dem sie auch ihre Windschirme bauten. Außerdem versuchten sie, sich gegen die Kälte zu schützen, indem sie sich am ganzen Körper mit Tierfett einrieben. Auf die ersten Europäer, die mit den Ona in Berührung kamen (z. B. auch auf *Charles Darwin*), machten diese Menschen einen überwältigenden Eindruck: sie waren den Schilderungen nach nicht nur von stattlicher Statur, sondern strömten auch einen wahrhaft atemberaubenden Geruch aus!

Die Jaghanen

Die Jaghanen lebten wie die Ona als Nomaden, ihr Revier waren aber nicht die Gipfel und Wälder des Festlandes, sondern die Gewässer und Fjorde um Kap Hoorn.

Sie bauten Kanus aus der Rinde einer der Buchenarten, die im Süden Patagoniens wachsen. Das Gerüst bestand aus biegsamen Zweigen, die Fugen wurden mit Moos und Algen abgedichtet. Diese Kanus waren sehr elastisch und konnten sich den Wasserbewegungen gut anpassen. In ihnen transportierten die Jaghanen ihre gesamte Habe, und auch das Feuer wurde in einer kleinen Mulde aus Kies von einem Rastplatz zum anderen mitgenommen. Ein Kanu hielt den großen Belastungen meist nicht länger als ein Jahr stand, dann musste ein neues gebaut werden.

Die Jaghanen hatten eine merkwürdige Arbeitsteilung zwischen Mann und Frau. Die Männer waren für die Jagd verantwortlich. Sie erlegten mit Pfeil und Bogen oder mit dem Speer die Säugetiere des Meeres und der Küste, sie fischten und stellten den Seevögeln nach. Die Frauen dagegen mussten in dem eiskalten Wasser nach Krebsen und Muscheln tauchen, sie sammelten Algen und waren generell für alles verantwortlich, was Schwimmen erforderte. Sie brachten z. B. die Kanus für die Nacht an einen sicheren Ankerplatz in einiger Entfernung von der Küste und schwammen dann zurück zu Mann und Kindern, die es sich derweil schon am mitgebrachten *Männer* Feuer gemütlich gemacht hatten. Selbst eine Schwangerschaft entband sie nicht von *konnten* diesen Pflichten. Diese Trennung der Aufgabenbereiche ging so weit, dass die Männer *nicht* noch nicht einmal schwimmen konnten. Ob ein religiöses Tabu oder eine mythische *schwimmen* Vorstellung hinter diesem Verhalten steckt, weiß man bis heute nicht.

Die Alakalufen

Während die Jaghanen den südlichsten Zipfel des amerikanischen Kontinents besetzt hatten, siedelten die Alakalufen weiter nördlich entlang der Küste Patagoniens. Ursprünglich reichte ihr Siedlungsgebiet bis in die Gegend der Stadt Puerto Montt. In ihrem Äußeren und auch ihrem Lebensstil hatten sie viel mit ihren südlichen Nachbarn gemeinsam. Die Rindenkanus, die sie bauten, waren weniger perfekt als die der Jaghanen. Das kann vielleicht mit der Tatsache erklärt werden, dass sie nicht so häufig den wilden Stürmen des Südens trotzen mussten. Auch sie lebten als Nomaden, aber ihre Behausungen waren etwas komfortabler als die der Ona und Jaghanen: sie bauten sich eine Art Zelte, die aus einem einfachen Gerüst aus biegsamen Ästen und den Fellen von Guanakos oder Seehunden bestanden. Sie waren einfach aufzustellen, die Gerüste wurden oft nicht mitgeschleppt, sondern an jedem neuen Lagerplatz wieder aus dem überall im Überfluss wachsenden Holz gebaut.

Über die Alakalufen wird berichtet, dass sie unglaublich schmutzig waren. Das erstreckte sich auch auf ihre Umgebung, innerhalb kürzester Zeit war jeder Lagerplatz übersät mit Unrat und Schlimmerem. Da die Gruppen jedoch selten länger als ein paar Tage an einem Platz blieben, fiel dieses Problem für sie kaum ins Gewicht. Die Abfälle, die sie hinterließen, stammten aus der Natur und wurden schnell wieder in sie integriert.

Die Alakalufen kamen früher als die anderen Urvölker Patagoniens mit den Europäern in Kontakt. Von der Insel Chiloé aus drangen immer mehr Pelzjäger und Walfänger in die Heimat der Wassernomaden ein. Sie brachten den Alkohol, raubten den

Ureinwohnern ihre Beute und machten sich einen Spaß daraus, die Eingeborenen von ihren Schiffen aus zu beschießen und die leichten Rinderkanus zum Kentern zu bringen.

Vertreibung aus dem Paradies: Der Einbruch der Europäer

Die Geschichte der Ureinwohner Feuerlands ist genauso traurig, wie die von anderen Naturvölkern auf der ganzen Erde. Bis Mitte des 19. Jahrhunderts zogen sie unbehelligt über ihre raue Insel. Dann kamen europäische Abenteurer nach Feuerland und fanden in den Flüssen Gold. Damit war es mit dem Frieden auf der Insel vorbei, die Ureinwohner wurden erbarmungslos aus ihren Jagdgründen vertrieben, eine Entwicklung, die sich noch verstärkte, als bekannt wurde, dass sich auf Feuer-
Schafzucht land vorzüglich Schafe züchten ließen.

Der Landhunger der Siedler war groß und bald waren die traditionellen Jagdgebiete durch Zäune zerschnitten. Die Guanakos ließen sich kaum noch blicken, so dass die Indios sich notgedrungen an den „kleinen weißen Guanakos" schadlos hielten. Der Konflikt mit den Siedlern war vorprogrammiert. Diese gingen nicht eben zimperlich mit den Ureinwohnern um: sie jagten sie mit ihren Gewehren wie Wild, legten vergiftetes Schaffleisch aus und zeitweise wurden sogar Prämien für die abgeschnittenen Ohren getöteter Eingeborener gezahlt.

Eine Anzahl von Ureinwohnern wurde einfach auf die Nachbarinsel Dawson umgesiedelt, an der die Schafzüchter kein Interesse hatten. Hier erwarteten sie die Mön-
Die che des Salesianer-Ordens. Sie nahmen sich der entwurzelten Menschen an, ver-
Salesianer suchten, sie zum Christentum und zur Sesshaftigkeit zu bekehren. Sie waren wohl die Europäer, die sich den Eingeborenen am wohlwollendsten näherten und dabei auch ihre Lebensweise am ehesten kennen lernten. So stammen viele aufschlussreiche Berichte über das Leben der Ureinwohner Feuerlands von Salesianer-Padres.

Aber auch sie konnten den Untergang der Ona und Haush nicht aufhalten, wenn sie nicht sogar mit den besten Absichten dazu beigetragen haben, dass sie ihren ursprünglichen Lebensstil immer mehr verloren. Sie starben an importierten Krankheiten, gegen die sie keine Abwehrkräfte besaßen und wurden durch die ungewohnte Sesshaftigkeit lethargisch und träge.

Anfang des 20. Jahrhunderts war die Zahl der Ureinwohner Feuerlands schon auf unter 300 zusammengeschrumpft und heute lebt kein reinrassiger Nachfahre dieser Menschen mehr.

Die Deutschen in Chile

„Erste Deutsche Feuerwehrkompanie", „Deutscher Verein"; „WDeutsche Schule": In einigen Gegenden im südlichen Chile fühlt man sich fast in die deutsche Vergangenheit katapultiert. Hier haben deutsche Einwanderer, die sich ab 1850 in größeren Gruppen in der Gegend um Puerto Montt und Valdivia angesiedelt hatten, ihre Bräuche und auch die Sprache über die Zeit gerettet.

Die ersten Bestrebungen, in Chile eine deutsche Kolonie anzusiedeln, unternahm *Eunom Philippi*, der das Land während seiner Zeit als Matrose und Steuermann kennen lernte. Damals gab es schon deutsche Handelsniederlassungen in Valparaiso und Santiago, aber Philippi war begeistert von der Landschaft um Puerto Montt, die tatsächlich einige Ähnlichkeiten mit Deutschland hat, sieht man einmal von den Vulkankegeln ab, die wie an einer Kette aufgereiht aus der Küstenebene aufsteigen. Die Gegend war damals nicht gut erforscht, also machte er sich auf, um eine Karte des Gebiets zu zeichnen. Er beantragte bei der Regierung eine Erlaubnis, in Deutschland Auswanderer zu werben und sie nach Chile zu bringen. Nach einigen Schwierigkeiten legte am 25. August 1846 das erste Schiff mit neun Familien aus Rothenburg in Hessen in Valparaiso an. In Deutschland wurde ein Auswandererverein gegründet und Philippi bemühte sich, durch Zeitungsartikel und Vorträge Chile in Deutschland bekannt zu machen. Er widersetzte sich allerdings den Vorschriften der chilenischen Regierung, die sich gewünscht hatte, dass nur Katholiken ins Land kämen, und warb gleichermaßen Protestanten an. Deshalb wurde ihm schließlich sein Amt entzogen und der Chilene spanischer Herkunft *Pérez Rosalez* für die Einwanderung verantwortlich gemacht.

Gründung eines Auswanderervereins

Mit ihm hatte *Karl Anwandter*, eine der wichtigsten Figuren unter den deutschen Einwanderern, zu tun. Er war Apotheker in Calau in der Niederlausitz gewesen und außerdem Abgeordneter des preußischen Landtages und Mitglied der Nationalversammlung in der Frankfurter Paulskirche. Nach dem Scheitern der Revolution von 1848 und dem Wiedererstarken des preußischen Staates gab es eine Welle von Auswanderungen in die neue Welt, besonders nach Nordamerika, aber viele machten sich auch in den südlichen Teil des Kontinentes auf. Anwandter sammelte eine Gruppe von Gleichgesinnten um sich, die gemeinsam beschlossen, sich in Chile ein neues Leben aufzubauen. Diese Einwanderer kamen also nicht aus wirtschaftlicher Not und brachten genügend Mittel mit, um sich Land zu kaufen oder einen Betrieb aufzubauen.

Karl Anwandter

Karl Anwandter blieb in Valdivia, er machte hier wieder eine Apotheke auf und gründete bald auch eine Brauerei. Er war der unumstrittene Führer der Gruppe und kümmerte sich in Chile um den Aufbau der deutschen Gemeinde. Schnell entstanden verschiedene Clubs, und auch Schulen wurden gegründet.

Er fühlte sich seiner neuen Heimat zeit seines Lebens sehr verpflichtet:
„Wir werden ebenso ehrliche und arbeitsame Chilenen sein, wie nur der beste von ihnen zu sein vermag. In die Reihen unserer neuen Landsleute eingetreten, werden wir unser Adoptiv-Vaterland gegen jeden fremden Angriff mit der Entschlossenheit und Tatkraft des Mannes zu verteidigen wissen, der sein Vaterland, seine Familie und seine Interessen verteidigt". (Gelöbnis der deutschen Einwanderer). Der Name Anwandter ist noch heute in Valdivia überall präsent.

Gelöbnis der deutschen Einwanderer

Und schließlich wurde auch das Ufer des Llanquihue-Sees, das Philippi begeistert hatte, von Deutschen besiedelt. Puerto Montt war damals nicht mehr als ein kleines Nest und die ganze Gegend mehr oder weniger unerschlossen. Schon die Schiffsreise war beschwerlich, alle Schiffe mussten Kap Hoorn umrunden.

Ein Einwanderer schrieb dazu in seinem Tagebuch:
„Nach wochenlangen furchtbaren Stürmen, die das Schiff immer wieder zurückwarfen, gelang es endlich am 26. November (1865), an Kap Hoorn vorbeizukommen. Die Stimmung war zutiefst gesunken. Jeder hat das Leben satt und wünscht nur, entweder schnell den Tod zu sehen oder das Land."
(nach K. Ilg: Pioniere in Südamerika).

Deutsch-Chilene

Kampf gegen den Urwald

Hinter Puerto Montt begann der Urwald, durch den sich die Siedler buchstäblich hindurchhauen mussten. Die ersten Jahre waren schwierig, und für viele Kolonisten wurde der Spruch „der ersten Generation der Tod, der zweiten die Not, der dritten das Brot", welcher damals unter den deutschen Einwanderern geprägt worden war, zur harten Wirklichkeit. Nachdem eine erste notdürftige Behausung gebaut war, musste der Wald gerodet werden, um Flächen zu gewinnen. Es gab damals ein Gesetz, das besagte, dass demjenigen, der eine Fläche vom Wald befreite, diese Fläche zugeschlagen wurde. Das führte dazu, dass große Areale einfach abgefackelt wurden, weit über den Bedarf an Flächen hinaus, der tatsächlich bestand.

Nach den harten Anfangsjahren hatten die Kolonisten aber bald ihr gutes Auskommen, und es entwickelte sich ein reges gesellschaftliches Leben. Auch hier wurden viele Vereine und auch Schulen gegründet. Die deutschen Gemeinschaften in Chile zeichneten sich dadurch aus, dass sie natürlich einerseits versuchten, ihre Traditionen und Gebräuche zu bewahren (das Phänomen, dass die Nachfahren der Einwanderer manchmal deutscher als die Deutschen selbst erscheinen, ist auch in Chile zu beobachten), sich aber andererseits auch gut an ihre neue Heimat anpassten und sich auf die neue Umgebung einließen. Der wirtschaftliche Zusammenhalt und das relativ hohe Bildungsniveau führten dazu, dass die Einwanderer schnell erfolgreich wurden und bis heute im Süden des Landes nicht nur wirtschaftlich eine wichtige Rolle spielen.

Idyllisch: Frutillar

Heute hat sich das **malerische Dorf Frutillar** am Ufer des Llanquihue-Sees zu einer Touristenattraktion entwickelt. Die deutschen Wurzeln sind besonders in dieser Gegend noch überall sichtbar: in der Architektur, in den Namen der Läden und natürlich auch in den Gesichtern der Bewohner. Und der Bundesadler ist wohl nirgendwo in Deutschland im Straßenbild so häufig anzutreffen wie in der Gegend um den Llanquihue-See!

Nachdem die ersten Einwanderer-Generationen noch sehr liberale Ideen hatten, fühlten sich ihre Nachfahren der Monarchie und dem Nationalismus verpflichtet. Während des ersten Weltkriegs kamen viele Emigranten aus anderen europäischen Ländern, und der Konflikt wurde so im Kleinen auch nach Chile getragen. Die Handlungsfreiheit deutscher Firmen wurde durch verschiedene Sanktionen eingeschränkt, und es gab schwarze Listen und Boykottaufrufe. Da empfanden viele Deutsch-Chilenen die Machtergreifung Hitlers als Befreiung und Genugtuung für den Vertrag von Versailles, allerdings lösten die politischen Ereignisse in der alten Heimat dann anscheinend doch einiges Unbehagen aus, und man versuchte, sich abzugrenzen.

Unter der Führung *Pablo Nerudas* war damals eine Bewegung ins Leben gerufen worden, welche die Immigration von jüdischen Flüchtlingen aus Nazi-Deutschland förderte. Die Juden fanden keine Aufnahme in die deutschen Gemeinden in Chile, sie versuchten, sich unabhängig von ihren Landsleuten eigene Gemeinschaften aufzubauen und pflegten ihr Deutschtum, wobei sie dem Land, das sie aufgenommen hatte, immer sehr loyal gegenüber standen. Heute ist Spanisch die Umgangssprache in den ehemals deutsch-jüdischen Synagogen und Schulen.

Jüdische Immigranten kommen nach Chile

Während des *Pinochet*-Regimes flohen etwa 100.000 Chilenen ins Ausland, etwa 15.000 davon lebten einige Jahre in einem der beiden deutschen Staaten. Als sie nach dem Ende der Diktatur wieder in ihre Heimat zurückkehrten, brachten sie oft einen deutschen Partner mit. Einer der letzten deutschen Emigranten nach Chile war *Erich Honecker*, der am 29. Mai 1994 in Santiago starb.

INFO   ## Die Colonia Dignidad: Folterlager oder Paradies?

Diese Frage braucht man sich heute kaum noch zu stellen. Aber lange Zeit gab es über den Zweck der „Kolonie der Würde" die der Deutsche *Paul Schäfer* in einer ländlichen und etwas weltverlorenen Gegend im Süden von Santiago gegründet hatte, mehr Gerüchte als gesicherte Erkenntnisse. Ihre Bewohner schworen, in dieser Gemeinschaft wie im Paradies zu leben. Andererseits berichteten Aussteiger von Folter und Missbrauch.

In der Nähe der Kleinstadt Parral kaufte der Laienprediger Paul Schäfer 1961 Hunderte von Hektar Land und führte seine etwa 200 Köpfe starke Gemeinde nach Chile. Aus Deutschland musste er fliehen, weil er wegen des Vorwurfs des sexuellen Missbrauchs von Kindern verurteilt werden sollte. Die Gemeinschaft begann, das Land zu bearbeiten, Straßen und ein Krankenhaus zu bauen, und auch eine Schule wurde eingerichtet. Bei der Bevölkerung in der Umgebung war die Colonia schnell beliebt: man beteiligte sich an Investitionen, die dem Gemeinwohl dienten, und das Krankenhaus stand den Bewohnern der umliegenden Dörfer kostenlos zur Verfügung. Die chilenische Regierung zeigte sich begeistert von den strebsamen Siedlern, erkannte dem Verein die Gemeinnützigkeit zu und erließ ihm sämtliche Steuern.

Aber schon bald wurden erste Vorwürfe laut, dass es in der Kolonie nicht ganz so paradiesisch zuging, wie es nach außen hin den Anschein hatte. Geflohene Mitglieder berichteten, dass Paul Schäfer die Menschen seiner Gemeinschaft mit absoluter Unterdrückung und scharfer Kontrolle führe, Familien voneinander getrennt würden, und auch der Vorwurf des sexuellen Missbrauchs wurde wieder laut. Aber inzwischen glich das Gelände einer Festung, Besucher waren nicht zugelassen, und das Wohlwollen der örtlichen Polizei mach-

Razzien und Untersuchungen praktisch unmöglich. Die Vorwürfe blieben, aber da man nichts Genaues wusste, wurde auch nichts unternommen. Bei vielen Politikern sowohl in Chile als auch in Deutschland genoss die Kolonie hohes Ansehen, *Franz Josef Strauß* z. B. hinterließ bei einem Besuch in den 80er Jahren ein Foto mit einer freundlichen Widmung.

Colonia Dignidad: heile Welt?

Nicht viele Mitglieder konnten flüchten, das riesige Gelände war inzwischen mit Stacheldraht umzäunt und wurde von Wachtposten streng kontrolliert. Aber während der Jahre der *Pinochet*-Diktatur gab es immer mehr Chilenen, die im Exil davon erzählten, wie sie auf dem Gelände der Kolonie gefoltert worden seien. Schließlich lieferte ein ehemaliger Agent des Geheimdiensten DINA konkrete Details und eine Liste mit über 100 Namen von Regime-Gegnern, die auf dem Gelände der Kolonie gefangen gehalten wurden.

Nach dem Ende der Diktatur wurden die Vorwürfe zunächst nicht besonders intensiv verfolgt, immerhin fielen sie unter die Generalamnestie. Aber im Zusammenhang mit der Verhaftung Pinochets wurden die Fragen nach der Rolle der Kolonie der Würde während seiner Regierungszeit wieder laut. Die Polizei durchsuchte das Gelände mehrfach, man fand unterirdische Bunker, aber keine direkten Beweise und Paul Schäfer blieb verschwunden. Niemand wusste, ob sich der inzwischen in die Jahre gekommene Sektenführer auf dem 15.000 ha großen Gebiet versteckt hielt oder ob er sich ins Ausland abgesetzt hatte. Am 10. März 2005 schließlich nahm die scheinbar unendliche Geschichte über die Colonia Dignidad und ihre Verfolgung eine Wendung, mit der niemand mehr gerechnet hatte. Argentinische Polizisten nahmen den inzwischen hinfälligen und kranken Schäfer in einem Haus nahe Buenos Aires fest. Von den Zeitungsfotos lächelte den Leser ein freundlicher alter Mann mit weißem Haarkranz an. Das Haus hatten Helfer in seinem Namen heimlich gekauft, er lebte dort zurückgezogen mit einigen treuen Anhängern und seiner Adoptivtochter. Schäfer wurde schnell nach Chile ausgeliefert, er muss sich dort wegen sexuellem Missbrauch und seiner Beteiligung an den Verbrechen der Pinochet-Diktatur vor Gericht verantworten. Seit der Verhaftung Schäfers haben sich einige seiner Opfer zu Wort gemeldet, und erst jetzt werden Einzelheiten über das Leben in der Kolonie, über den alltäglichen Missbrauch, die Allgegenwart des erbarmungslosen Anführers und seiner perfiden Regeln bekannt.

Religionen

Chile ist ein katholisches Land, wie fast alle Länder Südamerikas: ca. 70 Prozent der Chilenen gehören der katholischen Kirche an. Und der Glaube ist wichtig im täglichen Leben: oft kann man sehen, dass sich die Menschen bekreuzigen, wenn sie an einer Kirche vorbeigehen, viele nutzen ihre Mittagspause für eine kurze Andacht. Und überall im Land findet man die Statuen verschiedener *Virgenes* (Jungfrauen), zu denen die Menschen beten, ihre Bitten vortragen und dann auf kleinen Täfelchen ihren Dank bezeugen, wenn die Jungfrau ihre Wünsche erfüllt hat. Auch an der Panamericana sieht man von Norden nach Süden fast jeden Kilometer Zeugnisse der alltäglichen Religiosität der Chilenen: kleine Häuschen aus Blech oder sogar aus alten Autoreifen, in denen Kreuze und Ewige Lichter an die Opfer von Verkehrsunfällen erinnern. Diese Stätten werden oft über einen langen Zeitraum von der Familie und den Freunden gepflegt und mit Blumen versorgt. Es heißt, dass die Seelen der Unfalltoten bei der Unfallstelle bleiben und für andere Reisende beten und sich um sie sorgen, wenn man ihnen nur eine Behausung schafft.

Der Glaube ist wichtig im täglichen Leben

Die katholische Kirche hat sich während der *Pinochet*-Diktatur um die Menschenrechte verdient gemacht, viele Gemeindepriester halfen den Verfolgten und dokumentierten die Geschehnisse, obwohl das Regime sie immer wieder unter Druck setzte. Bis 2003 gab es in Chile nicht die Möglichkeit, sich scheiden zu lassen. Damit war Chile eines der weltweit drei Länder, die kein Scheidungsgesetz hatten, mit zum Club gehörten Malta und die Philippinen. Die einzige Möglichkeit, sich legal zu trennen, war, die Ehe annullieren zu lassen. Viele Chilenen griffen schon bei der Heirat auf Tricks zurück: sie schrieben z. B. Namen falsch, um im Fall einer Trennung die Ehe für ungültig erklären zu lassen. Andere Paare heirateten gar nicht erst, zuletzt wurde fast die Hälfte aller Kinder unehelich geboren. Seit 2003 gibt es auch in Chile die Möglichkeit, sich scheiden zu lassen.

Die Chilenen müssen keine Kirchensteuer zahlen, so dass die Kirchen auf andere Einnahmequellen angewiesen sind. Die katholische Kirche hat traditionell große Ländereien, daneben lebt sie von Spenden. Zur evangelischen Minderheit gehören ca. 13 Prozent Pfingstler und etwas weniger als 1 Prozent Protestanten. Wie in anderen Ländern des Kontinents sind auch in Chile verschiedene evangelische Sekten unterwegs, die hauptsächlich aus den USA kommen und teilweise aggressiv missionieren. Wie ihre Arbeit zu bewerten ist, darüber scheiden sich die Geister. Sie unterwerfen ihre Schäflein einem strengen Regelkanon, der verschiedene Gruppenaktivitäten, wie Bibelstunden, vorschreibt, und auch der samstägliche Gottesdienst, der ohne weiteres den ganzen Tag andauern kann, ist Pflicht. Die Sekten, zu denen z. B. die Adventisten und die Pfingstler gehören, arbeiten bevorzugt in abgelegenen Regionen, die hauptsächlich von den indigenen Bevölkerungsteilen bewohnt werden. Sie gehen streng gegen den Alkoholismus vor, verdammen aber auch kategorisch alles, was noch von den ursprünglichen Religionen übrig geblieben sein mag.

Evangelische Missionare

Eine kleine Minderheit gehört jüdischen und moslemischen Glaubensgemeinschaften an, und etwa 6 Prozent geben an, Atheisten zu sein oder sich keinem Glauben zugehörig zu fühlen.

Die sozialen Verhältnisse: Pioniere in der Sozialgesetzgebung

Lange Zeit hatte Chile eine Vorreiterrolle in Südamerika inne, was die Sozial- und Arbeitsgesetzgebung angeht. Das begann mit der Regierung *Alessandri*, die in den 20er Jahren des letzten Jahrhunderts eine arbeitnehmerfreundliche Sozial- und Arbeitsgesetzgebung schuf. Die Stellung der Gewerkschaften wurde verbessert und Sozialversicherungen eingeführt, unter der Regierung *Allende* wurde das System noch ausgebaut.

Die Sozial-versicherun-gen werden privatisiert

Pinochet bewirkte dann einen grundlegenden Kurswechsel: die hohen Sozialausgaben vertrugen sich nicht mit der Liberalisierung der Wirtschaft, die er sich aufs Banner geschrieben hatte. Unter seiner Regierung wurden Arbeitslosen-, Renten- und Krankenversicherung privatisiert, und dieses System besteht mit einigen Abänderungen bis heute. Die Mitgliedschaft bei einer der privaten Versorgungsgesellschaften ist für jeden Arbeitnehmer Pflicht und die Beiträge der Versicherten werden wie in normalen Kapitalgesellschaften angelegt und verzinst. Für den Staat bedeutet das tatsächlich eine große Entlastung, diesem Vorteil stehen allerdings zahlreiche Nachteile gegenüber. Er muss z. B. immer noch für die Bevölkerungsgruppen einspringen, die nicht pflichtversichert sind und sich auch nicht privat anderweitig versichern können. Gerade sozial schwache Bevölkerungsteile, wie z. B. die Arbeitslosen, fallen leicht durchs soziale Netz.

Die Renten, die von den Gesellschaften bezahlt werden, orientieren sich an den eingezahlten Beiträgen, die wiederum vom Einkommen abhängig sind. Für die unteren Lohngruppen sind sie oft so gering, dass viele Menschen nach der Pensionierung weiter arbeiten müssen. Verspekuliert sich eine Gesellschaft mit den Geldern ihrer Mitglieder, bricht das ganze System zusammen, und der Staat muss doch einspringen.

Krankenversicherung

Unter der Militärregierung wurde auch das Krankenversicherungssystem privatisiert; auf der einen Seite standen die privaten Versicherungen, auf der anderen Seite blieb ein dramatisch unterfinanzierter öffentlicher Sektor zurück. Als *Aylwin* 1989 die Regierung übernahm, fehlten den öffentlichen Krankenhäusern so grundlegende Materialien wie Laken und Verbandsmaterial.

Unter-versorgung

Obwohl die Regierungen seit Pinochet große Anstrengungen unternommen haben, diese Missstände abzustellen, haben sich die Zustände wohl verbessert, aber immer noch gibt es große Defizite im öffentlichen Sektor. Das liegt vor allem daran, dass sich hier die einkommensschwache Bevölkerung konzentriert. Während 85 Prozent der untersten Einkommensschicht von der öffentlichen Fonasa (*Fondo Nacional de Salud*) versorgt werden, gehören nur 2,8 Prozent der privaten Versicherungsgesellschaft Isapres an. Dazu kommt, dass auch die private Versicherung immer nur einen Prozentsatz der Behandlungskosten übernimmt, ein Teil muss also von den Familien selbst aufgebracht werden. 1997 ging der dramatische Fall eines Jungen durch die Presse, der an Blinddarmentzündung litt und dessen Eltern diesen Eigenanteil der Behandlungskosten in der Notfallsituation nicht so schnell der Klinik gegenüber garantieren konnten. Als Ergebnis wollte ihn kein Krankenhaus aufnehmen, und als er schließlich operiert wurde, starb er wenige Tage später an den Folgen der Verzögerung. Trotzdem: Chile hat eines der besten Gesundheitssysteme auf dem südamerikanischen Kontinent, die Ausbildung der Ärzte ist gut, und auch hier gilt wieder: mit Geld ist die beste Behandlung zu kaufen.

Ein Phänomen, an dem kein Chile-Reisender vorbeikommt, zumal wenn er in der Vorweihnachtszeit das Land besucht, ist die **Teleton**. In jedem Supermarkt, im Radio, in der Zeitung und natürlich im Fernsehen tönt einem die Botschaft der Teleton entgegen, und ganz Chile scheint sich in einer Art Teleton-Fieber zu befinden.

INFO   ## Die Teleton: ein chilenisches Phänomen

Die Anfänge der Teleton liegen in einer Organisation, die 1947 in Chile gegründet wurde, um den Opfern einer Polio-Epidemie zu helfen. In den folgenden Jahren wuchs die Organisation und weitete ihre Hilfe auf Kinder aus, die an anderen Krankheiten des Gehirns und des Muskelsystems litten. In den USA gab es damals eine Sendung, mode-

riert von Jerry Lewis, in der Geld für Kinder in Not gesammelt wurde, und *Mario Kreutzberger* importierte das Konzept 1977 nach Chile: die Teleton Chile war geboren. Und *Mario Kreutzberger* war offensichtlich die Person, die Menschen in ganz Chile ansprechen und zum Mitmachen überreden konnte, denn das war die Idee: unter Mithilfe der ganzen Nation die Mittel aufzubringen, um Kindern mit Körperbehinderungen eine adäquate Behandlung bieten zu können.

Mario Kreutzberger

Zentrales Spektakel der Teleton ist eine Super-Fernsehshow, die normalerweise Ende November oder Anfang Dezember stattfindet. Alle werden zur Mithilfe aufgefordert, in den verschiedensten Tonlagen wird auf das (sowieso schon ausgeprägte) Wir-Gefühl der Chilenen angespielt und das mit einem Riesenerfolg. Viele der großen Firmen des Landes spenden jährlich für die Aktion, aber auf diese Weise kommen nur etwa 30 Prozent der benötigten Mittel zusammen, der Rest wird von Privatpersonen gespendet. Ganze Belegschaften verzichten auf einen Tag ihres Lohnes, alle Banken beteiligen sich an der Aktion, Hotels stellen ihre Zimmer kostenlos zur Verfügung, und die Stimmung heizt sich immer mehr an, bis schließlich das Ergebnis der jährlichen Sammlung bekannt gegeben wird. Inzwischen gibt es acht Rehabilitationszentren der Teleton im ganzen Land. Die Zentren sind modern ausgestattet, die Kinder (von der Geburt an bis zum 24. Lebensjahr) werden hier ärztlich und krankengymnastisch behandelt, es gibt Schwimmbäder, ein Sportangebot und als Tribut an die neuere Entwicklung auch Computerkurse. Auch um die berufliche und soziale Eingliederung bemühen sich die Sozialarbeiter der Zentren.

Jedes Jahr werden 17.000 Kinder in den Zentren der Teleton behandelt. Bezahlt wird nach den finanziellen Möglichkeiten der Familien, ein großer Teil der Familien kommt aus den ärmeren Bevölkerungsschichten, für sie ist die Behandlung vollkommen gratis. Auch die Ausgabe von Hilfsmitteln, wie z. B. Rollstühlen oder Prothesen, gehört mit zum Programm.

Mit 24 Jahren endet die Behandlung durch die Teleton, und viele der Behinderten fallen dann in ein Loch. Der Staat zahlt ihnen eine kleine Rente, die aber zum Leben nicht reicht, Angebote an Behinderteneinrichtungen sind rar, so dass in den meisten Fällen die Familie in die Bresche springen muss. Die berufliche Eingliederung von Behinderten geht nur zögerlich vonstatten und hängt im Wesentlichen vom Goodwill der Firmen ab.

Das Problem der Armut

Auch wenn in Chile der Unterschied zwischen Reich und Arm nicht so krass erscheint wie in anderen Ländern Südamerikas, ist die Kluft groß. Nur in Brasilien sind die Gehälter noch ungleicher verteilt. Ein wichtiger Schwerpunkt der Regierungen *Aylwin* und *Frei* war denn auch die Bekämpfung der Armut. In seiner ersten Erklärung, *Immer* als er im Mai 1994 die Regierung übernahm, stellte Frei der Nation seinen **Plan** *noch ein* **Nacional para la Superación de la Pobreza** (zu übersetzen etwa mit Nationaler *gravierendes* Plan zur Überwindung der Armut) vor. Obwohl die vorherige christdemokratische *Problem* Regierung sich ebenfalls die Bekämpfung der Armut aufs Banner geschrieben und auch einigen Erfolg damit hatte, lebten 1996 immer noch etwa 4 Millionen Menschen (fast ein Drittel der Bevölkerung Chiles) in Armut.. Im Jahr 2004 ist diese Ziffer auf 1.2 Millionen gefallen, ein Erfolg, den die Regierung Lagos für sich verbuchen kann. Armut in Chile hat viele Gesichter. In Santiago und den anderen großen Städten bekommt man als Tourist kaum die **Poblaciones** zu sehen, in denen die Menschen in großen heruntergekommenen Wohnblocks oder in Hüttensiedlungen leben. Aus den *Poblaciones* kam während der Ära *Pinochet* der heftigste Protest, und viele der Verschwundenen stammen aus dieser Umgebung. Die Menschen hier konnten am wenigsten von der Konsolidierung der wirtschaftlichen Lage profitieren und sehen deshalb auch heute Pinochet nicht als den nationalen Retter an, wie das viele Mitglieder der gehobenen Schichten tun. Auf dem Land zeigt sich die Armut oft deutlicher. Viele Kinder z. B. brechen die Schule schon nach einigen Jahren ab, weil sie mithelfen müssen, die Familie zu ernähren.

Das Bildungssystem

Im südamerikanischen Vergleich ist das Erziehungssystem in Chile hervorragend. Der Prozentsatz der Analphabeten wird mit 4,5 Prozent angegeben und die durchschnittliche Dauer des Schulbesuchs mit zehn Jahren. Für diese Statistiken wird aber nur der Teil der Bevölkerung herangezogen, der in einem offiziellen Arbeitsverhältnis steht, das heißt, das große Heer der Gelegenheitsarbeiter und der Straßenverkäufer (der so genannte informelle Sektor) fällt unter den Tisch.

Schulpflicht besteht in Chile vom siebten bis zum 15. Lebensjahr, die Schüler sind leicht zu erkennen, sie tragen alle Uniform. Die kleinsten beige oder blaukarierte Kittelchen, die größeren ein weißes Hemd zur blauen Hose oder Rock; Privatschulen haben oft ihre eigenen Farben. Für die, die es sich leisten können, be-

Schüler in Chile: immer in Uniform

ginnt die Berufsplanung schon mit der Vorschule: ein prestigeträchtiges Colegio hilft später, in die richtige Uni aufgenommen zu werden.

Das Universitätswesen ist in Chile zum allergrößten Teil in privater Hand, und eine Unmenge von Universitäten, Akademien und Berufsbildungsstätten bieten Kurse zur beruflichen Qualifikation an. Während der *Pinochet*-Regierung begannen in diesem Sektor, Privatschulen wie Pilze aus dem Boden zu schießen, es gab praktisch keine Überwachung, und die Standards waren wohl zumindest an einigen Schulen recht fragwürdig. Dem hat die Regierung *Aylwin* mit der Einführung allgemeingültiger Standards ein Ende gesetzt, dennoch sind die Unterschiede immer noch groß. Eine Universitätsausbildung ist wichtig, wohl auch, weil die Handwerksberufe in Chile keine geregelte Ausbildung haben und deshalb kaum Ansehen genießen. Auch hier gilt wieder: mit dem entsprechenden Kleingeld kann man sich die „richtige" Universität leisten und hat später größere Chancen auf einen gut dotierten Job. Als Sahnehäubchen wird ein Aufbaustudiengang im Ausland angesehen, die USA, aber auch Deutschland und andere europäische Länder genießen ein besonders hohes Prestige.

Die richtige Schule entscheidet über die Karriere

Kunst und Kultur

Literatur

Obwohl Bücher teuer sind, lesen die Chilenen gerne: in Santiago gibt es eine Vielzahl gut sortierter Buchläden und auch zahlreiche Antiquariate, und die hin und wieder stattfindenden Buchmessen sind vielen Literaturbegeisterten einen Besuch wert.

Chile hat eine lebendige Literaturszene, gerade auch viele junge Autoren beschäftigen sich mit ihrem Land, Bücher über Chile werden gerne gelesen und viel gekauft.

Die Themen sind dabei so vielfältig wie die Form: mythische Romane berichten von Reisen im Land und in die eigene Seele, Autobiographisches steht neben nüchternen Berichten. Politik und die jüngste Geschichte sind natürlich ein wichtiger Stoff, neben schmerzvoller Aufarbeitung der Diktatur stehen Rechtfertigungen; nach der Verhaftung Pinochets in London war innerhalb weniger Wochen ein Buch dazu auf dem Markt, zwei weitere folgten schnell. Aber auch mit dem kulturellen Erbe der Ureinwohner beschäftigen sich einige Autoren, und Volkssagen und Fabeln der Mapuche oder von Chiloé gibt es in jedem noch so kleinen Buchladen.

Eines der frühesten Epen der chilenischen Literatur findet man auch heute noch überall und in vielen Ausgaben: Ende des 16. Jahrhunderts schrieb der Spanier **Alonso de Ercilla y Zuñiga** den Heldengesang „La Araucana", in dem der Widerstand der Mapuche gegen die spanischen Eroberer in 37 Strophen besungen wird.

Viele modernere chilenische Autoren sind weit über Chile hinaus bekannt geworden, der berühmteste ist natürlich *Pablo Neruda*.

• Pablo Neruda

Geboren wurde *Neftalí Reyes Basolto* am 12. Juli 1904 in Parral, in Zentralchile. Später nannte er sich nach dem tschechischen Journalisten und Nationaldichter Jan Nepomuk Neruda (1834-1891) Pablo Neruda. Seine Familie (sein Vater war Eisenbahner) zog schon bald nach Temuco, das damals noch wildes Grenzland war; die letzten Kämpfe mit den Mapuche lagen noch nicht lange zurück. Und diese Landschaft mit ihrer üppig grünen Vegetation, dem allgegenwärtigen Regen und der rauen Küste empfand er als seine Heimat, „von dieser Erde bin ich ausgezogen, um zu singen", hier war er Zeit seines Lebens verwurzelt.

Nach der Schule ging er nach Santiago, um Französisch zu studieren, zu dieser Zeit hatte er seine ersten Gedichte längst geschrieben. In Santiago gefiel es ihm, er lernte interessante Menschen kennen und genoss das städtische Leben. Als er nach dem Studium nicht so recht wusste, was er machen sollte, wurde er Konsul, und in den folgenden Jahren lernte er viele Länder Europas, aber vor allem Asiens kennen. Er hatte während dieser Wanderjahre einige Liebschaften, war aber oft sehr einsam, wie er in seinen Memoiren „Ich bekenne, ich habe gelebt" festhält, und schließlich kam er wieder nach Chile, mit seiner ersten Frau, einer Holländerin, die er in Java kennen gelernt hatte und die ihm in seinen Memoiren kaum mehr als ein paar Sätze wert ist. Das Paar trennte sich auch schnell wieder, und Neruda heiratete die zehn Jahre ältere Delia del Carril. Auch von ihr ließ er sich scheiden, um die sehr viel jüngere Matilde Urrutia zu heiraten, für die er ein Haus in Santiago bauen ließ.

1945 trat Neruda in die kommunistische Partei ein und bewarb sich um einen Senatssitz für die Provinz Tarapacá, wo er von den Arbeitern der Salpeter- und Kupferminen mit großer Mehrheit gewählt wurde. 1948 führte er den Wahlkampf für *González Videla*, der die Wahl mit Hilfe der Kommunisten dann auch gewann. Videla ließ kurz darauf die kommunistische Partei verbieten, und Neruda wurde

per Haftbefehl gesucht. Er versteckte sich ein Jahr lang in Chile, bis er über die *Als Kommu-*
grüne Grenze nach Argentinien ausreiste und erst 1952 in sein Vaterland zurück- *nist im Exil*
kehrte. Später arbeitete er eng mit *Salvador Allende* zusammen und verzichtete 1970
zu Gunsten seines Freundes auf eine Kandidatur zum Präsidenten. 1971 wurde
Neruda als zweiter Chilene mit dem Nobelpreis für Literatur geehrt, damals war er
schon ein international berühmter Dichter und der beliebteste Poet Chiles. Als 1973
mit dem Putsch die Militärdiktatur begann, war Neruda schon schwer krank, und
nur zwölf Tage nach dem Umsturz starb er am 22. September 1973.

Die Schergen *Pinochets* durchsuchten die drei Häuser Nerudas und zerstörten und
stahlen dabei vieles, dennoch mochte sich der neue Machthaber anscheinend nicht
öffentlich gegen den weltberühmten Poeten stellen, der immerhin eines der wichtigsten Aushängeschilder des Landes war, und rang sich zu seinem Tod bewegte
Worte ab.

Einen ersten Erfolg als Dichter hatte Neruda schon mit zwanzig Jahren, als er den
Gedichtband „Zwanzig Liebesgedichte und ein Lied der Verzweiflung" veröffentlich-
te, der noch heute zu den bekanntesten seiner Werke gehört. Wegen ihrer eroti-
schen Momente stießen die Gedichte einerseits zumindest teilweise auf heftige Ab- *Anwalt der*
lehnung der Kritiker, andererseits aber auf große Begeisterung beim Publikum. Als er *Arbeiter*
politisch zu arbeiten begann, veränderte sich
auch seine Dichtung. Pablo Neruda verstand
sich als der Anwalt der Menschen „ohne
Schule und ohne Schuhe", wie er in seiner
Autobiographie schreibt, und 1950 veröffent-
lichte er den „Großen Gesang", in dem er die
Geschichte Südamerikas besingt, aber auch
die Natur und die Landschaften, denen er
sich so sehr verbunden fühlte.

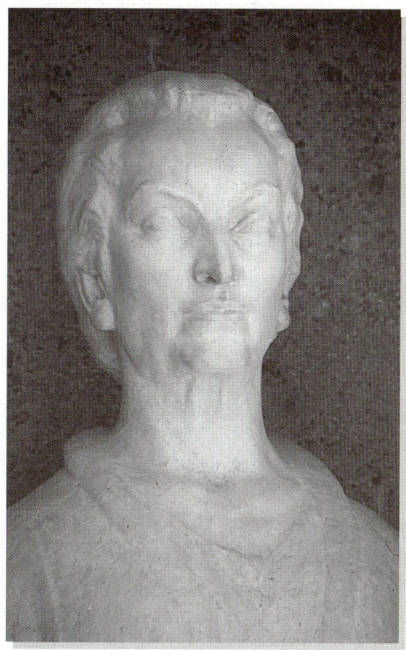

In der letzten Phase seines Lebens, als er
hauptsächlich in seinem Haus in Isla Negra
an der Pazifikküste wohnte, schrieb er viele
Gedichte über die Landschaften Chiles und
über seine Heimat, „den australen Wald und
den Regen".

• Gabriela Mistral

Etwas im Schatten des großen *Neruda* steht
die andere chilenische Literatur-Nobelpreis-
trägerin. Sie wurde hineingeboren in eine für
damalige Verhältnisse unkonventionelle Familie. Der Vater hatte das Lehrerseminar in La
Serena gerade abgeschlossen, als er seine erste
Stelle in einer Landschule im Valle Elqui antrat. Dort lernte er beim Chorsingen seine

Gabriela Mistral

zukünftige Frau kennen, die damals etwas über 40 war und schon eine 14-jährige Tochter hatte. Ihr erster Mann war einige Zeit vorher gestorben, und es dauerte nicht lange, bis sich der musikalische Lehrer in die Chorsängerin mit der schönen Stimme verliebte. Trotz des relativ großen Altersunterschiedes (der Vater war 30, die Mutter schon über 40) heirateten sie bald, aber die Ehe zwischen den beiden erwies sich schnell als kompliziert. Der Vater verlor seinen Arbeitsplatz, und mit 44 Jahren wurde die Mutter zum zweiten Mal schwanger. Am 7. April 1889 wurde Gabriela Mistral geboren (unter dem Namen Lucila Godoy de Alcayaga), und sie war so schwächlich, dass man sie noch am selben Tag taufte, weil man dachte, dass sie die ersten Tage nicht überleben würde.

Die Familie lebte in einem bescheidenen Haus, das inzwischen nicht mehr existiert, aber für das Museum in ihrem Heimatort Vicuña im Valle de Elqui nachgebaut wurde. Gabriela Mistral erinnerte sich gerne an diese erste Behausung, besonders an den Garten, den der Vater eigenhändig bepflanzte und in dem er einen kleinen Brunnen anlegte, der für das kleine Mädchen ein Plansch-Paradies wurde.

Über ihre **Mutter** hat Mistral viel geschrieben, unter anderem anrührende Gedichte:

> *mi madre era pequeñita*
> *como la menta o la hierba*
> *apenas hechaba sombra sobre las cosas, apenas (...)*

(meine Mutter war klein, wie die Minze oder das Kraut, kaum dass sie einen Schatten über die Dinge warf).

Der Vater ging einige Jahre nach der Geburt Gabrielas nach Santiago, und während die Mutter zu Hause blieb, sorgte die ältere Halbschwester als Lehrerin für den Lebensunterhalt der kleinen Familie. Auch Gabriela schlug diesen Weg ein, schon mit 14 Jahren begann sie, an einer Dorfschule zu unterrichten, als Tochter armer Leute und praktisch vaterlos war sie gezwungen, zur Versorgung der Familie beizutragen. *Lehrerin und Dichterin* Aber das Lehren fiel ihr leicht und machte ihr Spaß. Und zu dieser Zeit begann sie auch zu schreiben. Und ihre Gedichte und Artikel gingen wohl schon damals über die Ergüsse eines Backfisches hinaus, zumindest wurden sie in verschiedenen Zeitungen im Valle del Elqui, aber auch in Coquimbo und bis nach La Serena veröffentlicht.

Diese ersten Publikationen führten dazu, dass sie nicht in das Lehrerseminar in La Serena aufgenommen wurde, den Padres dort erschienen sie zu liberal und freizügig. Also unterrichtete sie weiter, zwar ohne Titel, aber inzwischen nicht mehr als Hilfskraft, sondern als vollwertige Lehrerin.

1914 bekam sie ihren ersten Literaturpreis verliehen, für die *Sonetos de la Muerte*, die sie im Schmerz über den Selbstmord ihres Verlobten schrieb. Alle waren gespannt, die Preisträgerin, über die niemand so recht etwas wusste, kennen zu lernen, aber Gabriela Mistral schickte einen Freund, der den Preis in Vertretung entgegennehmen sollte. Sie selber war aber dann doch so neugierig, dass sie es sich nicht verkneifen konnte, die Preisverleihung unerkannt vom Publikum aus mitzuverfolgen.

In den folgenden Jahren arbeitete Gabriela Mistral in verschiedenen Schulen im ganzen Land und lernte so Chile kennen. Auf einer dieser Stationen, in Temuco, traf sie auch *Pablo Neruda*, der sich damals zu jung und zu schüchtern fühlte, um einer ihrer Freunde zu werden, dem sie aber einige ihrer Bücher schenkte.

Gabriela Mistral erwarb sich während dieser „Wanderjahre" nicht nur als Schriftstellerin, sondern auch als Erzieherin einen Namen, und 1922 wurde sie nach Mexiko berufen, um dort eine Erziehungsreform mit auf den Weg zu bringen. In ihrer Abwesenheit bekam sie einen Ehrentitel der Universidad de Chile als Spanisch-Professorin verliehen. In den folgenden Jahren reiste sie viel und lernte Europa und Nordamerika kennen, und ab 1932 arbeitete sie als Diplomatin in verschiedenen Ländern der Erde. Immer schrieb sie Gedichte, und auch die Pädagogik lag ihr am Herzen, so dass zahlreiche Schriften zur Situation der Kinder und zur Kindererziehung entstanden.

Die größte Anerkennung wurde ihr 1945 zuteil, als sie den Nobelpreis für Literatur verliehen bekam. Äußerliche Dinge waren ihr nie besonders wichtig, und so kam es, dass sie sich für die Reise nach Stockholm einen Mantel von der Frau des französischen Botschafters in Brasilien auslieh, weil es ihr zu viel Aufwand erschien, extra einen Mantel zu kaufen. An ein Kleid für die Preisverleihung hatte sie nicht gedacht, und eigentlich wollte sie einen der einfachen Röcke tragen, in denen sie auch in der Schule vor den Kindern stand. Schließlich ließ sie sich aber doch dazu überreden, von einem der ersten Modehäuser Stockholms ein Kleid als Geschenk anzunehmen. Mit dem Preisgeld kaufte sie sich ein Haus in Santa Barbara/Kalifornien, wo sie zu dieser Zeit als chilenische Konsulin arbeitete.

Der Nobelpreis

Gabriela Mistral starb am 10. Januar 1957 an Krebs. Obwohl sie einen großen Teil ihres Lebens außerhalb Chiles verbrachte, blieb sie ihrem Vaterland immer tief verbunden und besang es in ihren Gedichten. Das andere große Thema ihrer Schriften sind die Kinder, deren Erziehung ihr Lebensinhalt war. Ihre Gedichte sind einfach in der Form, ihr Inhalt von einer tiefen Menschlichkeit und von der Liebe zu ihrer Heimat bestimmt.

• Isabel Allende

Isabel Allende ist sicherlich international inzwischen eine der bekanntesten, wenn nicht die berühmteste chilenische Schriftstellerin überhaupt. Ihren Roman „Das Geisterhaus" haben Millionen von Menschen in aller Welt entweder gelesen oder als Film gesehen, und auch mit ihren späteren Werken konnte sie an diesen Erfolg anknüpfen.

Geboren wurde sie 1943 in Peru, ihr Vater, der Bruder *Salvador Allendes* arbeitete dort als Diplomat. In ihren Büchern (die immer auch autobiographische Züge haben) beschreibt sie ihre Kindheit in einem großbürgerlichen Milieu des alten Chile, das es heute so sicherlich nicht mehr gibt. Nach dem Staatsstreich gegen ihren Onkel musste die Familie das Land verlassen, und jahrelang lebte die Schriftstellerin im Exil in verschiedenen europäischen und lateinamerikanischen Ländern und im Mittleren

Nichte Salvador Allendes

Osten. Bevor sie anfing, Romane zu schreiben, arbeitete sie als Journalistin, und ihr erster großer Erfolg als Schriftstellerin war „Das Geisterhaus". Zu den wichtigsten Büchern, die sie seitdem geschrieben hat, gehört sicherlich „Paula", ebenfalls eine autobiographische Geschichte, in der sie ihrer sterbenden Tochter in Rückblenden ihr Leben erzählt.

Während ihre Bücher zunächst alle in Südamerika und speziell natürlich in Chile spielen, bietet ihre neue Heimat Kalifornien in ihren neueren Büchern immer wieder den Hintergrund für die Geschichte. So auch in „Zorro", das 2005 erschien. Darin erzählt sie von den Jugendjahren des aus Kino und Fernsehen sattsam bekannten Helden, der als Sohn eines Adeligen und einer kriegerischen kalifornischen Indianerin zur Welt kam. Sie beschreibt in gewohnt bildreicher Sprache die Einflüsse, die dazu führten, dass aus Diego de la Vegas schließlich der Mann mit der Maske wurde.

Die Diktatur **Ariel Dorfmann** ist auch einer der Schriftsteller, die international berühmt gewor-
im Film den sind und mit ihrem Werk auch Chile bekannt gemacht haben. Seine bekanntes-
te Arbeit ist das Theaterstück **„Der Tod und das Mädchen"**. Es handelt vom Zusammentreffen dreier Menschen in einem einsamen Strandhaus in einem nicht näher bezeichneten Land, das aber gerade aus einer Diktatur in die Demokratie zurückgekehrt ist. Der Vorsitzende eines Ausschusses zur Untersuchung und Aufarbeitung der Folterungen macht hier Ferien mit seiner Frau, einem Folteropfer. Durch Zufall schneit ein Arzt herein, den die Frau anhand seiner Stimme als ihren Folterer zu erkennen meint. Sie will ihn zu einem Geständnis zwingen, und die Situation spitzt sich immer mehr zu...
Das Stück lief erst lange Zeit sehr erfolgreich am Broadway (und auch in Deutschland wurde es Anfang der 90er Jahre viel gespielt) und wurde dann von *Roman Polanski* mit Sigourney Weaver, Ben Kingsley und Stuart Wilson verfilmt.

Ariel Dorfmann ist zwar in Argentinien geboren, lebte aber lange Zeit in Chile, war ein glühender Verehrer Allendes und musste nach dem Putsch in die USA ins Exil gehen. Später kehrte er wieder nach Chile zurück, er hat eine der wichtigsten Biographien über *Salvador Allende* geschrieben.

Von den Autoren dieses Jahrhunderts sind einige auch international bekannt geworden, dazu gehört z. B. **José Donoso**, der 1924 in Santiago geboren wurde, während der Diktatur ins Exil gehen musste und erst vor einigen Jahren in Chile gestorben ist. Von ihm sind „Das Landhaus" auf Deutsch erschienen und erst kürzlich der Roman „Die Krönung", ein Roman, der im Santiago unserer Tage spielt und auf beklemmende Weise die Verknöcherung der oberen Mittelschicht beschreibt.

Auch **Antonio Skarmeta** ist über die Grenzen Chiles hinaus bekannt geworden, nicht zuletzt durch seinen Roman „Mit brennender Geduld", der vom Briefträger Nerudas und dem Leben im Chile der 60er Jahre des 20. Jahrhunderts erzählt und als „Il Postino" verfilmt wurde. Auch von **Luis Sepúlveda** wurden einige Werke ins Deutsche übersetzt, unter anderem „Der Patagonienexpress", der von einer Reise durch Chile und andere Gegenden farbig erzählt. Sepúlveda war ein Freund *Allendes*, wurde nach dem Putsch ins Gefängnis gesteckt und gefoltert und konnte dann fliehen. Er gehört zu den schillerndsten Gestalten der chilenischen Literaturszene, eloquent und ein wenig fantastisch.

schillernder Erzähler

Theater, Film und Musik

Chile ist sicherlich kein Land für Theaterliebhaber. In vielen Städten, besonders im Norden, stehen zwar oft ehrwürdige Theater-Bauten an der Plaza, genutzt werden sie aber in den wenigsten Fällen. Sie erinnern vielmehr an die glorreiche Vergangenheit, als mit dem Geld, das aus dem Salpeterabbau kam, die ersten Künstler Europas verpflichtet werden konnten.

In Santiago sind die beiden einzigen vom Staat subventionierten Spielstätten angesiedelt, das Nationaltheater und das Nationalballett, die beide auch während der Diktatur weiterarbeiten konnten, als fast alle privaten Ensembles verboten wurden. Nach dem Ende der Militärherrschaft begannen, besonders in Santiago, aber auch in anderen großen Städten, kleine Theater zu spielen, die meisten ohne die geringste finanzielle Unterstützung und mit großem Engagement. Auch heute noch werden die interessantesten Produktionen meistens von privaten Bühnen aufgeführt, besonders im Stadtteil Bellavista gibt es kleine und kleinste Theater, die oft nur einige Monate bestehen und dann von einer anderen Gruppe ersetzt werden. Aber auch das Teatro Nacional, das vor der Diktatur für seine Freude an Experimenten bekannt war, bekommt heute wieder gute Kritiken für seine Produktionen.

Der **bekannteste Filmregisseur Chiles** ist sicherlich *Miguel Littin*, der nach dem Putsch ins Exil gehen musste und von dort aus unerkannt 1985 nach Chile reiste, um einen Film über die Auswirkungen der Diktatur auf sein Land zu drehen. Die Geschichte von Littins illegalem Aufenthalt (er stand auf einer Liste mit Personen, denen es verboten war, nach Chile einzureisen) erzählt *Gabriel Garcia Marquez* in seinem Buch „Das Abenteuer des Miguel Littin. Illegal in Chile" im Stil einer Reportage. Littin wurde für seinen Film „Alsino y El Condor" 1983 für den Academy Award vorgeschlagen.

Miguel Littin

Aus der Zeit nach der Diktatur sind bisher nicht viele chilenische Filme ins Ausland gelangt, eine Ausnahme war der Film „Jonny 100 Peso" von *Gustavo Graef Marino*. Seit einigen Jahren hat man wieder angefangen, ein jährliches Fimfestival in Viña del Mar zu veranstalten, das während der Militärdiktatur ebenfalls verboten worden war.

Auf musikalischem Gebiet ist Chile vor allem durch seine Folk-Musik, durch die Bewegung „La Nueva Canción Chilena" bekannt geworden. Mit dieser Bewegung sind vor allem zwei Namen verbunden, der von *Victor Jara* und der von *Violeta Parra*.

La Nueva Canción Chilena

Violeta Parra wird allgemein als Begründerin der Nueva Canción Chilena angesehen, eine Richtung, die viele Einflüsse aus der nordamerikanischen Folk-Bewegung aufgreift, aber sich andererseits auch auf die traditionellen Klänge der Anden besinnt. Die Texte waren oft politisch, und eines ihrer Lieder hat Violeta Parra, die sich 1967 das Leben nahm, unsterblich gemacht: Gracias a la Vida (Dank an das Leben), gesungen von *Mercedes Soza* und *Joan Baez*, ist inzwischen so etwas wie ein Synonym für den südamerikanischen Folk. Ihre Kinder Isabel und Angel eröffneten eine der ersten Peñas, eine Musikkneipe, in der sie es jungen Künstlern der Bewegung ermöglichten, aufzutreten.

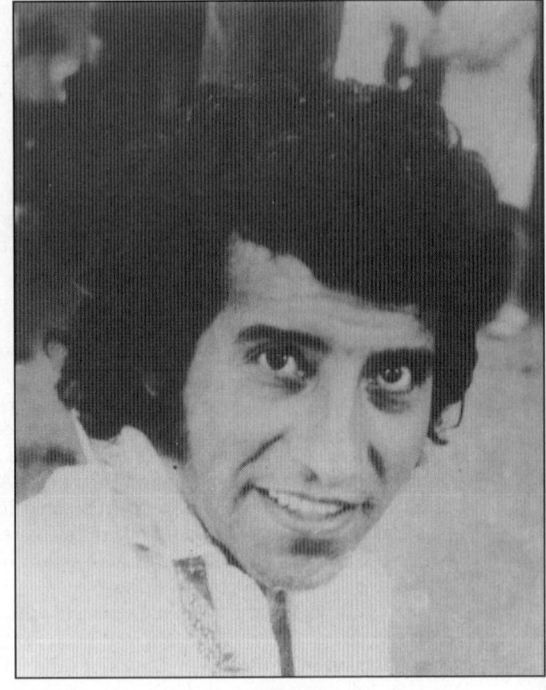

Victor Jara

Victor Jara **Victor Jara** ist in Chile inzwischen zu einer Art Kult-Figur geworden, man kann sein Gesicht heute noch überall auf Plakaten, als Graffiti an Hauswänden und auf Postkarten entdecken, obwohl er inzwischen seit über 20 Jahren tot ist. Auch seine Lieder haben ihn überlebt und sind heute in Chile vielleicht sogar populärer als die von Violeta Parra. Victor Jara hatte nicht das Glück wie andere Vertreter der Nueva Canción Chilena, die sich während des Putsches zufällig im Ausland aufhielten, er wurde verhaftet und, wie die meisten Gefangenen der ersten Tage der Diktatur, zunächst einmal ins Nationalstadion von Santiago verfrachtet. Dort forderte man ihn auf, die Nationalhymne zu singen, stattdessen stimmte er das Lied der Unidad Popular an. Daraufhin brachen ihm die Posten zunächst beide Hände, folterten ihn und schließlich wurde er erschossen.

Eine Gruppe der Bewegung Nueva Canción Chilena, die heute noch die Stadien füllt und auch international berühmt geworden ist, heißt **Inti-Illimani**. Heute macht sie keine reine Folk-Musik mehr, sondern hat Elemente des Jazz in ihre Stücke integriert.

In der klassischen Musik ist der einzige Künstler, der international wirklich berühmt geworden ist, der Pianist *Claudio Arrau (1903-1991)*.

Bemerkenswertes über das Leben in Chile

Chile unterscheidet sich in vielen Aspekten deutlich von seinen Nachbarländern. Die Chilenen bezeichnen sich gerne als die „Engländer Südamerikas" und irgendwo haben sie damit Recht. Auf jeden Fall sind die europäischen Einflüsse im täglichen Leben viel deutlicher zu spüren, als die der Ureinwohner. Während z. B. im Nachbarland Bolivien die Indiofrauen mit ihren ausladenden Röcken und steifen Bowler-Hüten oft das Stadtbild bestimmen, fällt ein Mapuche in Original-Tracht in der Fußgängerzone von Santiago auf wie ein Fisch in der Wüste.

Südamerikanische Überschwänglichkeit begegnet einem in Chile wohl, aber seltener und sehr viel dosierter, als z. B. in Argentinien, wo man dem engeren Freundeskreis schon eine viertel Stunde nach dem Kennenlernen zugerechnet wird. Freundlich und korrekt, das ist eher die Devise der Chilenen: man wird Ihnen weiterhelfen, wenn man kann, sich dann aber auch wieder verabschieden. Allerdings ist es sehr leicht, mit Chilenen ins Gespräch zu kommen. Wenn man Sie als Ausländer identifiziert hat, werden Sie sicher bald mit Fragen über Ihre Eindrücke von Chile bombardiert werden! Die Chilenen sind sehr stolz auf ihr Land, sie sehen zwar die Defizite, die noch bestehen, sehr klar und benennen sie auch, aber eigentlich finden sie, dass Chile der einzige Staat in Südamerika ist, in dem es sich leben lässt. Und so reisen sie denn auch mit Begeisterung innerhalb Chiles, viele Chilenen besuchen ganz systematisch nacheinander die verschiedenen Gegenden, um alles kennen zu lernen. Und man wird kaum einen Chilenen finden, der über seine Heimatstadt schimpft. Nur Santiago wird manchmal nicht sehr freundlich bewertet, was nicht zuletzt an den Umweltproblemen, dem Smog und dem immerwährenden Lärm liegt.

Reserviert aber freundlich

Klasse und Herkunft

Die Chilenen orientieren sich an ihren Wurzeln und die sind eben in den meisten Fällen (zumindest teilweise) europäisch. Die Bewunderung für alles Europäische und Nordamerikanische ist groß und so manches wird nachgeahmt, wie z. B. die großen Malls (Einkaufszentren), die überall nach US-Vorbild entstehen.

Ganz anders als z. B. in Bolivien, wo die Ureinwohner einen großen Teil der Bevölkerung ausmachen und in ihren Lebensgewohnheiten wenig europäisiert sind, ist Chile vielleicht das europäischste Land Südamerikas. Das liegt natürlich auch daran, dass viele der Einwanderer erst im 19. oder 20. Jahrhundert gekommen sind und sich ihre Lebensweise noch nicht so sehr verändert hat.

Die Chilenen haben ein starkes Klassenbewusstsein. Es gibt unzählige feine Abstufungen, die man als Ausländer wohl nie so ganz begreifen wird, Mittelschicht ist nicht gleich Mittelschicht, der Status hängt von vielen Details ab: in welche Schule die Kinder gehen, in welchem Stadtteil man wohnt, ob und wie viele Hausangestellte man hat, in welchen Sportclubs man Mitglied ist...

Klassen- bewusstsein

Da Arbeitsplätze oft über Beziehungen vergeben werden, ist es sehr wichtig, die richtigen Freunde zu haben, und um die zu treffen, muss man auf die richtigen Parties und gesellschaftlichen Ereignissen eingeladen werden. Oft kann man gerade in der Mittelschicht eine ausgeprägte Aufsteiger-Mentalität finden, man arbeitet hart, um sich Statussymbole leisten zu können und den Kindern den Weg in eine bessere Zukunft zu ebnen. Jede Zeitung hat immer einige Seiten für gesellschaftliche Anlässe reserviert, hier kann man nachlesen, wer geheiratet, seinen Geburtstag gefeiert, die Schule beendet oder einen Debütantenball besucht hat. Großformatige Fotos illustrieren diese Seiten und wenn die Eltern die entsprechende Stellung einnehmen, kommt auch der Geburtstag eines Zweijährigen in die Zeitung!

Status-symbole sind wichtig

Die Mittelschicht nimmt in Chile einen relativ großen Anteil an der Gesamtbevölkerung ein, was man sicher auch als Indikator für die stabilen wirtschaftlichen Verhältnisse werten kann. Viele der Intellektuellen und Künstler des Landes stammen aus dieser Schicht, ihnen ist der starke Aufstiegswille eher fremd, im Gegenteil nehmen sie auch Entbehrungen hin, um ihre Ideen verwirklichen zu können. Während früher führende Köpfe des Landes durchaus auch aus anderen Städten kamen, ist heute das intellektuelle und künstlerische Zentrum des Landes unbestritten Santiago.

Daneben gibt es die ärmeren Bevölkerungsschichten, die sich aus Arbeitern, kleinen Angestellten, Arbeitslosen und dem Heer der im informellen Sektor Beschäftigten zusammensetzt. Für sie kommen die täglichen Berichte der Gesellschaftsseiten wie aus einer anderen Welt, zu der sie höchstens als Zaungäste Zutritt haben.

Frau und Mann

Der Machismo ist in Chile noch allgegenwärtig, auch wenn sich die Konstellationen langsam ändern. In vielen Familien sind die Rollen im täglichen Leben immer noch klar aufgeteilt: der Mann arbeitet und verdient das Geld für die Familie, während die Frau, die heutzutage oft auch einen Job hat, für den Haushalt und die Kinder zuständig ist. Das Idealbild der Frau, so wie der chilenische Mann es sieht, ist immer noch sehr traditionell: auf der einen Seite die Hausfrau und Mutter, die ihm ein schönes Heim bereitet, auf der anderen Seite die gepflegte Geliebte, mit der sich auch repräsentieren lässt.

Doppelte Arbeits-belastung für Frauen

Die Frauen beginnen langsam sich von diesem Rollenklischee zu lösen, es gibt eine Menge erfolgreicher Frauen in Führungspositionen in Chile, und sie sind in den Medien sehr präsent. Allerdings sind es oft Frauen aus den oberen Gesellschaftsschichten, die über genügend finanzielle Mittel verfügen, um ihren Haushalt mit dem entsprechenden Personal perfekt zu organisieren. Dass die Frau mit verdient, ist inzwischen gang und gäbe, bedeutet aber in der Regel eine doppelte Arbeitsbelastung: neben dem Job muss auch noch die Familie versorgt werden.

Auch wenn die große Politik immer noch eine Männerdomäne ist, artikulieren sich die Frauen deutlich. So bekam General Pinochet, als er in London verhaftet wurde, die breiteste Unterstützung von Frauengruppen, die Geld für ihn sammelten, demonstrierten und sogar nach England flogen, um hier ihren Protest gegen die Verhaftung zu zeigen. Und auch bei den Protesten gegen Pinochet dominieren Frauen das Bild, sowohl in London und aller Welt als auch während der Zeit der Diktatur in Chile, spielten sie entweder einen aktiven Part im Widerstand oder organisierten sich als Mütter und Frauen der Verschwundenen.

Einstellung Besuchern gegenüber

Deutsche werden in Chile generell herzlich empfangen und positiv aufgenommen. Chile hat seit über 150 Jahren intensive Beziehungen zu Deutschland, zuerst über die Aussiedler, die ab 1850 kamen, weite Teile der Seen-Region für die Landwirtschaft erschlossen und viele Betriebe gründeten. Sie haben wahrscheinlich mit ihrem Aufbauwillen und ihrem Fleiß das positive Bild von Deutschland begründet. Später erhielt Chile dann deutsche Unterstützung bei der Organisation des Heeres und auch die wirtschaftliche Zusammenarbeit klappt gut.

Während der Diktatur ging eine nicht unbedeutende Anzahl Chilenen in die beiden deutschen Staaten ins Exil, sie brachten ein etwas differenzierteres Bild mit nach Hause. Generell sind die Chilenen aber voll der Bewunderung für vermeintlich deutsche Tugenden wie Fleiß und Pflichtbewusstsein. Viele Chilenen haben zudem deutsche Vorfahren, die vor nicht allzu langer Zeit ins Land gekommen sind, so dass sie oft noch sagen können, aus welcher Gegend ihre Familie stammt.

Behörden und Vorschriften

In diesen Dingen sind die Chilenen vielleicht deutscher als die Deutschen! Es gibt für alles eine Vorschrift und die wird auch eingehalten und nicht mit Laisser-faire gehandhabt, wie vielleicht in anderen Ländern Südamerikas. Hat man es mit einer Behörde zu tun, wird man schnell merken, dass es keinen Spielraum gibt: wenn etwas nicht erlaubt ist, dann geht es eben nicht, man wird Sie freundlich aber unnachgiebig darauf hinweisen, und zwar so lange, bis Sie aufgeben. Und wenn sich doch noch irgendwo ein Hintertürchen aufzutun scheint, wird es todsicher der nächste Beamte, der des Weges kommt, wieder zuschlagen.

Vorschriften werden eingehalten

Allerdings haben Staatsdiener in vielen Dingen einen gewissen Ermessensspielraum, den sie, besonders wenn es um Touristen geht, großzügig ausschöpfen. Und gerade Polizisten oder Behördenmitarbeiter reißen sich in der Regel ein Bein aus, um ausländischen Besuchern weiterzuhelfen!

Begrüßung

In Chile begrüßt sich alle Welt mit einem Kuss auf die rechte Wange und zwar auch, wenn man sich gerade erst vorgestellt worden ist. Unter guten Freunden gibt es einen zweiten Kuss auf die linke Wange und auch dieses Stadium hat man schnell erreicht. Allerdings küssen sich (anders als in anderen südamerikanischen Ländern, wie z. B. Argentinien) nie Männer untereinander!

Betritt man eine Behörde oder ein Geschäft, grüßt man mit „*buenos días*" (bis ca. 13 Uhr mittags), „*buenas tardes*" (bis ca. 20 Uhr) oder „*buenas noches*", auf Wiedersehen heißt „*adios*". Legerer ist das „*hola*" zur Begrüßung und das „*ciao*" zum Abschied. Meistens wird man von Bekannten und Freunden bei der Begrüßung auch nach dem Befinden gefragt: „*cómo estás*" oder „*cómo te va*" (Wie geht es dir?). Dies ist aber eher eine weitere Begrüßungsformel als die Aufforderung, ausführlich von seinen Befindlichkeiten und Kümmernissen zu berichten: ein fröhliches „*bien*" ist die Antwort, die erwartet wird. Wenn es einem gerade die Suppe verhagelt hat, kann man auch mit „*más o menos*" (so lala) antworten.

Die **Plaza de Armas** in **Santiago**: Besonders am Wochenende Treffpunkt für die ganze Familie, Debattierclub, Spielzeugladen, Zirkus, Kaffeekränzchen …

Einer der schönsten Vulkane Chiles, der **Parinacota** im **Nationalpark Lauca** in der nördlichsten Ecke des chilenischen Altiplano. Er spiegelt sich im Lago Chungara, der besonders für Vogelliebhaber ein lohnendes Ziel ist: Hier gibt es auf über 4.000 m Höhe noch Flamingos.

Die Kirche von **Isluga**: Nur zu den Festen kommen die Aymaras in ihre Dörfer, sonst leben sie mit ihren Lamas und Alpakas auf den Weiden.

Wie das Skelett eines Sauriers liegt die verrottete Industrieanlage der ehemaligen **Salpetermine Santa Laura** bei **Iquique** in der Wüste. Verlassene Minen gibt es in der Atacama zu Hunderten, aber nur wenige haben so deutliche Spuren hinterlassen.

Das **Valle de la Luna**: Am schönsten ist es bei Mond-Aufgang. Wind und Wasser haben hier über Jahrmillionen bizarre Formen in den Fels geschliffen, und ein bisschen sieht es tatsächlich aus wie auf dem Mond.

An den **Geyseres de Tatio** bei **San Pedro de Atacama** dampft es überall aus der Erde. Die Anden sind ein sehr junges Gebirge und immer noch in Bewegung, deshalb findet man überall Vulkane und heiße Quellen.

Das **Hochland** bei **San Pedro de Atacama**. Hier erscheint die Wüste in den schönsten Farben, aber das Panorama wird erst vollständig durch die Pflanzen, die sich an einer salzigen Quelle angesiedelt haben.

Der **Salar de Atacama**: In dieser lebensfeindlichen Salzwüste können nur wenige Tiere überleben. Die Flamingos passen mit ihrem hellrosafarbenen Gefieder hervorragend in die pastellfarbene Landschaft.

Auch das ist die **Atacama**: endlose Sand- und Steinflächen; nichts, an dem sich das Auge festhalten kann.
Da bedeutet der **Wendekreis des Steinbocks** nicht mehr als ein Konzept.

Selbst mitten im Zentrum von **Santiago** findet man lauschige Ecken und Orte der Besinnung, wie diese Marien-Statue, die in einem Hinterhof in der Fußgänger-zone steht.

Der ehemalige Nationalkongress in **Santiago de Chile** hat einen der schönsten Gärten der ganzen Innenstadt. An dieser Stelle starben im 19. Jahrhundert über 2.000 Menschen bei einem Kirchenbrand.

Der Hafen von **Valparaíso** ist Chiles Tor zur Welt. Früher wurden hier auch Touristen und Auswanderer aus Übersee an Land gesetzt, heute werden fast nur noch Güter umgeschlagen.

Ein **Huaso**, Protagonist der chilenischsten Sportart überhaupt: des Rodeos. Entstanden auf den Estancias, ist der **Rodeo** ein Wettbewerb im Handling von Rindern.

An der **Laguna Galletue**: Hier hat der wichtigste Fluss Chiles seinen Ausgangspunkt, der **Bio Bio**. Noch heute wird diese zauberhafte Gebirgslandschaft hauptsächlich von Mapuche-Familien bewohnt.

Die Uferpromenade von **Chaitén**: Hier hat das Leben einen erkennbar ruhigen Rhythmus. Erst die 1940er Jahre brachten dem Ort, dessen Einwohner man bis dahin fast an zwei Händen abzählen konnte, einen bescheidenen Aufschwung.

Der **Lago Yelcho** an der **Carretera Austral** ist ein Traumziel für Angler. Robert Redford holte sich hier Inspirationen für seinen Film „Aus der Mitte entspringt ein Fluss", der vom Fliegenfischen handelt.

An der **Carretera Austral** regnet es viel, und bei diesem Wetter fühlt man sich wirklich manchmal wie am Ende der Welt!

Die Siedler an der **Carretera Austral** haben auch heute noch kein leichtes Leben. Sie arbeiten meist draußen: als Fischer, Bauern oder Holzfäller.

Der **Lago General Carrera** bei Chile Chico: einen „Taumel der Natur" nannte Pablo Neruda diese Landschaft.

Dem **Grey-Gletscher** im Nationalpark **Torres del Paine** kann man sozusagen aufs Dach schauen, und der Anblick des weißblauen, zerklüfteten Eises verschlägt einem schon den Atem!

Auf dem **Paine-Circuit** (Nationalpark Torres del Paine) kommt man immer wieder an wunderbaren Ausblicken vorbei. Die Vegetation ist vielfältig: von der Buschtundra bis zu tiefen Wäldern reicht das Spektrum.

Auf dem See des **Gletschers Grey** im Nationalpark **Torres del Paine** driften die abgebrochenen Eisblöcke wie Geisterschiffe umher.

Die **Cuernos de Paine** im Nationalpark Torres del Paine: gewaltige Türme aus Sedimenten und Vulkangestein, die sich wie ein Urtier über dem **Lago Nordensjköld** erheben.

Ein Schulfest in **Punta Arenas**: die Mädchen genießen die Abwechslung von der strengen Schuluniform und stellen sich selbstbewusst zur Schau.

Der **Beagle-Kanal** bei **Ushuaia** (Argentinien), der südlichsten Stadt der Welt. Gleich außerhalb der Stadtgrenzen findet man hier noch eine oft atemberaubende Natur.

Der **Ahu Tongariki** auf der **Osterinsel**: die 15 gigantischen Moais dieses größten Ahus der Insel waren durch die Flutwelle des Erdbebens von Valdivia im Jahr 1960 umgeworfen worden, und es dauerte Jahre, sie wieder aufzurichten.

Der **Vogelmann-Kult** auf der **Osterinsel** gibt den Wissenschaftlern immer noch Rätsel auf. Vogelmann wurde der, der als erster das Ei der Schwarzen Seeschwalbe fand.

Die **Playa Ovaho** auf der **Osterinsel** ist auch für Pferde ein verlockender Badeplatz.

Straßenkünstler gehören inzwischen in vielen chilenischen Großstädten zum Bild, besonders dort, wo es auch Touristen gibt, wie hier in **Viña del Mar**.

3. CHILE ALS REISELAND

Allgemeine Reisetipps von A-Z

 Benutzerhinweis

Die Gelben Seiten werden regelmäßig aktualisiert, so dass sie auf dem neuesten Stand sind. In den **Allgemeinen Reisetipps** *(ab S. 129) finden Sie – alphabetisch geordnet – reiseprakti- sche Hinweise für die Vorbereitung Ihrer Reise und Ihren Aufenthalt in Chile. Die* **Regionalen Reisetipps** *(ab S. 185) geben Auskunft über Unterkunftsmöglichkeiten etc. in den – ebenfalls alphabetisch geordneten – wichtigen Ortschaften.*

⇨ **Abkürzungen**

In Chile gebräuchliche Abkürzungen, die teilweise auch in diesem Buch auftauchen:	
AC antes de Cristo	vor Christus
Avda. avenida	Allee
C. calle	Straße
D domingo	Sonntag
DC después de Cristo	nach Christus
h hora	Stunde
há hectar	Hektar
F fiesta, festivo	Fest, Feiertag
J jueves	Donnerstag
L lunes	Montag
Mi miércoles	Mittwoch
Ma martes	Dienstag
MN monumento nacional	National-Denkmal
PN parque nacional	Nationalpark
Pto. puerto	Hafen
RN reserva nacional	National-Reservat
RN ruta nacional	National-Straße (in Argentinien)
S sábado	Samstag
s/n sin numero	ohne Nummer (gemeint ist die Hausnummer)
V viernes	Freitag

⇨ **Ärzte**

siehe Stichwort „Gesundheit"

⇨ **Anreise**

Über die Visa-Bestimmungen zur Einreise können Sie sich unter dem Stichwort „Visa" informieren.

Viele Touristen werden per **Flugzeug** nach Chile einreisen und dann wahrscheinlich zuerst nach Santiago de Chile kommen. Die Hauptstadt ist der Dreh- und Angelpunkt im Luftverkehr und fast alle internationalen Flüge, besonders die aus Übersee, landen hier. Von Europa aus gibt es kaum Non-Stop-Flüge, meistens gibt es eine kurze Zwischenlandung in Buenos Aires oder Rio de Janeiro. Dass Chile am südlichen Ende der Erde liegt, merkt man auch an der Flugzeit: 15 bis 20 Stunden muss man für die über 12000 km lange Strecke schon einrechnen.

Von Europa aus fliegen British Airways, Lufthansa, Iberia, KLM, Alitalia, Lufthansa, Swissair, LanChile und TAM nach Chile. Besonders wenn man in der Hauptsaison (etwa Dezember bis März) fliegen will, sollte man rechtzeitig reservieren, die Flüge sind dann früh ausgebucht. Wenn man länger Zeit hat, ist es am günstigsten ein **Jahresticket** zu kaufen. Man hat dann gerechnet vom Hinflug ein Jahr Zeit, bis man den Rückflug antreten muss. Meistens muss man bei der Buchung einen Rückflugtermin angeben, den man aber in Chile ohne Probleme umbuchen kann. Manche Airlines lassen sich allerdings Umbuchungen teuer bezahlen, ein Punkt der unbedingt beim Ticketkauf abgeklärt werden sollte. Wenn man eine Südamerikarundreise plant, kann ein Gabelflug interessant sein, bei dem man z. B. in Santiago ankommt aber aus einem anderen Land wieder zurückliegt. Allerdings sind Gabelflüge oft recht teuer.

Inzwischen ist es über das Internet gut möglich, Preisvergleiche anzustellen und auch gleich zu buchen.

Einige Portale:
- **www.travel-overland.de**
- **www.opodo.de**
- **www.flug.de**
- **www.skyways.de**
- **www.travelchannel.de**

Falls man vorhat, innerhalb Chiles zu fliegen, ist eventuell der **Visit-Chile-Pass**, den LanChile anbietet, interessant. Er muss außerhalb Chiles in Verbindung mit einem Flug nach Chile mit Lan oder Iberia erworben werden. Die ersten drei Innlandsflüge kosten mit dem Pass 270 €, drei weitere Strecken können für je 90 € gebucht werden. Auch eine Verbilligung der Flüge zur Osterinsel ist stattdessen möglich. Alle Inlandsflüge müssen innerhalb eines Monats in Anspruch genommen werden. Außerdem hat Lan einen Visit-South-America-Pass im Angebot.

Auf dem **Landweg** kommt man aus Peru, Bolivien oder Argentinien nach Chile. Die Grenze nach **Peru** ist kurz, es gibt nur einen Grenzübergang, den von Arica nach Tacna. Der Grenzort selber heißt Hospicia. Da von Peru aus große Mengen Drogen nach Chile kommen, sind die Kontrollen manchmal streng und die Grenzformalitäten können sich hinziehen.

Von **Bolivien** aus gibt es einige Grenzübergänge. Der nördlichste ist **Visviri**, wichtiger aber ist der Übergang beim **Lago Chungara**, der bolivianische Ort auf der anderen Seite heißt Tambo Qemado. Hier kommen die Busse von La Paz nach Arica durch. Dann folgen nach Süden ein paar Übergänge, die kaum genutzt werden, weil die Straßen nur sehr schlecht ausgebaut sind. Der größte und bestausgebauteste ist Colchane, ein verlorenes Nest im Al Tipplano. Der Busverkehr von Potosi und Sucre (Bolivien) nach Iquique passiert den Übergang **Cancosa**. Dann gibt es noch einen Übergang bei Ollagüe (landschaftlich sehr schön) und schließlich den Posten bei San Pedro de Atacama.

Die Grenze nach **Argentinien** ist lang und dementsprechend gibt es viele Übergänge, der Verkehr konzentriert sich aber auf einige wenige Stellen. Da die Grenze zwischen Argentinien und Chile an der Wasserscheide verläuft, muss man fast immer die Anden überqueren und nicht alle Übergänge sind das ganze Jahr passierbar. Im Zweifelsfall sollte man sich bei den Carabiñeros erkundigen. Der wichtigste Übergang im Norden liegt am **Paso de Jama**, der bei der Durchfahrt von San Pedro de Atacama nach Salta und Jujuy benutzt wird; weniger befahren ist der Paso Laguna de Sico. Von Copiapó aus kommt man über den **Paso de San Francisco** nach Tucumán. Dann gibt es Hunderte von km keine Verbindung, bis zum **Paso del Agua Negra**, der La Serena und San Juan verbindet.

Auf dem Weg von Santiago nach Mendoza kommt man am **Aconcagua** vorbei (dem höchsten Berg Südamerikas, ein Treffpunkt für Gipfelstürmer).

Der wichtigste Übergang in der Seen-Region ist der Übergang über den Paso Cardenal Antonio Samore, der von **Osorno nach Bariloche** führt. Auf der Carretera Austral kommt man irgendwann nicht mehr weiter, dann muss man nach Argentinien, um noch weiter nach Süden zu gelangen.

Eine schöne Strecke führt über **Futaleufú** nach Trevelin und Esquel, dann gibt es einen wichtigen Übergang am **Paso Huemules**, der Coyhaique mit Comodoro Rivadavia verbindet. Über Chile Chico kommt man vorbei am Lago General Carrera nach Perito Moreno. Im Süden gelangt man von Puerto Natales (und dem Parque Nacional Torres del Paine) nach Calafate (und dem Gletscher Perito Moreno) über den Übergang bei **Cerro Castillo.** Dann gibt es einen Grenzposten beim Paso Integración austral, der Punta Arenas mit Rio Gallegos verbindet. Auf der Insel Feuerand muss man wieder zwischen Argentinien und Chile hin und her wechseln, um zur südlichsten Stadt der Welt, Ushuaia, zu gelangen. Der einzige Übergang liegt im Norden der Insel bei San Sebastian.

Bei der Einreise nach Chile sollte man immer daran denken, dass es verboten ist, Obst, Gemüse, Milchprodukte oder Fleisch einzuführen. Wenn man die Frage der Beamten nach diesen Produkten nicht wahrheitsgemäß beantwortet und dann doch etwas gefunden wird, kann man in erhebliche Schwierigkeiten geraten. Das sind die paar Äpfel oder Kartoffeln, die man vielleicht noch im Kofferraum hat, meist nicht wert!

Auch mit dem **Schiff** kann man natürlich nach Chile gelangen. Das dauert lange und ist teuer, aber vielleicht ein gelungener Auftakt für eine Reise in das Einwandererland Chile. Es gibt Passagen von Hamburg nach Arica, Antofagasta und Valparaiso, alle zu buchen über einen Hamburger Spezialveranstalter:

• **Hamburg-Süd Reiseagentur**, Ost-West-Str. 59-61, 20457 Hamburg, ☎ 040-37050, 🖳 www.hamburg-sued-reiseagentur.de (unter dem Stichwort Frachtschiffreisen)
• **Internationale Frachtschiffreisen Pfeiffer**, Friedrich-Storck-Weg 18a, 42107 Wuppertal, ☎ 0202-452379, 🖨 0202-453909, E-Mail: mail@frachtschiffreisen-pfeiffer.de, 🖳 www.frachtschiffreisen-pfeiffer.de: hat eine Reise nach Antofagasta und Valparaiso im Programm, der einfache Reisepreis liegt derzeit bei ca. 1500 €, eine Rundreise kostet ca. 4.500 €.

Eine interessante Alternative ist eine Kreuzfahrt mit der **MS Europa** von Montevideo über Puerto Madryn, Puerto Stanley, Ushuaia, Punta Arenas und Puerto Montt nach Valparaiso. Man kann die Reise als Paket buchen, in dem der Flug von Deutschland nach Montevideo schon inbegriffen ist. Man lernt die Welt der patagonischen Fjorde und Gletscher vom Schiff aus kennen und kommt auch durch Landschaften, die sonst schwer zu erreichen sind.

Informationen gibt es bei
• **Hapag Lloyd**, Gustaf-Deetjen-Allee 2-6, 28215 Bremen, ☏ 0421-3500460

⇨   **Auto fahren**

Die **Straßenverhältnisse** sind in Chile unterschiedlich, aber in der Regel sehr viel besser als in anderen südamerikanischen Ländern. Die Hauptverkehrsader ist die Panamericana, sie ist, wie die meisten anderen größeren Verkehrsverbindungen asphaltiert. In den Anden, im äußersten Süden und generell in abgelegenen Gegenden wird man jedoch oft auf **Schotterpisten** (den sog. *Ripio*) unterschiedlichen Zustandes treffen. Oft sind sie durch den Lastwagenverkehr zu „Wellblech" ausgefahren. Das erfordert eine gewisse Fahrtechnik: fährt man zu langsam, „fällt" das Auto in jede einzelne Querrille, ist die Geschwindigkeit zu hoch, verliert man leicht die Bodenhaftung und gerät ins Schleudern. Die Optimalgeschwindigkeit ist für jedes Fahrzeug anders und muss ausprobiert werden. Fahren Sie jedoch im Zweifelsfall und wenn Sie sich noch unsicher fühlen, langsamer, das ist zwar unangenehm aber ungefährlicher als eine überhöhte Geschwindigkeit! Oft tauchen in den Erdpisten auch unverhofft **Schlaglöcher** von beeindruckender Tiefe auf, so dass man immer aufmerksam fahren muss.

In den Wüstengebieten des Nordens trifft man u. U. auf **Sandpisten**. Hier ist Vorsicht geboten, ein Auto bei 40°C aus dem Sand auszugraben kann eine schweißtreibende Angelegenheit sein! Im Zweifelsfall lohnt es sich, auszusteigen und die Widerständigkeit des Weges erst einmal in Augenschein zu nehmen. Wenn es denn doch passiert ist: durch weiteres Gasgeben wühlt sich der Wagen nur tiefer in den Sand; Räder ausgraben, Decken, Fußmatten o. ä. unterlegen und beim Anfahren nur wenig Gas geben! Durch die hohen Temperaturen in der Wüste verbraucht der Wagen evtl. mehr Kühlwasser, so dass man einen Ersatzkanister mit Wasser dabei haben sollte, besonders wenn man mit einem älteren Modell unterwegs ist. Tiefe Spurrillen, die ein geländegängiges Fahrzeug mit hoher Bodenfreiheit erfordern, sind eher selten und in sehr abgelegenen Gebieten z. B. in den Anden anzutreffen.

In **größeren Höhen** in den Anden wird der Sauerstoff immer weniger, was nicht nur Ihnen, sondern auch dem Motor zu schaffen macht. Das Verhältnis von Benzin und Luft (bzw. Sauerstoff) stimmt nicht mehr, so dass die Verbrennung nicht mehr richtig stattfinden kann; die Leistung des Motors nimmt mit zunehmender Höhe immer mehr ab. Der Benzinverbrauch nimmt zu und irgendwann bleibt das Auto u. U. ganz stehen. Diese Probleme treten je nach Modell etwa ab 4.000 m Höhe auf. Abhilfe bringt das Verstellen des Zündzeitpunktes. Das erledigt jede Autowerkstatt innerhalb von Minuten.

Die **Höchstgeschwindigkeit** beträgt außerhalb von Ortschaften 100 km/h, innerhalb von Ortschaften 50 km/h. In Ortschaften trifft man oft auf quer zur Fahrtrichtung verlaufende Schwellen, die dazu dienen, die Geschwindigkeit herabzusetzen und sicher schon manch ahnungslosem Touristen den Wagen ruiniert haben!

Die **Beschilderung** ist in der Regel gut und sollte unbedingt beachtet werden. Besonders auf den kurvenreichen Straßen in den Anden kann man sonst leicht vom Weg abkommen, was schnell tödlich enden kann, wie die zahlreichen Wracks von Lkws und Autos, die über

Andere Länder, andere Verkehrsschilder

die Hänge verstreut sind, eindrucksvoll belegen.

Die Chilenen haben sicherlich teilweise einen etwas anarchistisch anmutenden Fahrstil, der Verkehr läuft aber lange nicht so chaotisch ab, wie in anderen südamerikanischen Ländern. Die Verkehrsregeln werden durch die chilenischen Fahrer eher locker ausgelegt. Das geht so weit, dass Ampeln teilweise eher als Empfehlung denn als verbindliches Regelungsinstrument angesehen werden. Als Ausländer sollten Sie sich daran aber kein Beispiel nehmen, chilenische Polizisten sind in der Regel sehr streng und wenig zur freundlichen Nachsicht Ausländern gegenüber bereit. Auf der anderen Seite wissen sie oft sehr gut Bescheid und geben freundlich Auskunft. Versuchen Sie **niemals**, einen Polizisten zu bestechen! Aussicht auf Erfolg haben Sie damit nicht, da die chilenische Polizei sehr stolz auf ihren Ruf der Unbestechlichkeit ist und Sie durch einen diesbezüglichen Versuch in ungeahnte Schwierigkeiten geraten können.

MIETWAGEN

Mietwagen sind keine preiswerte Angelegenheit in Chile, trotzdem sind sie ein beliebtes Reisemittel, weil sie Unabhängigkeit von Fahrplänen und Busrouten bedeuten. Autovermietungen gibt es in allen größeren Orten; sowohl die großen internationalen Firmen als auch lokale Anbieter sind vertreten. Die lokalen Firmen sind oft günstiger, haben aber manchmal eine geringere Auswahl und teilweise sind die Fahrzeuge nicht so gut in Schuss, wie bei den großen Verleihern.

Die Preise sind je nach Standort unterschiedlich, in Santiago zahlt man in der Regel weniger als in der Provinz, besonders in abgelegenen Gegenden wird es teuer. Happig sind auch die Preise für die Fahrzeugrückführung. Deshalb sollte man seine Reise so planen, dass man den Wagen in derselben Stadt wieder abgibt, wo man ihn auch gemietet hat. Für eine Limousine muss man in der Hauptsaison etwa 80 € pro Tag rechnen, Pickups und Jeeps kosten schnell über 100 €. Kleinwagen gibt es aber schon ab 35 €, oder 170 € für eine Woche. Der Automovil Club de Chile vermietet in vielen Städten Autos zu günstigen Tarifen und ADAC-Mitglieder erhalten einen zusätzlichen Rabatt.

Ein Auto zu mieten ist unkompliziert. Laut Vorschrift braucht man dazu den internationalen und den nationalen Führerschein, in der Praxis reicht aber meistens der nationale aus. Die meisten Gesellschaften setzen ein Mindestalter von 25 Jahren voraus, lokale Anbieter und Hertz sind in dieser Hinsicht kulanter, 22 Jahre reichen ihnen aus. Bezahlt man nicht per Kreditkarte, muss man eine hohe Kaution hinterlegen, zahlreiche Anbieter vermieten überhaupt nur an Kartenbesitzer. Beim Abschluss des Mietvertrages sollte man einige Punkte beachten. Im Preis müssen Steuern (IVA) und Versicherung enthalten sein. Oft ist der Abschluss einer Vollkaskoversicherung Pflicht. Sinnvoll ist sie allemal, erkundigen Sie sich jedoch nach der Eigenbeteiligung, die kann in manchen Fällen sehr hoch liegen. Es ist günstiger, den Wagen ohne Kilometerbeschränkung zu mieten, bei den großen Entfernungen in Chile schlagen extra zu zahlende Kilometer schnell zu Buche. Wenn Sie internationale Grenzen mit dem Wagen überqueren wollen (was ja z.T. im Süden des Landes fast unumgänglich ist), muss dafür eine Extraklausel in den Vertrag aufgenommen werden, sonst bekommen Sie Schwierigkeiten an der Grenze, geben Sie diese Pläne also unbedingt beim Abschluss des Vertrages an!

Bei Übergabe des Autos werden größere Blessuren in eine Liste aufgenommen, wenn das nicht passiert, und der Wagen sieht schon etwas ramponiert aus, bestehen Sie darauf, damit es später bei der Abgabe keine unliebsamen Überraschungen gibt. Außerdem sollten Sie den Wagen zumindest oberflächlich überprüfen, sich z B. vergewissern, dass das Licht und die Bremsen funktionieren, die Räder in einem akzeptablen Zustand sind, das Reserverad Luft hat und Werkzeug und Wagenheber vollständig vorhanden sind.

Falls man mit dem Auto über die Grenze in eines der Nachbarländer reisen will, muss man das unbedingt mit der Mietwagen-Firma abklären, die dann die nötigen Formulare ausstellt, die in der Regel von einem Notar beglaubigt werden müssen. Bei Sonderangeboten und für die billigsten Wagen besteht die Möglichkeit, das Auto auszuführen oft nicht.

AUTOKAUF

Wenn Sie eine längere Reise in Chile planen, kann der Kauf eines Autos eine sehr sinnvolle Alternative zu Mietwagen oder anderen Verkehrsmitteln sein.
Obwohl die Regeln für einen Autokauf relativ klar und einfach sind, können sich Probleme daraus ergeben, dass die Angestellten der verschiedenen Ämter sich widersprechende Auskünfte erteilen und die Vorschriften unterschiedlich auslegen. Mit freundlicher Hartnäckigkeit lassen sich diese Klippen aber umschiffen und insgesamt ist der Ablauf nicht sonderlich kompliziert.

Zum Autokauf brauchen Sie eine **Steuernummer** (RUT, Rol Unico Tributario), die das örtliche Steueramt ausstellt (Servicio de Impuestos Internos, in Santiago gibt es mehrere Zweigstellen, die für das Zentrum zuständige Stelle befindet sich in der C. Santa Rosa 108, Mo-Fr 9-14 Uhr, Informationen über die anderen Stadtteile können an der Plaza de Mondeda bei der zentralen Information des Servicio de Impuestos Internos eingeholt werden, ▱ www.sii.cl). Sie bekommen sofort eine vorläufige Nummer, einige Wochen später wird die endgültige Nummer per Post zugestellt. Deshalb ist es ratsam, eine Adresse parat zu haben, das kann z. B. die Adresse des Hotels sein, von der man nur die Straße und Hausnummer angibt. Ob man die endgültige Nummer jemals wirklich erhält, ist dabei nicht so wichtig, die vorläufige Nummer reicht in der Regel für alle Transaktionen aus.

Mit dieser RUT kann man zum **Notar** gehen und den Kauf abwickeln. Notare gibt es in fast allen Stadtvierteln größerer Städte zahlreich, das Telefonbuch hilft hier weiter. Die Gebühren sind überall ähnlich. Es muss eine Kauf-Steuer von derzeit 1 Prozent des Kaufpreises entrichtet werden. Wo das entsprechende Büro ist, kann einem der Notar sagen. Wenn Sie bei einem Händler kaufen, übernimmt dieser oft die ganze Transaktion für Sie. Wenn der Kauf abgewickelt ist, muss das Fahrzeug innerhalb von 30 Tagen auf den neuen Besitzer angemeldet werden. Diese **Anmeldung** wird im örtlichen Registro Civil vorgenommen, die endgültigen Wagenpapiere werden per Post zugestellt, so dass man hier wieder eine

Adresse angeben muss. Solange man die Papiere nicht hat, reicht auch der Vertrag als Besitzdokument aus, den man dann aber immer bei sich haben sollte, um bei Polizeikontrollen nicht in Schwierigkeiten zu geraten.

Jedes Fahrzeug in Chile muss eine **Mindesthaftpflichtversicherung** (Seguro Obligatorio) haben. Diese Versicherung wird immer für ein Jahr abgeschlossen. Sie beginnt jeweils im März und muss dementsprechend erneuert werden. Beim Autokauf sollten Sie darauf achten, dass der Ausweis für diese Versicherung bei den Wagenpapieren dabei ist und Ihnen mit übergeben wird. Es ist sehr sinnvoll, diese nicht sehr schlagkräftige Versicherung (sie deckt einen Schaden anderer Verkehrsteilnehmer bis zu 3.000 € ab) zu ergänzen!
Ebenso braucht jedes Fahrzeug eine **Fahrerlaubnis** (Permission de Circulacion), die ebenfalls jährlich (im März) erneuert werden muss. Auf welcher Behörde diese Erneuerung vorgenommen werden muss, kann von Stadt zu Stadt unterschiedlich sein, im Zweifelsfall kann man beim Automovil Club de Chile oder bei den Carabiñeros nachfragen. In der Regel müssen eine Kopie der Registrierung des Fahrzeugs beim Registro Civil, der Nachweis der Mindesthaftpflicht, der Nachweis einer gültigen technischen Revision, der Nachweis einer Abgasuntersuchung (fehlen die entsprechenden Papiere, fragen Sie beim Automovil Club de Chile nach Werkstätten, die diese Untersuchungen durchführen) und eine Kopie des Kaufvertrages vorgelegt werden.

In den Freihandelszonen Iquique und Punta Arenas lassen sich sowohl Neu- als auch Gebrauchtwagen sehr günstig erwerben. **Dieses Angebot können Sie aber als Tourist nicht nutzen!** Nur die ständigen Bewohner dieser beiden Zonen haben das Recht, Autos die hier gekauft wurden, auch in den übrigen Landesteilen zu fahren. Lassen Sie sich auf keinen Fall von einem findigen Verkäufer einreden, es gäbe Sonderregelungen, die Sie sich zu Nutze machen können, das stimmt nicht und Sie sind derjenige, der im Zweifelsfall mit einem Auto dasitzt, das sich nicht aus den Freihandelszonen ausführen lässt.

Der beste Ort für einen Autokauf ist Santiago, aber auch in anderen großen Städten lassen sich u. U. gute Angebote finden.
In Santiago finden sich Autohäuser sowohl für Neu- als auch für Gebrauchtwagen vor allem in den folgenden Straßen: Avda. Libertador B. O'Higgins (Neuwagen), Avda. Francisco Bilbao und Avda. Vitacura. Wenn Sie nicht bei einem Händler kaufen wollen, können Sie auch die Kleinanzeigen der Tageszeitungen durchforsten. Entsprechende Anzeigen finden sich vor allem in der Tageszeitung El Mercurio und in dem wöchentlich erscheinenden Anzeigenblatt El Rastro. Eine andere gute (und unterhaltsame) Möglichkeit für den Kauf oder auch den Verkauf eines Autos sind die am Wochenende stattfindenden Automärkte. Als Verkäufer zahlt man einen Eintritt und kann dafür den ganzen Tag seinen Wagen auf dem Markt parken und mit Käufern verhandeln. Hier fällt die Händlerspanne weg und man kann durchaus ein Schnäppchen machen. Auch wenn man auf die Schnelle ein Auto verkaufen will, sind diese Märkte eine gute Adresse, hier kaufen auch Gebrauchtwagenhändler ein und man wird (fast) jedes Auto los. Die Adressen der Märkte wechseln, einen großen gibt es auf der Avda. Americo Verspuccio, etwas östlich von der Kreuzung mit der Avda. Santa Rosa. Oder einfach Tankwarts, Taxifahrer oder Parkwächter fragen, die kennen sich mit solchen Dingen aus.

Eines sollte man bedenken, wenn man überlegt, ein Auto in Chile zu kaufen: es gibt keine verbindliche Regelung, was die Ausreise von Touristen mit eigenem Auto betrifft. Man ist also abhängig von der Kooperationsbereitschaft der Zollbehörden an der jeweiligen Grenze (nach Bolivien, Peru oder Argentinien), die die Ausreise erlauben, aber auch verbieten können. Vielfach haben sie die Befürchtung, dass man das Auto im Ausland verkauft, was illegal wäre; um diese Besorgnis zu entkräften, hilft es manchmal, das Rückflugticket (der Rückflug sollte natürlich in Santiago starten!) vorzuzeigen. Oft helfen aber auch einfach wortreiche Beteuerungen, dass

Auf dem Automarkt: Feilschen ist Pflicht!

man die Regeln kennt und sich auf keinen Fall Probleme schaffen will, dass man z. B. nur für ein paar Tage ausreisen möchte, etc. An den Grenzstationen, die häufig von Chilereisenden auf dem Weg nach Norden oder Süden passiert werden, wie z. B. dem Paso Cardenal auf dem Weg nach Bariloche oder Chile Chico am Lago General Carrera, hat man meist keinerlei Probleme.

AUSWAHL DES AUTOS: Bei der Auswahl des Autos muss zunächst einmal bedacht werden, welche Art der Reise damit bewältigt werden soll. Mit einem geländegängigen Toyota oder Mercedes kann Ihnen natürlich fast nichts passieren und Sie sind für jede Situation gerüstet, auf der anderen Seite haben diese Fahrzeuge einen enormen Spritverbrauch, ein nicht zu unterschätzender Aspekt bei den großen Entfernungen in Chile. Und wenn Sie nicht gerade eine Extrem-Tour geplant haben, kommen Sie mit einem normalen PKW in den meisten Situationen auch klar. Wenn Sie sich auch die abgelegeneren Gegenden Chiles anschauen möchten, ist in Erwägung zu ziehen, ob ein zum Campen geeigneter Bus eine Alternative ist, er würde Sie von den manchmal sehr einfachen Übernachtungsmöglichkeiten unabhängig machen. In diesem Zusammenhang ein Wort zu den VW-Bussen, Modell 70er Jahre, die man in Chile noch häufig sieht und die in Brasilien produziert werden: sie sind relativ preiswert und günstig im Verbrauch, da der Motor jedoch nur luftgekühlt wird, überhitzen sie sich schnell. Das führt zu unangenehmen Ausfällen und teuren Reparaturen, so dass man vom Kauf eines solchen „Hippie-Busses" leider abraten muss. Das gleiche gilt für den VW-Käfer, der mit demselben Motor ausgerüstet ist. Die späteren Modelle von VW haben alle eine Wasserkühlung und sind durchaus eine Überlegung wert, kosten aber auch etwas mehr. Ansonsten gibt es ein großes Angebot japanischer Kleinbusse in jeder Ausstattung, ein zum Campen ausgebautes Fahrzeug ist allerdings nicht so leicht zu finden.

Sehr beliebt in Chile sind die sog. *Camionetas*, Pickups mit einer Fahrerkabine für zwei oder vier Passagiere und einer offenen Auflagefläche für Gepäck. Sie haben meistens Vierradantrieb und sind ähnlich robust wie ein Jeep. Zum Reisen sind sie jedoch nur bedingt geeignet: Zum einen ist die Fahrerkabine oft relativ eng und unbequem, zum anderen muss man bei jedem Stopp das Gepäck in die Fahrerkabine umpacken, damit es nicht geklaut wird.

Für den Wiederverkauf gilt: je neuer und luxuriöser das Auto desto einfacher wird man ihn wieder los. In Santiago gibt es eine Beschränkung für Autos ohne Katalysator, die sich deshalb nur schwer verkaufen lassen, jedoch im Kaufpreis günstiger sind. Und als Tourist können Sie natürlich den Wagen in jeder anderen großen Stadt verkaufen (bisher hat nur Santiago diese Beschränkung!).

Für welche Variante Sie sich auch entscheiden: Kaufen Sie ein zuverlässiges Fahrzeug, hier ein paar hundert Dollar zu sparen, um dann irgendwo weit entfernt vom nächsten Mechaniker liegen zu bleiben, lohnt sich nicht.

Man kann natürlich auch sein eigenes Auto aus Europa mitbringen. Das lohnt sich aber nur bei einer längeren Reise, obwohl der Papierkram relativ unkompliziert ist. Man sollte sich rechtzeitig mit einer Spedition in Verbindung setzen, der Transport kann sechs bis sieben Wochen dauern und muss entsprechend vorher organisiert werden. Der Transport von Deutschland nach Chile (meist wird Valparaiso angefahren) schlägt mit mindestens 2000 € zu Buche, wobei die Preise natürlich von der Länge und Höhe des Fahrzeuges abhängen.

Speditionen mit Verbindungen nach Chile:
• **Kuehne und Nagel**, Pinkertweg 20, 22113 Hamburg, ☏ 040-236330, 🖷 23633266, in Chile: Estados Unidos 246, Santiago, ☏ 02-6398503, 🖳 www.kn-portal.com
• **Damco Maritime GmbH**, Billbrookdeich 74, 22113 Hamburg, ☏ 040-733560, 🖷 731750: die Spedition arbeitet in Santiago mit der Agentur Intermodal zusammen, 🖳 www.damcomar.com
• **Intermodal**, Moneda 920, Suite 808, P.O.Box 10079, Santiago, ☏ 02-6994218, 🖷 6988171
• **HJ Schryver & Co.**, Wandalenweg 24, 20097 Hamburg, ☏ 040-236330, 🖷 23633266, In Santiago: Avda. 11 de Septiembre 2155 C, Of. 902, ☏ 02-2330780, 🖷 2310253, 🖳 www.schryver.de

⇨   **Automobilclub**

Der Automovil Club de Chile hat Niederlassungen in allen größeren Städten und hilft bei Fragen rund ums Autofahren weiter. Viele seine Zweigstellen vermieten Autos, manchmal zu günstigeren Tarifen als andere Verleiher. Wenn Sie eine Werkstatt brauchen, können Sie sich hier nach zuverlässigen Adressen erkundigen, auch über Abgasuntersuchungen und alle anderen Vorschriften rund ums Auto bekommen Sie hier verlässliche Informationen. Auch lokales Kartenmaterial wird oft in den Zweigstellen verkauft.

Die Adresse des Automóvil Club de Chile in Santiago:
• **Automóvil Club de Chile**, Avda. Vitacura 8620, ☏ 2125702, 🖳 www.automovilclub.cl

⇨   **Banken**

Banken sind für Touristen insofern interessant, als dass immer mehr Zweigstellen **Geldautomaten** einrichten und es damit möglich machen, auch in abgelegeneren Gebieten mittels Kreditkarte und PIN-Code an Geld zu kommen. Travellerschecks tauschen sie nur in den seltensten Fällen und auch zum Dollar-Umtausch wird man meistens an die nächste Wechselstube verwiesen.

Eine Bank, die American-Express-Schecks ohne Kommission zum Tageskurs in Dollar umtauscht, ist die
• **Banco de Inversiones (BCI)**, Huérfanos 1134 in Santiago

Will man sich Geld von Europa aus schicken lassen, muss man sich eine Bank in Chile suchen, die mit der eigenen Bank zu Hause zusammenarbeitet und lässt das Geld anweisen. Der Transfer kann bis zu einer Woche dauern und ist relativ teuer. Billiger ist es, das Geld in Deutschland per Post anweisen zu lassen, man kann es dann in Chile auch wieder am Postschalter abholen.

⇨   **Behinderte**

Erst 1994 wurde von der chilenischen Regierung ein Gesetz zur Gleichstellung Behinderter erlassen, die entsprechende Behörde FONADIS (*Fondo Nacional de la Discapacidad*) feierte 1999 ihr fünfjähriges Bestehen.

Obwohl Behinderten freundlich begegnet wird, gibt es bisher kaum spezielle Einrichtungen für sie. Nur in den Großstädten befinden sich z. B. die Bürgersteige in einem Zustand, der es erlaubt, sich auch im Rollstuhl einigermaßen problemlos fortzubewegen.

Behindertengerecht eingerichtete **Hotelzimmer** sind leider eine Seltenheit, und wenn es sie gibt, sind sie teuer. In den regionalen Reisehinweisen werden sie aufgeführt, außerdem wurden Hotels aufgenommen, die **behindertenfreundliche** Zimmer anbieten, d. h. die Räume sind nicht speziell ausgestattet, aber doch so gestaltet, dass auch Rollstuhlfahrer einigermaßen (i. d. R. allerdings nur mit Hilfe) zurechtkommen können. Unter diese Kategorie fallen Häuser, in denen die Zimmer leicht ohne Treppen (oder nur über wenige Stufen) zu erreichen sind, außerdem wurde darauf geachtet, dass die Räume einen etwas großzügigeren Zuschnitt haben. Auch bei den Bädern wurde auf eine gewisse Bewegungsfreiheit geachtet; meistens sind Dusche oder Badewanne der Knackpunkt, da diese für Rollstuhlfahrer kaum alleine zu benutzen sind. Die als behindertenfreundlich eingestuften Hotels haben meistens Erfahrung mit der Unterbringung behinderter Gäste, so dass man damit rechnen kann, auch eine Extra-Bitte ohne weiteres erfüllt zu bekommen. Auf jeden Fall sollte man frühzeitig buchen, oft stehen nur einige entsprechende Zimmer zur Verfügung, bei der Buchung kann man dann auch schon gleich besondere Wünsche anmelden.

Hotels mit behindertengerechten und behindertenfreundlichen Zimmern gibt es in folgenden Städten:	
Antofagasta	Plaza Hotel
Bariloche (Argentinien)	Hotel Edelweiß
Calama	Hotel El Mirador
Futaleufú	Hotel El Barranco
La Serena	Hotel Costa Real
Osterinsel	Hotel Otai
San Pedro de Atacama	Hotel Terrahtai
Santiago	Hyatt Regency
	Holiday Inn Crowne Plaza
	Hotel Leonardo Da Vinci
Talca	Plaza Hotel Talca
Viña del Mar	Hotel Rokamar
	Hotel Marina del Rey

Besonders schwierig kann es werden, ein **Restaurant** zu finden, das mit dem Rollstuhl zugänglich ist. In der Regel müssen Treppen überwunden werden. In den Regionalen Reisetipps wird bei einer Auswahl von Restaurants angegeben, ob sie im Erdgeschoss liegen. Mit behindertengerechten oder auch nur geeigneten Toiletten darf man leider überhaupt nicht rechnen, hier muss man sich auf die Hilfsbereitschaft der Chilenen verlassen. Es lohnt sich, einen entsprechenden Satz auf Spanisch parat zu haben, am ehesten wird man aber auch hier mit einem hilfsbereiten Reisebegleiter weiterkommen.

Die **Metro** in Santiago hat eine ihrer drei Linien (die Linea 3 nach La Florida) mit Aufzügen oder Treppenlifts ausgestattet, für den Umbau der anderen beiden Strecken fehlte bisher das Geld. Leider ist die für Touristen interessanteste Linie 1, die durchs Zentrum führt, wegen der langen Treppen für Rollstuhlfahrer kaum zu benutzen. Dass eine ihrer Haltestellen (Ecuador, nahe des Teleton-Zentrums) nachgerüstet werden soll, ist ein Anfang, viel mehr aber auch nicht. Auch das andere öffentliche Verkehrsmittel, der **Bus**, ist für Körperbehinderte nicht ideal, so dass für den Transport in der Stadt nur das Taxi bleibt.

Auch für lange Strecken ist der Bus nicht das geeignete Verkehrsmittel. Die Überlandbusse sind oft sehr eng und fahren lange Strecken, ohne Pausen einzulegen und die Toiletten sind für Rollstuhlfahrer nicht benutzbar. Für lange Strecken bleibt das **Flugzeug** (auch hier gilt, bei der Buchung sollte bereits Hilfestellung am Flughafen etc. abgesprochen werden, verantwortlich dafür ist die jeweilige Airline). Für Reisen im Land ist ein **Mietwagen** oder das eigene Auto ideal. Man ist flexibel nach eigenem Zeitplan und Vorlieben unterwegs und kann jederzeit Pausen einlegen.

Aber auch wenn Chile ganz am Anfang steht, was die wirkliche Integration von Behinderten in das öffentliche Leben angeht, ist es sicherlich eines der **besten Reiseländer** für sie in Südamerika (eine gewisse Flexibilität und einen hilfsbereiten Reisebegleiter einmal vorausgesetzt). Auch wenn man vielleicht mit dem Auto nicht alle Ecken und Winkel erreicht, kann man doch die schönsten Landschaften ohne Probleme auf der Durchfahrt erleben. Das gilt in der Wüste Atacama ebenso wie in Patagonien oder auf der Osterinsel. Und in den Städten gibt es immer auch genügend Touren, die man mehr oder weniger problemlos mit dem Rollstuhl machen kann.

Ohne hier eine Empfehlung abgeben zu wollen (jeder muss letztendlich selber wissen, was er sich zutrauen kann) meine ich doch, dass es eine solche Fülle von mit dem Auto erreichbarer Ziele gibt, dass eine Chile-Reise auch für einen Rollstuhlfahrer oder sonst wie Bewegungsbehinderten zu einem grandiosen Erlebnis werden kann!

⇨   **Benzin**

Benzin gibt es in Chile *con plomo* (verbleit) und *sin plomo* (bleifrei), der Liter kostet etwa 1 €. In abgelegenen Gegenden steigen die Preise proportional zur Entfernung zur nächsten größeren Stadt und generell ist Kraftstoff im äußersten Norden und Süden des Landes teurer. Bei Überlandfahrten sollte man sich vergewissern, wie weit die nächste Tankstelle entfernt ist, und evtl. einen Ersatzkanister mitnehmen. Dies gilt besonders für die Bergregionen in der Atacama (wo der Spritverbrauch durch die Höhe um fast das Doppelte steigen kann) und für Patagonien.

⇨   **Botschaften**

Chilenische Botschaften in Europa

- **Deutschland**: Mohrenstr. 42, 10117 Berlin, ☏ 030-726203-5, 🖷 030-726203-603 ▭ www.embajadaconsuladoschile.de
- **Österreich**: Lugeck 1/3/9, A-1010 Wien, ☏ 01-5131958, 🖷 01-512920833
- **Schweiz**: Eignerplatz 5, CH-3007 Bern, ☏ 031-37000 58, 🖷 031-3720025, E-Mail: echilech@swissonline.ch

---

Chilenische Konsulate in Deutschland

- **Chilenisches Generalkonsulat Berlin**, Leipziger Str. 61, 10117 Berlin, ☏ 030-2292531
- **Chilenisches Generalkonsulat Hamburg**, Harvesthuder Weg 7/11, 20148 Hamburg, ☏ 040-4575885, 🖷 326957

Botschaften in Chile

- **Botschaft der Bundesrepublik Deutschland**: Las Hualtatas 5677, Vitacura, ☏ 2-4632500, 🖷 2-46325 25, ▭ www.santiago-diplo.de, Handy für **besondere Notfälle**: 09/ 8858600; Öffnungszeiten: Mo-Do 8-17 Uhr, Fr 8-14 Uhr
- **Botschaft der Republik Österreich**: Barros Errazuriz 1968, 3. Stock, Santiago de Chile, ☏ 2-2234774, 🖷 2-2049382, E-Mail: santiagodechile@bmaa.gv.at, Öffnungszeiten: Mo-Fr 10-12 Uhr
- **Botschaft der Schweizer Eidgenossenschaft**: Americo Vespucio Sur 100, Piso 14, Santiago, Las Condes, ☏ 2-2634211, 🖷 2-2634094, ▭ www.eda.admin.ch/santiago, Öffnungszeiten: Mo-Fr 10-12 Uhr

---

⇨   **Busse**

Busse sind ein beliebtes Fortbewegungsmittel in Chile, sowohl bei den Chilenen als auch bei Touristen. Tatsächlich kommt man mit dem Bus bequem und vor allem billig bis (fast) in den letzen Winkel des Landes. Auf den Hauptstrecken fahren in der Regel moderne Reisebusse, die mit allem Komfort ausgestattet sind. In abgelegenen Gegenden und auf wenig befahrenen Strecken trifft man allerdings auch auf erstaunliche Reliquien.

Die einzelnen Klassen unterscheiden sich erheblich in Komfort und Preis:
- *Pullman*, *clasico* oder *turista* kann man mit Holzklasse übersetzen. Normalerweise haben diese Busse 42 Sitze.
- *Ejecutivos* haben nur 38 Sitze und sind evtl. moderner ausgestattet, was die Klimaanlage angeht.
- *Semicamas* haben weit zurückstellbare Sitze und in der Regel nur drei Sitzreihen, so dass der Platz wesentlich großzügiger bemessen ist. Semicamas sind ideal für längere Strecken und Übernachttouren.

• **Cama** hat vollständig zurückklappbare Sitze und liegt preislich etwa bei 200 Prozent der Pullman-Busse.

Bei längeren Fahrten sind häufig Mahlzeiten bzw. Imbisse im Preis mit inbegriffen. Auf den häufig befahrenen Strecken liefern sich die Busgesellschaften einen erbitterten Preiskampf, es bestehen erhebliche Preisunterschiede, so dass es sich durchaus lohnt, die Preise zu vergleichen.

Fast jede Stadt hat ihr **Terminal de Buses**, an dem die Mehrzahl der Busgesellschaften vertreten ist und von dem auch die Busse abfahren. Zusätzlich finden sich in den Innenstädten jedoch oft zusätzliche Büros, Hinweise dazu finden sich in den Regionalen Reisetipps.

In der Hauptsaison empfiehlt es sich, Tickets im Voraus zu kaufen, besonders für längere Strecken und beliebte Routen. In der Nebensaison ist es normalerweise kein Problem auch für denselben Tag noch eine Fahrkarte zu bekommen.

Die **Fahrzeiten** hängen stark von den Zwischenstopps und der gebuchten Busklasse ab, so dass die folgenden Werte (von Santiago aus) nur als Richtlinie gelten können:

▲ NACH NORDEN			
Arica	28 Stunden	**Iquique**:	24 Stunden
San Pedro de Atacama	24 Stunden	**Antofagasta**:	19 Stunden
Copiapó	11 Stunden	**La Serena**:	7 Stunden
● LANDESMITTE			
Algarrobo	2,30 Stunden	**Isla Negra**:	4 Stunden
San Antonio	1,45 Stunden	**Valparaiso**:	1,50 Stunden
Viña del Mar	1,50 Stunden		
▼ NACH SÜDEN			
Rancagua	1,30 Stunden	**Curicó**:	2,30 Stunden
Chillán	5 Stunden	**Los Angeles**:	7,30 Stunden
Temuco	8 Stunden	**Villarrica**:	9,30 Stunden
Pucón	10 Stunden	**Valdivia**:	10 Stunden
Osorno	11 Stunden	**Puerto Varas**:	12 Stunden
Ancud	15 Stunden	**Castro**:	19 Stunden
Punta Arenas	ca. 40 Stunden		

⇨   **Camper / Wohnmobile**

Das Reisen mit dem Wohnmobil ist in Chile noch nicht sehr verbreitet, die meisten Chilenen packen einfach ihr Zelt ins Auto und fahren so los. Im Süden des Landes sieht man häufiger Camper, meistens fantasievoll umgebaute Busse mit argentinischem Nummernschild. Eigentlich ist Chile ein Land, das sich ideal mit dem Wohnmobil erkunden lässt, aber bisher gibt es kaum Verleihfirmen und auch auf den Campingplätzen gibt es keine Extraeinrichtungen für Wohnmobile. Ein Wohnmobil zu mieten, ist ein teurer Spaß, ein umgebauter Pickup für zwei Personen kostet ab 100 € pro Tag, ein richtiges Wohnmobil das Doppelte oder mehr. Man sollte sich das Fahrzeug genau anschauen, bevor man losfährt, besonders die Umbauten Marke Eigenbau sind manchmal nicht sehr sicher.

Eine Adresse in Santiago:
• **Holiday Rent**, Suecia, 734 (Providencia), ☎ 2582000, 🖷 2324975, E-Mail: holiday@firstpremium.cl, 🖳 www.chile-travel.com/holiday.htm

Über einige Veranstalter kann man Wohnmobile auch schon von Europa aus mieten:
• **Camper Sur**, Schaffenbergstr. 28, 41352 Korschenbroich, ☎/🖷 02161-640475
• **Äquator Tours**, Schleißheimer Str. 439, 80935 München, ☎ 089-3142025, 🖷 089-3149945

⇨   **Camping**

Campen ist in Chile ein Volkssport. Jeden Sommer packen viele Chilenen ihr Auto bis unters Dach voll mit Zelten, Grill, Kochtöpfen, Angeln, Sportgeräten und der ganzen Familie vom Großvater bis zum Säugling und suchen sich einen schönen Platz am Strand, an einem Fluss oder einfach auf einer Wiese, wo sie dann den ganzen Sommer verbringen. Dementsprechend breit gefächert ist das Angebot an Campingplätzen: es gibt sie fast überall und in jeder Preislage. In Gegenden, die zu den klassischen Touristenzielen gehören, wie z. B. der Seenregion, reiht sich oft ein Campingplatz an den anderen und die Ausstattung ist vom Feinsten. In abgelegenen Gegenden vermieten oft Bauern Stellplätze auf einer Wiese, hier gibt es dann oft noch nicht einmal WCs, dafür kann man manchmal hausgebackenes Brot oder Gemüse aus dem Garten der Wirtsfamilie kaufen.

In der Reihe der Turistel-Guides wird von der Telefongesellschaft CTC ein jedes Jahr aktualisierter **Camping-Führer** herausgegeben, in dem der Löwen-Anteil der chilenischen Campingplätze minutiös beschrieben wird. Für Leute, die oft zelten wollen, ist er sicherlich eine sinnvolle Anschaffung, kaufen kann man ihn an Kiosken und Buchhandlungen in Santiago und anderen Touristengebieten.

Die Campingplätze, die in den gelben Seiten regional aufgeführt werden, sind nach Preisklassen in drei Kategorien eingeteilt:
Plätze der **ersten Kategorie** ($) kosten bis 15 € für zwei Personen, und haben meistens eine einfache Grundausstattung (Toiletten, evtl. kalte Duschen, Abfalleimer, evtl. Wasseranschluss und Bänke und Tische). Die **zweite Kategorie** ($$) reicht bis 30 € für zwei Personen, hier kann man in der Regel mit warmen Duschen und Stromanschluss rechnen. Die **dritte Kategorie** (über 30 €, $$$) ist nach oben hin offen, es gibt Luxusplätze, auf denen weder der Pool, noch der Tennisplatz noch das Restaurant fehlt.

Oft wird nicht pro Person sondern pro Standplatz bezahlt, was für eine Großfamilie günstig, für Allein- oder Zu-Zweit-Reisende eher teuer ist.

▷   **Devisen**

Es gibt **keine Devisenbeschränkungen** in Chile, Pesos können in beliebigen Mengen ein- und ausgeführt werden. Einige Banken in Deutschland besorgen auf Wunsch chilenische Pesos, vorrätig hat sie wohl kaum ein Geldinstitut. Es ist aber auf jeden Fall sinnvoller, erst am Flughafen in Santiago oder, wenn man über Land nach Chile kommt, im Nachbarland zu tauschen, der Kurs ist besser. Dementsprechend sollte man Pesos auch nicht wieder mit nach Europa bringen.

Euro kann man in Santiago und anderen großen Städten tauschen, besser ist es, die Reisekasse in Dollar mitzunehmen, die so etwas wie eine zweite Währung und viel leichter zu tauschen sind.

▷   **Einkaufen**

Sicherlich ist Chile kein Land, das eine Einkaufsreise lohnt, wie z. B. die USA oder einige Länder in Fernost. Die einzige Stadt, in der man Luxusgüter, wie Designerkleidung etc. bekommt, ist die Hauptstadt Santiago und die Preise liegen deutlich über den europäischen. Das Gleiche gilt für Elektroartikel, hochwertige Outdoor-Ausrüstung, Filme etc. Diese Sachen bekommt man günstiger in den Freihandelszonen in Iquique und Punta Arenas, aber die Preise sind manchmal immer noch höher als bei uns und die Auswahl geringer.

Dennoch kann man schöne Dinge aus Chile mitbringen. Von Norden nach Süden gibt es ein reiches Angebot an Kunsthandwerk. Besonders vielfältig ist das Programm im Süden. Die Mapuche verarbeiten die **Wolle** ihrer Schafe zu gewebten Teppichen, die man auch als Bettüberwurf verwenden kann, dicken Pullovern, Strümpfen, Handschuhen und Schals, eben alles, was man bei Wind und Wetter brauchen kann. Dazu kommen kleinere Möbel und andere Sachen aus Holz. Aus dem Norden kommt der **Lapislazuli**, ein blauer Halbedelstein, der zu Schmuck verarbeitet im ganzen Land und in allen Qualitätsklassen angeboten wird.

Einige Mitbringsel können Probleme beim deutschen Zoll verursachen. Dies sind vor allem Gegenstände aus Materialien, die von Arten stammen, welche durch das **Washingtoner Artenschutzabkommen** geschützt sind. Dazu gehören Muscheln, Schnecken, Pflanzen, Häute usw., am besten erkundigt man sich beim Zoll.

Lebensmittel bekommt man in riesigen Supermärkten, in denen es auch Vertrautes aus Europa gibt, im kleinen Geschäft um die Ecke, das oft bis spät in die Nacht hinein geöffnet hat oder auf den zahlreichen bunten Märkten. Oft sind Gemüse und Obst auf dem **Markt** preiswerter und frischer, fast jede Stadt hat einen festen *Mercado* und zusätzlich finden an bestimmten Wochentagen in den verschiedenen Vierteln noch lokale Märkte statt. In den Mercados ist meistens auch eine Vielzahl von kleinen preiswerten Restaurants untergebracht, in denen man die Waren des Marktes gleich frisch zubereitet zum Mittagessen verzehren kann.

Die kleinen **Lebensmittelgeschäfte**, die es überall gibt, haben den Vorteil, dass sie lange geöffnet haben und man eigentlich immer eins um die Ecke findet. Dafür ist das Sortiment manchmal etwas eingeschränkt.

In den großen Städten kommen riesige **Supermärkte**, die wahren Einkaufslandschaften gleichen, immer mehr in Mode. Hier gibt es vom Autoreifen über die Sonntagstorte bis zum Campinggas alles und auch europäische und nordamerikanische Produkte stehen vereinzelt in den Regalen, müssen aber teuer bezahlt werden!

Sehr beliebt bei den Chilenen sind die so genannten **Ferias Persas**, Märkte, auf denen preiswerte Kleidung, Werkzeuge, Elektrogeräte, Möbel, Autozubehör, Kunst, Kitsch und Trödel verkauft werden. Es gibt sie in ganz unterschiedlicher Ausstattung: manche Märkte bestehen aus lauter kleinen und kleinsten Geschäften, manche nur aus Ständen am Straßenrand, andere wiederum sind zumindest in einer festen Halle untergebracht. Morgens ist meistens noch nicht viel los, erst ab etwa 10 Uhr werden die Stände überhaupt aufgemacht, dafür schieben sich gegen Abend oft Menschenmassen durch die engen Gänge zwischen den Ständen. Die Persas sind eine beliebte und preiswerte Quelle für wirklich alles, was man im täglichen Leben braucht oder auch nicht braucht.

Das edlere Gegenstück dazu sind die **Malls**, Einkaufszentren, die nach nordamerikanischem Vorbild überall gebaut werden. In Santiago gibt es einige in den entsprechenden Stadtteilen aber auch in anderen Städten entstehen immer mehr. Hier kann man Designerkleidung, Schmuck, Haushaltsgegenstände und Elektroartikel zu entsprechend gesalzenen Preisen kaufen und dabei vollkommen vergessen, dass man in Südamerika ist. In den Malls gibt es meistens eine Reihe Fast-Food-Restaurants nordamerikanischer und lokaler Ketten und dazu manchmal noch einen Kinokomplex.

⇨ **Eisenbahn**

Die Glanzzeit der chilenischen Eisenbahn ist vorbei, heute hat der Bus den Zug als Massentransportmittel lange verdrängt. Es sind nur noch einige wenige Strecken in Betrieb, die aber dafür landschaftlich ein echtes Erlebnis werden können.

Die nördlichste Linie führt von Arica nach La Paz. Der Zug (oder Schienenbus) windet sich vom Pazifik auf über 4.000 m Höhe empor

Liebhaber alter Loks kommen in Chile auf ihre Kosten.

und durchquert eine einsame AlTipplano-Landschaft von grandioser Schönheit. Leider verkehren auf dieser Strecke seit neuestem keine Personenzüge mehr, ob und wann es wieder losgeht, ist nicht klar. Erkundigen kann man sich im Büro der Gesellschaft **Ferrocaril Arica – La Paz** in Arica am Bahnhof, der neben dem alten Zollhaus liegt.

Eine zweite Strecke nach Bolivien führt von **Calama** über Ollagüe nach **Oruro** auf dem AlTipplano. Auch diese Strecke ist sehr schön, aber nichts für zart Besaitete, es geht langsam und unbequem durchs Hochgebirge und es kann sehr kalt werden. Karten kann man in Calama oder aber schon in Antofagasta kaufen. Der Zug ist besonders während der Hochsaison oft voll, man sollte rechtzeitig reservieren!

Eine Nord-Süd-Trasse geht von Santiago nach Puerto Varas am Lago Llanquihue. Die Strecke führt zuerst durch das Obstanbaugebiet Chiles und dann durch die Seenregion: schneebedeckte Vulkangipfel als Hintergrund für blühende Wiesen und schwarzbuntem Vieh. Bis nach Puerto Varas braucht der Zug etwa 24 Stunden. Seit 2002 besteht eine kombinierte Bahn-Bus-Verbindung von Santiago nach Concepción, in Chillán muss man von der Bahn in moderne Reisebusse umsteigen und ist nach sechs Stunden am Ziel – etwa eine Stunde früher, als wenn man mit dem Bus gefahren wäre. Ende 2005 soll es eine neue Linie von Temuco nach Puerto Montt geben.

Die Adresse der Eisenbahn-Gesellschaft ist:
- **Empresa de los Ferrocariles del Estado**, Alameda 3170, Santiago, ☏ 2-6896070, 🖳 www.efe.cl

Für Liebhaber historischer Züge und Loks ist Chile eine Fundgrube. Im Norden gab es verschiedene Eisenbahnlinien, die während der Hochzeit des Salpeterabbaus den Salpeter zur Küste transportierten. Überall gibt es liebevoll restaurierte und bunt angemalte oder aber völlig verrostete Loks. Im Süden wurden die Züge zum Transport von Schaffellen und Fleisch genutzt und auch hier gibt es noch eine Menge alter Loks zu bewundern.

Eine interessante Adresse für *afficionados* ist das **Eisenbahnmuseum in Baquedano** bei Antofagasta. Es ist kein Museum im eigentlichen Sinn, sondern man kann einfach ein paar alte Züge und Loks ansehen, die auf einem Drehkreuz des alten Bahnhofs stehen. Das macht jedoch gerade seinen Charme aus, man fühlt sich wie ins 19. Jahrhundert versetzt.

⇨   **Elektrische Geräte**

Die elektrische Spannung beträgt in Chile (genau wie in Deutschland) 220 V, 50 Hz, so dass man deutsche Geräte problemlos benutzen kann. Allerdings braucht man einen Adapter, den man am besten schon in Deutschland kauft (gibt es in jedem Warenhaus mit einer einigermaßen kompletten Elektroabteilung oder in Elektrogeschäften).

⇨   **Ermäßigungen**

In vielen Museen, Kinos und manchmal auch auf Fähren oder sogar für Flüge bekommt man mit einem internationalen Studentenausweis einen Preisnachlass, nachfragen lohnt immer! Auch für Senioren gibt es in manchen Museen einen Preisnachlass.

Hotels und Pensionen haben in der Nachsaison deutlich reduzierte Preise, sie fallen normalerweise mindestens um ein Drittel, manchmal auch um die Hälfte oder mehr. Wenn man vorhat, einige Tage im selben Hotel zu bleiben, kann man oft auch einen kleinen *descuento* heraushandeln.

⇨   **Essen**

In der chilenischen Küche gibt es zwei große Einflussfaktoren: die endlose Küste, die Fisch und Meeresfrüchte in Hülle und Fülle und ausgezeichneter Qualität liefert und die Einwanderer, die ihre Rezepte mitbrachten. Dabei haben sich die Deutschen besonders hervorgetan, im Süden gibt es überall Kuchen, und auch wenn man Sauerkraut oder Kasseler sucht, wird man durchaus fündig.

Das **Frühstück** ist keine große Angelegenheit. Meistens besteht es nur aus Tee oder Kaffee und etwas Toast mit Butter und Marmelade. Im Süden kann es mit Kuchen, Käse und Schinken auch schon einmal üppiger ausfallen. In besseren Hotels bekommt man auch amerikanisches Frühstück mit Eiern und Speck.

Was können Sie zum Frühstück bestellen?			
Rühreier	huevos revueltos	Müsli	cereales
Spiegeleier	huevos fritos	Kaffee	café
Toast	tostadas	Tee	té
Brot	pan	Milch	leche
Marmelade	mermelada	Kuchen	cake [´keke]
Aufschnitt (Wurst)	fiambre	Obst	frutas
Käse	queso	Butter	mantequilla

Das **Mittagessen** ist schon umfangreicher, meistens gibt es eine Vorspeise, einen Salat, ein Hauptgericht und einen Nachtisch, danach einen Kaffee. Allerdings haben sich in den Städten in den letzten Jahrzehnten immer mehr Fast-Food-Ketten angesiedelt, die bei den Chilenen für einen schnellen Lunch sehr beliebt sind. Die Qualität des Essens in diesen Restaurants kann man oft nur als mies bezeichnen, was ihrer Beliebtheit aber keinen Abbruch tut.

Zwischen Mittagessen und Dinner liegt eine typisch chilenische Mahlzeit, das **Once**. Das Wort, das übersetzt „Elf" bedeutet, wird angeblich hergeleitet von dem Wort *aguardiente*. Der erste Branntwein wurde gerne nachmittags zur Kaffeestunde getrunken und weil es nicht so recht gesellschaftsfähig war, um diese Tageszeit schon einen *aguardiente* zu bestellen, sagte man einfach *once* (so viele Buchstaben hat das Wort) und der Kellner wusste schon, was gemeint war. Heute sind *Onces* besonders im Süden beliebt und sie können recht üppig ausfallen: Brot mit Käse und Wurst und oft auch noch Kuchen gehören dazu. Einen Schnaps bekommt man im Übrigen nicht serviert, wenn man ihn nicht ausdrücklich bestellt!

Das **Abendessen** ist die größte Mahlzeit des Tages. Gegessen wird es etwa ab 21.30 Uhr und besteht ebenfalls aus mindestens drei Gängen.

Sowohl zum Mittag- als auch zum Abendessen werden zunächst Brot und Butter aufgetischt, dazu ein Töpfchen mit einer Sauce aus frischen Tomaten, Zwiebeln Knoblauch, Koriander und Petersilie. Diese Köstlichkeit, die in jedem Restaurant ein wenig anders schmeckt, heißt **Chancho en piedra** und gehört zu Chile wie der Traubenschnaps. Manchmal gibt es zusätzlich **Pebre**, ähnlich wie der Chancho aber aus Aji (einer sehr scharfen Paprika-Art), Knoblauch und Koriander. Die Saucen werden sowohl zum Brot gegessen als auch zum Würzen der Speisen verwendet.

FISCH UND MEERESFRÜCHTE

Chile mit seinen über 10.000 km Küste ist das Land für Liebhaber von Fisch und Meeresfrüchten: beides gibt es jeden Tag frisch und in ausgezeichneter Qualität zu sehr viel niedrigeren Preisen als in Europa. Fisch bekommt man fast überall in Chile, aber am besten ist er natürlich direkt an der Küste.

Zu den wichtigsten Fischen gehören der **Congrio**, eine Art Aal, der an der Küste in Felsen und Höhlen bis etwa 300 m Tiefe vorkommt und keine Schanzflosse hat. Sein Fleisch ist weiß, weich und relativ fettreich. Die **Merluza** ist einer der häufigsten Fische, sie zieht mit dem Humboldt-Strom und hat weißes festes Fleisch, das manchmal trocken aber bei guter Zubereitung auch sehr lecker sein kann. Der **Lenguado** ist ein exquisiter Fisch, vergleichbar mit der Scholle oder dem Heilbutt. Er lebt auf sandigen Böden in relativ flachem Wasser, sein Fleisch ist sehr zart. Der **Salmón** (Lachs) wird im Süden Chiles inzwischen in großem Stil gezüchtet und es gibt ihn hier überall günstig. Sein Fleisch ist rötlich, relativ fettig und butterweich.

Normalerweise kann man zwischen verschiedenen Zubereitungsarten wählen, die üblichste ist **a la plancha**, fettfrei in einer speziellen Pfanne gebraten oder **fritado**, gebraten in einer normalen Pfanne, manchmal auch mit einer Panade. **Al Horno** bedeutet im Ofen gebacken und verspricht ebenfalls eine relativ fettarme Zubereitung. Eine besondere Köstlichkeit ist die Zubereitung **al Pil Pil**: der Fisch oder die Muscheln schwimmen in einer reichhaltigen Knoblauchsoße. Verschiedene Muscheln werden roh als Vorspeise gegessen und auch Seeigel **(Erizos)** bekommt man kalt als Entrée. Verschiedentlich werden auch **Locos** angeboten, auf die man aber verzichten sollte, da sie vom Aussterben bedroht sind. Zu den edelsten Meerestieren gehört die **Centolla**, die riesige Königskrabbe, die entweder einfach nur in Salzwasser gegart oder als Salat mit Mayonnaise angeboten wird. Sie hat lange Schonzeiten und ist deshalb nicht immer zu bekommen, und wenn, dann nur zu einem stolzen Preis.

Unter den besseren Restaurants an der Küste haben sich viele auf Fischgerichte spezialisiert, hier bekommt man Fisch in interessanten Kreationen, mit verschiedenen Saucen und Beilagen. Ein typisches Gericht, das man sowohl auf Chiloé als auch auf der Osterinsel gerne isst, ist das **Curanto**. Ursprünglich wurden verschiedene Muscheln, Fisch, Huhn, Fleisch und Gemüse in ein Erdloch über erhitze Steine gelegt, dann mit großen Blättern zugedeckt (z. B. denen der Pangue-Pflanze) und sich selbst überlassen. Nach einigen Stunden war das Gemisch gar und konnte ausgepackt und gegessen werden. Heute wird das Curanto oft im Topf zubereitet, auf der Osterinsel im Restaurant Kona Koa bekommt man eine abgespeckte Version mit einer reduzierten Anzahl von Zutaten, die aber immerhin noch im Erdloch gegart werden. Aus den verschiedenen Muschelsorten und allerlei Gemüse, Sahne und Käse und anderen Zutaten werden besonders im Süden und auf Chiloé reichhaltige Suppen gekocht, die in jedem Restaurant etwas anders schmecken. Bestellen kann man z. B. Chupe de Marisco, in der alle möglichen Meeresfrüchte schwimmen, außerdem Avocados und Sahne, nichts für die schlanke Linie also, aber köstlich!

Eine besondere Spezialität ist der **Chochayuyo**, ein Auflauf, der aus verschiedenen Gemüsen; Ei, Sahne, Käse und **Algen** besteht und besonders auf Chiloé gegessen wird.

FLEISCH UND GEFLÜGEL

Eine Institution nicht nur in Chile sondern in ganz Südamerika ist das **Asado**. Mit diesem Ausdruck wird nicht nur das über dem Grill gegarte Fleisch sondern auch das dazugehörige gesellige Beisammensein bezeichnet. Jede Gelegenheit ist recht, mit Freunden oder der Familie ein Asado zu veranstalten. Die Frauen schnippeln Salate, während die Männer für den Grill und die Getränke zuständig sind. Wenn Sie im Restaurant ein Asado bestellen, wird Ihnen ein großer Teller voll gegrillter Fleischstücke und verschiedener deftiger Würste vorgesetzt.

Beliebt ist auch das **Lomo**, ein Stück gebratenes Rindfleisch, das entweder auf dem Teller mit Beilagen oder aber als Sandwich serviert wird. Eine gängiger Teller nennt sich *„a lo pobre"* (was wörtlich übersetzt „auf die arme Art" bedeutet) und ist genau das Gegenteil, nämlich nichts für zaghafte Esser: ein ansehnliches Stück Fleisch wird gebraten und mit gerösteten Zwiebeln, einem oder zwei Spiegeleiern, einem Berg Pommes Frites und oft noch einem Haufen Reis serviert, meistens gibt es dazu eine Alibi-Tomate und ein einsames Salatblatt. Ebenfalls fast auf jeder Speisekarte zu finden ist gebratenes Huhn, das immerhin eine Alternative für Leute sein kann, die keinen Fisch mögen. Ein typisches Gericht ist die **Cazuela de Ave**, ein kräftiger Eintopf mit Geflügel und viel Gemüse. Sie schmeckt überall ein wenig anders und ist oft auch in den einfachen Restaurants eine gute Wahl.

Typisch für Patagonien sind Gerichte mit Lammfleisch, meistens wird das **Cordero** einfach auf den Grill gelegt und dann mit *papas fritas* serviert. Je älter das Lamm ist, desto stärker und strenger tritt der typische Schaf-Geschmack hervor.

GEMÜSE UND OBST

Chile ist ein Gartenland, das Gemüse und Obst für den Export produziert, entsprechend reichhaltig ist das Angebot. Dennoch ist es oft ein wenig enttäuschend, was man im Restaurant auf seinem Teller findet: einen Berg matschig gekochter Erbsen und Möhren sind z. B. keine Seltenheit. Ein gutes Stück Fleisch hat auf jeden Fall einen höheren Stellenwert als eine anständige Gemüse- oder Salatbeilage. Dennoch brauchen auch Vegetarier nicht zu verzweifeln, es gibt einige sehr leckere vegetarische Spezialitäten. Dazu gehört das **Pastel de Choclo**, ein Maisauflauf, oder die **Humitas**, kleine Päckchen aus Mais, die entweder süß oder salzig und manchmal auch mit Füllung in Maisblättern gegart werden. Bestellt man einen Salatteller, bekommt man verschiedene salzfrei gekochte Gemüse mit rohen Tomaten und Gurken.

So etwas wie das Nationalgemüse Chiles ist die Avocado, die hier **Palta** heißt. Sie wird zu Brei vermanscht als Sandwich-Auflage verwendet, als Vorspeise (Palta a al Reina, gefüllt mit Krabben) serviert und in den Salat gehört sie natürlich auch. Im Supermarkt hat man immer mindestens zwei oder drei verschiedene Sorten zur Auswahl und tatsächlich schmeckt die chilenische Avocado unvergleichlich: kräftig im Geschmack zergeht sie wie Butter auf der Zunge. McDonalds hat sogar extra für Chile einen Palta-Burger kreiert!

Auch Obst gibt es in Chile natürlich in Hülle und Fülle, besonders in den zentralen Landesteilen. Oft wird es in den Restaurants als Früchte der Saison (*Frutas de la temporada*) als

Nachtisch serviert oder aber zu köstlichen Kuchen verarbeitet. Wenn man auf die Isla de Pascua fliegt, sollte man sich auf keinen Fall die Ananas entgehen lassen. Sie sind klein und sehen immer ein wenig unreif aus, sind aber zart, süß und saftig.

SNACKS

Besonders in den Innenstädten findet man immer eine große Anzahl kleiner Restaurants, die Sandwiches und andere Snacks servieren und es gibt eine Menge nationaler Fast-Food-Ketten, die ebenfalls auf diesen Sektor spezialisiert sind (die internationalen Ketten wie McDonalds und Burger King beginnen auch langsam, sich zu etablieren).

Der beliebteste Imbiss der Chilenen ist vielleicht der **Completo**, ein großer Hotdog, mit allen denkbaren Zutaten, von der Mayonnaise über das Sauerkraut bis zur Avocadocreme: *completo* eben. In vielen Restaurants bekommt man **Empanadas**, mit Käse oder Fleisch gefüllte Teigtaschen, die entweder im Ofen gebacken oder frittiert werden.

Sandwiches gibt es in vielen verschiedenen Ausführungen, ganz einfach mit Schinken und Käse (*Jamon y queso*), warm oder kalt, mit einem Stück Fleisch (*Lomo*) oder Geflügel (*Ave*) und zahlreichen Zutaten, wie Palta, Tomaten, Mayonnaise, Ketchup, Senf, Sauerkraut, Käse, Eiern... der Fantasie sind keine Grenzen gesetzt.

Was können Sie bestellen? Kleine Sprachhilfe:

Hauptgerichte (plato segundo)

FLEISCH

Lomo	Rindfleisch, meist aus dem Rücken		
Zubereitungsarten			
Chuleta	Kotelett		
Bistec	Beefsteak	a la plancha	fettfrei gebraten
Bife	Steak	a la parilla	vom Grill
Ternera	Kalb	fritado	frittiert
Cordero	Lamm	al horno	aus dem Ofen
Cabrito	Zicklein	al vapor	gedämpft (eher für Fisch)
Carne picada	Hackfleisch		
Chorizo	Bratwurst	Pato	Ente
Ganso	Gans	Pollo	Huhn
		Pavo	Truthahn

FISCH UND MEERESFRÜCHTE

Gerichte	
Ostiones	Kammuscheln
Curanto	meistens dicker Eintopf mit Muscheln, Fleisch und Würsten

Choritos	Miesmuscheln
Almejas	Pfahlmuscheln
Locos	Meeresschnecken (Abalone)
Chupe de marisco	Suppe aus Meeresfrüchten
Ostras	Austern
Picorocos	Felsenmuscheln
Cochayuyo	Auflauf mit Algen
Centolla	Königskrabbe, Seespinne
Ceviche	roher, mit Zitronensaft gebeizter Fisch, heute meist gekocht
Camarones	Krabben
Gambas	Garnelen
Jaibas	Krebse
Sopa de pescado	Fischsuppe
Langostas	Hummer
Erizos	Seeigel
Merluza	Kabeljau
Congrio	Seeaal
Lenguado	Seezunge
Corvina	Adlerfisch
Salmon	Lachs
Atún	Tunfisch
Pejerrey	Königsfisch
Calamares	Tintenfische

(handschriftliche Notiz:)
Paila marina – Fischeintopf
Pollo marinero – Hähnchen m. Fisch
Cazuela – Eintopf o. Muscheln
Pejerreyes – Königsfisch
Centollas – Königskrabben

GEMÜSE UND SALATE

Beilagen

Ensalda mixta	Gemischter Salat
Papas fritas	Pommes frites
Ensalada Chilena	Tomatensalat mit Zwiebeln
Aroz	Reis
Ensalada rusa	Kartoffelsalat
Salsa	Sauce
Verdura	Gemüse
Porotos	Bohnen
Tomates	Tomaten
Palta	Avocado

NACHTISCH

Frutas de la temporada	Früchte der Saison
Helado	Eis
Flan	Pudding
Arroz con leche	Milchreis
Torta	Torte
Cake	meist eine Art von Obstkuchen
Kuchen	Kuchen (vor allem im Süden)

⇨   **Fahrrad fahren**

Chile mit dem Fahrrad zu erkunden wird immer beliebter, sogar in der mörderischen Hitze der Atacama kann man inzwischen Biker treffen. Die beliebtesten Gegenden sind aber die Seen-Region und die Carretera Austral, die sich inzwischen zu einem absoluten Traumziel für Fahrradtouristen entwickelt hat. Allerdings braucht man schon eine gute Kondition, um sie zu bewältigen. Aber auch die Seenregion abseits der Panamericana bietet Möglichkeiten für wunderbare Touren. Generell gilt: ein Mountainbike sollte es schon sein, nur allzu oft wird man auf nicht asphaltierten Straßen unterwegs sein, und auch Flickzeug und Ersatzschlauch darf man nicht vergessen. In Gegenden, in denen sich der internationale Tourismus etabliert hat, kann man meistens auch ohne Probleme Fahrräder mieten, so z. B. in Villarrica und Pucón oder auch in San Pedro de Atacama. Immer wieder gibt es auch lokale Agenturen, die auch Fahrradtouren im Programm haben.

Eine Anlauf-Adresse in Santiago ist:
• **Pared Sur**, Juan Estéban Montero 5497, Las Condes, ☎ 2-2073525, 🖳 www.paredsur.cl

⇨   **Feiertage**

An Feiertagen sind alle Büros, Banken, kleineren Geschäfte und merkwürdigerweise auch viele Restaurants und Cafés geschlossen. Nur große Supermärkte, Warenhäuser und Malls haben evtl. geöffnet. Da viele chilenische Familien Feiertage gerne zu einem Ausflug ins Grüne nutzen, sind die Ausfallstraßen der Städte oft verstopft und auch Langstreckenbusse können überfüllt sein.

1. Januar	Año nuevo	Neujahr
Variabel	Viernes Santo	Karfreitag
Variabel	Sabado Santo	Ostersamstag
Variabel	Pascua	Ostern
1. Mai	Día del Trabajo	Tag der Arbeit
Mai	Combate Naval de Iquique	Seeschlacht von Iquique
Variabel	Corpus Cristi	Fronleichnam
Juni	San Pedro y San Pablo	Sankt Peter und Paul
August	Asunción de la Virgen	Mariä Himmelfahrt
11. September	Día Liberación Nacional	Tag der Nationalen Befreiung, von den Militärs, eingeführter Feiertag zur Erinnerung an den Putsch
September	Fiestas Patrias	Nationalfeiertag
September	Día del Ejército	Tag der Streitkräfte
12. Oktober	Día de la Hispanidad oder Día de la Raza	Tag der Entdeckung Amerikas
1. November	Todos los Santos	Allerheiligen
Dezember	Inmaculada Concepción	Unbefleckte Empfängnis
25. Dezember	Navidad	Weihnachten

⇨ **Fernsehen**

In vielen chilenischen Familien nimmt das Fernsehen einen wichtigen Stellenwert ein, der Kasten läuft von morgens bis abends, und wird eher im Hintergrund als gezielt wahrgenommen. Alle chilenischen Sender finanzieren sich über Werbung, auch der staatliche Kanal. Die Nachrichtensendungen dauern mindestens eine halbe, meist aber eine ganze Stunde. Mord und Totschlag, Unfälle und Sport stehen dabei im Vordergrund, der wirkliche Informationsgehalt ist eher gering. Daneben setzt sich das Programm aus neueren, vorwiegend jedoch älteren US-amerikanischen Serien, südamerikanischen Seifenopern (Telenovelas) und Spielshows zusammen. Sport, insbesondere Fußball nimmt einen hohen Stellenwert ein, oft kann man ein und dieselbe Partie auf mehreren Sendern gleichzeitig sehen, nur die Kommentatoren sind andere.

Die einzelnen Kanäle sind:
• **Televisión Nacional de Chile** (TVN), der staatliche Kanal
• **Universidad Católica de Valparaiso** (UCV)
• **Megavisión**, ein Privatsender mit mexikanischer Beteiligung
• **Chilevisión**, gehört teilweise einer venezolanischen Gesellschaft und zum anderen Teil der Universidad de Chile
• **Universidad Católica** (UCTV)

In allen besseren Hotels (und inzwischen auch in vielen preiswerteren Unterkünften) gibt es **Kabelfernsehen** (Televisión por Cable), durch das man eine Vielzahl von internationalen Sendern zur Verfügung hat, u. a. auch die Deutsche Welle, welche Nachrichten und Magazine aus Deutschland bringt, sowie die großen US-amerikanischen Nachrichtensender wie CNN.

⇨ **Fotografieren**

Chile ist ein Traumziel für Naturfotografen, auch ohne großes Können lassen sich hier wunderbare Bilder machen. Besonders in der Atacama-Wüste und in Patagonien scheint hinter jeder Wegbiegung ein neues Postkartenmotiv aufzutauchen. Ein paar allgemeine Tipps: In der Wüste ist es besonders wichtig, auf gutes Licht zu achten. In der grellen Mittagssonne erscheint alles hart und platt, dagegen taucht die Morgen- oder Abenddämmerung die Sand- und Steinhügel in die unglaublichsten Pastelltöne. Im Süden lassen sich auch tagsüber schöne Bilder machen, hier lohnt es sich, auf das Spiel der Wolken zu achten, die der Landschaft eine immer neue Dynamik verleihen. Und nicht nur bei schönem Wetter können gute Fotos entstehen: ein tiefgrauer Himmel mit einem windzerzausten Baum im Vordergrund kann den Charakter Patagoniens ebenso widerspiegeln wie ein Gletschersee im Sonnenschein.

Menschen zu fotografieren erfordert immer eine gehörige Portion an Sensibilität. Das gilt in abgelegenen Gegenden noch mehr. Im AlTipplano z. B. oder auch in Araukarien fühlen sich die Menschen anscheinend inzwischen als Postkartenmotiv missbraucht und reagieren auf den Schnappschuss im Vorbeigehen u. U. auch handgreiflich. Hier muss man unbedingt immer um Erlaubnis fragen und ein „Nein" natürlich auch akzeptieren. Aber auch anderswo sollte man immer zumindest einen Blickkontakt herstellen und sozusagen mit den Augen um Erlaubnis bitten, bevor man abdrückt. Andererseits posieren die Chilenen gerade bei Festen oder z. B. Rodeos auch gerne für Touristen, so dass man bei solchen Gelegenheiten zu farbigen und interessanten Fotos kommen kann. Auch bei den Paraden, die in Chile zu jeder Gelegenheit abgehalten werden, kann man gute Motive finden.

Filmmaterial ist in Chile durchgängig teurer als in Europa, selbst in den Freihandelszonen in Punta Arenas und Iquique liegen die Preise noch leicht über deutschem Niveau. Diafilme bekommt man in kleinen Orten oft gar nicht und auch in größeren Städten ist die Auswahl eingeschränkt.

Farbbilder lassen sich fast überall problemlos und auch schnell entwickeln, allerdings ist die Qualität unterschiedlich. Diafilme müssen aus ganz Chile nach Santiago zum Entwickeln geschickt werden, so dass Sie u. U. mehr als drei Wochen auf Ihre Dias warten müssen. Es lohnt sich allemal, diesen Aufwand zu vermeiden und die Filme zu Hause entwickeln zu lassen. Meist ist bei in Deutschland gekauften Filmen die Entwicklung schon im Preis enthalten, so dass Sie sich diese Extra-Ausgabe sparen können.

Eine gute Adresse für die Entwicklung von Fotos und auch für den Kauf von Filmen sind die Geschäfte der Firma **Reifschneider**, die Filialen in vielen größeren Städten hat.
• **Reifschneider Santiago**: Ahumada 298, ☎ 2-2049030, 🖥 www.reifschneider.cl

⇨   **Fremdenverkehrsämter**

Ein Fremdenverkehrsamt für Chile im eigentlichen Sinne gibt es nicht, aber über die chilenische Wirtschaftsvertretung kann man einige Informationen erhalten:
• **Pro Chile**, Kleine Reichenstr. 1, 20457 Hamburg, ☎ 040-335835, 🖨 326957, 🖥 www.chileinfo.de

In Chile heißt die für die Touristeninformation zuständige Behörde SERNATUR (Servicio Nacional de Turismo), sie hat ein dichtes Netz von Zweigstellen, die bei den allermeisten Fragen weiterhelfen können. Siehe auch Stichwort „Informationen"

⇨   **Führerschein**

Führerschein und Fahrzeugpapiere werden in Chile häufig kontrolliert, so dass man daran denken sollte, sich vor der Reise einen internationalen Führerschein ausstellen zu lassen. Den braucht man auch, wenn man ein Auto mieten will.

⇨   **Gefahren**

Neben den Gefahren, die durch Diebe usw. drohen (und die als nicht sehr gravierend einzuschätzen sind, siehe hierzu auch das Stichwort „Kriminalität"), gibt es einige Dinge, die man während seiner Chile-Reise im Kopf präsent haben sollte, um im Falle eines Falles zu wissen, wie man reagiert

Erdbeben und Vulkanausbrüche sind in Chile häufiger als in vielen anderen Ländern der Erde. Meistens wackelt die Erde nur ein wenig und vor großen Vulkanausbrüchen hat man immer genügend Zeit, die entsprechende Gegend zu verlassen. Erbeben dagegen lassen sich oft nicht voraussehen und können jederzeit auftreten. Wenn Sie merken, das Sie in ein Erbeben geraten sind, beachten Sie ein paar grundlegende Hinweise: Benutzen Sie keine Fahrstühle, suchen Sie unter stabilen Teilen des Hauses, wie z. B. unter Türrahmen Schutz, wenn Sie im Freien sind, meiden Sie die Nähe hoher Gebäude, die umstürzen könnten. Im Juni 2005 kam es zu einem Erdbeben in der Region Arica-Iquique, bei dem acht Menschen starben und auch am Vulkan Villarrica wurde im Sommer 2005 eine erhöhte seismische Aktivität festgestellt. In den meisten Fällen sind Erdbeben aber so leicht, dass man nachts im Bett kaum davon aufwacht und sich am nächsten Morgen fragt, ob man nicht nur geträumt hat.

An vielen Stränden gibt es gefährliche **Strömungen** oder die **Brandung** ist sehr stark. Um die Städte herum weisen normalerweise Schilder darauf hin, ob man baden kann (*Playa apta para bañar*) oder nicht (*no apta para bañar*).

⇨   **Geld**

Die chilenische Währung ist der Peso, Münzen gibt es zu den Werten 1,5, 10, 50 und 100 Pesos, Scheine zu 500, 1.000, 5.000 und 10.000 Pesos. Große Scheine bekommt man oft schwer gewechselt, so dass man sich beim Geldtausch immer eine ausreichende Menge kleiner Scheine geben lassen sollte. Der Kurs liegt derzeit bei etwa fast 700 Pesos für einen Euro. Den Kurs kann man tagesaktuell im Internet abrufen, z. B. unter 🖳 www.oanda.com.

Geld bekommt man natürlich auch per Karte am Geldautomaten. Da bei jedem Umtausch eine Gebühr erhoben wird, kann die Kreditkarte (Master und Visa sind am weitesten verbreitet, mit American Express dagegen muss man sich auf einiges Suchen gefasst machen) eine kostengünstige Alternative sein. An Automaten mit dem Maestro-Zeichen kann man sogar die EC-Karte (mit PIN) benutzen.

⇨   **Geld wechseln**

Geld wechseln kann man in Wechselstuben, in Banken und auch in manchen großen Hotels. Am günstigsten sind in der Regel die Wechselstuben, die die besten Kurse haben, geringere Kommissionen verlangen und am unbürokratischsten sind. Viele Banken wechseln weder Geld noch Travellerschecks oder aber verlangen höhere Kommissionen.

Die besten Kurse bekommt man für US-Dollar, für Travellerschecks wird meist keine Kommission genommen, dafür aber ein deutlich schlechterer Kurs angeboten (um die 10 Pesos weniger pro €). Schecks in Euro werden nicht gerne gesehen. Überhaupt wird der Travellerscheck in den letzten Jahren immer mehr von der Kreditkarte abgelöst, mit der sich relativ problemlos an Bankautomaten Bares abheben lässt.

In Santiago wird man oft auf der Straße von Schwarzhändlern angesprochen, die einen geringfügig besseren Kurs versprechen. Das Risiko, dass man bei dem Geschäft dann doch nicht so gut wegkommt ist aber hoch!

Afex ist eine Kette von Casas de Cambio, die im ganzen Land Filialen hat: 🖳 www.afex.es.

⇨ **Gesundheit**

Chile gehört zu den Ländern Südamerikas mit den höchsten Hygienestandards und die medizinische Versorgung ist im Allgemeinen ausgezeichnet, so dass Sie keine größeren Probleme erwarten müssen. In den größeren Städten ist das **Trinkwasser** gechlort und kann getrunken werden, oft hat es jedoch gerade deshalb einen starken Beigeschmack, so dass es besser ist, zum Trinken auf Wasser in Flaschen zurückzugreifen, das überall zu kaufen ist. In kleineren Orten ist die Kanalisation oft nicht gut ausgebaut, so dass man hier darauf verzichten sollte, Wasser aus dem Hahn zu trinken. In den Nationalparks im Süden oder auch im AlTipplano kann man das Wasser dagegen oft sogar aus den Bächen trinken, hierbei sollte man sich auf seinen gesunden Menschenverstand verlassen und im Zweifelsfall eben doch lieber zur Flasche greifen.

Mit **Verdauungsbeschwerden** in Folge der Ernährungsumstellung muss man bei empfindlichem Magen auf jeder Reise rechnen. Lassen Sie es ruhig angehen, essen Sie leicht und probieren Sie nicht am ersten Tag gleich sämtliche Spezialitäten aus. Bei einer leichten Magenverstimmung reicht es meist aus, wenig zu essen und viel zu trinken (am besten sind Tees oder Mineralwasser) und sich ansonsten Ruhe zu gönnen. Halten die Symptome allerdings länger an oder sind sehr heftig, ist ein Arztbesuch angezeigt.

Die meisten gesundheitlichen Beschwerden, die man sich auf einer Chilereise zuziehen kann, liegen in den teilweise extremen klimatischen Bedingungen begründet.

Zu **Sonnenstich und -brand** kann es sowohl in der Atacama-Wüste als auch auf der Osterinsel kommen. Am besten ist es natürlich, beides von vornherein zu vermeiden. Ins Gepäck gehören ein Hut, ein leichtes langärmeliges Hemd für Spaziergänge, eine gute Sonnenbrille und ein Sonnenschutzmittel mit ausreichend hohem Lichtschutzfaktor. Alle diese Dinge kann man übrigens auch im südlichen Patagonien gut brauchen, das Ozonloch macht sich auf der Haut sehr bemerkbar! Auf Wüstenexkursionen muss unbedingt genügend Wasser mitgenommen werden, der Mensch ist das am wenigsten widerstandsfähige Säugetier gegen das Verdursten!

Das andere Extrem, die **Kälte**, wird Ihnen in den südlichen Landesteilen und in den höheren Andenregionen begegnen. Auch im Sommer weht hier oft ein rauer Wind und Regen ist keine Seltenheit, so dass man bei allen Unternehmungen auf passende Kleidung achten sollte. Die Winter bringen stellenweise (so z. B. in den nördlichen Andengebieten des Landes, wie dem Lauca-Nationalpark) extreme Temperaturen mit sich, das Thermometer kann nachts bis -30°C fallen, was bei Ausflügen bedacht werden muss. Anzeichen für eine Unterkühlung können Erschöpfung, Erstarrungserscheinungen, Sprachstörungen und Frösteln sein. Auch hier gilt: Vorbeugen ist besser als Heilen; nehmen Sie eine entsprechende Ausrüstung mit und überfordern Sie sich nicht.

In größeren Höhen tritt die **Höhenkrankheit** (Soroche) auf. Die Sauerstoffkonzentration der Luft nimmt mit zunehmender Höhe ab, der Körper hat immer mehr Schwierigkeiten, genügend Sauerstoff im Blut zu binden, was sich in verschiedenen Symptomen manifestiert (die übrigens unterschiedlich stark auftreten, manche Menschen haben überhaupt keine Probleme mit der Höhe!). Dazu gehören Kopfschmerzen, Kurzatmigkeit, Atemnot, Herzrasen, Schlaflosigkeit und Übelkeit, die sich in extremen Fällen bis zum Erbrechen steigern kann. Diese Symptome treten je nach Disposition stärker oder weniger stark auf. In extremen Fällen hilft die Gabe von Sauerstoff aus der Flasche oder der sofortige Transport in tiefer gelegene Bereiche. Die Höhenkrankheit kann zum Tod führen, die Symptome sind jedoch deutlich spürbar. Wenn Sie sich schlecht fühlen, steigen Sie lieber zu früh als zu spät ab. Essen Sie wenig und leicht, trinken Sie viel (aber keine gashaltigen Softdrinks oder Mineralwasser!), evtl. Coca-Tee, der in den nördlichen Andenregionen überall zu bekommen ist und gegen die Höhenkrankheit gut hilft. Nehmen Sie sich in den ersten Tagen nicht zu viel vor, nach einer gewissen Zeit akklimatisiert sich der Körper und die Beschwerden verschwinden oder nehmen doch stark ab. Es ist auch sinnvoll, sich nicht von Meereshöhe direkt auf die höchsten Andengipfel zu wagen, sondern dem Körper auf halber Höhe mindestens einen Tag zur Anpassung zu gönnen. In vielen Apotheken werden Tabletten gegen die Höhenkrankheit verkauft, sie bestehen i. d. R. aber nur aus Salizylsäure, so dass Sie mit einer Kopfschmerztablette aus Ihrer Reiseapotheke ebenso gut bedient sind.

In den nördlichen Regionen der Atacama-Wüste sind im Sommer 1998 einige Fälle von **Cholera** aufgetreten, woraufhin die Regierung ein ausführliches Programm zur Aufklärung gestartet hat. Es empfiehlt sich hier, Meeresfrüchte und andere leicht verderbliche Lebensmittel nicht roh zu essen und ansonsten die üblichen Maßnahmen der persönlichen Hygiene zu beachten.

An dieser Stelle ein paar Worte über den **Hanta-Virus**, nicht weil er für Touristen eine besondere Gefahr darstellt, sondern weil in Chile wieder einige Fälle der oft tödlich endenden Krankheit aufgetreten sind. Es handelt sich dabei um einen Virus, der von Ratten (durch ihren Kot und Urin) übertragen wird. Die Übertragung findet dementsprechend über das Einatmen von kontaminiertem Staub statt, was z. B. passieren kann, wenn man unter freiem Himmel ohne Zelt übernachtet. Die Symptome sind zuerst die einer sich verschlimmernden Grippe: hohes Fieber, Gliederschmerzen und Atemnot. Der Virus beeinträchtigt die Blutgerinnung, Todesursache sind starkes Bluten und Lungenversagen.

Der Virus tritt hauptsächlich im Süden des Landes auf, ist aber auch dort sehr selten. Er wird durch Sonneneinstrahlung und die üblichen Reinigungsmittel schnell zerstört, so dass als vorbeugende Maßnahmen eine gute persönliche Hygiene vollkommen ausreicht.

Medikamente gibt es in den sehr gut sortierten **Apotheken**, so dass Sie mit der Minimalausstattung auskommen. Rezeptpflichtige Arzneien werden nur gegen Rezept herausgegeben. Rezeptpflichtige Medikamente, die Sie ständig einnehmen müssen, sollten Sie in ausreichender Menge aus Europa mitbringen, dann haben Sie keine Probleme mit der Übersetzung des Rezepts etc.

⇨ **Getränke**

Das Nationalgetränk der Chilenen ist der Pisco, und der chilenische Wein hat es inzwischen zu Weltruhm gebracht.

Obwohl sich die **Kaffeekultur** in den letzten Jahren etwas verbessert hat, wird in vielen Restaurants immer noch Nescafé serviert. Besonders in Santiago findet man aber zahlreiche Cafés, die auch richtigen Brühkaffee anbieten, oft sind es allerdings leider Stehcafes, z. B. der Ketten Haiti oder Brasil, in denen man sich nach einem Stadtbummel nicht gemütlich ausruhen kann. Diese Cafés sind (fast) eine reine Männerangelegenheit: hinter blickdichten Scheiben wird der Kaffee an langen Theken von Mädchen in kurzen Röcken und mit tiefen Ausschnitten serviert, **Café con piernas** (Kaffee mit Beinen) heißt diese bei chilenischen Geschäftsmännern beliebte Einrichtung.

Bestellt man **Kaffee** (Cafe, Cafe solo) bekommt man eine kleine Tasse sehr starken schwarzen Kaffees. Die Chilenen verrühren ihn mit mehreren Löffeln Zucker zu einer Art Sirup. Milch gibt es dazu nicht! Ein **Cortado** ist derselbe Kaffee mit etwas Milch abgeschmeckt, ihn gibt es einfach oder doppelt. **Cafe con leche** wird hergestellt, indem man eine kleine Menge sehr starken Kaffees mit Milch auffüllt. Der **Cappucino**, der in chilenischen Restaurants serviert wird, hat wenig mit dem Original aus Italien zu tun: ein Glas starken Nescafes wird mit einer großen Portion süßer Schlagsahne gekrönt, die mit etwas Kakao bestäubt ist.

Teeliebhaber kommen in Chile nicht auf ihre Kosten. In der Regel bekommt man mehr oder minder guten Beuteltee serviert, teilweise gibt es auch Kräuter- und Früchtetees (die oft *infusiones* genannt werden). Achtung: bestellt man Tee mit Milch (té con leche) bekommt man ein Glas heißer Milch, in dem ein Teebeutel hängt!

Während man im Süden meistens nur Saft aus der Flasche oder Tüte bekommt, gibt es im Norden die leckersten **Säfte** aus frischen Früchten. Sie werden hergestellt, indem die ganze Frucht zusammen mit Wasser und einer erheblichen Menge Zucker in den Mixer gegeben wird und Sie bekommen dann einen großen Humpen des köstlichen Getränks. Wer es nicht ganz so süß mag, sollte darum bitten, dass der Zucker weggelassen wird (*sin azucar, por favor!*). Es gibt Orangen-, Melonen-, Maracuja-, Pfirsich- und Ananassäfte und hin und wieder auch noch andere Sorten.

Im Sommer gibt es überall an der Straße **Mote con huesillo**, ein Erfrischungsgetränk aus Pfirsichsaft in dem ein gedörrter Pfirsich und gequollene Weizenkeime schwimmen. Dieser Trunk ist so reichhaltig, dass er schon fast als Zwischenmahlzeit durchgehen kann.

Das Rezept für den **Pisco Sour**, den beliebtesten Drink Chiles, ist einfach: der Traubenschnaps Pisco gehört dazu, Zitronensaft, ein wenig Eischnee und Zucker und das Gesöff ist nach einem heißen Tag sehr erfrischend...

Für alle, die eine Flasche Pisco aus Chile mitgebracht haben, oder sich schon mal auf ihre Reise einstimmen wollen, ist hier das Rezept:

- 4 cl. Pisco
- 2 cl. frisch gepresster Limonensaft
- ein halber Teelöffel Zucker
- 1 Teelöffel ungeschlagenes Eiweiß

Alle Zutaten zusammen mit gestoßenem Eis in einen Shaker geben und cremig schütteln. In einem Glas mit Zuckerrand servieren und mit einem Limonenschnitz garnieren.

Ein anderer gängiger Drink ist die **Cola de Mono** (Affenschwanz), die besonders in die Weihnachtszeit gehört. Seine Grundlage ist ebenfalls der Pisco, dazu kommt Milch, Kaffee, Eigelb, Zucker und Zimt und andere Gewürze.

Im Herbst gibt es überall **Chicha**, einen frisch vergorenen Traubenmost, der es in sich hat und in der Gegend um Chiloé wird auch Apfelwein getrunken.

Bier nach deutschem Reinheitsgebot

In Chile gibt es nach dem deutschen Reinheitsgebot gebrautes **Bier** (und zwar das der Marke Kunstmann, die insbesondere im Süden verbreitet ist), aber die meisten Marken gehören nicht dazu. Der Alkoholgehalt ist geringer als in Deutschland und das Bier wird ohne Schaum serviert.

Informationen zum chilenischen **Wein** können Sie unter dem Stichwort „Wein" nachlesen.

⇨   ### Golf

Golf ist in Chile noch lange nicht der Breitensport, zu dem er sich inzwischen in den USA oder auch in Deutschland entwickelt hat. In Zentralchile gibt es besonders in der metropolitanen Region einige Plätze, im Norden haben einige Clubs Plätze im Wüstensand angelegt. Generell kann man sagen, dass Golf in Chile eine Elitesportart ist und die Plätze dementsprechend dünn gesät sind.

⇨   ### Grenzen

Informationen zu den internationalen Grenzen Chiles finden Sie unter dem Stichwort „Anreise".

⇨   ### Hotels / Unterkünfte

Das Angebot an Unterkünften ist groß und hat eine weite Bandbreite: vom Fünf-Sterne-Hotel bis zum Privatzimmer kann man alles finden. In abgelegenen Gegenden gibt es manchmal nur einfache Privatunterkünfte, während man in den größeren Städten in jeder Kategorie etwas Passendes finden kann.

Als Ausländer ist man von der 19prozentigen Mehrwertsteuer (IVA) befreit, wenn man sein Zimmer in US-Dollar oder Schecks bezahlt, allerdings ist das in vielen einfachen Unterkünften nicht möglich, so dass die gleichen Preise für Ausländer und Chilenen gelten. Besonders in den Hauptpreisegebieten variieren die Preise erheblich und in der Nebensaison (etwa von Mitte Februar bis Mitte Dezember) kann man immer nach einem Preisnachlass fragen, besonders wenn man einige Tage bleiben will.

Hotels verfügen meistens über einen gewissen Service; man kann mit Kreditkarten bezahlen, die Zimmer haben ein eigenes Bad, einen Fernseher und der Zimmerpreis versteht sich i. d. R. inklusive Frühstück. Bei den Vier- und Fünf-Sterne-Hotels haben die Zimmer auch Minibar und Safe, es gibt einen Room-Service, Restaurants, Bar, Pool und evtl. Sportanlagen. In einfacheren Hotels gibt es auch Zimmer ohne eigenes Bad und es spricht nichts dagegen, sich das Zimmer anzuschauen, bevor man sein Gepäck u. U. ein paar Treppen hinaufschleppt!

Wenn man länger unterwegs ist oder nicht immer Lust hat, im Restaurant zu essen, kann ein **Apart-Hotel** eine interessante Alternative sein. Statt eines einzelnen Zimmers werden kleine Apartments mit einem Wohnraum und einer kleinen Küche vermietet. Die Ausstattung der Küche kann sehr unterschiedlich sein, manchmal gibt es nur eine Mikrowelle, manchmal eine komplett ausgestattete Küche.

Die Tourismus-Behörde SERNATUR hat eine Reihe von Hotels mittels Sternen klassifiziert, wobei allerdings der Zimmerpreis die Beurteilungsgrundlage war, außerdem wird nur ein Bruchteil der chilenischen Hotels erfasst.

Residenciales und **Hostales** sind einfachere Unterkünfte, aber auch hier gilt: die Unterschiede sind groß, die Bandbreite reicht von schmuddeligen Absteigen bis zu freundlichen Häusern mit einem exzellenten Preis-Leistungs-Verhältnis. Viele Residenciales vermieten sowohl Zimmer mit eigenem Bad (*con baño privado*) als auch mit Gemeinschaftsbad (*con baño compartido*). Das Frühstück ist oft nicht im Preis mit eingeschlossen, kann aber extra dazu bestellt werden. Die Zimmer haben meistens keinen eigenen Fernseher (obwohl sich das in den letzten Jahren besonders in den vom internationalen Tourismus frequentierten Gebieten teilweise geändert hat), oft gibt es aber einen Aufenthaltsraum zum Lesen usw. Manchmal kann man auch die Küche benutzen oder Wäsche waschen.

Casas de Familia gibt es im Norden Chiles nur vereinzelt, im Süden dagegen ist das Angebot größer. Ein Zimmer in einer Casa de Familia kann eine ausgezeichnete Alternative zu einem Hotelzimmer sein, die Zimmer sind in der Regel einfach, dafür hat man einen persönlichen Kontakt zu der Familie. Mit etwas Glück erfährt man eine Menge über die Gegend und das Leben in Chile. und oft gibt es ein gutes Frühstück, z. B. mit selbstgemachter Marmelade.

 Hinweis

In den einfachen Unterkünften werden i. d. R. weder Handtücher, noch Toilettenartikel wie Seife oder Shampoo bereitgestellt und auch Toilettenpapier fehlt, so dass Sie Ihre eigene Ausstattung mitbringen müssen! Die Abwasserrohre (oftmals auch in den besseren Unterkünften) sind nicht dafür ausgelegt, Toilettenpapier aufzunehmen, so dass es hierfür immer einen Abfallkorb gibt.

Das Angebot an **Jugendherbergen** ist bisher noch nicht sehr groß, wächst aber jedes Jahr. Oft sind die Jugendherbergen Residenciales, die vom internationalen Jugendherbergsverband anerkannt worden sind und entweder alle oder einen Teil ihrer Zimmer an Mitglieder vermieten. Oft gibt es mit dem Jugendherbergsausweis einfach einen kleinen Preisnachlass.

In Deutschland gibt es den Ausweis beim
• **Deutschen Jugendherbergsverband**, Postfach 1455, 32754 Detmold oder in jeder Jugendherberge

In Chile wendet man sich an die
• **Asociación Chilena de Albergues Juveniles**, Avda. Providencia 2594, Of. 420, Providencia, Santiago, 🖳 www.hostelling.cl

Während der Sommermonate werden in vielen Schulen Einfachst-Unterkünfte angeboten, die meistens nur die Möglichkeit bieten, seine Isomatte und den Schlafsack auszurollen, dafür aber auch nicht mehr als ein oder zwei Dollar kosten. Da das Angebot jedes Jahr wechselt, informiert man sich am besten bei der lokalen Touristen-information.

Ferienhäuser und Cabañas sind besonders im Süden Chiles beliebt. **Cabañas** sind kleine freistehende Bungalows, manchmal Teil eines Hotels (dann haben sie keine Küche), oder aber komplett mit Küche und Kamin ausgestattet. Sie bieten Platz für bis zu acht Personen, oft sind sie jedoch nicht sehr großzügig geschnitten. Ferienhäuser haben ebenfalls Küche, meist noch ein Wohnzimmer und sind größer als Cabañas.

Die Unterkünfte in den Regionalen Reisetipps wurden entsprechend der Zimmerpreise in sechs verschiedene Kategorien unterteilt:			
$	bis	15 €	für ein Doppelzimmer
$$	bis	30 €	
$$$	bis	50 €	
$$$$	bis	70 €	
$$$$$	bis	100 €	
$$$$$$	über	100 €	

Für Einzelzimmer zahlt man in der Regel verhältnismäßig mehr, oft kosten sie fast so viel wie ein Doppelzimmer.

⇨　　**Impfungen**

Spezielle Impfungen sind in Chile nicht nötig, eine Ausnahme ist die Gelbfieberimpfung, wenn man aus einem Infektionsgebiet kommt. Außerdem empfehlen sich die Impfungen, die man auch für Europa braucht: Tetanus und Polio.

⇨　　**Informationen**

Die Versorgung mit touristischen Informationen ist in Chile hervorragend organisiert. Die staatliche Tourismusbehörde **SERNATUR** (🖳 www.sernatur.cl) ist in allen Regionen des

Landes vertreten und kann mit zahlreichen Broschüren und Empfehlungen bei fast allen Fragen weiterhelfen. Oft arbeitet zumindest ein englischsprachiger Mitarbeiter in den regionalen Büros. Das Hauptbüro in Santiago hat Informationen überregionaler Art und Broschüren, Stadtpläne etc. für Santiago und Umgebung.

Selbst noch in winzigen Orten gibt es oft eine Touristeninformation, die dann meist von der Stadtverwaltung (von der Municipalidad) unterhalten wird, manchmal gibt es auch eine Kooperation mit SERNATUR.

Eine gute Anlaufstelle können auch die Filialen des *Automovil Club de Chile* sein, der in allen größeren und manchen kleineren Städten vertreten ist. Die Mitarbeiter können natürlich in allen Fragen rund ums Autofahren weiterhelfen, verkaufen aber auch oft Kartenmaterial, vermieten Autos und haben sonstige touristische Informationen parat.

Informationen zu den Naturschutzgebieten des Landes erteilen die örtlichen CONAF-Zweigstellen (⌨ www.conaf.cl).

Bei speziellen Fragen kann oft der Deutsch-Chilenische Bund weiterhelfen, der auch Informationen zur Einwanderung und zum Leben in Chile gesammelt und in einem Buch herausgebracht hat.

• **Deutsch-Chilenischer Bund**, **Liga Chileno-Alemana**, Avda. Vitacura 5875, Casilla 3214, Santiago ☏ 02-2186583, 📠 2126474, ⌨ www.dcbliga.cl

⇨   **Internet**

Die Nutzung des Internets, sei es zur Erledigung von Post (E-Mail) oder zum Abruf von Informationen etc., ist inzwischen fast überall möglich. In größeren Städten gibt es Internet-Cafés, in denen man Computer mit Internet-Anschluss zu einem Stundenpreis (Preise beginnen bei 1 € /Stunde) nutzen kann. Daneben bieten (in kleineren Städten meist die einzige Möglichkeit) die Telefongesellschaften oft in einer ihrer Dependancen Zugang zum Internet an.

Es gibt zahlreiche **Webpages**, die sich mit Chile beschäftigen und die sowohl bei der Vorbereitung einer Reise als auch während des Aufenthaltes in Chile von Interesse sein können. Bei der Riesenmenge an Informationen kann hier naturgemäß nur auf eine kleine Auswahl an Seiten hingewiesen werden.

CHILE
• **www.chile.com**: eines der wichtigsten chilenischen Internetportale mit ausführlichen Informationen zu allen Regionen (Spanisch/Englisch)
• **www.chile-travel.com**: alles für die Reisevorbereitung, Hotels, Touren, Agenturen...
• **www.chileaustral.com**: Informationen über Patagonien, Adressen, Sehenswürdigkeiten, Kunst und Kultur (Englisch/Spanisch)
• **www.chile-web.de**: umfangreiche deutschsprachige Seite über Chile, mit nützlichem Forum
• **www.atacamatravel.cl**: Seite über die Atacama, auch auf Deutsch
• **www.sernatur.cl**: Seite der chilenischen Tourismusbehörde mit Informationen zu den einzelnen Regionen und Provinzen (Spanisch/Englisch)
• **www.conaf.cl**: Seite der Naturschutzbehörde

- **www.turistel.cl**: Seite mit vielen nützlichen Adressen, Karten, Terminen von lokalen Festen, Informationen zu den verschiedensten Aktivitäten, sehr komplett (Spanisch)
- **www.gochile.cl**: Hotels, Mietwagen, Flüge… mit Möglichkeit zu reservieren (Spanisch/ Englisch)
- **www.chile-hotels.com**: Möglichkeit, übers Internet Hotels und Mietwagen in ganz Chile zu buchen (die Beschreibungen sind allerdings dürftig)
- **www.chiphotels.cl**: ähnliche Seite wie die vorherige, Möglichkeit, online zu reservieren
- **www.backpackersbest.cl**
- **www.backpackerschile.com**

POLITIK UND GESCHICHTE
- **www.presidencia.cl**: offizielle Seite des Präsidenten
- **www.gobiernodechile.cl**: Seite der Regierung

INDIGENE VÖLKER
- **www.uchile.cl/mapa/artesamapuche**: kurze aber interessante Darstellung der Mapuche, ihrer Geschichte und vor allem ihres Kunsthandwerks (Spanisch/Englisch)
- **www.victory-cruises.com/ona_indian.html**: Artikel zur Lebensweise und Religion der Ona (Englisch)

GEOGRAFIE, WETTER UND UMWELT
- **www.meteochile.cl**: Wettervorhersage des staatlichen Wetterdienstes
- **www.ecolyma.cl**: Seite zu Umweltproblemen, viele Links zu Organisationen; Literatur, Zeitschriften, sehr komplett (Spanisch)

UMWELTSCHUTZ
- **www.codeff.cl**
- **www.conama.cl**
- **www.elbosquechile.cl**

FORSCHER UND ENTDECKUNGSREISENDE
- **www.literature.org/authors/darwin-charles**: Seite mit Originaltexten Darwins, u.a. auch der Reisebeschreibung seines Chile-Aufenthaltes (Englisch)

SPORT UND OUTDOORS
- **www.outdoorchile.cl**
- **www.outdoors.cl**: Chilenische Outdoor- Zeitschrift
- **www.andesweb.com**: Informationen zu den Skigebieten Chiles
- **www.surfchile.cl**: alles über das Wellenreiten (Spanisch)
- **www.buceo.cl**: Portal zum Tauchen

MEDIEN
- **www.mercurio.cl**: größte Tageszeitung Chiles
- **www.tercera.cl**: andere große Tageszeitung
- **www.condor.cl**: Onlineausgabe der deutschen Wochenzeitung Chiles, viele nützliche Links
- **www.santiagotimes.cl**: englischsprachige Zeitung, Nachrichten, Veranstaltungshinweise, Kleinanzeigen…

LITERATUR
- **www.gabrielamistral.uchile.cl**: Seite über Gabriela Mistral, Kurzbiografie, Beispiele aus ihrem Werk (Spanisch, Englisch)
- **www.uchile.cl/neruda/**: Seite über Pablo Nerudas Leben und Werk, mit einigen Beispielen (Spanisch, Englisch)
- **www.isabelallende.com/**: Seite der zurzeit am meisten gelesenen chilenischen Autorin

⇨ **Jugendherbergen**

siehe unter Stichwort „Hotels/Unterkünfte"

⇨ **Karten**

 **Hinweis**

Leider ist in der Reisekarte die Angabe des Maßstabs in den Karten „Südteil" und „Nordteil" nicht korrekt. Die Maßstabsleiste muss mit 150 km angegeben sein!

Eine detaillierte Reisekarte im Maßstab 1:1.000.000 liegt diesem Buch bei, diese ist für Autofahrer sehr gut geeignet. Besonders für Autofahrer interessant ist auch der kleine Turistel-Straßenatlas, den die Telefongesellschaft CTC herausgibt. Die Angaben über den Straßenzustand sind relativ verlässlich.

In Santiago bekommt man den dreibändigen Turistel Chile-Führer in Buchhandlungen und an Zeitungskiosken. Die drei Bände decken den Norden, das Zentrum und den Süden des Landes ab und kosten jeweils um die 10 €. Auch Shell und Esso geben gute Straßenkarten heraus.

Lokale Wanderkarten sind nur für die allerpopulärsten Gebiete, z. B. für den Parque Nacional Torres del Paine zu bekommen. Wer in abgelegeneren Gegenden wandern möchte, der sollte zum Instituto Geográfico Militar gehen, dort gibt es gute Messtischblätter im Maßstab 1:50.000, die allerdings nicht billig sind.
- **Instituto Geográfico Militar**, Dieciocho 369, ☎ 6967278, 🖳 www.igm.cl

In einigen Buchgeschäften und Kartenhandlungen können Sie chilenisches Kartenmaterial auch schon in Deutschland kaufen. Allerdings liegen die Preise weit höher als in Chile und oft müssen die Karten erst bestellt werden, günstiger ist es allemal, Karten erst in Santiago zu besorgen.

⇨ **Kinder**

Chile ist unter vielen Gesichtspunkten ein ideales Reiseland für Familien mit Kindern. Die Gefahr, sich eine gefährliche Krankheit einzufangen ist kaum größer als in Europa, das Klima ist weniger extrem als in anderen Ländern Südamerikas und auch mit dem Essen gibt es kaum Probleme.

Dazu kommt, dass die Chilenen sehr kinderfreundlich sind. In kaum einem Restaurant wird man schief angeschaut, wenn es mal etwas lauter wird, oder etwas zu Boden geht. Große Familien mit Kind und Kegel sind eher die Regel als die Ausnahme und viele Hotels und Campingplätze, gerade in den beliebten Feriengebieten haben sich darauf eingestellt: oft gibt es Spielplätze und Spielgeräte, wie z. B. Tischfußball oder Pingpong.

Und das Land selber ist ein einziger Abenteuerspielplatz: verlassene Minen und Geisterstädte im Norden, rauchende Vulkane, Flüsse, Seen und Wasser im Überfluss in der Seenregion, der wilde Süden mit Goldflüssen und Kondoren und dazu 4.000 Kilometer Küste und Strand.

Einige Punkte sollte man auf einer Chile-Tour mit Kindern allerdings bedenken. Chile verleitet wegen der großen Entfernungen dazu, viel zu fahren. Mit Kindern jedoch sollte die Reise so konzipiert werden, dass man nicht drei Viertel der Zeit im Autos sitzt, vielleicht ist es sinnvoller, sich auf einen Teil des Landes zu beschränken, um den dafür intensiver kennen lernen zu können. Große Höhen werden von kleinen Kindern oft schlecht vertragen, sie erleben die Höhenkrankheit stärker. Für Babys sind sie ganz verboten! Sie sollten sich diesbezüglich auf jeden Fall vor der Reise von Ihrem Hausarzt beraten lassen.

⇨ **Kino**

Früher gab es in Chile auch in vielen kleinen Städten Kinos, manchmal sieht man noch die verblichenen Plakate von den Wänden flattern. Leider hat der Einzug von Videorekordern und Satellitenschüsseln diesen Provinztheatern oft den Garaus gemacht. In den größeren Städten gibt es fast immer Kinos (eine bemerkenswerte Ausnahme ist Puerto Montt) und oft werden in die Einkaufscenter, die überall aus dem Boden schießen, MulTipplex-Kinos mit bis zu zehn Sälen integriert.

Die meisten Kinos spielen die Hollywood-Erfolge rauf und runter, nur selten findet man Programmkinos mit einem ambitionierteren Spielplan. Fast alle Filme werden in der Originalsprache (also meist Englisch) gespielt und haben spanische Untertitel, eine Ausnahme wird nur für die Allerkleinsten gemacht: Disney-Produktionen und andere Kinderfilme sind meistens synchronisiert.

⇨ **Kleidung**

Die Chilenen legen viel Wert darauf gut gekleidet zu sein, generell ist der Bekleidungskodex strenger als z. B. in Deutschland. Jeden Morgen kann man ein Heer von Büroangestellten zu ihren Arbeitsplätzen eilen sehen, alle korrekt gekleidet in Anzug und Krawatte, bzw. Kostüm und Bluse. Die Jeans ist noch nicht so recht gesellschaftsfähig. Ganz besonders wichtig sind ordentliche und gut geputzte Schuhe, der erste Blick geht oft zu den Füßen und mit einem Paar auf Hochglanz gebrachter Schuhe kann man auch ein Traveller-Outfit in den Augen der Chilenen aufwerten. Wenn man vorhat ins Theater zu gehen oder klassische Konzerte zu besuchen, sollte man an einen Rock oder zumindest eine halbwegs elegante Hose denken, in Jeans fühlt man sich bei solchen Anlässen evtl. unwohl. Generell aber gilt, dass einem als Tourist aus Übersee in puncto Kleidung viel nachgesehen wird.

Wegen des unterschiedlichen Klimas muss man zum Reisen Kleidung für alle Wetterlagen mitnehmen; im Norden braucht man T-Shirt und kurze Hosen (für die höheren Lagen aber auch warme Kleidung), im Süden dagegen unbedingt Pullover, Anorak und gutes Regenzeug und auch im Sommer können Handschuhe und Mütze sinnvoll sein. Detaillierte Informationen finden Sie unter dem Stichwort „Outdoor, Ausrüstung".

⇨   **Klima**

siehe unter Stichwort „Reisezeit"

⇨   **Konsulate**

Informationen zu chilenischen Konsulaten in Deutschland und europäischen Konsulaten in Chile finden Sie unter dem Stichwort „Botschaften".

⇨   **Kreditkarten**

Kreditkarten sind in Chile weit verbreitet, in allen besseren Hotels, in den größeren Warenhäusern und vielen anderen Geschäften und auch in vielen Restaurants kann man problemlos mit Karte bezahlen. Die gängigsten Karten sind Visa und Mastercard, American Express hat viel weniger Akzeptanzstellen als diese beiden anderen Karten.

Inzwischen haben viele Banken auch in kleineren Städten (in denen es vielleicht keine Wechselstube gibt) Geldautomaten, aus denen sich mit Kreditkarte und Geheimnummer (PIN) Bargeld ziehen lässt. Damit ist die Kreditkarte zu einem bequemen und universell einsetzbaren Zahlungsmittel und durchaus zur Alternative für Reiseschecks geworden.

Bei Problemen kann man sich an die folgenden Adressen in Santiago wenden:
• **Diners Club International**, Avda. Providencia 2653, ☎ 2320000
• **American Express**, Agustinas 1360, ☎ 6722463, 800201022
• **Mastercard und Visa International**, Miraflores 222, 29.Stock, ☎ 6333004

⇨   **Kriminalität**

Chile ist ein sicheres Reiseland, zwar steigt die Zahl der bewaffneten Überfälle, aber in den Regionen, in denen man sich als Tourist aufhält, ist die Gefahr überfallen zu werden sehr niedrig. Touristen werden am ehesten Opfer von Taschendieben und Trickdiebereien, aber gegen diese Gefahr kann man sich gut schützen, indem man einfach vorsichtig ist, seine Wertsachen nicht offen herumträgt und besonders in belebten Gegenden, wie Fußgänger-zonen, der Metro und Bahnhöfen ein Extra-Auge auf seine Sachen wirft. Man sollte nicht zu viel Geld mit sich herumtragen und es am ganzen Körper verteilen. Ein Geldgürtel (den man allerdings unter der Kleidung tragen sollte) kann eine gute Idee sein. In belebten Ge-genden kann man den Tagesrucksack eher auf dem Bauch als auf dem Rücken tragen, im Gedränge kann er sonst leicht aufgemacht werden. Die Diebe haben in so etwas so viel Übung, dass man nichts davon merkt.

An der nördlichen und zentralen Küste sollte man nicht alleine wild zelten, das kann nächt-liche Überfälle provozieren; baut man sein Zelt in unmittelbarer Nachbarschaft von ande-ren Campern auf, ist man dagegen relativ sicher.

Wertsachen gehören nicht ins Hotelzimmer, meistens kann man Wertsachen an der Rezep-tion zur Aufbewahrung lassen, die besseren Hotels haben Safes in den Zimmern. In den ein-zelnen Kapiteln wird jeweils auf Gefahren und unsichere Gegenden hingewiesen, darüber hinaus kommt man mit etwas gesundem Menschenverstand sicher durch Chile.

⇨   **Literatur**

Ein ausführliches Verzeichnis an Büchern über Chile findet sich am Ende dieses Bandes. Einige chilenische Autoren sind ins Deutsche übersetzt, so natürlich Isabel Allende, Pablo Neruda, José Donoso und andere weniger bekannte Autoren. Ein Vorteil ist, wenn man Spanisch spricht und sich in Chile selber eindecken kann. Allerdings sind Bücher dort ein teurer Spaß!

Über die neuere Geschichte gibt es eine gewisse Auswahl an Titeln hier in Deutschland, die allerdings nicht mehr alle lieferbar sind. Besonders über die Zeit der Diktatur findet man einiges und auch zur Colonia Dignidad sind verschiedene Titel geschrieben worden. Ganz schwierig wird es mit Erlebnisberichten von Pionieren, die in Chile, z. B. in Patagonien Ende des 19. und Anfang des 20 Jahrhunderts gereist sind oder sich dort ein neues Leben aufge-baut haben. Diese sind oft sowohl informativ als auch amüsant. Es gibt zahlreiche Berichte, aber fast alle sind längst vergriffen, da bleibt nur die Tour durch die Antiquariate. In Zeiten des Internet ist es allerdings viel einfacher geworden, sich auch vergriffene Bücher zu be-schaffen. Über das Zentrale Verzeichnis Antiquarischer Bücher (🖳 www.zvab.com) hat man Zugriff auf die Kataloge von Antiquariaten in ganz Deutschland.

⇨   **Maßeinheiten**

In Chile werden in der Regel dieselben Maßeinheiten verwendet wie in Deutschland, so dass man sich nicht umstellen muss.

⇨   **Motels**

Unter der Bezeichnung Motel kann man in Chile zweierlei Einrichtungen finden. Zum einen sind das Hotels, die Zimmer mit Parkplatz direkt vor der Tür anbieten, oft haben sie auch ein Restaurant und manchmal sogar einen Pool, ganz nach US-amerikanischem Vorbild. Sie zielen auf Geschäftsreisende ab, die auf der Durchreise übernachten wollen.

Wenn man aber schon an der Einfahrt mit einer blickdichten Hecke oder einer hohen Mauer konfrontiert wird und die separaten Zimmereingänge durch diskrete Vorhänge verhüllt sind, dann ist man in einem Stundenhotel gelandet. Die werden durchaus nicht nur von Prostituierten und ihren Kunden frequentiert, sondern auch von ganz normalen unverheirateten Paaren, die sonst keine Möglichkeit haben, sich zu treffen. Dies ist keine Seltenheit in einer Gesellschaft, in der die Kinder oft bis zu ihrer Hochzeit bei den Eltern wohnen bleiben.

⇨   **Notfälle / Notrufnummern**

Diese Nummern gelten für ganz Chile:	
Allgemeine Notrufnummer	119
Polizei (Carabiñeros)	133
Rettungswache (Ambulancia)	131
Feuerwehr (Bomberos)	132
Waldbrände	130
Bergrettung (Cuerpo de Socorro Andino)	136
Seerettung	137

⇨   **Öffnungszeiten**

Die Öffnungszeiten von Banken, Geschäften und anderen Einrichtungen variieren je nach Lage und Saison. **Banken** haben in Santiago und in anderen größeren Städten Mo-Fr von 9-14 Uhr geöffnet, Wechselstuben (Casas de Cambio) Mo-Fr 9-14 und 16-18 Uhr. Die **Geschäfte** im Zentrum Santiagos Mo-Fr 10-19 Uhr, Sa 10-14 Uhr, Geschäfte außerhalb des Zentrums und in kleineren Städten machen in der Regel eine Mittagspause von etwa 13-16 Uhr. Lebensmittelgeschäfte und Supermärkte haben oft schon ab 8 Uhr morgens geöffnet.

Außerhalb der Saison haben viele Geschäfte, die im Tourismusbereich arbeiten, wie z. B. Reisebüros, ganz geschlossen. Auch Cafes, Stranddiskos usw. haben dann oft reduzierte Öffnungszeiten, so dass es z. B. am Wochenende in kleineren Orten, die stark vom Tourismus leben, schwierig sein kann, ein nettes Café zu finden.

Die Touristeninformationen an größeren Orten sind im Sommer häufig recht lange geöffnet, oft von etwa 9-19 Uhr, manchmal auch länger, allerdings schließen sie mittags häufig. In kleineren und abgelegeneren Orten kann man auch im Sommer hin und wieder Überraschungen erleben, die Öffnungszeiten sind oft kurz und werden auch nicht immer eingehalten.

2003 wurde ein neues Gesetzt verabschiedet, das den Verkauf von Alkohol zeitlich begrenzt. Unter 18-jährige haben keinen Zutritt zu Bars, die nur noch von 10-4 Uhr öffnen dürfen. Die maximal erlaubten Öffnungszeiten für Diskos sind 19-4 Uhr, für Geschäfte, die Alkohol verkaufen 9-1 Uhr (3 Uhr an Wochenenden).

⇨ **Outdoor**

Chile ist **das** Land für Outdoor-Aktivitäten, vom Bergsteiger über den Wellenreiter bis zum Angler kann hier jeder sein ganz persönliches Paradies finden. Und seitdem in den letzten Jahren immer mehr naturbegeisterte Touristen nach Chile kommen, sind auch die Angebote an Touren sprunghaft gewachsen.

TREKKING / WANDERN
Besonders der Süden des Landes ist ein Paradies für Wanderer. Vom einfachen Spazierweg bis zur Bergbesteigung findet sich für jeden Geschmack und für jede Kondition die passende Tour, die Landschaften sind atemberaubend schön und die moderaten Temperaturen lassen einen nicht allzu sehr ins Schwitzen geraten.

AUSRÜSTUNG: Wenn man nicht nur vom Auto bis zur nächsten schönen Picknickwiese laufen will, sollte man eine geeignete Ausrüstung mitbringen und zwar am besten schon aus Europa. Man bekommt zwar inzwischen in den größeren Städten oder den wichtigsten Touristenzentren auch gute Outdoor-Kleidung und -Ausrüstung, aber die Auswahl ist oft gering und die Preise deutlich höher als in Europa oder den USA.

KLEIDUNG: Man braucht sowohl **T-Shirts** und **kurze Hosen** für heiße Sommertage als auch mindestens einen warmen Pullover für die kälteren südlichen Gefilde. Wenn man längere Wanderungen machen will, ist evtl. ein **Fleece-Hemd** oder eine Fleece-Jacke (Reißverschluss zum Öffnen zwecks Temperaturregulierung!) besser geeignet als ein Wollpullover, der mehr wiegt und langsamer trocknet. **Thermalunterwäsche** kann man tagsüber bei Bedarf unter die Klamotten ziehen und nachts im Zelt als Schlafzeug nutzen. Handschuhe und eine Mütze wiegen nicht viel, können aber einen Abend am Rand eines Gletschers (z. B. im Parque Nacional Torres del Paine) sehr viel gemütlicher machen.

Ein Muss ist **gutes Regenzeug!** Ob man Goretex oder ähnliche Produkte bevorzugt oder eine gummisierte Jacke mitnimmt, ist Geschmackssache. Oft zeigt sich jedoch, dass die neueren atmenden Gewebe den heftigen Schauern Patagoniens auf Dauer nicht gewachsen sind, allerdings tragen sie sich angenehmer und wiegen weniger. Die Jacke sollte unbedingt eine Kapuze und Reißverschlussabdeckungen haben. Regenponchos, die man auch über den Rucksack ziehen kann, haben die Tendenz vom Winde verweht zu werden, sinnvoller ist eine Extra-Schutzhülle für den Rucksack. Für alle Eventualitäten gerüstet ist man mit einer **Regenhose**, die bei heftigen Regen- oder Hagelböen auch einen extra Wärmeschutz bedeutet. Gute **Wanderschuhe** sind ebenfalls essentiell, ein bequemes Fußbett und ein Schaft bis an oder über die Knöchel lassen die Füße auch längere Wanderungen gut überstehen. Eingelaufen sollten die Schuhe auch schon sein, sonst sind Blasen vorprogrammiert. Ein Paar Sportschuhe zum Wechseln und für Flussdurchquerungen (sie trocknen schneller als Wanderstiefel!) sind evtl. auch eine Überlegung wert. Dazu gehören bequeme Socken ohne störende Nähte.

Das **Zelt** muss absolut wasserdicht und in Patagonien auch sturmfest sein. Der **Schlafsack** sollte bis einige Grad unter den Gefrierpunkt schützen, die Frage ob Daunen- oder Kunststofffüllung ist eine Philosophie. Daunen wiegen weniger, sind aber teurer und trocknen schlecht. Kunststoff isoliert auch noch, wenn er feucht ist, wiegt aber mehr. Eventuell angenehm (und gut zu waschen) ist ein Innenschlafsack aus leichter Baumwolle oder Seide. Wenn man mehr als einen Tag unterwegs ist, sollte man einen kleinen **Kocher** mitnehmen, in vielen Gebieten ist offenes Feuer entweder nicht realisierbar, weil trockenes Holz fehlt, oder nicht erlaubt. Am weitesten verbreitet in Chile sind einfache Gaskocher, die man in größeren Supermärkten, in Eisenwarenhandlungen (Ferreterias) und auf den Ferias Persas kaufen kann. Dies System hat den Vorteil, dass man Nachfüllflaschen auch in kleineren Orten ohne große Probleme findet. Benzin für Kocher bekommt man in einigen Apotheken.

Ein relativ neues Projekt der Regierung ist der **Sendero de Chile**. Ein Wanderweg, der das ganze Land durchläuft, soll entstehen, aber das Projekt beinhaltet viel mehr als nur die Ausschilderung einer simplen Wanderroute. Der Weg soll eine Repräsentation des Landes werden, zum Programm gehören Forschungs- und Entwicklungsvorhaben im Naturschutz und zur Verbesserung der Lebensbedingungen der Bewohner. Informieren kann man sich unter 🖳 www.senderodechile.cl.

RAFTING / KAJAKING

Chile ist eines der Traumziele weltweit für **Rafter**, es gibt reichlich Stellen, an denen sich auch die absoluten Profis nicht langweilen; aber auch Anfänger können erste Erfahrungen sammeln. Organisierte Touren werden sowohl für Leute mit Vorkenntnissen als auch für Neulinge angeboten; die Ausrüstung stellt in der Regel der Veranstalter. Was man selber mitbringen muss, ist die Badebekleidung und ein Paar Schuhe. Am besten eignen sich Sandalen aus wasserfestem Material oder Turnschuhe, die man wieder trocknen lassen kann. Zu den wichtigsten Revieren gehören der Rio Bio Bio, auf dem man auch längere Touren unternehmen kann (Schwierigkeitsgrade schwer bis überaus schwer), und der Rio Futaleufú an der argentinischen Grenze (Carretera Austral.), an dem man die Weltelite dieses Sports antreffen kann (leicht bis überaus schwer). Direkt vor der Haustür Santiagos geht der Rio Maipo zu Tal (bis zur Grenze der Belastbarkeit). Auch der Rio Trancura zieht viele Rafter an, die Touren in Villarrica oder Pucón buchen (mittelschwer bis überaus schwer).

Drei Agenturen, die Rafting-Touren anbieten:
- **Altué Expediciones**, Encomenderos 83, Santiago, ☎ 2-2321103, 🖷 2336799, 🖳 www.altue.com
- **Pared Sur Expediciones**, Juan Esteban Montero 5497, ☎ 2-2073525, 🖷 2073159
- **Kayak Austral**, Trigal 312, Puerto Montt, ☎ 65-254600, 🖳 www.kayakaustral.com

Kajaking durch die Fjorde Patagoniens und um Chiloé wird immer beliebter und es gibt eine Reihe lokaler Anbieter, die Touren für einen oder mehrere Tage im Programm haben. Adressen finden Sie in den gelben Seiten unter den entsprechenden Orten.

FISCHEN

Chile ist ein Paradies für Leute die gerne Angeln und Fischen, sowohl an der Tausende von Kilometern langen Küste als auch in den Seen und Flüssen, besonders des Südens, wo Fliegenfischer ihr El Dorado finden. Im Gebiet der Carretera Austral haben sich inzwischen einige schöne Fishing-Lodges etabliert, die Ausflüge über einen oder mehrere Tage anbieten. In der Regel sind sie nicht billig, bieten aber dafür anheimelnden Komfort in wunderschöner Natur. Einfacher kann man aber auch vielerorts ein Boot mieten und auf eigene Faust losziehen.

Was man auf jeden Fall braucht, ist eine Erlaubnis, ein **Carnet de Pesca**. Es kostet für die verschiedenen Regionen unterschiedlich viel, die Preise liegen zwischen 2 € für die 1.-4. Region bis 10 € für die 9.-12. Region, für die Schutzgebiete der 10. Region werden noch mal 25 € fällig. Auch für die Küste braucht man einen Schein, der aber nicht mehr als 5 € kostet und für das ganze Land gilt. Die Erlaubnis bekommt man beim Servicio Nacional de Pesca, der im ganzen Land Filialen hat (Adressen finden Sie in den Regionalen Reisetipps).

IN SANTIAGO
• **Sernap**, San Antonio 427, ☎ 2-6321919, 🖳 www.sernapesca.cl
TOURVERANSTALTER
• **Aguas South**, 12 de Octubre 253, Coyhaique , ☎ 67-216280, 🖳 www.aguassouth.cl
• **Wild River**, Avenida Colón 1285, Puerto Varas, ☎ 65-311018, 🖳 www.wildriverchile.cl
• **Bahia Leones**, Lago Yelcho, ☎ 2-2129442, 🖳 www.bahialeones.com

REITEN
In vielen Gegenden besonders im Süden werden ein- oder mehrtägige Touren mit Pferden angeboten und diese Fortbewegungsart ist nicht die schlechteste, wenn man die einzigartige Natur Chiles wirklich kennen lernen will. Auch wer auf eigene Faust los will, kann zumindest in den touristisch einigermaßen erschlossenen Gebieten Pferde leihen. Auf mehrtägigen Touren übernachtet man oft im Zelt (die meist gestellt werden), oder aber auch in Lodges; mitzubringen sind in jedem Fall ein warmer Schlafsack und warme und wetterfeste Kleidung.

Agenturen, die Pferdetouren im Programm haben:
• **Outsider**, San Bernardo 318, Puerto Varas, Tel./🖷 65-232910
• **Aqua Motion**, San Pedro 417, Puerto Varas, Tel./🖷 65-232747, E-Mail: aquamotn@telsur.cl
• **Rancho de Caballos**, 32 km östlich von Pucón, nahe den Termas, Casilla 142, Pucón, ☎ 45-441575, 🖳 www.rancho-de-caballos.com
Die Preise sind sehr unterschiedlich und hängen natürlich von der Gestaltung der Tour ab, für eine Woche muss man zwischen 500 € und dem Doppelten rechnen. Besonders günstig ist die Rancho de Caballos.

Schon in Deutschland kann man Pferdetouren bei folgender Adresse buchen:
• **Wendy-Pampa-Tours**, Güttinger Str.19, 78315 Radolfzell, ☎ 07732-972290, 🖷 972 292, 🖳 www.wendy-pampa-tours.de

SURFEN
Vor allem Wind-Surfen ist in Chile bisher nicht sehr populär, Wellenreiter findet man schon eher im großen Norden, wo das Wasser nicht so kalt ist, wie an der südlichen Küste. Trotzdem findet man auch hier kaum Surf-Schulen und auch ein Brett lässt sich nur schwer mieten. Gute Strände finden sich um Arica (obwohl hier die Küste felsig und oft gefährlich ist), bei Iquique, bei Valparaiso und bei Pichilemu, etwas südlich von Santiago.
• **www.surf.cl**: chilenische Seite übers Surfen mit Informationen zu Stränden, Läden etc.

⇨ **Paragliding**

Im Norden von Chile finden Paraglider eine wunderbare Thermik vor und von der steil abfallenden Küste kann man gut starten. Dennoch gibt es bisher eigentlich nur einen Ort, an dem man regelmäßig die bunten Dreiecke in der Luft sehen kann und das ist Iquique. Die riesige Düne vor der Stadt ist ein fantastischer Startplatz und die Luft, die hier durch die Steilküste zum Aufsteigen gezwungen wird, garantiert einen fast endlosen Flug. Aber auch weiter südlich kann man abheben, z. B. bei dem Resort Marbella etwas nördlich von Santiago und auch in Santiago selber gibt es Agenturen, die Flüge veranstalten.

⇨ Post

Die chilenische Post hat einen guten Ruf und das zu Recht. Ein Brief nach Europa braucht zwischen einer und zwei Wochen und kostet weniger als ein US-Dollar. Pakete nach Europa zu verschicken, kostet per Schiff weniger als die Hälfte der Luftfracht, das Paket ist auf diesem Weg aber zwischen zwei und drei Monaten unterwegs. Da der Zoll Pakete ins Ausland auf dem Postamt kontrolliert, kann man sie erst dort endgültig verschließen.

Auch Post in Chile zu empfangen, ist unproblematisch. Man lässt die Briefe an seinen Namen adressieren, möglichst mit dem Zusatz Señor oder Señora (das erleichtert das Auffinden auf dem Postamt), danach die Adresse wie folgend: Lista de Correos (oder Poste restante), Correo Central, Name der Stadt, Chile. Viele Postämter haben zwei Listen: eine für Männer und eine für Frauen, sie werden nach den Vornamen sortiert. Im Zweifelsfall sollte man sich beide Listen zeigen lassen, weil die chilenischen Postbeamten mit den europäischen Vornamen oft Schwierigkeiten haben. Meistens muss man bei der Abholung eine kleine Gebühr für jeden Brief zahlen, die Post wird oft nur **einen Monat** aufbewahrt. Die Postfilialen sind in der Regel Mo-Fr 9-17 Uhr geöffnet, Sa 9-12 Uhr. Die chilenische Post wurde 2002 privatisiert, weitere Informationen findet man unter ▭ www.correos.cl.

⇨ Preisnachlässe

Hinweise zu diesem Thema finden Sie unter dem Stichwort „Ermäßigungen"

⇨ Reiseveranstalter

Wenn Sie Ihre Reise nicht vollkommen auf eigene Faust unternehmen wollen, können Sie natürlich einzelne Bausteine oder auch die ganze Reise über einen Veranstalter buchen. Es gibt in Deutschland einige Veranstalter, die sich auf Südamerika spezialisiert haben und die verschiedene Reisen oder sogar Bausteine im Programm haben, so dass Sie sich ihre Reise individuell zusammenstellen können. Wer mit dem Pferd durch die Wildnis möchte und auf Lagerfeuerromantik hofft, wird hier genauso fündig, wie derjenige, der auf einem Luxuskreuzer die patagonischen Fjorde an sich vorbeiziehen lassen will. Hier werden einige Adressen genannt, die Liste hat keinen Anspruch auf Vollständigkeit, lassen Sie sich am besten in einem guten Reisebüro beraten.

- **Karawane Reisen GmbH**, Schorndorfer Str. 149, 71638 Ludwigsburg, ☎ 07141-284 850, 🖶 284855, ▭ www.karawane.de: sehr umfangreiches Chile-Programm, auch Camper und Mietwagen lassen sich über diesen Veranstalter von Deutschland aus buchen
- **Hauser-Exkursionen international**, Spiegelstr. 9, 81241 München, ☎ 089–235006-0, 🖶 235006-99, ▭ www.hauser-exkursionen.de
- **Wendy-Pampa-Tours**, Güttinger Str.19, 78315 Radolfzell, ☎ 07732-9722-90, 🖶 077 32-9722-92, ▭ www.wendy-pampa-tours.de: Südamerika-Spezialist

- **Kneissl Touristik**, A-4650 Lambach, Linzer Strasse 4-6, ☎ 0043 /(0) 7245-20700, 🖳 www.kneissltouristik.at: Chilerundreise von der Atacama bis Punta Arenas in 17 Tagen
- **Kondor Tours**, Schöntalweg 40, 73349 Wiesensteig, ☎ 07335-922024, 🖨 922025, 🖳 www.kondor-tours.de: Südamerika-Spezialist, der Expeditionsreisen mit Bus, teilweise mit Zeltübernachtung anbietet, auch Bausteine sind zu buchen

⇨ **Reisezeit**

Für Europäer bietet eine Reise nach Chile die bestechende Möglichkeit, in einem Jahr zwei Sommer zu genießen, aber unter den verschiedenen Klimazonen des Landes lassen sich auch Ziele finden, die zu den anderen Jahreszeiten lohnen.

Der Süden des Landes ist aber auf jeden Fall ein Ziel für den chilenischen Sommer, die beste Reisezeit für Patagonien sind die Monate zwischen November und März. Während der Wintermonate sind viele Gegenden durch Schneefälle nicht zugänglich und **die meisten Refugios und Hotels in abgelegen Gegenden schließen**. Schon ab März wird man besonders in abgelegeneren Gegenden, wie der Carretera Austral nur mit Mühe eine ansprechende Unterkunft finden. Das mag sich in Zukunft ändern, wenn Chile die Tourismusförderung weiter vorantreibt aber zurzeit muss man von einer Tour in den Süden Chiles während der Wintermonate eher abraten.

Zentralchile dagegen kann im Frühjahr und Herbst wunderschon sein: die Tage sind mild und trotzdem regnet es noch nicht allzu viel, im Frühling erlebt man die Zeit der Obstblüte und im Herbst die Ernte. Santiago ist weniger heiß und anstrengend und kann im milden Herbstlicht einen ganz eigenen melancholischen Reiz entwickeln.

Die Atacama kann man eigentlich das ganze Jahr über bereisen; im Sommer muss man sich auf die hohen Temperaturen einstellen, im Winter wird es besonders in höheren Lagen empfindlich kalt, aber auch für Arica und Iquique gilt: etwas gemäßigtere Temperaturen können das Reisen sehr angenehm machen und mit Regen muss man hier zu keiner Jahreszeit rechnen. Wenn man allerdings Touren ins Hochland plant, sollte man die Regenzeit meiden, die fällt in die Monate November bis März und macht die Wege in abgelegenen Gegenden des AlTipplano oft unpassierbar.

Die Osterinsel (und auch Juan Fernandez) ist weniger voll außerhalb der Saison (die in die chilenischen Sommermonate fällt) und die Temperaturen sind trotzdem noch angenehm. Aber beide Inseln sind noch lange nicht so überlaufen, als dass man sie zu irgendeiner Zeit des Jahres meiden müsste.

⇨ **Restaurants**

In Santiago ist die Auswahl an Restaurants riesig und auch wer internationale Küche sucht, wird fündig. Von der kleinen Eckkneipe, in der man ein Bier und einfache Gerichte, wie eine Suppe und die allgegenwärtigen Sandwichs bekommt bis zum Spezialitätenrestaurant der obersten Klasse findet man hier alles. Auch in den wichtigsten Feriengebieten wie La Serena oder Villarrica und Pucón gibt es eine Fülle von Restaurants, wobei man gerade im Süden merkt, dass sich die Karte auch nach europäischen Geschmäckern richtet. In kleineren und touristisch weniger erschlossenen Orten findet man dagegen oft nur einfache Gaststätten, hier ist der beste Tipp oft ein Restaurant in einem der besseren Hotels. Oft kann man aber gerade im Süden auch in der einfachsten Kneipe noch wunderbaren Fisch bekommen!

⇨ **Rundfunk**

Die meisten Rundfunksender spielen die nordamerikanischen und lokalen Charts rauf und runter, unterbrochen von Werbesprüchen. Daneben gibt es auch einige Sender, die Klassik oder Jazz im Programm haben. Wenn man mit dem Auto durch Chile unterwegs ist, hat man immer wieder lange Strecken, auf denen keine Welle das Autoradio erreicht, die Entfernungen sind einfach zu groß.

Mit etwas Glück kann man sich über das Programm der Deutschen Welle über die Geschehnisse zu Hause informieren, Informationen über Programm und Frequenzen erhält man unter folgender Adresse:
• **Deutsche Welle**, Abteilung Öffentlichkeitsarbeit, Postfach 100444, 50588 Köln, ☎ 0221-3892500, 🖷 3892510, E-Mail: online@dwelle.de, 🖥 www.dwelle.de

⇨ **Schiff**

Die chilenische Küste ist mit all ihren Buchten und Inseln über 10.000 km lang, dazu kommen Hunderte von Seen – es ist nicht verwunderlich, dass Schiffe für den Transport von Gütern aber vor allem von Menschen eine Rolle spielen. Besonders im Süden sind die Straßenverbindungen in einigen Gegenden lückenhaft und schlecht, einige Orte in Patagonien sind überhaupt nur per Schiff zu erreichen.

Eine gute Übersicht über die Fährverbindungen in Chile gibt es unter:
• 🖥 www.chile-web.de unter dem Punkt: Auf einen Blick – Fährverbindungen

Einige Anbieter von Schiffstouren durch die Welt der patagonischen Fjorde:
• **Karawane Reisen**, Schorndorfer Str. 149, 71638 Ludwigsburg, ☎ 07141-28480, 🖥 www.karawane.de: Punta Arenas – Kap Hoorn, Termas de Puyuhuapi und Laguna San Rafael
• **Tourismus Schiegg**, Kreuzweg 26, 87645 Schwangau , ☎ 08362-9301-0, 🖷 08362-9301-23, 🖥 www.lateinamerika.de: mit dem Boot von Chile nach Argentinien, Laguna San Rafael, Termas de Puyuhuapi
• **Smaragd Seereisen**, Schwanthaler Str. 26, ☎ 089-548200, 🖥 www.smaragd-seereisen.de: hat eine Tour rund um Patagonien mit Buenos Aires als Augsangspunkt und Santiago de Chile als Endpunkt der Reise im Programm

Auch die **Osterinsel** lässt sich im Rahmen einer Kreuzfahrt besuchen, entsprechende Adressen finden sich unter dem Punkt „Osterinsel" in den Regionalen Reisetipss.

⇨ **Souvenirs**

Chile hat eine reiche Auswahl an Kunsthandwerk, das man am besten auf den Märkten kauft. Im Norden von Chile ist noch der Einfluss aus Peru und Bolivien spürbar, in der

Seenregion findet man besonders schöne Stricksachen und Holzarbeiten der Mapuche, aber auch Silberschmuck in den traditionellen Formen. Von der Osterinsel kann man Moais in Kleinformat mitbringen, außerdem schöne fremdartige Holzschnitzereien. Ein besonderes Souvenir ist vielleicht ein Poncho oder einer der breitkrempigen Hüte, wie ihn die Huasos bei den Rodeos tragen, der aber auch bei der Landbevölkerung in manchen Regionen noch ein beliebtes Kleidungsstück ist. Und auch Wein oder eine Flasche Pisco ist bestimmt ein Mitbringsel, was zu Hause gut ankommt!

⇨   **Sport**

In Chile einem prestigeträchtigen Sportclub anzugehören, bedeutet viel mehr, als Sport zu treiben: fast noch wichtiger sind die Feste, Benefizveranstaltungen und Turniere, welche die Clubs veranstalten. Die Mitgliedsbeiträge sind hoch, aber sie eröffnen die Chance darauf, wichtige Persönlichkeiten kennen zu lernen und auf der Gesellschaftsseite der Zeitung zu erscheinen. Das kann für die Karriere den entscheidenden Schub geben, da in Chile persönliche Kontakte immer noch sehr wichtig sind. Zu den renommiertesten Clubs gehören der Club de Gold Los Leones, der Club de Polo oder der Country Club.

Der Breitensport ist aber der **Fußball**. Noch in dem kleinsten Andendorf findet man einen Fußballplatz und am Wochenende pilgern ganze Familien zum Platz um den Vater oder den Bruder anzufeuern. Als sich Chile 1998 nach Jahrzehnten endlich wieder für eine Weltmeisterschaft qualifiziert hatte, verfiel das ganze Land in einen Fußballtaumel, das Radio spielte den ganzen Tag Anfeuerungslieder und Nationaltrikots waren für die Zeit der Weltmeisterschaft gesellschaftsfähige Tageskleidung. Ganze Heerscharen von Reportern interviewten in Frankreich chilenische Fans und berichteten über die Kondition der Mannschaft. Während der Spiele waren die Straßen der chilenischen Städte wie leer gefegt, weil alle Welt atemlos vor den Fernsehern saß.

Die wichtigsten Clubs sind **Colo Colo** (die Wildkatzen), **Universidad Católica** und **Universidad de Chile**. Sie liefern sich erbitterte Kämpfe um die Meisterschaft und die Chilenen sind mindestens ebenso glühende Fußballfans wie die Deutschen.

Seitdem sich der Chilene Marcelo Rios (El Chino) an die Weltspitze hochgearbeitet hat, ist auch **Tennis** immer wichtiger geworden. Das sieht man an den Tennisschulen, die überall aus dem Boden schießen, aber auch daran, dass der kleine Zopf, den der Spieler trägt, bei männlichen Teenies zu einer der beliebtesten Frisuren geworden ist.

Pferderennen werden gerne besucht und das Wetten ist eine (fast rein männliche) Leidenschaft der Chilenen. Die Rennen werden landesweit in den Lokalen der Kette TELE-TRAK auf großen Bildschirmen übertragen und es können Wetten abgeschlossen werden. Jeden Samstag findet sich hier eine eingeschworene Gemeinde zusammen und schon kleine Knirpse lernen die komplizierten Kürzel der Rennzeitschrift zu deuten.

⇨   **Sprachen**

Die Staatssprache Chiles ist das Spanisch (oder besser Castellano, wie es in Südamerika in der Regel heißt), außerdem sprechen die Mapuche, die Aymara und die Rapa Nui noch ihre eigenen Sprachen. Das chilenische Spanisch ist zunächst einmal nicht leicht zu verstehen; die Chilenen sind berühmt dafür, dass sie schnell und undeutlich sprechen, die letzte Silbe eines Wortes wird oft ganz verschluckt. Dazu kommt, dass es eine Menge Chilenismen gibt, die man in anderen Ländern Südamerikas nicht zu hören bekommt. In den touristisch erschlossenen Gebieten findet man inzwischen immer mehr Leute, die auch etwas Englisch sprechen, verlassen darauf kann man sich aber nicht, einige grundlegende Spanischkenntnisse sind nicht schlecht. Ein kleiner Reisesprachführer sollte ins Gepäck, von der Verlagsgruppe Reise-Know-how gibt es einen Führer extra für chilenisches Spanisch, mit dem man sowohl als Anfänger gut klar kommt, als auch, wenn man seine Kenntnisse Chile-spezifisch erweitern will (Kauderwelsch Band 101: Spanisch für Chile, Verlag Peter Rump, Bielefeld).

⇨   **Steuern**

Als Tourist kann man in besseren Hotels die so genannte IVA (*impuesto de valor aggregado*, wurde gerade von 18 auf 19 Prozent erhöht) sparen, wenn man seine Rechnung in Dollar (bar oder mit Karte) zahlt. Meistens werden auf den Preistafeln die Preise in Pesos mit IVA, in Dollar aber schon ohne sie angegeben. Im Zweifelsfall sollte man nachfragen, ob die IVA im Preis enthalten ist und wie viel das Zimmer ohne IVA kostet.

⇨   **Strände**

Chile mit seiner endlosen Küste hat kilometerlange wunderbare Sandstrände, die besonders im Norden und im Zentrum auch zum Baden genutzt werden. Aber gerade im dünnbesiedelten Norden findet man überall einsame Ecken, um Santiago herum wird das schon schwieriger. Das Wasser des Pazifik ist durch den Humboldt-Strom allerdings nicht sehr warm! In der Seenregion kann man gut auch an den zahlreichen Süßwasserseen baden, die oft noch sehr sauberes Wasser haben.

⇨   **Strom**

siehe unter dem Stichwort „Elektrische Geräte"

⇨   **Taxi**

Taxis sind oft eine nicht allzu teure Alternative zu öffentlichen Verkehrsmitteln, wie Bussen oder der Metro. Man kann sie telefonisch bestellen oder auf der Straße herbeiwinken. Der Preis setzt sich aus einer Grundgebühr und dem Kilometerpreis zusammen, normalerweise rundet man den Rechnungsbetrag auf oder gibt in kleines Trinkgeld.

Eine Alternative zum Taxi sind die *Colectivos*, Pkws, die bestimmte Strecken abfahren und bis zu vier Passagieren mitnehmen. Oft haben sie ihr Fahrtziel im Fenster hängen, sonst muss man nachfragen. Eine Fahrt im *Colectivo* kostet selten mehr als einen halben Euro.

⇨   **Telefonieren**

Das Telefonsystem Chiles wurde in den letzten Jahren völlig umgekrempelt, die ehemals staatliche Telefongesellschaft ENTEL (🖳 www.entel.cl) hat ihr Monopol verloren und muss sich jetzt den Markt mit potenten Mitbewerbern teilen. Ihr größter Konkurrent ist CTC (🖳 www.telefonicadechile.cl).

Ortsgespräche kosten von einer Kabine aus 100 Pesos, ruft man ein Handy an, braucht man 200 Pesos.

Auch ins Ausland kann man von Kabinen aus problemlos telefonieren. Man entscheidet sich für einen der Anbieter, die auf einer Liste neben dem Telefon samt Preisen verzeichnet sind, wählt die entsprechende dreistellige Zugangsnummer der Gesellschaft, die Null, die Landes- und Stadtvorwahl und die Telefonnummer. Die Preise der verschiedenen Gesellschaften ändern sich monatlich, so dass man sich immer wieder neu orientieren muss.

Ein Telefongespräch kommt folgendermaßen zu Stande: Man wählt zunächst die Nummer der entsprechenden Telefongesellschaft, dann die Landesvorwahl, bei der die erste Null wegfällt, die Vorwahl der Stadt, die ebenfalls die erste Null einbüßt und die Nummer des Teilnehmers, also z. B.:

Codigo Telefongesellschaft plus **049** (für Deutschland) plus **561** (für Kassel) plus **Nummer des Teilnehmers**

Am einfachsten ist es, von den sog. **Centros de Llamadas** aus nach Europa zu telefonieren. Sie werden privat betrieben und haben immer einen Vertrag mit einer der Telefongesellschaften. Die Preise differieren erheblich und ein Preisvergleich kann besonders bei Gesprächen nach Übersee lohnen. Von einem Centro de Llamada aus kann man meist ohne weiteres auch ein R-Gespräch (*Cobre Revertido*) anmelden und **Faxe** schicken oder empfangen. Generell haben die Centros de Llamadas etwas höhere Preise als die Telefonkabinen, dafür telefoniert man komfortabler ohne Verkehrslärm.

Auch Telefonkarten kann man kaufen, sie funktionieren aber jeweils nur an den Telefonen der entsprechenden Gesellschaft. Eine Ausnahme ist die Tarjeta Línea Propia, man kann sie von Telefonen aller Gesellschaften benutzen. Man wählt eine kostenlose 800-Nummer, dann eine 1, dann die freizukratzende Codenummer der Karte. Dann folgt die Zugangsnummer der Gesellschaft, deren Telefon man benutzt, und dann die Telefonnummer, die man anrufen möchte. TLP-Karten gibt es im Wert von 1.000, 3.000 oder 5.000 Pesos, man kann mit ihnen etwas kürzer telefonieren, als mit den eigenen Karten der Telefongesellschaften.

Jede chilenische Stadt und Region hat eine eigene Vorwahlnummer, die Sie in den Gelben Seiten unter dem jeweiligen Kapitel finden. Die Vorwahlnummer nach **Chile** vom Ausland aus ist 0056.

Vorwahlnummern nach Europa	
Deutschland	0049
Schweiz	0041
Österreich	0043
Die wichtigsten Vorwahlnummern chilenischer Städte	
Antofagasta	55
Arica	58
Concepción	41

Die wichtigsten Vorwahlnummern chilenischer Städte (Forts.)	
Coyhaique	67
Iquique	57
La Serena	51
Osorno	64
Puerto Montt	65
Punta Arenas	61
Santiago	02
Temuco	45
Valdivia	63
Valparaiso	32
Viña del Mar	32

⇨   **Trampen**

Trampen ist ein gemischtes Vergnügen in Chile. Besonders während der chilenischen Sommerferien (Dezember/Januar) sind viele chilenische Jugendliche mit dem Daumen unterwegs, so dass man mit einiger Konkurrenz zu rechnen hat. Die vielleicht beliebtesten Strecken sind die Panamericana und die Carretera Austral. In abgelegenen Gegenden dagegen kann es einem passieren, dass man tagelang auf das nächste Auto wartet, das einen dann nicht notwendigerweise mitnimmt. Auf der anderen Seite nehmen viele chilenische Fahrer gerne Tramper mit, um auf der Fahrt Unterhaltung zu haben, man sollte eben nur genügend Zeit einplanen. Für Frauen ist es nicht besonders empfehlenswert, alleine zu trampen.

⇨   **Trinkgeld**

In Restaurants wird ein Trinkgeld erwartet, es sollte bei 10-15 Prozent des Rechnungsbetrages liegen. Das Servicepersonal wird generell nicht sehr gut bezahlt und ist auf diesen Extraverdienst angewiesen. Wenn man sich allerdings über schlechten Service geärgert hat, braucht man auch kein Trinkgeld hinterlassen! In anderen Bereichen ist das Trinkgeld noch nicht so obligatorisch wie in anderen Urlaubsländern, im Taxi z.B. muss man kein Trinkgeld geben, aber normalerweise wird der Fahrpreis aufgerundet. Die Fahrer der *Colectivos* erwarten kein Trinkgeld. In den besseren Hotels gelten internationale Regeln.

⇨   **Trinkwasser**

Die Hygieneverhältnisse in Chile sind gut und in den größeren Städten ist das Wasser so stark gechlort, dass man es ohne weiteres trinken kann. Allerdings schmeckt es oft nicht gut und mit dem Wasser, das man an jeder Straßenecke in Flaschen kaufen kann, macht man auf keinen Fall etwas falsch. In abgelegeneren Gegenden auf dem Land ist die Kanalisation oft noch rudimentär, so dass man hier lieber kein Wasser aus dem Hahn trinken sollte.

⇨   **Unterkünfte**

Informationen zu den verschiedenen Unterkunftsklassen finden Sie unter dem Stichwort „Hotels"

⇨ **Verkehrsregeln**

siehe unter Stichwort „Auto fahren"

⇨ **Versicherung**

Da Chile kein Sozialabkommen mit Deutschland hat, sollte man zumindest eine **Reisekrankenversicherung** abschließen. Als ADAC-Mitglied kann man sich hier beraten lassen, der Verein bietet auch Versicherungen an. Es gibt sogar Kombinationspakete, in denen neben der Kranken- noch eine Haftpflicht- und eine Gepäckversicherung enthalten sind. Verschiedene Versicherungen bieten Reisekrankenversicherungen für weniger als drei Monate an, zu den günstigsten gehört die der HUK-Coburg. Wenn man mehr als drei Monate unterwegs sein will, wird es schon schwieriger. In diesem Fall ist zzt. die Deutsche Krankenversicherung (DVK) die beste Adresse, sie bietet eine Reisekrankenversicherung für bis zu fünf Jahren zu relativ günstigen Monatsbeiträgen an. Wenn man länger unterwegs ist, kann es sich evtl. lohnen, mit der Hauskrankenversicherung darüber zu verhandeln, die Beiträge für die Zeit der Reise ruhen zu lassen.

Man muss in Chile seine Zahlungsfähigkeit nachweisen, bevor eine Klinik oder ein Arzt eine Behandlung vornimmt, dazu kann eine Kreditkarte gute Dienste leisten.

Ob eine Gepäckversicherung sinnvoll ist, sollte man genau nachrechnen. Oft sind die Beiträge so hoch, gerade wenn man teure Kameras oder andere Wertgegenstände versichert, dass man für den Versicherungspreis schon fast das versicherte Gepäck selber ersetzten könnte. Auf jeden Fall muss man sich genau anschauen, unter welchen Bedingungen die Versicherung bei Verlust zahlt (oft sind die Regeln hier sehr streng), ob z. B. Gepäck im abgestellten Wagen mit versichert ist. Ein genaues Studium des Kleingedruckten ist absolut unerlässlich!

⇨ **Vorwahlnummern**

siehe unter dem Stichwort „Telefonieren"

⇨ **Visum**

Deutsche, Österreicher und Schweizer brauchen für die Einreise nach Chile lediglich einen noch mindestens sechs Monate gültigen Reisepass. An der Grenze bekommt man die **Tarjeta de Turismo**, die ausgefüllt und bei der Ausreise wieder vorgelegt werden muss. Verliert man das Papier, sollte man sich bei der örtlichen Policia internacional einen Ersatz besorgen. An der Grenze können einem die Beamten sonst erhebliche Scherereien bereiten (manchmal sind sie aber auch kulant und stellen ohne große Probleme einen Ersatz aus).

In der Regel bekommt man bei der Einreise ein **Touristenvisum** für drei Monate in den Pass gestempelt, das noch einmal um 30 Tage verlängert werden kann. Das geht entweder in Santiago bei der Extranjería (der Ausländerbehörde) oder bei der jeweiligen Provinzverwaltung (Gobernación Provincial). Man braucht zur Verlängerung den Reisepass, die Touristenkarte und zwei farbige Passfotos, auf deren Rückseite Name und Passnummer vermerkt ist. Manchmal verlangen die Beamten die Vorlage des Rückflugtickets und ausreichender Geldmittel, hier ist wieder eine Kreditkarte praktisch. Für die Verlängerung muss eine kleine Gebühr entrichtet werden.

• **Extranjería**, Moneda 1342, Santiago, ☎ 2-6725320, ▯ www.extranjeria.gob.cl

Einfacher als eine Verlängerung des Visums zu beantragen ist es in der Regel, einfach für einen Tag auszureisen, dann bekommt man bei der Einreise kostenlos und ohne Probleme ein weiteres dreimonatiges Visum. Aus- und Wiedereinreise können auch an ein und demselben Tag stattfinden. Wenn man in Patagonien unterwegs ist, ergibt sich der Wechsel zwischen Argentinien und Chile sowieso fast zwangsläufig.

⇨ **Wäsche waschen**

Die meisten größeren Hotels (und auch viele der einfachen Residenciales) haben einen Wäscheservice, in kleineren Hotels kann man an der Rezeption nachfragen oder einfach Zimmermädchen ansprechen, die dann manchmal auf eigene Rechnung die Wäsche mit nach Hause nehmen. In jedem Fall sollte man den Preis vorher aushandeln, sonst erlebt man evtl. eine böse Überraschung!

Self-Service-Wäschereien kommen immer mehr in Mode, sind aber trotzdem noch selten. Oft kann man seine Wäsche auch in Münzwäschereien für einen geringen Aufpreis dalassen und sie dann sauber und zusammengelegt wieder abholen. Am günstigsten sind in der Regel die Wäschereien, die sich die Wäsche per Kilo und nicht stückweise bezahlen lassen. Für heiklere Kleidung gibt es auch Trockenreinigungen (Lavaseco). Nur in einfachen Unterkünften und auch dort immer seltener kann man seine Wäsche selber im Waschbecken waschen, meistens ist das sogar ausrücklich verboten. Auf Campingplätzen dagegen gibt es oft extra Waschtröge, allerdings nur mit kaltem Wasser.

⇨ **Weine**

Dass in Chile exzellente Weine hergestellt werden, ist bekannt und in den letzten Jahren stehen auch bei uns immer mehr chilenische Weine in den Regalen der Supermärkte und Weingeschäfte. Weinexporte werden immer wichtiger für die Wirtschaft des Landes, allein in den Jahren 1990-95 wuchs die Menge des ins Ausland verkauften Weines um 50 Prozent. Außerdem investieren immer mehr Winzer aus Weinländern wie Frankreich und Spanien auch in Chile, was schon darauf hinweist, dass die Bedingungen für den Weinanbau außergewöhnlich gut sein müssen.

Chile ist der einzige auch international bedeutsame Weinproduzent in Südamerika. Und tatsächlich hat das Land den europäischen, afrikanischen und australischen Weinproduzenten eines voraus: in Chile gibt es die **Reblaus** nicht. Dieser Plage wegen müssen in allen anderen Weinanbaugebieten der Erde die Weinstöcke auf eine resistente Unterlage aufgepfropft werden, auf einen Stock also, der einer anderen Sorte angehört, als die Trauben, die schließlich auf ihm reifen. Weinkenner sagen, dass der chilenische Wein schon deshalb einen besonders reinen Geschmack hat, weil er auf sortenechten Stöcken reift.

Das Klima in Zentralchile ist (fast) ideal für den Weinanbau. Im Winter fällt genügend Regen, um die Stöcke wachsen zu lassen, im Sommer bekommen die Trauben viel Sonne.
Der erste Wein wurde von den spanischen Eroberern mitgebracht: ohne Wein ließ sich keine Messe feiern und schon aus diesem Grund hatten die Geistlichen, die mit *Pedro de Valdivia* nach Chile kamen, Rebstöcke im Gepäck. Es blieb nicht lange nur bei Messwein, der Weinbau breitete sich schnell aus und auch wenn der Export beschränkt blieb (die spanische Krone schützte durch hohe Zölle die Produktion im Mutterland der Kolonie) war der Markt doch ausreichend um einen befriedigenden Absatz zu garantieren. Mit dem Salpeterboom veränderte sich der chilenische Weinbau grundlegend: reiche Minenbesitzer brachten europäische Reben und Know-how ins Land und der chilenische Wein gewann immer mehr an Niveau.

Seit den 70er Jahren des 20. Jh. engagieren sich immer mehr europäische Winzer in Chile, den Anfang machte der Katalane *Miguel Torres*, dessen moderne Weinbaumethoden schnell Nachahmer fanden. Heute investieren auch Winzer wie Lafite-Rothschild in Chile. Trotzdem verkaufte man lange Jahre hauptsächlich im eigenen Land und exportierte wenig, es gab keine spezielle Berufsausbildung für Önologen, keine Fachverbände und -publikationen. Das hat sich in den letzten Jahren geändert. Seitdem Wein in der Exportstatistik einen immer wichtigeren Platz einnimmt, ist den Chilenen daran gelegen, sich zu präsentieren und die Welt wahrnehmen zu lassen, dass ihr Land immer mehr Weine von Weltrang produziert.

Seit 1995 gibt es einen Verband der Sommeliers, im gleichen Jahr fand ein internationaler Weinwettbewerb unter der Schirmherrschaft der Internationalen Weinorganisation (IWO) in Chile statt. Und auf den internationalen Schauen räumen chilenische Weine regelmäßig Preise ab. Bisher sind die Preise in Europa auch für die Spitzenprodukte noch moderat, mit dieser Preispolitik wollen die chilenischen Weingüter ihre Produkte auf dem internationalen Markt etablieren und bekannt machen.

Die wichtigsten Rotweine sind der **Cabernet Sauvignon**, der eine rubinrot glänzende Farbe hat. Nach langer Lagerung bekommt er einen leichten orangen Schimmer, er schmeckt nach Wildfrüchten und hat einen ausgeprägten Tanninanteil. Er ist einer der wichtigsten Exportweine. Der **Merlot** ist besonders als junger Wein gut, wird oft als Tischwein serviert und manchmal mit Cabernet verschnitten. Der wichtigste Weißwein ist der **Chardonnay**, der auch exportiert wird.

Besonders in Santiago gibt es einige Läden, die sich auf Weine spezialisiert haben und in denen Sie fachkundig beraten werden:
• **Vinopolis**, Av. El Bosque Norte 038, ☎ 23 23 814
• **La Vinoteca**, Isidora Goyenecha 3520, ☎ 33 41 987: Hier werden auch die Erzeugnisse kleinerer Weingüter verkauft, die man sonst nicht so leicht bekommt
• **El Mundo del Vino**, Isidora Goyenechea 2931, ☎ 24 48 888

Auch in einigen Supermärkten finden Sie eine große Auswahl an Weinen, die evtl. preiswerter als in den Spezialgeschäften sind.
• **Supermercados Diez**, Los Conquistadores 2260, ☎ 2324318 und Luis Carrera 231, ☎ 2185075: auch Weine kleinerer Weingüter, oft gute Angebote

Weinreisen durch Chile veranstaltet:
- **www.vinoscola.de**
- **Kugler Reisen**, Ulmer Str. 3, 87700 Memmingen, ☎ 08331-764040,
  📱 www.kugler-reisen.de

Chilenische Weine kann man inzwischen in vielen europäischen Supermärkten finden, wer eine größere Auswahl sucht, ist bei einem Spezialversand (Bestellung auch per Internet) besser aufgehoben.

- **Chile Wein Kontor**, Allensteiner Str. 1, 53909 Zülpich, ☎ 02252-4073, E-Mail: cwc@ eifel-net; 📱 www.cwc.de: hat chilenische Weine und Pisco im Programm

⇨ **Wintersport**

Für Europäer ist Chile kein ausgesprochenes Wintersportziel, sie fahren lieber in die Alpen, mit einer Ausnahme: die Profis kommen jedes Jahr, um hier während des europäischen und nordamerikanischen Sommers zu trainieren. Die Schneeverhältnisse sind in der Regel gut und die Infrastruktur stimmt, dazu kommt, dass viele der besten Skigebiete ganz in der Nähe von Santiago liegen. Billig ist der Spaß nicht, besonders die renommierten Pisten um Santiago kann sich nicht jeder leisten und so gehört es für die gehobene Gesellschaft im Winter ebenso zum guten Ton, beim Skifahren gesehen zu werden, wie den Sommer in den angesagten Baderesorts zu verbringen. In die Infrastruktur der Skiressorts wurde in den letzten Jahren gezielt investiert, um dem Tourismus ein weiteres Standbein zu schaffen und tatsächlich konnte sich Chile zu einer Art Mekka für Skifahrer auf der Südhalbkugel entwickeln. Es gibt aber auch abgelegenere Gebiete, wo die Unterkünfte einfacher und die Lifte weniger zahlreich sind.

In der Regel kann man in den Skigebieten Ski und Schuhe ausleihen, auch in Santiago ist das schon möglich. An den Wochenenden und an Feiertagen, so wie in den Winterferien (die in den Monat Juli fallen), ist die Straße von Santiago nach Farrelones nur in eine Richtung befahrbar, mit dieser Maßnahme versucht man einem Verkehrschaos vorzubeugen. Aufwärts geht es bis etwa 14 Uhr, zurück kommt man ab 16 Uhr. Auf vielen Stecken braucht man Schneeketten, die sich aber in der Regel an der Strecke ausleihen lassen.

Skireisen lassen sich buchen über folgenden lokalen Anbieter:
- **Ski Total**, Avda. Apoquindo 4900, Santiago, ☎ 02-2466881, 🖨 2460156, 📱 www.skitotal.cl (auch Verleih von Ausrüstungen und Bustransfer zu den Skigebieten)

Die Skigebiete von Norden nach Süden

PORTILLO
145 km nordöstlich von Santiago gelegen, war dieses traditionsreiche Gebiet der Austragungsort der Skiweltmeisterschaften von 1966. Das Hotel wurde schon 1930 gebaut und liegt sehr schön an der Laguna del Inca. Das Freizeitangebot ist noch immer groß, aber der Charme der Anlage inzwischen vielleicht etwas verstaubt. Pisten gibt es in allen Schwierigkeitsgraden, auch extrem schnelle Abfahrten.

FARELLONES – EL COLORADO

liegt 40 km östlich der Hauptstadt und ist sehr beliebt, weil es sich problemlos per Tagesausflug erreichen lässt. Die Pisten liegen auf 2.300 m Höhe, es gibt 18 Lifte und Abfahrten in allen Schwierigkeitsgraden. Das Gebiet gehört zur mittleren bis gehobenen Preisklasse.

LA PARVA

in der näheren Umgebung von Farellones gelegenes junges Skizentrum, das Skigebiet ist nicht groß und die Abfahrten nicht allzu schwer.

VALLE NEVADO

60 km von Santiago und 20 km von Farellones entfernt, ist der jüngste, hipste und teuerste Skiort Chiles. Die 25 Pisten erreichen eine Höhe von 3.700 m und es gibt alles, was den Sport mondän macht: Heliskiing, Snowboarding, Schneemobile etc. und auch das Angebot an Restaurants, Bars und Diskos ist groß.

LAGUNILLAS

liegt 70 km südlich von Santiago im Cajón de Maipo und ist ein kleines und nicht besonders schwieriges Revier. Es gibt einfache Refugios und eine Cafeteria.

Die Preise für die verschiedenen Gebiete variieren naturgemäß beträchtlich und in der Vor- und Nachsaison gibt es erhebliche Preisnachlässe. In Portillo z. B. kostet eine Woche incl. Vollpension und Ticket für die Lifts in der Nebensaison etwa 800 €, während in der Hauptsaison die Preise bis zu 40 Prozent höher liegen.
Skipässe liegen zwischen 20 und 30 € pro Person in den Skigebieten um Santiago, in abgelegeneren Gegenden wird es billiger.

▷ **Zeit**

Auch in Chile gibt es eine Sommerzeit: Am zweiten Wochenende im Oktober wird die Uhr eine Stunde vorgestellt. Informationen: www.weltzeituhr.com.

▷ **Zeitungen**

Chile hat mit der Tageszeitung „El Mercurio" eine der ältesten Zeitungen in Südamerika überhaupt. Gegründet wurde das Blatt schon 1827 in Valparaiso. Es ist konservativ orientiert, hat am Wochenende umfangreiche Beilagen und auch wenn man ein Auto oder eine Wohnung sucht, ist man mit dem Mercurio bestens bedient. In verschiedenen größeren Städten werden Lokalausgaben des Mercurio herausgegeben.

Dem Verlag „El Mercurio" gehören außer dem Hauptblatt noch eine Reihe anderer Zeitungen, u. a. „La Estrella" und die einzige Abendzeitung des Landes „La Segunda". Die meistverkaufteste Zeitung ist „La Tercera", die verglichen mit dem „Mercurio" eher der Mitte und dem linken Spektrum zuzuordnen ist. „La Nacion" ist ein regierungsnahes Blatt, „La Epoca" als liberal einzuordnen. Wer sich über wirtschaftliche Themen informieren will, kann zu „El Diario" oder „Estrategia" greifen. Beliebt sind auch eine Reihe bunter Blättchen, die sich auf die neuesten Katastrophen, UFOs und Strandschönheiten spezialisiert haben und deren Informationsgehalt gegen Null tendiert.

Chile hat eine Reihe politische Magazine, von denen „Hoy" und „Que Pasa" die wichtigsten sind. Die großformatigen Hochglanzmagazine „Caras" und „Cosas" informieren über das gesellschaftliche Leben in Chile, über Hollywood und die europäischen Fürstenhäuser und sind der konservativen Ecke zuzuordnen.

Deutsche Presse gibt es (fast) nur in Santiago, hier bekommt man die großen Tageszeitungen wie Frankfurter Rundschau, Frankfurter Allgemeine und Süddeutsche Allgemeine, Spiegel, Stern und Brigitte und manchmal auch noch andere Blätter. Die Preise entsprechen dem langen Transportweg...

In der Bibliothek und im Café des Goethe-Instituts liegen auch einige deutsche Blätter aus und können hier kostenlos gelesen werden. Die Südamerika-Ausgaben der nordamerikanischen Magazine „Newsweek" und „Time" bekommt man in allen größeren Städten Chiles.

⇨   **Zoll**

Dinge des persönlichen Gebrauchs können zollfrei nach Chile eingeführt werden, dazu gehören neben Kleidung und Toilettenartikeln auch Kamera, Computer, Sportgeräte etc., die (nach den Vorschriften) Gebrauchsspuren aufweisen müssen und nicht für den Verkauf bestimmt sein dürfen. Darüber hinaus darf man 50 Zigarren, 500 Zigaretten, 2,5 l alkoholische Getränke und Neuwaren im Wert von 500 € im persönlichen Gepäck mitbringen. Nicht eingeführt werden dürfen Obst, Gemüse, Milchprodukte und Pflanzen. Mit dieser Vorschrift versuchen die Chilenen des Problems von Schädlingen in der Landwirtschaft Herr zu werden und die Kontrollen in Bezug auf diese Dinge können recht streng sein. Die Netzadresse des chilenischen Zolls ist 🖳 www.aduana.cl.

Regionale Reisetipps von A-Z

 Hinweis

Es wird ausdrücklich darauf hingewiesen, dass alle Angaben über Preise, Telefonnummern, Telex, Fax, Öffnungszeiten u. s. w. nur zum Zeitpunkt der Drucklegung gültig waren. Sie sind oft Änderungen unterworfen. Wir freuen uns über Hinweise auf Änderungen: info@iwanowski.de

Die Preiskategorien der Unterkünfte (für ein Doppelzimmer pro Tag) werden in diesem Buch durch die Zahl der $-Zeichen unterschieden:

$	bis	15 €	für ein Doppelzimmer
$$	bis	30 €	
$$$	bis	50 €	
$$$$	bis	70 €	
$$$$$	bis	100 €	
$$$$$$	über	100	

Wichtiger Hinweis

Diese **Notfallnummern** *gelten für ganz Chile:*
• Ambulanz: 131 • Polizei (Carabineros): 133 • Feuerwehr: 132

Algarrobo (S. 462)

A

Information
• www.vivealgarrobo.cl

Unterkünfte
HOTELS

▪ **$$$**
• **Residencial Vera**, *Av. Carlos Allessandri 1521,* ☎ *481131: einfache aber nette Sommerfrische, das alte Holzhaus hat einen etwas abgewohnten Charme und liegt direkt am Strand. Besucht wird es hauptsächlich von Familien, die meisten Gäste nehmen die Vollpension in Anspruch, man kann die Zimmer aber auch nur mit Frühstück mieten.*
• **Hotel Pacifico**, *Avda. Carlos Allessandri 1930,* ☎ *35-482855;* 🖳 *www.hotel-pacifico.cl: solides Mittelklassehaus mit 80 Zimmern, Schwimmbad und Kinderspielplatz*

Ancud (S. 529)

Information
• **Sernatur**, *Libertad 665,* ☎ *622665, an der Plaza de Armas*

Wichtige Telefonnummern
• **Vorwahl**: *65*

Geldumtausch
• **Banco de Crédito**, *Ramirez 257: hat einen Geldautomaten; eine Wechselstube gibt es in Ancud nicht!*

Busse
Der **Busbahnhof** *ist an der Anibal Pinto/Marcos Vera. Hier kommt man von Puerto Montt aus an, von hier aus starten Busse zu den anderen Orten der Insel. Die Fahrt nach Quellón ganz im Süden dauert etwa drei Stunden. Lokalere Ziele werden vom Terminal Rural (C. Pedro Montt, gegenüber der Einmündung C. Dieciocho) angefahren.*

BUSUNTERNEHMEN MIT BÜROS IN ANCUD
• **Buses Transchiloé**, *Chacabuco 750,* ☎ *622876,* 🖳 *www.busescruzdelsur.cl: lokale Ziele, Castro, Puerto Montt*
• **Cruz del Sur**, *Chacabuco 672, (und am Busterminal)* ☎ *622506,* 🖷 *622506, im Internet* 🖳 *www.busescruzdelsur.cl: Chiloé und Festlandsziele*
• **Turibus**, *Libertad s/n,* ☎ *622289,* 🖳 *www.busescruzdelsur.cl: Chiloé und Festlandsziele*

Fähren
• **Transmarchilay**, *Libertad 699,* ☎ *622317*

Campen
▪ **$**
• **Camping Chiloé**, *Costanera Norte s/n,* ☎ *622961,* 🖷 *623647: nur fünf Blocks von der Plaza entfernt, 100 m zum Strand, Ausstattung ähnlich wie Arena Gruesa*

A

■ **$$**

• **Camping Arena Gruesa**, *Costanera Norte 290, ☎/🖨 623428: direkt am Strand, jeder Platz hat Bänke und Tisch, Feuerstelle, Stromanschluss und Wasser, es gibt warme Duschen*
*Wenn man nicht mit dem Zelt unterwegs ist, kann man Cabañas (**$$$**) mieten, oder ein Zimmer in dem angeschlossenen Hostal belegen (**$$$**).*

Unterkünfte
HOTELS

■ **$**

• **Residencial M. Carolina**, *Almirante Latorre 558, ☎ 622458, E-Mail: hospedajemariacarolina@yahoo.es: großzügige Zimmer und ein schöner Garten, der auch von Gästen benutzt werden kann*
• **Hostal Mundo Nuevo**, *Avda. S. Allende 748, ☎ 628383, 🖳 www.newworld.cl: neues Haus an der Küstenstraße, alle Zimmer haben Meerblick, zum Frühstück gibt es selbstgebackenes Brot, Küche und Garten dürfen mitbenutzt werden*

■ **$$**

• **Hotel Madryn**, *Bellavista 491, ☎ 622128: einfach aber sauber und angenehm*
• **Hotel Lidya**, *Pudeto 256, ☎ 622990: freundlich mit gutem Café*

■ **$$$$$$**

• **Hotel Galeon Azul**, *Libertad 751, ☎ 622567, 🖨 622543, 🖳 www.chiloeweb.com/pweb/galeonazul: sehr zentral, luftige freundliche Zimmer, vielleicht die beste Empfehlung in Ancud*
• **Hostería Ancud**, *San Antonio 30, ☎ 622340, 🖨 622350, 🖳 www.hosteriancud.com: großes Hotel der Luxuskategorie, nahe der Küste, sehr gutes Restaurant*

CABAÑAS

■ **$$$$$**

• **Cabañas Las Golondrinas**, *Baquedano s/n, ☎/🖨 622823: nette Holzhäuschen direkt am Kliff, teilweise Terrassen mit weitem Blick übers Wasser*

Restaurants
Fisch und Meeresfrüchte kann man gut und billig in der Markthalle essen aber auch sonst ist Fisch ein Grundnahrungsmittel auf Chiloé und man bekommt ihn in fast jedem Restaurant.

• **El Sacho**, *Mercado Municipal, Local 7, ☎ 622260: eine gute Adresse für Fisco und Meeresfrüchte*
• **Café Lydia**, *Pudeto 256, ☎ 627182: Hier gibt's Kuchen und Sandwiches zu moderaten Preisen, das Café ist einfach, aber fast immer voll und auch als Treffpunkt beliebt.*
• **Hostería Ancud**, *San Antonio 30, ☎ 622340: Hier sind Sie richtig, wenn Sie in gehobener Atmosphäre in Fisch und Meeresfrüchten schwelgen wollen, die Preise sind nicht ohne, den wunderbaren Blick gibt's gratis.*
• *Wer chilenische Austern probieren möchte, ist bei* **Ostras Caulin**, *Caulín Alto s/n, ☎ 643705, richtig. Austern als Suppe, gebratene Austern, Austern-Cocktail... Es stehen aber auch andere Gerichte auf der Karte!*

Wäschereien
• **Lavanderia Clean Center**, *Pudeto 45*

Museen
• **Museo Regional de Ancud Audelio Borquez Canobra**, *Libertad, an der Plaza gegenüber der Kathedrale; Öffnungszeiten: 01.Januar-15. März: Mo-So 10.30-19.30 Uhr, Rest des Jahres: Mo-Fr 9-18 Uhr, Eintritt ca. 1 €*

Angol (S. 481)

Information
- Oficina de Turismo, *Bonilla/O´Higgins,* ☏ *201566*
- *Ein* **CONAF-Büro** *(☏ 711870) ist auf der Ecke Prat/Chorillos*

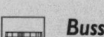

Wichtige Telefonnummern
- Vorwahl: *45*

Busse
Ein **neues Busterminal** *wurde 2003 südlich des Zentrums eröffnet (Avda. General Bonilla 428). Inzwischen starten die meisten Gesellschaften von hier aus, es gibt Verbindungen nach Puerto Montt und Santiago, nach Concepción und zu fast allen größeren Orten auf der Insel. Vom alten Terminal (Caupolicán 200) startet nur noch die Gesellschaft Turbus; der PN Nahuelbuta wird vom nahe gelegenen Terminal Rural aus angefahren.*

Unterkünfte
HOTELS
- $$
- **Hotel Millaray**, *Arturo Prat 420,* ☏ *711570,* 🖨 *711570: etwas abgewohnte aber sonst angenehme und saubere Zimmer, nichts Besonderes aber ausreichend für eine Nacht*

Antofagasta (S. 414)

Information
- **Sernatur**, *Prat 384,* ☏/🖨 *451818, Mo-Fr 8.30-17 Uhr*
- **Automovil Club de Chile**, *Condell 2230,* ☏ *225332*
- **CONAF**, *Avda. Argentina 2510,* ☏ *222250, Mo-Fr 10-13 Uhr und 14.30-17 Uhr*

Wichtige Telefonnummern
- Vorwahl: *55*

Geldumtausch
Geldautomaten gibt es reichlich in der unmittelbaren Umgebung der Plaza, die meisten Wechselstuben sind an der C. Baquedano zu finden.
- **Casa de Cambio**, *Baquedano 516,* ☏ *224814*
- **Banco del Estado de Chile**, *San Martín/Prat*

Flughafen
Der **Flughafen Cerro Moreno** *liegt etwa 20 km nördlich der Stadt (direkt auf dem Wendekreis des Steinbocks), ein Taxi kostet Sie vom Zentrum aus etwa 9 US$. Busse zum Flughafen:*
- **Aerobus**, *Washington 2311,* ☏ *262727*

FLUGGESELLSCHAFTEN
- **LanChile**, *Arturo Prat 445,* ☏ *265151,* 🖨 *222526,* 🖥 *www.lanchile.com*
- **Lloyd Aero Boliviano**, *San Martín 2399,* ☏/🖨 *227986*
- **Lufthansa**, *Copiapó 654,* ☏ *264243*

A

 ### Busse

Es gibt kein zentrales Busterminal in Antofagasta, die meisten Gesellschaften haben ihre Büros aber in Latorre oder in unmittelbarer Nähe. **Verbindungen** gibt es nach Salta (Argentinien), Asunción (Paraguay), Calama, Chuquicamata, San Pedro de Atcama, Arcia und Santiago mit allen Zwischenstopps und zu regionalen Zielen wie Mejillones.

Überregionale und internationale Strecken werden von folgenden Gesellschaften bedient:

- **Buses Geminis**, Latorre 3055, ☎ 251796
- **Tur Bus**, Latorre 2751, ☎ 266691, 🖥 www.turbus.cl
- **Flota Barios**, Condell 2782, ☎ 268559
- **Pullman**, Latorre 2805, ☎ 262591, 🖥 www.pullman.cl
- **Buses Fenix**, San Martín 2717, ☎ 268896
- **Tramaca**, Uribe 936, ☎ 200100 (diese Gesellschaft verkauft auch die Zugtickets für die Strecke Calama – Bolivien)

Nach Mejillones und Portada fahren:

- **Bazar Acuario**, Latorre 2723, ☎ 224805
- **Bazar Mariela**, Latorre 2727, ☎ 227111
- **Bazar Mejillones**, Latorre 2715 ☎ 251332

 ### Züge

Von Antofagasta aus findet im Moment kein Personenverkehr statt, lediglich **Güterzüge** verlassen die historische Station am alten Hafen Richtung Calama. Wenn man von Calama aus nach Bolivien (Uyuni und Oruro) fahren will, kann man aber schon in Antofagasta die Fahrkarten kaufen (Busgesellschaft Tramaca).

 ### Mietwagen

- **Avis**, Balmaceda 2499, ☎/🖷 221073, 🖥 www.avischile.cl (auch am Flughafen vertreten)
- **First**, Bolivar 623, ☎ 225777, 🖥 www.firstrentacar.cl
- **Hertz**, Balmaceda 2492, ☎ 269043, 🖥 www.hertz.cl
- **Budget**, at 272, ☎ 221668, 🖥 www.budget.cl
- **Iqsa**, Latorre 3033, ☎ 283552, 🖷 268323

Reiseagenturen

- **Intitours**, Baquedano 460, ☎ 266185, 🖷 260882, E-Mail: intitour@entelchile.net: sehr freundlich und kompetent, englischsprachig, auch Internet

Campen
- $$$

- **Camping Las Garumas**, 8,5 km südlich des Zentrums am Strand (Küstenstraße): nicht sehr gemütlicher aber gut ausgestatteter Platz, die Standplätze sind durch Windschutzwände voneinander getrennt, es gibt Tische, Bänke, Stromanschluss und Licht, allerdings nur kalte Duschen. Der Platz liegt in einer etwas abgelegenen (und nicht sehr angenehmen) Gegend und ohne eigenes Auto ist man hier vielleicht nicht so gut aufgehoben!

Unterkünfte
HOTELS

Auch wenn Antofagasta kein ausgeprägtes Touristenziel ist, gibt es eine relativ große Auswahl an Hotels, welche chilenische Ingenieure und Arbeiter bedienen, die in den Minen zu tun haben. Besondere Höhepunkte sind allerdings nicht darunter, die meisten Häuser schwelgen im Mittelmaß und man sollte nichts Ausgefallenes erwarten!

▪ **$**

• **Residencial Riojanita**, *Baquedano 464, ☏ 410693: sehr einfach aber auch sehr preiswert und freundlich, die richtige Adresse für Rucksacktouristen, die andere Traveller kennen lernen wollen und keine allzu hohen Ansprüche an Komfort und Hygiene stellen! Geführt wird das Residencial von zwei charmanten alten Damen, es gibt einen kleinen Innenhof und alle Zimmer sind ohne eigenes Bad.*

• **Hotel Brasil**, *J.S. Ossa 1978, ☏ 267268: ein erfreuliches Angebot in dieser Kategorie: einfache aber absolut saubere Zimmer, wahlweise mit TV oder ohne (Preisaufschlag, kein Kabel!). Viele Zimmer gehen auf einen kleinen Innenhof und sind relativ ruhig, nervig ist die permanente Radiobeschallung, mit der sich die Zimmermädchen ihre Arbeitszeit versüßen.*

▪ **$$$**

• **Hotel San Martín**, *San Martín 2781, ☏ 268882, 🖷 611812: große und saubere Zimmer in der Nähe des Terminal Rural, fällt preislich eher in den unteren Bereich dieser Klasse*

• **Hotel Colon**, *San Martín 2434, ☏ 261851, 🖷 260872: kleines Hotel im Zentrum, gutes Preis-Leistungs Verhältnis, geboten werden solide Mittelklassezimmer, das Personal ist sehr freundlich und hilfsbereit!*

• **Apart Hotel Don Luis**, *Arturo Prat 819, ☏ 227787, 🖷 262599: 12 großzügige, komplett ausgestattete Apartments nahe des Zentrums für bis zu sechs Personen. Die Apartments sind relativ neu und deshalb noch nicht verwohnt, die Küche besticht durch eine vergleichsweise gute Ausstattung.*

▪ **$$$$**

• **Marsal Hotel**, *Prat 867, ☏ 268063, 🖷 221733, 🖥 www.marsalhotel.cl: modernes Mittelklassehotel ohne viel Gesicht aber mit Restaurant und Parkplatz*

• **Hotel Diego de Almagro**, *Condell 264, ☏ 268331, 🖷 251721, 🖥 www.diegodealmagrohoteles.cl: traditionsreiches Haus mitten im Zentrum, schon die Eingangshalle besticht durch viel dunkles Holz und Schmiedeeisen; die Zimmer sind etwas weniger düster und insgesamt angenehm*

• **Apart Hotel Astore**, *Prat 964, ☏ 223665, 🖷 222584: Haus mit 23 frisch renovierten, sehr gepflegten Apartments, die ganze Anlage macht einen neuen und frischen (wenn auch etwas engen und verwinkelten Eindruck. Das Hotel hat einen Parkplatz und einen kleinen Innenhof zum Sitzen*

▪ **$$$$$**

• **Plaza Hotel**, *Baquedano 461, ☏ 269046, 🖷 266803, E-Mail: htlplaza@chilesat.net: Vier-Sterne-Hotel mit Garten und Pool, das Haus und seine Einrichtung ist etwas in die Jahre gekommen aber durchaus noch akzeptabel. Einige der Zimmer sind so geräumig, dass sie auch von Rollstuhlfahrern genutzt werden können (bedingt rollstuhlgerecht)*

• **Hotel Antofagasta**, *Balmaceda 2575, ☏ 228811, 🖷 228415, 🖥 www.hotelantofagasta.cl: das teuerste aber auch schönste Hotel in Antofagasta liegt direkt am Wasser, der große, leicht geschwungene Bau ist nicht zu übersehen. Die Zimmer sind gediegen luxuriös eingerichtet, von den wasserseitigen Räumen hat man einen herrlichen Blick*

Restaurants

Im Zentrum ist es nicht ganz leicht, ein gutes Restaurant zu finden, aber auf der C. Carrera gibt es einige interessante Lokale, alle der gehobenen Preisklasse.

- **Club de la Union**, *Prat 474: solide chilenische Küche in etwas altväterlichem Ambiente*
- **Pizzanté**, *Carrera 1857*, ☏ 223344, 🖳 www.pizzante.cl: *Pizza und Pasta der gehobenen Preisklasse, auch Lieferservice (Bestellungen über* ☏ *223344), nette stilvolle Pizzeria*
- **El Arriero**, *Condell 2644*, ☏ 264371: *mitten im Zentrum ist dieses Restaurant einer der Treffpunkte für Geschäftsmänner in Antofagasta. Etwas düster, ist es mit vielen schönen oder aber auch nur kuriosen Antiquitäten eingerichtet, bedient wird man von Obern der alten Schule. Serviert werden Fleischgerichte von prima Qualität und enormen Ausmaßen! (im Erdgeschoss gelegen)*
- **Picadillo**, *Avda. Grecia 1000*, ☏ 247503, 🖳 www.picadillo.cl: *entspanntes Restaurant mit international angehauchter Speisekarte*
- **Mexall**, *Poupin/Edo. Orchard*, ☏ 223672: *gute, nicht billige mexikanische Küche; Eine erfreuliche Abwechslung, die man sich nicht entgehen lassen sollte.*
- **Dominos Pizza**, *Avda. Angamos, 1395*, ☏ 260000: *Auch in Antofagasta bekommt man inzwischen die berühmte US-Amerikanische Pizza, man kann sie in einem absolut freudlosen Schnellrestaurant essen oder sie sich ins Hotel liefern lassen (Eigentlich ist Dominos ein Lieferservice!)*

Internet
- **Reisebüro Inti-Tours**, *Baquedano 464*
- **Ciber Latorre**, *Latorre 2368*
- **DBM@net** , *Matta 2256*

Wäschereien
- **Laverap**, *14 de Febrero 1802*

Museen
- **Museo Regional de Antofagasta**, *Di-Sa 10-18 Uhr, So 11-14 Uhr, Eintritt ca. 1 €, So Eintritt frei*

Strände
- *Das* **Balneario Municipal** *ist vom Zentrum aus zu Fuß zu erreichen (ca. 15 Min. nach Süden) und im Sommer besonders am Wochenende der Treffpunkt der ganzen Stadt.*

Fischerei-Erlaubnis
- **Sernap**, *Copiapó 739*, ☏ 268710

Arica (S. 363)

Wichtige Telefonnummern
- **Vorwahl**: *58*

Information
- **Sernatur**: *San Marcos 101*, ☏ 252054, *Mo-Fr 8.30-17.20 Uhr*
- **Conaf**, *Vicuña Mackenna 820*, ☏ 227804, *Mo-Fr 8-13 Uhr und 14-17.30 Uhr: Auskunft über Refugios und den Zustand der Straßen im Altipplano*
- **www.arica.cl**: *Seite der Stadt Arica, auch Informationen zur Umgebung (Spanisch)*
- **www.infoarica.cl**: *Seite zu touristischen Themen mit vielen Links (Spanisch)*

Diplomatische Vertretungen
KONSULATE
- **Bolivien**: 21de Mayo 575, ☏ 231030
- **Deutschland**: 21 de Mayo 639, 3. Stock, ☏ 231551
- **Peru**: San Marcos 786, ☏ 231020

VISA
Falls Sie Ihre **Touristenkarte** *verloren haben, ist es günstiger in Arica zur Fremdenpolizei zu gehen und sie ersetzen zu lassen, an der Grenze zu Bolivien oder Peru ist das zwar meistens auch möglich, aber evtl. mit endlosen Diskussionen verbunden!*
- **Departamento de Extranjeria**, 7 de Junio 188, 3. Stock

 Geldumtausch
- **Casa deCambio**, 18 de Septiembre 330
- **Yanulaque**, 21 de Mayo

✈ **Flughafen und Fluglinien**
Der **Flughafen Chacalluta**, ☏ 222831,liegt etwa 18 km nördlich der Stadt; Flugverbindungen bestehen u. a. nach Antofagasta, Iquique, Santiago, La Serena, La Paz und Santa Cruz (Bolivien) und Arequipa (Peru). Zum Flughafen kommt man am einfachsten per Taxi:
- **Radiotaxis Chacalluta**, Lynch 371, ☏ 254812

Die meisten Fluglinien haben Büros im Stadtzentrum:
- **LanChile**: 21 de Mayo 345, ☏ 251641, 🖨 252600, 🖥 www.lanchile.cl
- **Lloyd Areo Boliviano**: Patricio Lynch 298, ☏ 251919
- **Sky Airlines**: Chacabuco 314, Lokal 83, ☏ 251816

🚌 **Busse**
Das **Terminal de Buses** liegt an der Ausfallstraße nach Norden (Avda. Santa Maria), die genaue Adresse ist Diego Portales 948, ☏ 21390. **Verbindungen** gibt es u. a. nach Iquique, Antofagasta, La Serena, Valparaíso und Santiago, sowie nach Peru und Bolivien. Besonders in der Hauptreisezeit (dem chilenischen Sommer) empfiehlt es sich, Tickets einen Tag vor Abreise zu besorgen (wenn man nur nach Iquique möchte, ist das nicht nötig).

BUSGESELLSCHAFTEN IN ARICA
- **Buses Geminis**, Terminal Rodavio, ☏ 241647
- **Buses Pullman Santa Rosa**, Terminal Rodavio, ☏ 241029, 🖥 www.pullman.cl
- **Fenix Pullman Norte**, Terminal Rodavio, ☏ 222457
- **Pullman Carmelita**, Terminal Rodavio, ☏ 241591: Iquique und Santiago
- **Turbus**, Terminal Rodavio, ☏ 222217, 🖥 www.turbus.com
- **Buses Cuevas y Gonzalez**, ☏ 241090 oder 223319: je ein täglicher Bus nach Iquique und La Paz
- **Buses CATA**, ☏ 222218: mehrmals wöchentlich Salta, Mendoza, Jujuy, Tucuman, Buenos Aires (Argentinien)
- **Buses Ramos Cholele**, ☏ 221029 oder 240194: Santiago mit zahlreichen Zwischenstationen

Colectivos und Taxis nach **Tacna in Peru** *fahren an der Ecke Baquedano/Chacabuco ab, die Fahrt dauert etwa eine Stunde (je nach Wartezeit an der Grenze) und kostet um die 5 €.*

Züge

Momentan fährt von Arica nur ein Zug nach **Tacna**, *das Büro der Gesellschaft ist in der Maximo Lira 889. Die Fahrt dauert etwa 1,5 Stunden und ist nur wenig lohnend. Der berühmte Zug* **Arica-La Paz** *fährt zurzeit nicht, wann und ob er wieder aufgenommen wird, ist unklar. Man kann auf jeden Fall im Büro der Gesellschaft (neben dem alten Zollgebäude) nachfragen!*

Mietwagen

- **American**, *General Lagos 559,* ☎ 252234
- **Avis**, *Chacabuco 180, (und im Flughafen),* ☎ *und* 🖨 232210, 🖥 *www.avischile.cl*
- **Budget**, *Hotel Arica, Avda. Comandante San Martín 599,* ☎/🖨 258911, 🖥 *www.budget.cl*
- **Hertz**, *Baquedano 999,* ☎ 231487, 🖥 *www.hertz.cl*
- **Automovil Club**: *Chacabuco 460,* ☎ 252878, *Mo-Fr 8.30-18 Uhr, Sa 8.30-12 Uhr*

🚲 Fahrräder

- *Fahrräder mieten kann man bei* **Latinorizons**, *Bolognesi 449,* ☎ 250007

Reisebüros

Viele der zahlreichen Reisebüros in Arica arbeiten nur die Sommermonate über, einige haben sich darüber hinaus eine eher fragwürdige Reputation erworben. Es ist schon vorgekommen, dass bei Ausflügen über mehrere Tage der Rücktransport nicht stattfand. Bei Ausflügen in den Lauca-Nationalpark sollten Sie sich auf jeden Fall erkundigen, ob Sauerstoff mitgeführt wird!

- **Turismo Lauca**, *Prat 430, Local 10,* ☎/🖨 252322. *Zuverlässig, stellen auf Wunsch und gegen Aufpreis auch Dolmetscher zur Verfügung*
- **Clinamen Safaris**, *Sotomayor 361, 2. Stock,* ☎232281 *oder 09-5735716,* 🖥 *www.clinamen.cl: deutsch-chilenisches Team, das Touren per Jeep durch den Altiplano und die Umgebung von Arica nach dem Prinzip des nachhaltigen Tourismus anbietet. Die Planung der Touren wird auf die Wünsche und Vorlieben der Gäste abgestellt.*
- **Geotour**, *Bolognesi 360,* ☎ 253927, 🖨 251675, 🖥 *www.geotour.cl: NP Lauca, Tacna, Stadtführungen, englischsprechende Guides*

🛏 Unterkünfte
HOTELS

▪ **$**

- **Residencial Chungara**, *Patricio Lynch 675,* ☎ 231677: *einfaches aber sehr freundliches und relativ zentrales Residencial, die Zimmer sind sehr sauber und gehen auf einen kleinen Innenhof heraus. Wenn möglich, sollte man eher ein Zimmer im oberen Stockwerk mieten, hier ist die Lärmbelästigung durch andere Gäste geringer und die Ventilation besser. Alle Zimmer haben Gemeinschaftsbad, es gibt ein Frühstücksangebot (das extra gezahlt wird) und einen Wäscheservice.*
- **Hostal Las Condes**, *Vicuña Mackena 628,* ☎/🖨 251563: *kleines Hostal mit unterschiedlichen Zimmern, man sollte sich die Räume anschauen, bevor man sie mietet! Sehr gutes Preis-Leistungs-Verhältnis, sauber, ruhig, Zimmer mit und ohne eigenes Bad, Patio-artiger ruhiger Aufenthaltsraum, leider nicht ganz so zentral*
- **Hostal Blanquita**, *Maipú 472,* ☎ 232064, 🖨 25 66 87: *große Zimmer mit Frühstück, einfach aber sauber und sehr zentral*

▪ **$$$**

- **Hotel Lynch**, *Patricio Lynch 589,* ☎ 231591, 🖨 231581: *freundliches kleines Hotel, eher im Stil eines Residencial, die Zimmer haben aber eigene Bäder und sind sehr sauber. Das Hotel hat einen Parkplatz und liegt nur einige Gehminuten von den Hauptgeschäftsstraßen entfernt.*

• **Hotel Plaza Colin**, *San Marcos 261,* ☎ *231244, E-Mail: hotel_plaza_colon@entelchile.net: modernes, zentral gelegenes Mittelklassehotel an der Plaza Colon mit 39 Zimmern. Es gibt einen alten, etwas verwohnten Teil und einen brandneuen Anbau, dessen Zimmer zu empfehlen sind.*
• **Hotel Solar de Almagro**, *Sotomayor 490,* ☎ *224444,* 🖨 *221248: große, gut ausgestattete (TV, Minibar) relativ neue Zimmer*
▪ **$$$$**
• **Hotel Volapuk**, *21 de Mayo 425,* ☎ *252575,* 🖨 *251168,* 🖥 *www.volapuk.cl: ehemaliges Best-Western-Haus, die Zimmer sind etwas klein, haben aber dafür Klimaanlage, und es gibt kostenlosen Internetzugang.*
▪ **$$$$$**
• **Hostería Arica**, *Avda. Comandante San Martín 599,* ☎ *254540,* 🖨 *231133, im Internet unter www.panamericanahoteles.cl: Vier-Sterne-Hotel zum Verwöhnen-Lassen am Strand, ca. 2 km südlich der Stadt. Viele der Zimmer haben Blick auf den Pazifik, außer den normalen Hotelzimmern gibt es auch Cabañas für bis zu fünf Personen. Das Hotel ist als Ferienkomplex angelegt und bietet neben einem Restaurant auch verschiedene Sportmöglichkeiten.*
• **Hotel El Paso**, *General Velasquéz 1109,* ☎ *231965,* 🖥 *www.hotelelpaso.cl: in einem tropischen Garten (und am Strand) gelegenes Hotel der Oberklasse mit Tennisplätzen und Fahrradvermietung, das den Vorteil hat, relativ Innenstadtnah zu liegen.*

Restaurants

• *Gut und preiswert kann man z. B. Fisch und Meeresfrüchte auf dem* **Mercado Colon** *(gleichnamige Straße) essen. Ansonsten:*
• **El Buen Gusto No 4**, *Maipu 470,* ☎*252318: einfaches aber gutes Restaurant, spezialisiert auf Hähnchen vom Grill, großzügige Portionen und leckere Säfte. Die Einrichtung erinnert etwas an einen Schnellimbiss, was der Beliebtheit keinen Abbruch tut: besonders am Wochenende treffen sich hier Familien mit Kind und Kegel, Liebespaare und Touristen, die Kellner wickeln ausnahmslos jeden mit ihrem Charme ein! (im Erdgeschoss gelegen)*
• **Casino La Bomba**, *Colon 357,* ☎ *232983: einfaches Restaurant im Gebäude der Feuerwehr, die Karte besticht eher durch die moderaten Preise als durch ausgefallene Gerichte, die Kellner sind berühmt für ihre Freundlichkeit. Ruhepunkt in der Nähe der Fußgängerzone (im Erdgeschoss gelegen)*
• **Bavaria**, *Colón 613,* ☎ *251679: Sandwichs und Fastfood in zuverlässig akzeptabler Qualität*
• **Pizzeria La Dolce Vita**, *21de Mayo 501,* ☎ *232007: populärer (und manchmal etwas trubeliger und lauter) Treffpunkt, großzügige Portionen*
• **Maracuya**, *Avda. Comandante San Martín 0321,* ☎ *227600,* 🖨 *255448, geschmackvoll eingerichtetes Restaurant der gehobenen Preisklasse mit ausgezeichneten Fisch- und Meeresfrüchte-Gerichten, Terrasse mit wunderschönem Blick auf den Pazifik*
• *Für den gehobenen Geldbeutel sind auch die Restaurants des* **Hotels Arica**, *des* **Casinos** *(Velásquez 955,* ☎ *224131) und des* **Yachtclubs** *(Isla Alacran). Alle servieren internationale Küche.*

Museen

• **Museo Historico y de Armas**, *El Morro,* ☎ *255416, Öffnungszeiten von Dezember-Februar: Mo-So 9-22 Uhr, Eintritt ca. 1 €*
• **Casa de Aduana**, *Mo-So 8.30-20 Uhr*
• **Museo Arqueologico San Miguel de Azapa**, ☎ *205551,* 🖥 *www.uta.cl/masma; Öffnungszeiten: Januar u. Februar: Mo-So 9-20 Uhr, Rest des Jahres: 10-18 Uhr, Eintritt ca. 2 €*

Fischerei-Erlaubnis
• Eine Fischereierlaubnis bekommen Sie bei **Sernap**, Serrano 1856, ☎ 246040, 🖳 www.sernapesca.cl

Einkaufen
• In der **Fußgängerzone** 21de Mayo finden sich die großen Department-Stores, Straßencafes usw.
• **Ferias Persas**: In der C. Colon und C. Velásquez gibt es zahlreiche der bei den Chilenen so beliebten Persas mit Kitsch und Kram aller Art
• **Kunsthandwerk**: C. Tompson und C. Bolognesi

Ausgehen
• **Kasino**, General Velásquez 955, ☎ 232952, Öffnungszeiten: Mo-Do 12-3.30 Uhr, Fr u. Sa 21-4 Uhr, Eintritt ca. 4 €

Kino
• Es gibt ein **Kino** mit einem Saal an der Plaza Colon.

Bahía Inglesa (S. 423)

Wichtige Telefonnummern
• Vorwahl: 52

Campen
▪ $$$
• **Camping Corfo Bahía Inglesa**, direkt am Ortseingang gelegen, ☎ 316399, 315424, großer, gut ausgestatteter Platz am Strand, auch Cabañas für bis zu sechs Personen

Unterkünfte
HOTELS
▪ $$
• **Hotel Blanco Encalada**, Avda. Copiapó 514, ☎ 315345, 🖳 www.bahiainglesa.net: moderne und saubere Zimmer, gutes Preis-Leistungs-Verhältnis
▪ $$$$$
• **Apart Hotel Rocas de Bahía** , Avda. El Morro s/n, ☎ 316005, 🖨 316032, im Internet unter www.rocasdebahia.cl: Apart-Hotel der gehobenen Klasse mitten im Ort, schöner Blick über die Bucht, die Apartments sind mit Kitchenette und Terrasse ausgestattet. Das Hotel ist sehr beliebt, wohl weil es so zentral liegt und deshalb im Sommer fast immer ausgebucht!

CABAÑAS
▪ $$$
• **El Umbral de Bahía Inglesa**, Camino Caldera-Bahía Inglesa s/n, ☎ 315000, im Internet unter www.elumbraldebahiainglesa.cl: Pool und Kinderspielplatz, die Cabañas sind relativ nüchtern, aber sauber
▪ $$$$
• **Apartamentos Rent a Home Bahía Inglesa**, Avda. Salvador 487, ☎ 319028, 🖨 319287: ganz neue Anlage mitten im Dorf, Cabañas bis sechs Personen mit kleinem Pool, Vermietung von Aus-

rüstungen zum Windsurfen, Motorrädern, Wasserski, eher was für Leute, denen auch ein wenig Rummel nichts ausmacht!

Restaurants
• **El Plateao**, Costanera, ☎ 826007: Fisch und Meeresfrüchte

Bariloche (Argentinien) (S. 513)

Information
• Die ausgezeichnete **Touristeninformation** (☎ 23022, Mo-So 8-20 Uhr) finden Sie am Centro Cívico in der Stadtverwaltung.
• www.bariloche.com

Wichtige Telefonnummern
• **Vorwahl**: 0944

Diplomatische Vertretungen
BOTSCHAFTEN UND KONSULATE
• **Konsulat Chile**, Juan Manuel Rosas 180, ☎ 422842
• **Honorarkonsulat Deutschland**, Emilio Morales 460, ☎ 425 695, 🖷 425 017, E-Mail: consuladobariloche@gmail.com
• **Honorarkonsulat Österreich**, 24 de Septiembre 230, ☎ 424873
• **Honorarkonsulat Schweiz**, Quaglia 342, ☎ 426111, 🖷 423775 (momentan geschlossen)

✈ ### Flughafen und Fluggesellschaften
Der Flughafen liegt an der RN 237, östlich des Zentrums (☎ 432333). Verbindungen gibt es zu verschiedenen lokalen Zielen und nach Buenos Aires. Transporte zum Flughafen:
• **Transportes Ali**, Quaglia 238, ☎ 23918

FLUGGESELLSCHAFTEN IN BARILOCHE
• **Aerolíneas Argentinas**, Mitre 185, ☎ 422425, 🖷 422548, 🖳 www.aerolineas.com.ar
• **KAIKEN**, Palacios 266, ☎ 433494
• **LAPA**, Villegas 12, ☎ 423714
• **LADE**, Quaglia 238, ☎ 423282

Busse
Das **Terminal de Autobusses** liegt an der RN 237, (das ist die Ausfallstraße Richtung Osten) ca. 2 km vom Stadtzentrum entfernt. Dort sind alle Gesellschaften vertreten. Trotzdem hier einige Telefonnummern:
• **Andesmar**, Palacios 246, ☎ 422140: Esquel, Neuquén, San Rafael, Mendoza, San Juan, La Rioja, Catamarca, Tucumán, Salta, Trelew, C. Rivadavia, C. Olivia, Río Gallegos
• **Chevalier**, Moreno 107, ☎ 423090: Buenos Aires
• **Don Otto**, Terminal de Autobusses, ☎ 421699: El Bolsón, Esquel, Pto. Madryn, Trelew, C. Rivadavia, Río Gallegos
• **La Estrella**, Moreno 107, ☎ 422140: Buenos Aires
• **Cruz del Sur**, San Martín 453, ☎ 422818: Santiago, Valdivia, Chiloé

B

- **Mercedes**, *Mitre 161*, ☎ *424269: Puerto Montt*
- **Tas Choapa**, *Moreno 138*, ☎ *426663: Puerto Montt, Valdivia*

Mietwagen
- **Budget**, *Mitre 106*, ☎ *422482*, 🖷 *422482*, 🖳 *www.budgetbariloche.com*
- **Dollar Rent a Car**, *Villegas 282, Local 6*, ☎/🖷 *430333*, 🖳 *www.dollar.com.ar*
- **Open Rent a Car**, *Mitre 171, Local 15*, ☎ *426335*, 🖳 *www.opencar.com.ar*

Unterkünfte
HOTELS

▪ **$**
- **Albuergue La Bolsa de Deporte**, *Palacios 405 / Elflein*, ☎ *423529*, E-Mail: *bolsadep@bariloche.com.ar: ähnlich einer Jugendherberge, Zwei- bis Achtbettzimmer, Kochgelegenheit, mehrmals pro Woche gibt's ein Essen für alle zum Selbstkostenpreis, Touren in die Umgebung, freundliche Atmosphäre, zum Rauchen muss man in den Garten! Hier ist man richtig, wenn man andere Traveller kennen lernen will.*
- **Patagonia Backpackers Hostel**, *Quaglia 160 1° Piso*, ☎ *429051, im Internet unter www.patagoniabackpacker.com.ar: Gemütlich rustikal und mit viel Holz eingerichtet bietet dieses Hostal Zimmer mit Stockwerkbetten (**$**) und Zwei-Bett-Zimmer (**$$**). Küchenbenutzung, Aufenthaltsraum und Internetzugang komplettieren das Angebot.*

▪ **$$**
- **Hostería Calvú Leovú**, *Gallardo 306/Rolando*, ☎ *26250, E-Mail: Calvuleovu@Bariloche.com.ar: Die Zimmer bestechen weder durch Luxus noch durch Originalität, sind aber absolut sauber und die Besitzer geben sich alle Mühe, ihren Gästen den Aufenthalt so angenehm wie möglich zu machen.*
- **Hotel Quillen**, *Avda. San Martín 415*, ☎ *422669*, 🖳 *www.hotelquillen.com.ar: einfache aber saubere und akzeptable Zimmer, zum Hotel gehört eine nette Cafeteria.*

▪ **$$$**
- **Hotel Flamingo**, *Mitre 24*, ☎ *434868: Die freundlichen Zimmer haben teilweise Blick auf den See, das Haus liegt nahe dem Centro Civico und am Ende der wichtigsten Einkaufsstraße, das Preis-Leistungs-Verhältnis stimmt!*

▪ **$$$$**
- **Hostería Tirol**, *Libertad 175*, ☎ *426152*, 🖷 *426153*, 🖳 *www.hosteriatirol.com.ar: gediegenes Mittelklassehotel mit Blick auf den See etwas westlich der Plaza, die Einrichtung wird dem Name zumindest teilweise gerecht und erinnert vage an Österreich. In der freundlichen Lobby kann man ebenfalls den wunderbaren Seeblick genießen.*

▪ **$$$$$$**
- **Hotel Edelweiß**, *San Martín 202*, ☎ *445500*, 🖳 *www.edelweiss.com.ar: Fünf-Sterne-Hotel mit Restaurants, Bar, Schwimmbad und was sonst noch dazugehört, sehr geschmackvoll eingerichtete Zimmer, das Personal ist sehr freundlich und der Service untadelig. Das Hotel hat einige behindertengerecht ausgebaute Zimmer.*
- **Hotel Dazzler Bariloche**, *Avda. San Martín 441*, ☎ *456900*, 🖳 *www.dazzlerhotel.com: ein neues Mitglied der 5-Sterne-Familie in Bariloche, dieses Haus bietet Zimmer in modernem Design teilweise mit atemberaubenden Blick auf den See.*

Restaurants
In Bariloche gibt es eine Fülle guter Restaurants und gemütlicher Cafés, versäumen Sie nicht, ein argentinisches Steak zu essen!

- **Restaurant La Bohemia**, *Moreno 48: Hier gibt es einfache preiswerte Gerichte und Warsteiner Bier.*
- **Hola Nicolas**, *El Rey de Chocolate en Taza, Moreno 10: riesige Auswahl an Trink-Schokolade in erfreulich guter Qualität, dazu Kuchen, Gebäck und kleine Gerichte; die Atmosphäre ist nett und entspannt, die Preise moderat bis saftig (im Erdgeschoss gelegen).*
- **Casita Suiza**, *Quaglia 342: sehr leckeres Essen aus der Schweiz: Raclette, Rösti, Fondue...*
- **El Vegetariano**, *Neumeyer/Morales: wie der Name schon sagt: fleischlose Kost in guter Qualität*
- **El Boliche de Alberto**, *Villegas 357: Fleisch zum Sattessen, wunderbar zarte Steaks*
- **C&C**, *Mitre 630: Fleisch und große Salatauswahl*

Einkaufen
- **Panaderia Trevisan**, *Moreno 76: viele verschiedene Brotsorten und tolle Kuchen (nur Verkauf!)*

*Bariloche ist die Stadt der **Schokolade**, das Angebot ist riesig und die größeren Schokoladenläden gleichen fast einem Kaufhaus. Wer die Hauptkundschaft ist, wird schnell klar: der größte Laden heißt „Turista" und hat Filialen an jeder Straßenecke. Die Qualität ist in diesen Läden o.k., wirklich exquisite Pralinen bekommen Sie zu entsprechenden Preisen in kleineren Läden, bei denen schon die Dekoration zeigt, dass sie edleren Zuschnitts sind.*

Internet
Alle Internet-Läden haben etwa den gleichen Preis, der bei 6 € pro Stunde liegt:
- **Cyber Puerto Bariloche**, *Puerto San Carlos, E-Mail: torcuutu@bariloche.com.ar*
- **Galeria del Sol**, *Local 54*
- **Email Bariloche**, *Mitre 437*

Museen
- **Museo de la Patagonia Perito Francisco Moreno**, *Centro Civico, Mo u. Sa 10-13 Uhr, Di-Fr 10-12.30 Uhr und 14-19 Uhr*

Kino
- **Cine Arayanes**, *Moreno 26*

Wäscherei
- **Lavanderia**, *Villegas 202*

Calama (S. 397)

›› *Entfernungen*
- **Santiago**: *1.566 km*
- **Iquique**: *387 km*

Wichtige Telefonnummern
- **Vorwahl**: *55*

Information
- **Städtisches Informationsbüro**, *Latorre 1689, Mo-Sa 9-13 Uhr, Mo-Fr 15-19 Uhr, ☏ 242742: hat zahlreiche Boschüren zur Region und vermittelt auch Stadtrundfahrten und Touren nach San Pedro de Atacama und Chuquicamata.*

Unterkünfte
HOTELS

▪ **$**
• **Nuevo Hotel Los Andes**, Vivar 1920, ☎ 341073: *einfaches aber sehr freundliches Hotel, zumindest die Bäder sind neu renoviert, das Hotel hat einen Aufenthaltsraum, in dem immer der Fernseher läuft und das Hauptpublikum sind Arbeiter.*
• **Hotel El Loa**, Abaroa 1617, ☎ 341963: *kleines Hotel der unteren Preisklasse, etwas altväterlich aber sauber und durchaus akzeptabel. Frühstück wird extra berechnet.*
▪ **$$**
• **Residencial John Kennedy**, Ecuador 1991, ☎ 341430: *relativ neu, freundlich mit Parkmöglichkeit*
▪ **$$$**
• **Hotel El Mirador**, Sotomayor 2064, ☎/ 🖨 340329, 🖳 www.hotelmirador.cl: *kleines Schmuckstück in einem wunderschönen alten Haus, die teilweise sehr großzügig geschnittenen Zimmer sind geschmackvoll (teilweise mit Antiquitäten) eingerichtet und bedingt rollstuhlgeeignet. Das Hotel ist im heißen Calama so etwas wie eine kultivierte Oase!*
• **Hotel Punakora**, Santa María 1640, ☎ 345539, 🖨 344955, E-Mail: punacora@ctcinternet.cl: *Zimmer mit Kochgelegenheit, gediegenes Ambiente*
• **Hotel Alfa**, Sotomayor 2016, ☎ 342496, 🖨 341565, 🖳 www.hotelalfa.cl: *gutes Hotel der oberen Mittelklasse, nicht originell aber gediegen eingerichtet*
▪ **$$$$**
• **Hostería Calama**, Latorre 1521, ☎ 341511, 🖨 342033, 🖳 www.Hosteríacalama.cl: *eines der ersten Hotels der Stadt, das vernünftige Zimmer, einen Pool und ein gutes Restaurant bietet.*

 Restaurants
• **Bavaria**, Sotomayor 2095: *Sandwichs und Fleisch, die übliche Karte, immerhin sauber und freundlich (im Erdgeschoss gelegen)*
• **Tong Fong**, Vivar 1951: *Chinesische Kost für alle, die Abwechslung von der chilenischen Küche suchen*
• **Club Croata**, Abaroa 1869: *preiswerte Mittagsmenüs, chilenische Küche, nichts Besonderes aber akzeptabel*
• *Die beste Wahl in Calama ist vielleicht das* **Restaurant der Hostería Calama**!

Caldera (S. 423)

 Unterkünfte
HOTELS

▪ **$$**
• **Hotel Costanera**, Wheelwright 543, ☎ 316007: *einfach aber sauber und freundlich, an der Costanera nahe des Hafens*
• *Eine größere* **Auswahl an Hotels** *findet man in Bahía Inglesa, das sozusagen gleich nebenan liegt!*

Caleta La Arena (S. 540)

 Fähre
• *Die Fähre von* **La Arena** *nach* **Caleta Puelche** *braucht etwa eine halbe Stunde und fährt im Sommer etwa alle 1,5 Stunden, sonst dreimal täglich. Während der Sommermonate kann es durchaus zu Wartezeiten kommen.*

Cartagena (S. 463)

Wichtige Telefonnummern
• Vorwahl: *35*

Unterkünfte
HOTELS

Cartagena liegt an der Ferienküste, hier kommen hauptsächlich Familien aus Santiago zum Urlaub-Machen her, auf sie ist das Hotel-Angebot zugeschnitten. Der internationale Tourismus verirrt sich kaum hierher. In der Regel bekommt man in den Hotels auch Vollpension, wenn man das möchte.

▪ **$$**
• **Hotel Playa**, *Playa Chica 98,* ☎ *450370: etwas einfach aber doch akzeptabel, direkt am Strand*
• **Hotel Bellavista**, *Ricardo Sta. Cruz 216,* ☎ *450369: etwas dunkel mit viel Holz eingerichtetes kleines Hotel einfachen Zuschnitts*

Castro (S. 532)

Information
• *Ein kleiner* **Kiosk** *steht an der Plaza de Armas*
• **CONAF** *hat sein Büro in der Gamboa 424 (*☎ *632289)*

Wichtige Telefonnummern
• Vorwahl: *65*

Geldumtausch
• **Casa de Cambio**, *Chacabuco 286, ansonsten gibt es im Zentrum einige Banken mit Geldautomaten*

Busse
In Castro gibt es zwei **Busbahnhöfe.** *Der wichtigere liegt in der C. San Martín 486, von hier aus starten die Busse aufs Festland (Fahrtzeit nach Puerto Montt: 3 Stunden, nach Santiago 20 Stunden), aber auch zu lokalen Zielen. Zwei Blocks weiter im 600 liegt das Terminal Municipal, von dem aus die anderen Orte der Insel angefahren werden (Quellón, Quemchi, Conchi, Dalcahue, Cucao).*

EINIGE BUSGESELLSCHAFTEN IN CASTRO
• **Buses Transchiloé**, *San Martín 486,* ☎ *632389,* 🖨 *635265*
• **Cruz del Sur**, *San Martín 486,* ☎ *632389,* 🖨 *635265,* 🖥 *www.busescruzdelsur.cl*

Fähren
Von Castro aus gibt es eine Fährverbindung nach Chaitén an der Carretera Austral. Die Fahrt dauert ca. 7 Stunden (in der Hochsaison ca. 3-mal wöchentlich, außerhalb der Saison seltener) und sollte unbedingt vorher reserviert werden.
• **Transmarchilay**, *Thompson 273,* ☎ *635691,* 🖥 *www.transmarchilay.cl*

C

 Reiseagenturen
• **Expediciones Pehuén**, *Blanco 229*, ☎ *635254: Ausflüge und Touren auf Chiloé, auch zum Nationalpark*

 Unterkünfte
HOTELS
In Castro gibt es eine Menge Unterkünfte gerade im unteren Preissektor, viele sind jedoch schäbig und wenig empfehlenswert.

▪ **$**
• **Hospedaje El Molo**, *Barros Arana 140*, ☎ *635026: einfach aber freundlich und angenehm, mit Frühstück*
▪ **$$**
• **Hostal Casa Kolping**, *Chacabuco 217*, ☎/🖷 *633273: nettes Hotel in freundlichem Holzhaus mit 12 Zimmern, ganz in der Nähe der Plaza de Armas*
▪ **$$$**
• **Hotel Casa Blanca**, *Los Carrera 308*, ☎ *632726: nahe der Küste, schöne Zimmer, Einzelzimmer etwas klein*
▪ **$$$$**
• **Hostería de Castro**, *Chacabuco 202*, ☎ *632301*, 🖷 *635688: Drei-Sterne-Hotel nahe des Hafens, sehr freundlich*
• **Hotel Unicornio Azul**, *Avda. Pedro Montt 228*, ☎ *632359*, 🖷 *632808: stimmungsvolles altes Holzhaus, stilvoll restauriert, vielleicht das schönste Hotel am Ort!*

Restaurants
• **Unicornio Azul**, *Avda. Pedro Montt 228*, ☎ *622359: sehr gutes gepflegtes Restaurant mit schönem Blick*
• **Hostería de Castro**, *Chacabuco 202*, ☎ *632301: ebenfalls schöner Blick, Fisch und Meeresfrüchte, Fleisch*
• **Restaurant Palafito**, *Lillo 30*, ☎ *635476: nahe des Hafens in einem typischen Palafito-Haus, Fisch und Meeresfrüchte, Curanto*
• **Don Octavio**, *Costanera Pedro Montt 261: sehr gutes Fischrestaurant, Meeresfrüchte, Curanto, gehobene Preisklasse*

Museen
• **Museo Regional de Castro** *C. Lillo s/n; Öffnungszeiten im Sommer: Mo-Sa 9.30-20 Uhr, So 10.30-13 Uhr, Winter: Mo-Sa 9.30-13 Uhr und 15-18.30 Uhr, So 10.30-13 Uhr*
• **Museo de Arte Moderno de Chiloé** *Galvarino Riveros, am Parque Municipal*, ☎ *635454, Januar u. Februar: Mo-So 10-18 Uhr, November, Dezember u. März: Mo-So 11-14 Uhr, den Rest des Jahres ist das Museum geschlossen*

Chaitén (S. 545)

 Information
• *Eine kleine* **Touristeninformation** *gibt es auf der C. Todesco, neben dem Supermarkt*

Wichtige Telefonnummern
• Vorwahl: *65*

 Geldumtausch
• Die **Banco del Estado** *(an der Plaza Central) tauscht Dollar um, sie hat aber* **keinen** *Geldautomaten und auch Traveller-Schecks werden nicht getauscht!*

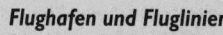 **Flughafen und Fluglinien**
Das kleine Flugfeld (die Bezeichnung „Flughafen" wäre zu hochtrabend!) liegt etwa 2 km südlich des Zentrums, hier können nur kleine Maschinen landen. Flugverbindungen gibt es nach Puerto Montt und nach Coyhaique.
• **Alta**, *Portales 154*, ☏ *731373*
• **Aerosur**, *Pinto/Riveros*, ☏ *731228*
• **Aero Chaitén**, *Todesco 42*, ☏ *731275*

Busse
Einen Busbahnhof gibt es nicht, die meisten Gesellschaften fahren von der Ecke O`Higgins/ Avda. Corcovado ab. Busverbindungen gibt es nach Futaleufú, nach Caleta Gonzalo und nach Coyhaique.

 Fähren
Verbindungen nach Chaitén gibt es von Puerto Montt (4-mal wöchentlich das ganze Jahr über) und von Castro an der Carretera Austral (3-mal wöchentlich), beide mit der Gesellschaft Transmarchilay. Es empfiehlt sich, die Passagen von Santiago, Puerto Montt oder per Internet zu reservieren. Im Internet findet man auch die genauen Fahrpläne. Die Passage von oder nach Puerto Montt als auch nach Castro kostet pro Person ca. 17 €, ein Sessel (immerhin ist man um die zehn Stunden unterwegs) schlägt mit 22 € zu Buche, für ein Auto zahlt man um die 100 €.

• **Transmarchilay**, *Corcovado 266*, ☏ *731272*, 🖶 *731282*, 💻 *www.transmarchilay.cl*

Unterkünfte
HOTELS
▪ **$**
• **Hostería La Recova**, *Libertad 432*, ☏ *731390: helle freundliche Zimmer, einfach mit Sperrholzwänden aber auch sehr preiswert*
• **Hostería Llanos**, *Avda. Corcovado/Pedro de Aguire*, ☏ *731332: einfach aber freundlich und sauber, direkt an der Küste*
▪ **$$$**
• **Bed and Breakfast Puma Verde**, *O'Higgins 54*, ☏ *731184*, 💻 *www.parquepumalin.cl: zum Proyecto Pumalín gehörige Cabañas, gemütlich und sehr stilvoll eingerichtet, absolut empfehlenswert*
• **Hotel Schilling**, *Avda. Corcovado 230*, ☏ *731295*, 🖶 *731298: direkt im Zentrum am Strand, bodenständiges Mittelklassehotel, die Zimmer sind eher einfach eingerichtet und haben nicht alle ein eigenes Bad. Einen Fernseher gibt es im Aufenthaltsraum.*
▪ **$$$$**
• **Hotel Mi Casa**, *Avda. Norte 206*, ☏ *731207*, 🖶 *731285: schön gelegen oberhalb der Stadt, mit Blick auf die Bucht, sicherlich das beste Hotel des Ortes, auch wenn die Zimmer etwas altbacken und verwohnt sind. Gutes Restaurant*

CABAÑAS
• Cabañas Brisas del Mar, *Avda. Corcovado 270, ☎ 731284, 📠 731266: ganz neuer Komplex mit gut und freundlich ausgestatteten Häuschen, die leider (noch) etwas feucht und muffig sind, schöne Lage direkt an der Küstenstraße*

Restaurants
• Brisas del Mar, *Avda. Corcovado 270, ☎ 731284: Nettes, wenn auch in keiner Weise außergewöhnliches Restaurant und Café, in dem man beim Essen einen schönen Blick aufs Meer genießt. Auf der Karte stehen Fisch und Fleisch, die Qualität ist gut und die Portionen mehr als ausreichend.*

Chañaral (S. 423)

Busse
• Chango Turismo, *Panamericana Norte s/n, ☎ 52-480484: transportiert während der Saison Passagiere zum PN Pan de Azucár*

Mietwagen
• Julio Palma Vergara, *Comercio 116, ☎ 52-480062*

Unterkünfte
HOTELS
▪ $$$
• Hostería Chañaral, *Miller 268, ☎ 52-480055, 📠 480554: akzeptables Mittelklassehotel, die Zimmer sind etwas einfach*

Chepu (S. 534)

Campen
▪ $
• Camping Río Anguay, *am Ort Chepu, sehr einfache Ausstattung (keine Duschen etc.) aber schöne Lage, es besteht die Möglichkeit, Boote zu mieten.*

Chile Chico (S. 555)

Information
• Die Municipalidad *hat ein kleines aber hilfreiches Informationsbüro auf der Ecke O'Higgins/Lautaro.*
• CONAF *hat ein Büro in der C. Blest Gana 21.*

Wichtige Telefonnummern
• Vorwahl: *67*

Flughafen und Fluggesellschaften
Man kann Chile Chico auch auf dem Luftweg erreichen, eine kleine Landepiste liegt etwas östlich des Ortes.

Die einzige Fluggesellschaft fliegt etwa 5-mal wöchentlich nach Coyhaique.
• **Aero-Taxi Don Carlos**, O'Higgins 264, ☎ 411490; der Flug kostet ca. 35 €

 Busse
Es gibt Busverbindungen nach Coyhaique, Puerto Tranquilo und nach Los Antiguos in Argentinien; von hier aus kommt man weiter nach Perito Moreno.
• **Eduardo Padilla**, O'Higgins 424 (nach Los Antiguos, 3-mal wöchentlich)
• **Buses Johnson Rossel**, O'Higgins/Pedro Burgos (Coyhaique, 3-mal wöchentlich)

 Fähre
Es gibt eine Fähre über den Lago General Carrera, die in Puerto Ibáñez, nahe Coyhaique wieder anlegt. Reservierungen kann man im Gebäude der Capitania an der Seeseite der Plaza Central machen (und sollte dies auch nicht versäumen, sonst verbringt man leicht unfreiwillig einen Tag in Chile Chico!) Für ein Auto bezahlen Sie ca. 35 €, pro Person dann noch einmal 3 €. Die Überfahrt dauert etwa 2,5 Stunden.
• **Ferry Chelenco**, Manuel Rodriguez 253, ☎ 411864, (oder Reservierung in Coyhaique, ☎ 67-233466) Mo, Di, Mi, Fr, Dauer ca. 2,5 h, ca. 3 €/Person, PKW ca. 40 €
• **RR Pilchero**, Reservierungen nur über Coyhaique, Portales 99, ☎ 67-234240

 Unterkünfte
HOTELS
▪ **$**
• **Residencial Brisas del Lago**, M. Rodriguez 443, ☎ 411204: sehr freundliches und absolut sauberes kleines Residencial mit netten Zimmern, die allerdings kein eigenes Bad haben. Das Frühstück ist im Preis inbegriffen und wird im Wohnzimmer der Familie serviert.
▪ **$$**
• **Hostería de la Patagonia**, Chacra 3a (Camino internacional), ☎/🖨 411337: sehr gemütliche Unterkunft in einem schönen Holzhaus an der Hauptstraße, gutes Restaurant und Tourenangebot, vielleicht die beste Wahl in Chile Chico!
▪ **$$$$**
• **Hostería Austral**, O'Higgins 501, ☎/🖨 411461: gediegenes Mittelklassehotel mit etwas fantasielosen aber sauberen Zimmern, gutes, nicht ganz billiges Restaurant

Chillán (S. 473)

 Information
• **Sernatur**, 18 de Septiembre 455, ☎ 223272
• **Information der Municipalidad**: 18 de Septiembre 580, ☎ 214117

Wichtige Telefonnummern
• **Vorwahl**: 42

Busse

Chillán hat **drei verschiedene Terminals.** *An der Ecke Constitución/Brasil fahren Busse zu überregionalen Zielen ab, an der O`Higgins /Ecuador ebenfalls. Regionale Ziele werden vom Terminal de Buses Rurales bedient, das an der Ecke Aldea/Prat liegt. Angefahren werden alle Ziele von Santiago bis Puerto Montt, sowie die Thermen von Chillán.*

- **Buses Jiota Be**, *O`Higgins 010,* ☏ *215862*
- **Buses Linea Azul**, *Constitución 1, Of. 2,* ☏ *211192,* 🖷 *213021*
- **Buses Tas Choapa**, *Constitución 1, Of. 4,* ☏ *223062,* 🖥 *www.taschoapa.cl*
- **Tur Bus**, *Constitución 1, Of. 1,* ☏ *212502,* 🖥 *www.turbus.cl*

Züge

Chillán liegt an der Strecke von Santiago nach Puerto Varas, die Züge legen hier einen Stopp ein. Der Bahnhof liegt an der Avda. Libertad/Brasil.

Mietwagen

- **First Rent a Car**, *18 de Septiembre 380,* ☏ *221218,* 🖥 *www.firstrentacar.cl*
- **Automovil Club de Chile**, *O`Higgins 677,* ☏ *2-2125702,* 🖥 *www.automovilclub.cl*

Unterkünfte
HOTELS

▪ **$**
- **Hotel Santiago**, *Avda. Libertad 61,* ☏ *222068: einfaches aber sauberes kleines Hotel, eher im Stil eines Residencials, die Zimmer sind bar jeglichen Schmucks oder Komforts aber für eine Nacht durchaus akzeptabel und preiswert.*

▪ **$$**
- **Hotel Floresta**, *18 de Septiembre 278,* ☏ *222253: kleine, schmucklose, teilweise etwas düstere Zimmer, die aber ein gutes Preis-Leistungs-Verhältnis bieten, es gibt einen Parkplatz und Kabelfernsehen.*

▪ **$$$**
- **Hostal de la Avenida**, *Avda. O`Higgins 398,* ☏/🖷 *230256: gepflegtes kleines Mittelklassehotel mit acht netten Zimmern, auch hier gibt es einen Parkplatz.*
- **Hotel Paso Nevado**, *Avda. Libertad 219,* ☏ *237666,* 🖷 *221827: helle freundliche Zimmer mit und ohne Bad, das Hotel hat einen kleinen Garten und einen Parkplatz.*
- **Hotel Cordillera**, *Arauco 619,* ☏ *215211,* 🖷 *21119, E-Mail: cordihot@chilesat.net: angenehmes Hotel der oberen Mittelklasse direkt an der Plaza, nichts aus dem Rahmen fallendes aber guter Standard und freundliches Personal, zum Hotel gehört ein Restaurant mit preiswertem Mittagsmenü, das besonders von Geschäftsleuten frequentiert wird.*

▪ **$$$$$**
- **Gran Hotel Isabel Riquelme**, *Constitucion 576,* ☏ *213663,* 🖷 *211541, im Internet unter www.hotelisabelriquelme.cl: das erste Haus am Platz direkt an der Plaza gelegen, verfügt über eine üppige Eingangshalle, die einen düster-prächtigen Charme ausstrahlt. Die Zimmer haben einen moderneren und angenehmen Zuschnitt.*

Museen

- **Escuela Mexico**, *Avda. O'Higgins 250, Mo-Fr 10-18.30 Uhr, Sa 9-12.30 Uhr, Eintritt frei (Spende erbeten)*
- **Museo Franciscano**, *Sargento Aldea 265, Di-So 10-13 Uhr und 16-18 Uhr*

Kinos
• **Multicine Plaza El Roble**, *Avda. El Roble 770,* ☎ *239022: zwei Säle*

Chivilingo (S. 481)

Campen
▪ $$

• **Camping Chivilingo**, *Abzweig 5 km südlich von Colcura (bei Lota),* 🖳 *www.chivilingo.cl: gut ausgestatteter großer Platz mit Wasseranschlüssen, Tischen und Bänken, Feuerstellen und heißen Duschen. Es gibt ein kleines Restaurant und ein Schwimmbad. Der Campingplatz liegt in einem kleinen Tal zwischen hochaufragenden waldbewachsenen Hügeln und kann im Sommer etwas trubelig werden.*

Chuquicamata (S. 397)

Die **Mine** *kann das ganze Jahr über von Mo bis Fr mit einer geführten Tour besichtigt werden. Eine Besichtigung ist jedoch nur nach telefonischer Anmeldung möglich: (55) 327469. Besichtigungszeiten: 8.30-11.30 und 14-17 Uhr.*
Der **Ausgangspunkt** *der Führungen ist das Sede Chuci Ayuda a la Infancia Desvalida, Avda. José Miguel Carrera/Topocilla, wo es auch ein kleines Café gibt, in dem man warten kann. Zur Anmeldung muss man seinen Reisepass vorlegen und einen Haftungsausschluss unterschreiben. Außerdem wird ein freiwilliger Beitrag für das Kinderhilfswerk der Mine erbeten, der fünf Dollar nicht unterschreiten sollte. Weitere Informationen gibt es unter* 🖳 *www.codelco.com.*

Coihaique (S. 549)

Information
• **Sernatur**, ☎ *231752,* 🖳 *www.aisen.org: hat sein Büro in der C. Bulnes 35, einen halben Block von der Plaza entfernt*
• **CONAF** *hat sein Büro in der Ignacio Serrano 190,* ☎ *212138*
• *Eine gute Anlaufstelle für Informationen ist auch das* **Café Ricer** *in der C. Horn 40.*

Wichtige Telefonnummern
• **Vorwahl**: *67*

Geldumtausch
• **Casa de Cambio Emperador**, *Bilbao 222, Local 3,* ☎ *233727*
• **Casa de Cambio José Bascur**, *General Parra 55, Local 2,* ☎ *231769*

Flughafen und Fluggesellschaften
Coyhaique hat seit 1997 einen neuen Flughafen, der im 55 km entfernten **Balmaceda** *liegt, daneben wird aber die alte Flugpiste Teniente Vidal weiter für kleine Maschinen genutzt. Zu*

beiden Flughäfen kommt man für ein paar Dollar per Colectivo oder Minibus, nach Transport-möglichkeiten sollte man sich bei der jeweiligen Airline erkundigen. Verbindungen gibt es nach Puerto Montt, Punta Arenas, Santiago, Puerto Natales, Tortel, Chile Chico und Villa O'Higgins und zu einigen Zielen in Argentinien (Trelew, Neuquén, Comodoro Rivadavia)

FLUGGESELLSCHAFTEN IN COYHAIQUE
- **LanChile**, *General Parra 215*, ☎ 231188, 🖶 232197, 🖳 www.lanchile.com
- **National**, *General Parra 202*, ☎ 237570
- **Alta**, *Baquedano 500*, ☎ 235712
- **TAN**, *Bilbao 222*, ☎ 237930
- **Linea Aerea San Rafael**, *18 de Septiembre 469*, ☎ 233408: *lokale Ziele, Carretera Austral*
- **Aero Hein**, *Baquedano 500*, ☎/🖶 232772, 🖳 www.aerohein.cl: *Charterflüge, Ausflüge zur Laguna San Rafael, außerdem Charterflüge zu anderen lokalen Zielen an der Carretera Austral*
- **Linea Aerea Don Carlos**, *Subteniente Cruz 63*, ☎ 231981: *bedient ebenfalls die Carretera Austral*

Busse
Coyhaique hat einen zentralen Busbahnhof (Lautaro/Magallanes), von dem fast alle Ge-sellschaften starten. Verbindungen gibt es nach Osorno, Puerto Montt, Puerto Aisén, Puerto Cisnes, Lago Verde, Chaitén, Cochrane und zu folgenden Zielen in Argentinien: Bariloche und Comodoro Rivadavia.

Einen **Minibusservice** nach Puerto Ibañez (Fähranleger zur Fahrt über den Lago General Carrera) gibt es an der Ecke Prat/Lautaro, man sollte sich am Tag vorher anmelden.

- **Buses Australes Pudú**, *21 de Mayo 1231*, ☎ 231008
- **Buses Transaustral**, *Baquedano 1171*, ☎ 231333
- **Turibus**, *Baquedano 1171*, ☎ 231333, 🖳 www.busescruzdelsur.cl
- **La Cascada**, *Lauataro/Magallanes*, ☎ 231413
- **Litoral**, *Baquedano/Independencia*, ☎ 232903

Fähre
- **Navimag**, *Ibañez 247*, ☎ 233306
- **Transmarchilay**, *21 de Mayo 147*, ☎ 231971

Es gibt eine Fähre über den **Lago General Carrera**, die von Puerto Ibañez aus startet und nach Chile Chico nahe der argentinischen Grenze fährt. Wenn man keine Lust hat, den See zu umfahren oder die wunderschöne aber nicht ganz einfach zu fahrende Strecke scheut, kann sie eine gute Alternative sein. Ein Auto kostet ca. 40-50 €; eine Person ca. 3 €. Die Fahrt dauert etwa 2,5 Stunden.

- **Ferry Chelenco**, *Baquedano 146*, ☎ 233466, 🖶 233367: *Mo, Di, Mi, Fr*
- **RR Pilchero**, *Portales 99*, ☎ 234240: *fährt das ganze Jahr über 4-mal wöchentlich*

Mietwagen
- **Carillo Rent a Car**, *Balmaceda 455*, ☎/🖶 231362
- **Ricer rent a Car**, *Horn 48*, ☎ 232920

• **Automovil Club de Chile**, *Simon Bolivar 254,* ☏ *2-2125702*
• **Budget rent a Car**, *Errazuriz 454,* ☏ *255171,* 🖳 *www.budget.cl (auch am Flughafen vertreten)*

C

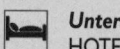 **Unterkünfte**
HOTELS

In Coyhaique gibt es eine ganze Menge Hotels und Unterkünfte, aber hier konzentrieren sich auch alle Touristen, die die Carrtera Austral hinunter fahren oder auf dem Weg zur Laguna San Rafael sind, deshalb empfiehlt sich in der Saison eine Vorbestellung!

▪ **$**
• **Hospedaje Baquedano**, *Baquedano 20: einfach aber sehr freundlich, Koch- und Waschgelegenheit*
▪ **$$**
• **Hostal Austral**, *Colon 203,* ☏/🖨 *672322: nettes Hostal mit freundlichen Zimmern, nahe der Plaza*
▪ **$$$**
• **Hostal Libanes**, *Simpson 367,* ☏ *234242: moderne freundliche Zimmer, das Hotel bietet nichts Ausgefallenes, aber ein gutes Preis-Leistungs-Verhältnis, es gehört zu den besten Angeboten in dieser Preisklasse, deshalb ist es schnell ausgebucht.*
• **Hotel El Reloj**, *Baquedano 444,* ☏ *231108, E-Mail: htlelreloj@patagoniachile.cl: nettes Hotel in stilvollem Holzhaus, neun gemütliche Zimmer, die Besitzer sind sehr freundlich und es gibt ein gutes Restaurant.*
• **Hotel Luis Loyola**, *Prat 456,* ☏/🖨 *234200: direkt an der Plaza gelegenes Mittelklassehotel, gehobener Standard, akzeptable Zimmer*
▪ **$$$$$**
• **Hostería Coyhaique**, *Magallanes 131,* ☏/🖨 *231137: das beste Hotel der Stadt bietet schöne Zimmer und einigen Luxus, unter anderem ein gutes Restaurant.*

 Restaurants
• **Cafe Restaurant Ricer**, *Horn 48,* ☏/🖨 *232920: Cafe und Restaurant,* **der** *Treffpunkt für Traveller, der Besitzer hilft gerne weiter mit Informationen und vermittelt auch Touren und Flüge zur Laguna San Rafael. Das Restaurant hat einige patagonische Spezialitäten auf der Karte, dazu gehört natürlich Lachs, aber auch Lammbraten, die Portionen sind groß bis kaum zu bewältigen, das Restaurant nett mit Kuriositäten und historischen Fotos dekoriert (im Erdgeschoss gelegen).*

 Internet
• **Internet**, *Bilbao 144*

 Museen
• **Museo Regional de la Patagonia**, *Baquedano 310, Januar u. Februar: Mo-So 9-21 Uhr, März-November: Mo-Fr 8.30-13 Uhr und 14.30-18.30 Uhr, Eintritt ca. 0,70 €*

Concepción (S. 476)

ℹ️ **Information**
• **Sernatur** *hat sein Büro in der Anibal Pinto 460, direkt an der Plaza (*☏ *227976)*

C

 Wichtige Telefonnummern
• Vorwahl: *41*

 Diplomatische Vertretungen
KONSULATE
• **Deutschland**, *Chacabuco 856*, ☎ *242591*
• **Argentinien**, *San Martín 472*, ☎ *230257*
• **Brasilien**, *Cochrane 754*, ☎ *236396*
• **Peru**, *Barros Arana 348*, ☎ *224644*

VISAVERLÄNGERUNG
• **Extranjeria**, *Barros Arana 645, 6. Stock*, ☎ *228738*

 Geldumtausch
• **Varex**, *Barros Arana 565, Loc. 54*, ☎ *228334*
• **Inter Santiago**, *Barros Arana 565, Loc. 58*, ☎ *228914*
• **Afex**, *Arros Arana 565, Loc. 57*, ☎ *239618*

✈ **Flughafen und Fluggesellschaften**
Der Flughafen von Concepción ist nicht so weit vom Zentrum entfernt wie in anderen chilenischen Städten. Verbindungen gibt es in praktisch alle größeren Städte des Landes und außerdem nach Neuquén in Argentinien. Den umfangreichsten Flugplan hat ALTA.

FLUGLINIEN
• **LanChile**, *Barros Arana 541*, ☎ *229138*, 💻 *www.lanchile.com*
• **Avant**, *Barros Arana 455*, ☎ *246710*
• **ALTA**, *Caupolican 246*, ☎ *223371*
• **National**, *Barros Arana, Of.1*, ☎ *244610*
• **TAN**, *O'Higgins 650*, ☎ *223371*

Einen **Transport-Service** *vom Hotel zum Flughafen bieten folgende Unternehmen (spätestens einen Tag vorher sollten Sie anrufen und reservieren):*
• **Turismo Ritz**, ☎ *237637*
• **Airport Express**, ☎ *236444*
• **Taxvan**, ☎ *248748*

🚌 **Busse**
Das Terminal de Buses Puchacay liegt an der C. Tegualda 860. Am einfachsten ist es, zwecks Preisvergleich direkt dorthin zu gehen. Verbindungen gibt es nach Santiago, Valparaíso, Valdivia, Pucón, Talca und Temuco.

BUSGESELLSCHAFTEN IN CONCEPCIÓN
• **Buses Bio Bio**, *Arturo Prat 416*, ☎ *230672*
• **Buses Jota Be**, *Tegualda 860*, ☎ *312652*
• **Linea Azul**, *Tegualda 860*, ☎ *311126*
• **Buses Lit**, *Orompello 750*, ☎ *230726*
• **Tur Bus**, *Camilo Henriquez 2565*, ☎ *315555*, 💻 *www.turbus.cl*
• **Buses Cinta Azul**, *Tegualda 860*, ☎ *312687*

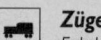 **Züge**
Fahrkarten und Informationen zu der Strecke Santiago – Puerto Montt bekommen Sie im Büro der Eisenbahngesellschaft:
• **Compania de Ferrocariles**, *A. Pinto 478,* ☏ *225286*

 Mietwagen
• **Avis**, *Chacabuco 726,* ☏ *235837,* 🖥 *www.avischile.cl*
• **Budget**, *Castellón 134,* ☏ *225377,* 🖥 *www.budget.cl*
• **Automovil Club de Chile**, *Freire 1867,* ☏ *225039*
• **Trans Auto**, *O'Higgins 9,* ☏ *231011*

 Unterkünfte
HOTELS
Concepción ist keine Touristenstadt, die Hotels haben sich auf Geschäftsleute eingerichtet, die Auswahl ist für eine Stadt dieser Größe nicht eben üppig und besonders im unteren Preissektor eher unerfreulich!

▪ **$$$**
• **Hotel Bio Bio**, *Barros Arana 751,* ☏ *228018,* 🖨 *242741: direkt neben dem Ritz gelegen, ist dieses etwas preiswertere Hotel die bessere Wahl! Freundliche schöne Zimmer und zentrale Lage sind die Vorzüge dieses Hotels.*
• **Hotel Ritz**, *Barros Arana 721,* ☏ *226696,* 🖨 *243249: nicht ganz neues oder modernes aber sonst akzeptables Hotel mit 50 Zimmern, zentral direkt an der Plaza gelegen; die Zimmer sind etwas verwohnt, aber für eine Nacht annehmbar.*
• **Hotel Maquehue**, *Barros Arana 786,* ☏ *210261,* 🖨 *210389, E-Mail: hotelmaquehue@hotmail.com: in der Fußgängerzone gelegenes angenehmes Hotel der oberen Mittelklasse, etwas gesichtslos aber sonst erfreulich*
▪ **$$$$**
• **Hotel Alonso de Ercilla**, *Colo Colo 334,* ☏ *227984,* 🖨 *230053,* 🖥 *www.hotelalonsodeercilla.cl: großzügige Zimmer, ebenfalls nicht weit vom Zentrum, etwas gehobener Standard*
▪ **$$$$$$**
• **Hotel Alborada**, *Barros Arana 457,* ☏/🖨 *242144,* 🖥 *www.hotelalborada.cl: zur Best-Western-Gruppe gehörendes großes Vier-Sterne-Hotel mit allem Komfort mitten in der Stadt, die Zimmer sind hell und freundlich, es gibt ein Schwimmbad und eine kleine aber interessante Gartenanlage; sicherlich eines der schönsten Etablissements in Concepción, das aber auch seinen Preis hat.*

Restaurants
Direkt an der Plaza gibt es ein paar nette Cafés, einige im ersten Stock, in denen man auch Sandwichs und kleinere Speisen bekommt. Billig essen kann man mittags auch im Mercado Central, ansonsten:
• **Le Chateau**, *Colo Colo 340: erstklassiges französisches Restaurant mit gesalzenen Preisen*
• **Fazo Belén**, *Bulnes 382,* ☏ *243430: leckerer Fisch und Meeresfrüchte, nicht ganz billig*

Einkaufen
• *Der* **Mercado Central** *in Concepción hat eine bunte Auswahl an Mapuche-Artesania, Kitsch, Kunst und Obst und Gemüse*
• **Mall Plaza El Trebol**: *Concepción hat ein riesiges brandneues Einkaufszentrum etwas außerhalb des Zentrums (leicht mit öffentlichen Verkehrsmitteln zu erreichen, die Busse, die dorthin fahren,*

sind alle mit grünen Kleeblättern gekennzeichnet). Es gibt Zweigstellen aller großen Departmentstores, Supermärkte, Kinos und Fast-Food-Restaurants, genau das Richtige, wenn einen nach ein paar Wochen in der Wildnis der Konsumrausch überkommt!

Internet
• **Cyber Café**, *Caupolicán 588,* ☏ *253992*

Museen
• **Galeria de Historia**, *Parque Ecuador, Mo 15-18.30 Uhr, Di-Fr 10-13.30 Uhr und 15.30-18 Uhr, Sa u. So 10-14 Uhr und 15-19 Uhr, Eintritt frei*
• **Pinacoteca de la Universidad de Concepción**, *Di-Fr 10-18 Uhr, Sa 10-16 Uhr, So 10-14 Uhr, Eintritt frei*

Kinos
• **Cinemark 7 Plaza El Trebol**, *Mall Plaza El Trebol: sieben Säle*

Conchi (S. 536)

Information
• *An der Ecke Centenario/Sargento Candelaria gibt es eine kleine* **Touristeninformation** *der Municipalidad*

Unterkünfte
HOTELS
▪ **$**
• **Hospedaje La Esmeralda**, *Irarrazbal s/n,* ☏ *671328: Zimmer mit Blick aufs Meer, Fahrrad- und Bootsverleih, Küchenbenutzung und verschiedene preiswerte Touren*
▪ **$$$$**
• **Posada Antiguo Chalet**, *Irarrazbal s/n,* ☏ *671221: erstes Haus am Platz, freundliche Zimmer, schöner Blick aufs Wasser*

Fähren
Fähren zur Isla Lemuy *fahren werktags alle 30 Min. von 8-21 Uhr, an Sonn- und Feiertagen alle Stunde, die Überfahrt dauert 15 Minuten.*

Constitución (S. 475)

Wichtige Telefonnummern
• **Vorwahl**: *71*

Busse
Der Busbahnhof liegt an der C. Rozas, im 200er Block, Verbindungen gibt es nach Talca, Cauquenes und Parral.

BUSGESELLSCHAFTEN IN CONSTITUCIÓN

• **Colectivos Ruta Mar**, *Terminal de Buses, Of. 1,* ☎ *672817*
• **Pullman Bus**, *Zenteno s/n, Plaza Señoret,* ☎ *671254,* 🖳 *www.pullman.cl*

 Campen
▪ **$**
• **Camping Potrerillos**, *südlich der Stadt am Strand (4 km zum Zentrum)* ☎ *09-7428275: einfach aber freundlich, keine besonders üppige Ausstattung, aber direkt an einem zum Baden geeigneten Strand*
▪ **$$**
• **Camping Calabocillos**, *2 km vom Zentrum der Stadt, am Strand,* ☎ *673988: jeder Standplatz ausgestattet mit Licht, Wasser, Bänken und Tisch. Cafeteria auf dem Platz, Restaurants in der Nähe, schöne Lage direkt am Strand (geeignet zum Baden) nahe der großen Felsen*

 Unterkünfte
HOTELS
▪ **$**
• **Residencial Cristina**, *Portales 368,* ☎ *673352: helle und große Zimmer, einfach aber sauber und ruhig, nichts Besonderes aber durchaus akzeptabel und zentrumsnah*
▪ **$$**
• **Residencial Alameda**, *Avda. Enrique Donn 734,* ☎ *671896,* 🖳 *www.alameda.tripod.cl: familiär und freundlich, auch mit Vollpension, das Residencial hat eher den Charakter eines Privathauses.*
• **Hostal Long Beach**, *Portales 485,* ☎ *672302: sehr freundlich und sauber, auch dieses Hostal ist sehr familiär.*
▪ **$$$$**
• **Hostería Constitución**, *Echerveria 460,* ☎ *671450,* 🖨 *673735: erstes Hotel der Stadt, gute, wenn auch nicht herausragende Zimmer, mit Pool und Kabel-TV*

Copiapó (S. 424)

 Information
• **Sernatur**, *Los Carrera 691,* ☎ *212838,* 🖨 *217248, Mo-Fr 8.30-19.30, Sa 10-14 Uhr*

 Wichtige Telefonnummern
• **Vorwahl**: *52*

✈ **Flughafen und Fluggesellschaften**
Der **Flughafen** *der Stadt, Chamonate liegt 15 km westlich an der Ruta 5, LanChile betreibt einen Zubringerservice. Flugverbindungen gibt es nach Santiago, Arica, Iquique, Antofagasta, Calama, La Serena, Viña del Mar, und Concepción.*

FLUGGESELLSCHAFTEN IN COPIAPÓ

• **LanChile**, *Colipi 484, Local 102 A,* ☎ *213512,* 🖨 *231281,* 🖳 *www.lanchile.com*
• **National Airlines**, *Colipi 350,* ☎ *219775*

Busse
Das **Terminal de Buses Rafael Torreblanca** *liegt an der C. Chacabuco 112. Es fahren Busse nach Santiago und zu Zwischenstationen, und in die Städte im Norden des Landes.*

BUSGESELLSCHAFTEN IN COPIAPÓ
- **Buses Libac**, *Terminal de Buses*, ☏ 212237
- **Buses Tas Choapa**, *Chañarcillo 631*, ☏ 213793, ▣ www.taschoapa.cl

 ### Mietwagen
- **First**, *Copayapu 923*, ☏ 212369, ▣ www.firstrentacar.cl
- **Pómulo** J. Peña 102, auch am Flughafen vertreten, ☏ 213966, ▣ www.avischile.cl
- **Budget**, *Ramon Freire 466*, ☏ 216030, ▣ www.budget.cl
- **Hertz**, *Copayapu 173*, ☏ 213522, ▣ www.hertz.cl

 ### Unterkünfte
HOTELS

▪ $
- **Residencial Rocio**, *Yerbas Buenas 581*, ☏ 215360: *schöner mit Wein überrankter Innenhof, winzige, etwas abgewohnte und düstere Zimmer, aber sehr preiswert*

▪ $$
- **Hotel España**, *Yerbas Buenas 571*, ☏ 217197, ☏ 217198: *nichts Besonderes, etwas nüchterne aber akzeptable und saubere Zimmer mit eigenem Bad in einem modernen Zweckbau, auch einen Parkplatz gibt es.*

▪ $$$
- **Hotel Rocca D'Argento**, *Maipú 580*, ☏ 211191, ☏ 218744: *fantasielose Mittelklasse, aber sauber und freundlich*

▪ $$$$
- **Hotel La Casona**, *O`Higgins 150*, ☏ 217277, ☏ 217278: *schönes altes Holzhaus mit Patio, die Zimmer sind etwas nüchtern aber sauber*
- **Hotel Chagall**, *O'Higgins 656*, ☏ 211454, ☏ 211527, E-Mail: hotelcha.gall001@chilnet.cl, ▣ www.chilnet.cl./domus/: *schönes zentrales Mittelklassehotel, wie schon der Name vermuten lässt mit Chagall-Drucken dekoriert, die Zimmer sind hell und modern eingerichtet. Den Namen hat das Hotel von seiner Besitzerin, die wie der berühmte Maler heißt, aber nicht mit ihm verwandt ist!*

▪ $$$$$
- **Hotel Diego de Almeida**, *O'Higgins 656*, ☏ 212075, ☏ 212075, ▣ www.diegodealmagrohoteles.cl: *luxuriös, direkt an der Plaza mit einem schönen kühlen Garten samt Pool, in dem man sich gut von der Hitze erholen und einen erfrischenden Drink nehmen kann*

Restaurants
- **Puerto Viejo**, *Atacama 99,: Fisch und Meeresfrüchte, nicht ganz billig aber gut*
- **Bavaria**, *Chacabuco 497: Sandwichs, Säfte und Kuchen, nichts Besonderes aber sauber*

Internet
- *In der* **Bibliothek der Municipalidad** *(an der Plaza) gibt es einen Computer mit Internet-Anschluss.*

Museen
• **Museo Mineralogico**, *Colipi 583, Mo-Fr 10-13 Uhr und 15.30-19 Uhr, Sa 10-13 Uhr, Eintritt ca. 1 €*
• **Palacio Viña de Christo**; *Mo-Fr 8-19 Uhr*
• **Museo Estación Ferrocarril**, *Juan Martinez 244; Mo-Fr 15-18 Uhr*
• **Museo Regional de Atacama**, *Atacama 98, Mo-Fr 9-17.45 Uhr, Sa 10-12.45 und 15-17.45 Uhr, So 10-12.45 Uhr, Eintritt ca. 1 €*

Cucao (S. 535)

Es gibt einige einfache **Residenciales**, *die alle um die 20 € für ein Doppelzimmer verlangen. Außerdem stehen Besuchern einige* **private Campingplätze** *zur Verfügung. Am besten ausgestattet ist der Campingplatz der CONAF (Nordwestende des Lago Cucao), der heiße Duschen hat. Es gibt eine Grundausstattung an* **Lebensmitteln** *zu kaufen, es ist aber sinnvoll, die wichtigsten Vorräte schon aus Castro o. ä. mitzubringen. Im Ort kann man* **Pferde mieten**.

Curicó (S. 461)

 Information
• *Die* **Touristeninformation** *ist im Gebäude der Municipalidad an der Plaza de Armas.*

 Wichtige Telefonnummern
• **Vorwahl**: *75*

 Busse
Der Busbahnhof **Terminal de Rodavio** *liegt an der C. Camillo Henriquez drei Blocks nördlich der Plaza. Von hier aus starten die Busse in die überregionalen Ziele. Orte in der näheren Umgebung werden* **vom Terminal de Buses Rurales** *bedient (C. Prat, sechs Blocks von der Plaza).*

BUSGESELLSCHAFTEN IN CURICÓ
• **Buses Bucarey**, *Las Heras 202,* ☎ *312302*
• **Buses Diaz**, *Plaza Terminal, Of. 11,* ☎ *31 19 05*
• **Buses Pullman Andimar**, *Yungay 926,* ☎ *312000*
• **Turbus**, *M. de Velasco/Castellón,* ☎ *312115,* 🖳 *www.turbus.com*

 Züge
Die Adresse des **Bahnhofs von Curicó (Estación de Ferrocariles)** *ist Maipu 657,* ☎ *310028, der Zug von Santiago nach Temuco macht hier Station.*

 Unterkünfte
HOTELS
▪ **$**
• **Hotel Prat**, *Peña 427,* ☎ *311069,* 🖻 *311069: sehr einfach aber akzeptabel für eine Nacht*
▪ **$$**
• **Hotel Comercio**, *Yungai 730,* ☎ *310014,* 🖻 *317001,* 🖳 *www.hotelcomercio.cl: sauber und sehr freundlich, Zimmer mit und ohne Bad ohne Luxus*

C **D** **E**

Restaurants
• **El Fogón Chileno**, *Yungay 802: berühmt für seine großen Fleischportionen*

Besichtigungen
• **Fabrica Tortas Montero**, *Prat 659, Mo-Fr 10-13 und 16-19 Uhr*
• **Viña San Pedro**, *8 km südlich der Stadt an der Panamericana, Di-Do 9-22.30 Uhr*
• **Bodega Miguel Torres**, *10 km südlich der Stadt an der Panamericana, Sommer: Mo-So 8.30-13 Uhr und 15-18.30 Uhr, Winter: Mo-Fr 8.30-13 Uhr und 15-18 Uhr, Sa 8.30-13 Uhr*

Dalcahue (S. 530)

Information
• **Kiosk** *der Municipalidad an der Ecke O`Higgins/Ramon Freire*

Fähren
• *Die* **Fähre** *zur Isla Quinchao fährt zwischen 7.30 und 22 Uhr etwa alle 30 Minuten. Die Fahrt dauert fünf Minuten und kostet für Autos etwa 3 €.*

Unterkünfte
HOTELS
Im Sommer bieten einige Privathäuser Zimmer an, auf Schilder in den Fenstern achten, sonst:
▪ **$**
• **Pension Pulemun**, *Freire 305,* ☎ *651330: einfach aber schön und sehr freundlich*

Feste
• *In der zweiten Februar-Woche gibt es in Dalcahue regelmäßig die* **Semana Dalcahue**, *ein Fest mit zahlreichen Tanz- und Musik-Darbietungen.*

El Calafate (Argentinien) (S. 582)

Information
• *Einen* **Informationskiosk** *gibt es im Busterminal in der Avda. Libertador San Martín,* ☎ *491090, E-Mail: info@calafate.com*
• *Das* **Büro der Municipalidad** *liegt am Ortseingang an der Brücke über den Arroyo Calafate.*
• *Die* **Oficina de Parques Nacionales**, *Avda. Libertador 1302, hat eine kleine Ausstellung und Informationen zu den Parks Perito Moreno und Los Glaciares zu bieten.*
• **www.calafate.com**
• **www.losglaciares.com**: *Seite über den Nationalpark „Los Glaciares", die aber auch viele praktische Informationen bietet (Busfahrpläne, Unterkunft, Mietwagen...)*

Wichtige Telefonnummern
• **Vorwahl**: *02902*

Geldumtausch
• *Geld kann man in der* **Banco de la Provinica de Santa Cruz**, *Avda. Libertador 1285 wechseln, auch Traveller-Schecks werden genommen.*
• **Thaler**, *Av. Libertador San Martín 1242,* ☎ *493245*

✈ Flughafen und Fluggesellschaften

Es gibt einen kleinen Flughafen etwas außerhalb des Zentrums, von dem Flüge nach Río Gallegos, Río Grande, Ushuaia, Comodoro Rivadavia und Puerto Madryn starten. Fluggesellschaften in Calafate:
- **Aerolineas Argentinas**, 9 de Julio 57, Local 1, ☏ 492815, 🖥 www.aerolineas.com.ar
- **LADE**, Avda. Libertador 1080, ☏ 91262, 🖥 www.lade.com.ar

🚌 Busse

Calafate hat ein neues geräumiges Busterminal, sehr zentral an der Julio A. Roca 1004 gelegen und zu erreichen über die Treppen an der Avda. Libertador/9 de Julio. Es gibt zahlreiche Verbindungen nach Puerto Natales in Chile, ansonsten gibt es Verbindungen nach Río Gallegos, Río Turbino und nach El Chaltén.
Busgesellschaften in Calafate (alle im Terminal de Buses):
- **Interlagos**, ☏ 491179
- **Caltur**, ☏/🖨 491842
- **Los Glaciares**, ☏ 491158

🚗 Mietwagen

- **On Rent a Car**, Avda. Libertador 1831, ☏ 493130, 🖥 www.losglaciares.com/onrentacar: vermieten auch Mountainbikes
- **Servi Car 4x4**, Avda. Libertador 695, ☏ 492541, 🖥 www.losglaciares.com/servicar4x4

⛺ Campen

- $

- **Camping Municipal**, J. Pantín, am Ufer des Río Calafate, ☏ 491829, E-Mail: campingmunicipal@cotecal.com: einfach, aber sehr zentral und nicht teuer, ist dieser Platz nicht viel mehr als eine Wiese am Flussufer.

🛏 Unterkünfte
HOTELS
- $

- **Albergue del Glaciar**, Los Pioneros s/n, ☏/🖨 491243, 🖥 www.glaciar.com: sehr freundliche Jugendherberge, die auch Zwei-Bett-Zimmer mit eigenem Bad anbietet, Küchenbenutzung, nettes Restaurant, in dem man auch vegetarische Gerichte bekommt und das ein gutes Frühstücksangebot hat, sehr gutes Tourenangebot, Internet, empfehlenswert!
- **Hostel del Glaciar Libertador**, Avda. Libertador 587, ☏ 491792, 🖥 www.glaciar.com: Jugendherberge mit ähnlichem Standart (ebenfalls Privatzimmer und Vier- bis Sechs-Bett-Zimmer), gehört den gleichen Besitzern wie die Albergue del Glaciar
- **Hostel Calafate**, Calle Gobernador Moyano 1226, ☏ 492450, 🖥 www.hostelspatagonia.com: Unterkünfte in Stockwerkbetten, dazu Privatzimmer mit eigenem Bad und eine gut ausgestattete Küche zeichnen diese Unterkunft aus. Preisnachlass für DJH- Mitglieder
- $$

- **Hostería Schilling**, Gobernador Paradelo 161, ☏ 491453: freundlich und preiswert, wenn auch nichts Besonderes

- $$$$$

- **Hotel Kau Yatun**, Estancia 25 de Mayo, ☏ 91059, 🖨 491059: etwas außerhalb aber empfehlenswert, familiär und freundlich, schöne Zimmer auf Vier-Sterne-Niveau

E

• Hotel Posada Los Alamos, *Gobernador Moyano 1355,* ☎ *4 91144,* 🖳 *www.posadalosalamos.com: bestes Haus am Ort in einer großzügigen Anlage, Pool und Tennisplätze*

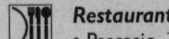 **Restaurants**
• **Pascasio**, *25 de Mayo: ausführliche Karte, auch die Weinauswahl ist erfreulich*
• **Restaurant Mi Viejo**, *Avda. Libertador 111, das Restaurant ist die Empfehlung eines Lesers, man bekommt hier die typisch argentinische Parilla.*

El Chaltén (Argentinien) (S. 584)

 Wichtige Telefonnummern
• **Vorwahl:** *0962*

 Bus
Es fahren täglich Busse nach Calafate, man sollte sich aber seine Fahrkarte möglichst frühzeitig besorgen, weil sie besonders in der Hauptsaison schnell ausgebucht sind.
• **Chaltén Travel**, *San Martín s/n,* ☎ *491833*

 Campen
Im Park ist das Campen nur auf den ausgewiesenen Plätzen erlaubt, in El Chaltén gibt es zwei kostenlose Plätze.

 Unterkünfte
HOTELS
▪ **$**
• **Albergue Patagonia**, *Avda. San Martin s/n,* ☎ *4 93019,* 🖳 *www.elchalten.com/patagonia: nettes relativ neues Hostal, deren freundliche Besitzer viele Tipps zu Trips und Unternehmungen geben können*
▪ **$$$$**
• **La Aldea Apart Hotel**, *Avda. Güemes/ R. Agostini,* ☎ *493040: relativ neues Hotel mit kleinen Apartments, freundlich aber ohne richtige Küche!*
• **Estancia La Quinta**, *2 km außerhalb des Ortes,* ☎ *493012: Gäste-Ranch, gutes Restaurant, es werden Ausflüge mit Pferden und zum Fischen veranstaltet, vielleicht das richtige Angebot, um patagonische Gastfreundschaft mal von einer anderen Seite kennen zu lernen*

Entre Lagos (S. 511)

 Campen
▪ **$**
• *Camping Bellavista, Entre Lagos,* ☎ *64-371784: schöner Platz mit einigem Schatten*

 Unterkünfte
HOTELS
▪ **$$$**
• **Hostería Entre Lagos**, *Ramirez 65,* ☎/🖨 *64-371225: nette Holzhäuschen direkt am Seeufer, bodenständiges Restaurant, in dem man auch einen Tee oder Kaffee auf der Durchfahrt trinken kann*

Frutillar (S. 518)

ℹ️ Information
• *Ein* **Informationsbüro der Municipalidad** *gibt es auf der Uferpromenade, direkt an der Plaza,* ☏ *421080*
• **www.frutillarsur.cl***: Unterkünfte, Restaurants, Busfahrpläne, Nachrichten... (Spanisch)*

📞 Wichtige Telefonnummern
• **Vorwahl***: 65*

🚌 Busse
Das kleine **Busterminal** *ist in Frutillar Alto (Alessandri 32), während die meisten touristisch interessanten Anlaufpunkte in Frutillar Bajo zu finden sind. Mit dem* **Colectivo** *kostet die ca. 4 km lange Strecke etwa einen halben Euro pro Person, in einem der zahlreichen Micros zahlt man noch etwas weniger.*

BUSGESELLSCHAFTEN IN FRUTILLAR

• **Cruz del Sur***, Alessandri/ Portales,* ☏ *421552,* 🖥 *www.busescruzdelsur.cl: Puerto Montt, Chiloé, Santiago*
• **Tur Bus***, Diego Portales 150,* ☏ *421390,* 🖥 *www.turbus.cl: Puerto Varas, Puerto Montt, Temuco*
• **Buses Fiero***, Terminal de Buses (Alessandri 32),* ☏ *421522: Osorno und Puerto Montt*
• **Buses Thaebus***, San Pedro 255,* ☏ *420120: Puerto Montt, Puerto Varas, Puerto Octay*
• **Buses Full Express***, Terminal de Buses,* ☏ *233660: hat auch Minibusse, die direkt von Puerto Montt nach Frutillar Bajo fahren*

🛏 Unterkünfte
• **Camping Los Ciruellilos***, Camino a Punta Larga km 1 (Avda. Philippi nach Süden),* ☏ *339123: Komplex mit Hotel (**$$**), Cabañas und Restaurant in schöner Lage am Seeufer*

HOTELS

▪ **$$**
• **Residencial Winkler***, Philippi 1155,* ☏ *421388: freundliche Unterkünft, die dem Jugendherbergsverband angeschlossen ist. Parkplatz und Küchenbenutzung*
• **Hospedaje Noelia***, Avda. Bernardo Philippi 615,* ☏ *421310: etwas altväterliche aber saubere Zimmer, gutes Frühstück mit hausgemachten Marmeladen etc.*
▪ **$$$**
• **Hostería El Arroyo***, Philippi 989,* ☏ *421560: kleines, sehr nettes und sauberes Hospedaje am Seeufer in einem Hexenhaus, das Hotel ist wegen seiner noch relativ günstigen Preise schnell voll, deshalb empfiehlt sich eine Vorausbuchung!*
▪ **$$$$**
• **Hotel Frau Holle***, Antonio Varas 54,* ☏ *421345: angenehme Zimmer in einem restaurierten Siedlerhaus, wunderbarer Blick auf den See*
▪ **$$$$$**
• **Hotel Ayacara***, Philippi 1215,* ☏/🖨 *421550,* 🖥 *www.hotelayacara.cl: sehr geschmackvoll eingerichtete helle Zimmer in einem historischen, großen luftigen Haus, ein kleines Schmuckstück, das sich angenehm von der üblichen Mittelklasse abhebt!*
• **Hotel Klein-Salzburg***, Philippi 663,* ☏ *421201: Luxushotel in einem der ältesten Häuser des Ortes, das historische Haus wurde liebevoll mit viel Detailtreue und Geschmack renoviert, die Zim-*

F

mer sind freundlich und komfortabel. Das Hotel hat inzwischen auch in der Fachpresse Furore gemacht und ist wirklich etwas Besonderes!

Restaurants

• **Club Alemán**, Philippi s/n, ☎ 421249: auf der Karte stehen viele deutsche Gerichte, die Qualität ist gut, die Preise allerdings entsprechend!

• **Hotel Klein Salzburg**, Philippi 663, sehr gutes Café, nicht billig, aber mit viel Atmosphäre und einer tollen Kuchenkarte ist das Café genau der richtige Ort für ein ausgiebiges Kuchengelage.

• **Restaurante Selva Negra**, Antonio Varas 24, ☎ 421164: kreative Gerichte mit deutschem Einschlag, nicht teuer

• **El Ciervo**, San Martín 64, ☎ 420185; 🖳 www.frommers.com/images/destinations/spacer.gif; der Name ist Programm, hier wird Wild serviert. Der deutsche Einschlag ist auch hier unübersehbar, es stehen auch kleinere Gerichte auf der Speisekarte,

Museen

• **Museo Colonial Alemán**, 15. Januar-15. März: Mo-So 10-20 Uhr, Rest des Jahres: 10-13 Uhr und 14-18 Uhr, Entritt ca. 3 €

Konzerte

• In der letzten Januarwoche werden die **Semanas Musicales** abgehalten, mit Konzerten nicht nur in Frutillar sondern in der ganzen Umgebung. Informationen bei der Touristeninformation und unter 🖳 www.semanasmusicales.cl

Futaleufú (S. 564)

Information

• **www.futaleufu.cl www.futaleufu.cl**: Seite der Stadtverwaltung (Spanisch/Englisch)

Der **Grenzübergang** nach Argentinien ist von September bis Mai 8-20 Uhr geöffnet (in den Wintermonaten Juni-August kann die Grenze bei schlechten Wetterverhältnissen geschlossen werden, am besten man erkundigt sich in Chaitén!).

Wichtige Telefonnummern

• **Vorwahl**: 65

Busse

• **Turismo Futaleufú**, Lautaro sur s/n, ☎ 721280, E-Mail: turismofutaleufu@hotmail.com: 2-mal wöchentlich Puerto Montt

Unterkünfte
HOTELS

▪ **$**

• **Residencial Carahue**, O'Higgins 332, ☎ 721221, E-Mail: carahuefuta@latinmail.com: einfach aber freundlich, sehr familiär

• **Hospedaje y Cabañas Adolfo**, O'Higgins 302, ☎ 721256, E-Mail: lodeva@surnet.cl: fünf Zimmer und zwei komplett ausgestattete Cabañas, im Preis ist das Frühstück schon inbegriffen

F
H

- **$$**
- **Hotel Continental**, *Valmaceda 578, ☎ 721320: einfach und ohne jeglichen Luxus, aber ok*
- **$$$$$**
- **Hostería Río Grande**, *O`Higgins/Balmaceda, ☎ 721320, 🖳 www.pacchile.com: das gemütlich ausgebaute Holzhaus mit seinem ansprechenden Restaurant ist ein Treffpunkt für Rafter, die zum Hotel gehörende Agentur Patagonia Adventures Center hat verschiedene Touren und Aktivitäten im Angebot.*
- **Hotel El Barranco**, *Bernardo O'Higgins 172, ☎ 721314, 🖳 www.elbarrancochile.cl: rustikal-gemütliche Zimmer mit viel Holz, Schwimmbad, ein Zimmer ist für Rollstuhlfahrer geeignet.*

Restaurants
- **Hostería Río Grande**, *O`Higgins/Balmaceda: hier gibt es das beste Essen der Stadt, Fleisch, Fisch und Meeresfrüchte stehen auf der Karte.*

Fischerei-Erlaubnis
- **Municipalidad Futaleufú**, *O`Higgins 596, ☎ 721241*

Hornopirén (S. 542)

Information
- *An der Plaza gibt es einen kleinen **Kiosk der Municipalidad**, der z. B. mit Informationen zum Parque Nacional Hornopirén weiterhilft.*

Wichtige Telefonnummern
- **Vorwahl**: *65*

Busse
Hornopirén wird 2-mal täglich von Puerto Montt aus angefahren.

Fähre
- **Transmarchilay** *bietet eine (im Sommer tägliche, sonst seltenere) Verbindung nach Caleta Gonzalo an, die **unbedingt reserviert** werden muss. ☎ in Puerto Montt: 65-270430,.🖳 www.transmarchilay.cl , Auto ca. 90 €, pro Person ca. 12 €*

Unterkünfte
HOTELS
- **$**
Residencial Galicia, *Avda. Bernardo O´Higgins s/n, ☎ 217275: sehr einfach aber sauber*
- **$$**
- **Hotel Hornopirén**, *Ignacio Carrera Pinto 388, ☎ 217256: einfach und rustikal, gute chilenische Hausmannskost*
- **Hotel Holiday Country**, *O`Higgins 666, ☎ 217220: kleines Hotel mit sauberen und freundlichen Zimmern, nichts Besonderes*
- **$$$**
- **Hotel Setca**, *Ingenieros Militares s/n, ☎ 217215, 🖷 217422, E-Mail: horstwahl@surnet.cl: ordentliche Zimmer mit eigenem Bad und Fernseher*

I) Icalma (S. 491)

• **Grenzübergang Icalma**: *Oktober-März: 8-20 Uhr, Rest des Jahres: 8-19 Uhr, je nach Wetterbedingungen (🖳 www.aduana.cl)*

Iquique (S. 384)

Information
• **Sernatur**: *Serrano 145, Mo-Fr 8.30-16.30 Uhr,* ☎ *427686*
• **Informationszentrum der Stadtverwaltung**: *Baquedano 951, Mo-Fr 8-13.30 Uhr und 15-18.30 Uhr: vermittelt hauptsächlich Touren in die Umgebung*
• **www.iquique.co.cl**: *Seite der Stadtverwaltung*
• **www.estrellaiquique.cl**: *Lokalzeitung*

📞 **Wichtige Telefonnummern und Adressen**
• **Vorwahl**: *57*
• **Krankenhaus**: *Heroes de la Concepción 502,* ☎ *423099*
• **Centro Medico**, *O'Higgins 510,* ☎ *413788*

Diplomatische Vertretungen
BOTSCHAFTEN UND KONSULATE
• **Konsulat Bolivien**: *Gorostiaga 215,* ☎ *421777,* 🖨 *421777*
• **Konsulat Peru**: *Zegers 570 (Casa Billinghurst),* ☎ *411466,* 🖨 *414506*

Geld wechseln
Wechselstuben *finden sich an der Ecke P. Lynch und Serrano, sowie in der Zona Franca*
• **Afex The Money Experts**, *Serrano 396,* ☎ *414324*
• **Cambio's,** *Patricio Lynch 548,* ☎ *411057*

✈ **Flughafen und Fluggesellschaften**
Der Flughafen von Iquique, **Diego Aracena**, ☎ *410684,* 🖨 *420037 liegt 41 km südlich der Stadt mitten in der Wüste. Von der Plaza Prat aus fahren Colectivos zum Flughafen, die Kosten belaufen sich auf etwa 5 €.*
• **Transport zum Flughafen: Airbus**, ☎ *470181*
• **Flugverbindungen** *gibt es nach La Paz und Santa Cruz in Bolivien, nach Asunción in Paraguay und nach Arequipa in Peru. Außerdem innerhalb Chiles nach Arica, Antofagasta, Calama, Copiapó, La Serena und Santiago.*

DIE WICHTIGSTEN FLUGGESELLSCHAFTEN IN IQUIQUE
• **Lloyd Aereo Boliviano**: *Serrano 442,* ☎ *418396: 2-mal wöchentlich nach La Paz und Santa Cruz*
• **LanChile**, *Tarapaca 675,* ☎ *600-5262000,* 🖳 *www.lanchile.com*
• **Sky Airline**, *Ramírez 411,* 🖳 *www.skyairline.cl: Antofagasta, Calama, Santiago*

🚌 **Busse**
Das etwas schäbige **Terminal de Buses Rodoviario** *liegt am nördlichen Ende der C. Patricio Lynch (☎ 426492), hier sind fast alle Busgesellschaften vertreten. Die meisten haben jedoch auch*

in der Nähe des Mercado Centenario (C. Aldea, C. Arana) ein Büro, was näher zum Zentrum liegt; hier lassen sich gut die Angebote vergleichen. **Verbindungen** *gibt es innerhalb Chiles nach Santiago (24 Stunden), Arica (4 Stunden), Calama (7 Stunden), Antofagasta (8 Stunden), Copiapó (15 Stunden) und La Serena (18 Stunden). Außerdem werden zahlreiche kleinere Orte in der Nähe angefahren.*

Da Iquique in der Freihandelszone liegt, wird das Gepäck vor Abfahrt vom Zoll kontrolliert, und an der Grenze der 1. Region noch einmal.

EINIGE BUSGESELLSCHAFTEN
- **Fenix Pullman Norte:** *Anibal Pinto 531,* ☎ *412423 (Santiago und Orte auf der Strecke)*
- **Buses Carmelita:** *Barros Arana 841,* ☎ *412237 (Santiago und Orte auf der Strecke)*
- **Tur Bus:** *Barros Arana 825,* ☎ *412702,* 🖥 *www.turbus.cl (Santiago und Orte auf der Strecke)*
- **Buses Geminis:** *Obispo Labbé 151,* ☎ *413315 (La Paz und Oruro/Bolivien, Salta/Argentinien)*

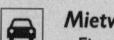

Mietwagen
- **First:** *Oscar Bonilla 1161* ☎ *425244,* 🖥 *www.firstrentacar.cl*
- **Hertz:** *Anibal Pinto 1303,* ☎ *510432,* 🖥 *www.hertz.cl*
- **Budget:** *O'Higgins 1362,* ☎ *422527,* 🖥 *www.budget.cl,*
- *außerdem zahlreiche* **lokale Firmen**

Reisebüros
- **Givet Adventure,** *Bolivar 684,* ☎/🖨 *428483:* spezialisiert auf Abenteuer-Tourismus, *Angebote können von Europa aus über Himalaya-Tours, 7504 Pontresina, Schweiz, gebucht werden,* ☎ *0041-81-8426931,* 🖨 *8427349*

Unterkünfte
HOTELS
Das Angebot an Hotels in Iquique ist riesig, die Stadt ist auch für Chilenen und andere Südamerikaner wegen ihrer Zona Franca ein attraktives Reiseziel. Allerdings tummeln sich gerade im unteren Preissektor eine Menge schwarzer Schafe, die billige Absteigen zu überhöhten Preisen anbieten.

Hotels im Zentrum
▪ **$**
- **Backpackers Hostel,** *Amunategui 2075,* ☎ *320223,* E-Mail: vinko@terra.cl: *dem Jugendherbergsverband angeschlossen bietet dieses Hostal Internetanschluss, Parkmöglichkeit und Wäscheservice direkt an der Playa Cavancha*
- **Residencial Los Años Dorados,** *Bolivar 753,* ☎ *427362:* sehr sauberes Residencial mit teilweise riesigen Zimmern, Esszimmer, Möglichkeit zum Tee- und Kaffeekochen, sehr freundlich, wenn auch einfach und manchmal etwas laut, Frühstücksangebot
- **Hostal de Turista,** *Thomson 947,* ☎/🖨 *418983:* sicherlich eines der Topangebote der Kategorie, Zimmer mit und ohne Bad, TV-Vermietung, mitten im Viertel der Persas gelegen und deshalb oft etwas laut
▪ **$$**
- **Hostal Centro,** *Pero Lagos 631,* ☎ *421030:* freundlich, sauber und zentral
- **Hotel Inti Llanka,** *Obispo Labbé 825,* ☎ *311104,* 🖨 *311105,* 🖥 *www.inti-llanka.cl:* modernes zentrumsnahes Mittelklassehotel ohne viel Schnickschnack

I

• **Hotel San Martín**, *San Martín 823*, ☏/🖷 *429049: modernes Hotel mit kleinen Zimmern aber eigenem Parkplatz, eher was für eine Nacht als für einen längeren Aufenthalt!*
• **Hostal Catedral**, *Obispo Labbé 235*, ☏ *391296: nettes kleines Hostal mit schönem Patio und einer angenehmen Atmosphäre, gegenüber der Kathedrale, Zimmer mit und ohne Privatbad*
• **Hotel Rapoli**, *Vivar 1425*, ☏ *474102*, 🖷 *414363: frisch renoviertes (über Geschmack lässt sich streiten...), zentrums- und strandnahes Haus mit 26 Zimmern, tadellos sauber und gepflegt, Billardzimmer*
▪ **$$$**
• **Hotel Carlos Condell**, *Avda. Baquedano 964*, ☏ *475204*, 🖷 *415854: Das Hotel Carlos Condell ist in einem der schönen alten Kolonialhäuser des Centro histórico untergebracht und wurde in den letzten Jahren mit einigem Geschmack renoviert, wer die Atmosphäre des alten Iquique der Jahrhundertwende sucht, ist hier richtig. Ein kleines Schmuckstück in der Nähe des Zentrums! Ein Leser weist darauf hin dass man bei der Reservierung nach einem der renovierten Zimmer fragen sollte, der nicht renovierte Teil entspricht nicht mehr den Anforderungen an ein Hotel dieser Preisklasse.*
• **Hotel Riorsa**, *Vivar 1542*, ☏ *420153: gepflegtes kleines Mittelklassehotel in drei Stockwerken, das nicht weiter aus dem Rahmen fällt*
▪ **$$$$**
• **Hotel Arturo Prat**, *Plaza Prat/Aníbal Pinto 695*, ☏ *427000*, 🖷 *429088*, 🖵 *www.hotelarturoprat.cl: erstes Hotel der Stadt, im Zentrum direkt an der Plaza Prat gelegen, bietet das traditionsreiche 5-Sterne-Hotel ein maritimes Flair. Die Zimmer sind modern und schön eingerichtet, es gibt eine ehrwürdige Bar, ein etwas formelleres und sehr gutes Restaurant mit Blick auf die Plaza und einen legeren Ableger mit durchaus moderaten Preisen; die Qualität des Essens stimmt trotzdem!*
▪ **$$$$$$**
• **Hotel Gavina**, *Avda. Balmaceda 1479*, ☏ *413030*, 🖷 *411111*, 🖵 *www.gavina.cl: zur Best-Western-Gruppe gehörendes 4-Sterne-Hotel, das in einem etwas gesichtslosen Highriser direkt am Strand untergebracht ist und dennoch relativ zentrumsnah liegt. Die Zimmer sind freundlich eingerichtet und viele der Räume haben Meeresblick.*

Hotels am Strand
▪ **$$$$**
• **Hotel Atenas**, *Los Rieles 738*, ☏ *431100*, 🖷 *431100*, *E-Mail: atenashotel2002@yahoo.es: etwas altmodisches Hotel mit eigenwilligem Charme, eingerichtet mit Kunst und Kitsch fällt es auf jeden Fall aus dem üblichen Rahmen, besonders die beiden Suiten sind sehenswert! Es gibt einen schönen Garten samt Pool.*
▪ **$$$$$**
• **Hotel Chucumata**, *Avda. Balmaceda 850*, ☏ *435050*, 🖷 *439733: auf Familien mit Kindern ausgelegte Bungalowanlage (Achtung: die Häuser haben keine eigene Küche!), die halbkreisförmig um einen Garten mit Schwimmbad und vielen Kinderspielgeräten angeordnet sind, Restaurant, angenehm entspannte Atmosphäre*
• **Hotel Terrado Suites**, *Los Rieles 126*, ☏ *488000*, 🖷 *437755*, 🖵 *www.terrado.cl: neues 5-Sterne-Hotel mit 104 Zimmern (einige Apartments mit Küche), mit zwei Restaurants (italienische und französische Küche), Frühstückssaal im 15. Stockwerk mit spektakulärem Blick über Iquique und die Küste, Fitnesscenter, Babysitter*

Restaurants
• **Cafe Cioccolata**, *Aníbal Pinto 487*, ☏ *427478: nettes gepflegtes Café nahe der Plaza Prat; hier kann man nach einem Stadtbummel oder einer Hafenrundfahrt eine Tasse Kaffee ge-*

nießen und in Kuchen und Torten schwelgen! Interessante und reichhaltige Auswahl an Säften. (im Erdgeschoss gelegen)

• **Casino Español**, *Plaza Prat 58a*, ☎ *423284: erstklassiges Essen in maurischem Ambiente, der Besuch lohnt sich schon allein wegen der wunderbaren Innenarchitektur! (im Erdgeschoss gelegen)*
• **Restaurant 365**, *Plaza Prat/Anibal Pinto*, ☎ *427000: reichhaltiges Buffet des Traditionshotels Arturo Prat, besonders lohnend zum Sonntags-Lunch, dann trifft sich hier die Creme de la Creme von Iquique (im Erdgeschoss gelegen)*
• **Restaurant Marcarieles**, *Anibal Pinto 695: gehört ebenfalls zum Hotel Arturo Prat, legere Umgebung, gutes Essen zu zivilen Preisen (im Erdgeschoss gelegen)*
• **Restaurante El Wagon**, *Thompson 85*, ☎ *411647: Fisch, Pasta und ein paar peruanische Gerichte stehen auf der Karte*
• **Bavaria**, *Anibal Pinto 926*, ☎ *427888: Sandwichs etc. in prosaischer Umgebung aber preiswert und sauber*

Einkaufen

• **Zona Franca (Zofri)**: *täglich 10-20 Uhr, die meisten Fastfood-Restaurants haben bis 22 Uhr auf. Erreichbar mit allen Colectivos, die in Nordrichtung fahren (🖳 www.zofri.cl)*

Museen

• **Museo Regional**, *Baquedano 951*, ☎ *411034, Mo- Fr 8.30-16 Uhr, Eintritt frei*
• **Museo Naval**, *Anibal Pinto s/n*, ☎ *402121, Di- Sa 9-12.30 Uhr und 15-18 Uhr, So 10-13 Uhr, Eintritt ca. 0,50 €, Kinder und Studenten frei*
• **Palacio Astoréca** *Baquedano/O'Higgins*, ☎ *425600, Di-Fr 10-13 Uhr und 16-19 Uhr, Sa u. So 10-13 Uhr, Eintritt frei*
• **Teatro Municipal**, *Prat F,* ☎ *414398, Mo-Fr 10-14 Uhr, Sa u. So 14-19 Uhr: wechselnde Veranstaltungen (Theater, Konzerte etc.) und Museum*

Kino

• **Cinema**, *Serano 320: ein Saal*
• **Cinemark 6 Iquique**, *Avda. Héroes de la Concepción 2555*, ☎ *432500*, 🖳 *www.cinemark.cl*

Ausgehen

• **Casino Iquique**, *Balmaceda 2755*, ☎ *431391, Mo-So 20-3.45 Uhr*

Isla Negra (S. 462)

Information

• *Ein kleiner* **Informationskiosk** *steht auf dem Parkplatz des Neruda-Hauses, direkt an der Straße.*
• *Das* **Neruda-Haus** *ist nur im Rahmen einer geführten Tour (die auch auf Englisch und Französisch angeboten wird) zu besichtigen. Öffnungszeiten: Sommer: Di-So 10-20 Uhr, Winter: Di-Fr 10-14 Uhr und 15-18 Uhr, Wochenende: 10-20 Uhr, Montag geschlossen! Eintritt ca. 4,00 €*

Unterkünfte
HOTELS

▪ **$$**
• **Hostal Casa Azul**, *Avda. Santa Luisa s/n*, ☎ *35-461154: Backpacker-Unterkunft mit Kamin im Wohnzimmer und Patio, Möglichkeiten zum Reiten und Spanisch-Unterrricht*

I
L

- **$$$$**
- **Hostería La Candela**, *C. de la Hostería 67*, ☎ *35-462531*, 🖳 *www.candela.cl: freundliche Zimmer und ein Restaurant mit Blick aufs Meer*

Restaurant
- **Café del Poeta**, *Isla Negra*, ☎ *35-461774: modern, hell und freundlich gestaltetes Restaurant, das dem Museum angeschlossen ist. Der wunderbare Blick aufs Wasser (an dem sich auch schon der Dichter erfreute) lässt einen die qualitativ hochwertige chilenische Küche noch mehr genießen!*

La Serena (S. 431)

Information
- **Sernatur** *hat sein Büro an der Plaza, in der C. Matta 461*, ☎ *225138*, 🖷 *213956, Mo-Fr 8.45-20 Uhr, Sa u. So 9.30-14.30 Uhr und 17-20 Uhr*
- **www.laserena.cl**: *Seite der Stadtverwaltung*
- **www.turismoregiondecoquimbo.cl**: *ganz neue Seite, die die ganze Region abdeckt*

Wichtige Telefonnummern
- **Vorwahl**: *51*

Geldumtausch
- **Giratour**, *Arturo Prat 689*, ☎ *223535*
- **Cambio Fides**, *Balmaceda 460*, ☎ *214554*
- **Intercam Turismo**, *Eduardo de la Barra 435*, ☎ *224673*

Flughafen und Fluggesellschaften
Der Flughafen von La Serena heißt **La Florida** *(☎ 225944) und liegt östlich des Zentrums an der Ausfallstraße ins Valle de Elqui, ein Taxi vom Zentrum kostet rund 5 € (***Radio Taxi Mistral***, ☎ 212121). Auch Colectivos fahren den Flughafen an. Verbindungen gibt es nach Santiago, Copiapó, Viña del Mar, Concepción, San Juan (Argentinien) und Asunción (Paraguay).*

FLUGGESELLSCHAFTEN IN LA SERENA
- **American Airlines**, *Cordovez 672*, ☎ *211724*
- **LanChile**, *Balmaceda 406*, ☎ *221531*, 🖷 *225753*, 🖳 *www.lanchile.com*

Busse
Der **Busbahnhof** *liegt relativ zentrumsnah an der Ecke El Santo/Amunategui, fast alle Gesellschaften haben ein Büro im Bahnhof. Es gibt häufige Verbindungen nach Santiago, viele fahren über Nacht und kommen früh morgens in La Serena an. Alle größeren Gesellschaften fahren Santiago an, so dass man zu keiner Tageszeit lange warten muss. Im* **Sommer** *gibt es* **tägliche Verbindungen** *nach Argentinien (Mendoza, San Juan, Cordova`).*

BUSGESELLSCHAFTEN IN LA SERENA
- **Buses Fenix**, *Balmaceda 594*, ☎ *226148*
- **Buses Libac**, *Busbahnhof*, ☎ *226101*
- **Buses Lit**, *Cordovez 533*, ☎ *224801*
- **Buses Pullman**, *Avda. B.O`Higgins 663*, ☎ *225284*, 🖳 *www.pullman.cl*

- **Buses Tas Choapa**, *Serrano 580,* ☎ *613822,* 🖥 *www.taschoapa.cl*
- **Buses Tramaca**, *Frco. de Aguirre 375-379,* ☎ *224631*
- **TurBus**, *Cordovez 309,* ☎ *212007, Terminal Rodoviario,* ☎ *215953,* 🖥 *www.turbus.com*

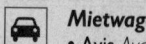 **Mietwagen**
- **Avis**, *Avda. Francisco de Aguirre 68,* ☎ *227171,* 🖥 *www.avischile.cl, auch am Flughafen*
- **Hertz**, *Avda. Francisco de Aguirre 225,* ☎ *226171, auch am Flughafen*
- **Econorent**, *Avda. Francisco de Aguirre 0135,* ☎ *220113,* 🖥 *www.econorent.net*
- **Budget**, *Avda. Balmaceda 3820,* ☎ *290241,* 🖥 *www.budget.cl , auch am Flughafen*

 Campen
- **$$$**
- **Camping Sole di Mare**, *Avda. del Mar, fast schon in Coquimbo,* ☎ *312531, E-Mail: s.dimare@ ctcinternet.cl: gut ausgestatteter Platz mit heißen Duschen, Grills, Schatten, Spielplatz usw. Im Sommer sehr voll und manchmal etwas trubelig, direkt am Strand.*

 Unterkünfte
HOTELS   ⓘ *Hotelkarte S. 228*
Das Angebot an Hotels und Unterkünften in La Serena ist groß, deshalb findet man auch in der Hochsaison eigentlich immer etwas. An der Costanera reiht sich ein Hotel an das andere und besonders das Angebot an Cabañas ist riesig.

Hotels im Zentrum:
- **$**
- **Residencial Las Carreras**, *Matta 136,* ☎ *213848: einfach aber sauber und angenehm, Frühstücksangebot*
- **Hostal de Gregoria**, *Andés Bello 1067,* ☎ *224400,* 🖥 *www.hostaldegregoria.cl: freundliches kleines Hostal mit Kochmöglichkeit und Büchertausch, Touren zum Observatorium Tololo (die man rechtzeitig reservieren sollte!)*
- **Casa Valentina**, *Brasil 271,* ☎ *223142,* 🖥 *www.angelfire.com/va3/casavalentina: freundliches, von einem deutsch-chilenischen Paar geführtes Hostal, Zimmer mit und ohne eigenes Bad, gutes Frühstück, sogar die Haare kann man sich schneiden lassen...*
- **$$**
- **El Punto**, *Andres Bello 979,* ☎ *228474,* 🖥 *www.punto.de: ganz neu, aber sicher nicht mehr lange ein Geheimtipp ist das Hostal eines deutschen Ehepaars, das ein Haus im Kolonialstil mit viel Liebe zum Detail zu einem sehr gemütlichen Hostal ausgebaut hat. Sonnenterasse, Büchertausch, Möglichkeit zum Waschen, sogar einen Yogaraum gibt es.*
- **Hotel Hostal de Colon**, *Colon 371,* ☎ *223979,* 🖶 *224656,* 🖥 *www.hostaldecolonlaserena.cl: freundliches kleines Mittelklassehotel mit Parkmöglichkeit, das nicht weiter aus dem Rahmen fällt, aber durchaus akzeptabel ist.*
- **$$$**
- **Rofer Apart Hotel**, *Brasil 366,* ☎/🖶 *211196: relativ zentrumsnah, preiswerte Übernachtungsmöglichkeit z. B. für Familien, Apartments mit einem normalen Schlafzimmer und einem Zimmer mit Stockwerkbetten, allerdings ohne Küche! Die Zimmer sind etwas spartanisch eingerichtet und teilweise sehr eng.*
- **$$$$**
- **Hotel Los Balcones de Alcala**, *Frco. de Aguirre 781,* ☎ *212419,* 🖶 *211800: etwas lautes, modernes und freundliches Mittelklassehotel mit Parkmöglichkeit*

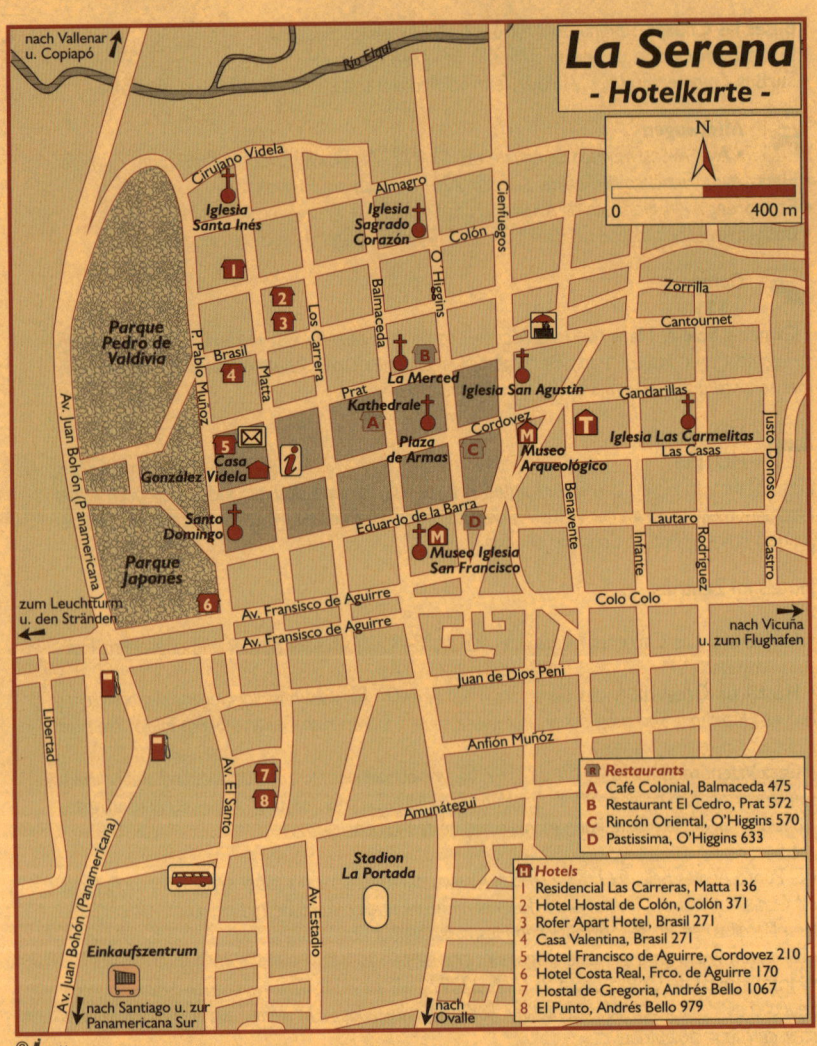

La Serena
- Hotelkarte -

R Restaurants
A Café Colonial, Balmaceda 475
B Restaurant El Cedro, Prat 572
C Rincón Oriental, O'Higgins 570
D Pastissima, O'Higgins 633

H Hotels
1 Residencial Las Carreras, Matta 136
2 Hotel Hostal de Colón, Colón 371
3 Rofer Apart Hotel, Brasil 271
4 Casa Valentina, Brasil 271
5 Hotel Francisco de Aguirre, Cordovez 210
6 Hotel Costa Real, Frco. de Aguirre 170
7 Hostal de Gregoria, Andrés Bello 1067
8 El Punto, Andrés Bello 979

© igraphic

■ $$$$$
• **Hotel Costa Real**, *Frco. de Aguirre 170*, ☎ 221010, 🖷 221122, 🖥 www.costareal.cl: neues Vier-Sterne-Hotel mit allem Luxus, einem modernen und edlen Design und erstklassigem Restaurant, einige behindertengerecht ausgebaute Zimmer stehen zur Verfügung. Des Weiteren gibt es einen kleinen Garten und einen Pool.

• **Hotel Francisco de Aguirre**, *Cordovez 210*, ☎/🖨 *222991*, 🖥 *www.diegodealmagrohoteles.cl:* 〔 **L** 〕
Vier-Sterne-Hotel nahe des Zentrums, eher traditionell als modern und teilweise etwas düster; mit Schwimmbad etc., nahe des Zentrums

Hotels am Strand
▪ **$$$**
• **Hotel San Juan**, *Capri Sur 151, (Coquimbo)* ☎ *260114*, 🖥 *www.hotelsanjuan.cl: sauberes und gemütliches Hotel 200 m von der Playa La Herradura entfernt, familiäre Atmosphäre*
▪ **$$$$**
• **Apart Hotel Canto del Agua**, *Avda. del Mar 2200*, ☎ *216630*, 🖨 *217024, im Internet www.cantodelagua.cl: modernes Hotel, sehr sauber, freundlich*
▪ **$$$$$**
• **La Serena Club Resort**, *Avda. del Mar 1000*, ☎ *221262*, 🖥 *www.laserenaclubresort.cl: riesige moderne, aber etwas gesichtslose Anlage mit Schwimmbad und Tennisplätzen, Restaurant*

CABAÑAS
▪ **$$$$**
• **Cabañas Las Añañucas**, *Avda. del Mar 4100*, ☎/🖨 *215881: Anlage nahe des Leuchtturms, Garten, Schwimmbad, nichts Besonderes aber komfortabel und passabel*

🍴 Restaurants
Im **Mercado Recova** *gibt es mehrere Restaurants, die auf Fisch und Meeresfrüchte spezialisiert sind, sonst:*
• **Restaurant El Cedro**, *Prat 572*, ☎ *219501: arabische Küche zu vernünftigen Preisen im Zentrum, nichts Überkandideltes*
• **Café Colonial**, *Balmaceda 475*, ☎ *216373: Bohnenkaffee, Sandwichs, große Salate und andere kleine Gerichte, beliebt bei Travellern*
• **Pastissima**, *O'Higgins 633*, ☎ *222725: Eis und Crepes*
• **Rincón Oriental**, *O'Higgins 570*, ☎ *225553: akzeptabler Chinese*

Am Strand
• **La Mia Pizza**, *Avda. del Mar 2100*, ☎ *212232: italienisches Essen der mittleren Preisklasse am Stand, familiär bis gehoben, empfehlenswert*
• **Brooklyn's**, *Avda. del Mar 2150: auch bei Stars und Sternchen beliebter Pub*
• **Don Oskar**, *Avda. del Mar 2600*, ☎ *218397: Fisch und Meeresfrüchte*
• **Jardin de Sabores** *Avda. del Mar 5425*, ☎ *242779: internationale Küche mit einem deutlichen Schwerpunkt auf frisch zubereiteter Pasta, nicht ganz billig*

Internet
• **Netcafé**, *Cordovez 285, an der Plaza Santo Domingo: hier gibt es außer dem Internetzugang auch Sandwichs, Säfte und manchmal sogar Live-Musik.*
• **Internet La Caverna**, *Balmaceda 1400*

🏛 Museen
• **Casa Gonzales Vileda**, *Mo-Fr 10-18 Uhr, Sa 10-13 Uhr, Eintritt ca. 1 €*
• **Museo Arqueologico**, *Sommer: Di-Fr 9-13.30 Uhr und 15-19.30 Uhr, Sa 10-13 Uhr und 16-19 Uhr, So 10-13 Uhr, Winter: Di-Fr 9-13 Uhr und 16-19 Uhr, Sa 10-13 Uhr und 16-19 Uhr, So 9-13 Uhr, So Eintritt frei*

L

Kinos
• **Cinemark 6 La Serena**, *Alberto Solari 1400*, ☎ *212144*, 🖥 *www.cinemark.cl: sechs Säle*

Ausflüge
Die **Observatorien** *in der Umgebung der Stadt lassen sich entweder mit dem eigenen Auto oder aber mit einer Tour von La Serena aus besuchen, mehrere Agenturen haben diese Ausflüge im Programm. Der Vorteil einer organisierten Tour besteht darin, dass man sich nicht um eine Genehmigung kümmern muss.*
• **Observatorio Interamericano El Tololo**, *Casilla 603*, ☎ *225415*, 🖨 *205212, im Internet unter www.ctio.noao.edu: Sa 9-12 Uhr und 13-16 Uhr, Reservierungen müssen zwei Monate vor dem geplanten Besuch gemacht werden.*
• **Observatorio Las Campanas**, *Casilla 601*, ☎ *224680*, 🖨 *227817,* 🖥 *www.lco.cl, Sa 14.30-17.30 Uhr, Anmeldung notwendig, aber auch kurzfristig möglich*
• **Observatorio La Silla**, *Casilla 567*, ☎ *(in Santiago) 2-2285006,* 🖥 *www.ls.eso.org: 1. Samstag im Monat um 13.30 Uhr, nur nach Voranmeldung*

Lago Lanalhue (S. 481)

Wichtige Telefonnummern
• **Vorwahl:** *41*

Campen
▪ **$$**
• **Camping Los Castores**, ☎ *612966: gut besuchter Platz am Seeufer, einiger Schatten*

Unterkünfte
HOTELS
▪ **$$$**
• **Hotel Licahue**, *km 4 Ruta Contulmo – Cañete*, ☎ *08-2094403, im internet www.contulmo.cl/ hotel_licahue.htm: nette Anlage mit Restaurant und Blick über den See*
▪ **$$$$$**
• **Hostería Lanalhue**, *20 km südlich von Cañete, auf dem Weg nach Tirua*, ☎ *247542: traditionsreiches Haus, zahlreiche Wassersportmöglichkeiten und Waldlehrpfad*

CABAÑAS
An den Ufern des Sees gibt es zahlreiche Cabañas mit unterschiedlicher Ausstattung für zwei bis zu 14 Personen.
▪ **$**
• **Cabañas Rincón Alemán**, *2 km von Contulmo*, ☎ *09-7505034: rustikal und eher einfach ausgestattet*
▪ **$$**
• **Cabañas Rucantu**, *Sector Licahue, km 3 Weg Cantulmo-Cañete*, ☎ *09-8248589, 51-70856: einfach aber komplett ausgestattet mit Kinderschwimmbad*
• **Cabañas Los Notros**, *Sector la Vaina, Km 10 Weg Cañete – Cotulmo*, ☎ *611160: komplett ausgestattete Häuser mit TV etc.*

- **$$$**
- **Cabañas Los Peumos**, *Sector La Vaina, km 12 Weg Cañete-Cotulmo,* ☎ *611238, im Internet www.lospeumos.cl: komplett ausgestattete Holzhäuser für sieben Personen mit Wäscheservice, Zimmermädchen etc.*
- **Cabañas Quelen**, *20 km von Cañete auf dem Weg nach Tirua,* ☎ *611168: ganz neue, sehr geschmackvoll eingerichtete Cabañas für acht Personen mit Privatstrand*

Lago Risopatron (S. 540)

Unterkünfte
CABAÑAS

- **$$$$$**
- **El Pangue**, *Carretera Austral km 240, Nordufer Lago Risopatron,* ☎/🖷 *67-325128: schöner Holzhaus-Komplex direkt am Seeufer, Cabañas für zwei bis sieben Personen ohne Küche aber mit gutem Restaurant und Café, kleiner Pool. Ausflüge zum Fischen an die Seen der Umgebung, auch als Paket, Bootsvermietung, Reittouren*

Lago Yehuin (Argentinien) (S. 590)

Unterkünfte
HOTELS

- **$$$**
- **Hostería Yehuin**, *direkt am Seeufer,* ☎ *0964-33995: einfach aber akzeptabel, Angelausflüge, Ausritte, Pferde- und Fahrradvermietung, Restaurant*
- **$$$$$**
- **Hostería Parador Yawen la Posada de Los Condores**, *5 km vom Lago Yehuin entfernt, Reservierungen über* ☎ *0964-24218: schöne Angler-Lodge, alles ist auf Angler ausgerichtet, zahlreiche Tourenangebote*

Lago Yelcho (S. 546)

Von Puerto Cardenas aus lassen sich Exkursionen zum Fischen organisieren, entweder schon von Chaitén aus oder direkt in Puerto Cardenas.
- **Turismo Gesell**, *Puerto Cardenas,* ☎ *65-264429, Chaitén:* ☎ *65-731294,* 🖷 *731276*

Campen
- **$$**
- **Camping Complejo Turístico Yelcho en la Patagonia**, *Lago Yelcho,* ☎ *65-731337, E-Mail: yelcho@chilecom.com; Reservierungen in Santiago:* **Turismo Austral**, *Santa Magdalena 75, Of. 902, Providencia,* ☎ *2-3341309,* 🖷 *3341328,* 🖳 *www.yelcho.cl: sehr gut ausgestatteter Camping Platz, jeder Platz ist überdacht und hat seinen eigenen Grill, wunderschöne Lage am Seeufer*

Unterkünfte
HOTEL

- **$$$$**
- **Hotel und Cabañas Complejo Turístico Yelcho en la Patagonia**, *Lago Yelcho,* ☎ *65-731337, E-Mail: yelcho@chilecom.com, Reservierungen in Santiago: Turismo Austral, Santa Magdalena 75, Of.*

L 902, Providencia, ☎ 2-3341309, 🖨 3341328, 🖥 www.yelcho.cl: in wunderschöner Lage am Lago Yelcho, gemütliche Zimmer und Cabañas, großes Angebot an Ausflügen zum Fischen, verschiedene Touren mit und ohne Pferde

Laguna San Rafael (S. 552)

Die Laguna San Rafael ist entweder mit dem Schiff oder mit dem Flugzeug zu erreichen.

🚢 Schiff

Es gibt einige Agenturen, die Touren zur Laguna unternehmen, die entweder in Puerto Montt oder Puerto Chacabuco losgehen. Da sich die Fahrpläne mehrmals jährlich ändern, können nur ungefähre Angaben gemacht werden. Genauere Informationen lassen sich in den Büros der Unternehmen einholen. Die Preise gelten jeweils für die Hauptsaison (Januar und Februar) und für zwei Personen, für die Sitze werden Einzelpreise angegeben.

Die einzelnen Agenturen sind:
- **Navimag** fährt mit der Evangelista von Puerto Montt zur Laguna San Rafael. Während der Monate Januar und Februar gibt es sechs Touren monatlich, November, Dezember und März nur vier. Die Fahrt dauert von Puerto Montt aus fünf Tage und vier Nächte, von Puerto Chacabuco drei Tage und zwei Nächte. Es gibt zwei verschiedenen Kabinentypen, beide liegen nach außen. Typ A hat ein Privatbad (1200 €), Typ B Gemeinschaftsbad (1000 €). Die Verpflegung ist im Preis inbegriffen. Es ist möglich, in Puerto Chacabuco aus- oder zuzusteigen.
  Navimag **Santiago**: Avda. El Bosque Norte 440, 11. Stock, ☎ 4423120, 🖨 2035025, 🖥 www.navimag.com
  Navimag **Puerto Montt**: Angelmo 2187, ☎ 253318, 🖨 258540
  Navimag **Puerto Natales**: Pedro Montt 262, Local B, ☎ 41421, 🖨 412229
  Navimag **Punta Arenas**: Avda. Independencia 840, ☎ 224256, 🖨 225804
- **Skorpios**: Mit der Skorpios I und II geht die Fahrt in Puerto Montt los und dauert sieben Tage und sechs Nächte. Die Preise für zwei Personen liegen zwischen 900 und 2200 €; je nach Ausstattung der Kabine. Dieses Angebot gehört deutlich in die Luxusklasse!
  Skorpios Santiago: Leguia Norte 118, Las Condes, Santiago, ☎ 2-2311030, 🖥 www.skorpios.cl
  Skorpios Puerto Montt: Angelmó 1660, ☎ 65-252619
- **Catamaranes del Sur**, 🖥 www.catamaranesdelsur.cl: Puerto Chacabuco – Laguna San Rafael in einem Tag, Preis: ca. 220 €/Person; das Unternehmen hat auch längere Touren im Angebot
- **Catamaran Iceberg Expeditions** unternimmt Tagesfahrten von Puerto Chacabuco aus, die etwa 12 Stunden dauern, die Preise liegen bei 220 € pro Person.
  Catamaran Iceberg Expeditions Santiago: Providencia 2331, Of. 602, ☎ 2-3350580, 🖨 3350581
- **Hotelsa**, Las Tranqueras 1328, Vitacura, Santiago, ☎ 2-2204177 / 2205187, 🖥 www.hotelsa.cl: Puerto Montt und Coyhaique zur Laguna San Rafael, Preis für das Drei-Tages-Programm ca. 650 €/Person
- **Patagonia Express** hat Fahrten in einem Luxusschiff im Programm, die zwischen vier und sechs Tagen dauern und normalerweise auch die Termas de Puyuhuapi anfahren. Im Paket mit einem Hotelaufenthalt an den Termas wird die Fahrt günstiger (ab ca. 700 €/Person).
  Patagonia Express **Santiago**: Fidel Oteiza 1921, Of. 1006 Santiago, ☎ 2-2256489, 🖨 2748111

✈ Flugzeug

Geeignet für Leute mit wenig Zeit. Mit dem Flugzeug dauert der Ausflug zur Laguna San Rafael nicht mehr als einen halben Tag. Die Ausflüge finden nur statt, wenn der Flug voll besetzt ist.

- **Aerohein**, *Baquedano 500, Coyhaique,* ☎ 67-232772, 🖳 *www.aerohein.cl: im Sommer tägliche Flüge, ca. 150 € pro Person*
- **Linea Aerea Don Carlos**, *Subteniente Cruz 63, Coyhaique,* ☎ 67-231981

Lincan Ray (S. 503)

ℹ Information

- *Ein* **Informationsbüro der Municipalidad** *gibt es in der Avda. General Urrutia 310, an der Plaza,* ☎ 431201
- **www.lican-ray.cl**: *touristische und sonstige Informationen, auch in Englisch*

☎ Wichtige Telefonnummern

- **Vorwahl**: 45

Busse

Es gibt keinen Busbahnhof in Lincan Ray, aber alle Busse fahren von der Gral. Urrutia ab. Verbindungen gibt es nach Villarrica, Panguipulli und Coñaripe.
- **Tur Bus**, *Cacique Marichanquin 240,* ☎ 431260: *Santiago*
- **Transtur**, *Urrutia 319: Transfer zu den Termas de Coñaripe und Liquiñe*

Campen

- **$**
- **Camping Escorial**, *Camino a Coñaripe km 6,* ☎ 09-6893862, 🖳 *www.lican-ray.com: schöner Platz am Seeufer 6 km von Lincan Ray entfernt, auch Cabañas werden vermietet.*
- **Camping Santa Elena**, *Camino a Villarrica 250 m vom Ortszentrum,* ☎ 431140: *gut ausgestatteter Platz in Ortsnähe*

Unterkünfte

HOTELS
- **$$**
- **Hospedaje ohne Namen**, *Gral Urrutia 145,* ☎ 431012: *sehr gepflegtes schönes Holzhaus, familiäre Atmosphäre, Parkmöglichkeit*
- **$$$**
- **Hotel Becker**, *Manquel 105,* ☎ 431553: *Sommerfrische-Atmosphäre direkt am Seeufer, anständiges Mittelklassehotel mit Terrasse und annehmbarem Restaurant (im Erdgeschoss gelegen)*

Liucura (S. 489)

- **Grenzübergang nach Argentinien**: *Sommer: So-Mo 8-21 Uhr, Winter: So-Mo 8-20 Uhr*

L **Los Angeles** (S. 483)

 Information
• Ein **Informationsbüro der Municipalidad** *ist an der Plaza zu finden (C. Caupolican, im Gebäude des Museo de la Alta Frontera)*
• **CONAF**, *Manso de Velasco 275*, ☎ 322126

Wichtige Telefonnummern
• Vorwahl: *43*

Busse
Der **Busbahnhof** *liegt an der Avda. Sor Vicenta 2051, ☎ 318730, am nördlichen Zubringer zur Panamericana. Praktisch alle Busse, die auf der Panamericana von Norden nach Süden oder in umgekehrter Richtung fahren, halten in Los Angeles, d.h. es gibt eine Vielzahl von Verbindungen. Die meisten Gesellschaften haben ihre Büros im Terminal, so dass es am einfachsten ist, zwecks Preisvergleichs dorthin zu gehen.*

BUSGESELLSCHAFTEN IN LOS ANGELES
• **Buses Cruz del Sur**, *Terminal de Buses*, ☎ 317630, 🖥 *www.busescruzdelsur.cl*
• **Buses Fenix Pullman Norte**, *Terminal de Buses*, ☎ 322502
• **Buses Jota Be**, *Terminal de Buses*, ☎ 317180
• **Buses Lit**, *Mendoza 408*, ☎ 312310
• **Buses Tas Choapa**, *Terminal de Buses*, ☎ 322266, 🖥 *www.taschoapa.cl*
• **Tur Bus**, *Terminal de Buses*, ☎ 315610, 🖥 *www.turbus.cl*

 Mietwagen
• **First**, *Caupolican 350*, ☎ 313812, 🖥 *www.firstrentacar.cl*
• **Larma Rent a Car**, *Valdivia 158*, ☎ 320261
• **Automovil Club de Chile**, *Caupolica 201*, ☎ 314209

Unterkünfte
HOTELS

▪ **$**
• **Hostal Los Angeles**, *Caupolicán 654*, ☎ 346863: *freundlich und sauber, aber sehr einfach, Frühstück muss extra gezahlt werden, es gibt eine Küche*

▪ **$$**
• **Hospedaje El Rincón**, *Panamericana Sur km 494*, ☎ 09-4415 019, 🖨 317168: *wunderschönes kleines Hostal abseits der Panamericana, geschmackvoll mit Naturmaterialien eingerichtete Zimmer, ruhiger Garten zum Dösen und Lesen, Hängematten, Liegestühle, verwunschene Winkel und Ecken, kurz, alles was man braucht, um sich ein paar Tage zu erholen. Es gibt ein reichhaltiges Frühstück und sehr leckere Mittag- und Abendessen, dazu bietet das deutsche Ehepaar Elke und Wilfried Lohmar verschiedene Touren und Spanischkurse an. El Rincón ist sicherlich eines der schönsten und originellsten Hospedajes in ganz Chile! Wenn man mit dem Bus kommt, lässt man sich an der Kreuzung „La Mona" raussetzten, folgt den Schildern nach El Rincón, und hat dann etwa 1,5 km Fußweg vor sich. Man kann sich aber auch in Los Angeles vom Busbahnhof abholen lassen.*

▪ **$$$$$**
• **Hotel Mariscal Alcazar**, *Lautaro 385*, ☎ 311725, 🖨 311725, 🖥 *www.hotelalcazar.cl*: *modernes Hotel der gehobenen Mittelklasse, kleiner Fitnessraum und andere Annehmlichkeiten*

Wenn man nur auf der Durchfahrt eine Übernachtungsmöglichkeit sucht, kann man direkt an der Panamericana in einem der zahlreichen Hotels übernachten, die alle in der Preisklasse **$$$$-$$$$$** liegen und eigentlich immer etwas frei haben.

 Restaurants
Wenn man etwas zu essen sucht, ist man auf der C. Colon richtig, hier gibt es die meisten Restaurants.
- **Centro Español**, Colon 482, ☎ 311669: gute spanische Küche, nicht allzu teuer
- **Bavaria**, Colon 357, ☎315531: die übliche Speisekarte mit Sandwichs, Kuchen und Säften

 Wäschereien
- **Todo Lava**, Colon 913, ☎ 322604

 Museen
- **Museo de la Alta Frontera**, Caupolican/Colon (direkt an der Plaza), Mo-Fr 8.15-13.45 Uhr und 14.45-18.45 Uhr, Eintritt frei

 Fischerei-Erlaubnis
- **Municipalidad**, Caupolican 399, ☎ 409400

Lota (S. 479)

 Museen
- **Museo Histórico de Lota**, Parque Lota,
November-März: Mo-So 10-20 Uhr, April-Oktober: Mo-So 10-18 Uhr, der Eintritt beträgt ca. 1 € pro Person

 Besichtigungen
- **Parque Lota**, November-März: Mo-So 10-20 Uhr, April-Oktober: Mo-So 10-18 Uhr
- **Mina Chiflón y Don Carlos**, direkt nördlich des Parque de Lota an der Küste; Besichtigungen Mo-So stündlich zwischen 10-17 Uhr, Eintritt 6,50 €: Vor allem in der Nebensaison sollte man sich einen Tag vorher anmelden, wenn man in die Minen einfahren will, ☎ 41-870682, oder man geht zur Touristeninformation in Concepción.

Marbella Resort (S. 449)

Unterkünfte
HOTELS
- **$$$$$$**
- **Hotel Marbella**, km 35 Carretera Concon nach Zapallar, ☎ 32-772020, 🖷 772030, 🖳 www.marbella.cl: große luxuriöse Anlage mit verschiedenen Pools, Tennisplätzen, Golfplatz, Fitnessraum, Pferdevermietung, Ausflüge zum Fischen, drei Restaurants und Spa. Das Hotel Marbella ist die einzige Resort-Anlage, die es in Chile bisher gibt und man findet hier jeden Luxus.

M

N

O

Mehuín (S. 504)

Unterkünfte
HOTELS

▪ $$$$
• **Hotel Nogal**, *Plaza s/n*, ☎/🖨 *63-456352: Lesertipp: Nachdem das alte Hotel Nogal komplett abgebrannt war, haben die Besitzer beim Neubau die Gelegenheit genutzt, ein gemütliches Hotel mit vielen Naturmaterialien zu schaffen. Gutes Restaurant und Möglichkeit zu schönen Strandspaziergängen.*

Melipeuco (S. 491)

Unterkünfte
HOTELS

▪ $
• **Hostal Icalma**, *Pedro Aguirre Cerda 729*, ☎ *45-581108: sehr sehr einfach aber akzeptabel und preiswert*

Niebla (S. 509)

📞
Wichtige Telefonnumern
• **Vorwahl:** *63*

Unterkünfte
HOTELS

▪ $$
• **Hostería Riechers**, *Niebla*, ☎/🖨 *282043*, 🖥 *www.NIEBLA.co.cl: rustikale aber freundliche und saubere Cabañas (ohne Küche, dafür Restaurant auch mit deutschen Gerichten), die verstreut in einem Garten hoch über dem Wasser liegen, wunderbarer Blick über den See, die Anlage vermittelt etwas den Eindruck einer Sommerfrische aus vergangenen Tagen...*
▪ $$$
• **Hotel El Castillo**, *Antonio Duce 750*, ☎ *28061, wunderbares altes Haus, stilvoll eingerichtet, Pool*

Observatorio Interamericano Cerro Tololo (S. 436)

Anmeldung für Besucher in La Serena unter ☎ (51)225415 🖨 205212, oder per Post: Casilla 603, La Serena, 🖥 www.ctio.noao.edu. Besuchszeit ist jeden Samstag von 9-12 Uhr und 13-16 Uhr, das ganze Jahr über.

Osorno (S. 510)

ℹ️
Information
• *Das* **Sernatur-***Büro ist an der Westseite der Plaza im ersten Stock des Regierungsgebäudes zu finden (☎ 237575, 🖨 237104)*
• **CONAF** *hat sein Büro in der C. Martinez de Rozas 430 (☎ 234393)*

- **www.municipalidadosorno.cl***: Seite der Stadtverwaltung*
- **www.osornochile.cl***: Unterkünfte und Restaurants, Geographie und Geschichte der Stadt*

Wichtige Telefonnummern
- **Vorwahl***: 64*

Geldumtausch
- **Casa de Cambio Cambiotur**, *Juan Mackenna 1004,* ☏ *234846*
- **Casa de Cambio Mundial, Eleuterio Ramírez 949 Loc. 11,** ☏ **239260**

✈ Flughafen und Fluggesellschaften
Der Flughafen von Osorno **Carlos Hott Siebert** *liegt etwa 7 km außerhalb des Stadtzentrums auf der Avda. Buschmann nach Osten über die Panamericana hinweg (*☏ *318855). Verbindungen gibt es nach Temuco, Santiago, Valdivia, Concepción und Viña del Mar.*

FLUGGESELLSCHAFTEN IN OSORNO
- **LanChile**, *Eleuterio Ramírez 802,* ☏ *314900,* 🖷 *314900,* ▭ *www.lanchile.com*
- **KLM**, *Francisco Bilbao 717,* ☏ *237878,* ▭ *www.klm.com*

🚌 Busse
In Osorno gibt es zwei Busbahnhöfe, das **Terminal de Buses Rurales** *(Prat/Errazuriz), von dem aus Busse in die nähere Umgebung zu Orten wie Entre Lagos, Puyehue und Aguas Calientes starten und das* **überregionale Terminal de Buses** *an der Erazuriz 1400 (*☏ *234149). Von hier aus geht es zu allen Zielen an der Panamericana und außerdem nach Punta Arenas über Bariloche (Argentinien). Auch nach Mendoza (Argentinien) kommt man von Osorno aus.*

BUSGESELLSCHAFTEN IN OSORNO
- **Buses Lit**, *Ecuador 742,* ☏ *234317*
- **Buses Tal Norte**, *Terminal de Buses,* ☏ *236076: Argentinien: Bariloche, Buenos Aires*
- **Tas Choapa**, *Terminal de Buses,* ☏ *233933: Bariloche*
- **Buses Via Octay**, *Terminal de Buses,* ☏ *237043*
- **Tur Bus**, *Los Carreras 3387,* ☏ *243828:* ▭ *www.turbus.cl: Santiago und Zwischenziele, Valdivia, Temuco, Concepción*
- **Buses Via Octay**, *Terminal de Buses,* ☏ *237043: Puerto Octay*

Züge
Osorno ist ein Haltepunkt auf der Strecke von Santiago nach Puerto Varas, der Bahnhof liegt am westlichen Ende der C. Mackenna.

🚗 Mietwagen
- **Automovil Club de Chile**, *Manuel Bulnes 463,* ☏ *2-2125702*
- **Budget**, *R. Freire 848,* ☏ *235303,* ▭ *www.budget.cl*
- **Salfa Sur**, *M.A. Matta 505,* ☏ *236000*

Campen
- **$**

- **Camping Olegario Mohr**, *Ufer des Río Damas, östlich der Panamericana, erreichbar über die Avda. Soriano, dann Panamericana nach Norden,* ☏ *204870: freundlicher Platz mit Tennisplatz und Pool*

O

 Unterkünfte
HOTELS

▪ **$$**
• **Residencial Schulz**, *Freire 530*, ☎ *237211: etwas verwohnt, grau und nüchtern aber sauber und freundlich und durchaus annehmbar*
• **Hotel Millantue**, *Errázuriz 1331*, ☎ *231080*, 🖷 *233072: modern und etwas nüchtern aber durchaus angenehm*

▪ **$$$**
• **Residencial Bilbao**, *F. Bilbao 1019*, ☎ *236755*, 🖷 *231111: sehr saubere und gepflegte Zimmer, freundliches Ambiente*
• **Hotel Pumalal**, *Bulnes 630*, ☎ *243520*, 🖷 *242477: Die Zimmer sind solide Mittelklasse, es gibt eine Sauna und einen Jacuzzi, außerdem Parkmöglichkeiten.*
• **Gran Hotel**, *O'Higgins 615*, ☎ *232171*, 🖷 *239311: etwas verblichene Pracht direkt an der Plaza bietet dieses große Hotel, auch wenn die Zimmer nicht super-modern sind, ist es sein Geld wert!*
• **Hotel Lagos del Sur**, *O´Higgins 564*, ☎ *243244*, 🖷 *242396*, 🖳 *www.hotelagosdelsur.cl: solides Mittelklassehaus, eigener Parkplatz, Kabel-TV, Roomservice*

▪ **$$$$$**
• **Hotel Waeger**, *Cochrane 816*, ☎ *233721*, 🖳 *www.hotelwaeger.cl: vier Sterne, moderne Zimmer*

 Restaurants
• **Café Central**, *O´Higgins 610: guter Bohnenkaffee in verschiedenen Variationen*
• **Kaffeestube**, *Mackenna 1150: gehört zu einem Supermarkt, trotzdem gibt es hier leckeren Kuchen! (im Erdgeschoss gelegen)*
• **Bocatto**, *Ramírez 938: Pizzas, Sandwichs und Eis*
• **Bavaria**, *O'Higgins 743: die üblichen Sandwichs in nüchterner aber sauberer Umgebung*
• **Club Social Unión de Artesanos**, *Mackena 634*, ☎ *230307: chilenische Küche*
• **Club Alemán**, *O'Higgins 563*, ☎ *232514: deutsche und chilenische Gerichte, montags wird Skat gespielt.*

🏛 **Museen**
• **Museo Histórico Municipal**, *Matta 809, Januar u. Februar: Mo-Do 9.30-18 Uhr, Fr 9.30-17 Uhr, Sa u. So 11-19 Uhr, März-Dezember: Mo-Do 9.30-17.30 Uhr, Fr 9.30-16.30 Uhr, Sa 14.30-18.30 Uhr, Eintritt frei*

Osterinsel (S. 603)

ℹ **Information**
• **Sernatur**: *Tuumaheke, neben der Bank;* ☎ *100255: hier bekommt man eine schöne und informative Karte der Insel.*
• **www.osterinsel-info.de**: *private Seite mit einigen Informationen zur Geschiche der Insel*
• **www.portalrapanui.cl**: *umfangreiche Informationen über Touren, Hotels, etc.*
• **www.iorana.net**: *Kultur und Geschichte (Spanisch)*

 Wichtige Telefonnummern
• **Vorwahl**: *32*

Flüge

Der kleine **Flughafen Mataveri** der Insel liegt ein paar Kilometer außerhalb von Hanga Roa. Öffentliche Transportmittel in den Ort gibt es nicht, aber zu Fuß ist man nur etwa 15 Minuten unterwegs. Außerdem stehen die Besitzer praktisch aller Gästehäuser der Insel am Flughafen parat, wenn ein Flugzeug erwartet wird, um sich ihre „Beute" zu sichern. Viele Unterkünfte haben kein Schild und sind als solche nicht zu erkennen, so dass es keine schlechte Idee ist, sich zumindest für die erste Nacht etwas am Flughafen vermitteln zu lassen. Das hat auch den Vorteil, dass man per Minibus in sein Quartier chauffiert wird.

• **LanChile** ist die einzige Fluggesellschaft, die die Osterinsel anfliegt, ihr Büro ist an der Atamu Tekena. Vergessen Sie auf keinen Fall, **Ihren Rückflug bestätigen zu lassen**, die Flüge sind hin und wieder überbucht! ☎ 100279, 💻 www.lanchile.com

Schiff

Man kann die Osterinsel auch per Schiff erreichen. Von Valparaíso aus gibt es ein Versorgungsschiff, das je eine Woche für den Hin- und Rückweg braucht, eine Woche auf der Insel bleibt und hin und wieder Passagiere mitnimmt. Allerdings wird über Komfort und Sicherheit während der Reise Schauerliches berichtet.

Eine bequemere, aber eher teure Variante ist eine Kreuzfahrt durch die Südsee, auf der auch die Osterinsel angelaufen wird.
• **Hapag Lloyd**, 💻 www.hlkf.de: verschiedene Routen, u. a. Valparaíso – Papeete, Puerto Montt – Papeete, auch auf ihrer Route um die Welt wird die Osterinsel angelaufen
• **Reisebüro Stahl**, Kettenstraße 1, 97488 Stadtlauringen, ☎ 09724-908067, 📠 09724 908062, E-Mail: info@kreuzfahrt-sonne.de, 💻 www.kreuzfahrt-sonne.de: hat eine Kreuzfahrt durch die Südsee im Programm (Kosten mind. 3.200 €) und eine andere von Australien nach Peru (Kosten ca. 5.000 €)

Mietwagen

Fast alle der Reisebüros an der Atamu Tekena vermieten Autos, am beliebtesten sind Jeeps, aber es gibt auch normale Autos und Pickups. Für einen **Jeep** muss man mit etwa 90 € pro Tag rechnen.

Eine preiswertere Alternative sind **Motorräder**, die ebenfalls an zahlreichen Stellen vermietet werden. Auch einige Hotels vermieten Autos oder vermitteln zumindest.
• **RentaCar Insular**, Atamu Tekena, ☎ 100858, 551276: Jeeps, Motorräder und Fahrräder
• **Oceanic Rent a Car**, Atamu Tekena, ☎ 100985
• **Huanani rent a Car**, Atamu Tekena, ☎ 100353

Fahrradverleih

Das Fahrrad ist ein beliebtes Fortbewegungsmittel auf der Osterinsel, viele Agenturen und Andenkenläden vermieten Fahrräder tage- oder stundenweise. Der Preis liegt um 18 € pro Tag für ein **Mountainbike** in vertretbarer Qualität, es gibt aber schon Räder ab 10 € zu mieten.

Geldumtausch

Geld kann in der Filiale der **Banco del Estado** (die in dem futuristischen Gebäude neben dem Sernatur-Office residiert) umgetauscht werden, das Einlösen von Schecks lässt sie sich allerdings mit einer saftigen Kommission bezahlen.

O   *Auch einige Reiseagenturen tauschen Dollar und die tahitianische Währung:*
• **Kia Koe**, *Policarpo Toro,* ☎ *100852*

Generell ist der Kurs eher schlecht und es lohnt sich, genügend Geld vom Festland mitzubringen. Akzeptiert wird natürlich der chilenische Peso, aber viele Unternehmen lassen sich auch gerne in US$ bezahlen. Kreditkarten werden in den besseren Hotels und Restaurants und auch in einigen Andenkenläden genomen.

Campen

Es gibt einen Campingplatz mit rudimentären Einrichtungen in der **Bucht Anakena**, *alles Nötige inklusive Trinkwasser muss mitgebracht werden. Einige der einfachen Residenciales bieten die Möglichkeit zum Campen.*

▪ **$**
• **Camping Mihinoa**, *Avenida Pont s/n, Caleta Hanga Pico,* ☎ *551593,* 🖳 *www.mihinoa.com: Platz mit wunderbarem Blick über die Caleta Hanga Piko, aber ohne ein Fleckchen Schatten, voll ausgestattete Zelte samt Ausrüstung können gemietet werden, Internet und Möglichkeit zum Wäschewaschen.*
• **Residencial Anjelica Viscarra**, *Hotu Matua s/n (nicht weit vom Flughafen, aber nicht sehr zentral),* ☎ *100655: neben einfachen Zimmern werden in diesem Residencial auch Plätze zum Campen im Garten vermietet*
• **Residencial Maori Rongo-Rongo** *bietet ebenfalls die Möglichkeit, preisgünstig im Garten zu campen (Adresse siehe weiter unten)*

Unterkünfte
HOTELS

Oft ist auf der Osterinsel das Frühstück im Preis mit eingeschlossen, man kann aber besonders in den Residenciales auch Zimmer ohne Frühstück bekommen, die dann in der Regel etwa 10 Dollar billiger sind. Viele Hotels bieten Halb- oder Vollpension an, ob das sinnvoll ist, sollte man sich genau überlegen, wenn man z. B. Tagesausflüge unternehmen will, ist man durch die Mahlzeiten vielleicht zu festgelegt! Generell sind auf der Osterinsel die Preise für Übernachtungen höher als auf dem Festland aber das Angebot bestimmt auch hier die Nachfrage, in der Nebensaison kann man immer nach einem **descuento** *fragen!*

▪ **$$**
• **Hostal Pedro Atan**, *Tuki Haka he Vari, Ecke Policarpo Toro,* ☎/🖨 *100239: Hier hat schon Thor Heyerdahl gewohnt! Vielleicht das beste Angebot in dieser Klasse, sehr freundliche familiäre Atmosphäre, saubere luftige Zimmer und ein schöner Garten warten auf Gäste.*
• **Chez Oscar**, *Avda. Pont, s/n,* ☎ *100404, 551261: freundliches Residencial, ebenfalls wunderbarer Garten, Büchertausch*
• **Residencial Maori Rongo-Rongo**, *Te Pito Te Henua s/n,* ☎ *100693, 100497: entspanntes Hostal, Garten mit Campmöglichkeit und Küchenbenutzung*
• **Residencial Kona Tau**, *Avaripua s/n,* ☎/🖨 *100321, E-Mail: konatau@entelchile.net: dem Jugendherbergsverband angeschlossen, freundlich, Internet, Wäscheservice, Küchenbenutzung*
▪ **$$$**
• **Residencial Vaihapua**, *Te Pito Te Henua,* ☎ *100377: einfaches aber sauberes Haus mit sieben Zimmern etwas unterhalb der Kirche gelegen, sehr freundliche Wirtin*
• **Cabañas Vaianny**, *Tuk Haka Hevari s/n,* ☎ *100650,* 🖨 *100105, E-Mail: tariki@entelchile.net,* 🖳 *www.angelfire.com/pop2/vaianny/: kleines Hotel mit sieben Doppelzimmern, ebenfalls inmitten eines schönen Gartens*

• **Residencial Villa Tiki**, ☎/🖨 100327, E-Mail: tiki@entelchile.net: ruhig gelegenes, großzügig geschnittenes, einfach eingerichtetes Residencial in großem Garten mit Tourenangebot, bedingt auch für Rollstuhlfahrer geeignet (Manko: Dusche).

■ **$$$$**

• **Cabañas Vai Moana**, Policarpo Toro s/n, ☎/🖨 100626, 🖥 www.vai-moana.cl: mit mehreren Umweltpreisen (u. a. von der UNESCO) ausgezeichnetes kleines Hotel, angenehmer Aufenthaltsraum und gutes Restaurant

• **Cabañas Inaki-Uhi**, Atamu Tekena s/n, ☎ 551160, 100231, 🖥 www.inaki-uhi.cl: relativ neue Anlage, die unter der Leitung von Alvaro Atan Paoa, Sohn von Pedro Atan steht.

• **Hostal Manavai**, Te Pito Te Henua (rechts neben dem Restaurant La Tinita), ☎ 100443, 🖨 100 658, 🖥 www.hotelmanavai.cl: kleines, sehr angenehmes Hotel mit gepflegten Zimmern, Pool, deutsche Besitzerin

• **Tadeo Lili**, Teao Hereveri, ☎/🖨 100422, E-Mail: tadeolili@entelchile.net: sehr gepflegte Anlage mit Cabañas direkt an der Küste, breites Tourenangebot in französisch (die Besitzerin in Französin), englisch und spanisch, auch Reitausflüge und Pauschalangebote

• **Hotel Manutara**, Hotu Mata, ☎ 100297, 🖨 100768: Tipptopp gepflegte Drei-Sterne-Anlage mit Schwimmbad und schönem Garten, angenehm ruhige Atmosphäre aber eher flughafennah als zentral (etwa 20 Min. Fußweg bis zur Ortsmitte)

• **Hotel Gomero**, Tuu Koihu, ☎ 100313, 🖨 551662, 🖥 www.hotelgomero.com: Österreichische Besitzer haben hier ein kleines Paradies geschaffen: tropischer Garten mit Pool, gepflegte Zimmer, verschiedenste Unternehmungen werden angeboten (Tauchen, Autovermietung, Pferde)

■ **$$$$$$**

• **Hotel Iorana**, Atamu Tekena, ☎ 100608, ☎/🖨 100312, 🖥 www.ioranahotel.cl: die etwas dezentrale Lage wird durch einen eindrucksvollen Meerwasserpool wettgemacht, das Iorana ist seit langen Jahren eines der besten Hotels der Insel

• **Otai Hotel**, Te Pito oTe Henua s/n, ☎ 100250, 🖨 100482: zentral und strandnah gelegenes Hotel der oberen Mittelklasse, gepflegter Garten mit Pool, teilweise sehr großzügig geschnittene Zimmer, die auch bedingt rollstuhlgeeignet sind (Manko: Dusche), sicherlich das beste Preis-Leistungs-Verhältnis in dieser Klasse!

• **Hotel Tahai Tai**, Apina Nui s/n, ☎ 551192-4, 100282, 🖨 100623, 🖥 www.hotel-tahatai.co.cl: noch nicht lange eingeweiht, bietet dieses Hotel moderne Zimmer mit allen üblichen Annehmlichkeiten der oberen Mittelklasse, einen Pool und einen schönen Blick auf den Pazifik, auch ein relativ umfangreiches (aber auch teures) Tourenangebot gibt es.

• **Hanga Roa Hotel**, Avda. Pont, ☎ 100299, 🖨 100426, 🖥 www.panamericanahoteles.cl: Teuerstes (aber vielleicht nicht unbedingt schönstens) Hotel der Insel, gehört zur Panamericana-Kette. Etwas dezentral aber dafür nahe der Küste, Pool, Andenkenshop und Tourenangebot. Zwei Zimmerklassen, die Standard-Ausführung ist etwas einfach für den Preis, die Superior-Klasse in kleinen Einzelhäusern eher ihr Geld wert!

Restaurants

• **La Caleta**, Te Pito Te Henua (nahe des Hafens) ☎ 100607: etwas schmuckloses aber geselliges Restaurant mit einfachen Gerichten, lecker und preiswert, hier treffen sich die Familien der Insel um Sonntags zu essen oder einfach den Kindern ein Eis zu spendieren.

• **Restaurant Avareipua**, direkt am Hafen, ☎ 100133: guter Fisch, auch Gerichte wie Spaghetti und Pizza, mittlere Preise, man sitzt auf einer winzigen Terrasse mit Blick aufs Wasser und den Hafen (im Erdgeschoss gelegen)

• **Restaurant Kopacabana**, Avareipua, ☎ 100447: gute Fisch- und Fleischgerichte, ein paar polynesische Gerichte stehen auch auf der Karte, mittlere Preisklasse

● **Pea**, Apina/Atamu Tekena: Terrasse mit wunderbarem Blick über den Pazifik und auf die Wellen-reiter, gute Küche und relativ große Auswahl, nicht ganz billig

● **La Taverna du Pecheur**, direkt am Hafen: der französische Besitzer kocht hier sehr gut (das Restaurant gilt trotz seines etwas schmucklosen Äußeren als das beste der Insel), vor allem natürlich Fisch, man sitzt schön auf einer kleinen Terrasse, die Einrichtung ist rustikal und entspannt, die Preise allerdings gesalzen (im Erdgeschoss gelegen)

● **Restaurant Kona Koa**, Tuumaheke, ☏ 100415: gutes Essen, das Restaurant ist mit viel Bambus und Korbmöbeln eingerichtet und verbreitet ein gewisses Südseeflair. Einmal wöchentlich gibt es eine polynesische Show und Curanto-Essen (Reservierungen hierfür sind eine gute Idee, im Erdgeschoss gelegen)

Museen
● **Museo Antropológico Sebastian Englert**, 🖥 www.museorapanui.cl, Di-Fr 9.30-12.30 Uhr und 14-17.30 Uhr, Sa u. So 9.30-12.30 Uhr, Eintritt: ca. 2 €

Einkaufen
Auf der Atamu Tekena liegen die meisten Andenkenläden, beliebte Mitbringsel sind Moais in den verschiedensten Formaten und die berühmten **Holzschnitzereien** der Osterinsel. Auch auf dem vormittäglichen Markt werden Souvenirs verkauft. Nördlich der Kirche gibt es einen Kunsthandwerksmarkt, wohl die beste Adresse, was Auswahl und Preise betrifft. Frisches Obst und Gemüse kauft man am besten morgens (8-12 Uhr) im **Mercado Municipal** an der Tuu Maheke/Atamu tekena.

Internet
Viele Hotels bieten inzwischen Internetzugang an, die Preise sind allerdings generell gesalzen. Auch einige Läden und Galerien haben Terminals, und machen darauf durch Schilder aufmerksam.
● **Ciber Coffee**, Policarpo Toro (Nähe Restaurante Kitai)

Führungen und Ausflüge
Das Tourenangebot auf der Osterinsel ist groß, hauptsächlich werden Halb- und Ganztagestouren zu den verschiedenen Sehenswürdigkeiten angeboten. Es lohnt sich, etwas mehr für eine individuelle Tour auszugeben, sonst geht man leicht in der Masse der Touristen unter und man erfährt natürlich auch mehr in einer kleinen Gruppe! Manche Hotelbesitzer führen individuelle Touren für ihre Gäste durch, ansprechen kann man **Nicolas Haoa** vom Hotel Otai (☏ 100250, 🖨 100482, E-Mail: otairapanui@entelchile.net) oder **Juan Atan** vom Hostal Pedro Atan (☏/🖨 100329), die beide sehr viel über die Geschichte der Osterinsel erzählen können.

Die beste Adresse für deutschsprachige Touren ist:
● **Rapa Nui Travel**, ☏/🖨 100548, E-Mail: rntravel@entelchile.net, 🖥 www.rapanuitravelltda.co.cl: sicherlich die beste Adresse für deutschsprachige Touristen, da die Besitzerin Deutsche ist; die Touren werden nach den Wünschen der Gäste zusammengestellt und alle Guides sprechen auch deutsch.

Strände
Die einzigen beiden Strände, an denen man gut baden kann, sind **Anakena** und die Bucht **Ovahe**, die praktisch nebeneinander liegen. Öffentliche Verkehrsmittel gibt es nicht, entweder man mietet sich ein Auto, Fahrrad oder Pferd, oder nimmt ein Taxi.

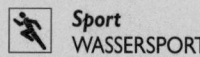

Sport
WASSERSPORT

Im warmen sauberen Wasser um die Osterinsel wachsen Korallen und gedeiht eine subtropische Unterwasserfauna, welche die Insel auch für Taucher zu einem lohnenden Ziel macht. Nachttauchen und verschiedene Touren und Kurse werden von den beiden Tauchzentren der Insel angeboten.

- **Mikerapu Diving**, *Caleta Hanga Roa Otai s/n , ☎/🖨 551055*, 🖥 *www.mikerapu.cl*
- **Centro de Buceo Orca**, *Caleta Hanga Roa Otai s/n, ☎ 100877, 🖨 550448, im Internet www.seemorca.cl: vermietet auch Surfboards und Kajaks*

An der Westküste lässt es sich im Sommer gut **surfen** *(Caleta Hanga Roa), während im Winter die Wellen an der Südküste (Hanga Poukura, Nähe Ahu Vaihu) besser sind.*

FISCHEN

Viele der Osterinsulaner gehen zumindest hin und wieder zum Fischen, um ihren Speisezettel zu bereichern. Daneben gibt es auch hauptberufliche Fischer, die Tunfisch und einige andere Arten fangen und an die Restaurants des Ortes und nach Santiago verkaufen. Organisierte Ausflüge gibt es nicht, man kann aber ohne weiteres etwas mit den Fischern direkt aushandeln, die um die Mittagszeit am Hafen anzutreffen sind. Ein Ausflug kostet zwischen 50 und 100 € und kann besonders nachts zu einem unvergesslichen Erlebnis werden. Allerdings sollte man einigermaßen seefest sein, der Pazifik ist oft rau! Da die Touren nicht organisiert stattfinden, sollten Sie nicht mit (der eigentlich notwendigen) Sicherheits-Ausrüstung, wie z. B. Schwimmwesten rechnen, auch eine Versicherung gibt es nicht!

Feste

Das **Vogelmann-Fest** *(Tapati) dauert zehn Tage und findet Anfang Februar statt. Es gibt zahlreiche Wettbewerbe, Tanzdarbietungen und man sollte sein Hotel zu dieser Zeit unbedingt frühzeitig buchen!*

Ovalle (S. 442)

Information
- *Ein* **Kiosk der Municipalidad** *steht an der Plaza de Armas.*

Wichtige Telefonnummern
- **Vorwahl**: 53

Busse

Es gibt keinen zentralen Busbahnhof in Ovalle, die Busse fahren i. d. R. am Büro der jeweiligen Gesellschaft ab. Verbindungen gibt es zu allen Orten entlang der Panamericana nach Norden und Süden.

BUSGESELLSCHAFTEN IN OVALLE
- **Buses Tas Choapa**, *Ariztia Poniente 371*, ☎ *620500*, 🖥 *www.taschoapa.cl*
- **Buses Tramaca**, *Ariztia 379*, ☎ *625442*
- **Buses Pullman**, *Ariztia Oriente 769*, ☎ *621476*, 🖥 *www.pullman.cl*

O

P

Unterkünfte
HOTELS

Das Angebot an Unterkünften in Ovalle ist nicht eben großartig, aber es finden sich doch akzeptable Hotels.

▪ **$**
• **Hotel Roxy**, *Libertad 155,* ☎ *620080: einfach aber sauber und sehr freundlich, mit Wein bewachsener Innenhof*

▪ **$$$**
• **Hotel American**, *Vicuña Mackenna 169,* ☎ *620159,* 🖨 *620722,* 🖥 *www.hotelamerican.cl: nichts Ausgefallenes aber akzeptabel und sauber*
• **Hotel Turismo Ovalle**, *Plaza de Armas,* ☎/🖨 *623526: sauberes Mittelklassehotel, nichts Besonderes aber freundlich*

Restaurants
• **Club Social Arabe**, *Arauco 255: chilenische Küche zu moderaten Preisen, dazu Gerichte aus dem mittleren Osten*
• **Bavaria**, *Vicuña Mackenna 161: Sandwichs und andere kleine Gerichte*

Museen
• **Museo del Limari**, *C. Socos am ehemaligen Bahnhof, Di-Fr 9-13 Uhr und 15-9 Uhr, Sa u. So 10-13 Uhr, Eintritt ca. 1 €*

Ausflüge
Ovalle eignet sich gut als Ausgangspunkt für einen Ausflug in den **Parque Nacional Fray Jorge**, *der am einfachsten mit dem eigenen Auto zu erreichen ist, aber auch mit organisierten Touren, die von Ovalle aus angeboten werden.*

Panguipulli (S. 504)

Unterkünfte
HOTELS

▪ **$$$**
• **Hotel Riñimapu**, *Desagüe Riñihue,* ☎ *63-311388, Casilla 512,* 🖥 *www.rinimapu.cl; Panguipulli, in Santiago: Huerfanos 1189, 6. Stock,* ☎ *2-6990559,* 🖨 *2-6961786, E-Mail: catapuga@ manquehue.net.*
• *Eine Leserempfehlung für die Seenregion ist das* **Hotel Riñimapu** *am* **Lago Riñihue** *(östlich von Valdivia). Es liegt idyllisch am westlichen Ende des Sees und ist über die Straße von Panguipulli zu erreichen (in der Kurve zum Ort geht der Abzweig rechts ab, dann noch sieben Kilometer). Zu der gepflegten Anlage gehören 17 Zimmer mit Blick auf den See, ein Tennisplatz und ein Restaurant, auch Pferde kann man mieten.*

Papudo (S. 449)

Wichtige Telefonnummern
• **Vorwahl**: 33

 **Unterkünfte**
HOTELS

▪ **$$**
• **Hostal Papudo**, *Chorillos 153, ☎ 791328: schön mit viel Holz und Blumen, Zimmer relativ einfach*
• **Hotel Restaurant La Abeja**, *Chorrillos 35, ☎ 791116, E-Mail: raueugenio@123mail.c: familiär und strandnah, eine gute Wahl in Papudo*
▪ **$$$**
• **Hotel Carande**, *Chorrillos 89, ☎ 791105, 🖨 791118: schön, mit viel Holz eingerichtet, Restaurant mit einfachen Speisen*

Parque Nacional Chiloé (S. 534)

Alle Vorräte müssen mitgebracht werden, es gibt keine nennenswerten Einkaufsmöglichkeiten!

• **Guarderia CONAF Sektor Chanquin**, *Eintritt ca. 2,50 €, Besucherzentrum und gut ausgestatteter Campingplatz (**$$**)*
• **Refugio Cole Cole**: *einfache Hütte mit Feuerstelle, kostenlos, Schlafsack und alle Lebensmittel müssen mitgebracht werden. Möglichkeit zum Campen*
• **Refugio Anay**: *noch einfachere Ausstattung, ebenfalls kostenlos*

Parque Nacional Conguillio (S. 491)

ⓘ **Information**
• *Am Lago Conguillio gibt es ein **Informationszentrum** der **CONAF**, das didaktisch modern und gut gestaltet ist, auch am Eingang des Parks erhält man von den Parkwächtern Informationen zum Park.*
• *Der Park ist das ganze Jahr über geöffnet, Einlass November-April: 8.30-21 Uhr, Mai-Oktober: 8.30-17 Uhr, der Eintritt beträgt ca. 6 € pro Person*
• **www.conguillio.cl**: *Seite mit Informationen zu Unterkünften, weniger zur Naturgeschichte oder Wanderungen*

 Campen
▪ **$$$**
• **Camping La Caseta**, *am Südufer des Lago Conguillio, 26 km vom Parkeingang entfernt, ☎ 45-210407: nahe des Sees, gut ausgestatteter Platz, der im Sommer sehr beliebt und deshalb manchmal voll ist*
• **Camping El Hoyon**, *am Südufer des Lago Conguillio, 26 km vom Parkeingang entfernt, ☎ 45-210407: kleinerer Platz gleich nebenan, nur wenige Stellplätze, im Sommer kann eine Reservierung auch hier sinnvoll sein*
• **Camping El Estero**, *am Ufer des Lago Estero, ☎ 45-210407: etwa 300 m vom Seeufer entfernt, in einem Araukarien- und Ñirre-Wald, gute Ausstattung*

P

Unterkünfte
CABAÑAS

▪ **$$$$**
• **Cabañas La Caseta**, *am Südufer des Lago Conguillio, 26 km vom Parkeingang entfernt,* ☎ *45-210407: freundlich eingerichtete Cabañas am Seeufer, Vermietung von Booten, Ausflüge etc.*

Parque Nacional El Morado (S. 359)

Information
• *Es gibt einen Posten der CONAF, die Parkwächter geben Auskunft über die Wanderwege etc. Der Eintritt kostet für Erwachsene ca. 3 €, geöffnet ist die Station September-Mai: 8-18 Uhr, Juni-August: 9-17 Uhr.*

Campen
▪ **$**
• *Es gibt einen einfach ausgestatteten Platz der* **CONAF**, *alle Vorräte müssen mitgebracht werden.*

Unterkünfte
HOTELS

▪ **$$**
• **Refugio Alemán**, *ein schönes Steinhaus aus dem Jahr 1932 mit einer wunderbaren Terrasse, bietet einfache Zimmer*

Parque Nacional Fray Jorge (S. 443)

Öffnungszeiten
Sommer *(1. Dezember-15. März): Do-So 8.30-18 Uhr*
Rest des Jahres: *Wochenende und Feiertage 8.30-18 Uhr*

Campen
▪ **$$**
• *Einfacher, aber sehr schöner* **Campingplatz**, *der von der* **CONAF** *verwaltet wird. Die Wasserversorgung ist nicht immer zuverlässig, es ist sicherer, eigene Vorräte mitzubringen, ebenso müssen alle Lebensmittel mitgebracht werden.*

Parque Nacional Huerquehue (S. 503)

Information
• *Die* **CONAF-Hütte** *befindet sich etwa auf halber Höhe des Ostufers des Lago Tinquilco, der Eintritt in den Park beträgt ca. 4 € pro Person.*
• **www.parquehuerquehue.cl**

Campen
Im Park gibt es verschiedene Campingplätze, die meisten am Lago Tinquilco.

- **$**
- **Camping Lago Tinquilco**, *am Südostufer des Sees, ☏ (in Temuco): 45-242087: Wiese direkt am Seeufer, ruhig, Bootsvermietung*
- **Camping Rapa Nui**, *am Südzipfel des Sees, ebenfalls Bootsvermietung*
- **$$**
- **Camping Huerquehue**, *an der CONAF-Hütte, schön gelegener Platz mit Schatten, Möglichkeit zum Baden und Fischen, einfache Ausstattung, jeder Platz hat Tisch und Bänke*
- **Camping Ricon Tinquilco**, *am Nordzipfel des Sees, Platz in wunderschöner Lage mit kleinem Anleger, einfache Ausstattung, meistens kann man Lamm für das abendliche Asado bei den Besitzern kaufen.*
- **$$$**
- **Camping Los Vertientes**, *am Ufer des Lago Caburga, 26 km von Pucón, ☏ 09-4432765: ruhiger Platz am Ufer, gute Ausstattung, sehr saubere sanitäre Anlagen*

Unterkünfte
HOTELS

- **$$**
- **Landhaus San Sebastián**, *18 km auf der Straße Pucón – Caburga, dann bei der Kreuzung El Cristo links abbiegen und ca. einen Kilometer der Schotterstraße folgen, ☏ 09-4431786: 📠 45-443057, 🖥 www.landhaus-chile.com: Bauernhof, rustikal und sehr schön, leckeres deutsches Essen und gutes Frühstück, auch Ausflüge in den Nationalpark. Das Landhaus San Sebastian liegt nicht direkt im Park, ist aber trotzdem eine gute Ausgangsbasis für Ausflüge.*

Parque Nacional La Campana (S. 450)

Information
- **www.parquelacampana.cl**: *lohnende Seite mit Informationen zu Flora und Fauna sowie praktischen Tipps*
- **Öffnungszeiten**: *Der Park ist das ganze Jahr geöffnet, im Sommer (September-April) 8-19 Uhr, den Rest des Jahres nur an Sonn- und Feiertagen von 8-17 Uhr*

Campen
- **$**
- **Camping Palmas de Ocoa**, *am Nordeingang des Parks (bei Ocoa), ☏/📠 33-441342: Campingplatz der CONAF, schöne Lage in einem Palmenwald, die Stellplätze sind ausgestattet mit Tischen, Bänken und Feuerstelle. Im Sommer kann es manchmal zu Problemen mit der Wasserversorgung kommen, so dass man seinen eigenen Vorrat mitbringen sollte.*

Parque Nacional Laguna de Laja (S. 485)

Information
- *Direkt am Eingang des Parks hat* **CONAF** *eine Station, die Parkwächter geben Auskunft über Wanderwege etc. im Park. Geöffnet ist das Zentrum Dezember-März: 8.30-21 Uhr, April-November: 8.30-18 Uhr.*
- *Der* **Eintritt** *kostet ca. 2 €.*

Wenn das Skigebiet in Betrieb ist, kann man die Strecke zum Park von 7–14.30 Uhr nur bergauf fahren, von 15–19 Uhr nur bergab.

 Unterkünfte
- **$**
- **CONAF** bietet eine einfache Unterkunft in seinem Zentrum an.
- Das **Refugio** an der Skistation hat auch im Sommer geöffnet, es ist ebenfalls sehr einfach, mit Schlafsälen a la Jugendherberge, man kann die Küche benutzen und es gibt einen großen Aufenthaltsraum mit Grill. Im Winter werden auch Skiausrüstungen vermietet.

Parque Nacional Lauca (S. 372)

 Information
- **CONAF-Zentrum und Parkverwaltung** in Putre, Mo-So 8.30–18.30 Uhr
- **CONAF** in Parinacota, Mo-So 9–12.30 und 15–18 Uhr
- **CONAF** am Lago Chungara, Mo-So 9–12.30 und 15–18 Uhr

 Campen
- **$**
- **Campingplatz der CONAF** in Parinacota: Windschutzmauern, an einem kleinen See, sehr einfach
- **Campingplatz der CONAF** am Lago Chungara: kleiner Zeltplatz mit Tischen und Bänken, Parkplatz mit Übernachtungsmöglichkeit für Camper, WC und kalte Dusche

Zum Campen in dieser Höhe braucht man auch in der warmen Jahreszeit eine gute Ausrüstung, da die Nächte sehr kalt sind!

 Unterkünfte
Einige Bewohner von Parinacota vermieten sehr einfache Zimmer an Touristen.

Parque Nacional Nahuelbuta (S. 481)

 Information
- Im Park in Pehuenco gibt es ein **Zentrum der CONAF**, wo Sie Informationen zu den Wegen und zur Flora und Fauna des Parks bekommen können.
- Auch **CONAF in Angol** in der C. Prat/Chorillos gibt Auskunft zum Park (☎ 45-712046).

 Öffnungszeiten
Der Park hat das ganze Jahr über jeden Tag geöffnet, im Sommer: 8.30–21 Uhr, im Winter: 8.30–18 Uhr, der **Eintritt** beträgt ca. 4 € für Erwachsene.

Campen
- **$$**
- Die **CONAF** hat einen einfach ausgestatteten, aber schön gelegenen Platz in Pehuenco, bringen Sie aber alle Vorräte (inkl. Wasser) mit!

Parque Nacional Nevado Tres Cruces (S. 429)

*Die Verwaltung des Parks liegt an der Südseite des Salar de Maricunga und hat Mo-So 8-13 Uhr und 14-18 Uhr geöffnet, der Eintritt beträgt zurzeit ca. 2,50 €. An der **Laguna del Negro Francisco** gibt es einfache Unterkünfte (**$**), die Lagune liegt allerdings 85 km von der Strecke nach Argentinien entfernt und ist nur über eine sehr schlechte Piste zu erreichen! Wasser und andere Vorräte sowie Schlafsäcke müssen mitgebracht werden.*

Parque Nacional Pan de Azucár (S. 422)

 ### *Information*
• *Im Gebäude der Parkverwaltung in der Caleta Pan de Azucár gibt es ein **Informationszentrum der CONAF** mit einem Kakteengarten und anderen Informationen zum Park.*
• ***Öffnungszeiten** der Verwaltung: Mo-So 8-12.30 Uhr und 14-18 Uhr, der Eintritt zum Park beträgt etwa 5 € pro Nase*

 ### *Transport*
• **Chango Turismo**, *Panamericana Norte s/n, Chañaral,* ☎ *52-480484: transportiert während der Saison Passagiere zum PN Pan de Azucár*

Campen
▪ **$**
• **Camping Caleta Pan de Azucár**, ☎ *480323: Plätze direkt am Strand mit Windschutz, viel Platz, Toiletten, manchmal Duschen, Wasser zum Waschen und Kochen ist im Preis enthalten, Trinkwasser muss mitgebracht werden!*

Unterkünfte
CABAÑAS
▪ **$$$**
• **Cabañas Caleta Pan de Azucár**, *vermietet werden zwei komplett eingerichtete Cabañas direkt am Strand.*

Ausflüge
• **Bootstouren zur Isla Pan de Azucár**: *werden von den Fischern des Ortes veranstaltet, sie kosten etwa zwischen 5 und 8 € pro Person, wenn das Boot voll ist, wird's billiger.*
• **Pinguitour**, *Casa Blanca 12, Caleta Pan de Azucár, oder Avda. Aeropuerto 367,* ☎ *09-6411674,* ⌨ *www.galeon.com/pinguitour: veranstaltet Bootstouren zu einer Pinguinkolonie*

Im Park gibt es zur Zeit keine Möglichkeit, Lebensmittel einzukaufen, man sollte alles (auch Trinkwasser) mitbringen! Fisch und Meeresfrüchte kann man von den Fischern im Ort frisch und preiswert kaufen.

Parque Nacional Puyehue (S. 512)

Information
• **CONAF** *hat ein Zentrum in **Aguas Calientes**, hier gibt es eine kleine Ausstellung und Informationsmaterial. Von den CONAF-Mitarbeitern wird eine zweitägige Wanderung durch den*

P

Park veranstaltet, zu der man sich schon bei CONAF in Osorno (☏ 64-234393) anmelden kann. Das Zentrum im Park ist geöffnet von 8.30-18.30 Uhr, der Eintritt beträgt ca. 2 € pro Person.
• *Das zweite* **CONAF-Zentrum** *steht an der Straße nach Argentinien bei* **Anticura**, *auch hier informiert eine kleine Ausstellung zum Park.*
• **www.parquepuyehue.cl***: Seite der Parkverwaltung*

Campen
▪ **$**
• **Camping Catrue**, *Anticura,* ☏ 09-7592185: *schöner Platz mit Picknicktischen, Wasser, sonst einfach ausgestattetet*
▪ **$$**
• **Camping Los Derrumbes**, *800 m von Aguas Calientes Richtung Osten,* ☏ 64-236988: *Platz direkt am Flussufer, einfache Ausstattung aber schön, die preisgünstigste Möglichkeit, hier zu übernachten! Der Eintritt für die Thermen in Aguas Calientes ist im Preis eingeschlossen.*
▪ **$$$**
• **Camping Chanleufu**, *direkt in Aguas Calientes,* ☏/🖨 64-331710: *schöner Platz unter großen alten Bäumen, es gibt einen kleinen Laden (und ein Restaurant), besser ist es aber, Vorräte mitzubringen. Der Platz ist gut ausgestattet mit warmen Duschen etc., das Entgelt für den Platz beinhaltet den Zugang zu einem Pool.*

Unterkünfte
HOTELS
▪ **$$**
• **Albergue Ecoturismo Antincura**, *direkt neben dem Campingplatz,* ☏ 09-7592185: *neue Herberge, auch Cabañas werden vermietet*
▪ **$$$$$**
• **Hotel Antillanca**, *Ruta Internacional 215, km 89 (der Ausschilderung nach Aguas Calientes folgen, dann die Straße weiter den Berg hinauf nehmen),* ☏ 64-235114, 🖨 238877, *im Internet* www.skiantillanca.com: *nicht ganz neues aber luxuriöses Sporthotel an den Hängen des Vulkan Casablanca; schönes Holzgebäude, Schwimmbad, Sauna und Cafeteria, im Sommer wird ein umfangreiches Ausflugsprogramm angeboten*
• **Hotel Termas de Puyehue**, *Ruta 215, km 76,* ☏ (in Santiago): 2-2936000, 🖨 2-2831010, *E-Mail:* puyehue@ctcreuna.cl, 🖳 www.puyehue.cl: *luxuriöses Vier-Sterne-Hotel in einem großzügig angelegten Gelände, verschiedene Bäder, gutes Restaurant und großes Ausflugsangebot. Der Eintritt für die Thermalbäder für den ganzen Tag kostet pro Person 12 €.*

CABAÑAS
▪ **$$$$**
• **Cabañas Aguas Calientes**, *Camino Antillanca km 4, Parque Nacional Puyehue,* ☏ 64-331710, 🖳 www.puyehue.cl: *großer Komplex mit attraktiven kleinen Holzhäuschen für zwei bis vier Personen, Restaurant, es gibt keinen Laden, so dass Sie Lebensmittel aus Osorno mitbringen sollten, die Cabañas haben eine kleine Küche.*

Bei den Cabañas gibt es verschiedene **Pools***, die man auch als Tagesgast nutzen kann, auch Anwendungen können in Anspruch genommen werden. Nähere Informationen im Internet unter* www.termasaguascalientes.com*. Der Indoor-Pool kostet ca. 7 € pro Person, der Outdoor-Pool 2,50 €.*

Parque Nacional Sajama (Bolivien) (S. 377)

ℹ Information
• *In der* **Parkverwaltung** *im Dorf Sajama gibt es eine winzige Ausstellung zum Park, hier bekommen Sie außerdem Informationen zu Wanderungen und zu den Unterkünften im Park.*

Campen
Es gibt keinen offiziellen Campingplatz, zelten kann man am besten bei den Aguas termales, 4 km vom Dorf auf der Straße weiter. Mit dem Auto sind die heißen Quellen nur per Vierradantrieb zu erreichen, weil der Río Sajama gekreuzt werden muss.

Unterkünfte
Es gibt einige einfache Pensionen im Dorf, die für ein paar Dollar ein Bett bieten. Da es nachts sehr kalt werden kann, sollte man einen Schlafsack dabei haben. Auch Kerzen und Feuerzeug sollte man parat haben, da es keine Elektrizität gibt.

Restaurants
Das Dorf hat einige sehr einfache Restaurants, in denen man eine heiße Suppe und Getränke bekommt und ein Lama-Steak probieren kann. Eine Spezialität sind nach einem traditionellen Verfahren getrocknete und dann wieder eingeweichte Kartoffeln, Chuño genannt und nicht jedermanns Geschmack.

Parque Nacional Tierra del Fuego (Argentinien) (S. 594)

ℹ Information
• **Informationen** *kann man in der Parkverwaltung an der Bahía Lapataia einholen.*
• *Die* **Administración de Parques Nacionales**, *San Martín 1395,* ☏ *02901-421315, in Ushuaia kann bei speziellen Fragen weiterhelfen.*
• *www.tierradelfuego.org.ar*

Busse
Es gibt einen regelmäßigen Busservice in den Park, die Busse fahren in der Regel an der Ecke 25 de Mayo/Maipú los. Es gibt vier Fahrten zum Park und vier Fahrten zurück in die Stadt, den genauen Fahrplan kann man telefonisch erfragen, oft werden einem aber in der Tourismus-Information oder auf der Straße schon Flyer in die Hand gedrückt.
• **Akawaia**, *San Martín 542,* ☏ *21123*

Campen
Campen darf man nur auf den ausgewiesenen Plätzen, Lebensmittel gibt es kaum zu kaufen, man sollte auf jeden Fall Vorräte aus Ushuaia mitbringen, wenn man länger bleiben will.

▪ **$**
• **Camping La Roca**, ☏ *02901-433313, E-Mail: lagoroca@speedy.com.ar, am Ufer des Lago Roca, nahe der Guardería: heiße Duschen, Laden und Cafeteria, schön gelegene Plätze direkt am Seeufer zwischen locker gestreuten Bäumen und Büschen*

P

Es gibt noch fünf kostenlose Campingplätze, einfach ausgestattet aber mit Feuerstelle an jedem Stellplatz, drei davon liegen an der Bahía Lapatia, einer an der Bahía Ensenada (Camping Ensenada), und ein letzter am Río Pipo.

Parque Nacional Torres del Paine (S. 572)

 Information
• In dem Gebäude der Parkverwaltung hat **CONAF** am Lago Toro eine Austellung zur Flora und Fauna des Parks aufgebaut, anhand zahlreicher Fotos und Dioramen wird die Naturgeschichte erklärt (8.30-20 Uhr)
• **www.torresdelpaine.cl**: Portal mit Informationen zum Park und der Region (Spanisch/Englisch)
• **www.amatorresdelpaine.org**: Informationen zum Naturschutz
• Auch alle anderen **CONAF-Posten** können Auskunft über Wanderungen etc. geben. Die Parkwächter sind an allen Parkeingängen präsent, Öffnungszeiten: 8.30-20.30 Uhr:
• Portería Lago Sarmiento
• Portería Laguna Amarga
• Portería Laguna Azul
• Guardería Lago Grey
• Guardería Laguna Verde

Der Eintritt für ausländische Besucher beträgt zurzeit ca. 13 €, doppelt so viel wie für Chilenen. Man bekommt an den Parkeingängen eine einfache Karte, auf der die Wanderrouten und Refugios eingezeichnet sind. Wenn man tatsächlich wandern möchte, sollte man sich aus Santiago oder besser noch Puerto Natales eine richtige Karte mitbringen. Die Preise von Hotels, Transport etc. sind stark gestiegen, einige Refugios, in denen man früher kostenlos übernachten konnte, sind inzwischen kostenpflichtig, früher oder später werden es wohl alle sein. Auf der anderen Seite hat sich die Qualität gerade der preiswerteren Refugios um einiges verbessert, seit sie in Konzession von privaten Firmen und nicht mehr von der CONAF betrieben werden.

Natürlich lernt man den Park am intensivsten kennen, wenn man zumindest eine der mehrtägigen Wanderungen macht. Aber wenn man die Zeit dazu nicht hat, oder kein begeisterter Wanderer ist, lässt sich der Park auch sehr gut vom Auto aus kennen lernen. Es gibt ein relativ ausgedehntes Straßennetz und an verschiedenen Punkten lassen sich auch kürzere Spaziergänge machen.

Busse
Die Busse aus Puerto Natales setzen ihre Passagiere an verschiedenen Stellen im Park ab, die Endhaltestelle ist die Parkverwaltung am Río Serrano. Man kann aber auch überall an der Strecke aussteigen, z. B. am Eingang Laguna Amarga (Anfang des Circuito de Paine). Für den Rücktransport gilt das gleiche, am besten man erkundigt sich schon auf der Hinfahrt nach den Abfahrtszeiten oder fragt die Parkwächter.

Busgesellschaften, die Transport in den PN Torres del Paine anbieten:
• **Viaterra**, Bulnes 632, Puerto Natales ☎ 61-410775, 🖥 www.viaterra.cl: Kleinbusse
• **Buses Fernández**, Armando Sanhueza 745, Punta Arenas, ☎ 61-221429, Eleuterio Ramírez 399, Puerto Natales, ☎ 61-411111, 🖥 www.busesfernandez.com
• **Buses Pacheco**, Baquedano 500, Puerto Natales, ☎ 61-414513, 🖥 www.busespacheco.com
• **Buses Sur**, Baquedano 558, Puerto Natales, ☎ 61-411859, 🖥 www.bus-sur.cl

Fähre / Boot

• Es gibt eine Fähre über den **Lago Pehoé**, die am Refugio Pudeto abfährt und am Refugio Pehoé anlegt, die Überfahrt dauert etwa eine Stunde und kostet 13 €. Im Moment fahren die Boote zwischen 12 und 13 Uhr ab, zurück geht es dann etwa um 14 Uhr. Bei schlechtem Wetter wird der Verkehr manchmal ausgesetzt!

• Von der Hostería Grey aus werden Touren zum **Gletscher Grey** angeboten, die etwa drei Stunden dauern und 30 € pro Person kosten, es ist ein tolles Erlebnis zwischen den Eisschollen auf die Gletscherwand zuzufahren!

Campen

Es ist nicht erlaubt, wild zu campen, Sie sollten sich also unbedingt an die zahlreichen Campingplätze halten! Neben den hier aufgeführten kostenpflichtigen Plätzen gibt es eine Reihe von Plätzen, für die nicht gezahlt werden muss. Sie verfügen in der Regel über keinerlei Ausstattung, so dass man alles (auch Wasser) selber mitbringen muss.

▪ **$$**

Die Plätze **Dickson**, **Los Perros**, **Grey** und **Refugio Pehoé** können bei **Andescape**, Eberhard 599, Puerto Natales, ☎ 61-412592, 🖳 www.andescapetour.com, reserviert und gebucht werden.

In Puerto Natales werden Andescape und Fantástico Sur durch die Agentur Path@gone vertreten, dort lassen sich die Plätze ebenfalls im Voraus buchen:

• **Path@gone**, Eberhard 595, ☎ 61-463291, 🖨 413290, 🖳 www.pathagone.com

• **Camping Refugio Pehoé**, Campingplatz auf dem Weg zum Grey-Gletscher (☎ 61-691931), nur mit dem Boot (über den Lago Pehoé) zu erreichen. Plätze direkt am Ufer, kleine Windschutzmauern und kleiner Laden mit dem Nötigsten

• **Camping Refugio Grey**, am Lago Grey, schöne Lage am Seeufer, heiße Duschen, gutes Restaurant in der Hostería

• **Camping Refugio Dickson**, auf dem Paine-Circuit, abgeteilte Standplätze mit Windschutz, Tischen und Bänken, heiße Duschen, ein Restaurant gibt es in dem dazugehörigen Refugio

Die Plätze Las Torres, Chileno, Los Cuernos und Serón werden von **Fantástico Sur**, im Internet unter www.fantasticosur.com, betrieben

• **Camping Las Torres**, ca. 7 km von der CONAF-Station Laguna Amarga, ☎ 61-226054: schöner riesiger Platz am Fuß der Torres, heiße Duschen und Feuerstellen

• **Camping Serón**, ☎ 61-226054: ca. 4 Stunden von der Hostería Las Torres gelegener, sehr einfacher Platz

• **Refugio y Camping Los Cuernos**, ☎ 61-226054: einfacher Platz auf dem W-Trek

• **Camping Chileno**, ☎ 61-226054: einfacher Platz auf dem Weg zu den Torres

• **Camping Río Serrano**, 8 km südlich der Parkverwaltung am Río Serrano, verwaltet von CONAF, einfache Ausstattung

• **Camping Refugio Los Perros**, ☎61-412592, 🖳 www.andescape.cl: ebenfalls am Paine-Circuit, ähnliche Ausstattung am Refugio Dickson, hier gibt es kein Restaurant!

• **Camping Pehoé**, direkt an der Straße und am Seeufer, ☎ 411355 (Puerto Natales): lauschiger Platz mit einem Werbeplakat-schönen Blick auf die Cuernos del Paine; kleiner Laden, keine heißen Duschen aber Brennholz kann man kaufen

• **Camping Laguna Azul**, ☎ 61-411157, E-Mail: gulloa@laaraucana.cl: gut ausgestatteter Platz, Bootsvermietung

P

• **Camping Paine Grande**, *an der Lodge Paine Grande, Lago Pehoé, ☎ 61-412742, im Internet unter www.verticepatagonia.cl: gut ausgestatteter Platz, kleiner Laden, Campingausrüstung kann gemietet werden*

Unterkünfte

An den Wanderrouten gibt es einige **Refugios**, *die nichts kosten, allerdings sind sie auch nicht mehr als allereinfachste Schutzhütten, in denen es in der Regel ein paar Bettgestelle (eigener Schlafsack ist hier obligatorisch und auch eine Isomatte sollte man dabeihaben) und eine Feuerstelle gibt (Refugios Zapata, Laguna Verde, Pingo, Laguna Amarga und Pudeto).*

Die **Refugios Lago Pehoé, Lago Grey und Lago Dickson** *werden alle von Andescape betrieben und können über folgende Adresse vorbestellt werden:*
• **Andescape**, *Eberhard 599, Puerto Natales, ☎ 61-412592, 🖳 www.andescapetour.com*
*Sie bieten einen gewissen Komfort, wie heiße Duschen und einfache Mahlzeiten, und kosten ca. 20 € pro Person (**$$**).*

▪ **$$$$**
• **Posada Río Serrano**, *Nähe des Infozentrums am Lago Toro, ☎ 6-412911, buchbar in Puerto Natales, Baquedano 534, 🖳 www.baqueanozamora.com: im Herrenhaus der ehemaligen Estancia Paine residiert dieses Hotel stilecht altmodisch, es gibt Zwei-, Drei- und Vierbettzimmer mit und ohne eigenem Bad, die in die Klassen* **$$$$**-**$$$$$** *fallen.*
• **Tercera Barranca**, *20 km außerhalb der Parkgrenzen, Sektor Laguna Azul, ☎ 61-412911, buchbar in Puerto Natales, Baquedano 534, 🖳 www.baqueanozamora.com: vom selben Anbieter, sechs Zimmer auf einer noch funktionierenden Estancia, atemberaubender Blick auf das Paine Massiv*
• **Lodge Paine Grande, Hotel Vertice**, *am Ufer des Lago Pehoé, ☎ 61-412742, im Internet unter www.verticepatagonia.cl: neue Anlage mit komfortablen Zimmern im Jugendherbergsstil (Stockwerkbetten), Selbstbedienungsrestaurant, auch Lunchpakete für Tagestouren können bestellt werden.*
▪ **$$$$$**
• **Hostería Lago Pehoé**, *am Lago Pehoé, ☎ 61-244506, 📠 61-248052: wunderbare Lage, relativ einfache Zimmer, die leider keinen Ausblick auf das atemberaubende Panorama der Cuernos del Paine haben, vom Restaurant aus kann man den Blick aber genießen!*
▪ **$$$$$$**
• **Hostería Lago Grey**, *am Lago Grey, ☎/📠 61-410172 oder in Punta Arenas, Lautaro Navarro 1061, ☎/📠 61-229512, 🖳 www.austrohoteles.cl: schönes kleines Hotel mit 20 Zimmern in wunderbarer Lage, Restaurant und Bar, Ausflugsangebote, Bootstouren auf dem Gletschersee des Grey-Gletschers*
• **Hostería Las Torres**, *Magallanes 960, 2. Stock, Punta Arenas, ☎ 61-226054, 📠 61-222641, 🖳 www.lastorres.com: neben gut ausgestatteten Zimmern hat dieses Hotel zahlreiche Ausflüge im Angebot, eine bequeme Möglichkeit für Reisende mit dem entsprechenden Budget, den Park kennen zu lernen, sowohl die Preise für die Zimmer als auch die des Restaurants sind eher hoch angesetzt...*
• **Hotel Explora**, *am Lago Pehoé (nahe des Salto Chico), ☎ 61-411247, 🖳 www.explora.com: das Hotel bietet absoluten Luxus aber selbst der wird die Preise kaum rechtfertigen, es muss der zugegebenermaßen wunderbare Blick sein. Nur als Paket kosten drei Nächte im preiswertesten Zimmer 2200 € für zwei Personen.*
• **Cabañas del Paine**, *am Río Serrano, etwas außerhalb der Parkgrenze, ☎ 61-220174, 📠 61-24 3354, 🖳 www.paliaike.com/cabanasdelpaine.htm: rustikale Unterkünfte der Luxusklasse (ob das Preis-Leistungs-Verhältnis hier wirklich stimmt, mag jeder selbst entscheiden)*

P

• **Hotel Río Serrano**, Ufer des Río Serrano, ☎ 61-240528, 🖥 www.hotelrioserrano.com: ebenfalls (auch preislich) im Luxussektor angesiedelt ist dieses neue Hotel mit seinen 20 Zimmern, im Preis inbegriffen ist das Frühstücksbuffet.

• **Hostería Monte Balmaceda**, an der Mündung des Río Serrano in den Seno Ultima Esperanza, erreichbar nur per Boot von Puerto Natales (buchbar z. B. über Yamana, Errázuriz 932, Punta Arenas, ☎ 61-710567, 🖨 61-240056, 🖥 www.yamana.cl; die Hostería wird auch auf den Touren von www.aventourpatagonia.com als Unterkunft genutzt), mitten in der Wildnis gelegen, ist diese im Jahr 2000 eröffnete Unterkunft modern und gemütlich zugleich. Auch ein **Campingplatz** gehört zum Betrieb.

Parque Nacional Vicente Pérez Rosales (S. 517)

Information
• Das Informationszentrum der **CONAF** ist in **Petrohué**, geöffnet ist es Dezember-März: So-Sa 9-20 Uhr, den Rest des Jahres nur bis 18 Uhr. Der Eintritt beträgt ca. 2 € pro Person.

Busse
Folgende Busgesellschaft bedient die Strecke Puerto Montt – Petrohué:
• **Buses de Turismo Andina del Sur**, A. Varas 437, Puerto Montt, ☎ 65-257797

Schiff
• Bei der Gesellschaft **Cruce de Lagos** kann man eine Tour von Puerto Montt nach Bariloche über den Lago Todos los Santos und den Lago Nahuel Huapi buchen, ein großer Teil der Strecke wird mit dem Boot zurückgelegt.

Campen
▪ $
• **Camping Peulla**, Campingplatz der CONAF, einfache Ausstattung aber schöne Lage

Unterkünfte
HOTELS
▪ $$$$$
• **Hotel Peulla**, etwa 800 m von der Anlegestelle entfernt, ☎ 2-1964182, 🖥 www.crucedelagos.cl: ebenfalls ein schönes Hotel mit freundlichen Zimmern, wunderbare Lage

Parque Pumalín (S. 542)

Information
• Ein schön ausgestattetes **Informationszentrum** gibt es direkt im Park an der Caleta Gonzalo, hier können Sie sich für einen Besuch auf der Projekt-Farm anmelden, eine kleine Ausstellung über den Park anschauen und die Erzeugnisse der Siedler (qualitativ hochwertig und sehr geschmackvoll) aus der Umgebung des Parks kaufen. Hier bekommt man auch eine Karte, in der die verschiedenen Campingplätze und Wanderwege eingezeichnet sind.

• Ein weiteres Zentrum hat das Projekt in **Puerto Montt**: Proyecto Pumalín, Búin 356, ☎ 65-250079, 🖨 255145, 🖥 www.parquePumalín.cl

P

• *Die Adresse in den* **USA** *lautet: Proyecto Pumalín, 1555 Pacific Avenue, San Francisco, CA 94109,* ☎ *415-7711102,* 🖷 *7711121*

Campen
▪ **$**

• **Camping Río Gonzalo**, *300 m südlich des Fähranlegers in Caleta Gonzalo ist dieser Camping-platz über eine Hängebrücke nur zu Fuß zu erreichen; einfache Ausstattung, schöne Lage*
• **Camping Tronador**, *über den Sendero Tronador zu erreichen (ca. 1,5 Stunden Fußmarsch), am gleichnamigen See gelegen*
• **Camping Lago Negro and Punta del Lago**, *17 km südlich von Caleta Gonzalo*
• **Camping Lago Blanco**, *20 km südlich von Caleta Gonzalo, sechs überdachte Plätze, Toiletten, Picknicktische*
• **Camping Termas de Cahuelmo**, *schön gelegen an einer Thermalquelle, die in natürlichen Fels-becken aufgefangen wird, nur mit dem Boot zu erreichen*

Unterkünfte
CABAÑAS
▪ **$$$**

• **Cabañas Pumalín**, *Caleta Gonzalo, Proyecto Pumalín, Buín 356,* ☎ *65-232300, E-Mail-Adresse: reservasalsur@surnet.cl,* 🖳 *www.parquePumalín.cl: direkt am Fähranleger gelegen haben die ge-schmackvoll eingerichteten Häuschen einen wunderbaren Blick über die Bucht. Gebucht wird über das Zentrum des Parks in Puerto Montt, eine Vorbestellung ist in der Saison unbedingt notwendig!*

Restaurants
• *Ein schönes* **Café und Restaurant** *gibt es in Caleta Gonzalo direkt am Fähranleger, ge-öffnet ist es von 7-23 Uhr, serviert werden einfache Gerichte und ein tolles Frühstück.*

Paso Cardenal Antonio Samoré (S. 513)

Der **Grenzübergang** *ist von Sept.-Mai von 8-22 Uhr, den Rest des Jahres nur bis 20 Uhr geöffnet.*

Pisco Elqui (S. 441)

Unterkunft
▪ **$$$**

• **El Tesoro de Elqui**, *Calle Prat s/n,* ☎ *51-451069,* 🖳 *www.tesoro-elqui.cl: wunderbare Ferienanlage im Valle de Elqui, großer Pool mit Blick auf die Anden, geschmackvoll eingerichtete Cabañas, schöner Garten, eine gute Ausgangsbasis, wenn man das Valle de Elqui ausgiebiger kennen lernen will.*

Porvenir (S. 586)

Information
• *Die* **Touristeninformation** *befindet sich im gleichen Gebäude wie das Museum, Val-divieso 402 (*☎ *580049), an der Plaza*

Wichtige Telefonnummern
• Vorwahl: 61

 Geldumtausch
Es gibt keine offizielle Casa de Cambio, man muss also genügend Geld in Punta Arenas tauschen!

 Flüge
• DAP, Señoret, ☎ 580089, 🖥 www.aeroviasdap.cl

 Busse
• Buses Pacheco, Señoret 512, ☎ 580747: zwei Mal wöchentlich nach Río Grande in Argentinien, von hier aus kommt man gut nach Ushuaia weiter

 Unterkünfte
HOTELS

▪ **$$**
• Hotel España, Yugoeslavia 698, ☎ 580160: einfach aber ok, akzeptables Restaurant
• Hostería Los Flamencos, Teniente Merino, ☎ 580049: erstes Haus am Platz (trotzdem nicht allzu großartig), direkt am Hafen

 Museen
• Museo Provincial „Fernando Cordero Rusque", Mo-Do 9-17 Uhr, Fr 9-16 Uhr, Sa u. So 11-14 Uhr und 15-17 Uhr, Eintritt ca. 1 €

 Fischerei-Erlaubnis
• Municipalidad, Bernardo Philippi 175, ☎ 223841

Pucón (S. 499)

 Information
• Information der Municipalidad, Caupolicán/Brasil, ☎ 443338, 8.30-20 Uhr
• CONAF, O`Higgins 699, ☎ 441261
• www.puconturismo.cl: Seite der Tourismusbehörde
• www.pucon.com: Seite einer Reiseagentur mit touristischen Hinweisen und einer Vielzahl von Adressen

 Wichtige Telefonnummern
• Vorwahl: 45

 Geldumtausch
• Money Exchange, Fresia 547

 Busse
Es gibt kein zentrales Terminal de Buses in Pucón, aber fast alle Gesellschaften haben sich an der Ecke O'Higgins/Palguin angesiedelt und fahren von dort ab. Verbindungen gibt es nach Villarrica, Valdivia, Temuco, Puerto Montt und Santiago.

P) BUSGESELLSCHAFTEN IN PUCÓN
- **Buses Cordillera**, Miguel Ansorena 302, ☏ 441061
- **Igi Llaima**, Palguín 83, ☏ 441414: Junín, San Martín de los Andes (Argentinien)
- **Tur Bus**, O´Higgins 910, ☏ 443328, 🖳 www.turbus.cl
- **Buses JAC**, Palguín 605, ☏ 443693: Caburga, PN Huerquehue, Villarrica, Temuco, Valdivia, Los Angeles, Chillán
- **ALSA**, Palguín 550, ☏ 441055: Santiago, Temuco

Mietwagen
- **Hertz**, Miguel Ansorena 123, ☏ 441664
- **Christopher Rent a Car**, Caupolicán 242, ☏ 442530
- **Dacsa**, O´Higgins/Palguín, ☏ 449086
- **SPU Rentacar**, Miguel Ansorena 191, ☏ 444485

Tourveranstalter
Die Konkurrenz unter den Agenturen ist groß, das macht sich an den Preisen bemerkbar. Nur die von CONAF akkreditierten Agenturen haben die Erlaubnis, Vulkanbesteigungen anzubieten, kleinere Agenturen vermitteln diese Touren nur. Man kann Ausflüge zum Raften und Trekken buchen, daneben gibt es Anbieter für verschiedene neue Fun-Sportarten. Auch Touren zu den Thermen der Umgebung werden angeboten.

- **Andensport**, O'Higgins 535, ☏ 441048, 🖨 441236: zuverlässige Agentur, die auch deutschsprachige Führer beschäftigt, Rafting, Besteigung des Villarrica, Touren mit Pferd oder Mountainbike
- **Rancho de Caballos**, 32 km östlich von Pucón, nahe den Termas, Casilla 142, Pucón, ☏ 45-441575, 🖳 www.rancho-de-caballos.com: ein- und mehrtägige Touren mit Pferden
- **Escuela de Snowboard Piedra Blanca**, Holzapfel 81, ☏ 443698, 🖳 www.puconchile.com: Wintersport
- **Politur**, O'Higgins 635, ☏ 441373, 🖳 www.politur.com: Vulkanbesteigungen, Rafting, Reiten, Vermietung von Wintersportausrüstung

Campen
Auf dem Weg zwischen Villarrica und Pucón reiht sich ein Campingplatz an den nächsten, alle sind gut ausgestattet und entsprechend teuer. Alle liegen schön am Seeufer, sind aber oft etwas eng, weil zwischen Straße und Strand gezwängt.

- Zentrumsnah ist **Camping La Poza**, Avda. Costanera Roberto Geis 769, ☏ 441435: komplett ausgestattet mit Strom, heißem Wasser, Grill und Lockern

Unterkünfte
HOTELS
Pucón ist ein Hotspot des internationalen Tourismus in Chile und das macht sich auch an den Preisen bemerkbar. Außerhalb der Saison entbrennt ein heißer Kampf um die wenigen Touristen, die kommen und man kann substanzielle Preisnachlässe aushandeln.

• **$**
- **Hospedaje Gonzales**, General Urrutia 484, ☏ 441491: kleines Hospedaje mit nur fünf Zimmern, zentral, sehr freundlich und familiär, die Zimmer sind einfach und schmucklos

- **$$**
- **Hostería école**, *General Urrutia 592*, ☎/🖨 *441675, E-Mail: trek@ecole.mic.cl: nettes Gäste-haus in einem hübsch gelb-grün angestrichenen Holzhaus, die Zimmer sind rustikal und freundlich, zum Hotel gehört ein Restaurant, in dem man auch schmackhafte vegetarische Gerichte bekommt, außerdem werden Touren und Spanisch-Kurse angeboten. JH-Mitglieder bekommen einen Preis-nachlass.*
- **Guesthouse La Tetera**, *General Urrutia 592*, ☎/🖨 *441675*, 🖨 *441660*, 🖥 *www.tetera.cl: schö-nes Gästehaus, die Besitzer sind ein Chilenisch-Schweizer Ehepaar, die Zimmer einfach und freund-lich; es gibt einen Büchertausch und ein nettes Café mit gutem Frühstücksangebot. La Tetera ist mittlerweile ebenso beliebt wie die Hostería école.*
- **Hostel Donde German**, *Brasil 640*, ☎ *442444*, 🖥 *www.dondegerman.cl: gemütliches Hostal, dessen (englisch-sprechender) Besitzer Tourguide ist und verschiedene Touren anbietet.*
- **Hospedaje Sonia**, *Lincoyan 485 /brasil;* ☎ *441269, E-Mail: hospedajesonia@hotmail.com*, 🖥 *www.pucon.com/sonia: ein Klassiker unter den Hospedajes, kleine gemütliche Zimmer mit holzver-täfelten Wänden, Aufenthaltsraum mit Kabel-TV, Zimmer mit und ohne eigenem Bad*
- **Kila Leufú**, *25 km östlich von Pucón*, ☎ *09-7118064*, 🖥 *www.kilaleufu.cl: Farm einer Mapuche-Familie außerhalb von Pucón (per Bus Richtung Currarrehue, man steig an der Puente Cabedañe aus, von dort aus ist die Farm ausgeschildert, auf Anfrage kann man sich auch in Pucón abholen lassen), Kapazität für zwölf Gäste, Wanderungen, Rafting, Fahrradtouren*
- **$$$**
- **Hotel Oregon**, *Fresia 260*, ☎ *441977*, 🖨 *442433: normales, aber hell und freundlich einge-richtetes, holzvertäfeltes Haus, gute Mittelklasse*
- **Hostal Geronimo**, *Geronimo de Alderete 665*, ☎ *443762*, 🖥 *www.geronimo.cl: Zimmer mit eigenem Bad in einem schönen Holzchalet, Restaurant, derselbe Besitzer vermietet auch schöne Cabañas mit Jacuzzi auf dem Weg zum Vulkan*
- **Hotel Gudenschwager**, *Pedro de Valdivia 12*, ☎/🖨 *441156*, 🖥 *www.hotelgudenschwager.cl: schon 1923 eröffnet, ist das Hotel das älteste der Stadt. Es bietet 20 gemütliche, wenn auch etwas altväterliche Zimmer, einige haben einen wunderschönen Blick auf den See. Zum Hotel gehört ein Restaurant, das internationale Küche und lokale Spezialitäten auf der Karte stehen hat.*
- **$$$$**
- **Hotel y Cabañas La Palmera**, *Miguel Ansorena 221*, ☎/🖨 *441083*, 🖥 *www.cepri.cl/lapalmera: Hotel und Cabañas, die Spitzgiebel-Häuschen sind etwas eng aber sonst schön, das Hotel bietet nette Zimmer und die Lage direkt am See ist wunderbar.*
- **Hotel und Spa Las Araucarias**, *Caupolicán 243*, ☎/🖨 *441963*, 🖥 *www.araucarias.cl: moder-nes Hotel mit Pool und hydrotherapeutischen Anwendungen*
- **$$$$$**
- **Apart Hotel Puerta del Lago**, *Miguel Ansorena 343*, ☎/🖨 *441918: Drei-Sterne-Hotel im Zentrum, Apartments mit Küche, schöne luftige Zimmer*
- **Hotel Munich**, *Gerónimo de Alderete 275*, ☎ *443965*, 🖥 *www.hotelmunich.cl: hübsches Hotel in einem Gebäude, das tatsächlich an einen bayerischen Landgasthof erinnert und gepflegte Zim-mer ohne viel Schnickschnack bietet*
- **Hotel Malalhue**, *Camino Internacional 1615*, ☎ *443130*, 🖨 *443132*, 🖥 *www.pucon.com/malalhue: Hotel der gehobenen Mittelklasse, gemütliche holzvertäfelte Zimmer*
- **$$$$$$**
- **Gran Hotel Pucón**, *Clemente Holzapfel 190*, ☎/🖨 *913300*, 🖥 *www.granhotelpucon.com: ab-soluter Luxus mit Schwimmbad und sehr gutem Restaurant, die Zimmer sind eher plüschig als mo-dern; umfangreiches Sportangebot, zwei Pools*

P

• **Hotel del Lago** (*Casino*), *Miguel Ansorena 23,* ☎ *291000,* 🖨 *291200,* 🖥 *www.hoteldellago.cl: Fünf-Sterne-Luxus in einem Disney-Schloss, verschiedene Restaurants, Healthclub und andere Annehmlichkeiten eines Fünf-Sterne-Hotels*

Restaurants
Das Angebot an Restaurants ist groß, an der C. Fresia z. B. findet man Restaurants verschiedener Nationalitäten, eine zweite „Fressmeile" ist die C. O`Higgins.

• **La Tetera**, *General Urrutia 580: gutes Frühstücksangebot, große Auswahl an Tees, Müsli etc., auch Terrasse zum Draußen-Sitzen (im Erdgeschoss gelegen)*
• **Bäckerei Holzapfel**, *Clemente Holzpafel 524: leckere Kuchen, die richtige Adresse für eine ausgedehnte Kuchenschlacht (im Erdgeschoss gelegen)*
• **école**, *Urrutia 592: gutes preiswertes vegetarisches Essen in freundlicher und entspannter Atmosphäre*
• **Restaurante Marmonch**, *Ecuador 175,* ☎ *441972: Pasta und chilenische Spezialitäten*
• **La Olla Chilena**, *Alderete 402: chilenische Spezialitäten*
• **Sushimania**, *Fresia 477: japanische Küche in akzeptabler Qualität*

Wäschereien
• **Lavandería Elena**, *Urrutia 520*
• **Lavandería Germania**, *Ansorea 282*

Internet
• **Beni Internet**, *O`Higgins 555*
• **Sur Expediciones**, *O`Higgins 660*
• **Brinck House Internet Service**, *Ansorena 243,* ☎ *443357,* 🖥 *www.pucon.com/internet*

Puerto Aisén und Puerto Chacabuco (S. 551)

ℹ️
Information
• *Eine* **Touristeninformation** *findet man in der Stadtverwaltung an der zentralen Plaza von Puerto Aisén*

📞
Wichtige Telefonnummern
• *Vorwahl: 67*

🚌
Busse
Von Coyhaique nach Puerto Aisén fahren regelmäßig etwa alle 40-50 Minuten Busse, Abfahrt an der C. Sargento Aldea. Die Verbindung nach Puerto Chacabuco richtet sich nach Ankunft und Abfahrt der Fähren.
• **Transfer Ventisquero**, *Aldea 1149,* ☎ *335388: Transfer zum Flughafen Balmaceda*
• **Transfer Caly**, *Aldea 1431,* ☎ *335649: Transfer zum Flughafen Balmaceda*

⛴️
Fähren
Alle Fähren fahren ab Puerto Chacabuco; Verbindungen gibt es nach Quellón auf Chiloé und nach Puerto Montt. Die Strecke nach Quellón fahren nur wenige Touristen, dabei ist sie wun-

derschön: die Fahrt geht durch einsame Fjorde und vorbei an winzigen Fischerdörfern, die nur durch die Fähre Verbindung zur Außenwelt haben. Nach Quellón bezahlt man für einen PKW um die 130 €; für jede Person ca. 35 € (zwischen 18 und 30 Stunden), nach Puerto

In den Fähren nach Puerto Montt gibt es unterschiedliche Passagierklassen, die Fahrt ist lang, hier ein wenig mehr in die Fahrkarte zu investieren, lohnt sich! Nach Quellón gibt es oft nur einen Passagierraum, der eng ist und sehr schnell muffig wird. Ideal ist es, wenn man mit einem Auto unterwegs ist, in dem man auch einigermaßen bequem eine Nacht verbringen kann, selbst auf dem umgeklappten Vordersitz wird man es noch komfortabler haben als im Passagierraum. Man muss für diese Fahrt schon etwas Abenteuer-Geist mitbringen. Fahrpläne und Preise ändern sich ständig, in der Saison werden bei Bedarf auch manchmal Extra-Schiffe eingesetzt.

Die einzelnen Reedereien sind:
• **Transmarchilay**, Avda. B. O`Higgins s/n, Chacabuco, ☎ 351144
• **Navimag**, Terminal Transbordadores, Chacabuco, ☎ 353511

Viele Touren zur **Laguna San Rafael** gehen von Puerto Chacabuco aus los, Hinweise hierzu finden Sie auch unter dem Stichwort „Laguna San Rafael".

 Unterkünfte
HOTELS
Das Angebot an Hotels ist in keinem der beiden Orte besonders groß, so dass es sinnvoller ist, in Coyhaique zu übernachten!
▪ **$**
• **Hospedaje Marclara**, Carrera 790/Caupolican, Puerto Aisén, ☎ 333030: einfaches aber freundliches und familiäres Hostal
• **Hospedaje San Jorge**, Serrano 691, ☎ 333587: freundliches Hostal, Zimmer ohne eigenes Bad, es werden Mahlzeiten serviert
▪ **$$$$**
• **Hotel Caicahues**, Michimalongo 660, ☎ 336880: akzeptable Zimmer mit eigenem Bad, Drei-Sterne-Komfort
▪ **$$$$**
• **Hotel Loberias del Sur**, J.M. Carrera 50, Puerto Chacabuco, ☎ 351115, im Internet unter www.catamaranesdelsur.cl: Hotel im Bungalowstil, schöne Zimmer und sehr gutes Restaurant, bestes Hotel der Region

Puerto Bertrand (S. 555)

 Wichtige Telefonnummern
• Vorwahl: 67

 Campen
▪ **$**
• **Camping Bertrand**, direkt am Seeufer: schöne, absolut ruhige Lage auf einer Wiese am Seeufer, obwohl der Platz fast mitten im Dorf liegt, einfache Ausstattung, Feuerholz kann gekauft werden.

P

Unterkünfte
HOTELS

- **$$**
- **Hostería Puerto Bertrand**, Costanera s/n, ☏/🖨 419900: nette einfache Hostería, Zimmer teilweise mit Blick auf den See, zum Frühstück bekommt man selbstgebackenes Brot und hausgemachte Marmelade.

- **$$$$**
- **Lodge Terra Luna**, km 1.5, Carretera Austral, Camino Chile Chico, Puerto Guadal, ☏ 67-431263, 🖨 431264, 🖳 www.terra-luna.cl: die Lodge südlich von Coyhaique am Ufer des Lago General Carrera bietet Bungalows in spektakulärer Umgebung, Ausflüge und verschiedene All-Inclusive-Programme. Die Preise für eine simple Übernachtung fangen im **$$$$**-Bereich an. Reservierung ratsam

- **$$$$$$**
- **Lodge Río Baker**, Lago Bertrand, ☏/🖨 von Oktober bis April: 411499, sonst zu erreichen Mendoza/Argentinien: 202196, oder Buenos Aires/Argentinien: 8639373: exklusive kleine Lodge (es gibt nur vier Zimmer) die sich auf Exkursionen zum Fischen spezialisiert hat, im Programm sind Lago Bertrand, Lago General Carrera, Río Baker und Río Cochrane, aber auch Ausflüge zur Catedral de Marmol und Wandertouren. Wunderbar, um ein paar Tage in absolut ruhiger Natur auszuspannen.

Puerto Cisnes (S. 548)

Wichtige Telefonnummern
- Vorwahl: 67

Unterkünfte
HOTELS

- **$**
- **Hospedaje Bellavista**, 7 No. de Linea 112, ☏ 346408: kleine, saubere und einfache Zimmer aber sehr freundliche Besitzer

- **$$$**
- **Cabañas Brisas del Sur**, Costanera Prat 51, ☏ 346587: ein Lesertipp sind diese neuen Cabañas, die ein gutes Preis-Leistungs-Verhältnis bieten.

Restaurant
- **Restaurant El Guairao**, Piloto Pardo, gegenüber der Shell-Tankstelle, ☏ 346473: gute Fischgerichte, Spezialität sind die winzigen Puye, die sehr lecker in einer Knoblauchsoße oder mit Kräutern als Vorspeise serviert werden (im Erdgeschoss gelegen).

Puerto Montt (S. 521)

Information
- Es gibt einen **Kiosk** der Stadtverwaltung an der Plaza de Armas (☏ 261823) und im Parque Los Alerces (☏ 261838)
- **Sernatur** hat sein Büro im Gebäude der Regionalverwaltung in der Avda. X. Región 480, 2. Stock, ☏ 254580
- **www.puertomonttchile.cl**: Seite der Stadtverwaltung, viele touristisch interessante Links

📞 Wichtige Telefonnummern
• Vorwahl: 65

Geldumtausch
Geld kann man am besten auf der C. Urmeneta oder C.Antonio Varas tauschen, hier gibt es die höchste Dichte an Wechselstuben. Sonst:
• **Trans Afex**, Diego Portales 516, ☎ 256604
• **Eureka Turismo**, Anonio Varas 445, ☎ 250412
• **La Moneda de Oro**, Terminal de Buses Of. 37, ☎ 255108

✈ Flughafen und Fluggesellschaften
Der Flughafen von Puerto Montt heißt **El Tepual** und liegt etwa eine halbe Stunde (15 km) vom Zentrum entfernt im Nordwesten der Stadt. Busse zum Flughafen gibt es vom Busbahnhof aus mehrmals täglich. Verbindungen von Puerto Montt aus: Santiago, Punta Arenas, Coyhaique, Concepción, Temuco, Chaitén, Bariloche und Neuquén in Argentinien

• **LanChile**, San Martín 200, ☎ 253315, 🖷 278172, 🖵 www.lanchile.com
• **SKY Airline**, ☎ 437557, 🖵 www.internationalms.com/skyairline
• **Aerochaiten**, Quillota 127, ☎ 253219
• **Aerosur**, Urmeneta 149, ☎ 252523

🚌 Busse
Der Busbahnhof von Puerto Montt liegt sehr zentral an der Uferstraße Avda. Portales/Lota (☎ 257324). Verbindungen gibt es nach Santiago (ca. 16 Stunden), Valparaíso, Osorno, Temuco, Valdivia, Arenas, Bariloche (Argentinien), zur Carretera Austral (Hornopirén) und nach Chiloé.

Die meisten Busgesellschaften findet man direkt im Busbahnhof, hier ist auch der Preisvergleich am einfachsten. Trotzdem hier ein paar Telefonnummern:
• **Buses Ghisoni**, Avda. Diego Portales s/n, ☎ 256622
• **Buses Lit**, Terminal de Buses, ☎ 254011
• **Buses Tas-Choapa**, Terminal de Buses, ☎ 254828: Bariloche
• **Buses Transchiloé**, Terminal de Buses, ☎ 254934
• **Buses Via Tur**, Terminal de Buses, ☎ 253133
• **Transportes Cruz del Sur**, Avda. Diego Portales s/n, ☎ 254731, 🖵 www.busescruzdelsur.cl: Santiago und Zwischenstationen, Chiloé, Punta Arenas, San Carlos de Bariloche (Argentinien)
• **Buses E.T.M**, Terminal de Buses Mod. 34, ☎ 256253, 🖵 www.busesetm.cl: Flughafen und Maullín
• **Buses Full Express**, Terminal de Buses, ☎ 233660: hat auch Minibusse, die direkt von Puerto Montt nach Frutillar Bajo fahren
• **Buses Fierro**, Terminald de Buses, ☎ 289024: Frutillar, Osorno, Hornopirén
• **TurBus**, Avda. Diego Portales s/n, ☎ 253329, 🖷 268555, 🖵 www.turbus.cl
• **Chiloé**, Avda. Diego Portales s/n, ☎ 253245

🚗 Mietwagen
Puerto Montt ist der geeignete Ort, um sich ein Auto zu mieten und die Carretera Austral oder auch Chiloé zu erkunden (auch als Rundreise möglich, mit den entsprechenden Fährverbindungen).
• **AVIS**, Urmeneta 1037, ☎ 253307, 🖵 www.avischile.cl
• **Automovil Club de Chile**, Esmeralda 70, ☎ 254776

P

- **Hertz**, Antonio Varas 126, ☏ 259585, 🖥 www.hertz.cl
- **Budget Rent a Car**, A. Varas 162, ☏ 286277, 🖥 www.budget.cl
- **First**, Urmeneta 252, ☏ 252036, 🖥 www.firstrentacar.cl
- **Autovald**, Portales 504, ☏ 256717
- **Antillanca**, Diego Portales 514, ☏ 263295

🚢 Fähren

Von Puerto Montt aus gibt es zahlreiche Fährverbindungen und auch die Touren zur Laguna San Rafael gehen hier los. Für alle Strecken gilt: buchen Sie besonders in der Hauptsaison frühzeitig, möglichst schon von Santiago aus, sonst müssen Sie u. U. mit wochenlangen Wartezeiten rechnen! Hinweise für die Laguna San Rafael finden Sie unter dem entsprechenden Stichwort.

- **Transmarchilay**, Angelmo, Fähranleger, ☏ 270419, 🖥 www.transmarchilay.com: bedient ebenfalls Quellón und Chaitén
- **Navimag**, Angelmo 2187; ☏ 287000, 🖥 www.australis.com/navimag: Puerto Natales, Laguna San Rafael, Puerto Chacabuco
- **Skorpios**, Angelmo 1660, ☏ 252996, 🖥 www.skorpios.cl: Laguna San Rafael, Campo Hielo Sur (von Punta Arenas aus)
- **Catamaranes del Sur**, Diego Portales 510, ☏ 482308, 🖥 www.catamaranesdelsur.cl: Castro, Puerto Chacabuco, Laguna San Rafael; die Schiffe von Catamaranes del Sur starten vom Detroit Terminal in Chinquihue, 13 km westlich von Puerto Montt, der Bustransfer ist im Ticket-Preis eingeschlossen.
- **Aysén Express**, O`Higgins 167, Oficina 307, ☏ 437599, 🖥 www.aysenexpress.cl: Chaitén, Quellón, Puerto Chacabuco, Laguna San Rafael
- **Patagonia Connection**, Fidel Oteíza 1921, Oficina 1006, Santiago ☏ 2-2256489, 🖨 2-274 8222, 🖥 www.patagonia-connection.com: bringt Passagiere zu den Termas de Puyuhuapi und zur Laguna San Rafael, nur in Verbindung mit einer Komplett-Tour

🏨 Reiseagenturen

Puerto Montt eignet sich gut als Ausgangspunkt für Ausflüge nach Chiloé und zur Carretera Austral, die Auswahl an Reisebüros ist recht groß. Evtl. ist es keine schlechte Idee, sich auch in Puerto Varas umzuschauen, wenn man eine Tour buchen will, dort gibt es einige sehr gute Agenturen!
- **Travellers Patagonia**, General Bulnes 1009, ☏ 262099, 🖥 www.travellers.cl: nette Agentur mit großem Angebot an individuellen Touren, englische Inhaber
- **Andina del Sud**, Antonio Varas 437, ☏ 257797, 🖥 www.crucedelagos.cl: auch Ausflüge nach Argentinien (Andina del Sud ist die einzige Agentur, die die Zwei-Seen-Tour von Puerto Montt nach Bariloche anbietet), daneben reichhaltiges Angebot im nördlichen Patagonien, auch Fischen, Reiten und Bergsteigen
- **Turismo Ayacara**, Angelmo 1868, ☏ 430515, 🖥 www.ayacara.cl: sehr umfangreiches Angebot, auch nach Argentinien
- **Eureka Turismo**, Antonio Varas 449, ☏ 250412, 🖨 255146, 🖥 www.chile-travel.com/eureka: Trekking, Kayaking, Besteigung des Vulkan Osorno

Unterkünfte
HOTELS   ⓘ Hotelkarte S. 267

▪ **$**
- **Hospedaje Vista Hermosa**, Miramar 1486 (auf dem Hügel hinter dem Busterminal), ☏/🖨 268 001, ☏ 266000: ruhige Zimmer mit und ohne eigenes Bad, Internetzugang, Küchenbenutzung, Parkmöglichkeit

- **Casa Perla**, *Trigal 312*, ☎ *262104*, 💻 *www.casaperla.com: freundliche Unterkunft im Jugendherbergsstil, Küchenbenutzung, Internet, die Besitzerin spricht Englisch*
- **Residencial El Turista**, *Ancud 91*, ☎ *263838: freundlich, sehr gutes Preis-Leistungs-Verhältnis, im Preis eingeschlossen sind Kabel-TV und Frühstück, das Residencial liegt in der Nähe des Busbahnhofs*
- **Residencial Alemana**, *San Felipe 180*, ☎ *253934: sauber, gut und freundlich*
- **$$**
- **Hotel Don Teo**, *Andres Bello 990, 2. Stock*, ☎ *251625*, 🖨 *430449: einfaches Mittelklassehotel in der Nähe des Marktes , das dem Jugendherbergswerk angeschlossen ist. Mitglieder zahlen dementsprechend etwas weniger.*
- **Hospedaje Rocco**, *Pudeto 233*, ☎ 💻 *www.hospedajerocco.cl: wirbt mit echtem Bohnenkaffee zu allen Tageszeiten, sonst Unterkünfte mit und ohne eigenes Bad, Internetzugang und Küchenbenutzung, Autovermietung*
- **Hotel El Candil**, *A. Varas 117*, ☎ *253080: etwas abgewohnt aber freundlich und akzeptabel, Zimmer mit Kabel-TV*
- **Residencial La Nave**, *Ancud 105*, ☎ *253740: nette Zimmer mit Kabel-TV in der Nähe des Busbahnhofs*
- **Residencial Costanera**, *Angelmo 1528*, ☎ *255244: sehr freundlich und sauber, Parkplatz, nahe des Fähranlegers*
- **Hotel Colina**, *Talca 81*, ☎ *253501*, 🖨 *273501, E-Mail: hotcolina@hotmail.cl: freundliches Mittelklassehotel mit 43 Zimmern, viele davon mit Blick aufs Meer*
- **$$$**
- **Hotel Miramar**, *Andres Bello 972*, ☎/🖨 *251548, E-Mail: hmiramar@telsur.cl: moderne und helle Zimmer mit Blick aufs Wasser*
- **$$$$$**
- **Gran Hotel Don Luis**, *Urmeneta/Quillota*, ☎ *259001*, 🖨 *259005*, 💻 *www.hoteldonluis.cl: gehobene Mittelklasse mit allem Komfort, viele Zimmer haben Blick aufs Wasser*
- **Hotel Viento Sur**, *Ejército 200*, ☎ *258701*, 🖨 *314732*, 💻 *www.hotelvientosur.cl: sicherlich eines der schönsten Hotels der Stadt, wunderbarer Blick über die Bucht, gemütliche Zimmer, Restaurant*
- **$$$$$$**
- **Apart Hotel Club Presidente**, *Avda. Diego Portales 664*, ☎ *251666*, 🖨 *251669: 112 Luxuszimmer, teilweise mit Kitchenette und Blick aufs Meer, direkt an der Uferstraße, zentral*
- **Grand Hotel Don Vincente**, *Diego Portales 450*, ☎ *432900*, 🖨 *437699*, 💻 *www.granhoteldonvicente.cl: Hotel der oberen Mittelklasse an der Küstenstraße, gutes Restaurant*

🍴 Restaurants
Guten und frischen Fisch und Meeresfrüchte kann man in Angelmo, entweder im Fischmarkt östlich des Fähranlegers oder im Mercado Artesanal essen. Die Restaurants haben oft nur drei oder vier Tische und die Speisekarte ist nicht lang, aber die Qualität prima und die Preise zivil.

- **Ecco**, *Pueblito Mellipulli, Lokal 40, Nähe Busbahnhof: preiswerte Gerichte in entspannter junger Atmosphäre, Sandwichs, Salate und vegetarische Gerichte*
- **Club Alemán**, *Antonio Varas 264*, ☎ *252551: deutsche und internationale Küche in ehrwürdigem Ambiente, der Club ist an einen chilenischen Inhaber verpachtet, aber der Sauerbraten ist gut*
- **El Píso Catalán**, *Quillota 185*, ☎ *313900: Tapas und Bocatas (belegte Brötchen)*
- **Centro Español**, *O'Higgins 233: leckere spanische Gerichte, nicht ganz billig*
- **Balzac**, *Urmeneta 305*, ☎ *313251: lokale Rohstoffe werden hier nach Rezepten der französischen Küche zu raffinierten Gerichten verarbeitet, das Ambiente ist gediegen bis elegant, die Preise gehoben*

Einkaufen

Die Einkaufszone von Puerto Montt ist in den letzten Jahren zur Fußgängerzone umgewandelt worden. Das zentral gelegene Einkaufszentrum **Mall Plaza Costanera** *beherbergt einen großen Supermarkt, Fast Food-Restaurants wie Pizza-Hut und ein Kino.*

• **Sotavento Libros**, *Avda. Diego Portales 580*, ☏/🖨 *256 650: kleiner, aber gut sortierter Buchladen, was Literatur über Chile angeht (nur Spanisch!)*
• **Mercado de Artesania**, *Avda. Angelmo, Nähe des Hafens: hier gibt es alles vom handgestrickten Pullover über Buddelschiffe bis zur Salatschüssel aus Holz*

Internet

Viele Budget-Unterkünfte bieten ihren Gästen Internetzugang, die Preise in den Cybercafés sind eher happig.

• **Cybercafé Mundosur**, *San Martín 232*
• **Cyberiacafé**, *Antonio Varas 161*

Museen

• **Museo Juan Pablo**, *Avda. Diego Portales, Mo-Fr 9-19 Uhr, Sa 9-13 Uhr, Eintritt ca. 0,50 €*
• **Museo Monteverde**, *Bombero Luis Mancilla 173*, ☏ *292 929, Eintritt ca. 2 €*

Umwelt

• *Das* **Proyecto Pumalín** *an der Carretera Austral hat in Puerto Montt ein Infozentrum, über das auch die Unterkünfte gebucht werden können: Búin 356,* ☏ *65-250079,* 🖨 *255145,* 🖥 *www.proyectoPumalín.cl*

Puerto Natales (S. 568)

Information

• *Einen Kiosk von* **Sernatur** *findet man auf der Avda. Pedro Montt 19 (Küstenstraße am Stadteingang), das Büro ist in der Eberhard 445 (*☏ *412125)*
• **CONAF** *hat ein Büro in der O`Higgins 584*
• **www.patagonia-chile.com**

Wichtige Telefonnummern

• *Vorwahl: 61*

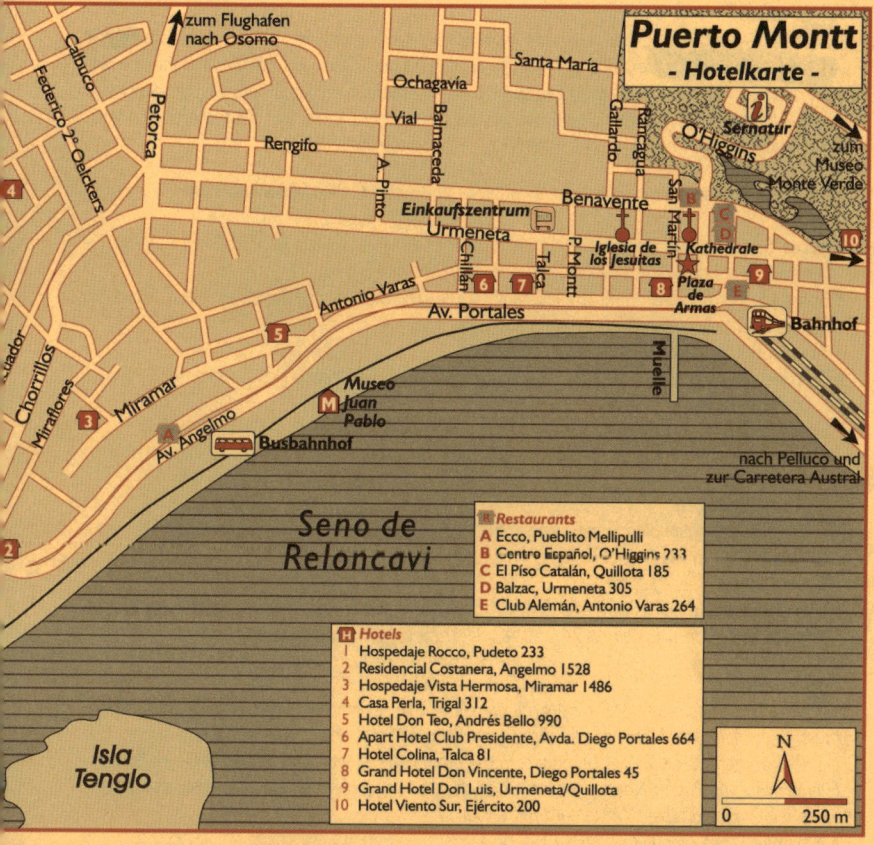

Puerto Montt
- Hotelkarte -

Restaurants
A Ecco, Pueblito Mellipulli
B Centro Español, O'Higgins 233
C El Piso Catalán, Quillota 185
D Balzac, Urmeneta 305
E Club Alemán, Antonio Varas 264

Hotels
1 Hospedaje Rocco, Pudeto 233
2 Residencial Costanera, Angelmo 1528
3 Hospedaje Vista Hermosa, Miramar 1486
4 Casa Perla, Trigal 312
5 Hotel Don Teo, Andrés Bello 990
6 Apart Hotel Club Presidente, Avda. Diego Portales 664
7 Hotel Colina, Talca 81
8 Grand Hotel Don Vincente, Diego Portales 45
9 Grand Hotel Don Luis, Urmeneta/Quillota
10 Hotel Viento Sur, Ejército 200

0   250 m

Geldumtausch

Geldautomaten *gibt es an der C. Bulnes. Die Banco de Estado liegt an der Plaza.*
• **Cambios Gasic**, *Manuel Bulnes 624*
• **Cambios Mily**, *Blanco Encalada 266*
• **Cambios Sur**, *Eberhard 285*

Flughafen und Fluggesellschaften

Der kleine Flughafen von Puerto Natales liegt einige km nördlich der Stadt, Verbindungen gibt es nach Puerto Montt, Balmaceda und Punta Arenas.
• **Aerovias Dap**, *Bulnes 100, ☎ 415100, 🖳 www.aeroviasdap.cl: während der Sommersaison ein täglicher Flug nach Calafate (Argentinien)*

P

Busse

In Puerto Natales gibt es keinen zentralen Busbahnhof, die meisten Gesellschaften *fahren von ihren Büros aus ab.* Verbindungen gibt es zu den lokalen Zielen in Chile und Argentinien, will man nach Santiago o. ä. muss man zuerst nach Punta Arenas. Folgende Städte werden direkt von Puerto Natales aus angefahren: Punta Arenas, Coyhaique, El Calafate und Río Gallegos in Argentinien. Außerdem gibt es Transporte in den Parque Nacional Torres del Paine.

- **Buses Fernandez**, Eleuterio Ramírez 399, ☎ 411111, 🖷 411392, 🖳 www.busesfernandez.com: Punta Arenas
- **Buses Sur**, Baquedano 558, ☎ 411859, 🖷 411325, 🖳 www.bus-sur.cl: Punta Arenas, Río Gallegos, Torres del Paine, Coyhaique, Puerto Aisén, Osorno, Castro
- **Buses JB**, Prat 258, ☎/🖷 412824, E-Mail: busesjb@hotmail.com: NP Torres del Paine, Cueva de Milodón, Perito Moreno (Argentinien)
- **Austral Bus**, Baquedano /Valdivia, ☎ 411859
- **Turismo Zaahj**, Arturo Prat, 236, ☎ 412260, 🖳 www. turismozaahj.co.cl: Calafate, Torres del Paine, auch Touren
- **Buses Pacheco**, Baquedano 244, ☎ 414513, 🖳 www.busespacheco.cl: Punta Arenas
- **Buses Cootra**, Baquedano 244, ☎ 412785: Río Turbio, NP Torres del Paine

Mietwagen

Die internationalen Firmen sind in Puerto Natales nicht vertreten, wer ein Auto von Herz oder Avis möchte, muss bereits in Punta Arenas mieten.
- **Bien al Sur**, Bulnes 433, ☎ 414025, 09-2478771: Autos und Fahrräder
- **Emsa Rent a Car**, Bulnes 632, ☎/🖷 410775, E-Mail: emsa@chilesat.net: vermietet Autos für AVIS
- **Worlds End**, Blanco Encalada 266, ☎/🖷 414725, E-Mail: jmattasi@yahoo.com

Fähren

Wenn man nicht per Bus oder mit dem Auto über Argentinien nach Norden vordringen will, muss man in Puerto Natales die Fähre nach Puerto Montt besteigen. Die Tickets sollten früh gebucht werden, da die Plätze besonders in der Saison schnell weg sind. 2004 wurde endlich das Fährterminal von Puerto Natales erneuert, das alte war wenig mehr als ein Schuppen. Jetzt gibt es einen relativ komfortablen Warteraum mit Kabel-TV
- **Navimag**, Pedro Montt 262, ☎ 411421
- **Skorpios**, 🖳 www.skorpios.cl: Campo Hielo Sur

Reiseveranstalter

Die Reiseagenturen in Puerto Natales bieten alle ähnliche Touren zu den gleichen Zielen an. Sie haben Ausflüge in den Nationalpark Torres del Paine im Programm, dazu zur Cueva del Mildón und einige veranstalten auch Schiffstouren in die Umgebung. Auch zum Gletscher Perito Moreno nach Argentinien kann man von Puerto Natales einen Abstecher machen.

Einige Adressen:
- **Andescape**, Pedro Montt 308, ☎/🖷 412592, 🖳 www.andescapetour.com: auch Kajaktouren
- **Antares Patagonia**, Barros Arana 111, ☎ 414611, 🖳 www.antarespatagonia.com: Trekking
- **Big Foot**, Bories 206, 413247, 🖳 www.bigfootpatagonia.com: Bergsteigen, Eiswandern, Kayaking
- **Pathagone**, Eberhard 595, ☎ 413290, 🖳 www.pathagone.com: Trekking
- **Onas**, Eberhard 599, ☎ 412707, 🖳 www.onaspatagonia.com: Transport per Schiff zum NP Torres del Paine, Trekking

• **Chile Nativo Expediciones**, *Eberhard 230,* ☏ *411835,* 🖥 *www.chilenativo.com: Trekking, Pferdetouren, Tierbeobachtung*

Unterkünfte
HOTELS

Die Hotelpreise in Puerto Natales haben sich in den letzten Jahren deutlich nach oben bewegt, was sicherlich daran liegt, dass die Stadt einen wahren Boom erlebt; immer mehr Touristen kommen, um dann weiter in den NP Torres del Paine zu reisen. In der Nebensaison fallen die Preise.

▪ **$**
• **Backpackers Magallania**, *Tomás Roger 255,* ☏ *414950,* 🖥 *www.chileaustral.com/magallania: zünftige Backpackerunterkunft ohne viel Komfort, Küchenbenutzung*
• **Patagonia Adventure**, *Tomas Rogers 179,* ☏/🖨 *411028: beliebt und freundlich, Unterkunft in Einzelzimmern oder Schlafsälen, auch Verleih von Ausrüstungsgegenständen*

▪ **$$**
• **Erratic Rock Hostel**, *Baquedano 719,* ☏ *411472,* 🖥 *www.erraticrock.com: Hostal im Jugendherbergsstil mit Stockwerkbetten, Internetzugang, einer umfangreichen Filmsammlung und gutem Tourangebot*
• **Backpackers Magallania**, *Tomás Roger 255,* ☏ *414950,* 🖥 *www.chileaustral.com/magallania: zünftige Backpackerunterkunft ohne viel Komfort, Küchenbenutzung*
• **Casa Cecilia**, *Tomas Rogers 60,* ☏ *411797,* 🖨 *413875, E-Mail: casacecilia@hotmail.com: freundliches Residencial, fast schon ein Klassiker unter Budget-Travellern. Hier gibt es leckeres Frühstück, Informationen (auch auf Deutsch und Englisch), Touren und Equipment zu mieten. Da es oft voll ist, sollte man besser vorbestellen.*
• **Concepto Indigo**, *Ladrilleros 105,* ☏ *413609,* 🖨 *41061,* 🖥 *www.conceptoindigo.com: richtig nettes kleines Hotel am Strand mit einfachen aber originell eingerichteten Zimmern, dazu eine Fülle von zusätzlichen Angeboten: Restaurant mit preiswerten Menüs, auch vegetarisch, guter Kaffee!, abends manchmal Live-Musik, Dia-Voträge und ein umfangreiches und gutes Tourenangebot. Das Hotel versteht sich als Zentrum für Kletterer und andere Sportler, es werden Touren zum Kajaking und zum Klettern angeboten, außerdem kann man hier Equipment mieten. Sehr empfehlenswert! ($$-$$$)*
• **Hospedaje Nancy**, *Bulnes 343,* ☏ *415644: einfaches aber akzeptables Hostal*
• **Hostal Austral**, *Valdivia 955,* ☏ *411593: nicht neu aber gute freundliche Zimmer*

▪ **$$$**
• **Hotel El Milodon**, *Bulnes 356,* ☏ *412727,* 🖨 *411286: mit seinen netten sauberen Zimmern ganz in lila ist das Hotel el Milodon eher kurios als schön*

▪ **$$$$**
• **Hotel Glaciares**, *Eberhard 104,* ☏/🖨 *412189: relativ neues und gepflegtes Mittelklassehotel, nicht aus dem Rahmen fallend aber durchaus angenehm*
• **Hostal Sir Francis Drake**, *Philippi 383,* ☏/🖨 *411553,* 🖥 *www.chileaustral.com/francisdrake: gemütliche gepflegte Zimmer mit Blick auf den Seno Ultima Esperanza, Tourenangebot*
• **Hotel Aquaterra**, *Bulnes 299,* ☏ *412239,* 🖥 *www.aquaterrapatagonia.com: neues Hotel mit gemütlichen Zimmern mit und ohne eigenes Bad, Restaurant, es wird Aromatherapie, Therapie mit Bachblüten und Reiki angeboten*

▪ **$$$$$**
• **Hostal Lady Florence Dixie**, *Bulnes 659,* ☏ *411158,* 🖨 *411943,* 🖥 *www.chileanpatagonia.com/florence: freundliche helle, mit viel Holz ausgestattete Zimmer, gutes Frühstück*

P

• **$$$$$$**
• **Hotel Martín Gusinde**, Bories 278, ☎ 225986, 🖥 www.austrohoteles.cl: Hotel der gehobenen Mittelklasse nahe der Plaza de Armas, Restaurant und Parkmöglichkeit
• **Hotel Costaustralis**, P. Montt 262, ☎ 412000, 🖥 www.costaustralis.com: großes schönes Luxushotel direkt an der Küste mit 50 Zimmern und zwei Restaurants, in denen man mit Blick über den Seno Ultima Esperanza essen kann

Restaurants
• **Los 3 Antonios**, O'Higgins 632, ☎ 410070: gutes Fleisch vom Grill, dazu Fischgerichte der Region, wohl sortierte Bar, nicht ganz billig (im Erdgeschoss gelegen)
• **Restaurante Ultima Esperanza**, Eberhard 354, ☎ 413626: sehr gute Meeresfrüchte und Fisch, gar nicht so teuer
• **Asador Patagónico**, Arturo Prat 158, ☎ 413553: patagonische Spezialitäten wie Lamm und andere Fleischgerichte, Salate und chilenische Weine
• **El Living**, Arturo Prat 156, ☎ 411140, 🖥 www.el-living.com: el living heißt Wohnzimmer, und so soll man sich als Gast hier fühlen: wie in seinem eigenen Wohnzimmer; interessante vegetarische Gerichte, Büchertausch
• **La Oveja Negra**, Tomas Rogers 169, ☎ 410772: frische Pasta, Lamm, Fisch und Meeresfrüchte
• **La Tranquera**, Bulnes 579, ☎ 411039: Fleisch, chilenische Küche

Museen
• **Museo Historico**, Bulnes 285, Mo-Fr 9-12.30 Uhr und 15-20 Uhr, Sa u. So 15-20 Uhr, Eintritt ca. 1 €

Puerto Puyuhuapi (S. 547)

Wichtige Telefonnummern
• Vorwahl: 67

Unterkünfte
HOTELS
• **$**
• **Residencial Elisabeth**, Llautureo/Potales, ☎ 325106: sehr einfach aber akzeptabel
• **$$**
• **Hostería Ludwig**, Avda. Otto Uebel s/n, 325220, 🖥 www.contactchile.cl/casaludwig/: freundliche Zimmer (ohne eigenes Bad) in einem gemütlichen Haus, gutes Frühstück, sehr gutes Preis-Leistungs-Verhältnis
• **$$$$$$**
• **Termas de Puyuhuapi**, Bahía Dorita, ☎ (Puyuhuapi): 325103, Adresse in Santiago: Patagonia Connection, Fidel Oteiza 1921, Of. 1006 ☎ 02-2256489, 📠 2748111, im Internet unter www.patagonia-connection.com: absoluter Luxus in wunderschön gelegenen Holzgebäuden, mit Thermalbädern und Spa, Hydrotherapien, Ausflugsprogramm (Fischen, Reiten, Wandern). Der Veranstalter Patagonia Connection bietet auch Ausflüge zur Laguna San Rafael an, die man im Paket mit einem Aufenthalt im Hotel zu einem günstigeren Preis buchen kann. Da man sich mit dem Boot abholen lassen muss (eine Straßenverbindung gibt es nicht), führt kein Weg an einer Vorausbuchung vorbei!

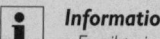 **Restaurant**
• **Cafe Roßbach**, *neben der Teppichfabrik: hier gibt es Kaffee und Kuchen, aber auch warme Gerichte, prima für einen Zwischenstopp (im Erdgeschoss gelegen)*

Puerto Varas (S. 520)

Information
• *Es gibt ein* **Informationsbüro** *eines privaten Tourismusvereins in der C. Santa Rosa 340,* *www.informatur.com*
• *Ebenfalls privat organisiert ist die neue* **Casa de Turista**, *an der Costanera etwas südlich der C. Walker Martínez,* ☎ 237956.
• **www.puertovaras.cl**
• **www.puertovarasvirtual.com**

Wichtige Telefonnummern
• **Vorwahl:** 65

Geldumtausch
Im Stadtzentrum findet man ohne Schwierigkeiten Geldautomaten, sonst:
• **Turismo Sur**, *San Pedro 451*
• **Afex**, *Del Salvador 257*
• **LS Travel**, *San José 130*

Busse
Puerto Varas hat keinen zentralen Busbahnhof, weit zu laufen hat man trotzdem nicht, die meisten Gesellschaften haben ihre Büros in der Walker Martínez und San Pedro. Verbindungen gibt es nach Santiago und zu allen Zwischenzielen, außerdem nach Bariloche (Argentinien). Gesellschaften in Puerto Varas:
• **TurBus**, *San Pedro 210: Puerto Montt, Osorno, Santiago*
• **Cóndor Bus**, *Walker Martínez 227: Santiago, Valparaíso*
• **Cruz del Sur**, *Del Salvador 237,* ☎ 233008, *www.busescruzdelsur.cl*
• **Buses Lit**, *Martínez 227,* ☎ 233838
• **Buses Norte**, *Del Salvador 257*
• **Andina del Sud**, *Del Salvador 72,* ☎ 232511: *nach Petrohué*

Mietwagen
• **Full Rent**, *San Pablo 4,* ☎ 232705
• **Turismo Eden del Sur**, *Del Salvador 105,* ☎ 258966
• **Turismo Nieve**, *San Bernardo 406,* ☎/🖷 233000

Reisebüros und Agenturen
• **Aqua Motion**, *San Francisco 328,* ☎/🖷 232747, *www.aquamotion.com, aus dem Rahmen fallendes Programm, ein-und mehrtägige Touren in die Umgebung, Parque Pumalín, Touren zur Vogelbeobachtung*
• **AlSur**, *Del Salvador 100,* ☎/🖷 232300, *www.alsurexpeditions.com: ebenfalls Ausflüge in die Umgebung, Rafting, Seekajaking, Chiloé, zum Reisebüro gehört auch ein Laden mit hochwertiger Outdoor-Kleidung*

P

- **Campo Aventura**, *San Bernardo 318*, ☎/🖷 *232910*, 🖳 *www.campo-aventura.com: Ausflüge mit Pferden, Chiloé*
- **Mountain Bike Tour**, *Santa Rosa 580*, ☎ *09-900793*, 🖳 *www.turismobiker.com: Biking am Vulkan Osorno, Kayaking*
- **Outsider**, *San Bernardo 318*, ☎/🖷 *232910*, 🖳 *www.turout.com: verschiedene Touren, auch mit Pferden, außerdem Bed & Breakfast und nettes Restaurant*

 Campen
Direkt in Puerto Varas gibt es keinen Campingplatz, aber sieben Kilometer weiter am Seeufer nach Osten liegen einige schöne Plätze, der nächste ist Playa Hermosa, nicht viel weiter gibt es mit Los Troncos eine preiswertere Alternative.

▪ **$$**
- **Los Troncos**, *ca. 9 km von Puerto Varas: direkt am Seeufer, gute Ausstattung, sogar einen kleinen Pool gibt es*
▪ **$$$**
- **Playa Hermosa**, *7 km von Puerto Varas auf der Ruta 225 am Seeufer entlang*, ☎ *(in Puerto Varas): 65-338283: schöner Platz am Seeufer in einem kleinen Wald, gute Ausstattung, Tische, Bänke, Stromanschluss und heiße Duschen*

Unterkünfte
HOTELS

▪ **$$**
- **Residencial Villa Germania**, *Nuestra Sra. del Carmen 873*, ☎ *233162: einfache aber saubere und gemütliche Zimmer in einem Privathaus etwas außerhalb des Zentrums*
- **Hospedaje Casa Azul**, *Manzanal 66/Ecke Rosario*, ☎ *232904*, 🖳 *www.casaazul.net: schönes kleines Residencial, deutschsprachig, nicht allzu weit vom Zentrum, sehr freundliche Besitzer!*
- **Outsider**, *San Bernardo 318*, ☎/🖷 *232910*, 🖳 *www.turout.com: schönes Hostal mit wenigen geschmackvoll eingerichtete Zimmern, einige davon mit eigenem Internetzugang, Tourenangebot*
- **Hostal Ellenhaus**, *Walker Martínez 239*, ☎ *233577*, 🖳 *www.ellenhaus.cl: freundliche Zimmer, Internetzugang*
▪ **$$$**
- **Hotel del Bosque**, *Santa Rosa 114*, ☎ *232897;*, 🖷 *236000*, 🖳 *www.travelsur.com: freundlich, einfach und sauber*
▪ **$$$$**
- **Hotel Pinacoteca El Greco**, *Mirador 134*, ☎ *233880*, 🖷 *233388*, 🖳 *www.hotelelgreco.cl: kleines Hotel mit hellen freundlichen Zimmern, das ganze Haus ist dekoriert mit einer interessanten Mischung aus Antiquitäten und moderner Kunst, es gibt einen schönen Aufenthaltsraum und eine Cafeteria. Mal etwas anderes und wirklich zum Wohlfühlen!*
▪ **$$$$$$**
- **Hotel Colonos del Sur**, *Del Salvador 24*, ☎ *233369*, 🖷 *233394*, 🖳 *www.colonosdelsur.cl: Vier-Sterne-Hotel im Zentrum der Stadt an der Ufer-Promenade, wunderschöner Blick über den See, Pool, Sauna, das Haus wurde an der Stelle der Herberge der ersten deutschen Einwanderer gebaut.*
- **Cabañas Bahía Celeste**, *Straße Puerto Varas nach Ensenada km 21*, ☎ *09-8736568/09-8868961* 🖷 *65-335383*, 🖳 *www.bahiaceleste.cl: luxuriöse Ferienhäuser am Südufer des Lago Llanquihue (21 km von Puerto Varas entfernt), geeignet als Basis für Ausflüge in die unmittelbare und weitere Umgebung*

Restaurants
• **El Barometro**, *San Pedro 418,☎ 346100: Kaffee, Sandwichs und andere kleine Gerichte*
• **Pim's**, *San Fransisco 712,☎ 233998: mexikanische Küche*
• **El Retorno**, *San Pedro 465,☎ 346441: hausgemachte Pasta, Pizza*
• **Merlin**, *Imperial 605,☎ 233105, 🖶 234300, 🖳 www.merlinrestaurant.com: Hier kocht der deutsche Koch Richard Knobloch aus lokalen Zutaten wunderbare Gerichte, inzwischen ist das Restaurant mehrfach ausgezeichnet worden; trotzdem ist die Atmosphäre angenehm entspannt und die Preise halten sich im Rahmen. Dieses Restaurant gehört auf jeden Fall in die Kategorie* „**keinesfalls verpassen**"*!*
• **Club Alemán**, *San José 415,☎ 232246: solides deutsches Essen, aber weiter nichts Besonderes*

Puerto Williams (S. 596)

Wichtige Telefonnummern
• **Vorwahl**: *61*

Information
• *Eine Touristeninformation der Stadtverwaltung findet man an der C. Presidenete Ibáñez 130,☎ 621011.*

Geldumtausch
• *Geld kann getauscht werden bei* **Turismo Navarino**, *☎ 621005.*

Fluggesellschaften
Die einzige Flugverbindung besteht zurzeit nach Punta Arenas (Fluggesellschaft Aerovias **DAP**)*, es gibt drei Flüge pro Woche, die um die 80 € kosten (☎ in Punta Arenas: 61-223340, 🖳 www.aeroviasdap.cl).*

Schiff
Zwei Gesellschaften verbinden Puerto Williams mit Punta Arenas:
• **Austral Broom**, *Costanera 435,☎ 621015, oder Avda. Bulnes 5075, Punta Arenas,☎ 61-218100, 🖶 61-212126, 🖳 www.tabsa.cl*
• **Mare australis**, *Avda. El Bosque Norte 0440, 11. Stock, Santiago,☎ 2-4423110, 🖶 2-2035173, 🖳 www.australis.com*

Unterkünfte
HOTELS
▪ **$$**
• **Refugio Coiron**, **Maragaño 168**, *☎ 621227, E-Mail: coiron@simldt.com: freundliches Haus, Küchenbenutzung*
▪ **$$$**
• **Hostal Camblor**, *Teniente Capdeville 41,☎/🖶 621033: relativ neu, sechs Zimmer, zur Zeit die beste Adresse des Ortes*

Museen
• **Museo Martin Gusinde**, *April-September: Di-Fr 10-13 Uhr und 15-18 Uhr, Sa u. So 15-18 Uhr, Oktober-März: Mo-Do 9-13 Uhr und 15-18 Uhr, Sa u. So 15-18 Uhr*

P) Punta Arenas (S. 560)

 Information
- **Sernatur**, *Magallanes 960*, ☎ 248790
- An der Plaza de Armas gibt es einen **Info-Kiosk der Stadtverwaltung** (🖳 *www.puntaarenas.cl*)
- **CONAF**, *José Menéndez 1147*, ☎ 223841, 227845
- **www.patagonia-chile.com**: *Informationen zur ganzen Region*
- **www.austrochile.cl**

📞 **Wichtige Telefonnummern**
- **Vorwahl**: *61*

 Geldumtausch
- **Cambio de Moneda Stop**, *José Nogueira 1168*
- **Cambios El Conquistador**, *José Menéndez 556*
- **Turismo Torres del Paine**, *Lautaro Navarro 1013*

✈ **Flughafen und Fluggesellschaften**
Der Flughafen von Punta Arenas liegt etwa 15 km außerhalb des Zentrums Richtung Osten, zu erreichen mit städtischen Bussen. Außerdem gibt es einen Zubringerservice:
- **Austral Bus**, *José Menéndez 565*; ☎ 241708
Verbindungen gibt es nach Santiago, Puerto Montt, Concepción, Temuco und Río Grande und Ushuaia in Argentinien.

AIRLINES IN PUNTA ARENAS
- **Areovias DAP**, *O'Higgins 891*, ☎ 223340, 🖳 *www.aeroviasdap.cl*: *Ushuaia (Argentinien), Puerto Williams und Porvenier, hat auch Flüge in die Antarktis im Programm*
- **LanChile**, *Lautarro Navaro 999*, ☎ 241232, 🖳 *www.lanchile.com*: *Santiago, Puerto Montt, Concepción*
- **Lineas Aereas Kaiken**, *Colon 521*, ☎ 227071: *Argentinien*

 Busse
Punta Arenas hat keinen zentralen Busbahnhof, die meisten Gesellschaften fahren von ihren Büros aus ab. Verbindungen gibt es nach Puerto Natales und zu allen Zielen weiter nördlich in Chile (bis Santiago). Die Busse fahren alle über Argentinien, so dass man auch in Bariloche aussteigen kann. Außerdem gibt es Touren nach Río Gallegos und nach Ushuaia, ebenfalls in Argentinien.

BUSGESELLSCHAFTEN IN PUNTA ARENAS
- **Buses Fernadez**, *Armando Sanhueza 745*, ☎ 221429, 🖹 225984, 🖳 *www.busesfernandez.com*: *Puerto Natales*
- **Buses Sur**, *José Menéndez 565*, ☎ 227145, 🖳 *www.bus-sur.cl*: *Puerto Natales*
- **Cruz del Sur**, *Armando Sanhueza 745*, ☎ 227970, 🖳 *www.busescruzdelsur.cl*: *Puerto Natales*
- **Buses Pacheco**, *Avda. Colon 900*, ☎ 242174, 🖳 *www.busespacheco.com*: *Río Grande, Ushuaia*
- **Buses Magallanes**, *Avda. Independencia 830*, ☎ 221936: *Río Gallegos*
- **Buses Ghisoni**, *Lautaro Navarro 971*, ☎ 223205: *Puerto Montt, Río Gallegos*
- **Turibus**, *José Menéndez 647*, ☎ 241463, 🖳 *www.busescruzdelsur.cl*: *Puerto Montt, Santiago*

Fähren / Schiff

• **Fähre nach Porvenir**: Barcaza Melinka, **Broom Austral** *(Tabsa)*, Bulnes 5075, ☎ 218100, 🖳 *www.tabsa.cl*: *die Überfahrt dauert etwas über zwei Stunden, im Sommer fährt die Fähre täglich außer Montag, im Winter seltener. Wenn man mit dem Auto unterwegs ist, sollte man unbedingt reservieren, der Fahrplan kann auf der Webpage konsultiert werden.*
• **Fähre bei Punta Delgada**: Ferry Bahía Azul und Ferry Patagonica, **Broom Austral** *(Tabsa)*, Bulnes 5075, ☎ 218100, 🖳 *www.tabsa.cl*: *im Sommer ca. alle 1,5 Stunden eine Roll-on-Roll-off Fähre, Fahrplan im Internet*
• *Nach Puerto Williams*: **Broom Austral** *(Tabsa)*, Bulnes 5075, ☎ 218100, 🖳 *www.tabsa.cl*

Die Touren mit der Mare Australis und der Navimag von Puerto Natales aus können in Punta Arenas bei **Turismo Comapa**, *Magalllanes 990*, ☎ *200200*, 🖨 *225804*, 🖳 *www.comapa.cl, gebucht werden.*

🚗 Mietwagen

• **Hertz**, O`Higgins 987, ☎ 248742, 🖨 244729, 🖳 www.hertz.cl
• **First** Rent a Car, O`Higgins 949, ☎ 241199, 🖨 221601, 🖳 www.firstrentacar.cl
• **Avis**, Roca 1044, ☎ 241182, 🖳 www.avischile.cl
• **Adel Rent a Car**, Pedro Montt 968, ☎/🖨 235471, 🖳 www.adel.cl
• **Lotus Rent a Car**, Mejicana 694, ☎/🖨 241697
• **Andesmar Sur**, Chiloé 532, ☎ 268757
• **Budget**, O'Higgins 964, ☎ 225983, 🖨 241696, 🖳 www.budgetpatagonia.com

📋 Reiseagenturen

Die meisten Veranstalter bieten ein ähnliches Programm an, Ausflüge in die Umgebung von Punta Arenas, zu den Pinguin-Kolonien am Seno Otway und auf der Isla Magdalena, nach Puerto Bulnes und zum Parque Nacional Torres del Paine.

• **Jürgen Schulmeister**, ☎/🖨 218358, *wenn man ein Fax schicken möchte, sollte man vorher kurz anrufen. Der Deutsche Jürgen Schulmeister, der seit über zehn Jahren in Punta Arenas lebt und als Führer arbeitet, bietet Touren etwas neben den ausgetretenen Touristenwegen an. Er kennt die Umgebung von Punta Arenas und auch den Parque Nacional Torres del Paine sehr gut und kann viel erzählen, die Touren werden je nach Wunsch individuell zusammengestellt und im eigenen Kleinbus durchgeführt, sehr empfehlenswert!*
• **Turismo Viento Sur**, Fagnano 565, ☎ 225167, 🖨 225157, 🖳 www.vientosur.com: *hat neben den Standard-Ausflügen auch mehrtägige Touren zum Fischen im Angebot*
• **Turismo Aonikenk**, Magallanes 619, ☎ 228332, 🖳 www.aonikenk.com: *ein junges Team aus Deutschen und Chilenen, die Ausflüge und mehrtägige Touren zu allen wichtigen Zielen der Umgebung und in die Antarktis anbieten*
• **Turismo Pali Aiken**, Lautaro Navarro 1129, ☎ 223301, 🖨 223301, 🖳 www.chileanpatagonia.com: *Touren in die Umgebung, Patagonische Fjorde, Torres del Paine*
• **Fantástico Sur**, José Menéndez 858, ☎ 247194, 🖳 www.fantasticosur.com: *Vogeltouren, Torres del Paine*
• **Whalesound**, Prolongación 21 de Mayo, Sector Leñadura, ☎ 266312, *im Internet unter www.whalesound.com: auf Walbeobachtungen in der Magellanstraße und den patagonischen Fjorden spezialisiert*

Punta Arenas
- Hotelkarte -

Hotels
1. Hospedaje Magallanes, Magallanes 570
2. Backpackers Paradise, Carrera Pinto, 1022
3. Hotel Finis Terrae, Avda. Colón 766
4. Hotel Tierra del Fuego, Avda. Colón 716
5. Hostal Oro Fueguino, Fagnano 356
6. Nenas Hospedaje, Boliviana 366
7. Casa de Familia Carlina, Paraguaya 150
8. Hotel José Nogueira, Bories 959
9. Cabo de Hornos, Pza. Muñoz Gamero 1025
10. Hostal Carpa Manzano, L. Navarro 336

Restaurants
A El Mercado, Mejicana 617
B Lomitos, José Mendénez 722
C Restaurant Asturias, Lautaro Navarro 967
D Sotitos Bar, O'Higgins 1138

zum
Instituto de la
Patagonia
und zur
Zona Franca

Angamos
Maipú
Maipú
Museo Regional Salesiano
Sarmiento
Sarmiento
Croacia
Croacia
Mejicana
Mejicana
Ignacio Carrera Pinto
Ignacio Carrera Pinto
Av. Colón
Av. Colón
José Mendénez
José Mendénez
Iglesia Anglicana St. James
Waldo Seguel
Sernatur
Palacio Braun-Mendénez
Museo Marítimo
Mirador Cerro la Cruz
Palacio Sara Braun
Pedro Montt
Fagnano
Kathedrale
Plaza Muñoz Gamero
Roca
Errázuriz
Errázuriz
Balmaceda
Balmaceda
Av. Independencia
Av. Independencia
Hafen
Boliviana
Paraguaya
Magellanstraße

A. Sanhueza
Chiloé
Señoret
Av. España
H. de Magallanes
Río de los
Sampaio
Minas
Navarro
O'Higgins
Jorge Montt
Quillota
O'Higgins
Jorge Montt
Quillota
Navarro
21 de Mayo
Chiloé

N
0   150 m

© igraphic

Unterkünfte
HOTELS
(i) Hotelkarte S. 276

▪ **$**

• **Backpackers Paradise**, *Carrera Pinto, 1022*, ☏ *246325: einfache Unterkunft in Mehrbettzimmern, ähnlich einer Jugendherberge, sauber und freundlich, die Unterbringung findet in Mehrbettzimmern mit Stockwerkbetten statt; prima um andere Backpacker kennen zu lernen*

• **Casa de Familia Carlina**, *Paraguaya 150*, ☏ *247687: einfache aber sehr freundliche Unterkunft in einem Privathaus, Frühstück mit selbstgemachter Marmelade, gemütlicher Aufenthaltsraum*

• **Nenas Hospedaje**, *Boloviana 366*, ☏ *242411,* 🖥 *www.chileaustral.com/nena: sauber und sehr freundlich, ein Klassiker unter den Residenciales in Punta Arenas, deshalb oft voll!*

▪ **$$**

• **Hospedaje Magallanes**, *Magallanes 570*, ☏ *246885,* 🖥 *www.aonikenk.com: winziges, eher einfaches aber nettes Hostel, das von einem deutsch-chilenischen Paar geführt wird*

▪ **$$$**

• **Hostal Oro Fueguino**, *Fagnano 356*, ☏ *246677,* 🖥 *www.orofueguino.cl: farbenfroh ausgestattetes Hostal mit angenehmen Zimmern, Internetanschluss*

• **Hostal Carpa Manzano**, *L. Navarro 336*, ☏ *242296,* 🖨 *248864: sehr freundliches und gepflegtes kleines Hostal, das eher den Charakter eines Privathauses hat, alle Zimmer mit eigenem Bad, familiäre Atmosphäre*

• **Hotel Austral**, *Pedro Montt 840*, ☏/🖨 *226200, E-Mail: austral@patagoniahotels.com, im Internet www.patagoniahotels.com: nagelneues Hotel, etwas nüchtern aber absolut zentral, mit allen Annehmlichkeiten der modernen Mittelklasse, Parkmöglichkeit, Restaurant, das Preis-Leistungs-Verhältnis stimmt*

• **Hotel Tierra del Fuego**, *Avda. Colon 716*, ☏/🖨 *226200,* 🖥 *www.patagoniahoteles.com: gepflegtes Hotel der oberen Mittelklasse nur einige Schritte vom Zentrum entfernt, geschmackvoll eingerichtete Zimmer*

▪ **$$$$$$**

• **Hotel Finis Terrae**, *Avda. Colon 766*, ☏ *228200,* 🖨 *248124,* 🖥 *www.hotelfinisterrae.com: Vier-Sterne-Luxus im Zentrum der Stadt mit einem sehr guten Restaurant, von dem aus man einen wunderbaren Blick über die Stadt bis zum Meer hat*

• **Hotel José Nogueira**, *Bories 959*, ☏ *248840,* 🖥 *www.hotelnogueira.com: gediegenes Hotel der Luxusklasse, alle Zimmer mit Jacuzzi und Sitzecke, sehr gutes Restaurant mit lokalen Spezialitäten und internationaler Küche*

• **Cabo de Hornos**, *Pza. Muñoz Gamero 1025*, ☏ *242134,* 🖥 *www.hotelcabodehornos.cl: elegantes Hotel an der Plaza de Armas, Zimmer gediegen luxuriös, Parkmöglichkeit*

Restaurants

• **Lomitos**, *José Menéndez 722: Sandwichs, Fleisch, Salate und Café, nichts Besonderes aber bei Touristen und Einheimischen als Treffpunkt sehr beliebt und deshalb immer voll (im Erdgeschoss gelegen)*

• **El Mercado**, *Mejicana 617*, ☏ *247415, über dem Markt: El Mercado ist eine Institution in Punta Arenas, das Restaurant ist 24 Stunden am Tag geöffnet und hat viel guten Fisch und Meeresfrüchte auf der Karte. Man sollte sich vom ersten Eindruck nicht täuschen lassen: die Preise sind nicht so moderat wie die Einrichtung.*

• **Restaurant Asturias**, *Lautaro Navarro 967*, ☏ *243763: spezialisiert auf spanische und regionale Küche (Lachs, Lamm), gute Fleischgerichte aber nicht billig*

• **Sotitos Bar**, *O`Higgins 1138*, ☏ *24 35 65: sieht von außen etwas unscheinbar aus, hat aber eine sehr gute Auswahl an Fisch und anderen Meeresfrüchten, außerdem Fleisch*

P

Einkaufen

• **Zona Franca**, *Mo-Sa 10-12.30 Uhr und 15-20.30 Uhr, am besten erreicht man die Zona Franca mit einem Colectivo, aber auch ein Taxi ist nicht teuer.*

Wäschereien

• **Lavasol**, *O`Higgings 969,* ☎ 243067
• **Limec**, *12 de Mayo 1261,* ☎ 241669

Internet

• **Inter Space (Canadian Institute)**, *O`Higgins 694,* ☎ 227943
• **Cybercafé**, *Croacia 690,* 🖳 *www.austrointernet.cl*

Museen

• **Palacio Sara Braun**, *Mo-Fr 15-18 Uhr*
• **Palacio Braun-Mendenez**, ☎ 244216, *Winter: Mo-Fr 11-17.45 Uhr, Sa u. So 10-12.45 Uhr; Sommer: 10.30-17 Uhr, Eintritt ca. 2 €, So und Feiertage Eintritt frei*
• **Museo Regional Salesiano Maggiorino Borgatello**, *Borries/Sarmiento,* 🖳 *www.musalborg.cl, Di-Fr 10-12.30 Uhr und 15-18 Uhr, Eintritt ca. 2.50 €*
• **Instituto de de la Patagonia**, *Mo-Fr 8.30-11.30 Uhr und 14.30-18.30 Uhr, Sa 8.30-12 Uhr, Eintritt ca. 2 €*
• **Museo Maritimo** *Pedro Montt/O'Higgins, Oktober-Mai: Di-So 9.30-18 Uhr, Juni-September 9.30-12.30 Uhr und 14-17 Uhr, Eintritt ca. 1.30 €*

Kinos

• *An der Plaza Central gibt es ein* **Kino** *mit zwei Sälen.*

Ausflüge

• *Zur* **Pinguin-Kolonie Seno Otway**: *die Tour dauert einen halben Tag und kostet rund 10 € pro Person, wichtig sind warme Kleidung und Regenschutz! Der Eintrittspreis von ca. 3, 80 € muss extra gezahlt werden.*
• *Zur* **Pinguin-Kolonie Isla Magdalena**: *Dauer etwa sieben Stunden, Preis ca. 60 € pro Person*

Fischerei-Erlaubnis

• **Sernap**, *21 de Mayo 1490,* ☎ 241142
• **Municipalidad de Punta Arenas**, *Plaza Muñoz Gamero 745,* ☎ 243285
• **CONAF**, *José Menéndez 1147,* ☎ 223841

Putre (S. 371)

Reiseagenturen

• **Birding Alto Andino**, *Baquedano 229,* 🖷 *58-222735: die amerikanische Biologin Barbara Shipton bietet Touren in die nähere und weitere Umgebung an, ihr Spezialgebiet sind Vögel, aber auch zu anderen Themen kann sie fundiert Auskunft geben.*

P
Q

 Unterkünfte
HOTELS

▪ **$**
• **Residencial La Paloma**, *Baquedano 356: einfache aber akzeptable Pension, nett, hier bekommt man auch etwas zu essen*

▪ **$$**
• **Birding Alto Andino**, *Baquedano 229, kleines gemütliches Apartment mit Küche für vier Personen mit Küchenecke und Ofen. Die Besitzerin bietet auch Touren in die Umgebung an, sie ist die Inhaberin der gleichnamigen Agentur und kann fundiert Auskunft über Routen usw. geben, daneben hat sie eine umfangreiche Bibliothek zum Altiplano,*

▪ **$$$$**
• **Hostería Las Vicuñas**, *O'Higgins s/n,* ☎ *(in Arica): 58-224466,* 🖨 *222166: erstes Haus am Platz, ohne viel Komfort, etwas außerhalb am Hang*

Quellón (S. 537)

 Information
• *An der Ecke Goméz Garcia/Santo Vargas gibt es einen* **Info-Kiosk der Municipalidad** *(nur in der Saison geöffnet)*
• *Auch in der* **Municipalidad** *bekommt man Informationen (C. 22 de Mayo 35)*

 Wichtige Telefonnummern
• **Vorwahl**: *65*

Busse
Von Castro aus gibt es Busse, die bis nach Quellón durchfahren (1,5 Stunden) und auch nach Puerto Montt gibt es Verbindungen (5 Stunden).
• **Cruz del Sur**, *Pedro Aguirre 52,* ☎ *681284,* 🖥 *www.busescruzdelsur.cl*

Fähre
Von Quellón kann man per Schiff nach Puerto Montt und Puerto Chacabuco an der Carretera Austral fahren. Nach Chacabuco zahlt man für einen normalen PKW etwa 120 €, je Person 30 €. Nach Puerto Montt liegen die Preise bei ca. 100 € fürs Auto und 20 € pro Person. Man muss **zwei Stunden vor Abfahrt** *der Fähre am Anleger sein, sonst werden die Plätze unter Umständen anderweitig vergeben!*

• **Transmarchilay**, *Pedro Montt 451,* ☎ *680511,* 🖨 *680513*
• **Aysen Express** *macht mit seinem Katamaran (der nur Passagiere mitnimmt) einen Stopp in Quellón, man ist mit ihm in anderthalb Stunden in Chaitén.*

 Unterkünfte
HOTELS

▪ **$**
• **Hotel El Chico Leo**, *Pedro Montt 325,* ☎ *682244,* 🖨 *681567: einfach, verwohnt und etwas eng aber sauber und preiswert, eine gute Wahl in der unteren Preisklasse*

Q
R

▪ **$$**
• **Hotel Los Suizos**, *Ladrilleros 399*, ☎ *681787*, 📠 *680747: Zimmer mit eigenem Bad, nichts Besonderes aber akzeptabel*

Museen
• **Museo Municpal**, *Mo-Fr 9-13 Uhr und 14.30-18.30 Uhr, Eintritt frei*
• **Museo Inchi Cuivi Ant**, *C. Ladrilleros, Mo-So 10-13 Uhr und 14-20 Uhr, Eintritt ca. 1 €*

Rancagua (S. 464)

Information
• *Das Büro von* **Sernatur** *findet man in der Germán Riesco 277,* ☎ *230413*
• **CONAF** *hat ihr Büro in der Cuevas 480 (*☎ *204600,* 📠 *204643)*

Wichtige Telefonnummern
• **Vorwahl**: *72*

Geldumtausch
• **Afex**, *Astorga 363,* ☎ *235273*

Busse
Das Terminal de Buses liegt an der Avda. Viña del Mar ganz in der Nähe des Marktes, aber nicht alle Unternehmen starten von hier. Lokale Busse starten von einem zweiten Terminal (Salinas 1165, ☎ *225425). Verbindungen gibt es nach Santiago und zu allen Zielen an der südlichen Panamericana.*

BUSGESELLSCHAFTEN IN RANCAGUA
• **Buses Al Sur**, *O'Carrol 1039,* ☎ *230340: Santiago*
• **Andimar**, *De Salinas 1165,* ☎ *237818: Santiago*
• **Tas Choapa**, *Diego de Almagro 1181,* ☎ *236991: Ziele nach Süden*
• **Tur Bus**, *O'Carrol/Calvo,* ☎ *241117,* 🖥 *www.turbus.cl: Santiago, Valparaíso*

Züge
Rancagua liegt an der Strecke von Santiago nach Süden, der Bahnhof, **Estación de Ferrocarril**, *(*☎ *230361) liegt ebenfalls an der Avda. Viña del Mar in der Verlängerung der Fußgängerzone. Täglich gibt es um die 20 Züge nach Santiago, dazu Verbindungen nach Temuco, Concepción und Chillán und 13 Züge nach San Fernando.*

Mietwagen
• **Comercial O'Carrol**, *O'Carrol 1120,* ☎/📠 *230041*
• **Weber Rent a Car**, *Mambrillar 40, Loc. 2,* ☎ *22 60 05*

Unterkünfte
HOTELS

▪ **$$**
• **Hostal Yaiman**, *Bueras 655: dieses Hostal wird von einer Leserin warm empfohlen, für unter 30 € pro Doppelzimmer inklusive Fernseher bietet es eine angenehme Atmosphäre.*

R

• **Hotel España**, *San Martín 367, ☏ 230141, 🖶 234196: altes Gebäude mit schönem kolonialen Innenhof, die Zimmer sind nichts Besonderes aber der Patio kann sich mit seiner üppigen Vegetation und seinem plätschernden Brunnen sehen lassen.*
▪ **$$$**
• **Hotel Turismo Santiago**, *Avda. Brasil 1036, ☏ 230855, 🖶 230822: gediegenes Mittelklassehotel nahe dem Zentrum*
• **Hotel Aguila Real**, *Avda. Brasil 1045, ☏ 222047, 🖶 223002: gegenüber des Turismo Santiago, ähnliche Ausstattung, normales Mittelklassehotel*
▪ **$$$$**
• **Hotel Turismo** Santiago, *Avda. Brasil, ☏ 230860, 🖶 230822, E-Mail: h.santiago@entelchile.net: Businesshotel mit vier Sternen, Pool und Klimaanlage*

 Restaurants
• **Torito Parilla**, *Zañuartu 323, ☏ 22 27 04: wie der Name schon vermuten lässt, werden hier Fleischfreunde glücklich*
• **Bavaria**, *Avda. San Martín 255: Sandwiches und Burger in gewohnter Qualität*

 Museen
• **Museo Regional de Rancagua**, *Estado/Ibieta, ☏ 221524, Di-Fr 10-18 Uhr, Sa u. So 9-13 Uhr, Eintritt ca. 1 €, Sonntags und Dienstags frei*
• **Casa de Pilar de Esquina**, *Estado/Ibieta, ☏ 221524, Di-Fr 10-18 Uhr, Sa u. So 9-13 Uhr*

 Kinos
• **Cinemark 6 Rancagua**, *Miguel Ramírez 1420, ☏ 211799: sechs Säle, 🖳 www.cinemark.cl*

Reserva Nacional Frederico Albert (S.475)

 Information
• *Am Parkeingang hat die* **CONAF** *eine kleine Ausstellung zur Geschichte, Flora und Fauna des Parks eingerichtet.*

Campen
▪ **$$**
• *Ca. 1 km von der CONAF-Station gibt es einen schönen großen* **Campingplatz** *mitten im Wald, jeder Platz ist ausgestattet mit Licht, Wasser, Tischen und Bänken, ansonsten ist die Ausstattung spartanisch: Toiletten und kalte Duschen. Es gibt keinen Laden, alle Vorräte müssen also mitgebracht werden.*

Reserva Nacional Las Vicuñas (S. 379)

Übernachtungsmöglichkeit *bietet die CONAF-Station in einer einfachen Unterkunft im Jugendherbergsstil. Alle Vorräte sollte man mitbringen.*

R   Reserva Nacional Los Ruiles (S. 475)

Das Schutzgebiet ist das ganze Jahr über von 8.30-19 Uhr geöffnet. Im Tal gibt es einige Plätze zum Picknicken, der Eintritt beträgt etwa 2 € pro Person.

Reserva Nacional Río Los Cipreses (S. 467)

Information
• Öffnungszeiten: *Dezember-März: So-Mo 8.30-21 Uhr, Rest des Jahres 8.30-18 Uhr. Der Eintritt kostet pro Person ca. 3 €.*
• Telefon des **CONAF-Zentrums**: *72-297505*

Campen
▪ $
• *Es gibt einen einfachen* **Campingplatz der Conaf**, *alle Vorräte (auch Wasser!) müssen aber aus Rancagua mitgebracht werden.*

Río Grande (Argentinien) (S. 589)

Information
• **Dirección de Turismo Río Grande**, *Elcano 159,* ☎ *30790*
• www.tierradelfuego.org.ar

Wichtige Telefonnummern
• Vorwahl: *2964*

Geldumtausch
• *Geld tauschen kann man bei der* **BanSud**, *L. Rosales 200-300*

Fluggesellschaften
• **Aerolíneas Argentinas**, *San Martín 607,* ☎ *24467*

Busse
Das **Terminal de Buses** *liegt auf der Avda. Belgrano zwischen Elcano und Güemes. Verbindungen gibt es täglich nach Punta Arenas und Ushuaia.*
• **Tecni Austral**, ☎ *430448: fährt nach Punta Arenas und Ushuaia*
• **Transporte Gesell**: *fährt nach Porvenir*

Mietwagen
• **Duma Rent a Car**, *Belgrano/Rosales,* ☎ *068-201786*
• **Rent a Car**, *Belgrano/Luis Py,* ☎ *430 757*

Unterkünfte
HOTELS
Die Hotelsituation von Río Grande ist besonders im Niedrigpreissektor eher unerfreulich!

- **$$**
- **Hospedaje Villa**, San Martín 277, ☎ 424998: miese Zimmer für zuviel Geld, aber immer noch das beste in seiner Klasse
- **$$$**
- **Hotel Los Yaganes**, Belgrano 319, ☎ 430822: zum argentinischen Automobilclub ACA gehörendes Hotel, groß und etwas anonym, aber sonst nicht schlecht und sowohl zum Busbahnhof als auch zum Zentrum günstig gelegen

Wäschereien
- Münzwäscherei: Perito Moreno 221

Museen
- **Mision Salesiana La Candelaria**, ☎ 21 642, Öffnungszeiten müssen telefonisch erfragt werden
- **Museo Ciencas Naturales y Historia**, Elcano 203, Di-Fr 9-17 Uhr, Sa und So 15-20 Uhr

Kinos
- Ein **Kino** gibt es in der Perito Moreno 211.

Robinson Crusoe-Insel (S. 629)

Information
- **CONAF** hat auf der Plaza einen kleinen **Informationskiosk** eingerichtet.
- Die **Nationalparkverwaltung** liegt in der C. Gonzáles.

Wichtige Telefonnummern
- **Vorwahl**: 32

Geldumtausch
Es gibt auf der Insel keine Möglichkeit Schecks oder Geld zu tauschen, zur Not können Sie in US-Dollar bezahlen, der Kurs ist aber nicht gut. Sie sollten daran denken, genügend Bargeld mitzubringen.

Flughafen und Fluggesellschaften
Die Robinson-Crusoe-Insel ist am einfachsten aus der Luft zu erreichen, der Flug dauert etwa 2,5 Stunden und die Maschinen haben eine Kapazität von bis zu 10 Passagieren. **Achtung**: die Gewichtsbeschränkung für Gepäck liegt je Passagier normalerweise bei 10 kg, wenn Sie mehr mitnehmen wollen, sollten Sie das schon bei der Buchung mit der Fluggesellschaft abklären! Drei verschiedene Airlines bieten den Flug an, die Preise liegen zwischen 400 und fast 500 € pro Person. Die Flüge gehen in Santiago nicht am neuen Flughafen los, sondern am **Flughafen Los Cerillos**. Bei schlechtem Wetter kann es immer vorkommen, dass die Flüge kurzfristig abgesagt werden!

Der Flughafen der Insel liegt an der Südwestküste, während das Dorf an der Nordküste angesiedelt ist. Vom Flughafen sind es noch einmal (bei rauem Wind nicht besonders komfortable) 1,5 Stunden per Boot bis nach San Juan Bautista. Der Transfer ist im Ticket-Preis enthalten. Man kann auch zu Fuß gehen, die Strecke beträgt etwa 16 km und ist in ca. fünf Stunden zu schaffen.

R **DIE FLUGGESELLSCHAFTEN**

- **Lassa**, *Avda. Larrain 7941 (Aerodromo Tobalaba), ☎/🖨 2-2734354: bieten im Januar und Februar täglich Flüge an, sonst nach Bedarf*
- **Servicio Aereo Ejecutivo S.A.E.**, *Apoquindo 7850, Torre 3, Local 4, ☎ 2-2245691, 🖨 229 34 19: Flüge je nach Nachfrage*
- **Transportes Aereos Isla Robinson Crusoe**, *Monumento 2570, Maipu, ☎ 2-5314343, 🖨 5313772, E-Mail: tairc@cmet.net, 🖥 www.cmet.net/tairc: Dezember bis Februar täglich Flüge, bis Ostern zwei bis dreimal die Woche, sonst nach Bedarf*

Fähre / Schiff
Regulären Fährverkehr zur Insel gibt es nicht, man kann aber versuchen von einem der Versorgungsschiffe der Marine mitgenommen zu werden. Die Schiffe fahren etwa einmal im Monat, die Fahrt dauert zwei Tage und kostet ca. 180 €. Erkundigen kann man sich unter der Telefonnummer 32-667730 oder beim
- **Comando de Transporte**, *Primera Zona Naval, Plaza Sotomayor, Valparaíso, ☎ 32-258457*

Campen
- *Am Ostende des Dorfes gibt es an der Küste einen einfachen Campingplatz der* **CONAF**, *das wilde Campen auf der Insel ist verboten.*

Unterkünfte
HOTELS

▪ **$$$**
- **Hopedaje Cabañas Paulenz**, *Carrera Pinto 120, ☎ 751108, 🖨 751042, E-Mail: ilkapaulenz@hotmail.com: etwas außerhalb, nichts Besonderes aber akzeptabel*
- **Hostería Villa Green**, *Larrain Alcalde 246, ☎ 751044: freundliches Mittelklassehotel mitten im Zentrum des Ortes*

▪ **$$$$**
- **Hotel Charpentier**, *Ignacio Carrera Pinto 256, ☎ 751020, ☎/🖨 (in Santiago): 2-2299419: freundliche geschmackvolle Zimmer, sehr gutes Restaurant*

▪ **$$$$$**
- **Hostería Aldea Daniel Defoe**, *Larrain Alcalde 449, ☎ 751075: etwas außerhalb des Zentrums direkt an der Küste, einige Zimmer mit Blick aufs Wasser*
- **Hostería El Pangal**, *Caleta El Pangal s/n, ☎ (in Santiago): 2-2734354, 🖨 2734309: teuerstes und bestes Haus der Insel, drei Kilometer vom Zentrum des Dorfes entfernt mitten in der Natur*

Restaurants
- **La Bahía**, *Larrin Alcalde: guter Fisch und Meeresfrüchte, hier kann man die berühmten Langusten von Juan Fernandez essen; nicht billig*

Führungen und Ausflüge
Die Bootstouren um die Insel kann man entweder mit den Fischern selber absprechen oder sich in der Touristeninformation ein Boot vermitteln lassen.

Museen
- **Casa de la Cultura**, *Mo-Fr 10-13 Uhr und 17-21 Uhr*

Strände

*Der einzige Sandstrand der Insel liegt an der Südwestküste in der Nähe des Flughafens (***Playa Arenal***) und ist am besten per Boot zu erreichen.*

Ruta del Viño, Valle de Colchagua (S. 468)

Information

• **www.colchaguavalley.cl**: *Hier bekommt man Informationen zu den einzelnen Touren, Preisen etc.*

Einige Viñas können ohne Tour und auf eigene Faust besichtigt werden, z. B.
• **Viña La Posada**, *Rafael Casanova 570; Stadtrand von Santa Cruz,* ☎ *72-8225589, 824162, E-Mail: laposada@entelchile.net*

San Antonio (S. 463)

Unterkünfte
HOTELS
▪ **$$$$**
• **Hotel Puerto Mayor**, *21 de Mayo 758,* ☎/🖷 *35-232258: schöne Anlage direkt an der Bucht mit gutem Restaurant und einer netten Terrasse mit Blick*

Museen

• **Museo Municipal de Arqueologia y Historia Natural**, *Sanfuentes 2365,* ☎ *203294,* 🖷 *203399, Mo-Fr 9-13 Uhr und 15-19 Uhr, Sa 9-14, Eintritt frei, Spenden willkommen*

San Carlos de Bariloche (Argentinien) (S. 513)

siehe unter dem Stichwort „Bariloche"

San Pedro de Atacama (S. 513)

Information

• **Sernatur** *hat eine Zweigstelle an der Plaza, Mo-Fr 9.30-13.30 Uhr und 15-19 Uhr, Sa u. So 9-13.30 Uhr*
• **www.sanpedroatacama.cl**

Wichtige Telefonnummern

• **Vorwahl**: *55*

Grenzübergänge

• **Grenzübergang San Pedro de Atacama**: *Mo-So 8-13 Uhr und 14.30-21 Uhr. Schon in San Pedro muss man die Grenzformalitäten für die Übergänge nach* **Argentinien** *Paso de Jama und Paso Laguna de Sico, sowie nach* **Bolivien** *über den Cerro Juriques erledigen.*

S

Geldumtausch

Der Kurs ist in San Pedro generell schlecht, es lohnt sich, genügend Bargeld in Antofagasta oder Iquique zu tauschen!

• **Desert Adventure**, *Caracoles/Tocopilla*
• **Afex Marbumor**, *Toconao 492: wechselt Travellerschecks*

Busse

Es gibt kein Busterminal, fast alle Busse fahren aber von der C. Licancabur/Paseo Artesanal aus los. Es gibt Verbindungen nach **Calama** *und* **Antofagasta**, *und auch nach* **Argentinien** *kann man von San Pedro aus per Bus gelangen. Man sollte aber die Fahrkarten unbedingt schon in Calama oder Antofagasta kaufen, die Busse fahren selten und sind gerade in der Hauptsaison über Wochen ausgebucht.*

• **Buses Geminis**, *Caracoles 421,* ☎ *851538: Salta, Jujuy (Argentinien)*
• **TurBus**, *Licáncabur 249,* ☎ *851549: Santiago, Antofagasta*
• **Atacama 2000**, *Kiosk an der Licáncabur, Nähe Museum: Toconao und andere lokale Ziele*
• **Frontera del Norte**, *Kiosk an der Licáncabur, Nähe Museum: Toconao und andere lokale Ziele*

Fahrradverleih
• **Cunza Ecoturismo**, *Caracoles/Calama*

Reiseagenturen

In der C. Caracoles reiht sich ein Reisebüro an das andere, fast alle haben das gleiche Programm (Valle de la Luna, Salar de Atacama, Geysers de Tatio und die Hochlandlagunen), und auch die Preise unterscheiden sich nur unwesentlich. Bei den Hochlandtouren sollte man sich unbedingt erkundigen, ob Sauerstoffflaschen an Bord sind und gegebenenfalls lieber etwas mehr ausgeben!

Zu empfehlen ist:
• **Cosmo Andino Expediciones**, *Caracoles s/n,* ☎ *851069,* 🖨 *319834: unter den zahllosen Agenturen sticht diese hervor, weil sie ein breiteres und individuelleres Programm hat, im Angebot sind Touren in der gesamten 1. und 2. Region, in der Umgebung San Pedros werden auch mehrtägige Touren mit Zelten etc. veranstaltet; auch Büchertausch*
• **Greenwich Expedition**, *Caracoles 163 B,* ☎ *851935, 09-9497164: etwas teurer als die anderen Agenturen, die Touren sind ausführlicher und die Verpflegung besser*
• **Azimut 360**, *Caracoles 195,* ☎/🖨 *851469,* 🖥 *www.azimut360.com: neben dem üblichen Programm interessante Trekkingtouren, Bergsteigen, Mountainbike, Reiten*

 ### Campen
▪ **$**

•**Camping Cunza**, *Antofagasta s/n* ☎/🖨 *851183: sehr zentraler sandiger Platz mit Duschen, Tischen und Bänken, freundlich*
• **Hostal und Camping Taka Taka**, *Caracoles s/n,* ☎ *851038: einfach aber sauber, schöner Blumengarten, sehr schön zum Campen*

 ### Unterkünfte
HOTELS

▪ **$**
• **Hotel Licancabur**, *Toconao s/n,* ☎ *851007: einfach aber akzeptabel, schattiger Innenhof*

- **Residencial Chiloé**, *Ateinza s/n*, ☎ *851017: relativ großes aber beliebtes Residencial (deshalb oft voll!) mit sauberen Zimmern, die um einen weiten Hof angesiedelt sind, sehr freundliches Personal, auch ein preiswertes Restaurant gehört zum Residencial (im Erdgeschoss gelegen).*
- **$$**
- **Residencial Rayco**, *Le Paige/Calama*, ☎ *851008: schön restauriertes altes Adobe-Haus, dessen dicke Mauern es auch im Sommer nicht zu heiß werden lassen; attraktiver Garten und Hof, sehr sauber*
- **Hostal Corvatsch**, *Ecke Tocopilla/Gustavo de Paige*, ☎ *851101: wird von einer Schweizerin geführt, deutschsprachig, sehr sauber und freundlich, Zimmer mit und ohne Bad, einige Zimmer liegen unter dem Dach und sind im Sommer sehr heiß, deshalb besser vorher anschauen! Tourenangebot*
- **Hostal und Camping Taka Taka**, *Caracoles s/n*, ☎ *851038: einfach aber sauber, schöner Blumengarten, sehr schön zum Campen*
- **B&B Incahuasi**, *El Carmen 132*, ☎ *851407, 09-4996959, E-Mail: incahuasi@terra.cl: mit viel Stilgefühl eingerichtete Zimmer, Küchenbenutzung und freier Internetzugang*
- **$$$$**
- **Hotel Kimal**, *Ateinza/Ecke Caracoles*, ☎ *851030*, 🖥 *www.kimal.cl: sehr schönes Hotel in der typischen massiven Adobe-Bauweise, fast alle Zimmer haben eine kleine Terrasse und sind geschmackvoll eingerichtet, das Hotel hat auch einen Parkplatz*
- **Hotel Tatio**, *Caracoles s/n*, ☎/🖨 *851092: kühles Mittelklassehotel mit schlichten Zimmern und Parkplatz*
- **Lodge Aldea**, *Ckilapana 69 B-Solcor*, ☎ *851149*, 🖨 *851247*, 🖥 *www.hotelaldea.cl: geschmackvoll eingerichtete Zimmer in wunderbar entspannter Umgebung, Pool, Restaurant*
- **$$$$$**
- **Hotel Terrahtai**, *Tocopilla 19*, ☎ *851140*, 🖨 *851037: wunderschönes Hotel in einem 150 Jahre alten Adobehaus, eng und verwinkelt sind die Zimmer stilsicher mit Naturmaterialien eingerichtet, mit kleinem Pool und Garten, einige Zimmer sind bedingt rollstuhlgeeignet.*
- **Hostería San Pedro**, *Solcor s/n*, ☎ *851011: größtes Haus am Ort, große Anlage mit Pool und Restaurant, schöne Zimmer, wenn auch nichts Besonderes; hier ist auch die Tankstelle von San Pedro angesiedelt.*
- **$$$$$$**
- **Hotel Explora Atacama**, *Domingo Atienza s/n, San Pedro de Atacama*, ☎/🖨 *2-6551881*, 🖥 *www.explora.com; ein noch recht neues (die Eröffnung fand 1998 statt), aber schon international bekanntes Designer-Hotel findet der zahlungskräftige Chile-Reisende in* **San Pedro de Atacama**. *Das* **Explora-Atacama-Hotel** *liegt außerhalb des Dorfes auf dem Gebiet einer alten bäuerlichen Siedlung; der Architekt hat versucht, die Struktur dieser historischen Bebauung bei der Konzeption des Hotels zu berücksichtigen und sie in die Anlage einzubeziehen. Das Hotel verfügt über alle Annehmlichkeiten, es werden verschiedene Touren geboten, unter anderem können die Gäste auf der zum Hotel gehörigen Estancia Explora in heißem Quellwasser baden. Die Preise liegen bei 400 € pro Nacht für ein Doppelzimmer, wobei nur Pakete von mindestens drei Nächten angeboten werden.*

🍴 Restaurants

- **Café Export**, *Caracoles/Toconao: frische Pasta, Sandwichs, Coctails...*
- **Café Adobe**, *Caracoles 211*, ☎ *851132*, 🖥 *www.cafeadobe.cl: geöffnet von morgens bis nachts, auf der Karte stehen internationale Gerichte in guter Qualität. Auch das Ambiente stimmt: das Lokal ist mit Repliken von Felsmalereien ausgemalt und es gibt einen schönen Kamin.*
- **Café del Viaje**, *Tocopilla 359: fleischloses Menu, Pasta, schöner Garten und Patio, auch Massagen und Yoga werden angeboten*

S

- **La Estaca**, *Caracoles s/n,* ☎ *851038: gute und nicht allzu teure Gerichte, Fleisch, Salate, vegetarisch, manchmal Live-Musik, auch zum Draußensitzen (im Erdgeschoss gelegen)*
- **Restaurant Hostería San Pedro**, *Solcor s/n,* ☎ *851011: gutes Restaurant mit internationaler Küche, große Portionen (im Erdgeschoss gelegen)*
- **Paacha**, *Ateinza/Ecke Caracoles (Hotel Kimal): sehr schönes Restaurant, gute Küche, angenehmes Ambiente*
- **Cafe Etnico**, *Tocopillo: Internetcafé, in dem es sich auch gut und preiswert frühstücken lässt*
- **Tierra**, **Caracoles**: *winziges Restaurant/Café mit vegetarischen Gerichten, nicht teuer*

Einkaufen
Auf der C. Caracoles und auch in den Seitenstraßen gibt es zahlreiche **Kunsthandwerksgeschäfte** *sehr unterschiedlicher Qualität. Außerdem kann man den Kunsthandwerksmarkt besuchen, der sich in einer überdachten Straße, die von der Plaza ausgeht, angesiedelt hat.*

Museen
- **Museo Arqueologico Padre Le Paige**, *Mo-Fr 9-12 Uhr und 14-18 Uhr, Sa u. So 10-12 Uhr und 14-18 Uhr, Eintritt ca. 3,50 €, Studenten die Hälfte*

Santiago (S. 338)

Information
- **Sernatur** *hat seine Zentrale an der Avda. Providencia 1550,* ☎ *2361416,* 🖨 *2361417, Öffnungszeiten: Mo-Fr 9-18.30 Uhr, Sa 9-13 Uhr. Hier bekommt man einen kleinen Stadtplan von Santiago und Informationen, die das ganze Land abdecken. Es gibt Broschüren zu verschiedenen Themen, z. B. zu den Thermalbädern, zu Campingplätzen und ein Hotelverzeichnis für jede Region kann man sich auch geben lassen.*
- **Sernatur** *hat zusätzlich Kioske in der Innenstadt (Kreuzung Paseo Ahumada und Huérfanos, hier kann man auch mit etwas Glück Karten kaufen) und im Flughafen.*
- *Die Adresse der* **CONAF-Zentrale** *ist Avda. Bulnes 285,* ☎ *6966677, hier bekommt man Infoblätter zu jedem Nationalpark des Landes und zu vielen Reservas Nacionales. Sie enthalten meistens eine kleine Karte des Gebiets und sehr kurzgefasste Informationen zu Unterkünften, Wanderwegen und Flora und Fauna.*

Wichtige Telefonnummern
- **Vorwahl**: *2*
- **Ambulanz**: *131*
- **Polizei (Carabineros)**: *133*
- **Feuerwehr**: *132*
- **Telefonauskunft**: *103*
(Die Nummern für die Notrufe gelten in ganz Chile)

ÄRZTE UND KRANKENHÄUSER
Zwei zuverlässige Kliniken:
- **Clinica Alemana**, *Avda. Vitacura 5951,* ☎ *2129700*
- **Clinica Las Condes**, *Lo Fotecilla 441,* ☎ *2111002*

Geldumtausch

Wechselstuben haben in den letzten Jahren einiges an Bedeutung verloren, weil immer mehr Touristen mit ihrer Kreditkarte Geld abheben und weniger Bargeld getauscht werden muss. Trotzdem haben sie ihre Berechtigung, Traveller-Schecks werden von Banken nur in den seltensten Fällen getauscht und auch andere südamerikanische Währungen bekommt man hier.

Die beste Adresse für den Geldwechsel in Santiago ist die C. Agustinas, zwischen dem Paseo Ahumada und der C. Banderas, hier hat sich eine Wechselstube neben der anderen angesiedelt, die Kurse unterscheiden sich meistens nur geringfügig. Hier treiben sich oft auch Geldwechsler herum, die traumhafte Kurse versprechen und dann verschiedene Tricks auf Lager haben, um dann mit dem Geld zu verschwinden. Verlorene oder gestohlene **Traveller-Schecks von American Express** *kann man bei* **Turismo Cocha**, *Avda. El Bosque Norte 440,* ☎ *2035110,* 💻 *www.cocha.com, ersetzen lassen.*

Bei Problemen mit der Kreditkarte helfen folgende Nummern weiter:
• **Diners Club International**, *Avda. Providencia 2653,* ☎ *2320000*
• **American Express**, *Agustinas 1360,* ☎ *6722463, 800201022*
• **Mastercard und Visa International**, *Miraflores 222, 29. Stock,* ☎ *6333004*

Flughafen

Der internationale Flughafen Arturo Merino Benitez liegt etwa 25 km vom Stadtzentrum entfernt, ist aber gut erreichbar. Es gibt zwei **Busgesellschaften**, *die in die Innenstadt fahren,* Centropuerto (☎ *6019883) und Tour Express (☎6019573) Die einfache Fahrt kostet zwischen zwei und drei Euro.*

Daneben gibt es einige **Minibusgellschaften**, *die Passagiere vom Flughafen direkt nach Hause oder ins Hotel bringen. Sie kosten zwischen fünf und sieben Euro.*
• **TransVip**, ☎ *6773000,* 💻 *www.transvip.cl*
• **Delfos**, ☎ *7662290*
• **Casval Express**, ☎ *7777707*

Ein **Taxi** *(☎ 6901381) vom Flughafen in die Stadt kostet um die 25 Euro. Alle Busgesellschaften haben im Flughafen Schalter, an denen man die Tickets kaufen kann. Auch die Schalter von verschiedenen* **Mietwagenfirmen** *findet man im Eingangsbereich des Flughafens.*

Für **Behinderte** *ist der Flughafen gut zugänglich, für Hilfe innerhalb des Flughafens sorgt die jeweilige Fluggesellschaft nach vorheriger Absprache.*

Flüge nach Juan Fernandez gehen vom alten Flughafen der Stadt, **Los Cerrillos** *(☎ 5572640) ab.*

FLUGGESELLSCHAFTEN IN SANTIAGO
• **Aerolineas Argentinas**, *Moneda 756,* ☎ *6393922, E-Mail: ventas@arsa.cl*
• **Aero Peru**, *Fidel Oteíza 1953, 2743434*
• **Air France**, *Alcántara 44, Las Condes,* ☎ *2909330, Flughafen: 6901544,* 💻 *www.airfrance.cl*
• **American Airlines**, *Huérfanos 1199,* ☎ *6790000, Flughafen: 601972*
• **British Airways**, *Isidora Goyenechea 2934, Las Condes,* ☎ *3308600, 800800747, Flughafen: 6901845*
• **Delta**, *Avda. Vitacura 2700,* ☎ *2801600, 800202020, Flughafen: 6901555,* 💻 *www.delta.com*
• **Iberia**, *Bandera 206,* ☎ *8701070, Flughafen: 6901080, E-Mail: iberia.cl@entelchile.net*

- **KLM**, *San Sebastain 2839, ☎ 2330991, 💻 www.klm.com*
- **Lloyd Aero Boliviano**, *Moneda 1170, ☎ 6888680, Flughafen: 6901130*
- **Lufthansa**, *Moneda 970, ☎ 6301000, Flughafen: 6901112, 💻 www.lufthansa.de*
- **LanChile**, *Huérfanos 926, ☎ 5262000, 💻 www.lanchile.com, weitere Büros befinden sich an der Avda. Providencia 2006 (Providencia), an der Avda. El Bosque Norte 194 (Las Condes), Avda. Apoquindo 4944 (Las Condes), Carmencita 10 (Las Condes), dazu hat die nationale Fluglinie Schalter in vielen Einkaufszentren oder Malls (mit längeren Öffnungszeiten), und in Jumbo-Supermärkten*
- **Sky Airlines**, *Andres de Fuenzalida 55, Providencia, ☎ 3533100, 🖨 6301637, Flughafen: 3533191/92, 💻 www.internationalms.com/skyairline*
- **TAM Mercosur**, *Santa Magdalena 94, ☎ 3811337*
- **Varig**, *El Bosque Norte 177, Las Condes, ☎ 7078000, 🖨 3320827, Flughafen: 6901342, E-Mail:varig@entelchile.net*

Busse
In Santiago wird einem schnell klar, dass der Bus das wichtigste Fernreisemittel für breite Bevölkerungsschichten ist, es gibt allein fünf verschiedene Busbahnhöfe, die jeweils unterschiedliche Landesteile bedienen.

- *Das **Terminal de Buses Santiago**, ☎ 7791385 liegt an der Avda. O'Higgins 3712, am südlichen Ausgang der Metrostation Universidad de Santiago. Es ist das wichtigste Terminal für internationale Verbindungen, außerdem starten von hier aus Busse hauptsächlich in den Süden des Landes, einige Verbindungen nach Norden gibt es auch. Von diesem Terminal aus fahren Busse in fast alle Länder des Kontinents, vor allem nach Argentinien kommt man von hier aus gut.*
- *Das **Terminal San Borja** liegt an der Avda. O'Higgins 3250, ☎ 7760645,im Internet unter www.terminalsanborja.cl, an der Estación Central (Metro Estación Central). Von hier aus gibt es die meisten Verbindungen in den Norden des Landes, außerdem nach Valparaíso und Viña del Mar.*
- *Das **Terminal de Buses Alameda** an der Avda. O'Higgins 3750, ☎ 7780808 ist ebenfalls direkt an der Metrostation Universidad de Santiago. Von hier aus starten nur zwei Busgesellschaften (TurBus und Pullman Bus), die aber fast alle Ziele des Landes anfahren. Sonderangebote sind hier seltener als im Terminal San Borja, Konkurrenz belebt das Geschäft.*
- *Das Terminal **Los Heroes** (Avda. O'Higgins/Jimenez 21, ☎ 6969250, im Internet unter www.terrapuertolosheroes.cl) ist wesentlich kleiner als die anderen Busbahnhöfe, aber auch von hier aus wird sowohl der Norden als auch der Süden angefahren. Viele Busse, die an anderen Terminals starten, passieren Los Heroes, um Passagiere einzuladen, bevor sie die Panamericana ansteuern.*
- *Das neue **Terminal La Paz** im Nordwesten der Stadt (Avda. La Paz/Lastra) bedient nur einige kleinere Orte, wie Lampa, Chacabuco, Tiltil und Colima, die für Touristen wenig interessant sind. Die Busgesellschaften haben hier keine Kioske, die Fahrkarten werden im Bus erworben.*

Züge
*In Santiago startet die einzige wichtige Eisenbahnlinie des Landes, die **Via Sur**. Sie führt bis Temuco, außerdem gibt es Nachtverbindungen nach Temuco, Concepción und Talcahuano. **Regionalzüge** verkehren nach Rancagua und San Fernando.*

*Der **Bahnhof** (Estación Central) liegt an der Alameda (an der gleichnamigen Metrostation) und allein die Eisenkonstruktion des schönen Gebäudes ist einen Besuch wert. Hier bekommt man auch die Fahrkarten und kann sich über den Fahrplan informieren (in der Saison fährt der Zug mehrmals pro Woche).*

METRO

*Die Metro ist ein schnelles und (außerhalb der Stoßzeiten) angenehmes Verkehrsmittel, sowohl die Stationen als auch die Züge sind sauber und modern. Einige Stationen wurden von Künstlern gestaltet, manchmal finden auch Ausstellungen zu verschiedenen Themen statt. Die Metro hat drei verschiedene Linien, zwei in Nord-Süd- und eine in Ost-West-Richtung. Eine vierte Linie ist im Bau. Die Züge fahren von 6 Uhr morgens (am Wochenende eine Stunde später) bis 22.30 Uhr, die Preise sind nach Tageszeit gestaffelt und liegen bei einem halben Euro. Die Tickets können an allen Stationen gekauft werden, entweder als Einzelfahrscheine oder etwas preiswerter als Mehrfachfahrkarte. Innerhalb des Metrosystems kann man beliebig oft umsteigen und ohne Zeitbeschränkung fahren, man darf nur das System nicht verlassen. Eine der Linien (die **Linea 5 nach La Florida**) ist **rollstuhltauglich** ausgebaut, entweder es gibt richtige Aufzüge oder Treppenlifts. Der Einstieg in die Wagen ist problemlos möglich. Mehr **Informationen** kann man unter www.metrosantiago.cl einholen*

*Die Stadtverwaltung hat in den letzten Jahren einen ehrgeizigen **Nahverkehrsplan** beschlossen. Im Zuge der Umsetzung sollen ab 2005 die altersschwachen und luftverpestenden Busse ausgewechselt und die Flotte modernisiert werden. Auch zum Konzept gehört ein integriertes Tarifsystem, so dass vielleicht in Zukunft eine einzige Fahrkarte für alle öffentlichen Verkehrsmittel gilt.*

Mietwagen

In Santiago ist das Angebot an Mietwagen natürlich am größten, als Verkehrsmittel innerhalb der Stadt eignet sich das Auto allerdings nur bedingt, stressfreier ist die Metro oder das Taxi!

- **Automovil Club de Chile**, *Avda. Vitacura 8620*, ☏ *2125702*
- **Avis**, *Guardia Vieja 255, Of. 108*, ☏ *3310121*, 🖷 *3310122*, 🖥 *www.avischile.cl*
- **Budget**, *Avda. Manquehque Sur 600*, ☏ *2208292*, 🖥 *www.budget.cl*
- **Chilean Rent a Car**, *Bellavista 0183*, ☏ *7376902*, 🖥 *www.altiro.com/chilean*
- **First**, *Rancagua 514*, ☏ *2256328*, 🖥 *www.firstrentacar.cl*
- **Hertz**, *Avda. Andres Bello 1469*, ☏ *2351022*, 🖥 *www.hertz.cl*
- **Value Rent a Car**, *Apoquindo 5002*, ☏ *2282822*
- **United Rent a Car**, *Padre Mariano 430, Providencia*, ☏ *2361483*, 🖷 *2361476*, E-Mail: *united-chile@entelchile.net*, 🖥 *www.chile-travel.com/united.html*
- **Lys Rent a Car**, *Miraflores 537*, ☏ *6337600*, 🖷 *6399332*, 🖥 *www.lys.cl*
- **Full Famas Rent a Car**, *Bilbao 2942*, ☏ *3430664*, 🖷 *3430667*, E-Mail: *fullfama@chilesat.net*

Taxis

Taxis hält man auf der Straße einfach an, im Zentrum gibt es sie zuhauf, in abgelegenen Gegenden kann es schwieriger werden. Die Taxifahrer schalten in der Regel ihren Taxameter automatisch ein. Während in anderen lateinamerikanischen Ländern Taxifahrer berühmt für die Tricks sind, mit denen sie neu eingetroffene Touristen übers Ohr hauen, kann man sich in Santiago beruhigt ins Taxi setzten. Es ist allerdings vorgekommen, dass Taxifahrer die Tatsache, dass Touristen Schwierigkeiten mit der für sie neuen Währung haben ausnutzen und sich beim Herausgeben „irren".

- **Radiotaxi Sinator**, ☏ *6223914*
- **Centro**, ☏ *6954148*
- **Providencia**, ☏ *2090445*
- **Las Condes**, ☏ *2114470*

*Ebenfalls eine Art Taxi sind die **Colectivos**, die sich mehrere Passagiere teilen. Sie fahren feste Routen und sind etwas teurer als ein Bus, aber man gelangt schneller ans Ziel.*

S

🛏 Unterkünfte
HOTELS

In Santiago gibt es Hotels in jeder Preisklasse, von einem Zimmer in einer Casa de Familia bis zum Fünf-Sterne-Luxus-Hotel. Der Sektor, in dem die meisten Billig-Hotels zu finden sind, liegt etwas nördlich der Plaza de Armas, um die Straßen San Martín, Rosas und San Pablo. Nach Einbruch der Dunkelheit ist dieses Viertel zumindest unerfreulich, wenn nicht gefährlich, trotzdem zieht es hier viele Rucksackreisende eben wegen der günstigen Preise hin. Eine gute Alternative kann ein Zimmer in einer Privatwohnung sein, Adressen vermittelt die Touristeninformation auf der Ahumada.

Ein besonders schönes Viertel ist das Barrio Paris-Londres, zentral gelegen und doch ruhig, mit vielen alten Häusern und netten Hotels, einem Kino de Arte und einem kleinen Theater. Aber auch in den Ausgehvierteln wie Bellavista und Providencia gibt es immer mehr Unterkünfte für Budget-Traveller.

Hotels im Zentrum   ⓘ Hotelkarte S. 294/295

▪ **$**
• **Hotel Caribe**, San Martín 851, ☎ 6966681: einst eine eher üble Absteige, hat sich das Caribe gemausert. Auch wenn es immer noch keine Luxus-Unterkunft ist, haben doch ein paar Eimer Farbe, neue Betten und die Instandsetzung der Bäder Wunder gewirkt
• **Che Lagarto**, Tucapel Jimenez 24 (direkt an der Metrostation Los Heroes), ☎ 6991493, 💻 www.chelagarto.com/chile: freundliche Unterkunft im Jugendherbergsstil, Stockwerkbetten, saubere Bäder, Internetzugang, schöner Patio, empfehlenswert

▪ **$$**
• **Residencial Londres**, Londres 54, ☎ 6339192, 🖨 6382215: sehr beliebt, ruhig und freundlich, ist dieses Residencial mitten im historischen Viertel Paris-Londres angesiedelt und inzwischen ein Klassiker unter Travellern, deshalb gut als Treffpunkt geeignet, eine Vorbestellung ist unbedingt notwendig
• **Hotel Paris**, Paris 813, ☎ 6640921, 🖨 6394037: ebenfalls sehr beliebt, gleich um die Ecke ist das Hotel Paris das Gegenstück zum Residencial Londres. Einige Zimmer sind etwas schäbig, andere ganz neu renoviert, z. T. sehr laut, es wird auch ein gutes Frühstück serviert.
• **Hostal Happy House**, Catedral 2207 (Barrio Brasil, jenseits der Avda. Jorge Alessandri, Metro Cumming oder Santa Ana), ☎ 688484 9, 💻 www.happyhousehostel.cl: das hübsche Haus im Kolonialstil beherbergt ein freundliches und komfortables Hostal mit allen Annehmlichkeiten, bis zum Zentrum hat man etwa 10 Blocks zu laufen.
• **Hostal Río Amazonas**, Rosas 2234, ☎ 6984092, 💻 www.hostalrioamazonas.cl: ebenfalls im Barrio Brasil gelegen ist diese freundliche Unterkunft, die Zimmer haben Holzfußboden, sind einfach aber angenehm.
• **Residencial Santo Domingo**, Santo Domingo 735, ☎/🖨 6396733, E-Mail santodomingo@ hotmail.com: sehr einfach aber dafür preiswert und zentral (zwei Blocks von der Plaza de Armas), große Zimmer, zwei schöne Patios, fragwürdige Badezimmer

▪ **$$$**
• **City Hotel**, Compañia 1063, ☎ 6954526, 🖨 6956775, E-Mail: hotelcity@tie.cl: einfache Zimmer mit eigenem Bad, direkt an der Plaza de Armas, Parkmöglichkeit
• **Hotel Plaza** , Londres 75, ☎ 6333320, 🖨 6640086, 💻 www.hotelplazalondres.cl: geschmackvolles Mittelklassehotel mitten im Barrio Paris-Londres an einer kleinen ruhigen Plaza; einfache Zimmer in zentraler Lage
• **Hotel Libertador**, Avda. O'Higgins 853, ☎ 6394211, 🖨 6337128, 💻 www.hotellibertador.cl: großes, etwas gesichtsloses aber ansonsten angenehmes Mittelklassehotel direkt an der Alameda mitten im Zentrum, kleine Terrasse mit Pool

S

• **Hotel Montecarlo**, *Subercaseaux 209*, ☎ *6391569*, 🖨 *6335577*, 🖳 *www.hotelmontecarlo.cl:* angenehme freundliche Zimmer, etwas eng, aber direkt am Cerro Santa Lucia gelegen
▪ **$$$$**
• **Hotel Las Vegas**, *Londres 49*, ☎ *6322514*, 🖨 *6325084*, 🖳 *www.hotelvegas.net:* etwas altbackene Zimmer mitten im historischen Barrio Paris-Londres in einem alten schön renovierten Gebäude. Das Hotel bietet alle Annehmlichkeiten der gehobenen Mittelklasse
• **Hotel Majestic**, *Santo Domingo 1526*, ☎ *6958366*, 🖨 *6974 051*, 🖳 *www.hotelmajestic.cl:* geschmackvoll eingerichtetes Hotel mit kleinem Garten und Pool, der Besitzer ist Inder und das sieht man auch an der Inneneinrichtung. Es gibt zwei Restaurants, eins davon bietet gute indische Küche.
▪ **$$$$$**
• **Hotel Diego de Almagro**, *Avda. O'Higgins 1485*, ☎ *6726002*, 🖨 *6982269*, im Internet unter *www.diegodealmagrohoteles.cl:* modernes schickes Vier-Sterne-Hotel, mit viel poliertem Granit eingerichtet, ist es eher kühl als anheimelnd; die Zimmer jedoch sind freundlich und hell und das Hotel liegt zentral direkt unter dem Fernsehturm, Terrasse mit Pool
▪ **$$$$$$**
• **Hotel Tupahue**, *San Antonio 477*, ☎ *6383810*, 🖨 *6392829*, E-Mail: *tupahue@chilnet.cl*, 🖳 *www.tupahue.cl:* Hotel der oberen Mittelklasse, mit Pool, sehr freundlich
• **Hotel El Fundador**, *Paseo Serrano 34*, ☎ *3871200*, 🖨 *6322566:* Vier-Sterne Hotel im Barrio Paris-Londres, stilvolle Einrichtung mit Antiquitäten und schweren Stoffen
• **Hotel Plaza San Francisco**, *Alameda 816*, ☎ *6393832*, 🖨 *6397826*, 🖳 *www.plazasanfrancisco.cl*, das Hotel Plaza San Francisco ist unzweifelhaft eine der ersten Adressen Santiagos, eingerichtet ist es luxuriös-altmodisch mit zahlreichen Antiquitäten, daneben bietet es allen Luxus, wie verschiedene Restaurants, Bar, Fitnessbereich und einen Pool
• **Hotel Holiday Inn Crowne Plaza**, *O'Higgins 136*, ☎/🖨 *6381042*, 🖳 *www.crowneplaza.com:* Luxushotel mit allem Komfort, modern eingerichtet bietet es auch einige behindertengerechte Zimmer

Hotels in Bellavista
• **Hostal Bellavista**, *Dardiñac 0184, Bellavista*, ☎ *7328737*, 🖳 *www.bellavistahostel.com:* preiswerte Unterkunft für Nachtschwärmer, das Hostal liegt mitten im Szene-Viertel Bellavista und besonders am Wochenende kann es laut werden; freundlicher, englischsprechender Besitzer, saubere helle Zimmer mit Stockwerkbetten und ohne eigenes Bad
▪ **$$$**
• **Hotel El Castillo**, *Pio Nono 420*, ☎ *7359243*, 🖳 *www.moteles.cl:* kleines Mitteklasse-Hotel in einem alten, schön renovierten Haus, nachts kann es evtl. besonders am Wochenende durch die zahlreichen Nachtschwärmer etwas laut werden, richtig für den, der dann selber unterwegs ist! Dieses Hotel vermietet neben Touristenzimmern auch stundenweise Zimmer an Paare.

Providencia und Las Condes ⓘ Hotelkarte S. 296
▪ **$$**
• **El Patio Suizo**, *Condell 847, Providencia*, ☎ *4941214*, 🖨 *4740634*, 🖳 *www.patiosuizo.com:* gemütliches, von einem Schweizer Ehepaar blitzsauber geführtes Residencial, kostenloser Internetzugang, gutes Frühstück und gute Metroanbindung (Linie 1: Baquedano, Linie 2: Bustamante)
• **Hostal Santiago**, *Barros Borgoño 199, Providencia*, ☎ *2649899:* nettes kleines sehr sauberes Hostal, Stockwerkbetten, Internetzugang, Aufenthaltsraum
▪ **$$$**
• **Marilu's Bed and Breakfast**, *Rafael Cañas 246, 3. Stock, Providencia*, ☎ *2355302*, 🖨 *2643318*, E-Mail: *tradesic@intermedia.cl*, 🖳 *www.chile-travel.com/marilu.html:* private Unterkunft in Apartments,

Santiago
– Zentrum –
(Hotelkarte)

R *Restaurants*
A Restaurant Hotel Majestic, Santo Domingo 1526
B Donde Augusto, Mercado central
C Bar Nacional, Huérfanos 1151
D El Naturista, Moneda 846
E Rincón Español, Rosal 346
F Café Colonia, MacIver 161
G La Tasca Mediterránea, Purísma 161
H El Otro Sitio, Antonia López de Bello 53
I Etniko, Constitución 172
J Azul Profundo, Constitución 111

H *Hotels*
1 Hostal Río Amazonas, Rosas 2234
2 Hostal Happy House, Catedral 2207
3 Che Lagarto, Tucapel Jimenez 24
4 Hotel Majestic, Santo Domingo 1526
5 Hotel Caribe, San Martín 851
6 City Hotel, Compañía 1063
7 Residencial Santo Domingo, Santo Domingo 735
8 Hotel El Castillo, Pío Nono 420
9 Hostal Bellavista, Dardiñac 0184
10 Hotel Las Vegas, Londres 49
11 Hotel Plaza, Londres 75
12 Residencial Londres, Londres 54
13 Hotel Paris, Paris 813
14 Hotel Diego de Almagro, Avda. O'Higgins 1485
15 Hotel El Fundador, Paseo Serrano 34
16 Hotel Plaza San Francisco, Alameda 816
17 Hotel Montecarlo, Subercaseeaux 209

mit und ohne eigenem Bad, Küchenbenutzung, freundlicher Aufenthaltsraum, Internetzugang, die Besitzerin spricht auch Englisch und ist sehr freundlich.

- **$$$$**
- ChilHotel, *Gúzman 103 (Metro Manuel Montt),* ☎ *2350713, im Internet unter www.chilhotel.cl: freundliches Mittelklassehotel in einem älteren Haus, Klimaanlage und Internetzugang*

- **$$$$$**
- Hotel Orly, *Pedro de Valdivia 027,* ☎/🖨 *231 8947,* 🖨 *2520051: Dieses kleine Hotel ist untergebracht in einem alten, mit Charme renovierten Haus, es gibt einen kleinen Garten, und ein schönes Terrassen-Café.*

- **$$$$$$**
- Hotel Montebianco, *Isidora Goyenecha 2911,* ☎ *2330427,* 🖨 *233 0420, im Internet unter www.hotelmontebianco.cl: elegantes modernes Hotel in Las Condes, mit Restaurant, Bar und Cafeteria, sehr freundlich*

- Hotel Leonardo da Vinci, *Málaga 194, Las Condes,* ☎ *3745800,* 🖨 *2086629: luxuriöses Hotel mit persönlichem Flair, einige behindertengerechte Zimmer*

- Hotel Providencia, *Francisco Noruega 146,* ☎ *2332230,* 🖨 *233 2494, im Internet unter*

Santiago / Providencia
- Hotelkarte -

Parque Metropolitano

Zoologischer Garten

Centro Cultural Montecarmelo

E

Purisima

Lagarrigue

2

Pio Nono

F

Pinto

G

Constitución

H

Mallincroft

Dardiñac

1

A. López de Bello

Riquelme

Donoso

Punta A. Ruiz

Sofia Concha

A. Casanova

M. Concha

Bellavista

Avenida Santa María

Avenida Santa María

Plaza Baquedano

Av. Andrés Bello

Parque Balmaceda

Estación Salvador

Bührle

Ramón Carnico

Gral. Bustamante

A.Z. Vicuña

H. Müller

Obispo Donoso

Avenida Condel

Quebec

Avenida Salvador

Dr. H. Alessandri

3

Avenida Eliodoro Ya

Román Díaz

Manuel Cla

Sánchez

Av. Bernarda Morin

María Santander

R. Matte Pérez

V. Castillo

Román Díaz

6

0   300 m

© graphic

www.panamericanahoteles.cl: modernes, zur Kette Panamericana gehörendes Vier-Sterne-Hotel in ruhiger Seitenstraße, kleiner Garten mit Schwimmbad
• **Park Plaza Hotel**, Avda. Ricardo Lyon 207, ☎ 3724000, 🖨 2336668, 🖵 www.parkplaza.cl: Luxushotel im Herzen Providencias, Dachterrasse mit Schwimmbad und Fitnesscenter
• **Hotel Hyatt Regency**, Avda. Kennedy 4601, Las Condes, ☎ 21 81234, 🖨 2183155, 🖵 www.hotelhyatt.cl: absolutes Luxushotel in einem Highriser, selbst für die Luxusklasse noch gesalzene Preise, das Hotel hat einige behindertengerechte Zimmer

Restaurants
In Santiago kommt jeder auf seine Kosten! Von der einfachen Eckkneipe bis zum Drei-Sterne-Restaurant ist jede Kategorie vertreten und auch internationale Küche findet man in jeder Couleur.

Hotels
1 Hostal Bellavista, Dardiñac 0184
2 Hotel El Castillo, Pío Nono 420
3 Marilu's Bed and Breakfast, Rafael Cañas 246
4 Hostal Santiago, Barros Borgoño 199
5 Chil Hotel, Gúzman 103
6 El Patio Suizo, Condell 847
7 Hotel Orly, Pedro de Valdivia 027
8 Hotel Providencia, Francisco Noruega 146
9 Park Plaza Hotel, Avda. Ricardo Lyon 207

Restaurants
A El Huerto, Orrego Luco 054
B Der Münchner, Diego de Velásquez 2105
C Coppelia, Providencia 2211
D Restaurant Centre Catalá, Avda. Suecia 428
E La Tasca Mediteránea, Purísima 161
F El Otro Sitio, Antonia López de Bello 53
G Etniko, Constitución 172
H Azul Profundo, Constitución 111

CAFÉS

Im Zentrum gibt es viele Filialen der Cafés Haiti und Café do Brasil, immer mit einer langen Theke und hauptsächlich von Männern besucht.

Wer es gemütlicher mag, trinkt seinen Kaffee in einem der Cafés der Kette Paula (im Sitzen!) oder in einem **Au Bon Pain***. Hier werden ausgezeichneter Kaffee, leckere Sandwichs (reichlich auch zum Lunch), Muffins, amerikanische Cookies und Säfte in einem gepflegten Fast-Food-Ambiente verkauft.*

In den Vierteln Santiago Altos (Providencia, Las Condes und Vitacura) gibt es auch Cafés mit guten Konditoreien.

S

RESTAURANTS

Im Zentrum sind gute Restaurants rar, der große Teil des Angestellten-Heeres scheint seinen Lunch in einem der zahlreichen Fast-Food-Läden einzunehmen. Daneben gibt es aber auch viele kleine Cafeterias, in denen man Sandwichs, Empanadas und Salate bekommt.
Die besseren Restaurants finden sich schwerpunktmäßig in den Vierteln Providencia, Las Condes und Vitacura.

Zentrum
Innerhalb des **Mercado Central** *finden sich zahlreiche Restaurants, in denen man Fisch und Meeresfrüchte sehr frisch bekommt. Vertreten sind Lokale der unteren bis mittleren Preisklasse in einem einmaligen Ambiente. Die Öffnungszeiten entsprechen denen des Marktes: Mo-Do 6.30-16.30 Uhr, Fr-So 6.30-18.30 Uhr.*

Zu empfehlen:
- **Donde Augusto**, *Lokal 66-166,* ☎ *6722829: Terrasse, die den ganzen Markt überblickt, die Sauce mit Meeresfrüchten sollte man sich nicht entgehen lassen (im Erdgeschoss gelegen).*
- **Restaurant Hotel Majestic**, *Santo Domingo 1526,* ☎ *6958366: gutes indisches Restaurant der gehobenen Preisklasse*
- **Bar Nacional**, *Huérfanos 1151: hier gibt es kleine Gerichte und Sandwichs*
- **El Naturista**, *Moneda 846: vegetarische Küche, so weit wie möglich werden kontrolliert angebaute Lebensmittel verwendet*
- *Govinda, Campaña 1489, nur mittags, wird von den Hare Krishna betrieben, vegetarisch*
- *Rincón Español, Rosal 346, (am Cerro Santa Lucia): nettes Café und spanisches Restaurant (im Erdgeschoss gelegen)*
- **Café Colonia**, *Maclver 161,* ☎ *6397256, 8-21 Uhr, Café mit deutschem Kuchen etc.*

Bellavista
Nicht direkt im Zentrum aber in bequemer Lauf-Entfernung am Fuß des Cerro San Cristobal liegt das Ausgeh-Viertel Bellavista, wo man interessante Restaurants in verschiedenen Preisklassen findet. Besonders die Straßen Constitución, Dardignac und Mallinkrodt sind interessant!

Einige Beispiele:
- **Azul Profundo**, *Constitución 111,* ☎ *7380288: ausgezeichneter Fisch und Meeresfrüchte, Kunstmann-Bier aus Valdivia, nicht billig*
- **Cava de Dardignac**, *Dardignac 0191,* ☎ *7776268: Wein und Tapas*
- **Etniko**, *Constitución 172,* ☎ *7320119,* 🖥 *www.etniko.cl: asiatische Küche mit Einschlag aus verschiedenen Ländern, gute Salate, sehr beliebt*
- **Muñeca Brava**, *Mallinkrodt 170,* ☎ *7321338: altes Gebäude mit einer schönen Galerie, stimmungsvoll eingerichtet, Fleisch, Fisch und Pasta, lange Weinkarte, auch Bar (im Erdgeschoss gelegen)*
- **El Otro Sitio**, *Antonia López de Bello 53,* ☎ *7779389, Sonntag abend geschlossen: gutes peruanisches Essen*
- **La Tasca Mediteránea**, *Purísima 161,* ☎ *7353901: kleine Gerichte aus der katalanischen Küche*

Providencia
Die Avda. Suecia nördlich der Avda. Providencia ist die beste Adresse in Providencia um zu Mittag oder zu Abend zu essen, hier reiht sich ein Restaurant an das nächste.

Einige andere Tipps:
- **Restaurant Centre Catalá**, *Avda. Suecia 428 (südl. der Avda. Providencia!)*, ☎ *2332220: ausgezeichnete katalanische Küche in der oberen Preiskategorie in edlem Ambiente (im Erdgeschoss gelegen)*
- **El Huerto**, *Orrego Luco 054*, ☎ *2332690*, 🖳 *www.elhuerto.cl: gutes vegetarisches Essen, nicht ganz billig*
- **Aji Verde**, *Constitucion 284*, ☎ *7533329: gute chilenische Küche, nicht billig, manchmal mit Life-Musik, Reservierung empfehlenswert*
- **Der Münchner**, *Diego de Velásquez 2105*, ☎ *2335643: gutes deutsches Essen aber deftige Preise*
- **Coppelia**, *Providencia 2211*, ☎ *2321090*, 🖳 *www.coppelia.cl: Café, aber auch kleinere und größere Speisen zu zivilen Preisen (im Erdgeschoss gelegen)*

Las Condes
Zahlreiche gute Restaurants der mittleren und gehobenen Preisklasse findet man in den Straßen Avda. Isidora Goyenecha (Block 2900) und um die Ecke in der Avda. El Bosque Norte (Block 200), zum Beispiel:
- **Le Due Torri**, *Isidora Goyenechea 2908*, ☎ *2313427: gute italienische Küche, große Salatauswahl*
- **München**, *Avda. El Bosque Norte 0204*, ☎ *2332108: solide bayerische Küche, nicht billig*
- **Coco Loco**, *El Bosque Norte 0215*, ☎ *2313082: Fisch und Meeresfrüchte nach chilenischer Art (im Erdgeschoss gelegen)*
- **El Vegetariano**, *Vitacura 2751: gutes vegetarisches Restaurant, sehr beliebt bei den Geschäftsleuten der Umgebung, deshalb mittags oft voll*
- **Restaurant Bali Hai**, *Avda. Cristóbal Colón 5146*, ☎ *2288273: polynesisches Restaurant, wenn Sie nicht auf die Osterinsel reisen, können Sie hier trotzdem Südseespezialitäten probieren!*

Im **Food-Garden El Bosque**, *El Bosque Norte/Roger de Flor findet man eine Vielzahl von Fast-Food-Restaurants.*

Vitacura
- **Churasqueria**, *Avda. Vitacura 7501*, ☎ *2192379: große Auswahl an Fleischgerichten, nicht billig*
- **Cuerovaca**, *Avda. Vitacura 3859*, ☎ *2063911: die besten Steaks der Stadt*

Cerro San Christobal
- **Camino Real**, *Parque Metropolitano, Subida Pedro de Valdivia norte*, ☎ *2323381: sehr gute chilenische und internationale Küche mit spektakulärem Blick über die Stadt*

Einkaufen
- **Mapas**, *Gral. Del Canto 105, Of. 1506*, ☎ *2251365: Karten in relativ großer Auswahl*
- **Feria Chilena del Libro**, *Agustinas 859*, ☎ *6395354: größter Buchladen Santiagos, Spanisch*
- **Libreria Australis**, *Providencia 1670 (Nähe Sernatur): Karten, Führer, Fotobände*
- **Libros**, *Providencia 1670, Second Hand Bücher, auch ein paar in Englisch*
- **Eduardo Albers**, *Avda. Vitacura 5648: relativ gute Auswahl an englischen und auch ein paar deutsche Bücher*
- **Centro de Exposiciones Arte Indigena Conadi**, *Alameda 499 (am Cerro Santa Lucia): beste Auswahl an indigenem Kunsthandwerk*
- **Plaza Techada**, *Placer (zwischen San Diego und San Francisco): Markt mit Kunsthandwerk und Schnickschnack*
- **La Cumbre**, *Avda. Apoquindo 5258*, ☎ *2209907*, 🖳 *www.lacumbreonline.cl: gute Auswahl an Outdoor-Ausrüstung*

S Es gibt inzwischen eine Reihe von modernen Einkaufszentren in Santiago:
- **Mall Panoramico**, Avda. 11 de Septiembre/Avda. Ricardo Lyon, Providencia
- **Parque Arauco**, Avda. Kennedy 5413, Las Condes
- **Alto Las Condes**, Avda. Kennedy 9001, Las Condes
- **Plaza Vespuccio**, Avda. Vickuña Mackenna 7110, Las Condes
- **Mall del Centro**, Puente/Rosas, Zentrum (zwei Blocks von der Plaza Central entfernt)

Internet
- **Cybercafé**, Catedral 1233: groß und preiswert
- **Cafe C@om**, Alameda 145, 2. Stock, ☎ 6386846: Restaurant und Internet-Cafe, nicht billig
- **Sonett**, Londres 43
- **Cybercafé**, Encomenderos 84 (Providenica)

Museen
- **Casa Colorada**, Merced 860, ☎ 6330723, 🖥 www.munistgo.cl, Di-Fr 10-18 Uhr, Sa 10-17 Uhr, So 11-14 Uhr
- **Museo de Historia Natural**, Interior de la Quinta Normal s/n, ☎ 6814095, 🖥 www.mnhn.cl, Di-Sa 10-17.30 Uhr, So und Feiertage 12-17.30 Uhr (April-August), 11-18.30 Uhr (September-März); So Eintritt frei
- **Museo Nacional de Bellas Artes**, Parque Forestal s/n, ☎ 6334472, 🖥 www.dibam.cl, Di-So 10-19 Uhr
- **Museo de Arte Contemporáneo**, Parque Forestal s/n, ☎ 6818306, 🖥 www. mac.uchile.cl; Di-Sa 11-19 Uhr, So und Feiertage 11-18 Uhr
- **Museo de Ferrocarril**, Interior de la Quinta Normal, ☎ 6814627, Di-Fr 10-17.30 Uhr, Sa u. So 11-18 Uhr
- **Museo Arqueológico de Santiago**, José Victorino Lastarria 307, 🖥 www.mari.cl/arqueologico/; Di-So 10.30-18 Uhr; So Eintritt frei
- **Museo Colonial de San Francisco**, Londres 4, ☎ 6398737, Di-Sa 10-13.30 Uhr und 15-18 Uhr, So 10-14 Uhr
- **Museo de Arte Precolombino**, Bandera 361, ☎ 68 87348, 🖥 www.precolombino.cl, Di-So 10-18 Uhr
- **Museo de Ciencia y Tecnologia,** Interior Quinta Normal, ☎ 6816022 🖥 www.corpdictyt.cl, Di-Fr 10-18 Uhr, Sa, So und Feiertage 11-18 Uhr
- **Museo Ferroviario**, Quinta Normal, 🖥 www.corpdictyt.cl
- **Museo Histórico Nacional**, Plaza de Armas 951, ☎ 6381411; Sommer: Di-Sa 10-17.30 Uhr, So 10-13.30 Uhr; Winter: Di-So 10-17.30 Uhr
- **Palacio de la Moneda**, Anmeldung zur Besichtigung: Dirección Administrativa, ☎ 6714103
- **Museo de la Solidaridad Salvador Allende**, Herrera 360/Compañía, ☎ 6825960, 🖥 www.mssa.cl, Di-So 9-13 Uhr

Ausgehen
Die beiden wichtigsten Ausgeh-Viertel in Santiago sind Bellavista (hipp und experimentell) und Providencia (hipp und teuer), sowie Las Condes, wo es einige Edeldiskos gibt. Bellavista ist relativ klein und überschaubar, hier gibt es oft wechselnde Kleinbühnen, Konzerte in allen möglichen Musik-Richtungen und andere Veranstaltungszentren. Am besten verschafft man sich vor Ort einen Überblick, das Angebot wechselt schnell. In Providencia ist man in der Avda. Suecia richtig, hier gibt es die verschiedensten Diskos und Pubs, so richtig was los ist erst nach ein Uhr nachts. Hin und wieder kom-

men auch internationale Stars nach Chile, die das Estadio Nacional füllen können, Tickets bekommt man in den Plattenläden Feria del Disco, von denen es im Zentrum einige gibt.

Einige Adressen von Diskos und Clubs:
In **Bellavista** ist man richtig, wenn man durch die Bars ziehen möchte, hier gibt es alles von edel bis alternativ. Auch einige der besten Salsotekas der Stadt findet man in Bellavista. **Providencia** ist dagegen eher das Revier der Clubs und Diskos.

- **La Sociedad de Los Musicos Vivos**, Santa Filomena 110, Bellavista: Veranstaltungszentrum mit wechselnden Konzerten und Disko
- **La Casa en el Aire**, Lopez de Bello 0125, Bellavista, ☎ 7356680, 🖳 www.casaenelaire.cl: schöne Bar mit Konzerten, Lesungen und anderen Veranstaltungen
- **La Maestra Vida**, Pio Nono 380: Salsoteka
- **Havanna Salsa**, Dominíca 142: Salsa und andere südamerikanische Musik
- **Jammin`Club**, Antonia López de Bello 53: Reggae
- **Oz**, Chucre Manzur 6, Bellavista: Techno-Disko, nicht billig!
- **Kashbba**, Avda. Suecia 81, Providencia: ebenfalls Techno
- **El Tucán**, Avda. Providencia 1783: Salsothek
- **La Calle del Delfin Verde**, Suecia 180: Hier gibt es manchmal Live-Jazz
- **Boomerang**, General Holley 2285: netter australischer Pub
- **Confiteria Las Torres**, Alameda 1570: eine Institution in Santiago, den Club gibt es schon seit 1879, am Wochenende manchmal Live-Tango

Theater und klassische Musik
Das Theater-Programm erfährt man am besten aus der Zeitung „Mercurio".

Die wichtigsten Spielstätten:
- **Teatro Universidad de Chile**, Providenica 43, ☎ 6344746
- **Teatro de la Universidad Catolica**, Jorge Washington 25, ☎ 2055652
- **Teatro Municipal**, Agustinas 794, ☎ 800471000, 🖳 www.municipal.cl
- **Teatro Nacional Chileno**, Morandé 25, ☎ 6961200
- **Teatro Estación Mapocho**, Centro Cultural Estación Mapocho, Balmaceda 1301, ☎ 6720347

Klassische Konzerte finden im Teatro Municipal statt, außerdem im
- **Teatro USACH**, Avda. Ecuador 3659, ☎ 7762445: Konzerte des Orchesters der Universidad de Santiago

Kinos
Es gibt in Santiago eine Vielzahl von Kinos, die meisten spielen Hollywood-Kassenschlager, daneben können sich aber auch einige Programm-Kinos halten, die chilenische Filme und andere ausgefallene Sachen auf dem Spielplan haben. Mittwochs gibt es in vielen Kinos Ermäßigungen und manchmal kosten die Vorstellungen vor 18 Uhr nur die Hälfte. Hier kann nur eine kleine Auswahl aufgeführt werden, eine vollständige Auflistung mit den Programmen und Anfangszeiten finden Sie in der Tageszeitung „El Mercurio".

PROGRAMMKINOS
- **Alameda**, Alameda 139, ☎ 6392749
- **Centro de Extension U.C.**, Alameda 390, ☎ 6351994

S

- **Cine Arte Vitacura**, *Embajador Doussinagne 1767,* ☎ 2192384
- **El Biógrafo**, *Lastarria 181,* ☎ 6334435
- **Espaciocal**, *Candelaria Goyenecha 3820,* ☎ 2461562
- **Tobalaba**, *Providencia 2563,* ☎ 2316630

KINOS IM ZENTRUM
- **Gran Palace**, *Huérfanos 1176,* ☎ 6960082: *vier Säle*
- **Hoyts Paseo Huérfanos**, *Huérfanos 735,* ☎ 6641861, 🖳 *www.cinehoyts.cl: vier Säle*
- **Hoyts San Augustín**, *San Antonio 144,* ☎ 6329566, 🖳 *www.cinehoyts.cl: acht Säle*
- **Huelen**, *Huérfanos 779,* ☎ 6331603: *ein Saal*
- **Huérfanos**, *Huérfanos 930,* ☎ 6336707: *ein Saal*

KINOS IN PROVIDENCIA, VITACURA UND LAS CONDES
- **Cinema 12 Alto Las Condes**, *Mall Alto Las Condes,* ☎ 2131314: *12 Säle*
- **Showcase Cinemas Parque Arauco**, *Parque Arauco, Local 250, Avda. Kennedy 5413,* 🖳 *www.nationalamusements.com: 14 Säle*
- **Las Lilas I, II und III**, *Juan de Dios Vial 1299,* ☎ 2317156: *drei Säle*

Sport
SPORTEREIGNISSE
Über Sportereignisse informiert die Zeitung, besonders beliebt bei den Chilenen sind die Fußballspiele, und ganz speziell die zwischen den Erzrivalen Universidad Católica und Colo Colo.

STADIEN
- **Estadio Nacional**, *Avda. Grecia 200,* ☎ 2388102
- **Estadio San Carlos de Apoquindo**, *Camino Las Flores s/n,* ☎ 2141023
- **Estadio Monumental**, *Avda. Departamental 2550,* ☎ 6980906
- **Estadio Santa Laura**, *Santa Laura 1365,* ☎ 7370587

Pferderennen kann man in den folgenden beiden Rennbahnen anschauen, die Termine werden in der Tagespresse bekannt gegeben:
- **Club Hípico de Santiago**, *Avda. Blanco Encalada 2540,* ☎ 6836535
- **Hipódromo de Chile**, *Avda. Fermín Vivaceta 2753,* ☎ 7369276

SPORT AKTIV
Wer in der Stadt zuwenig Bewegung bekommt, hat die Auswahl zwischen verschiedenen **Fitnessstudios***:*
- **Gimnásio Fisic**, *Avda., Tobalaba 607,* ☎ 2326641
- **Sportlife**, *Avda. Las Condes 13635,* ☎ 2423172
- **Daw Cooper**, *Avda. Apoquindo 4900,* ☎ 2463295

- **Altué Expediciones**, *Encomenderos 83,* ☎ 2321103: *veranstaltet Rafting-Touren den Río Maipo hinunter, man trifft sich am Campingplatz Los Heroes im Valle Maipo. Besondere Vorkenntnisse braucht man nicht, nur älter als 12 Jahre sollte man sein (Kinder werden nicht mitgenommen!) und schwimmen muss man können.*
- **Cascada Expediciones**, *Orrego Luco 54, Providencia* ☎ 2327214, 🖨 2339768, *im Internet www.cascada-expediciones.com: hat ebenfalls Raftingtouren auf dem Río Maipo im Programm, außerdem Ausflüge per Pferd und Trekkingtouren*

Klettererlaubnis für Berge im Grenzgebiet
• **Dirección de Fronteras y Limites**, *Banderas 52, 4. Stock,* ☎ 7714110, 🖶 6971909

☞ **Umweltschutzorganisationen**
• **CODEFF**, *Casilla 3675, Santiago,* 🖳 www.codeff.cl: *älteste Umweltschutzorganisation des Landes, arbeitet mit Wissenschaftlern und Politikern zusammen, behandelt alle relevanten Themen wie z. B. Schutz der Biodiversität, Bau von Wasserkraftwerken, Luft- und Wasserverschmutzung, Rechte der indigenen Völker etc.*
• **Defensores del Bosque Chileno**, 🖳 www.elbosquechileno.cl: *macht hauptsächlich Öffentlichkeitsarbeit, prominentestes Mitglied ist Isabel Allende*

🏞 **Ausflüge**
• *Ausflüge in die Umgebung von Santiago organisiert die Agentur* **Fueginos**, ☎ 737 32 51 *oder 09-1624707,* 🖳 www.fueguinos.cl. *Zu den Zielen gehören die Naturparks in den Zentralchilenischen Anden, der Küstenkordillere und an der Pazifikküste.*

DIE WEINGÜTER IN DER UMGEBUNG VON SANTIAGO
• **Viña Cousiño Macul**, *Avda. Quilin 7100,* 🖳 www.cousinomacul.cl, *Americo Vespuccio bis zur Rotonda Quilin, hier nach Osten abbiegen, Mo-Sa findet eine geführte Tour jeweils um 11 Uhr morgens statt,* **Reservierung erforderlich**, *Preis ca. 5 €, der Verkaufsraum ist geöffnet von Mo-Fr 9-13 Uhr und 14-18 Uhr, Sa 9-13 Uhr*
• **Viña Santa Carolina**, *Rodrigo de Araya 1431 (hinter dem Estadio Nacional),* ☎ 2380367, 🖳 www.santacarolina.com: *Man kann das Haupthaus und die Bodegas besichtigen, aber nur nach Voranmeldung und in einer Gruppe von mindestens 10 Personen. Der Eintritt beträgt 15 € pro Person.*
• **Viña Undurraga**, *km 34 auf der alten Straße nach Melipilla (Bus nach Peñaflor nehmen),* ☎ 81 72346, 🖳 www.undurraga.cl, Tour Mo-Fr 10, 11.30, 14, 15.30 Uhr, Sa 10, 11.30, 13 Uhr, So u. Feiertage 10.30, 11.45, 13 Uhr. Kostenpunkt ca. 6 €/Person, Verkaufsräume geöffnet Mo-Fr 8-17.30 Uhr
• **Viña Santa Rita**, *Alto Jahuel, Buin,* ☎/🖶 3622594, 🖳 www.santarita.com: *eine Besichtigung ist nur nach Voranmeldung möglich*
• **Viña Concha y Toro**, *Weg nach Puente Alto, gleich nach der Überquerung des Río Mapocho gelangt man an das Gut,* ☎ 8530042, 🖳 www.conchaytoro.cl: *das Gut kann nur im Rahmen einer Tour (nach Voranmeldung) besichtigt werden, Touren finden in Spanisch und Englisch statt. Englisch: Mo-Fr 10, 11.30, 12, 15 Uhr; Spanisch: 10.30, 11, 16 Uhr, Eintritt: 6 €*

💬 **Sprachschulen**
• **Escuela Bellavista**, *CruCerro Exeter 0325,* ☎ 7375102, 🖳 www.escuelabellavista.cl
• **Latin Immersion**, *Róman Díaz 297,* ☎ 2642659, 🖳 www.latinimmersion.cl

☞ **Nützliche Adressen**
• **Goethe-Institut**, *Esmeralda 650, Casilla 1050,* ☎ 6383185, 🖶 6334385, 🖳 www.goethe.de: *deutsche Lektüre und ein kleines Café, in dem deutsche Tageszeitungen ausliegen*
• **Deutsch-Chilenischer Bund/Liga Chileno Alemana**, *Avda. Vitacura 5875,* ☎/🖶 2126474, 🖳 www.dcbliga.cl
• **Departamento de Extranjeria**, *Moneda 1342,* ☎ 6765835, 🖳 www.extranjeria.gob.cl
• **Servicio de Impuestos Internos**, *Santiago Centro, Santa Rosa 108,* ☎ 6382026, *im Internet unter www.sii.cl*

T) Talca (S. 470)

Information
• **Sernatur** hat ein Büro gleich an der Plaza, I Poniente 1281, ☎ 2336669
• **CONAF**, 2 Poniente 1180, ☎ 23 4751
• Eine neue private Informationsstelle der **Camara de turismo** befindet sich an der I Sur/4 Oriente, 🖥 www.centralchile.cl.

Wichtige Telefonnummern
• Vorwahl: 71

Geldumtausch
• **Cancino Cortes Marcelo**, I Sur 898, Of. 15, ☎ 221768

Busse
Das **Terminal de Buses** liegt an der 12 Oriente/2 Sur, Talca liegt auf der Strecke von Santiago nach Puerto Montt und es halten eigentlich alle Busse hier, so dass es kein Problem ist weiterzukommen.

BUSGESELLSCHAFTEN IN TALCA
• **Buses Lit**, Terminal de Buses, ☎ 242048
• **Inter-Sur**, Terminal de Buses, ☎ 245920
• **Tas Choapa**, Terminal de Buses, ☎ 243334
• **Tur Bus**, Terminal de Buses, ☎ 241748, 🖥 www.turbus.cl

Züge
Auch einen Bahnhof gibt es in Talca, er liegt an der 11 Oriente/2 Sur (☎ 226254). Es gibt täglich vier Züge nach Santiago, außerdem Verbindungen nach Concepción und Temuco.

Mietwagen
• **American Rent a Car**, I Norte 1546, ☎ 233242
• **Kovacs**, I Norte 2183, ☎ 241868

Unterkünfte
HOTELS

▪ **$$**
• **Hostal del Puente**, I Sur 407, ☎ 220930, E-Mail: hostaldelpuente@adsl.tie.cl: Zimmer mit eigenem Bad und TV, Haus im Kolonialstil, Parkmöglichkeit
• **Hotel Cordillera**, 2 Sur 1360, ☎ 221817, 📠 221817, 🖥 www.cordillerahotel.cl: freundliches Mittelklassehotel, Zimmer mit und ohne Bad, Parkplatz, gutes Preis-Leistungs-Verhältnis!
▪ **$$$**
• **Hotel Amalfi**, Avda. 2 Sur 1256, ☎/📠 233389: nettes Hotel mit einem schönen Innenhof, auf den die Zimmer hinausgehen
• **Hotel Napoli**, Avda. 2 Sur 1314, ☎/📠 227373: solides freundliches Mittelklassehotel
▪ **$$$$**
• **Plaza Hotel Talca**, I Poniente 1141, ☎ 226150, 📠 230864, 🖥 www.hptalca.cl: erstes Haus am Platz, Sauna, Massagen und Pool, bedingt behindertengeeignet

Museen
• **Museo Higgiano y de Bellas Artes**, 1 Norte 875, ☎ 227330 Di-Fr 10-19. Uhr, Sa u. So 10-14 Uhr, Spende erbeten

 Kino
• **Cine Plaza**, 1 Sur 770 (an der Plaza Central): zwei Säle

Taltal (S. 421)

 Information
• www.taltal.cl

 Wichtige Telefonnummern
• Vorwahl: 55

 Unterkünfte
HOTELS
▪ **$**
• **Hotel San Martín**, Juan Martínez 279, ☎ 611088: einfach aber sauber und akzeptabel
▪ **$$$**
• **Hostería del Taltal**, Esmeraldas 671, ☎ 611173: erstes Haus am Platz, direkt an der Küste mit Blick aufs Meer

 Museen
• **Museo de Taltal**, Mo-Fr 9.30-13 Uhr und 16-19 Uhr

Temuco (S. 493)

 Information
• **Sernatur** hat ihr Büro in der M. Bulnes 586 (an der Plaza Central, ☎ 211969)
• www.interpatagonia.com/temuco

 Wichtige Telefonnummern
• Vorwahl: 45

 Geldumtausch
• **Afex**, Bulnes 667
• **Cambios Inter**, Claro Solar 780
• **Turcamb**, Claro Solar 733

 Flughafen und Fluggesellschaften
Der Flughafen liegt etwas außerhalb des Zentrums nach Süden (ca. 8 km), Verbindungen gibt es nach Santiago, Valdivia, Osorno, Concepción, Puerto Montt und Punta Arenas. Für die Zukunft ist ein neuer Flughafen geplant, nachdem die Zahl der Passagiere in den letzten Jahren stark gestiegen ist.

FLUGGESELLSCHAFTEN IN TEMUCO
- **LanChile**, *Manuel Bulnes 687*, ☎ 272138, 🖨 272310, 🖥 www.lanchile.com
- **Sky Airlines**, *Bulnes 655*, ☎ 747300,
- **KLM**, *Claro Solar 727*, ☎ 214807, 🖥 www.klm.com
- **Iberia**, *Prat 359*, ☎ 215321

Busse
Temuco hat für regionale Ziele einen zentralen Busbahnhof, das **Terminal de Buses rurales** *an der Avda. Balmaceda/Avda. Pinto. Busgesellschaften, die überregionale Ziele bedienen, haben meistens ein Büro Downtown. Einige Gesellschaften starten auch vom überregionalen Terminal Rodoviario, Avda. Rudecindo Ortega 1580,* ☎ 225005. *Verbindungen gibt es zu allen Zielen entlang der Panamericana, außerdem zu lokalen Zielen wie Villarrica und Pucón, zum Parque Nacional Conguillio und nach Lincan Ray. Außerdem gibt es Busse nach Argentinien, z. B. nach San Martín de los Andes und nach Neuquén.*

BUSGESELLSCHAFTEN IN TEMUCO
- **Buses Bio Bio**, *Lautarro 853,* ☎ 210599, E-Mail: jrachel@avant.cl: Victoria, Los Angeles, Concepción
- **Buses JAC**, *Balmaceda 1005,* ☎ 231340: Villarrica, Pucón, Lincan Ray, Panguipulli
- **Tur Bus**, *General Lagos 576,* ☎ 212613, 🖥 www.turbus.cl: Santiago, Chillán, Concepción, Osorno, Valdivia, Puerto Montt
- **Nar Bus**, *Miraflores 1535,* ☎ 407740, 🖥 www.turbus.cl: bedient lokale Ziele wie Puerto Saveedra, Nuevo Imperial Victoria und Lebu vom Terminal de Buses rurales, hat aber auch Verbindungen nach Argentinien (Neuquén).

Züge
Temuco liegt an der Nord-Süd-Trasse von Santiago nach Puerto Varas, bis nach Santiago sind es etwas mehr als 12 Stunden. Der Bahnhof liegt an der Lautaro Navarro/Barros Arana 191, ☎ 233416; *Zugfahrkarten lassen sich auch im Zentrum in der M. Bulnes 586 kaufen.*

Mietwagen
- **Automovil Club de Chile**, *San Martín 278,* ☎ 248903
- **Avis**, *Vicuña Mackenna 448,* ☎/🖨 237575, 🖥 www.avischile.cl
- **First**, *Antonio Varas 1036,* ☎ 233890, 🖥 www.firstrentacar.cl
- **Econo Rent**, *Patricio Lynch 471,* ☎ 215997, 🖥 www.econorent.net

Unterkünfte
HOTELS
Alle hier aufgeführten Hotels liegen in bequemer Lauf-Entfernung vom Zentrum!

■ **$**
- **Hostal Aldunate**, *Aldunate 864,* ☎/🖨 231128: einfaches Hotel, das aber ein gutes Preis-Leistungs-Verhältnis bietet, recht große Zimmer mit Kabel-TV, die allerdings etwas düster sind
- **Hotel Espelette**, *Claro Solar 492,* ☎/🖨 234805: kleines einfaches Hotel, mit sehr freundlichem Personal, freundliche luftige Zimmer mit und ohne Privat-Bad

■ **$$**
- **Hostal Pali**, *Claro Solar 345,* ☎ 236935: freundliche Zimmer mit eigenem Bad und TV
- **Hostal ohne Namen**, *Claro Solar 483,* ☎ 212881: stilvolle, relativ große Zimmer mit Kabel-TV, zu empfehlen

- $$$
- **Apart Hotel Luanco**, *Aldunate 821,* ☎ *213749, E-Mail: luanco@surnet.cl: kleine Apartments mit Küche, freundlich, mit viel Holz eingerichtet*
- **Hotel Continental**, *Antonio Varas 708,* ☎ *238973, hcontine@ctcinternet.cl: traditionsreiches Haus, das schon Neruda und Allende beherbergt hat, etwas dunkel und altväterlich aber sonst angenehm*
- $$$$
- **Hotel Aitué**, *Antonio Varas 1048,* ☎ *211917, 212512,* 📠 *212608,* 🖥 *www.hotelaitue.cl: schönes Mittelklassehotel mit freundlichen Zimmern*
- **Hotel Bayern**, *Prat 146,* ☎ *276000,* 📠 *212291,* 🖥 *www.hotelbayern.cl: solides Mittelklassehotel, schöne helle Zimmer, zu empfehlen, wenn auch etwas entfernt vom Zentrum gelegen*
- $$$$$
- **Hoteles de la Frontera**, *Bulnes 726-733,* ☎/📠 *200400: zwei zueinander gehörende Hotels mitten im Zentrum, das eine etwas einfacher (*$$$*), das andere mit neuen, schön eingerichteten Zimmern, Parkmöglichkeit und Pool (*$$$$$*)*

Restaurants
Gut und billig kann man im Mercado essen, besonders Fisch gibt es in großer Auswahl.
- **Dino's**, *Bulnes 360: hier gibt es keine Feinschmeckerküche, aber einfache Gerichte in guter Qualität und gehobenem Fast-Food-Ambiente, allerdings nicht ganz billig (im Erdgeschoss gelegen)*
- **Club Alemán**, *Senador Estabanez 772,* ☎ *240034: leckere deutsche Küche der mittleren Preislage*

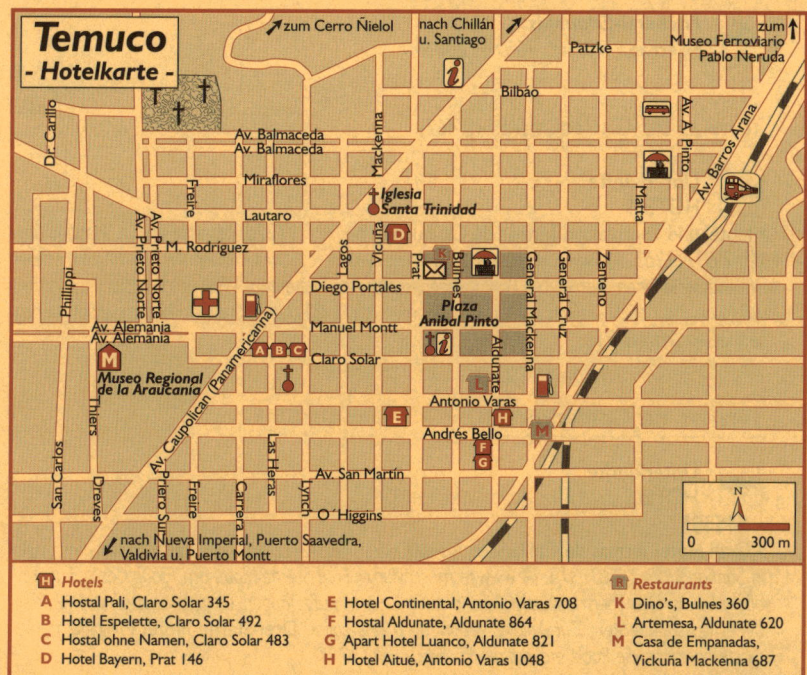

Temuco
- Hotelkarte -

0   300 m

© **i**graphic

H *Hotels*
A Hostal Pali, Claro Solar 345
B Hotel Espelette, Claro Solar 492
C Hostal ohne Namen, Claro Solar 483
D Hotel Bayern, Prat 146
E Hotel Continental, Antonio Varas 708
F Hostal Aldunate, Aldunate 864
G Apart Hotel Luanco, Aldunate 821
H Hotel Aitué, Antonio Varas 1048

R *Restaurants*
K Dino's, Bulnes 360
L Artemesa, Aldunate 620
M Casa de Empanadas,
       Vickuña Mackenna 687

T

• **Casa de Empanadas**, *Vickuña Mackenna 687*, ☎ *640051: verschiedene Arten von Empanadas, süß und salzig, gut für zwischendurch*

• **Artemesa**, *Aldunate 620*, ☎ *730758: Sushi, Crepes und andere vegetarische Gerichte, das Restaurant liegt im 8. Stock und hat eine angenehm entspannte Atmosphäre.*

 Einkaufen

• Der **Mercado** *(Aldunate/Portales) ist geöffnet: Oktober-März: Mo-Sa 8-20 Uhr, So 8.30-15 Uhr, Rest des Jahres: Mo-Sa 8-18 Uhr, So 8.30-15 Uhr*

• Die **Feria libre** *(Anibal Pinto/Balmaceda) hat im Sommer alle Tage der Woche von 8.30-17 Uhr geöffnet, im Winter schließt sie eine Stunde eher.*

 Führungen und Ausflüge

• Der **Cerro Ñielol** *hat das ganze Jahr über von So-Mo 8.30-23 Uhr geöffnet.*

 Museen

• **Museo Regional de la Araucanía**, *Avda. Alemana 84, Mo-Fr 9-18 Uhr, Sa 11-17 Uhr, So 11-14 Uhr, Eintritt: ca. 0,80 €, So Eintritt frei*

• **Museo Ferroviario Pablo Neruda**, *Barros Arana 565*, ☎ *227613, Mo-So 9-18 Uhr, Eintritt ca. 1 €*

 Wäschereien

• **Lavanderia Marva**, *Manuel Montt 1099*, ☎ *236054*

 Fischerei-Erlaubnis

• **Sernap**, *Miraflores 965*, ☎ *238390*

Termas de Caucquenes (S. 467)

 Unterkünfte
HOTELS

• **Hotel und Thermalbad Termas de Caucquenes**, ☎ *72-297226, Reservierung in Santiago über* ☎ *2-632 2365*, 🖥 *www.termasdecaucquenes.cl: wunderschönes Luxushotel der absolut oberen Preisklasse in einem gepflegten Park gelegen, sehr gutes Restaurant. Wenn man nicht übernachten will, kann man auch einfach nur ein Bad nehmen (ca. 5 €) oder sich eine Hydromassage verpassen lassen (ca. 10 €).*

Termas de Chillán (S. 472)

 Unterkünfte
HOTELS

▪ **$$$$$$**

• **Gran Hotel Termas de Chillán**, *Termas de Chillán*, ☎ *42-223887*, 🖨 *223576, Reservierungen in Santiago:* ☎ *2-2331313*, 🖥 *www.termaschillan.cl: Fünf-Sterne-Hotel am Hang des Vulkans mit allem Luxus. Das Thermalwasser wird in neun Becken aufgefangen, es gibt Jacuzzis und verschiedene Massagebecken. Zur Anlage gehört auch das solide* **Drei-Sterne-Hotel Pirigallo**, *dessen Gäste ebenfalls die Pools etc. nutzen können.*

Termas de Huife (S. 503)

Öffnungszeiten
Winter: Mo-So 9-20 Uhr, Sommer: 9-21 Uhr, Eintritt ca. 10 €

Unterkünfte
HOTELS

- $$$$$
- **Hotel Termas des Huife**, ☎/🖨 45-441222, Casilla 18, Pucón, 🖥 www.termashuife.cl: *stilvolles, gut in die Landschaft eingegliedertes Luxushotel in einem schönen Holzbau. Verschiedene Anwendungen, gutes Restaurant, absolute Ruhe in wunderbarer Natur! Auch Tagesgäste können die Termal-Pools nutzen, der Eintritt kostet für Erwachsene ca. 12 €/Person*

Termas de Mamiña (S. 392)

Wichtige Telefonnummern
- *Vorwahl:* 57

Unterkünfte
HOTELS

- $$$$
- **Refugio del Salitre**, *Mamiña s/n,* ☎ 751203, *in Iquique:* ☎ 57-420330: *historisches Hotel aus der Salpeterzeit mit etwas verblichenem Charme*

Termas de Manzana (S. 487)

Öffnungszeiten
- **Termas de Mazana**, *Mo-So 8.30-20.30 Uhr, Eintritt 5 €*

Campen
- $$
- **Camping Abarzua**, *1 km östlich des Ortes Manzana: schön gelegener Platz direkt am Ufer des Río Curacautin, jeder Stellplatz mit Bänken, Tisch, Stromanschluss und Grill ausgerüstet*

Termas de Palguin (S. 502)

Öffnungszeiten
November-April: 9.30-19.30, Mai-Oktober: 9.30-18 Uhr, Eintritt: ca. 6 €

Unterkünfte
- $-$$
- **Rancho de Caballos**, *32 km östlich von Pucón, nahe den Termas, Casilla 142, Pucón,* ☎ 45-441575, 🖥 www.rancho-de-caballos.com: *wunderschönes Gelände mit Cabañas und Hostal, Restaurant (auch) mit vegetarischer Kost, es werden verschiedene Reit-Ausflüge von einem bis zu neun Tagen zu vernünftigen Preisen angeboten, die Besitzer sprechen Deutsch und Englisch.*
- **Hotel und Spa Termas de Palguin**, ☎ 45-441968, 🖥 www.termasdepalguin.c: *etwas in die Jahre gekommenes Mittelklassehotel*

T

Termas de Puyehue (S. 511)

U

Unterkünfte
HOTELS

- $$$$$
- **Hotel Termas de Puyehue**, *Ruta 215, km 76, ☎ (in Santiago): 2-2936000, 🖨 2-2831010, E-Mail: puyehue@ctcreuna.cl, 🖥 www.puyehue.cl: luxuriöses Vier-Sterne-Hotel in einem großzügig angelegten Gelände, verschiedene Bäder, gutes Restaurant und großes Ausflugsangebot. Der Eintritt für die Thermalbäder für den ganzen Tag kostet pro Person 12 €.*

Termas de Quimey-Co (S. 503)

Öffnungszeiten
Januar und Februar: Mo-So 9-22 Uhr, März-Dezember 9-19 Uhr, Eintritt ca. 7 €
Es gibt drei Becken und ein Schlammbad, außerdem kann man im Fluss baden.

Unterkünfte
- $
- **Camping Quimey-Co**, *☎ 45-441903: etwas düsterer Platz im Wald, einfache Ausstattung: Tische, Bänke, WC und manchmal kalte Duschen*

Termas de Socos (S. 443)

Campen
- $
- **Camping Termas de Socos**, *☎ 53-7796475: gut ausgestatteter Platz mit Tischen und Bänken, Licht, Wasser, Strom, Grill, heißen Duschen; auf dem Gelände des Campingplatzes liegt ein Schwimmbad mit Thermalwasser, das auch für ein Bad auf der Durchreise genutzt werden kann (Eintritt ca. 5,50 €).*

Unterkünfte
HOTELS

- $$$$$
- **Hotel Termas de Socos**, *Panamericana norte 370, ☎ 1982505, (in Santiago): 2-2363336, 🖥 www.termasocos.cl: gemütliches, etwas altväterliches Hotel mit ruhiger Terrasse, verschiedene Becken, Anwendungen der Hydrotherapie, auch Vollpension möglich, gutes Restaurant (das auch für Rollstuhlfahrer geeignet ist)*

Tocopilla (S. 412)

Wichtige Telefonnummern
- *Vorwahl: 55*

Unterkünfte
HOTELS

- $
- **Alojamiento Renato**, *Manuel Rodriguez 1351, ☎ 811510, E-Mail: gorito_37@hotmail.com: sehr einfache aber saubere Unterkunft, freundliche Besitzer*

- **$$**
- **Hotel Chungara**, *21 de Mayo 1440,* ☎ *811036,* 🖷 *813320: einfach aber akzeptabel*
- **Hotel Vucina**, *21 de Mayo 2069,* ☎/🖷 *813088: kleines Hotel, freundlicher, mit Oleander bepflanzter Patio*

Museen
- **Archäologisches Museum**, *21 de Mayo/ Avda. Pinto*

Ushuaia (Argentinien) (S. 591)

i Information
- **Direccion Municipal de Turismo**, *San Martín 660,* ☎ *432000,* 🖷 *424550: sehr freundlich und hilfreich, in der Regel wird zumindest Englisch gesprochen*
- **Instituto Fueguino de Turismo**, **Oficina Antarctica**, *Maipú 505,* ☎ *423340,* 🖷 *430694,* 💻 *www.tierradelfuego.org.ar: ebenfalls sehr freundlich, kann dieses Büro in allgemeinen Fragen und im Besonderen in Fragen zum argentinischen Teil der Antarktis weiterhelfen.*
- **Club Andino Ushuaia**, *Juana Fadul 58: organisiert Wanderungen in der Umgebung der Stadt*
- **www.ushuaia.com.ar**
- **www.ushuaia.gov.ar**: *Seite der Stadtverwaltung*

📞 Wichtige Telefonnummern
- **Vorwahl**: *2901*

💱 Geldumtausch
- **Banco del Tierra del Fuego**, *Gobernador Paz, tauscht Dollar und Travellerschecks*

✈ Flughafen und Fluggesellschaften
Der **Flughafen** *liegt gegenüber dem Stadtzentrum am anderen Ufer der Bucht von Ushuaia, er wurde 1995 komplett umgebaut, und seitdem sind auch die Landungen hier sicherer geworden. Dennoch wird man beim Landeanflug oft heftig von den Winden durchgeschüttelt, die hier fast immer wehen. Ein Taxi zum Flughafen kostet etwa 5 €, man kann aber auch laufen.*

FLUGGESELLSCHAFT IN USHUAIA
- **Aerolineas Argentinas**, *Roca 116,* ☎ *422267*

🚌 Busse
Ushuaia hat **keinen zentralen Busbahnhof**, *die Busse fahren an den Büros der jeweiligen Gesellschaft los, meistens machen sie aber noch einen Stopp an der Kreuzung Maipú/25 de Mayo. Es wird nur die Strecke nach Río Grande bedient, von dort hat man Anschluss nach Festland-Argentinien und Chile.*
- **Transporte Tecni Austral**, *Roca 157,* ☎ *431412, E-Mail: info@tolkarturismo.com.ar*

🚃 Züge
Es gibt einen kleinen Touristenzug in Ushuaia. Der **Tren del Fin del Mundo** *fährt Richtung Nationalpark Tierra del Fuego. Die Fahrt geht los an der Station Fin del Mundo (Ruta 3, km 8) und kostet etwa 15 € pro Person. Fahrscheine gibt es in der Oficina am Hafen.*

U

🚗 Mietwagen
- **Avis**, *San Martín/Belgrano*, ☏ 422744
- **Localiza Rent a Car**, *San Martín 1222*, ☏ 430739
- **Rastro Rent a Car**, *Maipú 13*, ☏ 422021
- **Dolar**, *San Martín 955*, ☏ 432134

Reiseagenturen
Bei den zahlreichen Reiseagenturen kann man hauptsächlich ein- oder mehrtägige Ausflüge in die Umgebung der Stadt buchen: zur Estancia Haberton, in den Nationalpark Tierra del Fuego, Schiffstouren auf dem Beaglekanal, aber auch Wanderungen und Reitausflüge. Auch Schiffstouren und Flüge in die Antarktis werden angeboten. Die Preise und Programme unterscheiden sich nur wenig.

Einige Veranstalter:
- **All Patagonia**, *Juana Fadul 60*, ☏ 433622, 💻 www.allpatagonia.com
- **Rumbo Sur**, *San Martín 350*, ☏ 422441, 🖨 430699, 💻www.rumbosur.com.ar: *hat auch Touren in die Antarktis im Angebot*
- **Yishka**, *Gobernador Godoy 62*, ☏/🖨 437606, 💻 www.yishkaevt.com.ar

🛏 Unterkünfte
HOTELS
Ushuaia ist ein teures Pflaster, eine preiswerte Unterkunft zu finden, ist gar nicht so einfach. Oft ist gerade bei den Mittelklassehotels das Preis-Leistungs-Verhältnis nicht sehr gut.

▪ $
- **Hostal Cruz del Sur**, *Gobernador Esteban Deloqui 636*, ☏ 423110, 💻 www.xdelsur.com.ar: *Stockwerkbetten, etwas kleine Zimmer, Internet*
- **Hostal Antarctica**, *Antartida Argentina 270*, ☏ 435774: *Stockwerkbetten, gemütlicher Aufenthaltsbereich*
- **Refugio de Mochilero**, *25 de Mayo 241*, ☏ 436129: *recht neue Herberge, die es unter Rucksackreisenden aber schnell zum Kult-Status gebracht hat. Unterbringung in Mehrbettzimmern a la Jugendherberge, sehr sauber, manchmal laut, Küchenbenutzung und Organisation von Touren. Da das Haus oft voll ist, lohnt sich eine Reservierung.*

▪ $$
- **Hostal Yakush**, *Piedrabuena 118*, ☏ 435807, 💻 www.hostelyakush.com.ar: *gemütliches Hostal, Stockwerkbetten und kleinere Zimmer, Küche, eher ruhig, Büchertausch*
- **Residencial Fernandez**, *Onachaga 72*, ☏ 421192: *sehr einfach und nicht sehr zentral aber freundlich*

▪ $$$
- **Hotel Maiten**, *Avda. 12 de Octubre, 140*, ☏ 422733, 💻 www.tierradelfuego.org.ar/maiten: *akzeptables Mittelklassehotel, Zimmer eher einfach, nichts Besonderes aber freundlich*

▪ $$$$
- **Hotel Canal Beagle**, *Maipú 547*, ☏ 432281, 💻www.hotelcanalbeagle.com.ar: *dieses direkt am Ufer sehr zentral gelegene große Hotel gehört zum argentinischen Automobilclub und bietet saubere helle Zimmer, teilweise mit Blick auf den Beagle-Kanal.*
- **Hotel Cabo de Hornos**, *San Martín/J.M. de Rosas*, ☏ 422187, 🖨 422313, *im Internet unter www.tierradelfuego.org.ar/cabohornos: schmuckloses Mittelklassehotel, einige Zimmer mit Meeresblick*

U
V

- **$$$$$**
- **Posada Fueguina**, *Lassere 438,* ☏ *424758,* 🖳 *www.tierradelfuego.org.ar/pfueguina: relativ neues kleines Hotel hoch über der Stadt, einige Zimmer mit Meeresblick; die freundlichen Zimmer sind teilweise in kleinen Häuschen untergebracht, im Preis enthalten ist ein gutes Frühstück.*
- **Hotel Ushuaia**, *Lasserre 933,* ☏ *430671: großzügig angelegtes Vier-Sterne-Hotel, viele Zimmer mit schönem Blick*

 Restaurants
Das kulinarische Angebot in Ushuaia ist erfreulich, hat aber seinen Preis.

Einige Empfehlungen:
- **Tia Elvira**, *San Martín 234,* ☏*424725: eine Institution in Ushuaia, sehr guter Fisch und Meeresfrüchte, auch Fleisch, oft rappelvoll*
- **Mi Viejo**, *Campos 758, berühmt für seine Fleischgerichte; hier kann man sich nach dem Prinzip „einmal bezahlen, essen bis man nicht mehr kann" satt essen (heißt auf Spanisch* **tenedor libre**, *freie Gabel).*
- **Restaurante Volver**, *Maipú 37,* ☏*423977: gute Meeresfrüchte*
- **Casa de Té La Cabaña**, *an der Talstation des Sessellifts zum Glaciar Martial,* ☏ *32039: sehr gemütliches Café mit leckeren selbstgebackenen Torten und wunderschönem Blick auf den Kanal*

Museen
- **Ex Presidio y Museo Marítimo de Ushuaia**, *Yaganes/Gobernador Paz,* ☏ *437481,* 🖳 *www.ushuaia.org, 16. Oktober-30. April: täglich 9-20 Uhr, Rest des Jahres: täglich 10-20 Uhr*
- **Museo del Fin del Mundo**, *Maipú 173,* ☏ *421863,* 🖳 *www.tierradelfuego.org.ar/museo, Mo-Fr 16-20 Uhr, Sa 15-20 Uhr*

Valdivia (S. 505)

i Information
- **Sernatur** *hat sein Büro im Mercado an der Avda. Prat 555 (*☏ *342300), einen kleinen Kiosk gibt es zusätzlich an der Hafenpromenade*
- **CONAF**, *Valdes 431,* ☏ *212001*
- **www.valdiviachile.cl**
- **ww.munivaldivia.cl**: *Seite der Stadtverwaltung*

📞 **Wichtige Telefonnummern**
- **Vorwahl**: *63*

 Geldumtausch
Es gibt einige Wechselstuben im Zentrum, außerdem Banken mit Geldautomaten.
- **Turismo Christopher**, *Independencia/Arauco*
- **Cambio Global**, *Arauco 331*
- **Cambio de Monedas La Reconquista**, *Carampangue 329*

✈ Flughafen und Fluggesellschaften

Der **Flughafen** von Valdivia heißt Pichoy und liegt ca. 30 km nordöstlich der Stadt. Verbindungen gibt es nach Santiago, Temuco, Viña del Mar, Concepción und Osorno.

FLUGGESELLSCHAFTEN IN VALDIVIA

- **American Airlines**, Arauco 417, ☎ 212421
- **LanChile**, Maipú 271, ☎ 258840, 🖨 258843, 🖳 www.lanchile.com

Zum Flughafen gelangt man relativ preiswert mit **Transfer Valdivia**, ☎ 225533, die Fahrt kostet etwa 6 €.

🚌 Busse

Der **Busbahnhof** liegt an de Anfión Muñoz 360 (☎ 212212), die meisten Gesellschaften haben ihre Büros hier und dafür keine Büros im Zentrum. Verbindungen gibt es nach Santiago, Temuco, Osorno, Ancud, Pucón und Villarrica und nach Puerto Varas.

BUSGESELLSCHAFTEN IN VALDIVIA

- **Buses Tas Choapa**, Terminal de Buses, Of. 5, ☎213124, 🖳 www.taschoapa.cl
- **Tur Bus**, Terminal de Buses, Of. 10, ☎ 226010, 🖳 www.turbus.cl
- **Cruz del Sur**, Anfión Muñoz 333, ☎ 210109, 🖳 www.buscescruzdelsur.cl

🚗 Mietwagen

- **Autovald**, Pérez Rosales 660, ☎ 212786, 🖨 212786, 🖳 www.autovald.cl
- **Hertz**, Picarte 640, ☎ 218317
- **First**, Pérez Rosales 674, ☎ 215973, 🖳 www.firstrentacar.cl
- **Salfasur**, Picarte 2225, ☎ 230301

Reiseagenturen

- **San Pedro Expediciones**, A. Prat 425, ☎/🖨 224224: Ausflüge in die Umgebung, Touren zum Fischen, Vermietung von Pferden und Fahrrädern

🛏 Unterkünfte

HOTELS

- **$$**
- **Aires Buenos**, General Lagos, 1036, ☎ 206304, 🖳www.airesbuenos.cl: Jugendherberge in historischem Gebäude, sauber, gemütlich, fantasievoll ausgemalt, Internetzugang, Locker
- **Hospedaje Aredi**, Carlos Anwandter 624, ☎ 230579: sauber und freundlich, teilweise große aber sehr einfache Zimmer
- **Residencial Germania**, Picarte 873, ☎ 212405: deutschsprachige Besitzer, mit Frühstück, schönem Garten und preiswertem Restaurant
- **Hospedaje Internacional**, Garcia Reyes 658, ☎ 212015: freundliches Hospedaje (dem Jugendherbergswerk angeschlossen), auch preiswerte Cabañas mit Küche und Gelegenheit zum Wäschewaschen. Fahrradvermietung und Ausflüge, sehr empfehlenswert!
- **Hostal Cabañas International**, García Reyes Int. 660, ☎ 212015, E-Mail: hostinternational@yahoo.com: Zimmer mit und ohne eigenem Bad, Büchertausch, Küchenbenutzung; verschiedene Touren in die Umgebung können arrangiert werden.

- **Hostal Anwandter**, *Carlos Anwandter 601*, ☎/🖨 *218587*, 🖥 *www.valdiviachile.cl/anwandter.php*: *gute Zimmer mit und ohne Bad, mit Küchenbenutzung*
- **Hostal Torreon**, *Pedro Rosalez 783*, ☎ *212622*, 🖨 *203217*: „*Hexenhäuschen" eingerichtet mit viel altmodischem Charme; die Zimmer sind allerdings etwas nüchtern.*
- **$$$$**
- **Hotel Pedro de Valdivia**, *Carampangue 190*, ☎ *212931*, 🖨 *203888*: *Vier-Sterne-Luxus, moderne Ausstattung, nahe dem Zentrum, Garten mit Pool, Restaurant*
- **$$$$$**
- **Hotel Puerta del Sur Resort**, *Los Lingues 950, Isla Teja*, ☎ *224500*, 🖨 *211046*, *im Internet unter www.hotelpuertadelsur.com: Luxus-Hotel auf der anderen Flussseite aber dennoch nahe dem Zentrum, Pool, Tennis, Volleyball, Fahrradvermietung*

🍴 Restaurants

In der C. Esmeraldas im 600er Block gibt es einige kleine Restaurants und Kneipen, unter anderem Fisch und Meeresfrüchte, und das empfehlenswerte **New Orleans**.

Sonstige Empfehlungen:
- **Restaurant La Calesa**, *Yungay 735*, ☎ *225467: peruanische Küche, Fisch und Meeresfrüchte*
- **Restaurante Flotante Camino de Luna**, *Costanera s/n (an der Schiffsanlegestelle)*, ☎ *213788: stimmungsvolles Restaurant mit gutem Fisch, nicht billig*
- **Café Haussmann**, *O`Higgins 394*, ☎ *213878: guter Kuchen und Sandwichs*
- **Entre Lagos**, *Pérez Rosales 640*, ☎ *218333: eine der besten Konditoreien des Landes*

👕 Wäschereien

- **Lavamatic**, *Walter Schmidt 305, Loc. 6*
- **Lavanderia Lavazul** , *Chacabuco 270*

💻 Internet

- **Centro Internet Libertad 7**, *Letelier 236, Of. 202 (direkt an der Plaza)*

🏠 Ausflüge

Valdivia ist die Stadt für **Bootsausflüge**, *an der Anlegestelle buhlen zahlreiche Ausflugsboote um die Gunst der Touristen. Die längere Variante dauert einen halben Tag und führt nach* **Corral** *und zur* **Isla Mancera**, *im Preis von rund 25 € ist eine Mahlzeit inbegriffen.*

Etwa eine Stunde dauert die Fahrt um die **Isla Teja**, *die um die 7 € pro Person kostet. Einige Schiffe bieten auch nachts Touren an, teilweise mit romantischem Dinner.*

🏛 Museen

- **Museo Histórico y Antropológico Maurice van de Maele**, *Los Laureles, Isla Teja, 15. Dez.-15. März: Mo-So 10-13 Uhr und 14-20 Uhr, Rest des Jahres: Di-So 10-13 Uhr und 14-18 Uhr, Eintritt ca. 2 €*
- **Museo de Arte Contemporáneo** *(MAC)*, ☎ *221968*, 🖥 *www.macvaldivia.uach.cl*, *täglich 10-13 Uhr und 15-18 Uhr, Eintritt ca. 1 €*

🎥 Kinos

- **Kino**: *Maipú 234: ein Saal, verblichener (und teilweise auch verfallener) Charme*

Vallenar (S. 429)

Information
• Ein **Info-Kiosk** steht in einer Ecke der Plaza.

Wichtige Telefonnummern
• **Vorwahl**: 51

Busse
Es gibt ein Busterminal in der C. Prat 137, fünf Blocks von der Plaza entfernt. Viele Busse stoppen in Vallenar um Passagiere einzuladen, so dass es kein Problem ist, einen Bus Richtung Santiago oder Arica zu bekommen.

BUSGESELLSCHAFTEN IN VALLENAR
• **Buses Libac**, Brasil 715, ☏ 613755
• **Buses Pullman**, Serrano 551, ☏ 613851, 🖳 www.pullman.cl
• **Buses Tas Choapa**, Serrano 580, ☏ 613822, 🖳 www.taschoapa.cl
• **Tur Bus**, Merced 561, ☏ 611738, 🖳 www.turbus.cl

Unterkünfte
HOTELS

▪ **$**
• **Residencial Oriental**, Serrano ☏ 613889: einfach aber sauber, mit Restaurant

▪ **$$$**
• **Hotel Cecil**, Prat 1059, ☏ 614071, 📠 614400, 🖳 www.hotelcecil.cl: Mittelklassehotel Typ Cabaña, mit Schwimmbad

▪ **$$$$**
• **Hotel Garra de Leon**, Serrano 1053, ☏/📠 613753, 🖳 www.hotelgarradeleon.cl: solides Mittelklassehotel mit Parkmöglichkeit, Café und Bar

▪ **$$$$$**
• **Hostería Vallenar**, Alonso de Ercilla 848, ☏ 614379, 📠 614538: bestes Hotel am Platz, mit Pool und gutem Restaurant

Museen
• **Museo de Huasco** Sargento Aldea 742, Mo-Fr 10-13 Uhr u. 15.30-18 Uhr, Eintritt ca. 1 €

Valparaíso (S. 453)

Information
• Das hilfreiche **Büro der Stadtverwaltung** ist im Gebäude der Municipalidad, Condell 1490.
• Einen **Infokiosk** gibt es an der Muelle Prat.
• **www.municipalidaddevalparaiso.cl**: Seite der Stadtverwaltung
• **www.valparaisochile.cl**

Wichtige Telefonnummern
• Vorwahl: 32

Geldumtausch
Im Stadtzentrum hat fast jede Bank einen Geldautomaten, zudem gibt es einige Wechselstuben.

• **Afex**, Cochrane 828
• **Cambios New York**, Prat 657
• **Exprinter**, Prat 895

✈ **Flughafen und Fluggesellschaften**
Valparaíso wird über den Flughafen Viña del Mar mit bedient, trotzdem haben einige Gesellschaften Büros in der Stadt.

FLUGGESELLSCHAFTEN
• **Iberia**, Blanco 838, 1. Stock, ☎ 210960
• **LanChile**, Esmeraldas 1048, ☎ 251441, 🖨 230457, 🖥 www.lanchile.com

Busse
Der Busbahnhof von Valparaíso heißt **Terminal Rodavio** und liegt an der Avda. Pedro Montt 2800, gegenüber des Kongressgebäudes gelegen. Viele Verbindungen laufen über Santiago, zudem gibt es Busse zu den näher gelegenen Badeorten, wie Papudo. Nach Argentinien kommt man von Valparaíso aus direkt ohne Zwischenstopp in Santiago, die Busse fahren an der Hauptstadt vorbei. Die gängigsten Ziele sind Mendoza mit Anschluss nach Salta und Jujuy, aber auch nach Buenos Aires kann man direkt fahren.

BUSGESELLSCHAFTEN IN VALPARAÍSO
• **Buses Lit**, Terminal Rodavio, ☎ 237200, 🖥 www.alsa.cl
• **Buses Sol del Sur**, Terminal Rodavio, ☎ 252211
• **Pullman Bus**, Terminal Rodavio, ☎ 596690, 🖥 www.pullman.cl
• **Tur Bus**, Terminal Rodavio, ☎ 212028, 🖥 www.turbus.cl

Züge
Es gibt eine Strecke nach Viña del Mar, die etwa jede halbe Stunde bedient wird, manchmal fahren die Züge auch noch weiter bis Los Andes. Die Endstation ist der Hafen (Muelle Prat), nach Osten gibt es dann etwa alle zwei oder drei Kilometer eine Haltestelle.

Innerhalb der Stadt kann man sich mit **Micros** (Minibusse) fortbewegen, die das ganze Stadtgebiet und die Strecke nach Viña del Mar abdecken. Dazu gibt es die fast schon historischen **Trolleybusse**, sie bedienen die Strecke von der Avda. Argentina zum Zoll (Aduana). Die meisten Ziele sind bequem zu Fuß zu erreichen, um auf die Hügel zu gelangen nimmt man die Aufzüge.

 Mietwagen
• **Bert Rent a Car**, Independencia 2720, ☎ 594677
• **Colon Rent a Car**, Avda. Colon 2581, ☎ 256529, 🖨 236606
• **Verschae**, Avda. Colon 2881, ☎ 227414

Restaurants
A Bar Inglés, Esmeraldas 851
B Café und Restaurant Turri, Templeman 147,
C Restaurant Hamburg, O'Higgins 1274
D Restaurant und Café Kábala, Almirante Montt 16
E Le Filou de Montpellier, Almirante Montt 382
F Club Alemán, Salvador Donoso 1337

Pazifischer

Estadio Municipal

Fuerte Esmeralda

Av. Gran Bretaña

Antonio Varas

Cerro Playa Ancha

Av. Playa Ancha

Ascensor Villaseca

Museo Naval y Artesanal

Hafen

Av. Quebrada Verde

Cintura

Subida Artillería

Camino

Carampangue

Cerro Santo Domingo

Avenida Errázuriz

Muelle Prat

Mercado Puerto

Iglesia Matriz

Cerro Toro

Serrano

Estación Puerto

Museo Lord Cochrane

Pl. Sotomayor

Prat

A

Museo de Bellas Artes

Esmeralda

Estación Bellavista

Monte Alegre

2

Avenida Errá zu

Cerro Cordillera

Tomás Ramos

Cerro Alegre

3

B

Merlat

D

C

Avenida Bras

Cerro Concepción

4

E

Avenida la Alemania

5

F

Cerro Panteón

Museo de Historia Natural

M

Cathe

Cerro Carcel

Cerro Florida

Avenida da Alemania

Cerro Yungay

B

Cerro Loma

6

Cerro San Juan de Díos

C Ma

N

0   250 m

© igraphic

Valparaíso
- Hotelkarte -

⊞ Hotels

1 Villa Kunterbund, Avda. Quebrada Verde 192
2 Casa Aventura, Pasaje Galvez 11
3 Hotel Brighton, Paseo Atkinson 151 - 153
4 Hostal Pilcomayo, Pilcomayo 491
5 Hotel Puerta de Alcalá, Pirámide 524
6 Hotel Robinson Crusoe, Héctor Calvo 389
7 Hotel Puerto Valparaiso, Chacabuco 2362
8 El Rincón Marino, San Ignacio 454
9 El Rincón Universal, Avda. Argentina 825

O z e a n

Cerro Placeres

Av. España

Avenida España

Iglesia San Francisco

Yolanda

Cerro Barón

Muelle Barón

Estación Barón

Feria Persa Barón

Cerro Lecheros

Aveni da Errázuri z

Cerro Larraín

Avenida Argentina

Yungay

Chacabuco

Uruguay

7

Avenida Pedro Montt

8

Congress

Cerro Polanco

Avenida Independencia

Avenida Colón

Avenida Colón

Francia

Av. S. Oss a

9

Av. S. Oss a

Washington

Cerro Bellavista

Cerro Monja

Cerro La Cruz

Cerro Merced

Unterkünfte
HOTELS

ⓘ *Hotelkarte*
- **$$**

● **Casa Aventura**, *Pasaje Galvez 11, Cerro Alegre/ Concepción,* ☎ *755963: das deutsch-chilenische Besitzerpaar hat ein gemütliches Hostal im Künstlerviertel Cerro Alegre geschaffen; Hochbetten, Küchenbenutzung; es werden verschiedene Touren inner- und außerhalb der Stadt angeboten.*

● **El Rincón Universal**, *Avda. Argentina 825 (nahe des Ascensor Polanco),* ☎ *235184, im Internet unter www.elrinconuniversal.cl: nicht zu übersehen ist das gelb-himmelblaue fröhliche Gebäude, saubere Zimmer, TV, Internetzugang, Frühstück im Preis inbegriffen*

● **El Rincón de Valparaíso**, *Calle Atahualpa 333,* ☎ *9252544: einfache aber angenehme Pension, Frühstück, Internetzugang*

● **Hostel Pilcomayo**, *Pilcomayo 491 (Cerro Concepción),* ☎ *251075: eher nüchterne aber akzeptable Zimmer, interessante Lage im neuen In-Viertel Cerro Concepción*

● **El Rincón Marino**, *San Ignacio 454,* ☎ *225815,* 🖥 *www.rinconmarino.cl: zentral gelegenes Hostal, Küchenbenutzung, Internetzugang, sehr freundliches Personal*

● **Villa Kunterbunt**, *Avda. Quebrada Verde 192,* ☎

V) 288873, E-Mail: villakunterbuntvalpo@ yahoo.de: *fast schon ein Klassiker unter den Budget-Hotels, gemütliche Zimmer, sehr freundliche Besitzer*

• **$$$**
• **Hotel Puerto Valparaíso**, *Chacabuco 2362*, ☎/🖨 *213991*, 🖥 *www.comac.cl: akzeptable Zimmer mit eigenem Bad und TV. Zum Unternehmen gehört das* **Hotel Lancaster**, ☎ *217391*, 🖥 *www.lancaster.cl, ein Hotel für Paare, kostenlose Drinks und Jacuzzi.*

• **$$$$**
• **Hotel Robinson Crusoe**, *Héctor Calvo 389*, ☎ *495499*, 🖨 *495489: angenehmes Mittelklassehotel*
• **Hotel Puerta de Alcalá**, *Piráminde 524*, ☎ *227478*, 🖥 *www.hotelpuertadealcala.cl: neues und angenehmes Mittelklassehotel, Parkmöglichkeit*
• **Hotel Brighton**, *Paseo Atkinson 151-153, Cerro Concepción*, ☎/🖨 *223513*, 🖥 *www.brighton.cl: kleines Hotel, das malerisch am Hügel über der Stadt klebt, sechs schöne Zimmer, drei davon mit Blick aufs Meer . Zum Hotel gehört ein Cafe und Restaurant mit schöner Terrasse, empfehlenswert. Allerdings macht die Live-Musik, die es freitags und samstags gibt, das Schlafen fast unmöglich...*
• **Hotel Puerta Alcalá**, *Piramide 524*, ☎ *227478*, 🖨 *745642: Vier-Sterne-Hotel im Herzen der Stadt, etwas kleine aber schöne Zimmer; zum Hotel gehört ein gutes Restaurant (internationale und chilenische Küche) das ein preiswertes Mittagsmenü anbietet.*

 Restaurants
• **Bar Inglés**, *Esmeraldas 851: traditionelle Bar mitten im Bankerviertel, nahe des Hafens, gut für einen Kaffee nach dem Stadtrundgang oder einen Schoppen (im Erdgeschoss gelegen)*
• **Café und Restaurant Brighton**, *Paseo Atkinson 151-153, Cerro Concepción*, ☎/🖨 *223513: gemütliches Café und Restaurant mit wunderschöner Terrasse über der Stadt, leider wird der Blick etwas von Hochhäusern verstellt, dennoch kann man hier wunderbar einen Nachmittag mit Lesen, Postkartenschreiben und Kaffeetrinken verbringen!*
• **Café und Restaurant Turri**, *Templeman 147, Cerro Concepción*, ☎ *252091*, 🖨 *259198: in unmittelbarer Nachbarschaft des Brighton gelegen und ebenfalls mit schöner Terrasse und Blick über die Bucht, bietet das Turri eine reichhaltige Speisekarte (international und chilenisch in sehr guter Qualität), dazu Kaffee, Eis und Kuchen.*
• **Le Filou de Montpellier**, *Almirante Montt 382*, ☎ *224663: der Name täuscht nicht: französische Küche zu erträglichen Preisen, Reservierung ratsam*
• **Restaurant und Café Kábala**, *Almirante Montt 16*, ☎/🖨 *223821: Tortillas, Kuchen, und Säfte zu sehr zivilen Preisen sind die Spezialitäten dieses geschmackvoll eingerichteten Lokals (im Erdgeschoss gelegen)*
• **Restaurant Hamburg**, *O'Higgins 1274: einem früheren Schiffskoch gehörendes Restaurant, gemütlich in Hafenkneipen-Manier mit Kunst und Kitsch überbordend dekoriert, sehr leckeres (auch deutsches) Essen (im Erdgeschoss gelegen)*
• **Club Alemán**, *Salvador Donoso 1337*, ☎ *237762: deutsche Küche in guter Qualität und gediegener Umgebung*

An der **Caleta Membrillo** *kann man besonders zur Mittagszeit gut und preiswert Fisch und Meeresfrüchte essen, da hier die Fischer mit ihren Booten anlegen. Die Preise sind moderat und die Portionen oft riesig!*

Einkaufen
• **Antigüedades „El Abuelo"**, *Independencia 2071*, ☎ *217032: kurioses Antiquitätengeschäft mit schönen Möbeln, historischen Fotos der Region und Kunst, Kram und Kitsch*

• **Libreria Ivens**, Plaza Anibal Pinto 339: internationale und auch deutsche Presse, allerdings eher ⓥ
Zeitschriften als Zeitungen

• Sonntags findet ein manchmal mehr, manchmal weniger besuchenswerter **Flohmarkt** auf der
Plaza O`Higgins statt.

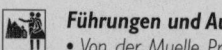 **Führungen und Ausflüge**
• Von der Muelle Prat kann man eine kurze **Hafenrundfahrt** machen (Dauer ca. eine
Stunde, 5 € pro Person) oder sich nach Viña del Mar schippern lassen.

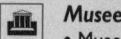 **Museen**
• **Museo Naval y Maritimo;** Paseo 21 de Mayo, Cerro Artilleria, ☎ 283749, Di-So 10-
17.30 Uhr

• **Museo del Mar Lord Thomas Cochrane**, Merlet 195, Cerro Cordillera, ☎ 213124, Di-So 10-
18 Uhr, Eintritt frei

• **Museo de Bellas Artes de Valparaíso**, Paseo Yugoslavo, Cerro Alegre, Di-So 9.30-18 Uhr

• **Museo de Historia Natural**, Condell 1546; ☎ 257441, Di-Sa 10-13 Uhr und 14-21 Uhr, So
10-14 Uhr, Eintritt ca.1 €

• **La Sebastiana**, C. Ferrari 692, Cerro Bellavista, ☎ 256606, Januar u. Februar: Di-So 10.30-18.50
Uhr, Rest des Jahres: Di-Fr 10.30-14 Uhr u. 15.30-18 Uhr, Sa, So u. Feiertage 10.30-18 Uhr, Eintritt
ca. 2,50

 Kinos
• **Hoyts Valparaíso**, Pedro Montt 2111, ☎ 594709: fünf Säle

Ausgehen
• **Casino Social Jota Cruz**, Condell 1466, ☎ 211225: mit vielen Antiquitäten dekorier-
tes originelles Restaurant, Live-Musik (Tango und Boleros)

In den letzten Jahren hat sich eine junge und lebendige Szene auf den Hügeln Cerro Alegre und
Cerro Concepción etabliert. Auf dem Cerro Alegre ist die C. Almirante Montt eine gute Adresse:
• **Café Vinilo**, Almirante Montt 448, Cerro Alegre: Der Name ist Programm: hier können Nostalgiker
Platten aus den 70ern, 80ern und 90ern und hören, dazu gibt es Sandwichs, Säfte und Bier.
• **Lavanda Café**, Almirante Montt 454 (Cerro Alegre), ☎ 591473: gleich um die Ecke ein Wasch-
salon/Café/Kunstgalerie, der nur tagsüber auf hat

Ein anderer Hotspot der Stadt ist die Avenida Errázuriz direkt am Hafen:
• **La Piedra Feliz**, Errázuriz 1054, ☎ 256788: Pionier unter den Nachtlokalen der Gegend, hin
und wieder Live-Jazz, Cubanos, Boleros, Samba und Tango, große Tanzfläche und umfangreiche
Getränkekarte

Vicuña (S. 436)

 Wichtige Telefonnummern
• Vorwahl: 51

Information
• Die **Touristeninformation** befindet sich im Torre Bauer an der nordwestlichen Ecke der Plaza.

Campen
▪ $$
• **Camping Las Tinajas**, ☎ 411713: einfach ausgestatteter Campingplatz in einem kleinen Eukalyptuswald

Unterkünfte
HOTELS

▪ $
• **Hostal Michel**, Gabriela Mistral 573, ☎ 411060: kleines Hostal mit einfachen aber sauberen Zimmern, das hauptsächlich Rucksackreisende bedient

▪ $$
• **Hostal Valle Hermoso**, Gabriela Mistral 706, ☎/🖶 411206: sauber und angenehm, die Tochter des Besitzers spricht deutsch

▪ $$$
• **Hotel Halley**, Gabriela Mistral 542, ☎/🖶 412070: ein kleines Schmuckstück in einem 140 Jahre alten Haus; stilvoll mit viel Holz eingerichtete Zimmer, eine Holzveranda und ein schöner Garten lassen dieses Hotel angenehm aus dem Rahmen fallen!

• **Hacienda Los Andes**, Hurtado, ☎/🖶 53-691822, 🖳 www.haciendalosandes.com, E-Mail: info@haciendalosandes.com: 43 km von Vicuña entfernt haben Clark Stede und Manuela Paradeiser in einer Wildwestkulisse von seltener Schönheit eine alte Hacienda zum Treffpunkt für Naturbegeisterte und Pferdeliebhaber ausgebaut. Dem Stil des alten Farmhauses angepasst eingerichtete Zimmer, Jacuzzi, Sauna und Verpflegung mit lokalen Produkten bieten den Gästen eine Atmosphäre zum Wohlfühlen in der man die Zeit gern ein wenig vergisst. Dazu kommt ein ausgefeiltes Tourenprogramm, je nach Vorliebe mit dem Jeep oder aber auf dem Pferderücken.

▪ $$$$$$
• **Hostería Vicuña**, Sgto. Aldea 101, ☎ 411301, 🖶 41 11 44, 🖳 www.hosteriavicuna.cl: Die Hostería Vicuña ist das erste Haus des Ortes und liegt etwas außerhalb, sie bietet freundliche moderne Zimmer, einen Pool und ein gutes Restaurant.

Restaurants
• **Hostería Vicuña**, Sgto. Aldea 101, ☎ 411301, 🖶 411144: bestes Restaurant in Vicuña
• **Club Social de Elqui**, Gabriela Mistral 435, ☎ 411853: wunderschönes altes Lokal, auch im Sommer kühl, nicht teuer (im Erdgeschoss gelegen)
• **Restaurant Halley**, Gabriela Mistral 404, ☎ 411225: einfache Gerichte in einem überdachten Gartenrestaurant mit Schwimmbad (im Erdgeschoss gelegen)

Museen
• **Museo Entomológico y História Natural**, Januar-März: Mo-So 10-19 Uhr, April-Dezember: Mo-Fr 11-13 Uhr und 14.30-17.30 Uhr, Sa u. So 10.30-19 Uhr
• **Casa Museo Solar de Los Madariaga**, Gabriela Mistral 683, Januar und Februar: Mo-So 10-13 Uhr und 15-19 Uhr, Rest des Jahres: Mo-So 11-13 Uhr und 15-17 Uhr, Eintritt ca. 1 €

• **Museo Gabriela Mistral**, *Gabriela Mistral 730, Januar u. Februar: Mo-Sa 10-19 Uhr, Do 10-18 Uhr, März-September: Di-Sa 10-13 Uhr und 14.30-17.45 Uhr, So 10-13 Uhr, Oktober-Dezember: Mo-Fr 10-13 Uhr und 15 bis 19 Uhr, Sa 10-13 Uhr und 15-18 Uhr, So 10-13 Uhr, Eintritt ca. 1 €*

DIVERSES
• **Planta Pisco Capel**, 🖥 *www.piscocapel.cl, Dezember-Februar: Mo-Sa 9.30-12.30 und 14.30-18 Uhr, So 10-12 Uhr, März-Dezember: Mo-Fr 9.30-12 Uhr und 14.30-18 Uhr, Eintritt frei*
• **Observatorio Astronómico Comunal**, *Besuche Mo-Do jeweils um 20.30 und 21.30 Uhr, Anmeldung im Büro des Observatoriums in Vicuña erforderlich, Gabriela Mistral 200, Of. 1, ☎ 411352*

Villarrica (S. 497)

Information
• *Es gibt eine* **Touristeninformation der Municipalidad** *in der C. Pedro de Valdivia 1070,* ☎ *411162.*

Wichtige Telefonnummern
• **Vorwahl:** *45*

Geldumtausch
• **Afex Cambio**, *Pedro de Valdivia 1033,* ☎ *414230*

Busse
Das Busterminal liegt an der C. Pedro de Valdivia 621 (viele Gesellschaften starten aber von ihren eigenen Terminals), es gibt Verbindungen nach Santiago und Zwischenstationen und auch nach Argentinien (Neuquén).

BUSGESELLSCHAFTEN IN VILLARRICA
• **Buses JAC**, *Francisco Bilbao 610,* ☎ *411447: Temuco, Pucón, Lincan Ray*
• **Buses Lit**, *Anfión Muñoz 640,* ☎ *411555*
• **Tur Bus**, *Anfión Muñoz 657,* ☎ *411534: Santiago, Concepción*
• **InterSur**, *Anfión Muñoz 657,* ☎ *411534: Santiago*

Mietwagen
• **Castillo**, *Anfión Muñoz 415,* ☎ *411618,* 🖥 *www.castillo.terra.cl*
• **Christopher**, *Pedro de Valdivia 1059,* ☎ *413980*

Unterkünfte
HOTELS
▪ $
• **Hotel Fuentes**, *Vicente Reyes 655,* ☎ *411595: einfache aber sehr preiswerte Unterkunft, zum Hostal gehört ein Café, in dem man Sandwichs und andere kleine Gerichte bekommt*
▪ $$
• **La Torre Suiza**, *Bilbao 969,* ☎ *411213,* 🖥 *www.torresuiza.com: ein Klassiker unter den Hostals, deutschsprachig, sauber, reichhaltiges Frühstück mit selbstgebackenem Brot, schöner Garten, Fahrradvermietung, Touren zum Vulkan, Büchertausch*

• **Hotel Kolping**, *Isabel Riquelme 399*, ☎ *411388, E-Mail: camara@villarrica.net: katholisches Haus mit großen sauberen Zimmern in einem ruhigen Viertel*
• **Hotel Rayuhén**, *Pedro Montt 668*, ☎ *411571: sehr angenehm und sauber mit Garten, die Besitzer sind Schweizer*
▪ **$$$**
• **Hotel Villarrica**, *General Körner 255*, ☎ *411641: nettes Mittelklassehotel, Interior mit viel Holz, fast am Seeufer*
• **Dos Ríos**, *12 km von Villarrica, Sector Putue Alto*, ☎ *09-4198064, 09-9581887, im Internet unter www.dosrios.de: von einem deutschen Ehepaar betriebener privater Naturpark, Bademöglichkeit am Río Toltén, Bed & Breakfast für 25 Gäste, Frühstück und andere Mahlzeiten mit Produkten aus der Region, Möglichkeit zu Ausritten und anderen Touren*
▪ **$$$$**
• **Hostería Kiel**, *General Körner 153*, ☎/🖨 *411631: alteingesessenes Haus mit deutschem Besitzer, schöne gepflegte Anlage, einige Zimmer haben einen wunderbaren Blick auf den See und den Vulkan, gutes Restaurant, in dem auch deutsches Essen serviert wird*
• **Hotel El Ciervo**, *General Körner 241*, ☎ *411215*, 🖨 *410925*, 🖥 *www.hotelelciervo.cl: etwas altertümliche aber sonst akzeptable Zimmer in schöner Lage, Pool*

CABAÑAS
▪ **$$$**
• **Cabañas Melilafquen**, *General Körner 250*, ☎ *411562: Cabañas direkt am See, etwas eng, mit und ohne Küche, Parkplatz, Frühstücksangebot*

Restaurants
• **The Travellers Pub**, *Letelier 753*, ☎ *413617: umfangreiche Karte mit Spezialitäten aus einer ganzen Reihe von Ländern, auch vegetarisch*
• **El Rey de Marisco**, *Valentin Letelier 1030*, ☎ *412093: Fisch und Meeresfrüchte in sehr guter Qualität (im Erdgeschoss gelegen)*
• **Restaurante La Hazana**, *Henríquez 335*, ☎ *415373: Pasta und Pizza, Burger etc.*

Wäschereien
• **Lacaseco**, *Urrutia 695*

Museen
• **Museo Histórico Arqueológico**, *Pedro de Valdivia/Julio Zegers, Januar-15. März: Mo-Sa 9-13 Uhr und 18-22 Uhr, sonst Mo-Fr 9-13 Uhr und 15-19 Uhr, Eintritt ca. 0,30 €*

Fischerei-Erlaubnis
• **Sernap**, *Pedro Montt 549, 2. Stock*, ☎ *412383*

Viña del Mar (S. 450)

Information
• **Sernatur** *hat sein Büro direkt an der Plaza, Avda. Valparaíso 507*, ☎ *683355*
• **www.vinadelmar.cl**

Wichtige Telefonnummern
• **Vorwahl:** *32*

Geldumtausch
- **Afex**, *Arlegui 641*, ☏ *688102*
- **Cambios andino**, *Atlegui 646*, ☏ *883644*
- **Jeantour**, *Arlegui 610*, ☏ *684290*
- **Inter-Cambios**, *I Norte 655*, ☏ *689255*

✈ **Flughafen und Fluggesellschaften**
Der Flughafen von Viña (über den auch Valparaíso bedient wird) liegt 15 km nördlich des Zentrums, Busse gibt es vom Busbahnhof aus. Verbindungen hat man in fast alle größeren Städte des Landes von Arica bis nach Punta Arenas.

FLUGGESELLSCHAFTEN IN VIÑAR DEL MAR
- **LanChile**, *Ecuador 74*, ☏ *251441*, 📠 *974881*, 🖥 *www.lanchile.com*
- **National Airlines**, *Avda. Valparaíso 237*, ☏ *907368*
- **LAP Aeroflot**, *I Norte 655*, ☏ *976139*
- **KLM**, *Ecuador 258*, ☏ *977970*, 🖥 *www.klm.com*

🚌 **Busse**
*Der Busbahnhof von Viña liegt sehr zentral an der Avda. Valparaíso 1055, ☏ 752000: Verbindungen gibt es nach Santiago (fast alle halbe Stunde), Concepción, Puerto Montt, Arica, und nach Mendoza, Córdoba und Buenos Aires in Argentinien. Busse nach **Valparaíso** finden Sie an der Avda. Arlegui, sie fahren alle paar Minuten und sind oft nicht mit „Valparaíso" sondern mit „Puerto" oder „Aduana" ausgeschildert.*

BUSGESELLSCHAFTEN IN VIÑAR DEL MAR
- **Buses JM**, *Terminal de Buses*, ☏ *883184*
- **Buses Lit**, *Avda. Valparaíso 950*, ☏ *882348*
- **Chile Bus**, *Avda. Valparaíso 999*, ☏ *881187*
- **Tramarca**, *Terminal de Buses*, ☏ *690195*
- **Tur Bus**, *Terminal de Buses*, ☏ *882661*, 🖥 *www.turbus.cl*

 Züge
*Es gibt eine **Metro** (Metro Regional Valparaíso, Merval), die etwa alle halbe Stunde eine Verbindung nach Valparaíso hat, die zentralste Station ist an der Plaza Sucre.*

🚗 **Mietwagen**
- **Verschae Rent a Car**, *Avda. Libertad 1045*, ☏ *971184*, 📠 *682372*, im Internet unter *www.verschae.com*
- **Hertz**, *Quillota 766*, ☏ *971625*
- **Kovacs**, *Jorge Montt 2300*, ☏/📠 *971580*
- **Bert rent a Car**, *Libertad 892*, ☏ *681151*

 Unterkünfte
HOTELS

▪ **$**
- **Residencial Victoria**, *Avda. Valparaíso 40*, ☏ *977370: einfach aber akzeptabel*

V

- **$$**
- **Hostal Andino**, *Vianna 31, ☏/🖨 971996: einfaches Mittelklassehotel mit Parkplatz und Kabel-TV*
- **$$$**
- **Hotel Rokamar**, *Vianna 107/Von Schroeders, ☏ 690019, 🖨 695398, 🖥 www.hotelrokamar.cl: dieses Mittelklassehotel zeichnet sich weniger durch seine originelle Einrichtung als vielmehr durch die teilweise sehr großzügig geschnittenen Zimmer aus, von denen einige, weil es auch einen Fahrstuhl gibt, bedingt rollstuhl-geeignet sind, das Preis-Leistungs-Verhältnis stimmt. Allerdings haben nicht alle Zimmer denselben Zuschnitt, so dass man bei der Buchung darüber informieren sollte, dass man ein großes Zimmer braucht.*
- **Hotel Magno**, *Arlegui 372, ☏ 713572, 🖨 713816, 🖥 www.magnohotel.cl: ganz neues, helles und freundliches Haus mitten im Zentrum*
- **Hostal Villamar**, *2 Poniente 440, ☏ 974404, 🖥 www.hostalvillamar.cl: östlich des Flusses liegt diese Unterkunft drei Blöcke vom Strand entfernt, freundliche Zimmer für bis zu fünf Personen, Internetanschluss und Wäscheservice*
- **Hostal Miraflores**, *1 Norte 2129, ☏ 678120, E-Mail: nico_leyton@hotmail.com: freundliches Hostal nördlich des Flusses, man spricht englisch und deutsch*
- **Hostal Girasoles**, *Pasaje Monterrey 78, Agua Santa, ☏ 482339, 🖥 www.hostalgirasoles.cl: schönes Hostal in ruhiger Lage, dennoch nicht zu weit vom Zentrum entfernt*
- **Hostal Indigo**, *2 Norte 561, ☏ 960735, E-Mail: hostalindigo@vtr.net: freundliche Zimmer nördlich des Flusses, zentrumsnah*
- **$$$$**
- **Hotel von Schroeders und Hotel José Francisco Vergara**, *Von Schroeders 392, ☏ 626022, 🖨 660474, E-Mail: squadrvi@entelchile.net, 🖥 www.suadritto.cl: die beiden Hotels gehören denselben Besitzern, einem italienischen Ehepaar. Das Hotel von Schroeders, eingerichtet in einem Haus der Jahrhundertwende, ist eher traditionell, das José Francisco Vergara in einem Neubau eher modern. Beide geschmackvoll und sehr gepflegt, hat das José Francisco Vergara einen Garten mit einem kleinen Pool. Zu den Hotels gehört das sehr gute aber nicht billige italienische Restaurant Squadritto.*
- **Hotel Marina del Rey**, *Ecuador 299, ☏ 883505, 🖨 978571, 🖥 www.marinadelrey.cl: zur Best-Western-Gruppe gehörendes Vier Sterne Hotel nahe des Zentrums, die Zimmer der Superior-Klasse sind bedingt auch für Rollstuhlfahrer geeignet.*

 Restaurants
- **Santa Fe**, *San Martín/8 Norte 303, ☏ 691719: gutes aber nicht billiges Tex Mex-Food*
- **Cap Ducal**, *Avda. Marina 51, ☏ 626655: guter Fisch in toller Lage und mit wunderbarem Blick, nicht billig*
- **Restaurant Squadritto**, *Von Schroeders 392, ☏ 626022: sehr leckere italienische Küche in gehobenem Ambiente (im Erdgeschoss gelegen)*
- **Café Santa Fé**, *Avda. San Martín/8 Norte, ☏ 691719: als Abwechslung sehr erfreulich: wirklich leckeres Tex Mex, das Restaurant ist fröhlich bunt ausgemalt, auch hier wieder ein wunderbarer Blick aufs Wasser*
- **Escuela de Hoteleria**, *Avda. España 2000, ☏ 625799: An der Straße von Viña nach Valparaíso gelegen ist das Restaurant dieser Hotelfachschule bei Einheimischen längst kein Geheimtipp mehr. In einer gepflegt-freundlichen Atmosphäre wird hier auf zwei Etagen hochklassige chilenische Küche zu sehr angemessenen Preisen serviert.*
- **Fellini**, *3 Norte 88, ☏ 975742: Gegenüber des Casinos gelegen bietet dieses freundlich-entspannt eingerichtete Restaurant eine interessante Mischung aus italienischer und französischer*

Küche. Neben häufig wechselnden Pasta-Gerichten gibt es Fisch, Fleisch, leckere Salate und auch die Desserts sind ein paar Extra-Kalorien wert!
• **La Cucina Di Mastrantonio**, *3 Poniente 660, ☎ 681950: traditionsreiches italienisches Restaurant, das neben hausgemachter Pasta eine reiche Auswahl Antipasti auf der Karte stehen hat.*
• **Chez Gerald**, *Avda. Peru 496, ☎ 689245: Das Chez Gerald ist sicherlich eines der traditionsreichsten Häuser in Viña del Mar, es serviert schon seit 1925 Fisch, anderes Meeresgetier und internationale Gerichte.*

Wäschereien
• **Lavanderia**, *Alvarez 98, ☎ 660885*
• **Lavarapido**, *Arlegui 440, Local 104, ☎ 688331: Self-Service-Wäscherei, gegen einen kleinen Aufpreis kann man die Wäsche aber auch einfach dalassen!*

Internet
• **Cyber Blues Café**, *Avda. Valparaíso 196, ☎ 960529: nettes Internet-Café mit sechs Computern*
• **EasyNET**, *Vianna 329, ☎/🖨 683781: Schreibwarengeschäft, das auch drei Computer mit Internet-Anschluss hat*

Ausgehen
• **Casino Viña del Mar**, 🖥 *www.casino.cl: Am Nordufer des Marga Marga direkt am Strand (und nicht zu übersehen) liegt das Casino von Viña, wo es von der Slot-Maschine bis zum Roulette-Tisch alles gibt, was das Gambler-Herz höher schlagen lässt.*

Museen
• **Museo de Bellas Artes**, *Parque Quinta Vergara, ☎ 684137, Di-So 10-13.30 Uhr und 15-17.30 Uhr, Eintritt ca. 1 €*
• **Museo Sociedad Fonck**, *1. Oriente/4. Norte, Di-Sa 9.30-18 Uhr, So 9.30-14 Uhr, Eintritt ca. 1,80 €*
• **Palacio Rioja**, *C. Quilota 214, ☎ 689665, Mo-So 10-14 Uhr und 15-18 Uhr*

Konzerte
Jedes Jahr findet in der Quinta Vergara im Herbst (meistens im März) das Festival Internacional de la Canción statt, auf dem neben Sternen und Sternchen des Latino-Pop auch Gruppen wie Inti-Illimani auftreten.

Theater
• *Das* **Teatro Municipal** *liegt direkt an der Plaza Vergara, ☎ 681739.*

Kinos
• **Cine Arte**, *Galeria Vicuña Mackenna, Plaza José Francisco Vergara: ein Saal*
• **Cinemark 8 Viña del Mar**, *Mall Las Palmas, Avda. Benidorm 961, ☎ 993388, im Internet unter www.cinemark.cl: acht Säle*
• **Cinemark 4 Marina Arauco**, *Avda. Libertad 1348 Loc. 301, ☎ 600-600-2663, im Internet unter www.cinemark.cl*

Z Zapallar (S. 449)

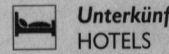 **Unterkünfte**
HOTELS

- **$$$$$$**
- **Hotel Isla Seca Zapallar**, *Camino Costero, (das Hotel liegt auf der Küstenstraße am Ortseingang),* ☎ *33-741224* 🖨 *741228,* 🖳 *www.hotelislaseca.cl: wunderschönes Luxushotel (auch der Luxuspreisklasse) mit geschmackvoll eingerichteten Zimmern, Pool, einem sehr guten Restaurant und einem weiten Blick über das Wasser*

IWANOWSKI'S
Das kostet Sie Chile

Stand September 2005

Chile ist keines von den südamerikanischen Billigreisezielen, aber trotzdem immer noch preiswerter als andere Länder, wie z. B. Argentinien oder Brasilien. Aber es gibt eine große Spannweite an Angeboten, sowohl bei den Unterkünften als auch bei Beförderungs- und Lebenshaltungskosten, so dass man sowohl mit einem schmaleren Geldbeutel nach Chile reisen, wie auch im absoluten Luxus schwelgen kann. Nach oben gibt es fast keine Grenze, die Angebote an exklusiven Hotels und Lodges werden immer größer. Dieses Kapitel soll eine möglichst genaue Vorstellung davon vermitteln, mit welchen Kosten man rechnen muss, wo man bei Bedarf etwas einsparen kann und an welcher Stelle es nicht sinnvoll ist, auf den Cent zu schauen. Natürlich hängt die persönliche Kalkulation von den Vorlieben und dem Reisestil jedes Einzelnen ab, aber diese Seiten können immerhin als Anhalts- und Ausgangspunkt bei der Planung des Reisebudgets dienen.

Aktueller Kurs
I US$ ▶ 535 Peso chilenos   I € ▶ 665 Peso chilenos

Beförderung

Flüge

Chile wird von verschiedenen Airlines angeflogen, aber das Angebot ist sehr viel überschaubarer als z. B. für Nordamerika und das macht sich natürlich beim Preis bemerkbar. Günstige Angebote haben in der Regel *British Airways, Delta, Iberia* und *LanChile*. Preise für ein Hin-und Rückflugticket beginnen bei 850 €. Falls man noch nicht weiß, wie lange man in Chile bleiben will, ist ein Jahresticket eine gute Lösung. Bei der Buchung muss man ein Rückflugdatum festlegen, das sich je nach Verfügbarkeit von Flügen meist problem- und vor allem kostenlos umbuchen lässt. Diese Tickets sind besonders in der Saison (etwa von Oktober bis Februar) schnell ausgebucht, so dass man sich frühzeitig eine Reservierung beschaffen sollte. Kauft man ein Halbjahres- oder Jahresticket, sollte man sich unbedingt nach den Kosten für eine Umbuchung erkundigen, sie kann bis zu 100 € betragen.

Im Land

Inlandflüge werden von *LanChile* und *Skyways* angeboten. Es gibt immer wieder Sonderangebote, oft aber nicht dahin, wo man gerade hin möchte und zeitlich sehr beschränkt. Sicherer und stressfreier ist es, auch Inlandsflüge schon in Europa über ein Reisebüro zu buchen.

LanChile hat einen **Visit-Chile-Pass** im Angebot, den man nur außerhalb Chiles kaufen kann. Der Pass gilt auf allen Strecken innerhalb Chiles (mit Ausnahme der Osterinsel) und man bekommt für jede Strecke Flugcoupons. Das Grundangebot besteht aus drei Strecken, die 270 US$ kosten. Es können Coupons für maximal drei zusätzliche Strecken gekauft werden, die jeweils 90 US$ kosten.

 Hinweis

Für die Osterinsel gelten Extra-Bestimungen. In Verbindung mit dem Visit-Chile-Pass kostet der Flug je Strecke 269 US$.

Wenn man sich erst in Chile entscheidet, zur Osterinsel zu fliegen, dann sollte man unbedingt nach Sonderangeboten forschen! Der reguläre Preis liegt bei 800 US$, und unter Umständen bekommt man in verschiedenen Reisebüros zu hören, dass es keine Sonderangebote gibt und findet dann doch eines. Am besten ist es, direkt zu LanChile zu gehen und dort nachzufragen. Außerhalb der absoluten Hochsaison, die vom 15. Dezember bis zum 20. Januar dauert, kann man so evtl. bis zu 300 US$ sparen (das klappt aber durchaus nicht immer!). Falls man den Visit-Chile-Pass nicht gebucht hat, kann man natürlich jede beliebige Strecke innerhalb des Landes einzeln buchen.

Der Markt ist fest in der Hand von *LanChile*, nachdem im Lauf der Jahre Mitbewerber wie Nacional, Avant oder Alta aufgeben mussten. Die Tochtergesellschaft für den nationalen Markt heisst *LanExpress*. Sonderangebote kann man online unter www.lan.cl abrufen. Der einzige Mitbewerber auf dem nationalen Markt ist derzeit die relativ neue Billig-Airline *Sky Airlines*. Anders als die europäischen Billigflieger bietet sie vollen Service, ihre Preise liegen meist ganz knapp unter denen von LanExpress. Es kann nicht online gebucht werden, die Webpräsenz www.skyairline.cl ist weitgehend nutzlos. Es bleibt abzuwarten, ob sich diese Fluglinie lange halten kann, bisher ist sie jedoch trotz ihres widersprüchlichen Konzepts recht erfolgreich.

Mietwagen

Obwohl die Preise für Mietwagen in den letzten Jahren sehr gefallen sind, schlagen sie immer noch zu Buche und wenn man etwas aufs Geld schaut, hat man durchaus die Möglichkeit, das Budget zu schonen, indem man mit dem Bus fährt. Das Busnetz ist sehr gut ausgebaut und je nach Gusto kann man zwischen verschiedenen Bus-Klassen wählen.

Der Vorteil des eigenen Autos ist ein Zugewinn an Ungebundenheit, und viele der schönsten Nationalparks sind mit öffentlichen Verkehrsmitteln nur mühsam zu erreichen. Auf der Carretera Austral z. B. besteht der Reiz nicht darin, irgendwo anzukommen, sondern anzuhalten, wo es einem gefällt, Fotos zu machen, die Landschaft zu erkunden...

Wenn man nicht so viel Zeit hat und nur einige Gegenden des Landes bereisen will, ist die Kombination Mietwagen/Inlandsflüge ideal. Ein Auto zu mieten ist nicht billig, wenn man es sich leisten kann aber eine sinnvolle Ausgabe. Für einen Kleinwagen fangen die Preise bei ca. 35 € pro Tag an, wobei die Versicherung und die IVA (*Impuestos de Valor Agregado*, 19 Prozent) manchmal in diesem Preis noch nicht enthalten sind. Auch nach den Freikilometern muss man sich erkundigen, die 150 oder 200 im Preis enthaltenen Kilometer ist man bei den großen Entfernungen schnell gefahren.

Oft werden spezielle Wochenend- oder Wochenpakete angeboten, die preislich sehr viel günstiger liegen, weil es keine Beschränkung der gefahrenen Kilometer gibt. Für einen Kleinwagen muss man mit ungefähr 200 € pro Woche rechnen, für einen 4x4 zahlt man ab 400 € pro Woche.

 Hinweis

Einen Wagen One-Way zu mieten, d.h. ihn in einer anderen Stadt wieder zurückzugeben, ist oft nicht möglich und wenn doch, dann sehr teuer. Auch die Erlaubnis, den Wagen nach Argentinien fahren zu dürfen, muss oft extra gezahlt werden. Der Verleiher kümmert sich in diesem Fall um den Papierkram, lässt sich das aber mit bis zu 100 US$ bezahlen.

Benzinpreise

Benzin kostet etwa 1 US$ pro Liter, wobei die Preise von Santiago aus nach Norden und nach Süden ansteigen, je weiter man sich vom Zentrum entfernt. Ganz teuer wird es in einigen Parks, wie z. B. im Nationalpark Torres del Paine, wo der Liter Benzin bei etwa 1.40 US$ liegt.

Bus

In Chile Bus zu fahren ist relativ preiswert, das Busnetz ist sehr gut ausgebaut. Die Preise unterscheiden sich um bis zu mehreren 100 Prozent für die gleiche Strecke, je nachdem welche Busklasse man bucht. Dementsprechend sind die folgenden Angaben als Richtwerte zu nehmen:

Von Santiago ▸ **Norden**	
Arica	50-60 €
Iquique	40-50 €
San Pedro	ca. 50 €
Antofagasta	ca. 50 €
Copiapó	ca.30 €
La Serena	ca. 20 €
• **Landesmitte**	
Algarrobo	ca. 6 €
Isla Negra	ca. 5 €
San Antonio	ca. 6 €
Valparaiso	ca. 5 €
Viña del Mar	ca. 5 €
Von Santiago ▸ **Süden**	
Rancagua	ca. 2 €
Curicó	ca. 4 €
Chillán	ca. 8 €
Los Angeles	ca. 15 €
Temuco	20-40 €
Villarica	15-50 €
Pucón	12-55 €
Valdivia	20-80 €
Osorno	15-60 €
Puerto Varas	15-65 €
Ancud	20-65 €
Castro	30-60 €
Punta Arenas	100-140 €

Fähren

Besonders wenn man den Süden Chiles bereisen will, wird man um einige Überfahrten nicht herum kommen. Und die können leicht mit einigen Hundert Dollar zu Buche schlagen, wenn man mit dem Wagen unterwegs ist.

Einzelne Preisbeispiele finden Sie unter den entsprechenden Einträgen in den Regionalen Reisetipps. Eine Überfahrt für zwei Personen von Putero Montt nach Puerto Natales kostet z. B. etwa 360 € in der Vierer-Kabine.

Aufenthaltskosten

Unterkunft

Die Preise für die preiswertesten noch akzeptablen Zimmer für zwei Personen fangen bei 20 € an; für ein gutes Mittelklassehotel muss man mit 50 € rechnen. Fünf-Sterne-Hotels verlangen in der Regel mindestens 120 € für die Standardzimmer, die Superior-Klasse und die Suiten sind wesentlich teurer. Wenn man in einem mittleren bis guten Hotel absteigt, ist immer das Frühstück im Preis enthalten, und auch einfachere Unterkünfte berechnen es oft nicht extra, hier muss man aber immer nachfragen.

Sonderangebote oder spezielle Wochenendtarife gibt es selten und wenn, dann nur in den teureren Hotels, die einer Kette, z. B. Best Western angehören. Diese machen dann manchmal schon kilometerweit vor der Stadt auf ihre Angebote aufmerksam. In der Nebensaison fallen die Zimmerpreise um 10-20 Prozent oder mehr, und zusätzlich kann man immer nach einem kleinen *Descuento* fragen, wenn man vorhat, einige Tage zu bleiben.

Lodges sind in der Regel nicht billig, bieten aber oft etwas Besonderes; meistens liegen sie in den landschaftlich schönsten Ecken und sich ein paar Tage in wunderschöner Natur verwöhnen zu lassen, kann dazu beitragen, den Urlaub zu etwas Unvergesslichem werden zu lassen.

Lebensmittelpreise

Im Schnitt liegen die Preise für Lebensmittel etwas unter deutschem Niveau, aber es gibt beträchtliche Unterschiede. Große Supermärkte sind teuer, hier hat man aber natürlich auch die größte Auswahl und findet u. U. auch europäische oder nordamerikanische Marken. Für Frischwaren (Obst und Gemüse und besonders Fisch und Meeresfrüchte) gilt generell, dass man sie besser und billiger auf dem Markt einkauft.

Restaurants

Essen gehen ist etwas billiger als in Deutschland. Ein Fischgericht plus Vorspeise und einer halben Flasche Wein mittlerer Qualität in einem Restaurant der mittleren bis gehobenen Klasse z. B. kostet oft nicht mehr als 20 €, in richtig guten Restaurants kann man natürlich viel mehr bezahlen. In einfachen Restaurants oder Fast-Food-Läden kann man für ca. 7 € satt werden (Sandwich plus Softdrink), ein guter Tipp um preiswert aber trotzdem gut zu essen, sind oft die Restaurants in den Märkten.

Nationalparks

Die Eintrittspreise für die Nationalparks sind sehr unterschiedlich, mit Abstand der teuerste ist zur Zeit der Parque Nacional Torres del Paine, für den Nicht-Chilenen ca. 15 € Eintritt zahlen. Sonst muss man zwischen 2 und 4 € pro Person rechnen. Für das Auto muss fast nie extra gezahlt werden.

Telefon/Internet

Ein Ferngespräch nach Europa kostet ab 35 Cent pro Minute, wobei die Preise je nach Gesellschaft und Stadt sehr unterschiedlich ausfallen, hier gilt wie nirgendwo sonst: Konkurrenz belebt das Geschäft und es lohnt sich, die Preise zu vergleichen, die manchmal um 80 Prozent variieren. Vom Hotelzimmer aus Ferngespräche zu führen, ist oft unverhältnismäßig viel teurer als auf der Straße.

Preise für eine Stunde **Internet-Anschluss** beginnen in den größeren Städten bei etwa einem Euro. In entlegeneren Gegenden kann es deutlich teurer werden.

Gesamtkostenplanung

In der folgenden Kalkulation sollen alle anfallenden Kosten so weit wie möglich berücksichtigt werden. Dabei wurde der Euro mit 700 Pesos berechnet, etwaige Kursschwankungen müssen in die Überlegungen mit einbezogen werden. Die Berechnung gilt für einen drei- bzw. fünfwöchigen Aufenthalt mittlerer Preislage für zwei Personen. Dies ist sozusagen ein Maximalprogramm. Der Preis einer realen Reise lässt sich ermitteln, indem man alle Punkte subtrahiert, die man nicht in Anspruch nehmen wird.

Sparen kann man an verschiedenen Stellen. Die Kalkulation ist sehr großzügig ausgelegt. Zu überlegen ist z. B., ob man während einer drei-wöchigen Reise tatsächlich zur Osterinsel fliegt und zusätzlich drei Inlandsflüge in Anspruch nimmt. So fällt evtl. der Visit-Chile-Pass weg. Auch der Ausflug zur Laguna Rafael ist ein erheblicher Kostenfaktor. Der Verzicht auf Komfort bei der Wahl der Unterkunft schlägt ebenso zu Buche wie die Auswahl der Restaurants. Und wenn man statt des Mietwagens den Bus wählt, spart man ganz erheblich.

Kalkulation für **zwei Personen**, mittlere Preislage		
Kostenpunkte	**3** Wochen	**5** Wochen
Flugtickets mit LanChile inkl. Osterinse	3.000 €	3.000 €
Visit-Chile-Paß	560 €	560 €
Automiete für zwei Wochen (vier Wochen)	714 €	1400 €
Benzin (5.000 km bzw. 7.000 km)	300 €	420 €
Fähren (eine längere und eine kürzere Überfahrt für einen PKW und zwei Personen)	330 €	330 €
Ausflug zur Laguna San Rafael	850 €	850 €
Hotelzimmer (21 bzw. 37 Tage zu 50 €)	1.050 €	1.850 €
Mittagessen (Fast-Food, einfach, 6 € pro Person/Tag)	252 €	444 €
Abendessen (15 € pro Person)	630 €	1110 €
Getränke zwischendurch (4 €/Person/Tag)	168 €	296 €
Eintritte	60 €	110 €
Telefon/Briefmarken etc.	75 €	90 €
Gesamt	**7.989 €**	**10.460 €**

Bei der Berechnung des Benzinpreises wurde ein durchschnittlicher Verbrauch von 10 l auf 100 km (das gilt für einen Kleinwagen, in größeren Höhen und in schwierigem Gelände steigt der Verbrauch!) und ein durchschnittlicher Literpreis von 0,60 € zu Grunde gelegt.

Kalkulation für eine Low-Budged-Reise (**ebenfalls für zwei Personen**), bei der auf Extra-Ausflüge, wie z. B. zur Laguna San Rafael und zur Osteinsel verzichtet und als Hauptreisemittel der Bus gewählt wird:

Kostenpunkte	3 Wochen	5 Wochen
Flugtickets	1600 €	1600 €
Bus-Tickets	400 €	700 €
Hotelzimmer	840 €	1480 €
(21 bzw. 37 Tage zu 20 €)		
Mittagessen	252 €	444 €
(Fast-Food, einfach, 6 € pro Person/Tag)		
Abendessen	336 €	592 €
(8 € pro Person)		
Getränke	168 €	296 €
zwischendurch (4 €/Person/Tag)		
Eintritte	60 €	110 €
Telefon/Briefmarken etc.	75 €	90 €
Gesamt	**3.731 €**	**5.312 €**

5. REISEN IN CHILE

Vorbemerkung

Chile ist relativ problemlos zu bereisen. Es gibt ein gut ausgebautes Flugnetz, Busverbindungen bis (fast) in den letzten Winkel und ein komfortables Mietwagen-Angebot: hier kann jeder nach Lust und Laune (und Geldbeutel) seinem Reisestil frönen. Allerdings wird man kaum in einem dreiwöchigen Urlaub das ganze Land von Norden nach Süden durchreisen und dann noch auf die Osterinsel fliegen können, dazu sind die Entfernungen einfach zu groß. Nach 1000 km haben Sie Deutschland einmal durchfahren, von Chile aber noch nicht einmal ein Viertel gesehen. Es gibt verschiedene Möglichkeiten, wie man eine Chilereise sinnvoll gestaltet, wenn man nicht das Glück hat, Europa gleich für zwei, drei Monate den Rücken kehren zu können und sich alles genau anzuschauen. Entweder man konzentriert sich auf einen Teil des Landes; das machen viele Touristen, die auf ihrer ersten Chilereise den Süden erleben und dann noch einmal wiederkommen, um auch noch die Wüste kennen zu lernen und einen Abstecher zur Osterinsel zu machen. Aber selbst für eine ausführliche Patagonien-Reise, während der man sowohl Feuerland und den Parque Nacional Torres del Paine, als auch die Carretera Austral und vielleicht noch die Seen-Region besuchen will, braucht man eigentlich vier Wochen.

Hier ein paar wichtige Ziele und die Zeit, die man etwa veranschlagen sollte (wobei die Werte natürlich nur Anhaltspunkte sein können!):

Zeiteinteilung

Rundfahrt von Arica nach Iquique durch die vier Nationalparks in den Anden
• vier bis fünf Tage inkl. einem Tag Akklimatisation in Putre

San Pedro de Atacama
• drei bis fünf Tage mit Ausflügen zum Valle de la Luna, den Geysiren, dem Salar de Atacama und zur Kupfermine Chucicamata. Wenn Sie mehr Zeit haben, gibt es sehr lohnende Touren in die Hochanden; zur Not kann man die Geysire und das Valle de la Luna an einem Tag besuchen!

Santiago
• für die Hauptstadt sollte man mindestens drei oder vier Tage einplanen, um nicht nur das Zentrum kennen zu lernen und sich etwas zu akklimatisieren.

Laguna San Rafael
• mit den Touren von Puerto Montt oder Puerto Chacabuco müssen Sie vier bis acht Tage veranschlagen, es gibt auch Tagestouren von Puerto Chacabuco, die aber vergleichsweise teuer sind.

Zeiteinteilung

Carretera Austral
• vier bis sechs Tage mindestens, mit Wanderungen und   Exkursionen kann man hier leicht ein paar Wochen verbringen!

Parque Nacional Torres del Paine
• kann man in ein bis zwei Tagen besuchen, schöner sind drei bis vier, oder bis zu zwei Wochen, wenn man den Circuito de Paine ablaufen will (dauert etwa sieben Tage).

Osterinsel
• schon wegen des teuren Flugs sollte man sich eher mehr Zeit nehmen, die Insel bietet viele lohnende Ziele und die Gelegenheit, beim Baden etwas Süd seefeeling zu genießen; mindestens fünf Tage bis eine Woche ist meine Empfehlung.

Übersichtstabellen der einzelnen Ziele von Norden nach Süden

In den folgenden Abschnitten möchte ich Ihnen ein paar unverbindliche Vorschläge machen, wie man eine Chilereise entsprechend dem jeweiligen Zeitbudget planen kann. Je weniger Zeit man hat, desto genauer sollte man den Rahmen abstecken, sonst verzettelt man sich leicht und verpasst die schönsten Ziele. Generell gilt, weniger ist mehr, mit etwas mehr Luft im Reiseplan hat man eher Zeit für die Dinge, die einen Urlaub unvergesslich machen: der eigenen Entdeckerfreude frönen zu können, einen Nachmittag am Strand zu verträumen; die Möglichkeiten sind unbegrenzt!

Für Rundreisen eignet sich Chile wenig, ganz einfach, weil das Land nicht rund, sondern lang ist. Wenn man also den Norden und den Süden bereisen will und nicht die Zeit hat, das ganze Land mit dem Auto abzufahren, ist die Kombination Inlandsflüge /Mietwagen zu empfehlen. Kleinere Strecken lassen sich natürlich auch mit dem Bus überbrücken, aber für die größeren Entfernungen lohnt sich die Mehrausgabe für das Flugticket.

Die folgenden Tabellen, welche die wichtigsten Ziele in Schlagworten darstellen und Angaben über die zu fahrenden Kilometer machen, sollen Ihnen bei der Reiseplanung zur Orientierung dienen, wobei die Tagesangaben immer eine minimale Schätzung sind und von Ihnen überprüft und korrigiert werden müssen. Die einzelnen Elemente können nach dem Baukastensystem zu einem Reiseplan kombiniert werden, im Anschluss an die Tabellen möchte ich Ihnen aber auch noch einige Varianten für kürzere und längere Reisen vorstellen.

Der Große Norden: Von Arica bis Antofagasta

Gebiet	Ziele, interessante Elemente	Tage	ca. km	Erweiterungen
Arica und Umgebung (i) S. 363 ff	Stadtbesichtigung, Valle de Azapa (Chinchorro-Mumien), Strandtag	2	40	
Arica – PN Lauca – PN Isluga-Iquique (i) S. 370 ff	Putre (1 Tag Akklimatisation!), Hochgebirgslandschaft in den Nationalparks, Salar de Surire	4-5	650	PN Sajama (Bolivien, 2-3 Tage) Visviri (1 Tag)
Iquique und Umgebung (i) S. 384 ff	Stadtbesichtigung, Gigante de Atacama, Minen Humberstone und St. Laura	2	240	Termas de Mamiña (1 Tag)
Iquique – San Pedro de Atacama (i) S. 392 ff	Salpeter-Siedlung Maria Elena	1	430	
San Pedro de Atacama und Umgebung (i) S. 400 ff	Dorfbesichtigung mit Pukor, Tal des Mondes, Geysers de Tatio, Salar	2	450	Paso de Jama (1 Tag) Lagunas Miscanti und Sico (1 Tag)
San Pedro-Antofagasta (i) S. 410 ff	Kupfermine Chucicamata	1	340	
Antofagasta (i) S. 414 ff	Stadtbesichtigung, La Portada	1	40	

Der Kleine Norden: von Antofagasta nach Las Vilos

Gebiet	Ziele, interessante Elemente	Tage	ca. km	Erweiterungen
Antofagasta – Copiapó (i) S. 419 ff	PN Pan de Azúcar, Bahía Inglesa (Strandtag)	2-3	670	
Copiapó (i) S. 424 ff	Ausflug in die Umgebung: Paso de San Francisco	1	550	
Copiapó – La Serena (i) S. 429 ff	Fahrt durch die Halbwüste, Observatorien	1	350	

Der Kleine Norden: von Antofagasta nach Las Vilos

Gebiet	Ziele, interessante Elemente	Tage	ca. km	Erweiterungen
La Serena ⓘ S. 431 ff	Stadtbesichtigung, Strand	1	20	
Valle de Elqui ⓘ S. 435 ff	Geburtshaus von Gabriela Mistral, Weinbaugebiete, Pisco-Destillerie	1	170	
La Serena – Santiago ⓘ S. 441 ff	PN Fray Jorge: Nebelwald in der Wüste	2	550	Über Ovalle zum Valle de Encanto (halber Tag), Bad in den Termas de Soco (halber oder ganzer Tag)

Die Zona Central

Gebiet	Ziele, interessante Elemente	Tage	ca. km	Erweiterungen
Santiago ⓘ S. 338 ff	historisches Zentrum mit Mercado Central, Providencia und Las Condes, Bellavista mit Neruda-Haus	2-3		Besuch einiger Museen, Cerro San Cristóbal, Cerro Santa Lucía (1-2 Tage)
Umgebung von Santiago ⓘ S. 355 ff	Weingüter, Rafting auf dem Río Maipo	1-2	170	Valle de Anconcagua (1 Tag)
Viña del Mar, Valparaíso ⓘ S. 450 ff	Stadtbesichtigungen in beiden Städten, Neruda-Haus	2		Ausflüge nach Isla Negra (Neruda-Haus) und NP La Campana (je 1 Tag)
Santiago – Talca ⓘ S. 464 ff	Rancagua, Curico (Besuch der Tortenfabrik), Talca	0,5	260	RN Río Los Cipreses, Termas de Caucenes (1 Tag)
Talca – Concepción ⓘ S. 471 ff	Constitución, vulk. Badestrände, RN Frederico Albert, Concepción (Industriezentrum)	1-2	290	Ausflug nach Lota, Besuch einer Kohlemine
Concepción – Los Angeles ⓘ S. 483 ff	PN Nahuelbuta oder Lago Contulmo	1	330	Von L.A. zum PN Laguna de Laja (1 Tag)

Der Kleine Süden: Von Los Angeles nach Puerto Montt (mit Chiloé)

Gebiet	Ziele, interessante Elemente	Tage	ca. km	Erweiterungen
Los Angeles – Temuco (i) S. 487 ff	Tunel Los Raíces, RN Lago Galletue, PN Los Paraguas: Land der Araukarien und Mapuche	2-4	540	Valle de Anconcagua (1 Tag)
Temuco – Villarrica und Pucón (i) S. 497 ff	Badetag am Lago Villarrica, Raftingtour, Besteigung des Villarrica	2-4	120	PN Huerquehue, PN Villarrica mit Termas de Palguin (je ein Tag)
Über die Seen nach Valdivia (i) S. 500 ff	Lagos Calafaquen und Panguipulli mit Badestopp	1	230	Valle de Anconcagua (1 Tag)
Valdivia und Umgebung (i) S. 505 ff	Stadtbesichtigung, Flussfahrt, Ausflug nach Niebla	1-2	30	Besichtigung der Forts der Umgebung (1 Tag)
Nach Osorno (i) S. 507 ff	Osorno: Stadtbesichtigung, evtl. Viehmarkt	1	110	Lago und Termas de Puyehue
zum Lago Lanquihue (i) S. 515 ff	Frutillar (Freilicht-museum), Llanquihue, Puerto Varas, Gebiet der deutschen Besiedelung	1-2	140	Ausflug PN Vincente Perez Rosales (1-2 Tage)
nach Puerto Montt (i) S. 521 ff	Stadtbesichtigung, Handwerksmarkt	1	30	Tour zur Laguna San Rafael (7-8 Tage)
Puerto Montt – Castro (i) S. 527 ff	Ancud – Castro: be-schauliche Inselland-schaft, Stelzenhäuser und Fischmärkte	1	180	Abstecher an die Ostküste (Alternativ-strecke)
PN Chiloé (i) S. 534 ff	Unberührte Küstenlandschaft zum Wandern	1-3	120	Abstecher an die Ostküste (Alternativ-strecke)
Castro – Quellón (i) S. 532 ff	Conchi, Quellón; Fähren nach Pto. Chacabuco und Chaitén	1	80	Ausflug nach Puqueldón

Der Große Süden: Von Puerto Montt bis Tierra del

Gebiet	Ziele, interessante Elemente	Tage	ca. km	Erweiterungen
Nördliche Carretera Austral (i) S. 540 ff	Hornopirén, Parque Pumalín: größter privater Naturschutzpark der Erde, Chaitén (2 Fähren!)	2-4	250	zahlreiche Möglichkeiten zu Wanderungen
Chaitén – Coihaique (i) S. 546 ff	Lago Yelcho, Puyuhapi (Dorf deutscher Aussiedler)	1-3	350	Termas de Puyuhuapi, (einige Tage) Abstecher nach Futaleufú (1 Tag)
Coihaique, Umgebung (i) S. 549 ff	„Stadtleben" genießen, zu den Seen Castor, Frío und Pollux	1-2	100	Tour zur Laguna San Rafael (1-4 Tage)
von Coihaique nach Süden (i) S. 553 ff	RN Cerro Castillo, Lago Gral. Carrera, Capilla de Marmol, Lago Bertrand, Cochrane	1-2	360	Abstecher nach Chile Chico, Weiterfahrt nach Argentinien (1 Tag)
Punta Arenas und Umgebung (i) S. 560 ff	Stadtbesichtigung und Besuch Zona Franca, Ausflüge nach Fuerte Bulnes und zur Pinguin-Kolonie	3	120	Wanderung RN Magallanes (1 Tag), PN Pali Aiken (1 Tag)
nach Puerto Natales (i) S. 567 ff	Über Ruta 9 oder alternativ Isla Riesco und Río Verde	1	260	Wanderung RN Magallanes (1 Tag), PN Pali Aiken (1 Tag)
Pto. Natales, Umgebung (i) S. 568 ff	Cueva de Milodón, Schiffstour zum Gletscher Balmaceda	2	100	nach Calafate Argentinien), PN Los Glaciares (2-4 Tage)
PN Torres del Paine (i) S. 572 ff	Zahlreiche kürzere Wanderungen und Circuito de Paine, eine der schönsten Landschaften Patagoniens	1-10		
Punta Arenas – Ushuaia (i) S. 586 ff	Porvenir, chilenischer Teil Feuerlands: Seen; argentinischer Teil: Ushuaia, PN Tierra del Fuego	1-3	670	Beliebig erweiterbar durch Ausflüge zum Fischen

Vorschläge für kürzere und längere Reisen

Die einzelnen Vorschläge sind so angelegt, dass man sie entweder als komplette Reise machen oder aber als Baustein mit anderen Vorschlägen kombinieren kann. Alle Vorschläge lassen sich z. B. mit einem Flug zur Osterinsel (anzusetzen mit ungefähr einer Woche zusätzlich) oder zum Juan-Fernandéz-Archipel (ca. 3-5 Tage) ergänzen. Angegeben wird immer ein (mehr oder minder ausführliches) Minimalprogramm, das sich nach eigenen Vorlieben erweitern lässt, z. B. durch zusätzliche Ausflüge und Unternehmungen (wie Sport); Bade- und Ruhetage.

Stippvisite Chile

Eine Kurzreise, in der man überblicksartig einige der schönsten Landschaften Chiles kennen lernt, könnte folgendermaßen aussehen:

1. Tag:	Ankunft in Santiago
2. Tag:	Stadtbesichtigung (Innenstadt und evtl. Bellavista oder Providencia)
3. Tag:	Flug nach Arica, Stadtbesichtigung, Möglichkeit zum Bad im Pazifik
4. Tag:	Tagesausflug in den PN Lauca
5. Tag:	mit Bus oder Mietwagen nach San Pedro de Atacama, Besichtigung des Ortes, Spaziergang zum Pukor
6. Tag:	Tour zu den Geyseres de Tatio, abends Ausflug ins Valle de la Luna
7. Tag:	Fahrt nach Antofagasta, Flug nach Santiago und weiter nach Puerto Montt
8./9. Tag:	Ausflug per Boot in den Parque Pumalín
10. Tag:	Flug nach Punta Arenas, Stadtbesichtigung, evtl. alternativ Halbtagestour nach Fuerte Bulnes oder zur Pinguin-Kolonie
11. Tag:	Fahrt in den PN Torres del Paine, Rundtour per Auto, Übernachtung im Park
12. Tag:	Wanderung im Park, z. B. Aufstieg zu den Torres oder Bootstour über den Lago Grey
13. Tag:	Rückfahrt nach Punta Arenas
14. Tag:	Flug nach Santiago
15. Tag:	Heimflug

☞ Bemerkungen

Der Vorteil dieser Reise ist, dass man in kurzer Zeit viel kennen lernt, die Nachteile überwiegen meiner Meinung nach aber diesen Pluspunkt. Das Programm ist sehr dicht gepackt und muss auf jeden Fall perfekt geplant und vorgebucht werden, man hat viele Flüge und sehr wenig Zeit an den einzelnen Orten. Besser ist es, sich entweder auf den Norden oder den Süden zu konzentrieren und sich den Rest für eine zweite Reise aufzusparen!

Nordchile in zwei Wochen

1. Tag:	Ankunft in Santiago
2. Tag:	Stadtbesichtigung (Innenstadt und evtl. Bellavista oder Providencia)
3. Tag:	Flug nach Arica, Stadtbesichtigung, Möglichkeit zum Bad im Pazifik, Einkaufen für die Tour in die Berge
4. Tag:	Tour mit dem Mietwagen nach Putre, Ausflug in die nähere Umgebung (120 km)
5. Tag:	PN Lauca, Lago Chungara, RN Las Vicuñas, Übernachtung am Salar de Surire (250 km)
6. Tag:	PN Isluga, Gigante de Atacama (Cerro Unita), Iquique (370 km)
7. Tag:	Aufenthalt in Iquique, wahlweise Ausflug zu den Minen St. Clara und Humberstone, Besuch der Zona Franca oder Baden und Sonnen am Pazifik
8. Tag:	Fahrt nach San Pedro de Atacama (400 km), Spaziergang zum Pukor und Ortsbesichtigung
9. Tag:	Tour zu den Geyseres de Tatio, abends Ausflug ins Valle de la Luna
10. Tag:	früher Aufbruch, Fahrt nach Chucicamata (110 km), Besichtigung der Mine, Fahrt nach Antofagasta (230 km)
11. Tag:	Fahrt zum PN Pan de Azúcar (410 km), Übernachtung im Park
12. Tag:	Ausflug im Park, entweder Bootstour oder mit dem Auto in den Sektor Las Lomitas, Fahrt nach La Serena (560 km)
13. Tag:	Ausflug ins Valle Elqui (180 km)
14. Tag:	Flug oder Busfahrt nach Santiago

☞ Bemerkungen

Dieses Programm lässt sich ohne weiteres durch ein paar zusätzliche Ausflüge (besonders lohnend in die Umgebung von San Pedro!) oder durch einige Ruhetage (da sehr knapp kalkuliert) auf drei Wochen erweitern. Bei der Tour durch die Nationalparks in den Anden muss man mit Problemen durch die Höhenkrankheit rechnen, evtl. sollte man einen zweiten Tag in Putre einplanen (den man für eine Tour mit Birding Alto Andino nutzen kann!).

Das Zentrum in acht Tagen

1. Tag:	Besichtigung in Santiago, z. B. historisches Zentrum und Bellavista oder Providencia
2. Tag:	Santiago: Besichtigungen oder Einkaufen
3. Tag:	von Santiago nach Viña del Mar (120 km), Stadtbesichtigung oder Nachmittag am Strand

4. Tag:	Ausflug nach Valparaíso, Besichtigung der Stadt und einiger ihrer Museen, z. B. dem Neruda-Haus
5. Tag:	Ausflug nach Isla Negra mit Möglichkeit zum Baden
6. Tag:	Valparaíso nach Constitución (490 km); Bademöglichkeit, oder Concepción (640 km)
7. Tag:	Ausflug nach Lota, Besichtigung einer Kohlemine (40 km), Weiterfahrt nach Los Angeles
8. Tag:	Ausflug wahlweise zum PN Nahuelbuta oder PN Laguna de Laja

🖝 Bemerkungen

Das Zentrum ist nicht so reich an touristischen Höhepunkten, trotzdem kann man durchaus die eine und andere schöne Ecke finden und mitnehmen, besonders wenn man sowieso mit dem Auto auf dem Weg nach Süden ist. Besonders die Gegend um Concepción ist stark industriell geprägt, aber das ist eben auch ein Teil der chilenischen Realität!

Die Seenregion, Chiloé und Carretera Austral in zwei Wochen

1. Tag:	Los Angeles – RN Galletue, Übernachtung auf einem der Campingplätze an der Laguna Galletue oder in einem der einfachen Residenciales am Lago Iclama (280-300 km)
2. Tag:	zum PN Conguillio, (90 km), Wanderung im Park
3. Tag:	Fahrt nach Villarrica (210 km) oder Pucón (235 km); Nachmittag am Strand
4. Tag:	Ausflug in die Umgebung (PN Villarrica, PN Huerque, zum Raften, zu den Termas...)
5. Tag:	anderer Ausflug in die Umgebung
6. Tag:	über den Lago Calafaquen und Lago Panguipulli nach Valdivia (200 km), Besichtigung der Stadt
7. Tag:	Morgens Besuch des Marktes, Weiterfahrt zum Lago Llanquihue, Übernachtung in Frutillar (180 km)
8. Tag:	nach Puerto Montt, Besichtigung der Stadt
9. Tag:	nach Castro (180 km, eine Fähre), evtl. Abstecher nach Dalcahué
10. Tag:	nach Quellón (80 km), Fähre nach Chaitén
11. Tag:	zum Lago Yelcho, Übernachtung dort (90 km)
12. Tag:	durch den Parque Pumalín zur Caleta Gonzalo (150 km)
13. Tag:	Aufenthalt im Parque Pumalín
14. Tag:	nach Puerto Montt (150 km, zwei Fähren, eine davon über sechs Stunden!)

Bemerkungen

Die chilenische Schweiz, wie die Seenregion auch genannt wird, ist eine der schönsten Gegenden Chiles und bietet zahlreiche Gelegenheiten zu Outdoor-Aktivitäten, wie Vulkanbesteigungen, Wanderungen in den Nationalparks, Rafting-Touren, Ausflüge mit Pferden... Den Möglichkeiten sind (fast) keine Grenzen gesetzt. Das hier vorgestellte Programm ist für Leute gedacht, die auf der Durchfahrt einige der schönsten Ecken kennen lernen wollen. Wenn man mehr Zeit hat, lohnt es sich unbedingt, länger hier zu bleiben!

Die hier vorgestellte Variante für eine Tour über die Carretera Austral ist in gewisser Weise ebenfalls eine Light-Version, bei der man aber einige der absoluten Höhepunkte (und den meiner Meinung nach schöneren Teil) kennen lernt. Allerdings entgehen einem z. B. Puyuhuapi und die gleichnamigen Termas sowie der ganze südliche Teil der Carretera. Eine andere Möglichkeit besteht darin, von Quellón aus die Fähre nach Pto. Aisén bei Coihaique zu nehmen (die fast zwei Tage durch eine der unberührtesten Landschaften Chiles unterwegs ist) und dann nordwärts zu fahren. Oder man fährt von Punta Arenas aus durch Argentinien und kreuzt bei Chile Chico wieder die Grenze.

Der Süden in zwei Wochen

1. Tag:	Ankunft in Punta Arenas, Stadtbesichtigung
2. Tag:	Ausflug nach Fuerte Bulnes oder zur Pinguin-Kolonie
3. Tag:	über Punta Delgada nach Feuerland, Übernachtung in Porvenir (310 km)
4. Tag:	über San Sebastián und Rio Grande nach Ushuaia (470 km)
5. Tag:	Ausflug in den PN Tierra del Fuego
6. Tag:	Ausflug zur Estancia Harberton oder Schiffstour
7. Tag:	Rückfahrt nach Punta Arenas (650 km)
8. Tag:	Fahrt nach Puerto Natales (260 km)
9. Tag:	Ausflug in die Umgebung
10. Tag:	zum PN Torres del Paine
11. Tag:	Ausflüge im Park
12. Tag:	Ausflüge im Park
13. Tag:	nach Calafate (Argentinien, 250 km)
14. Tag:	Ausflug zum Gletscher Perito Moreno
15. Tag:	Rückfahrt nach Punta Arenas (500 km)

    Bemerkungen

Auch hier ist das Programm etwas gedrängt und mit viel Fahrerei verbunden. Entspannter kann man es angehen, wenn man entweder drei Wochen veranschlagt oder aber Feuerland ganz weglässt bzw. der Insel nur eine Stippvisite abstattet. Eine andere Möglichkeit wäre, nach Ushuaia (oder Puerto Williams) zu fliegen. Die Straßen hier im Süden sind auf weiten Strecken nur geschottert!

6. SANTIAGO UND UMGEBUNG
(ⓘ S. 185)

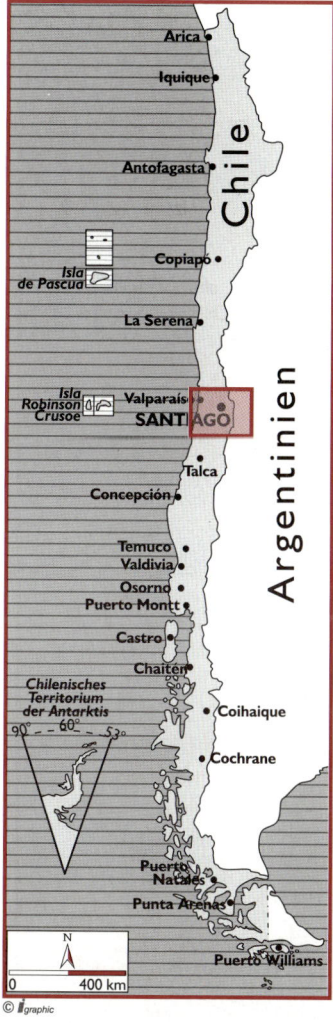

Überblick

Santiago nimmt in der Geografie von Chile eine besondere Stellung ein: es liegt in der Mitte des langen Schlauches und ist in mehr als einem Sinne das Zentrum dieses merkwürdigen Landes. Hier leben mehr als fünf Millionen der insgesamt etwa 14 Millionen Chilenen, hier laufen die Fäden von Wirtschaft und Politik zusammen, hier werden Entscheidungen getroffen, die das Leben der Menschen 2.000 km weiter im Norden und 2.000 km weiter im Süden bestimmen.

Das Zentrum des Schlauches

Der chilenische Schriftsteller *Antonio Skarmeta* schreibt über Santiago:
„*Diese Metropole kennt keine urbanistischen Gesetze. Hier verstecken sich Häuser aus der Kolonialzeit zwischen postmodernen, verchromten Bauten, stehen einfache Läden neben keimfreien Supermärkten, dröhnen Flugzeugmotoren über Wohngebiete, sind Fortschritt und Verfall Nachbarn. Santiago ist eine Mischung aus Miami und Kastilien, Jaguar und Ochsenkarren.*" (zitiert nach Merian Chile).

Santiago ist eine Großstadt mit allen ihren Vor- und Nachteilen. Hier kommt der Chile-Reisende aus Europa unweigerlich an und ist zunächst von zwei Dingen beeindruckt: dem Smog, der es nur selten erlaubt, einen Blick auf die majestätische Andenkette zu werfen, und dem europäischen Eindruck, den Santiago auf den ersten Blick macht. Auf den zweiten Blick hat die Hauptstadt viele Facetten und man braucht nicht lange zu suchen, um auch die anderen, weniger vertrauten Seiten zu entdecken. Im Zentrum hastet an jedem Werktag ein Heer von Angestellten, Verkäuferinnen, Sekretärinnen und Managern zu ihren Arbeitsplätzen in der City, gekleidet nach der neuesten Mode und ausgerüstet mit dem unvermeidlichen Handy. In den Villenvierteln von Vitacura bringen adrette Kindermädchen ihre Schütz-

Smog

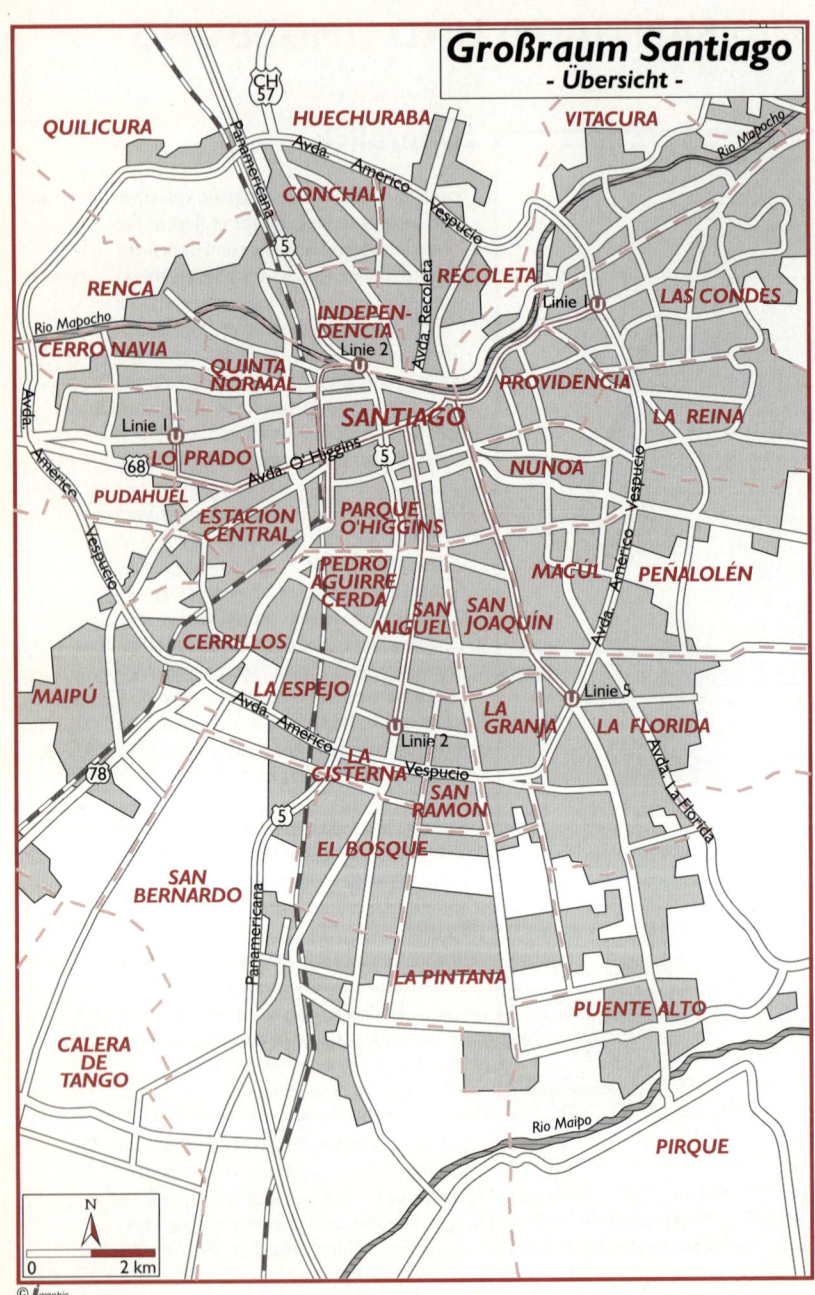

Großraum Santiago
- Übersicht -

QUILICURA

HUECHURABA

VITACURA

CONCHALI

RENCA

RECOLETA

INDEPEN-
DENCIA
Linie 2

Linie 1

LAS CONDES

CERRO NAVIA

QUINTA
NORMAL

SANTIAGO

PROVIDENCIA

LA REINA

Linie 1

LO PRADO

Avda. O'Higgins

NUNOA

PUDAHUEL

ESTACION
CENTRAL

PARQUE
O'HIGGINS

MACÚL

PEÑALOLÉN

PEDRO
AGUIRRE
CERDA

SAN
MIGUEL

SAN
JOAQUÍN

CERRILLOS

MAIPÚ

LA ESPEJO

Avda. America

LA
CISTERNA
Linie 2
Vespucio

LA
GRANJA

Linie 5

LA FLORIDA

SAN
RAMON

EL BOSQUE

SAN
BERNARDO

LA PINTANA

PUENTE ALTO

CALERA
DE
TANGO

Rio Maipo

PIRQUE

N

0   2 km

© Igraphic

linge in den Kindergarten, die Häuser sind hinter den hohen Mauern oft nur zu erahnen. In den Einkaufszentren nordamerikanischen Zuschnitts kann man mit dem entsprechenden Geldbeutel alles erwerben, was gut und teuer ist. Daneben gibt es ausgedehnte Viertel, die *Poblaciones*, in denen die Menschen eng aufeinander in schäbigen zehnstöckigen Wohnblocks oder in zusammengezimmerten Häuschen leben und in die sich kaum ein Tourist verirrt. Die sozialen Unterschiede sind groß wie in jeder Großstadt der Welt, aber sie zeigen sich dem Besucher nicht so deutlich wie in anderen südamerikanischen Metropolen. Darum kann man sich zumindest tagsüber immer noch recht gefahrlos in den meisten Zonen bewegen. Dem Ruf Chiles, das sicherste Land in Südamerika zu sein, wird auch die Hauptstadt gerecht.

Geschichte der Stadt

Pedro de Valdivia, der große Eroberer Chiles, gründete Santiago 1540 als Hauptstadt des neuen Landes. Er gab der Siedlung den Namen Santiago de Nuevo Extremo als Huldigung an den Heiligen Santiago (der der Schutzpatron des spanischen Heeres war) und an seine Heimat in Spanien, die Extremadura. Übrig blieb der Name **Santiago de Chile.**

- Für einen Rundgang durch das **historische Stadtzentrum** sollten Sie sich auf jeden Fall Zeit nehmen. Etwas Besonderes ist auch das heitere Flair des Viertels **Bellavista** mit dem Haus Nerudas (S. 351).
- Auf keinen Fall verpassen darf man die bunte Geschäftigkeit des **Mercado Central**, in dem es sich auch gut zu Mittag essen lässt.
- Für Geschichts-Interessierte ist die **Casa Colorada** (S. 347) ein guter Anlaufpunkt, hier gibt es eine interessante Ausstellung zur Stadtgeschichte in einem der ältesten Häuser Santiagos.
- Eines der wichtigsten Museen der Stadt (mit einem ausgezeichneten Ruf in ganz Südamerika!) ist das **Museo Chileno de Arte Precolombino** (S. 348) mit einer Ausstellung zur präkolonialen Geschichte, nicht nur Chiles.
- Santiago bietet die meisten Möglichkeiten für **kulturelle Unternehmungen**, besuchen Sie doch z. B. eine Aufführung eines der kleinen Theater, die in Bellavista jedes Jahr neu entstehen und manchmal aber auch schnell wieder verschwunden sind. Lohnende (hin und wieder auch chilenische) Filme hat das Kino El Biógrafo (S. 185ff) im Programm.

Übernachten   Das schönste (und dabei sehr zentrale) Viertel zum Übernachten ist das **Barrio Paris-Londres** mit seinen kleinen Gassen; preiswert ist das Residencial Londres, im mittleren Preissegment liegt das Hotel Las Vegas und in der oberen Preisklasse das Hotel Fundador und Plaza San Francisco.

Essen   Die größte Auswahl origineller Restaurants findet man in Bellavista, eine spezielle Empfehlung ist die **Cava de Cardignac** (S. 185ff), die interessante portugiesische Speisen und eine gute Auswahl an Weinen auf der Karte hat. Im Zentrum kann man sehr gut und nicht teuer im **Mercado Central** (z. B. Donde Augusto, S. 185 ff) essen, hier gibt es rustikalen Fisch und Meeresfrüchte. Ein Geheimtipp ist das **Centro Catalá** (S. 185ff) in Providencia, das sehr gut zubereitete katalanische und spanische Küche in einem wunderschön gepflegten kleinen Haus serviert.

Einkaufen   Nirgendwo findet man eine größere Auswahl des berühmten Lapislazuli-Schmucks als in Bellavista (S. 185ff).

Die erste Siedlung, die hier gebaut wurde, hatte wenig Bestand: nach nur sechs Monaten wurde sie von einer Truppe Mapuche wieder zerstört. Die nächste Niederlassung wurde besser befestigt, aber in den ersten Jahren war die heutige Hauptstadt nichts weiter als eine erbärmliche Anhäufung kleiner Hütten. Das mag auch daran gelegen haben, dass die Eroberer anderes im Sinn hatten, als den Ausbau der Hauptstadt: der ganze Süden des Landes musste unterworfen werden, und das war nicht im Handumdrehen zu erledigen, wie sich bald herausstellte.

Armut und Reichtum liegen eng nebeneinander

Kurz nach der Gründung der Stadt verloren die spanischen Eroberer ein wenig das Interesse an Santiago und wandten sich nach Süden, wo sie weitere Städte gründeten. Während des Aufstandes der Mapuche 1599 in diesen südlicheren Gebieten flohen viele der Bewohner der neuen Städte nach Santiago und bescherten der Stadt einen enormen Bevölkerungszufluss, der dazu führte, dass sich die Stadt jetzt tatsächlich als Hauptstadt des Landes etablieren konnte. Ende des 16. Jahrhunderts lebten einige tausend Menschen hier, deren Löwenanteil Indios ausmachten.

Am 13. Mai 1647 wurde Santiago zum ersten Mal von einem Erdbeben in Schutt und Asche gelegt, nicht zum letzten Mal; im-

⟳   **Zeiteinteilung**

Vier Tage sollte man für Santiago schon mindestens einplanen, zum Anfang einer Chile-Reise kann man sich in der Hauptstadt ein wenig auf das Land einstellen. Wenn man noch Ausrüstungsgegenstände besorgen will, ist Santiago der richtige Ort dafür, überall sonst im Land ist die Auswahl wesentlich geringer! Am Wochenende ist besonders die Innenstadt ziemlich tot, Samstag und besonders Sonntag ist vielleicht der richtige Tag für einen Ausflug in die Umgebung (Wobei man beachten sollte, dass z. B. die Weingüter sonntags oft auch geschlossen haben!).

Santiago: heute eine moderne Großstadt

mer wieder mussten große Teile der Gebäude neu aufgebaut oder die schönen Kolonialkirchen zumindest grundlegend renoviert werden.

Im Laufe des 17. und 18. Jahrhunderts erhielt Santiago immer mehr zentrale Funktionen. 1609 wurde ihr der Titel einer **Real Audiencia** verliehen, und man gestand ihr eine eingeschränkte Selbstverwaltung und eine eigene Gerichtsbarkeit zu. 1743 gründete man die **Casa de Moneda**, in der das Geld für das ganze Land geprägt wurde. 1793 wurde ein Konsulatstribunal eingerichtet, das über den Handel der Kolonie mit dem Mutterland Spanien wachte.

Anfang des 19. Jahrhunderts waren die Chilenen damit beschäftigt, die Unabhängigkeit ihres Landes zu erkämpfen und für städtebauliche Aktivitäten blieb ihnen wenig Zeit. Das änderte sich mit dem Salpeterboom: die politischen Verhältnisse im Land waren weitgehend stabilisiert und Geld gab es im Überfluss, so dass man die besten Architekten aus Europa verpflichten konnte und auch sonst an nichts sparen musste. Man baute viele öffentliche Gebäude, und auch die Minenbesitzer ließen es sich nicht nehmen, sich repräsentative Villen in der Hauptstadt zu errichten.

Jetzt wurde Santiago zum wirklichen Zentrum des Landes, immer mehr Menschen zogen hierher und bis heute wächst die Stadt: bis jetzt wohnen ca. 5 Mio. Menschen hier und jedes Jahr gibt es rund 100.000 *Santiaguinos* mehr!

☞ Hinweis

*Auch wenn Santiago **keine gefährliche Stadt** ist, sollten Sie doch einige Dinge beachten:*
- *In der Fußgängerzone und der Alameda gibt es viele Taschendiebe, ebenso in der Metro zu den Stoßzeiten.*
- *In den Vierteln nördlich der Plaza Central ist es nach Einbruch der Dunkelheit nicht besonders sicher.*
- *Auf jeden Fall sollte man nachts den Cerro Santa Lucía meiden.*
- *In die Poblaciones sollte man sich auch tagsüber nur in (chilenischer) Begleitung wagen!*

Sehenswertes in der Innenstadt

Santiago ist für Touristen eine angenehme Stadt: viele der wichtigsten historischen Gebäude liegen konzentriert in der Innenstadt und sind bei einem Rundgang zu Fuß gut erreichbar (andere interessante Stadtteile lassen sich mit der modernen und schnellen Metro ansteuern). Orientieren kann man sich an einigen markanten Eckpunkten: dem Fernsehturm, den man von vielen Ecken aus sieht, der Plaza de Armas natürlich, dem Cerro Santa Lucía und der Hauptverkehrsader der Stadt, der Alameda (die offiziell den schönen Namen Avenida Libertador Bernardo O'Higgins trägt).

Rundgang durch das historische Stadtzentrum

Wenn Sie nicht im Stadtzentrum wohnen, fahren Sie am besten mit der Metro zur Station Universidad de Chile. Direkt vor dem Ausgang liegt das Zentralgebäude der

Universidad de Chile (1)

Das in den Jahren 1863-72 in neoklassizistischem Stil erbaute Hauptgebäude der Universität von Chile beherbergt heute nur noch das Rektorat der Hochschule. Die verschiedenen Fakultäten verteilen sich über das gesamte Stadtgebiet. Dementsprechend sieht man hier wenig studentisches Leben. Ein Block weiter nach Osten entlang der Avda. Libertador O'Higgins liegt die

Iglesia San Francisco (2)

die als die älteste erhaltene Kirche Chiles gilt. An dieser Stelle ließ *Pedro de Valdivia* die erste Kapelle des Landes errichten, die Bauzeit dauerte von 1586 bis 1628. Wie sonst kaum ein Gebäude hat sie sämtliche Erdbeben überstanden, die Santiago im Lauf der Jahrhunderte heimsuchten. Nur der Turm musste immer wieder erneuert werden, der jetzige wurde 1857 errichtet.

Älteste Kirche der Stadt

Im Inneren der Kirche ist eine Statue der **Virgen del Socorro**, der helfenden Jungfrau, aufgestellt. Von ihr wird berichtet, dass Pedro de Valdivia sie selbst aus seiner Heimat Spanien mit nach Südamerika gebracht hat, wo sie ihn, am Sattel seines Pferdes festgebunden, auf allen seinen Reisen und Schlachten begleitet haben soll, bevor er sie in der Hauptstadt der neuen Kolonie aufstellen ließ. Das der Kirche

angeschlossene ehemaligen Franziskaner-Kloster beherbergt jetzt ein Museum, in dem vor allem kirchliche Kunst ausgestellt wird. Aber auch die Urkunde zur Verleihung des Nobelpreises an *Gabriela Mistral* ist hier zu finden, die wohl berühmteste Dichterin Chiles war Laienschwester des Franziskaner-Ordens.

Pittoreskes Viertel

Hinter der Kirche beginnt das **Barrio Paris-Londres.** Früher war es ein verruchtschickes Viertel, in dem Edel-Prostituierte ihrer Arbeit nachgingen und in dem es diskrete Hotels für nicht verheiratete Paare gab. Nachdem die Häuser langsam zu verfallen drohten, hat man aufgeräumt, heute sind die Straßen hell erleuchtet und es gibt eine Menge kleiner und feiner Hotels, in deren Zimmern man nachts nur hin und wieder ein Auto über das Kopfsteinpflaster rumpeln hört.

Von der Kirche San Francisco aus geht man zwei Blocks auf der Alameda nach Westen und biegt dann bei der Metrostation Universidad de Chile rechts in den **Paseo Ahumada** ein. Hier fängt die **Fußgängerzone** an, tagsüber ist sie vollkommen verstopft mit Menschen, die zur Arbeit oder zum Einkaufen unterwegs sind, abends und am Wochenende wird sie zur Flaniermeile. Vorbei an Banken, Fast-Food-Restaurants und Läden geht es in vier Blocks zur Plaza de Armas.

Die Plaza de Armas

Auf der Plaza de Armas, dem absoluten Zentrum der Stadt, wimmelt es fast zu jeder Tages- und Nachtzeit von Menschen. Straßencafés laden zum Ausruhen ein und auch die Bänke um den Platz sind immer besetzt. Politische Diskussionen und religiöse Eiferer finden hier immer reichlich Zuhörer. Pantomimen, Straßenmaler und Zuckerwatteverkäufer mischen sich mit den Menschen, die zur Arbeit oder zum Einkaufen in die Innenstadt streben, mit den Rentnern, die auf den Bänken ihre Tage verbringen und mit den Touristen. Nach einer Umgestaltung Ende der 90er Jahre des letzten Jahrhunderts sind Blumenrabatte und die Rasenfläche, auf der sich früher Liebespaare niederlassen und Kinder spielen konnten, verschwunden. Trotzdem ist die Plaza de Armas Mittel- und Treffpunkt der Stadt geblieben. Sonntagnachmittags geht man hier spazieren um Bekannte zu treffen und sich sehen zu lassen. Die Kinder werden zu dieser Gelegenheit immer reichlich verwöhnt, dem Angebot an Eis, Zuckerwatte und Spielzeug können anscheinend weder die Eltern noch die Großeltern widerstehen!

Estación Baquedano

Av. O'Higgins (Alameda)

Estación Universidad Católica

Portugal

Rancagua

1 Universidad de Chile
2 Iglesia San Francisco
3 Kathedrale
4 Museo Histórico Nacional
5 Casa Colorada
6 Mall de Centro
7 Mercado Central
8 Ex Congreso Nacional
9 Museo Chileno de Arte Precolombino
10 Palacio de la Moneda
11 Bolsa de Comercio
12 Estación Mapocho
13 Museo Nacional de Bellas Artes
14 Museo Arqueológico de Santiago

Pedro de Valdivia legte die Plaza de Armas an, als er die Stadt gründete. Ihren Namen (Plaza de Armas kann etwa mit Platz der Waffen übersetzt werden) bekam sie, weil hier die Soldaten, die die junge Siedlung schützen sollten, ihr Lager aufschlugen und ursprünglich gab es sogar ein kleines Fort an dieser Stelle. Wie in den meisten Kolonialanlagen ist die Plaza als Zentrum der Stadt gedacht, an der sich Regierungs- und Gerichtsgebäude, aber auch große Handelshäuser konzentrierten. Von hier aus wurde noch unter dem Stadtgründer das umliegende Gebiet in quadratische Parzellen aufgeteilt, so dass die weitere Besiedelung geordnet vor sich gehen konnte.

Um 1860 begann die Stadt, die Bäume zu pflanzen und die Gartenanlagen zu konzipieren, die der Plaza heute auch an heißen Tagen ihr luftiges Flair geben. *Pedro de Valdivia* scheint von seinem Pferd aus, auf dem er lässig thront, dem täglichen Treiben zuzusehen.

Um die Plaza sind einige der wichtigsten historischen Gebäude der Stadt verteilt.

Auf der Plaza de Armas: ein Denkmal für die Urbevölkerung Chiles

An der Westseite der Plaza de Armas liegt die **Kathedrale (3)**

An der Stelle des mächtigen Baus, der heute die Plaza überschaut, stand ursprünglich eine Kirche, die noch unter *Pedro de Valdivia* angelegt worden war. Sie wurde bei dem Angriff der Mapuche, die die junge Siedlung sechs Monate nach ihrer Gründung fast dem Erdboden gleich machten, zerstört. Die folgenden Bauten, die jeweils immer eine Nummer größer als ihre Vorgänger gerieten, wurden 1552, 1647 und 1730 durch Erdbeben in Trümmer gelegt. Einige Jahre nach dem letzten Erdbeben (1747) begann man mit dem Bau der heutigen Kathedrale. Sie gehört zu den Bauwerken eines der berühmtesten Baumeister des kolonialen Südamerika, *Joaquin Toesca*, der allerdings nicht alleine für dieses imposante Bauwerk verantwortlich zeichnete. Ihm ist die neoklassizistische Fassade zuzuschreiben, die in den Jahren 1780-89 entstand. Die beiden Türme wurden der Kirche erst 1899 angebaut. Im angegliederten Museum sind zahlreiche der religiösen Kunstgegenstände aus dem Inneren der Kirche zu bewundern, einige stammen aus den Werkstätten bayrischer Jesuiten.

Zerstört durch Erdbeben

Die Kathedrale

An der Nordseite der Plaza prangt die **Municipalidad**, das Rathaus der Stadt. Es wurde 1790 in neoklassizistischem Stil erbaut und hier war ursprünglich auch das Gefängnis.

In der Mitte der nördlichen Häuserzeile der Plaza liegt das
Museo Histórico Nacional (4)

Hier sind annähernd 12.000 Exponate ausgestellt, die die Geschichte Chiles von prä-kolumbianischer Zeit bis ins 20. Jahrhundert illustrieren.

Komplettiert wird die Nordseite der Plaza vom Gebäude der **Hauptpost** (Correo Central). An seiner Stelle stand ursprünglich ein Palast der Kolonialregierung, der 1881 von einem Feuer zerstört wurde. Einige Mauern, die das Feuer überstanden hatten, bezog der Architekt Ricardo Brown in den prächtigen Neubau für die Haupt-post ein, den er 1882 errichtete. Im Obergeschoss (das 1908 dazugebaut wurde) gibt es ein Post-Museum.

Von der Plaza de Armas sind es nur einige Schritte auf der C. Merced bis zur
Casa Colorada (5)

Das niedrige lachsfarben angestrichene Gebäude gehört zu den ältesten Häusern der Stadt. Es wurde 1769 für den Geschäftsmann *Don Mateo de Toro y Zambrano* ge-baut, der sein Geld zur Schau stellte, indem er sich das einzige private Gebäude der Stadt mit zwei Stockwerken leistete, zu dieser Zeit ein unerhörter Luxus. Heute mutet es hier im Stadtzentrum mit seinen Prachtbauten aus späteren Zeiten eher bescheiden an. Damals lebte die Familie des Kaufmannes im ersten Stock, während im Erdgeschoss die Geschäfte abgewickelt wurden. Heute ist in dem Haus mit dem schönen Innenhof das stadthistorische Museum untergebracht, das eine interessan-te und gut gemachte Ausstellung zur Entwicklung der Stadt zeigt. Die wird anschau-lich mit zahlreichen Dioramen dargestellt, an denen man die verschiedenen Etappen und das Wachstum gut verfolgen kann. *Kolonial-haus*

Von der Plaza de Armas kann man weiter die Ahumada hochgehen, die jetzt zur C. Puente wird und einen Block weiter kommt man an dem einzigen innenstadt-nahen Einkaufszentrum vorbei, dem **Mall de Centro (6)**. In den Straßen rund-herum gibt es Hunderte kleiner Geschäfte für den täglichen Bedarf, immer the-matisch geordnet: in einer Straße findet man alle Schlachtereien, einen Block wei-ter schließen sich Kurzwarengeschäfte an und dann wieder sieht man nur Schau-fenster mit Brautmoden. *Einkaufs-zentrum*

Am Ende der C. Puente liegt der **Mercado Central (7)**, ein schönes Gebäude, das 1872 aus England importiert und hier zusammengebaut wurde, eigentlich hatte es die Stadtverwaltung als Ausstellungshalle für Künstler gedacht. Aber dann wurde es als Markt genutzt und heute wird hier eine Fülle der schönsten *Mariscos* und Fische angeboten und es gibt viele Stände mit Früchten und Gemüse. Ebenfalls im Gebäude des Marktes haben sich etliche kleinere und größere Restaurants angesiedelt, in de-nen man teilweise sehr gut essen kann. *Bunter Markt*

Man läuft jetzt zwei Blocks nach Westen auf der C. San Pablo und gerät etwas in die schäbige Hinterstube der Innenstadt. Dann biegt man an der C. Bandera wieder nach Süden ab und gelangt im 400er Block an die Rückseite der Kathedrale. Auf der anderen Straßenseite liegt in einem lauschigen, wunderbar gepflegten Garten mit einer Fülle violett blühender Jacaranda-*Oase im* Bäume der **Ex Congreso Na-** *Zentrum* **cional (8).** Ursprünglich gab es

Im Mercado Central

an diesem Platz eine Kirche, die aber am 8. Dezember 1863 abbrannte und in der damals mehr als 2.000 Menschen starben. An sie erinnert eine Marien-Statue im Garten des Palastes. Das heutige Gebäude wurde Ende des 19. Jahrhunderts von einem französischen Architekten gebaut, auch der ursprüngliche Bau des Kongresses wurde dann bei einem Brand fast ganz zerstört und musste komplett neu aufgebaut werden.

Einen Block weiter hat man rechter Hand die Tribunales de Justicia und links den **Palacio Real de la Aduana**. Der wurde zu Anfang des 19. Jahrhunderts in Anlehnung an den Stil von Toesca gebaut und hat einen schönen Innenhof, in dem es eines der wenigen ruhigen Cafés in der Innenstadt gibt, in denen man seinen Kaffee draußen trinken kann. Hier ist eines der wichtigsten Museen Chiles untergebracht, das

Museo Chileno de Arte Precolombino (9)

Das Museum präsentiert nicht nur den chilenischen Raum, sondern auch Funde aus Ecuador und Kolumbien, außerdem gibt es immer wieder ausgezeichnete Extraausstellungen.

Wendet man sich von hier einen Block nach Westen und läuft weiter auf die Alameda zu, gelangt man direkt zur Plaza de la Constitución und zum **Palacio de la Moneda (10)**. Das durch die Ereignisse des 11. September 1973 weltweit berühmt ge-
Geschichts- wordene Gebäude hat der italienische Architekt *Toesca* in den letzten Jahren des 18. *trächtiger* Jahrhunderts geplant und errichtet. Ursprünglich wurde es als Münzprägeanstalt *Regierungs-* gebaut und der Architekt musste einige Kritik ertragen, weil das Gebäude so groß *sitz* und prächtig geraten war. Nach der Unabhängigkeit funktionierte man es zum Präsidentenwohnort um und das blieb er bis 1958. Nachdem die Luftwaffe den Bau während des Putsches bombardiert und heftig beschädigt hatte, musste er zunächst renoviert werden, außerdem wurden unter Oberaufsicht des Geheimdienstes unterirdische Fluchtwege und Verstecke eingebaut. 1981 konnte *Pinochet* wieder einziehen und bis heute ist der Palast der Regierungssitz des Präsidenten. Lange Zeit war die Moneda nur nach wochenlanger Voranmeldung zu besichtigen. Einer der ersten Punkte auf der Agenda von *Ricardo Lagos* nach seiner Amtseinführung war die Öff-

Die Börse

nung zumindest des Innenhofs seines Amtssitzes für das Publikum. Um den Palast selber zu besichtigen ist immer noch eine Voranmeldung mindestens 20 Tage vor dem geplanten Besuch nötig. Ob sich der Aufwand für den Anblick der prächtigen Amtsräume wirklich lohnt, muss jeder selbst entscheiden.

Auf der Plaza de Contsitución findet an Tagen mit geradem Datum um 10 Uhr ein Wachwechsel der Carabiñeros statt, auch im Innenhof der Moneda kann man den Polizisten bei ihrer Arbeit zusehen.

Von der Plaza de la Constitución sieht man schon das spitzwinklige Gebäude der **Bolsa de Comercio (11)**, der Börse. Hier kann man vormittags die Broker beobachten. Gleich nebenan liegt der **Club de la Unión**, der eine der wichtigsten gesellschaftlichen Institutionen der Stadt und des ganzen Landes ist. Hier treffen sich Politiker und Wirtschaftsführer und sicherlich wird manche wichtige Entscheidung, was die große Politik betrifft, nicht nebenan in der Moneda, sondern hier bei einem guten Mittagessen getroffen.

Auf der Plaza de la Libertad auf der anderen Seite der Moneda steht eine große Statue von *Bernardo O'Higgins*, sie stammt aus der Ära Pinochet und unter dem ewigen Licht liegt der Sarg des chilenischen Freiheitskämpfers. Hier ist man fast wieder am Ausgangspunkt der Tour angekommen.

Die Fußgängerzonen

In seinem Bericht über *Miguel Littin*, den chilenischen Filmemacher, der 1985 nach 12 Jahren Exil heimlich wieder nach Chile kommt, um einen Film über die Diktatur zu drehen, beschreibt *Gabriel García Márquez*, wie sehr die Fußgängerzonen, die unter Pinochet eingerichtet wurden, die Innenstadt veränderten. Littin ist bei seiner Rückkehr nach Santiago vollkommen überwältigt von dem sauberen und weltstädtischen Eindruck, den die Hauptstadt auf einmal macht (García Márquez: Miguel Littin: illegal in Chile). Das war genau der Eindruck, den Pinochet ausländischen Besuchern vermitteln wollte: den eines wohl organisierten, fortschrittlichen Industriestaates und da war die Neugestaltung der Innenstadt ein wichtiger Baustein. Heute kann man sich kaum vorstellen, wie es gewesen sein muss, als die Innenstadt noch überall von Autos befahren werden konnte, in den engen Häuserschluchten stauen sich die Abgase in der Sommerhitze schon so bis zur Unerträglichkeit.

Lebensadern Santiagos

Die beiden Straßen, die als Fußgängerzonen ausgewiesen sind, kreuzen sich, der Paseo Ahumada fängt an der Estación Universidad de Chile an der Alameda an, der Paseo Huérfanos verläuft im rechten Winkel dazu. An den beiden Straßen haben viele der wichtigsten Banken des Landes ihre Hauptgeschäftsstelle, daneben gibt es eine Reihe großer Department-Stores und jede Menge Fast-Food-Restaurants. Die kleineren Geschäfte und Boutiquen haben sich in den großen Galerien angesiedelt, die es in und um die Fußgängerzone zuhauf gibt. Hier findet man vom Souvenirladen bis zum Babyausstatter alles, je weiter man nach Norden kommt, desto schäbiger werden die Galerien und desto bescheidener und manchmal auch obskurer die Geschäfte.

Der Parque Forestal

Der Parque Forestal zieht sich an der nördlichen Grenze der Innenstadt am Río Mapocho entlang, und ein richtiger Park ist er eigentlich nicht, zumindest nicht dort, wo er beginnt, an der **Estación Mapocho** (12). Sie wurde 1912 als Ausgangsbahn-hof für die Eisenbahn nach Valparaíso gebaut, heute ist das schöne Gebäude mit sei-ner Eisenkonstruktion renoviert und zum Kulturzentrum umfunktioniert. Hier fin-det z. B. die jährliche *Feria de Libros*, der Buchmarkt, statt, der mit Ausstellern aus ganz Südamerika viele Tausende Besucher anlockt.

Kultur-zentrum

Einige Schritte weiter sieht man auf der anderen Straßenseite den Mercado Central, und mitten im Park liegt der Palacio de Bellas Artes. Er wurde Anfang des 20. Jahr-hunderts als Kunstschule und Museum gebaut, eingeweiht hat man ihn am 18. Febru-ar 1910 zur Hundertjahrfeier der Unabhängigkeit. Man war sehr stolz auf diesen Pa-last, der das erste Gebäude in ganz Südamerika war, das extra für ein Kunstmuseum gebaut wurde. Bis heute ist hier das Museum der schönen Künste untergebracht.

Museo Nacional de Bellas Artes (13)

Museum der schönen Künste

Die ständige Ausstellung besteht hauptsächlich aus Werken chilenischer und an-derer lateinamerikanischer Künstler, dazu gibt es immer wieder wechselnde Aus-stellungen auch mit internationalen Malern und Bild-hauern. In dem Teil des Gebäudes, das früher für die Kunsthochschule genutzt wurde, residiert heute das **Museo de Arte Contemporáneo**, das Werke die-ses Jahrhunderts und bis zur Gegenwart zeigt.

Überquert man beim Museo de Bellas Artes die Straße Gral. Mackenna und geht wieder Richtung Innenstadt bzw. nach Osten, gelangt man in ein nettes Wohnvier-tel, in dem es einige interessante Cafés und Läden gibt und auch das Goethe-Institut hat sich hier angesiedelt. Nicht weit entfernt liegt der **Cerro Santa Lucía**, der nichts weiter als ein verunkrauteter Felsen fast mitten in der Innenstadt war, bis ihn Landschaftsgärtner unter der Regierung von *Benjamin Vickuña Mackenna* in einen Park verwandelten. Auf der Spitze gibt es eine kleine Kirche (von der man einen schönen Blick über die Stadt hat) und manchmal findet hier ein Touristenmarkt statt. Meiden Sie einsame Ecken und verzichten Sie nach Einbruch der Dunkelheit ganz auf den Besuch des Hügels!

Blick vom Cerro Santa Lucía

In dem Dreieck zwischen dem Hügel, dem Parque Forestal und der Alameda liegt ein freundliches Künstlerviertel, hier findet man z. B. im Café und Kino *El Biógrafo* die Szene der Filmemacher und Kinoleute Santiagos, außerdem gibt es eine Reihe Kunst-Galerien, Antiquariate, Cafés und nette unprätentiöse Restaurants.

Ein interessantes Museum vervollständigt das Angebot:

Museo Arqueológico de Santiago (14)

Es zeigt eine Ausstellung zu den Ureinwohnern des Landes und manchmal ambitionierte Ausstellungen zu verschiedenen verwandten Themen.

Bellavista und der Cerro San Cristóbal

Nur einige Blocks von der Plaza de Armas entfernt und am anderen Ufer des Río Mapocho liegt Bellavista am Fuß des Hügels Cerro San Cristóbal. Bellavista hat viele Gesichter: tagsüber ist es ein freundliches und relativ ruhiges Wohnviertel mit einem Schuss Boheme: eine Steinmetzschule gibt es hier, einen Hutmacher, einige gemütliche Cafés und alternative Theater. Dazu eine interessante Restaurant-Szene, es macht Spaß, durch die baumbestandenen kleinen Stra-

Idyll in Bellavista

ßen zu flanieren und den Tag zu vertrödeln. Nachts sehen die Straßen ganz anders aus: Bellavista hat sich in den letzten Jahren zu einem der interessantesten Ausgeh-Viertel Santiagos entwickelt.

Pablo Neruda hat es hier anscheinend auch gefallen, obwohl Bellavista in den 1950er Jahren, als er begann, sein zweites Haus zu bauen, noch ein ganz normales Wohnviertel war.

La Chascona

La Chascona, das ist die chilenische Übersetzung für Meduse, und Neruda hat das Haus benannt nach der Frau, für die er es gebaut hat. 1953, als er noch mit Delia de Carril verheiratet war, brauchte er einen Platz, um sich mit der lockigen (daher der Name des Hauses, der Begriff Meduse steht hier für den Lockenkopf seiner Geliebten) Matilde Urrutia zu treffen. In Bellavista fand er einen geeigneten Bauplatz: am Ende einer Sackgasse, in einem ruhigen Viertel, das dennoch relativ zentral lag. Drei Jahre dauerte es, bis das Haus fertig war, aber eigentlich sind es auch drei Häuser.

Hier wohnte Pablo Neruda

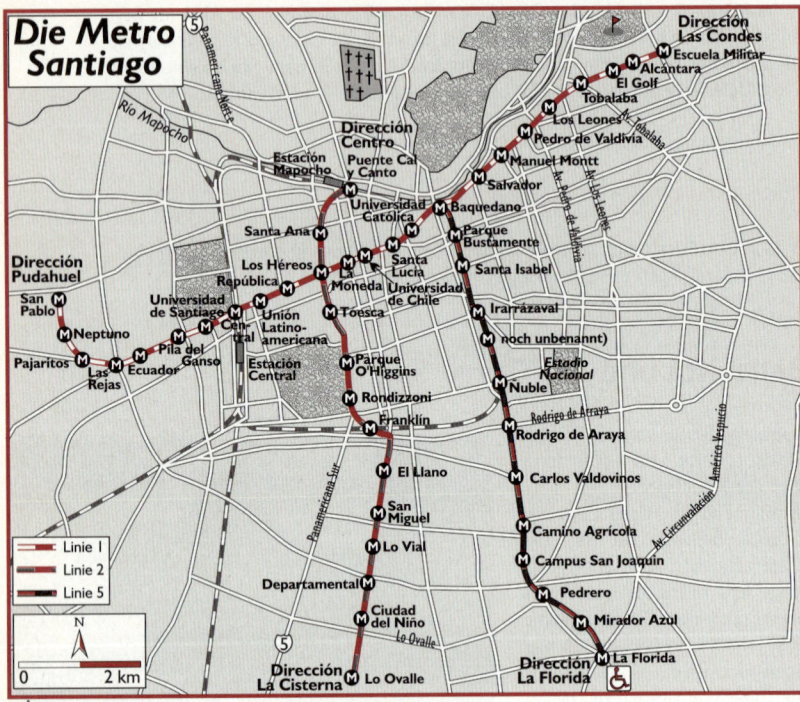

Die Metro Santiago

Linie 1
Linie 2
Linie 5

0   2 km

© igraphic

Wenn Neruda vom Esszimmer ins Wohnzimmer wollte, musste er durch den Garten. Die Häuser sind den Hang hinauf gebaut: der Blick über die Stadt war Neruda sehr wichtig. Im ganzen Haus kann man seine Liebe zum Meer spüren, teilweise ließ er die Mauern blau anmalen, um wenigstens die Illusion zu haben, das Meer vorm Fenster zu sehen. Das Haus hat drei verschiedene Bars und ein wunderschönes Esszimmer (einem Schiff nachempfunden), Pablo Neruda hat gerne und gut gelebt! Wie in seinen anderen Häusern auch gibt es hier ein Sammelsurium an Kitsch und Kunst und viel Interessantes zu sehen.

Sehnsucht nach dem Meer

Das Haus kann nur im Rahmen von **Führungen** (auf Spanisch, Englisch und Französisch) besucht werden, aber auch wenn man alleine kommt, wird man nicht abgewiesen! Viele gute Restaurants findet man in den Straßen Dardignac, Constitución und Mallinkrodt. Lapislazuli-Freunde sind in der C. Bellavista richtig, hier gibt es wohl die größte Konzentration an Lapislazuli-Läden in ganz Chile. Der blaue Halbedelstein kommt nur in zwei Ländern der Erde vor: in Chile und in Afghanistan. Vom Haus Nerudas ist es nicht weit bis zur Talstation der Seilbahn (Funicular) auf den **Cerro San Cristóbal**, die am Zoo von Santiago vorbeifährt (dessen Besuch nicht unbedingt lohnt!) und dann etwas unterhalb der 14 m hohen Statue der Virgen de

Interessante Restaurants

la Imaculada Concepción zum Stehen kommt. Das schönste hier oben ist der Aus-blick auf die Stadt, den man so richtig, allerdings nur an klaren Tagen, genießen kann. Nach einigen Schritten ist man an der Station des Teleférico (einer Drahtseilbahn), die zum Nordende der Avda. San Pedro de Valdivia Norte fährt. Unterwegs kann man an der Station Tupahue aussteigen, hier gibt es das wohl schönste **öffentliche Schwimmbad** Santiagos, das zu einem echten Fluchtpunkt an heißen Tagen werden kann. Hier oben gibt es auch ein Weinmuseum (die Enoteca), in dessen Restaurant Weinproben angeboten werden.

Zuflucht an heißen Tagen

Providencia

Wer heute den Stadtteil Providencia besucht, dem wird es schwer fallen, sich die Ursprünge dieses quirligen Viertels voller Restaurants, kleiner Läden und edler Boutiquen vorzustellen. 1853 siedelten sich hier die Nonnen des Ordens „Herma-nas de Providencia" an, die die ländliche Ruhe und Abgeschiedenheit der Gegend schätzten. Die blieb ihnen bis Ende des 19. Jahrhunderts erhalten, dann begannen sich Wohnviertel um das Konvent zu entwickeln. Ab etwa 1910 zählte Providencia zu den Vierteln, in denen bevorzugt die höheren Gesellschaftsschichten der wach-senden Stadt ihre Häuser bauten. Auch wenn heute viele der Häuser und kleinen Villen modernen Wohnblocks weichen mussten, hat sich doch der luftige und grü-ne Charakter des Viertels erhalten. Die Straßen (abseits der Hauptverkehrsadern) sind baumbestanden und fast jedes Gebäude ist von einem tadellos gepflegten Garten umgeben. Providencia lässt sich gut in einem halben Tag erkunden, wobei ein Einkaufsbummel schon mit eingerechnet ist.

Am besten beginnen Sie Ihren Rundgang an der **Metrostation Manuel Montt**. Vier Blocks nach Osten auf der Avda. Providencia finden Sie eine der ersten Anlauf-stellen für Touristen in Santiago, die **zentrale Touristen-Information** für ganz Chile, Sernatur. Sie ist untergebracht in der ehemaligen Markthalle des Viertels. Direkt gegenüber liegen die Kirche und das ehemalige Kloster des **Convento de la Di-vina Providencia**. Der Innenhof des Klosters ist einen Blick wert, hier scharren

Touristen-information

Keine Autowerkstatt sondern eine Disko!

mitten in der Großstadt Hühner im Sand. Auf der Avda. Providencia reiht sich ein Geschäft ans ande-re, je weiter man nach Osten kommt, desto exklusiver wird der Zuschnitt. In den Galerien, die im-mer wieder von der Straße abge-hen, lassen sich interessante klei-ne Galerien, Buchläden und Bouti-quen entdecken. An der Avda. Sueca angelangt, kann man sich nach links wenden (nördliche Richtung), und wird hier einen Pub neben dem anderen finden,

Providencia

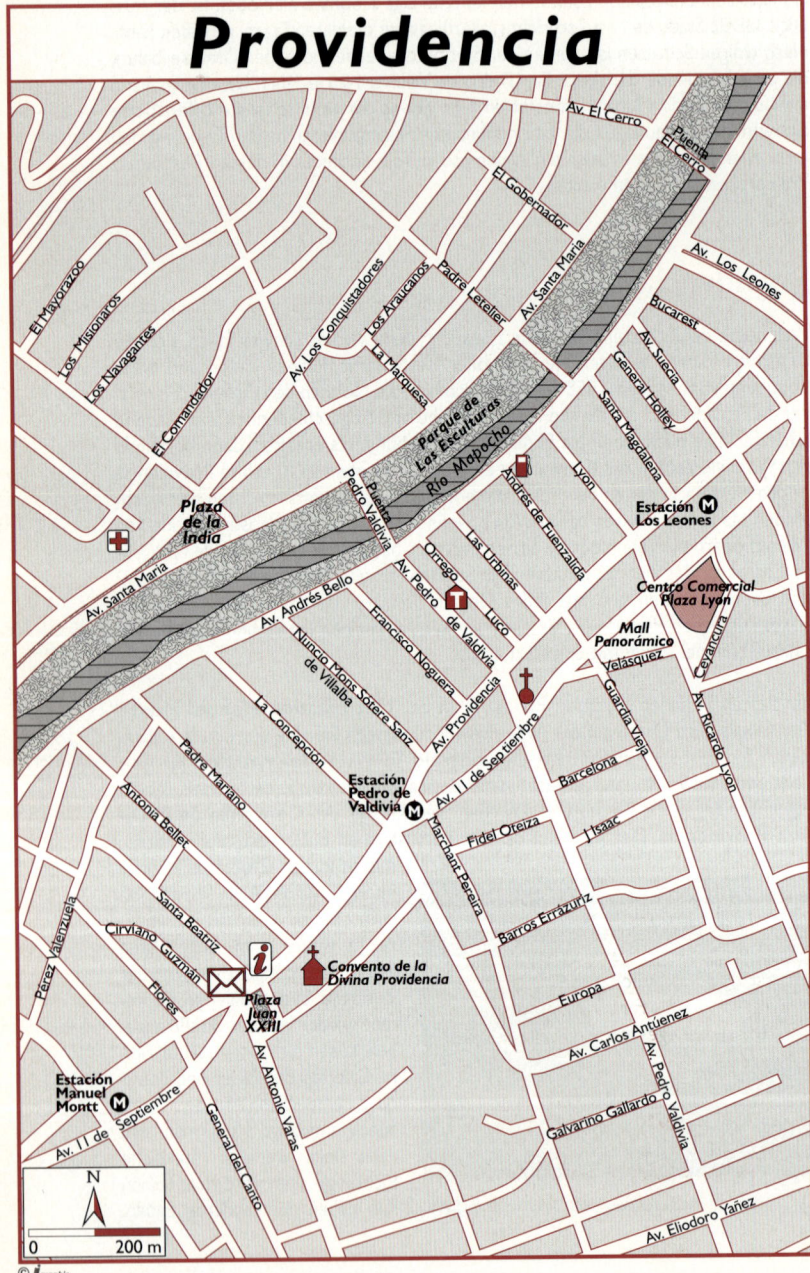

Av. El Cerro

Puente
El Cerro

El Gobernador

Av. Los Leones

Av. Santa María

Bucarest

El Mayorazgo

Los Misionaros

Los Navegantes

Av. Los Conquistadores

Los Araucanos

Padre Letelier

Av. Suecia

General Holley

El Comendador

La Marquesa

Santa Magdalena

Parque de
Las Esculturas

Río Mapocho

Lyon

Estación
Los Leones

Plaza
de la
India

Pedro Valdivia

Andrés de Fuenzalida

Av. Santa María

Orrego

Las Urbinas

Centro Comercial
Plaza Lyon

Av. Andrés Bello

Av. Pedro
de Valdivia

Luco

Mall
Panorámico

Cerrajoma

Francisco Noguera

Nuncio Mons Sótere Sanz
de Villalba

Av. Providencia

Velásquez

La Concepción

Guardia Vieja

Av. Ricardo Lyon

Padre Mariano

Estación
Pedro de
Valdivia

Av. 11 de Septiembre

Barcelona

Antonia Bellet

Isaac

Fidel Oteiza

Marchant Pereira

Santa Beatriz

Barros Errázuriz

Cirujano Guzmán

Pérez Valenzuela

Flores

Plaza
Juan
XXIII

Convento de la
Divina Providencia

Europa

Av. Carlos Antúnez

Av. Pedro Valdivia

Estación
Manuel
Montt

Av. 11 de Septiembre

General del Canto

Av. Antonio Varas

Galvarino Gallardo

N

0   200 m

Av. Eliodoro Yáñez

© igraphic

von denen viele ein preiswertes Mittagsmenü anbieten. Auch für Nachtschwärmer hat diese Straße einiges an Diskotheken und Clubs zu bieten. Folgt man der Avda. Sueca nach Süden, stößt man auf die Avda. 11de Septiembre. Hier findet man eine größere Einkaufspassage mit der Niederlassung eines großen Kaufhauses und ein freundliches kleines Einkaufszentrum (Mall Panorámico, Avda. 11 de Septiembre, Ecke Ricardo Lyon) der mittleren bis gehobenen Preisklasse. *Shopping und Nightlife*

Die Parks

Wer ein paar Stunden Erholung vom Smog und vom Autolärm braucht, kann einen der Parks besuchen, die es in nicht allzu weiter Entfernung vom Zentrum gibt. Am beliebtesten ist die **Quinta Normal**. Sie liegt nordwestlich der Avda. O'Higgins, und man erreicht sie entweder zu Fuß ab der Metrostation Estación Central oder per Bus ebenfalls von dort aus. Die Quinta Normal de Agricultura wurde als botanischer Garten angelegt, in dem getestet werden sollte, welche Arten in Chile gut gedeihen und sich anpflanzen lassen. Während es die Woche über relativ ruhig ist, scheint sich am Wochenende halb Santiago hier zu treffen: mit Kind und Kegel wird gepicknickt, gespielt, und natürlich besucht man auch die verschiedenen Spielplätze und sonstigen Attraktionen. Dazu gehören die unterschiedlichsten Museen, ein Eisenbahnmuseum gibt es hier, eines für Wissenschaft und Technik, aber das sehenswerteste ist sicherlich das Museo Nacional de Historia Natural. Hier gibt es zahlreiche Dioramen zur Naturgeschichte des Landes, das Museum ist bunt und gut gemacht und auch für Kinder interessant. *Treffpunkt am Wochenende*

• **Museo de Historia Natural**

• **Museo de Ciencia y Tecnología**

• **Museo Ferroviario, das größte Museum dieser Art in Lateinamerika**

• **Museo de Arte Contemporáneo**

Der **Parque O'Higgins** liegt fast auf gleicher Höhe, aber südlich der Avda. O'Higgins. Er ist am besten mit der Linie 2 der Metro zu erreichen, direkt am Eingang liegt eine Station. Auch hier gibt es Museen, unter anderem eines, das dem *Huaso*, also dem chilenischen Gegenstück zum Cowboy, gewidmet ist. Für Kinder sicherlich die größte Attraktion ist das Fantasialand, der größte Freizeitpark Chiles mit allen möglichen Achterbahnen, fliegenden Teppichen und Karussells.

Die Umgebung von Santiago

Auch wenn die Gegend um Santiago dicht besiedelt ist, gibt es doch ein paar lohnende Ausflugsziele, die man teilweise mit öffentlichen Verkehrsmitteln, teilweise besser mit dem eigenen Auto erreichen kann.

Die Weingüter (ⓘ S. 185)

Dass es direkt um Santiago, teilweise sogar noch im Stadtgebiet, eine relativ hohe Dichte an Weingütern gibt, ist nicht verwunderlich. Zum einen bietet Zentralchile das beste Klima für den Weinbau, zum anderen ist (und war von den Anfängen der Kolonie an) natürlich die Hauptstadt der größte (nationale) Markt für Wein. Als die Spanier und mit ihnen die katholische Kirche nach Chile kamen, brauchten sie *Meßwein* Wein, um Messen abhalten zu können, und so unterhielt jede *Hacienda* zumindest einige Weinstöcke, aber natürlich wurde nicht nur Messwein gebraucht, und bald exportierte man sogar in die Silberminen Boliviens.

Im Tal des Río Maipo werden bis heute die besten Weine produziert, welche hauptsächlich für den Export bestimmt sind. Angeblich verhilft das kalkhaltige Wasser des Flusses dem Wein zu dem rauchigen Geschmack, der typisch für den chilenischen Wein ist, und zu der kräftigen Farbe.

Das dem Stadtzentrum am nächsten gelegene Weingut ist die **Viña Santa Carolina** in der Comuna Macul. Hier wird seit 1875 Wein mit aus Frankreich importierten Technologien hergestellt, und das Weingut hat ein schönes Haupthaus, noch aus den Zeiten der Kolonie. Besichtigen kann man außerdem die Bodegas, und auch Weinproben werden veranstaltet.

Nicht weit entfernt, ebenfalls in der Comuna Macul, liegt noch ein anderes Weingut, die **Viña Cousiño Macul**. Sie wurde von einem Begleiter *Pedro de Valdivias* *Ältestes* gegründet und ist damit die älteste Viña des Landes. Don *Juan Jufré* bekam das *Weingut* Land für seine Verdienste bei der Eroberung Chiles geschenkt, begann 1546 mit *Chiles* dem Weinanbau, und angeblich konnte er schon 1550 Wein nach Peru exportieren. Das Gut ging über die Jahrhunderte durch verschiedene Hände, bis es 1856 von Don *Matias Cousiño* gekauft wurde. Ihm gehörten die Kohleminen in Lota, und sein Sohn kaufte die besten Weinstöcke, die er in Frankreich bekommen konnte und stellte die Produktion auf neue Technologien um. Das Weingut hat einen wunderschönen Park, über den in den entsprechenden Fachmagazinen vor allem in Europa und den USA immer wieder Reportagen erscheinen, leider ist er nicht öffentlich zugänglich.

Alle anderen Weingüter, die von Santiago aus besucht werden können, liegen wesentlich weiter entfernt vom Zentrum. Die **Viña Undurraga**, deren Wein schon deshalb sehr beliebt ist, weil er ein sehr vernünftiges Preis-Leistungs-Verhältnis bietet, liegt 34 km südlich des Zentrums an der Straße nach Peñaflor. Der Wein der Viña Undurraga wird heute in mehr als 50 Länder in aller Welt exportiert. Besichtigen kann man das Haupthaus, die Bodegas und den schönen Park.

Die **Viña Santa Rita** liegt noch südlich des Río Mapocho im Süden Santiagos. Auch dieses Weingut ist inzwischen zum Monumento Nacional erklärt worden, es hat auch einen Park, der von dem damals sehr beliebten Landschaftsarchitekten *Gustave Renner* gestaltet wurde und den man besichtigen kann.

Als letzte ist die **Viña Concha y Toro** zu nennen. Im Südosten der Stadt an den Ufern des Río Mapocho gelegen, gehört sie heute zu den größten Unternehmen auf diesem Sektor. Der Gesellschaft gehören zehn Weingüter in der Gegend um Rancagua und San Fernando. Unter dem Label des Mutterhauses werden bis heute edle Tropfen verkauft, aber inzwischen hat Concha y Toro auch andere Marken aufgekauft, so dass die Gesellschaft in allen Preis-Sektoren vertreten ist. Man kann die Bodegas und ein kleines Weinmuseum besichtigen, und auch Weinproben werden veranstaltet.

Das Valle del Aconcagua: über Los Andes nach Argentinien

Das Tal des Flusses Aconcagua ist in der Hauptstadtregion das wichtigste Quertal, es durchläuft das Land von den Anden bis zum Meer. Schon vor der Ankunft der Spanier war es dicht besiedelt, ideal also, um eine Mission zu gründen: hier ließen sich mit wenig Aufwand viele Menschen erreichen. Weil die Erde des Tals fruchtbar war, gründeten die Spanier schnell auch *Haciendas*, hier wurde ein großer Teil der Nahrungsmittel angebaut, die die neue Kolonie brauchte.

Man kann einen ein- oder mehrtägigen Ausflug in das Tal unternehmen, die meisten werden es jedoch aus dem Bus- oder Autofenster auf dem Weg nach Argentinien kennen lernen, alle Busunternehmen, die die viel befahrene Strecke nach Mendoza bedienen, fahren über diese Strecke. Man verlässt Santiago über die Ruta 57 Richtung Los Andes und fährt zunächst durch eine fast wasserlose ausgetrocknete Landschaft, bis man das Tal erreicht. Hier säumen Felder mit Getreide und Gemüse, aber auch Obstgärten die Straße, alles ist auf einmal saftig grün, bewässert mit dem Wasser des Río Ancagua.

Bei km 67 passiert man das **Santuario Santa Teresa de los Andes**, ein Kloster der Karmeliterinnen. In dem Tal, eingezwängt zwischen den Hügeln, erscheint die Kirche zunächst vollkommen überdimensioniert, aber hier liegt die erste chilenische Frau begraben, die heilig gesprochen wurde (das geschah 1993 durch Papst *Johannes Paul II.*), und jährlich pilgern Tausende von Gläubigen hierher. Kurz vor Los Andes liegt das Dorf Pocuro (fast) am Weg, es ist eine vorspanische Gründung, die kleinen Adobe-Häuser stammen aber eher aus Kolonialzeiten. Hier wurde der ehemalige Präsident des Landes *Aguirre Cerda* geboren, in seinem Vaterhaus residiert heute eine Landwirtschaftsschule.

Wichtiger Pilgerort

Los Andes

Die Stadt hat etwa 45.000 Einwohner und wurde Ende des 18. Jahrhunderts als Zentrum für die umliegenden Haciendas gegründet. Heute ist Los Andes ein ruhiges Nest, in dem es auch nicht viel zu sehen gibt. Das Zentrum gruppiert sich um die Plaza Central, an der die Kirche Santa Rosa steht. In ihrem Inneren gibt es ein schönes Standbild des heiligen Sebastian, das im 18. Jahrhundert von bayerischen Jesuiten geschnitzt wurde. In der C. Freire/Rancagua arbeitet eine Keramikfabrik, die man auch besichtigen kann. An der Avda. Santa Teresa kann man das Kloster besuchen, in dem die Karmeliterin *Santa Teresa* gelebt hat, hier gibt es auch ein Museum, das Kleidungsstücke und andere Devotionalien der Heiligen zeigt.

Ski-Resort der Hauptstadt

Von Los Andes aus kann man einen Abstecher zu den **Termas de Corazón** machen, die etwa 10 km nördlich der Stadt liegen. Es fehlen noch 70 km bis zur Grenze, die Straße steigt durch die verschiedenen Vegetationszonen an, bis sie an der Zollstation 3.800 m erreicht hat.

Kurz vor der Grenze passiert man noch das Skizentrum Portillo (ⓘ S. 129, „Wintersport") das an der Laguna del Inca liegt und das beliebteste Ressort der *Santiaguinos* ist. Am Weg sieht man immer wieder die inzwischen aufgerissenen und zerstörten Gleise einer Bahnlinie, auch die Tunnels, durch die sie führte, verfallen langsam, aber sicher. Ursprünglich führte die Linie bis nach Mendoza hinunter, jetzt liegt der Endbahnhof auf halber Strecke in Río Blanco.

Höchster Gipfel Südamerikas

Man erreicht Argentinien inzwischen auch nicht mehr über die Passstraße, sondern durch einen 3.900 m langen Tunnel, der von den Chilenen und Argentiniern gemeinsam gebaut wurde, die Grenze liegt mitten im Tunnel, und zwar nach 2.900 m vom chilenischen Eingang aus gerechnet. Kommt man in Argentinien aus dem Tunnel, kann man hin und wieder einen kurzen Blick auf den Aconcagua werfen, der mit 6.959 m der höchste Gipfel Südamerikas ist. Er wird jedes Jahr von mehr Bergsteigern bezwungen.

Am Fuß des Berges steht ein schönes Refugio, in dem es im Sommer schon mal eng werden kann, weil so viele Touristen sich von hier aus auf den Weg zum Aconcagua machen. Die Besteigung ist nicht ohne, eine Woche ist man mindestens unterwegs, schon um sich langsam an die Höhe zu gewöhnen; an der Talstation gibt es Führer, und Esel zum Gepäcktragen lassen sich auch mieten. Nach Mendoza geht es dann zunächst durch eine karge Hochgebirgslandschaft wieder bergab, hier ist es deutlich trockener, weil die Ostabhänge der Anden im Regenschatten liegen. Umso schöner sieht man aber die Sandsteinformationen mit ihren Bänderungen in Rot und Gelb auf dem Weg nach Mendoza.

Das Tal des Río Maipo hinauf

Das Tal des Río Maipo ist ein beliebtes Wochenendziel der *Santiaguinos*, es ist leicht zu erreichen, und während der Woche kann man hier auch Ruhe finden und sich ein wenig von der Großstadt erholen. Man kann das Tal sowohl mit dem eigenen Auto als auch mit öffentlichen Verkehrsmitteln erreichen, ab der Metrostation Parque O'Higgins fahren Busse bis nach San José de Maipo.

Möglichkeit zum Raften

Am Anfang des Tals liegt der kleine Badeort Las Vertientes, und auf dem Weg in das nächste Dorf El Manzano passiert man verschiedene Restaurants, Picknickplätze, Schwimmbäder usw.; in El Manzano fließt der kleine Gebirgsfluss Río Manzano in den Maipo, und auch hier kann man eine Badepause einlegen. In Los Heroes kann man zu einer kleinen Raftingtour starten, die man allerdings schon in Santiago buchen muss (ⓘ S. 185).

Die wichtigste Siedlung im Tal ist San **José de Maipo**, gegründet von *Ambrosio O'Higgins*; außer einer schönen Kolonialkirche gibt es hier aber nicht viel zu sehen.

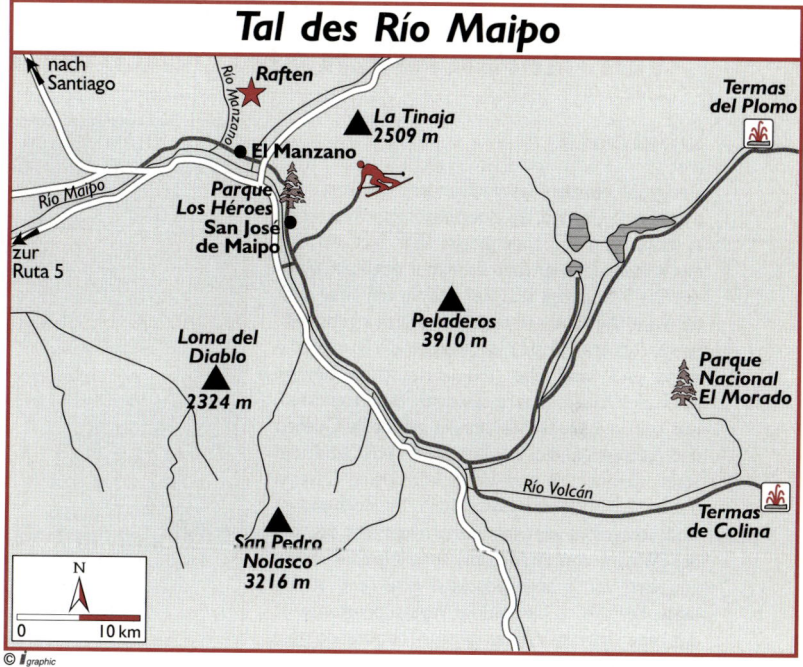

Tal des Río Maipo

nach Santiago

Raften

Río Manzano

La Tinaja 2509 m

El Manzano

Termas del Plomo

Río Maipo

Parque Los Héroes San José de Maipo

zur Ruta 5

Loma del Diablo

2324 m

Peladeros 3910 m

Parque Nacional El Morado

Río Volcán

Termas de Colina

San Pedro Nolasco 3216 m

N

0   10 km

© graphic

Einige Kilometer nach dem Ortsausgang zweigt ein 16 km langer Weg zum **Ski-Zentrum Lagunillas** ab, im Winter wird man von den Carabiñeros in José de Maipo daraufhin kontrolliert, ob man Schneeketten dabei hat. Bisher gibt es hier nur einige bescheidene Refugios (die meisten gehören privaten Clubs), aber man hat weitreichende Pläne für den Ausbau, ein Zentrum für Snowboarding und andere Trendsportarten soll vielleicht entstehen und zahlungskräftige Kunden anlocken. In San Gabriel endet die asphaltierte Straße, und der Weg gabelt sich. Nach links geht es über eine schauerliche Schotterstraße das Tal des Río Yeso hinauf, vorbei am Stausee gleichen Namens und zu den Termas del Plomo (33 km von San Gabriel).

Der rechte Abzweig führt in den **Parque Nacional El Morado** (ⓘ S. 185). Der Name bedeutet so viel wie Bluterguss oder Blauer Fleck, und er wurde inspiriert von der dunklen Farbe der Felsen hier. In Lo Valdes gibt es ein Refugio und eine Information der CONAF; von hier aus kann man auch zwei kürzere Wanderungen an den Gletschersee San Francisco und zur Laguna Morales unternehmen. Nach weiteren 11 km auf dem holperigen Weg gelangt man an die **Baños de Colina**, natürliche Becken, die gefüllt sind mit bis zu 60° C heißem gelblichen, sehr mineralhaltigen Wasser.

7. DER GROSSE NORDEN: VON ARICA NACH ANTOFAGASTA

Überblick

Der große Norden, das sind Landschaften voller Extreme, eine Gegend, die einerseits immer Menschen in ihren Bann zog, andererseits aber auch ein Ort der Verbannung war (und es immer noch ein wenig ist). Die Natur zeigt sich hier fast nie von ihrer sanften Seite. Die Wüste ist tagsüber erbarmungslos heiß, und nachts kann es sehr kalt werden, die Formen, die Wind und Sand über die Jahrtausende zurecht geschliffen haben, gehören zu dem Faszinierendsten, was man in Chile finden kann. Es gibt heiße Quellen und Salzseen, endlose Landschaften voll Sand und Steine und nur hin und wieder eine kleine Oase, in der es sich auch leben lässt. Auch das Hochland ist eindrucksvoll: in winzigen Dörfern lebt hier das Volk der Aymara von ihren Lama- und Alpaka-Herden, umgeben von schneebedeckten Fünf- und Sechstausendern. Auch hier an der Vegetationsgrenze ist das Leben hart: im Winter fällt das Thermometer auf bis zu -30°C, und das kurze harte Hochlandgras reicht kaum aus, um die Herden zu ernähren.

Heiße Quellen und Salzseen

Zum großen Norden gehören zwei Verwaltungsregionen, Tarapacá (deren Hauptstadt Iquique ist), und Antofagasta, mit der größten Stadt im Norden, nach der die Region benannt ist. Ohne die Minen gäbe es im großen Norden tatsächlich nichts als Wüste, aber früher mehr noch als heute kam fast der gesamte Reichtum Chiles aus dieser unwirtlichen Ecke des Landes. Bevor die Spanier kamen, war die Wüste dünn von verschiedenen Urvölkern besiedelt, die alle ihre eigene Lebens- und Wirtschaftsweise hatten, aber untereinander in Kontakt standen und Handel trieben. Sie lebten an der Küste vom Fischfang, in den Oasen von der Landwirtschaft und im Hochland von ihren Herden.

Schatzkammer des Landes

Die spanischen Kolonialherren interessierten sich zunächst nicht sehr für die Wüste, ihnen war mehr an den fruchtbaren Gegenden weiter im Süden gelegen. Das änderte sich im 19 Jahrhundert, als auf einmal überall Bodenschätze gefunden wurden. Man rüstete regelrechte Expeditionen aus, die die Wüste erkunden sollten, dann ließ der Auf-

Zwischen Arica und Iquique

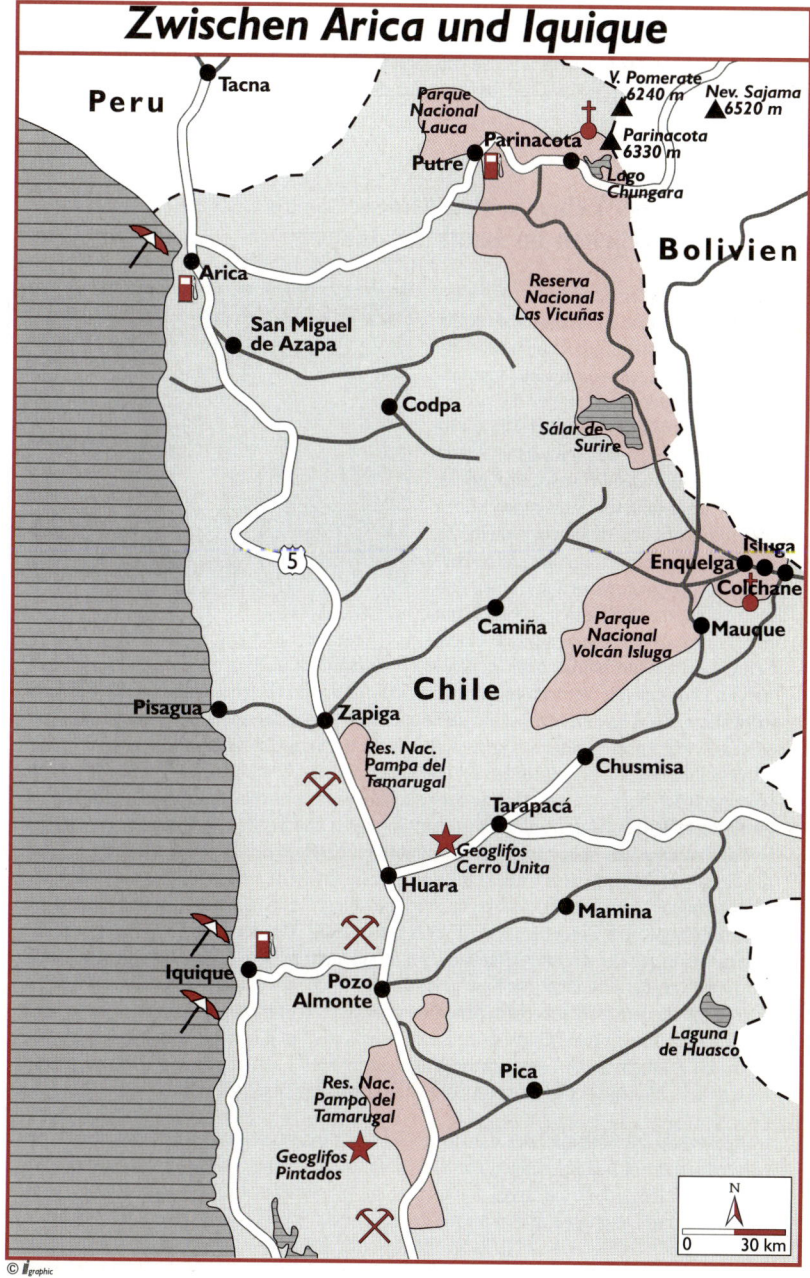

Peru

Tacna

Parque Nacional Lauca

V. Pomerate 6240 m

Nev. Sajama 6520 m

Parinacota

Putre

Parinacota 6330 m

Lago Chungara

Bolivien

Arica

Reserva Nacional Las Vicuñas

San Miguel de Azapa

Codpa

Sálar de Surire

Isluga

Enquelga

Colchane

5

Camiña

Parque Nacional Volcán Isluga

Mauque

Chile

Pisagua

Zapiga

Res. Nac. Pampa del Tamarugal

Chusmisa

Tarapacá

Geoglifos Cerro Unita

Huara

Mamina

Iquique

Pozo Almonte

Laguna de Huasco

Res. Nac. Pampa del Tamarugal

Pica

Geoglifos Pintados

N

0   30 km

© graphic

Geld spielt keine Rolle

schwung nicht lange auf sich warten, und er kam wie eine Explosion. Innerhalb von wenigen Jahrzehnten wurden Eisenbahnlinien in die Wüste gebaut, und die wenigen Städte des Nordens wuchsen schlagartig und erstrahlten in neuem Glanz: irgendwo musste man ja das Geld, das man aus der Wüste holte, wieder ausgeben!

INFO   **Das Leben in den Minen: Arbeiten im Land des Todes**

Die Verhältnisse in den Minen spiegelten in gewisser Weise die Konstellation der Gesellschaftsklassen im Land wider: einer kleinen Gruppe von Ingenieuren und Verwaltungspersonal stand die große Masse der Arbeiter gegenüber. Diese verbrachte ihre Tage bei schwerster Arbeit unter der glühenden Wüstensonne, erhielt einen Hungerlohn und war in den Minen fast völlig von der Außenwelt isoliert. Zu den Minen gehörten immer kleine Siedlungen, die einen typischen Aufbau hatten. Es gab das Verwaltungsgebäude mit dem Büro des Verwalters und einem

Im Laden einer Mine

Schreibsaal (heute würde man vielleicht Großraumbüro sagen), in dem die Lohnlisten geführt und eben alle Verwaltungsarbeiten erledigt wurden. Daneben stand oft das Haus des Verwalters, der Minenbesitzer selber lebte meistens in der nächsten größeren Stadt, wo er seinen Reichtum auch genießen konnte. Rundherum gab es Quartiere für die höherrangigen Angestellten, wie die Ingenieure z. B., und daneben die Arbeiterquartiere. Viele Minen hatten einen *Club Social*, in dem sich die Angestellten nach der Arbeit trafen, um im Restaurant zu essen, außerdem wurden hier Theateraufführungen und Tanzvergnügen veranstaltet. Die Kleiderordnung war streng (was vielleicht auf den Einfluss der Briten zurückzuführen ist, die damals im Minenwesen Chiles eine große Rolle spielten), und schon deshalb hatten die Minenarbeiter keinen Zutritt zu diesen Clubs. Für sie gab es Kneipen, meist üble Spelunken und manchmal auch Bordelle, viele Arbeiter waren ledig oder doch ohne ihre Familie in die Minen gezogen. Die Arbeiter erhielten ihren Lohn nicht in Bargeld, sondern in so genannten *Fichas* ausbezahlt, einer Art Spielgeld, das nur in der jeweiligen Mine Gültigkeit hatte. Damit konnten sie sich außerhalb der Mine praktisch nicht bewegen, und das hatte gleich mehrere Vorteile für den Minenbesitzer. Die Arbeiter liefen ihm nicht weg (dazu wären sie finanziell gar nicht in der Lage gewesen) und gaben ihren Lohn gleich in den mineneigenen Läden und Lokalen wieder aus; das Geld blieb sozusagen in der Familie.

Im Gegensatz zu Südchile, das damals noch wenig industrialisiert war, entwickelten die Minenarbeiter im Norden schnell ein ausgeprägtes Klassenbewusstsein, und so konnte es nicht ausbleiben, dass sie auch anfingen, sich zu organisieren: die Arbeiterbewegung Chiles hat ihre Ursprünge in den Minen der Atacama.

Die Minenbesitzer konnten sich praktisch alles leisten, was mit Geld zu importieren war, anders sah es mit den Arbeitern aus: auch sie kamen mit der Hoffnung auf Arbeit und Geld in die Wüste. Arbeit fanden sie, Geld nur in den wenigsten Fällen.

Auch heute noch ist der große Norden die Schatzkammer der Nation, wenn auch inzwischen das Kupfer dem Salpeter längst den Rang abgelaufen hat.

Arica und Umgebung (ⓘ S. 185)

Überblick

In Arica, der nördlichsten Stadt Chiles, ist die Nähe zu den beiden Nachbarländern Peru und Bolivien immer spürbar. Im Straßenbild sind die **Cholas**, Frauen aus dem bolivianischen Hochland in ihren weit ausladenden Röcken und den steifen Bowlerhüten, nichts Ungewöhnliches. Besonders zu Bolivien werden intensive wirtschaftliche Beziehungen gepflegt, ein Großteil der Güter, die dieses Land über den Seeweg erreichen, müssen über den Hafen von Arica abgewickelt werden. Viele Bolivianer machen aber auch Ferien an den Stränden am Pazifik, und die Reisebüros und Geschäfte sind auf die bolivianischen Gäste eingerichtet.
Sowohl aus Bolivien als auch aus Peru kommen aber auch Drogen nach Chile, das **Gefängnis** ist immer gut besetzt mit kleineren und größeren Drogentransporteuren (den *traficantes*). Nicht selten endete in diesem Etablissement auch für Touristen die Reise, die ihre Kasse mit dem Transport eines Päckchens Rauschgift aufbessern wollten...

Arica liegt nicht nur in der Nähe zweier Landesgrenzen, sondern auch an einem geografisch interessanten Punkt, nämlich am Ausgang des Valle Azapa. In diesem Tal gibt es Wasser, so dass die Menschen hier Landwirtschaft mitten in der Wüste betreiben können. Das erklärt auch die frühe Besiedelung der Region.

Grenze zu Peru und Bolivien

Die Geschichte von Arica

Damals in Peru gelegen, wurde Arica 1565 als Verwaltungsposten etabliert. 1570 erhielt es durch den König die Stadtrechte. Damit ist Arica die **fünftälteste Stadt** Chiles.

Schon 1545 wurden in Potosi, das damals zu Peru (und heute zu Bolivien) gehört, sagenhafte Silbervorräte gefunden. Arica profitierte von dem „Silber-Rausch" als Ausfuhrhafen, endlose Eselskarawanen brachten das Silber vom Hochland durch die Wüste ans Meer. Im Valle Azapa wurde für diese Esel Futter angebaut, die auf ihrem Weg durch die Anden die wasserlose Atacama durchqueren mussten. 1611 war Potosi die größte Stadt des Okzidents mit 160.000 Einwohnern und Arica profitierte durch seine Schlüsselstellung direkt von diesem Aufschwung. Die Verlegung der Route des

Redaktions-Tipps

- Tour durch die vier Schutzgebiete ganz im Norden (vom PN Lauca zum PN Isluga): Ausflug in die **Hochanden** und die **Welt der Aymara**
- Geisterstädte in der Wüste: die Minen **Santa Laura** und **Humberstone** bei Iquique (S. 390)
- Die Salpeterstädte **Arica** und **Iquique** mit ihren endlosen Sandstränden. Besonders Arica, die Stadt des ewigen Frühlings, eignet sich für ein paar Ruhetage, außerdem ist sie der ideale Ausgangspunkt für einen Trip ins Hochland.
- In Arica kann man uralte Mumien im **Valle de Azapa** bewundern und bekommt im ausgezeichneten archäologischen Museum einen Eindruck vom Leben der Ureinwohner der Region vermittelt.

Übernachten • Arica: **Hostal Chungara** (gutes Preis-Leistungs-Verhältnis in der unteren Preisklasse), in der mittleren Preisklasse ist das **Hotel Lynch** empfehlenswert, die **Hosteria Arica** bietet Luxus direkt am Strand

• Iquique: das **Hostal Catedral** bietet auch preiswerte Zimmer in nettem Ambiente an; ein echtes Schmuckstück in einem Haus aus dem 19. Jahrhundert ist das Hotel **Carlos Condell**, gediegenen Luxus kann man im **Hotel Prat** an der Plaza erwarten.

Essen   Restaurant Maracuya (Arica) etwas außerhalb des Zentrums an der Küste, schon allein wegen des Blicks über die zerklüftete Pazifikküste, den man von der Terrasse hat, lohnt sich der Besuch! Auf der Speisekarte stehen vorzüglicher Fisch und Meeresfrüchte.

Einkaufen   Wer eine Kamera ersetzen oder einfach nur Filme kaufen möchte, kann dies relativ günstig in der **Zofri**, der Freihandelszone von Iquique tun. Hier gibt es alle Arten von elektronischen Geräten, Auto-Ersatzteile, und hier kann man auch eine gewisse Auswahl von Luxusgütern erwerben (S. 389). Billiger wird es auf den ausgedehnten **Persas** von Arica (S. 366), hier sollte man aber nicht allzu wählerisch sein, was Qualität und Herkunft angeht...

Abtransports über Buenos Aires 1776 läutete einen gewissen Niedergang der Stadt ein, die natürlich augenblicklich einen Großteil ihres wirtschaftlichen Potentials verlor. 1782 wurde auch die Administration nach Arequipa (im heutigen Peru) verlegt.

Der Pazifikkrieg

Am 7. Juni 1880 fand eine der letzten Schlachten des Pazifikkrieges in Arica statt. In nur 55 Minuten wurde der Morro von Arica (ein riesiger Sandsteinklotz vor den Toren der Stadt) von chilenischen Truppen erobert. Die Schlacht markierte das Ende des Krieges in dieser Zone. In der Geschichte der Stadt ist es ein Ereignis, das heute noch an jedem 7. Juni gefeiert wird. Zu diesem Anlass wird die glorreiche Schlacht an dem Original-Schauplatz mit Tonbandmusik, Rauch und Geknall nachgespielt. Dieses Schauspiel ist nicht nur ein sehenswertes Spektakel, sondern lässt auch etwas vom Verhältnis der Chi-

Arica im Pazifikkrieg (1881)

Die Sehenswürdigkeiten Aricas hat man schnell besucht, aber es lohnt sich, ein paar Tage für die Stadt einzuplanen: die Atmosphäre ist freundlich und entspannt und nicht überall findet man so schöne Sandstrände zum Baden und In-der-Sonne-Liegen! Auch die Umgebung hat einiges zu bieten, und Arica ist ein guter Ausgangspunkt für eine Tour in die Anden. Wenn man die plant, sollte man hier Vorräte einkaufen und das Auto für die Höhe einstellen lassen! Für diese Tour muss man mindestens drei bis vier Tage einplanen. Um den Tag, den der Körper auf halber Höhe (am besten in Putre) zur Gewöhnung an die Höhe braucht, zu überbrücken, empfiehlt sich eine Tour mit der Agentur Birding Alto Andino.

lenen zu ihren Streitkräften und vom Verständnis ihrer Geschichte erahnen. Wie bei der Vorliebe der Chilenen für Paraden nicht anders zu erwarten, findet außerdem ein Militäraufmarsch statt.

1953 richtete der damalige Präsident *Ibáñez* einen **Freihafen** ein, der die wirtschaftliche Situation der Stadt verbessern sollte. 1964 gründete man einen Industriepark vor den Toren der Stadt, in dem heute noch Autoteile und Elektroartikel für den lateinamerikanischen Markt hergestellt werden. Diese Industrien lockten Arbeitskräfte nach Arica und die Stadt wuchs. Heute hat sie mehr als 160 000 Einwohner, ein Schwimmbad von olympischen Ausmaßen und eine Universität. Für die vielen tausend chilenischen und internationalen Touristen sind aber sicherlich die endlosen Sandstrände und die freundliche Gelassenheit der **Stadt des ewigen Frühlings** (wie sie sich selber nennt) das Wichtigste.

Sehenswertes in Arica

Arica ist zwar eine der größeren Städte des Nordens, aber alle Sehenswürdigkeiten liegen in bequemer Lauf-Entfernung, nur einige Ausflüge in die Umgebung macht man besser mit dem Auto oder Taxi.

Einen Rundweg durch die Stadt beginnt man am besten in der **Fußgängerzone** (21 de Mayo). Hier spielt sich das öffentliche Leben ab, hier findet man die Haupteinkaufsmöglichkeiten. Ein Wort zu den zahlreichen Straßencafés: sie sind ein **Tummelplatz für Diebe**, man sollte gut auf seine Sachen aufpassen, und wenn man von jemandem nach der Uhrzeit gefragt wird, sollte man zuerst nach seinem Rucksack oder der Handtasche greifen und dann auf die Uhr schauen!

Achtung: Taschendiebe!

Catedral San Marco (5)

Von der 21 de Mayo biegt man nach links in die Colón ein, und gelangt zwei Blocks weiter an die Plaza Colón. An ihrer Stirnseite liegt die Kathedrale San Marcos. Die Bezeichnung Kathedrale ist sicherlich etwas übertrieben für dieses Bauwerk, das die Stadt **Gustave Eiffel** zu verdanken hat. Sie war ursprünglich für den peruanischen Badeort Ancon in Auftrag gegeben worden, wurde dann aber in Arica errichtet, um die alte Kirche der Stadt zu ersetzen, die 1868 durch ein Erdbeben zerstört worden war. Die Kirche wurde sozusagen in Plattenbauweise errichtet: auf ein Gerüst aus Eisen montierte man fertig verputzte und dekorierte Platten, nur die Tür ist aus Holz.

Kirche aus Fertigbauteilen

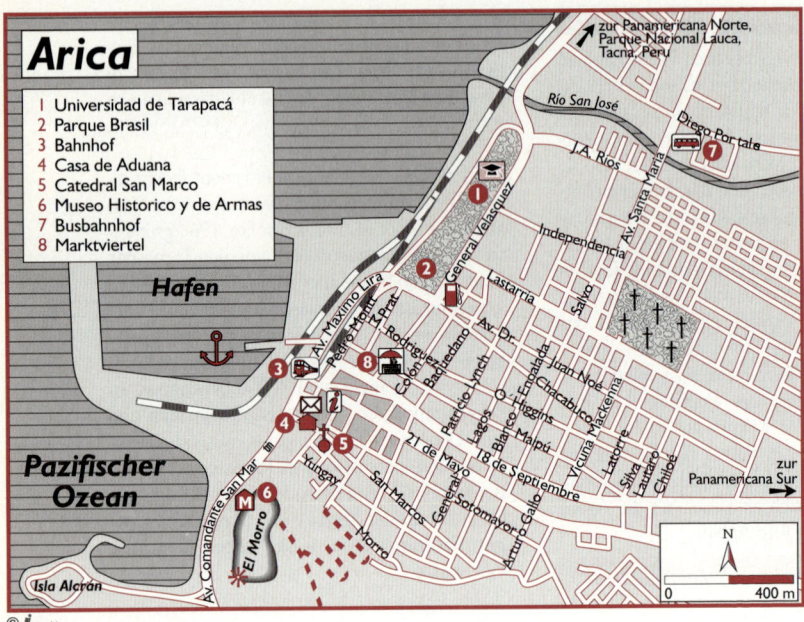

Arica

1 Universidad de Tarapacá
2 Parque Brasil
3 Bahnhof
4 Casa de Aduana
5 Catedral San Marco
6 Museo Historico y de Armas
7 Busbahnhof
8 Marktviertel

Hafen

Pazifischer
Ozean

zur Panamericana Norte,
Parque Nacional Lauca,
Tacna, Peru

Río San José

Diego Portales

J.A. Ríos

Independencia

Lastarria

zur
Panamericana Sur

Isla Alcrán

© Igraphic

Tatsächlich macht die Kirche auf den ersten Blick ein wenig den Eindruck, als wäre sie aus **Pappe und Zuckerguss** zusammengeklebt. Am 25. April wird ein Fest zu Ehren des heiligen St. Markus gefeiert.

Casa de Aduana (4)

An die Plaza Colón schließt sich meerwärts die Plaza Vicuña Mackenna an, an der das ehemalige **Zollgebäude** liegt, das zweite Bauwerk, das Eiffel in Arica gebaut hat. Es ist inzwischen liebevoll restauriert und dient der Stadt als *Casa de Cultura.* Bei seiner Einweihung 1874 war das Zollgebäude direkt an den Hafen gebaut worden, in den mehr als 100 Jahren seit seiner Inbetriebnahme wurde aber immer mehr Hafen zugeschüttet, so dass es heute ungefähr 200 m vom Wasser entfernt steht. Heute werden wechselnde Ausstellungen gezeigt, ein Besuch ist schon des schönen Gebäudes wegen lohnend!

Von der Casa de la Cultura aus kann man entweder ein wenig aus der Stadt heraus laufen und die Isla de Alacran besuchen (besonders in den Abendstunden ein schöner Spaziergang) oder einen Abstecher in das Viertel der Märkte machen.

Viertel der Märkte (8)

In den Straßen Colón und Velázquez reiht sich ein Markt an den anderen. In diesen **Centros Comerciales** oder **Persas** kann man vom Negligé über Leonardo da

Vincis Abendmahl in 3-D bis zur Taucherbrille alles finden, was das Leben schöner macht. Auch wenn man unter den billigen Kleidungsstücken, gefälschten Marken-uhren und Plastik-Haarspangen vielleicht nichts findet, was einem gefällt, lohnt sich ein Besuch! Viele Chilenen kaufen hier ein, und besonders in den Abendstunden ist eine Menge los. Und bei der Suche nach einer Kamera (allerdings nicht der Hoch-preisklasse!) oder anderen Geräten, wie Radios oder Walkmans, kann man durchaus Erfolg haben und ein Schnäppchen machen!

Kitsch und Kram

Isla Alacrán

Von der Casa de Aduana läuft man auf der Küstenstraße nach Süden (links) etwa einen Kilometer bis zur Isla Alacrán. Sie ist heute keine Insel mehr, 1967 wurde eine Verbindung zum Festland gebaut. Als Spuren erster Besiedelung fanden sich Angel-haken und Harpunenspitzen aus dem 1. und 2. Jahrhundert n. Chr., die Insel wurde von den Ureinwohnern vermutlich auch zur Guano-Gewinnung genutzt. In der zwei-ten Hälfte des 15. Jahrhunderts hat man Wehranlagen gebaut, die während des Erd-bebens 1868 stark in Mitleidenschaft gezogen wurden, die Spuren dieser Bauwerke sind aber heute noch zu sehen. Diese Forts dienten vor allem der Verteidigung gegen **Seeräuber** wie *Drake, Sharp* und *Watling*, die durch die Silbertransporter angezo-gen wurden und die Stadt regelmäßig heimsuchten. Heute liegt ein kleiner Jachthafen im Schatten der Insel, und besonders im Winter (wenn der Verkehr weniger stark ist) ist sie ein beliebtes Ziel für Abendspaziergänger und Jogger. An der dem Pazifik zugewandten Seite finden sich an windigen Tagen die **Wellenreiter** ein.

Verteidigungs-anlage gegen Seeräuber

Von hier aus kehrt man entweder in die Stadt zurück oder läuft ein Stück weiter nach Süden auf der Küstenstraße zur **Playa El Laucho**. Das ist der einzige Strand, der in südlicher Richtung (ohne allzu großen Aufwand) zu Fuß von der Stadt aus zu erreichen ist. Er ist zum Schwimmen geeignet, leider wird die kleine Bucht flankiert von zwei Restaurants, deren Musikanlagen (zumindest im Sommer) in ohrenbetäu-bender Lautstärke konkurrieren und einen längeren Aufenthalt zu einem eher zwei-felhaften Vergnügen werden lassen.

Etwas weiter außerhalb liegen die **Playa Chincorro** und etwa 10 km vom Zentrum entfernt die **Playa Corazones**, an der im Sommer auch immer einige Urlauber zel-ten. Nach Norden gibt es einen endlos langen Sandstrand, an dem man gut Sonnen-baden und Schwimmen kann.

El Morro

An einem klaren Tag lohnt es sich, auf den Morro, den riesigen Sandsteinblock, zu steigen, der die Stadt überragt. Er ist entweder mit dem Auto oder aber über einen Fußweg zu erreichen, der seinen Ausgangspunkt am Ende der Calle Colón hat. Der Aufstieg dauert (je nach Puste) etwa 15 Minuten.

Auf dem Fußweg, der zur Spitze des Hügels führt, kommt man an einer Statue der **Jungfrau Carmen** vorbei, gestiftet zu Ehren der Helden des Morro. Hier manifes-tiert sich wieder die tagtägliche und selbstverständliche Frömmigkeit der Chilenen:

zu ihren Füßen stehen täglich neue Vasen mit frischen Blumen, und ihr Sockel ist bedeckt mit kleinen Täfelchen mit Danksagungen für Wünsche und Gebete, die die Jungfrau erfüllt und erhört hat. Der Weg auf den Hügel lohnt sich wegen des Blickes auf die Stadt bis zum Valle Azapa. Man hat einen guten Überblick über die ehemalige Insel Alacrán und auf den Container- und Fischereihafen. Mit etwas Glück kann man eines der großen Container-Schiffe, die hier aus aller Welt ankommen, beim Anlegen beobachten. Die Küste lässt sich mit den Augen bis zur peruanischen Grenze verfolgen, wenn sie sich nicht, wie hier so oft, im Dunst verliert. Ein weiterer Grund für einen Spaziergang auf den Morro kann die Tatsache sein, dass hier sogar im Sommer oft ein kühles Lüftchen weht. Der Hügel ist gemäß seiner historischen Bedeutung (hier fand eine der letzten Schlachten des Pazifikkrieges statt) gespickt mit Standbildern, Kanonen und Tafeln, die an die militärische Vergangenheit der Stadt Arica erinnern. Heraus sticht die Büste des General *Pedro Lagos*, die aussieht, als wäre sie direkt dem „braven Soldaten Schweijk" entsprungen.

Ausblick über die Stadt

Museo Histórico y de Armas (6)

Das Museum ist mehr oder weniger in die Spitze des Felsens eingelassen, es beherbergt militärische Reliquien, Fahnen, Waffen und historische Uniformen und ist eher etwas für Militärinteressierte.

Die Umgebung von Arica

Das Valle de Azapa

Das Valle de Azapa ist eine blühende Oase in der Wüste, durch den Río San José gibt es hier Wasser für lauschige Gärten, aber auch für Obstplantagen und Gemüse. Viele wohlhabende Familien aus Arica haben ein Haus in dem Tal, versteckt hinter hohen Mauern oder dichten Hecken, und auch die deutsche Schule hat sich hier angesiedelt.

> **Hinweis**
>
> *Das Valle de Azapa ist per Colectivo von der Ecke Chacabuco/Lynch zu erreichen.*

Auf dem Weg in das Tal kommt man am **Pueblo Artesanal** vorbei, einer Replik des Dorfes Parinacota im Parque Nacional Lauca. Hier leben Kunsthandwerker, die ihre Erzeugnisse (und einiges mehr) natürlich auch verkaufen.

Etwa 13 km vom Zentrum Aricas aus talaufwärts liegt das
Museo Arqueológico San Miguel de Azapa

Das Museum, das zur Universität der Stadt gehört, ist eines der besten ganz Nordchiles und präsentiert eine Ausstellung zu den präkolumbianischen Kulturen der Region. Die meisten Fundstücke haben die Forscher der Universität de Tarapacá im Valle de Azapa ausgegraben. Die spektakulärsten Exponate, deretwegen viele Besucher überhaupt nur kommen, sind die **berühmten Chinchorro-Mumien**. Mit der Radio-Karbonmethode wurde ermittelt, dass sie ein Alter von rund 7.000-8.000 Jahren haben, damit wären sie die ältesten Mumien der Erde. Die Chinchorros balsamierten ihre Toten nicht einfach ein: zunächst wurden alle Weichteile wie Fleisch, Muskeln und Organe entfernt, dazu benutzte man Messer aus Pelikanschnäbeln. Auch das Gehirn wurde aus dem Schädel genommen. Dann baute man den Körper praktisch komplett wieder auf: um die Knochen wurden Gräser und Lama-Wolle gelegt und die Formen des Körpers mit Ton neu modelliert. Als Grabbeigabe erhielten die Toten Proviant für ihre Reise in die andere Welt: Töpfe und Schüsseln mit Speisen und Getränken.

Uralte Mumien

Ausflug an die südliche Küste

 Hinweis

> *Unbedingt mitzunehmen sind Getränke, Sonnenschutz und gute Schuhe! Es empfiehlt sich, den Spaziergang morgens zu unternehmen, wenn der Wind meistens weniger stark und damit die Wellen weniger hoch sind. Als Frau wird man sich in dieser etwas abgelegenen Gegend alleine möglicherweise unbehaglich fühlen.*

In der Verlängerung der Küstenstraße nach Süden führt ein Fußweg weiter an der Küste entlang, auf dem sich ein schöner Spaziergang unternehmen lässt. Öffentliche Transportmittel gibt es hier nicht mehr, aber eine Taxifahrt von der Stadt aus ist nicht teuer, wenn Sie nicht mit dem eigenen Wagen unterwegs sind.

Fährt man die Küstenstraße von der Stadt aus nach Süden, kommt man zuerst an einigen Fischfabriken vorbei. Arica war während der achtziger Jahre der größte Fischereihafen des Landes, und auch heute noch spielt die Fischindustrie eine bedeutende Rolle für die Wirtschaft der Stadt. 95 Prozent des angelandeten Fisches werden zu Fischmehl verarbeitet, nur 5 Prozent sind für den Verzehr bestimmt. Nach einigen Kilometern hört die Straße ganz auf, und man muss zu Fuß weiter gehen. Der Weg führt zunächst durch bizarre Küstenfelsen, man durchquert auch ein Tor und eine Art Tunnel. Die Felsen sind mehr oder weniger mit einem weißen Belag bedeckt und der strenge Geruch lässt keinen Zweifel über die Herkunft aufkommen: es handelt sich um den Kot der **Seevögel**, die die steile Küste als Rast- und Nistplatz nutzen. Folgt man dem Weg weiter, kann man an einigen Stellen zum Wasser herabsteigen und die zahlreichen Meerestiere beobachten, die sich in dieser Übergangszone von Land und Wasser angesiedelt haben. Zum Schwimmen und Baden ist der Strand hier nicht geeignet, auch wenn man immer wieder Einheimische sieht, die nach Muscheln und Schnecken tauchen. Am Weg stehen viele Kreuze, und es drängt sich einem unwillkürlich die Frage auf, ob die Menschen, an die hier erinnert wird, beim Bau des Weges, beim Bergbau (dessen Spuren sich teilweise noch entdecken lassen) oder beim Tauchen nach Schalentieren ihr Leben verloren haben.

Spektakuläre Küste

Von Arica nach Iquique

Überblick

Routenalternativen

Die schnelle Route nach Iquique führt mitten durch die Wüste und man ist auf der Ruta 5 nur etwa vier Stunden unterwegs. Oder man fährt durchs Hochgebirge, die Tour dauert drei bis vier Tage und ist nur mit einem Vierrad angetriebenen Fahrzeug zu bewältigen. Die Strecke durch die Anden ist allemal die schönere und aufregendere, man lernt drei verschiedene Nationalparks kennen, aber sie hat schon ein wenig den Charakter eines Abenteuertrips!

> ☞ **Hinweis**
>
> *Die Tour zu den Nationalparks in den Anden kann man auch als Tour in verschiedenen Konstellationen (ein- oder mehrtägig) in Arica buchen.*

Zu dieser Tour vorab einige Bemerkungen: Es empfiehlt sich, das Fahrzeug für die Höhe einstellen zu lassen und an den Mehrverbrauch an Sprit zu denken. Tankstellen gibt es in Arica und dann erst wieder in Pozo Almonte an der Ruta 5 (manchmal bekommt man auch in Putre und Colchane Benzin, aber verlassen kann man sich nicht darauf!). Einen Ersatzkanister muss man auf jeden Fall im Auto haben. Lebensmittel und Trinkwasser sollte man aus Arica oder spätestens aus Putre mitbringen, auf der gesamten Tour passiert man keinen regulären Laden. Wenn man campen will, braucht man eine vernünftige Ausrüstung: einen warmen Schlafsack und möglichst auch eine Kocher, um morgens einen Kaffee zum Aufwärmen kochen zu können. Auch während der Sommermonate können die Temperaturen hier nachts unter 0° C fallen. Wenn man seinem Körper nicht mindestens einen Tag Zeit lässt, sich an die Höhe zu gewöhnen, wird man nicht viel Spaß an der Tour haben (siehe hierzu auch das Stichwort *Eine der* „Gesundheit" in den Allgemeinen Reisetipps, S. 129 ff). Als Zwischenstation für die *schönsten* Akklimatisation eignet sich Putre auf 3.500 m Höhe. Landschaftlich gehört diese Tour *Touren im* sicherlich zu dem Schönsten, was der Norden Chiles zu bieten hat! *Norden*

Alternative A:
Von Arica durch die Nationalparks in den Anden nach Iquique

Der Weg zum Lauca-Nationalpark beginnt auf der Ausfallstraße, die Arica in nördlicher Richtung verlässt. Nach einigen Kilometern zweigt nach Osten die Ruta 11 Richtung Bolivien ab, die zunächst das fruchtbare **Valle de Lluta** durchquert. Hier fließt Wasser, so dass der Boden bebaut werden kann. Die Straße führt durch ausgedehnte Plantagen und an kleinen Höfen vorbei. In einigen Betrieben wird mit Jojoba experimentiert, und es gibt eine große Anlage zur Züchtung steriler Fruchtfliegen, die bei der Bekämpfung dieser Schädlinge helfen sollen.

Bei Kilometer 13 und 15 passiert man **Geoglyphen** von Lamas und menschlichen Gestalten. Nach 35 km erreicht man den kleinen Ort Poconchile, an dessen Eingang ein altes Bauernhaus mit dem Namen La Pergola de las Chilcas, heute ein Restaurant mit Bar, liegt. Das Dorf ist umgeben von Alfa-Alfa-Feldern, die Futter für die Viehzucht-Betriebe im Tal liefern. Bald steigt die Straße über den Feldern in steilen Serpentinen an, und man lässt die grüne Vegetation hinter sich: jetzt ist man in der Wüste! Die Straße quält sich vorbei an riesigen Steinblöcken und steilen Hängen immer höher, zuerst fehlt jede Vegetation, dann tauchen die ersten Kakteen auf, und je höher man kommt, desto mehr Gräser und Büsche wachsen auf den kargen Schotterflächen. Die feuchte Luft vom Pazifik sammelt sich an den Berghängen, bildet Wolken und liefert den nötigen Niederschlag.

Landwirtschaft in der Wüste

Putre (ⓘ S. 185)

Die kleine Stadt (1.250 Einwohner) auf 3.500 m Höhe ist auf dem Weg zum Lauca-Nationalpark nur eine Zwischenstation. Tatsächlich aber macht es Sinn, dem Körper hier eine Nacht Zeit zu gönnen, um sich an die Höhe zu gewöhnen. Putre ist als Siedlung seit 1580 dokumentiert, sie lag auf dem Weg von den Silberminen in Potosi (heute Bolivien) nach Arica. Nach der Unabhängigkeit Boliviens wurde der Handelsverkehr über Antofagasta abgewickelt, und Putre verlor schlagartig seine Bedeutung. Heute ist es ein kleines Agrarstädtchen (eigentlich kaum mehr als ein Dorf) und Marktort für die umliegenden Dörfer. Die Bewohner sind in der Hauptsache Aymara-Indios, die von der Landwirtschaft und von ihren Lama- und Alpakaherden leben.

Agrarstädtchen

• Sehenswertes in Putre

Die älteste Straße in Putre ist die O'Higgins, in deren Mitte ein Kanal verläuft, der von mehreren Steinbrücken gekreuzt wird. Die meisten Behausungen sind aus dem 19. Jahrhundert, aber teilweise wurden Türstöcke oder Fensterbögen aus älteren Bauwerken wieder verwendet. Dieses Recycling hat dazu geführt, dass einige der schönen Details aus der Kolonialzeit nicht verloren gegangen sind, sondern in die Neuzeit herübergerettet wurden.

An der Plaza liegen die Stadtverwaltung und die **Kirche**. Die erste Kirche von Putre soll mit Gold und Silber bedeckt gewesen sein. Sie wurde von einem Erdbeben zerstört, und 1670 wurde der jetzige Bau aus profanem Adobe und ohne Gold und Silberverzierungen errichtet.

Auch wenn es in Putre selber nicht viel zu sehen gibt, bietet die Umgebung überwältigende Hochgebirgsnatur, die zu erkunden sich lohnt. Eine gute Adresse ist die Agentur Birding Alto Andino der Amerikanerin *Barbara Knapton*, sie hat Ausflüge zu den Geoglyphen und der Gegend im Programm, ihre Spezialität aber sind vogel- und naturkundliche Touren.

Von Putre zum Lago Chungara

Von Putre aus schraubt sich die Straße weiter die Kordillere hinauf, durch die vielen Kurven kommt man nur langsam vorwärts. Nach acht Kilometern erreicht man den

Abzweig zu den **Termas de Jurasi**. Das Wasser der beiden Quellen hat 51° C, das der einen wird in einem kleinen zementierten Becken aufgefangen. Man nähert sich jetzt dem Lauca-Nationalpark und hier hat die Vegetation endgültig Hochgebirgscharakter.

Der Parque Nacional Lauca (ⓘ S. 185)

Der Lauca-Nationalpark ist das Tor zu einer archaischen Welt, die man, nur 200 km von der modernen Hafenstadt Arica entfernt, hier nicht vermuten würde. Das Leben der Menschen, die hier leben, wird fast ausschließlich von der überwältigenden Natur bestimmt, die ihren Tages- und Jahresablauf beeinflusst. Der Park liegt im Schnitt auf 4.500 m und wird überragt von den beiden Vulkanen Parinacota (6.330 m) und Pomerape

Im Lauca-Nationalpark sind schon oft UFOs gesichtet worden...

(6.240 m), die zusammen die Payachatas genannt werden. Die beiden Riesen, die *Hier* auch im Sommer selten ihre Schneehaube verlieren, spielen im Glauben der Be- *wohnen die* wohner dieser Landschaft eine wichtige Rolle, wie überhaupt alle Bestandteile der *Götter* Natur, die sie umgeben.

Die Klimabedingungen sind hart: obwohl die Wolken vom Pazifik Regen bringen, liegen die Niederschläge bei spärlichen 350 mm im Jahr (zum Vergleich: auf dem Bocken im Harz, der feuchtesten Stelle Deutschlands, fallen 1.140 mm!), der Wind weht besonders nachmittags oft heftig, und die Temperaturen fallen im Winter bis auf -30 C°. Unter diesen Konditionen kann kein Ackerbau betrieben werden, und für die Menschen, die hier leben, ist die Viehwirtschaft fast die einzige Möglichkeit, sich *Viehwirt-* einen bescheidenen Lebensunterhalt zu verdienen, auch wenn heute der Tourismus *schaft und* ein gewisses Zubrot bedeutet. Gehalten werden Lamas und Alpakas, die am besten *Tourismus* an die harschen Klimabedingungen und die karge Vegetation angepasst sind und Wolle und Fleisch liefern.

INFO ## Die Pflanzenwelt des Lauca-Nationalparks: dem Himmel so nah

Das Mosaik der Vegetation des Lauca-Nationalparks spiegelt die harschen Lebensbedingungen dieser Gegend wider und befindet sich in einem Gleichgewicht, das leicht gestört werden kann. Heute vielleicht weniger als früher ist die Vegetation Lebensgrundlage für die Bevölkerung, hat aber als Futterquelle für die Lama- und Alpakaherden immer noch eine zentrale Bedeutung.

Die **wichtigsten Pflanzengesellschaften** sind:

Das **Bofedal**, ein Feuchtgebiet, ohne das die Viehwirtschaft hier kaum möglich wäre. Bofedals, wie die moorartigen Landschaften genannt werden, die sich am Grund von Senken bilden, sind auf den ersten Blick zu erkennen. Glücklicherweise fallen im Gebiet des Lauca-Nationalparks die warme und die feuchte Periode des Jahres zusammen, so dass die Pflanzen optimale Bedingungen zum Wachsen haben. In den oft abflusslosen Senken sammelt sich das Wasser und macht ein üppiges Pflanzenwachstum möglich. Im Sommer bietet das Bofedal das Bild einer idyllischen, von kleinen Bächen durchflossenen, sattgrünen Landschaft (wenn man genau hinschaut, kann man in den Monaten Januar bis März zahlreiche winzige Blüten in allen Farben entdecken!), über die die Lamas und Alpakas malerisch verstreut weiden. Die Pflanzen des Bofedals wachsen oft in Polstern und Bulten, die aus dem Wasser ragen; hier gedeihen im Vergleich zu den anderen Vegetationsgesellschaften bei weitem die meisten Arten. Das Bofedal ist von immenser Wichtigkeit für die Viehwirtschaft. Es bietet das qualitativ beste Futter, und die Alpakas, die das trockene Gras und das holzige Gebüsch der anderen Gesellschaft verschmähen, fressen überhaupt nur hier.

Das Bofedal ist die wichtigste Nahrungsgrundlage für Lamas und Alpakas

Die **Pacha**, eine Formation, die sich im Wesentlichen aus zwei Grasarten (*Festuca orthophylla*, das die Aymara Pacha brava nennen, und *Stipa ichu*) und einigen kleinen Kräutern zusammensetzt, findet man an den Berghängen im Anschluss an das Bofedal. Hier ist der Boden (gebildet aus den vulkanischen Sanden der umliegenden Berge) so durchlässig, dass jegliches Regenwasser sofort versickert und erst im Talgrund wieder zutage tritt (wo sich dann ein Bofedal bilden kann). Der sandige Boden ist zwischen den lose verstreuten Grasbüscheln immer zu sehen, und die kleinen Kräuter, die hier noch wachsen können, werden von den Tieren schnell abgefressen. Die Alpakas mögen die stacheligen Gräser nicht (an der Pacha brava kann man sich tatsächlich die Finger blutig stechen!), aber für die Lamas sind sie eine wichtige Weide, vor allem in der kalten Jahreszeit, wenn das Futter im Bofedal knapp wird.

Außerdem ist die Pacha ein wichtiges Baumaterial. Viele Häuser haben auch heute noch ein mit Pacha gedecktes Dach, und für die Adobe-Ziegel, aus denen früher alle Gebäude, einschließlich der Kirchen, gebaut wurden, ist Pacha ein unverzichtbarer Bestandteil. Um diese Ziegel herzustellen, wird lehmige Erde mit Pacha und Wasser vermischt und mit den Füßen so lange gestampft, bis ein gleichmäßiger Brei entsteht, den man dann in eine Art rechteckige Kuchenform füllen und an der Sonne trocknen lassen kann. Die Häuser aus diesem Material verschmelzen mit der Landschaft, und wenn sie einmal verlassen werden, verfallen sie langsam, und ihre Bestandteile werden wieder eins mit der Natur (Bauteile wie Fenster und Türen werden oft mitgenommen, wenn ein Haus verlassen wird, und in die neue Behausung mit eingebaut).

Thola nennen die Aymara verschiedene Buscharten, die fast alle zu einer Familie (*Parastrephia sp.*) gehören und ebenfalls wichtig für das tägliche Leben der Tiere und Menschen sind. Einige der Büsche werden von den Tieren gefressen, wenn während der kalten Jahreszeit die Bofedals zugefroren sind. Allerdings enthalten die Blätter einiger Arten ätherische Öle, die den Lamas und Alpakas nicht schmecken. Früher war die Thola die wichtigste Brennholzquelle, die Büsche wurden so rigoros abgeholzt, dass in einigen Gegenden die Bestände sehr zurückgegangen sind, aber heute kochen zum Glück viele Familien bequemer und umweltschonender mit Gas.

Die vierte wichtige Vegetationseinheit sind die **Kenua-Wälder**, die in den höheren Lagen der Hügel und Berghänge wachsen. Darüber, ob der Name „Wald" wirklich gerechtfertigt ist, kann man sich streiten, aber die Kenuas (*Polylepis tarapacana*), die im Lauca-Nationalpark und im angrenzenden Sajama-Nationalpark wachsen, werden unter Fachleuten als die **höchstgelegenen Wälder der Welt** gehandelt. Kenuas können bis zu fünf Meter hoch werden, ihre Blätter sind glänzend dunkelgrün, die Rinde, die oft in vielen Lagen wie Papier abblättert, mit ihrem kräftigen Rotbraun bildet dazu einen schönen Kontrast. Kenuas wachsen aufgrund der harschen Umweltbedingungen sehr langsam und bilden ein hartes Holz, das wegen seiner guten Heizkraft von den Einheimischen geschätzt wird. Auch als Bauholz für die Häuser und Korrale der Tiere sind sie beliebt.

• Sehenswertes im Lauca-Nationalpark

Fast alle „Sehenswürdigkeiten" des Parks findet man an der internationalen Straße nach Bolivien. Der Eingang zum Park liegt einige Kilometer östlich des Militärpostens *Regimiento de Pacollo*, nur ein Schild weist darauf hin, dass man in den Park einfährt, Eintritt muss nicht gezahlt werden. Man fährt durch eine Quebrada (ein V-förmig eingeschnittenes Tal) aufwärts, am Grund des Einschnitts liegt ein Bofedal, in dem häufig Vicuñas weiden. Nach acht Kilometern ist der Abzweig zu den *Termas de Las Cuevas* erreicht, die etwa 50 m abseits des Weges liegen. Das Wasser, das hier zu Tage tritt, hat aber nur eine Temperatur von etwa 32 °C, was einerseits den Kreislauf weniger belastet, andererseits aber als Badetemperatur nicht jedermanns Geschmack ist. Zwei Kilometer weiter liegt die erste Hütte der CONAF.

Noch zwei Kilometer weiter überfährt man eine Wasserscheide, alle Niederschläge westlich dieser Scheide fließen Richtung Chile ab, Wasser östlich der Linie läuft nach Bolivien. Der einzige nennenswerte Ort des Parks, Parinacota, liegt etwa 5 Kilometer nördlich der Straße, der Abzweig ist ausgeschildert.

Parinacota

Der Ort liegt malerisch inmitten eines ausgedehnten Bofedals, seine etwa 50 Häuser sind aber weitgehend unbewohnt (siehe Info: Lebensweise der Aymara) und verschlossen. Das Dorf liegt auf der historischen Route von Potosí nach Arica und ist präspanischen Ursprungs. Von den Lamakarawanen, die zu diesen Zeiten Silber von den Minen zum Hafen transportierten, zeugen noch ausgedehnte Korrale in der *Pittoreskes* Umgebung des Dorfes. Die Häuser des Ortes sind aus Steinen gebaut, die mit Lehm *Dörfchen* beworfen werden, reine Adobe-Häuser findet man kaum. Die Dächer werden immer noch mit Pacha gedeckt, unter der sich aber immer häufiger Wellblech mehr oder weniger gut verbirgt.

• Kirche von Parinacota

Wie jede noch so kleine Siedlung hier im Hochland hat Parinacota seine eigene Kirche, um die sich die Häuser scharen. Die Form der Kirchen ist fast immer gleich: Das Schiff ohne Turm steht in der Mitte einer Mauer, die die Kirche um-schließt. Das Haupttor der Mauer liegt vor dem Eingang der Kirche an der kurzen Seite des Schiffs, oft versperrt ein kleiner Aufbau mit einem Kreuz den direkten Zugang zur Kirche. Der Turm (manchmal

Kirche im Altiplano

sind es auch mehrere) steht in einer der Ecken der Mauer, er hat eine Kammer für die Glocken. Die Mauer ist oft geschmückt mit Rundbögen, Kreuzen, Sternen, Vögeln oder anderen Symbolen. Als Baumaterialen werden Steine, Adobe und Pacha verwendet, die Mauern sind oft gekalkt und manchmal zusätzlich bunt bemalt. Das Innere explodiert im Vergleich zum Äußeren in Farben: alte Fresken stehen neben Heiligenfiguren, die Lastwagenfahrer aus La Paz oder Arica mitgebracht haben. In ihrer einfachen Pracht sind diese Kirchen als Bestandteil einer Landschaft, die sonst so wenig vom Menschen geformt wurde, anrührend.

Die erste Kirche in Parinacota wurde im 17. Jahrhundert gebaut, den jetzigen Bau hat man 1789 nach ihrem Vorbild nachgebaut. Die Mauer besteht aus Lehm und wird mit Kalk aus dem Bofedal geweißt. Ihre drei Tore werden überspannt von Bögen aus rosafarbenem Vulkangestein. Im Inneren findet man einige Fresken aus dem 17. Jahrhundert.

• Guardería der CONAF

Hier erhält man Informationen zum Park und kann den Zustand der Wege für wei-tere Ausflüge erfragen, außerdem gibt es eine kleine Broschüre zum Park. Inzwischen hat die CONAF die Übernachtungsmöglichkeit in ihrem Haus geschlossen, um die lokale Wirtschaft anzuheizen. Zelten kann man hinter dem Haus aber immer noch. Tatsächlich haben einige sehr einfache Unterkünfte aufgemacht, die meisten ohne fließend Wasser oder Strom. Hinter dem CONAF-Haus liegt ein kleiner See, von hier aus geht ein etwa einstündiger **Spazierweg** ab, der am Bofedal entlang und durch die angrenzenden Hügel führt.

Von Parinacota aus fährt man wieder zurück auf die internationale Straße und wei-ter Richtung bolivianische Grenze.

Lago Chungara

Der Lago Chungara ist einer der
beiden Attraktionen dieser Region, die man im Guinness-Buch
der Rekorde wiederfindet. Mit
4.570 m über dem Meeresspiegel ist er angeblich der **höchstgelegene See der Erde**, was
außer Zweifel steht, ist seine
Schönheit. (Einen zweiten Re-
kord hält der höchste aktive
Vulkan der Erde, der Guallatiri).
Am Ufer des Sees erhebt sich

Der Lago Chungara mit dem Parinacota

der fast perfekte Kegel des Vulkans Parinacota, bei ruhigem Wetter spiegelt er sich
im Wasser des Sees.

Vogel-
paradies
Für Vogelliebhaber ist der See ein Paradies: man kann Enten, Gänse und vor allem
die Flamingos, die an seinem flachen Ufer fressen und nisten, aus nächster Nähe beobachten und fotografieren. Die CONAF hat am Ufer einen Spazierweg angelegt,
der sehr nahe an die Vögel heranführt, es gibt einige kleine Steinmauern, hinter denen man sich zum Beobachten verstecken kann. Der Weg beginnt an der Guardería
der CONAF, und man läuft ihn etwa in 15 Minuten ab.

• Guardería der CONAF

An der Straße zur Grenze, direkt am Ufer des Sees, liegt die dritte Niederlassung
der CONAF, mit einem Parkwächter, der Informationen geben kann und außerdem
den kleinen Campingplatz verwaltet. Morgens beim Aufwachen hat man von hier aus
einen schönen Blick auf den See und den Vulkan, dessen vergletscherte Spitze sich
in der aufgehenden Sonne rosa färbt.

Vom Lago Chungara sind es nur noch einige Minuten zum Grenzübergang nach
Bolivien. Falls man nach Bolivien weiterfahren möchte, sollte man etwa zwei Stunden
für die Grenzformalitäten einkalkulieren, wenn man mit dem eigenen Auto unterwegs ist (ⓘ Allgemeine Reisetipps, „Grenzen").

Abstecher: Von Parinacota nach Visviri

▸ ▸ **Entfernung**: Parinacota – Visviri: 81 km

Visviri ist ein kleiner Ort, der in dem Länderdreieck Chile-Bolivien-Peru liegt. Da er
nur über eine schlechte Straße zu erreichen ist, besuchen ihn nur wenige Touristen,
er hat auch kaum Attraktionen, die Besucher anziehen könnten. Jeden Sonntag allerdings wird hier ein Markt abgehalten, auf dem sich die Bevölkerung der Region,
Aymara aus Chile, Bolivien und Peru treffen, ihre Waren verkaufen und tauschen.
Wer sich ein Bild vom Leben dieser Menschen machen will, für den lohnt sich der
Weg in diesen abgelegenen Winkel Chiles!

Man muss früh in Parinacota (oder Putre) losfahren, der Markt beginnt um 8 Uhr und endet schon etwa um 13 Uhr. 18 km von Parinacota entfernt gelangt man in das Nest Caquena, das immerhin über einen Polizeiposten und eine Schule verfügt. Es liegt schon außerhalb der Grenzen des Lauca-Nationalparks. Es folgen einige winzige Siedlungen von Aymaras, die hier von der Viehzucht leben, und nach weiteren 30 km das Dörfchen Cosapilla mit einer Kirche aus dem 17. Jahrhundert. Von hier aus sind es noch 17 km nach Visviri. Der Ort liegt auf 4.069 m Höhe und 3 km von der bolivianischen und 12 km von der peruanischen Grenze entfernt. Der Ort ist klein, der sonntägliche Markt findet etwas nördlich außerhalb der Siedlung an der Grenze der drei Länder statt. *Markt am Dreiländereck*

Abstecher zum Parque Nacional Sajama (Bolivien) (ⓘ S. 185)

Noch ein Sechstausender: der Sajama

Direkt hinter der Grenze geht der Lauca-Nationalpark in den Sajama-Nationalpark über. Wenn man mit dem eigenen Auto unterwegs ist (und die Grenzformalitäten nicht scheut), kann man einen Abstecher in diesen Park machen, der besonders, aber nicht nur, für Bergsteiger interessant ist. Man passiert zunächst die Grenze auf chilenischer Seite und fährt dann durch eine grandiose Hochgebirgslandschaft, hier ist man jenseits der Vegetationsgrenze, der höchste Punkt der Straße liegt bei 4.670 m. Dann geht es wieder bergab, vorbei an saftigen Bofedals zur Grenze, der Grenzort heißt Tambo Quemado. Er besteht aus einer Reihe von Häusern, von denen praktisch jedes einen Laden oder ein Restaurant im Erdgeschoss hat. Von Tambo aus fährt man in ein weites Hochtal hinunter, das auf der einen Seite vom Sajama beherrscht wird, der mit 6.542 m der höchste Berg der Region und auch Boliviens ist, auf der anderen Seite stehen die perfekten Kegel der Zwillingsvulkane Pomerape und Parinacota, die die Grenze zu Chile bilden. Alle Berge rund um das Tal spielen in der Mythologie der Aymara, die hier wohnen, eine wichtige Rolle, der wichtigste ist aber der Sajama, dem heilende Kräfte zugesprochen werden und den die Menschen hier fast zärtlich als Doktor Sajama titulieren. *Die Welt der Aymara*

Nach etwa 10 km (kurz nach dem Dorf Lagunas) erreicht man den Abzweig zum Dorf Sajama, das jetzt noch 13 km über eine holperige Schotterpiste entfernt ist. Man meldet sich in der Parkverwaltung, wo ein kleiner Eintritt zu zahlen ist und man außerdem Informationen über Unterkünfte erhält. Bisher gibt es nur einige sehr einfache Pensionen, aber ein besseres Hotel ist in Planung. In punkto Komfort darf man keine Ansprüche stellen: das Dorf hat weder fließend Wasser (abgesehen von ein paar öffentlichen Wasserstellen) noch Elektrizität, und einen eigenen Schlafsack sollte man auch im Gepäck haben. Auch die Versorgung mit Lebensmitteln ist nicht üppig: es gibt es paar kleine Läden und Restaurants, in denen hauptsächlich Lama serviert wird.

**Der Speisezettel der Aymara:
Lamasteak und Trockenkartoffeln**

Hier auf über 4.000 m Höhe sind die Möglichkeiten, noch Landwirtschaft zu betreiben, sehr beschränkt, das wichtigste Nahrungsmittel ist das Fleisch der Tiere. Besonders die Lamas werden hauptsächlich wegen des Fleisches gehalten, ihre Wolle ist so kratzig, dass sie sich schwer verkaufen lässt. Das Fleisch wird frisch gegessen, aber auch in Streifen getrocknet, so hält es sich einige Zeit, und man braucht es noch nicht einmal zu kochen, bevor man es isst. Frisches Lamafleisch kann eine schmackhafte Sache sein: im Geschmack etwas kräftiger als Rind und sehr cholesterinarm wird es gebraten oder als Suppeneinlage verwendet. Dazu gibt es oft **Chuño**, eine „gefriergetrocknete" Kartoffel, die heute im Hochland Boliviens noch sehr gebräuchlich ist, in Chile findet man sie seltener. Die Kartoffeln werden nach der Ernte, wenn es den ersten Frost gibt, auf dem Boden ausgebreitet und der Kälte ausgesetzt. Die Kartoffeln schrumpfen zu kleinen weißen oder schwarzen Bällchen zusammen (es gibt unterschiedliche Verfahren), die man recht lange lagern kann und vor dem Kochen einweichen muss. Eine andere typische Speise des Hochlandes ist der **Quinoa**, eine alte Kulturpflanze, die in Höhen bis zu 4.000 m wachsen kann und inzwischen in Europa in jedem Reformhaus verkauft wird, weil sie sehr gesund ist. Ihre Samen lassen sich zu einem Mehl verarbeiten, das meistens als Suppe gegessen wird.

Seitdem es bessere Straßenverbindungen gibt, kommen natürlich auch andere Waren in die Dörfer, besonders Reis und Nudeln, aber auch ein wenig zusätzliches Gemüse, wie Möhren und Zwiebeln, gehören jetzt auf den Speiseplan. Brot wird in den abgelegenen Hochlanddörfern manchmal noch in den Häusern selber gebacken, und zwar mit Lamafett.

Ersetzen die Dusche: heiße Quellen

Aber wen der mangelnde Komfort nicht abschreckt, der wird belohnt durch ein grandioses Naturerlebnis: ein weites einsames Hochtal, in dem Lama- und Alpaka-Herden weiden, heiße Quellen (vier Kilometer vom Dorf aus weiter in den Park hinein), ein Geysirfeld, das sich in einer Tageswanderung besuchen lässt. Und natürlich der Sajama, den man von hier aus besteigen kann. Technisch ist der Berg nicht schwierig, auch wenn man zum Schluss nur noch mit Krampen und Eispickel vorwärts kommt. Bis zum Campo Base Norte, das auf etwa 4.800 m Höhe liegt, kann man bequem in einer Tageswanderung laufen (auch für Nicht-Bergsteiger ist das eine schöne Wanderung). Für den Gipfelsturm sollte man sich lieber einen Führer im Dorf suchen (in der Parkverwaltung nachfragen). Die Führer im Dorf bieten auch Touren auf den Parinacota an, der am anderen Rand des Tales liegt und ebenfalls keine großen technischen Schwierigkeiten bietet, der Aufstieg ist allerdings durch den lockeren Vulkan-Sand sehr anstrengend.

Zur Reserva Nacional Las Vicuñas und zum Salar de Surire

Von Parinacota geht es jetzt weiter Richtung Reserva Nacional las Vicuñas und Salar de Surire.

Vicuñas

Unscheinbar: Guallatiri

Der Weg ist ausgezeichnet ausgeschildert (mit Ausnahme des Abzweiges im Parque Nacional Lauca!), so dass man sich keine Sorgen machen muss, aus Versehen in Bolivien zu landen. Der beste Abzweig liegt einen Kilometer östlich der Guardaria de las Cuavas (im Zweifelsfall die Carabiñieros fragen), man folgt zunächst der Ausschilderung nach Guallatiri. Am Horizont ist der gleichnamige Vulkan zu sehen, auf den man jetzt immer zufährt. Man überquert den Río Lauca und erreicht bald die **Reserva Nacional Las Vicuñas**. Das Schutzgebiet liegt auf einer Höhe zwischen 3.200 und 3.800 m, und die Vegetation besteht hauptsächlich aus niederen Büschen und Pacha-Gras, an den Hängen gibt es auch einige Kenua-Wälder. Wie der Name schon sagt, wurde das Schutzgebiet eigens zum Erhalt der Vicuña-Population eingerichtet, nachdem diese Tiere in den 70er Jahren des letzten Jahrhunderts fast gänzlich ver-

Die wilden Verwandten von Lama und Alpaka

schwunden waren. Glücklicherweise hat sich die Population heute wieder stabilisiert, und die grazilen Tiere können sogar vom Auto aus gut beobachtet werden.

Nach etwa 50 km ist **Guallatiri** erreicht. In dem kleinen Dorf gibt es eine Guardería der CONAF, in der man auch übernachten kann. Hier meldet man sich bei den Carabiñeros (obligatorische Kontrolle), die auch Auskunft über den Zustand der Wege geben können. Das Dorf Guallatiri hat etwa 50 Häuser und eine der typischen Adobe -Kirchen aus dem 18. Jahrhundert, die auf den Vulkan ausgerichtet ist. An dessen Fuß fährt man nun eine Weile entlang, immer die kleine Rauchwolke im Blick, die aus seinem Hauptkrater aufsteigt. An der Südflanke ist ein großes Geröllfeld zu sehen, aus dem es an Hunderten von Stellen dampft. Bis zum Nordrand des Salar de Surire sind es nun noch etwa 55 km. Kommt man nachmittags hier an, sieht man schon von weitem die gigantische Staubwolke, die über dem Salar steht und die in der Sonne gleißend hell ist.

Aktiver Vulkan

Der Salar de Surire

Der Salar hat eine Fläche von 17.500 ha, liegt auf 4.245 m Höhe und bietet bei klarem Wetter mit dem Panorama der drei Vulkane Lliscaya, Arintica und Chiguana als

Kulisse ein atemberaubendes Bild. Seinen Namen hat er von dem Suri oder Ñandu (einer kleinen Straußenart), der hier neben einigen Gänse- und Enten- und drei verschiedenen Flamingo-Arten seinen Lebensraum hat. Ein Teil des Salars wurde 1982 zum Monumento Nacional erklärt, um eben diese Fauna zu schützen. In einem Teilbereich werden aber die Salze des Salars auch abgebaut. Die Lastwagen, die das Material zur Aufbereitungsanlage am Westufer des Salars bringen, sehen in der weiten Salz-

Salzsee

Viscatcha

ebene wie Spielzeug aus. Rast machen kann man an der Guardería der CONAF, hier gibt es auch Auskünfte über den Zustand des weiteren Weges. Außerdem findet man hier eine einfache Unterkunft. In den Hügeln um den Salar lassen sich besonders gut Viscatchas beobachten, die zu Hunderten herumspringen.

Es empfiehlt sich, am Salar zu übernachten, zumindest sollte man das folgende Wegstück nicht in der Dunkelheit zurücklegen! Einerseits weil es fahrtechnisch der schwierigste Teil der Strecke ist, andererseits weil die Landschaft hier so atemberaubend schön ist, dass man sie auf keinen Fall verpassen darf!

Man fährt noch einige Kilometer am Rand des Salars entlang, vorbei an einem Brutgebiet der Suris, die oft auch in kleinen Trupps herumstolzieren, lässt den Abzweig zum Ort Surire links liegen (früher lebten hier die meisten Bewohner der Gegend, heute ist er fast verlassen, nur noch eine einsame Familie ist geblieben) und kommt dann an den Abzweig zu den **Termas de Polloquere**, die etwa 50 m vom Weg entfernt liegen. Man kann hier baden, die Becken sind allerdings nicht eingefasst und etwas verschlammt, das Wasser hat eine Temperatur von 66°C und einen schwefeligen Geruch. Nachmittags schränkt der starke Wind die Badefreuden ganz erheblich ein!

Wunderbare Landschaft

Statt dem Salar weiter zu folgen, biegt man jetzt nach rechts ab (ausgeschildert nach Colchane) und gelangt in eine bezaubernde Hochgebirgslandschaft. Zwischen großen Felsblöcken wachsen niedere Büsche, deren Blätter ätherische Öle enthalten und deshalb einen unverwechselbaren Geruch ausströmen.

Eine Pflanze, die man immer wieder in den Höhenlagen der Anden beobachten kann, hier aber besonders schön ist, ist die **Llareta** *(Azorella compacta),* ursprünglich ein Busch, der sich völlig zur Polsterpflanze umgebildet hat. Die hellgrünen Kuppeln, die fast dieselbe Form haben, wie die Steine, zwischen denen sie wachsen, sind nicht zu verfehlen. Ihr Inneres ist verholzt und sie sondern einen würzigen Harz ab: letzte Anklänge an ihre frühere Form. Früher wurden sie als Feuerholz genutzt, was leider dazu geführt hat, dass sie heute zu den stark gefährdeten Pflanzenarten in Chile gehören.

Hin und wieder sieht man kleine Aymara-Siedlungen, die kaum ins Auge fallen, so gut sind sie in die Landschaft eingepasst. Auch an Lama- und Alpaka-Herden kommt man vorbei, tatsächlich leben in dieser kargen Umgebung auf 4.000 m Höhe Menschen.

INFO   Die Aymara: Überlebende einer versunkenen Kultur

Das Leben in 4.000 m Höhe ist nicht immer einfach.

Die Aymara (Kinder der Sonne), die heute noch einen erheblichen Anteil der Bevölkerung in Bolivien bilden, leben in Chile in einem sehr begrenzten Gebiet in den nördlichen Anden. Traditionell waren sie eher nach Bolivien orientiert, wo sie bis hinab in die fruchtbaren Täler der Andenabhänge siedeln. Aber auch in den Tälern von Arica und Iquique arbeiten sie noch heute, oft als Lohnarbeiter in der Landwirtschaft.

Früher gab es zwischen den Aymara des Hochlandes und denen der Täler einen ständigen Kontakt, der mit Lama-karawanen aufrechterhalten wurde. Aus dem Hochland kamen Fleisch, Wolle und Häute der Lamas und Alpakas in die Täler, die die Hochlandbewohner dafür mit Obst und Gemüse versorgten. Aber nicht nur auf diese praktische Weise fühlten sich die Hochland-Aymara mit den Bewohnern der Täler verbunden, auch geistig bestand ein Zusammengehörigkeitsgefühl, so dass ein kompliziertes Geflecht auf verschiedenen Ebenen entstand. Diese Kooperation ist heute durch die Geldwirtschaft und den allgemeinen Markt verloren gegangen. Daher müssen die Hochland-Aymara jetzt versuchen, mit ihren Tieren so viel Geld zu verdienen, dass sie sich mit den Gütern des täglichen Lebens versorgen können.

Ihr Zentrum hat die Kultur der Aymara am Lago Titicaca in Bolivien, wo es immer noch jedes Jahr Feste zu Ehren der Sonne gibt. Außerdem verehren sie die Pachamama, die Mutter Erde, der sie z. B. den ersten Schluck jedes alkoholischen Getränks opfern, indem sie ein paar Tropfen auf den Boden schütten.

Normalerweise leben die Aymara den Hauptteil des Jahres nicht im Dorf, sondern auf ihren **Estancias** bei den Tieren. Diese Estancias bestehen aus dem Wohnhaus (das meistens aus Adobe ist und nur einen Raum hat), davor gibt es einen kleinen Ofen, in dem die Mahlzeiten gekocht werden. Außerdem gehört ein Korral, eine halbkreisförmige Einzäunung aus Holz oder Steinen zu dem Gehöft, in dem die Tiere übernachten. Nur zu besonderen Gelegenheiten, also zu Festen etwa, kommen die Familien ins Dorf, wo sie ein zweites Haus haben. So erklärt sich der ausgestorbene Eindruck, den die Dörfer im Andenhochland in den Grenzgebieten zwischen Chile, Bolivien und Peru oft haben.

Man bewegt sich jetzt immer mehr auf die bolivianische Grenze zu, und überquert am Pass des **Cerro Capitan** den mit 4.460 m höchsten Punkt der Strecke. Hier ist man endgültig im Hochgebirge: auf dieser Höhe hört die Vegetation vollständig auf, *Höchster Punkt der Tour* und die Felsen können in Rot, Braun und Gelb ihre ganze Farbenpracht entfalten. Hat man den Pass überquert, fährt man in eine weite Hochebene hinab, die man durchqueren muss. Am Abhang zur Ebene wachsen ein kleiner Kenua-Wald und einige besonders schöne Exemplare des Kaktus *Tephrocactus boliviensis*.

Der Parque Nacional Volcán Isluga

Kurz nach dem Eingangsschild zum Park erreicht man ein saftiggrünes Bofedal, das Assoziationen an den 23. Psalm wach werden lässt: in einer engen Schlucht weiden auf einem herrlich grünen Rasen friedlich Lama- und Alpaka-Herden. Der Parque Nacional Volcán Isluga ist wesentlich dichter besiedelt als die Reserva Las Vicuñas oder das Gebiet um den Salar de Surire, hier gibt es regelrechte Dörfer und die Menschen betreiben sogar ein wenig Ackerbau. Bei Taipocollo kann man sehen, wie mühsam die Hochlandbauern ihre Felder und Bofedals bewässern: über mehrere Kilometer verläuft direkt neben der Straße ein Bewässerungskanal. Diese Kanäle werden mit Hacke und Schaufel angelegt und müssen nach jedem frostigen Winter ausgebessert und erneuert werden. Das Wasser im Isluga-Nationalpark ist reich an natürlichem Arsen, hin und wieder findet man ein Schild mit entsprechenden Warnhinweisen.

Ackerbau im Hochgebirge

In **Enquelga** ist die Guardería der CONAF für den Park und seine Verwaltung zuständig. Hier gibt es ein kleines Refugio (das man in der Hochsaison besser telefonisch bei der CONAF in Arica vorbestellt). Das Dorf hat etwa 90 Häuser, für die die breiten Straßen und die Straßenbeleuchtung etwas überdimensioniert erscheinen, sonst geht es hier nämlich sehr ruhig und ländlich zu.

Isluga

Architektur des Altiplano

In Isluga steht die vielleicht **schönste Kirche des chilenischen Altiplano**. Sie hat die gebräuchliche Form: der Turm steht in einer der Ecken der umlaufenden Mauer, die mit Bögen aus rötlichem Vulkangestein besetzt ist. Ihre weißen Mauern und Bögen heben sich wunderschön von der Kulisse der Berge und dem Himmel ab, der an schönen Tagen tatsächlich so tiefblau sein

Die Kirche von Isluga

kann, wie er auf der chilenischen Flagge symbolisiert wird. Direkt neben der Kirche liegt ein weiter Platz, umgeben von einer Adobe-Mauer mit vielen kleinen Bögen. Dieser Platz ist der traditionelle Versammlungsort der Aymara der Gegend, hier feiern sie ihre Feste, und man kann davon ausgehen, dass es den Platz sehr viel länger gibt als die Kirche. Das Dorf erscheint wie ausgestorben, und tatsächlich leben die Bewohner verstreut in der Umgebung bei ihren Tieren, nur zu Festtagen kommen sie nach Isluga.

Von Isluga aus hat man es nicht mehr weit bis zur internationalen Straße, der Grenz-ort nach Bolivien ist **Colchane**. Mit etwas Glück bekommt man hier Benzin, eine Tankstelle gibt es nicht, aber es wird Kraftstoff aus Fässern verkauft. Der Ort macht besonders im Kontrast zu Isluga einen trostlosen Eindruck: ein paar zusammen-gezimmerte Holzhäuschen, eine prächtige Polizeistation und das war's auch schon.

Um nach Iquique weiterzufahren, braucht man ihn aber gar nicht zu durchqueren, man biegt direkt nach Westen ab und fährt jetzt noch eine ganze Weile zwischen 3.900 und 4.200 m Höhe durchs Gebirge, bis man endlich mit dem Abstieg beginnt. Die Straße ist noch nicht geteert, und es wird wohl auch noch eine Weile dauern, bis die Bauarbeiten abgeschlossen sind. Die Fahrt durch die Vorkordillere ist ein Erlebnis, immer den Andenabfall vor Augen, fährt man wieder dem Meer zu und in die Wüste hinein. Kurz vor der Einmündung in die Ruta 5 passiert man den Abzweig zum Cerro Unita und dem Gigante de Atacama ((i) S. 391 ff). Von hier aus fährt man noch etwa 50 km durch die Küstenkordillere nach Iquique.

Alternative B: Von Arica über die Panamericana nach Iquique

Man verlässt Arica über die C. Sotomayor, die Panamericana Sur ist hier schon aus-geschildert. Die Straße führt zunächst bergaufwärts, und einige Zeit fährt man ent-lang der *Quebrada de Higuera*, in der ein kleiner Fluss fließt und wo auch Landwirt-schaft betrieben wird. Die Straße schlängelt sich hoch über dem Tal dahin und man kann gut beobachten, wie die Felder immer spärlicher werden und schließlich im Wüstensand verschwinden. Jetzt ist man in der Wüste: nichts als Sand und Steine, die tagsüber in der gleißenden Sonne fremd und lebensfeindlich erscheinen, aber bei Sonnenuntergang in den zartesten Pastellfarben leuchten.

Nach 195 km erreicht man den Abzweig nach **Pisagua**. Von der Panamericana sind es noch 40 km über eine Schotterstraße bis zu dem kleinen Ort an der Pazifikküste, der Weg überquert die Küstenkordillere und führt an einigen alten Salpeterminen vorbei. Im 19. Jahrhundert war Pisagua ein wichtiger Salpeterhafen, aus dieser Zeit stammen das Teatro Municipal und der Torre de Reloj. Am 2. November 1879 fand hier eine wichtige Schlacht im Salpeterkrieg statt. Nach dem Ende des Salpeter-booms funktionierte man den ganzen Ort zu einer **Gefangenenkolonie** um, die zuletzt von *Pinochet* genutzt wurde und dem Ort zu einer traurigen Berühmtheit verholfen hat. Die Verschickungen in den Norden waren berüchtigt, und 1998 wurde in Pisagua ein Massengrab mit Opfern der Militärdiktatur gefunden.

Erinnerung an finstere Zeiten

In Pisagua trafen sich *Salvador Allende* und *Augusto Pinochet* schon einmal, lange vor dem endgültigen Showdown am 11. September 1973. Als 1946 Präsident *Gabriel Gon-zalez Videla* die Kommunisten aus der Regierungskoalition ausschloss und Tausende von Regimegegnern nach Pisagua schickte, tat Pinochet dort als Capitan Dienst. Allende reiste mit einer Delegation des Kongresses nach Norden, um sich einen Überblick über die Situation der Gefangenen zu machen. Pinochet drohte ihm mit Erschießung, bräche er seine Mission nicht ab. Allende gehorchte nach dieser Drohung und verließ mit seinen Kollegen das Lager...

Zu sehen gibt es heute in Pisagua nicht viel. Etwa 30 Familien leben hier, hauptsächlich vom Fischfang. Sehenswert sind höchstens ein paar Gebäude aus der Hochzeit des Salpeter-Handels: das ehemalige Theater (gebaut 1892), der hölzerne Glockenturm (1887) und das Hospital (1909), das seit 1950 keine Kranken mehr beherbergt. An der Küste kann man Seehunde beobachten.

Ein paar Kilometer südlich des Abzweigs nach Pisagua durchquert die Panamericana einen Teil der *Reserva Nacional Pampa de Tamagural*, dann gelangt man an den Polizeiposten **Huara**. Während des Salpeter-Booms lebten hier mehr als 7.000 Menschen, der Ort war eine Art Vergnügungszentrum für Minenarbeiter. Heute ist er auf 500 Einwohner geschrumpft, und geblieben ist nicht viel mehr als eine Straßenkreuzung mit ein paar Häusern und einer Kirche.

Biegt man in Huara nach Osten von der Panamericana ab, gelangt man nach 14 km zum **Cerro Unita** und seinen berühmten Geoglyphen (ⓘ S. 391 ff.). Von Huara aus sind es noch 33 km bis zum Abzweig nach Iquique, der in 47 km vorbei an den ehemaligen **Minen Santa Laura und Humberstone** (ebenfalls ⓘ S. 390 ff.), durch die Küstenkordillere abwärts wieder an die Pazifikküste führt.

Iquique

Überblick

Strand und
ZOFRI

Iquique ist die Hauptstadt der 1. Region Chiles (Tarapaca), die sich von der peruanischen Grenze im Norden bis zum Río Loa im Süden erstreckt. Die Stadt macht auf den ersten Blick einen widersprüchlichen Eindruck: die neu gestaltete Strandpromenade steht im Gegensatz zu den klapprigen Holzhäusern, die sich an den Rändern von Iquique etwas in der Wüste verlieren. Der größte Anziehungsfaktor für viele Touristen aus den Anliegerländern ist die *Zofri*: die Freihandelszone, die immer mehr zu einem modernen Einkaufs- und Industriezentrum ausgebaut wird. Aber auch zum Baden kommen viele Argentinier und natürlich Chilenen nach Iquique, die Strände hier sind fast so schön wie in Arica.

Geschichte der Stadt

Ort ohne
Wasser

Als Stadt ist Iquique eine junge Gründung, auch wenn die Gegend schon in vorkolonialer Zeit besiedelt war. Während der Kolonialzeit wurde Guano auf dem Gebiet des heutigen Ortes gewonnen, die Ureinwohner kamen als Arbeitssklaven dazu gerade recht. 1730 hatte die Stadt gerade mal 3.000 Einwohner, ihre Bedeutung lag hauptsächlich in ihrer Funktion als Hafen für die Silbermine *Huantajaya*: von hier aus legten die mit Silber beladenen Schiffe ab, andererseits mussten alle Waren für die Minenarbeiter über Iquique herangeschafft werden. Damals war der Ort nicht mehr als ein verlorenes Nest in der Wüste, sogar Wasser wurde auf Schiffen von Arica und Pisagua herantransportiert und schon dadurch war ihr Wachstum zunächst limitiert. 1828 begann die peruanische Regierung, Salpeter über Iquique zu exportieren und plötzlich fing die verschlafene Siedlung an zu wachsen. Um 1865 wurden jährlich 320.000 t Salpeter durch den Hafen von Iquique verschifft. 1878 hatte die Stadt 10.000 Einwohner und wurde zur Provinzhauptstadt erklärt. Aus dieser Periode stammen einige der Bauwerke, die das Stadtbild bis heute stark prägen: das Zollgebäude, der Uhrenturm auf der Plaza und die Straßenbeleuchtung.

Iquique im Pazifikkrieg

Was die Schlacht um den Morro für Arica, war der Untergang der *Esmeralda* für Iquique. Am 21. Mai 1879 lieferten sich das chilenische Schiff und die peruanische *Huascar* während des Salpeterkrieges eine Seeschlacht vor der Stadt. Die Chilenen kämpften den ganzen Tag tapfer, aber die Peruaner waren einfach besser ausgerüstet: die *Esmeralda* sank, und mit ihr der Befehlshaber des Schiffs, **Arturo Prat**, der seitdem von den Chilenen als Volksheld verehrt wird. Es ist zunächst nicht leicht zu verstehen, warum ausgerechnet der Protagonist einer der schlimmsten Niederlagen, die die Chilenen in diesem Krieg einstecken mussten, zum Nationalheld avancierte. Aber dieser Krieg war für die Identitätsbildung des jungen Staates sehr wichtig: das kleine Chile besiegte die beiden übermächtigen Nachbarn Bolivien und Peru und zementierte mit dem Abkommen, das nach dem Krieg geschlossen wurde, seine Vormachtstellung in der Region bis heute: beide Länder verloren große Teile ihres nationalen Terrains und zumindest Bolivien hat sich bis in die Gegenwart nicht davon erholt, dass es seinen Zugang zum Meer eingebüßt hat. Zudem gewann Chile mit den Salpetergebieten eine Einnahmequelle, die fast 50 Prozent der Staatsausgaben deckte, und bekam damit die Möglichkeit, sich als Land zu konsolidieren. Und dass Prat, der im Kampf für dieses nationale Ziel bis zum letzten Atemzug gekämpft und dann sein Leben sozusagen für Chile verloren hat, einen besonderen Platz im Bewusstsein der Chilenen einnimmt, ist nicht verwunderlich. Auch wenn er selber Iquique nicht erobern konnte, am 24. November fiel die Stadt dann doch an Chile.

Der National-held

Der wirtschaftliche Boom durch den Salpeter dauerte von 1880 bis 1920. Zu dieser Zeit war Iquique der größte Exporthafen für das Mineral in Chile, und diese Zeitspanne hat sich auch architektonisch im Bild der Stadt niedergeschlagen: Geld, um prächtige Wohnhäuser und repräsentative öffentliche Gebäude zu bauen, war im Überfluss da, und man versuchte, ein wenig Großstadt in die Wüste zu holen: ein Theater entstand und auch eine Plaza, auf der man sonntags nach der Kirche flanieren und die neueste Mode vorführen konnte, die sich natürlich an den Trends in Europa orientierte.

Geld im Überfluss

Mit dem Niedergang des Salpeter-Booms begann sich ein anderer Wirtschaftszweig zu entwickeln, der bis heute eine fundamentale Bedeutung für die Stadt hat: die

Fischkutter im Hafen von Iquique

Die Fischerei

Fischindustrie. Die erste Konservenfabrik wurde 1935 eingeweiht, die erste Anlage zur Herstellung von Fischmehl 1950. Heute ist Iquique der größte Fischereihafen in ganz Chile, sicherlich eine nicht zu unterschätzende Stellung in einem Land mit 4.000 km Küste. Außerdem ist es weltweit der größte Exporteur von Fischmehl.

1975 ist ein weiteres wichtiges Datum in der wirtschaftlichen Geschichte der Stadt: in diesem Jahr wurde die Freihandelszone (Zona Franca) eröffnet, die Käufer aus dem ganzen Land und den angrenzenden Staaten anzieht und auch für Touristen zu einer der größten Attraktionen der Stadt geworden ist. Dieser Akt veränderte nicht nur das wirtschaftliche Potenzial, sondern schlug sich auch im Bau von neuen Gebäuden nieder. Aus dieser Zeit stammt z. B. die *Costanera*, die Küstenpromenade, mit der die Verbindung der Stadt mit dem Meer manifestiert werden sollte.

Heute spielt neben der Fischwirtschaft und der Zona Franca auch der Tourismus eine immer größere Rolle: die langen Sandstrände ziehen viele Bade- und Sonnenhungrige an, und auch sonst hat die Stadt einiges zu bieten!

Sehenswertes in Iquique

Die meisten Sehenswürdigkeiten sind im Zentrum der Stadt nahe der Plaza zu finden. Für einen Rundgang brauchen Sie etwa einen halben Tag, je nachdem, in wie viele der Museen Sie hineinschauen wollen.

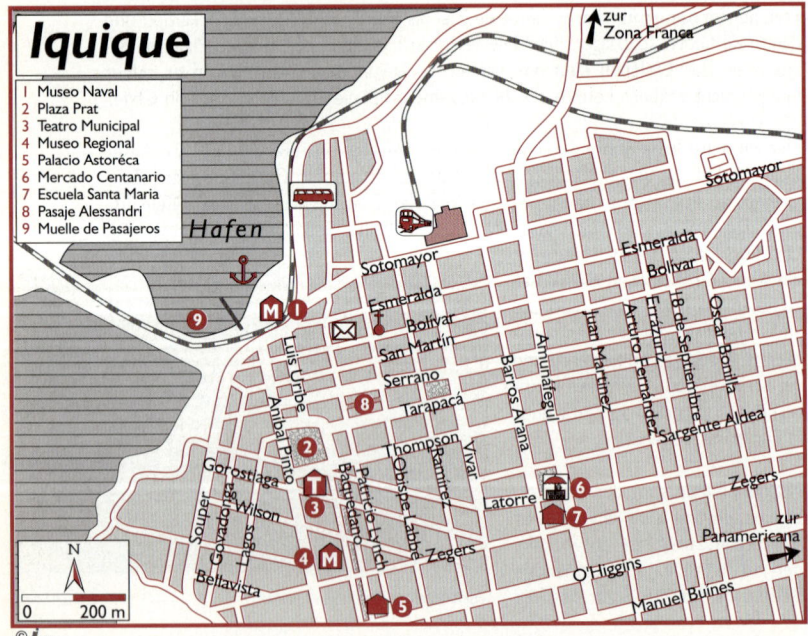

Iquique

1 Museo Naval
2 Plaza Prat
3 Teatro Municipal
4 Museo Regional
5 Palacio Astoréca
6 Mercado Centanario
7 Escuela Santa Maria
8 Pasaje Alessandri
9 Muelle de Pasajeros

zur Zona Franca

Hafen

0   200 m

© gray.

Starten Sie an der
Plaza Prat (2)

deren Mitte von einem schönen Uhrturm aus dem Jahr 1877 gebildet wird, eines der Wahrzeichen der Stadt. Die Plaza ist bestanden mit großen Palmen und am Wochenende kommen viele Familien zum Flanieren, um ihre Kinder in altmodischen Tretautos fahren zu lassen, sie anderweitig zu verwöhnen und mit ihnen zu spielen. An der Westseite der Plaza steht das traditionsreiche Hotel Arturo Prat, an der Südseite das prächtige

Teatro Municipal (3)

Gegründet hat man das Theater zum Ende des 19. Jahrhunderts, zur Zeit des Salpeter-Booms, und es wurde damals hauptsächlich als Oper genutzt. Es war ein Symbol für die Kultur, die mit dem Erlös des „weißen Goldes" gekauft und in die Wüste importiert werden konnte, sogar europäische Künstler traten hier auf. Es wird heute wieder als Theater für die verschiedensten Veranstaltungen genutzt. Außerdem ist es ein kleines Museum, der Saal kann besichtigt werden und ist durchaus einen kurzen Besuch wert.

Neben dem Theater steht das Gebäude der **Sociedad Protectora de Empleados de Tarapaca** aus dem Jahr 1911. Diese Vereinigung war eine der ersten Gewerkschaften des Landes, die sich hier im Norden in den Minen besonders schnell und schlagkräftig entwickelten. *Wiege der chilenischen Gewerkschaften*

Das schönste Gebäude an der Ostseite der Plaza ist das **Centro Español**. Es wurde 1904 als Versammlungsort der spanischen Gemeinschaft der Stadt gebaut und ist besonders von innen sehenswert. Am besten lässt sich die farbenprächtige Innenarchitektur im maurischen Stil bei einem guten Essen in dem hervorragenden Restaurant bewundern.

Von der Plaza aus folgt man der **Calle Baquedano** ein Stück nach Süden. Sie ist der am besten erhaltene Komplex von Häusern aus den Jahren des Salpeter-Booms und das Herz des historischen Viertels. Alle Gebäude sind in ähnlichem Stil *Historisches Viertel*

gebaut, in einer Architektur, die an die Hitze der Wüste wunderbar angepasst ist. Im Erdgeschoss haben sie überdachte Veranden, die sicherlich ein angenehmer Aufenthaltsort waren, als die Baquedano noch von Pferdegespannen (und nicht von Autokolonnen) befahren wurde. Das oberste Dachgeschoss wurde oft ohne Wände geplant, so dass jeder Windhauch eingefangen werden konnte. Einige der Häuser sind schön renoviert aber ein großer Teil verfällt leider.

Calle Baquedano

Eine besuchenswerte Adresse ist die Hausnummer 951, unter der man das schönste Museum von Iquique findet.

Museo Regional (4)

Sehens-
wertes
Museum

Es hat eine umfassende Ausstellung zur prähispanischen Kultur der Gegend, unter anderem einige der berühmten Mumien, und zur Geschichte des Salpeter-Booms. Neben zahlreichen historischen Fotos und dem Modell einer Anlage zur Salpeter-Aufbereitung gibt es allerhand Ausrüstungsgegenstände der Minenarbeiter zu sehen und eine große Sammlung von *Fichas*, dem „Spielgeld", mit dem die Arbeiter in den Minen bezahlt wurden. Im Patio des Hauses ist eine kleine Siedlung der Aymara-Indios aus dem Hochland in Originalgröße nachgebaut.

Anderthalb Blocks weiter liegt auf der anderen Straßenseite der
Palacio Astoréca (5)

Der Bau (er hat wirklich die Ausmaße eines Palastes!) war das Wohnhaus von *Juan Higinio de Astoréca,* der Ende des 19. Jahrhunderts aus Spanien nach Iquique kam und in eine reiche Salpeter-Familie einheiratete. Er baute das Haus für seine junge Familie, er selber hat nie hier gelebt, da er starb, bevor es fertig wurde. Die Inneneinrichtung ist wahrhaft sehenswert, mit dem Salpeter-Geld konnten die edelsten Möbel aus Europa herangeschafft werden. Heute wird das obere Stockwerk als Kulturzentrum der Universität von Iquique genutzt und manchmal werden interessante Ausstellungen gezeigt.

Geschäfts-
straßen

Vom Palacio aus geht man auf der O'Higgins einige Blocks nach Osten, entweder bis zur C. Vivar, an der sich viele der wichtigsten Geschäfte befinden, oder zur C. Barros Arana, an der die *Escuela* Santa María und der *Mercado* liegen (beide Straßen führen nach Norden, zurück zum Zentrum). In der **Escuela Santa María (7)** fand im Jahr 1907 ein schreckliches Massaker statt, als einige hundert Menschen (wie viele, ist nie endgültig geklärt worden), Minenarbeiter mit ihren Frauen und Kindern, von Regierungstruppen bei einer friedlichen Demonstration erschossen wurden.

Auf der C. Vivar gelangt man zur Plaza Condell; Iquique ist einige der wenigen Städte, die zwei Plazas haben. Auf der C. Ramírez sind es zwei Blocks nach Norden zur **Kathedrale** der Stadt. Sie ist fröhlich in den Farben Gelb und Himmelblau angestrichen und nimmt einen ganzen Block ein. Drei Blocks nach Westen befindet sich die

Muelle de Pasajeros (9)

Der Anleger strahlt einen etwas verrotteten Charme aus, obwohl er offensichtlich häufig gestrichen wird. Auf dem Dach lassen sich oft Scharen von Möwen und Pelikanen nieder, die auf Fischabfälle vom gegenüberliegenden Anleger der Fischer warten. Wenn man sich gemütlich auf den Stufen niederlässt, sollte man sich vor entsprechenden Überraschungen von oben in Acht nehmen! Nicht nur die Vögel warten hier auf Fütterung, es lungert auch immer eine Schar Seelöwen um den Anleger, die wild um die Fischabfälle kämpfen, die von den Booten und Fischständen ins Wasser fliegen.

Von der Muelle geht eine etwa einstündige **Hafenrundfahrt** los, deren Höhepunkte eine kleine Seelöwenkolonie und jene Stelle sind, an der am 21. Mai 1879 die Esmeralda, das Schiff des Nationalhelden *Arturo Prat*, gesunken ist.

Im Hafen von Iquique

Am Eingang des Anlegers steht eine Büste dieses Mannes, der sicherlich der am meisten porträtierte Mann in Chile ist, in jeder Stadt findet man mindestens eine Statue, die ihn darstellt.

Ganz in der Nähe liegen das Zollgebäude und das
Museo Naval (1)

Das kleine Schifffahrtsmuseum ist hauptsächlich dem Andenken der Esmeralda und ihres Befehlshabers gewidmet. Die Schlacht, in der sie schließlich unterging, wird in schematischen Zeichnungen minutiös nachvollzogen; außerdem gibt es jede Menge entsprechender Devotionalien zu sehen.

Damit ist der Rundgang beendet, die für viele Besucher wichtigste Attraktion der Stadt, die
Zona Franca (Zofri)

ist zu Fuß schlecht erreichbar, Sie sollten sich in ein Taxi oder ein Colectivo Richtung Norden setzen, um dieses chilenische Einkaufsparadies zu erreichen. Das Areal umfasst eine Fläche von 240 ha und ist damit die größte Freihandelszone von Südamerika. Es gibt ein großes Einkaufszentrum mit Hunderten von kleinen Läden, die neben billigem Ramsch auch Luxusprodukte in guter Qualität verkaufen. Die Preise liegen zwar unter denen des restlichen Chile, sind aber gegenüber den europäischen oft nicht niedriger. Aber um Filme zu kaufen und zu bummeln, ist die *Zofri* allemal gut! Neben der Zona Franca sind für die meisten nationalen und südamerikanischen Touristen jedoch die **Strände** das Wichtigste an Iquique. Die wichtigsten Strände sind die **Playa Cavancha** und die **Playa Brava**, die südlich des Stadtzentrums beiderseits der Halbinsel Cavancha liegen. An der geschützteren Playa Cavancha kann man eigentlich das ganze Jahr über schwimmen, während die Playa Brava Wind und Wellen stärker ausgesetzt ist. Hier kommen eher Sonnenanbeter auf ihre Kosten. **Surfer** bevorzugen die Playa Bellavista (stadtnah), oder die an der Strecke zum Flughafen liegende Playa Huaiquique und die Punta Gruesa.

Einkaufsparadies

Ausflüge in die Umgebung von Iquique

Die Küstenstraße nach Norden endet in Iquique, und alle Ausflüge führen ins Landesinnere, in die Region der Minen.

Die Minen Humberstone und Santa Laura

Weniger als 50 km von der Stadt entfernt liegen an der Einmündung des Zubringers (Ruta 16) in die Panamericana die beiden aufgegebenen Minen Humberstone und Santa Laura. Man verlässt die Stadt über die Avda. Bulnes, die direkt zur Ruta 16 führt. Die Straße schlängelt sich in Serpentinen den steilen Hang hinauf, und der Blick auf die Bucht von Iquique wird mit zunehmender Höhe immer schöner! Der Stadt vorgelagert ist eine gigantische Sanddüne, die wegen ihrer Form *El Dragon* (der Drachen) genannt wird. Man sieht oft Gleitschirmflieger vor ihrer großartigen Kulisse, die die günstige Thermik nutzen und scheinbar endlos die Küste entlang gleiten.

• Oficina Santa Laura

Verrostete Industrieanlagen

Die Oficina Santa Laura liegt, von Iquique kommend, linker Hand etwa einen Kilometer von der Straße entfernt, die verrostete Industrieanlage hockt wie das Skelett eines Sauriers in der Wüste und ist nicht zu übersehen. Die zur Mine gehörige Siedlung ist längst dem Erdboden gleichgemacht, nur die Anlagen zur Aufbereitung und zum Transport des Salpeters stehen noch. Die Mine wurde 1872 in Betrieb

Santa Laura

genommen und funktionierte bis 1960. Alle Gebäude sind mehr oder weniger verfallen und vom Maschinenpark sind nur die schwersten und nicht demontierbaren Stücke übrig geblieben. Auch wenn der Komplex wie ein überdimensionaler Schrotthandel anmuten mag: man wird hier in die Vergangenheit entführt, und wenn man in der glühenden Sonne zwischen den verfallenen Gebäuden herumläuft, bekommt man vielleicht zumindest eine schwache Vorstellung davon, was es bedeutet haben muss, in der Mine schwere körperliche Arbeit verrichten zu müssen.

• Oficina Humberstone

Die Oficina Humberstone liegt rechts der Straße etwa einen Kilometer weiter Richtung Panamericana. Die Produktionsanlagen dieser Mine wurden fast komplett demontiert, weitgehend erhalten blieb dagegen die dazugehörige Siedlung, die allerdings inzwischen sehr verfallen ist. 2002 gründete die australische Minengesellschaft BHP Billiton ein Industriemuseum in Humberstone und es bleibt zu hoffen, dass die Anlage in Zukunft besser vor Vandalismus und Diebstahl geschützt wird. Ihren Namen hat die Mine von einem Engländer, dem Ingenieur *James Humberstone*. Er wurde am 8. Juli 1850 in Dover/England geboren, sein Vater war Postbeamter, sein Groß-

Geisterstadt Humberstone

vater dirigierte eine Militärkapelle, und der kleine James wurde streng nach dem Sittenkodex des viktorianischen Zeitalters erzogen. Fasziniert von der Eisenbahn, beschloss er siebzehnjährig, Ingenieur zu werden, und begann, bei der Eisenbahngesellschaft London Northwest zu arbeiten. Die Gesellschaft hatte ein Stahlwerk, und hier arbeitete Humberstone im chemischen Labor; gleichzeitig besuchte er Abendkurse. Irgendwann hatte er tatsächlich sein Ziel erreicht und ging nach Chile, wie so viele seiner Landsleute. In England hatte es sich längst herumgesprochen, dass man in Chile mit etwas Wissen und Geschick schnell ein Vermögen machen konnte. Und tatsächlich erwies sich Humberstone als sehr erfolgreich und übernahm schließlich die Leitung der Mine in den Hügeln vor Iquique. Sie war seit 1862 in Betrieb und arbeitete bis 1960. Der Ort war damals eine Mustersiedlung. Während die Arbeiter der meisten anderen Minen sich nach Feierabend höchstens in wilden Spelunken vergnügen konnten, gab es in Humberstone Sportplätze, ein Schwimmbad, ein Theater und viele Geschäfte. Allerdings blieb die Hierarchie der Mine auch nach Feierabend erhalten: nur die Angestellten und oberen Chargen hatten z. B. Zutritt zum *Club Social*, wo angemessene Kleidung Pflicht war.

Musteranlage

Hierarchie bleibt gewahrt

Der Gigante de Atacama und Tarapacá

Von Humberstone und Santa Laura aus sind es 33 km bis nach Huara und von dort aus noch etwa 14 km auf der Straße nach Tarapacá bis zum Abzweig zum Cerro Unita. Er ragt einsam mitten in der Wüste empor, kilometerweit von der Küstenkordillere entfernt, und vielleicht haben seine isolierte Lage und die perfekte Kegelform die Ureinwohner dieser Gegend dazu animiert, hier ein ganz besonderes Kunstwerk zu schaffen: den **Gigante de Atacama**. Er ist in die Westseite des Hügels eingraviert und mit 86 m Höhe angeblich die größte Darstellung einer menschlichen Figur überhaupt auf der Erde. Sie stellt einen Indio-Herrscher dar, gut zu erkennen ist seine Federkrone. Wegen seiner Größe ist der Riese eigentlich nur von weitem komplett zu sehen, auf keinen Fall sollte man in die Darstellung hineinklettern!

Tarapacá (vom Cerro Unita 15 km weiter die Straße hinauf, über eine Schotterpiste zu erreichen) hat eine gloriose Vergangenheit, die Gegenwart ist weniger glanzvoll. Heute liegt das Örtchen, in dem früher die Provinzregierung residierte, fast vollständig in Ruinen. Sowohl *Diego de Almagro* als auch *Pedro de Valdivia* kamen auf ihrem Weg nach Süden durch den Ort, der bald das Zentrum der ganzen Region wurde. 1855 zog die Provinzregierung jedoch nach Iquique, dessen Bedeutung immer mehr wuchs, während Tarapacá in Vergessenheit geriet. Einige Zeugnisse der Vergangenheit stehen noch, z. B. die Kirche Iglesia de San Lorenzo aus dem Jahr 1773, einige Überreste des Regierungspalastes und einige Privathäuser.

Zu den Termas de Mamiña (ⓘ S. 185)

Von Iquique aus ein paar Kilometer nach Süden auf der Panamericana biegt man bei Pozo Almonte nach Osten ab und folgt der asphaltierten Straße bergaufwärts, einige Kilometer vor dem Ort Mamiña hört der Asphalt auf. Den Ort, in dem heute etwa 500 Menschen leben, gab es schon vor der Ankunft der Spanier, die Inkas hatten hier ein Verwaltungszentrum (einen Pukará) eingerichtet. Nach einer Legende wurde eine **Inka-Prinzessin** in den heißen Quellen des Ortes von ihren Krankheiten geheilt. Aus der Zeit der Kolonie stammt die eindrucksvolle **Kirche** aus dem Jahr 1632; sie hat zwei Türme, die direkt an das Kirchenschiff angebaut sind, und ist damit einzigartig im Norden Chiles. Auch ein Zentrum für Aymara-Kunsthandwerk gibt es hier. Während des Salpeter-Booms hatte der Ort reichlich Zufluss an Erholungssuchenden, die wegen der heißen Quellen kamen, man baute Pensionen und Hotels, von denen eines heute noch in Betrieb ist.

Verblaßter Glanz

Von Iquique nach Antofagasta

Routenalternativen

Von Iquique aus haben Sie wieder grundsätzlich zwei Möglichkeiten, nach Antofagasta zu kommen. Entweder Sie fahren zunächst über die Panamericana durch die Wüste und haben dann die Möglichkeit, einen Abstecher nach Chuquicamata und San Pedro de Atacama zu machen, oder Sie fahren die Küstenstraße über Tocopilla. Die meisten Besucher werden wohl die Strecke über San Pedro wählen, der Ort ist einer der absoluten Höhepunkte in der Atacama, aber wenn man z. B. eine Rundreise macht, ist die Küstenstraße eine schöne Alternative für entweder Hin- oder Rückweg.

Zeiteinteilung

Für Chucicmata braucht man nicht mehr als einen halben Tag, für San Pedro dagegen sollte man schon ein paar Tage einplanen, hier gibt es eine Fülle von Ausflugsmöglichkeiten, und man hat Gelegenheit, die Wüste von ihrer schönsten Seite kennen zu lernen! Besonders lohnt es sich, das Hochland abseits der ausgetretenen Pfade zu erkunden. Vergessen Sie dann aber nicht, das Auto für die Höhe einstellen zu lassen, am besten schon in Iquique oder Calama, obwohl es auch in San Pedro einen nicht besonders gut ausgestatteten aber kompetenten Mechaniker gibt. Wer nach Argentinien weiter will, sollte sich früh auf den Weg machen, um die schlimmste Hitze beim Anstieg zu vermeiden, die Grenzformalitäten lassen sich evtl. schon am Abend vorher erledigen, so dass man morgens keine Zeit verliert.

Von Iquique nach Calama und San Pedro de Atacama.

Nachdem man von Iquique über die Stichstraße Ruta 16 wieder zur Panamericana gelangt ist, kommt man nach ein paar Kilometern nach **Pozo Almonte**, einem Ort, der aus wenig mehr als ein paar Häusern entlang der Ruta 5 besteht. Dann durchquert man die **Reserva Nacional Pampa del Tamarugal**, einen ausgedehnten lichten Wald aus Tamarugo-Bäumen (*Prosopis tamarugo*). Die Art wuchs ursprünglich auf weiten Flächen in der ganzen Gegend, der Baum ist hervorragend an die harschen Umweltbedingungen in der Wüste angepasst. Seine Wurzeln können Wasser aus bis zu zehn Metern Tiefe erreichen, und auch die Luftfeuchtigkeit kann der Baum nutzen.

Im 19. Jahrhundert wurden die Tamarugo-Bestände fast vollständig abgeholzt, anderes Bau- und Brennholz für die Minen und Ortschaften gab es einfach nicht. Schon in den 20er Jahren des 20 Jahrhunderts begann man aufzuforsten, und die Bestände, die es heute gibt, sind fast vollständig neu angepflanzt (wie überall in Chile exakt in Reih und Glied). 22 km südlich von Pozo Almonte gibt es eine Station der CONAF mit einem Informationszentrum, einem Refugio und einem kleinen Campingplatz.

Tamarugal-Baum

Redaktions-Tipps

• Das gigantische Loch der **größten Kupfermine der Welt** in Chuquicamata ist auch für Leute, die sich nicht so sehr für Bergbau oder Technik interessieren, einen Besuch wert (S. 398).

• **San Pedro de Atacama**, uralte Oase in der Wüste und Ausgangspunkt für zahlreiche lohnende Touren; wenn man Zeit hat, sollte man unbedingt einen Ausflug ins Hochgebirge unternehmen, entweder mit dem eigenen Wagen oder aber mit einer Tour von San Pedro aus. Sonst eignet sich der Ort auch zum Ausruhen und bietet eine für seine Größe erstaunlich komplette touristische Infrastruktur: Restaurants, luftige Kneipen, in denen sich auch ein heißer Nachmittag überstehen lässt, Läden und Diskos, es sollte für jeden etwas dabei sein (S. 400).

• **Museo Arqueológico Padre Le Paige** in San Pedro de Atacama: didaktisch gut aufgemachte Ausstellung zur reichen Geschichte der Siedlung (S. 403)

• An der Straße liegen zahlreiche **verlassene Minen**, manchmal erinnert nur noch ein Schild an vergangenen Reichtum, aber hin und wieder gibt es eine verlassene Siedlung oder einen Friedhof zu besichtigen, ein kurzer Stopp lohnt sich eigentlich immer.

• Eisenbahnfans sollten einen Stopp in **Baquedano** einlegen, das Museum ist eine wahre Fundgrube an alten Loks und Waggons (S. 411).

Übernachten   In **San Pedro de Atacama**: Im **Hotel Kimal** erlebt man die traditionelle Bauweise modern umgesetzt. Auch das **Residencial Rayco** in einem historischen Adobe-Haus mit seinem schönen Garten ist eine Empfehlung wert.

• In **Antofagasta**: Im mittleren Sektor bietet das **Hotel Colón** das beste Preis-Leistungs-Verhältnis, Luxus am Strand findet man im **Hotel Antofagasta**.

Essen   In San Pedro findet man einige interessante Restaurants, einer der wichtigsten Treffpunkte ist das **La Estaca**, wo es oft auch Live- Musik gibt. Besonders gut isst man in der **Hostería San Pedro**. Im **Café Adobe** gibt es gute internationale Küche in schönem Ambiente. In Antofagasta empfiehlt sich das **El Arriero**, in dem man gute Fleischgerichte in großen Portionen bekommt.

In **La Tirana** (ein paar Kilometer südlich von Pozo Almonte) findet jedes Jahr in der Woche um den 15. Juli ein großes Pilgerfest zu Ehren der Virgen del Carmen statt. Tausende von Indios aus dem ganzen Norden reisen an, um eine Inka-Prinzessin zu feiern, die im 16. Jahrhundert von *Diego de Almagro* hierher gebracht wurde. Es gelang ihr zu fliehen und sie erwies sich mit ihren Anhängern als schlagkräftige Gegnerin der spanischen Truppen. Dann aber verliebte sie sich in einen Portugiesen und trat zum Christentum über. Ihre eigene Truppe brachte sie und ihren Liebhaber daraufhin um. An der Stelle des Grabes der unglücklichen Liebenden baute ein Priester eine Kapelle, und wenig später begannen Pilger der für ihren Übertritt zum Katholizismus Gestorbenen zu gedenken.

Sternbilder

Etwa 20 km südlich der CONAF erreicht man den Abzweig zu den **Geoglifos de Pintados**, einer Stelle, an der die Küstenkordillere auf einer Fläche von über 50.000 Quadratmetern mit Darstellungen aller Art bedeckt ist. Es gibt über 400 Einzelfiguren, die in thematischen Gruppen zusammengefasst sind.

INFO   ## Geoglyphen: Götterbild oder Landkarte?

Geschaffen wurden die Geoglyphen in Chile lange vor Ankunft der Inkas oder gar der Spanier, 1000-1400 n. Chr., zu einer Zeit, als das Gebiet der Atacama-Wüste von verschiedenen kleineren Indio-Stämmen besiedelt war. Man weiß heute, dass die einzelnen Gruppen in Kontakt miteinander standen, und so ist es auch zu erklären, dass die Erdbilder über eine Strecke von mehr als 900 km verbreitet sind, im Süden von Peru finden sie sich ebenso wie auch noch in der Nähe der Mine María Elena. Was man bis heute nicht genau sagen kann, ist, welchen Zweck die monumentalen Bilder haben. Eine Theorie besagt, dass sie als Wegweiser für die teilweise nomadisch lebenden Wüstenbewohner gedient haben, aber auch religiöse Deutungen sind denkbar. Dargestellt wurden entweder rein **geometrische Muster**, **Tiere**, wie Lamas und Alpakas, aber auch Katzen, Vögel und Schlangen und als drittes Motiv **menschliche Gestalten**. Meistens erscheinen alle drei Gruppen zusammen. Die Künstler benutzten, je nach vorhandenem Material, zwei verschiedene Techniken, die manchmal auch gemischt wurden.

Bei der **Mosaiktechnik** wurden Steine unterschiedlicher Farben auf den hellen Wüstenboden gelegt und zu Bildern zusammengefügt. Die andere Technik besteht darin, die oberste oxidierte Schicht des Felsens abzuschaben, so dass helle Figuren auf einem dunklen Untergrund entstehen. Diese Technik nennt man „Raspaje" (span. für Abschaben). Das schönste Beispiel für diese Technik ist vielleicht der Gigante de Atacama bei Iquique.

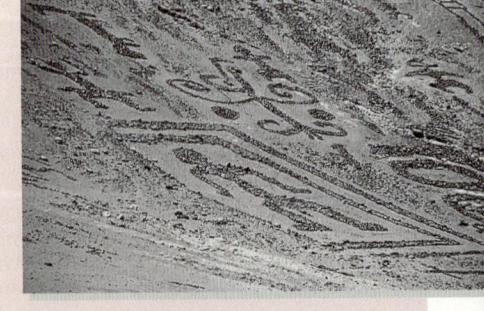

Geoglyphen: Felsbilder in der Wüste

Die Geoglifos de Pintados wurden in den 80er Jahren des letzten Jahrhunderts von der Universidad de Tarapacá aus restauriert. Da sie offen in der Wüste liegen, sind sie natürlich der Erosion preisgegeben, aber auch unsensible Besucher tragen nicht unerheblich zu ihrer Zerstörung bei.

An der **CONAF-Station** wird ein Eintrittsgeld kassiert; man sollte unbedingt an genügend Trinkwasser denken! Gegenüber den Geoglifos de Pintados geht eine Straße von der Panamericana ab, die in 36 km nach Pica führt.

Pica

Die kleine Stadt liegt in den Vorhügeln der Anden auf 1.300 m Höhe und wurde lange vor der Ankunft der Spanier gegründet. In der Umgebung treten einige Quellen zu Tage, der Ort ist umgeben von Obstgärten, in denen Zitrusfrüchte und Mangos wachsen.

Pica war eine Station auf dem Weg der Inka, *Diego de Almagro* kam durch das Dorf und wurde von den Einheimischen nicht sehr freundlich empfangen. Vielleicht hatten sie eine böse Vorahnung: 1559 kamen die Spanier und führten sofort das System der *Encomienda* ein, in dem die Ureinwohner nicht viel mehr als Arbeitssklaven waren. Zu dieser Zeit wurde hauptsächlich Wein angepflanzt und gekeltert, der nach Potosí exportiert werden konnte. Während des Salpeter-Booms war Pica ein exklusiver Erholungsort, und auch heute noch kommen die meisten Besucher, um in den Teichen am Rand des Ortes zu baden. Zu besichtigen gibt es ein kleines historisches Viertel und die **Iglesia de San Andrés**, die Ende des 19. Jahrhunderts gebaut wurde.

Möchte man Pica nicht besuchen, folgt man einfach der Ruta 5 weiter nach Süden, die jetzt durch eintönigste Wüste führt: Sand, Steine und sanfte Hügel, kaum etwas, an dem sich das Auge aufhalten kann. Beim **Río Loa** hat man die Grenze zwischen der ersten und zweiten Region des Landes erreicht, hier gibt es eine obligatorische Polizeikontrolle, und auch nach Gemüse und Obst wird man manchmal noch einmal gefragt. Die Kontrollen sind in der Regel streng, auch nachts wird man aus dem Bus geholt und muss u. U. sein gesamtes Gepäck auspacken. Jetzt liegen wieder zahlreiche stillgelegte Minen am Wegrand, auf die mit liebevoll gemalten Schildern aufmerksam gemacht wird. 81 km nach der Grenze der 2. Region erreicht man den Abzweig nach **Calama** (70 km durch die Vorkordillere) und San Pedro de Atacama. Wenn man jedoch acht Kilometer weiter nach Süden fährt, kann man einen Abstecher zur Mine María Elena machen.

Grenze zwischen I. und II. Region

María Elena

María Elena ist die älteste noch bewohnte Salpeter-Siedlung in Chile. Ihren Namen hat sie von der Ehefrau des ersten Verwalters, die *Mary Ellen Condon* hieß. Ihr Stadtplan hat nichts mit dem üblichen quadratischen Grundriss spanischer Kolonialstädte zu tun, er soll vielmehr die englische Flagge symbolisieren. Obwohl man sieht, dass viele Häuser bewohnt sind, macht der Ort den Eindruck einer Geisterstadt aus dem Wilden Westen, was vielleicht daran liegt, dass alle Gebäude mit einer zentimeterdicken Schicht des feinen Staubs bedeckt sind, der unaufhörlich von der Mine herü-

Salpetermine

bergeweht wird. Die Straßen gruppieren sich geometrisch um die Plaza, die den schönen Namen *Bienestar personal* (persönliches Wohlergehen) trägt. An ihr liegen die katholische Kirche, das Theater und die Gebäude einiger Syndikate, eine kleine Ladengalerie und das

• Museo Arqueológico
Es zeigt eine kleine Ausstellung zur präspanischen Kultur und zur Geschichte der Mine.

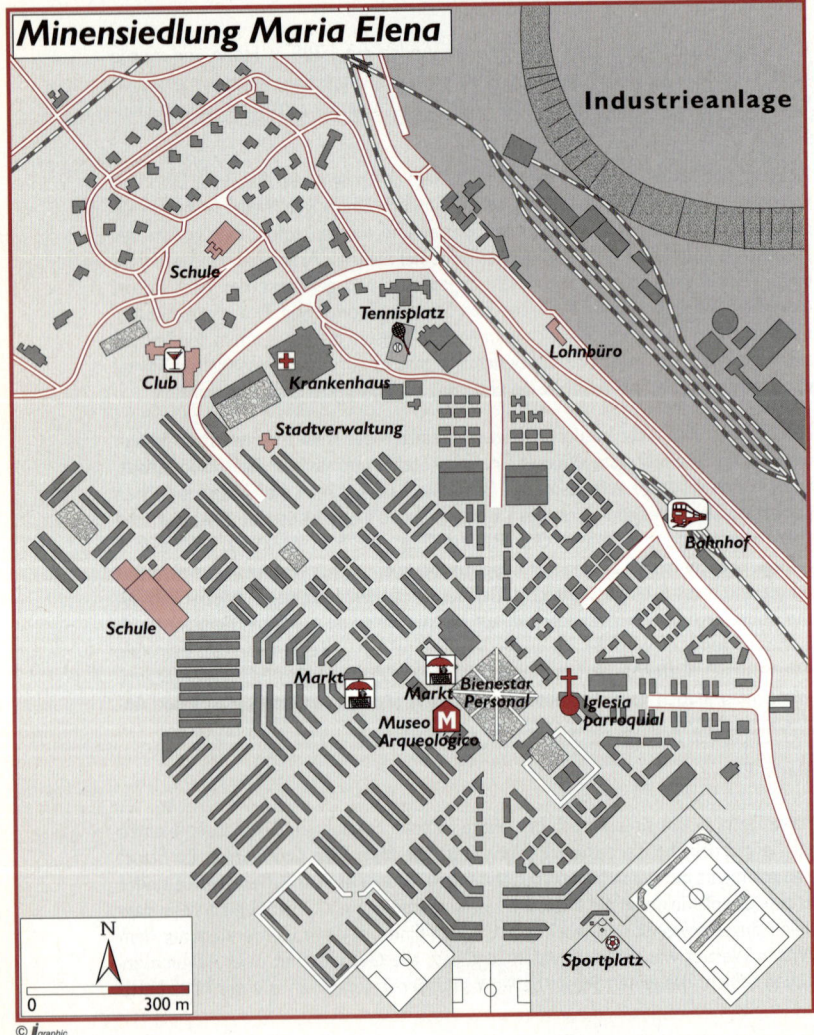

Minensiedlung Maria Elena

Industrieanlage

Schule
Tennisplatz
Lohnbüro
Club
Krankenhaus
Stadtverwaltung
Bahnhof
Schule
Markt
Markt
Bienestar
Personal
Museo
Arqueológico
Iglesia
parroquial
N
0   300 m
Sportplatz
© igraphic

Noch etwas weiter südlich liegt die Mine **Pedro de Valdivia**, die seit 1931 arbeitet. Die Brüder *Guggenheim* kauften das Gebiet des Salars de Miraje von der Regierung und eröffneten die beiden Minen. Hier kam ein neues System der Gewinnung des Salpeters zur Anwendung, das *E.A. Capellens*, der Ehemann der Namensgeberin María Elena, entwickelt hatte. Er studierte die Technik, die bei der Kupfergewinnung eingesetzt wurde, und entwickelte ein System, das auf der chemischen Trennung des Salpeters vom Muttergestein in großen Bädern beruhte und als System Guggenheim patentiert wurde. Die Mine Pedro de Valdivia ist noch in Betrieb, die dazugehörige Siedlung wurde 1996 aufgegeben.

Von der Straßenkreuzung fährt man jetzt noch etwa eine Stunde durch die Wüste bergaufwärts in die Kordillere hinein, bis man Chuquicamata und Calama erreicht. Da es in Chuquicamata keine Hotels gibt, muss man in der Schwesterstadt Calama übernachten, wenn man die größte Kupfermine der Welt besuchen will.

Calama und die Kupfermine Chuquicamata

Calama ist kein bevorzugtes Ziel für Chile-Besucher und das zu Recht. Obwohl die Stadt inzwischen auf über 100.000 Einwohner angewachsen ist, hat sie wenig städtischen Charakter. Ihre wichtigste Funktion ist die einer Schlaf- und Versorgungsstadt *Versorgungszentrum für die Mine* für die riesige Kupfermine Chuquicamata, deren unmittelbarer Nachbar sie ist. Der wirtschaftliche Erfolg der Mine spiegelt sich in gewisser Weise in der Stadt wider: Calama ist die größte Siedlung der gesamten Vorkordillere und für ihre Größe hat sie eine erstaunliche Anzahl an Geschäften, Hotels und Restaurants. Zur Zeit der Inkaherrschaft war Calama nicht mehr als ein ärmliches Nest, später richteten die Bolivianer hier eine Poststation ein. Nach der ersten Schlacht im Salpeterkrieg wurde die Stadt am 23. März 1879 von chilenischen Truppen be-

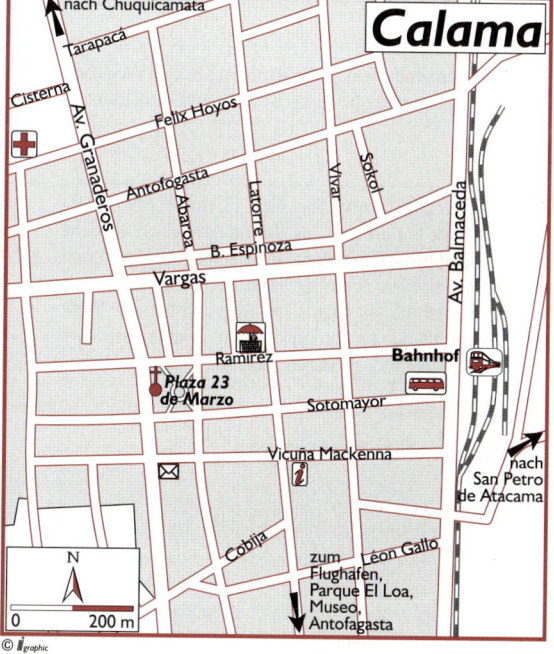

setzt. Die Eröffnung der Mine 1911 war für Calama nicht nur deshalb ein Segen, weil damit der wirtschaftliche Aufschwung der Stadt begann, sondern auch, weil zu diesem Zweck der *Río Salado* umgeleitet wurde, der mit seinem versalzenen Wasser die gesamte Umgebung unfruchtbar gemacht hatte. Seitdem wird um Calama mit einigem Erfolg Landwirtschaft mitten in der Wüste betrieben.

Das Zentrum Calamas ist nicht groß, die Geschäftsstraßen erstrecken sich innerhalb weniger Blocks um die Plaza 23 de Mayo. Die **Kathedrale** an der Westseite der Plaza stammt aus den Jahren 1906-27. Im Jahr 2000 stellte die staatliche Kupfergesellschaft CODELCO Geld für ein neues Dach zur Verfügung – aus Kupfer natürlich. Die wichtigste und eigentlich einzige Sehenswürdigkeit liegt etwa zwei Kilometer außerhalb des Zentrums, am Ufer des Río Loa. Hier wurde im **Parque Loa** ein typisches Kolonialdorf nachgebaut, komplett mit einer verkleinerten Replik der Kirche von *Chiu Chiu*, eines Dorfes, das etwa 30 km östlich von Calama liegt. Sie ist eine der sehenswertesten Kolonialkirchen der Gegend mit mächtigen Lehmziegelmauern und einer Innenverkleidung aus Kaktusholz. Im Park gibt es eine Badestelle und Picknickplätze.

• **Museo de Arqueología, Parque Loa**

• **Museo de Historia Natural y Cultural del Desierto, Parque Loa**
Dieses Museum etwas neueren Datums bietet einen etwas willkürlichen Überblick über Mineralien und Fossilien, Tierleben und die ältere und neuere Geschichte der Gegend.

Für die meisten Besucher ist Calama entweder ein Zwischenstopp auf dem Weg nach San Pedro de Atacama oder aber Ausgangspunkt für einen Besuch von Chuquicamata.

Chuquicamata

Der Hauptarbeitgeber für die Bevölkerung Calamas liegt rund 15 km oder eine viertel Stunde per Colectivo von der Stadt entfernt, und zu Beginn der Schichten zieht sich eine Schlange von Autos, Taxis und Bussen den Berg hinauf zu dem riesigen Loch in der Wüste, das man sogar vom Mond aus erkennen kann. Die Mine hat zurzeit zwei Abbaustellen, das größere Loch ist 4,5 km lang, 3 km breit und hat eine Tiefe von 825m. Täglich werden hier mehr als hunderttausend Tonnen Gestein gesprengt und auf gigantischen Lastern zu den Aufbereitungsanlagen gebracht.

Gigantisches Loch

INFO   Das Rote Gold: die Kupferaufbereitung

Das Ausgangsgestein, das aus dem Berg gebrochen wird, hat lediglich einen Kupferanteil von 1,1 Prozent, dazu kommen einige andere Edelmetalle, wie z. B. Silber und Gold. In einem ersten Schritt muss das Gestein zu grobem Schotter zerkleinert werden, der auf Laufbändern zu einer weiteren Gesteinsmühle transportiert und dann weiter zermahlen wird. Bei der Zerkleinerung des Gesteins treten große Mengen Staubs auf, der früher das Leben der Minenarbeiter zur Hölle machte und schwerwiegende gesundheitliche Folgen hatte.

Riesige Laster transportieren das Gestein zu den Aufbereitungsanlagen.

Heute sind die Anlagen sehr verbessert worden, und es fahren ständig Dutzende von Wasserwagen umher, die den Boden besprengen, das Wasser soll den Staub binden. Trotzdem erhebt sich über der Mine immer noch eine große Staubwolke.

In einem weiteren Schritt wird das Gestein zum dritten Mal gemahlen und mit Wasser gemischt, so dass eine feuchte Paste entsteht. Diese Paste leitet man in Hunderte von Tanks, in denen sie in einem Gemisch von Wasser und Chemikalien heftig verwirbelt wird. Bei diesem Prozess setzen sich die Kupferpartikel an der Außenhaut von Luftblasen ab und schwimmen als Schaum auf der Wasseroberfläche. Der Schaum enthält jetzt immerhin schon 32 Prozent Kupfer und 1 Prozent andere Edelmetalle und Molybdän. Am Grund der Tanks lagert sich der Gesteinsschlamm ab, der entfernt wird; das Wasser kann gereinigt und erneut verwendet werden. In einem weiteren Schritt werden die Molybdän-Sulfide ausgefiltert, wozu die Masse wiederum geflutet werden muss. Nun wird das Granulat in der Sonne ausgebreitet und getrocknet. Diese Trockenmasse ist das erste Endprodukt, das auf dem nationalen und internationalen Markt verkauft werden kann, der größte Teil wird jedoch weiterverarbeitet. Nun beginnt der eigentliche Prozess des Herauslösens des Kupfers, das Granulat mit 32 Prozent Kupfergehalt wird in Hochöfen eingeschmolzen und zu einem Kupfer reduziert, das einen Reinheitsgehalt von 99 Prozent hat.

Kupfer ist immer noch das wichtigste Exportprodukt Chiles, obwohl die Regierung in den letzten Jahrzehnten große Anstrengungen unternommen hat, der Wirtschaft des Landes eine breitere Basis zu geben. Denn es wirkt sich immer wieder katastrophal aus, wenn der Kupferpreis, der wie alle Rohstoffpreise starken Schwankungen unterliegt, wieder einmal in den Keller fällt.

Kupfer gewonnen wurde in Chuquicamata schon vor Beginn der Inka-Herrschaft. Die erste industrielle Anlage installierte man 1882, und 1911 stiegen die **Gebrüder Guggenheim** aus den USA in die Mine ein. Da Kupfer als Exportprodukt immer wichtig für die Wirtschaft Chiles war, wurden schon früh Stimmen laut, welche die Verstaatlichung der Minen forderten, und in den 60er Jahren begann die Regierung, immer mehr Anteile an den Minen des Landes zu erwerben. Unter Allende wurden dann viele Betriebe verstaatlicht, und als Pinochet nach dem Putsch auf die Marktwirtschaft setzte, behielt er die Kupferminen als einzigen Zweig im Staatsbesitz. Heute gehört Chuquicamata zur staatlichen Kupfergesellschaft CODELCO (*Corporation del Cobre de Chile*).

Verstaatlichung der Minen

Zur Mine in Chuquicamata gehört eine Mustersiedlung, in der die Arbeiter und Angestellten mietfrei wohnen können. Die Siedlung ist bestens ausgestattet, es gibt Läden, Kirchen und eines der besten Krankenhäuser des Landes. Die Attraktivität der Stadt in der Wüste (15.000 Einwohner) ist aber augenscheinlich nicht sehr groß: viele Arbeiter wohnen entweder gleich in Calama oder haben zumindest ein Zweit-Apartment in Antofa

Beliebtes Fotomotiv: die gigantischen LKWs

gasta. Diese Ausgaben können sich in Chuci auch Arbeiter gut leisten: sie gehören *Gute Löhne* zu den bestbezahltesten in Chile. Die Tage der Siedlung sind gezählt: trotz der umfangreichen Maßnahmen, die die Minenleitung in den letzten Jahren beschlossen hat, um die Umweltverschmutzung herabzusetzen, sind die Lebensbedingungen in der Nachbarschaft anscheinend so bedrohlich für die Gesundheit der Bewohner, dass 1998 beschlossen wurde, die gesamte Bevölkerung im Lauf von fünf Jahren nach Calama umzusiedeln. Mit mehreren Jahren Verspätung soll es nun 2006 soweit sein. Umweltwissenschaftler gehen davon aus, dass ein nicht unerheblicher Teil der hochgiftigen Chemikalien, die nötig sind, um das Kupfer zu klären, ins Grundwasser gelangt und das Trinkwasser bis hinunter nach Antofagasta belastet. Und sicherlich sind auch viele der Krankheiten, die in dem hervorragend ausgestatteten Krankenhaus behandelt werden müssen, hausgemacht...

Ein Besuch der Mine lohnt nicht nur für Technikfreunde, hier bekommt man einen Teil des modernen Chile zu Gesicht, der einem als Tourist sonst nicht so leicht zugänglich gemacht wird! Von Chuquicamata sind es etwa 1,5 Stunden im Auto bis San Pedro de Atacama, der Weg führt durch wunderschöne Felsformationen, und kurz vor San Pedro durchfährt man die *Cordillera del Sal*, die der Wind zu bizarren Formen erodiert hat.

San Pedro de Atacama

San Pedro de Atacama ist für viele Besucher *der* Anlaufpunkt im Norden und das zu Recht. Inmitten einer faszinierenden Wüstenlandschaft und umgeben von in Chile einmaligen Naturschauspielen, ist der Ort eine grüne Oase, in der es sich auch bei größter Hitze aushalten lässt.

• Die Geschichte von San Pedro

Die Siedlung, die bis heute nicht mehr als etwa 1.000 reguläre Einwohner hat, kann auf eine lange und reiche Geschichte zurückblicken. Vor der Ankunft der Spanier war San Pedro ein wichtiges Zentrum für die Indios, die hier lebten. Aus dieser vorspanischen Zeit stammt eine große Wehranlage, die, drei Kilometer vom Dorf entfernt, strategisch günstig auf einem Hügel steht: der **Pukor von Quitor**. In der fruchtbaren Oase entwickelte sich damals über Jahrhunderte hinweg die Landwirtschaft. Die Ureinwohner verteilten sich in 15 kleinen Siedlungen (*Allyus* genannt) über die Fläche der Oase, um den kostbaren Boden und das Wasser optimal nutzen zu können. Man fand auch Spuren, die davon zeugen, dass die Bauern hier über lange Zeiträume hinweg Lamas und Alpakas, die wild in der Gegend vorkamen, gezähmt und zu Haustieren gemacht haben. Dazu wurden Jungtiere gefangen und langsam an den Menschen gewöhnt. Diese Tiere waren dann der Grundstock für die Herden, die sich die Bauern im Lauf der Zeit zulegten.

Verwaltungszentrum und Wehranlage

Die **Inkas** eroberten San Pedro 1450, und obwohl sie nur 60 Jahre ihre Herrschaft ausüben konnten, bevor sie ihrerseits von den Spaniern verdrängt wurden, drückten sie doch der einheimischen Kultur einen deutlichen Stempel auf. Auch das Abgabesystem, das aus dem gesamten Inkareich Reichtümer nach Cuzco fließen ließ, war schnell installiert und damit sichergestellt, dass auch die *Atacameños* ihren Beitrag zum Reichtum der Inkaherrscher leisteten. *Diego de Almagro* kam auf seiner erfolglosen Expedition von Peru aus durch San Pedro und vier Jahre später (1540) auch *Pedro de Valdivia*; das Haus, in dem er damals angeblich gewohnt hat, steht heute noch an der Plaza. Er musste einige Zeit in San Pedro auf Truppennachschub aus Peru warten, bevor er seinen Eroberungsfeldzug nach Süden fortsetzen konnte.

Diego de Almagro

Im 19. Jahhundert zu Beginn der **Industrialisierung** war San Pedro ein wichtiger Rastort für die unzähligen Esels- und Lamakarawanen, die Güter von Salta und Jujuy in Argentinien und von den Minen zum Hafen Cobija und retour beförderten. Hier fanden die Menschen einen Fluchtpunkt vor der glühenden Hitze der Atacama und die Tiere Wasser und Futter. Heute lebt ein großer Teil der Bevölkerung vom **Tourismus**, fast jedes Haus ist entweder Hotel, Restaurant oder Souvenirladen. Aber an einem anderen Teil der Einwohner San Pedros geht dieser Boom vorbei, sie leben marginalisiert in den Außenbezirken und in den umliegenden *Alluys,* in der Hauptsache von der Landwirtschaft. Sie beliefern den Markt in Calama und einige Minen mit Obst und Gemüse.

• Sehenswertes in San Pedro

Da der Ortskern von San Pedro klein ist, macht die Orientierung keinerlei Schwierigkeiten. Hausnummern gibt es im ganzen Ort nicht, aber die Straßen sind so kurz, das man alles trotzdem leicht findet. Die wichtigsten beiden Straßen in westöstlicher Richtung sind Antofagasta und Caracoles, an der letzteren liegt die Mehrzahl der Restaurants, Läden und Reisebüros.

Bauten in San Pedro: Architektur der Schatten

In San Pedro lässt sich beispielhaft sehen, welche Kunstgriffe die Menschen, die in der Hitze der Atacama leben müssen, bei der Errichtung ihrer Wohnhäuser anwandten. Viele der alten Bauten sind noch erhalten, und heute gibt es einen strengen Bebauungsplan, der regelt, welche Änderungen vorgenommen werden dürfen.

Wie überall in Südamerika lassen sich drei Epochen unterscheiden: eine von den Ureinwohnern geprägte, vorkoloniale, eine spanische und schließlich die Architektur der Mestizen. Die Spanier trafen in der Region San Pedros Dörfer an, die teilweise

San Pedro de Atacama

Zu den Geysers de Tatío

zum Pukara de Quitor

nach Calama

Licancabur

Museo Arqueológico Padre Le Paige

Padre Le Paige

Antofagasta

San Pedro y San Pablo

Casa Incaica

Caracoles

zum Valle de la Luna

Domingo Atienza

Calama

Tocopilla

Toconao

N

0   100 m

© graphic

bis 1200 v. Chr. zurückdatierten. Als Baumaterial verwendete man damals Adobe, das sich aus den Materialien, die die Natur in der Umgebung hergab, herstellen ließ, und die Räume wurden kreisförmig angelegt. Charakteristisch für diese Periode ist auch, dass die Siedlungen immer an den Rand der Täler gelegt wurden, um kein kostbares Kulturland zu verschwenden. Später wurden die Räume quadratisch, und man fand zahlreiche Kellerräume, die die Ernte aufnehmen konnten. Die *Atacameños* verbrachten den größten Teil des Tages außerhalb ihrer Häuser, die hauptsächlich zum Schlafen da waren. Aus dieser vorspanischen Zeit ist kaum etwas übrig geblieben. Das heutige San Pedro stammt aus einer Phase um 1760, als der spanische Bürgermeister *Argumanis* eine systematische Urbanisation durchführte. Auch wenn die Spanier den Adobe als Baumaterial übernahmen, änderte sich der Baustil stark, die Häuser wurden jetzt um einen *Patio* herum gebaut, auf den sich alle Zimmer öffneten und durch den an heißen Tagen Luft in die Räume gelangte. Die heutigen Bewohner San Pedros haben einige Schwierigkeiten mit dem kulturellen Erbe, das ihre Häuser prägt. Viele haben aus finanzieller Not ihr Zuhause im Ortskern und damit die Möglichkeit, am Tourismus teilzuhaben, verkauft. Andere können die Investition, die eine dem Bauplan konforme Renovierung bedeuten würde, nicht aufbringen und lassen die Gebäude verfallen. Die Bewohner San Pedros fühlen sich durch diesen

Boom für wenige

Plan stranguliert und fordern die Bereitstellung von Subventionen oder eine Lockerung des Plans, um ihre Häuser nutzen und am Wohlstand, den der Tourismus in das Dorf bringt, teilhaben zu können.

Die Kirche San Pedro y San Pablo

Die Kirche von San Pedro liegt an der Plaza und ist tagsüber meist geöffnet, so dass man sie ohne Schwierigkeiten auch von innen besichtigen kann. Sie ist wirklich sehenswert, da sie zu den schönsten und größten der Region gehört. Der aktuelle Bau stammt aus dem Jahr 1744, aber man weiß, dass hier schon seit Mitte des 17. Jahrhunderts eine Kirche gestanden hat. Der Dachstuhl ist aus dem Holz des Algarrobo-Baums und aus Kaktus-Holz gebaut, diese beiden Pflanzen wurden hier ursprünglich für alle Bauwerke verwendet. Die Hauptfigur des Altars ist einer der beiden Schutzheiligen des Ortes *San Pedro*. 2001 verbrannten einige der schönen alten Holzfiguren, das Feuer ist wohl als Akt des Vandalismus zu werten.

In der Kirche von San Pedro

Von der Plaza aus sieht man schon den modernen Bau des

Museo Arqueológico Padre Le Paige

Das Museum ist der größte Bau des Ortes und gehört zur Universidad Católica del Norte, von hier aus werden Ausgrabungen in der Umgebung von San Pedro realisiert. Die Sammlung wurde gegründet und aufgebaut von einem belgischen Jesuitenpater, der nach einer Mission in Afrika in den 50er Jahren nach Chile kam und fasziniert war von den Felsmalereien in der Umgebung von San Pedro. Er vertiefte sich immer mehr in die Geschichte des Ortes und begann, Fundstücke zu sammeln und zu untersuchen. Schließlich blieb er bis zu seinem Tod im Jahr 1980 in San Pedro und das Museum und die Sammlung wurden sein Lebenswerk. Fünf Jahre nachdem er mit *Faszinierende* seiner archäologischen Arbeit begonnen hatte, wurde die Universidad Católica auf *Archäologie* ihn aufmerksam und bot ihm schließlich eine Zusammenarbeit an. Nach dem Tod des Paters ging die Sammlung in die Hände der Wissenschaftler über.

Heute werden zwei der drei Pavillons als Ausstellungshallen genutzt, der dritte beherbergt ein Labor und die Bibliothek des Museums. Die Sammlung, die im Lauf der Jahre zusammengetragen wurde, ist didaktisch hervorragend aufbereitet und wirklich sehenswert! Dokumentiert werden das Leben der Urbevölkerung als Jäger und Sammler, die Entwicklung der Landwirtschaft und der Einfluss der Inkas auf die Kultur, auf religiöse Riten

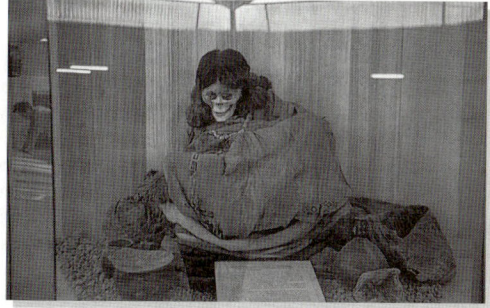

Im Museum

und Gebrauchsgegenstände. Es werden einige der berühmten **Mumien** der *Atacameños* gezeigt und die typisch verformten Schädel. Besonders sehenswert sind die detaillierten Erklärungen dazu, mit welchen Techniken die Menschen damals aus harten Flintsteinen Werkzeuge herstellten.

Casa Incaica

Unterkunft Valdivias?

Die angebliche ehemalige Behausung *Pedro de Valdivias* liegt an der Plaza und ist unzweifelhaft das älteste Gebäude im Ort, ob sie jedoch wirklich von dem berühmten Eroberer benutzt wurde, mag man hinterfragen. Wahrscheinlicher ist, dass es sich um einen Nachbau aus späterer Zeit handelt. Wie dem auch sei, zu bewundern ist sie nur von außen, das Haus befindet sich in Privatbesitz und ist für Besucher nicht geöffnet.

Pukara de Quitor

Pferde und Feuerwaffen

Die Verteidigungsanlage, die noch aus der Zeit vor dem kurzen Intermezzo stammt, das die Inka in San Pedro gegeben haben, liegt drei Kilometer nördlich der Stadt und ist ein gutes Ziel für einen (abendlichen) Spaziergang. Man folgt der Straße Tocopilla nach Norden, neben dem Weg verläuft ein Bewässerungskanal, den man nach einiger Zeit kreuzt. Die erste Anlage wurde hier im 12. Jahrhundert n. Chr. gebaut, sie zieht sich terrassenartig den Hügel hinauf. Die Inkas verstärkten die Mauern während ihrer Herrschaftszeit. Trotzdem wurden sie von *Francisco de Aguirre* bitter überrumpelt; da sie weder Feuerwaffen noch die merkwürdigen Tiere, auf denen die Spanier angeritten kamen, kannten, mussten sie sich schnell ergeben. Aus Anlass der umstrittenen 500-Jahr-Feier der Entdeckung Südamerikas (1992) machte die spanische Regierung einiges Geld für die Restaurierung der Anlage locker; von der Spitze des Hügels hat man einen einzigartigen Blick auf die Oase und die Vulkankette, die ihre Kulisse bildet.

Folgt man dem Lauf des Río San Pedro etwas weiter, erreicht man bald die Ruinen von **Catarpe**. Hier hatten die Inkas ihr administratives Zentrum für die Region, das damals weit wichtiger als San Pedro war. Beeindruckend sind die fast senkrechten Wände aus rötlichem Sandstein, die das enge Tal einrahmen. Der Grund des Tales ist grün, das Wasser des Río San Pedro macht's möglich.

Ausflüge in die Umgebung von San Pedro de Atacama

Sauerstoffflaschen

Der eigentliche Reiz von San Pedro liegt in seiner Umgebung, in der sich die Facetten der Wüstenlandschaft in ihrem ganzen Reichtum zeigen. Wenn Sie es sich zeitlich leisten können, sollten Sie unbedingt einige Tage für San Pedro einplanen, um diese Umgebung in Ruhe besuchen zu können, auch wenn sich die wichtigsten Ziele (Geysers de Tatio und Valle de la Luna) zur Not an einem Tag besuchen lassen. Ausflüge zu allen hier beschriebenen Zielen werden von den zahlreichen Agenturen in San Pedro angeboten, die Qualität variiert aber, und man sollte sich genau nach den Modalitäten erkundigen, besonders bei den Touren ins Hochgebirge (fragen Sie nach, ob Sauerstoffflaschen mitgeführt werden!). Einige Agenturen bieten auch individuelle Touren an, die Sie nach Ihren Wünschen zusammenstellen können. Alle Ziele lassen sich natürlich auch im eigenen (allradangetriebenen) Wagen erreichen!

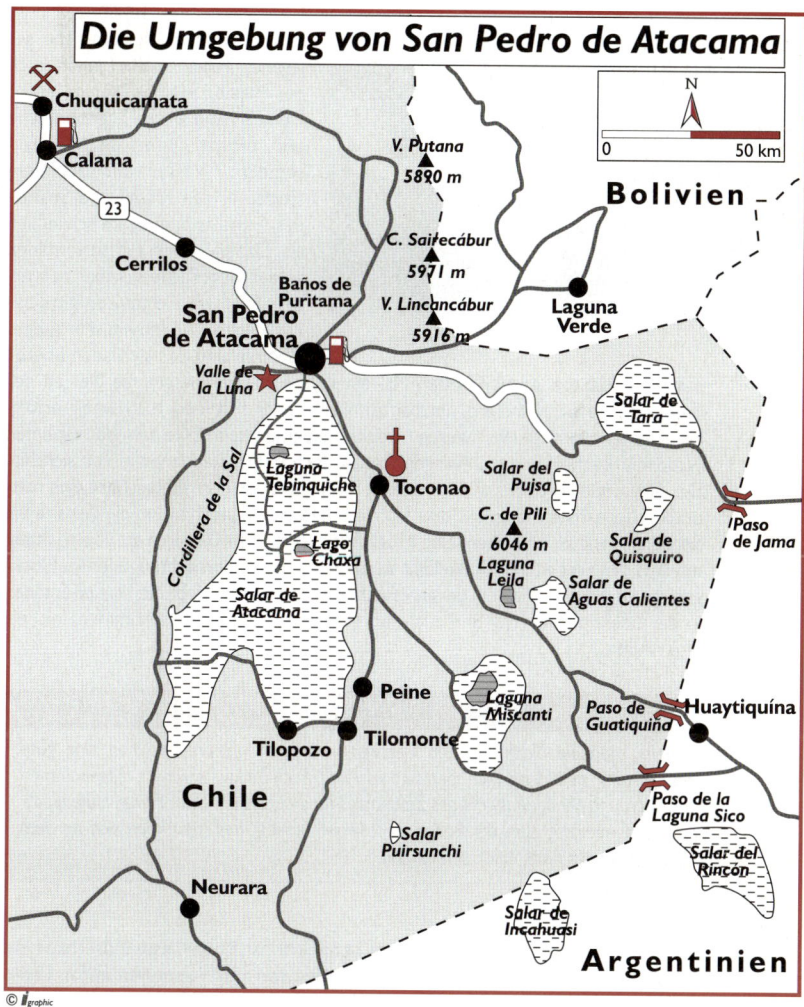

Die Umgebung von San Pedro de Atacama

Chuquicamata

Calama

23

Cerrilos

San Pedro
de Atacama

Baños de
Puritama

Valle de
la Luna

Cordillera de la Sal

Laguna
Tebinquiche

Lago
Chaxa

Salar de
Atacama

V. Putana
5890 m

C. Sairecábur
5971 m

V. Lincancábur
5916 m

Toconao

Salar del
Pujsa

C. de Pili
6046 m

Laguna
Leila

Bolivien

Laguna
Verde

Salar de
Tara

Salar de
Quisquiro

Paso
de Jama

Salar de
Aguas Calientes

Peine

Tilopozo

Tilomonte

Chile

Neurara

Laguna
Miscanti

Salar
Puirsunchi

Paso de
Guatiquiña

Huaytiquína

Paso de la
Laguna Sico

Salar del
Rincón

Salar de
Incahuasi

Argentinien

N

0   50 km

© Igraphic

Geysers de Tatío

Dieses Geysirfeld auf 4.320 m Höhe gehört zu den schönsten Naturerlebnissen in Chile. Aus Hunderten von Löchern und Tümpeln steigt hier kochendes Wasser, besonders gut zu sehen sind die Dampffontänen in der Morgendämmerung, wenn der heiße Wasserdampf in der eiskalten Morgenluft kondensiert, später am Tag ist das Schauspiel lange nicht mehr so eindrucksvoll.

Die Erde dampft

Das System der Geysire steht im Zusammenhang mit dem nahe gelegenen Vulkan Tatio (daher auch der Name). Heißes Magma steigt hier bis nahe an die Erdoberfläche und erhitzt unterirdische Wasseradern. Wasser und Schlamm steigen in den Ritzen und Spalten des Gesteins empor, um schließlich als Dampf- oder Wasserfontänen an der Oberfläche sichtbar zu werden. Hier wird einem unmittelbar klar, dass die Anden ein sehr junges Gebirge sind, das sich noch überall bewegt! 1920 gab es zum ersten Mal einen Versuch, die Energie, die hier an der Erdoberfläche sichtbar wird, nutzbar zu machen, der sich jedoch als wenig erfolgversprechend erwies. 1967 wurden weitere Experimente mit Geldern der Vereinten Nationen durchgeführt, die Anlagen stehen noch und rosten langsam vor sich hin. Das Geysirfeld liegt etwa 100 km nördlich von San Pedro, erreichbar über eine halsbrecherische Piste. Man muss sehr früh in San Pedro aufbrechen, um die Geysire bei Sonnenaufgang zu erreichen; eine Möglichkeit ist, an den Geysiren zu übernachten, um sich den Weg in der Dunkelheit zu ersparen. Eine Übernachtung hier im Hochgebirge ist auf jeden Fall ein unvergessliches Erlebnis, man erlebt die Dampffontänen in der Abenddämmerung und auch morgens, bevor die Busse ankommen, mit viel mehr Ruhe.

☞ Hinweise

Wenn man die Nacht an den Geysiren verbringen will, braucht man eine gute Ausrüstung, die Nächte hier oben sind sehr kalt! Auch Trinkwasser muss mitgenommen werden, und bei der Auswahl des Zeltplatzes (und auch sonst beim Herumlaufen) sollte man vorsichtig sein, der Boden ist teilweise brüchig, und man kann sich an dem heißen Wasser fürchterlich verbrennen.

Bad in den heißen Quellen

Wenn man die Zeit und die Ausrüstung dazu nicht hat, ist die beste Möglichkeit, die Geysire zu besuchen, eine Tour. Touren werden von allen Agenturen in San Pedro angeboten und verlassen den Ort etwa um vier Uhr morgens, um rechtzeitig zu Sonnenaufgang anzukommen. Vor der Rückfahrt bleibt Zeit, um in einem der größeren Becken, in dem das Wasser nicht so heiß ist, ein Bad zu nehmen. Einige Touren besuchen auf dem Rückweg die **Baños de Purimata**, eine weitere Möglichkeit zu baden. Hier fließt etwa 35° C warmes Wasser durch einen tief eingeschnittenen Bachlauf, der sich an einer Stelle zu einem natürlichen Becken erweitert.

Die Strecke im Dunkeln mit dem eigenen Auto (man braucht einen 4x4) zu fahren, ist nicht empfehlenswert, die Piste ist stellenweise wirklich übel, und wenn man sich nicht auskennt, ist die Fahrt sehr anstrengend!

Das Valle de la Luna

Die zweite der Touren, die fast schon zum Pflichtprogramm in San Pedro gehören, ist das Valle de la Luna, etwa 12 km westlich des Ortes gelegen. Täler des Mondes gibt es in Südamerika viele, das von San Pedro ist aber sicherlich eines der schönsten! Die Hügel und Klippen waren vor Jahrmillionen einmal der Grund eines Sees. Die gewaltigen Kräfte, die an der ganzen südamerikanischen Westküste die Erdschol-

Im Valle de la Luna

len hin und herschieben, haben den verhärteten Grund empor gedrückt und wie Papier gefaltet. Dann kamen Wind und Wasser, und so hat die Verwitterung die bizarren Formen hervorgebracht, die dem Tal zu seinem Namen verholfen haben. Am schönsten sind die Dünen, die Salz- und Lehmskulpturen bei Sonnenuntergang zu sehen, dann werfen sie die dramatischsten Schatten, während sie im harten Tageslicht der Wüste seltsam flach erscheinen. Wenn dann noch der Vollmond über dem **Vulkan Lincancabur** aufgeht, ist das Postkartemotiv komplett!

Am schönsten bei Vollmond

Zu erreichen ist das Tal zu Fuß in etwa zwei oder mit dem Fahrrad in einer halben Stunde. Wenn man sich zu Fuß auf den Weg macht, sollte man auf keinen Fall Sonnenhut, Getränke und eine warme Jacke (und evtl. eine Taschenlampe) für den Rückweg vergessen. Man folgt der C. Caracoles bis an ihr Ende, dort nimmt man den alten Weg nach Calama, der nach links abgeht und direkt zum Valle de la Luna führt. Etwa zwei Kilometer vor dem Tal liegt rechter Hand eine kleine aufgegebene Mine, in der sich **Salzkristalle** von absoluter Reinheit finden lassen. Alle Agenturen bieten Touren in das Tal an, die meisten setzen ihre Passagiere an der größten Düne ab, von dort hat man den schönsten Blick auf die umliegenden Hügel und Täler und den Vulkan. Leider ist es nicht erlaubt, im Valle de la Luna zu campen!

Der Salar de Atacama

Der Salar de Atacama liegt südlich der Oase und erstreckt sich über eine Fläche von etwa 300.000 ha. Er wird gebildet von einer flachen, abflusslosen Senke, die das Wasser des Río San Pedro und der vielen kleinen Gewässer aufnimmt, die aus der Kordillere abfließen. Das vulkanische Gestein der Kordillere ist sehr wasserdurchlässig, so dass das Wasser der Gletscher und Schneefelder der höheren Gipfel bis ins Tal hinunter fließen kann. Das Wasser durchfließt das salzhaltige Gestein, die Salze werden gelöst und mit dem Wasser in die Senke gespült. Hier verdunstet ein großer Teil des Wassers wieder, und das Salz bleibt übrig. Der Salar de Atacama ist die größte Salzablagerung Chiles, und von Ufer zu Ufer misst er an seiner weitesten Stelle mehr als 80 km. Ursprünglich nahm er eine weit größere Fläche ein, aber die Kräfte, die die gesamte Andenregion formen, führten dazu, dass im Westen des heutigen Ortes eine Bergkette aufgefaltet wurde, die einen Teil des Salars abschnitt. Dass das

Salzablagerungen

Gestein dieses kleinen Gebirges, das den Namen **Cordillera de Sal** trägt, ursprünglich auf dem Grund eines Salzsees lag, lässt sich heute noch gut erkennen: kommt man von Calama nach San Pedro, durchfährt man die Kette und kann sogar vom Auto aus große Salzkristalle in der Sonne aufblitzen sehen. Es werden verschiedene Salze im Salar abgelagert, u. a. Lithium (40 Prozent des Gesamtvorrates Chiles dieses kostspieligen Minerals befinden sich im Salar de Atacama!), Borax und Kalium.

Abbau   Diese Salze werden am südlichen Ende des Salars abgebaut.

Es führt eine Straße rings um den Salar, auf der westlichen Seite verläuft sie jedoch zwischen zwei Bergketten, so dass man keinerlei Blick auf das Salzdepot hat. Es lohnt sich nicht, diesen Teil der Strecke in einen Ausflug einzubeziehen, zumal sie in sehr schlechtem Zustand ist! Um den Salar zu besuchen, verlässt man San Pedro in Richtung Toconao (C. Antofagasta Richtung Osten), noch im Ort kommt man am Grenzposten vorbei, wenn

Flamingos im Salar de Atacama

man nur zum Salar will, braucht man hier nicht anzuhalten. Die Straße ist zunächst noch asphaltiert und führt durch fruchtbares grünes Land, auf dem Landwirtschaft betrieben wird. Der Weg durchquert eine Plantage mit Tamarugos (*Prosopis tamarugo*), dessen Samen von den Bauern als Viehfutter genutzt werden. Man fährt immer am Ostufer des Salars entlang, der hier allerdings noch von einer spärlichen Vegetation bedeckt ist und eher den Eindruck eines Sturzackers als den eines glitzernden Salzsees macht! Nach 33 km erreicht man **Toconao**, einen kleinen Ort mit Polizeiposten und einem Büro von CONAF, wo Informationen über die Reserva Nacional de Flamencos eingeholt werden können. Der Salar (und auch das Valle de la Luna) gehören teilweise zu diesem Schutzgebiet. Auch die Kirche des Dörfchens

Kirche aus weißem Vulkangestein   ist sehenswert: ein Bau aus der Zeit um das Jahr 1744, der freistehende Turm wurde aus weichem weißen Vulkangestein gebaut, und ist inzwischen so etwas wie das Wahrzeichen des Dorfes geworden. Er wird in klein auch auf dem winzigen Kunsthandwerksmarkt gegenüber der Kirche verkauft.

Der Ort liegt am Ausgang der **Quebrada von Jerez**, ein tief eingeschnittenes Tal, durch das ein Bach abfließt, der dem Ort das Süßwasser liefert, das er zum Obstanbau braucht. Die Quebrada de Jerez ist wie geschaffen für ein Picknick: zwischen den grünen Obstgärten weitet sich das Bett des Baches zu kleinen Becken, in denen auch ein Bad möglich ist.

Drei Kilometer hinter Toconao zweigt der Weg nach rechts zum

• Lago Chaxa

ab (von hier noch 19 km), einer der schönsten Stellen des Salars. Hier dringt das Wasser eines unterirdischen Sees bis an die Oberfläche und bildet eine Lagune, in der Flamingos und andere Wasservögel waten. Am Ufer der Lagune lässt man das *See der* Auto stehen, zahlt Eintritt und kann dann auf einem Weg durch die Lagune die ver- *Flamingos* schiedenen Vogelschwärme beobachten. Besonders schön ist die Stimmung am Spätnachmittag und bei Sonnenuntergang, wenn die Vulkane im Osten des Salars in den schönsten Farben erglühen. Hier findet man auch weiße Salzbrocken und -kristalle, generell ist der Salar jedoch durch den Wüstenstaub bräunlich gefärbt.

Vom Lago Chaxa aus muss man zur Hauptstraße zurückkehren, um **Peine** zu erreichen. Der winzige Ort ist kaum noch bewohnt und ungefähr 100 km von San Pedro entfernt am anderen Ende des Salars. Er war eine wichtige Station auf dem **Weg der Inkas**, *Diego de Almagro* und *Pedro de Valdivia* kamen auf dem Weg nach Süden hier vorbei. Es gibt eine kleine Kirche und die Ruinen von Peine viejo, einer Siedlung der *Atacameños,* viel ist hier aber nicht mehr zu sehen.

Von Peine aus sind es noch 33 km bis zur **Sociedad Chilena de Litio**, der Abbaustelle der verschiedenen Mineralien des Salars. Mit etwas Glück erklärt einem der Pförtner etwas über den Lithium-Abbau, offiziell kann die Abbaustelle jedoch nicht besucht werden.

Nach Socaire und zu den Lagunen Miñiques und Miscanti, über den Paso Laguna de Sico nach Argentinien

Man kann von San Pedro aus auf zwei Wegen nach Argentinien gelangen: über den Paso Jama oder über den Paso Laguna de Sico. Der letztere Weg führt an einigen wunderschönen Hochlandlagunen vorbei, ist aber weit weniger befahren, der internationale Schwerverkehr benutzt den Paso de Jama, und auch per Bus ist es schwierig, den Paso Laguna de Sico zu überqueren. Bis nach Salta, der nächsten größeren Stadt in Argentinien sind es 505 km, tanken kann man schon in San Antonio de los Cobres, nach 345 km. Die Grenzformalitäten müssen in San Pedro erledigt werden, *Ausflug ins* die Straße ist hauptsächlich Schotterpiste, und der höchste Punkt (in Argentinien) *Hoch-* liegt bei 4.446 m, man muss also das Auto entsprechend einstellen lassen. Wenn man *gebirge* nur zu den Lagunen und nicht weiter nach Argentinien will, klettert man „lediglich" auf 4.350 m Höhe.

Man verlässt San Pedro auf dem Weg zum Salar und fährt zunächst an seinem Ufer entlang, vorbei an Toconao, bis man nach 82 km **Socaire** erreicht. Das Dörfchen hat 300 Einwohner und liegt bereits auf einer Höhe von 3.250 m. Schon vor der Ankunft der Spanier lebten hier Menschen, die mit dem Wasser einiger Quellen Gemüse und Früchte anbauen konnten. Aus der Zeit der Kolonie stammt die kleine Steinkirche.

Landschaft im Hochland

Die Straße wird jetzt immer steiler und nördlich des Weges liegen die beiden Gipfel **Miñiques** (5.910 m) und **Miscanti** (5.678 m), ihnen zu Füßen die Lagunen, die nach ihnen benannt sind. Auch sie gehören zur Reserva Nacional Los Flamencos, es gibt hier einige Vogelarten, u.a. eben Flamingos, und früher wurde hier viel gefischt, um die Minenarbeiter mit Nahrung zu versorgen. Um die Seen zu erreichen, muss man etwa 20 km nach Socaire die Ruta 23 verlassen und der Stichstraße 8 km folgen.

Der Weg zur Grenze überquert jetzt eine weite Hochgebirgsfläche, in der Ferne ist der **Llullaillaco** zu sehen, mit 6.739 m der zweithöchste Berg Chiles. Der letzte bewohnte Ort vor der Grenze ist das Campamento El Laco, die Grenze selber liegt auf 4.080 m Höhe, und es gibt hier nur ein kleines Schild. Die Grenzformalitäten auf argentinischer Seite werden in San Antonio de Los Cobres abgewickelt, von hier aus sind es noch 160 km bis nach Salta.

Über den Paso de Jama nach Argentinien

Die Route über den Paso de Jama ist häufiger befahren, mit etwas Glück findet man an der Grenzstation in San Pedro einen LKW-Fahrer, der einen mitnimmt. Wenn man mit dem eigenen Auto unterwegs ist, sollte man früh losfahren, evtl. schon vor Sonnenaufgang, um die größte Hitze beim Aufstieg zu vermeiden. Die Ausreiseformalitäten kann man schon am Abend vorher erledigen. Die Strecke bis nach Jujuy in Argentinien ist 517 km lang, und der höchste Punkt liegt auf über 4.600 m Höhe.

Statuen
vom Wind
geformt

Kurz nach der Ortsausfahrt von San Pedro geht linker Hand die Ruta 27 ab, die zum Paso de Jama führt. Die Straße klettert schnell auf über 4.000 m Höhe, und schon nach ca. 50 km hat man 4.600 m erreicht. Die weite Wüstenlandschaft, in der vom Wind geformte Felsen wie Statuen in einem **Museum für moderne Kunst** stehen, ist eindrucksvoll und vielleicht eines der schönsten Naturerlebnisse der Atacama überhaupt. Zum Paso de Jama geht es wieder ein Stück bergab, er liegt auf 4.200 m Höhe. Nach 168 km erreicht man die Grenze, der Grenzposten ist in Susques. Von der Grenze aus fehlen jetzt noch 349 km bis nach Jujuy, der argentinischen Provinzhauptstadt.

Von San Pedro
nach Antofagasta

Zunächst muss man zurück nach Calama, von hier aus sind es noch etwa 220 km quer durch die Wüste nach Antofagasta. Man fährt durch die Kordillere immer abwärts, vorbei an einer verlassenen Mine nach der anderen. Besonders zwischen Sierra Gorda und Baquedano reihen sie sich aneinander wie die Perlen an einer Schnur. Von vielen sieht man

Geistersiedlung in der Wüste

In Baquedano

nichts mehr, nur noch ein Schild erinnert an sie, von anderen sind ein paar Eisenkonstruktionen übrig geblieben oder eine Siedlung, die langsam zu Staub zerfällt und wieder von der Wüste aufgenommen wird.

In **Baquedano**, einem mehr als verschlafenen Nest an der Strecke, das aus nichts mehr als ein paar Häusern links und rechts der Straße besteht, erwartet Eisenbahnfreaks ein besonderer Leckerbissen: das

• Museo Ferroviario

das eigentlich gar keines ist. Es besteht aus einer Reihe ausgedienter Loks und Waggons, die auf einem verrosteten Drehkreuz im Sand stehen und vor sich hingammeln. Man zahlt keinen Eintritt und sucht vergeblich nach einer Erklärungstafel. Aber das macht das Museum gerade interessant, dass man nach Herzenslust in den Wagen herumklettern und sich alles genau anschauen kann, ohne dass man von einem „Bitte nicht berühren"-Schild zurückgehalten wird.

Von Iquique an der Küste entlang nach Antofagasta

Man verlässt Iquique über die Straße zum Flughafen, dessen modernes Gebäude 42 km vor der Stadt wie ein Raumschiff mitten in der Wüste liegt. Etwa 67 km von Iquique entfernt erreicht man einen Abstecher zum Salar Grande, die Straße ist mit Salz „asphaltiert", hier in der regenlosen Wüste ein Belag, der sich jahrelang hält. Von der Straße sind es 25 km bis zur

Mina Punta de Lobos

Hier wird Chlor und Sodium abgebaut, die Mine heißt Punta de Lobos und ist der größte offene Tagebau der Erde für diese Salze. Ein Besuch der Mine muss in Iquique oder über einen Telefonanruf vorher abgesprochen werden, am Eingang der Mine verlangt der Pförtner die schriftliche Besuchserlaubnis. Die Adresse finden Sie in den Regionalen Reisetipps, S. 185. ff

Jetzt sind es noch 72 km bis zur Grenze zwischen der 1. und 2. Region, hier werden sämtliche Fahrzeuge noch einmal kontrolliert, wobei die Kontrollen genauer ausfallen, wenn Sie von Norden nach Süden unterwegs sind, als umgekehrt. Hier wird noch einmal nach Obst und Gemüse gefahndet, aber auch der Zoll schaut sich das Gepäck noch einmal an. Die Grenze verläuft mit dem **Río Loa**, der einen deutlichen Akzent in die Wüstenlandschaft setzt: er führt so viel Wasser, dass das gesamte Tal bis an die Küste hinunter grün ist! Vor der Mündung des Río Loa fand am 12. April 1879 eine der Seeschlachten des Pazifikkrieges statt.

Durch die Wüste

Die einzige Siedlung auf der Strecke nach Antofagasta, die die Bezeichnung Stadt verdient, ist

Tocopilla

Tocopilla, heute eine kleine Stadt von etwa 25.000 Einwohnern, wurde am 11. September 1943 um 11 Uhr vormittags gegründet, wie eine Büste des Stadtgründers *Domingo Latrille* auf der Plaza Central bezeugt. Auch sie war ursprünglich wenig mehr als ein Verladehafen und auch heute noch werden von hier aus die Produkte der Minen Pedro de Valdivia und María Elena verschifft. Die Stadt lebt aber momentan hauptsächlich von der Fischerei, einer unsicheren Einkunftsquelle. Der Pazifik ist hier so überfischt, dass regelmäßig Fang-Verbote für bestimmte Arten von der Regierung erlassen werden müssen, was dazu führt, dass ein Teil der Fangflotte zeitweilig stillgelegt werden muss. Dann ist die halbe Stadt arbeitslos, und das drückt spürbar auf die Gemüter. Allerdings sind die Aussichten für die Zukunft der Stadt rosig, kürzlich wurde eine neue Kupferader nahe der Mine Chuquicamata gefunden, deren Erträge exklusiv über Tocopilla verladen werden sollen. Zuerst muss allerdings die neue Mine eingerichtet werden.

Einkommens-quelle Fischerei

• Sehenswertes in Tocopilla

Zunächst einmal fasziniert die Stadt durch ihre Hässlichkeit. Die Küste ist zugebaut mit Industrieanlagen, und die einzige Straße, die ein wenig städtisches Flair verspricht, ist die 21 de Mayo, die parallel zur Küstenstraße Arturo Prat verläuft. Sie kreuzt die **Plaza Central**, die allerdings eine Augenweide ist: gekrönt von einem griechischen Tempelchen, bestanden mit alten Schatten spendenden Bäumen, die Grünanlagen tipptopp gepflegt. In der 21 de Mayo stehen noch einige schöne alte Häuser aus den ersten Jahrzehnten des 20. Jahrhunderts.

Die gigantischen **Industrie- und Hafenanlagen** sieht man von der Küstenstraße A. Prat am besten, sie sind vielleicht die größte Attraktion von Tocopilla. Das monströse Kraftwerk gehört der staatlichen Kupfergesellschaft Coldeco und wurde eigens gebaut, um die Kupfermine Chuquicamata zu versorgen. Das Kraftwerk wird zum größten Teil konventionell mit Kohle betrieben, hat aber außerdem große Turbinen, die die Energie der Wellen in Elektrizität umwandeln.

Gigantische Industrie

Fährt man von Süden in die Stadt hinein, kommt man auf der A. Prat an einem kleinen Bad vorbei. Durch eine Mauer hat man ein Becken geschaffen, das vor der Wucht der Wellen, die hier mit erheblicher Energie auf die Küste treffen, geschützt ist. Der Blick auf das quirlige Badeleben und die Wellen dahinter ist ein Vergnügen; selber ein Bad zu nehmen, dürfte es weniger sein: das Wasser ist grasgrün vor Algen!

Nachdem man Tocopilla hinter sich gelassen hat, kann man noch einen weiteren kurzen Halt in **Cobija** einlegen. Der Ort war ursprünglich eine Siedlung der Changos (der Urbevölkerung der Gegend), sie trieben von hier aus Handel mit den Bewohnern des Altiplano, denen sie Trockenfisch verkauften. Es gab einen Handelsweg für diese Geschäfte, der von Cobija aus über die Kordillere bis in den Altiplano führte.

Handelsweg ins Gebirge

Simon Bolivar, der Gründer der Republik Bolivien, war sehr darauf bedacht, seinem jungen Land einen Hafen zu verschaffen, und nachdem seine Bitte um einen Hafen in Arica von den Peruanern abschlägig beschieden worden war, schickte er 1825 eine Expedition los, die einen entsprechenden Ort suchen sollte. Die Wahl fiel auf Cobija, hier gab es eine passende Bucht, und das Dorf hatte einen Zugang, eben jenen Handelsweg, über den die Changos ihren Trockenfisch transportierten. Der Aufschwung, den die Siedlung in den folgenden Jahren nahm, lässt sich kaum noch nachvollziehen, wenn man im Vorbeifahren einen Blick auf die Ruinen und wenigen Häuschen wirft, die sie heute ausmachen. Cobija entwickelte sich zu einer kleinen Hafenstadt und zu einem Seebad für die bolivianische Aristokratie. Zeitweilig hatte die Siedlung sogar eine Anlage zur Entsalzung von Meerwasser. Von hier aus wurde Antofagasta gegründet, und viele Expeditionen zur Erforschung der Wüste hatten hier ihren Ausgangspunkt. Einen Schlusspunkt unter dieses glorreiche Kapitel in der Geschichte des Ortes setzten Ende des 19. Jahrhunderts ein Erd- und ein Seebeben, welche die Stadt im Abstand von nur wenigen Jahren heimsuchten, und da das aufstrebende Antofagasta ganz in der Nähe lag, verzichtete man auf einen Wiederaufbau.

Einige Kilometer nördlich von Cobija steht einsam am Strand das ehemalige Gästehaus der Mine Gatico, ein schönes dreistöckiges Gebäude, eine Seltenheit in dieser Gegend. Im dritten Stock war eine Aussichtsplattform angelegt, leider ist das Haus halb verfallen.

Schöne Ausblicke

Nachdem die Straße ab Iquique die ganze Zeit eng am Meer entlang geführt und einem so manch schönen Anblick auf die Brandung und die Uferfelsen erlaubt hat, führt sie jetzt von der Küste weg, und bald hat man den Abzweig zu dem kleinen Ort Mejillones erreicht, der schon in der unmittelbaren Nachbarschaft von Antofagasta liegt.

Mejillones

Auch wenn man es dem Ort wahrlich nicht auf den ersten Blick ansieht: er hat das Potenzial für eine glänzende Zukunft. Der größte Hafen Südamerikas soll hier entstehen, der erste Bauabschnitt ist abgeschlossen und wurde im Oktober 2003 eingeweiht. Jetzt wird hier das Kupfer der Coldelco und kleinerer privater Gesellschaften verladen und verschifft. Aber das soll nicht alles sein: über eine Gasleitung nach Argentinien wird verhandelt und sogar eine Eisenbahnlinie quer durch den südamerikanischen Kontinent von Chile über Argentinien bis an die Atlantikküste in Brasilien ist im Gespräch. Was von diesen Blütenträumen letztendlich verwirklicht werden kann, bleibt abzuwarten. Wie so viele Siedlungen in der Gegend wurde Mejillones als Verladehafen für Minenprodukte gegründet. Die Antofagasta-Railway-Corporation baute hier 1906 die größte Anlage in ganz Südamerika zum Bau von Eisenbahnwagen, Lokomotiven und Maschinen für den Minenbetrieb. Heute lebt die Bevölkerung des Ortes (ca. 5.500 Menschen) hauptsächlich von der Fischerei und einigen Industriebetrieben. Der Ort ist klein, und viel zu sehen gibt es außer einigen Gebäuden aus der Zeit seiner Gründung und Blüte nicht. Die **Kirche Corazón de María** wurde in den Jahren 1906 bis 1908 gebaut und ist eine dreischiffige Konstruktion mit einem kleinen Turm auf dem Mittelschiff. Das **Zollhaus** stammt aus dem Jahr 1866, und die **Capitanía de Puerto** (Hafenverwaltung) ist ein Jahrzehnt älter. Es ist ein Gebäude in französischem Stil, der Turm wurde als Leuchtfeuer genutzt.

Wendekreis

Zwei Blocks von der (schmucklosen) Plaza de Armas nach Süden steht noch eine in Mejillones gebaute **Lokomotive**, zusammen mit einem Denkmal für die Arbeiter, die die Strecke von Bolivien herunter nach Antofagasta gebaut haben, eine Leistung, die sicherlich eine Würdigung wert ist! Zurück auf der Straße, passiert man den zivilen und den Militärflughafen Antofagastas, und den **Wendekreis des Steinbocks**. Da man sich aber auf Militärgelände befindet, sollte man kein Foto von diesem historischen Moment der Reise machen. Die Chilenen haben dafür gesorgt, dass die Lust auf ein Foto gar nicht erst aufkommt: das Verbotsschild steht direkt neben dem Hinweisschild auf den Wendekreis, das eine lässt sich ohne das andere kaum fotografieren! Jetzt hat man schon fast die ersten Ausläufer der größten Stadt des nördlichen Chile erreicht, bis zum Zentrum sind es vom Flughafen noch einmal 20 km.

Antofagasta

Überblick

Größte Stadt im Norden

Antofagasta ist die fünftgrößte Stadt des Landes (mit ca. 250.000 Einwohnern) und Hauptstadt der 2. Region. Sie zieht sich etwas gedrängt auf der engen Küstenplattform über 20 km hin und ist inzwischen weit die Hügel hinauf gewachsen. Sie ist Verwaltungszentrum und wichtigster Hafen für die Minen im Inland und deutlich von deren Arbeiterschaft geprägt. So haben z. B. viele der Arbeiter und Angestellten der Kupfermine Chuquicamata eine Wohnung hier, während der Woche leben sie in einem der werkseigenen Apartments in Chuci, für das sie keine Miete zu zahlen brauchen, so dass sie sich diesen Luxus des doppelten Wohnsitzes leicht leisten können. Zum Ferien-Machen sind Arica und Iquique schöner: Antofagasta präsentiert sich eher als Arbeiterstadt. Für die meisten Touristen ist es denn auch nicht viel mehr als ein Durchgangspunkt auf dem Weg nach San Pedro de Atacama oder die Städte weiter im Norden.

Geschichte

Expeditionen in die Wüste

Die Siedlung Antofagasta ist jung: der angeblich erste Einwohner *Juan* („*Chango*") *Lopez* ließ sich hier mit seiner Familie 1866 nieder, auf einem Felsen nördlich des heutigen Hafens. Er war ein Abenteurer, der die Küste erforschte und im Guanoabbau und in den Minen arbeitete, um seine Familie durchzubringen. 1872 erbat er sich von den bolivianischen Behörden, denen damals das Land um Antofagasta gehörte, einen Besitztitel für seinen Felsen „La Chimba". Das bolivianische Verwaltungszentrum war damals in Cobija, 130 km weiter nördlich. Hier lebte einer der Männer, die maßgeblich für die Erschließung der Schätze der Wüste Atacama waren: **José Santos Ossa**. Er besaß eine Konzession der Bolivianer für die Ausbeutung jeglicher Bodenschätze der Region, er musste sie nur finden. Auf seiner Suche verbrachte er einige Zeit in der einsamen Behausung von Juan Lopez und unternahm von hier aus Expeditionen in die Wüste. Schließlich entdeckte er im Hinterland von Antofagasta den **Salar del Carmen**: der Salpeter-Abbau konnte beginnen. Um einen Hafen für die Verschiffung anlegen zu können, kaufte er von den Bolivianern 300.000 Quadratmeter Land südlich des Hauses seines Gastgebers und gründete eine entsprechende Gesellschaft. Diese Gesellschaft installierte zur Orientierung für einlaufende Schiffe einen großen Anker an einem der Hügel oberhalb der Stadt, der heute noch zu sehen ist. Jetzt dauerte es nicht mehr lange, bis die Bolivianer eine Zollbehörde einrichteten, um ihren Anteil am Gewinn abzuschöpfen. In den folgenden Jahren gründete Ossa die berühmte **Companía para la Exploración del Desierto**, die bei der Erschließung der Atacama eine wichtige Rolle spielte. Die Stadt entwickelte sich nun stetig, Eisenbahnlinien zu den Minen im Hinterland wurden installiert, und auch den Hafen baute man aus. Am 14. Februar 1879 nahmen chilenische Truppen die Stadt ein; dieses Datum markiert den Anfang des Pazifikkrieges. Nach dem Krieg wuchs die Stadt weiter, der wichtigste Antriebsmotor für die Wirtschaft ist bis heute die Verarbeitung und Verschiffung der Minenprodukte, dazugekommen ist die Fischerei.

Die Eisenbahn wird gebaut

Sehenswertes in Antofagasta

Auch wenn das Stadtbild heute immer mehr von modernen Gebäuden bestimmt wird (an der Küstenstraße nach Süden wächst ein Hochhaus nach dem anderen aus dem Boden), gibt es doch noch einige Bauten, die an die Vergangenheit der Stadt erinnern. Alle besichtigenswerten Bauten liegen in unmittelbarer Nähe der zentralen Plaza Colón und sind ohne weiteres zu Fuß zu erreichen.

Plaza Colón

Die Plaza macht auf den ersten Blick den einladenden Eindruck eines Blumengartens, die aufwendig bepflanzten Rabatten werden überschattet von großen alten Palmen. Die Bäume werden leider von großen Scharen Geiern und vor allem Tauben bevölkert, so dass eine Ruhepause auf den zahlreichen Bänken mit gewissen Risiken behaftet ist...

Fast wie in London

In der Mitte der Plaza steht eine stark verkleinerte Nachbildung von **Big Ben** mit dem Originalschlag (sonst ist die Ähnlichkeit mit dem berühmten Vorbild eher gering), gestiftet von der britischen Kolonie der Stadt (die Briten waren bei der Er-

Big Ben

schließung der Minen und beim Bau der Eisenbahnlinien sehr aktiv). Der **Musikpavillon** dagegen wurde von der slawischen Gemeinschaft errichtet. An der Südostseite der Plaza steht die neogotische **Kathedrale** der Stadt, die aus den Jahren 1906-1917 stammt. Von der Plaza aus ein Block nach Nordosten liegen die Gebäude des **ehemaligen Bahnhofs**, die heute von der Firma FCAB (Ferrocarril Antofagasta Bolivia) genutzt werden. Hier kommen heute noch lange Güterzüge beladen mit Kupfer und anderen Minenprodukten an, die auf Schiffe verladen und weiter transportiert werden. Das kleine **Museum**, das zum Bahnhof gehört, kann nur nach Voranmeldung (48 Stunden vorher) besucht werden: der Aufwand lohnt sich wohl nur für eingefleischte Eisenbahnfreunde. Auf der anderen Straßenseite der C. Bolivar steht das ehemalige Zollgebäude, heute genutzt als

Museo Regional de Antofagasta

Das Museum hat eine naturkundliche Sammlung und Exponate zur Geschichte der Region. Besonders sehenswert ist die umfangreiche Mineraliensammlung, die einen Eindruck vom Reichtum der Atacama vermittelt.

Das Zollhaus wurde 1866 in Mejillones gebaut, 1888 komplett abgeschlagen und in Antofagasta wieder aufgebaut. Es ist das älteste Haus der Stadt. Vom Zollgebäude aus sieht man den einzigen Anleger, der vom **alten Hafen** (angelegt 1872) noch übrig geblieben ist. Man erkennt die Kräne, die dazu dienten, die Säcke mit Salpeter von den Waggons auf die Schiffe zu verladen. Der Anleger ist heute reichlich verfallen und aus diesem Grund für Besucher gesperrt, allenfalls wird er von Kindern noch als Abenteuerspielplatz und zum Baden genutzt. Am Anlieger stehen zwei Gebäude der ehemaligen Hafenverwaltung, beide gebaut im ersten Jahrzehnt des 20. Jahrhunderts, eines davon wird heute als Verwaltung und Lager für das gegenüberliegende Museum genutzt.

Etwas weiter nach Norden sieht man den **Fischereianleger**, hier kann man an Werktagen die Boote beim Einlaufen und Entladen beobachten, die Waren werden direkt am Hafen in der Fischmarkthalle verkauft. Wenn die Fischer ihren Fang aufbereiten, warten schon hungrige Seelöwen auf die Überreste.

Der alte Anleger

Das Wahrzeichen der Stadt und der ganzen Region, **La Portada**, ein riesiges Felsentor, steht 16 km nördlich des Zentrums in der Brandung, man erreicht es per Taxi oder mit einem Bus, der allerdings nur sehr unregelmäßig fährt.

Der Untergrund der Küstenfelsen besteht hier aus Vulkangestein aus dem Jura (150 Millionen Jahre alt), das sich vor etwa 3 Millionen Jahren absenkte und vom Meer überflu-

La Portada

tet wurde. Generationen von Muscheln, Schnecken und Schalentieren begannen sich abzulagern und wurden zu Gestein gepresst und verkittet. Die Brandungswellen erodierten das Gestein, bis schließlich das Felsentor von der Küste abgetrennt wurde und wie ein Monument im Wasser stehen blieb.

Es gibt einen kurzen Weg, der vom Kliff herunter an den Strand führt, baden sollte man hier nicht. La Portada ist ein guter Ort zum Vögelbeobachten: verschiedene Seevögel nutzen den Felsen und die Küste als Nistplätze, unter ihnen große Schwärme von Pelikanen.

8.   DER KLEINE NORDEN: VON ANTOFAGASTA BIS NACH LAS VILOS

Überblick

Im kleinen Norden geht die Wüste langsam in eine Halbwüste über, zuerst wachsen Kakteen und stachelige Gräser, dann kleine und immer größere Büsche, und schließlich liegen grüne Oasen, in denen mit das beste Obst Chiles produziert wird, an der Straße. Abseits der Küste ist der Himmel in diesen Regionen an mehr als 300 Tagen im Jahr wolkenlos, deshalb haben sich auf den Gipfeln der Vorkordillere einige der wichtigsten Observatorien der Welt angesiedelt. Die USA haben ebenso investiert wie zahlreiche Länder der Europäischen Union, unter anderen auch Deutschland. Einige der schönsten Badestrände Chiles gibt es hier und mit La Serena eines der wichtigsten Ferienzentren, das jedes Jahr Tausende von Touristen vor allem aus anderen südamerikanischen Ländern anzieht. Politisch gehören die 3. und 4. Region zum kleinen Norden, der den Übergang zwischen der Atacama und dem fruchtbaren Zentrum des Landes bildet.

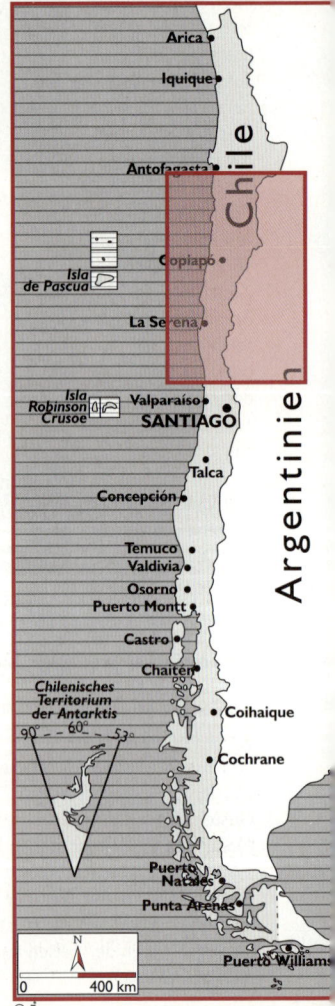

⟳   Zeiteinteilung

Der kleine Norden ist nicht so reich an touristischen Höhepunkten wie andere Landesteile, aber wenn man Zeit hat, gibt es durchaus einiges zu entdecken. Für den PN Pan de Azúcar sollte man mindestens eine Übernachtung einplanen, und auch das Valle de Elqui ist einen Tagesausflug wert.

☞   Tipp

Wenn man eines der Observatorien besichtigen will, sollte man frühzeitig an die Anmeldung denken. Auch wenn man im PN Pan de Azúcar eine Übernachtung plant, sollte man die Unterkunft vorbuchen, es gibt nur zwei Cabañas!

© **I**graphic

Von Antofagasta nach Copiapó

Von Antofagasta aus kann man entweder auf der Panamericana durch die Wüste nach Süden fahren oder aber auf einer holprigen Schotterpiste entlang der Küste bis Taltal. Die Küstenroute nimmt erheblich mehr Zeit in Anspruch, auch wenn sie kürzer ist; der Zustand der Straße erlaubt keine hohen Geschwindigkeiten.

Über die Küste nach Taltal

Als es die Panamericana noch nicht gab, war die Küstenstraße die Hauptroute nach Norden; heute wird sie kaum noch benutzt, nur die Bewohner der winzigen Fischerflecken und Minenfahrzeuge trifft man hier an. Durch die schweren Laster der Minen ist die Straße ausgefahren und streckenweise eine Tortur für Stoßdämpfer und Bandscheiben!

Von Antofagasta aus fährt man zunächst Richtung Ruta 5 und folgt ihr ein Stück nach Süden. Nach 33 km geht rechter Hand ein kleiner Abzweig nach Westen ab; man muss nun zunächst die Küstenkordillere überqueren, um an den Pazifik zu gelangen. Nach 61 km sind die Küste und die Caleta El Cobre erreicht, hier wurde 1853 Kupfer entdeckt. Jetzt führt die Straße immer am Wasser entlang, links steigen die Küstenfelsen steil an, die Küstenplattform ist schmal, nur hin und wieder gibt es eine kleine Bucht mit einem Sandstrand.

Bei **El Médano** mündet eine Quebrada ins Meer, in der es etwa fünf Kilometer von der Küste entfernt und 1.300-1.700 m weiter oben Malereien der Ureinwohner dieser Zone, der Changos, gibt. Der Aufstieg ist schwierig, es gibt keinen Weg, und die Malereien sind nicht ohne weiteres zu entdecken. Nach 95 holprigen Kilometern entlang der Küste ist **Paposo** erreicht. Früher lebten hier Minenarbeiter, heute verdienen sich die Bewohner ihren Lebensunterhalt hauptsächlich mit dem Fischfang. Der Ort war ursprünglich eine Siedlung der Changos, die hier mit dem Wasser einiger Quellen Futter anbauten und Tiere hielten. Außerdem produzier-

Redaktions-Tipps

• Im Parque **Nacional Pan de Azucár** kann man die Facetten der Halbwüsten-Landschaft kennen lernen, der Park gehört noch zu den Geheimtipps in Chile, auch im Sommer ist er selten gut besucht und deshalb nie überlaufen! (S. 422)

• Im **Valle de Elqui** ist die Nobelpreisträgerin *Gabriela Mistral* zu Hause, außerdem hat der Traubenschnaps Pisco seine Heimat hier, einen Tagesausflug ist das grüne Tal auf jeden Fall wert (S. 435).

• Zum Entspannen und einige Tage „Stadtgefühl"-Tanken eignet sich die heitere **Badestadt La Serena** mit ihrer freundlichen Innenstadt und den endlosen Stränden (S. 431).

• In regenreichen Jahren **blüht die Wüste**, ein überwältigendes Schauspiel, das man sich auf keinen Fall entgehen lassen sollte (z. B. in der Umgebung von Vallenar) S. 429.

• Sehr besuchenswert ist auch der **Parque Nacional Fray Jorge** (S. 443), der einen Streifen Regenwald mitten in der Wüste schützt. Übernachten kann man ganz in der Nähe komfortabel im Hotel „**Termas de Socos**" (S. 185ff).

• Die **Observatorien** sind eher für Technik-Fans etwas als für Sterngucker, weil sie nur tagsüber besichtigt werden können; eine Ausnahme ist das kleine Observatorium in Vicuña (S. 436).

Übernachten La Serena: Preiswert übernachten kann man im neuen **Hostal El Punto** (S. 185ff).

• Wenn man das Valle de Elqui kennen lernen möchte, ist **El Tesoro de Elqui** eine gute Ausgangsbasis.

Zwischen Copiapó und Viña del Mar

N

0 ——— 150 km

Inca de Oro

Caldera

San Luis

Salar de Maricunga

Copiapó

Observatorio Los Condores

Laguna del Negro Francisco

C. Jotabeche ▲ 5580 m

5

Los Loros

Punta Carrizal

Punta de Diaz

Huasco

Vallenar

C. Las Placetas ▲ 5430 m

Domeyko

La Pampita

El Transito

Conay

Argentinien

Observatorio Astronómico Las Campanas

Observatorio Astronómico La Silla

La Higuera

La Serena
Coquimbo

Vicuña

Paso del Agua Negra 775 m

Las Flores

Observatorio Astronómico Cerro Morado

Parque Nac. Fray Jorge

Cerrillos de Rapel

El Palqui

Villa Nuevo

Combarbalá

Calingasta

Barreal

Los Vilos

Chile

Los Molles

Uspallata

La Calera

San Felipe

Puenta del Inca

Concón

Los Andes

Mendoza

Viña del Mar

Llay Llay

Valparaíso

© igraphic

ten sie Trockenfisch, den sie bei den *Atacameños* aus San Pedro de Atacama gegen Cocablätter und Mehl tauschten. Die Spanier richteten eine *Encomienda* ein, die „Hacienda de Paposo" genannt wurde. Auch missioniert wurde von Paposo aus, die Ureinwohner arbeiteten auf der Hacienda oder in den Minen. In der Mitte des 19. Jahrhunderts installierte *José Antonio Moreno*, der maßgeblich an der Erforschung und Erschließung der Atacama beteiligt war und mehrere Minen besaß, in Paposo die Zentrale seines Imperiums und baute ein hochherrschaftliches Haus für sich und seine Familie. Heute leben nur noch wenige Familien hier und das Trinkwasser muss täglich aus Taltal herangeschafft werden. Von Paposo aus geht es weiter entlang der Küste, vorbei an einigen schönen Stränden und der Kupfermine Santo Domingo (leicht zu erkennen an ihren Abraumhalden), und nach 56 km erreicht man Taltal.

Über die Panamericana nach Taltal

Die 325 km von Antofagasta nach Taltal sind wenig ereignisreich: die Straße führt durch eine endlose Wüstenlandschaft, rechter Hand ragen die Berge der Küstenkordillere empor, deren höchster Gipfel der Cerro Vicuña Mackenna mit 3.114 m ist, links der Straße ist das Relief nur leicht gewellt. Um nach Taltal zu gelangen, muss man die Panamericana verlassen und 25 km nach Westen küstenwärts fahren.

Taltal

Taltal wurde, wie so viele Orte an der nördlichen Küste Chiles, als Hafen für die Minen des Hinterlandes gegründet. Die kleine Stadt (heute wohnen hier etwa 10.000 Menschen) ist relativ jung, erst 1858 begann man, die ersten Hafenanlagen zu bauen. Das salpeterhaltige Muttergestein wurde in Karren nach Taltal gebracht, hier gab es eine Anlage zur Konzentration des Salpeters, und der konnte dann direkt verschifft werden. Um die Minenwirtschaft in Chile voranzubringen (in Peru boomte sie zu dieser Zeit schon), ordnete die Regierung 1877 eine gezielte Besiedelung der Gegend an, und nach einigen Jahren hatte der Ort mehr als 20.000 Einwohner: Taltal hatte sich zum drittgrößten Salpeterhafen der chilenischen Küste entwickelt. Auch eine Eisenbahn wurde gebaut, die allerdings 1970 mit der Aufgabe der letzten Mine „Oficina Alemana" stillgelegt und demontiert werden musste. Heute ist Taltal ein ruhiges kleines Städtchen, dem aber vielleicht eine blühende Zukunft bevorsteht: eine Gesellschaft aus Kanada hat sich die Schürfrechte für Goldvorkommen gesichert, die man in der Nähe der Stadt vermutet, und vielleicht soll sogar die Küstenstraße von Antofagasta bis Taltal asphaltiert werden.

Ein neuer Goldrausch?

Die wenigen Sehenswürdigkeiten der Stadt stammen aus der Zeit des Salpeter-Booms; die Hauptstraße ist die baumbestandene Avda. Prat, an der auch die Plaza liegt. An der Plaza steht die **Kirche** und das **Theater**, das im Jahr 1921 gebaut wurde und in dem es bis heute hin und wieder Vorstellungen gibt. Einen halben Block von der Plaza nach Nordosten findet man das

• Museo de Taltal
Es beherbergt eine kleine Ausstellung über die Ureinwohner, die Changos, Fotos aus der Zeit des Salpeter-Booms und ein Herbarium der lokalen Flora.

Drei Blocks weiter auf der Avda. Prat gelangt man an die Einrichtungen der ehemaligen Eisenbahngesellschaft, **The Taltal Railway Corporation**. Auch hier gibt es eine kleine Ausstellung zur Salpeterindustrie und außerdem die kleine **Lokomotive No. 59**, die die Karren mit Salpeter zur Küste brachte. Weiter geht es zu Ex-Muelle Salitrero, dem Anleger, von dem aus der Salpeter verschifft wurde.

Von Taltal ist es nicht mehr weit bis zum Parque Nacional Pan de Azúcar, den besten Zugang hat man allerdings weiter südlich von Chañaral aus. Aber auch von der Ruta 5 zweigt eine Schotterpiste ab, die allerdings nicht sehr üppig ausgeschildert ist, so dass man sie leicht verpasst.

Der Parque Nacional Pan de Azucár (ⓘ S. 185)

Der Parque Nacional Pan de Azúcar mit seinen weißen Stränden, seiner spärlichen Vegetation, die hier am Rand der Atacama der Trockenheit trotzt, und vor allem seinen hinreißenden Ausblicken über die Küste und den Pazifik gehört sicherlich zu den Höhepunkten des Kleinen Nordens.

Der Park ist am besten von Chañaral aus zugänglich, von hier aus führt eine Straße direkt in den Park (man verlässt die Stadt in Richtung Flughafen). Wenn man kein eigenes Auto hat, kann man in Chañaral einen Bus oder ein Taxi nehmen (Informationen dazu in den Gelben Seiten). Der Asphalt verschwindet bald unter dem Sand, die Straße

Straße aus Salz

besteht jetzt aus kompaktem Salz; hier regnet es so wenig, dass dieser Belag über Jahre hinweg bestehen bleibt. Von Chañaral aus sind es 22 km bis zur Grenze des Parks und weitere neun zum ersten Stützpunkt der CONAF (Eintritt ca. 5 € pro Person). Jetzt führt die Straße bergab zur Playa Blanca, einem weiten zuckerweißen Strand. Von hier aus kann man schon die **Isla Pan de Azucár** sehen, der der Park seinen Namen zu verdanken hat. Angeblich brachten die Engländer im 19. Jahrhundert Zuckerhüte nach Chile, die von den Einheimischen Pan de Azucár (Zuckerbrot) genannt wurden, und da die kleine Insel vor der Küste genau dieselbe Kegelform hatte, benannte man sie eben nach den neumodischen Zuckerhüten.

Jetzt sind es nur noch ein paar Kilometer bis zur **Caleta Pan de Azucár**, der einzigen kleinen Siedlung des Parks, wo sich die Parkverwaltung angesiedelt hat, außerdem gibt es einige Cabañas und etwa 20 Fischerhütten. Der Ort wurde ursprünglich als Salpeterhafen gegründet, 1879 beschoss ihn während des Salpeterkrieges die peruanische Korvette *Unión,* und 1922 zerstörte ihn ein Seebeben. Der Anleger mit seinen Kränen geriet damals unter Wasser, heute kann man ihn mit Flossen und Taucherbrille besichtigen. Von der Caleta aus starten **Bootstouren** zur *Isla Pan de Azúcar.* Auf der Insel leben zahlreiche Vogelarten, darunter

Hier sind Kakteenliebhaber richtig.

Humboldt-Pinguine und Pelikane, an den Stränden kann man Robben beobachten. Die Insel selbst darf nicht betreten werden, aber die Boote machen einmal die Runde um das Eiland, so dass man Gelegenheit hat, die Tiere zu sehen.

Der schönste Ausflug, den man im Park machen kann, führt in den Sektor **Las Lomitas**. Die einfache Wegstrecke beträgt ca. 7 km, so dass sich die Tour sowohl zu Fuß als auch mit dem Auto machen lässt. Man lässt sich in der Parkverwaltung den Schlüssel für die Zufahrt geben (wenn man mit dem Auto unterwegs ist) und verlässt die Caleta Richtung Osten. Der Weg führt zunächst die Quebrada Pan de Azúcar entlang und biegt dann in die Quebrada Las Chilcas ab. Hier wachsen verschiedene Kakteen-Arten (im Gebiet des Parks gibt es insgesamt mehr als zwanzig Arten), manche klein und grau wie Steine, manche fast so groß wie Bäume. Und im Frühling blühen Blumen in den zartesten Farben, die man hier in der Wüste kaum vermutet. Am Ende des Weges erwartet einen ein wahrhaft atemberaubender Blick: das Land fällt 700 m steil ins Meer ab, und die Küste schwingt sich in einem weiten Bogen bis zur *Punta Carrizalillo*; in der Ferne sieht man noch die Isla Pan de Azúcar.

Zauberhafte Vegetation

Chañaral (ⓘ S. 185)

Die kleine verschlafene Stadt liegt am südlichen Ende des Parks, 12.000 Menschen leben hier an der Pazifikküste hauptsächlich vom Fischfang. Außerdem ist sie ein Versorgungszentrum für die Minen in der Kordillere. Ursprünglich wurden über ihren Hafen die Produkte der *Hacienda Chañaral* verschifft, und im 19. Jahrhundert fand man dann auch Kupfer in der Nähe des Ortes. Heute ist die Stadt für Touristen als Ausgangspunkt für Ausflüge in den Parque Nacional Pan de Azúcar interessant oder als Stopp an der Ruta 5.

Bahia Inglesa (ⓘ S. 185)

Von Chañaral führt die Panamericana fast 100 km direkt an der Küste entlang, an weit geschwungenen Buchten mit endlosen Sandstränden, bis man **Bahia Inglesa** erreicht. Das heißt, eigentlich erreicht man Caldera, die kleine Stadt liegt direkt an der Panamericana, während das Seebad Bahia Inglesa, mit dem Caldera so gut wie zusammengewachsen ist, noch sechs Kilometer weiter am Strand ist. Hier gibt es wirklich wunderschöne Strände, die jedes Jahr mehr Touristen aus Brasilien und Argentinien anziehen, aber auch Chilenen haben hier ihre Sommerhäuser.

Wunderbare Sandstrände

Der Ort ist etwas chaotisch um den Strand gewachsen, eine zentrale Plaza gibt es nicht, die fantasievoll gestalteten Häuser verleihen dem Dorf ein etwas surrealistisches Gepräge.

Nach Bahia Inglesa kommt man der Strände wegen.

Copiapó und seine Umgebung

Copayapu bedeutet in der Sprache des Diaguita-Volkes „grüne Erde", und tatsächlich ist die Stadt eine Erholung fürs Auge, besonders wenn man von Norden aus der Wüste kommt. Schon als *Diego de Almagro* 1536 in das Tal kam, fand er eine intensiv bearbeitete Kulturlandschaft vor. 1540 folgte ihm *Pedro de Valdivia* und nahm das Tal offiziell in Besitz, und einige Jahre später begannen die Spanier, ein kleines Dorf zu bauen. Aber erst im 18. Jahrhundert entstand eine wirkliche Siedlung, in der sich die verstreut lebende Bevölkerung des grünen Tales sammelte. 1832 entdeckte der **Maultiertreiber Juan Godoy** eine sehr ertragreiche Silberader und läutete damit einen Boom der Stadt ein. Viele der prächtigen Häuser der Stadt entstanden mit dem Geld, das aus dieser Mine kam. Infolge des plötzlichen Reichtums konnte in Copiapó die erste Eisenbahnlinie in Chile und die dritte in Südamerika überhaupt gebaut werden. Der erste Zug Südamerikas fuhr in Englisch Guayana, und ein halbes Jahr vor Chile eröffnete Peru seine erste Linie. Die erste chilenische Strecke wurde am 25. Dezember 1851 in Dienst gestellt und verlief zwischen Copiapó und Caldera; der Zug transportierte Silber zum Hafen und im Gegenzug Konsumgüter in die Stadt.

Silberboom

Inellektuelle Impulse

In den Jahren des Silber-Booms entwickelte sich in Copiapó ein intensives geistiges und künstlerisches Leben, und die Stadt wurde zu einem der **wichtigsten intellek-**

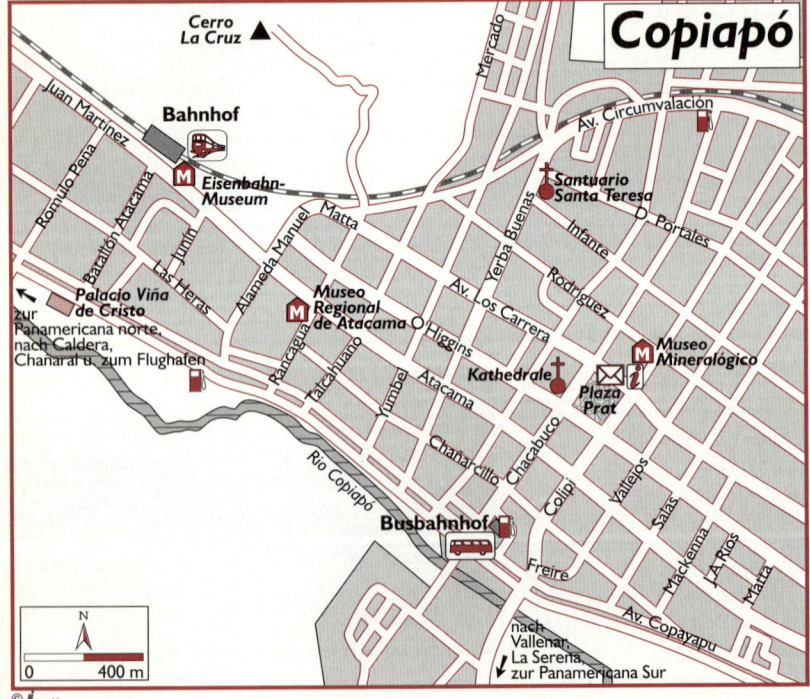

tuellen Zentren des Landes. Es wurde eine literarische Zeitschrift herausgegeben, die nach der Stadt „*El Copiapó*" hieß, und auch das politische Geschehen Chiles erfuhr starke Impulse von hier. Die politischen Aktivitäten gipfelten einerseits in der Gründung der Partido Radical de Chile (Ende des 19. Jahrhunderts), zum anderen nahm die liberale Revolution gegen den Präsidenten *Manuel Montt* hier ihren Anfang; einer ihrer Hauptinitiatoren war *Pedro Leon Gallo*, ein Minenbesitzer aus Copiapó. Heute ist Copiapó immer noch ein wichtiges Zentrum für die Minen im Hinterland, außerdem hat sich um die Stadt eine blühende Agroindustrie entwickelt.

Sehenswertes in Copiapó

Copiapó ist heute eine nette, etwas verschlafene Stadt, die von den meisten Reisenden nur als Durchgangsstation wahrgenommen wird. Davon, dass sie in der zweiten Hälfte des 19. Jahrhunderts eine der modernsten Städte Südamerikas war, ist nicht mehr viel zu spüren.

Im Zentrum liegt die
• Plaza Prat
Ursprünglich wurde die Plaza de Armas als Exerzierplatz genutzt, dazu brauchte man natürlich viel Raum, und so war der Platz vollkommen kahl und von einem eisernen Stafettenzaun umgeben. In der Mitte stand eine Statue des glücklichen Maultiertreibers *Juan Godoy*. Um 1880 begann man, den Platz mit **Pfefferbäumen** (*Schinus molle*) zu bepflanzen, ein Baum, der auch in Wüstengebieten ohne viel Wasser ein üppiges Blätterdach bildet. Seitdem hat sich die Plaza Prat zu einer grünen Oase in der Stadt entwickelt, die schon fast die Ausmaße eines kleinen Parks hat. An der Plaza liegen das moderne Gebäude der Regionalverwaltung und die **Kathedrale** der Stadt, die ebenfalls aus den Zeiten des Silber-Booms stammt. Sie hat Doppelwände, zwischen denen ein Zwischenraum von 1,30 m liegt, so dass man sie betreten und als Lagerraum nutzen kann.

Einen Block nördlich der Plaza liegt das
• Museo Mineralógico, Colipi 583
Es zeigt eine der schönsten mineralogischen Sammlungen Südamerikas und ist auch für Laien einen Besuch wert. Ausgestellt werden Mineralien aus der Umgebung Copiapós, wie das Silber, das die Stadt reich gemacht hat, aber auch verschiedene Edelsteine. Zur Sammlung gehören auch Meteorite, die man in der Atacama gefunden hat. Manchmal gibt es neben dem Museumsgebäude einen Kunsthandwerksmarkt, auf dem auch Mineralien und Versteinerungen verkauft werden.

Edelsteine

Von der Plaza aus sieben Blocks nach Nordwesten liegt die **Avda. Matta**, hier siedelten sich die ersten Spanier an, heute ist die Straße mit schönen alten Bäumen bepflanzt, und auch einige der Häuser aus dem 19. Jahrhundert stehen noch. Es gibt ein Denkmal, das an die Toten des Pazifikkrieges erinnert (*Cripta de los Heroes*), und an der Avda. Matta steht auch die **Casa de Empleados de Ferrocarril**, ein schönes Gebäude aus der Blütezeit der Stadt. Das Holzhaus im neoklassizistischen Stil wurde 1860 gebaut und beherbergt heute, frisch renoviert, die örtliche Zweigstelle des Servicio Nacional de Geología y Minera. Am Ende der Avda. Matta (Ecke Avda. Copayapu) steht eine kleine Statue **Juan Godoys**; er trägt Schuhe, die aus der Harnblase von Tieren genäht wurden, ein gebräuchliches Kleidungsstück der Viehtreiber des 19. Jahrhunderts.

Folgt man der Avda. Copayapu weiter stadtauswärts, gelangt man zum
• Palacio Viña de Cristo
Der Palast wurde 1860 für *Don Apolinario Soto*, den Besitzer einer Silbermine, gebaut. Der hatte anscheinend einen Hang zum Individualismus. Während die meisten anderen Gebäude der Stadt in neoklassizistischem Stil gebaut wurden, plante er sein Haus im Stil der italienischen Renaissance. Diese Extravaganz ließ sich Don Apolinario etwas kosten: die eisernen Balkone z. B. mussten extra aus Europa importiert werden. Heute ist ein Teil der Universidad de Atacama in dem Haus untergebracht. Offiziell ist das Haus nicht zu besichtigen, aber niemand wird einem einen Blick in das schöne Treppenhaus verwehren.

Ältester Zug Chiles

Anderthalb Blocks weiter stadtauswärts liegen die Hauptgebäude der Universidad de Atacama, ursprünglich war hier die Schule für Minenwesen der Stadt untergebracht. Hier kann man den **ersten Eisenbahnzug** Chiles besichtigen, der aus einer Lokomotive, einem Passagier- und einem Gepäckwagen besteht; der Kohlewaggon, der damals natürlich in jedem Zug mitgeführt werden musste, ist abhanden gekommen.

Auf der C. Martinéz (zwei Blocks nach Osten) kann man wieder Richtung Zentrum laufen und erreicht nach vier Blocks das
• Museo Estación Ferrocarril
Im alten Bahnhofsgebäude gibt es eine kleine Ausstellung zur ersten Eisenbahnlinie Chiles und zu ihrem Erbauer, *William Wheelwright*, der auch die nötigen Investoren für das Projekt anwarb. Auf dem Rückweg kommt man an einem weiteren vergangenheitsträchtigen Haus der Stadt, der **Casa Matta**, vorbei, in der heute ein Museum untergebracht ist.

• Museo Regional de Atacama
Die Mattas waren eine der reichsten Familien Copiapós und hatten einen prägenden Einfluss auf das Leben der Stadt. Einer der drei Brüder Matta, Guillermo, war Dichter, Manuel Antonio studierte Philosophie und Politikwissenschaften in England und Frankreich und war einer der Mitbegründer der Partido Radical de Chile. Während diese beiden Brüder hauptsächlich für ihre jeweilige Passion lebten, kümmerte sich der dritte Bruder Santiago um das Geschäft, die familieneigene Mine, und brachte so das Geld ins Haus. Im Museum sind eine Ausstellung zur Geschichte der Stadt und eine kleine Kunstsammlung zu sehen.

Die Umgebung von Copiapó:
Durch das Valle de Copiapó nach Chañarcillo

Agrar-landschaft

Auf diesem Tagesausflug kann man die Argrarlandschaft um Copiapó kennen lernen und die ehemalige Silbermine besichtigen, die die Stadt im 19. Jahrhundert so reich gemacht hat. Teilweise ist die Straße nur für Wagen mit Vierradantrieb geeignet, das gilt vor allem für den Abzweig zur Mine Juan Godoy! Man fährt von Copiapó aus zunächst Richtung Südosten und nimmt dann den Abzweig nach Tierra Amarilla. Die ganze Gegend kann erst landwirtschaftlich genutzt werden, seitdem die zahlreichen Minen, die es hier gab, nicht mehr arbeiten. Damals wurde das Wasser, mit dem heute die Felder und Obstgärten bewässert werden, für Mühlen gebraucht, die das Gestein, das man aus den Minen brach, zerkleinerten. Einige Kilometer nach Tierra Amarilla erreicht man den Weiler **Nantoco**, der samt seiner schönen Kirche 1870 von dem Minenbesitzer *Apolinario Soto*, dem auch der Palacio Viña de Cristo in Copiapó gehörte, gebaut wurde. Der Komplex besteht aus einem Landhaus mit zehn dorischen Säulen und einem Aussichtsturm, einem kleinen Park und der Kirche.

Jetzt durchquert man ausgedehnte Weingärten, die mit den modernsten **Tröpfchenbewässerungsanlagen** bewässert werden. Der Boden dient bei diesem System eigentlich nur noch als Träger und Verankerung, Wasser und Nährstoffe werden den Pflanzen zielgenau an die Wurzeln getröpfelt. Um das System zu installieren, sind große Investitionen notwendig: nicht nur die Bewässerungsanlage selber ist teuer in der Anschaffung, auch das Gelände muss entsprechend vorbereitet werden, es muss absolut eben sein, damit das Wasser aus dem Río Copiapó mit dem richtigen Druck an die Wurzeln gelangt. Dazu müssen u. U. große Mengen Erde mit schweren Maschinen bewegt werden. Die Trauben dieser Region werden sehr früh reif und sind hauptsächlich für den Export nach Europa und in die USA bestimmt.

Moderne Technik

Bei Kilometer 34 kommt man an dem Landhaus eines weiteren reichen Einwohners Copiapós vorbei, **der Casa de Jotabeche**, die *José Joaquin Vallejo* gehörte. Auch er war Minenbesitzer, aber auch die Politik interessierte ihn. Das Haus liegt etwas abseits der Straße und befindet sich in Privatbesitz, aber von außen kann man es besichtigen; der Garten ist mit Pflanzen gestaltet, die nicht nur nach Gestalt oder Farbe, sondern nach ihrem Wohlgeruch ausgesucht wurden. Bei Kilometer 42 geht rechter Hand der Abzweig zur Mine Juan Godoy ab, ausgeschildert nach Cerro Blanco. Man kann aber auch weiter dem Valle de Copiapó folgen und eine alte Inka-Anlage zur Metallverarbeitung besuchen.

Alternative A: Zum Centro Metalúrgico Incaico

Man folgt der Straße weiter talaufwärts und gelangt zunächst nach Los Loros, einem kleinen Nest mit knapp 1.000 Einwohnern. Zu Anfang des 20. Jahrhunderts gab es hier das exklusive **Lungensanatorium Dr. Wolman**; das milde Klima und die trockene Luft waren anscheinend wohltuend für Lungenkranke, daneben fungierte das Sanatorium aber auch als Treffpunkt für die gehobene Gesellschaft Santiagos. Zehn Kilometer weiter öffnet sich ein wunderbarer Blick auf das Tal, und man erreicht bei Kilometer 88 (von Copiapó aus) den etwas mickrig ausgeschilderten Abzweig zu der Inka-Anlage. Sie besteht aus drei Sektoren: zuoberst die Häuser der Arbeiter, etwas weiter unten die Verwaltung und schließlich die Öfen, die einen Durchmesser von 1,5 m haben und so angelegt waren, dass der Wind immer für die nötige Sauerstoffzufuhr sorgte. Man kann der Straße noch etwas weiter folgen und kommt bei Kilometer 96 an ein **Aquädukt**, das 1890 gebaut wurde und das Wasser des Flusses zu einer Turbine leitete. Die Straße führt noch eine ganze Strecke weiter ins Gebirge, wird aber immer halsbrecherischer, man muss auf dem gleichen Weg nach Copiapó zurückkehren.

Gute Luft

Alternative B: Nach Chañarcillo und Juan Godoy

Überreste
der Mine

Man folgt zunächst dem Abzweig nach Cerro Blanco und biegt nach vier Kilometern wieder rechts ab. Der Weg führt in Serpentinen abwärts und gelangt über einen Pass (Portezuelo La Viuda) zunächst zum Abzweig nach **Juan Godoy**. Die Ruinen, die heute noch übrig geblieben sind (kaum mehr als ein paar verfallene Häuser, die verlassene Polizeistation und der Friedhof), lassen nicht vermuten, dass hier einmal 14.000 Menschen gelebt und gearbeitet haben. Die Mine versorgte nicht nur die Arbeiter, die im Berg das Silber förderten, mit Lohn und Brot, sondern sorgte auch für einen blühenden Handel: die Minenarbeiter konnten sich das beste Fleisch, von weither importiertes Gemüse und die edelsten Weine und Schnäpse leisten, und wie überall bestimmte in Juan Godoy die Nachfrage das Angebot. Einige Kilometer talabwärts liegt die eigentliche Mine **Chañarcillo**, die Juan Godoy 1832 entdeckte. Sie war damals die drittgrößte Silbermine der Welt, und als sie 1888 geschlossen wurde, war der Berg von allen Seiten angefressen, wie ein Kuchen im Ameisenhaufen. Von Chañarcillo sind es noch 15 km auf der Schotterpiste talabwärts bis zur Panamericana und von der Kreuzung aus 59 km zurück nach Copiapó oder 91 km nach Vallenar.

Zum Paso de San Francisco und Vulkan Ojos del Salado, nach Argentinien

 Hinweis

Diesen Ausflug kann man mit dem eigenen Auto machen, der Weg ist zum größten Teil nicht geteert, und man kommt nur langsam vorwärts, aber Vierradantrieb ist nicht nötig. Aber man kann sich auch einer Tour anschließen, die in Copiapó von verschiedenen Reisebüros veranstaltet werden.

Kletter
erlaubnis

Da der Weg auf Höhen von über 4.700 m führt, sollte man den Motor des Autos entsprechend einstellen lassen und einen Extra-Kanister Benzin mitnehmen, Tankstellen gibt es nur in Copiapó und dann wieder in Argentinien, 544 km von Copiapó entfernt. Auch an warme Kleidung muss man denken, in der Höhe kann es auch tagsüber empfindlich kalt werden. Wenn man nicht nach Argentinien weiter möchte, kann man den Weg auch als Rundfahrt mit Anfangs- und Endpunkt in Copiapó machen. Wenn man den Ojos del Salado besteigen möchte, braucht man eine Erlaubnis der Grenzschutzbehörde, da der Berg nahe an der argentinischen Grenze liegt. Die Adresse finden Sie in den Regionalen Reisetipps, Stichwort Santiago, S. 185 ff.

Man verlässt Copiapó über die C. Los Carrera nach Südosten (ausgeschildert nach Tierra Amarilla) und biegt nach acht Kilometern Richtung Diego de Almagro nach Nordwesten ab. Nach 15 km verlässt man die asphaltierte Straße und folgt der Schotterpiste nach Diego de Almagro (Ruta 31). Auf dem Weg kann man die Kuppeln des **Observatorio Los Cóndores** sehen, das etwas abseits der Straße liegt. Man folgt zunächst der Quebrada de Paipote, bis man an eine Gabelung kommt. Hier kann man entweder das Tal weiter aufwärts verfolgen oder in die Quebrada San Andres einbiegen, beide Wege führen zur Grenze.

8. Der Kleine Norden: von Antofagasta bis Las Vilos –
Von Antofagasta nach Copiapó/Von Copiapó nach La Serena und Coquimbo

429

Alternative A: Über die Quebrada San Andrés

Dieser Weg ist häufiger befahren, er führt durch ein schmales, aber teilweise saftig-grünes Tal, bis nach 85 km ein Engpass im Fels am Portezuelo del Salto erreicht ist. Dann öffnet sich das Tal wieder ein wenig. Bei km 101 gelangt man an die **Vega San Andrés**, eine kleine Ebene mit einigen Häusern. In den Berghängen gibt es hier eine Schicht gelblichen Vulkangesteins, das weich und leicht zu bearbeiten ist und deswegen überall in den Bauwerken der Gegend verwendet wurde. Man kommt nun an einigen Minen vorbei und hat bald einen atemberaubenden Blick auf den Ojos del Salado, der mit 6.893 m der **höchste Vulkan der Erde** und der höchste Gipfel Chiles ist. Beim **Salar de Maricunga** treffen sich die beiden Wege wieder.

Hchster Vulkan der Erde

Alternative B: Über die Quebrada Paipote

Dieser Weg, der über den **Parque Nacional Nevado Tres Cruces** führt, wurde von der *Anglo American Corporación* als Zufahrt zur Mine Marte angelegt. Man kommt an zwei winzigen Weilern vorbei und gelangt dann zur Guardería der CONAF, hier gibt es Übernachtungsmöglichkeiten (allerdings recht weit von der Straße nach Argentinien entfernt, ⓘ S. 185 ff). Die Straße führt vorbei an der Laguna Santa Rosa, die am Südende des Salar de Maricunga liegt. Der Salar hat eine Fläche von 8.300 ha und ist umrahmt von schneebedeckten Fünf- und Sechstausendern. Am Salar und in den umliegenden Lagunen leben Tausende von Vögeln; Wissenschaftler haben bis zu 47 verschiedene Arten gezählt, darunter allein drei verschiedene Flamingos.

Man verlässt jetzt den Salar und erreicht etwa 35 km vor der Grenze den Grenzposten San Francisco (geöffnet das ganze Jahr über, wenn das Wetter es erlaubt). Dann geht es weiter an der Laguna Verde vorbei, einem smaragdgrünen See, in dem es kaum Leben gibt, weil der Salzgehalt des Wassers so hoch ist. Die Grenze zu Argentinien liegt **am Paso de San Francisco**, der mit 4.727 m einer der höchsten Andenpässe überhaupt ist.

Totes Wasser

Von Copiapó nach La Serena und Coquimbo

Die Ruta 5 taucht jetzt immer mehr in eine Halbwüstenlandschaft ein, zwischen den Kakteen und Gräsern wachsen hier auch schon Büsche. Die einzige größere Siedlung auf der Strecke zwischen Copiapó und La Serena ist Vallenar.

Vallenar

Das Gründungsdatum von Vallenar ist genau bekannt: am 5. Januar 1789 gab *Ambrosio O`Higgins* (nicht zu verwechseln, aber verwandt mit Bernardo O`Higgins) den Befehl zur Gründung der Stadt. Er gab der Siedlung den Namen Vallenar nach der irischen Heimat seiner Familie Ballenagh. 1811 wurde in der Nähe der Stadt Silber gefunden, und *José Miguel Carrera* gründete hier die erste Bank Chiles. *Darwin* kam am 8. Juni durch den Ort und fand ihn nicht weiter bemerkenswert. Und so wird es den meisten Besuchern gehen, kaum ein Reisender bleibt hier mehr als eine Nacht.

*Landwirt
schaftliches
Zentrum*

Die Stadt (45.000 Einwohner) ist das Zentrum einer Region, die früher hauptsächlich von den umliegenden Minen lebte, heute werden die Landwirtschaft und der Obstanbau immer wichtiger. Vor allem Oliven und Wein werden angebaut. Von letzterem wird behauptet, dass er zu den besten in Chile gehört. Auf jeden Fall ist er einer der süßesten: die Muskatellertraube, die besonders viel Zucker bildet, gedeiht in der Umgebung von Vallenar bei den mehr als 300 Sonnentagen im Jahr besonders gut.

Besuchen kann man in Vallenar das
• **Museo de Huasco**, Sargento Aldea 742
Es zeigt eine historische Fotosammlung und archäologische Fundstücke aus der Gegend. Eventuell lohnend ist auch die **städtische Baumschule** (Vivero Municipal, Prat, Quintar Zlatar).

*Die Wüste
blüht*

In der Umgebung von Vallenar kann man alle paar Jahre das Phänomen des „Desierto florido", der blühenden Wüste, erleben. Dann finden von der Stadt aus Touren in die Wüste statt, die Sie sich auf keinen Fall entgehen lassen sollten!

INFO **Das Phänomen des Desierto florido: warum die Wüste blüht**

Alle sechs bis zehn Jahre erreichen die Winterregen, die normalerweise nur bis knapp nördlich von Santiago kommen, auch das Gebiet der Wüste Atacama. Dann verwandelt sich die Landschaft, die normalerweise von Steinen, Sand und ein paar Kakteen beherrscht wird, innerhalb von Tagen in ein Paradies. Überall breitet sich mit einer erstaunlichen Geschwindigkeit ein Teppich von Pflanzen aus, welche sehr schnell Blätter und Blüten entwickeln. Diese Pflanzen, die jetzt so schnell erscheinen, haben während der langen Jahre der Trockenheit als Samen, Rhizome (eine Art Wurzelfortsatz) oder Knollen im Boden gelegen und sozusagen auf ihre Chance gewartet. Wenn dann der Regen kommt, müssen sie sehr schnell sein: die Feuchtigkeit reicht nur für eine kurze Vegetationsperiode aus, in der sie wachsen, Blüten bilden und Samen abwerfen müssen, nur so ist der Fortbestand der Art gesichert. Die Wachstums- und Reifeperiode, die in anderen Ökosystemen mindesten ein halbes Jahr dauert (vom Frühling bis zum Herbst) müssen die Pflanzen in der Wüste innerhalb weniger Tage bis Wochen durchmachen. Auch dieses Verhalten ist eine Anpassung an den Extrem-Standort Wüste.

Etwa 70 km südlich von Vallenar können an alternativen Technologien interessierte ein beeindruckendes Projekt besuchen. In dem kleinen Dorf **Chungungo** hat man versucht, der Wüste doch noch Wasser abzugewinnen und das mit einigem Erfolg. Das Wasser kommt vom Pazifik, der dichte Camancha-Nebel wabert jeden Tag über einen breiten Küstenstreifen und in die Kordillere empor, wo er im Lauf des Tages von der Sonne aufgelöst wird. Die chilenische Geografin *Pilar Cereda* und der kanadische Physiker *Robert Schemenhauer* haben ein Prinzip aus der Natur kopiert, um das Wasser aufzufangen. Der Eukalyptusbaum streckt seine Zweige hoch in den Himmel, an seinen Blättern und Zweigen schlägt sich der Nebel nieder, sammelt sich in Tröpfchen und fließt am Stamm entlang den Wurzeln zu. Die beiden Wissenschaftler bauten große **Nebelfallen**: zwölf mal vier Meter große Netze, die zwischen Holzpfählen aufgespannt sind und an denen der Nebel sich niederschlagen kann. Dann muss man ihn nur noch auffangen und ins Dorf leiten: immerhin 14.000 Liter täglich haben die Bewohner des kleinen Dorfes nun, um ihre Felder zu bewässern. Und wenn die Wolkenfänger sich bisher auch noch nicht zum Exportschlager entwickelt haben, konnte man sie immerhin schon nach Peru, nach Ecuador, nach Oman und auf die Kapverdischen Inseln verkaufen.

Den Nebel nutzen

La Serena und Coquimbo

La Serena und Coquimbo waren schon immer Schwesterstädte, inzwischen sind sie fast zusammengewachsen und ergänzen sich gegenseitig. Wenn La Serena der schöne Schwan ist, fällt Coquimbo eher die Rolle des hässlichen Entleins zu. La Serena hat sich in den letzten Jahrzehnten immer mehr zu einem der wichtigsten Badeorte Chiles entwickelt, während Coquimbo eine Stadt der Arbeit und der Arbeiter ist.

Wichtiges Seebad

Man kann sagen, dass **La Serena** (ⓘ S. 185) aus zwei Teilen besteht: die eigentliche Stadt liegt etwas oberhalb der Küste, ausgebreitet über vier Terrassen marinen Ursprungs. Daneben gibt es den Strand und die *Avenida del Mar*, die Küstenstraße, an der sich ein Hotel ans andere reiht und die im Winter fast ausgestorben ist. Im Sommer dagegen (Januar ist der vollste Monat) schieben sich hier die Autos in Kolonnen den Strand entlang; La Serena ist als Badeort bei den Chilenen ebenso beliebt wie bei den Argentiniern und Brasilianern.

Geschichte der Stadt

La Serena ist die zweitälteste Stadt des Landes, *Pedro de Valdivia* gründete sie 1544, weil er einen Hafen brauchte, um einen Seeverkehr mit Peru einrichten zu können. Diese Verbindung war sehr wichtig für die junge Kolonie, in Peru hatten sich die Spanier schon etabliert, die Wirtschaft war in Schwung gekommen, und Pedro de Valdivia erhoffte sich Hilfe aus dem Nachbarstaat. Zunächst setzte sich die einheimische Bevölkerung gegen die neuen Siedler zur Wehr und zerstörte La Serena, aber die Spanier zeigten Beharrlichkeit, und schon 1549 wurde der Ort neu aufgebaut. Wie wichtig La Serena als Stützpunkt war, lässt sich auch daran ablesen, dass alle Orden, die damals in Chile missionierten und halfen, das Land aufzubauen, hier Konvente als Anlaufstellen für ihre Mitglieder bauten. Deswegen hat die Stadt noch heute 29 Kirchen und Klöster!

La Serena ist eine Kolonialstadt, und das sieht man auch. Allerdings gehören die meisten der Kolonialgebäude gar nicht in die Zeit der Kolonie, sie stammen aus den 1950er Jahren. Das ist *Gabriel Gonzales Videla*, einem ehemaligen Präsidenten Chiles, und seinem „**Plan Serena**" zu verdanken. Videla fühlte sich seiner Geburtsstadt zeit

*Städte-
bauliches
Exeriment*

seines Lebens sehr verbunden und arbeitete ein detailliertes städtebauliches Programm für La Serena aus, das mehr oder weniger vorschrieb, dass alle Neubauten
im kolonialen Stil gebaut werden mussten. Wirklich alte Bauten sind kaum erhalten,
lediglich einige Gebäude, die aus dem 19. Jahrhundert aus der Hochzeit der Minen
stammen, stehen noch. Man mag von diesem Plan halten, was man will, zumindest
hat er bewirkt, dass das Stadtbild von La Serena heute ein wesentlich geschlosse-ne-
res Bild bietet als andere Städte im Norden Chiles.

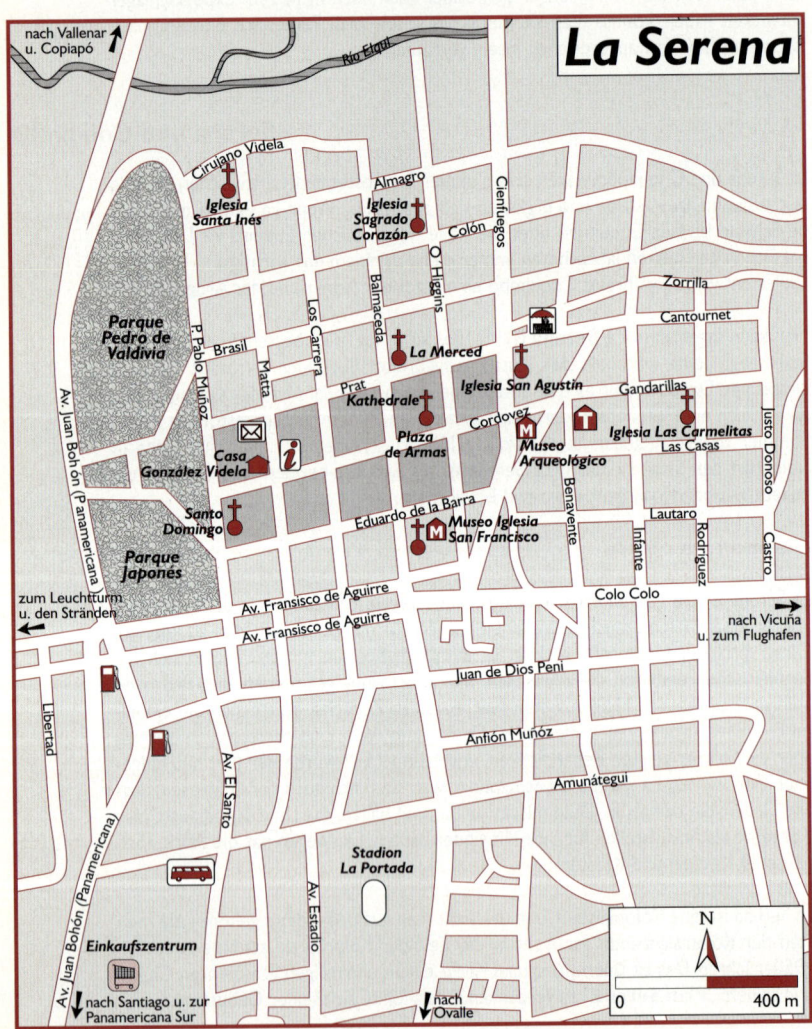

© **i** graphic

Sehenswertes in La Serena

Das Zentrum La Serenas ist räumlich recht begrenzt und leicht zu Fuß zu bewältigen. Am besten beginnt man einen Stadtrundgang an der **Plaza de Armas**. Sie ist weitläufig und mit schönen alten Bäumen bestanden, man fühlt sich fast wie in einem Park. Wie in fast allen chilenischen Städten steht die Kathedrale der Stadt, die **Iglesia Catedral**, an der Plaza. Sie stammt aus dem Jahr 1844, der Turm wurde allerdings erst im 20. Jahrhundert dazu-gebaut. Gegenüber (einige Schritte von der Plaza entfernt) kann man gleich noch eine andere der 29 Kirchen der Stadt bewundern, die **Iglesia Santo Domingo**. Sie ist eines der echten Kolonialgebäude der Stadt, gebaut 1755 samt dem dazugehörigen Kloster. Ebenfalls an der Plaza steht das Haus *Videlas*, das heute ein Museum ist.

• Casa Gonzales Videla

Das Museum zeigt persönliche Gegenstände des Präsidenten und seiner Familie, dazu gibt es eine ausführliche Dokumentation seines Lebens und seiner politischen Karriere. Im Obergeschoss ist eine kleine Ausstellung zur Geschichte der Stadt untergebracht. An der gleichen Front wie die Kathedrale liegt auch das Gebäude der **Municipalidad**, ein schönes Exempel für den „Plan La Serena" Videlas.

Wer eine Auszeit vom Asphalt braucht, kann dem **Parque Japonés** westlich des Stadtzentrums einen Besuch abstatten. Es ist der größte Park dieser Art in Südamerika. Sein Zentrum wird von einem kleinen See gebildet, die die Form des japanischen Zeichens für „Herz" hat. Von der Plaza aus folgt man der C. Prat hangaufwärts, kommt an der Iglesia La Merced und der Iglesia San Augustin vorbei; ihr gegenüber liegt der **Mercado La Recova**. Hier gibt es Kunsthandwerk, Obst, Gemüse und Fisch. Im ersten Stock sind eine Menge kleiner Restaurants untergebracht, in denen man günstig essen oder einen Kaffee trinken kann.

Kunst-
handwerk

Vom Markt aus folgt man der C. Cienfuegos einen Block nach Süden und erreicht das
• Museo Arqueológico

Auch hier gibt es einiges zur Geschichte der Stadt, eine der schönsten Sammlungen von Diaguita-Keramik überhaupt und einen Origina-Moai von der Osterinsel, den Präsident González Videla für die Stadt „beschaffte".

INFO **Die Keramik der Diaguita**

Das Volk der Diaguita, das vor der Ankunft der Spanier im Kleinen Norden Chiles lebte, entwickelte im Lauf der Jahrhunderte eine sehr spezifische Keramik, die sich in Form und Bemalung sehr von anderen Stilrichtungen unterscheidet.

Die Diaguita-Keramik gehört zu den schönsten Keramiken Südamerikas und beeinflusst bis heute die Künstler und Handwerker der Region. Die Gefäße wurden sowohl im Haushalt als auch zu kultischen Zwecken verwendet.

Der Stil der Gefäße änderte sich mit der Zeit und wurde weiterentwickelt, heute kann man zwischen vier Epochen unterscheiden:

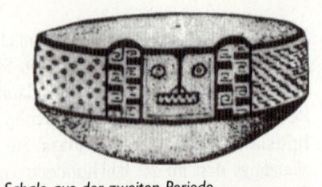

Schale aus der zweiten Periode

Die Anfänge • Die ältesten Funde stammen aus den Jahren 800-1000 n. Chr. Sowohl die Form als auch die Bemalung waren zu dieser Zeit noch einfach: flache offene Schalen wurden mit Mustern in Kreuz- und Treppenform verziert. Als Farben findet man Schwarz und Ocker auf der roten Keramik, aber auch schon schwarz-weiße Muster.

Diaguita I: 1000-1200 n. Chr. • In dieser Periode wurden vor allem die Muster weiterentwickelt, die Schalen waren schon größer und tiefer, und auf der Außenseite tauchten kleine menschliche Gesichter auf.

Diaguita II: 1200-1470 n. Chr. • Diese Epoche wird als die klassische Periode der Diaguita-Keramik bezeichnet. Die Form der Schalen änderte sich jetzt stark: Boden und Wand standen in rechtem Winkel zueinander; es entwickelte sich eine Art asymmetrischer Krug, an dessen Bug ein menschlicher Torso wie eine Galionsfigur klebte. Die Gesichter dieser Figuren hatten oft Tierformen.

Diaguita III: 1470-1436 n. Chr. • In dieser Periode wird der Einfluss der Inkas deutlich, die inzwischen nach Chile vorgedrungen waren. Es wurden Formen aus dem Formenschatz der Inkakunst mit aufgenommen; die Krüge sind oft mit Vögeln oder Katzengesichtern verziert. Die grafischen Muster verfeinerten sich immer mehr.

Vom archäologischen Museum ist es nicht weit zur **Iglesia de San Francisco**, eine der ältesten Kirchen des Landes. Sie stammt aus dem 16. Jahrhundert und einige der Reniassance-Elemente sind noch zu sehen, auch wenn im Lauf der Zeit natürlich andere Stilelemente dazu kamen. Ihr angeschlossen ist ein kleines **Museum**, das religiöse Kunstwerke aus den Schulen von Cuzco und Quito zeigt.

Zum Strand gelangt man über die Avda. Francisco de Aguirre, die zunächst die Panamericana kreuzt und dann zum **Leuchtturm**, einem der Wahrzeichen der Stadt führt. Hier beginnt die Avenida del Mar und der endlose weiße Sandstrand, der so viele Touristen nach La Serena lockt.

Coquimbo

Von La Serena sind es nur ein paar Kilometer entlang der Küstenstraße bis nach Coquimbo, das am anderen

Der Leuchtturm

Ende der Bucht liegt. Im ruhigen Wasser vor der Stadt liegen zwei große Schiffswracks direkt am Strand, die geschützte Lage macht Coquimbo aber eigentlich zu einem idealen Hafenort. Der Hafen ist einer der wichtigen Arbeitgeber und das prägt natürlich das Gesicht der Stadt.

Die Stadt bestand ursprünglich aus zwei Siedlungen, **Coquimbo** und **Guayacá**. In Guayacá blieb die indigene Bevölkerung lange Zeit (bis

Am Hafen

1858) von den Spaniern unbehelligt und baute eine große Anlage zur Kupferaufbereitung mit drei Öfen und eigener Verladestelle. Coquimbo ist seit den Zeiten der Kolonie immer Ver- und Entladeort für La Serena gewesen, ein richtiger Hafen wurde aber erst Anfang des 19. Jahrhunderts gebaut. Anfang des 20. Jahrhunderts legte man die Straße an, die die Siedlungen verbindet und sie immer mehr zusammenwachsen ließ. Während La Serena immer auch ein Ort zum Ferien-Machen war, ließen sich in Coquimbo Handel und Gewerbe und die Büros der Minen nieder.

Kuferverareitung

Die **Plaza de Armas** bildet den Mittelpunkt des relativ kleinen Stadtzentrums. Hier steht auch die **Iglesia San Pedro** aus dem Jahr 1862. An einem kleinen Nebenplatz der Plaza findet man den Kiosk der Touristeninformation, an die ein winziges Museum mit archäologischen Funden aus der Umgebung angeschlossen ist. Folgt man der C. Aldunate (der Hauptgeschäftsstraße) von der Plaza aus nach Norden, kommt man an einigen der alten Holzgebäude vorbei, die alle während der Jahrhundertwende entstanden sind und teilweise leider langsam verfallen. Ein kleiner Spaziergang zum Hafen mag lohnen, hier findet mehrmals wöchentlich ein bunter Markt statt, auf dem neben Fischen und anderem Meeresgetier auch Kitsch und Kunst, Haushaltswaren, Spielzeug, Gemüse und Obst verkauft wird.

Die Umgebung von La Serena und Coquimbo: Das Valle de Elqui

Ein schöner Tagesausflug von La Serena aus führt in das Valle de Elqui, wo die Trauben für den Nationaldrink der Chilenen, den Pisco, wachsen. Durch den Río Elqui, der Gletscherwasser aus der Kordillere bringt, ist das Tal eine grüne Oase in der Halbwüste.

Man verlässt La Serena über die Avda. Colo Colo und passiert am Ausgang der Stadt den Friedhof und den Flughafen. Noch innerhalb des Stadtgebietes beginnen die Obstplantagen, und immer wieder kann man entlang der Straße Früchte, Marmeladen und andere Obstprodukte kaufen. Angebaut werden vor allem Papaya und natürlich Trauben.

Marmelade und Wein

Bei km 44 erreicht man
El Molle

Das Dorf hat der Molle-Kultur seinen Namen gegeben; hier wurden die ersten archäologischen Funde dieses Volkes und dieser Periode gefunden, die vor den Diaguita datiert wird. Das Dorf liegt idyllisch am Fluss, man kann hier baden (das Wasser ist allerdings recht kühl) und auch Übernachtungsmöglichkeiten gibt es.

Die Baustelle des Staudamms

Die Straße steigt jetzt an, und schon von weitem sieht man den Staudamm des **Proyecto Pudaro**. Hier wird der Río Elqui aufgestaut und Elektrizität gewonnen. Bald nach dem Staudamm passiert man den Abzweig zum **Observatorio Interamericano Cerro Tololo**, dessen Kuppeln von weitem auf einer Bergkuppe zu sehen sind. Das Observatorium kann besucht werden, allerdings muss man sich zwei Monate vorher im Büro der Gesellschaft in La Serena anmelden (Telefonnummer s. Regionale Reisetipps ⓘ S.185).

Nach 70 km ist Vicuña, die wichtigste Siedlung des Tales erreicht.

Vicuña

Vicuña ist eine ruhige und freundliche Kleinstadt, deren Bewohner die Ehre, einen der beiden Literatur-Nobelpreisträger zu ihren Bürgern zu rechnen, offensichtlich zu würdigen wissen. **Gabriela Mistral** wurde hier geboren und die Dichterin scheint überall gegenwärtig zu sein. Die Hauptstraße trägt ihren Namen und das Museum, das um ihr Geburtshaus eingerichtet wurde, ist eine Art Mekka, nicht nur für die Literaturliebhaber unter den chilenischen Touristen. Das liegt vielleicht auch daran, dass Gabriela Mistral dem Nationalstolz, der so vielen Chilenen eigen ist, auf anrührende Weise Ausdruck verliehen hat. In einem ihrer Gedichtbände (Gabriela Mistral: Poema de Chile) besingt sie die Landschaften Chiles vom Norden bis zu den australen Inseln und aus jedem der Gedichte spricht eine tiefe Liebe zu ihrer Heimat. Auch dem Valle de Elqui und ihrer Geburtsstadt blieb die Dichterin zeit ihres Lebens verbunden, auf ihren Reisen hatte sie immer ein Säckchen mit Erde des Tales im Gepäck.

*Heimat-
liebe*

• Sehenswertes in Vicuña
Um die Stadt kennen zu lernen lässt man am besten das Auto an der Plaza stehen.

Hier befindet sich der
Torre Bauer
Der Turm wurde 1905 von dem deutschstämmigen Bürgermeister *Adolfo Bauer* in Ulm in Auftrag gegeben, dort gebaut und in Vicuña montiert. Der Bürgermeister

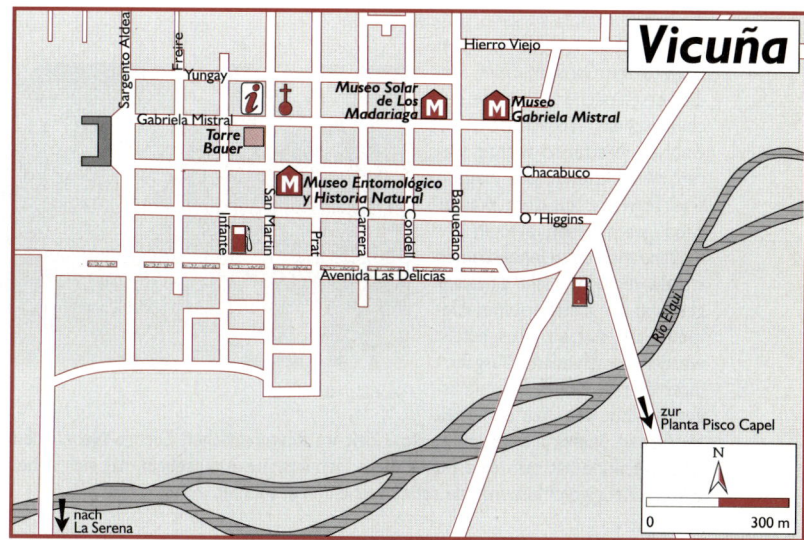

wollte sich anscheinend ein wenig Heimat nach Chile holen; der Versuch ist nur teil- *Rittertum*
weise geglückt, auch wenn der Turm zinnengeschmückt ist, wirkt er mehr wie eine
Theaterkulisse als ein mittelalterliches Bauwerk aus Deutschland. Heute ist in dem
Turm die Touristeninformation untergebracht.

An der Plaza steht auch die Kirche, in der Gabriela Mistral etwas überstürzt noch
am Tag ihrer Geburt getauft wurde; die Eltern hatten Angst, dass der schwächliche
Säugling nicht lange überleben würde. An der Südseite des Platzes ist die ehemalige
Mädchenschule des Ortes zu sehen, in die Gabriela Mistral mit elf Jahren eingeschult
wurde.

Heute beherbergt das Gebäude das
Museo Entomológico y Historia Natural
Das private Museum stellt eine Sammlung von einheimischen und tropischen Insekten, Fossilien, Schnecken und Vögeln aus; zusammengetragen von *Guido Castillo* in
mehr als 20 Jahren.

Um zum Museum Gabriela Mistral zu gelangen, folgt man der gleichnamigen Straße
talaufwärts.

Unter der Hausnummer 683 findet man ein weiteres Museum, die
Casa Museo Solar de Los Madariaga, Gabriela Mistral 683
Das Museum ist ein Privathaus aus dem Jahr 1875 und ein schönes Beispiel für den *Familien-*
Lebensstil der tonangebenden Familien im Valle de Elqui des 19. Jahrhunderts. Ei- *haus*
nen Block weiter hat man den modernen Steinbau des Gabriela-Mistral-Museums
erreicht.

Museo Gabriela Mistral, Gabriela Mistral 730

Das Gebäude (gebaut von dem Architekten *Oscar McClure*) soll die verschiedenen Elemente der chilenischen Landschaften, die Gabriela Mistral so wichtig waren, symbolisieren. Die Mauern sind teilweise aus vom Wasser rund geschliffenen Steinen gemauert und in den Innenräumen wurde versucht, Licht einzufangen und als gestalterisches Element zu nutzen. Ausgestellt werden verschiedene Ausgaben ihrer Werke, Möbel, Gebrauchsgegenstände der Dichterin, Prei-

Gabriela Mistral

se, Orden und Erinnerungen an ihre Zeit im diplomatischen Dienst. Neben dem Hauptgebäude hat man eine Replik ihres Geburtshauses aufgebaut, das sich neben dem großzügigen Museumsbau sehr bescheiden ausnimmt.

Einen Besuch wert sind zwei weitere Attraktionen, die etwas außerhalb der Stadt liegen. Für fast jeden Besucher ein Muss ist die Pisco-Produktions- und Abfüllanlage, die zu Fuß etwa 20 Minuten (auf der Zufahrtsstraße weiter nach Osten) vom Zentrum entfernt liegt.

Planta Pisco Capel

Der Besuch der Anlage ist kostenlos, die Firma hat extra geschultes Personal für die Führungen angestellt, und wenn das Museo Gabriela Mistral das *eine* Mekka Vicuñas ist, so ist die Planta Pisco Capel das andere! Die Touren durch die Anlage dauern etwa eine halbe Stunde, am Schluss wird ein kleines Museum besichtigt und einen Probeschnaps gibt es auch zu kosten. Und wenn man auf den Geschmack gekommen ist, kann man im Souvenir-Shop alles bekommen, was auch nur im Entferntesten mit dem Pisco zu tun hat!

Schnaps-verkostung

INFO ## Pisco: der Nationalschnaps der Chilenen

Es gibt wohl wenige Restaurants, Cafés oder Bars in Chile, in denen man keinen Pisco Sour serviert bekommt. Und auch in jedem Supermarkt kann man den Drink fertig gemixt in der Flasche kaufen. Grundlage für den erfrischenden Pisco Sour ist der Pisco, ein Traubenschnaps, der aus den besonders süßen Moscatel-Trauben gewonnen wird, die hauptsächlich in der 3. und 4. Region des Landes wachsen.

Der erste Pisco entstand angeblich durch ein Missgeschick. In der Mitte des 16. Jahrhunderts brachten die Spanier die Muskateller-Trauben nach Chile und begannen sie in der Region von La Serena und Copiapó anzubauen.

*Der wichtigste Schnaps
in Chile ist der Pisco*

Zu dieser Zeit war der Silber-Boom im heute bolivianischen Potosí in vollem Gange, und die Chilenen verkauften Most aus den süßen Trauben in die Silberstadt. Während des langen Transportes wurde der Most schlecht, so dass man sich entschloss, ihn zu destillieren, um ihn haltbarer zu machen: der Pisco war geboren.

Das Klima in den Halbwüsten der 3. und 4. Region ist ideal für die Pisco-Trauben: der Himmel ist selten bedeckt und die langen Sonnenstunden sorgen dafür, dass die Trauben viel Zucker akkumulieren können. Nach der Ernte, die in den Monaten bis Mai (je nach Sorte und Jahr) stattfindet, werden die Trauben zunächst zu Wein vergoren, der in einem weiteren Schritt destilliert wird. Das so entstandene Getränk hat einen Alkoholgehalt von 55-65 Prozent und muss zwischen drei und sechs Monaten in Holzfässern gelagert werden, die mit zum charakteristischen Geschmack des Pisco beitragen. Im Valle de Elqui werden hauptsächlich Fässer aus Roble verwendet. Die verschiedenen Alkohole werden jetzt gemischt, eine knifflige Aufgabe, die in der Regel ausgebildeten Önologen zufällt. Dann muss der Alkoholgehalt durch die Zugabe von demineralisiertem Wasser herabgesetzt werden, Pisco gibt es mit einem Alkoholgehalt zwischen 30 und 50 Prozent zu kaufen.

Die beiden wichtigsten Pisco-Produzenten sind **Pisco Control** (Cooperativa Control Pisquero de Elqui y Vitivinicola del Norte Ldta.) und **Pisco Capel** (Cooperativa Agrícola y Pisquera del Elqui Ldta.).

Zum anderen liegt sechs Kilometer auf einer Schotterstraße nach Norden das

Observatorio Astronómico Comunal,

das man im Unterschied zu den „großen" Observatorien nach Einbruch der Dunkelheit besuchen und selber die Sterne beobachten kann. Einzelheiten hierzu in den Regionalen Reisetipps, S. 185. ff.

Das Valle de Elqui hat für viele Besucher eine ganz besondere kosmische Ausstrahlung und auch UFOs gab es hier angeblich schon zu sehen. Talaufwärts und auch in Vicuña selber haben sich einige Kommunen und Gemeinschaften niedergelassen, die hier alternative Lebensformen praktizieren und sich in verschiedene Richtungen religiös betätigen. Diese Welle ist zwar etwas abgeflaut, trotzdem findet man die entsprechenden Läden und Cafés in Vicuña, ansonsten gibt es einige nette Hotels und ein Schwimmbad mitten im Ort.

*Sternen-
gucker*

Folgt man der Straße von Vicuña aus talaufwärts, wird das Tal bald enger und die Straße steiler. Man fährt an den Flecken Diaguita und Andacollo vorbei, bis man bei dem Dörfchen Rivadavia an den Zusammenfluss des Río Elqui mit dem Río Turbio kommt. Hier gibt es einen Abzweig (zunächst ausgeschildert nach Varillar), der einen über 170 markerschütternde Kilometer auf 4.780 m Höhe und an die **argentinische Grenze** bringt. Die Grenzformalitäten müssen schon in **Juntas del Toro** erledigt werden, und der Paso del Agua Negra, an dem der Grenzübergang liegt, ist nur von Januar bis April geöffnet. Benzin gibt es in Vicuña und dann wieder in Las Flores (90 km von der Grenze entfernt und nicht ganz zuverlässig, besser ist es, einen Reservekanister dabei zu haben). Die nächste größere Siedlung in Argentinien ist San Juan, 267 km von der Grenze und ca. 440 km von Vicuña entfernt.

*Reserve-
kanister*

Folgt man in Rivadavia der asphaltierten Straße, gelangt man 18 km weiter nach **Monte Grande**, wo *Gabriela Mistral* begraben liegt. In dem Schulhaus hat die Dichterin einige Jahre ihrer Kindheit verbracht, auch hier gibt es ein kleines Museum. In Monte Grande findet man noch mehr Spuren der „Sinnsucher" des Valle Elqui, hier gibt es eine kleine Galerie, die auf Zen-Kunst spezialisiert ist, und einige Läden mit Naturprodukten und Kunsthandwerk.

Von Monte Grande aus sind es noch zwei Kilometer bis zum Dörfchen **Pisco Elqui**. Ursprünglich nannte sich der Ort La Union, aber als die Peruaner 1939 versuchten, den Namen Pisco als Warenzeichen schützen zu lassen, durchkreuzte der damalige Abgeordnete (und spätere Präsident) *Gonzáles Videla* diesen Plan, indem er die Siedlung umbenannte. Nur deswegen können die Chilenen ihr Nationalgetränk bis heute Pisco nennen! Auch hier gibt es eine Pisco-Destillerie; neben der modernen Abfüllanlage kann man hier auch historische Anlagen besichtigen und sich über die herkömmlichen Techniken zur Pisco-Herstellung informieren. In Pisco Elqui endet die asphaltierte Straße, ein Schotterweg führt noch einige Kilometer in die Berge zu einigen winzigen Dörfchen.

Die Observatorien

Die Wüste Atacama ist einer der besten Orte der Erde zur Beobachtung der Sterne, deshalb haben hier viele europäische Staaten, aber auch die Nordamerikaner viel Geld investiert und hochklassige Observatorien gebaut. Mit über 300 Sonnentagen im Jahr ist die Gefahr eines bewölkten Nachthimmels gering. Dazu kommt, dass die Region nicht sehr dicht besiedelt ist und es kaum Städte gibt, die störende Lichteffekte produzieren. Auch die Atmosphäre ist hier besonders klar, weil die Inversionsschicht über der Küste einen großen Teil der Staubpartikel filtert. Es gibt drei wichtige Sternwarten in der Umgebung von La Serena, und man kann sie auch besuchen. Allerdings ist in der Regel eine frühzeitige Anmeldung nötig, so dass man diese Ausflüge schon bei der Reiseplanung berücksichtigen sollte.

*Staubfreie
Luft*

Das **Observatorio Interamericano El Tololo** passiert man auf dem Weg nach Vicuña, es liegt 34 km abseits der Straße. Es wurde gebaut von verschiedenen chilenischen und nordamerikanischen Universitäten, besuchen kann man es nur nach Voranmeldung.

Das kleinste der drei Observatorien bei La Serena heißt **La Campana**, gehört zum Carnegie-Institut, und man kann es nach einer kurzfristigen Voranmeldung besuchen. Es liegt 138 km nördlich der Stadt auf dem 2.510 m hohen Cerro La Campana. **La Silla** ist über den gleichen Abzweig von der Panamericana zu erreichen, es gehört einer Gemeinschaft verschiedener europäischer Staaten, an der auch Deutschland beteiligt ist (Zu den Observatorien ⓘ S. 185 ff, La Serena).

INFO ## La Silla: Das europäische Auge ins All

Seit 1962 arbeiten in der Wüste bei La Silla europäische Wissenschaftler aus acht Nationen zusammen, um den südlichen Sternenhimmel zu erforschen. Frankreich, Italien, die Schweiz, Deutschland, die Niederlande, Belgien, Dänemark und Schweden taten sich damals zusammen, um ein Mammutprojekt auf den Weg zu bringen: ein modernes Observatorium in der Kordillere der Atacama. Die Zentrale des Projekts legte man nach München: hier gab es durch die verschiedenen Max-Planck-Institute und zwei Universitäten eine hohe „Wissenschaftlerdichte". Über Satellit stehen die Mitarbeiter des ESO (European Southern Observatory) ständig mit den Wissenschaftlern in Chile in Kontakt, einige der Teleskope lassen sich sogar aus München fernsteuern.

Das Observatorium liegt in 2.400 m Höhe, und damit keiner störende Bauten in die Umgebung setzen kann, hat die Gesellschaft des ESO 800 Quadratkilometer rund um das Zentrum gekauft. Das erste Teleskop, das 1976 in Betrieb genommen wurde, hatte einen Spiegel mit einem Durchmesser von 3,6 Metern, der aus einem 11 Tonnen schweren Glasblock gefertigt worden war. Dieses Monstrum war außerordentlich schwer zu lenken und außerdem sehr anfällig für Erschütterungen. Später wurden die Spiegel leichter und mehr Elektronik eingesetzt: Verformungen und Erschütterungen konnte man jetzt automatisch ausgleichen. Ein weiterer Fortschritt waren die Chips (ähnlich denen, die man auch in Videokameras hat), die die herkömmlichen Filme und Fotoplatten ersetzten und die Bildqualität erheblich verbesserten.

Im Moment arbeitet man in La Silla an einem neuen Teleskop, das das größte und leistungsfähigste der Erde werden soll, mit vier Spiegeln, die jeweils einen Durchmesser von 8,2 Metern haben werden. Dieses *Very Large Teleskop* (VTL) wird man nicht mehr in La Silla unterbringen können und baut deshalb an einem neuen Observatorium am Cerro Panaral, 120 km südlich von Antofagasta.

Von La Serena nach Ovalle

Es gibt verschiedene Möglichkeiten von La Serena weiter nach Süden vorzudringen. Der kürzeste und bequemste Weg führt über die Ruta 5, interessanter ist vielleicht die Strecke über die Ruta 43 mit einem Umweg über den Stausee Recoleta und das Monumento Natural Pichasca.

Alternative A:
Zum Stausee Recoleta und zum Monumento Nacional Pichasca

Man verlässt La Serena über die C. Balmaceda nach Süden (ausgeschildert nach Ovalle) und durchquert zunächst ein neues Industrieviertel, dann taucht die Straße ein in eine intensiv landwirtschaftlich genutzte Gegend; Wein wird hier angebaut, aber auch andere Obstsorten und Getreide. Nach etwa 30 km geht die Straße nach **Andacollo** nach Osten ab. Das kleine Städtchen (immerhin leben hier mehr als 10.000 Menschen) liegt in eine

Das Land wird intensiv genutzt.

*Wallfahrts-
ort*

Schlucht gezwängt und ist umgeben von kahlen Wüstenhügeln. In der Mitte des Orts liegt eine vollkommen überdimensioniert erscheinende Basilika, sie hat eine Höhe von 45 m. Die Stadt entstand als Zentrum für die zahlreichen Minen, die es in der Umgebung gibt: Gold, Silber und Kupfer werden hier gefördert, und der Name Andacollo bedeutet „Königin der Metalle". Andacollo ist einer der wichtigsten Wallfahrtsorte im ganzen Norden, hier steht nämlich die **Virgen de Andacollo**. Das nur etwa 90 cm hohe Standbild der Jungfrau wurde 1676 von Peru nach Andacollo gebracht und ist auch der Grund dafür, dass der kleine Ort eine so große Kirche hat; während der Fiesta de la Virgen de Andacollo muss sie 10.000 Pilger aufnehmen können. Es gibt zwei verschiedene Feste zu Ehren der Jungfrau: die *Fiesta chica*, die am ersten Sonntag im Oktober gefeiert wird, und die wichtigere *Fiesta grande*, die vom 23. bis zum 27. Dezember dauert. Zu diesen Tagen reisen Pilger aus ganz Nordchile an, und es werden Umzüge und Tänze veranstaltet. Von Andacollo fährt man weiter nach Süden, die Straße ist jetzt nur noch geschottert. Nach 37 km erreicht man die Straße nach **Pichasca**, von der Einmündung sind es noch etwa 20 km bis zum Eingang des Parks. Hier wurden die ältesten Spuren menschlicher Besiedelung der Gegend gefunden. In einem Steinhaus, das immerhin 80 m lang und acht Meter tief war, fanden sich mensch-

*Versteinerter
Wald*

liche Knochen und Artefakte, die auf ein Alter von ca. 10.000 Jahren datiert werden konnten. Auch einen versteinerten Wald gibt es hier, in dem man die Knochen von verschiedenen Sauriern gefunden hat. Um nach Ovalle zu gelangen, fährt man die Straße wieder südwärts und passiert auf dem Weg den **Stausee Recoleta**, einen der ältesten Stauseen Chiles. Man kann hier segeln und schwimmen oder einfach nur einen Stopp zum Picknicken einlegen.

Ovalle und seine Umgebung

Die kleine Stadt inmitten ausgedehnter Obstplantagen wurde nach dem ehemaligen Vizepräsidenten Chiles *Don José Tomas Ovalle* benannt. Sie hatte immer eine enge wirtschaftliche Beziehung zu La Serena und stand wohl auch im Schatten des 70 km entfernten Zentrums, daran hat sich bis heute nichts geändert. In der Umgebung der Stadt wird der Löwenanteil des in der 4. Region angebauten Obstes produziert. Ovalle behauptet von sich selber, an der Nordgrenze des chilenischen Weinbauge- bietes zu liegen, was aber so nicht stimmt: das Valle de Elqui mit seinen ausgedehn- ten Weingärten liegt noch nördlicher. *Obst- anbau*

Zu sehen gibt es in Ovalle nicht viel. An der Plaza liegt die **Iglesia San Vicente Ferrer**, deren aktueller Bau aus dem Jahr 1824 stammt, die erste Kirche wurde hier aber schon 1668 gebaut.

Einen Besuch wert ist auch das
Museo del Limari, C. Socos am ehemaligen Bahnhof
Hier gibt es eine schöne Sammlung Diaguita-Keramik und andere archäologische Funde zu sehen. Auch die Feria Modelo de Ovalle, einen bunten Lebensmittel- und Kunsthandwerksmarkt kann man besuchen, wenn man Zeit hat.

Die Umgebung von Ovalle

• Zum Valle de Encanto und den Termas de Socos

Diesen Ausflug kann man sozusagen im Vorbeifahren „mitnehmen", er liegt am Weg zurück zur Panamericana. Man verlässt Ovalle über die C. Vicuña Mackenna Richtung Ruta 5 (ausgeschildert). Die Straße führt entlang des Río Limari, und von Zeit zu Zeit hat man einen weiten Blick über die Obstplantagen, die mit seinem Wasser bewässert werden.

16 km vor der Einmündung in die Ruta 5 zweigt ein kleiner Schotterweg nach Süden zum **Valle de Encanto** ab. Hier haben über 500 Jahre (vom 2.-7. Jahrhundert) Ur- einwohner der Molle-Kultur gelebt und von ihnen stammen auch die Petroglyphen, die 1946 von einer archäologischen Expedition entdeckt wurden. Sie erstrecken sich über ein Gebiet von zwei Kilometern Länge; das Valle de Encanto ist der wichtigste Fundort prähispanischer Kunst im Norden des Landes. Die Bilder sind teilweise nicht sehr gut zu sehen, am ehesten lohnt sich ein Besuch in den Mittagsstunden, man sollte aller- dings Sonnenhut und Getränke nicht vergessen! *„Bezaubern- des Tal"*
Von der Einmündung in die Panamericana sind es nun ca. 15 km bis zum Abzweig Richtung Parque Nacional Fray Jorge (nach Norden) oder zwei Kilometer zum Abzweig zu den **Termas de Socos** (nach Süden). Sie sind eine kleine Oase in der staubigen Halbwüste, hier gibt es große alte Bäume, einen Campingplatz, ein gutes Hotel samt Restaurant, in dem man die Spezialität der Region, **Flusskrebse aus dem Río Limari**, essen kann. *Spezialität Flusskrebse*

Parque Nacional Fray Jorge

 Hinweis

Da der Parkeingang mit einem Tor gesichert ist, kann der Park tatsächlich nur zu den Öffnungszeiten besucht werden!

In der Halbwüste, die Ovalle umgibt, liegt der Parque Nacional Fray Jorge wie eine kleine Insel. Er wurde eingerichtet zum Schutz eines kleinen Streifens Küstenwald, Überbleibsel einer einst viel größeren Waldfläche, wie man annimmt. Dieses Fleckchen *Valdivianischen Regenwaldes* hier mitten in der Wüste ist für Biologen besonders interessant, dementsprechend intensiv forschen die verschiedensten Universitäten und Organisationen hier. Es gibt zwei Theorien darüber, warum dieser Wald weitgehend verschwunden ist. Die einen machen Klimaveränderungen für den Rückgang verantwortlich.

Man vermutet, dass es eine Periode mit höheren Niederschlägen gegeben haben muss, in der diese Waldformation weite Flächen dieser Breiten bedeckte. Die andere Theorie besagt, dass der Mensch und eine übermäßige Nutzung die Ursache dafür sind, dass heute nur

Regenwald in der Wüste

noch eine kleine Reliktfläche erhalten ist. Dass sich dieses Fleckchen gerade an diesem Küstenabschnitt halten konnte, liegt daran, dass hier die Küstenkordillere abrupt und steil aus dem Wasser aufragt. Die wassergeschwängerte Luft, die vom Pazifik landwärts getrieben wird, kühlt sich über dem küstennahen Humboldt-Strom ab, so dass sich Wolken bilden. Die werden durch das Küstengebirge zum Aufsteigen gezwungen und streichen über die Berghänge. Dabei bleibt so viel Feuchtigkeit in der Vegetation hängen, dass den Pflanzen etwa 800-1.000 mm im Jahr zur Verfügung stehen, während in der Nachbarschaft nur Niederschläge von ca. 100 mm fallen.

Fast wie im Dschungel

Der Regenwald beschränkt sich denn auch auf einen schmalen, der Küste zugewandten Berghang, während der größte Teil der 10.000 ha des Parks mit einer trockenen Halbwüsten-Vegetation bedeckt ist. Und tatsächlich fühlt man sich fast wie im Dschungel, die Bäume bilden ein undurchdringliches Blätterdach, und am Boden und auf den Zeigen wachsen Moose und Flechten. Aber auch wenn die restliche Fläche des Parks sehr trocken ist, bieten die riesigen Kakteen, die hier fast wie in Wäldern wachsen, ein fremdes, aber wunderschönes Bild!

Der Park liegt an der Mündung des Río Limari. Der Fluss bringt viel organisches Material mit sich, und auf den humusreichen Böden wachsen viele Blütenpflanzen. Die Mündung des Flusses wird durch die Gezeiten beeinflusst, so dass sich das Wasser hier sehr langsam bewegt (bei Flut wird es in den Flusslauf zurückgedrängt).

Dadurch haben die Giftstoffe, die der Fluss reichlich aus dem Hinterland mitbringt, einen gravierenden Einfluss auf das ganze Ökosystem.

Der Park ist derzeit nicht mit öffentlichen Verkehrsmitteln zu erreichen, im Sommer ist er allerdings vor allem an den Wochenenden ein beliebtes Ausflugsziel, so dass man es mit Autostopp versuchen kann, wenn man nicht mit dem eigenen Wagen unterwegs ist. Man verlässt die Panamericana über die Ausfahrt, ausge-

Trockenvegetation

schildert zum Parque Nacional Fray Jorge, und fährt über eine Schotterpiste in Richtung des Parkeingangs (27 km). Der ist mit einem Tor verschlossen, so dass man nach Ende der Öffnungszeiten nicht in den Park kommt! Kurz nach dem Eingang erreicht man den CONAF-Posten, wo man eine kleine Ausstellung zum Park anschauen kann. Drei Kilometer weiter liegt der Campingplatz unter schattigen Bäumen. Um zur eigentlichen Attraktion, dem Küstenwald, zu gelangen, muss man noch etwa sieben Kilometer weiter auf die Küste zufahren (auch zu Fuß ein schöner Weg!). Der Weg steigt zuletzt steil an, und wenn die letzte Hügelkuppe überwunden ist, wird man plötzlich von einem weiten Blick über den Pazifik überrascht. Es gibt einen Spazierweg, der etwa 20 Minuten dauert und durch alle Bereiche des Waldes führt. Bis auf einen kleineren Weg in der Nähe des Campingplatzes und der Zufahrtsstraße ist dieser Pfad bisher die einzige Möglichkeit, den Park zu Fuß zu erkunden, es sollen aber neue Wege, auch zur Küste, angelegt werden.

Blick auf den Pazifik

Von Ovalle nach Santiago fehlen noch etwas mehr als 400 km, die Panamericana führt jetzt wieder an der Küste entlang, jedoch selten so direkt, dass man auch das Wasser sieht. Immer wieder aber gibt es Abzweige zu kleinen Buchten, an denen man baden oder sogar zelten kann.

Die erste größere Siedlung nach Ovalle ist **Los Vilos,** ein kleiner Badeort, der im 19. Jahrhundert als Hafen für Minenprodukte gegründet wurde. Im Sommer ist hier einiges los, Los Vilos ist ein beliebter Ferienort für Familien aus Santiago, denen Viña del Mar oder La Serena zu trubelig erscheint, im Winter bleiben nur die Fischer. Sonntagsmorgens gibt es einen bunten Fischmarkt, unter der Woche kann man einen Ausflug zur Isla de los Lobos machen, einer kleinen Insel, auf der sich eine große Robben- und Seelöwenkolonie angesiedelt hat. Etwa 60 km nach Los Vilos verlässt die Straße die Küste wieder, und man fährt durch ausgedehnte Obstplantagen auf Santiago zu.

9.   MITTELCHILE

Überblick

Mittelchile ist das Zentrum des Landes: hier konzentrieren sich ein großer Teil der Bevölkerung, der wirtschaftlichen Aktivitäten, und in Santiago laufen die Fäden des politischen und wirtschaftlichen Lebens zusammen.

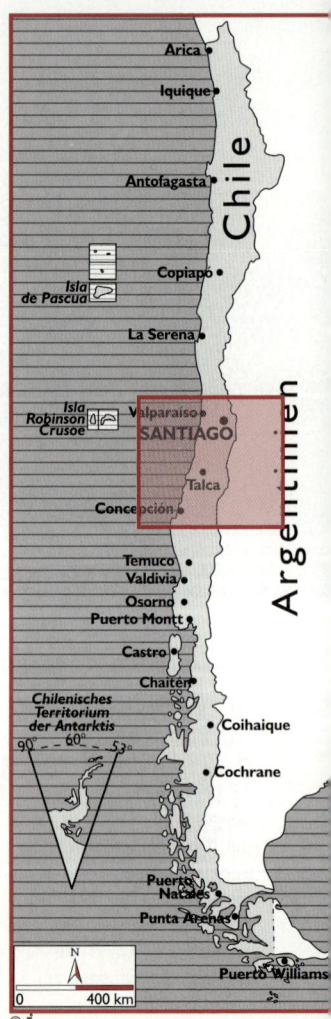

Mittelchile ist viel weniger ein „Ferienland" als der heiße Norden oder der wilde Süden: hier gibt es die meisten großen Städte und die höchste Konzentration an Industriebetrieben. Hier wird das Landschaftsbild bestimmt von endlosen (und manchmal sehr eintönigen) Obstplantagen; von der natürlichen Vegetation ist kaum etwas verschont geblieben, die Wälder wurden fast zu 100 Prozent durch Plantagen ersetzt. Hier gibt es viel weniger Naturschutzgebiete als im Süden oder im Norden. Das liegt einerseits daran, dass wenig ursprüngliche und schützenswerte Flächen übrig geblieben sind, andererseits aber auch daran, dass hier der Flächenbedarf der Plantagen und Industriebetriebe, der Energieerzeuger und Holzfirmen so groß ist, dass sich nicht leicht Flächen für Schutzgebiete finden lassen.

Industrie und Obstanbau

Aber dennoch gibt es viel Sehenswertes, und man lernt einen ganz anderen und sicherlich auch interessanten Aspekt Chiles kennen.

⏱ Zeiteinteilung

Wenn man wenig Zeit hat, kann es sinnvoller sein, sich auf die Besichtigung von Valparaíso (und Viña del Mar) zu beschränken. Für diese beiden Städte muss man mindestens zwei bis drei Tage einplanen. Sie zeigen wichtige Aspekte Chiles, die man weder im Norden noch im Süden des Landes in dieser Art kennen lernen kann. Hat man mehr Zeit, kann man auch Concepción und die Costa del Carbón besuchen, bevor man auf der Panamericana weiter nach Süden fährt.

Die nördliche Küste: von Pullalli nach Viña del Mar

 Hinweis

Während der Sommersaison kommen nicht nur Badegäste an die Strände hier an der Küste nahe Santiago, sondern auch Taschendiebe usw. Man sollte sein Tagesgepäck immer im Auge behalten und das voll gepackte Auto lieber auf einem bewachten Parkplatz abstellen!

Redaktions-Tipps

• **Valparaíso**: die schöne, hässliche Stadt mit dem größten Hafen des Landes, einem der Häuser Nerudas und dem Nationalkongress. Hier sollte man ein oder zwei Tage einplanen, um das Flair dieser Stadt der Gegensätze zu erleben (S. 453).

• In **Isla Negra** hatte Pablo Neruda das vielleicht schönste seiner Häuser, heute ein Museum voller Fundstücke und Kuriositäten aus dem Leben des Dichters (S. 462).

• **Viña del Mar**: das mondäne Seebad mit dem freundlichen Stadtkern ist auch einen Tag Besichtigung wert, wenn man Zeit hat, kann man zusätzlich einen Strandtag einlegen (S. 450).

• **Rancagua**: Wenn man zur Zeit der Rodeos durch diese Gegend reist, ist Rancagua der beste Ort, um sich dieses urchilenische Spektakel anzuschauen. Karten und Hotelzimmer müssen rechtzeitig reserviert werden (S.464).

• Das Gebiet um die **Kohleküste** und den **Lago Lanalhue**: hier gibt es eines der wichtigsten Naturschutzgebiete Zentralchiles, den **Parque Nacional Nahuelbuta** (S. 481).

• Chile von einer wenig bekannten (und weniger touristischen) Seite erlebt man an der **Costa del Carbón**, um Lota herum: nach dem Niedergang des Kohleabbaus kann man hier stillgelegte Minen besichtigen (S. 479).

Übernachten   Das **Hotel von Schroeders** in Viña del Mar, untergebracht in einem Haus von der Jahrhundertwende, hat zwar keine besonders hervorstechenden Zimmer, aber stilvolle Aufenthaltsbereiche und eine schöne Terrasse über einem ruhigen Garten (S. 185ff).

• Das **Hotel Brighton** in Valparaíso ist klein, aber fein und malerisch an einen Hügel über die Stadt geklebt, Backpacker sind in der **Casa Aventura** gut aufgehoben.

Essen   Im **Restaurant Hamburg** in Valparaíso gibt es gutes, auch deutsches Essen in urigem Ambiente.

• Für einen Kaffee nach dem Stadtrundgang sind ebenfalls das **Café Turri** und das **Café Brighton** in Valparaíso zu empfehlen, und zwar wegen des unvergleichlichen Blicks über die Stadt. In beiden Lokalen kann man auch gut essen (S. 185ff).

• **Le Filou de Montpellier**, ebenfalls in Valparaíso, bietet sehr gute französische Küche (S. 185ff)

Von Santiago nach Los Angeles

Los Andes

Viña del Mar

Parque Nacional
la Campana

Valparaíso

57

Res. Nacional
Lago Peñuelas

5

Casablanca

Santiago

Cartagena

Peñaflor

Talangante

Puente
Alto

San José
de Maipo

San Antonio

Melipilla

Paine

San Pedro

San Francisco
de Mostazal

**Pazifischer
Ozean**

Rancagua

Pichilemu

Rengo

Punta
Lobos

Res. Nacional
Río los Cipreses

San
Fernando

Chimbarongo

5

Iloca

Curico

Molina

Constitución

Talca

San Javier

San Clemente

Res. Nacional
Frederico Albert

Chanco

Lago
Clobún

Curanipe

160

Res. Nacional
Los Ruiles

Linares

Laguna
del Maule

Cauquenes

Chile

Cobquecura

Parral

Chillán

Argentinien

Talcahuano

Lota

Concepción

148

Termas
de Chillán

Cambrero

Laguna de
la Laja

160

5

Antuco

Los Angeles

Curanilahué

Parque Nacional
Laguna del Laja

N

0   50 km

Parque
Nacional
Nahuelbuta

Angol

Mulchén

© graphic

Wenn man von Norden kommt und nicht nach Santiago hineinfahren möchte, kann man diese Strecke über einige der lebhaftesten Badeorte für die *Santiaguinos* direkt nach Viña del Mar und Valparaíso wählen.

Bei **Pullalli**, das nicht viel mehr als eine Wegkreuzung ist, biegt man von der Ruta 5 nach Westen Richtung Papudo ab und fährt jetzt der Küste zu. Nach 15 km erreicht man bei Papudo den Pazifik.

Papudo (ⓘ S. 185) hat im Winter gerade mal 2.500 Einwohner, im Sommer dürften es zumindest an den Wochenenden locker zehnmal so viele sein. Die Strände sind dann dicht bepackt mit Handtüchern, Sonnenschirmen und sonnenhungrigen Menschen, und auch im Wasser ist an Schwimmen nicht zu denken. Wenn man sich aber nur einige hundert Meter vom Zentrum entfernt, findet man leicht ein ruhiges Plätzchen an den wunderschönen weißen Sandstränden, die

Strandleben bei Papudo

es nördlich des Ortes gibt. Der Ort entstand als Hafen für die *Hacienda Pullalli,* und er wurde schon 1599 gegründet. Ende des 19. Jahrhunderts begann der Badebetrieb, es wurden Sommerhäuser gebaut, und auch eine Eisenbahnverbindung gab es zu Anfang des 20. Jahrhunderts. Heute ist der Glanz etwas verblasst, aber es gibt immer noch hübsche alte Holzvillen aus der Anfangszeit des Badeortes. *Badestrand*

Zehn Kilometer weiter über die kurvenreiche Küstenstraße nach Süden liegt einer der exklusivsten Badeorte Chiles. **Zapallar** (ⓘ S. 185) ist der Ort, wo die High So- *Badeort der* ciety von Santiago ihre Ferien und Wochenenden verbringt, und der Ort ist eine in *High Society* Chile sicherlich einmalige Ansammlung der unglaublichsten Villen und Paläste. Man zeigt, was man hat, und um die Nachbarn auszustechen, muss man seinem Architekten schon einige Fantasie abverlangen. An dem wunderschönen weißen Sandstrand gibt es ein gutes Restaurant und Café, und für einen Zwischenstopp ist diese merkwürdige Ansiedlung von Fantasieschlössern allemal gut.

Weiter geht es über die Küstenstraße, neben der die Felsen steil ins Meer abfallen, Richtung Süden. Man passiert **Maitencollo**, einen weiteren kleinen Badeort und kurz danach eine riesige Ferienanlage, das **Marbella Resort**. Es ist das einzige Resort dieser Art in Chile (auch wenn weitere in Planung sind) und verfügt über Tennisplätze, drei Schwimmbäder, ein Fitnesscenter, und sogar einen Golfplatz gibt es hier. Die Adresse finden Sie in den Regionalen Reisetipps, S. 185 ff.

Die Straße verlässt jetzt die Küste, um sie bei Las Ventanas, einem kleinen Fischerdorf, wieder zu erreichen. Über Las Ventanas gelangt man auch nach **Horcon**, einem winzigen Örtchen an der Küste, in dem sich neben den Fischern auch einige Künstler niedergelassen haben. Etwas weiter kann man einen Abstecher nach Quintero machen, einen weiteren Badeort, der hauptsächlich von Familien aus Santiago besucht wird. Bei Concón hat man dann Viña del Mar schon fast erreicht, der Ort ist inzwischen mit der Stadt praktisch zusammengewachsen.

Von Santiago nach Viña del Mar und Valparaíso

Wenn man mit dem eigenen Auto unterwegs ist, kann man auf dem Weg von Santiago nach Viña del Mar gut einen Abstecher über den Parque Nacional La Campana machen. Man nimmt die Strecke nach Viña del Mar und biegt kurz hinter Quillota Richtung San Francisco de Limache und Olmué ab. Mit dem Bus ist der Zugang von Viña aus einfacher, die Busse nach **Granizo** fahren in engen zeitlichen Abständen vom Busbahnhof ab. Von Santiago aus muss man den Bus nach Hijuelas nehmen, sich auf der Strecke raussetzen lassen und noch etwa 12 km bis zum Parkeingang (der liegt bei Palmar der Ocoa) laufen. Oder man organisiert sich einen Transport von Hijuelas aus.

Der Parque Nacional La Campana (ⓘ S. 185)

Der Park hat eine Fläche von ca. 8.000 ha, und sein höchster Gipfel erreicht immerhin 2.200 m. Benannt ist er nach dem emblematischen, aber nur 1.880 m hohen Cerro La Campana. Der Sage nach wird sein Gipfel von tanzenden Hexen *Naturschutz-* bewacht... Der Park wurde eingerichtet, um die nördlichsten **Roble-Bestände** *gebiete sind* (*Notholfagus obliqua*) Chiles zu schützen, die hier wachsen. Aber auch andere Ar- *rar* ten, die man in der freien Landschaft im dicht besiedelten Zentral-Chile kaum noch findet, haben hier einen Lebensraum gefunden, z. B. der Boldo-Busch, aus dessen Blättern ein würziger Tee bereitet wird, und die **Chile-Palme** (*Jubaea chilensis*). Ein etwa vierstündiger Weg führt vom CONAF-Zentrum Granizo auf den Cerro Campana, von dessen 1.828 m Höhe man einen schönen Blick bis zum Pazifik hat. Es gibt zwei einfache Campingplätze der CONAF im Park, die bei den Zentren Cajon Grande und Granizo liegen.

Viña del Mar

• Überblick

Viña del Mar ist eine der heitersten und fröhlichsten Städte Chiles. Das mag daran liegen, dass sie als Seebad gegründet wurde und das erst vor 120 Jahren. Heute ist sie immer noch der bedeutendste Badeort Chiles, auch wenn ihr dieser Rang langsam von La Serena streitig gemacht wird. Viña del Mar hat einen wunderschönen Sandstrand, der das wichtigste Kapital der Stadt ist und von dem man im Sommer *Mekka für* kaum etwas zu sehen bekommt, so eng liegen hier die sonnenhungrigen Feriengäste. *Sonnen-* Es kommen vor allem Chilenen, aber auch Touristen aus dem übrigen Südamerika. *hungrige* Von Mitte Dezember bis Mitte Februar brummt in Viña der Bär, dann haben die Restaurants, Clubs und Diskos Hochkonjunktur, den Charme der Stadt kann man vielleicht besser außerhalb der Hochsaison erleben, und für ein Bad im Pazifik reichen die Temperaturen auch im März noch!

© **i**graphic

• Geschichte der Stadt

Gegründet wurde die Stadt auf dem Gelände eines Weingutes, daher auch ihr Name. Schon ab Mitte des 19. Jahrhunderts begannen reiche Familien aus Valparaíso, Gelände entlang der Bahnlinie zu kaufen und sich hier Villen mit weitläufigen Gärten zu bauen, was in der Enge Valparaísos nicht möglich war. Auch die Besitzerin des Weingutes, *Dolores P. de Alvarez*, hatte um ihr Haus einen exotischen Park (die heutige Quinta Vergara) anlegen lassen. Das offizielle Gründungsjahr ist 1874, und in den folgenden Jahren entstanden immer mehr Sommerhäuser. Bei einem Erdbeben 1906 wurde ein großer Teil dieser Häuser wieder zerstört, aber das Wachstum der Stadt war nicht aufzuhalten. In den 30er Jahren wurden mit staatlicher Hilfe ein Theater, das Kasino der Stadt und neue Straßen gebaut. Die Küstenlinie Viña del Mars ist heute mit modernen (Hotel-) Gebäuden gesäumt, welche die über eine Million Touristen aufnehmen, die jedes Jahr zum Baden und Feiern kommen. Aber der Tourismus ist schon lange nicht mehr die einzige Einnahmequelle der Stadt, die Nähe zu Santiago und Valparaíso als wichtigstem Hafen Chiles und der hohe „Freizeit-wert" haben eine Menge Firmen angelockt.

Hoher Freizeitwert

• Sehenswertes in Viña

Die Stadt ist geteilt in einen alten und einen neuen Teil, die Grenze wird durch den *Estero Marga Marga* gebildet. Im alten Teil liegt das Zentrum mit den Einkaufsstraßen, im neuen Teil die Bademeile mit den modernen Apartmenthäusern, der Strandpromenade und dem Sportclub. Das Zentrum ist räumlich sehr begrenzt und liegt zwischen der **Plaza José Francisco Vergara** und dem Cerro Castillo. Im Norden reicht es an den Estero Marga Marga heran, im Süden an die Bahnlinie. An der Plaza stehen Kutschen für eine Stadtrundfahrt bereit, und hier beginnt auch die **Einkaufsmeile**, die **Avda. Valparaíso**. Hier gibt es große Warenhäuser und unzählige kleine Geschäfte, Cafés, Straßenkünstler und fliegende Händler.

Einen Block südlich der Eisenbahn liegt der Park **Quinta Vergara**, der Garten eben jener Weingutsbesitzerin, die die Stadt gegründet hat. Ihr Sohn, ein reicher Abenteurer, unternahm Reisen in den fernen Osten und nach Australien und brachte exotische Pflanzen mit nach Hause, die den Park seiner Mutter nach und nach in ein Paradies verwandelten. Hier gibt es immer noch einige Arten, an denen sich die Botaniker bisher die Zähne ausgebissen haben, sie sind bis heute nicht bestimmt. Im Park steht das ehemalige Wohnhaus der Familie, der Palacio Vergara, in dem heute ein Museum untergebracht ist.

Museo de Bellas Artes, Parque Quinta Vergara

Latino-Pop und Folk

Das Museum zeigt eine Ausstellung europäischer und chilenischer Kunst sehr unterschiedlicher Qualität. Im Park gibt es ein Amphitheater, in dem jedes Jahr im Februar ein Musikfestival, **das Festival Internacional de Canción**, veranstaltet wird. Dann kommt die Elite des Latino-Pop, aber auch Folkgruppen wie *Inti Illimani* oder *Sol y Lluvia* nach Viña, und zu den Konzerten reisen junge Leute aus ganz Chile an.

Um in den neuen Teil der Stadt zu gelangen, in dem die Straßen ganz prosaisch durchnummeriert sind, muss man den Estero Marga Marga überqueren, es gibt zahlreiche Brücken, von denen man einen schönen Blick auf die Altstadt mit ihren malerischen, teilweise abenteuerlich an den Hang geklebten Villen hat. Von der Plaza Vergara aus gelangt man über die Puente Libertad auf die Avda. Libertad. Drei Blocks, von der Brücke aus gerechnet liegt der **Palacio Carrasco**, in dem heute ein Kulturzentrum untergebracht ist. Er war das Feriendomizil eines reichen Minenbesitzers, der 1912 weder Kosten noch Mühen scheute, sich hier eine repräsentative Residenz bauen zu lassen. Im selben Block (auf der anderen Seite) liegt eines der besten Museen Chiles, das

Museo Sociedad Fonck, 1. Oriente/4. Norte

Kultur der Osterinsel

Es hat eine der vollständigsten Sammlungen zur Kultur der Osterinsel überhaupt, u.a. einen der sechs Original-Moais, die außerhalb der Insel existieren. Außerdem gibt es schöne Exponate zur Kultur der Mapuche und der Völker im Norden und äußersten Süden Chiles.

Weitere drei Blocks auf der 4. Norte nach Osten liegt der
Palacio Rioja, C. Quilota 214

Das Gelände gehörte ursprünglich zum Weingut Viña del Mar, bis es 1906 der spanische Bankier *Fernando Rioja*, der in Valparaíso arbeitete, kaufte und sich eine Sommerresidenz errichten ließ. Heute ist das Haus eine Musikschule, aber es beherbergt auch ein kleines Museum, das einen Eindruck vom Lebensstil des reichen Bürgertums zu Anfang des 20. Jahrhunderts vermittelt.

Den Rückweg in die Stadt kann man über die Strandpromenade antreten, bis zum Meer sind es etwa neun Blocks. Der dem Zentrum am nächsten gelegene Strand ist   *Die Strände*
die **Playa Acapulco**, dann folgen die **Playa 15 Norte** und die **Playa Los Marineros**. Zwischen Playa Acapulco und Playa 15 Norte liegt die Muelle Vergara, ein Anleger, der inzwischen mit Restaurants und Kneipen zu einem beliebten Treffpunkt für Touristen geworden ist.

Auf dem Rückweg ins Zentrum passiert man zunächst das Casino der Stadt, das inmitten einer wohl gepflegten Gartenanlage liegt, und sieht dann schon von weitem die Zinnen des **Castillo Wulff**. Es wurde 1906 gebaut, ebenfalls von einem reichen Minenbesitzer, der offensichtlich deutsche Vorfahren hatte: sein Name war *Gustavo Adolfo Wulff*, und er ließ seine Residenz in einem pseudogotischen Stil erbauen. Heute ist hier das **Museo de la Cultura del Mar** untergebracht, das eine kleine Ausstellung zu marinen Themen und außerdem den Nachlass des Schriftstellers *Salvador Reyes* verwaltet.

Das Castillo Wulff

Valparaíso

☞ **Hinweise**

Nach Einbruch der Dunkelheit sollte man die Hafengegend und die zentrumsferneren Hügel meiden!

• Überblick
Von Viña del Mar nach Valparaíso hat man es nicht weit. Entweder man fährt über die Küstenstraße am Rand der Bahia de Valparaíso entlang oder man nimmt die Metro, die ebenfalls am Wasser entlang führt und zu den Stoßzeiten gnadenlos überfüllt ist. Der Unterschied zwischen Viña und Valparaíso fällt sofort ins Auge. Während in Viña die Küste von modernen Apartment-Häusern, Restaurants und Pubs gesäumt wird, fährt man in Valparaíso an Lagerhallen, Containerstellplätzen und Schiffsanlegern vorbei. Valparaíso ist der wichtigste Hafen Chiles, und er prägt die Stadt; die   *Größter*
schönste ist sie vielleicht nicht, aber interessant allemal! Auf dem Fischmarkt fühlt   *Hafen*
man sich nach Neapel versetzt, und auch das Bankenviertel hat seinen, allerdings   *Chiles*
etwas spröden Charme. Das Schönste aber sind vielleicht seine Hügel. Die Küsten-

plattform ist hier so schmal, dass sich die Stadt weit in die Küstenkordillere gefressen hat und das Zentrum kaum mehr als drei, vier Straßenzüge ausmacht, dann geht es steil bergauf. Damit man nicht ständig Treppen steigen muss, gibt es an jeder Ecke einen Fahrstuhl, der einen bequem bergauf und bergab transportiert. Und von oben kann man dann die ganze Bucht bis nach Viña del Mar überblicken.

• Die Geschichte von Valparaíso

Die Stadt hat eine lange und ehrwürdige Geschichte. Als mit *Juan de Saveedra*, einem Mitglied der Expedition von Diego de Almagro, der erste Spanier in die Bucht kam, wohnten hier Ureinwohner vom Volk der Chango. 1542 bestimmte *Pedro de Valdivia* den Ort als Hafen für Santiago, aber lange Zeit kam man nicht über einen bescheidenen Anleger, eine Kapelle und etwa zehn Wohnhütten hinaus. Das hing natürlich auch damit zusammen, dass auch Santiago damals noch keine besonders nennenswerte Siedlung war und die Eroberer sich weiter im Süden mit den Mapuche herumschlugen, statt sich dem wirtschaftlichen Aufschwung ihres neuen Reiches widmen zu können. Im 17. und 18. Jahrhundert ging es dann langsam bergauf. Der Schiffsverkehr wurde lebhafter, alle Schiffe aus Callao, die mit Waren aus Europa beladen waren, legten in Valparaíso an, die Walfänger aus Patagonien und der Antarktis hatten hier einen Stützpunkt aber auch Piraten wurden von der Stadt angezogen, sie wussten, dass sie hier immer eine lohnende Fracht zum Kapern finden würden. Der Hafen wurde immer wichtiger für Schiffe, die das Kap Horn umrundet hatten, und für den Verkehr von den Inseln im Pazifischen Ozean. Viele europäische Handelshäuser eröffneten Dependancen, und der Name der Stadt war in aller Welt ein Begriff. Nicht von ungefähr wurde einer der Söhne der **Familie Buddenbrook** von *Thomas Mann* nach Valparaíso geschickt, um dort das Rüstzeug zu einem guten Kaufmann zu erhalten. Dass die Stadt Einflüsse aus aller Welt empfing, machte sich bemerkbar: in Valparaíso baute man die erste Straßenbahn des Landes, es gab Elektrizität und eine kommunale Straßenbeleuchtung, bevor Santiago mit diesen Annehmlichkeiten aufwarten konnte.

Der Aufschwung

Nabel zur Welt

1906 musste die inzwischen blühende Stadt einen katastrophalen Rückschlag hinnehmen: ein Erbeben verwüstete einen großen Teil der Häuser, 6.000 Menschen starben in den Trümmern. Dann kam 1914 die Eröffnung des Panamakanals, und mit einem Schlag lag Valparaíso abseits der internationalen Schifffahrtsrouten und war nicht mehr als ein Endpunkt für die Linien, die den Güterverkehr nach Chile betrieben. Der ganze Durchgangsverkehr fiel weg, und das machte sich für die Wirtschaft der Stadt empfindlich bemerkbar. Dazu kam, dass inzwischen das Landesinnere immer mehr industrialisiert wurde und sich die großen Handelshäuser lieber in Santiago niederließen, wo sie näher an der politischen Machtzentrale saßen. Trotzdem bleibt Valparaíso eins der wich-

Die Stadt nach dem Erdbeben 1906

Zeiteinteilung

Sie können Valparaíso auf verschiedene Weise erkunden. Entweder Sie entschließen sich, an zwei Tagen das Stadtzentrum und die Museen auf den verschiedenen Hügeln kennen zu lernen, dann können Sie am ersten Tag z. B. die nördliche Stadthälfte besuchen und sich am zweiten Tag den südlicheren Teil vornehmen. Oder Sie konzentrieren sich auf das Zentrum und picken sich das eine oder andere Museum zusätzlich heraus. Diese Variante empfiehlt sich, wenn Sie nicht so viel Zeit haben. Was Sie auf keinen Fall verpassen sollten, ist ein Besuch des Hafens, das Haus von *Pablo Neruda* und eine Fahrt in einem der Fahrstühle.

tigsten Zentren des Landes. Seit 1990 hat das chilenische Parlament seinen Sitz hier und der Hafen ist immer noch Chiles Nabel zur Welt.

• Sehenswertes in Valparaíso

In den meisten chilenischen Städten kann man sich wunderbar an der zentralen Plaza orientieren, in Valparaíso ist das anders. Das Zentrum liegt eingequetscht auf einer engen Küstenplattform zwischen Meer und Hügeln und ist deswegen eher lang gestreckt als quadratisch. Auch wenn es mehrere schöne Plazas gibt, fehlt der Stadt ein richtiges Zentrum.

• Der Norden der Stadt: Hafen und Marine-Museum

Wenn Sie aus Viña mit dem Bus oder der Tram ankommen, fahren Sie am besten bis zur Station „Puerto" und beginnen Ihren Spaziergang (von einem Rundgang kann man eigentlich nicht sprechen) dort. Hier sind Sie direkt an der

Muelle Prat

Der Anleger ist der einzige Punkt im Hafen, den man besuchen kann. Achtung: Trotzdem fahren hier Gabelstapler und andere Hafenfahrzeuge herum! Von hier aus kann man mit etwas Glück beobachten, wie einer der großen Ozeanriesen be- oder entladen wird, außerdem gibt es eine Replik des Schiffes **Santiaguillo**, mit dem *Juan de Saveedra* 1536 die Bucht entdeckte. Früher war hier auch die Anlegestelle für die Passagierschiffe aus aller Welt; die Passagiere mussten über einen Anleger, der weit ins Meer hinein reichte, zum Land laufen, und bevor das Flugzeug sich zum Massenreisemittel entwickelte, kamen fast alle Besucher aus Übersee über diesen Anleger nach Chile. Es gibt einen kleinen Kunsthandwerksmarkt und einige Restaurants, außerdem gehen hier die Boote nach Viña und zu einer kleinen Hafenrundfahrt los.

Vom eigentlichen Hafen ist nicht viel zu sehen. Die jetzige Anlage wurde in den 30er Jahren des 20. Jahrhunderts konzipiert und hat eine Mole von einem Kilometer Länge. Die Handelsschiffe legen links der Muelle Prat an in einem Hafenbecken, das von drei Seiten windgeschützt ist. Man sieht der Mole nicht an, welche Leistung sie den Ingenieuren abverlangt hat; das Bauwerk reicht mehr als 100 m tief, und man musste zunächst eine Aufschüttung aus Felsen errichten,

Im Hafen

Valparaíso
-Der Norden-

um darauf den Anleger bauen zu können. Der Hafen schlägt zur Zeit jährlich 4,6 Mio. Tonnen Güter um, nach den Plänen der Regierung soll diese Menge in den nächsten Jahren auf fast 30 Mio. Tonnen gesteigert werden, um Chiles Bedeutung als Warenumschlagplatz in Südamerika zu festigen und auszubauen.

Verlässt man die Muelle Prat, steht man auf der **Plaza Sotomayor** Sie war bis in die 80er Jahre des letzten Jahrhunderts das Zentrum der Stadt, und an der Stirnseite steht das Gebäude der ehemaligen **Intendencia**, das 1910 gebaut wurde und heute als Hauptquartier der chilenischen Marine fungiert. Zunächst wurde von hier aus die Provinz regiert, dann zog die Stadtverwaltung ein, und schließlich nutzte bis 1930 der Staatspräsident den Bau als Sommerquartier. Vor der Intendencia steht das Denkmal der Helden von Iquique, das **Monumento de los Heroes de Iquique**, das an die unselige Seeschlacht vor Iquiqe erinnert, in der

Arturo Prat sein Leben verlor. Unter dem Denkmal gibt es eine Krypta, in der die Särge von Prat, Condell, Serrano und anderer Helden liegen. An jedem 21. Mai (am Jahrestag der Schlacht) wird sie für das Publikum geöffnet.

Von der Plaza Sotomayor sind es vier Blocks nach Norden bis zum **Mercado Puerto**, 2002 frisch restauriert im Rahmen eines Projekts zur Beschäftigung Arbeitsloser. Das ist ein Markt wie aus dem Bilderbuch: keifende Fischweiber gibt es hier, streunende Katzen, die auf Abfälle warten, und Händler, die ihre Ware lauthals anpreisen. In den engen Gassen treiben sich auch zwielichtige Gestalten herum, und man sollte hier ein Extra-Auge auf Kamera und Handtasche haben.

Vom Markt aus zwei Blocks nach Westen liegt die
Iglesia La Matriz del Señor
Sie ist die Hauptkirche der Stadt, und das aktuelle Gebäude ist schon die vierte Kirche, die an dieser Stelle errichtet wurde. Die erste Kapelle wurde schon 1559 gebaut, damals noch direkt am Wasser. Im 19. Jahrhundert begann man, die Küstenplattform durch Aufschüttungen zu vergrößern, um Platz für neue Häuser zu schaffen. Die heutige Kirche stammt aus dem Jahr 1837 und in ihrem Innern findet sich ein schönes Standbild, die Statue des **Cristo de Agonía**, die im 17. Jahrhundert geschaffen wurde und als Geschenk aus Spanien kam. Um die Kirche herum entstand die erste Siedlung, und vor einigen Jahren wurden die hübschen Gassen zur *Zona típica* erklärt, auch wenn die Häuschen der ersten Siedler natürlich nicht mehr stehen.

Noch drei Blocks nördlicher gelangt man an die **Plaza Wheelwright**, an der das 150 Jahre alte **Zollgebäude** (Aduana) der Stadt steht. Man kann ohne weiteres einen Blick in die großen Säle werfen, in denen es tagsüber vor Geschäftigkeit summt. Von hier aus geht der **Ascensor Artilleria** los, der 1893 eingeweiht wurde, damals wurde er noch mit Kohle betrieben. Er führt auf den Cerro Artilleria und endet am Paseo 21 de Mayo.

Prächtiges Zollgebäude

Hier liegt das
Museo Naval y Marítimo, Paseo 21 de Mayo
Es zeigt eine umfangreiche Sammlung zur Geschichte der chilenischen Marine, die in vier verschiedene Perioden (nämlich die Kriege gegen die peruanisch-bolivianische Konföderation, gegen die Spanier, den Pazifik- und schließlich den Unabhängigkeitskrieg) unterteilt ist.

Man läuft zurück über die C. Serrano und passiert einen Block vor der Plaza Sotomayor den **Ascensor Cordillera**, der, 1887 gebaut, die steilste Steigung der Stadt überbrückt. Er ist der älteste der 16 Aufzüge der Stadt, und ursprünglich funktionierte er nach dem einfachen Prinzip, dass das Gewicht der bergabfahrenden Kabine die bergauffahrende bewegte. War die Kabine nicht schwer genug, weil nicht genügend Passagiere in die Stadt hinunter fahren wollten, erhöhte man das Gewicht einfach mit Wasserbehältern. In den 80er Jahren des 19. Jahrhunderts, als die meisten der Aufzüge in Betrieb genommen wurden, benutzte man dann schon Dampfmaschinen für den Antrieb, und ab 1906 begann man, die Fahrstühle mit Elektromotoren nachzurüsten. Der Ascensor Cordillera führt zur Plaza Ramírez, hier gab es einmal eine Wehranlage, das Castillo San José, mit dessen Bau man 1682 begann. Aber das Fort wurde immer wieder durch Erdbeben zerstört, so dass man schließlich 1822 die Überreste abtransportierte und auf dem Gelände ein Wohnviertel baute.

Die Aufzüge

Ein Block nach Südosten liegt das
Museo del Mar Lord Thomas Cochrane, Merlet 195
Das Museum ist in einem schönen Haus im Kolonialstil untergebracht, es ist das ehemalige Wohnhaus des Engländers *John Mouat*. Er hatte einen Faible für die Astro-

nomie und ließ ein Observatorium in das Haus einbauen, das gleichzeitig das erste Chiles war. Heute wird in dem Museum eine Sammlung von Modellschiffen gezeigt.

Banken und Börse

Zurück an der Plaza Sotomayor, gelangt man jetzt weiter nach Südosten in das **Viertel der Banken**. Am besten nimmt man die C. Prat, die von den eindrucksvollsten Bankgebäuden gesäumt wird. An der Ecke Prat/

Das Café Turri

Urriola steht das Gebäude der **Börse**, dort wo sich die Straßen Prat und Cochrane treffen, das **Edificio Turri** mit seinem schönen Uhrturm. Beim Gebäude der Banco O'Higgins geht ein kleiner Weg nach Süden ab, der nach einigen Schritten zum **Ascensor Concepción** führt. Er fährt auf den Cerro Concepción hinauf, der zusammen mit dem Cerro Alegre zu den ersten Hügeln der Stadt gehörte, die besiedelt wurden und zwar hauptsächlich von deutschen und englischen Einwanderern. Mit dem Fahrstuhl kommt man am **Paseo Gervasoni** an, der sich wie eine Balustrade am Hügel entlang zieht und von Häusern, die Ende des 19. Jahrhunderts gebaut wurden, gesäumt ist. An seinem östlichen Ende liegt das Café Turri, von dessen Terrasse (mehr aber noch von dem höher gelegenen Restaurant) man einen schönen Blick auf den Hafen hat.

Drei Blocks den Hügel hinauf steht die anglikanische **Kirche Saint Paul**, die 1858 von der britischen Gemeinschaft der Stadt gebaut wurde. Umgeben ist sie von fröhlich bunt mit Wellblech verkleideten Häusern. Etwas weiter nach Süd-Osten liegt das deutsche Gegenstück, die **Lutheranische Kirche**, und auch eine deutsche Schule gibt es hier noch. Jetzt kann man einen Schlenker über den Paseo Atkinson machen und dann über die C. Papudo

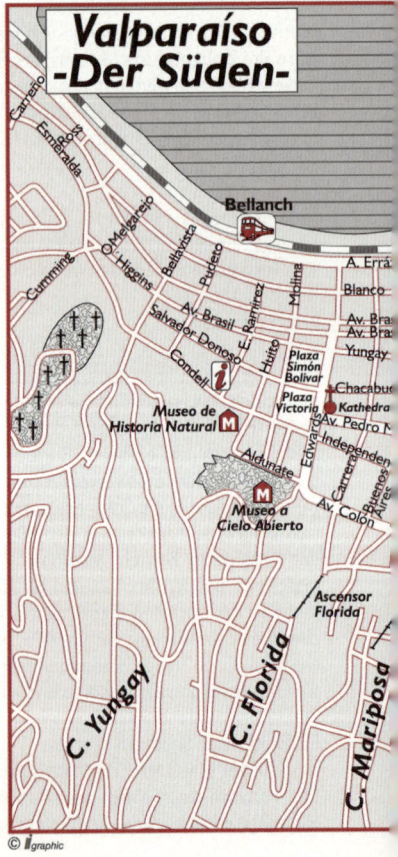

Richtung Norden und **Cerro Alegre** laufen, den man über eine Reihe von Treppen erreicht. Hier ist im Palacio Baburizza ein sehenswertes Museum untergebracht.

Museo de Bellas Artes de Valparaíso, Paseo Yugoslavo

Der Palast wurde 1916 für *Ottorino Zanelli* gebaut, der eine Salpetermine besaß und das Gebäude 1925 an *Pascual Baburizza*, ebenfalls ein reicher Salpeter-Baron, weiterverkaufte. Der lebte in dem vierstöckigen Jugendstil-Gebäude mit seinen 2.100 m² Wohnfläche bis zu seinem Tod 1941. Er war aus dem Gebiet des heutigen Kroatien nach Chile gekommen und hatte ein erstes Vermögen mit dem Verkauf von Fleisch und Fisch an die Minen gemacht. Später kaufte er sich ins Minengeschäft ein und verkaufte seine Anteile (die immerhin einem Drittel der gesamten chilenischen Salpeter-Industrie entsprachen) an die Guggenheims. 1971 kaufte

Gemälde-sammlung

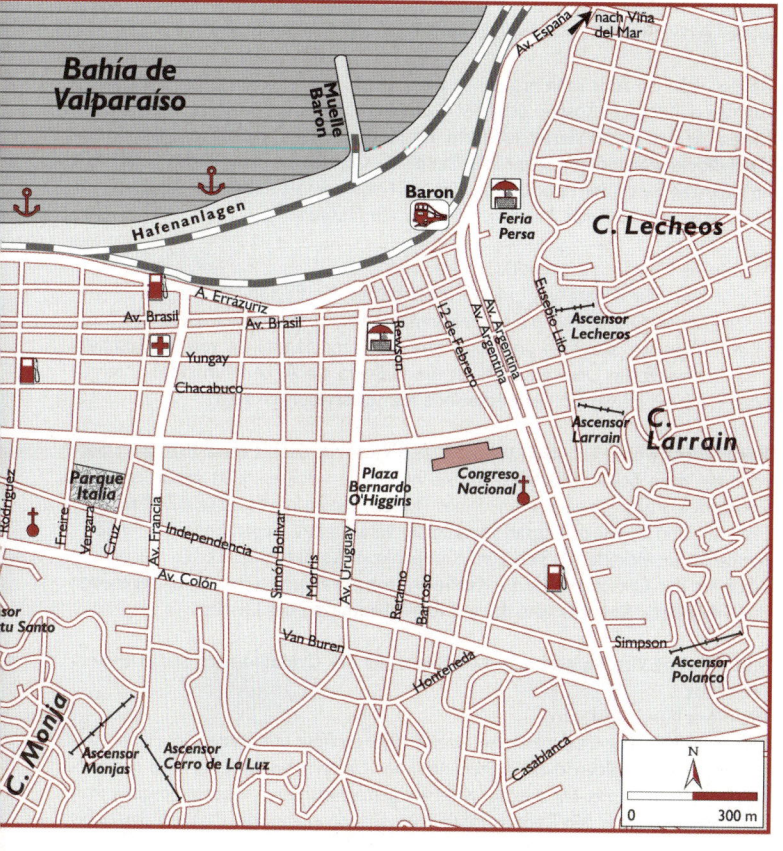

die Stadt das Haus, um hier ihre Gemäldesammlung unterzubringen (ein nicht unerheblicher Teil der Bilder stammte aus dem Erbe Baburizzas), welche Werke chilenischer, spanischer und französischer Künstler umfasst.

Erste spanisch-sprachige Zeitung Südamerikas
Entweder man läuft zurück zum Ascensor Concepción oder man nimmt am Museum den Ascensor El Peral und landet dann wieder an der Plaza Sotomayor. Von der Talstation des Ascensor Concepción ist es noch ein Block bis zum **Gebäude des Mercurio**. Der Mercurio war 1827 die erste spanischsprachige Zeitung, die in Südamerika gegründet wurde, und auch heute noch ist sie eine der beiden wichtigsten Zeitungen des Landes. Dem Verlag gehören inzwischen noch zahlreiche andere Blätter.

• Der Süden der Stadt: Nationalkongress und Haus von Pablo Neruda
Vom Gebäude des Mercurio aus folgt man weiter der C. Esmeraldas und gelangt bald an die Plaza Anibal Pinto. Von dort geht man die C. Condell weiter nach Süd-Osten entlang, sie ist hier schon gesäumt von kleinen Geschäften, die nach Süden immer größer werden, man ist jetzt im Einkaufszentrum der Stadt.

An der Ecke Ecuador kann man einen Block zur Küste hinunter gehen und gelangt dann an den Palacio Ross, in dem der Club Alemán untergebracht ist. In den letzten Jahren hat sich dieses Viertel zu einem der Hot Spots des Nachtlebens entwickelt. Zwei Blocks weiter liegen linker Hand an der C. Condell die Municipalidad und dann im nächsten Block der Palacio Lyon, der 1881 von dem deutschen Architekten *Karl von Moltke* gebaut wurde. Heute gibt es hier ein Museum:

Museo de Historia Natural, Condell 1546
Es gibt hier eine Ausstellung zur Naturgeschichte der Region, die sich aus einigen anschaulichen Dioramen und einer Sammlung von ausgestopften Tieren, Kuriositäten in Spiritus, Skeletten und einer umfangreichen Sammlung von Seemuscheln zusammensetzt. Im Untergeschoss ist die **Galería de Arte Municipal** untergebracht, die bei freiem Eintritt wechselnde Kunstausstellungen zeigt.

Stierkamf und Zirkus
Zwei Blocks weiter erreicht man die **Plaza Victoria**, die bis etwa 1820 am Stadtrand lag, dann begann die Stadt um sie herum zu wachsen. Jetzt gehört sie zum Zentrum. Damals gab es hier ein kleines Theater, der Zirkus baute sein Zelt auf dem Platz auf, und es wurden sogar Stierkämpfe veranstaltet. Gegen Ende des 19. Jahrhunderts entwickelte sie sich zum Kernpunkt eines der elegantesten Viertel der Stadt. An der Ostseite steht die **Kathedrale** von Valparaíso, ihr schräg gegenüber die **Biblioteca Severin**, eine der ältesten Bibliotheken des Landes.

Von der Plaza Victoria geht man zwei Blocks auf der C. Molina nach Süden und erreicht das
Museo a Cielo Abierto
Das Museum unter freiem Himmel wurde 1992 eröffnet und besteht aus einer Reihe von Wandgemälden, die von Studenten der Universidad Católica nach den Entwürfen verschiedener chilenischer Künstler gemalt wurden. Am besten beginnt man einen Rundgang mit den Treppen Pasteur, um sich dann über die Pasaje Guimera bis

zur C. Rudolph vorzuarbeiten. Leider sind die Wandmalereien teilweise in nicht sehr gutem Zustand, obwohl immer wieder Studenten mit Farbe und Pinsel anrücken, um die am schlimmsten abgeblätterten Teile wieder aufzufrischen.

Wenn man keine Lust hat, die Treppen hinaufzusteigen, kann man auch mit dem **Ascensor Espíritu Santo** den Hügel hinauffahren, dann über die Treppen wieder ins Tal gelangen, um dort wieder den Fahrstuhl zu nehmen und diesmal die Bilder zur linken Hand zu besichtigen.

Vom Museum sind es noch etwa 10 Min. zu Fuß weiter den Berg hinauf bis zum Haus *Nerudas* (eine andere Möglichkeit ist, sich ein Taxi zu leisten oder von der Plazuela Ecuador aus den Microbus D Richtung Avda. Yerbas Buenas zu nehmen und an der Ecke Alemania auszusteigen).

La Sebastiana, C. Ferrari 692, Cerro Bellavista

La Sebastiana ist das letzte Haus, das sich *Pablo Neruda* kaufte, und auch das kleinste. Gebaut hatte es der spanische Architekt *Sebastián Collau*, der aber starb, bevor er einziehen konnte. Als einziges der drei Häuser kann man es ohne Führer besichtigen. Ebenso wie in den anderen beiden Häusern gibt es eine kuriose Sammlung von Diesem und Jenem; Neruda hat bei der Einrichtung des Hauses keine Stilepoche ausgelassen. An das Museum angegliedert ist ein Kulturzentrum, in dem die verschiedensten Kurse und Veranstaltungen abgehalten werden, außerdem gibt es ein Café und einen Souvenir- und Bücherladen.

Das dritte Haus Nerudas

Um zum **Congreso Nacional** zu kommen, muss man zur Avda. Pedro Montt (an der die Plaza Victoria liegt) zurück und ihr noch ein Stück Richtung Viña del Mar folgen. Das Kongressgebäude liegt unübersehbar neben der Plaza Bernardo O'Higgins, seine gigantische Beton-Fassade kann einem durchaus einen Schauer über den Rücken jagen, ansonsten gibt es hier aber nicht viel zusehen. Es hat eine nutzbare Fläche von 40.000m^2, der Senat und die Abgeordnetenkammer sowie die Kongressbibliothek sind hier untergebracht. Es gibt Pläne, den Kongress wieder nach Santiago zu verlegen (nachdem Pinochet ihn in seine Heimatstadt Valparaíso ausgelagert hatte), die aber bisher nicht mehrheitsfähig waren.

Die Umgebung von Valparaíso: an die Küste und nach Isla Negra

An der Küste südlich von Valparaíso gibt es einige beliebte Badeorte für den Mittelstand aus Santiago und Valparaíso, und in Isla Negra steht das größte Haus Pablo Nerudas und vielleicht auch das, das er am liebsten mochte. Es gibt leider keine direkte Verbindung an der Küste entlang, man muss zunächst wieder ins Landesinnere fahren, und zwar auf der Straße Richtung Santiago.

Man durchfährt die **Reserva Nacional Lago Peñuelas**, ein kleines Schutzgebiet, das eigentlich nicht viel mehr ist als ein Wald um ein Wasserreservoir herum, trotzdem ist es als Naherholungsgebiet für Valparaíso sehr beliebt. Bei Casablanca biegt man Richtung Algarrobo ab und fährt jetzt wieder Richtung Küste.

Um Viña del Mar und Valparaíso

© graphic

Algarrobo (ⓘ S. 185)

ist ein kleines Seebad (knapp 4.000 Einwohner) mit einigen Restaurants, Familienhotels und einem schönen Sandstrand. Ursprünglich war der Ort Verladehafen für eine große Hacienda, aber bald wurden neben den Lagerhallen auch die ersten Sommerhäuser gebaut. Im alten Teil des Ortes kann man noch ein paar von ihnen sehen, das älteste stammt immerhin aus dem Jahr 1860. Ab 1873 wurden in Santiago Sommerhäuser in Algarrobo über Anzeigen in der Zeitung verkauft, und immer mehr Familien verbrachten die Sommermonate hier. Und als die Straße in die Hauptstadt asphaltiert wurde, gab das der Entwicklung des Ortes noch einmal einen ordentlichen Anschub. Vier Kilometer weiter nach Süden liegt ein weiterer kleiner Badeort, **El Quisco**. Er hat 6.000 Einwohner und ist im Sommer recht lebhaft, im Winter ist hier kaum etwas los. Die Einkaufsstraße zieht sich direkt an der Küste entlang, und es gibt zwei schöne Strände, die Playa norte und die Playa sur.

Isla Negra (ⓘ S. 185)

Und noch einmal vier Kilometer weiter hat man dann **Isla Negra** erreicht, den Ort, in dem *Pablo Neruda* das größte seiner drei Häuser gebaut hat und der inzwischen zu einem Anziehungspunkt für Touristen aus aller Welt geworden ist. Das Haus liegt

Nerudas Haus am Meer direkt am Strand und ist, ebenso wie sein Domizil in Santiago, eher ein Komplex von verschiedenen Häusern. Er hat es selber konzipiert und dafür ausgelegt, seine verschiedenen Sammlungen unterzubringen. Neruda war ein leidenschaftlicher Sammler, besonders nautische Dinge

und alles, was mit der See zu tun hat, hatten es ihm angetan. In Isla Negra bewahrte er z. B. seine Sammlung von Galionsfiguren auf. Aber auch Muscheln und Seeigel stellte er liebevoll aus und sein Haushalt bestand zu einem großen Teil aus Mitbringseln von seinen verschiedenen Auslandsstationen. Das haben alle seine Häuser gemeinsam: nichts scheint beliebig, jeder Gegenstand hat eine Bedeutung, ist eine Erinnerung oder ein Geschenk von seinen zahlreichen Freunden. In Isla Negra war Neruda besonders der Kontakt zum Meer wichtig. Er brauchte den Blick auf das Wasser offenbar so sehr, dass er in seinem Haus in Santiago sogar versuchte, eine Strandsituation zu simulieren, indem er eine Mauer, die vor seinem Fenster lag, mit einem Mosaik aus Kieseln versehen und blau anmalen ließ. In Isla Negra gibt es überall große Fenster, die einen weiten Blick übers Wasser und über den Strand erlauben. Von Isla Negra sind es noch 23 km bis **San Antonio**, etwa auf halber Strecke liegt Cartagena.

Erinnerungen an ein langes Leben

Cartagena (ⓘ S. 185)

Cartagena war früher ein beliebter Badeort der Oberschicht, und dieser vergangene Glanz ist dem Ort noch anzusehen, wenn auch viele der prächtigen Villen heute etwas verfallen sind. Der Ort ist recht alt, schon 1615 erhielt *Luis de Cartagena* (daher der Name) die Rechte über den Küstenstreifen, und bald entstand ein kleiner Hafen, über den die landwirtschaftlichen Produkte der Gegend verschifft wurden. Ende des 19. Jahrhunderts gab es dann einen kleinen Bauboom, viele reiche Familien aus Santiago bauten sich hier eine Sommerresidenz. Ab 1919 gab es eine Eisenbahnverbindung nach Cartagena, und es kamen immer mehr Badegäste. Von der Exklusivität des letzten Jahrhunderts ist heute nicht mehr viel zu spüren, im Sommer sind die Strände gepackt voll, und an den Wochenenden kommen die *Santiaguinos* in ganzen Busladungen.

San Antonio (ⓘ S. 185)

Noch ein wenig weiter die Küste nach Süden entlang liegt **San Antonio**, eine lebhafte Hafenstadt, die eher eine Arbeiterstadt als ein Badeort ist. Während des Krieges gegen Spanien kam dem Hafen für einige Zeit eine besondere Stellung zu, als nämlich spanische Schiffe den Hafen von Valparaíso blockierten, diente San Antonio als Ausweichhafen, und jeden Tag fuhren mehr als 30 Schiffe ein und aus. In den letzten Jahren haben die Stadtväter einige Anstrengungen unternommen, um die Stadt auch für den Tourismus attraktiver zu machen. Zu den Früchten gehört die neue Hafenpromenade Paseo Bellamar. Neben den Kunsthandwerkständen kann man von der Promenade aus auch Seelöwen, Pelikane und Kormorane sehen. Am südlichen Ende des Paseo steht der historische, mit Dampf betriebene Kran **Grua 82**, der heute, sozusagen im Ruhestand, nicht mehr dazu dient, Schiffe zu entladen, sondern die Boote der Fischer hochzuheben, damit sie von Algen gereinigt werden können.

Neben dem lebhaften und bunten Fischmarkt ist auch das
• **Museo Municipal de Arqueología y Historia Natural**, Sanfuentes 2365
einen Besuch wert. Es zeigt eine umfangreiche Sammlung an Fossilien und Mineralien, an ausgestopften Tieren (die alle eines natürlichen Todes gestorben sind, wie betont wird) und beherbergt das einzige Blauwalskelett Chiles.

Von Santiago über die Ruta 5 nach Chillán

Man verlässt Santiago über die Avda. Norte-Sur, und es dauert eine ganze Weile, bis man die Stadt mit ihren weitläufigen Randsiedlungen endlich hinter sich gelassen hat. Man fährt durch ausgedehnte Obstplantagen, und hin und wieder passiert man die riesigen Hallen, in denen die Früchte sortiert, verpackt und gelagert werden und auf den Abtransport warten. Die erste größere Stadt auf dem Weg nach Süden ist die Rodeo-Hauptstadt des Landes, Rancagua.

Rancagua

• Überblick

National-sport Chiles

Rancagua ist nicht unbedingt ein ausgesprochenes Touristenzentrum, aber einmal im Jahr wird es zum Mekka von Tausenden Pferde-Begeisterter, wenn nämlich meistens in der letzten Märzwoche hier die nationalen Rodeo-Meisterschaften ausgetragen werden. Da die Stadt nur knapp 90 km von Santiago entfernt liegt, fahren hier die meisten Touristen vorbei und allzu viel gibt es in dem Industrie- und Landwirtschaftszentrum auch nicht zu sehen.

INFO   ## Wie funktioniert das chilenische Rodeo?

Das chilenische Rodeo hat ebenso viel mit Sport zu tun wie mit Tradition. Und so ist es ebenso ein Wettkampf wie ein Zeremoniell. Entstanden ist es aus der landwirtschaftlichen Praxis der Kolonialzeit. Damals hatten die großen Estancias keine Zäune um ihre Weiden, so dass sich die riesigen Rinderherden vermischten und zusammen weideten. Einmal im Jahr musste man sie zusammentreiben, inspizieren, die Kälber mit Brandzeichen versehen und die Schlachttiere aussondern. Die Tiere wurden in steinerne Korrale getrieben und dann nach Eigentümern sortiert. Es ging darum, die riesigen Herden möglichst schnell zu bearbeiten, und so entwickelte sich ein Wettbewerb darum, wer am schnellsten die meisten Tiere in die Korrale treiben konnte. Dabei rückte man den Rindern hoch zu Ross zu Leibe und versuchte, sie mit den Pferdekörpern in die Richtung zu drängen, in die man sie haben wollte. Schließlich begann man, Pferde ausschließlich für diese Aufgabe abzurichten. Deswegen sind inzwischen Dressurübungen Bestandteil jedes Rodeos.

Der Ablauf eines Rodeos ist folgendermaßen: jedes Rodeo geht über zwei Tage, entweder ein Wochenende oder zwei Feiertage. Am ersten Tag werden meistens die Dressuren gezeigt; dabei gibt es verschiedene Übungen, für die Punkte verteilt werden.

Ein Huaso

Die Huasos arbeiten immer zu zweit

Am zweiten Tag folgt der Höhepunkt des Rodeos: junge Stiere müssen von jeweils zwei Huasos mit den Pferden in einer genau festgelegten Weise durch die Arena getrieben werden. Dazu drängt der eine Huaso mit seinem Pferd den Jungstier (die Tiere wiegen etwa so viel wie die Pferde) gegen die Bande, während der andere es am Ausbrechen hindert und es anfeuert. Der Stier muss verschiedene Male am Rand der Arena entlang getrieben und an genau der richtigen Stelle zum Umkehren bewegt werden. Brutalität ist dabei verpönt, alles muss möglichst elegant vor sich gehen. Neben dem sportlichen ist das Rodeo auch ein gesellschaftliches Ereignis. Auch Männer, die nicht am Rodeo teilnehmen, zeigen sich mit Hut und Poncho, und in der Arena wird jede Bewegung der Huasos, der Pferde und natürlich auch der Stiere kommentiert.

Bei jedem Rodeo werden Stiefel, Sporen, Ponchos und Hüte verkauft, vielleicht eine Gelegenheit, originelle Mitbringsel einzukaufen!

Es gibt in Chile 250 Rodeo-Arenen (die *Medialunas*, Halbmonde, genannt werden), und es werden jedes Jahr 300 offizielle und dazu zahlreiche inoffizielle Rodeos abgehalten. Die Saison dauert von September bis Mai, und wenn Sie während dieser Monate in Chile sind, sollten Sie sich dieses Spektakel mindestens einmal anschauen! Informationen über Austragungsorte und -daten kann man bei der Federación del Rodeo Chileno erfragen.

Gegründet wurde Rancagua als Stadt erst 1743, aber schon die Inkas hatten hier eines ihrer Zentren. Der Ort wuchs schnell, denn man hatte Gold in der Umgebung gefunden, nicht allzu viel zwar, aber doch genügend, um die Stadtentwicklung in Gang zu bringen. 1814 erlitt hier *O'Higgins* mit seinem Heer eine verheerende Niederlage: die Spanier, die weit in der Übermacht waren, kesselten seine Truppen ein, töteten viele seiner Männer und nahmen andere gefangen, um sie auf die Juan-Fernandez-Insel zu verbannen. O'Higgins selber floh nach Argentinien, wo er sich mit dem argentinischen Freiheitskämpfer *San Martín* zusammentat und ja dann die Spanier doch noch besiegte.

Neben seiner Rolle als administratives Zentrum für die ausgedehnten Obstplantagen der Region, ist Rancagua das Wohn- und Einkaufszentrum für die Arbeiter und Angestellten der **größten unterirdischen Mine der Erde**, El Teniente. Eröffnet wurde sie 1904 und hatte im Folgenden verschiedene Besitzer, bis sie 1971 unter *Allende* endgültig verstaatlicht wurde. Inzwischen ziehen sich die Tunnel über 1.500 km durchs Gestein, 2001 wurde mit Hilfe massiver US-amerikanischer Beteiligung ein Programm zur Förderung der verbleibenden 78 Mio. Tonnen Reserven aufgestellt.

• Sehenswertes in Rancagua

Stand-quartier der Freiheits-kämpfer

Der Mittelpunkt der Stadt ist die Plaza los Heroes, um die die Straßen schachbrettartig angelegt sind. Eine Besonderheit in Rancagua ist, dass die Straßen nicht von den Ecken der Plaza, sondern jeweils von der Mitte des Blocks aus losgehen. An der Plaza liegen die **Intendencia**, die **Municipalidad** und die **Kathedrale** der Stadt. Sie wurde 1861, also erst nach der Schlacht von Rancagua, gebaut, bei der die meisten Gebäude im Zentrum zu Bruch gingen. Zwei Blocks von der Plaza nach Norden liegt eine andere Kirche, die während der Schlacht schon stand, die **Iglesia de la Merced**. *O'Higgins* hatte hier sein Quartier aufgeschlagen und hielt vom Turm der Kirche nach der versprochenen Verstärkung durch General Carrera Ausschau, die aber nicht kam. Drei Blocks von der Plaza in die entgegengesetzte Richtung finden sich noch einige alte Kolonialhäuser, z. B. das, in dem heute das Museo Regional untergebracht ist.

Museo Regional de Rancagua, Estado/Ibieta

Es zeigt religiöse Kunst der Kolonialzeit und die Möblierung eines typischen chilenischen Haushaltes des 19. Jahrhunderts.

Dem Museum gegenüber liegt ein anderes historisches Haus in der typischen Adobe-Architektur, die

Casa de Pilar de Esquina, Estado/Ibieta

Es wurde gerade restauriert und zu einem kleinen Museum (hauptsächlich landwirtschaftliche Gerätschaften, Musikinstrumente, Bekleidung etc.) umgewandelt.

Ein drittes Haus aus dieser Epoche ist die Casa de la Cultura, einen Block weiter auf der C. Estado nach Süden.

Die Umgebung von Rancagua: zu den Termas des Cauquenes und zum Reserva Nacional Río Los Cypreses

Wenn man mit dem eigenen Auto unterwegs ist, kann man von Rancagua aus einen schönen Ausflug in die Kordillere nach Osten machen. Mit öffentlichen Verkehrsmitteln (Bus von Rancagua aus) kommt man leider nur bis zu den Termas de Cauquenes. Man verlässt Rancagua über die Carretera Presidente Eduardo Frei Richtung Coya und passiert nach drei Kilometern die *Hacienda La Sanchina*, ein Gebäudekomplex aus Adobe, der im 19. Jahrhundert entstanden ist. Einen Kilometer weiter liegt **Machali**, ein Dörfchen, das aus hübschen kleinen Adobe-Häusern besteht und einen für Chile vollkommen untypischen Grundriss hat, was daran liegt, dass es schon seit den Zeiten vor der spanischen Eroberung besteht. Die Straße schraubt sich in einer Quebrada bergaufwärts und bei Kilometer 21 passiert man einen Abzweig zur Kupfermine **El Teniente**. Die Mine ist anders als Chucicamata für Besucher nicht geöffnet, nur Fachpublikum ist (nach vorheriger Anmeldung) zugelassen. Zur Mine gehört auch das kleine Skigebiet Chapa Verde, das extra für die Codelco-Arbeiter (auch El Teniente gehört der staatlichen Kupfergesellschaft) angelegt wurde, aber auch anderen Besuchern offen steht. *Größte unterirdische Kupfermine*

Jetzt hat man bald eine Weggabelung erreicht, deren einer Abzweig zur Reserva Nacional Río Los Cipreses, der andere zu den Termas de Cauquenes führt.

Reserva Nacional Río Los Cipreses (ⓘ S. 185)

Das Schutzgebiet wurde eingerichtet, um die in dieser Gegend sonst schon sehr dezimierten Lebensräume der Vor- und Hochanden zu schützen. Innerhalb des Gebietes liegen Gipfel von immerhin 4.900 m Höhe. Die Wälder bestehen vorwiegend aus Zypressen, und mit ein wenig Glück bekommt man etwas von der reichen Tierwelt zu Gesicht: Füchse, Wildkatzen und Guanakos leben hier und in den höheren Lagen auch Vizcatchas. CONAF hat einen Campingplatz eingerichtet, und man kann gut einen oder zwei Tage hier verbringen und die Wanderwege des Parks erkunden.

Die Termas de Cauquenes (ⓘ S. 185)

Die Thermalquellen liegen auf 766 m Höhe und waren schon den Ureinwohnern bekannt, bevor die Spanier ins Land kamen. 1646 nahmen dann die Kolonialherren die Wasser für sich in Beschlag, und seitdem haben auch einige Berühmtheiten in ihnen gebadet, die Freiheitskämpfer O'Higgins und San Martín ebenso wie Darwin. 1885 begann man dann, die Thermen auszubauen und ein Hotel für die Reisenden zu errichten, das bis heute in Betrieb ist. Dieses Hotel ist eine wahre Luxusoase mit wunderbar gepflegten Parks, einem Restaurant und natürlich den verschiedenen Becken, die teilweise noch aus Marmor sind. Um von Rancagua aus weiter nach Süden zu gelangen, nimmt man zunächst am besten die Ruta 5, die hier durch eine dicht besiedelte Landschaft führt. Bei km 124,5 kann man die Panamericana zu *Luxusoase in den Voranden* einem Abstecher in das wohl luxuriöseste Hotel Chiles verlassen. Die **Hacienda Los Lingues** ist seit 1599 im Besitz derselben Familie. Die Gebäude des Anwesens stammen aus dem späten 17. und frühen 18. Jahrhundert, es gibt wohl gepflegte Parkanlagen und eine Farm. Wenn man sich die eher gehobenen Preise für eine Übernachtung nicht leisten kann oder will, besteht die Möglichkeit, für etwa 50 € einen Tag auf der Hacienda zu verbringen. Im Preis eingeschlossen sind Mittagessen, die Nutzung des Pools und die Besichtigung der *Medialuna* des Anwesens. Über den Abzweig nach Santa Cruz gelangt man in ein Weinbaugebiet, das für Liebhaber sicher einen Ausflug wert ist.

Das Valle de Colchagua und die Ruta del Vino

Das Tal der kleinen Seen – so nannten die ursprünglichen Bewohner, ein kriegerischer Mapuche-Stamm, das Tal. Lange leisteten sie den Inka Widerstand, aber im 15. Jahrhundert wurden die Chiquillanes doch besiegt. Die Inka brachten neue landwirtschaftliche Techniken mit, sie nutzten schon damals hoch entwickelte Bewässerungssysteme. Zunächst brachte das den Ackerbau in Schwung, als aber mit den Spaniern Weinstöcke ins Tal kamen, brachte der Weinbau im Valle de Colchagua bald gute Erträge. Heute werden überwiegend qualitativ hochwertige Trauben angebaut, die Weine gehen zum großen Teil in den Export. Einige der Weingüter des Tals haben sich zu einer Vereinigung zusammengeschlossen, die verschiedene Touren anbietet. Eine Tagestour beinhaltet den Besuch dreier Weingüter inklusive Verkostung und Mittagessen. Auf einer Expresstour lernt man in einem halben Tag zwei Güter kennen. Aber auch einzelne Weingüter können auf eigene Faust besucht werden. Nähere Informationen dazu finden Sie in den Regionalen Reiosetipps, S. 185 ff.

Die nächste Stadt an der Panamericana, die eine Station lohnt, ist Curicó.

Curicó

Curicó, eine Stadt mit heute etwa 80.000 Einwohnern direkt an der Panameriana, ist das wirtschaftliche Zentrum einer Region, die stark von der Landwirtschaft geprägt ist. Ursprünglich wurde die Stadt an einem anderen Ort gegründet, einige Jahre nach der Gründung musste man jedoch die erste Siedlung aufgeben, weil der Untergrund zu sumpfig war und alle Häuser schnell wieder einstürzten.

Sehenswerte Plaza

Heute hat Curico eine der **schönsten Plazas von ganz Chile**, sie ist bepflanzt mit 60 Palmen der Art *Phoenix canariensis*. Einen Besuch verdient die **Kirche San Francisco** an der Plaza Luis Cruz, fünf Blocks östlich der Plaza de Armas. Sie stammt aus dem Jahr 1732 und ist aus Backstein. Im Inneren steht die *Virgen de Velilla*, die 1734 aus Spanien nach Chile kam.

Aus Curico stammt eine chilenische Spezialität: die mit *Dulce de Leche* (einer Art Karamellmasse) gefüllten und oft mit Eischnee oder Kokos überzogenen Törtchen, die man überall in Chile in Konditoreien, aber auch an Straßenständen kaufen kann. Erfunden hat sie **Doña Cristobalina Montero**; 1891 gründete sie eine kleine Fabrik, in der die Torten bis heute nach ihren Rezepten gebacken werden. Der

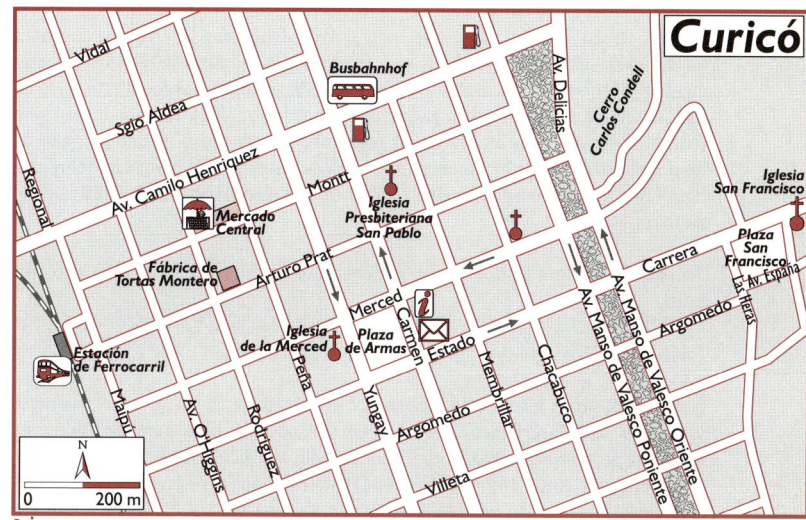

Maschinenpark der Fabrik (in der C. Prat 695) hat inzwischen Antiquitätenwert, allerdings bestehen Pläne für eine grundlegende Renovierung. 1995 kam die Fabrik mit der größten Torte der Welt ins Guiness-Buch der Rekorde. Man kann die Fabrik besuchen und sich im dazugehörigen Laden mit Torten und Törtchen eindecken. Interessanter als die Stadt selber sind aber die Weingüter in der Umgebung, die man auch besuchen kann.

Acht Kilometer südlich Curicos kommt man auf der Panamericana an der **Viña San Pedro** vorbei, zwei Kilometer weiter liegt **die Bodega Miguel Torres**, hier werden Weine des oberen Preissegments gekeltert.

Jedes Jahr in der dritten Märzwoche findet die **Fiesta de Vendimia, das Fest der Weinernte**, statt. Es dauert drei Tage und beginnt donnerstags mit einer Modenschau im Club de la Union. Freitag gibt es ein Fest auf der Plaza de Armas, wo die Weinkönigin gekrönt wird und Samstag schließlich wird der neue Wein verkostet.

Doña Cristobalina Montero

 **Reserva Nacional Radal Siete Tazas**
(ⓘ S. 185)

In der Übergangszone zwischen der mediterranen Klimazone um Santiago und der niederschlagsreicheren Region um Valdivia liegt die Reserva Nacional Radal Siete

Tazas. Der Río Claro hat im Lauf der Jahrtausende Pools in den Basaltfelsen gefressen, die sieben Tassen (und einige mehr), nach denen das Schutzgebiet benannt wurde. Im Frühling stürzen sich Kajaker todesmutig in den nach der Schneeschmelze angeschwollenen Río Claro, aber auch weniger Wagemutige werden ihre Freude an den Siete Tazas und dem nahen Salto de la Leona haben. Wanderungen führen zum Velo de la Novia (dem Brautschleier, einem anderen Wasserfall) und ins Valle de Indio. Im Sektor Parque Inglés nehmen einige Wanderwege und zwei Naturlehrpfade ihren Anfang, außerdem gibt es einen einfachen Campingplatz mit 50 Stellplätzen und ein Infozentrum.

Die nächste größere Station an der Panamericana ist Talca, 150 km von Curicó entfernt.

Talca (ⓘ S. 185)

Talca gehört sicher nicht zu den touristischen Höhepunkten Chiles, aber eine nette Stadt ist es doch. Gegründet 1742 auf einem Gelände, das der Augustiner-Orden zur Verfügung gestellt hatte, wuchs die Stadt schnell, weil sich alle reichen Farmer der Umgebung hier einen Wohnsitz bauten. Da sie nicht auf das entsprechende städtische Umfeld verzichten wollten, finanzierten sie eine schöne Plaza, die heute mit exotischen Bäumen und Büschen bepflanzt ist, die Kirche und andere öffentliche Gebäude.

Wohnsitz für Großgrundbesitzer

In Talca steht außerdem das Haus, in dem im Februar 1818 die chilenische Unabhängigkeitserklärung unterschrieben wurde, man kann den Schreibtisch, auf dem die entscheidenden Unterschriften geleistet wurden, besichtigen und zwar im

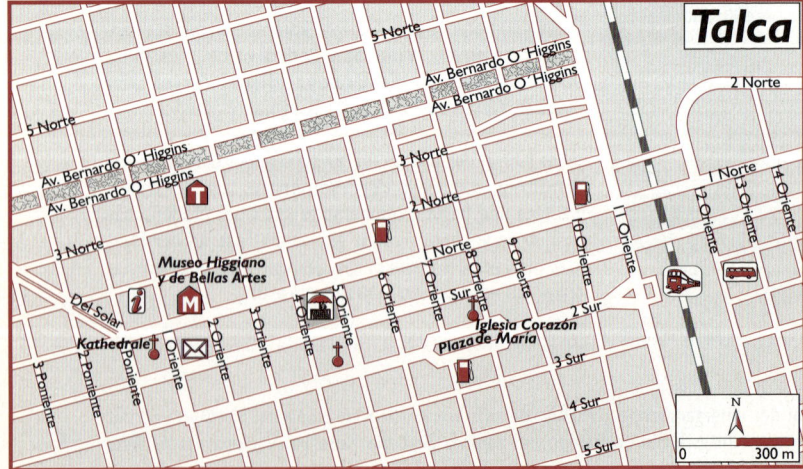

• **Museo Higgiano y de Bellas Artes** | Norte 875

Die Tatsache, dass *O'Higgins* die Erklärung schon am 1. Januar 1818 in Concepción zum ersten Mal unterschrieben hatte, tut der historischen Bedeutung der zweiten Unterschrift in den Augen der Bürger Talcas keinen Abbruch. Das schöne Kolonialhaus, in dem das Museum untergebracht ist, stammt aus dem Jahr 1762 und gehörte einem portugiesischen Kaufmann. Es werden Möbel aus der Kolonialzeit, eben jener Schreibtisch und eine Gemäldesammlung ausgestellt. Das ist auch schon alles, was es in Talca an Sehenswürdigkeiten gibt. Wer will, beschließt den Besuch der Stadt mit einem Ausflug zum Fluss, wo man Boote mieten und eine Kleinigkeit essen kann.

Auch wenn Talca keine wichtigen Attraktionen bietet, ist es doch ein guter Ausgangspunkt für Auflüge in die Umgebung. An der internationalen Straße nach Argentinien liegt die Reserva Nacional **Altos de Lircay**. Im Winter ist die Zugangsstraße allerdings nur mit einem 4x4 zu bewältigen. Hinter dem schönen Schutzgebiet, in dem man Kondore, Papageien, Füchse und sieben Nothofagus-Arten sehen kann, erheben sich die beiden Vulkane Descabezado Grande (3.830 m) und Descabezado Chico (3.750 m). Hier stürzte 1972 ein Flugzeug der Uruguayanischen Luftwaffe ab. Von den 45 Passagieren, einer Rugbymannschaft aus Montevideo, überlebten 16 den Absturz, als Nahrung dienten ihnen während der 72 Tage, die sie auf ihre Rettung warten mussten, ihre toten Teamkollegen. Das Buch und der Film, der über die Geschichte gedreht wurde (Alive) erregte seinerzeit einiges Aufsehen.

18 km weiter nach Süden auf der Panamericana erreicht man den Abzweig nach Constitución, wenn man will, kann man hier einen Abstecher über die Küste machen und sich eine der größten Städte des Landes, Concepción, anschauen. Diese Tour wird im nächsten Abschnitt beschrieben. Wenn Sie einfach nur schnell weiter nach Süden wollen, sollten Sie auf der Ruta 5 bleiben, obwohl die Landschaft hier nicht so reizvoll ist, wie ein paar hundert Kilometer weiter südlich; die schnellste Nord-Süd-Verbindung ist die Panamericana allemal. Nachdem man kurz hinter Talca den Río Maule überquert, ist die nächste größere Stadt an der Strecke Chillán.

Chillán (ⓘ S. 185)

Chillán, heute eine moderne und lebhafte Stadt mit etwa 150.000 Einwohnern, hat eine bewegte Geschichte hinter sich. 1565 wurde an der Stelle der Stadt ein Verteidigungsposten gegründet; man wollte sich gegen Überfälle aus der Kordillere schützen, und bald entstand um das Fort auch eine kleine Siedlung. Die wurde aber sofort angegriffen und wieder zerstört. 1751 begann man mit einem Neuaufbau an der Stelle, an der heute Chillán Viejo liegt. Das wurde 1835 durch ein Erdbeben zerstört, und diesmal begann man, die Siedlung ein wenig weiter östlich neu aufzubauen. Viele der weniger betuchten Einwohner, die es sich nicht leisten konnten, ein Haus in der neuen Siedlung zu bauen, blieben an der alten Stelle und suchten sich in den Trümmern das Baumaterial für eine neue Behausung zusammen.

Indio-Überfälle und Erdbeben

1939 wurde die Stadt noch einmal von einem verheerenden Erdbeben heimgesucht, diesmal verloren 15.000 Menschen ihr Leben, und 90 Prozent der Gebäude der Stadt wurden dem Erdboden gleichgemacht. Danach musste man die Stadt praktisch komplett neu aufbauen, und das Ergebnis kann man als gelungen bezeichnen: Chillán

*Bäume spen-
den Schatten
und Frische*

ist eine heitere, geschäftige Stadt, die absolut quadratisch angelegt wurde. Neben der zentralen Plaza gibt es vier weitere Plätze an den vier Ecken des eigentlichen Stadtgebiets. Vielleicht entsteht der freundliche Eindruck auch durch die Bäume, die praktisch jede Straße säumen und die Frische und Schatten bringen.

• Sehenswertes in Chillán
Einen Stadtrundgang beginnt man wie meistens am besten an der zentralen Plaza, der **Plaza O'Higgins**. Sie erinnert an den berühmtesten Sohn der Stadt; der wichtigste chilenische Freiheitskämpfer, *Bernardo O'Higgins*, wurde in Chillán geboren. An der Plaza liegt die moderne Kathedrale der Stadt, deren Fenster alle nach Westen zeigen. Am Spätnachmittag und bei Sonnenuntergang ergeben sich dadurch wunderbare Lichteffekte im Inneren der Kirche. Außerdem steht ein 36 Meter hohes Kreuz hier, das an die Menschen erinnern soll, die bei dem großen Erdbeben ihr Leben verloren.

Von der Plaza aus geht man über die Avda. Constitución drei Blocks nach Westen und biegt dann rechts in die Avda. B. O'Higgins ab. Zwei Blocks weiter liegt die Plaza de Heroes de Iquique und die Escuela Mexico.

Escuela Mexico, Avda. O'Higgins 250

Wandbilder

Sie wurde von der mexikanischen Regierung nach dem Erdbeben gestiftet und von den Künstlern *Xavier Guerrero* und *Pedro Aguirre Cerda* mit Wandbildern versehen. Die Bilder zeigen Szenen aus der mexikanischen und chilenischen Geschichte (wobei eine eher linke politische Färbung klar erkennbar ist) und können zu den Öffnungszeiten der Schule angeschaut werden. Leider sind sie inzwischen abgeblättert und nicht mehr sehr ansehnlich; ob das Geld für eine dringend anstehende Restauration aufgetrieben werden kann, bleibt abzuwarten.

Sieben Blöcke nach Osten auf der C. Gamero liegt eine weitere Plaza, die Plaza General Lagos und an ihrer Stirnseite die Kathedrale der Stadt mit einem angegliederten Museum. Die Kirche, die den Franziskanern gehörte, war der Ausgangspunkt für die Missionsarbeit weiter im Süden und auch eine Schule unterhielten die Mönche.

Museo Franciscano, Sargento Aldea 265
Das Museum zeigt religiöse und weltliche Kunst seit den Anfängen der Kolonie, alte Fotos, ein wenig Kunsthandwerk der Mapuche und dies und jenes aus der Geschichte der Stadt und der Umgebung...

*Bunter
Markt*

Sehr sehenswert ist die **Feria de Chillán**, die von der Plaza aus sechs Blocks nach Süden liegt. Hier werden neben Gemüse und Obst Töpfer- und Strickwaren verkauft, und auch einen preiswerten Mittagssnack bekommt man. Gleich nebenan liegt das moderne Einkaufszentrum Plaza El Roble (man ist im Holz-Land!) mit Geschäften, Fast-Food-Läden und einem Kino. Chillán Viejo liegt südwestlich der Neustadt, man gelangt über die C. O´Higgins in den alten Teil der Stadt.

Viel zu sehen gibt es hier aber nicht, einzig den **Parque O´Higgins** mit seinem 60 Meter hohen Mosaik, dass das Leben des Volkshelden darstellt, kann man besuchen.

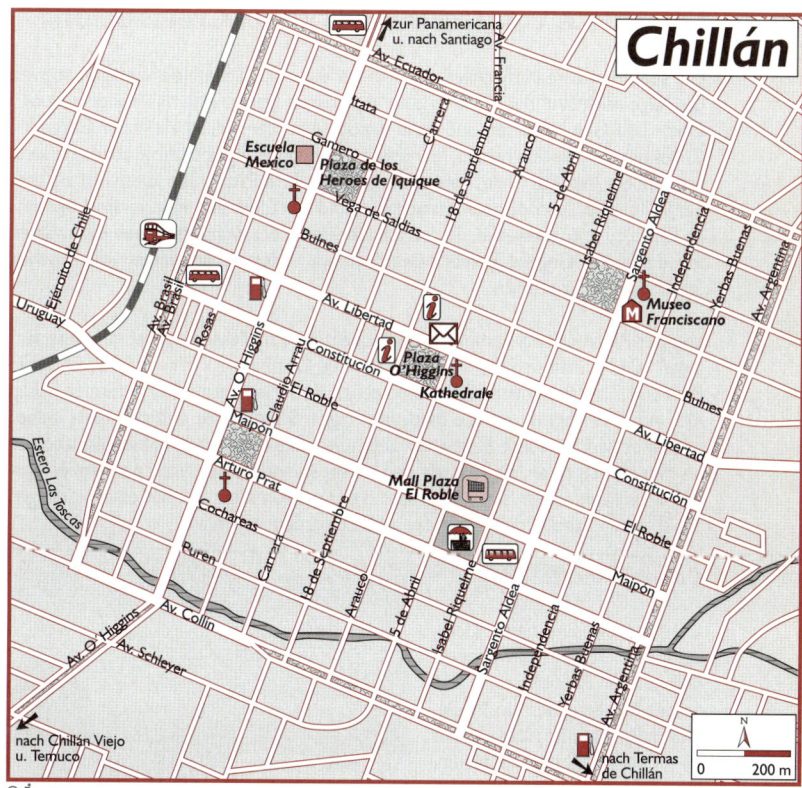

Chillán

© **i**graphic

Die Umgebung von Chillán: zu den Termas de Chillán (ⓘ S. 185)

Einen Tagesausflug (160 km hin und zurück) von Chillán entfernt liegen die gleichnamigen Thermen in der Kordillere. Man verlässt Chillán über die C. Barros Arana
und fährt das Tal des Río Chillán aufwärts. Die Straße führt durch kleine Dörfer, und
hier gibt es auch noch relativ ungestörte Wälder. Bei km 67 kann man einen Stopp
einlegen und sich die Cueva de los Pincheira anschauen, die am Weg liegt. Sie ist
zwar nicht sehr tief, aber es gibt schöne Basaltsäulen. Die Thermen sind nach 80 km
erreicht, und hier gibt es neben einem Luxushotel verschiedene Bäder und Massage-
Einrichtungen, die gegen Eintritt allen Besuchern offen stehen. Das Skigebiet auf
1.650 m Höhe an den Hängen des Vulkans Chillán wirbt damit, die längste Piste Südamerikas zu haben.

Thermen und Ski-gebiet

Die Küste von Constitución bis Concepción

Holz-
plantagen
und Bauern-
gärten

Die südliche Küste Mittelchiles, das sind auf der einen Seite Holzplantagen, so weit das Auge reicht, auf der anderen Seite malerische kleine Orte mit wunderschönen Obst- und Gemüsegärten und dann wieder eine der industrialisierten Gegenden Chiles um Concepción herum. Touristische Höhepunkte gibt es nicht, aber man kann ganz andere Aspekte Chiles kennen lernen als z. B. in Patagonien. Hier wird ein großer Teil des Sozialprodukts erwirtschaftet, und trotzdem sind viele versteckte schöne Ecken zu entdecken, z. B. die letzten Überreste der wunderschönen Laubwälder, mit denen die Gegend einmal bewachsen war, oder die schwarzen vulkanischen Strände um Constitución.

Von der Panamericana kommend, durchquert man zunächst ausgedehnte Obstplantagen. Nähert man sich der Küste, machen die Obstbäume Wäldern Platz, die aus in Reih und Glied gepflanzten Fichten bestehen. Verschiedene große Holzfirmen haben hier ihre **Plantagen und die dazugehörigen Sägewerke**, und man muss immer wieder schwer beladene Holzlaster überholen. Die Holzgesellschaften pflanzen reine Monobestände an, die sich mit den entsprechenden Maschinen problemlos ernten lassen. Von nahem sieht man, dass die Plantagen nicht viel mit einem richtigen Wald zu tun haben, von weitem sehen sie trotzdem schön aus.

Constitución (ⓘ S. 185)

Constitución, eine nette Kleinstadt mit 30.000 Einwohnern, liegt an der Pazifikküste, direkt an der Mündung des Río Maule. Die Stadt selber ist ruhig und hat für Touristen wenig zu bieten, aber ihre Umgebung ist schön. Touristen kommen hauptsächlich wegen der schönen **sauberen und wenig überlaufenen Strände** im Süden der Stadt. Die Küste fällt hier steil ins Meer

Am Strand von Constitución

Schwarze
Vulkan-
strände

ab, und einige Felsen stehen wie überdimensionale Plastiken eines Riesen-Künstlers im Wasser. Eine spärliche Vegetation klammert sich an den Stein, Tausende von Seevögeln haben ihre Nistplätze hier. Der Sand der Strände ist schwarz, was sie auf den ersten Blick sehr befremdlich erscheinen lässt, vielleicht kommen deshalb nicht so viele Chilenen hierher, wie in andere Strandbäder der zentralen Küste.

Gegründet wurde Constitución im Jahr 1794, aber erst Ende des 19. Jahrhunderts erfuhr es einen gewissen Aufschwung, als die Oberschicht von Talca begann, ihre Sommerferien hier zu verbringen. Heute kommt eher die Mittelschicht und lange nicht mehr so zahlreich, so dass sich an den Stränden immer ein ruhiges Plätzchen finden lässt. Der Tourismus ist ein Zubrot, die Stadt lebt von den kleinen und großen Sägewerken, einer stinkenden Zellulosefabrik und dem Fischfang.

Sehenswürdigkeiten gibt es hier kaum, aber man kann auf den **Cerro Mutrún** steigen, von hier aus hat man einen schönen Blick über die bunten Holzhäuser, die am Hang kleben und ein wenig an Norwegen erinnern. Nach Süden hin findet man die Strände, es gibt Bootstouren auf dem Río Maule, die von der Muelle Fiscal losgehen.

Von Constitución fährt man jetzt zunächst etwa 70 km an der Küste entlang, bis die Straße bei Cauquenes wieder ins Landesinnere abbiegt. Die Plantagen begleiten einen weiterhin, und nach 64 km hat man den kleinen Ort Chanco erreicht. Hier kann man einen Abstecher in die Reserva Natural Frederico Albert machen, die an dem Küstenstreifen hinter dem Dorf liegt.

Die Reserva Nacional Frederico Albert (ⓘ S. 185)

Vor etwas mehr als 100 Jahren reichten die Felder von Chanco noch bis fast an die Küste heran. Dann begannen die Dünen, in die Äcker einzudringen, und immer mehr Kulturland wurde unter dem Sand begraben. In dieser Situation rief man den deutschen Biologen *Frederico Albert* zur Hilfe. 1867 in Berlin geboren, hatte er in seiner Geburtsstadt und in München Biologie studiert. Nach dem Studium und einer Dissertation begann er, am Museo de Historia Natural de Chile zu arbeiten und wurde schließlich sogar ins Industrieministerium berufen; man war vor allem auf ihn aufmerksam geworden, weil er zahlreiche Arbeiten zur ökonomischen und nachhaltigen Nutzung von Naturressourcen geschrieben hatte, ein Thema, das damals noch lange nicht so en vogue war wie heute. In Chanco begann er, die Dünen zu bepflanzen, hauptsächlich mit schnell wachsenden und anspruchslosen Baumarten, wie Kiefer und Eukalyptus. Inzwischen, fast ein Jahrhundert später, sind diese Bäume zu einem veritablen und eindrucksvollen Wald zusammengewachsen und der Sand bleibt am Strand, wo er hingehört. Der kleine Park (ca. 145 ha) ist gut durch zahlreiche Wege erschlossen und auch einen Campingplatz gibt es: Für einen Spaziergang oder eine Übernachtung (im eigenen Zelt) lohnt sich ein Halt auf jeden Fall.

Pionier der nachhaltigen Wirtschaftsweise

Man biegt jetzt Richtung Cauquenes nach Osten ab und fährt in ein enges Tal ein, dessen Hänge steil in den Himmel steigen. Daran liegt es wohl auch, dass hier noch der ursprüngliche Laubwald wächst, die Hänge waren einfach zu steil, um sie bearbeiten zu können.

Die Reserva Nacional Los Ruiles (ⓘ S. 185)

Nur 18 km von Frederico Albert nach Süden liegt ein anderes kleines Naturreservat, der Eingang ist direkt an der Straße und nicht zu übersehen. Wenn man wissen will, wie die Wälder dieser Gegend ausgesehen haben, bevor die großen Holzkonzerne kamen und ihre Fichtenplantagen anlegten, ist man hier richtig. An einem steilen Hang zieht sich ein artenreicher Laubwald hinauf, Nadelbäume fehlen fast vollständig. Im Tal fließt ein kleiner Fluss, an dessen Ufer der Wald dicht und undurchdringlich wirkt, weiter den Hang hinauf wird er lichter und den deutschen Buchenwäldern ähnlicher. Man kann einen etwa dreistündigen Spaziergang den Berg hinauf machen oder zum Picknicken im Tal halten. Einen Campingplatz gibt es hier nicht.

Artenreicher Laubwald

Im Tal wächst eine Pflanze, die man von hier ab nach Süden immer häufiger finden wird: der wilde Bambus, welcher in Chile in vielen verschiedenen Arten vorkommt.

INFO   Der Kreislauf des Bambus-Wachstums

Die verschiedenen Bambus-Unterarten, die in Chile wachsen, gehören alle der Art *Chusquea* an, auseinander zu halten sind sie sogar für Fachleute nicht leicht, so ähnlich sind sie sich in allen Ausprägungen; die Mapuche nennen alle Arten **Quila**. Die Quila ist eine sehr aggressive Pflanze, die jede Lücke sofort nutzt. In dichtem Wald hat sie keine Chance, sich anzusiedeln, weil durch die Baumkronen nicht genügend Licht bis zum Boden gelangt, aber an natürlichen Lichtungen, entlang von Bachläufen etwa, kommt sie sofort hoch und ebenso, wenn ein Feuer den Wald vernichtet hat.

Alle Quila-Arten blühen nur einmal, und zwar am Ende ihres Lebenszyklus, der um die 25 Jahre dauern kann. Wenn sich eine Quila-Population über eine größere Fläche z. B. nach einem Feuer zur gleichen Zeit entwickelt hat, dann werden auch alle Pflanzen im gleichen Jahr blühen und Früchte tragen. Diese Jahre sind unter den Einheimischen gefürchtet, weil dann die Nagetierpopulationen, die auf einmal mit den Früchten der Pflanzen einen übervoll gedeckten Tisch vorfinden, explodieren. Sind die Früchte verspeist, wandern die Mäuse und Ratten in die Felder und Scheunen der Bauern und fressen dort weiter.

Die Massen abgestorbener trockener Quila-Pflanzen geraten leicht in Brand und es gibt Theorien, die sagen, dass sich die Pflanze damit selber den Boden für ihr Überleben bereitet: auf einer freien, abgebrannten Fläche ist sie jedem Baumkeimling überlegen und kann damit eine neue Population bilden.

Bei Cauquenes biegt man wieder nach Süden ab, die Straße nähert sich jetzt Concepción; besonders nachdem man den Río Itata überquert hat, wird das deutlich: immer mehr Industrieanlagen und Abraumhalden liegen am Weg.

Concepción

• Überblick

Wichtiges Industriezentrum

Viele Touristen kommen nicht nach Concepción und das überrascht auf den ersten Blick nicht: die Stadt, die zusammen mit dem Nachbarort Talcahuano fast 600.000 Einwohner hat, ist eines der wichtigsten Industriezentren des Landes. Zudem sind fast alle historischen Gebäude früher oder später zerstört worden, und das Stadtbild wird geprägt von funktionellen Zweckbauten. Schön ist Concepción wirklich nicht zu nennen, aber es gibt alle städtischen Annehmlichkeiten, und ein paar interessante Ausflüge in die Umgebung kann man auch machen.

• Geschichte der Stadt

Die Geschichte von Concepción ist lang und voller Katastrophen. Gegründet wurde der Ort 1550 von *Pedro de Valdivia* persönlich, und von 1565-1573 war er Regierungssitz und Hauptstadt des Landes. Nach dem Mapuche-Aufstand 1599, als alle Siedlungen südlich des Río Bio Bio aufgegeben werden mussten, saß hier das Grenzbatallion und immer wieder griffen die Mapuche die Stadt an und zerstörten sie mehr oder weniger. Ne-

Der alte Bahnhof

ben den Mapuche waren es verschiedene Erdbeben, die die Häuser immer wieder verwüsteten. 1730 erschütterte das erste große Beben die Gegend, und man hatte kaum Zeit, sie wieder aufzubauen, bevor 1751 das nächste folgte. Dann wieder bebte die Erde 1835, und im 20. Jahrhundert gab es zwei schwere Beben: 1939 und 1960, bei letzterem Erdbeben gab es kaum Orte in Chile, die nicht in Mitleidenschaft gezogen wurden. Trotzdem dachte man nie daran, die Siedlung wieder aufzugeben, Concepción war als Posten direkt an der Mündung des Grenzflusses Bio Bio zu wichtig und außerdem verfügte die Nachbarstadt Talcahuano über einen wunderbar geschützten Naturhafen. Dazu kam, dass man südlich der Stadt Kohle entdeckt hatte, so dass die Gegend für eine intensive Industrialisierung wie geschaffen schien. Es siedelten sich immer mehr Industriebetriebe an, und auch die Minen an der Costa del Carbón (Kohleküste) gaben vielen Menschen Arbeit. Concepción entwickelte sich zu einer Arbeiterstadt, die *Unidad Popular* hat von hier immer viel Unterstützung bekommen. Ende der 90er Jahre rutschte die Region in eine Krise. Obwohl die Kohlevorräte an der Costa del Carbón noch nicht erschöpft sind, ist ihre Förderung doch unwirtschaftlich geworden, so dass 1997 die letzte große Mine geschlossen wurde. Die Minenarbeiter zogen mit ihrem Protest bis Santiago vor die Moneda, und das mit einem gewissen Erfolg: immerhin hat die Regierung ein Programm zur Förderung des Tourismus aufgelegt, in dem viele der ehemaligen Kumpels zunächst Arbeit gefunden haben.

Posten am Grenzfluß Bio Bio

• Sehenswertes in Concepción

Für eine Stadt dieser Größe hat Concepción wenige wirkliche Sehenswürdigkeiten, aber wenn man ein wenig städtisches Leben, Geschäfte, Fußgängerzonen und Cafés genießen will, ist man hier richtig. Obwohl die Stadt inzwischen weit ins Umland gewuchert ist, bleibt das Zentrum überschaubar. In der Mitte liegt die **Plaza de la Independencia**, die ihren Namen zu Recht trägt. Hier wurde 1818 die Unabhängigkeit Chiles proklamiert. Die goldene Statue der Göttin Ceres symbolisiert den landwirtschaftlichen Reichtum der Gegend. Die Kathedrale der Stadt stammt aus den Jahren 1940-50, ihr Stil ist am ehesten neo-römisch-byzantinisch zu nennen. Ihre Fassade ist mit einem Mosaik von *Alejandro Rubio Dalmati* geschmückt, auch in der Apsis findet sich eine Arbeit dieses Künstlers. Die Straßen ordnen sich wie üblich im Schachbrettmuster um die Plaza herum an, wobei Straßen in Nord-

Zentrum von Concepción

nach Chillán, Santiago
u. zum Busbahnhof

Ainavilla
Galvarino
Lautaro
Janequeo
Barros Arana

Orompello
Tucapel
Castellón
Colo Colo
A. Pinto
Caupolicán
Rengo
Lincoyán
Angol
Cruz
Bulnes
Salas
Serrano
Las Heras
Av. Prat
Los Carrera
Malpú
Freire
Angol
O' Higgins
San Martín
Lincoyán
Cochrane
Chacabuco

Paicaví

Ogolmo

Arroquia
de la Merced

Pedro A. Cerda   Plaza
Perú   Pinacoteca

Kathedrale   Plaza de la
Independencia

Castellón
Colo Colo
A. Pinto
Caupolicán
Rengo

Victor Lamas

Parque
Equador

M Galería de
Historia

**Cerro
Caracol**

Río Bíobío

N
0   500 m

nach Lota
u. Coronel

© **i** graphic

Süd-Richtung Namen von Persönlichkeiten aus der jungen Republik tragen, Straßen in Ost-West-Richtung dagegen Namen aus der Geschichte der Mapuche. In der Mitte der Plaza steht eine Bronzestatue von Ceres, der Göttin des Ackerbaus. Die **Catedral de la Santísima Concepción**, die an der Plaza liegt, wurde 1940 nach dem Erbeben im Jahr zuvor erbaut; ihr angegliedert ist ein kleines Museum, das religiöse Kunst und ein paar Priestergewänder ausstellt.

Concepción: eine moderne Industriestadt

Von der Plaza aus geht die **Fußgängerzone** ab (C. Barros Arana und Anibal Pinto), und einen Block westlich der Plaza liegt der **Mer-**

cado, der in den 30er Jahren entstand. Von der Plaza aus sind es vier Blocks Richtung Süden bis zum **Parque Ecuador**. Er wurde so benannt aus Dankbarkeit über die finanzielle Hilfe, die Ecuador der Stadt nach einem Erdbeben 1906 gewährte. Hier kann man gut ein paar Stunden im Gras liegen, den Mercado de Arte popular besuchen oder sich die Galería de Historia anschauen.

Hilfe nach dem Erdbeben

Galería de Historia, Parque Ecuador
Hier gibt es Dioramen zur Geschichte der Region, zu den Aufständen der Ureinwohner, den Erdbeben und natürlich zur Unabhängigkeit Chiles zu sehen. Vom Parque Ecuador sind es drei Blocks nach Osten bis zum Campus de la Universidad de Concepción, einer eindrucksvollen Anlage, zu der auch die Casa del Arte gehört:

Pinacoteca de la Universidad de Concepción
Sie stellt die größte Sammlung chilenischer Maler aus den verschiedenen Epochen aus. Das Wandbild in der Eingangshalle ist allerdings von einem Mexikaner: „La Presencia de América Latina" heißt das große Wandgemälde von *Jorge Gonzáles Camarena*.

Große Sammlung chilenischer Maler

Um die Gegend um den Bahnhof von Concepción vor dem vollständigen Verfall zu retten, hat die Stadtverwaltung eine Initiative zur urbanistischen Aufwertung dieses Viertels auf die Beine gestellt. Nach ihrem Plan soll eine Art Ausgeh-Viertel um das historische Bahnhofsgebäude entstehen, mit Pubs, Diskos und Straßencafés. Bis jetzt ist noch nicht viel von diesem Plan verwirklicht worden, aber vielleicht entsteht ja hier in Zukunft ein lohnendes Ziel für Nachtschwärmer.

Wer etwas für historische Schiffe übrig hat, kann einen Ausflug in die Nachbarstadt Talcahuano machen, hier liegt im Hafen die **Huascar**, das Schlachtschiff aus der berühmten Schlacht vor Iquique 1879. Sie ist betriebsfähig und tadellos in Schuss, man kann das ganze Schiff einschließlich des Maschinenraums besichtigen und kann sogar die genaue Stelle sehen, an der *Arturo Prat* in der unseligen Schlacht damals sein Leben gelassen hat.

Die Umgebung von Concepción: an die Costa del Carbón

Wer für den Weg nach Süden der Panamericana ausweichen will, hat hier die Gelegenheit dazu: man kann alternativ den Weg über die Kohleküste und dann über den Parque Nacional Nahuelbuta und Angol wählen. Von Concepción geht es zunächst über die gut ausgebaute Küstenstraße nach Süden. Bei Coronel, einer Stadt mit etwa 80.000 Einwohnern, hat man die **geografische Mitte des chilenischen Festlandes** erreicht: von hier aus ist es genauso weit nach Arica wie nach Punta Arenas. Die Stadt hat eine Flotte von Schiffen zur Hochseefischerei und lebt außerdem von der Holzverschiffung. Vier Kilometer weiter geht ein Abzweig nach Lota von der Straße ab.

Geografische Mitte Festlandchiles

Lota (ⓘ S. 185)

Lota war das Hauptquartier der Kohleindustrie, bis am 16. April 1997 die letzte Mine geschlossen wurde. Jetzt muss sich die Stadt eine neue Identität suchen, und das versucht man, indem man Lota zu einem Touristenzentrum umgestaltet. Zu diesem Zweck ist der Bau von Hotels, von Sportanlagen und eines neuen Marktes geplant. Einige Anlaufpunkte für Touristen gibt es immerhin schon, ob es in Zukunft mehr werden, bleibt abzuwarten.

• Parque Lota

Der Park hat eine Fläche von 14 ha und liegt an der Steilküste, so dass man von einigen Stellen einen wunderbaren Blick über die Bucht und den ehemaligen Kohlenanleger hat. Der Park wurde von englischen Landschaftsgärtnern angelegt und finanziert von *Isidora Goyenechea*. Viele der Marmorstatuen und Brunnen wurden extra aus Europa per Schiff nach Lota transportiert, und der Park ist bepflanzt mit exotischen Spezies, die man auch in einem kleinen Gewächshaus am Eingang des Parks kaufen kann. Wenn man will, kann man sich von einer im Stil des 19. Jahrhunderts gekleideten Dame durch den Park führen lassen, die einem die Geschichte der verschiedenen Statuen und Gebäude erläutert.

Im Parque Lota

Am Eingang des Parks liegt das
• Museo Histórico de Lota, Parque Lota

Hier gibt es eine Fotoausstellung zur Geschichte der Kohle und der Geschichte der Stadt. Aber wenn man wirklich etwas über Kohle erfahren will, dann sollte man sich eine der Minen anschauen, die inzwischen für Besucher zugänglich gemacht worden sind.

• Mina Chiflón Don Carlos direkt nördlich des Parque de Lota an der Küste

Man kann zwei verschiedene Schächte besichtigen, den *Chiflón del Diabolo*, der 800 m in die Tiefe geht, und den *Pique Don Carlos* mit 1.500 m Tiefe. Die Touren werden

Stillgelegte Minen

geführt von ehemaligen Kumpels, die alles über das Leben unter Tage aus erster Hand kennen und interessant davon erzählen können. Auch ein kleines Museum (über der Erde) und einen Souvenir-Shop gibt es.

Wenn man mit dem Zelt unterwegs ist, kann man gut einige Kilometer südlich von Lota auf einem ganz neuen Campingplatz übernachten, der auch im Zuge des Programms zur Tourismus-

Das Wasserkraftwerk Chivilingo

förderung entstanden ist und an dem kleinen ehemaligen **Wasserkraftwerk Chivilingo** liegt. Das Kraftwerk kann man auch besichtigen (samt einem kleinen Museum zu physikalischen Phänomenen) und in den Laubwäldern, die sich die steilen Hänge um den Platz heraufziehen, lassen sich schöne Spaziergänge machen.

Bei Cañete hat man zwei Möglichkeiten: entweder fährt man über eine jämmerlich ausgebaute Schotterpiste direkt zum Parque Nacional Nahuelbuta oder man folgt der Straße und legt einen Stopp am Lago Lanalhue ein.

Alternative A: zum Parque Nacional Nahuelbuta (ⓘ S. 185)

Von Cañete aus sind es etwa 45 km bis zum Parkeingang und zur CONAF-Station. Der 6.800 ha große Park wurde zum Schutz eines der letzten Vorkommen der Araukarie in der Küstenkordillere geschaffen. Manche der Araukarien im Park haben mehr als 2.000 Jahre auf dem Buckel und sind mit einem weißen Moos bewachsen, das malerisch von ihren Ästen weht und passend *barba blanca* (weißer Bart) heißt. Es gibt im Park mehr als 30 km Wanderwege, man kann z. B. auf den *Piedra de Aguila* (Adlerfelsen) steigen, von wo man an klaren Tagen einen wunderschönen Blick über die Landschaft hat. Der Gipfel hat eine Höhe von 1.379 m und liegt auf der Wasserscheide der Küstenkordillere. Im Park gibt es einen Campingplatz der CONAF, so dass man hier übernachten kann, wenn man möchte. Ist man per Bus unterwegs, ist es günstiger, den Park von Angol aus zu besuchen, weil es von der Kleinstadt Busverbindungen gibt.

Küsten-Araukarien

Alternative B: zum Lago Lanalhue (ⓘ S. 185)

Um zum Lago Lanalhue zu gelangen, folgen Sie der Straße nach Los Sauces und Angol und haben dann bald das Ufer des Sees erreicht. Vorher passieren Sie (drei Kilometer südlich von Cañete) das **Museo Mapuche**, das eine Ausstellung zur Kultur der Mapuche zeigt. Unter anderem hat man eine *Ruca*, die typisch ovale Behausung, hergestellt aus Stroh und Holz, nachgebaut.

Der See und seine Umgebung gehören zu den schönsten Ecken dieses Landstrichs, der landschaftlich sonst nicht so viele Höhepunkte aufzuweisen hat wie andere Gegenden Chiles. Der See liegt inmitten von sanften bewaldeten Hügeln, und es gibt viele Möglichkeiten zum Wassersport oder zu Spaziergängen, so dass sich der See inzwischen zu einem beliebten Wochenendziel für gestresste Großstädter aus der Region Concepción gemausert hat. Bei Los Sauces kann man entweder über Angol zur Ruta 5 zurückkehren (z. B. wenn man noch nach Los Angeles bzw. zum Parque Nacional Laguna Laja will) oder nach rechts abbiegen und stößt dann weiter südlich bei Victoria wieder auf die Panamericana.

Malerische Landschaften

Angol (ⓘ S. 185) lohnt an sich eigentlich keinen Umweg, und kaum ein Tourist verirrt sich hierher. Interessant ist die Stadt höchstens als Ausgangspunkt für einen Ausflug in den Parque Nacional Nahuelbuta. Knapp 40.000 Menschen leben in dem verschlafenen Städtchen, das ein Zentrum für die umliegende, vorwiegend landwirtschaftlich geprägte Region ist.

10. DER KLEINE SÜDEN: VON LOS ANGELES BIS PUERTO MONTT

Überblick

Der Kleine Süden, das ist das Land der Araukarien, der Vulkane und der Seen, das ist eine der schönsten Gegenden Chiles überhaupt und vor allem das Land der Mapuche. Seit der Ankunft der Spanier kämpfen sie hier um ihr Terrain, zuerst gegen die spanischen Kolonialherren, dann gegen die Chilenen und seit neuestem in gewisser Weise wieder gegen die Spanier. Unter spanischer Beteiligung werden an verschiedenen Stellen Staudammprojekte verwirklicht, um die Energieversorgung zu verbessern, dazu müssen ganze Täler überschwemmt werden, und die Mapuche wehren sich immer massiver gegen den Raub ihrer Ländereien, wie sie es (nicht zu Unrecht) empfinden.

Seitdem verschiedene ihrer Führer im Februar 1999 das „**Jahr der Mapuche**" ausgerufen haben, nehmen die Proteste an Heftigkeit zu, es gibt Verletzte, und die Regierung spricht inzwischen schon von „unserem kleinen Chiapas". Neben den Energiekonzernen haben die Ureinwohner die Holzfirmen im Visier, auch mit ihnen kommt es immer wieder zu bewaffneten Konfrontationen.

Die „chilenische Schweiz" ist ein Paradies für alle Outdoor-Fans. Das Spektrum der Landschaften reicht von lieblichen Wiesen und Feldern über ausgedehnte Wälder, eine Reihe von wunderschönen Seen, gekrönt von perfekten Vulkankegeln, bis zu spektakulären Berglandschaften. Man kann wandern, raften, fischen, reiten, bergsteigen, den Möglichkeiten sind fast keine Grenzen gesetzt und deshalb hat sich diese Region auch längst zu einem Zentrum des internationalen Tourismus aus Übersee entwickelt.

Von Chillán
nach Los Angeles über die Panamericana

 Tipp

*Die Seen-Region eignet sich besonders gut für **Fahrradtouren**, es gibt zahlreiche Strecken abseits der Panamericana, die durch wunderschöne Landschaften führen, und das Wetter ist beständiger als im südlichen Patagonien. Dazu kommt, dass man z. B. in Villarrica oder Pucón problemlos Fahrräder leihen kann. Einige Steigungen muss man allerdings einkalkulieren!*

Die 110 Kilometer von Chillán nach Los Angeles sind auf der Panamericana schnell gefahren, an einer Stelle allerdings lohnt es sich einen kurzen Stopp einzulegen. 25 Kilometer vor Los Angeles liegt der **Salto de Laja** direkt an der Straße, und schon von der Brücke über die Straße hat man einen schönen Blick. Es gibt einen Parkplatz, an dem mehrere Eis- und Andenken-Buden stehen, in fünf Minuten ist man zu Fuß am Wasserfall und kann ihn entweder von oben bewundern oder sogar unten in den kleinen Becken, die das Wasser erodiert hat, baden.

Los Angeles (ⓘ S. 185)

Die Hauptstadt der Region Bio Bio ist für die meisten Touristen hauptsächlich ein möglicher Ort, um an der Ruta 5 zu übernachten. Und tatsächlich gibt die Stadt nicht viel her. Aber die Umgebung lohnt durchaus einen Stopp! Gegründet wurde Los Angeles als Verteidigungsanlage 1739, die Grenze zum Gebiet der Mapuche verlief mit dem Río Bio Bio, so dass der Ort ein wichtiger Vorposten der Kolonialregierung war. 1860 saß hier der „König von Patagonien" Orllie-Antoine I. im Gefängnis, bevor man ihn eiligst wieder nach Hause nach Frankreich schickte. Heute hat die Stadt fast 100.000 Einwohner und einiges an Industrie. Viel zu sehen gibt es nicht, aber man kann das Museo de la Alta Frontera besuchen.

Redaktions-Tipps

• Im **Parque Nacional Laguna de Laja** kann man in einem bequemen Tagesausflug (von Los Angeles aus) eine eindrucksvolle pechschwarze Vulkanlandschaft kennen lernen (S. 485).

• Das Gebiet um die **Laguna Galletue** liegt mitten im Land der Mapuche und gehört zu den absoluten Höhepunkten im Kleinen Süden, trotzdem liegt es abseits der ausgetretenen Touristenrouten, und man findet hier noch Abgeschiedenheit und Ruhe, auch in der Hochsaison, allerdings braucht man einen Mietwagen und möglichst auch eine Campingausrüstung für diese Tour (S. 490).

• Der **Parque Nacional Conguillio** (oder Las Paraguas) wird mit Recht als einer der schönsten Parks Chiles bezeichnet, hier findet man die schönsten Araukarienwälder und einen spektakulären Vulkan (S. 491).

Übernachten   Wenn man die Tour über die Laguna Galletue plant, sollte man am besten ein Zelt dabei haben oder sich darauf einstellen, dass die Unterkünfte hier so weit ab vom Schuss einfach sind. Im **PN Conguillio** gibt es einige wenige Cabañas, die unbedingt vorbestellt werden müssen. (S. 185ff).

• Direkt vor den Toren von Los Angeles gibt es ein wunderschönes kleines Hostal, **El Rincón**, (unteres bis mittleres Preissegment) in dem man gut ein paar Tage entspannen und sich verwöhnen lassen kann! (S. 185ff)

Von Los Angeles
bis Puerto Montt

Los Angeles

Lebu

P.N.
Nahuelbuta

5

Collipulli

Victoria

Parque Nacional
Laguna del Laja

Parque Nacional
Tolhuaca

Curacautin

V. Lonquimay
2890 m

Lonquimay

Liucura

Puerto
Saavedra

Temuco

Lago
Budi

V. Llaima
3125 m

Parque
Nacional
Conguillío

Paso de
Icalma
1298 m

Lago
Colico

Lago
Caburga

Parque
Nacional
Huerquehue

Villarrica

Lago
Villarrica

Pucón

Pazifischer

Ozean

Lincan
Ray

V. Villarrica
2847 m

Lanco

Lago
Calafquén

Coñaripe

Argentinien

Valdivia

Corral

Niebla

Lago
Riñihue

Chile

5

Lago
Ranco

Lago
Maihue

Parque
Nacional
Lanín

Junín de
los Andes

San Martin
de Los Andes

Lago
Ranco

V. Puyehue

Osorno

Lago 2240 m
Puyehue

Parque
Nacional
Puyehue

Entre Lagos

Lago
Rupanco

Puerto Octay

V. Osorno
2660 m

Lago
Nahuel
Huapi

Frutillar

Lago
Llanquihue

Peulla

Lago Todos
Los Santos

San Carlos
de Bariloche

Puerto Varas

Puerto Montt

V. Calbuco
2015 m

Bahía
Maullín
Maullín

Parque
Nacional
Alerce
Andino

Isla
de
Chiloé

Calbuco

Chacao

Ancud

Parque
Nacional
Hornopirén

N

0   50 km

© graphic

• Museo de la Alta Frontera Caupolicán/Colon (direkt an der Plaza)
Es zeigt eine Ausstellung mit Kunst und Gebrauchsgegenständen der Mapuche (u.a. wunderschönen Silberschmuck), Gewehre aus der Zeit der Kolonie und religiöse Bilder. Etwas außerhalb der Stadt findet man eines der **schönsten Hotels** der unteren Preisklassen in ganz Chile. Ein deutsches Ehepaar hat hier ein Haus mit dem dazugehörigen Garten hergerichtet und in ein kleines Paradies verwandelt. El Rincón ist eine prima Basis für Ausflüge in die Umgebung, oder man spannt ein paar Tage hier aus und belegt vielleicht einen Spanisch-Kurs.

Oase an der Panamericana

Die Umgebung von Los Angeles

Von Los Angeles aus lässt sich ein schöner Ausflug zum Parque Nacional Laguna de Laja machen, am einfachsten natürlich mit dem eigenen Auto, sonst nimmt man den Bus bis **Abanico**, von dort aus sind es noch 13 Kilometer bis zum Park, die man evtl. per Autostopp zurücklegen kann. Eine Strecke beträgt etwa 100 Kilometer, so dass man Hin- und Rückweg gut an einem Tag schafft.

> ☞ **Hinweise**
>
> *Das schwarze Vulkangestein heizt sich um die Mittagszeit heftig auf, deswegen ist es wichtig, genügend Getränke mitzunehmen! Und mit festen Schuhen ist man in dem scharfkantigen Geröll besser zu Fuß als in Sandalen.*

Man verlässt Los Angeles auf der Straße nach Norden (ausgeschildert Richtung Antuco). Nach 30 Kilometern erreicht man einen Abzweig zur **Hacienda Canteras**. Diesen Besitz bekam *Ambrosio O'Higgins*, seines Zeichens Mitglied der Grenztruppe, Ende des 18. Jahrhunderts für seine Verdienste zugesprochen. 1792 schickte er eine Herde von 5000 Stück Vieh von dieser Hacienda nach Osorno, um bei der Wiederbegründung der Stadt zu helfen. *Bernardo O'Higgins* erbte den Besitz und pflanzte eine Kastanie, die heute noch steht. Auf der Weiterfahrt passiert man wieder ausgedehnte Fichtenplantagen, bis die Straße anzusteigen beginnt und das Tal immer enger wird. Nach 66 Kilometern ist der Fleck **Antuco** erreicht, ein paar Kilometer weiter führt ein Abzweig zu der Ruine des **Fuerte de Ballenar**. Die Anlage wurde an dieser strategisch günstigen engen Stelle des Tals gebaut, um den am oberen Eingang des Tals gelegenen Pass verteidigen zu können. Viel zu sehen gibt es allerdings nicht mehr, die Gebäude sind alle dem Zahn der Zeit zum Opfer gefallen, nur die Grundmauern kann man noch erkennen. Man passiert den **Complejo Hidroeléctrico de Laja.** Die riesigen Fallrohre, die einen kahl rasierten Berghang hinunterführen, bieten ein eindrucksvolles Bild. Die Energie, die hier gewonnen wird, ist zur Versorgung der umfangreichen Industrien der Region bestimmt. Bei Kilometer 91 hat man den Eingang des Parks erreicht.

Parque Nacional Laguna de Laja (ⓘ S. 185)

Der Park wird beherrscht vom **Vulkan Antuco**, der einen perfekten Kegel bildet. Zum letzten Mal ist der Vulkan vor erst 150 Jahren ausgebrochen, und die frischen

Junge Lavafelder

Lavaströme sind noch überall zu sehen; schwarz und mit messerscharfen Kanten an den einzelnen Blöcken können sie fast Angst einjagen...

Schwarzes Vulkangestein, soweit das Auge reicht

Während dieses letzten Ausbruchs hat sich auch der Lavapfropfen vor die Vertiefung gesetzt, in der heute die Laguna de Laja liegt und der sie abschließt. Der See hat einen unterirdischen Abfluss, das Wasser sickert durch das poröse Gestein und tritt dann in den beiden Wasserfällen **Salto de la Chilcas** und **Salto Torbellino** wieder zu Tage (ausgeschildert und unbedingt einen Spaziergang, der insgesamt etwa eine Stunde dauert, wert!).

Am Fuß des Lavapfropfens, der die Laguna de Laja abdichtet, liegt das **Skizentrum Antuco**. Hier stehen einige Häuser, und es gibt ein einfaches Refugio, das auch im Sommer geöffnet hat. Auch Cabañas werden vermietet, aber nur während der Ski-Saison. Von hier aus kann man auch den Vulkan besteigen, es gibt einen Pfad, nach dem man die Parkwächter fragen kann. Trainierte Sportler brauchen für den Aufstieg sechs Stunden, traut man seiner Kondition nicht recht, sollte man eine Nacht einplanen und das Zelt einpacken!

Nach dem Skizentrum geht linker Hand ein Abzweig zur Laguna de Laja, die mit ihrem türkisgrünen Wasser eindrucksvoll in der schwarzen Lavalandschaft liegt. Folgt man dem rechten Abzweig, gelangt man über einen holperigen Weg, der nur mit Vierradantrieb zu bewältigen ist, jenseits der Grenze des Parks zur internationalen Route über den Paso Pichachén nach Neuquen in Argentinien. Die Grenzkontrolle wird an der Parkgrenze vorgenommen.

Zum Alto Bio Bio und Stausee Pangue

Durch das Tal des legendären Río Bio Bio führt ein Tagesausflug zu einem Stausee am Oberlauf des Flusses. Ein Weg beträgt etwa 100 Kilometer, und man nimmt am besten ein Picknick mit. Man fährt von Los Angeles aus zunächst ein Stück auf der Panamericana nach Süden und biegt dann nach Osten Richtung Santa Barbara ab. Der Weg führt hier noch durch ein breites Tal, und man passiert kleine Siedlungen und einzelne Höfe. Nach 43 Kilometern hat man **Santa Barbara** erreicht, eine kleine Stadt mit 5.500 Einwohnern. Früher war dieser Ort ein wichtiger Handelsplatz für den Austausch von Gütern zwischen den Spaniern und den Pehuenche.

Bei Ralco wurde am 11. Oktober 2004 unter Beteiligung zahlreicher Politprominenz die **größte Wasserkraftanlage Chiles** eingeweiht – ohne die Teilnahme von Präsident *Lagos*. Diese Tatsache nahmen vor allem die Gegner des Projekts, Natur-

10. Der Kleine Süden: Von Los Angeles bis Puerto Montt – Von Chillán nach Los Angeles über die Panamericana/Von Los Angeles nach Temuco durch die Anden

487

schützer und Mapuche-Organisationen wohlwollend zur Kenntnis. Seit 1989, als erste Pläne zum Bau des Staudammes an die Öffentlichkeit drangen, entwickelte sich ein an Heftigkeit zunehmender Konflikt zwischen den Pehuenche-Familien, die hier seit Jahrhunderten siedelten und dem spanischen Energie-Konzern ENDESA, dem Hauptbetreiber des Projekts. Umweltschützer und Vertreter der Pehuenche werfen Freis Vorgänger *Ruiz-Tagle* vor, bei der Genehmigung des Vorhabens geltendes Recht nicht beachtet und Vorschriften außer Kraft gesetzt zu haben. Der Staudamm steht, die Familien, die ihr Land verloren haben, wurden entschädigt. ENDESA ist hochzufrieden mit seinem Erfolg und plant weitere Staudämme vor allem im Süden des Landes, während die Umweltschützer weitreichenden Widerstand angekündigt haben.

Ab jetzt folgt die Straße dem Lauf des Bio Bio, und die Landschaft wird immer schöner, je höher man kommt: man fährt vorbei an blühenden Wiesen und durch Wälder, immer den Fluss im Blick. Auch der bietet viel Abwechslung, mal quält er sich durch enge Schluchten, manchmal ist das Flusstal weit und offen. Der Fluss ist ein Mekka für Rafter, einige der schönsten Stromschnellen sind allerdings durch ein Projekt zur Wasserkraftgewinnung verloren gegangen, eben jenen **Stausee Pangue**, zu dem der Ausflug geht. Die Central Hidroeléctrica Pangue wurde erst im März 1997 eingeweiht, und auch diesem Ereignis waren heftige Querelen vorausgegangen. Der künstliche Stausee liegt wunderschön zwischen bewaldeten Hügeln und wenn man noch einige Kilometer am Seeufer entlang fährt, gelangt man zu den **Termas de Avellano**. Hier wohnen einige Pehuenche-Familien, auf deren Wiesen man gegen ein kleines Entgelt am Flussufer auch sein Zelt aufbauen kann.

Stausee auf dem Land der Pehuenche

Von Los Angeles nach Temuco durch die Anden

Auf dieser Tour abseits der Panamericana durchquert man das Land der Mapuche: einsame Bergdörfer, beeindruckende Araukarienwälder und der Ursprung des Río Bio Bio liegen am Weg. Man lernt eine jahrhundertealte Kulturlandschaft kennen, die zu Füßen erloschener und noch aktiver Vulkane liegt; in dieser Region gehört die Rundfahrt sicherlich zu dem Schönsten was Chile zu bieten hat. Es lohnt sich, ein Zelt mitzunehmen, an den schönsten Stellen der Strecke gibt es keine Hotels, wohl aber Campingplätze. Man verlässt Los Angeles nach Süden auf der Ruta 5 und hat bis Victoria erst einmal ein Stück langweiliger Panamericana vor sich. Victoria wurde 1881 während der endgültigen Eroberung Araukariens als Fort gegründet; hier verlässt man die Ruta 5 und fährt nach Osten direkt auf die Anden zu. Hier gibt es kaum noch Fichtenplantagen, die Hügel sind mit einem freundlichen Laubwald bewachsen. Hat man das Städtchen Curacautin (12.000 Einwohner) hinter sich gelassen, fährt man durch eine wunderschöne Kulturlandschaft: blühende Wiesen wechseln sich mit Feldern und kleinen Waldinseln ab. Rechts an der Straße liegen die **Termas de Manzana,** hier kann man eine Pause einlegen, im 48°C warmen Wasser baden und sich sonnen.

Eine der schönsten Touren der Region!

Man fährt jetzt an der Grenze der **Reserva Nacional Malalcahuello** entlang, das weiter nördlich in die **Reserva Nacional Nalca** übergeht. Die beiden Schutzge-

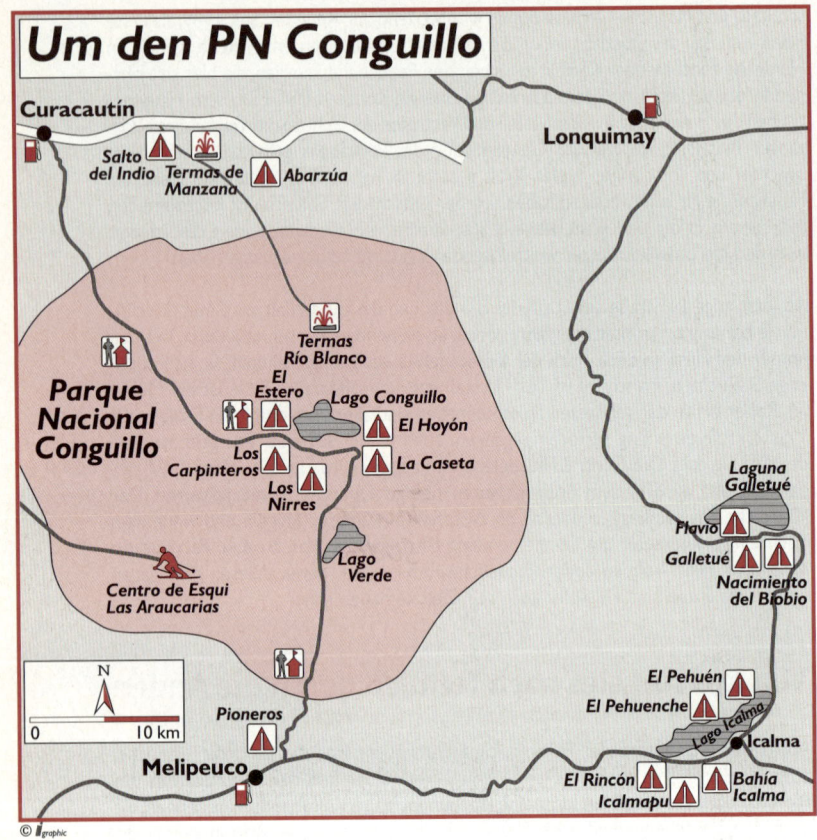

Um den PN Conguillo

Curacautín

Salto del Indio — Termas de Manzano — Abarzúa

Lonquimay

Parque Nacional Conguillo

Termas Río Blanco

El Estero

Lago Conguillo

El Hoyón

Los Carpinteros

La Caseta

Los Nirres

Lago Verde

Centro de Esqui Las Araucarias

Laguna Galletué

Flavio

Galletué

Nacimiento del Biobío

N

0   10 km

Pioneros

El Pehuén

El Pehuenche

Icalma

Melipeuco

El Rincón Icalmapu

Bahía Icalma

© graphic

biete haben zusammen etwa eine Fläche von 31.000 ha und wurden eingerichtet, um die dichten Laubwälder, die hier an den steilen Hängen wachsen, zu schützen. Im Winter fahren viele Chilenen in das Skigebiet am **Vulkan Lonquimay**, im Sommer gibt es hier nicht viel Tourismus. Der Eingang zu den beiden Schutzgebieten liegt in dem Dörfchen Malalcahuello. Bevor man das erreicht, kommt man aber noch an *Heilige* zwei großen Lavablöcken vorbei, die für die Mapuche eine kultische Bedeutung *Steine der* haben. Fünf Kilometer vor Malalcahuello liegt die **Piedra Cortada,** einen Kilo- *Mapuche* meter vor dem Ort die **Piedra Santa**. Die Mapuche besuchten die Steine auf dem Weg über die Kordillere zu Familien und Verwandten in der Pampa Argentiniens. Hinter Malalcahuello gabelt sich der Weg, und man muss sich für eine der beiden Routen entscheiden, die beide nach Lonquimay führen. Eine Möglichkeit ist es, den Weg vorbei am Vulkan Lonquimay und seinem Skizentrum zu nehmen, die andere, den längsten Tunnel Südamerikas zu durchqueren.

Alternative A: Über den Vulkan Lonquimay und die Cuesta de los Raíces

Nachdem man Malalcahuello durchquert hat, nimmt man den Abzweig nach Norden, ausgeschildert zum Vulkan Lonquimay. Nach vier Kilometern kommt ein weiterer Abzweig in nördliche Richtung. Der Weg führt durch einen wunderschönen Arauka-rienwald, dessen Bäume mit zunehmender Höhenlage immer niedriger werden, bis man schließlich die Baumgrenze erreicht. Am Fuß des Vulkans liegt das Skizentrum Lonquimay. Hier gibt es ein einfaches Refugio, das ganzjährig bewirtschaftet ist. Die Skipiste führt über die vegetations-, aber auch steinlose Vulkanasche. Der Lonquimay ist 2.865 m hoch und der letzte Ausbruch liegt noch nicht lange zurück: am 25. Dezember 1988 spuckte er zuletzt Glut und Asche. Man kann den Vulkan besteigen, der Inhaber des Refugios bietet Führungen den Vulkan hinauf und auch zum Krater Navidad an, der beim letzten Ausbruch entstand. Der Weg wird jetzt immer schlech-ter, die Landschaft aber immer schöner: dichte Araukarienwälder und immer wieder wunderschöne Ausblicke bis nach Argentinien hinüber.

Baum-grenze

Alternative B: Durch den Tunnel Los Raíces

Um den Tunnel zu erreichen, folgt man einfach der asphaltierten Stra-ße. Der Tunnel hat eine Länge von 4.528 m und wurde auf einer Höhe von 1.010 m ü.NN durch den Berg gegraben. Gebaut hat man ihn in den Jahren 1929-39 als Teil eines ehrgeizigen Projektes, eine Verbin-dung von Ozean zu Ozean durch den ganzen Kontinent zu schaffen. Das Projekt ist an dieser Stelle nicht vollendet worden, inzwischen denkt man über eine ähnliche Verbindung in der Nähe von Anto-

Vor dem Tunnel Los Raíces

fagasta nach. Der Tunnel ist so schmal, dass er nur in eine Richtung befahrbar ist, der entgegenkommende Verkehr muss jeweils warten, bis die Kolonne von der anderen Seite den Berg durchquert hat. Für das Jahr 2005 sind allerdings Baumaßnahmen geplant, so dass sich die Situation eventuell verbessern wird.

Nur in eine Richtung befahrbar

Vom Ausgang des Tunnels sind es noch 20 Kilometer bis zu dem kleinen Ort **Lonquimay,** der eine kleine Besonderheit in den chilenischen Anden ist. Eigentlich wird die Grenze nach Argentinien von den höchsten Andengipfeln gebildet, Lon-quimay liegt jedoch östlich der höchsten Gipfel. Chile reklamierte den kleinen Ort für sich, weil er im Wassereinzugsgebiet des Río Bio Bio liegt. Von Lonquimay aus kann man auf der Straße entlang des Río Bio Bio immer weiter nach Osten fahren, durch die **Reserva Nacional Galletue** und die **Reserva Nacional Alto Bio Bio**, bis man nach 87 Kilometern die argentinische Grenze am Paso Pino Hachado auf 1.884 m Höhe erreicht. Die Grenzformalitäten müssen schon in **Liucura** erle-digt werden.

Will man nicht nach Lonquimay, kann man etwa 18 Kilometer nach dem Ausgang des Tunnels den Abzweig nach Questa La Fusta und Quinquen nehmen. Der Weg schraubt sich durch uralte Araukarienwälder den Berg hinauf, vorbei an kleinen Wiesenflecken und wunderbaren Ausblicken. Nach der Überquerung einer kleinen Bergkette *Einzigartige* erreicht man die **Laguna Gal-** *Landschaft* **letue,** die als der Quellsee des Río Bio Bio gilt.

An der Laguna Galletue

An dem See gibt es einige schöne Campingplätze, und es lohnt sich, zumindest eine Nacht hier zu verbringen: in dem samtweichen Wasser der Lagune und des jungen Bio Bio kann man wunderbar baden und die einsame Landschaft mit einem rauchenden Vulkan am Horizont ist besonders bei Sonnenaufgang oder -untergang *Land der* atemberaubend schön. Die Mapuche-Familien hier leben von ein wenig Viehhaltung, *Mapuche* sie weben und stricken Pullover und Teppiche aus der Wolle ihrer Schafe und sammeln die Samen der Araukarien (die Wälder hier gehören alle einzelnen Familien!), aber große Reichtümer lassen sich damit nicht verdienen.

INFO   ## Araukarien-Nüsse: Die Speise der Mapuche

Die Samen der Araukarie fallen im Herbst, in den Monaten März bis Mai, aus, ein Langschnabelsittich hilft dabei oft durch das Herauszupfen einzelner Samen nach. Den Winter überdauern sie unter der Schneedecke wie in einem Kühlschrank. So können sie entweder schon im Herbst oder aber auch erst im nächsten Frühling gesammelt werden. Die Mapuche errichten für die Zeit des Sammelns einfache Hütten, in denen sie übernachten können, ohne jedes Mal zu ihren Siedlungen zurückkehren zu müssen.

Die Samen werden auf unterschiedliche Weise konserviert und weiterverarbeitet. So bereiten die Frauen z. B. aus den zermahlenen Samen und getrockneten süßen Beeren ein Gebäck zu. Zur Aufbewahrung werden die Nüsse auf eine Schnur aufgezogen, auf der sie auch zum Räuchern über das Feuer gehängt werden können. Eine etwas kompliziertere Konservierungsmethode besteht darin, in der Nähe eines Baches ein Loch auszuheben, das

Araukarien

mit mehreren hundert Kilo von Nüssen gefüllt wird. Dann wird der Bach durch das Loch geleitet, wobei Verunreinigungen wie Blätter und Zweige vorher ausgefiltert werden. Unter Wasser halten sich die Nüsse mehrere Jahre lang, wobei wahrscheinlich eine unter Sauerstoffabschluss stattfindende Gärung abläuft. Auch in einer Art Erdofen wurden die Samen früher aufgehoben. Dazu musste ein Loch ausgehoben werden, das mit erhitzten Steinen ausgekleidet wurde. In dieses Loch gab man die Nüsse und bedeckte sie mit mehreren Schichten von Bambus und schließlich einer Erdschicht.

Auch wenn die Samen der Araukarie früher sicher eine wichtige Nahrungsergänzung darstellten (heute ist ihre Bedeutung stark eingeschränkt), ist es doch sehr fraglich, ob sie tatsächlich als Hauptnahrungsquelle gedient haben, wie heute manchmal behauptet wird.

Von der Laguna Gualletue aus fährt man weiter zum **Lago Icalma** und dem gleichnamigen Ort, auch hier gibt es schöne Campingplätze und auch einfache Residenciales. Von hier aus lässt sich wieder ein Grenzübergang nach Argentinien erreichen, der am Paso Icalma nämlich, welcher mit 1.298 m über dem Meeresspiegel einer der niedrigsten Andenpässe überhaupt ist.

Weitflächige Rodungen

Bis zu dem kleinen Ort **Mellipeuco** sind es 53 Kilometer, auf denen der Weg fast dauernd bergab führt; zuerst noch durch dichte Wälder, dann immer mehr durch lichte Bergwiesen, auf denen teilweise noch die Stämme der gerodeten Araukarien grau verwittert liegen. Hier gibt es einige Geschäfte, ein Residencial und den Abzweig zum Parque Nacional Conguillio.

Der Parque Nacional Conguillio

Dieser Park mit seinem rauchenden Vulkan, seinen Lagunen und wunderschönen alten Wäldern gehört zu den schönsten Schutzgebieten Chiles. Er wird auch Las Paraguas genannt, nach den Araukarien, die tatsächlich manchmal wie große Schirme aussehen. Der Name Conguillio leitet sich von einem Pehuenche-Wort her, das in etwa „Wasser mit Pinien-Nüssen" bedeutet; früher wurden die Nüsse der Araukarien jedes Jahr von den Pehuenches geerntet.

Der Park der Regenschirme

Der Park hat eine Fläche von etwas über 60.000 ha und sein höchster Gipfel erreicht 3.125 m, unter Schutz gestellt wurde das Gebiet schon 1950. Das Herzstück des Parks ist der **Vulkan Llaima**, der mit seinem Doppelkrater von 2.920 und 3.125 m sogar von der etwa 80 Kilometer entfernten Panamericana aus zu sehen ist. Der Vulkan ist aktiv, wie die Rauchwölkchen, die ständig aus seinem Krater aufsteigen, eindrucksvoll belegen. Die Lavaströme, die von seinem Kegel herabgeflossen sind und in der Bewegung erstarrt scheinen, haben unterschiedliche Alter. Generell kann man sagen, je schwärzer sie sind, desto jünger, da die dunklen Mineralien am wenigsten verwitterungsresistent sind und als erste zerfallen. Die Lava des Vulkans Llaima hat den Río Traful Traful blockiert und ihn zu drei Seen aufgestaut. Bei dem letzten Ausbruch 1957 entstand die **Laguna Captrén**. Der größte der

drei Seen ist die **Laguna Conguillio**; die Lavaströme reichen
fast bis an das Ufer, und der See
wird von unterirdischen Was-
serzuflüssen gespeist; das Lava-
gestein ist so porös, dass Wasser es ohne weiteres durchsi-
ckern kann. Nördlich der Laguna
Conguillio erhebt sich die Sierra
Nevada, deren Gipfel auch noch
im Sommer schneebedeckt sind
und an deren Fuß sich Araukarienwälder angesiedelt haben.

Las Paraguas

Neben den ausgedehnten Beständen an Araukarien, die zu den schönsten in ganz
Chile gehören, gibt es Laubwälder mit verschiedenen Coigüe-Arten; im Regenschat-
ten des Vulkans Llaima haben sich trockenheitsresistente Koniferen-Wälder ange-
Reiche siedelt. Zwischen den Araukarien wächst eine **wilde Erdbeerenart,** die Quellén
Wald- *(Fragaria chiloensis),* welche im Frühjahr weiß-gelbe Blüten trägt und im Dezember
vegetation rote, essbare Beeren produziert. In den einsameren Gebieten des Parks leben der
Puma und das Pudú, auch den Llaca (oder Monito del Monte) kann man mit etwas
Glück entdecken.

Der Park hat zahlreiche längere und kürzere Wanderwege in den verschiedenen
Bereichen, so dass man ganz unterschiedliche Landschaften kennen lernen kann.

Schwarze Kommt man von Süden in den Park, erreicht man zunächst (auf einer atemberauben-
Lava – den Holperpiste, die den Stoßdämpfern das Letzte abverlangt) die Laguna Verde, die
grünes am Fuß eines ausgedehnten Lavafeldes liegt. Im Sommer kann es in dieser schwarzen
Wasser Lavawüste, in der
sich bisher kaum
neue Vegetation
ansiedeln konn-
te, backofenheiß
werden.

Hier gibt es ei-
nen kurzen Pfad
(ca. 800 m), ei-
nen schwarzen
Strand und einen
Parkplatz. Jetzt
erreicht die Stra-
ße den Wald,
durch die Bäume
kann man aber
immer wieder die

Der PN Las Paraguas: schon in den 50er Jahren ein beliebtes Ziel

10. Der Kleine Süden: Von Los Angeles bis Puerto Montt – Von Los Angeles nach Temuco durch die Anden/Über die Panamericana von Los Angeles nach Osorno

493

scharfkantigen Lavablöcke und das Lavafeld sehen, das der Llaima bei seinen verschiedenen Ausbrüchen ausgespuckt hat. An der Laguna Conguillio liegen die meisten Campingplätze des Parks, es gibt ein kleines Restaurant, und hier beginnen auch einige der Wanderwege. Von hier aus kann man auch den **Vulkan Llaima** besteigen. Man kann aber auch vom Skizentrum an der Südwest-Flanke starten, hier ist die Steigung geringer, und man spart einige 100 m an Höhe. Bis Ende Januar braucht man Steigeisen und Pickel; bisher kann man den Vulkan ohne Führer besteigen, aber in den letzten Jahren hat es immer wieder Unfälle gegeben, so dass die Parkverwaltung darüber nachdenkt, die Besteigung nur noch mit Führer zu erlauben. Weitere Informationen kann man im Besucherzentrum einholen.

Eine der schönsten Wanderungen führt in die **Sierra Nevada.** Sie ist in einer Tagestour zu bewältigen, Hin- und Rückweg zusammen haben etwa eine Länge von 22 Kilometern. Man läuft von der Cafeteria an der Laguna Conguillio Richtung Osten los, zunächst entlang des Seeufers, bis man zur Playa Linda gelangt. Hier gibt es einen Parkplatz und man kann auch direkt von hier aus starten. Der Weg beginnt jetzt anzusteigen und taucht in den Wald ein. Am Fuß der Bergkette dominiert noch Laubwald, dann mischen sich immer mehr Araukarien zwischen die Coigües. Weiter oben hört die Vegetation ganz auf, und man kommt an Schneefeldern vorbei. Der Endpunkt der Wanderung ist ein Aussichtspunkt, von dem aus man einen spektakulären Blick über die Laguna Conguillio, auf den Vulkan Llaima und bis zum Vulkan Villarrica in der Ferne hat.

Spektakulärer Blick

Ein weiterer Weg von der Cafeteria an der Laguna Conguillio führt zur **Laguna Captrén,** einem kleinen, relativ jungen See, wie die Stümpfe ertrunkener Bäume beweisen. Der Weg hat eine Länge von etwa 4 Kilometern, man kann die Lagune umrunden und anschließend auf der Straße zurücklaufen.

Über die Panamericana
von Los Angeles nach Osorno

Von Los Angeles bis zur nächsten größeren Stadt Temuco sind es 162 Kilometer auf der Panamericana, die hier durch eine wenig attraktive Landschaft führt: Wiesen und Weiden bis zum Horizont, manchmal unterbrochen von kleinen Waldstücken.

☞ Tipp

Wenn man schöne Mitbringsel sucht, sollte man sich die Märkte von Temuco nicht entgehen lassen, nirgendwo sonst ist die Auswahl an Mapuche-Kunsthandwerk so groß!

Temuco (ⓘ S. 185)

Temuco ist das wirtschaftliche Zentrum der Region Araucaria und auch die Hauptstadt der 9. Region. Hier leben über 200.000 Menschen, und die Stadt ist der wich-

- Villarrica und Pucón, die beiden Nachbarorte am Lago Villarrica, haben sich in den letzten Jahren zu einem Mekka für Outdoor-Fans entwickelt.
- Wenn in Osorno gerade **Viehmarkt** ist, sollte man sich dieses Spektakel nicht entgehen lassen! (S. 510)
- Schön zum Wandern und Baden ist der **Parque Nacional Puyehue**, hier gibt es ebenfalls Thermen (S. 512).
- Vom malerischen Naturbecken bis zum Luxusbad – im Hinterland von Pucón sprudeln eine Vielzahl von **Thermalquellen** (S. 185 ff).
- Möglichkeiten zu Vulkanbesteigungen gibt es im Kleinen Süden in verschiedenen Schwierigkeitsgraden, z. B. am **Osorno** (S. 185 ff) und am **Villarrica** (S. 185 ff).
- In Valdivia ist die deutsche Vergangenheit noch an vielen Stellen sichtbar, lohnend ist ein Besuch im **Museo Histórico y Antropológico Maurice van de Maele**.
- Eine Tour auf dem **Pferderücken** in der Umgebung von Villarrica und Pucón kann sehr intensive Naturerlebnisse vermitteln (S. 185 ff).

Übernachten   In **Villarrica**: **La Torre Suiza** ist inzwischen lange kein Geheimtipp unter Travellern mehr, aber immer noch kann man hier gut andere Rucksackreisende treffen. Die **Hostería Kiel** liegt schön am Seeufer und bietet gediegenen Komfort (S. 185ff).
- In **Pucón**: Das Gästehaus **La Tetera** hat freundliche Zimmer zu guten Preisen (unteres bis mittleres Segment), das Hotel **Munich** sieht tatsächlich ein wenig wie ein bayerischer Landgasthof aus (S. 185ff).

Essen   In **Villarrica**: Das Restaurant **Yachting Kiel** hat eine schöne Terrasse am Seeufer und guten Fisch und Meeresfrüchte.
- **In Pucón**: Die **Bäckerei Holzapfel** ist die richtige Adresse für die nachmittägliche Kuchenschlacht, im **Restaurant école** bekommt man auch vegetarische Gerichte (S. 185ff).

Wenn Sie nach Bariloche in Argentinien weiterreisen, z. B. um nach Südchile zu gelangen, versäumen Sie nicht die Gelegenheit, eines der berühmten **argentinischen Steaks** zu essen (S. 185ff).

tigste Marktort für die Mapuche, die hier ihr Kunsthandwerk verkaufen. Außerdem gibt es in der Region eine blühende Landwirtschaft, vor allem Getreide wird angebaut und über Temuco vermarktet; die Gegend wird auch Kornkammer Chiles genannt. In den letzten Jahrzehnten hat sich Temuco in eine der sich am schnellsten entwickelnden Städte des Landes verwandelt. Das liegt einerseits an der zunehmenden Industrialisierung, andererseits an den Touristen, die immer zahlreicher kommen.

• Die Geschichte der Stadt

Pedro de Valdivia kam auf seinem Weg nach Süden durch die Gegend des heutigen Temuco und war begeistert: das Land gehörte den Mapuche, die hier Ackerbau betrieben und ihre Lama-Herden weiden ließen. In einem Brief nach Spanien schrieb er, etwas Vergleichbares habe er noch nie gesehen.

55 Kilometer vom heutigen Temuco entfernt an der Küste gründete er die **Ciudad Imperial**, die sich zu der wichtigsten und größten Stadt während der Eroberungszeit entwickelte. Aber die Mapuche schauten sich schnell die Kriegstechniken der neuen Herren ab, vertrieben sie und hatten ihr Land für die nächsten 280 Jahre erst einmal wieder für sich. Als dann die Spanier Ende des 19. Jahrhunderts wieder in das Mapuche-Land eindrangen, wurde Temuco 1881 als Fort gegründet und schnell entwickelte sich eine kleine Siedlung um die Verteidigungsanlage. Und schon

1883 kamen die ersten Siedler aus Übersee, hauptsächlich aus England, Spanien, der Schweiz und Deutschland, die auch ihren Teil dazu beitrugen, dass Temuco immer größer wurde.

Es dauerte nicht lange, bis man auch eine Eisenbahnstrecke nach Temuco anlegte, und damit hatte sich die Stadt endgültig etabliert.

• Sehenswertes in Temuco

Temuco ist eine freundliche Stadt, in der man gut einen Tag verbringen kann, ein interessanter Markt lockt und ein Naturschutzgebiet direkt vor den Toren der Stadt lädt zur Erholung ein.

Das Zentrum gruppiert sich im bewährten Schachbrett-Muster (obwohl die Zeit der Kolonie ja schon zu Ende war, als die Stadt gegründet wurde) um die **Plaza Anibal Pinto** herum. Einmal im Jahr im Frühling (variables Datum, meistens in der zweiten Februarhälfte) treffen sich hier Kunsthandwerker aus ganz Chile und belegen mit ihren Ständen den ganzen Platz. Aber auch sonst lässt es sich unter den hohen alten Bäumen wunderbar flanieren oder auf einer der Bänke ausruhen.

Die beiden Straßen Bulnes und Prat sind von der Plaza aus nach Norden die wichtigsten Geschäftsstraßen, und über die C. Bulnes gelangt man drei Blocks weiter zum **Mercado.** Der ist bunt und vielfältig, es gibt hauptsächlich Mapuche-Kunsthandwerk, und wenn man auf der Suche nach etwas Besonderem ist, kann man hier Glück haben: die Auswahl ist so groß wie sonst fast nirgendwo. Außerdem gibt es Gemüse und Obst, Fisch und Meeresfrüchte und kleine Restaurants, in denen man die Produkte des Marktes frisch zubereitet genießen kann. In der Nähe des lokalen Busbahnhofs *Terminal rural* liegt an der Avda. Anibal Pinto/Avda. Balmaceda die **Feria libre**, eine bunte Ansammlung von vielen kleinen Ständen, an denen ebenfalls Mapuche ihre Produkte verkaufen.

Sehenswerter Markt

Etwas ausserhalb des Zentrums (auf der Barros Arana Richtung Norden) wurde 2004 das

Museo Ferroviario Pablo Neruda, Barros Arana 565

eingeweiht. 14 Lokomotiven, ein paar Waggons (unter anderem ein präsidialer Waggon), der 1923 in Deutschland gebaut wurde), können Eisenbahnfreunde hier bewundern.

Zum Museo Regional de la Araucanía nimmt man am besten ein Colectivo oder Taxi, es liegt etwas abseits des Zentrums.

Museo Regional de la Araucanía, Avda. Alemania 84

Hier wird eine sehenswerte Ausstellung zur Kultur der Mapuche, zur Kolonisierung der Gegend und auch zur Geschichte der deutschen Einwanderung gezeigt.

Im Norden der Stadt liegt das Naturschutzgebiet **Cerro Ñielol**. Das *Monumento Natural* hat eine Fläche von fast 90 ha, und hier kann man besonders gut die Nationalblume Chiles, die Copihue (*Lapageria rosea*), bewundern, sie blüht zwischen März und Juli/August. Hier fand 1881 ein Treffen zwischen den Spaniern und den Mapuche

Nationalblume Chiles

© **i**graphic

statt, auf dem ein friedliches Zusammenleben vereinbart wurde und die Mapuche das Gelände zur Gründung der Stadt zur Verfügung stellten. Ob sie das freiwillig taten, wird nicht berichtet...

Am nördlichen Ausgang der Stadt zur Panamericana (18 km vom Zentrum) liegt der neue **Zoo**, in dem etwa 80 vorwiegend einheimische Arten in einem schönen Park gezeigt werden. Es gibt eine Cafeteria und einen Spielplatz, so dass der Zoo besonders für reisemüde Kinder eine willkommene Abwechslung bietet.

Wenn man Bedarf an Reiseandenken hat, kann man 16 Kilometer westlich von Temuco (an der Straße nach Nueva Imperial) eine **Mapuche-Gemeinschaft** besuchen. Hier werden vor allem Silberschmuck und Webarbeiten verkauft.

Chilenische Schweiz

Im Süden von Temuco beginnt das **Land der Seen.** Wie aufgereiht liegen sie am Fuß der Kordillere, von den Gletschern der letzten Eiszeiten ins Gestein geschürft. Die chilenische Schweiz wird diese Gegend oft genannt, und die Landschaft ist wunderschön: die Seen liegen eingebettet in eine Kulisse aus Wiesen und Feldern, dazwischen gestreute Waldflecken und im Hintergrund die Kette der schneebedeckten Vulkankegel. Die nächste Station ist einer der nördlichsten Seen, der Lago Villarrica, mit den Städten Villarrica und Pucón.

Villarrica und Pucón

• Villarrica

Reiche Stadt – der Name ist Programm. Der Stadt mit ihren 25.000 Einwohnern geht es gut, überall wird gebaut und die Straßen sehen proper aus. Der deutsche Einfluss ist sichtbar, sowohl in der Architektur als auch in den Straßennamen.

Pedro de Valdivia entdeckte den See mit dem majestätischen Vulkan als Kulisse auf seiner Reise nach Süden, und 1552 wurde **Santa Maria Magdalena de Villa Rica** gegründet. Fünfzig Jahre später lebten ca. 600 Spanier in der Stadt, es gab eine Getreidemühle und sogar eine Stoffmanufaktur. Während des großen Mapuche-Aufstandes wurde die Stadt angegriffen und dem Erdboden gleichgemacht; die Verbindungen zu den anderen Siedlungen der Kolonialherren waren vollständig abgebrochen und die wenigen Bewohner der Stadt, die den Angriff überlebt hatten, starben nun elendig an Hunger und Krankheiten. Immerhin hielten einige wenige den Widerstand gegen die Mapuche bis 1602 aufrecht, aber am 7. Februar ergaben sie sich, übrig geblieben waren nur noch 11 Männer und 13 Frauen.

Lange Belagerung

Die Geschichte der Belagerung Villarricas ist heute nur deshalb überliefert, weil einige dieser Bewohner später aus der Mapuche-Gefangenschaft befreit wurden und erzählen konnten, was ihnen passiert war. Für 280 Jahre war die Stadt vergessen, dann kam es am 31. Dezember 1882 zu einem Treffen der chilenischen Regierung mit über 300 Häuptlingen und Führern der Mapuche. Es wurde eine Vereinbarung zwischen den beiden Parteien getroffen, und Villarrica konnte am 1. Januar 1883 neu gegründet werden. In den folgenden Jahren begannen die Chilenen, auch die umliegenden Gebiete zu kolonisieren, und die Mapuche wurden in Reservate an den Hängen des Vulkans Villarrica verbannt. Das eindrucksvolle Panorama mit dem perfekten Konus des Vulkans hinter dem blauen See sorgte dafür, dass Villarrica schon bald nach der Wiederbegründung zu einem beliebten Reiseziel wurde. Man musste damals mit dem Zug bis nach Freire fahren, und von dort aus sieben Stunden auf dem Pferderücken auf sich nehmen, bis ab 1924 eine Art Autobus die Strecke bediente.

Mapuche verloren ihr Land

Blick über den See

Auch heute noch hat der Fremdenverkehr einen herausragenden Stellenwert im Leben der Stadt. Überall gibt es Hotels, Agenturen und Souvenirläden, und auch der internationale Tourismus hat die Stadt längst erreicht.

Sehenswertes in Villarrica

Die meisten Touristen kommen nach Villarrica, um im See zu baden, den Vulkan zu besteigen oder sonst eine Tour in die Um-

gebung zu unternehmen. Viele ausgesprochene Sehenswürdigkeiten gibt es nicht, aber man kann es gut aushalten in den hübschen Straßen oder am Strand. Die Hauptgeschäftsstraße ist die C. Pedro de Valdivia, hier haben sich viele Tourenveranstalter angesiedelt, zum Preis- und Angebotsvergleich hat man nicht viel zu laufen. An der Ecke Pedro de Valdivia/Acevedo gibt es einen großen **Kunsthand-**

werksmarkt, auf dem die traditionellen Werkstücke der Mapuche
verkauft werden: handgewebte Woll-
teppiche, Pullover, Strümpfe und
verschiedene Dinge aus Holz.

Sehenswert ist das
**Museo Histórico
Arqueológico**,
Pedro de Valdivia/Julio Zegers
Es zeigt eine Ausstellung mit Ma-
puche-Kunst und Gebrauchsgegen-
ständen, auch eine der traditionel-
len Wohnhütten ist zu besichtigen.

Am Kunsthandwerksmarkt

• Pucón

Auch Pucón liegt am Lago Villarrica,
und obwohl die Stadt um fast zwei
Drittel kleiner ist, hat sie den
Nachbarort, was den Tourismus an-
geht, inzwischen überflügelt. Hier
trifft sich alles, was in der Rafter-
Welt Rang und Namen hat, und der
Ort hat sich auf das internationale
Publikum eingerichtet: es gibt von
der Agentur für Outdoor-Unter-
nehmungen bis zum gemütlichen
Café und zur Disko alles, was einen
Urlaub für sportbegeisterte Touris-

Die deutschen Wurzeln sind überall sichtbar

ten zum Erlebnis werden lässt. Einen Nachteil hat die Anziehungskraft, die die Stadt auf *Internationale*
Touristen in aller Welt ausübt: in der Hochsaison ähnelt sie ein wenig einem *Touristen*
Rummelplatz, der eine mag's, der andere nicht. Aber eine Stippvisite in dem hübschen *kommen in*
Städtchen mit seiner anheimelnden Holzarchitektur lohnt sich allemal! Und man muss *Scharen*
auch kein Hochleistungssportler sein, um an Pucón und seiner Umgebung Gefallen zu
finden: man kann sich auch einfach an der wunderschönen Landschaft erfreuen und
sich an den Hunderten von Seen oder in den Thermalbädern entspannen.

Pucón wurde als Fort und Truppenübungsplatz 1883 angelegt; die Regierung wollte
die Andenpässe der Umgebung von hier aus kontrollieren, weil die argentinische
Regierung Bestrebungen erkennen ließ, die Gegend unter ihre Herrschaft zu bringen. Noch im 19. Jahrhundert kamen deutsche Händler, die Geschäfte mit Holz und
Leder machten, unter ihnen ein Herr Holzapfel, dessen Name bis heute als Straßen-
name verewigt ist. Anfang des 20. Jahrhunderts vergab die Regierung dann Konzessionen für die Gegend um die Siedlung, und es kamen weitere deutsche Siedler. Die
Mapuche-Bevölkerung musste weichen, man zwang sie, sich in Reservate zurückzu-
ziehen. Der Tourismus kam 1934 richtig in Schwung, als das Gran Hotel Pucón gebaut wurde, es hatte einen kleinen Park und einen Golfplatz. Die Sommerfrischler

© *i*graphic

Bummeln
und
Entspannen

mussten damals noch in Villarrica von der Eisenbahn auf ein Schiff umsteigen, das sie dann nach Pucón brachte. In den 70er Jahren des 20. Jahrhunderts wurde auch die Umgebung erschlossen, und es kamen neben den Sportfischern auch Künstler, die dem Ort eine gewisse Exklusivität verliehen. Sehenswürdigkeiten gibt es in Pucón keine, man kann einfach durch die hübschen Straßen flanieren, sich in ein Café setzen oder an der **Playa Grande** ein Sonnenbad nehmen.

Ausflüge in die Umgebung von Villarrica und Pucón

• Zum Lago Caburgua

Nur 25 Kilometer von Pucón entfernt sind der See und seine Strände ein populäres Ziel für Tagesausflügler und Radfahrer. In Caburgua gibt es einen kleinen Campingplatz, Cabañas, ein paar kleine Läden und eine Bushaltestelle. Beiderseits des Ortes kann man baden – das Wasser ist allerdings auch im Sommer sehr kalt! An der westlich des Ortes gelegenen *Playa Blanca* schimmern die Mineralien in der Sonne, daher der Name Weißer Strand. Östlich des Ortes liegt die *Playa Negra* mit ihrem schwarzen vulkanischen Sand. Etwa sechs Kilometer südlich des Ortes gelangt man zu den *Ojos de Caburgua*, wo Wasser, das den See unterirdisch verlässt, in zwei Wasserfällen hinter dem Lavapfropf hervorbricht, der den See abschließt. Hier gibt es einen beliebten Picknickplatz. Eine sehr lohnende Übernachtungsmöglichkeit am Lago Caburgua ist das **Landhaus Sebastian**, ein von einem deutschen Ehepaar geführtes Gästehaus mit Restaurant auf einem wunderschönen Grundstück. Nähere Informationen dazu in den Regionalen Reisetipps, S. 185 ff.

Zum Parque Nacional Huerquehue (ⓘ S. 185)

Von Pucón aus am schnellsten zu erreichen, ist dieser Park ein beliebtes Ziel für Tagesausflüge, aber auch für längere Touren lohnt sich der Weg. Man verlässt Pucón auf der C. Caupolicán Richtung Westen und Lago Caburgua. Bis zum Eingang des Parks sind es etwa 35 Kilometer, die Station der CONAF liegt am Lago Tinquilco. Das Ufer dieses kleinen Sees wurde Anfang des 20. Jahrhunderts von deutschen Auswanderern besiedelt, und einige ihrer Häuschen stehen noch heute.

Der Parque Nacional Huerquehue ist mit 12.500 ha nicht besonders groß, er schützt einen dichten temperierten Regenwald und zahllose kleine Seen, deren größter mit etwa drei Kilometern Länge der Lago Tinquilco ist. Er füllt ein tiefes Gletschertal *Paradies für* und ist sowohl bei Anglern sehr beliebt als auch bei entsprechenden Temperaturen *Angler* (im Sommer kann das Wasser bis zu 20°C warm werden) gut zum Baden geeignet. In den höheren Lagen haben sich wunderschöne Araukarienwälder angesiedelt, in den tieferen Lagen wächst ein Laubwald aus Lenga und Coigüe. Besonders im Araukarienwald kann man zwei Arten von Spechten beobachten, der eine fast schwarz (*Carpintero negro*), der andere deutlich kleiner (*Carpintero chico*). Mit viel Glück kann man im dichten Unterholz auch das scheue Pudú entdecken.

Im Parque Nacional Huerquehue lassen sich verschiedene ein- oder mehrtägige Wanderungen unternehmen. Ein etwa zweistündiger Aufstieg (Startpunkt ca. 100 m *Schöner* nördlich der CONAF) führt auf den **Cerro Quinchol**. Er ist zwar nur 1.457 m *Ausblick* hoch, aber man hat von seinem Gipfel aus einen wunderbaren Ausblick auf die umliegende Landschaft und den Kegel des Vulkans Villarrica im Südwesten. Von der CONAF aus kann man in einem Tag bequem zur **Laguna Verde**, vorbei am Salto Nido del Aguila, laufen; Hin- und Rückweg haben zusammengenommen etwa 14 Kilometer. Eine Wanderung, für die man zwei bis vier Tage braucht, führt vom Lago Tinquilco aus nach Norden, vorbei an verschiedenen kleinen Seen und zu heißen Quellen und schließlich zum Lago Caburga.

Zum Parque Nacional Villarrica

Der Parque Nacional Villarrica erstreckt sich um den Vulkan gleichen Namens, der allerdings nicht im Zentrum, sondern eher am Rand des 61.000 ha großen Parks liegt. Zusammen mit dem weit größeren Parque Nacional Lanín jenseits der argentinischen Grenze schützt er ein großes Waldgebiet (die häufigsten Arten sind die *coihue* und *roble*, in den höheren Lagen findet man auch Araukarien). Früher gab es Guanacos und Huemuls, heute kann man mit sehr viel Glück noch einen Puma oder ein Pudú entdecken. Häufiger sind verschiedene Raub- und Wasservögel, so dass Hobby-Ornithologen eher auf ihre Kosten kommen.

Vulkan-
besteigung

Die meisten Besucher kommen, um den 2.840 m hohen Vulkan zu besteigen, aus dem es immer ein wenig raucht, er ist einer der aktivsten Vulkane der Gegend. In der Sprache der Mapuche heißt er *Rucapillán*, Haus der Geister. Sie vermuten ihre Vorfahren in dem ewig rauchenden Krater. Zum letzten Mal ist der Berg 1984 ausgebrochen, der Ausbruch davor (1971) zerstörte das Dörfchen Coñaripe und verschonte Pucón nur knapp.

Der Villarrica

Die Spitze des Vulkans wird geschmückt von einer Kappe ewigen Schnees und Eises, durch die man hindurchsteigen muss, um zum Krater zu gelangen.

Im Zentrum des Parks liegt ein anderer Vulkan, der Quetrúpillan, der ein weites vulkanisches Plateau über der Waldgrenze schaffte, das mit seinen teilweise wassergefüllten Kratern an einen fremden Planeten erinnert.

Der Villarrica kann inzwischen außer von erfahrenen Bergsteigern (die ihre Qualifikation bei den Parkwächtern mit schriftlichen Dokumenten belegen müssen) nur noch im Rahmen einer Tour bestiegen werden. Auf- und Abstieg nehmen rund zehn Stunden in Anspruch, und man muss physisch einigermaßen fit sein. Der Weg führt zuerst über Lava- und dann über Schneefelder. Die Ausrüstung (Pickel und Steigeisen) werden in der Regel von den Agenturen gestellt.

Die Thermalbäder um Pucón (ⓘ S. 185)

Land der
heißen
Quellen

Da die Gegend um Villarrica und Pucón vulkanisch sehr aktiv ist, gibt es auch eine Reihe von Thermalbädern, und einige liegen sehr schön, so dass sie einen Besuch (oder einen Abstecher) lohnen.

Die **Termas de Palguin** liegen am Rand des Parque Nacional Villarrica und sind am besten über Pucón über die Straße nach Osten zu erreichen. Auf dem Weg (von Pucón aus sind es insgesamt 30 Kilometer zu den Termas) kommt man an der Mapuche-Siedlung Huenuñaco vorbei, in der Handgewebtes und -gestricktes verkauft wird. Ein paar Kilometer weiter passiert man verschiedene Wasserfälle (ausgeschildert, die Besichtigung kostet jeweils ein bescheidenes Eintrittsgeld).

Das Wasser der Termas de Palguin ist 34°C warm, es gibt ein Hotel, in dem man übernachten kann, aber gegen ein Eintrittsgeld kann man auch einfach nur baden. Um ein paar Tage auszuspannen, ist die nahe gelegene **Rancho de Caballos** ideal. Wie der Name schon sagt, werden auch Touren auf dem Pferderücken veranstaltet (Nähere Informationen in den Regionalen Reisetipps, S. 185 ff.).

Gleich drei verschiedene Thermalbäder liegen am Río Lincura, süd-östlich vom Lago Caburga. Bei den **Termas de Quimey-Co** gibt es einen Campingplatz, ansonsten macht der Ort etwas den Eindruck eines Familienbades: Überall springen Kinder herum und auf der Terrasse über den beiden Bassins bekommt man manchmal hausgemachten Kuchen. Die **Termas de Huife** sind die absolute Luxusversion: ein gepflegtes Hotel mit einem guten Restaurant, die Zimmer sind in kleinen Holzpavillons unter-

Die Termas Los Pozones

gebracht, und es gibt verschiedene medizinische Anwendungen. Man muss hier aber nicht übernachten, sondern kann auch nur auf ein Bad vorbeischauen. Noch fünf Kilometer weiter die Straße hinauf liegen die **Termas Los Pozones.** Man muss ein ganzes Stück den Berg hinunterlaufen und wird dann mit zwei (fast) naturbelassenen Becken direkt am Flussufer belohnt. Das Tal ist hier wunderschön, der Fluss überschattet von hohen alten Bäumen, und Eisvögel kann man hier noch richtig häufig sehen. Eine Übernachtungsmöglichkeit gibt es hier oben allerdings leider nicht.

Luxus-Thermen

Von Villarrica über den Lago Calafaquén zurück zur Panamericana

Wenn man nicht die gleiche Strecke zur Ruta 5 zurück nehmen möchte, kann man einen Schlenker über den Lago Calafaquén machen. Die Strecke führt durch einen ruhigeren Teil des Seen-Gebiets. Man verlässt Villarrica über die C. Colo Colo, ausgeschildert nach Lincan Ray, das man nach 31 Kilometern erreicht.

Lincan Ray (ⓘ S. 185)

Ursprünglich war der kleine Ort (1.700 Einwohner) am Ufer des Lago Calafaquén nur ein Versorgungsstützpunkt für die Mapuche-Bevölkerung der Umgebung. 1958 baute die chilenische Regierung ein Wasserkraftwerk am Río Pullinque, woraufhin der Wasserspiegel des Sees beträchtlich anstieg und die gesamte Uferbebauung des Ortes abgebaut, und weiter oben wieder aufgebaut werden musste. Ab 1965 begann die Regierung, planmäßig Land zu sehr niedrigen Preisen zu verkaufen und sogar zu verschenken, mit der Auflage, Unterkünfte für den Tourismus zu bauen. Die Rechnung ging auf: heute lebt Lincan Ray tatsächlich hauptsächlich vom (nationalen) Tourismus. Die Stände sind hier ruhiger als z. B. am Lago Villarrica und die Unterkünfte

Ferienort für Chilenen

günstiger, was vor allem mittel-
ständische Touristen anzieht.
Man fährt jetzt am Nordufer
des Sees entlang, hier gibt es immer wieder kleine Siedlerhäuser, und hin und wieder hat man
wunderbare Ausblicke auf den
See, die Landschaft ist ein einziges Idyll. Bei **Coñaripe** endet
der Asphalt, jetzt geht es über
eine Schotterpiste weiter um
den See herum. Nimmt man die
Straße nach Osten, gelangt man

Familienbad-Atmosphäre in Lincan Ray

über eine fürchterliche Piste
und den Paso Carririñe nach Argentinien, wo die erste größere
Siedlung nach der Grenze Junin
de los Andes ist.

Südlich von Coñaripe brodelt
die Erde, nicht weniger als zwölf
Thermalbäder gibt es hier, welche sich aus marketingtechni-
schen Gründen zur „**Ruta de la**
Salud" zusammengeschlossen
haben. Die **Termas de Coña-**
ripe sind am oberen Ende der
Skala angesiedelt: ein eigener

Am Lago Calafaquén

Hubschrauberlandeplatz, Cabañas, verschiedene Pools und medizinische Anwendungen sorgen dafür, dass sich auch anspruchsvolle Gäste wohl fühlen. **Liquiñe** ist
ein kleiner Fleck, in dem hauptsächlich Mapuche leben, mit etwas Glück findet man
schöne Holzschnitzereien. Bei den gleichnamigen Termas gibt es ein Hotel samt
Restaurant und einen großen Pool inmitten üppiger Bäume. Allerdings sind sie nur
bis Dezember für das allgemeine Publikum geöffnet, den Rest des Sommers dienen
sie als Erholungszentrum für ausgewählte Mitglieder des Militärs. Bei Liquiñe gibt es
ein weiteres Thermalbad, das **Centro Termal de Manquecura**. Die Anlage hat
einen einfachen und rustikalen Zuschnitt, das Wasser ist zwischen 42 und 47 °C
warm und reich an Phosphor, Lithium und Kalium. Auch nicht weit von Liquiñe entfernt liegt das **Centro Termal Punulaf**, mit Innen- und Außenpool aber ohne
Unterkunft oder Restaurants. Von Coñaripe aus sind es 16 km zum **Centro Termal**
Eco-Pellaifa, am Ufer des gleichnamigen Sees gelegen.

Bei Panguipulli streift man den gleichnamigen See, hier teilt sich die Straße, die jetzt
wieder asphaltiert ist. Jetzt hat man mehrere Optionen. Wenn man nicht nach
Valdivia, sondern die Panamericana weiter nach Süden will, nimmt man den Abzweig
nach Los Lagos, wo man wieder auf die Ruta 5 stößt. Von hier aus gelangt man über
eine schöne, aber schlaglochübersäte Piste entlang des Río Calle Calle nach Valdivia.

Wenn man es bequemer haben möchte, wählt man den Abzweig nach Norden und trifft bei Lanco auf die Ruta 5, der man ein Stückchen nach Süden folgt, bis man auf den asphaltierten Zubringer nach Valdivia stößt.

Valdivia

Valdivia ist umgeben von Wasser: von Osten kommt der Río Calle Calle, von Norden der Río Cruces und von Süden der Río Futa. Und obwohl der Pazifik noch einige Kilometer entfernt ist, spürt man ihn schon: die Stadt hat ein deutlich maritimes Flair!

Von Wasser umgeben

• Geschichte der Stadt

Valdivia ist eine der ältesten Städte Chiles, gegründet von *Pedro de Valdivia* im Sommer 1552. Wie so viele andere Siedlungen wurde die Stadt während des Mapuche-Aufstandes 1599 gleich wieder zerstört. Im Jahr 1600 fiel der holländische Pirat *Sebastian de Cordes* in die Ruinen ein, offensichtlich gab es aber nicht viel zu gewinnen, und so segelte er weiter nach Chiloé. 40 Jahre später folgte ihm sein Landsmann *Elias Erikmans*, der eine holländische Enklave am Pazifik begründen wollte. Aber auch er bekam es mit den Mapuche zu tun, die fortwährenden Angriffe hatten ihn bald zermürbt, und er gab auf. 1745 ordnete der Vizekönig von Peru die Wiederbegründung der Stadt an, und um sie diesmal besser zu schützen, wurden in der ganzen Umgebung Verteidigungsanlagen gebaut. Ende des 18. Jahrhunderts hatte sich Valdivia zu einer blühenden Stadt entwickelt, es gab fünf Kirchen, Schulen für die Mapuche und die Kolonialherren, Klöster verschiedener Orden, und die ganze Region wurde von Valdivia aus regiert. 1812 eroberte *Lord Cochrane* die Stadt von den Peruanern, und ab 1850 kamen immer mehr deutsche Einwanderer, die Valdivia einen deutlichen Stempel aufdrückten. Während sich Handwerker und Bauern hauptsächlich in der Gegend um Osorno und Puerto Montt ansiedelten, blieben Intellektuelle, Künstler, aber auch Industrielle in Valdivia. Viele hatten die finanziellen Mittel, sich direkt eine neue Existenz aufzubauen. Damit trugen sie gleichzeitig zum Aufschwung der Stadt bei. Da die deutschstämmigen Unternehmer eine wichtige Rolle für die Wirtschaft der Stadt spielten, trafen die Beschränkungen, die die chilenische Regierung deutschen Firmen während des zweiten Weltkrieges auferlegte, Valdivia empfindlich.

Verteidigungsanlagen

Am 22. Mai 1960 zerstörte das große Erdbeben, das die ganze Region erschütterte, einen Teil der Stadt vollkommen. Die Straßen standen drei Meter tief unter Wasser, und am Flussufer stürzten sämtliche Gebäude ein. Hier findet man heute moderne Zweckbauten aus den 60er Jahren, während in den oberen Vierteln noch einige Häuser aus dem 19. Jahrhundert stehen. Der deutsche Einfluss ist nicht zu übersehen.

Die Brauerei Anwandter 1892

• Sehenswertes in Valdivia

Im Zentrum von Valdivia kann man sich kaum verlaufen: alle interessanten Punkte liegen zwischen der Plaza und dem Ufer des Río Valdivia. Die **Plaza** ist groß und schattig, bestanden mit Linden; es kann einem ganz heimisch ums Herz werden! Von der Plaza sind es vier Blocks bis zum Fluss, zur Muelle Schuster und dem **Mercado Fluvial**.

Markt am Wasser

Dieser wird vormittags abgehalten und ist wirklich bunt und sehenswert: vor allem Fisch und anderes Meeresgetier gibt es hier in Hülle und Fülle an den Ständen unter freiem Himmel, aber auch Früchte, Salat und Gemüse. Und da Valdivia im Sommer

Fisch und Meeresfrüchte im Überfluss

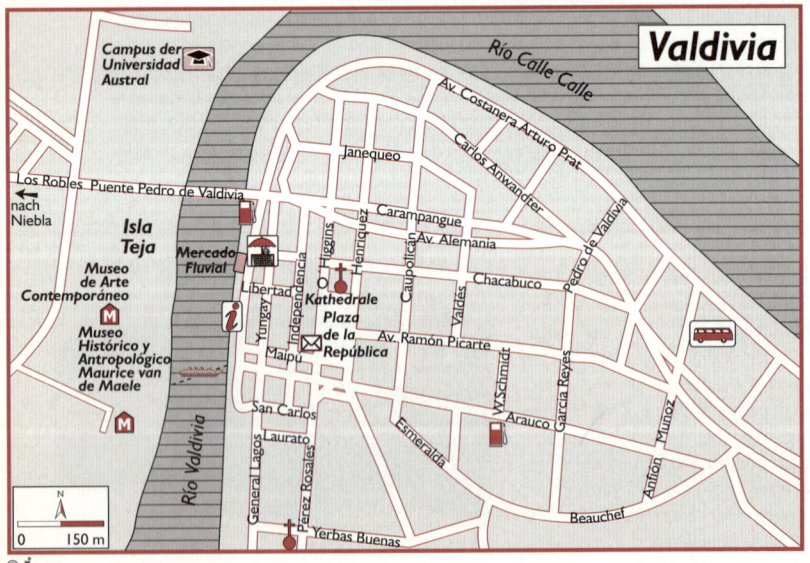

© *i*graphic

ein Treffpunkt für die chilenischen Hippies ist, kann man indische Räucherstäbchen ebenso kaufen wie Silberschmuck und Palästinensertücher.

Direkt gegenüber der Muelle Schuster lag die erste Bierbrauerei der Stadt, die von der Familie Anwandter betrieben wurde. Von der Muelle Schuster sind es nur ein paar Schritte bis zur Puente Pedro de Valdivia, über die man auf die Isla Teja gelangt. Hier stehen am Ufer noch ein paar schöne alte Häuser deutscher Einwanderer.

Gleich rechts neben der Brücke steht die Casa Prochelle, ein hübsches zweistöckiges Gebäude, das Anfang des 20. Jahrhunderts gebaut wurde. In dem dazugehörigen Park stehen Bäume aus der ganzen Welt.

Auch *Karl Anwandter*, unter dessen Führung im 19. Jahrhundert eine ganze Gruppe Deutscher nach Valdivia kam, baute sich hier ein Haus. Gleich nebenan stand die Brauerei der Familie, die bei dem Erdbeben 1960 praktisch völlig zerstört wurde.

Aus den Ruinen gestalteten Christián Undurraga und Ana Deves das
Museo de Arte Contemporáneo (MAC)
Es gilt als eines der fortschrittlichsten Kunstmuseen des Landes und zeigt oft interessante Sonderausstellungen.

Im ehemaligen Anwandter-Haus ist das zweite wichtige Museum der Stadt untergebracht:
Museo Histórico y Antropológico Maurice van de Maele,
Los Laureles, Isla Teja
Das Museum ist benannt nach seinem Gründer, einem Journalisten aus Belgien, der von den 1950er bis in die 80er Jahre in Valdivia arbeitete. Es zeigt eine sehenswerte Sammlung, die sich hauptsächlich mit zwei Themen beschäftigt; mit den Mapuche und den deutschen Einwanderern, deren Erbe in kaum einer anderen Stadt so deutlich ist, wie in Valdivia. Hinter dem Museum liegt auf dem Gelände der deutschen Schule der Friedhof der Familie Anwandter, auf dem die ersten deutschen Siedler Valdivias begraben liegen.

Nördlich der Brücke liegt der Campus der **Universidad Austral**

Auf der Isla Teja

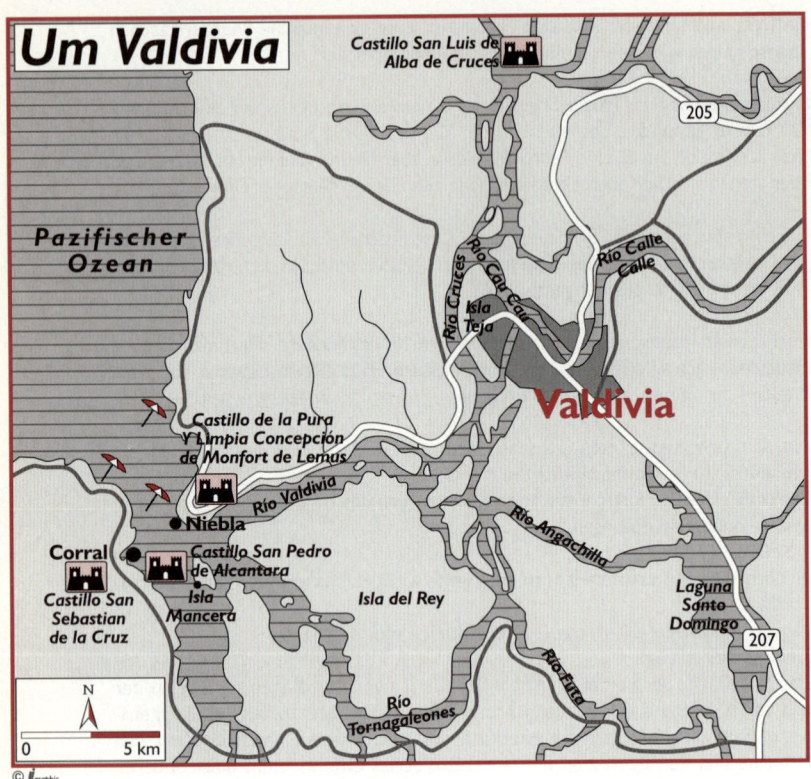

de Chile, auf dem es einen botanischen Garten gibt und gleich nebenan den Parque Saval, einen schönen Landschaftspark.

Die Umgebung von Valdivia

Von Forts umgeben

Auf Ausflügen in die Umgebung von Valdivia bekommt man unweigerlich zumindest eine der drei Verteidigungsanlagen zu sehen, die der Stadt vorgelagert sind, der Zusammenfluss der verschiedenen Flüsse direkt an der Mündung ins Meer bot sich geradezu an, um von hier aus die Stadt gegen Angreifer zu verteidigen. Und tatsächlich war Valdivia eine der Städte, die während des Unabhängigkeitskrieges am schwersten für die chilenischen Truppen einzunehmen waren.

Schließlich gelang dies *Lord Cochrane* 1820, obwohl die Spanier in der Überzahl waren und die Befreiungstruppen zudem aus fast 100 Kanonen beschießen konnten.

Ausflüge per Schiff

Wenn man über den Mercado Fluvial schlendert, wird man schon von allen Seiten angesprochen, ob man nicht eine Bootstour machen möchte. Es gibt die verschiedensten Kombinationen, von einer Stunde bis zu einem ganzen Tag oder auch eine Tour bei Nacht, mit Luxusdinner... Wenn man in einer größeren Gruppe unterwegs ist, kann man auch ein Boot chartern (das ist unter Umständen preisgünstiger) und ist dann nicht auf eine bestimmte Route festgelegt. *Schiffs-Touren in verschiedenen Variationen*

Zur Isla Mancera und nach Corral

Diese Tour dauert etwa sechs Stunden, das Boot fährt zunächst den Río Valdivia hinunter und legt das erste Mal an der **Isla Mancera** an. Auf der Insel gibt es ein paar schöne alte Häuser, umgeben von lauschigen Gärten. Die größte Sehenswürdigkeit ist aber das **Castillo de San Pedro de Alcántara**. Die Verteidigungsanlage wurde 1645 gebaut, um die Stadt zu schützen, von hier aus konnte man Angreifer, die übers Wasser kamen, mit großkalibrigen Kanonen beschießen. Aber auch für das Seelenheil der Soldaten auf dem Fort war gesorgt: im Inneren baute man eine kleine Kapelle, die von den Franziskanern betrieben wurde.

Weiter geht es nach **Corral,** wo heute 3.500 Menschen leben. Besiedelt wurde die Insel um 1850 von Deutschen, außerdem steht hier das **Castillo San Sebastián de la Cruz,** das ebenfalls 1645 gebaut wurde und über die meisten Kanonen verfügte: aus 21 Rohren konnten hier die Kolonialherren Angreifer noch auf See beschießen. Während der Sommersaison werden hier zweimal am Tag historische Kämpfe mit Kanonendonner und Originaluniformen in Szene gesetzt. Die meisten Boote fahren über den Río Valdivia wieder zurück, andere wählen die Route über die Flüsse Tornagaleones und Guacamayo, das verlängert die Fahrtzeit um etwa eine Stunde. *Historisches Spektakel*

Neben dieser Fahrt, die einen halben Tag dauert, kann man auch eine Tour um die **Isla Teja** wählen, mit der man nur etwa eine Stunde unterwegs ist. Bei dieser Tour legt man nirgendwo an und kann vom Boot aus verschiedene Wasservögel und mit etwas Glück auch Seelöwen beobachten.

Über den Landweg nach Niebla (ⓘ S. 185)

Auch bei Niebla (das sich ebenfalls von Valdivia per Boot erreichen lässt) gibt es ein Fort. Der Ort selber ist ein kleines Sommerbad mit sehr familiärem Charakter: kleine Sommerhäuschen und einige nette Hotels und Residenciales prägen das Bild. Und ein Fort gibt es hier natürlich auch, es trägt den schönen Namen Castillo de la Pura y Limpia Concepción de Monfort de Lemus (Schloss der reinen Empfängnis von Monfort de Lemus). Der Name war eine Hommage an den damaligen Vizekönig von Peru, den *Conde de Lemus*. Das Schloss wurde zuletzt 1992 zum Anlass der Fünfhundert-Jahr-Feier der Entdeckung Amerikas restauriert. Von Niebla aus kann man noch ein Stück weiter an der Küste entlang fahren, vorbei an der **Playa Enamorados** (Strand der Verliebten) bis ins winzige Fischerdörfchen Molinos. Hier gibt es einige einfache Restaurants direkt am Ufer, in denen man preiswert frischen Fisch essen kann.

Osorno

Landwirt-
schaftliches
Zentrum

Osorno ist für Touristen hauptsächlich ein Ort zum Übernachten an der Panamericana, länger bleiben hier die wenigsten. Und außer einigen schönen Häusern deutscher Siedler gibt es auch nicht viel zu sehen, die Stadt ist das wirtschaftliche Zentrum einer landwirtschaftlich geprägten Umgebung, nicht weniger, aber auch nicht mehr. Gegründet wurde Osorno schon 1553 von *Francisco de Villagra*; 1558 musste der Ort nach erbitterten Kämpfen gegen die Mapuche von *García Hurtado de Mendoza* neu aufgebaut werden. Er nannte die Siedlung San Mateo de Osorno. Aber die Mapuche gaben nicht auf, und 1604 gaben die Bewohner die Stadt erst einmal auf, zermürbt von den nicht enden wollenden Attacken. Erst zwei Jahrhunderte später, 1792, besann man sich auf Osorno, und der Befehl zur Wiederbegründung wurde gegeben. Am wirtschaftlichen Aufschwung waren deutsche Siedler, die ab Mitte des 19. Jahrhunderts kamen, nicht unerheblich beteiligt, sie brachten Geld und Know-how, und aus dieser Zeit stammen einige der schönsten Gebäude der Stadt. Heute ist die verkehrstechnisch zentral und günstig gelegene Stadt mit ihren 115.000 Einwohnern ein wichtiges Handels- und Industriezentrum sowie Anlaufpunkt für die landwirtschaftlichen Betriebe des Umlandes.

• Sehenswertes in Osorno

Deutsche
Siedler-
häuser

Die Plaza ist weitläufig und kann ihr Entstehungsdatum in den 60er Jahren nicht verleugnen, ebenso wie die Kathedrale an ihrer Stirnseite. Nach dem Erdbeben 1960 mussten viele Gebäude neu aufgebaut werden. Sehenswert ist der **alte Bahnhof**, der von der Plaza aus zwei Blocks nach Westen liegt. Gebaut wurde er in den Jahren 1910-12, war zwischenzeitlich arg verfallen, bis endlich Gelder für die Restaurierung

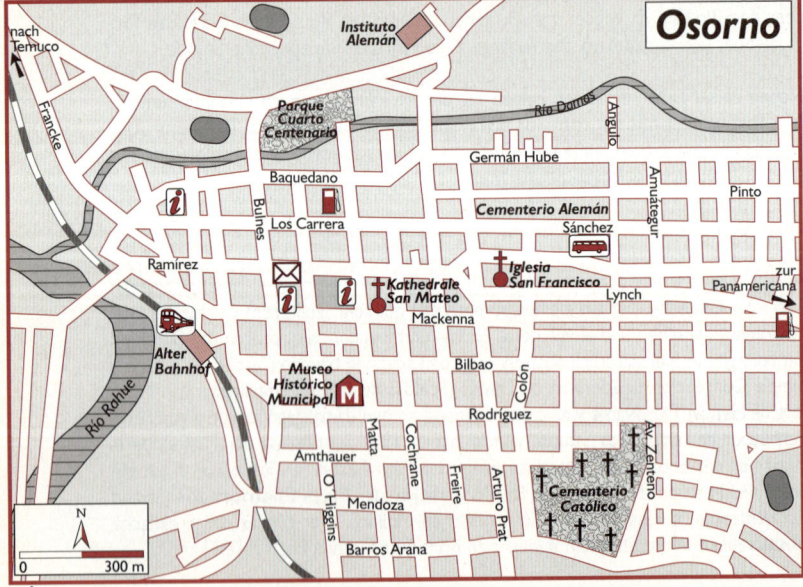

aufgebracht werden konnten. Von der Plaza aus zwei Blocks nach Osten auf der C. Mackenna liegen innerhalb eines Blocks einige der schönsten Häuser deutscher Siedler. Sie sind farbenfreudig angemalt, die Dächer, ursprünglich mit Holzschindeln gedeckt, sind heute aus Zink. Die schönsten beherbergen heute Läden und Restaurants, so dass man auch in das Innere der Häuser zumindest einen Blick werfen kann.

Ein besuchenswertes Museum ist das
Museo Histórico Municipal, Matta 809
Das Museum ist in einem Haus deutscher Einwanderer, der Casa Schilling Buschmann (aus dem Jahr 1929), untergebracht und zeigt eine umfangreiche Sammlung an Mapuche-Kunst, eine kleine Ausstellung zu den Anfängen der Stadt, eine erdgeschichtliche Sektion und die deutschen Siedler werden natürlich auch gewürdigt.

Interessant sind auch die Friedhöfe der Stadt. Auf dem deutschen Friedhof (**Cementerio Alemán**), der an der C. Los Carreras, einen Block nördlich und drei Blocks westlich der Plaza, liegt, sind viele Grabsteine vom Anfang des 20. Jahrhunderts noch ganz in Deutsch gehalten, später mischt sich das Deutsch mit dem Spanischen. Auf dem **Cementerio Católico** liegen ebenfalls Deutsche begraben, aber eben nur katholische. Die Siedler hatten ihre Religionsstreitigkeiten mit nach Chile gebracht und hier milderte sich der Konflikt nicht, sondern wurde teilweise noch heftiger ausgetragen.

Interessante Friedhöfe

Die Umgebung von Osorno:
zum Parque Nacional Puyehue und weiter nach Argentinien

Alle Busse, die vom nördlichen Chile nach Punta Arenas fahren, nehmen die Route über Osorno und San Carlos de Bariloche in Argentinien, um dann erst kurz vor Punta Arenas bei Río Gallegos wieder nach Chile zu wechseln. Auf der Route ist viel Verkehr und die Straße deshalb gut ausgebaut. Auch wenn man nicht weiter nach Argentinien möchte, lohnt sich ein Ausflug zum Parque Nacional Puyehue.

Ausflug in die Anden

Man verlässt Osorno über die Avda. Buschmann und kreuzt die Panamericana. Bei Entre Lagos erreicht man den **Lago Puyehue**, der eine Fläche von 15.700 ha und eine maximale Tiefe von 135 m hat. Die Gegend war auch vor der Zeit der spanischen Kolonie nie sehr dicht besiedelt, und erst um 1900 kamen Holzfäller, die hier den Wald zu nutzen begannen. **Entre Lagos** (ⓘ S. 185) (heute 3.500 Einwohner) war der Entladehafen für die Stämme, bis hierher reichte die Eisenbahn, mit der das Holz dann ins Tal und an die Küste geschafft wurde. Hier gibt es ein paar Restaurants und Hotels. Nur zehn Kilometer Luftlinie von Entre Lagos liegt das Ufer eines anderen Sees (deshalb heißt der Ort auch „zwischen den Seen"), des Lago Rupanco.

Die Straße führt jetzt am Ufer des Lago Puyehue entlang, bis man am östlichsten Zipfel den Abzweig zu den **Termas de Puyehue** (ⓘ S. 185) erreicht. Das Bad wird seit 1910 kommerziell genutzt, und es gibt hier ein großartiges (wenn auch inzwischen etwas altmodisches) Hotel mit einem guten Restaurant; die verschiedenen Wasserbecken (unter anderen ein Pool olympischen Ausmaßes) können auch von Tagesgästen benutzt werden. Das Hotel bietet verschiedene Touren in die Umgebung an, teilweise auch zu Pferd.

Thermen mit Luxushotel

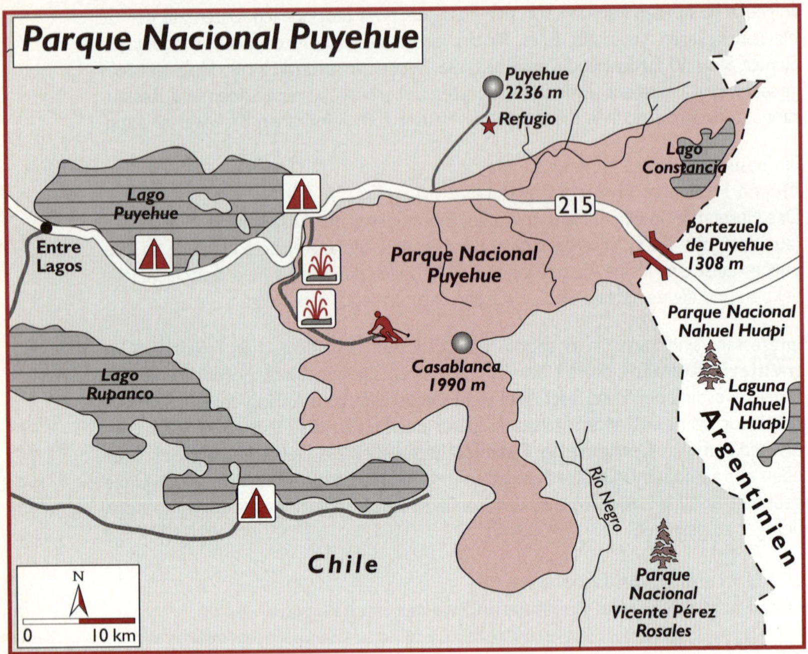

Parque Nacional Puyehue

Puyehue
2236 m

Refugio

Lago
Constancia

Lago
Puyehue

215

Entre
Lags

Portezuelo
de Puyehue
1308 m

Parque Nacional
Puyehue

Parque Nacional
Nahuel Huapi

Lago
Rupanco

Casablanca
1990 m

Laguna
Nahuel
Huapi

Río Negro

Argentinien

Chile

N

0   10 km

© graphic

Parque
Nacional
Vicente Pérez
Rosales

Parque Nacional Puyehue (ⓘ S. 185)

Die Termas liegen vor den Toren des Parks. Folgt man der Straße weiter, gelangt man nach Aguas Termales, hier ist die CONAF-Station. Das Gelände des Parks erstreckt sich auf Höhen zwischen 250 und 2.236 m, und hier wächst ein kühl temperierter immergrüner Regenwald. Besonders schön kann man hier die riesigen Nalca-Pflanzen sehen, an Tieren gibt es in den abgelegenen Gebieten den Puma und das Pudú, aber auch Füchse und verschiedene Raubvogelarten leben im Park. Es gibt verschiedene Wanderwege, die alle von der Station in **Aguas Calientes** aus losgehen. Der Sendero Rápidos de Canleufú führt in etwa 40 Minuten den Lauf des Flusses Canleufú entlang zu ei-

Im PN Puyehue

ner Aussicht auf beeindruckende Stromschnellen. Der zweite Weg, der Sendero El Pionero, geht zu einem Aussichtspunkt, von dem man einen wunderbaren Blick auf den Lago Puyehue und den Vulkan dahinter hat (ca. 2 Kilometer). Der dritte Weg schließlich eignet sich mehr für eine zweitägige Wanderung, auch wenn man ihn zur Not an einem Tag schafft: er führt über 11 Kilometer zum Lago Bertin, wo es ein einfaches Refugio zum Übernachten gibt. Nach der Wanderung kann man sich wunderbar in den Becken der Termas Aguas Calientes entspannen, es gibt ein überdachtes Becken und eines unter freiem Himmel. Außerdem werden Cabañas vermietet, und es gibt einen schönen Campingplatz. Von Aguas Calientes kann man eine Erdpiste noch 22 Kilometer weiter bergauf fahren und gelangt dann zu dem Luxus-Ski-Hotel **Antillanca.** Im Winter sind hier zwei Lifte in Betrieb, aber auch im Sommer lohnt sich der Weg, wenn man ein wenig Luxus inmitten wunderschöner Natur genießen will. Dann werden auch verschiedene Ausflüge angeboten, u.a. zum Fischen in den Seen des Parks. Wenn man auf der internationalen Straße Richtung Argentinien weiterfährt, passiert man bei **Anticura** die zweite Station der CONAF, *Einsamer* auch hier gibt es ein kleines Informationszentrum, und man kann von hier aus eini- *Teil des* ge schöne Wanderungen in den weniger frequentierten Teil des Parks machen. Zwei *Parks* kürzere Wege führen zum **Salto de la Princesa** (ca. 700 m), der allerdings in trockenen Sommern meist austrocknet, und an uralten Coigües vorbei zum **Salto de Indio** (ca. 1 Kilometer). Auch längere Wanderungen lassen sich machen: über die Hänge des Vulkans Casablanca zur Pampa Frutilla. Der einfache Weg beträgt ca. 20 km, am Ziel gibt es ein einfaches Refugio zum Übernachten. Zum Vulkan Puyehue ist man 16 km unterwegs.

Zur Grenze und nach Bariloche (Argentinien) (ⓘ S. 185)

Von Anticura windet sich die Straße weiter bergauf, immer durch dichten Wald, bis man den Grenzkomplex am Paso Cardenal Antonio Samoré erreicht. Auf der Fahrt *National-* abwärts hat man jetzt immer wieder wundervolle Ausblicke auf den Lago Espejo. *park* Die erste größere Siedlung, die man erreicht, ist Villa Angostura, und wenig später *Nahuel* erreicht man den **Lago Nahuel Huapi**, größter See der Region und Herzstück des *Huapi* gleichnamigen Nationalparks, durch den die Straße mitten hindurch führt.

San Carlos de Bariloche (Argentinien) (ⓘ S. 185)

Bariloche ist eines der wichtigsten Touristenzentren des Landes, und da auch viele Chile-Reisende hier auf dem Weg von oder nach Feuerland und Punta Arenas durchkommen, soll hier eine kurze Beschreibung der Stadt gegeben werden. 1935 verzeichnete das Fremdenverkehrsamt von Bariloche 1.500 Besucher, heute sind es jedes Jahr um die 500.000. Die Stadt hat das ganze Jahr über Saison, im Winter findet sich die High Society von Argentinien zum Skifahren ein, im Sommer locken die wunderschöne Landschaft und einer der größten Nationalparks des Landes.

• Geschichte der Stadt
Von einer Insel im Lago Nahuel Huapi aus arbeiteten die Jesuiten-Missionare, die 1670 von Chiloé hierher kamen und in der ganzen Region missionierten, bis die meisten von ihnen 1717 ermordet wurden und die Mission schließlich aufgegeben

wurde. Als die Jesuiten aus ganz Südamerika vertrieben wurden, nahmen die Franziskaner ihren Platz ein und missionierten die Gegend von Chile aus.

Perito Francisco Moreno war der erste weiße Mann, der den See von der anderen Seite aus besuchte, und 1876 hisste er die argentinische Flagge und nahm die ganze Gegend für Buenos Aires in Beschlag. Um dieselbe Zeit kamen europäische Siedler, die sich ursprünglich in Chile hatten niederlassen wollen, und gründeten die ersten bescheidenen landwirtschaftlichen Betriebe. Es war ein Deutscher, *Karl Wiederholdt*, der eine Handels-

Der Centro Cívico

verbindung vom Lago Nahuel Huapi nach Puerto Montt aufbaute, so dass die Gemeinde zunächst von Chile aus versorgt wurde. Über seine Handelsgesellschaft wurden Häute, Wolle und Fleisch nach Chile auf den Markt gebracht, und aus Europa importierte landwirtschaftliche Maschinen kamen an den See. Rund um das Stammhaus der Gesellschaft entwickelte sich Anfang des 20. Jahrhunderts dann auch Bariloche, und bald kamen die ersten Touristen. Die Schönheit der Landschaft sprach sich schnell herum, und bald hatte Bariloche prominente Gäste, wie *Theodore Roosevelt* und den *Prinz von Wales*.

Handelsverbindungen mit Chile

Heute ist Bariloche eine lebhafte Stadt mit Hunderten von Hotels, Restaurants, Cafés und einigen schönen Ausflugsmöglichkeiten. Und außerdem ist sie die Schokoladenhauptstadt von Argentinien, an jeder Straßenecke wird Schokolade in den unterschiedlichsten Formen verkauft: als Pralinen, gegossen als Hasen, Bären, Puppen, als Bruchstücke und als Torten. Die Qualität reicht von mittelmäßig bis ausgezeichnet, und es ist nicht ganz einfach, aus Bariloche abzureisen, ohne zumindest einige Kilo zugelegt zu haben...

Stadt der Schokolade

• Sehenswertes in Bariloche

Die **Hauptgeschäftsstraße** ist die C. Perito Moreno, zwischen ihr und dem Seeufer konzentrieren sich die meisten Geschäfte, Restaurants und Cafés. Der Hafen kann als Orientierungspunkt dienen, hier legen die Boote zu den verschiedensten Touren ab, außerdem gibt es einige Schnellrestaurants und die verschiedensten Automatenspiele. Vom Hafen einen Block hangaufwärts liegen die schönen Gebäude der **Stadtverwaltung**, gebaut aus mächtigen grauen Quadern und mit Holzbalkons und -verzierungen. Hier findet man auch die Touristeninformation und die Verwaltung des Parque Nacional Nahuel Huapi.

Die **Iglesia Catedral** liegt einige Blocks östlich direkt am Seeufer, auch sie ist ein mächtiger Bau aus grauen Steinen. Begonnen wurde mit ihrem Bau im Jahr 1946, richtig fertig ist sie immer noch nicht.

10. Der Kleine Süden: Von Los Angeles bis Puerto Montt –
Über die Panamericana von Los Angeles nach Osorno/Von Osorno nach Puerto Montt

515

Von San Carlos de Bariloche geht es immer über die Ruta 40 nach Süden, über Esquel (einer netten Stadt, in der sich viele Hippies angesiedelt haben; wie ein Schild am Ortseingang verkündet, ist die Stadt Atomwaffenfreie Zone), dann zur Küste nach Osten (die Busse scheuen die Schotterpiste, in die sich die Ruta 40 nach José de San Martín verwandelt) und über Río Gallegos nach Punta Arenas. Der Weg führt durch die platte Pampa: endlose Schafzäune, hin und wieder eine Estancia und zwischen Perito Moreno und Las Heras wird Öl gefördert. Wenn man die Carretera Austral hinunterfährt, gibt es verschiedene Möglichkeiten, die Grenze zu überschreiten und über Argentinien weiter nach Punta Arenas zu gelangen. Die am besten ausgebaute Straße ist wohl die bei Chile Chico am Lago General Carrera (bzw. Lago Argentino), aber auch bei Coihauque gibt es einen Übergang, ebenso wie etwas südlich von Chaitén.

Endlose Straße durch die Pampa

Von Osorno nach Puerto Montt

Die schnellste Möglichkeit, von Osorno weiter nach Süden vorzudringen, ist die Panamericana. Sie führt durch saftige Wiesen; das ganze Gebiet wurde seit der Mitte des 19. Jahrhunderts von deutschen Auswanderern besiedelt und bearbeitet, die sich hier zumindest einigermaßen zu Hause gefühlt haben müssen: zöge sich nicht die Kette der Vulkane am Horizont entlang, könnte man sich in Deutschland wähnen. Östlich der Panamericana liegt der Lago Llanquihue, dessen Ufer ebenfalls die Deutschen erschlossen, und die kleinen Ortschaften hier sind sicherlich einen Abstecher wert. Etwas südlich von Osorno zweigt die Straße nach Puerto Octay von der Panamericana ab. Nach 53 Kilometern erreicht man das Nordufer des Lago Llanquihue, dem zweitgrößten See Chiles (der größte ist der Lago General Carrera). An einigen Stellen ist der Lago Llanquihue bis zu 350 m tief, und ursprünglich hatte er eine Verbindung zum Lago Todos Los Santos, bis ein Ausbruch des Vulkan Osorno einen Pfropf zwischen die beiden Seen setzte und sie voneinander trennte. Bis in die Mitte des 19. Jahrhunderts waren die Ufer des Sees nicht besiedelt und mit dichtem Urwald bewachsen. Die ersten Siedler hatten es schwer: sie mussten sich jedes Stück Land buchstäblich freikämpfen. Damals erließ die Regierung ein Gesetz, das sich im Nachhinein als fatal für den Wald erwies: es besagte, dass derjenige, der ein Gelände vom Wald befreien konnte, dieses Land für sich in Anspruch nehmen dürfe. Riesige Flächen Wald wurden einfach niedergebrannt, viel mehr, als bis heute bewirtschaftet werden kann.

Grüne Wiesen und Vulkane

Von Deutschen erschlossen

Der erste Ort, den man am Nordufer erreicht ist Puerto Octay.

Puerto Octay

Seinen Namen hat der Ort von einem Gemischtwarenladen: es gab einen kleinen Almacén, der einem Einwanderer namens Ochs gehörte. Man sprach von der Siedlung als von „donde Ochs hay" (wo es Ochs gibt oder wo Ochs es hat), daraus wurde im Lauf der Zeit Octay. Das Dorf war nicht so sehr wie die anderen Orte am Aufschwung der Gegend beteiligt, die Eisenbahnlinie war fern und der Schiffsverkehr

Redaktions-Tipps

Jetzt hat man endgültig das Siedlungsgebiet der deutschen Einwanderer erreicht, und das ist nicht zu übersehen. Überall sieht man den Bundesadler, und viele Geschäfte tragen deutsche Namen. Während des Sommers werden in manchen Orten Oktoberfeste abgehalten (unabhängig vom Monat), samt Bierzelt und Würschtel, ein etwas bizarres, aber deshalb nicht weniger amüsantes Vergnügen.

• **Frutillar** ist sicherlich der deutscheste aller Orte, er bedient alle Klischees und ist auf jeden Fall einen Besuch wert, nicht nur wegen des schönen Freilichtmuseums. Wenn man während der letzten Januar-Woche hier ist, sollte man einen Blick in das Programm der Semanas Musicales werfen, in dem sowohl Klassik-Freunde als auch Jazz-Interessierte fündig werden können (S. 518).

• Der **PN Vicente Pérez Rosales** lohnt einen Besuch. Der Vulkan Osorno ist eines der wichtigsten Ziele für Bergsteiger in Chile, aber auch andere, weniger anstrengende Wanderungen lassen sich hier machen (S. 517).

• In **Puerto Montt** finden Sie die größten und buntesten Fisch- und Kunsthandwerksmärkte (S. 521).

Essen Ein Abstecher nach Puerto Varas lohnt sich allein schon deshalb, weil es hier eines der besten Restaurants ganz Chiles gibt, das **Merlin**. Der deutsche Koch, dem es gehört, hat zahlreiche Preise gewonnen, er zaubert aus lokalen Naturalien interessante Gerichte, die Atmosphäre ist entspannt, und die Preise halten sich erfreulich im Rahmen (S. 185ff).

• In Frutillar reiht sich an der Uferpromenade ein Café ans andere, und überall gibt es Kuchen. Eines der besten findet man im **Hotel Klein-Salzburg**, hier werden auch deutsche Gerichte serviert (S. 185ff).

• In Puerto Montt lohnt sich ein Besuch des **Fischmarktes** vor allem dann, wenn man nicht vorhat, nach Chiloé weiterzufahren, dann kann man hier köstliche Fischsuppen und das berühmte Curanto probieren.

mühsam. Trotzdem ist Puerto Octay heute ein hübsches Dorf, in dem sich viele Spuren der deutschen Vergangenheit (und Gegenwart) finden.

 Tipp

*In Puerto Varas haben sich einige gute **Tourenveranstalter** angesiedelt, die Touren nach Chiloé, in den Parque Pumalín, zu anderen Zielen an der Carretera Austral und in den PN Vicente Pérez Rosales (Besteigung des Osorno) anbieten. Besonders wenn man den Parque Pumalín per Boot erkunden will oder sonst eine Outdoor-Aktivität vorhat, ist man hier richtig! (S. 185 ff)*

Einen Besuch wert ist das
• **Museo El Colono**,
  Casa de la Cultura, Independencia 519
Es zeigt eine kleine aber informative Ausstellung über die Anfangsjahre der deutschen Einwanderer.

Von Puerto Octay aus hat man die Wahl, den See entweder entlang des unbekannteren, weniger dicht besiedelten Ostufers zu umfahren oder aber das Westufer zu wählen, an dem einige der schönsten Dörfer aus der Zeit der Besiedelung der Gegend durch deutsche Siedler liegen.

Das Ostufer des Lago Llanquihue

Das Ostufer ist ohne eigenes Auto schwer zu erkunden: in Las Cascadas endet die Buslinie und man kommt nur noch zu Fuß oder per Autostopp (nicht sehr aussichtsreich!) weiter. Die Strecke ist viel weiter als die ums Westufer und praktisch unbesiedelt. Die Fahrt führt durch Wälder und Wiesen, die einzige größere Siedlung ist **Las Cascadas.** Der Ort hat 700 Einwohner und lebt ein wenig von der Landwirtschaft und ein wenig vom Tourismus, gegründet wurde er als Sommerbad. Etwa 25 Kilometer weiter das Seeufer entlang liegt Ensenada, hier zweigt die Ruta 225 nach Osten in den Parque Nacional Vincente Peréz Rosales ab.

Der Parque Nacional Vicente Peréz Rosales (ⓘ S. 185)

Gegründet schon 1926, gehört er zu den ältesten Schutzgebieten des Landes und mit seinen 251.000 ha außerdem auch zu den größten. Dazu kommt, dass er im Norden an den Nationalpark Puyehue grenzt und im Osten an einen weiteren riesigen Park in Argentinien (den Parque Nacional Nahuel Huapi), so dass hier eine wirklich umfangreiche Schutzzone entstanden ist. Die Niederschläge können in dieser Gegend Chiles bis zu 4.000 mm im Jahr betragen. Das im Überfluss vorhandene Wasser lässt einen üppigen Laubwald wachsen, in den höheren Lagen finden sich auch Nadelbäume. Im Park leben Pumas, Pudús, Otter, Eisvögel, Kolibris und leider auch Pferdefliegen...

Großes Schutzgebiet

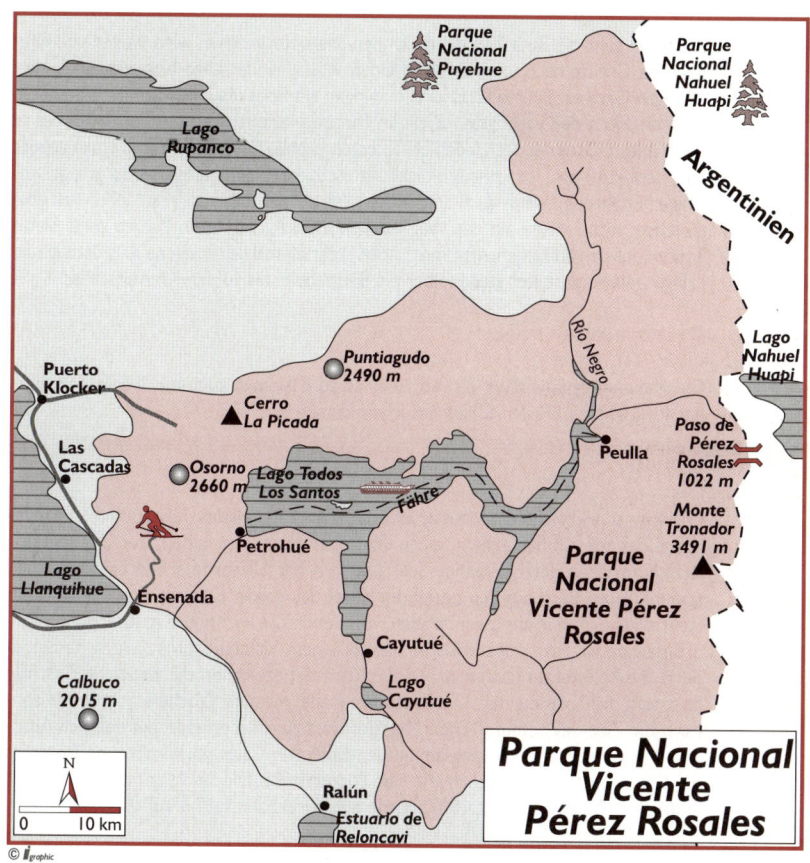

In dem Gebiet des Parks liegt der Lago Todos los Santos, einer der schönsten Seen Chiles, mit seinem türkis-grünen Wasser, umgeben von dichten Wäldern und den Spitzen der Vulkane Puntiagudo, Osorno und Tronador. Seinen Namen bekam der See an dem Tag, an dem ihn Jesuitenpater 1670 entdeckten, am 1. November, Allerheiligen also. Sie bauten hier auch eine Mission auf, aus der sie aber 1718 wieder flohen, nachdem zahlreiche ihrer Missionare auf geheimnisvolle Weise ums Leben gekommen waren. Der am einfachsten zugängliche Ort im Park ist **Petrohué** am Westufer des Sees. Hier liegt das CONAF-Zentrum, es gibt einen schönen Strand und ein Hotel. Von hier aus kann man halbtägige Ausflüge zur Isla Margarita machen oder sich nach Peulla oder Cayutué an die anderen Ufer des Sees übersetzen lassen. Auch zwei kürzere Wanderungen sind ausgeschildert. **Cayutué** liegt im Süden des Sees und ist ein winziges Dorf, in dem fast nie jemand vorbeischaut. Man kann sich mit einem Boot von Petrohué hierher bringen lassen und dann zum Seno Reloncavi nach Ralún wandern, von wo es einen Bus nach Puerto Varas gibt. Man kommt am Lago Cayutué vorbei (ca. 5 Stunden), wo es einen einfachen Campingplatz gibt; bis zum Meer sind es dann noch einmal fünf Stunden.

In **Peulla** geht die Ruta 225, die durch den See unterbrochen wird, weiter und führt über die Grenze nach Argentinien zu einem Ausläufer des Lago Nahuelhuapi. In dem winzigen Örtchen Puerto Frias kann man dann ein Boot über den See nach Bariloche nehmen. Eines der wichtigsten Ziele im Parque Nacional Vincente Peréz Rosales ist *Beliebt bei* der **Vulkan Osorno**, der zu den beliebtesten Gipfeln für Bergsteiger in Chile gehört. *Bergsteigern* Der perfekte Kegel ist technisch nicht allzu schwierig (zumindest für Bergsteiger mit einiger Erfahrung), wenn auch anspruchsvoller als der Villarrica, man sollte sich aber trotzdem nicht alleine auf den Weg machen. Viele Agenturen in Puerto Varas bieten Touren auf den Vulkan an, man muss noch nicht einmal seine eigene Ausrüstung mitbringen, die Veranstalter stellen über die Bergschuhe bis zu den Krampen alles.

Das Westufer des Sees

Die Panamericana verläuft fast am Seeufer, so dass man auch mit wenig Zeit eines der idyllischsten Dörfer Chiles besuchen kann.

Frutillar

Deutsches Frutillar ist vielleicht das deutscheste Dorf in Chile, jedes Restaurant und jedes *Idyll* Hotel, das auf sich hält, scheint einen deutschen Namen zu haben. Der Ort liegt malerisch am Ufer des Llanquihue-Sees und von der Uferpromenade hat man einen spektakulären Blick auf den perfekten Kegel des Vulkan Osorno. Frutillar Bajo besteht eigentlich nur aus zwei Straßen, von denen die wichtigere natürlich die Uferpromenade ist. Fast jedes Haus ist hier zu einem kleinen Schmuckstück herausgeputzt, die Architektur kann man nur als pittoresk bezeichnen, der deutsche Einschlag lässt sich nicht verleugnen. Die Uferpromenade wird am Wochenende und besonders zur Zeit des sommerlichen Musikfestivals zur Flaniermeile, auf der sich Autokolonnen und Fußgänger langsam an den zahllosen Cafés vorbeischieben. Sonst ist der Ort ruhig und beschaulich wie eine Puppenstube. Die Siedlung besteht seit dem Ende des 19. Jahrhunderts, 1907 wurde eine Eisenbahnstation auf dem Hügel über dem Ort gebaut, um sie herum entstand Frutillar Alto, weit größer, aber dafür weniger pittoresk als Frutillar Bajo. Nach Frutillar kann man gut am Sonntagnachmittag fahren, Kuchen verkauft hier jeder Kiosk, und es gibt eine Menge netter Cafés. Auch ein Besuch des jährlichen Musikfestivals (immer in der letzten Januarwoche) kann sich lohnen, das Programm ist von Klassik bis Jazz weit gespannt, und neben chilenischen Musikern werden auch international bekannte Künstler eingeladen. Auskunft über das Programm und die genauen Daten kann die *Oficina de Turismo* geben (ⓘ S. 185). Neben der schönen Uferpromenade ist das Freilichtmuseum die Hauptattraktion des Ortes.

Musik-Festival

• Museo Colonial Alemán

Die Häuser des kleinen Dorfes liegen malerisch am Hang über dem Ort und sind liebevoll mit Original-Möbeln und Hausrat der Jahrhundertwende ausgestattet. Es ist ein liebevoller und sicherlich etwas verklärter Blick zurück: alles ist Idyll, auf die Entbehrungen und das harte Leben der ersten Siedler wird kaum eingegangen. Einen Besuch lohnt das schöne Museum aber auf jeden Fall.

Folgt man der C. Pérez Rosales nach Norden und biegt nach links auf die C. Caupolicán ab, erreicht man nach ein paar hundert Metern die

• Reserva Forestal Edmundo Winkler

Das Gelände gehört zu einem Forschungsprogramm der Universidad de Chile, es gibt Tafeln mit Erklärungen zur Botanik einheimischer Arten und zur Aufforstung.

Llanquihue

Von Frutillar aus entweder über die Ruta 5 oder über die geschotterte Uferstraße zu erreichen, die durch Felder und an zauberhaften alten Holzhäusern vorbei führt, liegt der Ort genauso schön wie Frutillar am Ufer des Llanquihue-Sees. Da er keine malerische Uferfront aufzuweisen hat, wird er sehr viel weniger besucht und ist eher als Anlaufpunkt für die Höfe in der Umgebung wichtig. Genauso deutsch wie Frutillar ist er aber allemal, einer der größten Betriebe ist die Wurstfabrik Mödinger, die hier nach deutschen Rezepten Wurst- und Fleischwaren herstellt.

Puerto Varas

Puerto Varas ist mehr noch als Puerto Montt ein Ausgangspunkt für Ausflüge nach Chiloé und zur Carretera Austral. Einige sehr gute Agenturen haben sich hier angesiedelt und der Ort ist ein Treffpunkt für Backpacker und Outdoor-Touristen. Da Ende des 19. Jahrhunderts, als die deutschen Siedler in das Gebiet kamen, fast die ganze Landschaft noch mit dichtem Wald bedeckt war, benutzte man als Transportwege gerne die Seen und Flüsse, und Puerto Varas entstand als Verladehafen am Ufer des Lago Llanquihue. Aber bald kamen auch die ersten Touristen und 1938 wurde das Gran Hotel Puerto Varas eröffnet, in dem heute das Kasino der Stadt residiert. Heute ist der Ort das Hauptzentrum des Sees, und viele Bewohner von Puerto Montt verbringen das Wochenende hier. Puerto Varas hat einen etwas unregelmäßigen Stadtplan, das Zentrum ist klein, und die meisten Geschäfte, Reiseagenturen etc. findet man in der Gegend um die Plaza de Armas, die fast direkt am Seeufer liegt. In den Straßen des

Zentrum für Outdoor-Fans

© *i*graphic

Zentrums gibt es noch einige schöne Häuser, deren Architektur ihren deutschen Ursprung nicht verleugnen kann. Und die Kirche **Iglesia del Sagrado Corazón** (C. Maria Brunn) ist die exakte Kopie einer Schwarzwald-Kirche. Der Ort zieht sich vom Zentrum aus noch weit nach Süden die Bucht entlang bis **Puerto Chico**, ehemals ein eigenständiger kleiner Hafen, heute ein Vorort von Puerto Varas. Die Uferstraße ist gesäumt von Hotels und Ferienhäusern.

Ausflug nach Cochamó (ⓘ S. 185)

Südöstlich von Puerto Varas liegt am Seno de Reloncavi eine bisher kaum bekannte Gegend, die in den letzen Jahren aus ihrem Dornröschen-Schlaf erwacht ist. Man nimmt die Ruta 225, die durch eine liebliche Wiesen- und Waldlandschaft, gesprenkelt mit Kühen und hölzernen Farmhäusern nach, Osten führt. Immer wieder sieht man am Weg Schilder, die *Onces,* Kuchen und Strudel anpreisen.

In **Ensenada** findet man Unterkunft, wenn man darauf angewiesen ist, der Ort selber lädt aber nicht gerade zum Bleiben ein. Immerhin gibt es einen kleinen Supermarkt und eine Tankstelle. Zwei Kilometer östlich zweigt die Straße nach Cochambó ab. Das Dorf selber ist ebenso wie Ensenada nicht besonders attraktiv, aber die Umgebung ist spektakulär. Yosemite von Chile wird das gewaltige, klassisch U-förmige, mit uralten Alercen bestandene Gletschertal gerne genannt und der Vergleich ist nicht allzu weit hergeholt. *Butch Cassidy* und *Sundance Kid* kreuzten das Tal auf der Flucht, Jesuiten bauten eine Straße. Heute haben die Bewohner Cochamós das touristische Potenzial der Gegend erkannt und fangen behutsam an, es zu nutzen.

Puerto Montt

Jimmy Burns schrieb in den 80er Jahren über Puerto Montt: „Bevor der Panamakanal gebaut worden war, war Puerto Montt einer der größten Seehäfen Chiles gewesen. Heute war der Niedergang der Stadt an jeder Straßenecke zu erkennen. Die Bahnlinie, die am Ufer entlang führte, war mit Gerste überwachsen, und die Häuser mit ihren Schindelfassaden waren grau und verkommen. Kaputte Schiffe dümpelten im Hafen und rosteten still vor sich hin, und in der sanften Dünung des Pazifik lag die Bucht von Reloncavi vollkommen ruhig da." (Jimmy Burns: Jenseits des silbernen Flusses).

Heute ist Puerto Montt immer noch keine schöne Stadt und ein wenig Verkommenheit hier und da kann man ohne weiteres entdecken, aber von Niedergang kann keine Rede mehr sein. Der Hafen, die vielen bunten Holzhäuschen und nicht zuletzt die Touristen aus aller Welt, die hierher kommen, um per Schiff in die Fjorde des Südens aufzubrechen, verleihen der Stadt eine heitere Geschäftigkeit und viel Farbe.

Nicht schön, aber geschäftig

• Geschichte der Stadt

Ursprünglich war die Gegend an der Bucht von Reloncavi mit dichtem Wald bewachsen. Die ersten Europäer, die kamen, waren Holzfäller, aber im Unterschied zu den nördlichen Gebieten geschah das relativ spät, etwa um die Mitte des 18. Jahrhunderts. Ein Jahrhundert später begann die Regierung, die Kolonisation des

Gebietes um den Lago Llanquihue zu fördern, um ihren Territorialansprüchen Nachdruck zu verleihen. Die Bucht war gut geeignet um einen Hafen anzulegen und 1852 kamen die ersten deutschen Siedler. Damals hatte man schon einen Pfad vom Seno de Reloncaví zum Llanquihue-See geschlagen. Als erstes wurden Bauplätze für die wichtigsten Gebäude angelegt: die Kirche und das Gefängnis. Am 12. Februar 1853 war das offizielle Gründungsdatum, und die neue Siedlung wurde nach dem Präsidenten Manuel Montt benannt, der ein entschiedener Förderer der Kolonisationspläne war. Das Fest zur Gründung dauerte zwei Tage und war Berichten nach für die deutschen Einwanderer eine gute Gelegenheit, die Lieder aus der alten Heimat zum besten zu geben.

Besiedlungs-
plan

In den folgenden Jahren förderte die Regierung den Aufbau der Stadt, indem sie jedem, der sich verpflichtete, ein zweistöckiges Gebäude zu bauen, Land in der Größe eines Viertel-Blocks gab; wer nur ein einstöckiges Haus bauen konnte, bekam einen Achtel-Block. Zu Anfang des 20. Jahrhunderts begann die Stadt, rasch zu wachsen. Der Hafen wurde größer, und man baute eine Eisenbahn. 1960 wurden der Hafen und die Wasserfront bei dem großen Erdbeben zerstört, so dass heute am Wasser nur moderne Gebäude stehen. Seit 1979 ist Puerto Montt die Hauptstadt der 10. Region. Es gibt einen wachsenden Industriesektor, außerdem werden von Puerto Montt aus riesige Mengen von Holzchips hauptsächlich nach Asien verschifft. Auch die Lachszucht und die weiterverarbeitenden Betriebe werden immer wichtiger für die Wirtschaft der Stadt.

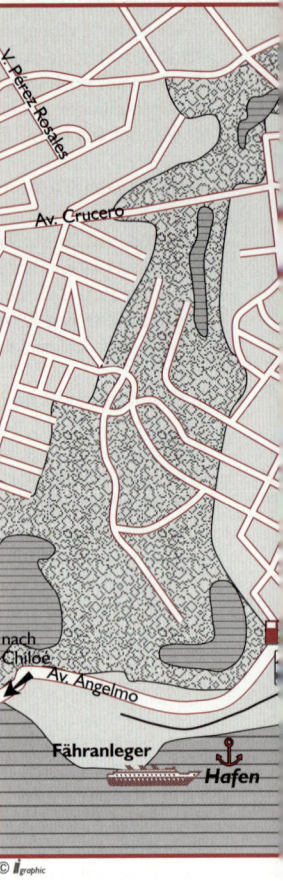

• Sehenswertes in Puerto Montt

Puerto Montt zieht sich in einem weiten Bogen am Ufer des Seno de Reloncaví dahin, während die Stadt den Hang hinauf schnell ausdünnt. Ein richtiges Zentrum hat sie nicht, eher zwei Pole, die Plaza de Armas im Osten und den Hafen und den Stadtteil Angelmó im Westen. Wegen der lang gestreckten Form ist ein Stadtrundgang wenig sinnvoll, man läuft besser einmal von einem Ende zum anderen und nimmt sich für den Rückweg ein Taxi oder ein Colectivo. Vielleicht ist es dem Tourismus zu verdanken, dass die Stadtväter in den letzten Jahren ein umfangreiches Programm zur Verschönerung der Stadt in Gang gebracht haben. Die einstmals für Fußgänger eher unattraktive Uferstraße ist in eine schöne Promenade umgestaltet worden, und auch der Plaza hat man ein Lifting verpasst. In der Innenstadt wurde der Verkehr aus einigen Straßen verbannt, eine Maßnahme, die einen entscheidenden Zuwachs an Attraktivität zur Folge hatte.

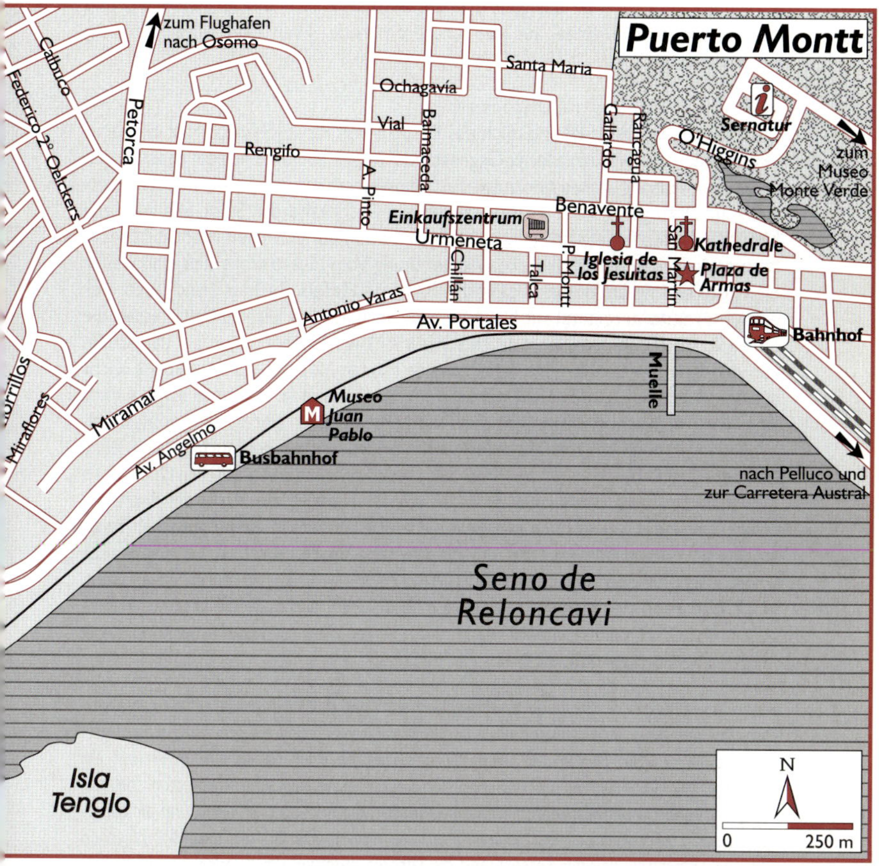

Puerto Montt

zum Flughafen
nach Osorno

Santa Maria

Ochagavía

Vial

Rengifo

Calbuco

Federico 2. Orelckers

Petorca

A. Pinto

Balmaceda

Chillán

Sernatur

zum
Museo
Monte Verde

O'Higgins

Rancagua

Gallardo

Benavente

Einkaufszentrum

Urmeneta

Talca

P. Montt

San Martin

*Iglesia de
los Jesuitas*

Kathedrale

**Plaza de
Armas**

Antonio Varas

Av. Portales

Bahnhof

Muelle

Miramar

Av. Angelmo

Morrillos

Miraflores

**Museo
Juan
Pablo**

Busbahnhof

nach Pelluco und
zur Carretera Austral

**Seno de
Reloncaví**

**Isla
Tenglo**

N

0   250 m

An der **Plaza de Armas** liegt die **Iglesia Catedral**. Sie ist das älteste Gebäude von Puerto Montt, und unter ihren Mauern liegt der Grundstein der Stadt. Von der Plaza aus sind es zwei Blocks nach Westen (auf der C. Urmeneta) und einer nach Norden zur **Iglesia de los Jesuitas**. Sie wurde 1872 von deutschen Jesuiten gebaut, damit diese ihre Landsleute in der Fremde mit geistlichem Beistand ver-

Auch hier Anklänge an deutsche Architektur

sorgen konnten. Von hier aus geht man am besten ein paar Blocks meerwärts und genießt die frische Brise auf der Uferpromenade. Hier liegt kurz vor dem Busterminal das

Museo Juan Pablo, Avda. Diego Portales

Kurioses Museum

Das Museum wurde 1988 anlässlich des Besuchs von Papst Johannes Paul in Puerto Montt gebaut. Es werden allerlei Gegenstände ausgestellt, die mit dem Papstbesuch im Zusammenhang stehen und zumindest teilweise eher kurios als historisch wertvoll sind. Dazu gibt es eine Fotosammlung zur Geschichte der Stadt, und auch zur Naturgeschichte findet sich einiges. Die Präsentation der einzelnen Themen ist recht unterschiedlich in der didaktischen Aufbereitung. Vom Museum aus läuft man weiter die Küste entlang, am Busbahnhof vorbei Richtung **Hafen.** Rechter Hand taucht der erste **Mercado artesanal** auf, hier kann man auch gut und billig zu Mittag essen, die Speisenkarte (Fisch und Meeresfrüchte natürlich) wird einem schon auf der Straße von den Kellnern erzählt. Links lagern riesige Haufen Holzchips, die bei Sonne leicht

Kunsthand-werksmarkt

anfangen zu dampfen und darauf warten, verladen zu werden. Und noch etwas weiter fängt dann der richtige **Kunsthandwerksmarkt** an. Hier gibt es alles, vom dicken Wollpullover über Mützen, die man hier im Süden oft gut gebrauchen kann, über Holzsegelschiffe bis zu Lapislazuli-Schmuck, alles in sehr unterschiedlicher Qualität, so dass man die Augen offen halten sollte. Der Spaziergang ist am Markt des Fischereianlegers beendet, wo es noch mal viele kleine Restaurants in einem hübschen zweistöckigen Holzgebäude gibt, die zum Mittagessen einladen. Ein paar Schritte weiter bringt einen ein Boot für wenig Geld zur Isla Tenglo, wo man spazieren gehen kann. Nach **Einbruch der Dunkelheit** sollte man die Insel und auch die gesamte Hafengegend Angelmó meiden, es ist in den letzten Jahren öfter zu **Überfällen** und sogar Vergewaltigungen gekommen.

Auch *Jimmy Burns* war auf seiner Reise hier, ihm hat das Fischerviertel nicht besonders gut gefallen: „*Wir schlugen die entgegengesetzte Richtung ein, wir wollten ins Viertel der Fischer, das am Rande der Stadt lag, und suchten nach Leben. Wir trafen auf ein Bettlergelage: kleine Bälger, die zwischen den Läden Verstecken und Nachlaufen spielten, riesige Männer in blutbespritzten, weißen Schürzen, die Aale verarbeiteten und die silberschwarzen Leiber kleiner Haie aufschlitzten. Die Frauen rührten mit dem dämonischen Blick von Hexen in riesigen Kesseln, und die Töchter machten die Kunden an, als ob hier Sex und nicht Fisch angeboten würde.*"
(Jimmy Burns: Jenseits des silbernen Flusses).

Mit einem Colectivo von der C. Libertad oder C. Montt (Richtung Avda. Ibañez del Campo) gelangt man zum **Mirador Manuel Montt**, einem Aussichtspunkt über der Stadt. Hier oben ist auch das im Jahr 2000 eröffnete

Museo Monteverde, Bombero Luis Mancilla 173

Es zeigt Fundstücke aus einer Grabungsstätte westlich von Puerto Montt nahe Maullín. Hier wurden Überreste der bisher frühesten Siedler des Südamerikanischen Kontinents aus einer Periode zwischen 12.000 und 14.700 v. Chr. gefunden. Eine andere Fundstelle in Sibirien an der Beringstraße aus dem Jahr 2003 enthielt menschliche Überreste, die etwa 30.000 Jahre alt waren, so dass es durchaus denkbar ist, dass die ersten Siedler ca. 15.000 Jahre später Patagonien erreicht hatten.

11. CHILOÉ

Überblick

Chiloé ist die zweitgrößte Insel Südamerikas nach Feuerland, und geologisch ist sie die Fortsetzung der Küstenkordillere. Das Wasser ist allgegenwärtig: von Küste bis Küste ist es nicht weit, und im Landesinneren gibt es Hunderte von kleineren und größeren Seen. Und es regnet reichlich; Chiloé bekommt um die 2.000 mm Niederschlag im Jahr. Die Landschaft ist freundlich hügelig, eine Bauernlandschaft wie aus dem Bilderbuch: blühende Wiesen, eingefasst von hohen Hecken, dazwischen Waldinseln und immer wieder blitzt ein blauer Zipfel Wasser hinter einer Anhöhe hervor.

⟳ Zeiteinteilung

Um die Insel richtig kennen zu lernen, braucht man etwa eine Woche oder mehr, wenn man diese Zeit nicht hat, mag man sich auf die Ostküste beschränken und sich den etwas schwer zu erreichenden Parque Nacional Chiloé für die nächste Reise aufsparen. Wenigstens einen Tagesausflug von Puerto Montt nach Castro und zu den berühmten Stelzenhäusern sollte man auf jeden Fall einplanen.

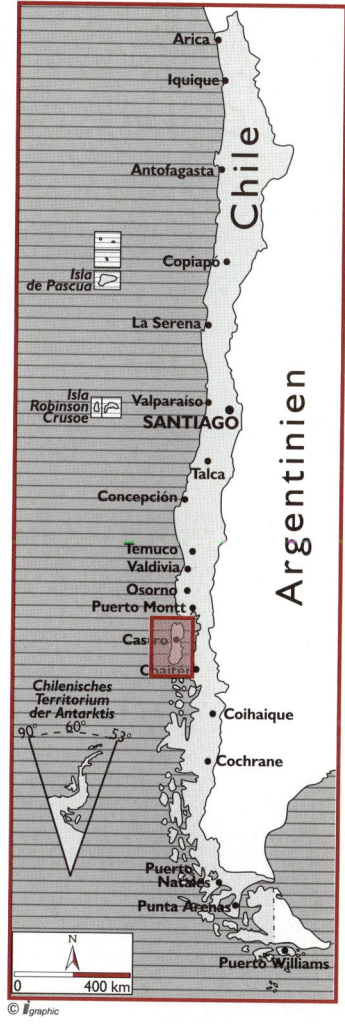

Geschichte der Insel

Ursprünglich wurde Chiloé von einem Stamm, den **Chonos,** bewohnt. Einwandernde Mapuche verdrängten sie Richtung Aisén, aber teilweise kam es auch zu Vermischungen der beiden Völker, so dass die Spanier bei ihrer Ankunft hauptsächlich Mestizen vorfanden. Sie lebten sesshaft in *Rucas* (Häusern aus Pacha) und betrieben neben dem Fischfang auch Landwirtschaft: auf den Feldern wuchsen Kartoffeln, Mais und Quinoa. Wohl dem auf Chiloé doch manchmal sehr unfreundlichen Wetter ist die lange Tradition zu verdanken, welche die Chiloten in der Herstellung von Strickwaren haben. Die aus grober Wolle gestrickten Pullover, Strümpfe, Schals und Mützen kann man heute noch auf den Märkten der Insel kaufen.

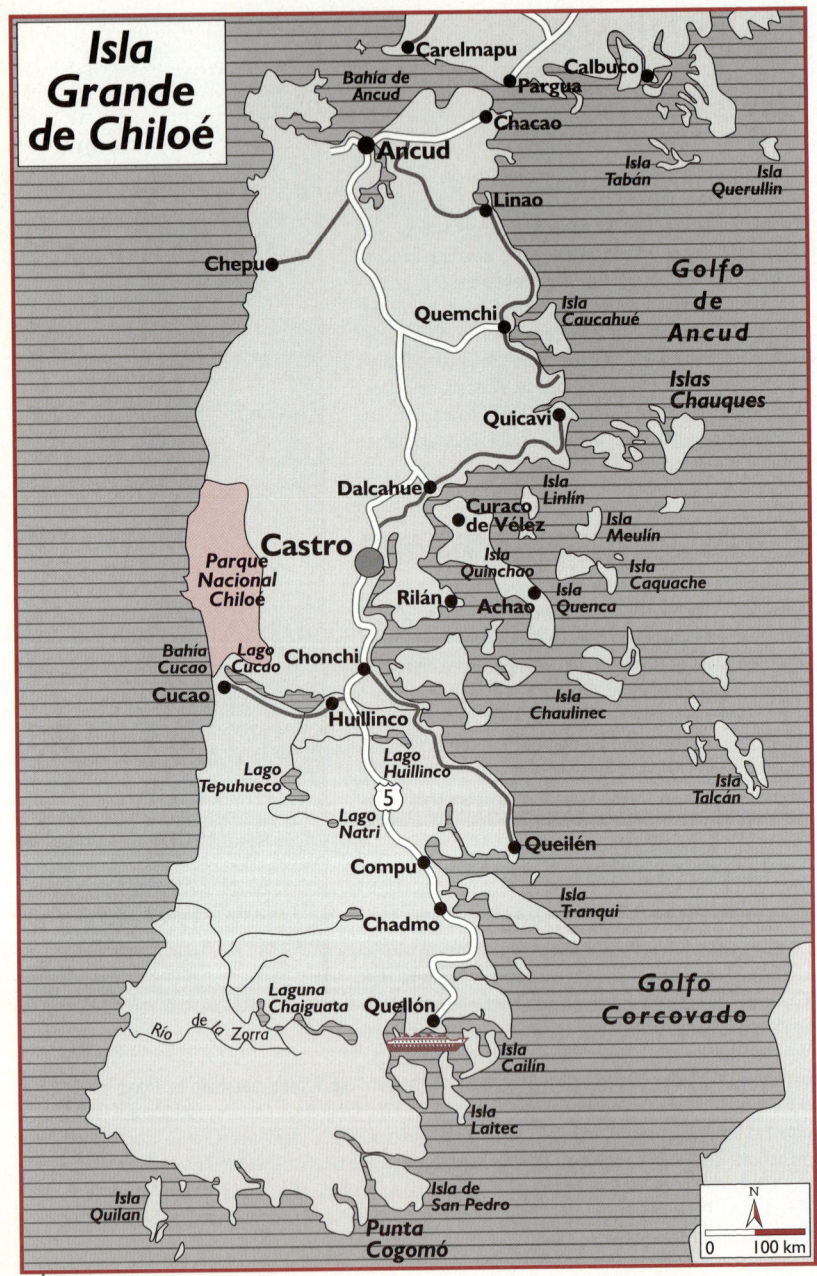

Isla
Grande
de Chiloé

Der erste Spanier, der nach Chiloé kam, war *Francisco de Ulloa*, der die Insel 1553 entdeckte, Castro wurde 1567 gegründet. Die Spanier begannen sofort, die bewohnten Teile der Insel unter sich aufzuteilen und ein System der Encomienda einzurichten. Das System funktionierte auf Chiloé besonders gut, offensichtlich waren die Ureinwohner der Insel weniger kriegerisch als die Mapuche auf dem Festland, sie setzten ihren neuen Herren kaum Widerstand entgegen. In den folgenden Jahrhunderten kamen immer mehr Spanier, die Überlebenden der Mapuche-Aufstände emigrierten nach Chiloé. Den Ureinwohnern ging es immer schlechter, sie hatten den von den Spaniern mitgebrachten Krankheiten keine Abwehrkräfte entgegenzusetzen und starben jämmerlich, ohne dass ihnen geholfen werden konnte. Im 17. Jahrhundert fielen **holländische Seeräuber** auf der Insel ein und zogen raubend und brandschatzend über die Dörfer; 1643 wurde die einzige größere Siedlung Castro niedergebrannt. Die Chiloten mussten aufgrund eines Vertrages mit der Regierung (die damals noch in Lima saß) einen großen Teil ihrer landwirtschaftlichen Produktion, das Holz, das sie schlugen und auch ihre Strick- und Webwaren zu Spottpreisen exportieren, Importe dagegen wurden teuer bezahlt. Auf Dauer verlor die Wirtschaft der Insel jegliche Substanz und die Bevölkerung verarmte immer mehr. Die spanischen *Encomenderos* richteten einen Antrag an die Regierung mit der Bitte, die Insel verlassen und aufgeben zu dürfen, der jedoch abgelehnt wurde: Chiloé war als Vorposten im Süden, aber auch als Holzlieferant zu wichtig. Bald waren die Encomiendas nicht mehr zu halten, die spanische Bevölkerung verlor ihren Herrenstatus und vermischte sich mit den Ureinwohnern.

Eine wichtige Rolle für Chiloé spielten die **Jesuiten**, die 1609 auf die Insel kamen. Sie begannen, die Indios zu missionieren, bauten aber auch Schulen und Mühlen und un-

Redaktions-Tipps

Chiloé lässt sich gut auf dem Weg von oder zur Carretera Austral einplanen. Man kann z. B. von Quellón aus die Fähre nach Chacabuco oder Chaitén nehmen, und dann über Chile Chico und Argentinien weiter in den Süden fahren. Oder man lernt die Insel auf einem ein- oder mehrtägigen Ausflug von Puerto Montt aus kennen.

• Chiloé hat einige architektonische Besonderheiten aufzuweisen, die Palafitos (Stelzenhäuser) sind besonders schön in **Castro** und **Ancud** zu sehen, eine der wunderbaren Holzkirchen findet man fast in jedem Dorf.
• Ursprüngliche Natur kann man im PN **Chiloé** erwandern; eine gute Ausrüstung ist hier jedoch Pflicht, da jeglicher Komfort fehlt (S. 534).
• Wenn man etwas zur Geschichte und Kultur der Insel erfahren will, sollte man das **Museo Regional** in Ancud besuchen, das eine sehr informative Ausstellung zu diesen Themen hat (S. 529).
• Lohnen kann auch ein Besuch im **Museo de Arte Moderno de Chiloé Castro**, das einen Querschnitt zeitgenössischer chilenischer Kunst zeigt und im Sommer wechselnde Ausstellungen hat (S. 533).

Übernachten In Ancud ist das **Hotel Galeon Azul** empfehlenswert, das schön liegt und freundlich eingerichtete Zimmer bietet (mittlere bis obere Preisklasse) (S. 185ff).
• Im Hotel **Unicornio Azul** in Castro kann man in die Vergangenheit eintauchen, das Hotel ist in einem schönen Haus aus der Jahrhundertwende untergebracht (mittlere Preisklasse).

Essen Probieren sollte man unbedingt das für Chiloé so typische **Curanto**, ein Gericht aus verschiedenen Fleischund Fischsorten, das früher in Erdöfen gegart wurde, heute aber fast immer aus dem Topf kommt. Außerdem gibt es überall fangfrische **Muscheln**, die man am besten auf der Straße oder auf den Märkten kauft.

terwiesen die Bewohner in der Herstellung landwirtschaftlicher Geräte. Da es auf Chiloé keinerlei Metalle gab, mussten die Chiloten Methoden entwickeln, alle nötigen Werkzeuge und Gebrauchsgegenstände aus Holz herzustellen. Einige dieser Arbeitsgeräte sind bis heute praktisch unverändert im Gebrauch, eine schöne Sammlung kann man im Museum in Ancud besichtigen.

Chiloé ist ein **Ort der Märchen und Sagen.** Die verwunschene Landschaft beherbergt für die Chiloten Königinnen, Feen, Zwerge und Trolle, und auch die religiösen Riten und Vorstellungen waren bunt und vielfältig. Noch heute wird erzählt, dass die Kanäle und Wasserstraßen um die Insel von Geistern bewohnt sind. Am häufigsten sind kleine **Drachen**, sie flitzen nachts über das Wasser und verführen die Fischer als rote Lichter. Die Boote, die ihnen folgen, werden in die Irre geführt, und die Seeleute ertrinken jämmerlich. Dieser ursprüngliche Glaube hat sich inzwischen mit dem Katholizismus vermischt, wobei die beiden Religionen kaum im Gegensatz zueinander stehen, sondern sich vielmehr untereinander vermengt haben und sich ergänzen. Als die Jesuiten 1767 aus Amerika vertrieben wurden, übernahm der Orden der Franziskaner ihre Arbeit, und viele der schönen Holzkirchen der Insel stammen aus dieser Periode. Heute leben die Chiloten von der Landwirtschaft und vom Fischfang. Auch der Tourismus wird immer wichtiger, und die Regierung versucht, diesen Trend mit einem besonderen Programm des Agrotourismus zu fördern (etwa zu übersetzen mit „Ferien auf dem Bauernhof"), denn Chiloé ist immer noch arm. Viele der Insulaner gehen aufs Festland, um in den Städten oder den Minengebieten im Norden ein besseres Auskommen zu suchen.

Arme Insel

Innerhalb Chiles ist Chiloé bis heute etwas Besonderes. Die Chiloten haben den Ruf, besonders freundlich und hilfsbereit zu sein, und auch wenn die Insel trotz ihres landschaftlichen Reizes keine spektakulären Höhepunkte bietet, steckt sie doch voll lauschiger Winkel und entdeckenswerter Schönheit!

Der Weg nach Chiloé führt übers Wasser, die kürzeste Fährverbindung ist die über den Ca-

Das Wasser ist immer nah

nal de Chacao. Die wichtigste Verkehrsverbindung ist die Panamericana, die Chiloé von Nord nach Süd durchquert, von ihr gehen zahlreiche Stichstraßen nach Osten, wohingegen die Westküste, an der auch der **Parque Nacional Chiloé** liegt, kaum erschlossen ist.

Von Puerto Montt sind es 59 km bis nach Pargua, wo die Autofähre ablegt, die einen in einer halbstündigen Überfahrt nach Chiloé bringt (die Fähren verkehren das ganze Jahr über 24 Stunden am Tag). Von Chacao auf der anderen Seite führt die Panamericana 27 km nach Süden bis nach Ancud.

Orte und Landschaften auf Chiloé

Ancud

Ancud war die erste Siedlung, die die Spanier nach ihrer Ankunft gründeten, und ist bis heute die größte Stadt. Zunächst wurde nicht viel mehr als ein Fort gebaut, Chiloé war damals der südlichste Vorposten der Spanier in Chile. Auch für die Schiffe, die Kap Hoorn umrundeten, war Ancud der erste Anlaufpunkt auf ihrem Weg nach Norden und ein Hafen, in dem man sich von den stürmischen Gewässern des südlichen Pazifik erholen konnte. Im 19. Jahrhundert wurde die Siedlung Ausgangspunkt und Versorgungsbasis der Eroberung des „wilden Süden" Chiles, und auch die Walfänger und Robbenjäger, die in der Antarktis ihre Jagdgründe hatten, nutzten Ancud als Basis und Versorgungsstützpunkt. Ende des 19. Jahrhunderts erfuhr die Stadt noch einmal einen großen Aufschwung, als viel Geld durch Holzverkäufe einen Bauboom möglich machte, aber dann erreichte die Eisenbahn 1912 Puerto Montt, und Ancud verlor immer mehr seine Stellung als internationaler Hafen. Auch wenn Ancud heute immer noch die größte Stadt der Insel ist, hat es doch sehr an Bedeutung verloren, eine Entwicklung, die 1982 sogar dazu führte, dass das politische und administrative Zentrum der Insel nach Castro verlegt wurde. Heute ist Ancud ein nettes ruhiges Fischerstädtchen, mit einem sehenswerten Fischereihafen und einem schönen Markt.

Anlaufhafen für Kap-Hoorn-Fahrer

• Sehenswertes in Ancud

Ancud hat keinen quadratischen Stadtplan, wie die meisten chilenischen Städte, wohl aber eine Plaza, die mit der Kathedrale das Zentrum der Stadt bildet. Anders als die meisten Kirchen der Insel ist sie aus Stein und hat den Platz eines größeren Bauwerks eingenommen, das durch einen Erdstoß zerstört wurde.

Das Zentrum ist klein und die einzige wirkliche Sehenswürdigkeit ist das **Museo Azul de las Islas de Chiloé,** Libertad, an der Plaza gegenüber der Kathedrale Das Museum, das in einem großzügigen Bau untergebracht ist, wurde 1998 teilweise neu gestaltet und hat eine wirklich sehenswerte Ausstellung zur Kultur und Ethnografie der Insel. Hier kann man Bei-

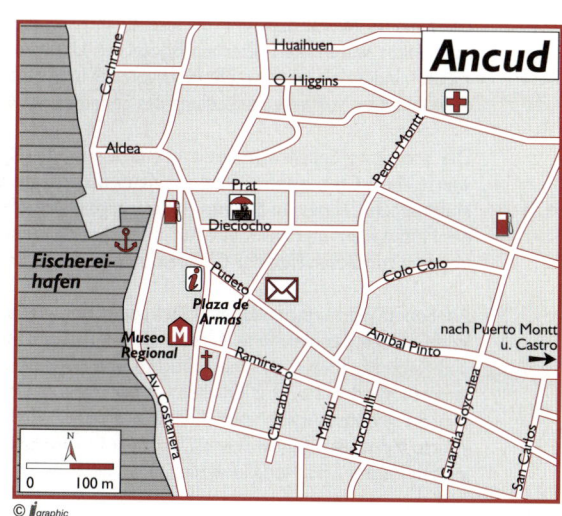

*Interessante
Ausstellung* spiele für die Kunst der chilotischen Werkzeugmacher sehen und im Hof steht ein Modell der „Ancud" in Originalgröße, ein Dampfschiff der chilenischen Marine, mit der im 19. Jahrhundert Südpatagonien erkundet und für Chile in Besitz genommen wurde. Auch zur Mythologie der Insel gibt es Informationen (und sehenswerte Holzfiguren) und es werden Beispiele für das reichhaltige Kunsthandwerk gezeigt, das sich auf Chiloé im Lauf der Jahrhunderte entwickeln konnte.

Am westlichen Ende der C. San Antonio steht das **Fuerte San Antonio**, das 1770 gebaut wurde, um die Hafeneinfahrt verteidigen zu können. Auch in der näheren Umgebung der Stadt, bei Puntas Agüi und Punta Corona, kann man noch die Überreste der Verteidigungsanlagen sehen, die an die glanzvollere Vergangenheit Ancuds erinnern. Wenn man mit dem Auto unterwegs ist, lohnt sich ein Abstecher zum Mirador **Cerro Huaihuen**, von dem man einen schönen Blick auf die Stadt und über den Golfo de Quetalmahue hat.

*Schöner Weg
an der Küste
entlang* Von Ancud aus kann man entweder auf der Panamericana weiter nach Süden fahren, dann ist Castro, das Zentrum der Insel in etwa eineinhalb Stunden erreicht. Die mögliche Alternative ist eine Schotterpiste entlang der Küste, vorbei an winzigen Fischernestern und mit einem wunderbaren Ausblick auf die Inseln und Inselchen, die vor der Ostküste Chiloés liegen.

Alternative A: Über die Panamericana nach Castro

Die Panamericana führt durch eine hügelige Wiesenlandschaft, teilweise aufgelockert durch Waldflecken. Der einzige größere Ort auf der Strecke, Dalcahue, liegt acht Kilometer von der Ruta 5 entfernt und direkt an der Küste.

Dalcahue

Dalcahue ist der Fährhafen für die Insel Quinchao. Dalcahue bedeutet „Ort der *dalcas*"; *dalcas* waren die hölzernen Boote der Ureinwohner. Das Dorf entstand im 19. Jahrhundert, als immer mehr Holz von der Insel geschlagen wurde, allerdings gab es wohl schon vorher eine Siedlung des Stammes der Chono.

*Typische
Holzkirche* Die wichtigste Sehenswürdigkeit des Ortes ist die **Kirche**, welche 1858 gebaut wurde. Sie ist mit einem Portal mit neun Bögen eine der größten und schönsten Holzkirchen Chiloés. Im Inneren gibt es einige Heiligenfiguren aus Holz und ein kleines Museum mit sakraler Kunst. Außerdem hat Dalcahue ein kleines ethnografisches Museum zur Geschichte der Chiloten, untergebracht im Centro Cultural des Ortes.

Am Sonntagvormittag findet ein **Markt** statt, der immer viele Besucher anzieht. Verkauft werden das berühmte Kunsthandwerk Chiloés, Strickwaren, Holzgegenstände und Keramik, aber auch Meeresfrüchte und die eine oder andere Kuriosität. Zusammen mit dem Markt in Quellón hat der Markt in Dalcahue (besonders am Sonntag) die größte Auswahl der traditionellen Strick- und Webwaren. Der Markt in Puerto Montt dagegen wird von Zwischenhändlern beliefert, die jeweils nur die gängigsten Muster und Modelle einkaufen.

Um auf die Isla Quinchao zu gelangen, nimmt man die Fähre in Dalcahue, die etwa alle halbe Stunde verkehrt. Auf der Insel gibt es zwei Dörfer, **Curaco de Velez** mit 500 Einwohnern ist das kleinere der beiden. Es hatte seine Blütezeit im 19. Jahrhundert, als Viehzüchter Geld in den Ort brachten. Aus dieser Zeit stammen noch einige der schönen Holzhäuser. Ein großer Teil ging allerdings während des großen Erdbebens 1960 unter, wurde überflutet und zerstört. Das größere Dorf, **Achao**, hat etwa 2.500 Bewohner und war ursprünglich eine Missionsstation der Jesuiten. Die älteste Kirche Chiloés steht hier, gebaut 1730, wurde sie erst nach der Vertreibung der Jesuiten fertig. Das Dach ist innen mit einem blauen Himmel voller Sterne ausgemalt. 1998 frisch renoviert, gehört sie sicherlich zu den schönsten Kirchen Chiloés.

Sternen-himmel

Alternative B: An der Küste entlang nach Castro

Ein alternativer Weg nach Castro führt an der östlichen Küste entlang und ist mit rund 140 km um einiges weiter als die Strecke über die Panamericana. Da die Straße hier nur geschottert ist, muss man einiges an Zeit zusätzlich einrechnen, aber der Umweg lohnt sich. Die Straße führt immer an der Küste entlang, man lernt das ländliche Chiloé und einige der unbekannteren Ecken der Insel kennen. Von Ancud aus nimmt man zunächst die Ruta 5 Richtung Puerto Montt und kurz vor dem Fährhafen den Abzweig nach Manao. **Manao** ist ein kleines Fischerdorf, hier kann man eine Auster-Farm besichtigen. Außerdem gibt es einen Strand mit wunderbar feinem Sand. Womöglich noch kleiner ist **Linao**, hier lebt eine Hand voll Menschen ebenfalls vom Fischfang. Neben dem Fischfang sammeln hier viele Menschen auch Algen, um sich einen Nebenverdienst zu verschaffen.

INFO ## Algen: Gemüse aus dem Meer

Algen werden in Chile entlang der ganzen Küste gesammelt und zu verschiedenen Zwecken genutzt. Nur für wenige Küstenbewohner ist das Algensammeln die einzige Einkunftsquelle, aber viele Fischer verschaffen sich mit dieser Tätigkeit ein Zubrot. Teilweise werden Algen inzwischen so gründlich abgesammelt und auch regelrecht geerntet, dass der Bestand einzelner Arten in Gefahr ist. Die Regierung sah sich vor einigen Jahren gezwungen, für einige Arten ein Sammelverbot für bestimmte Perioden des Jahres auszusprechen.

Algen können für sehr unterschiedliche Zwecke genutzt werden. Teilweise werden sie getrocknet oder frisch auf dem Markt als Gemüse verkauft. Auf keinem Markt entlang der zentralen und südlichen Küste fehlen die spinatähnliche, zu quadratischen Packen gepresste **Luche** (*Porphyra columbina*) und die Stränge der **Cochayuyo** (*Durvillae antarctica*), die etwa wie Lederriemen aussehen. Die langen Schnüre werden zum Trocknen am Strand ausgelegt und dann einzeln zu kleinen Paketen verschnürt. Besonders in der Gegend um Puerto Montt und auf Chiloé gibt man Algen dem Vieh zu fressen oder man arbeitet sie in die Äcker ein, um die Bodenfruchtbarkeit zu verbessern.

Die wirtschaftlich wichtigste Nutzung sind aber die Extraktion von Säure und die Produktion von **Agar Agar**, einem Geliermittel, das in der Nahrungsmittelproduktion, z. B. beim Einkochen von Obst, verwendet wird. In Deutschland bekommt man Agar Agar besonders in Reformhäusern zu kaufen, viele Köche ziehen es der Gelatine vor, weil es pflanzlichen Ursprungs ist. Noch in den 70er Jahren wurden die Algen hauptsächlich als Rohstoff in die USA exportiert, heute hat Chile selber eine ausgedehnte Industrie zur Weiterverarbeitung.

Der größte Ort an der Strecke bis Dalcahue ist **Quemchi.** Das Dorf hat immerhin fast 1.400 Einwohner, eine schöne Kirche und einen beschaulichen Hafen samt einem kleinen Fischmarkt. Die Häuser sind mit den typischen Holzschindeln verblendet und teilweise farbenfroh angemalt. Von Quemchi aus kann man entweder (wenn man genug von der Schotterpiste hat) über eine Stichstraße zur Panamericana zurückkehren oder aber weiter an der Küste entlang fahren. Man kommt an weiteren Dörfchen und Fischersiedlungen vorbei und hat wunderschöne Ausblicke auf die Inseln der östlichen Küste. Die Holzhäuser des ländlichen Chiloés, die aus einem Holzrahmen, gedeckt mit Holzschindeln, bestehen, sind nicht sehr schwer, so dass die Familien sie einfach mitnehmen können, wenn sie umziehen. Das Haus wird *Umzug* auf eine Karre gehievt, und alle Nachbarn schicken ein Paar Ochsen zum Ziehen. *samt Haus* Das ganze Dorf hilft beim Transport, dafür muss die Familie, die umzieht, für einen großen Eintopf und Apfelwein für die Helfer sorgen.

Castro

Castro ist heute das politische und wirtschaftliche Zentrum der Insel und die Hauptstadt der Provinz Chiloé. Die Stadt hat eine bewegte Geschichte hinter sich; gegründet wurde sie von den Spaniern im Jahr 1567 und ist damit die drittälteste Stadt Chiles (nach Santiago und La Serena), die nicht zumindest zeitweise wieder aufgegeben wurde. Im Jahr 1600 wurde sie von dem holländischen Piraten *Sebastian de Cordes* eingenommen, der sie zwei Monate halten konnte, bis eine entschlossene Frau, **Doña Inés de Bazán**, sie wieder zurückeroberte. Bis ins Jahr 1788 war Castro die Hauptstadt der Insel, dann wurde die Verwaltung nach Ancud verlegt, das im Zuge der immer umfangreicheren Holzexporte Castro an Bedeutung überflügelt hatte. Seit 1982 ist der Ort jedoch wieder Provinzhauptstadt.

Castro ist berühmt für seine **Palafitos.** Da einer der wichtigsten Broterwerbe auf Chiloé traditionell die Fischerei war und das Boot das wichtigste Fortbewegungsmittel an der Küste und

Fischer

zwischen den Inseln, baute man Häuser direkt ins Wasser. Sie stehen auf Stelzen, so dass man mit dem Boot ohne Umweg unter das Haus fahren und es dort parken kann. Bei Ebbe fallen die Boote trocken. Palafitos sieht man auf Chiloé immer wieder, aber die schönsten stehen in Castro.

• Sehenswertes in Castro

Die Palafitos oder **Stelzenhäuser** bekommt man schon zu Gesicht, wenn man in die Stadt hineinfährt. Sowohl am nördlichen als auch am südlichen Stadtausgang steht eine ganze Reihe an der Küste. Das Zentrum der Stadt ist übersichtlich und gruppiert sich in bewährter Manier um die Plaza. An der Plaza steht die **Kathedrale** (Iglesia San Francisco) der Insel, ein großer Holzbau, der etwas eigenwillig in den Farben Lachsrosa und Milka-Lila angemalt und eines der Wahrzeichen Chiloés ist. Die Pläne stammen von dem italienischen Architekten *Eduardo Provasoli*, der sie sich allerdings in Zement vorgestellt hatte. Die einheimischen Handwerker bauten sie kurzerhand aus Holz, das mit einer Blechverkleidung versehen wurde.

Häuser im Wasser

Holz statt Stein

Das **Regionalmuseum** ist aus dem Stadtzentrum umgezogen in ein neues modernes Museumsgebäude ganz aus Holz:

Museo Regional de Castro, C. Lillo s/n
Das Museum zeigt eine interessante Ausstellung zur Regionalgeschichte der Insel, unter anderem gibt es zahlreiche Gebrauchsgegenstände, z. B. auch ein Fahrrad aus Holz zu sehen.

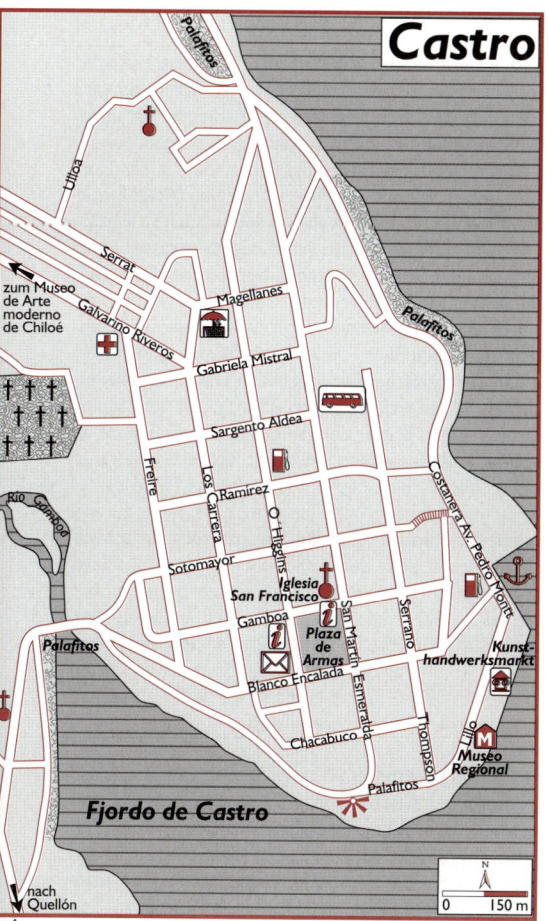

Castro

zum Museo de Arte moderno de Chiloé

Fjordo de Castro

nach Quellón

© *i*graphic

N

0   150 m

Markt am Hafen

Am **Hafen** gibt es einen lebhaften **Kunsthandwerksmarkt**, Fischküchen, Muschelstände und eine Halle mit kleinen Restaurants, in denen fangfrischer Fisch und alle Arten von Meeresfrüchten angeboten werden. Der Spaziergang zum Hafen lohnt sich auch, wenn man keinen Hunger auf Fisch hat, hier ist viel los, und es gibt immer etwas zu sehen.

Etwas außerhalb des Zentrums gelegen, aber einen Besuch wert, ist das **Museo de Arte Moderno de Chiloé**, Galvarino Riveros, am Parque Municipal Das 1988 gegründete Museum zeigt eine der wichtigsten und umfangreichsten Sammlungen zeitgenössischer chilenischer Kunst, im Sommer gibt es wechselnde Ausstellungen und Aktionen.

Parque Nacional Chiloé

Einsamer Westen

So dicht besiedelt, wie der Ostteil der Insel ist, so menschenleer präsentiert sich der Westteil. Die viel weniger zerfranste Westküste ist praktisch unbewohnt und wird bis heute kaum genutzt, so dass sich hier noch Kilometer um Kilometer fast unberührter Natur erstrecken. Die Landschaft des Parks ist vielfältig: in die raue Felsenküste sind sandige Buchten eingeschaltet, die Flüsse und Bäche, die aus der Cordillera de Puiche kommen, vermischen sich mit dem Meerwasser und bilden Brackwassersümpfe und Niedermoore. Während des Erdbebens 1960 senkten sich große Teile des Küstenstreifens um fast zwei Meter, so dass heute das Meerwasser in die Seen des Parks eindringen kann und das Süßwasser brackig werden lässt. Der größte Teil des Parks ist mit einem dichten Küsten-Regenwald bedeckt, hier wachsen die immergrüne **Coigüe** (*Nothofagus nitida*), der **Arrayán** (*Myrceugenella apiculata*), dessen rotbraune Rinde die Bäche teefarben färbt, die **Alerce** (*Fitzroya cupressoides*) und viele Büsche, die ein fast undurchdringliches Dickicht bilden. Die hohen Niederschläge (um die 2.500 mm jährlich) lassen viele Epiphyten (Pflanzen, die auf Bäumen wachsen) gedeihen, und auch die riesigen Blätter der **Pangue** sieht man überall an den Ufern der Bäche und Ströme. In dieser wilden Landschaft fühlt sich eine ganze Anzahl von Tierarten wohl. Die endemische Eidechsenart *Leolaemus Chiloénsis*, auf Spanisch **Largartija verde**, ist wegen ihrer grünen Tarnfarbe nicht leicht zu entdecken. Im dichten Gebüsch lebt das **Pudú** (*Pudu pudu*), das man auch nur schwer zu Gesicht bekommt, weil es sehr scheu ist. In den küstennahen Sümpfen und Seen

Reiche Tierwelt

sieht man hin und wieder das **Coipo** (*Myocastor coypus*), ein kleines otterähnliches Geschöpf, das allerdings nachtaktiv und deshalb tagsüber selten unterwegs ist. Leichter zu entdecken ist der **chilotische Fuchs** (*Pseudolopex rufipes*), der außerhalb Chiloés nur noch eine andere Kolonie an der Küste bildet. Einer der schönsten Vögel des Parks ist sicherlich der **Eisvogel** (*Ceryle torquata*), der leicht an seinem blauen Kopf und der orange-bräunlichen Brust zu erkennen ist.

Der Parque Nacional Chiloé hat zwei Sektoren, den nördlicheren Teil Chepu und den südlichen größeren Sektor Anay. Im nördlichen, weniger besuchten Teil des Parks lebt eine besonders reiche marine Fauna. Nach Chepu fährt täglich ein Bus von Ancud aus. Um den **Sektor Chepu** mit dem Auto zu erreichen, nimmt man von Ancud aus die Panamericana nach Süden, um nach 10 km rechts nach Chepu abzubiegen. Man fährt durch die Schlaggebiete einiger Holzfirmen und vorbei an Coipomó, wo es eine Kapelle und eine winzige Landschule gibt. Das Tal, das man nun durchquert, sank bei dem Erdbeben 1960 ab und wurde teilweise unter Wasser gesetzt, noch heute sieht man die Stämme (inzwischen sind es nur noch Stümpfe) der alten Bäume, die damals ertranken.

Nach 38 km ist Puerto **Anguay** erreicht, das Dörfchen liegt am Zusammenfluss des Río Chepu und des Río Anguay. Es gibt hier einen einfachen Campingplatz, und man kann fischen und jagen gehen oder Pferde und Boote für einen Ausflug mieten. Die Straße führt noch 2,5 km weiter, **dann muss man das Auto stehen lassen** und zu Fuß weitergehen. Der Weg führt zunächst zur Playa Aulén, von hier aus kann man schon die Isla Metalqui sehen, die zum Nationalpark gehört und auf der Hunderte von Seelöwen leben. Die Insel kann nicht besucht werden, sie gehört zu den am strengsten geschützten Zonen des Parks. Um zum Park zu gelangen, muss man zunächst den Río Chepu mit einem Boot kreuzen, das einen zur Flussmündung bringt. Von hier aus sind es noch 14 km auf einem Pfad, der fast die ganze Zeit an der Küste entlang führt. Die Playa Tongoy, umgeben von dichtem Wald und Felsen, besonders an ihrem südlichen Ende, kann nur bei Ebbe überquert werden. Der Weg ist in etwa sechs Stunden zu schaffen, in der Nähe der Guardería der CONAF kann man sein Zelt aufbauen, einen richtigen Campingplatz gibt es aber nicht. Der südliche Teil des Parks ist einfacher zugänglich. Mehrmals täglich fahren Busse von Castro aus. Mit dem Auto biegt man einige Kilometer südlich von Conchi nach Westen von der Panamericana ab und fährt zunächst durch eine alte Kulturlandschaft, hier gibt es die besten Böden Chiloés. Nach 33 km erreicht man Huillinco am Ufer des gleichnamigen Sees; die Straße führt jetzt immer am Wasser entlang bis nach **Cucao.** Der Name bedeutet „Wasser der Möwen" und die Siedlung gab es schon lange vor Ankunft der Spanier; später wurde sie eine wichtige Station für die Jesuiten, die von hier aus die Umgebung missionierten. Auch *Darwin* besuchte den Ort auf seiner Reise. Ende des 19. Jahrhunderts wurde hier Gold gewaschen, und später siedelten sich Viehzüchter an. Alle alten Häuser wurden bei dem Erd- und Seebeben 1960 zerstört oder weggespült, so dass der Ort fast vollständig neu aufgebaut werden musste.

Von Cucao aus ist es noch ein Kilometer bis zur **Guardería der CONAF**, wo man sich in einem relativ neuen kleinen Besucherzentrum über den Park informieren kann, je nach Verfügbarkeit gibt es auch eine Broschüre samt Karte. In diesem Sektor des Parks hat man verschiedene **Spazier- und Wanderwege** angelegt, die für jede Kondition etwas bieten.
Der **Sendero El Tepual** ist weniger als ein Kilometer lang und wurde als Lehrpfad konzipiert; auf Schautafeln wird die Pflanzenwelt dieses Sektors erklärt.
Der **Sendero Dunas de Cucao** führt etwa einen Kilometer durch die schöne Dünenlandschaft, man hat Gelegenheit, die typische Dünen-Vegetation kennen zu lernen.
Der **Sendero Chanquin – Cole Cole – Anay** hat eine Länge von 26 km, so dass für Hin- und Rückweg zwei bis drei Tage gerechnet werden müssen. Der Weg beginnt an der Guardería Chanquin und führt durch eine sehenswerte Dünenlandschaft; küstenwärts sind die jüngeren Dünen lediglich mit Gras bewachsen, auf den älteren dem Land zugewandten Dünen haben sich schon Büsche und Gestrüpp angesiedelt. Nachdem man den Río Puchanquin überquert hat, führt der Weg über

Hier gehts nur ohne Auto weiter

Vorposten in der Wildnis

Spaziergänge und Wanderungen

etwa sechs Kilometer direkt
am Strand entlang, bis er einem
kleinen Strandsee ausweichen
muss. Man kommt jetzt an einigen kleinen Gehöften vorbei,
die Menschen hier leben nicht
besonders üppig von ein wenig
Landwirtschaft, dem Fischfang
und dem Algen-Sammeln. Nach
20 km ist das **Refugio Cole
Cole** erreicht. Hier gibt es eine
kostenlose, sehr einfache Hütte
(eigener Schlafsack ist obligatorisch) mit einem Holzofen. Am

Im Park

Nordende der Caleta Quiutil kann man auch sein Zelt aufstellen, Zelten ist sonst
entlang der Küste nicht erlaubt. Entweder nutzt man das Refugio Cole Cole zum
Übernachten oder man läuft noch sechs Kilometer weiter bis zum Refugio Anay. Der

Märchen- Weg führt zunächst über eine Brücke über den Río Cole Cole und dann in den Wald.
wald Hier wachsen Farne, Moose und Epiphyten, der Wald ist streckenweise so verwun-
schen, dass man sich nicht darüber wundern würde, hinter dem nächsten Baum einen
Troll hervorlugen zu sehen. Mehrmals muss man kleine vermoorte Bäche überqueren
und nach etwa eineinhalb Stunden erreicht man das **Refugio Anay.** Die Hütte ist
noch einfacher als das Refugio Cole Cole, es gibt einen offenen Feuerplatz und Raum
zum Schlafen für maximal sechs Leute. Da der Pfad nicht als Rundweg angelegt ist,
muss man den gleichen Weg zurücklaufen, um wieder nach Cucao zu gelangen.

Über Conchi nach Quellón

Von Castro aus nimmt man die Panamericana nach Süden und gelangt zunächst nach
Nercón. Hier kann man einen kurzen Stopp einlegen und sich die **Kirche Nuestra
Señora de Gracias de Nercón** anschauen. Die Kirche ist frisch renoviert und ein
schönes Beispiel für die Holzarchitektur Chiloés, sie steht auf der World-Heritage-
Liste der UNESCO. Ihr Inneres ist mit einer Marmor-Imitation ausgemalt, und es
gibt eine kleine Ausstellung zu den Kirchen der Insel. Conchi, den nächsten größeren Ort an der Strecke, hat man nach guten 20 km erreicht.

Conchi

Die kleine Stadt (3.000 Einwohner) liegt an einem steilen Hang über der Küste und
wird deshalb auch „Stadt der drei Stockwerke" genannt. Gegründet wurde der Ort
von den Jesuiten, die auch die schöne Kirche bauten. Er wuchs langsam, immer mehr
Holzfäller Holzfäller und Viehzüchter siedelten sich hier an, und auch der Hafen wurde immer
und wichtiger, weil Holz von hier aus verschifft werden konnte. Es stehen noch einige der
Viehzüchter alten Häuser und die **Iglesia de San Carlos de Conchi,** mit deren Bau im Jahr
1754 begonnen wurde. Fertig geworden ist sie aber erst 1859. Sie ist mit 730 m²
Grundfläche eine der größten Kirchen Chiloés und hat ein schönes Portal mit fünf
Bögen und einen dreigliedrigen Turm. Auch sie steht auf der World-Heritage-Liste

der UNESCO. Eines der alten Häuser an der Hauptstraße wurde in ein kleines Museum umgewandelt, zu sehen sind ein Wohnzimmer, ein Schlafzimmer und eine Küche, wie sie zu Anfang des 20 Jahrhunderts in Conchi in Gebrauch waren. Einige der schönen historischen Häuser an der Nordseite des Hafens fielen im Jahr 2002 einem Feuer zum Opfer, inzwischen sind aber kaum noch Spuren dieses Unglücks zu sehen. Von Conchi aus legen die Fähren zur Isla Lemuy ab, auf der es eines der ältesten Dörfer Chiloés gibt. Auch der Weg nach Queilén beginnt in Conchi. Die Schotterstraße läuft immer parallel zur Küste, hin und wieder gibt es eine kleine Stichstraße, die zu den winzigen Fischerdörfchen entlang des Ufers führt.

Quellón

Quellón ist ein kleines Städtchen am Ende der Panamericana, (fast) am südlichen Ende von Chiloé und ein bisschen auch am Ende der Welt. Nicht allzu viele Touristen verirren sich bis hierher, hin und wieder bringt die Fähre von Chacabuco einen Reisenden mit, und andere nehmen die Fähre in die umgekehrte Richtung, um dann die Carretera Austral zu erkunden. Quellón ist keine kirchliche Gründung wie so viele Siedlungen auf Chiloé, ganz im Gegenteil, der Ort entstand aus einer Schnapsbrennerei. 1906 siedelte sich die **Compañía Destilatorio Quellón** hier an, kaufte 150.000 ha Land, um dann den dichten Urwald abzuholzen und zu Holzkohle zu verarbeiten. Die wurde gebraucht, um den Alkohol zu destillieren. Auf den vom Urwald gesäuberten Flächen konnte dann auch Viehwirtschaft betrieben werden. Heute ist die Destillerie verschwunden, dafür gibt es eine kleine Fischereiflotte und eine Konservenfabrik. Wenn man in Quellón ist, kann man sich das kleine Museum der Gemeinde anschauen.

Am Ende der Welt

Museo Municipal
Es zeigt eine Ausstellung zur Geschichte der Stadt und der Destillerie. Man findet es etwas oberhalb der Mole. Einen Block weiter gibt es einen kleinen Kunsthandwerksmarkt. Und noch ein Museum hat Quellón:

Museo Inchi Cuivi
Ant, C. Ladrilleros
Der Name bedeutet in der Sprache der Huliche „Unsere Vergangenheit", und genau darum geht es in dem Museum: es gibt schöne Beispiele der lokalen Technologien, und die Ausstellung ist gut erklärt.

12. DER GROSSE SÜDEN: VON PUERTO MONTT BIS NACH TIERRA DEL FUEGO

Überblick

Der Große Süden – das ist der wildeste Teil von Chile und der unberührteste. Hier gibt es Siedlungen, die gerade mal fünfzig Jahre alt sind, gegründet von den Menschen, die heute noch dort leben. Die Landschaften gehören zu den faszinierendsten der Erde, eben weil sie noch etwas von *terra incognita* haben, hier wird jeder zum Entdecker, zumindest kann man sich aber eine Vorstellung davon machen, was es für die ersten Siedler (die ja oft aus dem relativ zivilisierten Europa kamen) bedeutet haben muss, sich in dieser Wildnis eine Existenz aufzubauen. Patagonien und Feuerland – diese Namen haben von je her Assoziation an Leere und Weite, an unberührte Natur und untergegangene Stämme der Urbevölkerung wachgerufen, und es gibt zahlreiche Berichte von namhaften Schriftstellern und anderen Reisenden, die das Ende der Welt kennen – und lieben – oder auch hassen gelernt haben. Dieser Teil des Landes gehört sicherlich zu den absoluten Höhepunkten einer Reise auf den südamerikanischen Kontinent, und kaum einer wird sich der Faszination dieser Landschaften entziehen können. Sie beginnt im Norden bei Puerto Montt und zieht sich über die Region der Carretera Austral über den Nationalpark Torres del Paine und Punta Arenas bis nach Feuerland und bis hin zum Kap Hoorn, dem Alptraum aller Seefahrer.

Der wilde Süden

Von Puerto Montt bis zum Kap der Stürme

Die Carretera Austral: Traumstraße in die Wildnis

Die Carretera Austral – eine der absoluten Traumstraßen der Erde – gibt es noch nicht lange, und darin liegt vielleicht ihr besonderer Reiz. Noch vor 20 Jahren musste man in Puerto Montt ins Flugzeug steigen oder ins Boot, um nach Hornopirén oder

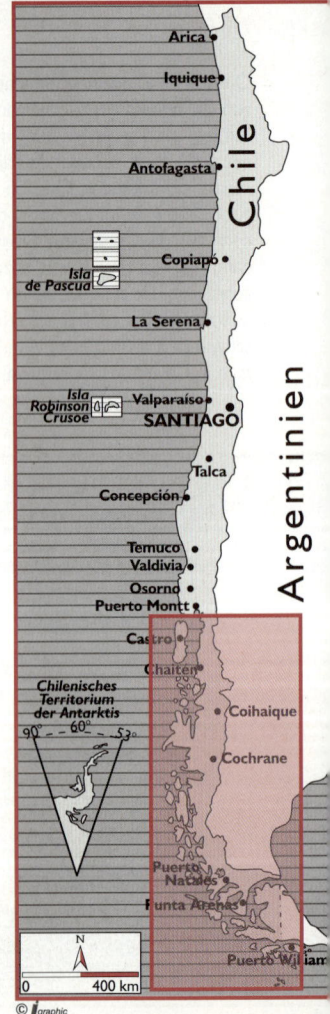

© Tgraphic

⌛ Zeiteinteilung

Bei der Reiseplanung sollte man daran denken, dass eine Schiffstour zur Laguna San Rafael von Puerto Chacabuco aus mit vier Tagen zu Buche schlägt, außerdem muss man die Fährzeiten (z. B. zwischen Hornopirén und Caleta Gonzalo) einkalkulieren. Als reine Fahrzeit muss man bis Coihaique mit etwa vier Tagen rechnen.

Coihaique zu gelangen. Um die Siedlungen wuchs ein dichter Urwald, durch den es kaum Pfade gab, und die Dörfer waren isoliert durch Tausende von Bäumen, durch Flüsse, Berge und Gletscher.

Dann kam *Pinochet* und wollte parallel zur argentinischen Grenze eine Straßenverbindung nach Süden haben, hauptsächlich wohl, um in diesem abgelegenen Gebiet, in dem der Grenzverlauf immer wieder zu Streitigkeiten führte, seine Truppen schnell an Ort und Stelle bringen zu können. Und so fraß sich seit den 70er Jahren die Straße immer weiter in die Wildnis, Kilometer um Kilometer an Schotterpiste wurde in die Landschaft geschlagen, und überall gab es Bäche oder Flüsse, über die man Brücken bauen musste. Inzwischen reicht die Ruta 7 bis Cochrane und noch ein Stück weiter, und es bestehen Pläne, sie noch bis Villa O'Higgins auszubauen. Noch weiter südlich reicht das patagonische Inlandeisfeld bis an die Grenze zu Argentinien und darüber hinaus, aber es gibt auch schon Leute, die darüber nachdenken,

Redaktions-Tipps

Die **Carretera Austral** ist sicherlich eines der absoluten Traumziele in Chile, am schönsten ist es, wenn man sie mit dem eigenen Auto abfahren kann, das gibt einem die Möglichkeit, da zu halten und zu bleiben, wo man möchte; eine sinnvolle Alternative ist eine organisierte Tour. Die Höhepunkte an der Carretera Austral:
- Der **Parque Pumalín** ganz im Norden bietet unberührte Wälder in einem der größten privaten Naturschutzparks der Welt (S. 542).
- Die Strecke zwischen **Chaitén und dem Lago Yelcho**: Der Weg ist das Ziel, man hat wunderbare Ausblicke auf schneebedeckte Berggipfel und grüne Gletscherflüsse (S. 546).
- Der **Lago Yelcho** selber: Nicht umsonst kommen hier Stars wie Robert Redford zum Fliegenfischen her (S. 545).
- **Puerto Puyuhuapi**: Das kleine Dorf sudetendeutscher Auswanderer verliert sich fast in der Wildnis, in der Nähe liegt an den Termas de Puyuhuapi eines der schönsten Hotels Chiles (Achtung: nur mit Vorbestellung!) (S. 542).
- Von Coihaique (oder Puerto Montt) aus lässt sich die **Laguna San Rafael**, einer der wenigen zugänglichen Ausläufer des Patagonischen Eisfeldes, erreichen (S. 552).
- An der südlichen Carretera Austral sind die Streckenabschnitte durch die **Reserva Nacional Cerro Castillo** und am **Lago General Carrera** entlang nach Chile Chico landschaftlich besonders schön (S. 554).

Traumstraße in die Wildnis

Das Inlandeis versperrt den Weg wie sich über dem Eis die Straße weiterbauen ließe, um eine durchgehende Verbindung nach Puerto Natales zu schaffen...

Bis vor wenigen Jahren war die Carretera Austral nur etwas für Abenteurer, heute sind die vielen Flussdurchfahrten durch Brücken entschärft, und auch ohne Jeep wird man nicht stecken bleiben. Das hat zur Folge, dass jedes Jahr mehr Besucher kommen, aber immer noch sind es so wenige, dass man Einsamkeit findet, ob man sie nun sucht oder nicht!

Von Puerto Montt nach Chaitén

Von Puerto Montt aus hat man zwei Möglichkeiten, in die Region Aisén aufzubrechen. Entweder macht man sich mit dem Auto auf den Weg, die Carretera Austral beginnt direkt hinter der Stadt. Oder aber man fährt mit dem Schiff von Puerto Montt nach Chaitén, verpasst dann aber eine der schönsten Strecken und den **Parque Pumalín**, der zu den absoluten Höhepunkten an der Carretera Austral gehört.

Von Puerto Montt aus fährt man auf der Küstenstraße Richtung Osten und lässt den Badestrand der Stadt rechts liegen, der nur an richtig schönen Tagen (und die sind nicht allzu häufig!) bevölkert ist. Einige Kilometer weiter kann man Algensammler mit ihren Pferdekarren beobachten, die Straße folgt immer mehr oder weniger der Küste. Nach 47 km hat man die **Caleta La Arena** erreicht, wo zum ersten Mal ein Meeresarm mit der Fähre gekreuzt werden muss (Informationen zum Fahrplan finden Sie in den Regionalen Reisetipps S. 185 ff.). Die Überfahrt über den Seno Reloncaví dauert nur eine halbe Stunde,

Algensammler

Übernachten An der **Caleta Gonzalo** (Parque Pumalín) gibt es sehr geschmackvoll eingerichtete und wunderschön gelegene Cabañas (mittleres Preissegment), die aber unbedingt vorbestellt werden müssen, ansonsten stehen verschiedene Campingplätze zur Auswahl. (S. 185ff).

• In Chaitén übernachtet man gut und nicht zu teuer im ebenfalls zum Proyecto Pumalín gehörigen **Bed and Breakfast Puma Verde**.

• Mit den **Termas de Puyhuapi** liegt eines der schönsten Hotels Chiles am Weg, der Komplex von Holzhäusern ist wunderbar in die Landschaft eingepasst, und man bekommt allen Luxus geboten. Unbedingt vorbestellen! (S. 185ff)

• Ebenfalls sehr schön ist der Komplex **Yelcho de la Patagonia** (obere Preisklasse) am Lago Yelcho. Hier gibt es auch einen guten Campingplatz. Von hier aus werden Ausflüge zum Fischen auf dem Lago Yelcho und in den umliegenden Flüssen angeboten (S. 185ff).

• Am Lago Risopatrón gibt es eine schöne Anlage mit kleinen Holzhäuschen (**El Pangue**), auch von hier aus lassen sich Ausflüge zum Fischen unternehmen, außerdem werden Touren per Pferd angeboten (obere Preisklasse) (S. 185ff).

Essen Zum **Proyecto Pumalín** gehört ein schönes Café und Restaurant, das von 7 Uhr morgens bis 22 Uhr abends geöffnet ist, der ideale Ort, um bei einer Tasse Kakao oder Tee stundenlang in einem Buch zu schmökern oder endlich Postkarten zu schreiben... (S. 185ff).

• In Puerto Cisnes (**Restaurant El Guairao**) kann man während der Saison (Januar/Februar) eine Fischspezialität probieren: Puye, ein winziger Fisch, der mit Gewürzen gebraten als Vorspeise serviert wird (S. 185ff).

• In Coihaique bekommt man solide Kost und Spezialitäten aus der patagonischen Küche im **Café Ricer**, das gleichzeitig Treffpunkt für Traveller ist (S. 185ff).

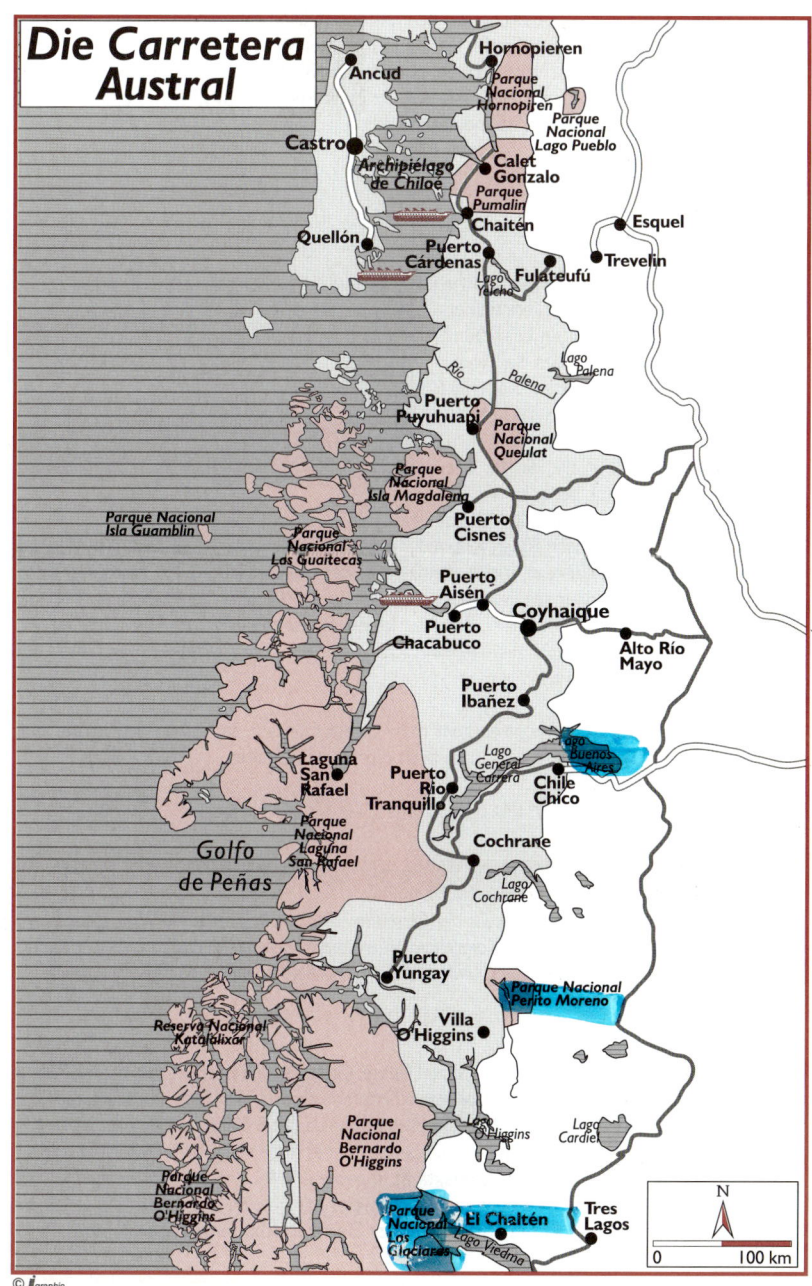

Die Carretera Austral

Ancud

Hornopieren

Parque Nacional Hornopiren

Castro

Archipiélago de Chiloé

Calet Gonzalo

Parque Nacional Lago Pueblo

Parque Pumalin

Quellón

Chaitén

Esquel

Trevelin

Puerto Cárdenas

Fulateufú

Lago Yelcho

Río *Palena*

Lago Palena

Puerto Puyuhuapi

Parque Nacional Queulat

Parque Nacional Isla Magdalena

Parque Nacional Isla Guamblin

Parque Nacional Los Guaitecas

Puerto Cisnes

Puerto Aisén

Puerto Chacabuco

Coyhaique

Alto Río Mayo

Puerto Ibañez

Laguna San Rafael

Puerto Río Tranquillo

Lago General Carrera

Lago Buenos Aires

Chile Chico

Parque Nacional Laguna San Rafael

Golfo de Peñas

Cochrane

Lago Cochrane

Puerto Yungay

Parque Nacional Perito Moreno

Villa O'Higgins

Reserva Nacional Katalalixar

Parque Nacional Bernardo O'Higgins

Lago O'Higgins

Lago Cardiel

Parque Nacional Bernardo O'Higgins

Parque Nacional Los Glaciares

El Chaltén

Lago Viedma

Tres Lagos

N

0   100 km

und von der Caleta Puelche, wo man wieder an Land geht, sind es noch rund 60 km nach Hornopirén. Die Straße führt durch dichten Wald, in den die Siedler nur wenige Lichtungen geschlagen haben, um Weiden für ihre Tiere zu gewinnen. Hin und wieder öffnet sich der Blick auf den Golf von Ancud. Obwohl Puerto Montt kaum zwei Stunden entfernt ist, meint man schon jetzt, in einer anderen Welt zu sein...

Hornopirén (ⓘ S. 185)

Warten auf die Fähren

Der kleine Ort hat wenig mehr als 1.200 Einwohner, und der Lebensrhythmus ist erkennbar ruhig. Die Siedlung verliert sich etwas in der hügeligen Umgebung, und die kleine Plaza hat wenig zentralen Charakter. Sie wirkt auch viel zu groß für das hübsche rote Kirchlein, das an ihrer Stirnseite steht. Für alle, die die Carretera Austral bereisen wollen, ist der Ort aber wichtig: hier gehen die Fähren nach Süden (entweder nach Caleta Gonzalo oder direkt nach Chaitén) los. Und so sieht man täglich (zumindest während der Saison) voll gestopfte Autos, Kleinbusse und für alle Eventualitäten ausgerüstete Jeeps vor dem Fähranleger Schlange stehen, und wehe dem, der hier **keine Reservierung** hat! Die Kapazität der Schiffe reicht oft nicht aus, und dann schlägt die große Stunde der wenigen Hotels und Restaurants im Dorf.

Die Fähre von Hornopirén geht nach Caleta Gonzalo, das schon im **Parque Natural Pumalín** liegt, oder man fährt direkt nach Chaitén.

Das Proyecto Pumalín (ⓘ S. 185)

 Hinweise

Wenn man den Park abseits der Carretera Austral kennen lernen möchte, sollte man eine Bootstour durch die Kanäle und Meeresarme buchen, in Puerto Varas gibt es mehrere Anbieter, die entsprechende Touren im Angebot haben.

270.000 ha fast unberührter Wald, Flüsse, Gletscher, Wasserfälle: das ist der Parque Pumalín, einer der größten privaten Naturschutzparks der Erde. Ein Herzstück des Parks ist der 2.404 m hohe Vulkan Michinmahuida, fast 5.000 mm Niederschlag im Jahr lassen ein an Biomasse und Arten überbordendes und rekordverdächtiges Ökosystem entstehen. Der Name des Projekts ist in gewisser Weise auch Programm: der Puma, nach dem der Park benannt ist, braucht weite Räume zum Überleben, und genau das will der Park: ein großes Stück Natur vor Eingriffen schützen und bewahren.

Gegründet wurde das riesige Schutzgebiet von dem nordamerikanischen Millionär **Douglas Tompkins**, einem Self-
Made-Mann, der mit 22 Jahren **The North Face** gründete, eine Firma, die Outdoor-Kleidung herstellt. Zusammen
mit seiner Frau Susie machte er die Marke **ESPRIT** zu
einem Welterfolg, und als sich das Paar 1990 privat und
geschäftlich trennte, beschloss er, mit dem Geld aus dem
Verkauf seiner Hälfte der Firma einen privaten Natur-
schutzpark in Chile zu schaffen. Bis heute sind 14 Mio. US$
aus seinem eigenen Vermögen und weitere zwei Millionen
von anderen Spendern in das Projekt geflossen.

Inzwischen wird der Park von einer Stiftung verwaltet, im
Vorstand sitzen neben Tompkins staatliche chilenische
Naturschützer, ein Erfolg, der auf einem steinigen Weg er-
reicht wurde. Obwohl von vornherein geplant war, den
Park an eine chilenische Stiftung zu übergeben, hatte
Tompkins gegen heftigen Widerstand der Regierung und
der Industrie zu kämpfen. Die Holzfirmen fürchteten zu
Recht um ihre Pfründe, und der Regierung missfiel die
große Ausdehnung des Parks, der tatsächlich an einigen

In der Wildnis

Stellen vom Pazifik bis zur argentinischen Grenze reicht.
Tompkins Gegner in Santiago hatten die Befürchtung, er wolle einen Staat im Staat
gründen und sich in nationale Belange des Landes einmischen. Immer noch gibt es
Politiker, die befürchten, dass Tompkins das Land buchstäblich spalten will, aber 2003
konnte das Gebiet nach endlosen Querelen endlich zum *Santuario de la Natura-
leza* (ein Titel der in etwa einem privaten Naturschutzgebiet entspricht) erklärt
werden. Die chilenischen Besucher, die in den Park kommen, sind allerdings zu neun-
zig Prozent begeistert, dass sich jemand um diesen wunderschönen Fleck ihrer
Heimat kümmert und ihn schützt.

Bedrohung des National-staats?

• Die Bausteine des Projekts

Das wichtigste Anliegen des Parks ist natürlich der **Schutz der Wälder**, die hier
noch so reichlich wachsen. Der größte Teil des Gebiets ist nicht zugänglich, und das
soll auch so bleiben. Nur an ausgewählten Stellen wurden Pfade und Wanderwege
angelegt, andere Gegenden lassen sich mit dem Boot erreichen, aber der Löwenanteil soll einfach ungestört von jeglicher Einflussnahme wachsen können. Dazu
gehört natürlich auch, dass Holzfirmen keine Konzessionen bekommen und völlig
aus dem Gelände des Parks herausgehalten werden. Über die Pfade, die von den
Mitarbeitern des Projekts angelegt worden sind, kann man einige der Ökosysteme
des Parks kennen lernen, teilweise sind auch Tafeln mit erklärenden Texten und
Informationen installiert. Die Pfade sollen Besuchern auf der einen Seite ermögli-
chen, diese einzigartige Landschaft kennen zu lernen, auf der anderen Seite sollen sie
aber auch Wissen über die Gefährdung der Wälder vermitteln. Zu Grunde liegt der
Gedanke, dass man das, was man kennt und liebt, eher bereit ist zu schützen. Zu diesem Baustein der **Information und Umwelterziehung** gehört auch das Informationszentrum in Caleta Gonzalo, in dem das Projekt vorgestellt wird.

Angepaßt wirtschaften

Ein anderer Schwerpunkt des Proyecto Pumalín liegt darin, den Menschen, die in der unmittelbaren Umgebung des Parks leben, Möglichkeiten zu verschaffen, sich ihren Lebensunterhalt zu verdienen, ohne den Wald zu schädigen. Früher hielten die **Siedler** der Gegend viele Rinder, deren scharfe Hufe den feuchten Waldboden aufrissen und die Vegetation störten. Durch das Projekt wurden Schafe eingeführt, und die Pul-

Caleta Gonzalo

lover, Decken, Strümpfe, Mützen und Schals, die aus der Schafwolle gestrickt werden, finden im Informationszentrum so reißenden Absatz, dass in den letzten Jahren Wolle aus Chiloé eingekauft werden musste, um die Nachfrage befriedigen zu können. Außerdem gibt es eine kleine Farm, auf der organische Landwirtschaft betrieben wird; hier sollen Techniken vermittelt werden, die die Siedler auch in ihren Hausgärten anwenden können, um sich mit frischem Gemüse zu versorgen. Auch eine Bienenzucht ist in das Programm aufgenommen worden, den Honig kann man im Informationszentrum kaufen.

ℹ️ Wanderwege im Park

• Direkt an der Caleta Gonzalo beginnt der **Sendero Cascada**, der durch dichten Wald zu einem Wasserfall führt und in etwa drei Stunden zu schaffen ist.

• Der **Sendero Los Alerces** liegt 13 km südlich von Caleta Gonzalo und ist nicht sehr lang (ca. 20 Min.), aber dafür atemberaubend schön: über eine Hängebrücke geht es durch einen tausendjährigen Alercewald, überall wuchern filigrane Farne und Moose, hier kann man die Bezeichnung „Regenwald" nachvollziehen!

• Der **Sendero Tronador** beginnt zwölf Kilometer südlich von Caleta Gonzalo und hat seinen Ausgangspunkt in einer tiefen Schlucht, durch die ein Wasserfall zu Tal donnert. Dann geht es weiter durch immer lichter werdenden Wald zum Lago Tronador; hier gibt es auch einen Campingplatz.

• Der **Sendero Casacadas Escondidas** beginnt 14 km südlich von Caleta Gonzalo, wo es einen weiteren Campingplatz gibt, der Weg führt ebenfalls zu einem Wasserfall.

Wunderbare Fotomotive

Von Caleta Gonzalo sind es 52 km bis nach Chaitén, die Straße führt zuerst noch eine ganze Weile durch das Gebiet des Parks, hohe Alercen säumen den Weg, und immer wieder bieten sich wunderbare Fotomotive: die Krone eines Urwaldbaumes, ein Wasserfall oder die riesigen Blätter der Pangue-Pflanze. Vorbei am Lago Blanco und Lago Negro, die an der Grenze des Parks liegen, fährt man jetzt wieder dem Meer zu, das man bei Santa Barbara erreicht. Hier gibt es einen wunderbaren Strand, und 12 km weiter hat man Chaitén erreicht.

INFO **Alercen: Dinosaurier des südlichen Regenwaldes**

Die Alercen gehören sicherlich zu den eindrucksvollsten Bäumen der Regenwälder im südlichen Chile. Im Parque Pumalín gibt es Exemplare, von denen man vermutet, dass sie über 3.500 Jahre alt sind. Bei den Holz-fällern waren die Bäume wegen ihres harten Holzes sehr beliebt, heute gibt es sie in vielen Gegenden kaum noch. Die Einheimischen nutzen ihre Rinde zum Kalfatern ihrer Boote, dazu wird die Rinde des Stammes so weit wie möglich abgeschält. Damit ist der Baum zum Absterben verurteilt, weil der Nährstofftransport von den Wurzeln zu den Ästen hauptsächlich über die Rinde geschieht, und obwohl es längst preiswerte Alternativen gibt, findet man immer noch geschälte Bäume.

Die **Alerce** (*Fitzroya cupressoides*) wächst sehr langsam, um einen Millimeter an Stammquerschnitt zuzulegen, braucht sie drei Jahre, dafür kann sie mehrere tausend Jahre alt werden. Sie kommt vor in Gebieten mit reichlich Niederschlag und armen Böden. In Chile wurde die Art 1976 zum Monumento Natural erklärt.

Alerce

Chaitén
(ⓘ S. 185)

1933 standen nur drei Häuser an der Stelle, an der heute immerhin etwa 4.000 Menschen leben. 1946 kam das Militär und begann, einen Weg zum Lago Yelcho anzulegen, und damit begann der bescheidene Aufschwung der Stadt. Sie war im Wesentlichen ein Versorgungsstützpunkt für die Siedler am Lago Yelcho und der ganzen Gegend bis Futaleufú. Die Waren kamen per Boot von

© igraphic

Chiloé oder aus Puerto Montt, denn die Carretera Austral gab es ja damals noch nicht. Heute kommen jeden Sommer mehr Touristen, es gibt einen Fähranleger und ein kleines Flugfeld, von dem Flüge nach Puerto Montt gehen. Der Ort wirkt ein wenig zugig, durch die breiten Straßen, die in einem merkwürdigen Missverhältnis *Malerische* zu den kleinen Holzhäuschen stehen, pfeift oft der Wind. Schön ist die Küsten- *Küste* straße, von der man einen herrlichen Blick auf die beiden Vulkane *Michimáhuida* (im Nordosten) und *Corcovado* (im Süden) hat, Sehenswürdigkeiten gibt es in Chaitén nicht.

Von Chaitén nach Coihaique   (ⓘ S. 185)

Man verlässt Chaitén nach Süden und kommt nach 25 km in
den winzigen Ort Amarillo; die
Straße wird hier abwechselnd
von dichtem Wald und blühenden Wiesen begleitet, und den
Atem- Hintergrund bildet eine verglet-
beraubende scherte Bergkette: Patagonien in
Landschaft seiner schönsten Form! 46 km
südlich von Chaitén hat man das
Dörfchen **Puerto Cardenas**
und den **Lago Yelcho** erreicht.
Mit seinem türkisfarbenen Wasser, eingerahmt von dunklen al-

Lago Yelcho

ten Nadelbäumen und schneebedeckten Gipfeln (z. B. dem des Ventisquero Yelcho), ist er fast schon kitschig schön. *Paul Newman* und *Robert Redford* haben hier gefischt, und der größte Lachs, der von einem Angler (oder genauer einem Fliegenfischer) aus dem Wasser gezogen wurde, hat angeblich 17 kg gewogen. Die Straße führt an der Stelle über den See, wo er in den Río Yelcho übergeht und der wird überquert von einer eindrucksvollen feuerwehrroten Hängebrücke. Zusammen mit dem südlichen Streckenabschnitt der Carretera Austral wurde sie erst 1982 eingeweiht. Hier gibt es einen Parkplatz, an dem man gut eine Pause einlegen und picknicken kann. Von hier aus geht auch ein etwa einstündiger **Fußmarsch** los, der zunächst durch dichten Wald und schließlich bis zur Vegetationsgrenze führt, zuletzt hat man einen tollen Blick auf den Ventisquero (Gletscher) Yelcho. Ein paar Kilometer südlich der Brücke liegt am Seeufer der Komplex **Yelcho de la Patagonia**, der aus einem Hotel, einer Cafeteria, einem Restaurant und einem fantastisch ausgestatteten Campingplatz besteht, genau der richtige Ort, um ein paar Tage die wilde Natur zu genießen und natürlich fischen zu gehen.

Abstecher nach Futaleufú   (ⓘ S. 185)

Bei Villa Santa Lucia geht eine Straße Richtung Argentinien von der Carretera Austral ab. Sie führt zunächst zum Südufer des Lago Yelcho und dann bergaufwärts durch das enge Tal des Río Futaleufú, der ein Paradies für Rafter ist. Es gibt leichte, aber auch sehr schwere Streckenabschnitte, an die sich nur Profis wagen sollten. Nachdem 2003 ein großes Wasserkraftprojekt am Bio Bio ans Netz gegangen ist, wirft die spanische Energiegesellschaft ENDESA jetzt auch auf den Futaleufú begehrliche Blicke. Der Protest ist vehement, ob sich die Wasserkraftgegner aber auf Dauer gegen den Global Player durchsetzten können, ist fraglich. Eine der Konsequenzen eines Staudamms wäre die Entschärfung der Stromschnellen, damit würde der Fluss für Rafter uninteressant werden.

Paradies für Rafter

Futaleufú hat etwa 1.000 Einwohner und ist ein hübsches Dorf an der Grenze. Zunächst wurde der Fleck von Argentinien aus besiedelt, aber in den 30er Jahren schickte die chilenische Regierung Polizei und ein paar Verwaltungsbeamte, ihr lag daran, hier so nah an der Grenze Präsenz zu zeigen. 1940 gab es einen fürchterlichen Waldbrand, der den größten Teil der Wälder um den Ort vernichtete. Wegen seiner Funktion als Grenzort, aber auch, weil immer mehr Rafter kommen, haben sich ein paar Hotels und eine bescheidene Infrastruktur entwickelt.

Grenzort

Nach **Coihaique** geht es weiter über **La Junta** (bei Kilometer 148 von Chaitén aus). Der Ort wurde erst 1983 anlässlich der Eröffnung dieses Abschnitts der Carretera Austral gegründet und hat heute wenig mehr als 1.000 Einwohner. Um La Junta ist viel Urwald gerodet worden, um Viehweiden zu schaffen, und insgesamt machen sowohl der Ort als auch die Umgebung einen etwas verlorenen Eindruck. Nach 28 km hat man den **Lago Risopatrón** (ⓘ S. 185) erreicht, einen schmalen See, dessen abrupt abfallende Ufer kaum Platz für lauschige Strände lassen. Dort wo der See entwässert liegt eine schöne Fishing-Lodge, **El Pangue,** die ihren Namen von den riesigen rhabarberähnlichen Pflanzen hat, die überall auf dem Gelände wachsen. Hier kann man auf einen Kaffee anhalten oder aber gleich ein paar Tage verbringen, es werden Exkursionen zum Fischen angeboten und auch Pferdetouren stehen auf dem Programm. Der See liegt schon innerhalb des Gebietes des **Parque Nacional Queulat,** der 154.000 ha Wald, Flüsse und Gletscher schützt. Der Urwald hier ist buchstäblich noch jungfräulich: in weiten Teilen gibt es bis heute keine Wege, und es haben sich nie Siedler niedergelassen, wirkliche *terra incognita* eben! Es gibt noch mehr Schutzgebiete in Chile, die ebenso unberührt sind, aber sie liegen für Touristen (fast) unerreichbar auf den zahllosen patagonischen Inseln um das Inlandeisfeld herum, der Parque Nacional Queulat ist der einzige, der mit dem Auto zugänglich ist. Wenn man im Park wandern will, quartiert man sich am besten in Puerto Puyuhuapi ein. 20 km südlich des Dorfes liegt das CONAF-Zentrum des Parks, und hier geht auch ein Wanderweg los, der in etwa 1,5 Stunden zum *Ventisquero Colgante* (zum hängenden Gletscher) führt. Der Überhang des Gletschers kann einem eine Gänsehaut über den Rücken jagen, zu Tal kommen jedoch nur kleinere Eisbrocken.

Weglose Wildnis

Puerto Puyuhuapi (ⓘ S. 185)

In Puerto Puyuhuapi ist der Pioniergeist, mit dem das Dorf in den 30er Jahren gegründet wurde, immer noch spürbar. Inspiriert von den Berichten des deutschen Abenteurers *Hans Steffen,* kamen 1935 vier sudetendeutsche Familien, die das Land erkunden wollten und eigentlich nur eine Vorhut für eine größere Gruppe waren.

Café Rossbach

Doch dann brach in Europa der zweite Weltkrieg aus, und Auswanderungen wurden verboten. Die vier Familien blieben trotzdem, rodeten den Urwald, *Sudeten-* legten Wege und Felder an, und einer *deutsche* gründete eine kleine Teppich-Manufak- *Siedler* tur, die es heute noch gibt. Der englische Reiseschriftsteller *John Pilkington* kam in den 80er Jahren durch Puerto Puyuhuapi und unterhielt sich mit einem der Einwanderer, der heute noch im Dorf lebt, mit *Walter Hopper-diezel.* Nach Pilkingtons Erzählung stiegen dem alten Mann die Tränen in die Augen, als er von den hochtrabenden Plänen einer sudetendeutschen Kolonie hier im Süden Patagoniens erzählte und von dem, was schließlich davon übrig blieb. (John Pilkington: An Englishman in Patagonia). Heute liegen die kleinen bunten Holzhäuser geduckt am Ufer des Sees, um die Gärten ziehen sich altersschwache Holzzäune, und hier und da blühen ein paar Stockrosen. Und innerlich zieht wohl jeder den Hut vor diesen Familien, die es seit so vielen Jahren hier in der Einsamkeit ausgehalten und sich ein Leben aufgebaut *Luxushotel* haben. Bei Puerto Puyuhuapi gibt es eines der **schönsten Hotels** Chiles: das Hotel *in der* Termas de Puyuhuapi. Es liegt wunderschön an einer nur mit dem Boot zugänglichen *Wildnis* Bucht, man kann zwischen drei verschiedenen Thermalschwimmbädern wählen, sich massieren lassen, Wanderungen und Fisch-Exkursionen unternehmen oder sich einfach in dem ausgezeichneten Restaurant verwöhnen lassen. Da man sich mit dem Boot abholen lassen muss, ist eine Voranmeldung notwendig.

👉 **Hinweis**

Straße in schlechtem Zustand!

Die Straße nach Süden führt weiter durch das Gebiet des Parque Nacional Queulat, und man kommt jetzt am Abzweig zum Ventisquero Colgante vorbei. Dann beginnt der Weg, steil anzusteigen, und durchquert die Cuesta Queulat, die immerhin 500 m ü.NN erreicht. Man passiert zwei Wasserfälle (den Padre García-Wasserfall, der nach einem Jesuitenpater benannt ist, und den Salto de Condor), bevor 253 km südlich von Chaitén der Abzweig nach Puerto Cisnes erreicht ist. Er führt in 35 km wieder abwärts zum Meer, zunächst steigt die Straße steil ab, dann öffnet sich das Tal wieder und macht Platz für ein paar einsame Siedlerhäuser.

Puerto Cisnes (ⓘ S. 185)

Puerto Cisnes ist ein kleines Örtchen abseits der Carretera Austral, das in der Hauptsache vom Fischfang lebt. Gegründet wurde es 1929, aber erst 1952 ließen sich ein paar Siedler hier nieder. 1959 zog die Italienerin *Eugenia Pirzio-Biroli* nach Puerto Cisnes und baute mit großer Tatkraft eine landwirtschaftliche Schule auf, die Waisenkinder aus dem Zentrum des Landes auf ein Leben als Siedler hier im Süden vorbereiten sollte. Heute ankern Fischerboote in der Bucht, die einen wunderbaren Naturhafen abgibt und auch Lachs wird hier gezüchtet. Es gibt ein paar einfache Hotels, ein Restaurant und eine Tankstelle. Man kann Boote mieten und vom Strand aus Seelöwen und Delfine beobachten.

Bei Puerto Cisnes

Weiter nach Coihaique führt die Carretera zunächst über den Rio Cisnes, dann zweigt bei Villa Amengual eine Straße über **La Tapera** nach Argentinien ab. La Tapera ist aus einer Estancia hervorgegangen, etwas weiter liegt eine andere Estancia, nach dem Fluss, der durch das Tal abfließt, Cisnes genannt. Sie wurde 1924 gegründet und da es damals noch keine Straßen nach Westen gab, verkaufte sie ihre Produkte nach Argentinien. Hier ist auch die Zollstation, die aber nur im Sommer regelmäßig besetzt ist, im Winter ist die Straße nur geöffnet, wenn es das Wetter erlaubt. Weiter auf der Carretera lichtet sich der Wald jetzt immer mehr oder vielmehr: er wurde gelichtet. Hier sieht man besonders deutlich die verheerenden Folgen der Waldbrände, die hauptsächlich in den 40er Jahren gelegt wurden, um das Land für die Viehzucht vorzubereiten. Im Jahr 1937 erließ die Regierung ein Gesetz, das die Kolonisierung dieses Landstrichs regelte, und in der Folge kamen immer mehr Farmer, die alle weder Geld noch Maschinen noch die Arbeitskräfte hatten, um den Wald geregelt auszulichten. Also wurden Feuer gelegt, die dann nicht selten völlig außer Kontrolle gerieten. Heute werden diese Waldbrände als eine der **gravierendsten Umweltkatastrophen** Südamerikas betrachtet. Ganze Berghänge sind kahl gebrannt, nur die inzwischen weiß verwitterten Stämme stehen noch. Im Talgrund breiten sich Wiesen und teilweise sogar Getreidefelder aus, aber auch hier muss noch manch widerständiger Stubben mit dem Pflug und der Egge umfahren werden. Insofern passt auch der Name Coihaique eigentlich nicht mehr so recht: **Ort der Bäume** bedeutet er in der Sprache der Huiliche, die inzwischen zusammen mit den Wäldern verschwunden sind. Eine andere Deutung sagt, dass Coihaique „Ort zwischen den Wassern" bedeutet, und das stimmt immer noch: im Westen dringt der Meeresarm Seno Aisén tief ins Land ein, im Osten und Süden ist die Stadt von Seen umgeben, und von Norden kommen zahlreiche Flüsse in wunderschönen Wasserfällen zu Tal.

Kampf gegen den Wald

Ort des Wassers

Coihaique (ⓘ S. 185)

Coihaique wurde 1929 als Versorgungsstützpunkt für die Arbeiter der verschiedenen *Sociedades*, die damals das Land bewirtschafteten, gegründet. Es gab ein Gesetz oder wohl eher eine stillschweigende Übereinkunft, dass derjenige, der auf einem Stück Land zwischen Sonnenuntergang und Sonnenaufgang ein Haus errichten konnte, dieses Stück Land als sein Eigentum betrachten durfte. Während der Zeit der Kolonisation wuchsen kleine Holzhäuschen buchstäblich über Nacht aus dem Boden, die *casas brujas*, also Hexenhäuser oder verzauberte Häuser, genannt wurden. In den Außenbezirken von Coihaique kann man noch einige dieser Holzbuden sehen, im Zentrum sind sie längst von solideren, bis zu dreistöckigen, Gebäuden verdrängt worden. Coihaique ist die einzige Stadt der Region, die diesen Namen auch verdient hat, trotzdem muss man sich nicht vor zu viel Trubel fürchten: das Leben verläuft erkennbar beschaulich. Es gibt eine kleine Einkaufszone, ein paar Supermärkte und einige nette Cafés. Der Grundriss der Stadt unterscheidet sich von dem fast aller anderen chilenischen Städte: **die Plaza ist fünfeckig,** und dementsprechend sind auch die Straßen angeordnet. Wenn man sich gerade an das regelmäßige Muster der quadratischen Blocks und der

Fünfeckige Plaza

In Coihaique

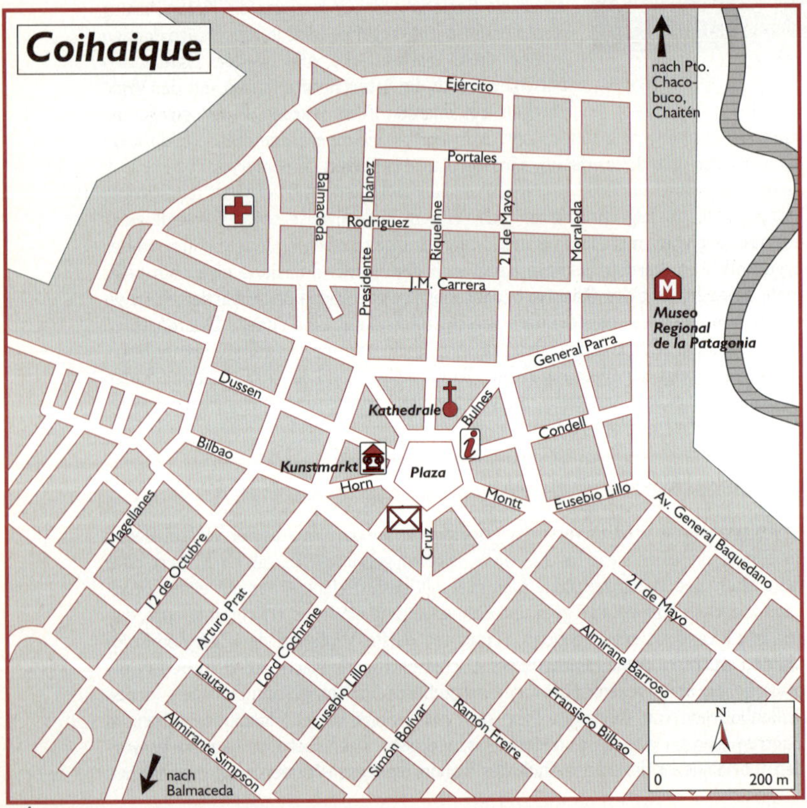

alternierenden Einbahnstraßen gewöhnt hat, kann einen Coihaique zunächst ein wenig zur Verzweiflung bringen, aber da das Zentrum nicht groß ist, orientiert man sich schnell.

Coihaique

Ejército

Portales

Balmaceda

Ibáñez

Rodriguez

Presidente

Riquelme

21 de Mayo

Moraleda

J.M. Carrera

nach Pto.
Chaco-
buco,
Chaitén

M

*Museo
Regional
de la Patagonia*

General Parra

Dussen

Bulnes

Kathedrale

Condell

Bilbao

Kunstmarkt

Horn

Plaza

Montt

Eusebio Lillo

Av. General Baquedano

Magellanes

Cruz

12 de Octubre

Arturo Prat

Lord Cochrane

Eusebio Lillo

21 de Mayo

Almirante Barroso

Fransisco Bilbao

Lautaro

Simón Bolívar

Ramón Freire

Almirante Simpson

nach
Balmaceda

N

0   200 m

© *i*graphic

12. Der Große Süden: von Puerto Montt bis nach Tierra del Fuego –
Die Carretera Austral: Traumstraße in die Wildnis

551

Sehenswürdigkeiten gibt es in Coihaique kaum, einen Besuch wert ist das
Museo Regional de la Patagonia, Baquedano 310
Es zeigt eine Fotosammlung aus den Pioniertagen der Stadt, dazu Relikte der ersten
Siedler. Das zweite Highlight der Stadt ist die **Piedra de India**, ein Fels, der die *Indio-Kopf*
Form eines Indiokopfes hat. Man erreicht ihn vom Zentrum aus über die Avda.
Ogana (vier Blocks), dann zwei Blocks nach rechts auf der Simpson, dann führt lin-
ker Hand eine kleine Straße zur Brücke über den Río Simpson, von der man einen
guten Blick auf den Stein hat.

Die Umgebung von Coihaique

Coihaique ist gut geeignet als Ausgangspunkt für Ausflüge. In der Umgebung gibt
es einige Dinge zu sehen, und Puerto Chacabuco ist mit seinem Fähranleger für
viele Touristen mindestens ein ebenso wichtiger Anlaufpunkt wie die größere
Nachbarstadt.

• Nach Puerto Chacabuco und Puerto Aisén
Von Coihaique sind es 68 km bis nach Puerto Aisén und noch einmal 16 bis Puerto
Chacabuco. Man verlässt Coihaique über die C. Baquedano; praktisch am Ortsausgang *Tages-*
beginnt die **Reserva Nacional Coihaique**. Das kleine Schutzgebiet (es hat nur *wanderung*
2.150 ha Fläche) eignet sich gut für eine Tageswanderung, die man direkt von der Stadt
aus unternehmen kann. Ein schöner Weg führt durch Buchen und (angepflanzte) Kiefern aufwärts zu den beiden Lagunen Venus und Verde, immer wieder hat man schöne
Ausblicke über die Stadt und die rollende Hügellandschaft, die sie umgibt.

Etwa zehn Kilometer nordwestlich der Stadt erreicht man die Grenze eines anderen Schutzgebietes, der **Reserva Nacional Río Simpson**; die Straße führt mitten
durch den Park. Sie schlängelt sich durch ein enges Tal, auf dessen Grund ein Fluss
fließt, ruhige Abschnitte wechseln sich ab mit dramatischen Stromschnellen. Rechter
Hand stürzt direkt an der Straße der *Salto de la Novia* (etwa mit „Wasserfall der
Braut" zu übersetzen) zu Tal, man kann das Auto parken und einige Schritte direkt
an den Fall laufen. 37 km von Coihaique entfernt liegt das Informationszentrum der
CONAF, hier gibt es eine kleine Ausstellung zur Flora und Fauna des Parks.

Die Straße führt jetzt durch Wiesen, die immer mal wieder von kleinen Waldflecken
unterbrochen werden, und bei Kilometer 68 erreicht man den Ortseingang nach
Puerto Aisén. **Achtung:** Wenn man nach Puerto Chacabuco weiter will, muss man
hier links abbiegen und die Hängebrücke überqueren!

Puerto Aisén und Puerto Chacabuco (ⓘ S. 185)

Obwohl **Puerto Aisén** etwa 12.000 Einwohner hat, ist hier nicht viel los: die Stadt
steht deutlich im Schatten von Coihaique. Gegründet wurde sie 1914 als Anlegestelle für Versorgungsschiffe der *Sociedades Ganaderas*, die das Land um Coihaique
damals bewirtschafteten. Im Lauf der Zeit und als Folge der weiträumigen Abholzung *Versandeter*
und der daraus resultierenden Erosion setzte sich der Hafen mit Sand zu, so dass *Hafen*
heute die größeren Schiffe in Puerto Chacabuco anlegen; Puerto Aisén hat noch eine

kleine Flotte von Fischerbooten. Die kann man an den *Aguas Muertas* bewundern und den Fischern beim Ausladen zusehen. Puerto Chacabuco besteht aus ein paar Dutzend Häusern und dem Anleger. Hier legen die Fähren aus Puerto Montt und Chiloé an, aber auch Versorgungsschiffe und die Transporter der Holzfirmen.

Zu den Seen Frio, Pollux und Castor

Wandern und Angeln

Von Coihaique aus lässt sich mit dem Auto (leider gibt es keinen öffentlichen Transport) eine schöne Tour zu drei Bergseen machen. Der Weg führt auf der zunächst noch asphaltierten Straße nach Balmaceda 16 km nach Südosten, dann nimmt man eine Schotterpiste, die linker Hand abzweigt. Nach einigen Kilometern gabelt sich der Weg, links geht es zu dem kleinen Skizentrum *El Fraile*, geradeaus zum Lago Frio. Als nächster liegt der Lago Pollux an der Strecke, an dessen Ufer sich Siedler niedergelassen haben, und als letzter der größte der drei Seen, der Castor. In allen dreien kann man gut Forellen angeln, darüber hinaus bietet diese Tour schöne Blicke auf das Tal des Río Simpson und auf die mit Lenga und Ñirre bewaldeten Hänge.

Die Laguna San Rafael
(ⓘ S. 185)

Reicht für viel Whisky

Die Laguna San Rafael ist sicherlich einer der **Höhepunkte** einer Chile-Reise: die Landschaft überwältigt durch ihre Schönheit, und dem Eindruck der kilometerlangen Gletscherwand wird sich wohl niemand entziehen können. Die Laguna San Rafael ist das Herzstück des gleichnamigen Nationalparks, der praktisch überhaupt nicht erschlossen und nur über die Laguna zugänglich ist. Große Flächen des Parks werden vom patagonischen Inlandeis eingenommen, riesigen Eismassen, die an den Rändern in Gletschern zu Tal gehen.

Ausflug zum Inlandeis

Der Weg zu der 170 km² großen Lagune führt durch Fjorde und Kanäle, vorbei an unberührten Wäldern und jäh abfallenden Felsen. Auf der Fahrt kann man viele Seevögel, Robben und mit etwas Glück auch Delfine beobachten. In der Lagune wird man mit dem Schlauchboot bis nahe an die Eiswand herangefahren, ein kitzeliges Vergnügen: immer wieder brechen große Eisbrocken ab und fallen unter Getöse ins Wasser. Der Höhepunkt der Tour ist dann der Whisky mit jahrtausendealtem Gletschereis.

Es gibt zahlreiche Angebote an Touren zur Laguna San Rafael, und man sollte sich genau nach den Bedingungen erkundigen. Manche Schiffe z. B. legen den Weg zum Gletscher nachts zurück, und man verpasst dann die Landschaft, andere wiederum fahren nur tagsüber und verbringen die Nächte in ruhigen Buchten.

INFO **Das patagonische Inlandeis**

Die Laguna San Rafael ist fast der einzige Ort, an dem man einen Zipfel des Inlandeis-körpers zu sehen bekommt, der wie ein Panzer über Teilen von Patagonien liegt. 600 km ist er lang und wird vom Pazifik mit Regen und Schnee versorgt, die auf der Oberfläche festfrieren und ihn wachsen lassen. An den Rändern gehen Gletscher zu Tal, die meisten in kaum zugänglichen Meeresbuchten oder Gletscherseen. Es gibt nicht viele Regionen der Erde, die weniger erforscht sind; kaum ein Wissenschaftler oder Abenteurer traut sich in diese Eiswüste. Verschiedene Expeditionen haben versucht, das Eis von Norden nach Süden zu durchqueren, bis jetzt ist jede gescheitert. Einer der letzten Versuche endete bei-nahe in einer Katastrophe. 1993 hatten sich zwei Schweizer Bergsteiger vorgenommen, als erste die Nord-Süd-Durchquerung zu schaffen, und zunächst ging auch alles glatt. Franco Della Torre und Arturo Giovanoli kamen auf ihren Skiern gut voran, doch dann änderte sich das Wetter, Nebel und Schnee setzten die Sicht praktisch auf Null herab und die bei-den klebten förmlich mit der Nase am Kompass, um nicht die Richtung zu verlieren. Jeden Morgen mussten sie sich von ihrem Zelt durch eine meter-dicke Schneeschicht ans Tageslicht schaufeln. Nachdem sie schon über zwei Monate unterwegs waren, stürzte Giovanoli in eine Gletscherspalte und verletzte sich dabei. Sie sandten ein Notsignal aus, das auch empfangen wurde, aber die Rettungsmannschaften konnten wegen eines Sturms 13 Tage lang nicht losfliegen. Die beiden Bergsteiger beschlossen zurückzulaufen, obwohl sie nur 100 km vor dem Ziel waren. Fast drei Wochen nach dem Unglück, ihre Essens-vorräte waren inzwischen restlos aufgebraucht, wurden sie schließlich von einem Such-hubschrauber geborgen.

Von Coihaique nach Cochrane

Man verlässt Coihaique über die Avda. Ogana nach Süden, die ersten 40 km sind asphaltiert und führen durch Wiesen und Weiden. Hier geht es schon stark Richtung Argentinien, und man bekommt eine Ahnung von der endlosen trockenen Wiesen-landschaft der Pampa, die sich jenseits der Grenze über 400 km bis zum Atlantik er-streckt. Kurz vor Balmaceda (wo der neue Flughafen von Coihaique gebaut wurde) verlässt man die Asphaltstraße und biegt nach rechts Richtung Cochrane ab. Die Carretera Austral führt hier eine Weile durch das Gebiet der *Reserva Nacional Cerro Castillo*, wo man versucht, die Sünden der Vergangenheit zu beheben und den Wald *Aufforstungen* wieder aufzuforsten. Nach 56 km auf der Carretera gibt es einen Abzweig nach Puerto Ibañez am Lago General Carrera (auch per Minibus von Coihaique zu errei-chen), von hier hat man eine **Fährverbindung** ans andere Ufer des Sees nach Chile Chico. Der Weg steigt jetzt an, bis er am Portuzuelo Ibañez mit 1.120 m seinen höchsten Punkt erreicht hat, abwärts geht es durch die *Cuesta del Diablo*. Jetzt hat man einen spektakulären Blick auf den Cerro Castillo, der mit seinen Türmen und Zinnen tatsächlich wie ein **Märchenschloss** aussieht. Südlich von Villa Cerro Cas-tillo kann man eine Stelle mit präspanischen Felsmalereien besuchen. Mehr davon

gibt es in Argentinien – die aus-
gestreckten, übereinander liegenden Hände sind zu einem der
touristischen Wahrzeichen Patagoniens geworden.

Die Fahrt geht jetzt durch Wälder und wunderschöne Moor-
landschaften, vorbei an grünen
Gletscherflüssen, bis man bei
Puerto Murta den **Lago General Carrera** erreicht. Der See
hat eine Fläche von 184.000 ha,
die sich zwischen chilenischem

Puerto Tranquilo

und argentinischem Territorium aufteilen. 1997 hat man durch Messungen ermittelt,
dass der See an seiner tiefsten Stelle eine Tiefe von 590 m hat; das würde ihn zum
tiefsten See Südamerikas und zum siebttiefsten der Erde machen. 228 km nach
Coihaique erreicht man **Puerto Tranquilo**, ein winziges Nest, in dem aber trotz-
dem viele Touristen einen Stopp einlegen. Von hier aus kann man per Boot Ausflüge
zur **Catedral de Marmol** unternehmen. Diese Marmorkathedrale ist eine kleine
Insel, deren weißer Marmor tatsächlich Ähnlichkeiten mit einer Kirche hat. Der
Ausflug zur Insel dauert etwa eineinhalb Stunden und findet nur statt, wenn das
Wetter es erlaubt, d. h., wenn der Wind nicht zu stark weht. Da der meistens gegen
Nachmittag und Abend auffrischt, ist es sinnvoll, früher einzutreffen, wenn man die
Fahrt machen will. Es gibt unterschiedliche Anbieter im Dorf, die Schilder sind nicht
zu übersehen.

Am Südende des Sees geht die Straße nach Chile Chico und Argentinien ab.

Abstecher: von der Carretera Austral nach Chile Chico

Am südlichen Ende des Lago General Carrera liegt der winzige Ort El Maitén, hier
muss man von der Carretera Austral abbiegen, wenn man nach Chile Chico und weiter nach Argentinien will. Die Straße führt nach Osten und 128 km immer am Ufer
des Sees entlang, den Neruda einen **Taumel der Natur** nannte. Man verliert praktisch nie den Blick aufs Wasser. Im Hintergrund des Sees erhebt sich eine Bergkette,
und besonders im weichen Nachmittagslicht ist die Landschaft immer wieder so wild
und weit, dass es einem schon den Atem verschlagen kann! Dieser Streckenabschnitt
war der bisher teuerste des Projektes Carretera Austral, Kilometer um Kilometer
musste die Straße in den schieren Fels gesprengt werden. Man sollte die Strecke auf
keinen Fall bei Nacht fahren, einerseits würde man nichts von der Landschaft sehen,
zum anderen ist die Straße schmal, gewunden und **nicht ungefährlich**.

*Atem-
beraubendes
Panorama*

Nach 84 km überfährt man die *Garganta del Diablo* (die Teufelsgurgel), eine Schlucht,
die so tief und schmal ist, dass man sie beim Überfahren der schmalen Brücke kaum
bemerken würde, wiese nicht ein Schild auf sie hin. Steigt man aus dem Auto aus und
wirft einen Blick in die Tiefe, läuft einem aber doch ein Schauer über den Rücken!

*Teufels-
gurgel*

Chile Chico (ⓘ S. 185)

Der kleine Ort an der Grenze hat 2.500 Einwohner, ein paar staubige Straßen, einen Fähranleger und eine aufregende Geschichte.

Die ersten Siedler kamen aus Argentinien, sie waren begeistert von dem milden Mikroklima, das es möglich machte, auf einem Breitengrad Obst anzubauen, auf dem sonst kaum noch Ackerbau betrieben werden kann. Ihnen war es egal, zu welchem Staat ihre neue Heimat gehörte, versorgt wurden sie von der argentinischen Seite, die Regierung in Santiago kümmerte sich kaum um den abgelegenen Landstrich. Offensichtlich hatte sie auch keine genauen Vorstellungen von den Verhältnissen, als nämlich der Deutsche *Karl von Flack* im Kolonisationsministerium vorsprach, verkauften sie ihm die ganze Gegend, anscheinend ohne zu ahnen, dass es dort längst Besitzer gab. Eines Tages im Jahr 1918 hatte er sich zu seiner zukünftigen Estancia durchgekämpft und war wahrscheinlich ebenso erstaunt wie die Siedler. Er arrangierte sich aber schnell mit der Situation und fand sie dann sogar ganz praktisch: so konnte er gleich an Ort und Stelle Vieh kaufen, das der Siedler nämlich, bevor er sie hinauswarf. Das wollten die sich verständlicherweise nicht so einfach gefallen lassen und verjagten nun ihrerseits von Flack, was ihnen nicht schwer fiel, immerhin waren sie bei weitem in der Überzahl. Von Flack floh nach Argentinien und schickte eine wütende Depesche an das Ministerium in Santiago. Das nächste Mal kam er mit einem Räumungsbefehl und fünf Polizisten. Was dann begann, ging unter der Bezeichnung **La Guerra de Chile Chico** (der Krieg von Chile Chico) in die Geschichte ein: zunächst belagerten die Polizisten die Stadt nur und hinderten die Bewohner daran, ihrer Arbeit nachzugehen, aber schließlich steckten sie eines Nachts einige Häuser in Brand. Am nächsten Morgen waren drei der fünf Polizisten tot, und von Flack musste zum zweiten Mal fliehen. Inzwischen waren die Argentinier auf die Geschichte aufmerksam geworden und hatten Soldaten geschickt, die Chilenen antworteten prompt mit einer eigenen Mini-Armee. Nach jahrelangen Querelen gaben die Argentinier und von Flack schließlich nach: Chile Chico gehörte (ab 1921) zu Chile und das Land den Siedlern. Und noch ein paar Jahre später bekam von Flack sogar sein Geld von der Regierung zurück. Bis 1952 war der Ort noch von Argentinien abhängig, dann wurde ein Weg zwischen Coihaique und Puerto Ibañez am Ufer des Lago General Carrera gebaut, so dass das Dorf per Schiff von Chile aus versorgt werden konnte. Heute lebt Chile Chico von der nahen Mine *Fachinal*, sonst gibt es nicht viele Verdienstmöglichkeiten.

Siedlung im Niemands-land

Der Krieg von Chile Chico

Von Chile Chico kann man gut nach Argentinien weiterreisen, etwa 70 km von der Grenze entfernt stößt man bei der kleinen Stadt Perito Moreno auf die nord-süd-wärts verlaufende Ruta 40.

Weiter auf der Carretera Austral nach Süden

Von der Kreuzung nach Chile Chico aus fehlen noch 11 km bis nach **Puerto Bertrand** (ⓘ S. 185) am gleichnamigen See. Der Ort ist winzig und absolut ruhig, aber das macht gerade seinen Reiz aus. Es gibt ein nettes kleines Residencial und eine luxuriöse Fishing-Lodge, man kann sich ein Boot mieten oder einfach den Tag auf dem Anleger verträumen.

Von Puerto Bertrand fehlen nur noch 70 km bis nach Cochrane, der südlichsten Stadt an der Carretera Austral. Etwas südlich von Puerto Bertrand passiert man den Zusammenfluss des Río Nef mit dem Río Baker, der 200 km entfernt in der Bucht von Tortel ins Meer mündet und

Das Pferd ist hier ein gebräuchliches Verkehrsmittel.

gerne von Raftern befahren wird; die Schwierigkeitsgrade reichen von I–V. Ein kleiner Aussichtspunkt an der Straße bietet einen schönen Blick über die beiden Flüsse. Ein 600 m langer Pfad führt zum *Salto del Baker*.

Cochrane (ⓘ S. 185)

Ort am Ende der Welt 2.200 Einwohner halten es hier am eigentlichen Endpunkt der Carretera Austral aus, im Sommer kommen hin und wieder Touristen aber im Winter ist es sehr einsam. Bevor Cochrane gegründet wurde, hatte die *Sociedad Exportadora del Río Baker* die ganze Gegend gepachtet, um Schafe zu züchten. Der Verwalter der Estancia war der legendäre *Lucas Bridges*, der zweite weiße Mann, der auf Feuerland geboren wurde.

INFO   ## Lucas Bridges und die Insel des Todes

Über *Lucas Bridges*, der sich auf Feuerland wie sonst kaum ein Weißer ernsthaft für die Ureinwohner der Gegend interessierte, ihre Sprache sprach und sogar ein Wörterbuch anlegte (das heute im Britischen Museum in London im Archiv liegt), wird in Cochrane eine wilde Geschichte in mehreren Versionen erzählt, von denen keiner weiß, welche, oder ob überhaupt eine der Wahrheit entspricht. Die Wolle der Estancia Chacabuco, der er vorstand, musste damals noch den weiten Weg nach Buenos Aires transportiert werden, also plante Bridges eine Anlegestelle an der Mündung des Río Baker, um sie hier direkt auf Schiffe verladen zu können. Er schickte also seinen Verwalter Lancaster mit einer Schar Arbeitern, oder Peones, wie sie in Patagonien heißen, und einer Ladung Material Richtung Meer los. Ein paar Monate später kam der Verwalter mit nur einem einzigen der Arbeiter im Schlepptau zurück. Die anderen seien an Seuchen gestorben oder wären zu ihren Familien zurückgekehrt, berichtete er, aber schnell wurden Gerüchte laut, er habe sie alle vergiftet. Der einzige Rückkehrer weigerte sich zeit seines Lebens, etwas über die Reise zu erzählen. Damals begannen viele Farmarbeiter Forderungen nach besseren Arbeitsbedingungen und gerechteren Löhnen zu stellen, so dass es unter Umständen für Bridges und Lancaster ganz bequem gewesen wäre, die Arbeiter loszuwerden.

Viele Jahre später fand man etwa 40 flache Gräber auf einer kleinen Insel nahe der Stelle, an der der Anleger geplant war. Seitdem heißt die Insel Isla de los Muertos, aber die Leichen waren schon zu stark verwest, als dass man sie noch hätte identifizieren können. Lancaster starb 1973 in Cochrane, und es ist wohl möglich, dass diese Geschichte erst wieder nach seinem Tod aufgewärmt wurde, als er sich nicht mehr rechtfertigen konnte.

Am Ende der Straße

Eine Estancia mit 62.000 ha Land hat bis heute überlebt. Cochrane hat man 1930 gegründet, um den kleinen Siedlerhöfen der Gegend ein Zentrum zu schaffen, aber lange Zeit gab es hier nicht mehr als einen kleinen Laden und eine Schule. Heute gehören auch ein Krankenhaus, ein paar Kneipen und Hostals und ein Flugfeld zu den Annehmlichkeiten des Ortes.

Von Cochrane nach Süden

199 km weiter nach Süden kann man auf der Carretera Austral noch vordringen, es gibt Pläne, sie zumindest bis Villa O`Higgins weiterzubauen, das bisher nur auf dem Luftweg zu erreichen ist. Der Weg ist teilweise nicht eben im besten Zustand, besonders bei kippeligem Wetter sollte man sich in Cochrane nach den Verhältnissen erkundigen. Sechs Kilometer südlich von Cochrane beginnt die **Reserva Nacional Lago Cochrane** (ⓘ S. 185) (oder Reserva Tamango), ein Schutzgebiet für die stark gefährdeten Huemuls, eine Art Reh. Am Río Cochrane gibt es einen einfachen Campingplatz, im Sommer werden von den Parkwächtern unregelmäßig Touren zur Wild-Beobachtung veranstaltet. Weiter nach Süden geht es vorbei an einigen Seen, dem Lago Esmeralda, dem Lago Chacabuco und dem Lago Larga. Und hin und wieder hat man schöne Ausblicke auf die Gletscher, die vom Inlandeisfeld herunterkommen.

139 km von Cochrane entfernt liegt die Anlegestelle Río Vagabundo, von dort aus kann man mit Booten in zweieinhalb Stunden über den Río Baker zur **Caleta Tortel** (ⓘ S. 185) fahren. 2002 wurde eine Straße von Puerto Vagabundo nach Caleta Tortel eröffnet, aber der Bootstrip ist eine lohnende Erfahrung: die Fahrt führt durch dichten Regenwald, im Schnitt regnet es hier 3.000 mm im Jahr.

Caleta Tortel ist ein kleines Fischerdorf, das kaum Kontakt zur Außenwelt hat, ein paar Holzhütten stehen auf Stelzen im Wasser und hin und wieder kommt ein Boot vorbei. Die einzelnen Häuser sind über hölzerne Stege miteinander verbunden, was dem Ort ein gewisses weltverlorenes Flair verleiht. 2002 berichtete die internationale Presse ausgiebig über Tortel. Der Grund: *Prinz William* von Großbritannien besuchte den Ort zusammen mit einer Gruppe Jugendlicher zu einem Arbeitsaufenthalt. Sein Foto, wie er die Toilette in der Unterkunft der Gruppe scheuert, ging um die Welt... Von Vagabundo aus erreicht man 32 km weiter südlich Puerto Yungay, ein Stützpunkt für die Straßenbauer, die die Carretera weiter in die Wildnis treiben. Eine kostenlose Fähre bringt Passagiere ein paar Kilometer fluss-aufwärts, wo das (vorläufig) letzte Teilstück der Carretera Austral beginnt. Die Straße ist teilweise nicht sehr gut und führt bis Villa O´Higgins und sechs Kilometer weiter nach Süden, wo sie am Lago O´Higgins endet. Die Fahrt von Cochrane bis Villa O´Higgins ist an einem Tag gut zu schaffen, man sollte aber unbedingt mit vollem Tank starten!

Villa O´Higgins (ⓘ S. 185) liegt wirklich am Ende der Welt, es gibt ein paar sehr einfache Unterkünfte, auch Lebensmittel kann man kaufen, die Versorgung mit Obst und Gemüse klappt allerdings oft nicht. Strom gibt es nur ein paar Stunden am Tag. Für diesen letzten Abschnitt der Carretera Austral sollte man schon einiges an Abenteuergeist mitbringen!

Seit ein paar Jahren gibt es ein von der Stadtverwaltung betriebenes Boot über den Lago O´Higgins nach Candelaria Mansilla, das Passagiere und Güter für die umliegenden Estancias transportiert. Von Candelaria Mansilla aus ist es möglich, zu Fuß oder per Pferd nach Argentinien weiterzureisen. Informationen hierzu in den Regionalen Reisetipps, S. 185 ff..

Zwischen Punta Arenas und Puerto Natales

⟲   Zeiteinteilung

Zum Parque Nacional Torres del Paine werden Tagesausflüge angeboten. Schöner ist es natürlich, wenn man länger bleiben kann. Für den Paine-Rundweg braucht man eine Woche, aber auch wenn man diese Wanderung nicht machen möchte, gibt es viele Möglichkeiten für Tageswanderungen.

Meine Empfehlung sind wenigstens drei Tage, am ersten Tag kann man sich mit dem Auto einen Überblick verschaffen, am zweiten Tag eine Wanderung zum Grey-Gletscher machen oder zu den Torres hoch wandern, und der dritte Tag bleibt, um eine besonders schöne Ecke des Parks nach eigenem Gusto näher kennen zu lernen.

Dieses Programm lässt sich mit mehr Zeit natürlich beliebig erweitern. Punta Arenas eignet sich, um nach Tagen oder Wochen in der Wildnis wieder mal ein oder zwei Tage „Stadtkomfort" zu genießen, und die Umgebung bietet einige lohnende Ausflugsziele, so dass man mindestens drei Tage einplanen sollte.

Redaktions-Tipps

- Das absolute Highlight im südlichen Patagonien ist der Nationalpark **Torres del Paine**, dessen Reiz vor allem seine große landschaftliche Vielfalt und Schönheit ausmacht. Er bietet Gelegenheit zu zahlreichen Wanderungen und Touren für jeden Geschmack und jede Kondition (S. 572).
- Auf einer Tour **von Punta Arenas nach Fuerte Bulnes** lernt man die Landschaft des südwestlichen Patagoniens kennen (S. 565).
- Die **Cueva de Milodón** ist durch *Bruce Chatwin* berühmt geworden und einen Besuch wert, schon wegen ihrer schönen Umgebung (S. 570).
- In **Puerto Natales** lohnt es sich, mit einem Boot in die patagonischen Fjorde vorzudringen, z. B. zum Balmaceda-Gletscher (S. 571).
- Interessant ist ein Besuch des **Salesianer-Museums** in Punta Arenas, das sowohl gut gestaltetes Museum als auch Kuriositätenkabinett ist (S. 563).
- Angler und Fliegenfischer finden auf Feuerland verschiedene **fischreiche Seen**, die weitab von jeglicher Siedlung buchstäblich in der Pampa liegen (S. 588).

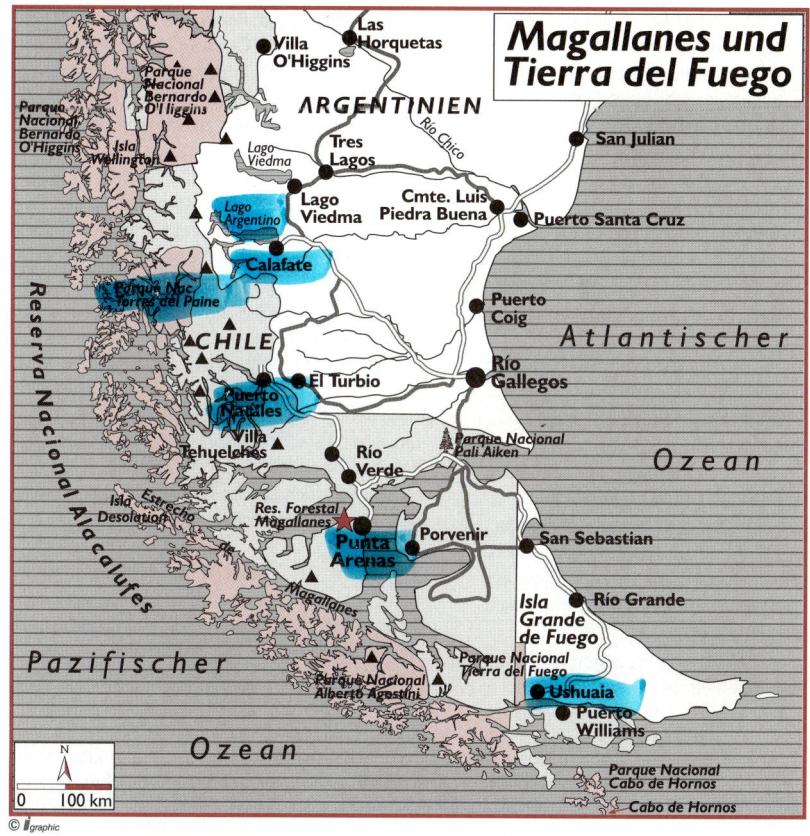

Übernachten   Für Budget-Traveller empfiehlt sich das Hotel **Concepto Indigo** in Puerto Natales, das neben einigen (wenigen) Zimmern ein nettes Café und zahlreiche Tourenangebote im Programm hat, stilvoller übernachtet man im **Hotel Costaustralis** (Luxusklasse) (S. 185ff).

• In Punta Arenas ist das **Hostal Carpa Manzano** in der mittleren Preisklasse empfehlenswert, wer es gerne luxuriös hat, kann das Hotel Finis Terrae wählen (S. 185ff).

Essen   In Puerto Natales empfiehlt sich weniger wegen des (guten, aber nicht fantastischen) Essens, sondern vielmehr wegen der netten, etwas verschrobenen Atmosphäre das Restaurant **La Frontera**; sehr gutes Essen wird in den Restaurants des **Hotels Costaustralis** serviert (S. 185ff).

• Im PN Torres del Paine sollte man sich eine Mahlzeit in der **Hostería Lago Pehoé** nicht entgehen lassen, und zwar nicht unbedingt wegen des (guten, aber nicht herausragenden) Essens, sondern um den Blick auf die Torres zu genießen (S. 185ff).

• In Ushuaia (Argentinien) hat man noch einmal Gelegenheit, eines der riesigen berühmten **Steaks** zu essen.

Einkaufen   Vor den Toren von Punta Arenas liegt eine der beiden **Freihandelszonen** Chiles, nicht so groß oder modern wie die in Iquique, aber doch gut für das eine oder andere Schnäppchen, besonders die Camping-Ausrüstung und der Filmvorrat lassen sich hier ergänzen (S. 185ff).

Punta Arenas

Auch wenn Punta Arenas nicht die südlichste Stadt der Welt ist (dieser Rang wird ihr vom argentinischen Ushuaia abgelaufen, das noch mehr als 100 km weiter südlich liegt), die südlichste Stadt Chiles ist sie auf jeden Fall. Heute das Zentrum der Region Magallanes, spiegelt sie den Reichtum wider, der während ihres raketenhaften Aufstiegs Ende des 19. Jahrhunderts durch das „weiße Gold", die Schafwolle, hier angehäuft wurde.

• Die Geschichte von Punta Arenas

Der Name der Stadt leitet sich her von der Ortsbezeichnung eines englischen Kartografen: „Sandy Point" (sandiger Punkt) nannte er die Bucht, in der später Punta Arenas entstand. Gegründet wurde der Ort als Gefangenenkolonie: die sturm- und regendurchpeitschte Landschaft am Ende der Welt schien gerade recht, um Menschen in die Verbannung zu schicken.

1848 entschloss man sich, das Dörfchen bei Fuerte Bulnes, in dem die ersten Siedler der Region lebten, nach Punta Arenas umzusiedeln, das besser geeignet schien um eine ständige Siedlung aufzubauen: hier gab es eine geschützte Bucht, Trinkwasser, Feuerholz, und das Klima war günstiger. Zunächst ging die Entwicklung des Ortes nur schleppend voran, aber die Regierung entwickelte Hilfsprogramme; ihr war sehr an der Besiedelung der ganzen Region gelegen, schon um ihren Territorialansprüchen Argentinien gegenüber Nachdruck zu verleihen. Sie schickten Wissenschaftler, die das Klima untersuchen sollten, und landwirtschaftliche Berater.

1876 kam der Wendepunkt: der Gouverneur von Punta Arenas unternahm eine Reise zu den **Islas Malvinas** (oder Falkland-Inseln) und brachte eine Herde von 300 Schafen mit. Damit begann ein Boom in der kargen Landschaft um Punta Arenas. 1881 gab es schon eine stattliche Flotte von Dampfschiffen und Seglern, die Wolle und Fleisch nach Nordamerika und bis nach Europa brachten. Nicht nur die Schafzüchter verdienten großes Geld, auch Handelshäuser und Hotels, die ganze Stadt nahm einen enormen Aufschwung. Die

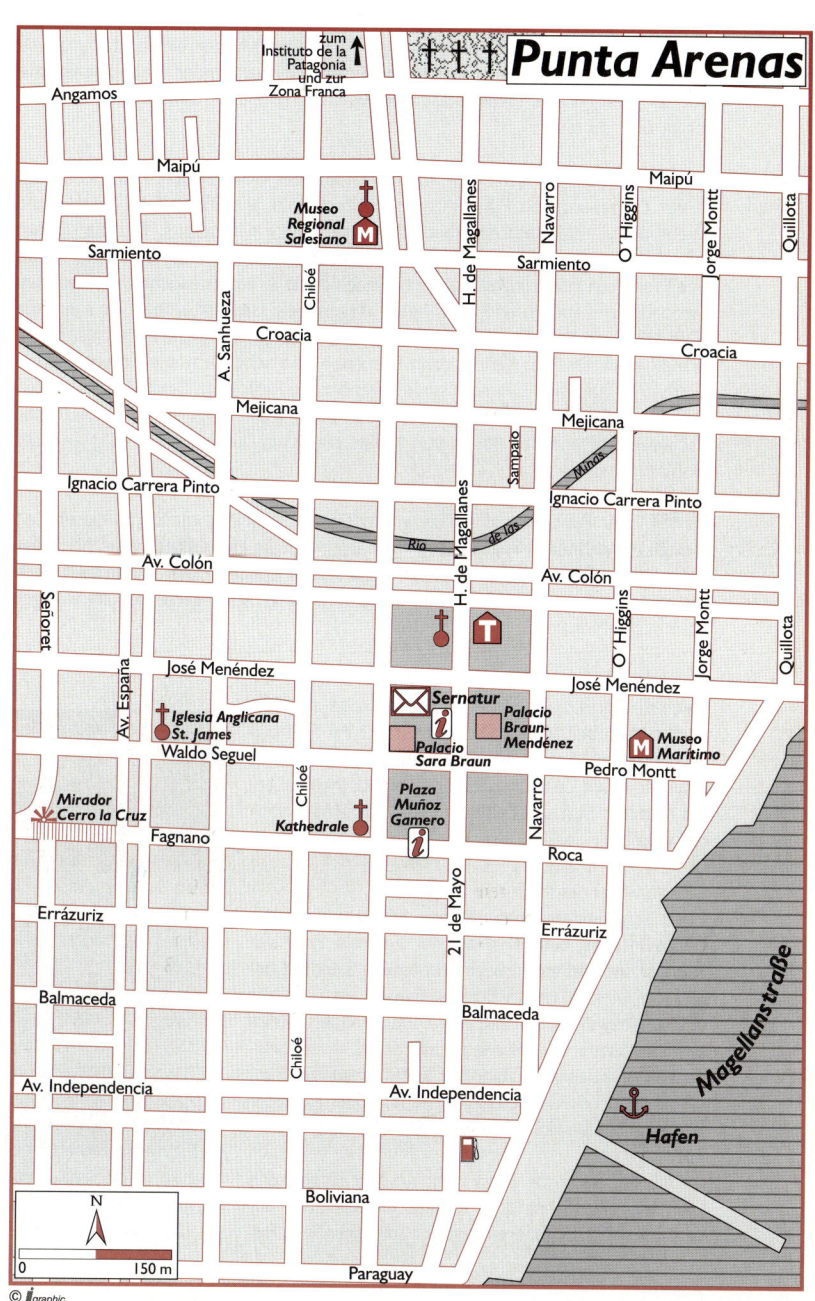

Punta Arenas

Angamos

zum Instituto de la Patagonia und zur Zona Franca

Maipú

Museo Regional Salesiano

Sarmiento

A. Sanhueza

Chiloé

Croacia

Mejicana

Ignacio Carrera Pinto

Av. Colón

Señoret

Av. España

José Menéndez

Iglesia Anglicana St. James

Waldo Seguel

Mirador Cerro la Cruz

Fagnano

Kathedrale

Errázuriz

Balmaceda

Av. Independencia

H. de Magallanes

Sampaio

Minas

Río de los

H. de Magallanes

Navarro

O'Higgins

Jorge Montt

Quillota

Maipú

Sarmiento

Croacia

Mejicana

Ignacio Carrera Pinto

Av. Colón

O'Higgins

Jorge Montt

Quillota

José Menéndez

Sernatur

Palacio Sara Braun

Palacio Braun-Mendénez

Museo Marítimo

Pedro Montt

Plaza Muñoz Gamero

Roca

Chiloé

Navarro

21 de Mayo

Errázuriz

Balmaceda

Chiloé

Av. Independencia

Magellanstraße

Hafen

N

0   150 m

Boliviana

Paraguay

© graphic

Alles wurde aus Europa importiert

reichen Schafzüchter allerdings konnten die Abgeschiedenheit und das raue Klima nur ertragen, indem sie sich die Welt nach Punta Arenas holten: ein Theater und eine Oper wurden gebaut und für ihre Privathäuser (die heute zu den schönsten Gebäuden der Stadt gehören) wurde fast alles aus Europa importiert, nichts war zu extravagant oder zu teuer.

Kurzer Rausch

1910 begann ein zweiter Boom oder vielmehr ein **Goldrausch**: viele der Flüsse in der Umgebung von Punta Arenas führten Gold. Jetzt fielen Glücksritter und Abenteurer in die Stadt ein, aber schon bald stellte sich heraus, dass die Vorräte sehr viel geringer waren, als man angenommen hatte. Der erste Weltkrieg spülte eine Welle von Flüchtlingen aus Europa nach Punta Arenas, sie kamen aus fast allen europäischen Ländern und noch heute tragen viele Geschäfte, aber vor allem die Grabsteine auf dem Friedhof Namen aus England, Jugoslawien, Deutschland und Skandinavien. Erst das weiße, dann das gelbe und schließlich auch das schwarze Gold: 1945 fand man Öl und bis heute gehört die Region um Punta Arenas zu den wichtigsten Fördergebieten Chiles. In den 70er Jahren begannen der Aufbau einer Fischereiflotte und der Abbau von Kohle, die es um die Stadt ebenfalls in recht großen Mengen gibt.

Öl und Kohle

Bis 1914 war Punta Arenas für die internationale Schifffahrt wichtig, zu dieser Zeit dampften manchmal drei große Schiff pro Tag durch die **Magellanstraße.** Nach der Eröffnung des **Panamakanals** nahm kaum noch ein Schiff den langen Weg nach Patagonien auf sich, und die Anzahl der Durchfahrten verringerte sich auf weniger als drei pro Monat.

Heute hat Punta Arenas eine vielfältige Wirtschaft, die durch die Einrichtung einer Freihandelszone im Jahr 1974 noch angekurbelt wurde. Das spiegelt sich im Stadtbild wieder: Punta Arenas ist eine freundliche Stadt mit einem schönen Zentrum und regem städtischen Leben, das man hier, (fast) am Ende der Welt, gar nicht vermuten würde.

• Sehenswertes in Punta Arenas

Einen Stadtrundgang beginnt man am besten an der **Plaza Muñoz Gamero,** die der zentrale Platz der Stadt ist und von einem beeindruckenden Standbild beherrscht wird. Es ist aus Bronze, stammt aus dem Jahr 1920 und zeigt *Magellan* und einige Ureinwohner, die ihm zu Füßen sitzen. Es heißt, wenn man dem Zeh des Selknam-Indios einen **Kuss** aufdrückt, kommt man nach Punta Arenas zurück. Ob die Legende stimmt oder nicht, der Zeh ist auf jeden Fall schon ganz blank geküsst!

An der Stirnseite der Plaza steht die Kirche; gelb und weiß wie eine Sahnetorte stammt das Gebäude aus dem Jahr 1901. Im Inneren liegt der *Salesianer-Pater Fag-*

Der berühmte Zeh

nano begraben, der sich zusammen mit seinen Ordensbrüdern um die eingeborenen Stämme kümmerte, als sie von landhungrigen europäischen Einwanderern immer weiter verdrängt und schließlich wie Tiere abgeschossen wurden. Die Glasfenster der Kapelle zeigen die Schutzgebiete Río Grande und Isla Dawson, in denen den Ureinwohnern wenigstens das nackte Überleben garantiert wurde. Gleich nebenan befinden sich das Gebäude der Provinzregierung und die Residenz des Gouverneurs. Auf der anderen Seiten verteilen sich die ehemaligen Häuser der Schaf-Barone. An der Nordseite steht eines der schönsten Gebäude der Stadt, der

Palacio Sara Braun

Gebaut wurde er 1895 von einem französischen Architekten, der fast das gesamte Baumaterial aus Europa heranschaffen ließ. Hier lebte *Sara Braun*, die Witwe eines der reichsten Schafzüchter; sie selber stammte ebenfalls aus einer großen Schafzüchter-Familie, eine ideale Verbindung also nach den Maßstäben der Gesellschaft. Sie war maßgeblich an der Gründung der *Sociedad Expotadora de Tierra del Fuego* beteiligt. Heute beherbergt das Gebäude den Club de la Unión und das erstklassige Hotel José Nogueira.

Von der Plaza aus gelangt man über die C. Hernado de Magallanes zum
Palacio Braun-Mendénez

Gebaut 1905, gehörte er Saras Bruder, *Mauricio Braun*. Er war verheiratet mit *Josefina Mendénez Behety*, der Tochter des Unternehmers *José Mendénez*. Durch diese Heirat wurden die beiden reichsten Familien der Stadt zusammengeschmiedet. Ihr Stadthaus war sichtlich nicht nur zum Wohnen, sondern auch zum Repräsentieren gedacht: alles ist vom Feinsten und aus Europa importiert.

Ideale Verbindung

Zwei Blocks von der Plaza Richtung Hafen liegt noch ein kleines Museum, das
Museo Marítimo

Es zeigt eine kleine Ausstellung zur Geschichte der Schifffahrt im südlichen Patagonien, besonders auf die Marine wird eingegangen. Die Hauptgeschäftsstraße ist die Avda. Borries, die Richtung Norden zunächst den Fluss überquert und dann zur Kirche María Auxiliadora und zum Museum der Salesianer führt.

Museo Regional Salesiano Maggiorino Borgatello

Es ist das größte und sicher auch das interessanteste Museum der Stadt, es zeigt eine große naturkundliche Sammlung, die von den Salesianer-Brüdern auf ihren Missionsreisen zusammengetragen wurde. Die Salesianer kamen als erster Orden in die Gegend von Punta Arenas, und einige von ihnen bemühten sich sehr, die eingeborenen Stämme und ihre Kultur und Lebensweise kennen zu lernen. Sie schrieben auf, was sie sahen und erlebten, und hinterließen damit zumindest einige schriftliche Zeugnisse von einem Volk, das damals schon dem Untergang geweiht war. Die Ausstellungsstücke sind nicht alle didaktisch aufbereitet, teilweise hat man das Gefühl, sich in der halb vergessenen naturkundlichen Sammlung einer alten Universität verirrt zu haben, aber das tut dem Vergnügen keinen Abbruch. Die Exponate sind so vielfältig und teilweise auch so kurios, dass man sich auf jeden Fall gut unterhalten wird. In einem neueren Teil wird die Geschichte der Ölfunde und die Geologie um Punta Arenas erklärt, dieser Teil ist didaktisch gut und teilweise interaktiv angelegt.

Kurioses Museum

Sehenswerter Friedhof

Zwei Blocks weiter liegt der schöne und eindrucksvolle **Friedhof** von Punta Arenas, der inzwischen zum Nationaldenkmal erklärt worden ist. Hier stehen die Grabmäler der großen Familien der Stadt, offensichtlich dienten sie, wie die Häuser, auch als Statussymbole. Aber auch die verschiedenen Gemeinden aus Europa, die Jugoslawen, die Engländer und auch die Deutschen haben ihre eigenen Gedenkstätten. An dem deutschen Gedenkstein läuft man erst einmal vorbei, so klein und bescheiden ist er.

Die Avda. Borries wird weiter stadtauswärts zur Avda. Bulnes, folgt man ihr weiter, gelangt man zum

Instituto de la Patagonia

Das Institut dient der Erforschung der Geschichte und der natürlichen Ressourcen Patagoniens und hat ein Freilichtmuseum mit historischen landwirtschaftlichen Maschinen, alten Gebäuden und den ersten Autos, die nach Patagonien kamen, eingerichtet. Außerdem gibt es einen kleinen botanischen Garten mit einheimischen Spezies und eine Bibliothek.

Im Museum

Gleich gegenüber liegt die **Zona Franca,** eine der beiden Freihandelszonen des Landes (die andere liegt ganz im Norden, in Iquique). Hier kann man elektronische Geräte, Campingutensilien, Klamotten und alles mögliche andere kaufen, allerdings liegen die Preise immer noch leicht über den europäischen und für Touristen ist die Zona Franca vor allem interessant, um den Film-Vorrat zu ergänzen.

Ausflüge in die Umgebung von Punta Arenas

Um die Stadt gibt es eine Fülle von Ausflugszielen, die meisten lassen sich in einer Tagestour bequem besuchen. Die Reisebüros in Punta Arenas haben die meisten Ziele im Angebot, aber man kann sich natürlich auch mit dem eigenen Auto auf den Weg machen und ist dann ungebundener und hat eher die Möglichkeit, auch mal einfach so am Weg anzuhalten und sich etwas anzuschauen.

Die Reserva Nacional Magallanes und das südlichste Skigebiet der Erde

Tageswanderung

Diese Tour lässt sich mit dem Auto, aber auch ohne weiteres zu Fuß machen. Man verlässt die Stadt über die Avda. Independencia, die zunächst steil den Hang hinauf durch die Vororte führt, die Häuser werden immer ärmlicher, und bald hat man die Stadt hinter sich gelassen. Nach sieben Kilometern erreicht man die Grenze der Reserva Nacional Magallanes, die zu den ältesten Schutzgebieten Chiles gehört, sie wurde schon 1932 eingerichtet. Der erste Abzweig von der Straße führt in den südlichen Teil der Reserva und zum *Centro de Esqui Cerro Mirador.* Der kleine Lift ist auch den Sommer über in Betrieb, so dass man sich bequem auf den Cerro hinauffahren lassen kann. Allerdings ist der Fußweg, der auf den Berg führt, wunderschön. Er durchläuft die verschiedenen Höhenstufen des magallanischen Waldes und führt an einer aufgegebenen Kohlegrube vorbei. Folgt man der Straße weiter, anstatt zum Skizentrum abzubiegen, gelangt man in den Sektor *Río Las Minas.* Hier gibt es zwei Pfade, der eine ist 800, der andere 1.800 m lang, auch sie führen durch den magallanischen Laubwald und durch ein Moorgebiet. Hin und wieder ist der Verlauf der Wege nicht eben gut zu erkennen, man sollte sich an den orangefarbenen Markierungsstangen orientieren.

Ausblick über die Stadt

Nach Fuerte Bulnes

Der Ausflug nach Fuerte Bulnes gehört zum Standard-Programm jedes Reisebüros in Punta Arenas, er führt direkt in die Vergangenheit Patagoniens. Hin- und Rückweg zusammen sind etwa 130 km lang, der Asphalt hört noch innerhalb der Stadtgrenze von Punta Arenas auf, aber die Schotterstraße ist relativ gut ausgebaut. Die Strecke führt an der Magellan-Straße entlang, vorbei an kleinen Gehöften

Hier liegt Comander Pringlestokes begraben

und Fischerhütten. Hier gab es eine ehemals nur aus Schweizern bestehende kleine Kolonie (bei *Agua Fresca*), die die Milchwirtschaft der ganzen Gegend unter sich gebracht hatte, übrig geblieben ist nur eine kleine Internatsschule für die umliegenden Gehöfte. Auch an einem kleinen Sägewerk kommt man vorbei, es hat sich spezialisiert auf Zaunpfähle, im endlosen Patagonien mit seinen riesigen Schaffarmen ein sicheres Geschäft. Nach etwa 50 km erreicht man einen kleinen Friedhof (auf dem der erste Kommandant der Beagle, Comander *Pringlestokes* begraben liegt) und dann den **geografischen Mittelpunkt Chiles.** Was hier am Ende der Welt zunächst wie ein großer Irrtum erscheint, macht Sinn, wenn man sich in Erinnerung ruft, dass die Antarktis von den Chilenen als integraler Bestandteil des Landes angesehen wird. Der Punkt bezeichnet also die Mitte zwischen Arica und dem Südpol. Dieser Mittelpunkt wird markiert durch einen schneeweißen Monolithen und eine Jungfrau auf einer Säule.

Von hier aus führt ein Abzweig zwei Kilometer nach **Puerto de Hambre.** Man sollte sich dieses Zeugnis der Vergangenheit nicht entgehen lassen, auch wenn heute nicht mehr viel zu sehen ist. Die Geschichte des Ortes lässt sich bis in das Jahr 1584 zurückverfolgen, als *Pedro Sarmiento de Gamboa* hier die Stadt Felipe Rey gründete. Er segelte in Spanien mit mehr als zwanzig Schiffen und über 3.000 Mann Besatzung und Kolonisten los, einige Schiffe kenterten, auf anderen rafften Epidemien die Menschen dahin, so dass er schließlich nur noch mit acht Schiffen in Patagonien ankam. Er baute eine Kirche und Häuser für die Überlebenden und nannte die Siedlung

Traurige Ankunft

Felipe Rey. Aber was mit viel Enthusiasmus begonnen hatte, scheiterte schließlich am rauen Wetter und an der Abgeschiedenheit: die Siedler verhungerten kläglich. Drei Jahre später kam der englische Seeräuber *Tomas Cavendish* nach Felipe Rey und fand nur noch einen Überlebenden vor, eine Leiche baumelte am Galgen auf der Plaza, und weitere verhungerte Siedler fand er in den Behausungen. Nach diesem Schreckensszenario benannte er den Ort um in **Puerto Hambre** (Hafen des Hungers) und dieser Name ist bis heute hängen geblieben. Und wenn man heute in der gottverlassenen Bucht aus dem warmen Auto oder Bus steigt, kann man sich vielleicht eine entfernte Vorstellung davon machen, wie es gewesen sein muss, hier als Siedler anzukommen und um das Überleben zu kämpfen. Zurück auf der Straße, sind es

*Hafen des
Hungers*

Bei Fuerte Bulnes

jetzt noch fünf Kilometer bis **Fuerte Bulnes.** Die erste Expedition, die die chilenische Regierung losschickte, um Patagonien zu kolonisieren, legte hier erst einmal eine Verteidigungsanlage an. Mit von der Partie waren der Kapitän des Exkursionsschiffes, der Naturforscher *Bernardo Eunom Philippi*, elf Seemänner, acht Soldaten und die Ehefrauen zweier Besatzungsmitglieder. Es zeigte sich jedoch schnell, dass Fuerte Bulnes nicht der geeignete Ort für eine richtige Siedlung war, und man siedelte die Bewohner nach Punta Arenas um, womit die heutige Provinzhauptstadt gegründet war. Das Fort verfiel, ist aber inzwischen detailgetreu rekonstruiert worden. Es lohnt sich, von den Holzgebäuden des Forts aus noch ein paar Schritte zum Strand hinunter zu laufen, hier hat man Patagonien wie aus dem Bilderbuch: vor den stahlgrauen Wellen der Magellan-Straße riesige rund gewaschene Findlinge und grau verwitterte, vom Wind zerzauste und gefällte Bäume.

Zur Pinguin-Kolonie am Seno Otway

Wenn man nicht mit dem eigenen Auto unterwegs ist, muss man eine der Touren buchen, die in Punta Arenas von fast jedem Reisebüro angeboten werden, sie dauern einen halben Tag. Man verlässt Punta Arenas über die Avda. Bulnes Richtung Zona Franca und Flughafen. Nach 27 km erreicht man einen Posten der Carabiñeros, hier biegt man nach links auf einen Schotterweg ab und überquert jetzt zunächst die Península Brunswick, die die Magellan-Straße vom Seno Otway trennt. Sie ist flach, trocken und baumlos, mit etwas Glück bekommt man Ñandus zu sehen. Bevor man die Pinguin-Kolonie erreicht, fährt man an einer gigantischen Kohle-Mine, der **Mina Peckett,** vorbei. Sie wurde 1987 eingerichtet und die Kohle wird über einen Anleger, der Hunderte von Metern ins Meer ragt, auf Schiffe verladen und abtransportiert. Die Pinguin-Kolonie am Steno Otway zieht sich über etwa zwei Kilometer Küste hin, hier leben über 3.000 Magellan-Pinguine *(Spheniscus magallanicus)* in Höhlen und versteckt unter dem Gras. Besonders eindrucksvoll ist es, wenn nach-

*Endlose
Pampa*

mittags alle Pinguine auf einmal vom Meer zu ihren Höhlen zurückkehren. Wie eine Armee stürmen sie den Strand und watscheln dann im Gänsemarsch zu ihren Behausungen. Die Kolonie am Seno Otway war schon fast am Verschwinden, als die deutsche Schule in Punta Arenas begann, sich um ihren Schutz zu kümmern. Sie beantragte Geld vom World Wildlife Found und richteten ein Schutzgebiet ein, und heute hat sich die Population wieder erholt.

Magellan-Pinguin

Zur Pinguin-Kolonie auf der Isla Magdalena

Auch auf der Isla Magdalena gibt es eine große Pinguin-Kolonie, die per Boot von Punta Arenas aus besucht werden kann. Die Insel, die nördlich von Punta Arenas in der Magellan-Straße liegt, wurde früher von den Ureinwohnern auf ihren Jagdausflügen besucht, später legten die Besatzungen spanischer Schiffe hier an, um sich mit Wasser und Fleisch zu versorgen. Heute gehört die Isla Magdalena zum **Monumento Natural los Pingüinos**. Die Fahrt zur Insel dauert etwa sechs bis sieben Stunden, auf der Insel hat man rund zwei Stunden Zeit.

Zur Estancia San Gregorio und zum Parque Nacional Pali Aiken

Diese Tour kann man als Tagestour von Punta Arenas aus machen (hin und zurück sind es allerdings fast 400 km) oder aber auf dem Weg von oder nach Argentinien einen Stopp einlegen. Man verlässt Punta Arenas auf der Straße nach Norden (Richtung Flughafen) und nimmt nach 48 km den Abzweig nach rechts (ausgeschildert nach Río Gallegos/Argentinien). Von hier aus sind es noch etwa 90 km bis zur Estancia Gregorio. Diese Estancia gehörte dem Unternehmer und **Schafzüchter José Menéndez,** und zu ihrer Blütezeit verfügte sie über 90.000 ha Land. Zur Estancia gehörten zahlreiche Gebäude: Unterkünfte für die Arbeiter, Ställe, Schober für die Schur, eine Kapelle und natürlich das Herrenhaus. Heute arbeitet auf der Estancia eine Kooperative, und sie ist leider nicht offiziell zu besichtigen. Der **Parque Nacional Pali Aiken** liegt direkt an der Grenze, aber man muss schon in Punta Delgada einen Abzweig nach links nehmen, um ihn zu erreichen. Er ist nicht sehr groß, und seine Landschaft besteht hauptsächlich aus trockener Steppe; das Besondere dieses Parks sind seine Höhlen. In einer hat man Spuren der ersten *Höhlen-* Menschen Patagoniens gefunden: 11.000 Jahre alte Felsmalereien, die von den ersten *malereien* Einwanderern stammen müssen, die aus dem Norden hierher zogen. Interessant sind besonders zwei Höhlen: die **Cueva Pali Aiken,** in der die ältesten Malereien zu sehen sind, und die **Cueva Fell**, deren Felsbilder 2.000 Jahre jünger eingeschätzt werden.

Von Punta Arenas nach Puerto Natales

Neben Punta Arenas ist Puerto Natales die einzige größere Siedlung in der Region Magallanes, und für Touristen ist das Städtchen besonders deshalb interessant, weil es der beste Ausgangspunkt für Touren in den Nationalpark Torres del Paine ist. Von Punta Arenas nach Puerto Natales sind es 246 km, die Straße führt durch die chilenische Pampa: endlose, sanft gewellte Grasländer, Schafe, hin und wieder ein paar Ñandus und darüber der weite Himmel mit ewig wechselnden Wolkenbildern.

Man verlässt Punta Arenas auf der Straße nach Norden (Richtung Flughafen) und kommt zunächst an einer Anlage der Enap zur Gasgewinnung und Abfüllung vorbei. Wer genügend Zeit hat, kann einen Umweg über eine Straße wählen, die am Ufer der Senos Otway und Skyring entlang führt.

Abstecher nach Río Verde und zur Isla Riesco

Schafzucht-
betrieb mit
Geschichte

Den Abzweig nach Río Verde erreicht man nach 43 km (von Punta Arenas aus gerechnet), sieben Kilometer weiter liegen die Überreste der **Estancia Otway,** eine der ersten Estancias, die in der Gegend Schafzucht betrieben haben. Bald gelangt man ans Ufer des Seno Otway, der seinen Namen, ebenso wie der Seno Skyring und der Canal Fitzroy, von Besatzungsmitgliedern der **Beagle** hat. Die Expedition machte hier hydrografische Vermessungen, und deshalb kam den Wissenschaftlern die Ehre zu, die Gewässer, die sie aufnahmen, auch zu benennen. Am Canal Fitzroy, der die beiden Meeresarme verbindet, liegt die **Hostería Verde**, hier kann man zu Mittag essen oder einen Kaffee trinken. Auch das Boot zur Isla Riesco legt hier an. Der kleine Ort Río Verde am Ufer des Seno Skyring ist eine ehemalige Estancia, bei einigen der älteren Gebäude kann man noch die englischen Wurzeln der Architektur erkennen. Im Januar und Februar findet an den Wochenenden eine Demonstration der Schafschur statt, am zweiten Sonntag im Januar zudem ein Pilgerfest an einer Kapelle der Virgen de Montserrat bei einem kleinen Wasserfall. Río Verde wurde von der nordamerikanischen Zeitschrift „The Atlantic monthly" zu einem der schönsten Plätze der Welt gekürt... Nach insgesamt 80 km erreicht man wieder die Hauptstraße nach Puerto Natales.

An der liegt als nächste Station das Nest Villa Tehuelches am Weg. Der Ort wurde erst 1966 gegründet, man wollte einen Prototyp einer ländlichen patagonischen Siedlung schaffen. Seit seiner Gründung sind aber kaum Menschen zugezogen, immerhin gibt es hier ein Restaurant und einen Mechaniker. Die Straße führt jetzt noch etwa 35 km nach Norden, bis sie bei Morro Chico auf die argentinische Grenze stößt und nach Westen abbiegt und nach weiteren 88 km Puerto Natales erreicht.

Puerto Natales (ⓘ S. 185)

Puerto Natales ist im Winter ein verschlafenes kleines Städtchen, im Sommer bevölkern sich die Straßen mit Touristen in Wanderstiefeln und Fleece-Pullovern, die entweder auf dem Weg zum Nationalpark Torres del Paine sind oder gerade dort herkommen. Der Ansturm der Touristen hat dazu geführt, dass die entsprechende Infrastruktur in den letzen Jahren stark ausgebaut wurde, aber trotzdem ist Puerto Natales ein freundliches Städtchen geblieben. Die Gegend ist schon seit 13.000 Jahren besiedelt, zusammmen mit den Jägern und Sammlern der ersten Siedlergruppen lebten hier inzwischen ausgestorbene Tiere, wie das Milodónt und wilde Pferde.

© *i*graphic

Wahrscheinlich wurden sie durch einen großen Vulkanausbruch vor 9.000 Jahren vernichtet, nicht durch die Nachstellungen der Jäger, wie eine andere Theorie vermutet.

Gegründet wurde die Stadt 1911 als Hafenort für die Verschiffung von Wolle und Schaffleisch. Die *Compañía Explotadora de Tierra del Fuego* baute hier eine große Anlage zur Verarbeitung und Verschiffung ihrer Produkte, sie hatte riesige Estancias diesseits und jenseits der argentinischen Grenze. Diese alte Industrieanlage **Puerto Bories** steht heute noch, und in einigen Gebäuden wird sogar noch gearbeitet. Es gab ein Kühlhaus, ein Schlachthaus (das noch in Betrieb ist), eine Anlage zum Waschen und Sortieren der Wolle, Schuppen zum Trocknen von Fellen und einen eigenen Anleger für die Kühlschiffe, die das Schaffleisch schon Anfang des 20. Jahrhunderts nach Nordamerika und Europa brachten. Für das Kühlhaus wurden die besten Maschinen aus England herangeschafft und sie sind noch heute so gut gewartet, dass man sie sofort wieder in Betrieb nehmen könnte. Die auch architektonisch wunderschönen alten Industriegebäude verfallen leider im Moment völlig, aber es bestehen Pläne, einen Teil der Anlage zum Museum umzufunktionieren, und dann kann hoffentlich auch das Geld für eine Restaurierung aufgetrieben werden. 1919 wurden in Puerto Bories zwei Gewerkschaftsführer von zwei Managern der Anlage während eines Streiks erschossen. Danach brachen Unruhen aus, während derer

Industrielle Verarbeitung von Schafen

weitere sechs Arbeiter und vier Polizisten ihr Leben verloren. Ein paar Arbeiter wurden für vier Jahre ins Gefängnis gesteckt – ohne Prozess; während die beiden Manager unbehelligt nach Argentinien fliehen konnten und keine weiteren Konsequenzen zu befürchten hatten...

Puerto Natales hat heute etwa 15.000 Einwohner und liegt malerisch am Seno Ultima Esperanza. Vom Ufer aus hat man einen

Die Maschinen kommen aus England.

wunderschönen Blick auf die patagonischen Anden. Viele Bewohner arbeiten inzwischen nicht mehr in der Schafzucht, sondern in der Kohlemine *El Turbio* in Argentinien und kommen nur am Wochenende nach Puerto Natales.

Das Schönste an Puerto Natales ist seine Umgebung, in der Stadt selber gibt es nicht viel zu sehen. Einen Besuch verdient das
Museo Histórico, Bulnes 285
Es zeigt eine gut aufbereitete Ausstellung zur Geschichte der Gegend und erinnert an die Tehuelches, aber auch an den deutschen Kapitän *Hermann Eberhard*, der Ende des 19. Jahrhunderts mit seinem Schiff die Kanäle um Puerto Natales durchstreifte. Anders als in vielen chilenischen Museen findet man hier auch einige Erklärungen auf

Windiges Städtchen

Englisch. Die windzerzauste Plaza der Stadt macht einen etwas verlorenen Eindruck, sie wird geschmückt von einer fröhlich angemalten Lokomotive, die einmal in Puerto Bories Dienst getan hat. Heute ist sie vor allem ein Spielplatz für Kinder. In der Kirche aus dem Jahr 1930 kann man ein Wandbild hinter dem Altar bewundern, auf dem die Jungfrau mit dem Kind vor den Cuernos del Paine zu sehen ist. Begleitet wird sie von Pater Agostini hoch zu Ross und einigen einheimischen Christen.

In der Umgebung von Puerto Natales gibt es neben dem Nationalpark Torres del Paine noch einige andere lohnende Ausflugsziele.

Die Umgebung von Puerto Natales: zur Cueva de Milodón (ⓘ S. 185)

Eines der Ziele, das fast alle Agenturen in Puerto Natales im Angebot haben, ist die Cueva de Milodón. Berühmt geworden ist sie durch *Bruce Chatwin*, der auf den ersten Seiten seines Reisebuch-Klassikers „In Patagonien" beschrieb, wie ein Fitzel-

Lebt das Milodón?

chen vom Fell des Riesenfaultiers Milodón, dessen Überreste von dem deutschen Kapitän *Hermann Eberhard* (und dem Cousin der Großmutter Chatwins) in einer Höhle gefunden worden waren, in ihm die Neugier auf Patagonien weckte. Aber nicht nur Chatwin ließ sich vom Fund des Milodón-Skeletts inspirieren: 1902 machte sich der Engländer *Hesketh Pritchard* auf und durchstreifte ganz Patagonien auf der Suche nach einem lebenden Exemplar. Heute weiß man, dass das pflanzenfressende Milodón schon gegen Ende des Pleistozän ausgestorben ist.

12. Der Große Süden: von Puerto Montt bis nach Tierra del Fuego – Zwischen Punta Arenas und Puerto Natales/Zum Parque Nacional Torres del Paine

571

Man verlässt Puerto Natales auf der Küstenstraße (Richtung Bories und Torres del Paine); nach 20 km erreicht man **Puerto Prat**, das einmal der größte Hafen am Seno Ultima Esperanza war, sogar die Telegrafenlinie wurde bis hierher gelegt. Von Puerto Prat sind es noch vier Kilometer bis zur Estancia Consuelo, auf der sich Kapitän Eberhard 1893 niederließ. Die Estancia kann gegen ein Entgelt besichtigt werden, sie ist ein Programmpunkt der meisten Touren zur Cueva de Milodón.

Am Ortsausgang von Puerto Prat nimmt man den Abzweig nach rechts, nach weiteren vier Kilometern hält man sich dann links, zwei Kilometer vor dem Eingang zur Höhle passiert man einen Felsen mit dem schönen Namen „Silla del Diablo" (Teufelsstuhl). Er liegt schon innerhalb des kleinen Schutzgebiets der Cueva und kann auch zu Fuß erreicht werden. Zur Höhle geht es ein paar Schritte den Berg hinauf und vielleicht ist der Blick über die patagonische Landschaft zu den Bergketten am Horizont schöner als die Höhle selbst. Obwohl sie, mit ihren 200 m Tiefe und dem Fieberglas-Milodón in Originalgröße am Eingang auch eindrucksvoll ist!

Das Milodón

Schiffstour zum Balmaceda-Gletscher

Im Sommer täglich, im Winter weniger oft, findet eine Tour durch den Seno Ultima Esperanza zum **Parque Nacional O`Higgins** und zum Balmaceda-Gletscher statt. Sie führt durch ein überflutetes und fast unberührtes Gletschertal, die Hügel zu beiden Seiten sind teilweise mit undurchdringlichem Urwald bewachsen. Auf der Fahrt kann man zahlreiche Seevogelarten beobachten, u. a. Kormorane und natürlich die eleganten Schwarzhalsschwäne. Auch Robben wird man zu Gesicht bekommen und mit etwas Glück Delphine. Nach etwa drei Stunden erreicht man den *Cerro Balmaceda*, der über 2.000 m aus dem Wasser aufragt. Sein Gipfel ist bedeckt mit ewigem Eis, an einigen Stellen bis zu 20 m stark. Hier endet die Fahrt, und man hat Gelegenheit, das Schiff zu verlassen und einen Spaziergang zum Gletschersee zu machen, in den immer wieder mit Getöse Eisschollen hineinbrechen.

Spaziergang am Gletscher

Zum Parque Nacional Torres del Paine

Man verlässt Puerto Natales über die Küstenstraße nach Norden. Nach 23 km kommt man an einem Abzweig vorbei, der in das Gebiet der **Estancia Milodón**

*Beliebtes
Ausflugsziel*

und zur **Laguna Sofia** führt. An deren Ufer kann man auf dem Weg nach Torres del Paine wunderbar zelten, einen offiziellen Campingplatz gibt es nicht, aber ein schönes Seeufer und Windschutz hinter einem großen Felsen. Das Gelände um die Laguna Sofia befindet sich in Privatbesitz, und man sollte sich dementsprechend verhalten, wenn man hier übernachtet!

Später passiert man das Hotel Tres Passos, hier steht eine Büste von *Gabriela Mistral*, die daran erinnern soll, dass die Dichterin während ihrer Zeit als Rektorin der Mädchenschule in Punta Arenas hier ihre Sommerferien verbrachte. Das Hotel ist vor einigen Jahren vollständig ausgebrannt.

Cerro Castillo, ein kleiner Weiler am Weg, ist wie so viele Siedlungen hier aus einer Estancia entstanden. Auch dieser 1906 gegründete Betrieb gehörte der *Sociedad Explotadora de Tierra del Fuego* und hat die typische Struktur vieler Estancias hier im Süden: neben den Wohnhäusern des Verwalters und der Arbeiter gibt es ein Verwaltungsgebäude (die *oficina*), Lagerschuppen und Korrale für die Schur. Alle Anlagen, in denen die Tiere gehalten werden und in denen mit ihnen gearbeitet wird, liegen von der Siedlung aus gesehen in der Hauptwindrichtung, damit die Belästigung durch Staub und Gestank möglichst gering bleibt. Die Besitzer der Estancias lebten oft nicht auf ihrer Farm, sondern in Punta Arenas, Santiago oder sogar Argentinien.

*Flug-
pioniere*

Nach 104 km erreicht man den Lago Sarmiento, der schon zum Park gehört, links am Weg steht ein Monolith, der an die beiden Deutschen **Günter Plüschow** und **Ernst Dreblow** erinnern soll. Diese beiden Pioniere der patagonischen Luftfahrt haben Patagonien seit den 30er Jahren immer wieder beflogen und durch viele Filme und Fotos dazu beigetragen, dass das Gelände erforscht und kartografiert werden konnte. Im Museum *Fin del Mundo* in der argentinischen Stadt Ushuaia wird einer ihrer Filme als Video gezeigt. Die beiden kamen ums Leben, als ihr Flugzeug über dem Lago Argentino abstürzte. Der Weg gabelt sich jetzt, und man kann entweder nach links weiter am Lago Sarmiento entlangfahren oder nach rechts an der Laguna Amarga vorbei, auf diesem Weg hat man vielleicht den schöneren Blick auf die Torres del Paine im Morgenlicht. Die Laguna Amarga (bitterer See) hat ihren Namen von den Salzen, die ihr Wasser enthält und die es bitter schmecken lassen.

Parque Nacional Torres del Paine (ⓘ S. 185)

Der Nationalpark Torres del Paine wird häufig als der schönste Park Südamerikas bezeichnet. Ob das nun stimmt oder nicht sei dahin gestellt, zu den absoluten Höhepunkten einer Chile-Reise gehört er in jedem Fall.

*Abrupter
Wechsel*

Der Park ist Teil eines Netzwerks von Schutzgebieten: im Norden grenzt er an den argentinischen Park **Los Glaciares** und im Westen an den riesigen **Parque Nacional Bernardo O`Higgins.** Der Reiz der Landschaft wird vor allem durch ihre großen Kontraste und abrupten Wechsel ausgemacht: die Cordillera del Paine erhebt sich jäh aus der Ebene, und ihre nadelscharfen Spitzen ragen fast senkrecht gegen den Himmel. Im Sommer blühen Margeriten an den Ufern der eisgrünen Gletscherseen und nur die vom Wind verwitterten und verzerrten Bäume erinnern an die winterlichen Stürme. Immer wieder tut sich ein neues atemberaubendes Panorama auf und hinter

jeder Wegbiegung scheint ein neues Postkartenmotiv zu warten.

Man kann den Parque Nacional Torres del
Paine auf unterschiedliche Art besuchen: mit
dem Auto(es gibt fast 100 km befahrbare
Wege und Straßen), auf kürzeren und längeren Spaziergängen oder auf ein- oder mehrtägigen Wanderungen. Von Puerto Natales
und Punta Arenas aus werden Touren in den
Park angeboten, wegen des kürzeren An-
fahrtswegs ist es besonders für Tagestouren
günstiger, in Puerto Natales zu starten
(Allerdings gibt es in Punta Arenas einen sehr
guten deutschsprachigen Führer, Jürgen Schulmeister, der den Park wie seine Westentasche
kennt, mit ihm kann man sich aber auch in
Puerto Natales verabreden! (ⓘ S. 185)

Benzin und auch ein paar Lebensmittel gibt es
im Park zu kaufen, allerdings zu recht hohen
Preisen und in geringer Auswahl, besser ist es,
in Puerto Natales vorzusorgen.

• Zur Naturgeschichte

Vor etwa 12 Mio. Jahren lagerte sich auf dem
Gebiet des Parks eine mächtige Schicht

Die Cuernos del Paine

schwarzer Sedimente ab, die zu Gesteinen und Felsen zusammengepresst und verhär-
tet wurden. Später drang aus dem Erdinneren Magma empor und drückte die
Sedimentgesteine nach oben. Besonders an den Cuernos del Paine kann man das
dunklere Sediment erkennen, das die Spitzen bildet und darunter den helleren vulkanischen Granit.

*Kräfte aus
dem
Erdinnern*

Die Landschaften des Parks wurden modelliert von den Eismassen des großen
Campo Hielo Sur, das während der letzten Eiszeit wie ein dicker Panzer über
dem Land lag; nur die höchsten Gipfel ragten aus dem Eiskuchen. Das weichere
Sedimentgestein wurde bis auf die höchsten Spitzen, die über dem Eis lagen, erodiert, während der harte Granit stehen blieb. Inzwischen hat sich das Eis zurückgezogen, nur vier Eiszungen ragen noch in das Gebiet des Parks: der Dickson, der
Zapala (oder Pingo), der Geiki und der mit 17 km längste Gletscher Grey.

Das nahe Inlandeisfeld beeinflusst auch das **Wetter** im Park: es gibt ausgeprägte
Mikroklimate. Während die Steppe im Osten in strahlendem Sonnenschein liegt,
kann es nur wenige Kilometer weiter westlich heftig regnen oder hageln. Dazu weht
oft ein stürmischer Wind, der dadurch zu Stande kommt, dass über die Steppe die
warme Luft aufsteigt und kalte Luft vom Gletscher nach sich zieht. Dieses Phänomen
kann man oft am Grey-Gletscher beobachten.

Torres del Paine

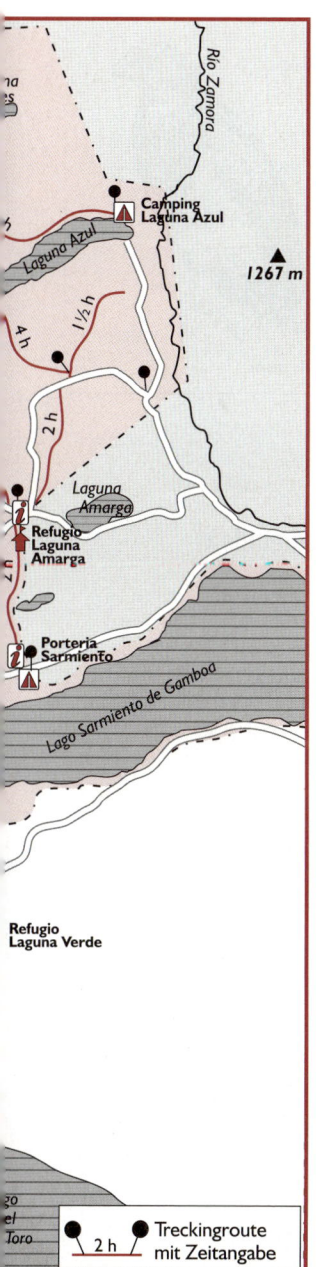

Auch wenn die Landschaften des Parks einen sehr ursprünglichen Eindruck machen, hat der Mensch sie stark verändert. Bis 1959 (in diesem Jahr wurde der Park offiziell eröffnet, seit 1978 ist er als Biosphärenreservat von der UNESCO anerkannt) war ein Teil der Fläche Weideland, die Zäune sind teilweise bis heute stehen geblieben. Die Besitzer der Estancias brannten den Urwald weitflächig ab, um Platz für ihr Vieh zu schaffen, und die Lücken haben sich bis heute nicht geschlossen. Heute ist der Tourismus zur größten Gefahr geworden. Das wurde wieder deutlich im Februar 2005, als ein Tourist aus Europa mit seinem Gaskocher ein Feuer verursachte, das zwei Wochen lang nicht unter Kontrolle gebracht werden konnte. Mehr als 15.000 ha Steppe und Wald verbrannten, starke Winde heizten die Flammen immer wieder an.

Keine ursprünglichen Landschaften mehr

Jedes Jahr besuchen mehr Menschen den Park und dringen in immer entlegenere Gebiete vor, so dass es seit einigen Jahren einen genauen Plan gibt, welche Teile des Parks für Besucher zugänglich sind und in welchen Bereichen der Naturschutz Vorrang hat. Wie das verheerende Feuer zeigt, kann aber auch ein solcher Plan nur funktionieren, wenn er eingehalten wird: der Verursacher des Unglücks hatte im Sektor Laguna azul abseits der Wege und an einem Platz, der nicht zum Campen zugelassen ist, seinen Kocher benutzt und so das Feuer in Gang gesetzt.

Die unterschiedlichen Landschaften des Parks bieten einer vielfältigen Vegetation und Tierwelt einen Lebensraum. An den niederschlagsreicheren Westhängen wächst ein **Laubwald** aus Lenga und Coigüe, auf den trockeneren Hängen besteht nur noch die Ñirre.

In den höheren Bereichen geht der Wald über in eine **Tundra** aus niederen Büschen, Gräsern und Moosen und schließlich in eine **Höhen-Wüste**, in der nur noch niedere Büsche verstreut wachsen. Im östlichen Drittel des Parks gibt es so wenig Niederschläge, dass Bäume hier nicht mehr gedeihen; die **Steppenpflanzen** sind an die Trockenheit gut angepasst. Hier wachsen Gräser und Büsche, und auch den südlichsten Kaktus der Erde kann man finden.

Im Park gibt es einige Salzwasserlagunen (z. B. den Lago Sarmiento und die Laguna Amarga), in denen sich eine **Flamingo-Art** wohl fühlt, die einzige, die so weit südlich noch vorkommt.

In der Steppe gibt es große Herden von **Guanacos,** und auch **Ñandus** sieht man hin und wieder. Im Nationalpark Torres del Paine hat man gute Chancen, den sonst sehr selten gewordenen **Condor** zu entdecken. Größer als jeder andere Raubvogel und mit seinen typischen weißen Flügelspitzen ist er kaum mit einem anderen Raubvogel zu verwechseln.

Auch eine Adler-Art, den **Aguila mora** *(Greanoaetus melanoleucus)* gibt es im Park. Und auch der

Aguila mora

INFO ## Guanacos:
die Kommunikationsspezialisten Patagoniens

Guanacos sind sicherlich die große Säugetierart, die Sie auf Ihrer Reise durch Patagonien am häufigsten zu Gesicht bekommen werden. Heute weiden hier im Süden Chiles und Argentiniens noch 500.000 bis eine Million der zierlichen Verwandten des Kamels, früher müssen es einmal sehr viel mehr gewesen sein. Der nordamerikanische Wissenschaftler *William Franklin* spricht von 30 Millionen vor nicht mehr als einem halben Jahrhundert (nachzulesen im GEO-Spezial Argentinien), dann begannen die Estancieros, sie als Futterkonkurrenten für ihre Schafe zu betrachten und zu jagen, und auch Pelzhändler machten mit ihren Fellen gute Geschäfte.

Abgespalten haben sich die Guanacos von einer Tiergruppe, die sich vor 35 Mio. Jahren in Nordamerika entwickelte und dann über die Landbrücke von Panama nach Südamerika kam. Hier differenzierten sich die vier Ka-

Guanaco

liden-Arten heraus, die heute in Südamerika heimisch sind: das Lama, das Alpaka, das Vicuña und das Guanaco. Die Guanacos haben im Lauf ihrer Evolution ein ausgefeiltes Sozialverhalten entwickelt, das Franklin über Jahre hinweg untersuchte und dabei faszinierende Beobachtungen machte.

Die Guanacos leben in Familienverbänden zusammen, zu denen ein Männchen, sechs bis zehn Weibchen und die Jungtiere gehören. Die Männchen sieht man oft auf den ersten Blick: ein wenig entfernt von der Herde stehen sie auf einem erhöhten Platz und haben ein wachsames Auge auf ihre Weibchen und auf die Umgebung. Untereinander bedienen sich die Guanacos einer reichen Gebärdensprache. Nähert sich z. B. ein fremdes Männchen der Herde, wirft sich das Familienoberhaupt sofort in eine Verteidigungsposition: der Kopf wird zurückgeworfen, die Ohren angelegt und die Nase in die Luft gereckt. Nähert sich dagegen ein Weibchen, nimmt das Männchen eine Demutsposition ein, um die Neue zum Eintritt in seinen Harem zu animieren.

Auf der anderen Seite haben die Weibchen auch ein Arsenal von Tricks, wenn sie in eine Familie aufgenommen werden wollen: sie springen z. B. mit allen vier Beinen zugleich in die Luft, ein probates Mittel, um Eindruck zu schinden! Auch akustisch verständigen sich die Guanacos. Der einzige Laut dieser Sprache, den man als Mensch ohne weiteres mitbekommen kann, ist der Alarmschrei: eine schrille Folge abgerissener Töne, die über weite Strecken zu hören ist. Darüber hinaus gibt es eine Reihe weiterer Signale, die z. B. der Verständigung zwischen Mutter und Kind dienen oder dem Werben um Stuten.

Puma streift durch die abgelegeneren Gegenden, aber er ist so scheu, dass man schon großes Glück haben muss, um ihn zu entdecken.

•Touren im Park

Es gibt zahlreiche Möglichkeiten, im Park zu wandern, vom einfachen Spaziergang bis zu einer 10-tägigen Wanderung ist für jeden etwas dabei. Wenn man längere Touren plant, sollte man eine Trekkingausrüstung mitbringen, nicht überall gibt es Refugios. Auch eine gute Karte gehört ins Gepäck. Vor mehrtägigen Touren muss man sich bei den Parkwächtern melden, für alle Touren gilt, dass man die rot und orange markierten Wege nicht verlassen darf. Einerseits trägt man damit dazu bei, die empfindlichen Ökosysteme zu schützen, andererseits passieren fast alle Unfälle im Park Wanderern, die sich abseits der Wege bewegen.

Zu den **Torres del Paine** führt eine wunderschöne Tageswanderung, die man am besten an der Hostería Las Torres beginnt. Die Tour ist nicht schwer, aber recht anstrengend. Man steigt das Tal des Río Ascensio hinauf, nach etwa vierstündigem Aufstieg erreicht man eine kleine Lagune am Fuß der Gipfel, von hier hat man einen beeindruckenden Ausblick auf die nadelscharfen Spitzen der Torres. Auf dem Weg kommt man an einigen *Campamentos* vorbei, in denen man (mit dem eigenen Zelt) übernachten kann. Eine Möglichkeit, die Tour auszudehnen, ist weiter zum Campamento Japonés aufzusteigen, das vier Kilometer talaufwärts am Río Ascensio liegt. Der Weg führt über zahlreiche kleine Bäche mit milchigem Gletscherwasser, das Camp liegt auf einer kleinen bewaldeten Ebene.

Von der **Hostería Refugio Lago Pehoé** gibt es gleich mehrere Touren. Eine führt in etwa vier Stunden zum Refugio Grey an der Abbruchkante des **Grey-Gletschers**, die Tour ist ebenfalls nicht schwierig. Der Weg geht durch dichten Südbuchen-Wald, vorbei an bunt bewachsenen Mooren und immer wieder direkt am Ufer des Lago Grey entlang, bis man die Gletscherwand erreicht.

Hier gibt es einen Campingplatz mit Duschen etc., man kann aber noch weitere vier Stunden aufsteigen und gelangt dann zum **Campamento Los Guardas**, einem freien Campingplatz, der wunderschön im dichten Wald direkt über dem Gletscher liegt.

Die Torres

Tagestour Ebenfalls am Refugio Lago Pehoé beginnt eine etwa siebenstündige Wanderung zum **Campamento Británico** im Valle Francés. Diese Wanderung (die man als Tagestour, aber auch mit Übernachtung machen kann) gehört mit Recht zu den beliebtesten Zielen im Park: der Weg führt vorbei am Lago Skottsberg, von hier hat man einen grandiosen Blick auf die Cuernos del Paine, und steigt dann durch das Tal des Río Francés an, der sich an einigen Stellen durch eine enge Schlucht quält und dabei eine ungeheure Energie entwickelt. Man kommt am Campamento Italiano vorbei und findet am Campamento Británico einen kleinen, nicht bewirtschafteten Campingplatz an einer Lagune vor.

Von der **Hostería Lago Grey** aus kann man einen halbstündigen **Spaziergang** auf eine kleine Landzunge im Lago Grey machen; der Weg führt zunächst durch einen herrlichen Wald mit hohen alten Südbuchen, in deren Ästen man oft Schwärme der grasgrünen patagonischen Papageien sitzen sieht, und dann am Ufer des Sees entlang, in dem große Eisblöcke schwimmen.

Auch an der Hostería Lago Grey geht ein relativ wenig frequentierter Weg zum **Lago Pingo** los, den man in etwa sieben bis acht Stunden schaffen kann. Die Wanderung führt an einem Wasserfall vorbei und durch das Tal des Río Pingo zum gleichnamigen See.

Ein anderer kürzerer Spaziergang geht von der Hauptstraße (am besten lässt man das Auto an der Guardería Lago Pehoé stehen) zum **Salto Grande**, einem nicht sehr hohen, aber dafür umso wasserreicheren Wasserfall. Von hier aus kann man eine Stunde weiter durch eine schöne Strauchheidenlandschaft zum Mirador Nordenskjöld laufen.

• Der Circuito de Paine

Der Circuito de Paine ist die klassische Tour im Paine-Nationalpark, sie nimmt etwa sechs bis sieben Tage in Anspruch (die Gesamtstrecke beträgt ohne Abstecher etwa 100 km) und führt einmal um das Paine-Massiv herum; während der Hochsaison ist *Die klassi-* der Weg leider inzwischen manchmal etwas überlaufen. Technisch schwierig ist der *sche Tour* Trail nicht, die meisten Flussdurchquerungen wurden in den letzten Jahren durch Brü- *des Parks* cken entschärft, aber anstrengende Abschnitte sind immer wieder dabei. Es gibt inzwischen drei verschiedene Refugios, trotzdem braucht man ein Zelt, weil sie schnell ausgebucht sind und man außerdem immer damit rechnen muss, eine Tagesetappe nicht wie geplant zu schaffen. Außerdem decken die Refugios nicht die ganze Strecke ab. Was sollte man mitnehmen? Außer Zelt und Schlafsack muss man so gut wie alle Lebensmittel für den ganzen Treck im Rucksack dabeihaben, in den Refugios gibt es nur das Allernötigste. Da es entlang der ganzen Strecke verboten ist, Feuer zu machen, sollte auch ein Campingkocher ins Gepäck, ein Mückenschutzmittel wird einem das Leben auf einigen der Campingplätze sehr erleichtern!

 Hinweis

Da es in der Vergangenheit immer wieder zu Unfällen gekommen ist, darf der Treck inzwischen nur noch zu mehreren (mindestens zu zweit) gemacht werden.

1. Etappe • Von der Laguna Amarga zum Puesto Serón: 20 km

Der Weg beginnt an der CONAF-Hütte Laguna Amarga, und gleich zu Anfang kann man zwischen zwei verschiedenen Wegstrecken wählen.

A: Das Tal des Río Paine entlang
Man folgt zunächst der Straße und kreuzt den Río Paine, bis der Pfad (orange mar- *Aus der* kiert und hier auch ausgeschildert) von der Straße abgeht. Die ersten zwei Stunden *Ebene* führt der Weg durch ein Wiesental, das im Sommer an einigen Stellen weiß von *bergan* blühenden Margeriten ist. Dann steigt der Weg an, und man folgt dem Tal des Río Paine aufwärts, bis man nach insgesamt etwa vier Stunden den Puesto Serón erreicht. Hier gibt es einen schönen Campingplatz an einem kleinen Wäldchen.

B: Über die Hostería Las Torres
Man folgt zunächst der Straße zur Hostería, die durch relativ ebenes Gelände, durch Wiesen und kleine Waldstücke zur Hostería führt. Dann geht es weiter über Wiesen bergan, der Weg wird immer steiler, und man durchquert einen kleinen Wald, stößt auf das Tal des Río Paine und auf den anderen Weg, der zum Puesto Serón führt.

2. Etappe • Vom Puesto Serón zum Refugio Dickson: 19 km

Vom Puesto Serón aus geht es zunächst leicht bergaufwärts durch ein mooriges Gelände bis zur Laguna Alejandra, die man nach etwa einer Stunde erreicht hat. Dann wird der Weg steiler, bis man einen herrlichen Blick auf die Laguna Paine und das Tal dahinter hat. Etwa auf der Höhe des Westendes des Sees liegt das Campamento Coirón, ein einfacher Campingplatz, aber in der Regel wird man die drei Stunden, die zum Refugio Dickson noch fehlen, ohne weiteres anhängen können. Das Tal des Río Paine ist hier morastig, der Weg führt über offene Wiesen und kleine Waldflecken und dann über eine alte Moräne, bis schließlich der Lago Dickson mit seinem Gletscher auftaucht; das Refugio ist schon von weitem auf einer kleinen, wiesenbedeckten Landzunge zu sehen.

3. Etappe • Refugio Dickson zum Campamento Los Perros: 10 km

Die Strecke dieser Etappe gehört zum wildesten und entlegensten Teil des Paine-Circuitos; man läuft durch das Tal des *Río de los Perros*, das sich hier so tief zwischen die Berge gegraben hat, dass man den Fluss oft nur hören, aber nicht sehen kann. Nach etwa einer Stunde kreuzt man den *Río Cabeza de los Indios* über eine improvisierte Baumstammbrücke, noch eine Stunde weiter überquert man den Fluss zum *Die wildeste* zweiten Mal, diesmal aber über eine Hängebrücke, die eine sehenswerte Schlucht *Ecke des* überspannt. Jetzt geht es schon am Ufer des Gletschersees entlang, in den der *Tals* Gletscher Los Perros mündet und manchmal kleine Eisberge ausspuckt; am Westufer des Sees liegt das Campamento Los Perros. Hier gibt es einen bewirtschafteten Campingplatz und einen kleinen Laden. Die nächste Etappe zum Campamento Paso ist nicht lang, nur sieben Kilometer sind zu überwinden. Wenn man also frühzeitig angekommen ist, kann man überlegen, ob man direkt weiterläuft. Allerdings ist die Strecke nicht ganz ohne, sie führt über offenes Terrain, das dem Wind sehr aus-*Stürme sind* gesetzt ist und man muss einen Pass überqueren. Wenn das Wetter schlecht ist (was *nicht selten* hier wegen der Nähe zum patagonischen Inlandeis häufig vorkommt), sollte man unbedingt im Campamento Los Perros abwarten, bis sich die Verhältnisse bessern!

4. Etappe • Vom Campamento Los Perros zum Campamento Paso: 7 km

Der Weg führt zunächst am Waldrand entlang, dann muss man noch einmal über den Río de los Perros, bevor der Pfad in dichten Wald eintaucht. Jetzt wird das Gelände moorig, und man sollte die orangefarbenen Markierungen nicht aus den Augen verlieren. Man überquert noch einmal einen Ausläufer des Ríos de los Perros, passiert ein Geröllfeld und gelangt jetzt an den *Paso John Gar-*

Der Grey-Gletscher

ner, der bei 1.180 m liegt und der höchste Punkt der ganzen Strecke ist. Von hier aus kann man schon fast die Eismassen des Grey-Gletschers sehen, der sich in einem weiten Strom zu Tal wälzt und am Ende seiner Zunge von einem Felsen in zwei Arme geteilt wird. Der letzte Abschnitt des Wegs ist sehr steil, man rutscht dem Camp mehr entgegen, als dass man geht; vom Pass ist man noch einmal etwa anderthalb Stunden unterwegs. Das Campamento Paso ist sehr einfach und alle Vorräte sollte man dabeihaben, auch Wasser, weil das Wasser in dem kleinen Bach oft nicht sauber ist.

5. Etappe • Campamento Paso zum Refugio Grey: 9 km

Die erste Etappe dieser Strecke bis zum Campamento Los Guardas ist die schwierigste und unangenehmste, der Weg geht steil bergab, und das spürt man auf die Dauer in den Knien. Es geht zunächst durch dichten Wald, dann an einem abgebrannten Hang vorbei und durch eine Schlucht; bis zum Campamento Los Guardas ist man etwa drei bis vier Stunden unterwegs. Von hier aus geht es weiter durch einen hohen Wald ehrwürdiger Südbuchen, und in einer Stunde etwa hat man das Refugio Grey erreicht. Vom Refugio aus führt ein kleiner Weg direkt zum Gletscher, dessen Abbruchkante und der Gletschersee darunter ein imposantes Bild abgeben.

Blick auf den Gletscher

6. Etappe • Vom Refugio Grey zum Refugio Pehoé: 13 km

Der Weg führt zunächst durch ein kleines Tal, das etwas schlammig sein kann, dann muss man einen steilen Hang hinauf, aber dann folgt der Weg einer gemächlichen Steigung durch eine abwechslungsreiche Landschaft von kleinen Waldflecken, Mooren, und immer wieder hat man schöne Ausblicke auf den Lago Grey und die Eisbrocken, die auf ihm wie Geisterschiffe herumdriften. Zum Refugio Pehoé geht es dann wieder ein ganzes Stück bergab, zunächst durch einen niederen Wald und zum Schluss durch offenes Gelände. Hier gibt es ein von Andescape betriebenes Refugio und einen Campingplatz am Ufer des Lago Pehoé. Entweder kann man den See mit dem Boot überqueren, das täglich zum Salto Grande übersetzt (allerdings nur bei gutem Wetter!), dann ist die Tour hier beendet. Oder man hängt noch eine Etappe dran zum Refugio Lago del Toro; eine dritte Möglichkeit besteht darin, dass man von hier aus einen Abstecher zum Campo Británico im Valle Francés macht, kurz beschrieben ist die Tour weiter oben.

Wasser und kleine Moore

7. Etappe • Vom Refugio Pehoé zum Refugio Lago del Toro: 22 km

Diese Etappe ist fast ohne Steigungen, so dass man relativ schnell vorwärts kommt. Man hat fast die ganze Zeit die Cuernos del Paine im Blick, die malerisch hinter dem Lago Pehoé liegen, der Weg führt entlang des Río Grey, und die unmittelbare Umgebung ist recht eintönig: eine weite, grasbedeckte Ebene, über die der Wind oft heftig hinüberpfeift. Nach etwas mehr als zwei Stunden erreicht man das Campamento Las Carretas, bis zum Refugio Lago del Toro sind es noch einmal zwei Stunden, wenigstens hat man den Wind hier meistens im Rücken. An der Parkverwaltung gibt es eine Hostería, campen kann man aber nicht.

• Der W-Circuit

Für viele Besucher, die aus Zeitgründen den aufwändigen Torres-Circuit nicht laufen können, bedeutet die neuere W-Strecke (genannt so wegen ihrer Form) im Süden des Parks eine willkommene Alternative. Sie umrundet das Paine-Massiv nicht im Norden, wie der Paine-Rundweg, sondern im Süden, entlang des Nordufers des Lago Nordenskjoeld. Sie kann in vier Tagen bewältigt werden, die Übernachtungen in den Hütten sollte man unbedingt reservieren, oder aber das eigene Zelt mitnehmen.

1. Etappe Ausgangspunkt ist das Refugio Torres, der Weg führt zunächst zum Campamento Chileno, das nach etwa 1,5 Stunden erreicht ist. Vor der Brücke zum Campamento zweigt ein Pfad links ab, der entlang eines Baches verläuft. Nach einer weiteren Stunde hat man den Mirador Torres erreicht. Der Blick auf die Granittürme gehört zum Schönsten, was der Park zu bieten hat. Dann geht es zurück zum Refugio las Torres.

2. Etappe Diese Etappe nimmt nur etwa fünf Stunden in Anspruch, es geht von einigen steilen Anstiegen abgesehen, auf einer gewissen Höhe ständig leicht bergauf und bergab entlang des Lago Nordenskjoeld. Zielpunkt ist das Refugio Cuernos.

3. Etappe Zunächst geht es zum Campamento Italiano. Hier kann man die Rucksäcke für den nun folgenden Anstieg zum Mirador Francés unterstellen. Bei schlechtem Wetter wird das Gestein sehr glitschig! Nachdem man eine gewisse Höhe erreicht hat, sieht man den Francés-Gletscher und kann beobachten, wie immer wieder Eisbrocken abbrechen. Nachdem man die Rucksäcke abgeholt hat, geht es weiter zur Pehoé-Hütte (ca. acht Stunden).

4. Etappe Ziel der ca. fünfstündigen Etappe ist das Refugio Grey. Am Weg liegt der Mirador Grey mit einem spektakulären Ausblick auf den Grey-Gletscher und die Eisbrocken, die im Lago Grey herumschwimmen. Vom Refugio Grey aus nimmt man das Boot über den See. Wenn man mag, kann man einen Extra-Tag einlegen, um den Grey-Gletscher zu sehen.

Nach Calafate und zum Gletscher Perito Moreno (Argentinien) (ⓘ S. 185)

Direkt nördlich des Torres del Paine-Nationalparks liegt auf argentinischer Seite ein anderer Park, der Parque Nacional Los Glaciares, der neben einer wunderbaren Landschaft zwei extra Attraktionen bereithält: den Gletscher Perito Moreno und das Fitzroy-Massiv, ein Traumziel für Bergsteiger. Von Torres del Paine aus kreuzt man die Grenze am besten bei Cerro Castillo, von Puerto Natales aus kann man auch den Übergang bei Rio Turbino wählen. Der Ausgangspunkt für Touren zum Perito Moreno ist auf jeden Fall **Calafate,** eine kleine Stadt am Ufer des Lago Argentino.

Tor zum
Pento
Moreno

Calafate nennt sich die „*Capital de los Glaciares*", und eine gewisse Bedeutung bekommt sie durch ihre günstige Lage zum Nationalpark Los Glaciares, ansonsten ist hier nicht viel los! Zu besichtigen gibt es nichts, und die meisten Touristen bleiben auch nicht lange; immerhin gibt es einige gute Restaurants und jede Menge Souvenirshops.

El Calafate

Zum Parque Nacional Los Glaciares

Von Calafate aus sind es 87 km bis zum Gletscher Perito Moreno, immer am Ufer des Lago Argentino entlang. Die Straße führt am Land der **Estancia Anita** vorbei, die der Familie *Braun-Menéndez* gehörte. Hier kam es 1921 zum traurigen Finale einer Welle von Streiks, mit denen die Landarbeiter der patagonischen Estancias auf ihre miserable Lage aufmerksam machen wollten. Nachdem die Landbesitzer die in den Verhandlungen mit den Arbeitern getroffenen Verabredungen nicht einhielten, nahm eine Gruppe von mehreren Hundert Arbeitern auf der Estancia Anita Angestellte und Verwalter als Geiseln, um endlich zu ihrem Recht zu kommen. Die Regierung schickte daraufhin das Militär, um der Lage wieder Herr zu werden. Die Soldaten zwangen die Arbeiter zum Aufgeben und zur Herausgabe der Geiseln. 120 der Aufständischen, hauptsächlich chilenische *Peones*, aber auch zwei deutsche Anarchisten, mussten selber ihre Gräber ausheben und wurden dann erschossen.

Landarbeiterstreik mit traurigem Finale

Der Parque Nacional Los Glaciares

Der Parque Nacional Los Glaciares ist ein Schutzgebiet der Superlative. Er schützt eines der wildesten Stücke Argentiniens, und seine Landschaft wird geprägt vom großen *Campo Hielo Sur*, dessen Ausläufer überall als Gletscher zu Tal gehen. 1982 wurde der Park in das World-Heritage-Programm der UNESCO aufgenommen, und um dieses Welterbe wirksam zu schützen, wird der Zugang zum Park streng kontrolliert, große Teile überlässt man vollkommen der Natur. Er erstreckt sich über eine Länge von 200 km und eine Fläche von 4.460 km² am Rand des südlichen Eisfeldes. Im Norden steigen die über 3.000 m hohen Zinnen des Fitzroy-Massivs empor (benannt nach dem Kapitän der *Beagle*, der auf seiner Weltreise auch nach Patagonien kam und sich unter ungeklärten Umständen in der Nähe von Punta Arenas das Leben nahm), im Süden liegt einer der schönsten Gletscher des Landes, der Perito Moreno.

Streng kontrollierter Zugang

Der **Perito Moreno** ist nicht der größte Gletscher des Parks (diese Ehre kommt dem Upsala-Gletscher zu, der mit einer Fläche von fast 600 km² sogar zu den größten der Erde zählt), aber er ist einer der wenigen Gletscher, die wachsen. Das bedeutet, in seinem oberen Teil ist der Zuwachs an Eis (das aus immer neuen Schneemassen, die durch den Druck zu Eis zusammengepresst werden, entsteht) größer als die Eismenge, die am

Der Perito Moreno

Unterlauf durch Abschmelzen und Abbrechen verloren geht. Das Eis, das von oben nachdrückt, schiebt die Gletscherzunge immer weiter vorwärts, so dass irgendwann ein Seitenarm des Lago Argentino (der Brazo Rico) abgeschnürt wird. Dann steigen der Wasserspiegel in diesem Arm (über die Zeit um bis zu 18 Meter!) und damit der Druck, den das Wasser auf die Eismauer ausübt. Irgendwann hält das Eis den Druck *Die Barriere* nicht mehr aus und bricht, und das Wasser fließt wieder ab. Dieses Schauspiel ereig-*bricht* net sich alle paar Jahre, im Moment wächst die Eismauer langsamer, aber niemand weiß, wann die Barriere wieder weggesprengt wird.

Die Abbruchkante des Perito Moreno wächst 60 m hoch aus dem Lago Argentino empor und man kann relativ nah an die Wand heran, das macht den Gletscher so eindrucksvoll. Aus nächster Nähe hört man das Knacken und Knallen, wenn sich Spannungen im Eis lösen und riesige Blöcke ins Wasser stürzen.

Wenn man nicht mit dem eigenen Auto unterwegs ist, besucht man den Perito Moreno am besten mit einer Tour von Calafate aus. Sehr zu empfehlen sind die Touren, die vom Albergue del Glaciar aus angeboten werden!

Das Fitzroy-Massiv

Traumziel Obwohl die Zinnen des Fitzroy-Massivs mit 3.441 m nicht zu den höchsten Bergen *für Berg-* in Argentinien zählen, gehören sie zu den absoluten Traumzielen für Bergsteiger. In *steiger* der Sprache der Tehuelche hieß der Fitzroy *Chaltén*, was in etwa mit „Feuergipfel" zu übersetzen ist, und wenn man die Berge bei Sonnenuntergang sieht, kann man sich vorstellen, warum.

Das Fitzroy-Massiv ist auch für gewiefte Bergsteiger kein einfaches Ziel, aber es gibt einige schöne Wanderungen um den kleinen Ort **El Cháltén** (ⓘ S. 185) am Fuß der Berge herum. Man kann z. B. in einer Tageswanderung zum Campamento Maestri an der Laguna Torre, die von dem gleichnamigen Gletscher gekrönt wird, wandern. Ein anderer Weg führt in zehn Stunden zum Campamento Poincenot, diese beiden Touren empfehlen sich für Nicht-Bergsteiger.

Tierra del Fuego (ⓘ S. 185)

Rucksacktouristen, die nicht mit dem Auto sondern mit öffentlichen Verkehrsmitteln auf der größten Insel Südamerikas unterwegs sind, haben es schwer, den chilenischen Teil der großen Insel kennen zu lernen, die einzige Möglichkeit besteht im Trampen (und das ist bei der geringen Verkehrsdichte ein fast aussichtsloses Unterfangen). Sie werden in der Regel mit dem Bus über Rio Grande direkt nach Ushuaia in Argentinien fahren.

Ohne Auto schwer zu erkunden

Wenn man jedoch einen Mietwagen zur Verfügung hat, lohnt sich eine Rundfahrt, es gibt einige schöne Seen, die wahre Paradiese für Angler sind, außerdem weite einsame Landschaften; hier lernt man das andere Gesicht Patagoniens kennen: statt dichter immergrüner Wälder endlose Pampa und Schafe. Man sollte ein Zelt dabei haben und vielleicht auch einen Kocher, Hotels gibt es nur wenige, und auch die Tankstellen sind dünn gesät, auch den Ersatzkanister sollte man also nicht vergessen. Tankstellen gibt es auf chilenischer Seite nur im Norden der Insel, in Porvenir, Cerro Sombrero und Cullén.

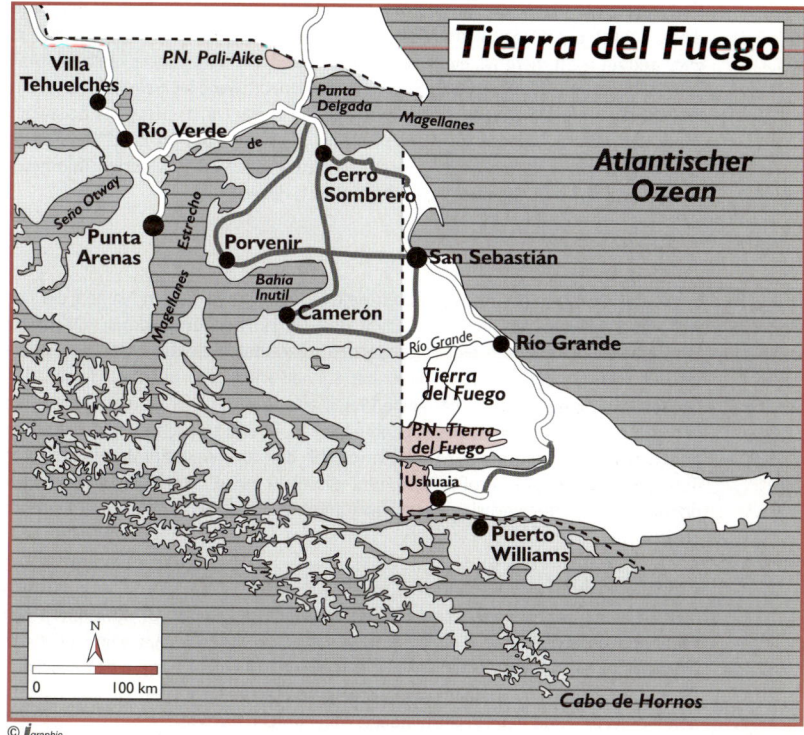

© *i graphic*

Von Punta Arenas nach Porvenir

Nach Porvenir, der größten chilenischen Siedlung auf Feuerland, kommt man auf zwei Wegen. Entweder man setzt direkt von Punta Arenas aus über oder man überquert die Magellanstraße bei Punta Delgada und nimmt dann die Straße an der Küste der Meerenge entlang. Die Überfahrt von **Punta Arenas** aus beginnt am **Terminal Tres Puentes**, etwas außerhalb der Stadt, und dauert ca. 2,5 Stunden. Auf der Fahrt hat man

Der direkte Weg führt übers Wasser

Punta Delgada

eine gute Chance, Delfine zu sehen, die neben der Fähre her schwimmen. Oder man verlässt Punta Arenas mit dem Auto über die Ruta 9, biegt dann nach links ab und folgt der Ruta 255 in Richtung Argentinien, um die Magellanstraße bei **Punta Delgada** zu kreuzen (die Linienbusse nach Tierra del Fuego nehmen in der Regel diese Route). Die Magellanstraße ist hier sehr schmal, die Entfernung von Ufer zu Ufer beträgt nicht mehr als fünf Kilometer, und die Überfahrt dauert kaum mehr als eine halbe Stunde. Die kann allerdings lang werden, oft weht hier ein heftiger Wind, und die Strömungen sind stark, so dass die Fähre manchmal heftig ins Schaukeln gerät. Um richtig seekrank zu werden, ist die Überfahrt aber zu kurz! Von Puerto Espora (auf der anderen Seite) führt eine Straße über 141 holperige Kilometer immer am Ufer der Magellanstraße entlang nach Porvenir.

Porvenir

Porvenir heißt Zukunft

Porvenir heißt Zukunft und es stecken viele Hoffnungen in diesem Namen, die sich wohl nur teilweise erfüllt haben. Ende des 19. Jahrhunderts kamen kroatische Einwanderer, die meinten, hier reich werden zu können; viele der Flüsse auf Feuerland führten Gold. Der Rausch war aber schnell wieder vorbei, zwar findet man bis heute in einigen Flüssen das gelbe Metall, aber um reich zu werden, war es nie genug. Doch die Menschen blieben und fingen an, Schafe zu züchten und zu fischen und davon leben die etwa 5.000 Einwohner der kleinen Stadt bis heute. Der Tourismus spielt keine große Rolle, und das nicht ohne Grund, aber wenn man doch einen Tag hier verbringt, kann man immerhin das kleine Museum der Stadt besichtigen.

• Museo Provincial „Fernando Cordero Rusque"

Es zeigt eine Ausstellung zu den Anfängen der Stadt und zu den Ureinwohnern von Feuerland, unter anderem die Überreste eines ertrunkenen Ona, der in einem der Fjorde gefunden wurde. Weiterhin hat die Stadt einen kleinen „Parque de Recuerdo" (Park der Erinnerung), in dem einige historische Maschinen ausgestellt sind, die von den Pionieren Ende des 19. Jahrhunderts mitgebracht wurden.

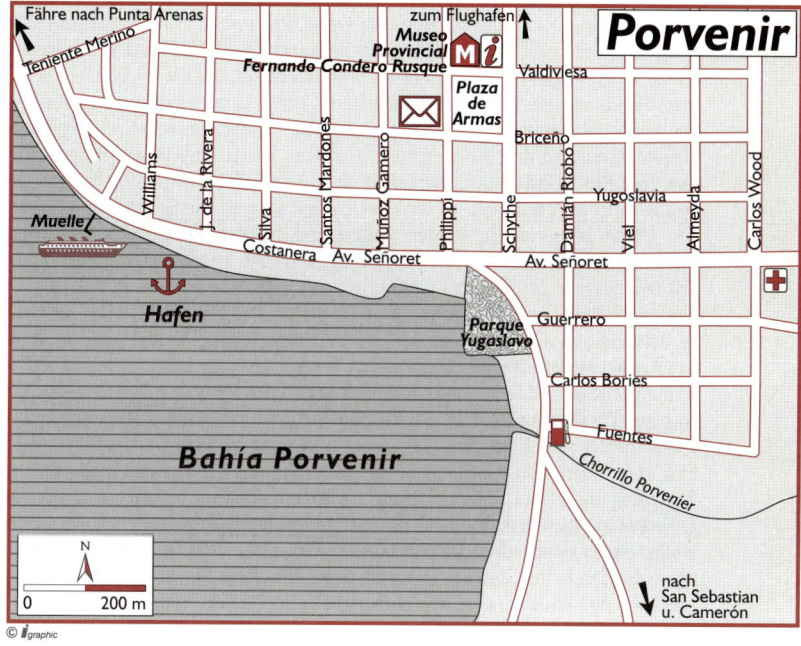

Fähre nach Punta Arenas
zum Flughafen
Teniente Merino
Porvenir
Museo Provincial Fernando Condero Rusque
Valdiviesa
Plaza de Armas
Briceño
Williams
de la Rivera
Silva
Santos Mardones
Muñoz
Gamero
Philippi
Schythe
Damián Riobo
Viel
Almeyda
Carlos Wood
Yugoslavia
Muelle
Costanera
Av. Señoret
Av. Señoret
Hafen
Parque Yugaslavo
Guerrero
Carlos Bories
Fuentes
Bahía Porvenir
Chorrillo Porvenier
N
0   200 m
nach San Sebastian u. Cameron
© graphic

Wenn man von der Fähre in Punta Delgada aus nicht nach rechts abbiegt, um Porvenir zu besuchen, kommt man auf der Straße nach Süden zunächst nach **Cerro Sombrero**. Das winzige Örtchen (ca. 600 Einwohner) ist erst 1958 gegründet worden, und zwar für die Arbeiter der ENAP (Empresa Nacional del Petroleo), und für die wurde an nichts gespart: es gibt ein beheiztes Schwimmbad, Sportanlagen, einen kleinen botanischen Garten und sogar ein Kino. Die Straße führt nun direkt nach Süden durch die weite Pampa; am eindrucksvollsten ist hier oft der Himmel. Der Wind verändert die Wolkengebilde jeden Augenblick und in der Abenddämmerung werden sie von der Sonne in allen Farben von Gold-Rot bis Violett angestrahlt. Der kleine Ort **Onaisin** entstand um die Gebäude der gleichnamigen Estancia herum, die der *Sociedad Explotadora de Tierra del Fuego* gehörte und eine enorme Ausdehnung hatte: als Abgrenzung wurden einfach die Breitengrade genommen, ihre Ländereien reichten vom 53. bis zum 54. Grad südlicher Breite. Einige Kilometer weiter liegt der Cementerio Inglés (Englischer Friedhof), der extra für das britische Personal der Estancias der Umgebung eingerichtet wurde. Kurioserweise liegen hier hauptsächlich Schotten und kaum Engländer, da gab es keinen großen Unterschied für die Chilenen. Man fährt jetzt eine Weile am Ufer der **Bahía Inútil** (Unnütze Bucht) entlang. Sie wurde von enttäuschten Seefahrern so genannt, weil sie eben nicht die ersehnte Durchfahrt zum Pazifik bot und deshalb nutzlos für sie war. Der nächste Ort, **Cameron,** ist ebenfalls eine ehemalige Estancia der *Sociedad Explota-*

Zuhause für Ölarbeiter

Historische Estancias gibts überall

dora de Tierra del Fuego. Gegründet wurde sie 1904, und die Gebäude wurden bewusst niedrig gehalten, um sie möglichst wenig dem ewigen Wind auszusetzen. Die riesigen Estancias auf Feuerland, die manchmal mehr als 300.000 ha Weiden hatten, waren streng organisiert. Es gab einen Hauptverwalter, der die Fläche in verschiedene Sektionen unterteilte, die jeweils einem eigenen Unterverwalter unterstanden. Die wiederum waren gegliedert in verschiedene Posten, die von einem einzelnen Hirten betreut wurden. Fährt man von Cameron weiter die Küste entlang, gelangt man zum **Río Cóndor**, der sehr fischreich und deshalb bei Anglern beliebt ist. Die Straße endet in Puerto Arturo, hier kann man gut campen. Die Gegend war während der letzen Jahre immer wieder Gegenstand heftiger Kontroversen zwischen Naturschutzorganisationen, der Regierung und der nordamerikanischen Firma Trillium, die hier 270.000 ha Waldland gekauft hatte. Als bekannt wurde, dass sie etwa die Hälfte davon „zum effektiveren Schutz" der anderen Hälfte abholzen wollte, bekam sie es mit dem wütenden Protest einiger Umweltgruppen zu tun. Ihnen ist es zu verdanken, dass die schon erteilte Genehmigung zurückgezogen wurde. Die Planung wurde modifiziert und schließlich doch noch genehmigt. Bei den Arbeiten an einer Zugangsstraße zu dem Gebiet beschädigten die Arbeiter eine 5.000 Jahre alte archäologische Fundstätte und wieder hagelte es Proteste. Der Tropfen für das Fass zum Überlaufen brachte, war die Tatsache, dass Trillium das Land von der Regierung zur Hälfte des Marktpreises bekommen hatte. Trillium versprach, die Differenz als Spende an die Stadtverwaltung von Porvenir zu zahlen, konnte oder wollte dieses Versprechen aber nicht einhalten und musste kurz darauf Konkurs anmelden. Die Firma Goldman Sachs, die das Land aus der Konkursmasse übernahm, meldete 2003 Pläne an, es in den **Naturpark Río Cóndor** umzuwandeln.

Paradies für Fliegenfischer

Von Cameron aus führt der Weg jetzt nach Südosten, immer wieder liegen Posten der ehemaligen Estancia am Weg. Um zu einem der schönsten Seen Feuerlands, dem **Lago Blanco** zu gelangen, nimmt man zweimal den Abzweig nach rechts, zur Estancia Vickuña, und weiter zur Hostería Tierra del Fuego geht der Abzweig bei Pampa Guanacos nach links. Den Lago Blanco erreicht man nur mit Vierradantrieb, aber der Weg lohnt sich: Biber gibt es hier und wilde Pferde und einen großartigen Blick auf die Gipfel der Darwin-Kordillere. Der See ist besonders für Fliegenfischer ein Ziel, in kaum sonst einem Gewässer gibt es so viele Forellen. Wenn man nach Argentinien weiter will, muss man wieder nach Norden, der einzige Grenzübergang liegt bei San Sebastián. Will man zurück nach Punta Arenas, folgt man der Straße weiter nach Norden, am Weg liegt der kleine Ort Cullén, auch eine Siedlung für Ölarbeiter. Von hier aus geht es weiter über Cerro Sombrero zur Fähre bei Punta Espora.

Die Cordillera Darwin

Berge, Gletscher, undurchdringlicher Wald, Steppe und Moore, aus diesen Grundelementen besteht die wilde und unbewohnte Cordillera Darwin im Westen von Feuerland. Die einzige Möglichkeit, diese entlegene Ecke des Kontinents wenigstens ansatzweise kennen zu lernen, sind Bootstouren. Die (leider eher teure) Mare Australis startet in Punta Arenas und fährt Puerto Williams, Ushuaia, Kap Hoorn und die Antarktis an. Die Fahrt führt vorbei an der **Isla Dawson**, einem sturmumtosten Fleckchen Erde, auf dem die Salesianer eine Kolonie für die Selknam einrichteten, um sie vor den Nachstellungen der europäischen Siedler zu schützen. Das Projekt war gut gemeint, scheiterte aber kläglich: auf der isolierten Insel breiteten sich unter den Indios bisher nicht bekannte Krankheiten schnell aus, ohne dass sie hätten fliehen können. Später baute man einen Militärstützpunkt und während des Pinochet-Regimes stand der Name der Insel für die Schrecken der Verbannung: 200 Regimegegner fristeten hier ein klägliches Leben. 2003 fand eine Zeremonie auf der Insel statt, eine Geste der Bitte um Vergebung des Militärs, die gleichzeitig den ehemaligen Gefangenen helfen sollte, sich mit ihrem Schicksal auszusöhnen.

Weiter geht es durch den Cockburn-Kanal, um die Península Brecknock herum. Auf dem Weg passiert man Ausläufer des großen Inlandeisschilds, bis man den Beagle-Kanal von Westen aus erreicht. Ein weiterer Höhepunkt der Reise ist der Garibaldi Gletscher, von Ushuaia aus wird (bei entsprechendem Wetter) Kap Hoorn angelaufen.

Nach Río Grande und Ushuaia (Argentinien)

Der Weg in den südlichsten Teil der Insel führt unweigerlich über Argentinien (außer man nimmt das Flugzeug). Der Grenzübergang ist bei San Sebastián, dann geht es immer an der Atlantikküste entlang nach Río Grande.

Río Grande

Die Stadt ist für die meisten Touristen nur ein Ort, in dem der Bus gewechselt werden muss und das zu Recht: schön ist Río Grande nicht und zu sehen gibt es auch kaum etwas. Die ersten Einwohner kamen zu Anfang des 20. Jahrhunderts, als die Goldminen bei San Sebastián nichts mehr hergaben, und versuchten sich in der

Windige Industriestadt

© *i*graphic

Schafwirtschaft. Später wurde auch Öl gefunden, und heute ist Río Grande eine kleine windige Industriestadt, und auch wenn man versucht, das Stadtbild zu verschönern, bleibt noch eine Menge zu tun...Wer dennoch hier hängen bleibt, kann die Mission der Salesianer anschauen, die etwas außerhalb in der Nähe des Friedhofs liegt.

• **Mission Salesiana La Candelaria**

In der Stadt direkt am Hafen liegt das
• **Museo Ciencas Naturales y Historia,** Elcano 203
Es zeigt eine Ausstellung zur Geschichte, Flora und Fauna der ganzen Region.

Ein schöner Ausflug in die Umgebung von Río Grande führt zur Estancia Maria Behety.

Zur Estancia Maria Behety

Man verlässt Río Grande über die Avda. San Martín und fährt bis zur Kreuzung mit der Ruta Nacional 3, der man nach Süden folgt. Dann biegt man nach links ab, die Straße führt jetzt schon durch die Ländereien der Estancia. Offiziell ist die Estancia Maria Behety nicht für Touristen geöffnet, wenn man sich in der Verwaltung meldet und um Erlaubnis bittet, steht einer Besichtigung in der Regel nichts im Weg. Sie ist eine der *Guterhaltene* großen Estancias der Gegend, und ihre Weiden erstrecken sich über 150.000 ha. Ge-*Schaffarm* gründet hat sie *José Menéndez*, der auch in Punta Arenas ein großes Haus hatte. Neben den üblichen Gebäuden einer Estancia gibt es hier eine Bibliothek und einen Park mit exotischen Pflanzen. Die Estancia hat ein Schurgebäude von riesigen Ausmaßen, 5.000 Schafe konnten hier gleichzeitig unter Dach gehalten und bearbeitet werden. Da der Besitz heute durch die Erbfolge aufgeteilt ist (er hat jetzt nur noch 63.000 ha und 65.000 Schafe), ist diese Schurscheune für die aktuellen Bedürfnisse der Estancia vollkommen überdimensioniert.

Von Río Grande nach Ushuaia

Von Río Grande aus geht es weiter nach Süden, die Straße ist hier asphaltiert. Zunächst führt der Weg noch durch die weite, sanft rollende Steppenlandschaft, das Gras wird immer saftiger, und bald tauchen die ersten Bäume auf. Und nicht mehr nur Schafe weiden hinter den endlosen Zäunen, auch Pferde und riesige schwarze *Steaks im* Stiere und Kühe, die wohl alle als Steaks enden, für die Argentinien so berühmt ist. *Urzustand* Nach 92 km erreicht man den Abzweig zum **Lago Yehuin.** Er liegt sehr schön und ist ein Mekka für Angler und Fliegenfischer. Aber auch Vogel-Freunde kommen hier auf ihre Kosten, man hat z. B. gute Chancen, Kondore zu sehen. In der Nähe des Sees gibt es die Hostería Yawen, die ein beliebter Treffpunkt für Angler ist und natürlich auch Ausflüge organisiert. Der kleine Ort **Tolhuin** entstand erst 1972 und war das Resultat einer gezielten

Tolhuin

Besiedelungspolitik der argentinischen Regierung, die ebenso wie Chile ihre Gebiets-ansprüche in Patagonien dokumentieren wollte. Es wurden also ein Ort samt Telefon-zentrale, Hospital und Schule in die Wildnis gesetzt und Familien hier angesiedelt.

Der **Lago Fagnano** ist der sechstgrößte See Südamerikas, 100 km füllt er ein enges Tal und entwässert über den Río Azopardo in die Magellanstraße. Seinen Namen hat er von dem berühmten Salesianer-*Padre Fagnano*, der einer der ersten Missionare hier im südlichen Patagonien war und sich sehr bemühte, die Feuerländer und ihre Lebensweise kennen zu lernen und sie zu dokumentieren. Die Straße führt jetzt berg-auf und man hat immer wieder berauschende Blicke auf die düstere Landschaft, die streckenweise mit dichtem Wald bewachsen ist (die Niederschläge nehmen zu, je weiter man nach Westen kommt). Die letzten 40 km geht es dann wieder bergab, und auch wenn man nur auf 430 m geklettert ist, hat man doch fast das Gefühl, im Hochgebirge zu sein.

Salesianer-Padres: Pioniere in der Wildnis

Ushuaia

Ushuaia ist eine lebendige Stadt mit viel Flair, ob sie auch schön ist, darüber gehen die Meinungen auseinander. Und die südlichste Stadt der Welt ist sie auch, das noch süd-licher liegende chilenische Puerto Williams kann man kaum noch als Stadt bezeichnen.

Der Name Ushuaia bedeutet in der Sprache der Yaghanes „Bucht, die nach Westen (ins Land) eindringt", und die Stadt liegt tatsächlich an einer kleinen geschützten Bucht am Beagle-Kanal. In Hintergrund erhebt sich die Cordillera Martial, die zwar nicht sehr hoch ist, aber auch im Sommer oft eine dekorative Kappe aus Schnee trägt, einen kleinen Gletscher gibt es hier auch. Die bunten Holzhäuser ziehen sich malerisch den Hang hinauf, und von den Hängen aus verschwinden die dunklen Ecken und schnell hochgezogenen Wohnblocks, die es auch gibt, und der Blick reicht weit über den Beagle-Kanal nach Chile hinüber. Die Geschichte der Stadt nahm mit der **South American Missionary Society** aus England ihren Anfang, die hier eine kleine Siedlung errichtete und 1869 anfing, die Yaghanes zu missionieren. Etwa 15 Jahre später begann die argentinische Regierung sich für die abgelegene Gegend am Ende der Welt zu interessieren, sie schickte ein Expeditionsschiff, beladen mit Bau-materialien, es wurde eine Präfek-tur gegründet und das Gebiet für Argentinien in Anspruch genom-men. Bisher gab es noch kaum wirtschaftliche Aktivitäten und der Ort war so abgelegen, dass er ideal schien, um Gefangene zu verwah-ren: ein Gefängnis wurde gebaut. Daraufhin zogen sich die anglikani-schen Missionare aus der Gegend zurück und die Stadt verkam mehr oder weniger zur Sträflingskolonie. Die Bedingungen waren hart, das Gefängnisgebäude kann man heute

Sträflinge

Sträflings- als Museum besichtigen und sich ein Bild machen vom Leben der Gefangenen: Kälte,
kolonie zu wenig zu essen und harte Arbeit bestimmten ihre Tage. Die Gefangenen bauten
die Trasse für den Zug, der heute von Ushuaia Richtung Nationalpark Tierra del
Fuego führt, und viele der Häftlinge überlebten ihre Haftzeit nicht. Als das Gefängnis
schließlich 1947 geschlossen wurde, verlor die Stadt ihren Ruf als Gefangenenkolonie und es kamen Siedler und Händler, Geschäfte und Hotels wurden eröffnet.
Um den wirtschaftlichen Aufschwung der Gegend voranzutreiben, erklärte die
Regierung die Stadt zur Freihandelszone, und die Rechnung ging auf: verschiedene
Industriezweige siedelten sich an, und Arbeitskräfte zogen nach Ushuaia. Der Boom
hält bis heute an, immer noch wächst die Bevölkerung rasant, so dass es in den letzten Jahren immer weniger Wohnungen für immer mehr Menschen gab. Dennoch hält
Ushuaia die Zuwanderung an, die demografischen Verhältnisse in Ushuaia sind dadurch völlig
wächst verzerrt: es gibt viel mehr Männer als Frauen und mehr als die Hälfte der Bevölkerung ist zwischen 15 und 40 Jahre alt. In den letzten Jahrzehnten begann der
Tourismus, eine immer größere Rolle zu spielen. Viele nordamerikanische und europäische Kreuzfahrtschiffe legen in Ushuaia an, und viele Besucher kommen auch über den
Landweg, entweder um den Nationalpark Tierra del Fuego zu besuchen oder sonst
einen Treck in dieser südlichen Ecke Patagoniens zu unternehmen oder aber um von
hier aus in die Antarktis zu starten.

• Sehenswertes in Ushuaia

Ausflüge Auch wenn es in Ushuaia selber nicht allzu viel zu besichtigen gibt, kann man doch
in die gut ein paar Tage hier verbringen, die netten Cafés genießen, bummeln gehen und
Umgebung Ausflüge in die Umgebung unternehmen. Die Orientierung in der Stadt ist nicht
schwer, der alte Stadtkern konzentriert sich auf wenige Blocks, und als Orientierung

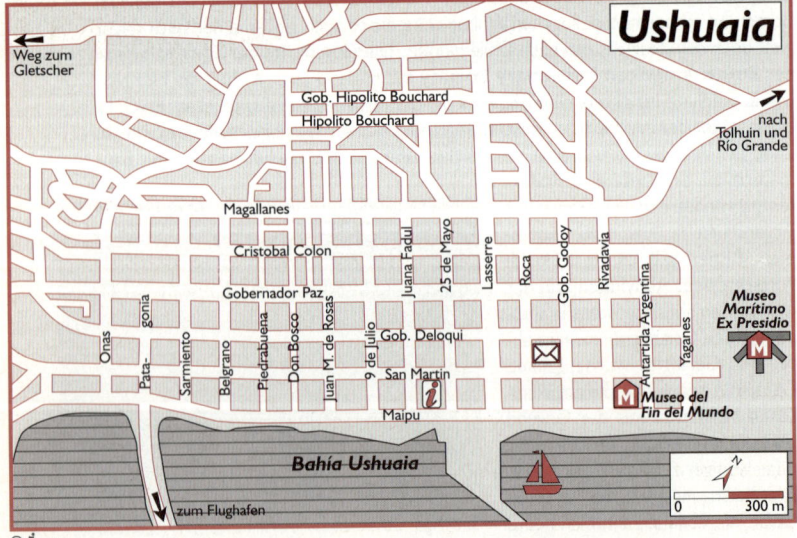

kann man von jedem Punkt der Stadt aus den Beagle-Kanal sehen. Da die Straßen sich steil den Hang hinaufziehen, gibt es keine zentrale Plaza, nur am Hafen wurde ein kleiner Platz angelegt, der aber nichts mit dem zentralen Punkt im Stadtzentrum zu tun hat, den südamerikanische Kolonialstädte oft haben. Die Hauptstraßen sind die Costanera Avda. Maipú und die einen Block hangaufwärts parallel verlaufende Avda. San Martín.

Nicht verpassen sollte man das ehemalige Gefängnis, das Ex Presidio:
Ex Presidio y Museo Marítimo de Ushuaia, Yaganes/Gobernador Paz
Es gibt eine große Ausstellung zur Seefahrtsgeschichte der Region, aber noch interessanter ist sicherlich das ehemalige Gefängnisgebäude mit den Zellen und Exponaten, die das Leben der Häftlinge illustrieren. Da gab es z. B. den Häftling Nr. 155, Simon Radowitzky, ein russischer Anarchist, der einen Polizeidirektor und seinen Sekretär mit einer Bombe in die Luft gejagt hatte. Da er erst 18 Jahre alt war, konnte man ihn nicht zum Tode verurteilen, auch wenn man vermutete, dass er seine Geburtsurkunde gefälscht hatte. Er verbrachte 20 Jahre im Gefängnis, eines davon in strikter Einzelhaft, dann wurde er nach Ushuaia verlegt. 1930 kam er schließlich durch eine Begnadigung frei. Im Museum gibt es einen kleinen Laden mit Büchern und Souvenirs und ein Café.

Im Museum

Ein weiteres sehenswertes Museum ist das
Museo del Fin del Mundo, Maipú 173
Hier gibt es eine Ausstellung zur Naturgeschichte der Insel und zur Geschichte ihrer Bewohner. Unter anderem hat man eine komplette Sammlung der Vögel Feuerlands zusammengetragen, von jeder Art gibt es ein ausgestopftes Exemplar. Dazu kommen historische Fotos, allerlei Kuriositäten und eine kleine Bibliothek. Interessant ist auch der Museumsladen, in dem man Bücher über Feuerland in relativ großer Auswahl findet.

Nettes Museum

Die Umgebung von Ushuaia

Neben dem Nationalpark Tierra del Fuego, den fast alle Touristen, die nach Ushuaia kommen, wenigstens für einen Tag besuchen, gibt es noch andere lohnende Ziele, wie z. B. eine der ältesten Estancias Feuerlands, oder die Isla de Los Lobos, die nur mit dem Schiff zu erreichen ist.

• Zum Gletscher Martial
Ein Ausflug, den man problemlos zu Fuß unternehmen kann, ist der Aufstieg zum Gletscher Martial. Bis zur Talstation des Sessellifts sind es vier Kilometer, von der Gipfelstation dann noch einmal etwa zwei Stunden bis zum Fuß des Gletschers. Man läuft immer bergauf, vorbei am Hotel El Glaciar, wo der Weg in dichten Magellanischen Regenwald eintaucht. Hier gibt es Moore, und der Blick auf den Beagle-Kanal

Mit dem Sessellift it's bequemer

wird mit jedem Höhenmeter, den man gewinnt, schöner. Am Fuß der Liftstation liegt ein gemütliches Café mit leckeren Torten, Kaffee, verschiedenen Tee-Spezialitäten und heißer Schokolade. Mit dem Sessellift kann man sich eine ganze Menge Steigung sparen, vielleicht sollte man sich aber nur das Ticket für die Hinfahrt lösen und zurück zu Fuß gehen, immer den Beagle-Kanal im Blick. Der Gletscher selber ist nicht sehr groß und vor allem im Sommer oft schmutzig-grau, so dass der Aufstieg nur bedingt lohnt.

• Zum Parque Nacional Tierra del Fuego

Auch wenn man in diesem Nationalpark keine langen Wanderungen unternehmen kann, lohnt sich ein Besuch, die Landschaft besticht vor allem durch jähe Wechsel: freundliche Wiesen, steile Gipfel, tiefe Schluchten, Flüsse und Seen. Der Park liegt direkt an der Grenze zu Chile und wenn man zu weit läuft, findet man sich jenseits der Demarkationslinie wieder. Gegründet wurde das 63.000 ha große Schutzgebiet 1960, es ist der einzige Nationalpark Argentiniens mit einem Stück Meeresküste auf seinem Gebiet. Ein Tier, das man sonst selten zu sehen bekommt, im Parque Nacional Tierra del Fuego aber mit einiger Sicherheit, ist der Biber. Seit er auf Feuerland wohl eher aus Versehen ausgesetzt wurde, hat er sich fast ungestört vermehrt, weil es an natürlichen Feinden fehlt, und inzwischen hat er der Natur nicht unbeträchtlichen Schaden zugefügt. Im Nationalpark Tierra del Fuego findet man besonders große Exemplare eines orangefarbenen Pilzes, der auf den Bäumen wächst und diese zu wilden Wucherungen veranlasst. Die manchmal fußballgroßen Holzknorren, die so entstehen, werden gerne für Schnitzereien verwendet, die man überall im Süden Patagoniens kaufen kann. Die Ureinwohner der Gegend schätzen den Pilz aus einem *„Brot der* anderen Grund: er ist essbar, schmeckt leicht süßlich-wässerig und kann zu Salaten *Indios"* verarbeitet werden. Deshalb wird er auch **„Brot der Indios"** genannt.

Große Teile des Parks sind nicht zugänglich und allein dem Naturschutz vorbehalten. Kommt man von Ushuaia (es gibt einen Busservice in den Park, der viermal täglich hin und zurück fährt), gelangt man zunächst an einen Posten der Parkwächter am Eingang des Parks, wo der Eintritt bezahlt werden muss, der Bus setzt einen an der **Guardería an der Bahía Lapataia** raus, hier gibt es auch eine Cafeteria. Von hier aus lassen sich mehrere kurze Wanderungen unternehmen. Zunächst nach Süden und dann Richtung Osten führt ein Pfad immer am Beagle-Kanal entlang, zunächst an der **Bahía Lapataia**, dann an der

Viele Mög-lichkeiten für Spaziergänge

Bahía Ensenada. Hier gibt es einen Campingplatz, von dem aus man zurück auf die Hauptstraße gelangen kann. Läuft man vom Campingplatz noch ein wenig weiter am Wasser entlang, gelangt man an eine verlassene Kupfer-Mine. Der Pfad ist auf Teilstrecken zwischen der Parkverwaltung und dem Camping-

PN Tierra del Fuego

platz teilweise kaum existent, und man muss sich etwas durchs Gebüsch kämpfen (Hin- und Rückweg ca. 20 km). Man sollte auf keinen Fall am Strand Muscheln suchen und essen, sie sind mit der Marea Roja infiziert, einer giftigen Alge, die in kurzer Zeit zum Tod führen kann, wenn man sie isst.

Ein anderer, zu Anfang gut ausgebauter und später immer schwierigerer Pfad geht nach Nordwesten Richtung chilenische Grenze. Er führt entlang des **Lago Roca** und durch dichten Wald, immer wieder liegen gigantische umgestürzte Baumstämme über dem Weg und müssen überklettert werden, auch Bachdurchquerungen liegen auf dem Weg. Es ist natürlich nicht erlaubt, hier die Grenze zu überqueren, und sie wird auch regelmäßig kontrolliert, so dass man es nicht auf einen Versuch ankommen lassen sollte (Hin- und Rückweg ca. 12 km). 5 km östlich der Guardería führt ein Abzweig von der Hauptstraße zur **Cascada Río Pipo** (noch einmal ca. 4 km). Es ist im Park nicht erlaubt, wild zu zelten, es gibt aber eine Reihe Campingplätze, einige kostenlos (siehe Regionale Reisetipps S. 185 ff).

• Zur Estancia Harberton

Man verlässt die Stadt über die Ruta 3, zunächst ist die Straße noch asphaltiert. Nach 17 km passiert man das Refugio *Akeaata-Altos del Valle*, hier werden Schlittenhunde gezüchtet. Den Abzweig zur Estancia erreicht man nach 41 km, die Straße führt jetzt durch dichten Wald, und immer wieder kann man einen Blick auf den Beagle-Kanal erhaschen. Nach 85 km hat man die Gebäude der **Estancia Harberton** erreicht. Sie ist der älteste Betrieb der Gegend, die argentinische Regierung schenkte dem Reverend *Tomas Bridges* das Land und verlangte als Gegenleistung, dass er die Besiedelungsversuche auf Feuerland und die Präfektur in Ushuaia unterstützte und sich der Ureinwohner annahm. Bridges war auf den Islas Malvinas (Falkland-Inseln) groß geworden und hatte dort die Sprache der Yaghanes gelernt, und er schätzte die Eingeborenen Feuerlands und ihre Kultur, durchaus keine Selbstverständlichkeit zu dieser Zeit. Er schuf ihnen ein Rückzugsgebiet auf seiner Estancia, wo sie vor den Nachstellungen anderer europäischer Siedler sicher waren. Auch seinen Sohn Lucas, der 1875 in Ushuaia geboren wurde, erzog er in diesem Geist. Er lernte ebenfalls die Sprachen der Ona und Yaghanes und schrieb als Erwachsener ein Buch über die Begegnung der Ureinwohner Feuerlands mit der europäischen Zivilisation, das er „**El ultimo confin de la tierra**" (in etwa mit „Am Rand der Erde" zu übersetzen) betitelte. *Lucas Bridges* war es auch, der das Haupthaus der Estancia Harberton baute, das damit das älteste Gebäude der Insel ist. Heute ist die Estancia gleichzeitig Museum und landwirtschaftlicher Betrieb, es gibt einen kleinen botanischen Garten und eine Cafeteria mit hausgemachtem Kuchen. Der einfache Weg zur Estancia beträgt 85 km, man muss über die gleiche Straße nach Ushuaia zurückkehren.

Estancia von Tomas Bridges

Schiffstouren von Ushuaia aus

Von der Anlegestelle im Zentrum der Stadt werden verschiedene Touren in die Umgebung angeboten. Eine führt zur **Isla de los Lobos,** auf dieser Tour hat man Gelegenheit, eine große Seelöwenkolonie und eine fast ausschließlich von Kormoranen bewohnte Insel kennen zu lernen. Eine weitere Tour geht zur **Bahía Lapataia** im Parque Nacional Tierra del Fuego, so dass man entweder den Hin- oder auch den Rückweg (nach einem Besuch des Parks) auch im Bus machen kann.

Nach **Puerto Williams** und der chilenischen **Insel Navarino** zu gelangen, ist nicht einfach. Eine Linienverbindung gibt es nicht (oder nur manchmal, in der Touristeninformation nachfragen!), man muss also versuchen, im Hafen eine Jacht zu finden, die in diese Richtung unterwegs ist und einen mitnimmt.

Zu den Seen der Umgebung

Lohnende Ziele für Angler

Von den Reisebüros in Ushuaia werden Touren zum Lago Fagnano und zum Lago Escondido angeboten, beide bei Anglern beliebt. Der **Lago Escondido** liegt wunderschön und ist nicht nur zum Fischen ein lohnendes Ziel; an seinen Ufern lassen sich schöne Spaziergänge machen und gut Vögel beobachten. Am **Lago Fagnano** kommt man auf der Fahrt nach Ushaia vorbei, auch er lohnt einen Stopp. Die Seen liegen in einer niederschlagsreichen, gebirgigen Landschaft, in der sich überall kleine Moore gebildet haben, aus denen ertrunkene Bäume wie Zahnstocher hervorragen. An beiden Seen gibt es Übernachtungsmöglichkeiten (siehe Regionale Reisetipps S. 185 ff).

Die Isla Navarino

Schon nahe an der Antarktis

Die Isla Navarino, die durch den Beagle-Kanal von Feuerland getrennt wird, hat in etwa eine Länge von 100 km und eine Breite von 40 km. Ihr Rückgrat ist der *Cordón de los Dientes*, dessen höchste Gipfel über 1.000 m erreichen und die nördliche Küste von den heftigen Stürmen aus Süden abschirmen. Während es im nördlichen Teil noch einige Siedlungen gibt und auch eine Straße, die an der Nordküste entlang führt, ist der Süden der Insel praktisch unbewohnt, hier wächst nur noch eine spärliche Tundren-Vegetation, die mit zahllosen kleinen Mooren durchsetzt ist. Da es keine Landraubtiere auf der Insel gibt, hat sich die Guanaco-Population fast ungestört entwickeln können, und ist viel weniger scheu als ihre Artgenossen auf Feuerland oder dem Festland. Auch die Biber haben sich seit den 50er Jahren (als sie auf die Insel kamen) enorm vermehrt, dem Wald erheblichen Schaden zugefügt und einige Täler mit ihren Dämmen unter Wasser gesetzt.

Puerto Williams

Puerto Williams nennt sich stolz der „südlichste Hafen der Welt", und tatsächlich treffen sich im Yacht-Hafen der Siedlung Boote aus aller Welt, die von hier aus weiter zum Kap Hoorn wollen. Der Ort, der früher Puerto Luisa hieß, wurde 1956 in Puerto Williams umbenannt, um *Juan Williams*, der 1856 die Magellanstraße für Chile in Besitz nahm, zu ehren. Natürlich ist Puerto Williams auch wichtig, um der Präsenz Chiles hier Nachdruck zu verleihen und ein kleiner Militärhafen und ein Stützpunkt der Luftwaffe gehören zur Siedlung. Die meisten der ca. 1.500 zivilen Einwohner verdienen sich ihr Geld mit dem Fang von *Centolla* (Königskrabben), die hier in den kalten Gewässern gut gedeihen.

Sehenswert in Puerto Williams ist das
• Museo Martin Gusinde
Das Museum ist benannt nach dem deutschen Pater und Ethnologen, der sechs Jahre mit den Yaghanen und Selknam gearbeitet und gelebt hat, und während dieser Zeit eine große Sammlung ihrer Gebrauchsgegenstände angelegt und eine Dokumentation ihrer Lebensweise verfasst hat.

Man kann auf der Insel einige schöne **Wanderungen** machen, braucht aber eine *Einsamkeit* gute Ausrüstung und, da ganz Navarino Militärgebiet ist, eine Erlaubnis, die man aber *garantiert!* ohne Probleme in der Polizeistation von Puerto Williams bekommt.

Die am meisten gelaufene Route beginnt an der Straße zum Flughafen, etwa einen Kilometer westlich von Puerto Williams. Von einer Statue der Virgen Maria aus führt die Straße an einem Wasserlauf entlang bis zu einem Damm, von dem aus es auf einem Pfad weiter nach Süden Richtung **Cerro Bandera** geht. Nach etwa zwei Stunden hat man den Gipfel dieses 600 m hohen Massivs erreicht und wird mit einem wunderbaren Blick auf den Beagle-Kanal belohnt. Entweder man macht sich auf demselben Weg wieder auf den Rückweg, oder man nutzt den Spaziergang zum Auftakt für eine drei- bis fünftägige Wanderung über die Insel.

Der Weg ist in den letzten Jahren verbessert und markiert worden, er bildet das südliche Ende des **Sendero de Chile**. Eine Broschüre mit einer Wegbeschreibung und einer recht guten Karte kann man in Puerto Williams kaufen.

Kap Hoorn (ⓘ S. 185)

Kap Hoorn – das gefährlichste Kap der Erde, in der Literatur immer wieder thematisiert, der Name lässt Assoziationen an sturmumtoste Küsten und Schiffsfriedhöfe wach werden. Aber wie es dort wirklich aussieht, wissen die wenigsten. Wie auch – es ist schwierig und die meiste Zeit des Jahres schlicht unmöglich, einen Fuß auf den grauen Felsen am Ende des südamerikanischen Kontinents zu setzen. Vom Schiff aus allerdings lässt sich das sagenumwobene Kap ganz bequem bestaunen.

Immer noch gehört das Kap Hoorn zu den neuralgischen Punkten auf der Weltkarte der Seefahrer. Notorisch schlechtes Wetter und heftige Stürme zu jeder Jahreszeit muss man hier erwarten. 10.000 Seeleute sind in den wilden Wassern am 56. Breitengrad schon ertrunken, um die 800 Schiffswracks liegen auf dem Meeresgrund.

Dem Seefahrer *Willem Cornelisz Schouten* gelang es 1616 als Erstem, das Kap zu umrunden, er benannte es nach seinem holländischen Geburtsort. Segelschiffe hatten in der Magellanstraße bei den oft plötzlich einsetzenden Stürmen nicht genug Raum zum Manövrieren und mussten deshalb bis zur Einweihung des Panamakanals 1914 den gefährlichen Weg ums Kap nehmen. Kapitäne, die das Kap passiert hatten, wurden respektvoll Kaphoorniers oder Albatrosse genannt.

Heute läuft das Kreuzfahrtschiff Mare Australis das Kap im Sommer bei entsprechendem Wetter einmal wöchentlich an. Es gibt eine Post hier am Ende der Welt, man kann ein Zertifikat erwerben, das den Aufenthalt am Kap Hoorn bezeugt. Weiter gibt es einen Leuchtturm und eine kleine Kapelle, einen metallenen Albatros, der an den fünfhundertsten Jahrestag der Entdeckung Amerikas erinnert und ein Monument, das zu Ehren der ertrunkenen Seefahrer errichtet wurde.

13. DIE ANTARKTIS

Wie eine Reihe anderer Staaten auch erhebt Chile Anspruch auf einen Teil des eisigen Kontinents vor seiner Haustür, und um diesen Anspruch zu manifestieren und zu untermauern, hat das Land sogar eine feste Siedlung auf der Antarktis-Halbinsel gebaut, es gibt ein paar Häuser, ein Postamt und sogar ein Büro der Tourismusbehörde *Sernatur*. Das chilenische Tortenstück reicht von 90° bis 53° westlicher Länge, und Teile davon werden auch von Argentinien und England reklamiert.

Geschichte

Die Terra australis, die Süd-Erde, geisterte seit vielen Jahrhunderten in den Köpfen der Forscher und Denker der verschiedensten Nationen herum. Lange Zeit glaubte man, dass der amerikanische Kontinent von Pol zu Pol reiche, aber die südlichsten Gefilde waren schwer zu besegeln, und so wusste man lange nicht, wie die geografischen Verhältnisse hier aussahen. 1774 segelte der Engländer *James Cook* einmal um die Antarktis herum, zumindest wusste man jetzt, dass sie eine eigenständige Landmasse war und kein Anhängsel Südamerikas. Im 19. Jahrhundert setzte ein wahres Fieber ein, immer mehr Expeditionen kamen und entschlüsselten den weißen Kontinent: Inseln und Gebirge wurden entdeckt und kartografiert, und jede Expedition versuchte, ein wenig weiter nach Süden vorzudringen. Die „Erste deutsche Süd-Polarexpedition" machte sich 1903 auf den Weg, das deutsche Forschungsschiff hieß „Gaus", und die Mitglieder der Expedition konzentrierten sich unter der Leitung von *Erich von Drygalski* ganz auf meteorologische Messungen. Gleichzeitig mit den Deutschen waren ein schwedisches und ein schottisches Schiff in der Antarktis unterwegs, der Kapitän der schottischen „Discovery" war ein gewisser **Robert Falcon Scott**. Während sich die Medien in Europa kaum für die Klima-Messungen Drygalskis interessierten, kam Scott mit einer spektakulären Schlittenreise in die Schlagzeilen, die ihn bis auf 82 Grad 17 Minuten Süd gebracht hatte. Jetzt schien es nur noch eine Frage der Zeit zu sein, bis der Südpol das erste Mal erreicht wurde, und England, dessen Empire langsam

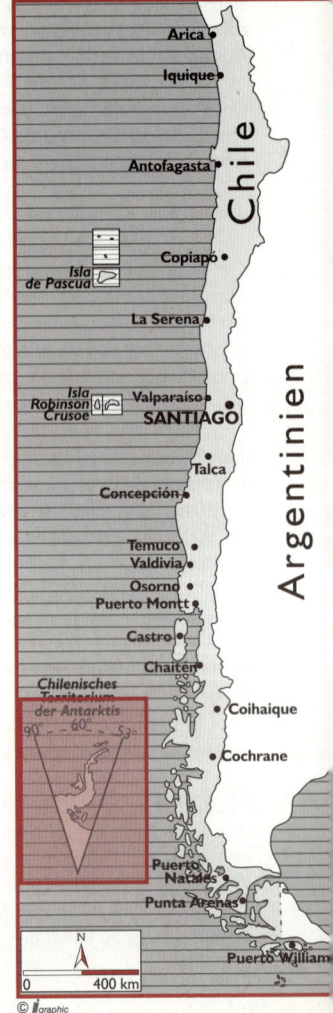

© Igraphic

seinen Glanz verlor, wollte diesen Triumph für sich verbuchen. 1908 schien es so weit zu sein: der Ire *Ernest Shackleton* entdeckte einen Aufstieg auf das antarktische Hochplateau, und nichts versperrte ihm mehr den Weg zum Pol. Aber nur knapp hundert Meilen vor dem Ziel gingen ihm die Lebensmittel und die Kräfte aus, und er musste umkehren. Damit bekam *Scott* seine zweite Chance: 1910 machte er sich mit der „Terra nova" Richtung Antarktis auf, musste aber bald feststellen, dass er nicht der einzige im Rennen war, auch der Norweger **Roald Amundsen** wollte den Südpol als erster erreichen, nachdem ihm bei der Entdeckung des Nordpols Cook und Peary zuvorgekommen waren. Und als die beiden Expeditionen sich im Oktober 1911 auf den Weg zum Pol machen, hatte Scott das Rennen eigentlich schon verloren: die norwegische Expedition war besser ausgerüstet, sie ließ ihre Vorräte von Schlittenhunden ziehen, während die Motor-Raupenfahrzeuge Scotts in der Kälte nicht funktionierten und die Expeditionsteilnehmer sich selber vor die Schlitten spannen mussten. Amundsen konnte den Triumph für sich verbuchen: am 14. Dezember erreichte er den Pol und pflanzte die norwegische Flagge auf. Von der wurde Scott begrüßt, als er über einen Monat später auch am Südpol ankam... Scott kam nicht zurück, er starb mit seiner Mannschaft auf dem Rückweg an Entkräftung und Hunger. Jetzt wurde die Erforschung der Antarktis immer mehr von moderner Technik bestimmt: die ersten Überflüge fanden 1928 statt, man begann, mit Luftbildern und Echoloten zu arbeiten, und im Lauf des 20. Jahrhunderts begannen zahlreiche Nationen, Forschungsprogramme in der Antarktis durchzuführen und Stationen für ihre Forscher zu installieren.

Wettrennen zum Pol

Das Klima: Kontinent der Superlative

Beim Stichwort „Wetter" fällt einem zur Antarktis meist nur ein, dass es hier kalt ist. Das stimmt auch, sie ist der kälteste Kontinent der Erde. Die Strahlen der Sonne treffen hier in einem sehr flachen Winkel auf, und ein großer Teil der kurzwelligen Strahlung wird von atmosphärischen Gasen absorbiert oder von Wolken und Schnee reflektiert und wieder in den Weltraum zurückgeworfen. Aber die Antarktis ist nicht nur der kälteste, sie ist auch der windigste Kontinent der Erde. Das hängt damit zusammen, dass die wärmere Luft über den Ozeanen aufsteigt und die Luft, die über den Eismassen abgekühlt wird, nach sich zieht. Wenn die kalten Luftmassen von den Eisplateaus herabsinken, können **Fallwinde** von bis zu 140 km/h entstehen. Zusätzlich kommt es zu heftigen Verwirbelungen, wenn die kalten Luftmassen der Antarktis und die wärmeren der Ozeane aufeinander prallen. Die führen zu **Schneestürmen,** die manchmal über Wochen andauern. Um den Kontinent gibt es einen Ring von Westwinden, die hier kaum durch größere Landmassen gebremst werden. Die Seeleute kennen und fürchten sie: die Roaring Forties (brüllende Vierziger), Furious Fifties (Wütende Fünfziger) und Screaming Sixties (Schreiende Sechziger).

Eiskalte Wüste

In der Antarktis (und manchmal auch noch im Süden Chiles und Argentiniens) kann man ein faszinierendes Phänomen beobachten: das Südlicht. Diese **Aurora australis** entsteht am Südpol (das Gegenstück am Nordpol ist das Nordlicht), wo das Magnetfeld der Erde bis zum Boden reicht. Durch Löcher und Unregelmäßigkeiten im magnetischen Feld dringen Sonnenwinde ein, die durch ihre hohe Geschwindigkeit das Magnetfeld verformen, und so entsteht das Südlicht. In welchen Farben die Lichter entstehen, hängt davon ab, welche Gase in der Atmosphäre vorherrschen: Sauerstoff ergibt rote und grüne Lichter, Stickstoff lila Lichter.

Pflanzen in der Antarktis: Leben in der Tiefkühltruhe

Die Vegetation ist in der Antarktis vielfach nicht auf den ersten Blick zu erkennen. Sie liegt als grünlicher oder rötlicher Schleier über dem Eis: sehr einfache **Grünalgen** sind die Organismen, die am weitesten gegen den Pol vordringen. Sie können auch eingebacken in Eis und Schnee überleben. Auch Flechten sind große Überlebenskünstler. Es gibt mehr als 350 Flechtenarten, die sich hier ausbreiten *Flechten* konnten, weil sie kaum einer Konkurrenz durch andere Pflanzen ausgesetzt sind. *und Algen* Aber sie brauchen einen festen Untergrund: eisfreie Felsen oder Böden; und die sind in der Antarktis rar, nur 2 Prozent der Fläche sind nicht unter Eis oder Schnee verborgen. Während der kalten Jahreszeit fallen sie in eine Art Winterschlaf und fahren ihren Stoffwechsel herunter; manche Arten können bis zu 2.000 Jahre alt werden. Neben den Flechten gibt es zwei Arten von **Blütenpflanzen**, die an einigen Stellen nahe der Küste wachsen, und verschiedene **Moose**. Für das Auge unsichtbar leben in den Ritzen des Gesteins **Mikroben und Pilze**, hier bildet sich ein Mikroklima, hier ist es warm genug, damit diese Organismen überleben können.

Die Tierwelt: Robben, Vögel und Milben

Die Antarktis ist einer der feindlichsten Lebensräume überhaupt: eiskalte Winde, kaum Boden und sechs Monate im Jahr geht die Sonne nicht auf. Trotzdem leben hier Tiere: hoch spezialisiert und optimal an die besonderen Bedingungen angepasst. Die Tierwelt an Land besteht in der Antarktis hauptsächlich aus auf den ersten Blick eher unspektakulären und auch kaum wahrnehmbaren **Milben**, **Rädertierchen**, **Spinnen und Würmern**. Sie können nur überleben, weil ihre Körperflüssigkeit auch dann noch flüssig bleibt, wenn die Temperatur unter den Gefrierpunkt sinkt. Sie haben ein natürliches Frostschutzmittel in ihrem System, das verhindert, dass sie gefrieren und so zu Grunde gehen. Alle größeren Tiere, die in der Antarktis leben, sind Meerestiere und leben im Wasser oder zumindest an der Küste.

Zu den interessantesten Arten der Antarktis gehören die **Eisfische** (*Channichthyidae*). Sie unterscheiden sich dadurch von anderen Fischen, dass sie kaum Hämoglobin (roten Blutfarbstoff) im Blut haben. Der bindet den Sauerstoff und übernimmt den Transport von den Kiemen (oder der Lunge) in den Körper. Sie haben eine Rei*Anpassung* he von Anpassungsmechanismen entwickelt, um diesen Nachteil auszugleichen. Ihr *an die Kälte* Herz ist fast doppelt so groß wie bei anderen Fischen, und die Herzfrequenz ist zehnmal höher. Außerdem haben ihre Blutgefäße einen größeren Durchmesser, und auch das Blut ist durch den Mangel an roten Blutkörperchen dünnflüssiger, so dass die Fische weniger Energie aufwenden müssen, um das Blut durch den Körper zu pumpen. Auch der Transfer des Sauerstoffs vom Blut in den Körper läuft effizienter ab als bei anderen Arten. Eisfische sind Räuber, haben einen breiten Kiefer und können bis zu 70 cm lang werden. Durch den Mangel an roten Blutkörperchen erscheinen ihre Kiemen nicht wie bei anderen Fischen rötlich, sondern weißlich-gelb, das hat ihnen auch zu ihrem Namen verholfen.

Die Gefährdung der Antarktis

Die Zukunft der Antarktis ist ungewiss, sicher ist nur, dass sich zahlreiche Parteien für sie interessieren. Angefangen hat es mit den **Walfängern**, die schon vor einigen Jahrhunderten kamen und den sanften Riesen nachstellten. Auch die Robben wurden gejagt, innerhalb weniger als einem Jahrzehnt wurden sie fast ausgerottet. Für die Forscher, die inzwischen aus zahlreichen Nationen gekommen sind und Forschungsprogramme in der Antarktis abwickeln, ist die antarktische Halbinsel besonders interessant, ein großer Teil der derzeit 19 **Forschungsstationen** steht hier. Naturgemäß werden sie auf ebenen eisfreien Flächen gebaut, eben den Flächen, die die spärliche Flora als Wuchsort bevorzugt. Aber nicht nur die Stationen selber beeinträchtigen den Naturhaushalt, auch der Publikumsverkehr und der Müll, der in der Kälte kaum abgebaut wird; die biologischen Prozesse gehen hier, wenn überhaupt, nur sehr langsam vonstatten. Inzwischen weiß man, dass es in der Antarktis **Bodenschätze** gibt. Kohle und Erz wurden schon gefunden, und man kann davon ausgehen, dass die Metalle, die auf den

Die Yelcho in der Antarktis

angrenzenden Kontinenten Afrika und Südamerika abgebaut werden, auch in der Antarktis zu finden sind. Die drei Kontinente waren einst im großen Urkontinent Gondwana vereint und dieselben Prozesse, die in Amerika und Afrika zur Bildung von Lagerstätten geführt haben, sind parallel wohl auch in der heutigen Antarktis abgelaufen. Schon heute ist **Trinkwasser** in vielen Gegenden der Erde knapp, und die Nutzung der Eismassen wurde längst angedacht. Man hat bereits Pläne entwickelt, Eisberge aus der Antarktis in nördlichere Gefilde zu schleppen.

Die Antarktis als Trinkwasserreservoir?

Auch der **Tourismus** hat in den letzten Jahrzehnten enorm zugenommen. Etwa 10.000 Besucher kommen jedes Jahr, sie wollen Tiere beobachten, Berge besteigen oder einfach nur einen Whisky mit antarktischem Eis trinken. Das hat zwei Seiten, einerseits ist der Tourismus eine weitere Gefährdung des fragilen Ökosystems Antarktis, auf der anderen Seite lernen so auch mehr Menschen die Schönheit dieser besonderen Ecke der Erde kennen und sind vielleicht eher bereit, sich für ihren Schutz einzusetzen. Die Tatsache, dass sich zahlreiche Staaten um den Antarktis-Kuchen streiten, lässt vermuten, dass es Pläne zur Ausbeutung der Bodenschätze gibt. Bis heute ist die Nutzung des weißen Kontinents durch den **Antarktis-Vertrag** geregelt. Der besagt, dass die Antarktis nur zu friedlichen Zwecken genutzt werden darf, dass keine radioaktiven Abfälle hier gelagert werden dürfen, dass die Freiheit der Forschung gewährleistet bleiben muss; auch Vereinbarungen über den

Immer mehr Touristen

Schutz der Tiere wurden getroffen. Über das Nutzungsrecht der Bodenschätze besteht keine Einheit. Zunächst wurde sie 1991 für 50 Jahre ausgesetzt, aber die Staaten, die Ansprüche auf einen Teil der Antarktis erheben, werden wohl mittelfristig auch finanziellen Vorteil aus ihrem Engagement ziehen wollen. Verschiedene ärmere Nationen dagegen argumentieren, dass die Antarktis, ähnlich wie der Tiefseeboden, gemeinsames Menschheitserbe sei.

Stück Der Bereich der Antarktis-Halbinsel ist besonders umstritten. Sowohl Chile als auch
aus dem Argentinien und Großbritannien erheben Ansprüche auf ein sich überschneidendes
Eiskuchen Gebiet im Bereich der Halbinsel, unter ihnen herrscht ein Konflikt, der sich nur langsam zu lösen scheint. Chile leitet seine Ansprüche aus einer Mischung von historischen und geografischen Gründen ab. Zum einen wurde dem spanischen Abenteuer *Pedro Sanchez de la Hoz* von Karl V. das Recht verliehen, alle Ländereien südlich des 40. Breitengrades auszubeuten. Obwohl es noch 280 Jahre dauern sollte, bis die Antarktis überhaupt entdeckt wurde, empfand sich Chile später immer als rechtmäßiger Besitzer zumindest des Teils der Antarktis, der südlich seines Staatsgebietes liegt. Inzwischen hat Chile drei Forschungsstationen, die sicherlich auch ein Mittel sind, die territorialen Ansprüche zu manifestieren. Immer wieder besuchen chilenische Präsidenten die Stationen, und auch eine richtige Siedlung wurde geschaffen, sie heißt Villa Las Estrellas, und sogar ein Hotel gibt es hier.

Die Annäherung an Argentinien geht nur langsam voran, die Antarktis ist einer der Streitpunkte.

Inzwischen ist neben all den Staaten, die aus den verschiedensten Gründen Ansprüche auf Teile der Antarktis erheben, ein neuer Mitspieler auf den Plan getreten: die Umweltbewegung und ganz besonders Greenpeace, die sich seit den 70er Jahren immer stärker in der Antarktis engagieren und die Weltöffentlichkeit mit Informationen über dieses einzigartige Ökosystem und seine Gefährdung versorgen. Nachdem es 1988 so aussah, als rückte der Beginn des Rohstoffabbaus in greifbare Nähe, begann sich, sicherlich auch durch die spektakulären Aktionen von Greenpeace, das Bild zu wenden. Australien und dann auch Frankreich wollten die
Antarktis- Vereinbarung über den Abbau von Rohstoffen auf einmal nicht mehr unterschrei-
Weltpark ben, stattdessen schlugen sie einen Antarktis-Weltpark vor, in dem jegliche Ausbeutung von Bodenschätzen untersagt sein soll. Und tatsächlich wurde am 4. November 1991 ein entsprechendes Protokoll unterschrieben, das die Antarktis für 50 Jahre schützt.

Eben weil die Ökosysteme der Antarktis sehr fragil und anfällig für Störungen sind, **wird hier von einer Reise dorthin abgeraten**. Obwohl es relativ strenge Auflagen für den Antarktis-Tourismus gibt, sind sich Experten darüber einig, dass der Tourismus mittel- und langfristig erhebliche Störungen mit sich bringt. Das fängt bei der Beeinträchtigung der Vegetation und Tierwelt an und hört beim Abfallproblem, das sich in der eisigen Kälte verschärft präsentiert, noch lange nicht auf. Wenn man unbedingt in die Antarktis reisen möchte, wird man es nicht schwer haben, ein entsprechendes Angebot zu finden. Die meisten Kreuzfahrten haben ihren Anfangspunkt in Ushuaia, es gibt aber auch Touren, die in Punta Arenas starten.

14. DIE INSELN

Überblick

Zum Territorium des chilenischen Staates gehören Tausende von Inseln, die meisten liegen vor der Küste Patagoniens und sind unbewohnt, viele auch unerforscht. Weit vor der Küste gibt es noch einmal einen kleinen Archipel, der durch den bekanntesten Schiffbrüchigen der Welt, Robinson Crusoe, berühmt geworden ist. 667 km vom chilenischen Festland entfernt liegen die drei kleinen Inseln im Pazifik, bis heute ist nur eine bewohnt und das auch nur in einer Ecke. Fischer leben hier und hin und wieder kommen auch ein paar Touristen, aber während der längsten Zeit des Jahres ist es ruhig und einsam, fast so wie zu der Zeit, als **Alexander Selkirk** (der richtige Robinson Crusoe) hier über vier Jahre verbrachte.

Die Osterinsel dagegen ist längst zu einem Traumziel des internationalen Tourismus geworden. Sie hat eine lange und rätselhafte Geschichte hinter sich, deren Zeugnisse fast an jeder Stelle der Insel präsent sind, und viele ihrer Geheimnisse konnte man bis heute nicht lüften. So weiß man zwar inzwischen, wie man die *Rongo Rongo*-Schrift lesen muss (nämlich im Slalom), aber was sie bedeutet, hat man noch nicht herausgefunden. Auf den ersten Blick beim Landeanflug wirkt der kleine Haufen Vulkangestein mitten im Pazifik fast ohne höhere Vegetation wenig ansprechend, aber dann wird man am Flughafen mit Blumenketten empfangen, erlebt die herzliche Gastfreundschaft der Rapa Nui und lässt sich faszinieren von den riesigen Steinfiguren, von den Geschichten und Legenden... Im Büro der Fluggesellschaft ist man auf jeden Fall gewöhnt an Touristen, die ihren Rückflug immer wieder umbuchen, weil sie doch noch ein paar Tage länger bleiben wollen!

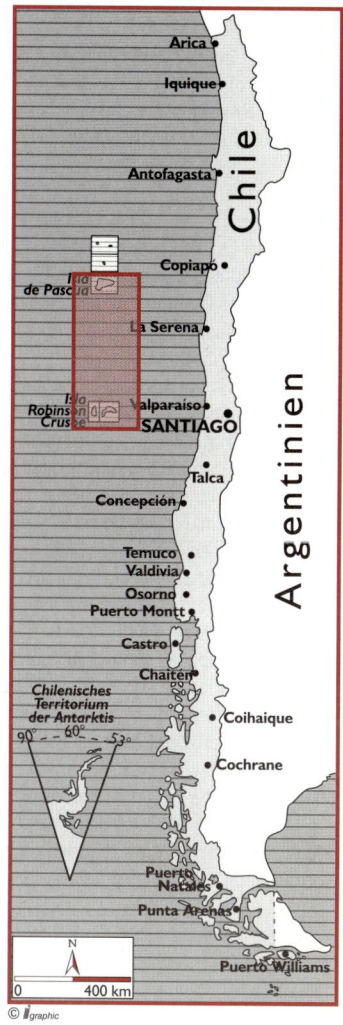

Die Osterinsel

Mit der Osterinsel geht es vielen Menschen wie mit Patagonien: man hat eine etwas verschwommene Vorstellung von etwas sehr weit Entferntem und Geheimnisvollem,

Geheimnisvolles Eiland

- Eine der eindrucksvollsten Stellen der Insel ist ohne Zweifel der Krater des **Rano Raraku**, der Entstehungsort der Moais. Wie Pilze scheinen sie hier halb und ganz fertig aus dem Boden zu wachsen, und nirgendwo sonst sieht man so viele (verschiedene) Statuen an einem Ort versammelt (S. 623).
- Ein absolutes Muss ist auch das Zeremoniendorf **Orongo** mit seinen Hare paenga-Häusern und den wunderschönen Steinbildern (S. 620).
- In der **Anakena-Bucht** oder vielleicht noch schöner direkt nebenan in der **Ovahe-Bucht** kann man baden und die Seele an feinen Sandstränden baumeln lassen, ein Vergnügen, das Sie sich zumindest einmal während Ihres Aufenthaltes gönnen sollten (S. 626).
- Nur etwas für Abenteuerlustige (und Seefeste) ist ein **Ausflug mit einem Fischer**, vorzugsweise nachts. Der Sternenhimmel, geheimnisvoll fluoreszierend leuchtende Tintenfische, fliegende Fische und die anderen Fischerboote am Horizont lassen die Fahrt zu einem fast unwirklichen Erlebnis werden. Achtung: organisierte Touren gibt es nicht und dementsprechend unternehmen Sie diese Fahrten auch vollständig auf eigene Gefahr!

einem Ort voller Mythen und Rätsel. Und wenn man sich dann näher mit der Literatur über die Insel beschäftigt, stößt man immer wieder auf bis heute nicht Erklärbares, auf unterschiedliche Theorien und auf Fragen. Seit ihrer Entdeckung haben Forscher die Insel besucht, beschrieben und versucht ihre Geheimnisse zu enträtseln, aber bis heute bleiben viele Geheimnisse bestehen.

Die Osterinsel ist **die einsamste Insel der Welt**: im Umkreis von über 2.000 km gibt es kein festes Land. Wenn man auf einem der Vulkane steht, wölbt sich der Horizont wie ein Tellerrand, und das Festland, die chilenische Küste, ist 3.700 km entfernt, die nächste Insel (Mangareva im Gambier-Archipel) immerhin noch 2.600 km. Geografisch gehört die Osterinsel zu Polynesien, politisch zu Chile.

Zeiteinteilung

Es ist sinnvoll, die Insel vielleicht am ersten Tag zunächst mit dem Auto zu erkunden, um sich einen Eindruck zu verschaffen und sich zu orientieren. Wenn man die Zeit dazu hat, sollte man auf jeden Fall eine Wanderung und eine Fahrradtour einplanen, man kann so viel unmittelbarere und ungefiltertere Eindrücke sammeln. Ein Programm könnte folgendermaßen aussehen:

- 1. Tag: Rundfahrt mit dem Auto, Stopp am Krater des **Rano Raraku**, Badestopp in Anakena

- 2. Tag: Wanderung an der Südküste entlang und ins Inselinnere zu den **Siete Moais** (ca. vier Stunden)

- 3. Tag: Besichtigung von **Orongo**, Besichtigung des **Museums Sebastian Engler**

- 4. Tag: **Radtour an der Westküste** entlang mit Stopps in Vinapu und an den verschiedenen Ahus, Badestop in Anakena

Tipp

*Vergessen Sie nicht, Ihren **Rückflug** rechtzeitig zu bestätigen, die Flüge sind oft überbucht!*

Die Geografie der Inseln

Wie ein winziges Dreieck aus schwarzem Vulkangestein liegt die Osterinsel im Pazifischen Ozean, knapp südlich des Wendekreises des Steinbocks. Sie hat eine Grundfläche von 167 km^2 und ist vulkanischen Ursprungs: drei inzwischen längst erloschene Vulkane bilden die Eckpunkte des Dreiecks. Der älteste ist der Vulkan Poike, vor zwei Millionen Jahren brach er zum ersten Mal aus. Der nächste Vulkan, der sich aus dem Meer hob, war der Rano Kau vor etwa einer Million Jahren, der heute die Südwestspitze der Insel bildet und schließlich als letzter der Maunga Terevaka im Norden. Zwischen diesen drei Eckpunkten gab es über 70 zusätzliche Krater, die Magma aus dem Erdinneren an die Oberfläche spuckten und langsam den Inselgrund bildeten. Dieser ist schwarz und felsig, die Formen der Hügel sanft geschwungen. An den Rändern bricht die Insel steil ab, und der über Tausende von Kilometern ungebremste Pazifik schlägt mit großer Wucht an die Küste. Nur an der Ostspitze gibt es zwei kleine Buchten mit feinem weißem Sandstrand, in deren türkisblauen Wasser man herrlich baden kann. Süßwasser ist zumindest im Landesinneren Mangelware. Das liegt an dem porösen Vulkangestein, das extrem wasserdurchlässig ist, so dass jeglicher Regen sofort versickert. Glücklicherweise gibt es im Fundament der Insel eine undurchlässige Schicht, an der die Niederschläge aufgehalten werden und über die sie dem Inselrand zufließen. Hier treten sie dann an der Küste als Quellen wieder zu Tage. Die Rapa Nui bauten ihre Siedlungen bevorzugt an diesen Stellen, so dass es in der Nähe der Ahus oft eine Süßwasserquelle gibt. Das **Klima** ist subtropisch; im Jahresdurchschnitt regnet es etwa 1.200 mm, der wärmste Monat ist der Februar mit 23 °C im Durchschnitt, in den kältesten Monaten (Juli und August) erreicht das Thermometer immerhin noch 18 °C, die Unterschiede sind also nicht sehr groß. Obwohl sich fast jeden Tag Wolken bilden, hat man selten lange bedeckten Himmel, der Wind sorgt immer schnell dafür, dass die Sonne wieder durchkommt.

Von Vulkanen geboren

Redaktions-Tipps

Übernachten

• Schön im unteren Preissegment ist das **Hostal Pedro Atan**, das saubere luftige Zimmer mitten im Zentrum zu moderaten Preisen bietet. Hier hat schon Thor Heyerdahl übernachtet, und der Besitzer ist einer der Nachfahren des letzten Langohren-Geschlechts der Osterinsel (S. 185ff).

• In einem wunderbar gepflegten Garten und relativ zentral liegt das **Otai Hotel**, zu dem auch ein Restaurant gehört (mittlere bis obere Preisklasse) und dessen Besitzer viel über die Insel erzählen kann (S. 185 ff).

Essen

• **La Taverna du Pecheur** bietet sehr gute Fisch- und Fleischgerichte an und liegt schön am Hafen.

• Das Restaurant **Pea** hat eine wunderbare Terrasse mit weitem Blick über die Bucht und gutes Essen, hier kann man gut auch mal nachmittags einen frisch gepressten Saft trinken und einfach das Meer genießen (S. 185ff).

• Das Restaurant **Kona Koa** serviert einmal die Woche Curanto, dazu gibt es eine polynesische Show (S. 185ff).

Vegetation und Tierwelt

Nicht nur das Volk der Rapa Nui hat unter der bewegten und nicht immer glücklichen Geschichte der Insel gelitten, auch die Vegetation. Anhand von Pollenanalysen

Früher bewaldet? hat man herausgefunden, dass es vor 3.000 Jahren noch 40 Baumarten gab, von denen gerade eine bis heute mühsam überleben konnte. Man nimmt an, dass sowohl die Ankunft der Menschen als auch ein Vulkanausbruch die ursprüngliche Vegetation weitgehend vernichtet haben. Es gibt eine Theorie, der zufolge der Niedergang der Vegetation den Niedergang der Kultur bewirkt hat. Während der Zeit der Hochkultur der Osterinsel, als die schönsten und größten Moai entstanden, soll dieser Theorie nach die Vegetation noch weitgehend intakt gewesen sein. Durch vielerlei Faktoren wuchs der Verbrauch an pflanzlichen Materialien zu dieser Zeit immer stärker: die Bevölkerungsentwicklung war auf einem Höhepunkt angekommen, man brauchte viel Feuer- und Bauholz, und auch für den Transport der Moais wurde wohl Holz verwendet. Irgendwann waren dann die meisten Baumarten ausgestorben, und die Bodenerosion wurde stärker; das setzte die Fruchtbarkeit des Bodens immer mehr herab. Es gab Hungersnöte, und jetzt gingen auch die Bevölkerungszahlen zurück.

Heute ist wohl nicht mehr zu klären, ob die Katastrophe, die die Rapa Nui vor einigen Jahrhunderten ins Elend stürzte und die Moai-Produktion völlig zum Erliegen brachte, eine ökologische war oder ob tatsächlich der legendäre Krieg zwischen den Lang- und den Kurzohren das Ende der Hochzeit Rapa Nuis brachte.

Heute gibt es noch 34 autochthone (einheimische) Arten, dazu einige, die früher oder später eingeführt wurden, so z. B. der Eukalyptus, mit dem man versucht, wenigstens einige Bereiche wieder aufzuforsten.

Schon als mit *Jacob Roggeveen* der erste Europäer auf die Insel kam, fand er sie so vor, wie wir sie heute noch sehen: weite, sanft geschwungene Ebenen und Hügel, bedeckt mit niederen Gräsern, nur an einigen Stellen, an denen es mehr Wasser gab, wuchsen auch ein paar Büsche.

Pferde und Kühe Die Tierwelt ist ebenfalls spärlich, wo es kaum Pflanzen gibt, können auch nicht viele Tiere leben. Die Säugetiere, die es heute hier gibt, sind samt und sonders als Haustiere der Menschen auf die Insel gekommen: Pferde, die in kleinen Herden überall mehr oder weniger wild grasen und anscheinend alle von denselben Ureltern abstammen; es gibt auf jeden Fall nur braune Pferde auf der ganzen Insel. Dazu ein paar Kühe, Schafe und Ziegen, und auch Ratten haben die Europäer eingeschleppt.

Mit etwas Glück bekommt man einige interessante Seevögel zu Gesicht; den Fregattvogel z. B. mit seinen beiden langen Schwanzfedern. Das marine Leben ist reich, bei einem Ausflug mit den Fischern kann man fliegende Fische zu Gesicht bekommen, kleine Tintenfische, und zwischen den Korallen leben auch tropisch bunte Arten, wie der Schmetterlingsfisch.

Die Geschichte der Insel

Die Osterinsulaner erzählen, dass die Insel von **Hotu Matua**, einem König, und seinem Gefolge in Besitz genommen wurde. Er landete eines Tages in der Bucht von

Anakena und ging dort mit seinem Stamm der Langohren an Land. Wann das geschah, ist schwierig zu rekonstruieren. Eine Methode besteht darin, anhand der mündlichen Überlieferung die Generationen zurückzurechnen; hiermit ist man auf ein Besiedelungsdatum zwischen 450 und 1.400 n. Chr. gekommen. Allerdings waren die Rapa Nui, als im 19. Jahrhundert die ersten Forscher kamen und Aufzeichnungen machen konnten, als Volk so geschwächt und dezimiert, dass sicherlich viel Wissen einfach verloren gegangen ist. Später kam noch eine zweite Gruppe, die Kurzohren, deren Anführer wahrscheinlich **Tuuko-ihu** hieß.

Langohren kamen als Erste

INFO Wie kamen die Menschen auf die Osterinsel?

Darüber, wie die Osterinsel besiedelt worden ist, besteht bis heute keine Einigkeit unter den zahlreichen Forschern, die sich mit dem Problem beschäftigt haben. Aber die weiten Entfernungen, die überwunden werden mussten, regen natürlich die Fantasie an.

Die **Mehrfachbesiedelungstheorie** wird heute von vielen Wissenschaftlern als die wahrscheinlichste betrachtet. Sie geht davon aus, dass die Osterinsel von anderen polynesischen Inseln in mehreren Schüben besiedelt wurde. Als erstes kam im 5. Jahrhundert n. Chr. eine große Siedlergruppe wahrscheinlich von den Marquesas, die neun Jahrhunderte alleine auf der Insel blieben. Dann folgte um 1350 der berühmte König Hotu Matua mit einer weiteren Gruppe, sie kamen wohl von einer anderen ostpolynesischen Inselgruppe. Während die ursprünglichen Siedler die riesigen Steinfiguren schufen, brachten die Neuankömmlinge den Vogelmann-Kult mit. Zunächst lebten die beiden Gruppen friedlich zusammen, dann kam es zu Konkurrenz und Reibereien, die in einem finalen Kampf endeten, bei der die ursprünglichen Siedler fast völlig ausgerottet wurden.

Die **Monobesiedelungstheorie** geht ebenfalls von einer Besiedelung von Polynesien aus, die aber in einem Schub vor sich gegangen sein soll, und zwar im 5. Jahrhundert n. Chr. Ohne Einflüsse von außen hat sich dann die Kultur entwickelt, welche die Moais und die Rongo-Rongo-Schrift hervorbrachte.

Eine **Besiedelung von Peru** aus vertritt der wohl berühmteste Osterinsel-Forscher **Thor Heyerdahl**. Durch seine Bücher hat er die Osterinsel in den 60er Jahren zum ersten Mal wirklich ins Licht der Weltöffentlichkeit gerückt und weltweit Interesse an dem kleinen Fleckchen Land im Pazifik geweckt. Heyerdahl hatte in den Aufzeichnungen früherer Expeditionen die Aussage einiger Osterinsulaner gefunden, ihre Vorfahren seien aus einem 60 Tagesreisen entfernten Land gekommen, und daraus geschlossen, dass die ersten Osterinsulaner aus Südamerika kamen. Als er dann die Ahus auf Rapa Nui sah, wurde er sofort an die Inka-Bauwerke in Cuzco erinnert und während seiner Ausgrabungen auf der Insel fand er noch zahlreiche andere Anhaltspunkte, die seine Theorie stützten. 1947 machte er sich mit einem selbstgebauten Floß aus Balsaholz auf den Weg von der peruanischen Küste zur Osterinsel. Tatsächlich trugen ihn die Meeresströmungen in die richtige Richtung, aber er landete dann schließlich auf den Marquesa-Inseln. Die Reise beschrieb er später spannend in dem Buch Kon-Tiki.

Heyerdahls Theorie hatte einige Schwachpunkte, bzw. er ignorierte Ergebnisse anderer Forscher, so z. B. die Erkenntnis, dass die Sprache der Rapa Nui große Ähnlichkeit mit den Sprachen anderer polynesischer Inseln hatte, und dass die Polynesier auch genetisch den Osterinsulanern sehr ähnlich sind. Und ein Beweis, der ein wichtiger Baustein seiner Theorie war, erwies sich als falsch: die Bauweise der Inkas und der Osterinsulaner ist sehr verschieden. Während die Inkas ihre Tempel und Festungen aus riesigen Blöcken fast fugenlos bauten, verkleideten die Rapa Nui ihre Ahus nur mit Steinplatten.

Der Krieg zwischen den Langohren und den Kurzohren

Verrat

Nachdem die Langohren und die Neuankömmlinge einige Zeit friedlich nebeneinanderher gelebt hatten, kam es zu immer heftigeren Konflikten, die (wahrscheinlich im 17. Jahrhundert) eskalierten und dazu führten, dass die Langohren praktisch ausgerottet wurden. Der entscheidende Kampf hat der Legende nach auf der Poike-Halbinsel stattgefunden, die Kurzohren überfielen hier eines Nachts die Langohren und töteten alle bis auf einen Mann. Der konnte eine neue Dynastie begründen, und seine Nachfahren leben noch heute auf der Insel.

Wahrscheinlich markiert der Sieg der Kurzohren über die Langohren auch das Ende der Bildhauerkunst, die vielen umgefallenen und halbfertigen Moais am Rano Raraku stammen wohl aus dieser Zeit. Eine Legende allerdings berichtet von einem Fluch, der dazu geführt haben soll, dass die Moais unvollendet blieben: Die Steinmetze am Vulkan wurden von einer alten Zauberin versorgt, die für sie kochte. Eines Tages fingen die Männer eine große Languste, die sie aufaßen, ohne der Alten etwas abzugeben, wie es ausgemacht war. Daraufhin verfluchte sie die Ahus, so dass sie fortan nicht mehr laufen konnten und umstürzten
(nach Horst Gatermann: Die Osterinsel).

Die Europäer kommen

Kein freundlicher Empfang

Der erste Europäer, der nach Rapa Nui kam, war der holländische Seefahrer **Jacob Roggeveen**, der mit drei Schiffen am 6. April 1722 vor der Insel ankerte. Da er gerade an Ostern hier ankam, nannte er das Eiland kurzerhand Osterinsel, und der Name hat sich bis heute gehalten. In seinem Gefolge kamen bald andere europäische Nationen, die auf einmal Interesse an dem abgelegenen Fleckchen Erde mitten im Pazifik hatten: der Engländer *James Cook* war ebenso unter ihnen, wie der Franzose *Ludwig La Pérouse*, der Schafe, Schweine und Ziegen sowie Sämereien mitbrachte. Diese ersten Begegnungen mit den Europäern verliefen aber nicht nur freundschaftlich, ein Besatzungsmitglied der Flotte Jacob Roggeveens berichtet, dass die Eingeborenen sie keineswegs ohne weiteres auf die Insel lassen wollten und Ankömmlinge deshalb auf sie schossen, um sie auseinander zu treiben. Was die Osterinsulaner von dieser Invasion hielten, ist nicht überliefert... Von allen europäischen Expeditionen gibt es übereinstimmende Berichte darüber, dass die „Indianer", wie sie in der Regel in den Reiseberichten genannt werden, alles stahlen, was ihnen unter die Finger kam. Das trug natürlich nicht dazu bei, das Verständnis zwischen den Gästen aus Übersee (die sich anscheinend aber oft nicht als solche, sondern eher als Herren aufführten) und den Insulanern zu fördern. Für diese Klauereien, von denen auch noch Thor Heyerdahl berichtet, gibt es verschiedene Erklärungen; eine davon lautet, dass die Europäer als von den Ahnen geschickte Boten betrachtet wurden, die alles das brachten, was die Menschen bisher entbehren mussten. Nun war es ihre Aufgabe, sich diese Dinge von den Europäern zu holen. Ob diese Deutung richtig ist, mag dahingestellt sein, man kann aber wohl davon ausgehen, dass die Menschen auf Rapa Nui keine gemeinen Diebe waren.

Ein weiterer Punkt, über den sich die Expeditionsherren moralisch hoch entrüstet, die Mannschaften aber eher erfreut zeigten, war die sexuelle Freizügigkeit der Frauen, von der ebenfalls in allen Berichten die Rede ist. Auch hierfür gibt es verschiedene Erklärungen. Angeblich hatten z. B. die jährlich stattfindenden Wettkämpfe zwischen den jungen Männern (die es bis heute in abgeänderter Form gibt), den Sinn, den stärksten Jüngling festzustellen, der sich dann mit sieben Jungfrauen vergnügen und starke und gesunde Nachkommen zeugen durfte. Da sorgten die Europäer vielleicht für eine hochwillkommene Auffrischung des Blutes und des genetischen Materials! Sicherlich haben sich aber die Seefahrer auch nicht allzu ablehnend gezeigt! *Üble Gäste*

In den folgenden Jahren ankerten immer wieder Schiffe aus Europa und Südamerika vor der Osterinsel, und nicht alle benahmen sich wie Besucher auf der Insel. Einen traurigen Höhepunkt bildete der Besuch des amerikanischen Walfängers *Pindos* im Jahr 1811. Die Besatzung fing sich ein paar Frauen ein, vergewaltigte sie und warf sie dann über Bord, um anschließend auch noch ein Zielschießen auf sie zu veranstalten. Diese Vorfälle waren natürlich nicht dazu angetan, den Rapa Nui die Europäer sympathisch zu machen, und so wurden immer mehr Schiffe mit Steinhagel und Kriegsgeheul empfangen.

Die Jahre 1862/63 markierten ein dunkles Kapitel in der neueren Geschichte der Osterinsel. Im Lauf des 19. Jahrhunderts waren fast überall auf der Welt der Sklavenhandel und auch die Leibeigenschaft verboten worden. Für die südamerikanischen Minen- und Großgrundbesitzer war das eine Katastrophe, sie sahen ihre Pfründe in Gefahr und besannen sich schnell auf einen Dreh, wie sie auch weiterhin den maximalen Profit aus ihren Unternehmungen schlagen könnten. Die Arbeiter wurden jetzt offiziell und rechtlich einwandfrei mit Vertrag angestellt, was allerdings an ihren Arbeitsbedingungen nicht das Geringste änderte. Und so kam es, dass sich eine Menge unternehmungslustiger und profitgieriger Kapitäne mit einem Packen Verträge im Gepäck aufmachten, um Arbeitskräfte zu werben. Das geschah in der Regel mit vorgehaltener Pistole, und auch die Arbeitsverträge werden die Polynesier, die jetzt die hauptsächliche Beute waren, wohl kaum freiwillig unterschrieben haben. Mehr als 1.500 Rapa Nui wurden so nach Peru verschleppt, wo sie auf den Guano-Feldern und auf verschiedenen großen Estancias arbeiten mussten. Da die Rapa Nui bisher fast völlig von der Außenwelt abgeschnitten waren, fehlten ihnen Abwehrkräfte gegen viele der herrschenden Krankheiten, und sie starben unter den harten *Sklaverei*

Arbeitsbedingungen wie die Fliegen. So kamen die Proteste der Regierung und anderer Stellen zu spät: als im August 1863 ein Schiff losfuhr, um die verschleppten Rapa Nui wieder auf ihre Insel zurückzubringen, waren mehr als zwei Drittel bereits nicht mehr am Leben. Auf der Reise breitete sich auf dem Schiff eine Pockenepidemie aus, so dass schließlich von den 1.500, die die Insel verlassen hatten, gerade mal 15 Menschen zurückkehren konnten. Die waren aber mit dem Pocken-Virus infiziert, so dass nach ihrer Rückkehr auf der Osterinsel noch einmal 1.000 Menschen zu Grunde gingen.

Die Rolle der Missionare

Mit der Ankunft der Europäer auf der Osterinsel dauerte es nicht mehr lange, bis auch die ersten Missionare kamen, einer der ersten war der französische Pater *Eugéne Eyraud*. Er kam 1864, nur ein Jahr nach der unglücklichen Heimkehr der Sklaven, und man muss sagen, dass er unter diesen Umständen eher freundlich empfangen wurde. Die Rapa Nui stahlen zwar den größten Teil seiner Habe, aßen das mitgebrachte Saatgut und die zur Zucht bestimmten Schafe schnell auf, nahmen aber dann willig an seinen Bibelstunden teil. Sein Aufenthalt auf der Insel nahm ein schmähliches Ende: als der jährliche Wettkampf zur Bestimmung des Vogelmannes anstand, wollte der Rapa Nui *Torometi*, der den Pater unter seine Fittiche genommen hatte und ihn inzwischen als sein Eigentum betrachtete, diesen nicht alleine im Dorf zurücklassen und schleppte ihn gegen dessen Willen einfach mit. Das ging dem gedemütigten Eyraud doch zu weit: quasi als Häftling an einem heidnischen Fest teilnehmen zu müssen, meinte er, nicht ertragen zu können. Er floh mit einem Rapa Nui, der zu den Feinden Torometis gehörte und ihm nur zu gerne eins auswischen wollte. Torometi machte sich prompt an die Verfolgung, es kam zu einem Gerangel, bei dem sich Torometi und sein Gegner handgreiflich um die Beute (den Pater) stritten. Der verlor bei dem Kampf alle seine Kleider und wurde barmherzig von einem spanischen Schiff, das glücklicherweise einige Tage später die Insel anlief, splitterfasernackt aufgenommen und zurück zum Festland transportiert: der erste Missionierungsversuch auf der Osterinsel war gescheitert.

Der erste Versuch scheitert

Eyraud kehrte aber zurück, und mit ihm kamen andere Pater aus Frankreich und auch aus Deutschland. Die Bekehrung zum christlichen Glauben versuchten sie durch zwei komplementäre Taktiken zu erreichen. Zum einen wurden in den Dörfern Bibelstunden und Gottesdienste abgehalten, und auch eine Kirche entstand. Zum anderen bläuten die Geistlichen den Rapa Nui immer wieder ein, dass ihr heidnischer Glaube schlecht und sie dem Untergang geweiht seien. Und mit der Zeit konnten sie Erfolge verbuchen: immer mehr Rapa Nui ließen sich taufen, und 1866 fand die letzte Zeremonie zur Kür des Vogelmannes statt.

Das Christentum faßt Fuß

Heute nimmt der christliche Glaube eine wichtige Stellung im Leben der Rapa Nui ein, viele besuchen regelmäßig und aus tiefer Überzeugung die Gottesdienste, aber das heißt nicht, dass sich die Vorstellungen ihrer Väter in Luft aufgelöst haben: das Treiben der Geister der Höhlen und Ahus ist ebenso wichtig wie die katholische Glaubenslehre. Das kann man z. B. in der Kirche von Hanga Roa sehen, dort steht eine Marienfigur, gekrönt von einem kleinen Vogelmann.

Die Annektierung durch Chile

Da sich kaum ein Land für die Osterinsel interessierte, sah Chile die Gelegenheit gekommen, sich einen Stützpunkt in der Südsee zu verschaffen, und 1888 schickte es den Korvetten-Kapitän **Policarpo Toro** zum Nabel der Welt. Die Rapa Nui waren in einem denkbar schlechten Zustand: noch immer wüteten die Pocken und die Sklavenschiffe hatten die Bevölkerung der Insel drastisch reduziert. Toro hatte einen fertigen Vertrag mit dem folgenden Text dabei: „*Die Unterzeichnenden, Häuptlinge der Osterinsel, erklären, dass wir die vollständige und ganze Souveränität der genannten Insel für immer und ohne Vorbehalte an die Regierung der Republik Chile abtreten, wobei wir gleichzeitig unsere Titel als Häuptlinge behalten, die uns verliehen sind und die wir gegenwärtig innehaben.*"
(zitiert nach Hermann Fischer: Schatten auf der Osterinsel).

Wie die Unterschriften auf dem Vertrag zu Stande gekommen sind, ist nie richtig geklärt worden, aber es gibt Stimmen, die behaupten, Policarpo Toro habe sie der Einfachheit halber selbst mit dazugemalt. Warum die Rapa Nui den Übertritt zu Chile begeistert begrüßt haben sollen, wie Toro nach Santiago meldet, bleibt unklar, Vorteile davon hatten sie jedenfalls zunächst nicht. Und über 70 Jahre später wird der Senator *Ampuero* vor dem Senat feststellen, dass die Osterinsulaner zwar ihre Souveränität abgegeben haben, nicht aber ihre Ländereien, und dass ihnen von Rechts wegen eine Entschädigung zustünde. Sieben Jahre nach der Annektierung verpachtete die chilenische Regierung praktisch die ganze Insel an eine britische Gesellschaft, die schon in Patagonien große Schaffarmen besaß und nun auch auf der Osterinsel mit einer Schafzucht begann. Die Einheimischen mussten alle ihre Dörfer verlassen und wurden in den einzigen Ort, der weiter bestehen bleiben durfte, umgesiedelt. Das Dorf wurde mit einer Mauer umgeben, und es war den Einwohnern unter Strafandrohung verboten, dieses Areal zu verlassen. Die Rapa Nui arbeiteten als billige Arbeitskräfte für die Schafzüchter und waren vollkommen von den seltenen Lebensmitteltransporten der chilenischen Marine abhängig.

Schafe vertreiben die Einwohner

1914 kam die Engländerin **Katherine Routledge** auf die Insel, sie stellte eine ganze Reihe von Untersuchungen an und hinterließ interessante Berichte. Während die englische Expedition auf der Insel war, kam es zu einer merkwürdigen Revolte der Rapa Nui. Katherine Routledge berichtet darüber: „*An jenem Tag kam eine halbverkrüppelte Frau namens Angata in Begleitung zweier Männer zum Haus des Managers und sagte ihm, sie habe einen Traum von Gott gehabt, demzufolge (...) die Insel den Kanaken (damit meint sie die Rapa Nui) gehöre, die das Vieh übernehmen und am nächsten Tag ein Fest feiern würden.*"
(zitiert nach Hermann Fischer: Schatten auf der Osterinsel).

Die Rapa Nui begannen tatsächlich, sich Rinder aus den Beständen der Farm zu holen und sie zu braten. Auf der anderen Seite bemühten sie sich aber auch um ein friedliches Zusammenleben mit den Chilenen und Europäern, indem sie Gemüse und Hühner als Geschenke brachten. Trotzdem traute sich der Verwalter des Schafzuchtbetriebes nicht mehr aus seinem Haus und atmete erleichtert auf, als endlich das Schiff der chilenischen Marine, das die Insel versorgte, eintraf und den Aufstand beendete. Vorerst blieb alles beim Alten.

Ein Aufstand

In den 20er und 30er Jahren ging es den Rapa Nui unter der Herrschaft der Schafzüchter von *William Balfourt* and Company weiterhin schlecht. Sie durften das Farmland nur zum Arbeiten betreten und erhielten Hungerlöhne. Außerdem hinderte man sie jetzt systematisch daran, die Insel zu verlassen und aufs Festland zu gehen, weil man Angst hatte, dass sie sich, einmal aus ihrer Isolation gerissen, über ihre katastrophale Lage klar werden und den Aufstand proben würden. Noch Thor Heyerdahl berichtet 1955, dass die Rapa Nui alle in einem kleinen eingezäunten Gelände eingesperrt waren, um die zahlreichen Schafdiebstähle zu verhindern. Wahrscheinlich hatten sie gar keine andere Wahl, als Schafe zu stehlen, um ihren ärmlichen Speisezettel aufzubessern.

INFO   ## Wer war Sebastian Engler?

Eine der herausragendsten Gestalten der Osterinsel des 20 Jahrhunderts war ein Deutscher, der Kapuziner-Pater *Sebastian Engler*. Am 17. November 1888 wurde er in Dillingen in Bayern geboren, er hatte 16 Geschwister. Nach dem Gymnasium trat er in den Orden der Kapuziner ein und studierte Theologie. Den ersten Weltkrieg erlebte er als Feldkaplan in Frankreich, dann ging er nach Chile, um 12 Jahre bei den Mapuche zu missionieren, bevor er auf die Osterinsel kam. Hier blieb er bis zu seinem Tod und neben seinen seelsorgerischen Aufgaben hatte er Zeit, sich eingehend und mit einigem Sachverstand mit der Kultur und den Kunstwerken der Insel zu beschäftigen. Als er nach Araukarien ging, hatte er, ganz Kind seiner Zeit, eine sehr genaue Vorstellung von seinen Schäflein:
„*Niemand wird sich wundern, wenn ich sage, dass der Indianer einer tiefer stehenden Rasse angehören als wir Europäer.*"

Über die Rapa Nui dagegen schrieb er:
„*Ihrem Charakter nach sind die Eingeborenen ganz anders als die Indianer Südamerikas. Sie sind intelligent, haben eine äußerst rasche Aufnahmefähigkeit, eine lebhafte Fantasie, sind sehr unterhaltsam und gesprächig – manchmal zu sehr!*" (Beide Zitate aus Hermann Fischer: Schatten auf der Osterinsel).

Von vielen wird der Pater heute immer noch wie ein König verehrt, er tat viel für die Rapa Nui. Aber auf der anderen Seite hat er auch immer heftig versucht, sie von ihrem heidnischen Glauben abzubringen und damit sicherlich zum Verschwinden von Traditionen und Bräuchen beigetragen. Viele Rapa Nui beschuldigen ihn auch, sich zu sehr der Verwaltung von William Balfour untergeordnet und sich dessen Wünschen gebeugt zu haben, statt für die Rechte der Insulaner einzutreten.

In den 60er Jahren änderte sich schließlich etwas auf der Osterinsel. Unter der Regierung von *Eduardo Frei* wurde den Pascuensern die chilenische Staatsbürgerschaft mit allen ihren Rechten zuerkannt, auch eine lokale Selbstverwaltung gab es, deren Oberhaupt sie selbst wählen konnten.

Aber bis heute fühlen sich die Rapa Nui benachteiligt und fordern mehr Eigenständigkeit; die Insel-Verwaltung ist nicht die einzige und vielleicht auch nicht die bedeutendste Macht, da gibt es den Nationalpark, die Marine, die traditionell eine Herrscherrolle auf der Osterinsel spielte, und den Gouverneur, der aus Valparaíso (der Region, zu der die Insel gehört) kommt. 1997 begann die Regierung endlich, den Rapa Nui zumindest etwas von ihrem Land zurückzugeben, jede Familie bekam fünf Hektar, die aus dem Gelände des Nationalparks ausgegliedert wurden.

Forderung nach mehr Autonomie

Die Mythologie der Osterinsel

Man kann die Kunstwerke der Osterinsel besser verstehen, wenn man etwas über den Hintergrund weiß, vor dem sie entstanden sind. Die Vorstellungen von Geistern und Göttern hatten und haben bis in die Gegenwart einen Einfluss auf das Leben der Insulaner, auch wenn jetzt der katholische Glaube die „offizielle" Religion ist.

Der wichtigste Gott der Rapa Nui ist **Make Make**, der Schöpfer der Welt. Er ist an verschiedenen Stellen der Insel in den Fels gehauen, besonders häufig aber im Zeremoniendorf Orongo; sein Gesicht besticht durch seine großen runden Augen. Die Funktion des höchsten Priesters wurde vom **Vogelmann** ausgeübt, der jedes Jahr neu ermittelt werden musste. Er war das Bindeglied zwischen den Göttern (es gab noch andere neben Make Make) und den Menschen, er musste für Frieden und Ordnung sorgen. Neben den Göttern gab es Hexen, gute und böse Geister und Dämonen. Vielleicht am wichtigsten für das tägliche Leben der Menschen waren die Aku Akus, eine Art Schutzgeister, die jede Familie hatte. Sie sorgten für das Wohlergehen der Familie, konnten aber auch Schabernack treiben oder ihrer Familie schaden, wenn sie verärgert wurden. Auch die Seelen der Verstorbenen, die aus irgendeinem Grund keinen Frieden finden konnten, sei es, weil sie eine schwerwiegende Sünde begangen oder weil sie ihrer Familie Schande gebracht hatten, konnten zu Aku Akus werden. Um die bösen Geister abzuwehren, schnitzten sich die Rapa Nui **Holzfiguren**, die oft die Gestalt eines sehr alten, ausgemergelten Mannes hatten und die man neben die Tür hängte, um böse Geister am Betreten des Hauses zu hindern.

Schutzgeister

Die **Ahus** mit den enormen Steinfiguren der **Moais** dagegen waren dazu da, die Ahnen zu verehren und einen Ort zu schaffen, wo die Kraft der Verstorbenen sich sammeln konnte und so der Familie erhalten blieb. In den Ahus, einer Art riesiger Steinaltäre, wurden auch oft Tote bestattet. Auf die Frage der verschiedenen Forscher, wie Moais zu ihren endgültigen Bestimmungsorten gekommen seien (aus dem Fels gehauen wurden sie alle in einem Steinbruch am Krater des Vulkans Rano Raraku), antwor-

Relief des Vogelmannes in Orongo

teten die Rapa Nui immer, dass die Figuren alleine und ohne fremde Hilfe laufen könnten. Einige Menschen auf der Osterinsel seien mit einer besonderen Kraft ausgestattet, sie könnten auch die Ahus zum Marschieren veranlassen. Ihr **Mana** befähige diese Menschen, mit den Ahnen zu verkehren und Gutes für ihre Mitmenschen zu bewirken; wenn sie sich unwürdig verhielten, verlören sie ihre besonderen Fähigkeiten aber auch wieder.

Die Kulturzeugnisse der Osterinsel

Die monumentalen Statuen der Osterinsel haben, seitdem sie bekannt geworden sind, die Fantasie und Neugier der Welt erregt und zu Spekulationen über ihre Herstellung und ihren Sinn und Zweck verführt. In den folgenden Abschnitten sollen die einzelnen Typen kurz vorgestellt und erläutert werden.

Die Moais

Geheimnis-volle Kolosse

Die Moais sind zweifellos die Figuren, die die Osterinsel berühmt gemacht haben, und wenn man vor ihnen steht, kann man sich der Faszination nicht entziehen! Die ersten Steinfiguren, die auf der Osterinsel entstanden, hatten noch nicht viel mit den monumentalen Moais der späteren Perioden gemeinsam. Sie waren viel kleiner, oft nicht größer als ein erwachsener Mensch, und ihre Formen runder. In dieser ersten Periode (die von den Anfängen der Besiedelung der Insel bis etwa 1100 n. Chr. dauerte) entstanden auch körperlose Köpfe, und die vielleicht schönste Figur aus dieser Zeit steht heute am Abhang des

Moai Tuturi

Rano Raraku. Es ist der **Moai Tuturi,** eine hockende oder auf ihren Fersen sitzende gedrungene Gestalt von 10 t Gewicht. Die Hände liegen nicht wie bei den anderen Figuren auf dem Bauch, sondern auf den Oberschenkeln. Die Figur ist 3,67 m hoch und hat damit ähnliche Dimensionen wie die Giganten der späteren Periode.

Die Hochzeit der Moai-Bildhauer begann um 1100 n. Chr. und endete mit dem legendären Kampf zwischen den Langohren und den Kurzohren, der 1680 angesetzt wird. Alle Moais dieser Periode weisen untereinander eine große Ähnlichkeit auf, auch wenn sie im Lauf der Zeit immer größer wurden, es scheint, dass jeder Bildhauer seine Vorgänger übertrumpfen wollte. Die riesigen länglichen Köpfe ruhen auf unterdimensioniert erscheinenden Rümpfen. Die Arme hängen seitlich am Körper herab und liegen auf dem Bauch auf, ohne dass sie gefaltet wären. Die Finger sind lang und feingliedrig und passen in der Dimension zu den Köpfen. Die Gesichter haben meist einen ernsten, kontemplativen Ausdruck, die Nase ist lang und etwas platt, die Flügel rund und wie aufgebläht. Die Augen sind rund und haben oft einen etwas starren Blick.

Haare oder Hut?

Nur die Moais der späteren Epochen tragen den **Pukao,** einen roten Aufsatz aus Vulkangestein. Was dieser Aufsatz für eine Funktion hat, ist nicht abschließend geklärt. Auf der einen Seite wird er einfach als Hut gedeutet, andere Forscher wiederum sehen in ihm einen hochgebundenen roten Haarschopf oder aber eine Krone als Symbol der Häuptlingswürde. Die Pukao wurden nicht am Rano Raraku hergestellt, hier gab es kein rotes Gestein. Die Bildhauer schlugen sie aus dem Krater des 12 km entfernten Puna Pau und transportierten die teilweise über 20 t schweren Gebilde dann zu den Statuen.

INFO ## Moais: steinerne Zeugen der Vergangenheit

Am Rano Raraku

Nicht nur der Transport der Giganten war eine fast unvorstellbare Leistung für die Rapa Nui, die ja kaum über Werkzeuge verfügten, sondern auch die Produktion.

Die Figuren wurden direkt aus dem Krater des Vulkans Rano Raraku geschlagen. Dazu zeichneten die Bildhauer die Umrisse des zukünftigen Moais zunächst an einer geeigneten Stelle auf die Kraterwand. Dann begannen sie, den Moai von oben oder von der Seite aus dem Fels zu schlagen. Die Vorderseite wurde bis auf die Augen vollständig fertig gestellt, dann begann man, die Statue an der Rückenpartie vom Fels zu lösen. Wenn nur noch ein schmaler Steg den Moai mit dem Fels verband, bauten die Bildhauer eine Rampe aus Geröll, die in einer Terrasse endete. Die Statue rutschte, abgesichert mit Seilen, auf diese Terrasse und wurde aufgerichtet, so dass jetzt auch der Rücken bearbeitet werden konnte. Dann wurde sie an ihren endgültigen Standplatz geschafft. Die Augenhöhlen wurden wohl erst hier fertig ausgehöhlt, das nimmt man an, weil die Statuen im Steinbruch allesamt nur flache Augenhöhlen aufweisen. Für dieses Prozedere gibt es verschiedene Deutungen. Entweder könnte es bedeuten, dass mit den Figuren im Steinbruch noch lebende Personen dargestellt wurden, während die Moais auf den Ahus Verstorbene sind; tatsächlich erinnern die tiefen Augenhöhlen der fertigen Figuren an Totenschädel. Heyerdahl dagegen nahm an, dass die Figuren im Steinbruch noch blind seien und erst auf den Ahus ihre Augen bekamen. Tatsächlich hat man bei Ausgrabungen rot-weiße Augen gefunden, die wohl zumindest in der letzten Periode in die Augenhöhlen eingepasst wurden.

Wie die Figuren transportiert wurden, ist bis heute nicht geklärt. Es gibt verschiedene Theorien, und besonders Heyerdahl hat sich dem Problem auch praktisch angenommen, indem er verschiedene Feldversuche unternahm. Denkbar ist z. B., dass die Steinkolosse auf aus Baumstämmen gebauten Schlitten über die Insel gezogen und dann erst am Aufstellungsort aufgerichtet wurden. Eine andere Möglichkeit, die Heyerdahl ausprobiert hat, wäre, Seile am Oberkörper der Statue anzubringen und sie durch abwechselnden Zug auf beiden Seiten in Schaukelbewegungen zu versetzten. So „wandert" sie tatsächlich über die Insel, wenn auch nicht von alleine, wie die Rapa Nui berichten. Ein anderer Osterinsel-Forscher, Mulloy, nahm eine ähnliche Transportart an, bei der die Statue ebenfalls aufrecht stand und durch Seilzug bewegt wurde, die Seile liefen jedoch über einen Bock, so dass die Figur jeweils ein wenig vom Boden abgehoben und vorwärts geschaukelt wurde. Und wie gelangten die Moais auf die Ahus? Auch hierzu hat Heyerdahl ein Experiment angestellt. Unter den liegenden Stein-Koloss wurden Baumstämme als Hebel gelegt, dann hebelte man die Figur abwechselnd auf der einen und der anderen Seite hoch und legte Steine unter. Mit der Zeit wuchs der Moai mit dem Steinhaufen empor, und wenn er auf gleicher Höhe mit der Plattform des Ahu lag, musste man nur den Steinkeil auf der einen Seite erhöhen, bis er in die Senkrechte kippte.

Nach dem Sieg der Kurzohren zerstörten sie systematisch alle Kultstätten der Langohren und warfen die Moais um. Damit wollten sie wohl auf der einen Seite ihren Sieg dokumentieren, auf der anderen Seite aber auch die Kräfte zerstören, die ihnen innewohnten.

Die Ahus

Altar und Grabstätte

Die Ahus, die Plattformen auf denen die Moais stehen, wurden an den Siedlungsplätzen der verschiedenen Clans errichtet, und deshalb gibt es nur einen einzigen im Binnenland. Nur an der Küste traten die Niederschläge als Quellen zu Tage, im Innenland fehlte das Trinkwasser für menschliche Ansiedlungen. Zunächst waren die Ahus Altäre und trugen noch keine Steinfiguren. Später wurden sie dann als Untergrund für die Moais genutzt und auch als Begräbnisstätte; auch um die Ahus herum fanden sich Gräber. Die Ahus sind Rampen, die zum Meer hin im 90°-Winkel abfallen und an der Stirnseite mit exakt gefügten Steinplatten verkleidet sind. Diese Fronten regten Thor Heyerdahl zu dem Vergleich mit den Inka-Bauten an. Tatsächlich hat man in Polynesien keine vergleichbaren Bauwerke gefunden. Das Innere der Ahus ist mit Geröll gefüllt und die Oberseite oft mit Gras bewachsen. Die späteren Ahus, die als Plattform für die Moais genutzt wurden, haben bei weitem keine so minutiös gearbeitete Front mehr, bei ihnen standen wohl statische Gesichtspunkte im Vordergrund.

Die Schrifttafeln

Bis heute nicht entziffert

Neben den Moais hat nichts so sehr die Fantasie der Forscher beschäftigt wie die hölzernen Schrifttafeln, die auf der Osterinsel gefunden wurden und bis heute nicht entschlüsselt sind. Die wenigen Tafeln mit der ästhetisch so schönen Rongo Rongo-Schrift, die man Ende des 19. und bis ins 20. Jahrhundert hinein gefunden hat, sind Schätzungen nach nicht älter als 250 Jahre. U.u. wurden aber immer wieder Kopien hergestellt, so dass die Schrift durchaus älter sein kann.

Die Rongo Rongo-Schrift

Früher gab es einen speziellen Unterricht, in dem von den Alten das Wissen über die Schrift, aber auch über die kultischen Texte, die man damit auf den Tafeln dokumentierte, weitervermittelt wurde. Und bevor die Schüler die Texte nicht auswendig wussten, durften sie sich auch nicht ans Schreiben machen. Dann übten sie zunächst mit Stöckchen auf Bananenblättern, bevor sie auch in Holz ritzen durften. Unter dem Einfluss der Missionare wurden viele der Tafeln verbrannt, andere wiederum in Höhlen versteckt, um sie vor dem Zugriff der Kirchenmänner zu schützen. Wann genau das Wissen um die Bedeutung der Schrift verloren gegangen ist, weiß man nicht genau. *Heyerdahl* berichtet noch von einer Art „Wörterbuch", von dem ihm ein Rapa Nui erzählt hatte, er bekam es jedoch nie zu sehen. Wahrscheinlicher ist aber, dass schon spätestens im 19. Jahrhundert, als die Bevölkerung der Osterinsel durch die Sklavenschiffe stark dezimiert wurde, die letzten „Schriftgelehrten" entweder verschleppt wurden oder an den Pocken starben. Das übliche Material für die Schrifttafeln war das Holz des Toromiro-Baums, der ursprünglich überall auf der Insel weit verbreitet wuchs. Man fing unten links in der Ecke an zu schreiben, wenn man in der rechten Ecke die Zeile beendet hatte, wurde die Tafel gedreht, und es ging wieder von links nach rechts. Die Schrift verlief also in Serpentinen, und auch beim Lesen musste man die Tafel fortwährend drehen, weil jede zweite Zeile auf dem Kopf stand. Bisher mussten die verschiedenen Wissenschaftler, die sich mit der Entschlüsselung der Schrift befassten, an einem bestimmten Punkt aufgeben. Wahrscheinlich bedeuten die Symbole keine einzelnen Buchstaben, sondern Silben, ganze Wörter oder Begriffe.

Die Petroglyphen

Besonders im Zeremoniendorf Orongo findet man eine Fülle wunderschön gearbeiteter Felsreliefs. Vor allem der Vogelmann wurde hier dargestellt, aber auch andere Figuren sowie Teile von menschlichen Körpern (Gesichter, Hände und Füße sowie weibliche Geschlechtsteile, wahrscheinlich liegt dem ein Fruchtbarkeitskult zu Grunde). Auch Meerestiere, wie Fische und Schildkröten, spielen eine wichtige Rolle, sowohl im Lebensumfeld der Menschen als auch in der Mythologie. Auch an anderen Stellen der Insel finden sich Felszeichnungen (insgesamt sollen es etwa 6.000 sein), aber in der Regel sind sie einfacher als die in Orongo. Während die Darstellungen im Zeremoniendorf als Reliefs herausgearbeitet sind, findet man sonst meist nur einfache Ritzungen.

Die Hare paenga-Häuser

Während bei der Erbauung der Kultanlagen ein fast beispielloser Aufwand getrieben wurde, waren die Behausungen der Menschen eher einfach. Sie bestanden aus einem sehr lang gezogenen ovalen steinernen Fundament, auf das

Felsbild von Make Make

Schlaf-
hütten
Wände aus Ästen und Gras aufgesetzt wurden. Die Wände hatten keine Fenster, und die Eingangsöffnung war sehr niedrig, man musste auf allen Vieren kriechen, um in die Häuser zu gelangen. Die Hütten waren nur zum Schlafen da, alle anderen Verrichtungen des täglichen Lebens spielten sich im Freien ab.

Die Familien-Höhlen

Schon in den Berichten früher Expeditionen taucht verschiedentlich die Vermutung auf, dass es auf der Insel Höhlen geben müsse. Die Berichterstatter bemerkten, dass entweder nur Männer zu sehen oder die Frauen aber nach unerfreulichen Ereignissen (die es ja beim Kontakt mit europäischen oder südamerikanischen Schiffen zu Genüge gab) plötzlich wie vom Erdboden verschwunden waren. Und sie vermuteten auch schon, dass die Frauen (und auch die Ausrüstungsgegenstände, die regelmäßig abhanden kamen) in den Höhlen versteckt wurden. *Heyerdahl*, der während seines langen Aufenthaltes (er blieb fast ein Jahr auf der Insel) das Vertrauen und die Freundschaft vieler Rapa Nui gewinnen konnte, bekam schließlich mehr über die geheimnisvollen Höhlen heraus und konnte auch einige besichtigen. Jede Familie hatte ihre Höhle,
Nur einer
kennt den
Eingang
jedoch kannte immer nur ein Familienmitglied den Eingang, und wenn das starb, ohne das Geheimnis weiterzugeben (meistens an den ältesten Sohn, wenn der nicht als würdig erachtet wurde, konnte aber auch ein anderes Familienmitglied das Erbe antreten), ging die Höhle verloren. In den Höhlen wurden die kultischen Gegenstände wie Holz- und Steinfiguren aufbewahrt, aber auch die Skelette der Vorfahren fanden hier manchmal ihre letzte Ruhestätte. Die Figuren, von denen heute nur noch wenige Originale auf der Insel sind, stellten die Schutzgeister der Familie dar und waren sehr wichtig für ihr Wohlergehen. Als die Europäer auf die Insel kamen, stellten die Rapa Nui schnell fest, dass sich die Figuren, die handlicher als die Moais waren, gut verkaufen ließen, und begannen, sie für den Verkauf zu schnitzen. Und auch heute noch kann man sie in den Souvenirläden und auf dem Markt kaufen.

Während der Zeit der Missionierung wollten viele alte Leute lieber nach den alten Riten bestattet werden oder zumindest nicht auf dem katholischen Friedhof landen. Wenn sie fühlten, dass sie bald sterben würden, verließen sie oft heimlich das Dorf und stiegen in die Familienhöhle, um dort auf den Tod zu warten. Manchmal holten die Hinterbliebenen die Leiche auch einfach in der Nacht nach dem (vorschriftsmäßigen) katholischen Begräbnis wieder aus dem Grab und brachten sie vom Friedhof in die Familienhöhle. Die Höhlen wurden bewacht von dem Aku Aku der jeweiligen Familie. Bevor man in die Höhle einstieg oder etwas aus ihr entfernte, musste man ihn fragen und ihn gnädig stimmen. Dazu wurde ein Huhn in einem Erdofen gegart und vor dem Einstieg gegessen. Der Aku Aku bekam die Knochen, anscheinend war das Besänftigung genug. Obwohl inzwischen viele der Höhlen verloren gegangen sind, gibt es immer noch Familien, die eine Höhle haben. Ob es hier noch Statuen und Schrifttafeln gibt, weiß man nicht, aber einige Forscher träumen natürlich immer noch davon, die eine Tafel zu finden, die den Schlüssel zur Rongo
Merkwürdige
Unfälle
Rongo-Schrift birgt. Und auch die Aku Akus sind noch aktiv: Die Einheimischen können von merkwürdigen Unfällen erzählen, die passierten, nachdem Fremde unberechtigterweise in die Höhlen eingedrungen und z. B. die Knochen der Ahnen durcheinander geworfen hatten.

Sehenswertes auf der Osterinsel

Fixpunkt auf der Osterinsel ist die einzige Siedlung, das Dorf **Hanga Roa,** in der fast alle Bewohner leben. Nachdem die Chilenen gekommen waren, zwangen sie die Bevölkerung, ihre dezentralen Siedlungen entlang der Küste aufzugeben und nach Hanga Roa zu ziehen. Nur so konnte man sie kontrollieren und das übrige Land an die Schafzüchter verpachten. Die meisten Bewohner sind Rapa Nui, nur ein paar Chilenen arbeiten in der Verwaltung, im Gericht oder bei der Marine. Die Osterin-

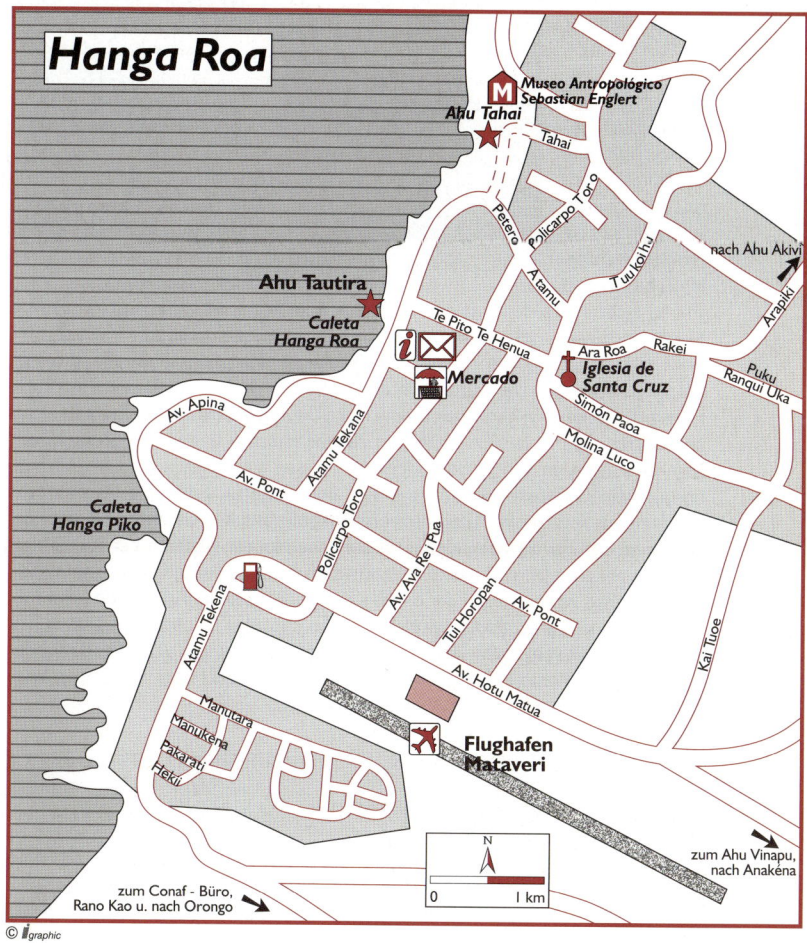

© **i**graphic

sulaner leben hauptsächlich vom Tourismus, fast jede Familie hat ein Hotel, ein Restaurant oder einen Souvenirladen. Außerdem gibt es ein wenig Landwirtschaft, und gefischt wird natürlich auch, die frischen Tunfische und Langusten, die nicht in den Kochtöpfen der Inselrestaurants landen, lassen sich wunderbar nach Santiago verkaufen.

Hanga Roa hat nicht den Schachbrett-Grundriss der Städte auf dem chilenischen Festland, die Anordnung der Straßen ist vielmehr etwas chaotisch, aber da das Dorf nicht groß ist, findet man sich sofort zurecht. Eine bestimmte Adresse zu finden, kann allerdings ein Problem werden: Hausnummern

Tanztruppe in Hanga Roa: ein Hauch Südsee

gibt es nicht und zudem hat man 1999 aus nicht recht ersichtlichen Gründen die Namen der beiden Hauptstraßen untereinander ausgetauscht. Die Küstenstraße heißt jetzt Policarpo Toro, früher der Name der Haupteinkaufsstraße, die jetzt Atamu Tekena heißt. Die dritte wichtige Straße des Orts ist die Avenida Te Pito Te Henua, die vom Hafen hinauf zur Kirche führt. Die **Iglesia de Santa Cruz** ist nichts besonderes, die Messen, die täglich um 20 Uhr, samstags und sonntags um 11 Uhr abgehalten werden, schon. Besonders die Messen am Sonntag (und natürlich zu besonderen Anlässen wie Weihnachten und Ostern) sind eine harmonische Mischung aus katholischer Glaubenslehre und polynesischen Gesängen, hin und wieder streut der Pfarrer auch ein Gebet auf Rapa Nui ein. Nördlich der Kirche liegt der erst ein paar Jahre alte **Kunsthandwerksmarkt (Mercado Artesanal)**, die

Der Hafen   beste Adresse, wenn man auf der Suche nach Mitbringseln ist. Am **Hafen** kann man mit den Fischern einen Bootsausflug absprechen und zwei Tauchzentren gibt es hier auch. Nicht weit vom Hafen stehen drei Moai und schauen vom **Ahu Tautira** (oder Kopeka Tae Ati) herab. Ein Stück weiter nördlich der Caleta Hanga Roa gibt es einen Meerwasserpool und eine Art Abenteuer-Spielplatz.

Das einzige Museum liegt etwas außerhalb des Zentrums nach Westen.

Museo Antropológico Sebastian Englert

Es hat eine mehr informative als spektakuläre Ausstellung zur Kultur und Besiedelung der Insel, z. B. gibt es viele Fotos aus dem 19. Jahrhundert, Holzfiguren und Steinplastiken; insgesamt ist die Ausstellung interessant und auf jeden Fall einen Besuch wert.

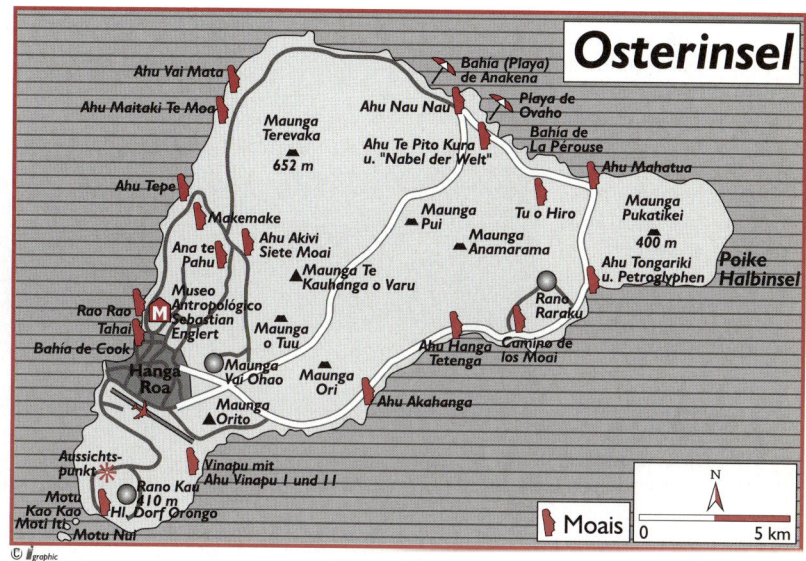

Ausflüge auf der Osterinsel

Es gibt viele Möglichkeiten, Rapa Nui kennen zu lernen: zu Fuß, hoch zu Pferd, mit dem Fahrrad oder Motorrad oder dem Jeep. Es gibt längere und kürzere Touren, so dass man jedes Fortbewegungsmittel einmal einsetzen und seine Vorteile nutzen kann.

In der Nähe von Hanga Roa: Orongo und Vinapu

Um zum heiligen Dorf Orongo zu gelangen, umfährt man den Flughafen am westlichen Ende. Kurz nach dem Ortsausgang weist ein Schild auf die Menschenfresserhöhle, die Ana Kai Tangata, hin. Benannt wurde sie so, weil man in ihrem Inneren einige menschliche Knochen fand. Ob die nun allerdings tatsächlich von einem Festmahl stammen, ist nicht klar.

Menschen-
fresserhöhle

Die Straße führt den Berg hinauf zwischen Eukalyptushainen hindurch und an einem biologischen Versuchszentrum vorbei. Hier wird die Flora der Insel gezeigt und auch der Toromiro-Baum nachgezüchtet. Ursprünglich war er auf der Insel wohl weit verbreitet und das bevorzugte Material für Schnitzarbeiten. Dann verschwand er fast völlig, und *Thor Heyerdahl* gelang es, ein paar Samen nach Europa mitzunehmen, wo die Bäume in verschiedenen botanischen Gärten nachgezüchtet wurden; sie weitflächig auf Rapa Nui wieder anzusiedeln, gelang bisher nicht. Nach sieben Kilometern erreicht man einen Aussichtspunkt am Krater Rano Kau. Der Anblick ist wahrhaft atemberaubend: Die Kraterränder fallen steil nach innen ab, und der Grund ist bedeckt mit einem pflanzendurchwachsenen Kratersee.

An der Wand des Kraters, die dem Meer zugewandt

Der Krater

liegt, scheint ein Riese ein Stück vom Rand abgebissen zu haben, so dass man freien Ausblick auf den Pazifik hat.

Einen Kilometer weiter, ebenfalls am Rand des Kraters, liegt das **Zeremonienzentrum Orongo**. Hier lebte der Vogelmann, der oberste Priester der Insel, und hier wurden auch die Wettkämpfe veranstaltet, die nötig waren, um den Vogelmann zu bestimmen. An diesen Kämpfen nahmen jeweils die besten Krieger jedes Stammes teil, entweder, um selber Vogelmann zu werden, oder aber stellvertretend für ihren Häuptling. Der letzte und entscheidende Wettbewerb bestand immer darin, ein Ei der schwarzen Seeschwalbe von der Vogelinsel zu holen. Dazu mussten die jungen Männer an der Steilküste herunterklettern, durch die Brandung zur Vogelinsel

Die Jagd nach dem Ei

schwimmen (auf die man von Orongo einen schönen Blick hat) und dort in den Felsen herumklettern, bis sie ein Ei fanden, das sie dann nur noch heil zum anderen Ufer bringen mussten.

In Orongo gibt es eine Skulptur des obersten Gottes Make Make, dargestellt ist allerdings nur der Kopf. Mit seinen ovalen hervorstehenden Augen ist er nicht zu verwechseln.

Das Zentrum des Dorfs wird vom Haus des Vogelmannes, **Tangata manu,** gebildet. Der Eingang des Hauses ist mit Reliefs geschmückt, die Make Make, den Vogelmann und merkwürdige doppelte Ovale, die als Vulven oder Samen gedeutet werden, darstellen. Wahrscheinlich gehören diese Darstellungen zu einem Fruchtbarkeitsritus. Auf der Insel wird erzählt, dass sich der Vogelmann nach seiner Wahl mit sieben wunderschönen Jungfrauen für mehrere Wochen zurückzog.

Umgeben ist das Haus des Vogelmannes von 53 Wohnbauten, die im Gegensatz zu den anderen Häusern der Insel komplett aus Stein bestehen. Sie haben aber ebenfalls nur einen sehr niedrigen Eingang, durch den man nur kriechend hineinkommt. Die

Wände sind aus aufgeschichteten Steinen, die obere Öffnung durch eine Steinplatte verschlossen, die mit weiteren Steinen beschwert und mit Gras bewachsen ist.

Unterhalb des Ostrandes des Kraters liegen zwei der besterhaltenen und schönsten Ahus der Insel, die **Ahus Vinapu I** und **II**. Die Moais der beiden Plattformen stehen nicht mehr, sie liegen verstreut und teilweise zerbrochen auf der Wiese, zusammen mit den roten Klötzen der Pukao. Die mächtige, aus großen schwarzen Lavablöcken fast fugenlos zusammengesetzte Seefront besonders des Ahu Vinapu I war es, die *Heyerdahl* davon überzeugte, es müsse Verbindungen von der Osterinsel nach Cuzco geben, und tatsächlich ist der Eindruck verblüffend ähnlich. Die Achse des Ahu Vinapu I (bzw. Ahu O Tahiri) ist fast genau in Nord-Süd-Richtung ausgerichtet, und manche Forscher sehen darin einen Hinweis darauf, dass die Rapa Nui die Rampen auch als Orientierung bei der Beobachtung der Sterne genutzt haben.

Nur die Ahus stehen noch

Die Südküste

Diese Tour (ca. 50 km), die man problemlos an die Besichtigung des Zeremoniendorfs und der Ahus Vinapu anschließen kann, macht man am besten mit dem Fahrrad, Motorrad oder dem Auto; zum Laufen dürfte es als Tagestour etwas weit sein. Man verlässt Hanga Roa über die Straße zum Flughafen und biegt nach etwa 4 km nach rechts (ausgeschildert zur Küste) auf eine Schotterstraße ab. Bald hat man die Küste erreicht, und der erste Ahu, an dem man vorbeikommt, ist der **Ahu Hanga Poukura**. Er gehörte zu den großen und wichtigen Anlagen, heute ist er weitgehend zerstört. Überall liegen zertrümmerte Moais herum, und die roten Brocken der Puako sind weit verstreut.

Auch der nächste Ahu, der Akahanga, besteht nur noch aus Trümmern. Da dieser Ahu direkt an der Küste lag, musste man die Plattform stabiler gestalten und hat einige Terrassen eingeschaltet. Auch wenn die Statuen umgestürzt sind, ist ihre Größe beeindruckend: bei einer Höhe von fast 7 m hatten sie eine Schulterbreite von 3,10 m, und selbst der Abstand zwischen den Ohren beträgt noch 2,40 m. Einige Kilometer weiter liegt der Ahu Hanga Tetenga am Weg, und noch etwas weiter zweigt der Camino de los Moais ab. Er führt in einem Fußmarsch von etwa einer dreiviertel Stunde zum Krater des Rano Raraku, man kann aber der Straße auch noch ein wenig weiter folgen und den zweiten Abzweig wählen, der auch mit dem Auto zu befahren ist und direkt an den Fuß des Vulkans führt. Bevor man an diesen Abzweig gelangt, passiert man aber noch einen der schönsten Ahus der ganzen Insel, den **Ahu Tongariki**. Es ist noch gar nicht so lange

Riesige Moais

Ahu Tongariki

her, dass die gesamte Anlage in mühevoller Kleinarbeit wieder zusammengesetzt und aufgebaut wurde. Nachdem die Kurzohren auch mit diesem Ahu kurzen Prozess gemacht hatten, wurden die Blöcke des Ahus und die zig Tonnen schweren Moais durch das Erd- und Seebeben, das Chile 1960 heimsuchte und Tsunamis (riesige Flutwellen) bis zur Osterinsel schickte, landeinwärts gespült.

Es ist dem chilenischen Archäologen *Claudio Cristino* zu verdanken, dass der größte Ahu der Insel heute wieder in aller seiner Pracht zu bewundern ist: nicht weniger als 15 Moais in verschiedenen Größen stehen auf einer langen Plattform und schauen zur Inselmitte.

Der Rano Raraku

Halbausgegrabene Moais am Rano Rakaru

Steinbruch der Moais

Neben dem Zeremoniendorf Orongo ist der Rano Raraku spirituell eine der wichtigsten Stätten auf der Osterinsel. Hier entstanden die Moais, und in der Vorstellung der Rapa Nui war der Krater bevölkert von den verschiedensten Geistern. *Heyerdahl* berichtet von einem Archäologen aus seinem Team, der hier Ausgrabungen machte und auch am Krater übernachten wollte. Die Rapa Nui, die bei den Ausgrabungen halfen, waren entsetzt, weigerten sich, bei ihm zu bleiben und waren überzeugt, dass er die Nacht nicht überleben würde. Als sie ihn am nächsten Morgen unversehrt antrafen, waren sie sehr verwundert und umso überzeugter von seinem starken *Mana*.

Und der Krater hat tatsächlich etwas Besonderes. Wenn man den äußeren Kraterrand hinaufsteigt, ist man umgeben von halbfertigen und fertigen Moais, die zum großen Teil noch in der Erde stecken; die Köpfe scheinen hier wie Champignons aus dem Boden zu wachsen. 395 Moais sind hier bis jetzt gefunden wor-

Das größte Moai

den, unter anderem auch der größte Moai der Insel, von dem nur die Vorderseite fertig geworden ist. 20,90 m misst er, waagerecht wie in einem Grab liegend in den Fels gehauen.

Hier steht bzw. kniet auch der **Moai Tuturi,** der einzige Moai, der Beine hat. Heyerdahl hat ihn 1953 mit seinem Team ausgegraben, aber bis heute hat man keine genaue Erklärung dafür, warum sich dieser Moai so sehr von den anderen Statuen unterscheidet, ebenso wenig, wie man weiß, aus welcher Periode er stammt.

Hat man den Kraterrand erreicht, bietet sich im Inneren des Vulkans ein ganz anderes Bild: sanft fallen die Hänge zu einem See am Grund des Kraters ab, in dem man auch schwimmen kann, wenn man sich nicht am schlammigen Boden und am Totora-Schilf stört, das hier wächst. Am Innenrand führt ein Trampelpfad halb um den Krater herum, auch hier stehen noch Moais, zwischen denen braune Pferde (alle Pferde der Osterinsel sind braun!) friedlich weiden.

Über die Poike-Halbinsel nach Anakena

Vom Rano Raraku aus führt der Weg noch etwas weiter nach Osten und biegt dann nach Norden ab, um die Poike-Halbinsel zu kreuzen. Hier hat der Legende nach die große Schlacht zwischen den Langohren und den Kurzohren stattgefunden. Angeblich haben die Langohren, die den Kurzohren lange Zeit überlegen waren, ihre Widersacher gezwungen, sämtliche Steine von der Halbinsel zu räumen und ins Meer zu werfen. Und tatsächlich: während am Abhang des Rano Raraku Tausende von schwarzen Lavabrocken im Gras herum liegen, ist die Halbinsel östlich des Wegs praktisch steinfrei. Es ist allerdings auch möglich, dass die Lavabrocken, die der viel ältere Vulkan Maunga Pukatikei vor 2,5 Mio. Jahren ausgespuckt hat, längst verwittert sind, während die Terevaka erst vor ca. 250 000 Jahren das letzte Mal ausgebrochen ist und seine Lava die Zeit bis heute überdauert haben könnte.

Hier auf der Poike-Halbinsel haben die Langohren ihre entscheidende Niederlage erlitten, die dazu führte, dass die Kurzohren die Insel beherrschten und es mit der Hochzeit der Osterinsel-Kultur vorbei war. Angeblich wollten sich die Kurzohren gegen das Steine-Sammeln zur Wehr setzen und griffen die Langohren an. Die flüchteten sich auf die Halbinsel und hoben einen 3 km langen Graben aus, den sie mit Holz füllten, um ihn im entscheidenden Augenblick anzuzünden. Diese raffinierte Verteidigungsanlage nützte ihnen aber nichts, sie wurden von einer Frau aus ihrem eigenen Volk verraten, die den Kurzohren hinterbrachte, wo sie über den Graben steigen konnten und eines nachts griffen sie aus dem Hinterhalt an. Von den Langohren überlebte kaum einer (viele verbrannten wohl auch in dem Feuer, das sie selber gelegt hatten), nur ein einziger Langohr konnte eine neue Dynastie gründen, von der heute die 13. Generation auf der Insel lebt. Den Graben hat *Heyerdahl* 1953 bei seinen Ausgrabungen gefunden. Er legte eine große Menge Asche frei, deren Alter auf 300-350 Jahre datiert werden konnte. Vielleicht stammt sie aber auch von ganz normalen Bränden der Vegetation, und der Graben ist nichts weiter als eine natürliche Senke...

Die Niederlage

Man gelangt jetzt an die Bucht von Tahoa, und gleich zu Anfang der Bucht liegt der **Ahu Mahatua**. Er ist kein *Ahu Moai*, sondern ein *Ahu Poe Poe*, sein Zweck ist es nicht, Moais zu tragen, sondern Grabkammern aufzunehmen. Man nimmt an, dass diese Ahus, die es hauptsächlich an der Nordküste gibt, erst im 17. und 18. Jahrhundert entstanden sind. Nur ein kurzes Stück weiter steht links am Weg ein länglicher dunkler Stein, der **Tu o Hiro**. Wenn man in ihn hineinbläst, gibt er einen dumpfen Ton von sich, der über eine relativ weite Entfernung zu hören ist. Mit dem Ton sollen Fische angelockt werden, es heißt, dass der Stein über ein *Mana* verfügt. Auf dem Ahu Te Pito Kura in der Bucht La Perouse stand einstmals der größte Moai, der jemals auf einem Ahu aufgerichtet wurde. Die Figur hat eine Höhe von 9,80 m, jetzt liegt sie umgestürzt und in zwei Teile zerbrochen auf der Rampe des Ahu. Auch der Ahu ist sehenswert: mit seinen exakt gearbeiteten Steinquadern gleicht er fast Vinapu I.

Stein, der Musik macht

Und nur einige Schritte vom nördlichen Ende des Ahu liegt der **Nabel der Welt: Te Pito o Te Henua**. Er besteht aus einem rund und glatt geschliffenen, kugelförmigen Stein, der innerhalb eines Kreises aus kleineren Steinen liegt. Angeblich erwärmt er sich mehr als andere Steine und lenkt Kompassnadeln ab, und viele Menschen meinen, in seiner Umgebung besondere Schwingungen wahrzunehmen. Wissenschaftler dagegen behaupten, seine höhere Wärmeleitfähigkeit hinge schlicht mit einer größeren Dichte und einem gewissen Erzanteil zusammen...

Die Playa Ovaho

Es gibt zwei Strände an der Insel, die ein wenig Südseefeeling vermitteln: die **Playa Anakena** und die **Playa Ovaho.** Die Playa Ovaho wird eingerahmt von steilen, teilweise sogar überhängenden Felsen, die Playa Anakena dagegen liegt in einer etwas größeren offenen Bucht, und im Hintergrund wurde ein kleiner Palmenhain angepflanzt. Aber auch hier vergisst man nicht, dass man eben auf der Osterinsel und nicht sonst wo in Polynesien ist: im Hintergrund steht ein wunderschöner Ahu mit sieben Moais. Fünf der Statuen des Ahus Nau Nau sind gut erhalten und tragen den roten Kopfschmuck, von den übrigen beiden ist nur der Torso geblieben. In den Mauern des Ahus sind einige bearbeitete Steine zu erken-

Recycling nen, wahrscheinlich wurden einfach alte Moais mit verbaut.

Anakena ist der Badestrand der Insel, und an freien Tagen pilgert ganz Hanga Roa mit Autos, Pferden und Motorrädern hierher, um im türkisblauen Wasser zu baden.

Badestrand Zurück nach Hanga Roa kommt man am bequemsten auf der 18 km langen asphal-
der Insel tierten Straße durch die Inselmitte. Sie passiert die Gebäude der ehemaligen Schaffarm, Eukalyptushaine, die aus einem Aufforstungsprogramm stammen, und Felder, auf denen die saftig-süßen Ananas der Insel wachsen.

An der Westküste entlang nach Anakena

Bis nach Anakena ist man über die Westküste etwa fünf bis sechs Stunden unterwegs, man kann aber auch durch das Inselinnere zurückkehren und bei dieser Gelegenheit den einzigen Ahu besichtigen, der nicht an der Küste steht, dann dauert die Tour zu Fuß etwa drei Stunden. Der Weg ist teilweise nicht mehr als ein Pfad, so dass man die Tour eigentlich nur zu Fuß oder mit dem Pferd machen kann, allerdings müssen einige Vieh-Gatter passiert werden, die nicht immer geöffnet sind.

Man verlässt das Dorf nach Norden und läuft zunächst an dem kleinen Friedhof der Insel vorbei, der malerisch über der Küste liegt. Nach ca. 20 Minuten gelangt man an die **Zeremonienanlage Tahai,** die aus drei verschiedenen Ahus besteht. Der größte ist der Ahu Vai Uri, der mit seinen fünf urzeitlich wirkenden Moais einen gewaltigen Eindruck macht. Die Statuen sind alle schon sehr verwittert, sie tragen keine Pukao, und teilweise sind Teile der Köpfe abgebrochen. Wahrscheinlich gehören die Moais des Ahu Vai Uri in eine relativ frühe Entstehungsphase, verschie-

dene Forscher haben sie auf das
12. Jahrhundert datiert. Vor dem
Ahu liegt ein Versammlungsplatz,
aus dem der Ahu meerwärts her-
vorgeht, die Kante der Plattform
bricht steil zur Küste hin ab und
geht drei Meter in die Tiefe.

Neben dem Ahu Vai Uri gibt es
eine kleine Hafenbucht, die entweder ganz künstlich angelegt oder
aber zumindest vergrößert und
befestigt wurde. Hier gibt es eine
breite gepflasterte Rampe, auf der

Zeremonienanlage Tahai

auch große und schwere Güter ver- und entladen werden konnten. Am nördlichen Ufer des kleinen Hafens steht einer der ältesten Ahus der Insel. Der Ahu Tahai wird auf das 7. Jahrhundert
datiert und seine küstenseitige Front ist mit fein behauenen
Quadern besetzt. Der einzige Moai, den er trägt, ist stark von
Wind und Wetter angegriffen. Der dritte Ahu der Anlage hat
ebenfalls eine schön verblendete Front und trägt ebenfalls nur
einen Moai, der aber zeitlich später als die Statuen des Ahus Vai
Uri eingeordnet wird.

Zu der Anlage, die aus diesen drei Ahus bestand, gehörte ein
kleines Dorf, und die Grundrisse der Häuser sind teilweise noch
zu sehen. Die Wohnhäuser der normalen Bewohner ähnelten
einer Art künstlich angelegter Höhlen: an den Hang wurde eine

Einer der Moais von Tahai

Rampe angeschüttet, in die man dann wiederum Hohlräume grub. Das „Dach" dieser Häuser geht übergangslos in den Hang über und ist mit Gras bewachsen. Zu
dem Dorf gehörten auch Hühnerhäuser und windgeschützte Gärten. Wahrscheinlich war die Anlage Tahai eines der wichtigsten Zentren der Insel, dafür sprechen der
minutiöse Ausbau des Hafens und die Größe des Komplexes.

Man läuft jetzt am Inselmuseum vorbei und folgt der Küste, die hier teilweise steil
ins Meer abfällt. Die nächsten beiden Ahus, die am Weg liegen, gehören zur **Zeremonienanlage Hanga Rao Rao**. Auf dem einen steht ein kompletter Moai, auf
dem anderen nur ein Torso.

Der Weg entfernt sich jetzt von der Küste, und in dem unwegsamen Gelände, auf
dem die allgegenwärtigen braunen Pferde der Insel weiden, liegen die Eingänge zu
einigen Höhlen. Sie sind nur schwer zu finden, und man sollte sich einen Führer nehmen, wenn man sie besuchen will; in einigen Fällen ist der Einstieg nicht ganz ungefährlich, gerade, wenn man sich nicht auskennt.

Die Anlage **Te Peu,** die am Ende der nach Norden führenden Küstenstraße liegt,
wurde nicht wieder aufgebaut, so dass man sich einen Eindruck davon verschaffen   *Bild der
Zerstörung*

kann, wie es auf der Insel ausgesehen haben mag, bevor zahlreiche Archäologen-Teams sich daran machten, einen großen Teil der Ahus zu restaurieren und die Moais wieder aufzurichten. Jetzt kann man entweder ins Inselinnere abbiegen und nach Hanga Roa zurückkehren oder weiter an der Küste entlang nach Anakena laufen.

Alternative A: zu den Siete Moai: der Ahu Akivi

Siete Moai

Von der Weggabelung folgt man der Ausschilderung zu den Siete Moai und hat die wunderschön restaurierte Anlage in etwa 20 Minuten erreicht. Vorher aber passiert man noch ein ehemaliges **Heiligtum Make Makes**, zu erkennen an einigen Petroglyphen, die den Gott selber mit seinen eindringlichen Augen und den Vogelmann zeigen. Ein paar Schritte weiter liegt eine große ehemalige Wohngrotte am Wegrand, leicht zu erkennen an dem üppigen Grün, das hier wächst, sogar

Garten in der Höhle einige Bananenstauden finden sich hier. Diese Höhle, **Ana Te Pahu,** ist teilweise eingestürzt, aber man kann sich zumindest eine Vorstellung von ihren früheren Ausmaßen machen.

Der **Ahu Akivi** ist aus zwei Gründen etwas Besonderes: er ist der einzige Ahu im Inselinneren und seine Moai schauen aufs Meer und nicht ins Landesinnere. Der imposante Ahu hat eine Länge von 33 Metern und wird gekrönt von sieben Statuen (daher auch der Name „Siete Moais"). Eine Erklärung für seine besondere Lage und Ausrichtung meinen einige Forscher darin gefunden zu haben, dass er vielleicht jüngeren Datums ist als die Anlagen an der Küste, und dass man den ungewöhnlichen Aufstellungsort deshalb gewählt hat, weil einfach die besten Plätze am Ufer schon besetzt waren. Und auch der Ahu Akivi hat Wasser im Rücken: zwar nicht den Ozean, aber eine Süßwasserquelle.

Man läuft jetzt zwischen einigen kleinen Gehöften und ihren Feldern hindurch, und kurz vor der Einmündung des Weges in die Straße von Hanga Roa nach Anakena gelangt man an einen Abzweig zum **Krater Puna Pau**, der einen Kilometer von der Straße entfernt liegt. Aus dem roten Gestein dieses Vulkans wurden die Pukao gehauen, und im Gras kann man noch einige herumliegen sehen. Hier, wo man sie ohne die gigantischen Moais sieht, werden einem die enormen Ausmaße dieser Steinbrocken klar, die als Kopfschmuck der Statuen gedacht waren: bis zu 2 m hoch und mit einem Durchmesser von über 2,50 m müssen sie auch ein enormes Gewicht haben. An der Unterseite kann man oft die Aussparungen erkennen, deren Gegenstück auf den Moai-Köpfen ihnen Halt verschaffen sollten, manchmal ist die Unteransicht auch mit Petroglyphen verziert. Steigt man zum Kraterrand hinauf, kann man sehen, an welcher Stelle die Pukaos aus dem roten Tuff geschlagen wurden.

Über die Inselstraße kann man in etwa drei Kilometern nach Hanga Roa hinunter-laufen.

Alternative B: weiter die Küste entlang nach Anakena

Man hält sich weiter parallel zur Küste, der Weg wird immer schlechter und verliert sich manchmal ganz, aber solange man sich nahe der Küste hält, findet man ihn leicht wieder. Am Weg liegen noch zwei allerdings sehr verfallene Ahus, und nach etwa einer Stunde hat man die Kraterwand des Maunga Terevaka erreicht, die an einer Stelle in einem gigantischen Abbruch direkt im Meer verschwindet. Um nach Anakena zu gelangen, muss man halb um den Krater herumlaufen, der Weg führt vorbei an einigen kleinen Häusern und über Viehweiden, immer mit einem weiten Blick übers Wasser.

Krater-Abbruch

Der Juan-Fernandéz-Archipel

Überblick

Obwohl der Juan-Fernandéz-Archipel wesentlich näher am chilenischen Festland liegt und damit schneller zu erreichen ist, hat der internationale Tourismus um die drei kleinen Inseln bisher einen Bogen gemacht.

Robinson Crusoe – der Name ruft Leseabenteuer aus der Kindheit ins Gedächtnis; wohl kaum jemand hat die Geschichte von dem berühmten Schiffbrüchigen und sei-nem Gefährten Freitag nicht gelesen. Dass sie einen realen Hintergrund hat, ist weniger bekannt, aber es hat Robinson wirklich gegeben. Sein richtiger Name war *Alexander Selkirk* und ein Schiffbrüchiger war er keineswegs.

INFO **Alexander Selkirk: der wahre Robinson Crusoe**

Der reale Robinson wurde 1676 in Schottland als siebtes Kind eines Schuhmachers gebo-ren, und um der Enge seines Vaterhauses zu entfliehen, ging er zur See. Damals war die Freibeuterei auf allen Weltenmeeren in vollem Gange und 1703 heuerte auch Selkirk auf einem englischen Piratenschiff an. Als Segelmeister zuständig für die Navigation hatte er einen wichtigen Posten, leider verstand er sich mit seinem Kapitän von Anfang an nicht besonders gut und die Reibereien wurden immer schlimmer. Angeblich ging es um den desolaten Zustand des Schiffs, aber Kompetenzgerangel wird wohl auch dabei gewesen sein. Schließlich kam der Streit zu einem Höhepunkt und Selkirk verlangte in seiner Wut, sofort an Land gebracht zu werden. Als ihm der Kapitän diesen Wunsch postwendend erfüllte, war er wohl recht erstaunt und bestürzt, zu seinem Unglück befand sich das Schiff zum Zeitpunkt dieses Streits gerade in der Nähe von Land, allerdings war es nicht das Festland, auf das er da ausgesetzt wurde, sondern eine unbewohnte Insel, l. 676 km vom südamerikanischen Kontinent entfernt.

Immerhin hatte der Kapitän ihm einige Gerätschaften, ein Gewehr und Essen für zwei Mahlzeiten mitgegeben, und Selkirk begann, sich notgedrungen auf der Insel einzurichten. Er wusste, dass die Insel regelmäßig von Piratenschiffen angelaufen wurde, und hatte einige Hoffnung, dass er früher oder später aus seiner Lage befreit werden würde. Allerdings konnte er sich nicht jedem beliebigen Schiff anvertrauen, die Spanier oder Portugiesen, Erzfeinde der Engländer, hätten ihn wohl nicht sehr gut behandelt. Deswegen musste er sich sogar vor ihnen verstecken, weswegen man annimmt, dass er seine Behausung keineswegs in der Cueva de Robinson gehabt hat, wo man ihn an der Küste leicht hätte entdecken können, sondern im Landesinneren, vielleicht auf der Lichtung, auf der später auch ein Deutscher zwei Jahre lang Robinson spielte.

Zu essen fand Selkirk auf der Insel genug, es gab Fisch und wilde Ziegen, und auch die essbaren Pflanzen hatte er bald kennen gelernt. Einmal am Tag stieg er auf einen Hügel, um nach Schiffen Ausschau zu halten, und später berichtete er, dass die Zeit auf der Insel ihn geläutert habe und eine tägliche Andachtsstunde zu seinem Tagesablauf gehörte.

Schließlich, nach vier Jahren und vier Monaten, nahm ihn ein englisches Schiff auf, und auf der Rückreise nach England wurde er sogar noch zum wohlhabenden Mann. Sie kaperten einige spanische Galeeren und machten reiche Beute. Aber zurück in England merkte er, dass ihn die Zeit auf der Insel rastlos gemacht hatte. Einige Jahre lebte er in einer Höhle, bevor er wieder auf einem Schiff anheuerte, und schließlich starb er 1821 in Guinea.

In England traf Selkirk einige Jahre später den Journalisten und Schriftsteller *Daniel Defoe* und erzählte ihm seine Geschichte. Der fing sofort Feuer, veränderte und romantisierte den Stoff ganz erheblich, und fertig war der Weltbestseller.

Geografischer Überblick

Nähe am Land   Der Archipel Juan Fernandéz besteht aus drei Inseln, die früher einfach ihrer Lage nach benannt wurden. Die größte Insel hieß *Más a Tierra* (näher am Festland), heute wird sie nach ihrem berühmten Bewohner Robinson Crusoe genannt. Weiter draußen (*Más Afuera*) liegt die Insel, die jetzt Alexander Selkirk heißt, und dann gibt es noch ein winziges Eiland, nicht viel mehr als ein großer Felsbrocken, der Santa Clara heißt. Alle Inseln sind aus Vulkangestein, entstanden über einem Hot Spot im Erdmantel.

INFO   **Was ist ein Hot Spot?**

Hot-Spot-Vulkanismus ist eines der bisher noch nicht vollständig geklärten Phänomene der Geologie. Während Vulkanismus normalerweise an den Grenzen der Platten auftritt, die die Erdkruste ausmachen, entstehen Hot-Spot-Vulkane auch im Zentrum der Platten.

Geologen vermutet, dass diese säulenförmigen Strömungen von Magma im Mantel (einer tieferen Erdschicht) ortsfest sind, während die Platten wandern. Hin und wieder steigt die Säule bis an die Oberfläche, und ein Vulkan entsteht. In der Umgebung von Hot Spots finden sich also in der Regel eine Reihe erloschener Vulkane, die auf der über den Spot hinwegwandernden Platte zurückgeblieben sind, sie zeichnen sozusagen die Plattenbewegung nach. Wie die Hot Spots im Mantel entstehen, weiß man aber noch nicht.

Inzwischen hat man durch radiometrische Messungen das Alter der Inseln festgestellt: die Isla Robinson Crusoe ist wahrscheinlich mit vier Millionen Jahren die älteste, Alexander Selkirk hat nur ein bis zwei Millionen Jahre auf dem Buckel.

Zunächst waren die Inseln nichts als schwarze Lavahaufen im Pazifik, dann kamen mit der Strömung und mit den Seevögeln die ersten Samen, langsam begann sich eine Vegetationsdecke zu bilden, und auch die ersten Tiere konnten jetzt einwandern. Die eingewanderten Arten begannen sich, isoliert wie sie waren, anders weiterzuentwickeln als ihre Verwandten auf dem Festland, und über die Jahrtausende wurden die Unterschiede immer größer: neue Arten bildeten sich. Mehr als zwei *Endemische* Drittel der 146 Pflanzenarten, die es auf den Inseln gibt, sind endemisch, d. h. sie *Arten* kommen nur hier vor.

Auch unter den Tierarten gibt es Endemismen, z. B. den **Picaflor de Juan Fernandéz** *(Sephanoides fernandensis)***,** der durch sein wunderbar buntes Gefieder auffällt. Das einzige Säugetier der Insel ist ein Seelöwe, der einige Zeit von der Ausrottung bedroht war, jetzt gibt es aber wieder eine ganz stabile Population. In den Felsen, die die Küste ausmachen, leben die Hummer, die die Haupteinnahmequelle der Inselbewohner sind. Die riesigen Tiere werden in den Feinschmeckerlokalen auf dem Festland teuer bezahlt, sie sind besonders deshalb begehrt, weil sie sehr groß werden.

Wie auf vielen anderen isolierten Inseln auch sind eingeschleppte Arten ein Riesenproblem. Besonders die Ziegen und Hasen, die in den letzten Jahrhunderten von Seefahrern als Fleischlieferanten hier ausgesetzt wurden, fressen sich quer durch die fragile Vegetation und richten großen Schaden an. 1935 erklärte Chile die Inseln zum Nationalpark, und seit 1977 sind sie als Welt-Biosphärenreservat durch die UNESCO anerkannt.

Die Geschichte der Insel

Die Inselgruppe ist nach ihrem Entdecker benannt: am 22. November 1574 stieß der portugiesische Seefahrer *Juan Fernandéz*, der im Dienst der spanischen Krone stand, auf den Archipel, 667 km vom südamerikanischen Festland entfernt. Er hatte sich so weit vom Kontinent entfernt, um gefährlichen Winden und Strömungen auszuweichen. Der südliche Pazifik war damals ein gefährliches Gewässer, überall trieben sich Pira-

Zuflucht für ten und Freibeuter herum, die Schiffen aus den Kolonien auflauerten. Sie verspra-
Piraten chen reiche Beute, oft waren sie mit Gold beladen. Diesen Freibeuterschiffen dien-
ten die unbewohnten Inseln als Unterschlupf und Stützpunkt, hier konnten sie sich
mit Wasser und Proviant versorgen und sich vor ihrem nächsten Ausflug ausruhen.
Anscheinend haben sie hin und wieder auch ihre Beute auf den Inseln versteckt, im
Sommer 1998 befand sich die chilenische Presse in heller Aufregung, angeblich war
die Karte, die zu einem dieser Schätze führen sollte, aufgetaucht, und verschiedene
Expeditionen hatten sich aufgemacht, um als erste an die Goldvorräte zu gelangen.
Der amerikanische Industrielle Bernhard Kreiser brachte Männer und Arbeitsgeräte, von mindestens 10 Mrd. Dollar war die Rede und der Bügermeister hatte
eine Liste von Wünschen fix und fertig, die er sich und den Bewohnern der Insel er
mit dem Anteil der Gemeinde an dem sagenhaften Reichtum erfüllen wollte. Ausser
ein paar Goldmünzen kam bei den Grabungen aber nichts heraus. Kreiser zog seine Männer wieder ab, und jetzt sollen Satelliten-gesteuerte Navigationssysteme
Aufschluss über die genaue Lage des Schatzes geben. Bis es soweit ist, träumt der
Bügermeister weiter von einem Gymnasium und einem modernen Operationssaal
für die Insel...

Später nutzten die Kolonialherren die Inseln als Gefangenenkolonie, eine aufwän-
dige Bewachung erübrigte sich hier, man konnte die Sträflinge einfach ihrem
Schicksal überlassen. Sie hausten in Höhlen, Häuser gab es kaum mehr, nachdem
ein Militärlager, das die Spanier 1750 gegründet hatten, mehr oder weniger wieder verfallen war.

INFO   ## Der Untergang der „Dresden" vor Robinson Crusoe

Die „Dresden", ein deutscher Kreuzer, der im ersten Weltkrieg in den Gewässern um die
Falklandinseln gegen die Briten kämpfte, war das einzige Schiff des Geschwaders „Graf
Spee", das die Briten nicht versenken konnten. Die „Dresden" konnte flüchten und liefer-
te sich monatelang eine Verfolgungsjagd in dem Gewirr der patagonischen Fjorde und
Inseln, den britischen Verfolgern immer eine Nasenlänge voraus. Sie hatte den deutschen
Seehundjäger Alfred Pagels an Bord, der schon lange in Chile lebte und die Gegend genau
kannte, so dass er dem Kapitän der „Dresden" immer noch ein Schlupfloch zeigen konnte.
Aber am 14. März 1915 war es dann doch so weit: in der Cumberland-Bucht der Robinson-
Crusoe-Insel sah sich die Besatzung von mehreren britischen Kriegsschiffen umgeben, die
aus vollen Rohren auf den schon etwas ramponierten Kreuzer zu schießen begannen. Aber
auch jetzt wollte der Kapitän der „Dresden" noch nicht kapitulieren, lieber gab er das
Schiff auf. Er gab den Befehl, es zu versenken, und die Mannschaft, 338 Mann und der
Bordhund, sprangen ins Wasser und schwammen an Land. Nicht alle haben überlebt, aber
die meisten hausten eine Weile unter recht erbärmlichen Umständen auf der Insel, bis sie
in Chile interniert wurden. Ein Mannschaftsmitglied war Wilhelm Canaris, der später unter
Hitler Chef der deutschen Abwehr wurde und den man im Zusammenhang mit den
Ereignissen des 20. Juli 1944 hinrichtete. Er führte die Verhandlungen mit den Chilenen,
was die Gefangennahme betraf, er sprach nämlich Spanisch.

Früh übt sich!

Heute gibt es ein kleines Dorf (**San Juan Bautista**) in der Cumberland-Bucht, in dem die etwa 600 Einwohner der Insel leben. Hier gibt es ein kleines Krankenhaus, eine Polizeistation, Telefonzentrale und Empfangsantennen für Radio und Fernsehen, eine Schule und eine Kirche. Wer eine weiterführende Schule besuchen will oder eine kompliziertere Operation vor sich hat, fliegt aufs Festland, von wo die Insel mit (fast) allem Lebensnotwendigen auch versorgt werden muss. Die wichtigste Einnahmequelle ist immer noch der Fischfang, auch wenn der Tourismus zunimmt und man versucht, durch gezielte Angebote mehr Reisende hierher zu locken. So sollen z. B. Taucher kommen, und die Unterwasserwelt um die Inseln erkunden und auch Ausflüge zum Fischen wollen die Insulaner in Zukunft vermehrt anbieten.

Sehenswertes auf der Robinson-Crusoe-Insel

San Juan Bautista

Die wichtigste Straße des Dorfs ist die C. Alcalde Larrain, die parallel zur Küste verläuft. An ihr liegen die Plaza und die wichtigsten Gebäude, wie die Municipalidad, die Post und die Hafenverwaltung. Folgt man ihr von der Plaza aus nach Norden, gelangt man an die Casa de Cultura, in der auch das Inselmuseum untergebracht ist.

Das Dorf ist winzig

• Casa de la Cultura

Ausgestellt werden hauptsächlich Fundstücke aus der „Dresden", außerdem gibt es eine Bibliothek. Ein paar Schritte weiter auf der Hauptstraße liegt der Friedhof der Insel, hier liegen einige Mitglieder der Mannschaft der „Dresden" und auch der Schweizer *Baron Alfred von Roth*, der 1877 das Dörfchen San Juan Bautista gründete und bis zu seinem Tod hier lebte, ist auf dem Friedhof begraben. Viel mehr zu sehen gibt es in San Juan Bautista nicht. An der Mole kann man den Fischern beim Ausladen ihres Fangs zuschauen, und von hier gehen auch die Bootstouren in die verschiedenen Ecken des Archipels los.

Ausflüge in die Umgebung von San Juan Bautista

• Wanderung zum Mirador Selkirk

Auf diesen Aussichtspunkt ist *Alexander Selkirk* während seiner vier Jahre und vier Monate auf der Insel wohl Hunderte von Malen gestiegen, um nach Schiffen Ausschau zu halten und von hier aus hat er auch den englischen Segler entdeckt, der ihn schließlich aus seiner selbst gewählten Gefangenschaft befreite. Die Strecke beträgt nur etwa drei Kilometer, aber es geht steil bergauf, vom Meeresniveau auf 565 m Höhe. Der Weg wurde von CONAF zu einem Lehrpfad ausgebaut, verschiedene Tafeln erklären die Vegetation und die Gefährdungen, denen sie ausgesetzt ist.

Berg der Hoffnung

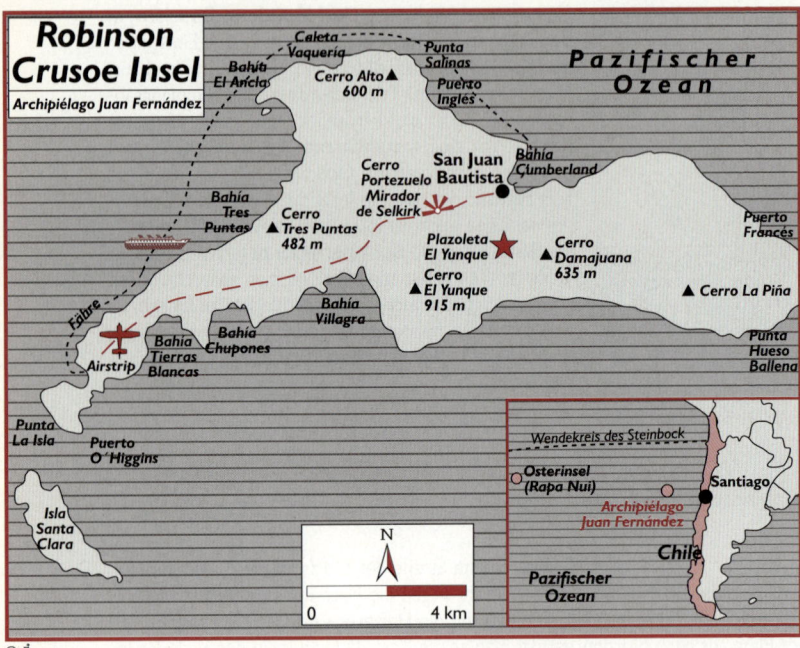

Robinson Crusoe Insel
Archipiélago Juan Fernández

Caleta Vaqueria
Punta Salinas
P a z i f i s c h e r
O z e a n
Bahía El Ancla
Cerro Alto ▲
600 m
Puerto Inglés
Cerro Portezuelo
San Juan Bautista
Bahía Cumberland
Mirador de Selkirk
Bahía Tres Puntas
Cerro ▲ Tres Puntas
482 m
Plazoleta El Yunque ★
Cerro ▲ Damajuana
635 m
Puerto Francés
Cerro ▲ El Yunque
915 m
Bahía Villagra
▲ Cerro La Piña
Fähre
Bahía Chupones
Bahía Tierras Blancas
Airstrip
Punta Hueso Ballena
Punta La Isla
Puerto O'Higgins
Isla Santa Clara
N
0   4 km

Wendekreis des Steinbock
Osterinsel (Rapa Nui)
Santiago
Archipiélago Juan Fernández
Chile
Pazifischer Ozean

© *i* graphic

☞ **Hinweis**

Im CONAF-Büro bekommen Sie ein Faltblatt mit weiteren Erklärungen zum Weg.

An dem Aussichtspunkt erinnern zwei Gedenktafeln an den berühmten Bewohner der Insel, eine wurde Ende des 19. Jahrhunderts von der Besatzung eines britischen Schiffs installiert, die zweite stammt von einem Verwandten Selkirks.

• Zur Plazoleta del Yunque

Der deutsche Robinson

Eine weitere Wanderung vom Dorf aus bringt einen in drei Kilometern zu einer Lichtung im Wald. Hier hat ein Besatzungsmitglied der „Dresden" nach dem Untergang des Schiffs zwei Jahre lang isoliert gelebt, er hatte noch nicht einmal Kontakt zu den Bewohnern des Dorfs. *Hugo Weber* lebte von der Jagd auf verwilderte Ziegen und Hasen und ging als deutscher Robinson in die Geschichte der Insel ein. Er baute sich ein Haus auf der Lichtung, dessen Fundamente noch zu sehen sind.

• Nach Puerto Inglés

Einer der beliebtesten Ausflüge auf der Insel führt zu der Höhle, in der *Alexander Selkirk* angeblich gewohnt hat. Sie liegt in einer schönen kleinen Bucht mit einem

Strand aus schwarzen Kieseln aus Vulkangestein, ein kleiner Bach mündet hier ins Meer, so dass Selkirk also auch Süßwasser hatte. Die herumliegenden Muschelschalen und Knochen stammen aber nicht von Selkirk, heute ist die Bucht ein gerne besuchter Platz zum Picknicken.

Man erreicht die Cueva de Robinson am besten mit dem Boot, die Fahrt vom Dorf dauert nicht mehr als 20 Minuten oder eine halbe Stunde.

• Zur Playa Arenal

Eine längere Bootstour (ca. 3 Stunden) bringt einen ans andere Ende der Insel, wo südlich des Flughafens der einzige Sandstrand der Insel zu finden ist. Die Fahrt führt am Südufer der Insel vorbei, und man kann die verschiedenen Landschaften bequem an sich vorbeiziehen lassen. Die Playa Arenal liegt in einer wunderschönen Bade- *Badebucht* bucht, und es gibt Höhlen, in denen man übernachten kann. Entweder man legt hier nur einen kurzen Stopp ein, oder man lässt sich am nächsten Tag wieder vom Boot abholen und verbringt die Nacht in der Bucht.

Die Playa Arenal ist auch zu Fuß zu erreichen, vom Dorf aus sind es etwa 18 km, man nimmt den Weg zum Mirador Selkirk und läuft dann Richtung Flughafen weiter.

15. ANHANG

Literaturverzeichnis

Reiseberichte, Fotobände und Grundlagen

- Susane Asal (1998): **Chile – Jenseits des Ozeans.** Bucher Verlag. Bildband mit wunderschönen Landschaftsaufnahmen
- Klaus Bednarz (2004): **Am Ende der Welt.** Rowohlt. Bericht des bekannten Journalisten über die Dreharbeiten des gleichnamigen Dokumentarfilms in Patagonien
- Jürgen Bähr (1981): **Chile.** Klett Verlag. Wissenschaftliche Länderkunde eines Geografie-Professors
- Jimmy Burns (1989): **Jenseits des silbernen Flusses.** Rowohlt Verlag. Berichte des englischen Reiseschriftstellers aus Südamerika, unter anderem auch über Chile und Patagonien
- Clemens Carle (1994): **Rad-Abenteuer Panamericana.** Reise Know How. Bericht über eine Radtour von Feuerland nach Alaska
- Charles Darwin (1989): **Reise um die Welt 1831-36.** Edition Erdmann. Bericht des berühmten Naturforschers über seine große Reise, auf der er auch zahlreiche Eindrücke in Chile sammelte
- Deutsch-Chilenischer Bund (1996): **Chile, ein Land zum Leben, Arbeiten und Investieren.** Interessante Infos, die sonst nicht überall zu finden sind
- Hermann Helmut (1988): **Traumstraße Panamericana. Mit dem VW-Bus von Feuerland nach Alaska.** Hermann Helmut Verlag. Unterhaltsamer Reisebericht zweier Weltenbummler
- Sara Wheeler (1994): **Unterwegs in einem schmalen Land.** Heyne Verlag. Abwechselnd spannender und nachdenklicher Reisebericht einer englischen Reiseschriftstellerin
- Enno Witfeld (1995): **Spanisch für Chile.** Reise Know How. Kleiner Band mit Chilenismen
- (1996): **Merian Chile und Patagonien:** gut, um sich vor der Reise in ausgewählte Themen einzulesen
- Geo Special (1998): **Geo Special Anden: Die Welt der Inka. Peru, Ecuador, Bolivien und Chile**

Politik und Geschichte

- Günther Wessel: **Die Allendes – mit brennender Geduld.** Lübbe. Biographie der Familie Allende
- Efrain Vedder, **Weg vom Leben** (2005): Bericht eines Mitglieds der Colonia Dignidad
- Titus Heydenreich (1990): **Chile – Geschichte, Wirtschaft und Kultur der Gegenwart.** Referate des 9. interdisziplinären Kolloquium der Sektion Lateinamerika des Zentralinstitut der Universität Erlangen-Nürnberg. Lateinamerika-Studien Bd. 25. Wissenschaftliche Referate zum Thema

• Vicor Farias (2002): **Die Nazis in Chile. Philo**. Geschichte des Nationalsozialismus in Chile
• Luz Arce (1994): **Die Hölle. Eine Frau im chilenischen Geheimdienst.** Hamburger Edition. Die Autorin schildert in dieser Autobiographie eindrucksvoll wie sie von der DINA zunächst verfolgt und dann rekrutiert wird, eindringlicher Bericht über die Zeit unter der Militärherrschaft Pinochets
• Gero Gemballa (1998): **Colonia Dignidad. Ein Reporter auf den Spuren eines deutschen Skandals.** Campus Verlag. Bericht über Geschichte und Hintergründe der Sekte
• Friedrich Paul Heller (1993): **Colonia Dignidad – Von der Psychosekte zum Folterlager.** Schmetterling Verlag. Bericht über die Geschichte und Entwicklung der Sekte
• Norbert Ahrens (1991): **Zum Beispiel: Chile.** Lamuv-Verlag: kleiner Band mit Reportgagen zu den Hintergründen der Dikatur
• Fred Balke (1983): **Mit dem Kopf hier - mit dem Herzen in Chile.** Rowohlt Verlag. Berichte von Chilenen, die während der Militärdiktatur im Exil leben mußten
• Ingo Bultmann, Michaela Hellman, Klaus Meschkat (1995): **Demokratie ohne soziale Bewegung?.** Horlemann Verlag. Bericht über die Lage der Gewerkschaften, sozialen Organisationen und der Frauenbewegung in Chile und Mexiko
• Simone Scharz (1997): **Chile im Schatten faschistischer Bewegungen.** Verlag für Akademische Schriften. Über den Einfluß des Faschismus in Chile in den 30er und 70er Jahren
• Gabriel Garcia Marquez (1990): **Das Abenteuer des Miguel Littin. Illegal in Chile**. Kiepenheuer und Witsch. Bericht über den Filmregisseur Miguel Littin und die Zeit der Militärdiktatur. Lange Zeit vergriffen, jetzt neu herausgegeben von Fischer TB
• Michaela Weyland (1992) **...sonst wird sich hier nie was ändern. Zur Alltagswirklichkeit chilenischer Jugendlicher in der neuen Demokratie.** Verlag für interkulturelle Kommunikation. Berichte und Interviews mit und über chilenische Jugendliche
• Alejandra Rojas (1998): **Allende – Das Ende einer Ära.** Aufbau Verlag. Essay über den Allende und die Unidad Popular
• Eduardo Galeano (1983): **Die offenen Adern Lateinamerikas – Die Geschichte eines Kontinents von der Entdeckung bis zur Gegenwart.** Peter Hammer Verlag. Umfangreiche Darstellung der Entdeckung Südamerikas und der Kolonisation durch Europa und die USA
• Dieter Kronzucker (1991): **Der Tag des Kondors – Von Kuba bis Brasilien.** Rowohlt Verlag. Berichte über südamerikanische Stationen des bekannten Fernsehjournalisten
• Günter Kahle (1993): **Ploetz Lateinamerika.** Ploetz Verlag. Geschichte Südamerikas zum NAchschlagen
• Romeo Rey (1983): **Zehn Jahre Grausamkeit oder die Erdrosselung Lateinamerikas.** Rowohlt Verlag. Berichte über verschiedene südamerikanische Staaten, u. a. über die Zeit des Pinochet-Regimes in Chile
• Erich Follath (1991): **Die letzten Diktatoren.** Als Reporter bei den Tyrannen unserer Zeit. Rasch und Röhring. Berichte über Diktatoren in aller Welt, auch über Pinochet

Patagonien

- Oswald Dreyer-Eimbcke (1996): **Auf den Spuren der Entdecker auf dem südlichsten Ende der Welt.** Justus Perthes Verlag. Buch zu einer Ausstellung des Hamburgischen Museums für Geschichte mit vielen Abbildungen und Karten über Forscher, Entdecker und Kartographen in Patagonien und der Antarktis
- Clem Lindenmayer (1998): **Trekking in the Patagonian Andes.** Lonely Planet. Detaillierter Wanderführer für die chilenischen und argentinischen südlichen Anden, mit Tourenbeschreibungen und einem guten allgemeinen Teil über Geografie, Ausrüstung und alles was zur Reisevorbereitung für Trekker wichtig ist
- Peter Gebhard: **Patagonien und Feuerland.** Rosenheimer. Wunderschöne Fotos, garniert mit individuellen Berichten des Autors
- Manfred Gottschalk: **Patagonien – rauhes Land im Süden.** Meyster Verlag. Schöne Fotos und Reiseberichte gespickt mit vielfältigen Informationen
- Hans-Otto Meissner(1987): **Rund um Kap Hoorn.** Bertelsmann Verlag. Geschichte und Geschichten von Kap Horn von einem altgedienten Reiseschriftsteller, viel Wissenswertes gespickt mit Döntjes und Erlebten
- Gunther Plüschow (1989**): Silberkondor über Feuerland. Mit Flugzeug und Segelkutter ins Reich meiner Träume.** Koehlers Verlagsgesellschaft. Gunther Plüschow war einer der ersten Flieger, die feuerland mit dem Flugzeug erkundet haben und hat mit seinen Luftbildern maßgeblich zur Kenntnis Patagoniens und Feuerlands beigetragen
- Luis Sepúlveda (1995) **Patagonien Express.** Fischer Verlag. Spannend geschriebener Bericht eines der derzeit wichtigsten chilenischen Schriftsteller über Patagonien und andere Gegenden in Südamerika
- Bruce Chatwin (1990): **In Patagonien. Reise in ein fernes Land.** Rowohlt. Der Klassiker unter den Patagonien-Büchern – Bericht eines der berühmtesten Reiseschriftstellern unserer Zeit über das wilde Land im Süden
- Paul Theroux (1995): **Der alte Patagonien Express**. Hoffmann und Campe. Reise-Bericht über eine Zugreise von Boston in den äußersten Süden Südamerikas (allerdings wird mehr der argentinische Teil Patagoniens behandelt, trotzdem auch für Chile-Reisende interessant), auch Paul Theroux gehört zu den großen Reiseschriftstellern der Moderne.
- Bruce Chatwin & Paul Theroux (1992): **Wiedersehen mit Patagonien.** Fischer Taschenbücher. Reflexionen der beiden Reiseschriftsteller über ihre Reisen nach Patagonien
- John Pilkington (1989): **An Englishman in Patagonia.** Century, London. Unterhaltsamer und nachdenklicher Bericht über einen Reise durch Patagonien (auf Englisch)

Osterinsel

- Hermann Fischer (1998**): Schatten auf der Osterinsel.** Bibliotheks- und Informationszentrum der Universität Oldenburg. Gut lesbare und sehr interessante Abhandlung der neueren Geschichte der Insel (etwa ab 1850)
- Thor Heyerdahl (1984): **Kontiki.** Ullstein Taschenbücher. Indem er sich mit einem Floß über den Pazifik treiben läßt, will Heyerdahl beweisen, dass die Südsee von Südamerika aus besiedelt wurde; dies Buch beschriebt die Fahrt

• Horst Gatermann (1991): **Die Osterinsel.** Du Mont Taschenbücher: sehr fundiertes Werk zur Kultur und Kunst der Osterinsel
• Alfred Métraux (1989): **Die Osterinsel.** Qumran Verlag. Sehr umfangreicher Bericht zur Geschichte und Kultur der Insel
• Katherine Routledge: **The Mystery of Easter Island.** Neudruck von 1998: Bericht einer der ersten Forschungsreisenden
• Bernd Schulz (1998): **Thor Heyerdahl – Wissenschaft als Abenteuer.** Rasch und Röhrig. Biographie des berühmten Ethnologen und Abenteurers, der die Osterinsel bekannt und berühmt gemacht hat

Antarktis

• John May (1988): **Das Greenpeace-Buch der Antarktis.** Ravensburg. Schöne Fotos und eine Fülle von Informationen zu Ökologie, Geschichte und Belastung des siebten Kontinents
• Ron Naveen u. a. (1999): **Die Antarktis lebt.** Frederking + Thaler. Schöner Bildband mit viel Information zu Pflanzen und Tieren
• Alastair Fothergill (1996): **Leben im ewigen Eis.** Kynos Verlag. Naturgeschichte des weißen Kontinents
• Alan Gurney (1999): **Die Geschichte des weißen Kontinents.** Heyne Verlag. Geschichte der Entdeckung und Erforschung der Antarktis
• Reinhold Messner (1990): **Antarktis – Himmel und Hölle zugleich.** Bericht des berühmten Abenteurers über seine Reisen in die Antarktis
• Heide Wilts (1993): **Weit im Norden liegt Kap Hoorn.** Ullstein Taschenbücher. Bericht über eine Segeltour in die Antarktis
• Stefan Zweig (1988): **Sternstunden der Menschheit.** Rowohlt Taschenbücher. Schilderung der Entdeckung der Antarktis und des Wettrennens zwischen Scott und Amundsen
• National Geographic (1996) **Die gefährdeten Reservate unserer Erde.** Video über drei gefährdete Landschaften: die Antarktis (Bericht über eine Reise per Boot durch die Eiswüste), die karibische See und der tropische Regenwald

Literatur und Biographien

• Isabel Allende (1998): **Das Geisterhaus.** Suhrkamp. Opulenter Roman über eine alte chilenische Familie von Landbesitzern
• Isabel Allende (1995): **Paula.** Suhrkamp. Am Bett ihrer sterbenden Tochter erinnert sich Isabel Allende an die Geschichte ihrer Familie
• Isabel Allende (2001): **Fortuna.** Suhrkamp. Geschichte eines chilenischen Waisenmädchens, das in den Goldrausch Kaliforniens gerät
• Isabel Allende (1993): **Eva Luna.** Suhrkamp
• Isabel Allende (1994): **Geschenk für eine Braut.** Suhrkamp
• Isabel Allende (1992): **Eine Rache und andere Geschichten.** Suhrkamp
• Isabel Allende (1992): **Der unendliche Plan.** Suhrkamp
• Isabel Allende (1986): **Von Liebe und Schatten.** Suhrkamp
• Isabel Allende (2005): **Zorro.** Suhrkamp. Mitreissende Geschichte über die Jugendjahre des „Mannes mit der Maske"
• Isabel Allende und Celia Correos Zapata (2004): **Mein Leben, meine Geister.** Interviews, in denen die Schriftstellerin über ihr Leben Auskunft gibt

- Marty Brito (1997): **Wohin gehen die geträumten Dinge?** Aus dem Buch der Fragen von Pablo Neruda mit Antworten von Kindern aus Chile. Atlantik Verlag. Schön aufgemachter Geschenkband mit farbigen Linolschnitten
- Sara Vial (2004): **Pablo Neruda in Valparaiso**. Atlantik. Schöner Bildband zum 100. Geburtstag des Dichters
- Jorge Edwards (1990): **Adios Poeta – Erinnerungen an Pablo Neruda.** Luchterhand Verlag. Eine der schönsten Biographien über den Dichter, geschrieben von einem engen Mitarbeiter Nerudas
- Marion Kaufmann (1997): Erzählungen aus dem spanischen Amerika: Chile. DTV. Erzählungen verschiedener chilenischer Autoren, zweipsrachig
- Pablo Neruda (1993): **Aufenthalt auf Erden.** DTV. Gedichte
- Pablo Neruda: **Gedichte.** Suhrkamp Verlag. Gedichte, Spanisch - Deutsch
- Pablo Neruda (1993): **Der große Gesang.** DTV. Gedichte
- Pablo Neruda (1986): **Die Raserei und die Qual.** Suhrkamp verlag. Gedichte in Spanisch und Deutsch
- Pablo Neruda (1986): **Die Trauben und der Wind.** Luchterhand. Oden
- Pablo Neruda (1997): **Hungrig bin ich, will deinen Mund.** Luchterhand. Liebessonette
- Pablo Neruda: **Liebesgedichte.** DTV. Zweisprachige Ausgabe Deutsch – Spanisch
- Pablo Neruda: **Das lyrische Werk.** Luchterhand Verlag. Vollständige Ausgabe der Gedichte in drei Bänden
- Pablo Neruda (1993): **Letzte Gedichte.** DTV. Das posthume lyrische Werk
- Pablo Neruda (1989): **Ich bekenne, ich habe gelebt.** Luchterhand. Autobiographie
- Pablo Neruda (1996): **Liebesbriefe an Albertina Rosa.** Insel Verlag.
- Pablo Neruda (1985): **Memorial von Isla Negra.** DTV.
- Pablo Neruda: **Der unsichtbare Fluß. Ein Lesebuch.** Luchterhand
- Manuel Rojas (1986): **Der Sohn des Diebes.** Suhrkamp-Verlag. Eines der Standard-Werke der neueren chilenischen Literatur
- Alois Schmidt (1996): **Das Schwert als Schlüssel. Pedro de Valdiavia erobert Chile.** Haag und Herchen. Historischer Roman über den Konquistador Chiles
- Luis Sepulveda (1998): **Die Spur nach Feuerland.** Verlag Schwarze Risse. Roman des profilierten chilenischen Autors über sein Land
- Ulli Simon (1998): **Septembertage – Erinnerungen an Chile.** Atlantik Verlag. Hörbuch (mit CD) mit Gedichten und Liedern über Chile
- Antonio Skarmeta (2000): **Mit brennender Geduld.** Piper. Poetischer Roman über einen Jungen, der als Briefträger eine Freundschaft mit Pablo Neruda eingeht

Kinderbücher

- Anatol Feid (1997): **Keine Angst, Maria. Ein wahre Geschichte aus Santiago de Chile.** Rowohlt Verlag. Kinderbuch ab 11 Jahren
- **Arktis und Antarktis.** Patmos Verlag. Buch und Diskette für Kinder ab acht Jahren, Informationen zu den beiden eisigen Kontinenten, interaktive Lernspiele etc.
- **Bauzi – Der Pinguin aus der Antarktis.** Taurus Video. Zeichentrickfilm über die Abenteuer eines kleinen Pinguins
- Luis Guillermo Gallegos & Anette Delgado Argote (1997): **Cusi – Das kleine Vikunja aus den Anden.** Vier Türme Verlag. Bilderbuch

- Isabel Allende (2002): **Die Stadt der wilden Götter**. Hanser. Alex und seine resolute Großmutter reisen in den Urwald
- Isabel Allende: (2004): **Im Bann der Maske**. Hanser. Alex und seine Grossmutter in Zentralafrika
- Isabel Allende (2005): **Im Reich des goldenen Drachen**. Piper. Alex und seine Grossmutter im Himalaya

Biologie, Geographie und Naturschutz

- Ken Wilcox (1996): **Chiles Native Forest – A Conservation Legacy.** NW Wild Books. Informatives Buch über die verschiedenen chilenischen Waldtypen, über die Nutzung und Schutzprojekte

Essen und Trinken

- Jürgen Mathäß (1997): **Weine aus Chile.** Pepin Press BV. Buch für Weinliebhaber, alles über die chilenischen Weinsorten und deren Anbau
- Jens Priewe (1998): **Wein, die Neue Welt.** Zaber Sandmann. Buch über Weine, Weinbaugebiete und Weinrouten in Afrika, Nordamerika, Neuseeland und unter anderem auch Chile
- Bob Thomson (1994): **Weine der neuen Welt.** Mueller Rueschlikon. Behandelt ebenfalls alle Länder der neuen Welt, das Kapitel über Chile ist etwas kurz

Karten

- Bartolomew: **Argentina, Chile, Paraguay and Uruguay,** Maßstab 1: 500 000: Übersichtskarte, gut geeignet zur Reiseplanung, gerade wenn man nicht nur in Chile unterwegs sein will
- RV: **Südamerika,** Maßstab 1: 4 000 000: sehr kleinmaßstäbliche aber schöne Karte des Kontinents
- Lonely Planet (1997): **Travel Atlas Chile and Easter Island.** Lonely Planet. Kleiner Atlas mit schönen Karten des ganzen Landes, nicht ganz so vollständig wie der Atlas von TURISTEL

Kleiner Sprachführer

Begrüßung

Hallo!
¡Hola!
Guten Tag! (bis Mittag)
¡Buenos días!
Guten Tag! (nachmittags)
¡Buenas tardes!
Guten Abend, gute Nacht!
¡Buenas noches!
Tschüss!
¡Ciao!
Auf Wiedersehen!
¡Adiós!
Bis Bald!
¡Hasta pronto!
Wie geht es dir (Ihnen)?
¿Cómo estás (está usted)?
Gut, danke.
Bien, gracias.
Das ist meine Frau/Mann
Ésta/éste es mi mujer/marido.
Sehr angenehm!
Mucho gusto!

Zeitliche Begriffe

heute
hoy
morgen
mañana
gestern
ayer
früh
temprano
spät
tarde
Tag
día
Woche
semana
Monat **mes**
Jahr
año
Stunde
hora
Wie viel Uhr ist es?
¿Qué hora es?

Wochentage

Montag
lunes
Dienstag
martes
Mittwoch
miércoles
Donnerstag
jueves
Freitag
viernes
Samstag
sábado
Sonntag
domingo

Nummern

0 **cero**		11 **once**	
1 **uno/una**		12 **doce**	
2 **dos**		13 **trece**	
3 **tres**		14 **catorce**	
4 **cuatro**		15 **quince**	
5 **cinco**		16 **dieciséis**	
6 **seis**		17 **diecisiete**	
7 **siete**		18 **dieciocho**	
8 **ocho**		19 **diecinueve**	
9 **nueve**		20 **veinte**	
10 **diez**		21 **veintiuno**	

30 **treinta**	90 **noventa**
40 **cuarenta**	100 **cien**
50 **cincuenta**	200 **doscientos**
60 **sesenta**	500 **quinientos**
70 **setenta**	1000 **mil**
80 **ochenta**	

Wichtige Sätze

Entschuldigen Sie bitte, wo ist…?
¿Disculpe por favor, dónde está...?
Ich suche...
Busco...
Um welche Zeit?
¿A qué hora?
Ist das weit/nah?
¿Está lejos/cerca?
Kann man/ist es möglich...?
¿Se puede...?
Sprechen sie Deutsch/Englisch?
¿Habla alemán/inglés?
Ich bin Deutscher/Schweizer/Österreicher.
Soy alemán/suizo/austriaco.
Ich verstehe nicht.
No entiendo.
Langsamer bitte!
Más despacio por favor!

Grundlegendes

Entschuldigung!
¡Lo siento!
Sicher, klar!
¡Claro!
wo
dónde
wann
cuándo
wie viel
cuánto
warum/weil
por qué/porque
offen/geschlossen
abierto/cerrado
früh/spät **pronto/tarde**

Transport

Flughafen
Aeropuerto
Busbahnhof
Estación de autobuses
Bahnhof
Estación de trenes
Schiffsanleger
Muelle, Embarcadero
Hafen
Puerto
Autovermietung
Alquiler de coches
Ich möchte nach...
Quiero ir a...
Ich möchte in ... aussteigen
Quiero bajar en...
Wohin fährt dieser Bus?
¿Adónde va éste bus?

Im Hotel

Ich suche ein Zimmer.
Busco una habitación.
für zwei Personen
para dos personas
Gemeinschaftsbad
baño compartido
eigenes Bad
baño privado
Doppelbett
cama matrimonial
Ein ruhiges Zimmer, bitte!
¡Una habitación tranquila por favor!
Kann ich es sehen?
¿Podría verla, por favor?
Ist das Frühstück inbegriffen?
¿El desayuno está incluido?
Können Sie mich bitte wecken?
¿Me puede despertar por favor?
Dusche/Badewanne
ducha/bañera
Bett **cama**
Bettwäsche
sábana
Kissen/Decke
cojín/manta
Handtuch
toalla
Toilettenpapier
papel higiénico
Klimaanlage
aire acondicionado

Einkaufen

Ich möchte/ ich suche...
Quiero/ busco...
Wie viel kostet das?
¿Cuánto vale esto? ¿Cuánto cuesta?
Geben sie mir das, bitte!
¡Póngame esto por favor!
Gibt es das in einer anderen Farbe?
¡Hay esto en otro color?
Gibt es das in meiner Grösse?
¡Hay esto en mi talla!
billig/teuer
barato/caro
Zu teuer!
¡Demasiado!

Im Restaurant

(einzelne Gerichte und Lebensmittel in den Allgemeinen Reisetipps, Stichwort „Essen")

Die Karte bitte!
¡El menú por favor!
Die Rechnung, bitte!
¡El cheque por favor, la cuenta por favor!
Guten Appetit!
Buen provecho!
Salz/Pfeffer/Zucker
sal/pimienta/azúcar
Öl/Essig **aceite/vinagre**
Mineralwasser ohne Gas
agua mineral sin gas
Mineralwasser mit Gas
agua mineral con gas
Saft
jugo, zumo (frisch gepresst)
Trinkgeld
propina
Brot
pan
Wein
vino
Kaffee/Tee
café/té
mit Milch
con leche
Kellner/Kellnerin
camarero/camarera
Messer/Gabel/Löffel
cuchillo/tenedor/cuchara
Teller/Glas
plato/vaso/copa (Weinglas)

Krankheit, Notfälle

Ich brauche einen Arzt!
¡Necesito un médico!
Mir tut es hier weh!¡
Me duele aquí!
Krankenhaus
hospital
Apotheke
farmacia
Tabletten
pastillas
Tropfen
gotas
Rezept
receta médica
Krankenschwester/Pfleger
enfermera/o
Feuerwehr
Bomberos
Polizei
Policia
Anzeige
denuncia
Hilfe!
¡Socorro!
Unfall
accidente
Erdbeben
terremoto
Vulkanausbruch
erupción de volcán
Überschwemmung
inundación
Man hat mir... gestohlen
Me han robado...

Unterwegs

Überlandstraße	**carretera**	Straße	**calle**
Wanderweg	**sendero**	Wald/Urwald	**bosque/selva**
Fluss	**río**	Strand/Meer	**playa/mar**
Berg/Hügel	**montaña/cerro**	Tal	**valle**
Grenze	**frontera**	Wetter	**tiempo**
die Karte	**el mapa**	Rucksack	**mochila**
Aussichtspunkt, Aussichtsberg		**mirador**	
die Umwelt/Umweltschutz		**medio ambiente/protección del medio ambiente**	

Stichwortverzeichnis

  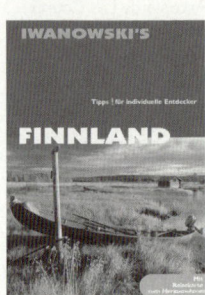